大坪併治著作集 11

大坪併治著

石山寺本 大智度論古點の國語學的研究 下

風間書房刊

著作集序

今秋傘壽を迎へた記念に、六十年に亙る新舊の研究を纏めて『大坪併治著作集』を編輯することにした。一册四百頁から五百頁を標準とし、これを大幅に超えるものは、上下に分册する。既刊の再版六册、新たに書き下ろすものを含めて新刊六册、合せて十二册の豫定である。

『著作集』の內容は、擬聲語の研究を除いて、ほとんど國語史學の分野に屬し、特に訓點語と訓點資料に關するものが中心である。これは、わたしの學生時代における二つの學問的背景に因つてゐる。一つは昭和初期、わたしが京都大學で學んだ言葉の學問は、言語學も國語學もすべて歷史的研究が主流であつたから、言葉の本質を歷史的變遷の中に捉へようとする姿勢が自然に出來てしまつたためであり、もう一つは、當時、國語史は、平安初期の百年間、六國史の宣命以外に見るべき資料が無く、空白のまま殘されてゐたから訓點資料の研究によつて新しい國語資料を開發し、その空白を補って見ようと考へたためである。同じ頃故小林英夫博士によつて紹介されたソシュールの共時言語學は、幾册かの本を讀んだが、知識に止まつて身にはつかなかつた。ただ、ソシュールとは異なつた立場で書かれた博士自身の論文「國語象徵音の研究」(「文學」第一卷第八號、昭和八年)だけは、後に擬聲語の研究を始める潜在的刺戟となつた。

大學卒業後の十年間は、研究者にとつて最も大切な期間であると言はれる。わたしはその十年を從軍と工場動員と食糧增產とのために費した。わたしは十年長生きをして、その損失を取り返さうと思つた。幸にして健康に惠まれ、今も元氣で仕事を續けてゐる。願はくは、この健康を維持して、『著作集』を完結させたいものである。

平成二年十月十一日

大坪併治

本書『石山寺本大智度論古点の国語学的研究　下』については、これまでの著作集の体裁を考えますと、上・下巻の索引を付さなければなりませんが、著者と協議をした結果、ひとまず本文のみを刊行する事と致しました。読者の皆様には大変ご不便をお掛け致しますが、事情ご賢察の上、何とぞご了承賜ります様お願い申し上げます。なお、刊行に際しては上巻に引き続き、辻星児先生にご協力いただきました事を申し添えます。

風間書房編集部

目　次

第五章　文法……四五四

第三部　第三種點を中心に

F組に加へられた訓點を、出現の順序に従って、私に第三種點と呼ぶ。巻第一〇の後半から、巻第二六までの間、巻第二一・二二・二三を除く一三・五巻の訓點である。本文書寫の識語も、加點の識語もないが、本文は、書風からして、A組の天平六年の書寫本よりやや後の書寫と思はれ、訓點は、ヲコト點の組織、假名字體、言語内容等から推して、天安二年加點の第一種點より後、餘り降らない時代（貞觀頃か）のものと考へられる。

第一章　表記法

第一節　ヲコト點

第三種點のヲコト點を整理すると、第一表の通りである。

中田祝夫博士のヲコト點の分類に従へば、第四群點の天仁波流《テニハル》點系に屬する。但し、現存點圖集の天仁波流《テニハル》點と對照して見ると、一致するものはト・テ・ハ・ノ・ス・ニの六點に過ぎない。（ヲは位置が同じであるが、形が異なる。）天《テ》仁波流《ニハル》點系と言っても、初期の祖點なのであらう。平安初期の古點本で、類似のヲコトを使用するものに、高山寺本『彌勒上生經贊』朱點がある。ト・ス・テ・ニ・ハ・ノ・ク・トト・ハハ・ルル・キ・ヲの十二點が一致する。兩者の間には何らかの關係があるのであらう。ただし、假名字體は、高山寺本『彌勒上生經贊』朱點の方がやや古く、かつ、コに上代特殊假名遣の區別を保有して居るから、加點はこちらが早く、第三種點が後であらう。第三種點は、天《テ》

第一表　第三種點　ヲコト點圖

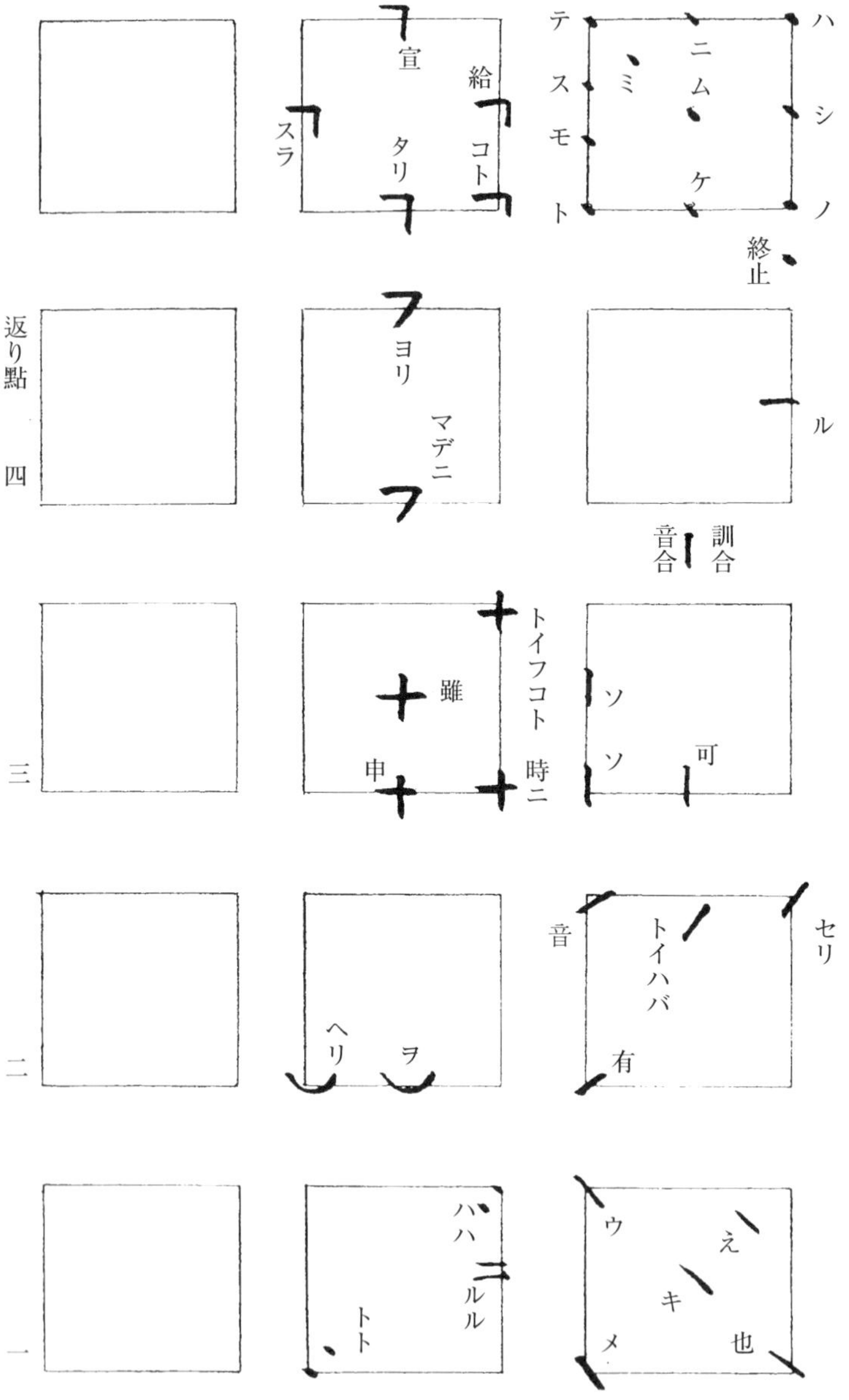

仁《ニ》波《ハ》流《ル》點系の資料としては、高山寺本『彌勒上生經贊』朱點に續く古い資料である。

1　句讀點は、高山寺本『彌勒上生經贊』朱點同様、右下の星點が文の終止を、稀に中止を示すだけで、左下に上に返る返り點もなければ、中央に文の中止を示す中點もない。終止を示すべき星點もしばしば省略される。（次に示す用例のカッコの中は、解讀した文である。）

（一）以身供養是爲第一、勝以國財妻子供養、（身を以（て）供養する、是をは第一と爲す。國財・妻子を以（て）供養するに勝（り）たり。）（一〇　14/16～17）

（二）世間悪人常在罪垢糞中、不淨沒頭、我不共語也、（世間の悪人は常（に）罪垢の糞の中に在り。不淨に頭を沒せり。ソヱニ我（れ）共‐語（せ）不《ず》［也］。）（一七　5/5～6）

（三）譬如過千歳冰化爲頗梨珠、如是等諸寶是人中常寶、（譬（へ）ば千歳を過（ぐ）る水は、化（し）て頗梨珠と爲るガ如く、是（の）如き等の諸の寶は、是レ人中の常の寶なり。）（一〇　23/16～17）

（四）愚癡之人不解聲相無常變失故、於音聲中妄生好樂、（愚癡の［之］人イ聲の相は無常なり、變失すと解（ら）不ガ故（に）、音聲の中に［於］、妄（り）て好樂を生す。）（一七　4/1～2）

（五）譬如賈客入海採寶垂出大海其船卒壞珍寶失盡、而自喜慶擧手而言幾失大寶、衆人恠言汝失財物倮形得脱、云何喜言幾失大寶、答言一切寶中人命第一人爲命故求財不爲財故求命、（譬（へ）ば、賈客の海に入（り）て寶を採（り）て、垂《イマ、、》大海を出（で）むとするとき、其の船卒《ニハカ》に壞レて、珍寶を失ヒ盡（くし）ツ。而も自（ら）喜慶して、手を擧（げ）て［而］言（はく）、「幾《（ほとほと）》大寶を失（ひ）ツるカナ」といふ。衆人恠（しび）て言（はく）、「汝は財物を失（ひ）て、倮形にして脱（るる）こと得たり［と］。云何ぞ喜（び）て幾《ホトホト》に大寶を失（ひつる）カナ・といふ」（と）。答（へて）

言（はく）、「一切の寶の中には、人の命［を］第一なり。人は命の爲の故（に）財を求む。財の爲の故に命をは求め不」といふが如し。）（一三　7/16～19）「如」の右に「二」、「不」の右に「一」の返り點あり。

（六）提婆達多鹿群中有一鹿懷子次至應送、來白其主、我身今日當送死、而懷子子非次也、乞垂料理使死者得次生者不濫、（提婆達多の鹿群の中に、一の鹿有リ。子を懷（み）て次に至（り）て送（ら）る應《べ》きあり。來（り）て其の主に白（し）しく、「我が身今日に死に送（らる）るに當（た）レリ。而るに我子を懷（めり）。子は次に非ず［也］。乞フ、料理を垂（れ）て、死者に次を得《え》、生者をは濫（さ）不《ず》あら（し）め（たま）へ」とまうす。）（一六　13/23～26）

2

文の構造が複雑な場合、一・二・三の數字を返り點に用ゐることがある。

（七）佛苦二行六年一（佛（は）六年苦行（し）たまふ。）（一五　4/7）

（八）如先説二神常遍一中三已破（先に神（は）常なり、遍（し）と説く（が）中に、已に破（し）ツるが如（し）。）（一四　7/15）

（九）離本處物屬我是名盜、（中略）其餘方便校計乃至二手捉未離地者一是名助盜法（本處より離れて物を我レに屬する、是を盜と名（づ）く。（中略）其の餘の方便を（も）て校計し、［乃］手に捉（り）て地を離（れ）未《ヌ》者《ひと》に至（る）までに［を］、是は助盜の法と名（づ）く。）（一三　9/11～13）

（一〇）若以力若以財若誘誑若自有妻受戒有三身一乳-兒二非道乃至以華鬘與淫女爲要如是犯者名爲邪淫（若（し）力を以て、若（し）財を以て、若（し）誘誑して、若（し）自（ら）有る妻の、戒を受ケ、身に乳兒（を）有《モ》テるを、道には非（ずして）、乃至、華鬘を以て淫女に與へて、要と爲して、是の如く犯する者《もの》を名（づけ）て邪淫と爲す。）（一三　10/27～11/2）

（一一）汝憂婆塞聽是多陀阿伽度阿羅呵三貌三佛陀知二人一見四人三爲憂婆塞。（汝、憂婆塞、聽ケ、是の多陀阿伽度阿羅呵三藐

三佛陀の、人（を）知り、人（を）見るを、憂婆塞の爲にす。）（一三 19/18〜19）

（一二） 有一長者婦不覺懷妊出家受具足戒其後身大轉現諸長者譏嫌比丘因此制有二年學戒受六法然後受具足戒。（一(り）の長者の婦有り。懷妊せりと覺（ら）不ずして出家して、具足戒を受（け）たり。其の後に、身大に轉現するとき、諸の長者比丘を譏嫌しき。此に因（り）て、二年に戒を學し、六法を受（く）ること有（り）て、然して後に、受具足戒（す）べし・と制（し）き。）（一三 25/25〜27）

（一三） 譬如愚人貪著好菓上樹食之不肯時下。人伐其樹樹傾乃墮身首毀壞痛惱而死。（譬（へ）ば愚人好き菓に貪着して、樹に上（り）て之を食（ひ）ッヽ、時に下（り）肯《か》（へ）に不《す》。人の其の樹を伐（る）とき、樹傾（き）て乃（し）墮（ちて）、身首毀壞（し）、痛惱して［而］死（ぬ）るが如し。）（一七 2/26〜3/1）

ただし、次の諸例の「二一……二」は、返り點に似て居るが、返り點ではなく、「第二訓」の意味で、正訓に對して、別訓を示す記號である。この記號は、高山寺本『彌勒上生經贊』朱點には使用されてゐない。

（一四） 持戒已立大誓願得至佛道是爲尸羅生 尸羅波羅蜜。（持戒し已（り）て、大誓願を立（て）て、佛道に至（る）ことを得しむ。是を尸羅より生（する）尸羅波羅蜜と爲《い》ふ。《尸羅ニ爲《よ》（り）テ尸羅波羅蜜（を）生ストイフ。》（一三 18/6〜7）（《 》内は別訓、以下同じ。）

（一五） 六日神足月 受持清淨戒 是人壽終後 功德必如我。（六日と神足の月とは《六日ノ神足の月ニ》清淨の戒を受持する、是の人、壽終（はり）て後に、功德必ず我ガ如く（なら）む・と。）（一三 20/15）

（一六） 若有二種悔 不作若已作 以是悔著心 是則愚人相 不以心悔故 不作 而能作《す》スルものニハ。（若（し）二種の悔有（り）。不作と若（し）は已作となり。是を以て悔著の心は、是（れ）則（ち）愚人の相なり。心を以ては悔（い）

不《ヌ》ガ故に、作（さ）不《ヌ》を［而］能（く）作す。《心を悔スルヲ以（て）ノ故に、作スヘカラ不《ヌ》を［而］能（く）作スルものニハ（あら）不《ス》。》（一七　12/19～20）

（一七）禪最大　如《二ナルコト一シ》王《二ノ》ソヱニ說禪《二テ二ハ》則攝《一ムト》一切說餘《二ク》定卽不攝。（禪は最大なり。王（の）禪は則（ち）一切（を）攝むと說き、餘の定は則（ち）攝（め）不《ず》と說（く）ガ如し。《禪は最大ナルこと王ノ如シ。ソヱニ、禪ニハ則（ち）一切（を）攝ムト說（き）テ、餘の定は則（ち）攝（め）不《ず》と說ク。》（一七　14/12～13）

（一八）一切法中求索《二スル》善法不善法无記法不《二ノ》可得《二ナル》是名擇法覺分。（一切法の中に、善法・不善法・无記法を求索するに、不可得なり。是を擇法覺分と名（づ）く《求索スル善法・不善法・无記法ノ不可得ナル》（一九　24/24～25）

（一九）諸波羅蜜有二種一者一波羅蜜中相應隨行具諸波羅蜜、二者隨時《二トキ、、》別行《ニヲ》波羅蜜多者受名。（諸の波羅蜜に二種有り。一（は）［者］、一の波羅蜜の中に、相應して、行に隨（ひ）て諸の波羅蜜具す。二（は）［者］、時に隨（ひ）て別るに波羅蜜多を行する者《ひと》、名を受く。《隨時《トキ、、》別ニ行ヲ》）（一八　18/16～18）

（二〇）離生《二ニレタル》喜樂得初禪（離より生する《離ニ生レタル》喜樂をも（て）初禪を得む。）（二〇　19/11）

3　第一壷の左の星點は、前稿には、スのみを擧げたが、その下にもう一つモの點があって、次のやうに用ゐられてゐる。高山寺本『彌勒上生經贊』朱點には、モの點はない。

（二一）遺《二（し）たまふことも》問訊《一を》亦（た）以《二（て）なり》人の法《一を》。（一〇　17/4～5）

（二二）不《ずレ》貪《レ（ら）》身を、不《ずレ》惜《レ（しま）》壽をも、不《ずレ》惡《レ（ま）》死を、不《ずレ》悅《レ（ひ）》生をも。（一〇　17/7～8）

（二三）若（し）貴（く）も（あ）レ、若（し）賤（しく）も（あ）レ、若（し）小（さくもあ）レ、若（し）大（きくもあ）レ、行《二フは》此の淨戒《一を》、皆得《う》《二》大利《一を》。（一三　2/3～4）

（二四）若(し)苟く免(れ)て全㆑(く)すとも身を、身何の所得カアラむ。（一三　8/23～24）「苟」の右に「且也」の注あり。

（二五）貴にして而无㆑(き)をは智則爲㆑す衰と。智あれども而憍慢(な)るをは亦(た)爲㆑す衰と。持戒の之人(な)レども而毀戒(な)るは、今世後世に一切衰フとなり。（一三　2/10～11）

（二六）各各(の)謂《おも》ひて㆓究竟㆒と、而も各自愛着す。（一八　9/17）

（二七）菩薩摩訶薩は知㆓(る)こと是の諸法㆒を已(り)て、能(く)令《し》㆔む諸法をして入㆓(ら)自性空㆒に。而レども於㆓て諸法㆒に無㆓し所著㆒。（一八　15/26～27）

4　第一壷の中左上の星點は、前稿には擧げなかったが、ミを表し、次のやうに用ゐられてゐる。高山寺本『彌勒上生經賛』朱點では、ミは中央にある。

（二八）自(ら)思惟(す)ラく……「宜し自(ら)勉《ハケ》み厲㆓べしとおもふ以㆑忍を(も)て調㆑す心を。」（一四　3/4～6）ハケみ

（二九）好㆑む施を菩薩は求㆓(め)むとして如意珠㆒を、抒㆓み大海の水㆒を、……得㆓て如意珠㆒を以(て)給㆓し衆生㆒に、（一六　2/17～18）クみ

（三〇）或は期㆓して後世の福樂㆒を、剋《キサ》㆑み己を自を勉《ハケ》むは爲㆑す苦を。（一三　22/3）キサみ

（三一）是の人は無㆓み大慈大悲㆒、棄㆓捨(し)て衆生㆒を、不㆑求㆓(め)十力と……禪定・智慧等の諸の善法㆒をしも。（一六　2/11～14）ナミ

5　第三壷の左中・下の「|」は、前稿に擧げなかったが、ソを表し、次のやうに用ゐられてゐる。中よりのことも、下よりのこともあって、位置は不安定である。高山寺本『彌勒上生經賛』朱點では、ソは左下の「／」で示す。

（三二）有㆓下中上の禮㆒あり。下といふは者揖るぞ。中といふは者跪くぞ。上といふは者稽㆑し首を頭面をもて禮㆑するぞ足を。是は上の

供養なり。（一〇　14/30～15/1）

（三三）此の人は諸の結使（を）欲レ薄（くあらし）めて、必ず得《え》二（て）涅槃一を、墮二（ち）ナむものぞ僧寶（の）數の中一に。（一三　24/15～16）

（三四）諸法の實相は無爲なり。……云何ぞ以二て實相一を爲《す》レる首と。（一六　3/5～6）

（三五）若（し）居家の戒を（も）て得《え》レ生二（るる）こと天上一に……亦（た）得レば至二（る）こと涅槃一に、復（た）何せむぞ用二（ゐ）る出家の戒一を。（一三　22/21～22）

（三六）若（し）神ィ有二（ら）ば知相一、復（た）何一用レ（ゐる）こと心を爲《（せ）》二（む）ぞ。（心を用（ゐる）こと何爲《（せ）》むぞ。）（一九　11/20～21）

（三七）如佛《（い）マ》は不《ず》レ求二（め）福德一を。何（を）以（ての）故（に）ぞ供養する。（一〇　9/6）

6　下中の「—」は、前稿では、點だけ擧げて、讀みを示さなかったが、助動詞のベシを表し、次のやうに用ゐられてゐる。

（三八）世間の法の中（には）、從レ遠（く）より來るときは必（ず）應レ有レ（る）べし信。（一〇　8/25）

（三九）持戒の莊嚴は勝二（れ）たり於七寶一に。以二て是の之故一を、當に護二（る）こと於戒一を、如レ（く）すべし護二るガ身命一を。如レ（く）すべし愛二するガ寶物一を。（一三　3/22～23）

（四〇）年向レフときは成レるに人と、應三當に修二（む）べし其の家業一を。（一三　9/3）

（四一）四聖諦の苦をは、聖人は知二レリ實（に）是レ苦一なり（と）。愚夫は謂レ（ひ）て之を爲レす樂と。聖實（に）可レ依るべし。愚の或をは宜レ棄（つ）べし。是（の）身實に苦なり。（一九　7/20～22）

（四二）佛語（りたまはく）、「汝往（き）て莫レレ觀二すること佛身一を。勿レレ念二すること國土一を。但（た）聽二（く）べし佛の說法一を（のみ）。」（一〇　8/11～12）

（四三）无記は无レキ(が)報故に、不《ず》レ(あ)るべし生二(れ)天上・人中一に。（一三　5/22）

7　第四壷の左上の「〳」は、前稿にイとしたのは誤りで、漢字の音を示し、次のやうに用ゐられてゐる。

（四四）何(を)以(ての)故(に)、人飲レ(みて)酒を酔(へ)るとき(は)、心无二く節の限一りの、用費无レき度故(に)なり。（一三　15/23〜24）

「費」の右に「ヒ反」の注あり。

（四五）是(の)故(に)、難レし持二(つ)こと不悪口の法一を。妄語の故に、作二重き事故一(に)、不レ應《ヌ》レ(くあら)作(す)。（一三　17/3〜4）

（四六）女人の之心は、不《ず》レ擇二(は)貴(と)賤一と(を)、唯(た)欲三す是(れ)[と]從一(は)む・といふこと(を)のみ。（一四　15/12）

（四七）若(し)諸法の相ィ實に有(な)ラば、不《ず》レ應レ(くあら)无(なる)。若(し)諸法ィ先(に)有(り)しィ今无しといはば、則(ち)是(れ)斷滅(になり)ヌ。（一五　8/15〜16）

（四八）我獨(り)して無レし所レ恃む。唯(た)願フ、見にし愍傷(せられ)ヨ。（一七　3/8）

（四九）此の人破二し汝ガ池一を、取二るに汝が華一を、汝都て無レし言。（一七　5/4）

（五〇）女の言(ひし)く、「可二共に澡洗(し)て、卽(ち)可一ナるべし・といひて之。」女の手(の)柔軟(な)るを觸す之。心動(き)て、便(ち)復(た)與二諸(の)女一と更互(ひ)に相ヒ洗す。（一七　9/26〜27）

（五一）挑悔蓋といふは者、挑の之爲レラく法、破二す出家の心一を。（一七　12/10〜11）「爲」の訓「ラく」存疑。

（五二）知二(り)て一法は亂レすと心を、雖レ(も)善なりと而應レ(し)離(る)。如二(し)大水の澄み靜(かなる)ときは、波蕩亦(た)无レきガ見一すること。（一七　15/2）

（五三）離二レ喜樂身受一を、捨二す念及方便一を。聖人は得て能(く)捨す。餘人は捨するを爲レす難しと。（一七　15/7〜8）

（五四）覺の時には觀不《ず》二明了一に(あら)。觀には覺不《ず》二明了一(にあら)。（一七　16/5）

（五五）　如二し佛の說一(きたまふ)ガ、若斷二(ち)て一法一を、我レ證二す・と汝ガ得する阿那含一を。（一七　16/7）

（五六）　於二諸法の中一(に)、不《ず》下以二て理智一を貫中達(せ)諸法の實相上を。獨リ善二なり其の身一のみ。（一七　22/10～11）

（五七）　若(し)一切の諸法ィ性常(に)自に空(に)して、無二くは所有一者、云何ぞ不《ヌ》レ墮二(せ)邪見一に。（一八　10/1～2）

（五八）　便(ち)空(し)く抄レして鹽を滿レて口に食レするに之を、鹹く苦くして傷レし口を、而て言(は)く、（一八　11/14）

（五九）　是の法は異二なり於有一に。異(な)る(が)故(に)應レ無(な)るべし。……何(を)以(ての)故(に)、有法不《ヌ》レ異に(あら)故(に)。若(し)異(な)ラば則(ち)無(な)るべし。（一八　12/6～7）

（六〇）　若(し)三の大は在二レども火の中一に不《ず》レといはば熱(せ)、則(ち)不《ず》二名(づけ)て爲レ火とは。（一八　13/20）

（六一）　眼を(も)て見レるに色を、亦(た)是レ水火は濕熱の相なり。是(の)水火は種(な)るべし。（一八　13/12～13）

（六二）　內の六入の分を(も)て生する受、是を爲レす內と。外の六入の分を(も)て生する受、是を爲レす外と。（一九　16/14～15）

（六三）　非二ず四大造一に。有上法なり。非レず有に、想-應-因なり。（一九　18/19）

（六四）　不善分・無記分も亦(た)如レし是の。隨レ(ひ)て種に相(ひ)攝(め)たり。（一九　15/14）

（六五）　比二スルとき於空心一に、願は益是レ爲二す大利一なりと、乃至二(る)までに舍利餘の法一に多レし所二餘益一する。（二〇　16/1）

「比」に別のヲコト點あれど讀めず。「餘益」の「餘」は、大正新脩大藏經に「饒」に作る。

（六六）　論議師の輩、遥(か)に見二て佛(の)來一すを、自(ら)語二はく其の衆一に、「……見二て汝等の靜嘿一(な)るを、或(は)能く來レ(でまさ)むものぞ・といひて此(こ)に」衆卽(ち)嘿然せり。（二六　13/24）

（六七）　未來・現在ィ皆有(な)ラ者ば、何の等きか是レ无(な)る。（二六　23/2～3）

上記諸例が、私が拾った左上の「／」の全てである。漢字の音讀を示す記號に違ひない。（四五）の「作重事故」は、

「作」の右に「一」が、「事」の右には「二」が書き附けられ、かつ、「作」と「事」とには、この記號が加へられてゐる。「重」を飛ばして、「作」と「事」と結んで先に讀み、かつ、「作」と「事」とを音讀することを示してゐる。すなはち「作事《さくじ》重き故に」と讀むのである。（四八）の「見にし」は、「見」を音讀して、形容動詞ナリ活用とし、その連用形に、間投助詞シを添へて、强調したものである。「見に」は「現に」と同義なのであらう。ただし、文脈からすると、「見」は、尊敬を表す助動詞として、ル・ラルと讀み、後の「愍傷」に掛けて、「愍傷セラレヨ」と讀み、「あはれんでください」の意とすべきであらう。（五〇）は、「可」が二つ重なるが、大東出版社の『國譯一切經』には、「女言く、『共に澡洗す可し』と。卽ち亦た之を可とす。女の手は柔軟にして、之に觸れて心動す。」と讀んでゐる。

8　第四壷の右上の「╱」は、前稿には擧げなかったが、セリを示し、次のやうに用ゐられてゐる。

（六八）持戒の之人は、見二て破戒の人の刑獄に考掠（せら）レ、種種に苦惱一するを、自（ら）知三（り）て永二離せりと此の事一を、以て爲二欣慶一することを。（一三　2/16〜18）

（六九）到二（り）て佛所一に、頭面を（も）て禮二（し）て佛足一を、却（き）て住二せり一面一に。（一三　13/23）

（七〇）天樹自然に生す。華鬘及瓔珞、丹花如二し燈の照一すが。衆の色相（ひ）間―錯せり。（一三　17/15）

（七一）有二リ一（リ）の長者の婦一。不《ず》レして覺二（ら）懷妊一せりと、出家して受二（け）たり具足戒一を。（一三　25/25）

（七二）汝ガ論は墮二せり負處一に。何以故、神則（ち）是（れ）人（な）ラば、不《ず》レ應二（くあら）以レて人を喩一すレ人に。（一九　12/1〜2）

9　第四壷の上内の「╱」は、前稿には擧げなかったが、イハバを表し、次のやうに用ゐられてゐる。

（七三）以レ（て）數を言《い》レはば之を、大（な）るを者《は》爲レす始と。（一三　22/14）

（七四）是ガ中に、盡壽までに不《ず》レ應二（くあら）邪淫一（す）。是の事、若（し）能（くせ）むヤ・といはば、當（に）レ言レ諾といふべし。（一三　19/23）

～24）

（七五）　若(し)眼に見レるを(も)て色を、是レ地の堅相、是レ地種なり・といはば、眼を(も)て見レるに色を、亦(た)是レ水火は濕熱の相なり。（一八　13/12～13）

（七六）　若(し)三の大は、在二レども火の中一に、不《ず》レといはば熱(くあら)、則(ち)不《ず》二名(づけ)て爲《せ》レ火とは。（一八　13/20～21）

（七七）　若(し)心イ使レヒ身を、有レ(り)て我使レフ・といはば心を、應三更(に)有二(る)べし使レフ我を者一。（一九　11/16～17）

（七八）　攝レするときは心を得レ禪を、便(ち)得《う》二實の智慧一を。得二るときは實の智慧一(を)、便(ち)得《う》二解脱一(を)。得二るときは解脱一を、便(ち)得《う》レ盡レ(すこと)苦を。（一〇　10/29～11/1）

10　第五壷の左上の「╱」は、前稿には擧げなかったが、ウを表し、「得」をウと讀む場合に用ゐられてゐる。

（七九）　今當(に)共(に)行(か)む。去レること此を不《ず》レして遠(くあら)、有二リ可レき得《う》處一。（一七　10/5）

（八〇）　身念處をは可レし得《う》二内外一といふこと。諸の受は是レ外入に攝(めらる)る(な)ラば、云何ぞ分三別する有二(り)と内受・外受一。（一九　16/10～11）

（八一）　況(や)復(た)說法(せ)むときは、以二(て)の精進の因縁一を故(に)は、能(く)破二(し)て今世後世の福德道法の懈怠一を、得《う》二金剛身不動心一を。（一八　17/19～21）

11　同じく第五壷の右内の「╱」は、ア行のエ（e）を表し、「得・獲」をエと讀む場合に用ゐられてゐる。

（八二）　棄二(つ)ることは是の五蓋一を、譬(へ)ば如二く負債の得《え》レ脫(るる)こと、重病の得《え》レ差(ゆる)こと、飢餓の之地より得レるガ至二(る)こと豐國一に、如二し從レ獄より得レるガ出(つる)こと。（一七　13/3～4）

（八三）　以レ(て)の是を故に、不得《ず》二以レ(て)四を爲《す》レること地と。亦(た)不《ず》レ得《え》二離レ(れ)て四に爲《す》レること地と。（一八　13/1～2）

（八四）　此の人は諸の結使（を）欲レ薄（くあらし）め必ず得《え》二（て）涅槃一を、墮二（ち）ナむものぞ・と僧寶（の）數の中一に。（一三　24/15〜16）

（八五）　如レ（き）是（の）等の種種（に）失二（ひ）て大樂一を、得《え》二大苦一を、失二（ひ）て大利一を、得《え》二大衰一を、失二（ひ）て尊貴一を、得二る卑賤一を、於二て此の衆生一に、……得《う》レ成二（す）こと大悲一を。（一七　27/4〜5）

12　第六壷の左中の「ㄱ」は、前稿には擧げなかったが、スラを表し、次のやうに用ゐられてゐる。

（八六）　假-令ヒ後世に无レく罪、不《ヌ》下すら爲二に善人一の所《レ》レ訶（は）、怨家に所上レ嫉（ま）、尙し不《ず》レ應三（くあら）故ラに奪二フ他の命一を。（一三　7/12〜13）

（八七）　何以故、善相の之人すら、所レなり不《ヌ》レ應レ（くあら）行す。何況（ヤ）後世に有レる罪弊惡の果報は。（一三　7/13〜14）

（八八）　佛は不《ず》レ須レ（ゐたまは）物をは。佛寶天寶をすら尙（し）亦（た）不《ず》レ須（ゐたまは）。何況（や）人寶をは。（一〇　10/1〜2）

（八九）　女人は尙し不《ず》レ得《え》レ作二（る）ことすら轉輪聖王一に。何況（や）作レ（ら）むヤ佛と。（二四　6/9〜10）

（九〇）　惡業は尙し不《ず》レ能レ（は）得二（る）こと世間の樂一をすら。何況（や）出世間の樂は。（二四　6/14〜15）

13　同じ第六壷の上中の「ㄱ」を、前稿でヨリとしたのは誤りで、「ノタマフ」が正しく、次のやうに用ゐられてゐる。

（九一）　菩薩の鹿王イ……敕二（す）ラく諸の從人一に、「攝二（め）ヨ汝ガ弓箭一を。無レ（くあ）レ・とのたまふ得レ（る）こと斷二すること其の來意一を。」（一六　19/16〜19）

（九二）　是（の）故（に）、佛言《のたま》二ひたり一心にして敬愼（す）べし。彼の諸の菩薩には難レしと近（づく）こと。（一〇　12/1〜2）

（九三）　帝釋・諸天、心（に）皆不《ず》レ悅（ひ）たまは。說（き）て言《のたま》はく、「阿修羅（の）種は多くして、諸天（の）種は少（しき）なり・と。」（一三　20/10〜11）

（九四）　王聞二(き)是の言一を、卽(ち)從レより坐起(ち)て、而說レ(き)て偈を言《のたま》ひしく、「我レイシ實に是(れ)畜獸なり。……且く可レし・といふ安二くす汝ガ意一を。」（一六　14/15～1）

（九五）　尒時、世尊以レ(て)偈を答(へ)て言《のたま》はく、「我は得二たり涅槃の味一を。……爲レに之ガ起二す・と悲心一を。」（一七　2/15～17）

14　同じ第六壼の右中の「ㄱ」は、前稿には記號だけを記して、讀み方を示さなかったが、「タマフ」を表し、次のやうに用ゐられてゐる。

（九六）　（阿羅漢）語二(り)て諸の貴人の婦女一に言(ひ)しく、「姉妹、可二し・と出家一(し)たまふ。」（一三　24/19～20）

（九七）　如二し佛の說一(き)たまふガ、不與取に有二(り)十の罪一。（一三　10/17～18）

（九八）　如三く諸佛の盡レ(くる)までに壽、不二ヌが過レ(き)て中を食一(し)たまは、我某甲も一日一夜、不二ヌこと過レ(きて)中(を)食一(せ)如レく(せ)む是の。（一三　19/8～9）

（九九）　佛敕二して阿難一に與に剃レリ頭を、著二(しめ)たまひき法衣一(を)。（一三　25/8～9）

（一〇〇）　（大智成就(の)佛世尊、我今歸命(し)稽首(して)禮(したてまつる)。……）願(ふ)、佛、憐愍して見に救護(し)たまへ・と。（一〇　26/26）

15　第七壼の上中の「フ」は、前稿に擧げなかったが、「ヨリ」を表し、次のやうに用ゐられてゐる。

（一〇一）　火の中に有二(り)八大鬼出一(つ)ること。……一切の鬼神は皆從二此の八鬼一より生す。（一三　21/14～15）

（一〇二）　譬(へば)如下し魚を出二(し)て於水一より、而著中くガ熱き沙の中上に。（一六　7/22）

（一〇三）　若(し)在二(る)ときは銅橛地獄一に、獄卒羅刹の問二(は)く諸(の)罪人一を、「汝は何の處よりか來(り)し。」（一六　10/12～13）

（一〇四）是の身は九孔より常(に)流二る不淨一。眼よりは流二レ眵涙《メクソ》一、耳よりは出二テ結-聹一、鼻の中よりは洟流レ、口よりは出二で涎吐一、厠道水道よりは、常(に)出二テ屎尿一、及諸の毛孔よりは汗流(れ)て不淨なり。（一九 6/26〜7/1）「結-聹」の右に「耳クソ」の書き込みあれど、不確實。

16 同じ第七壺の下中の「フ」は、前稿に擧げなかったが、「マデニ」を表し、次のやうに用ゐられてゐる。

（一〇五）若(し)十二月一日より至二(る)までに十五日一に、受二持するに此の戒一を、其の福最多なり。（一三 18/14）

（一〇六）如三く諸佛の盡壽までに不《ヌ》二ガ殺生一(せ)、我レ某甲も一日一夜、不《ヌ》こと二殺生一(せ)、亦(た)如レくせむ是の。（一三 18/23〜24）

（一〇七）但(た)五戒は、終レ(ふる)までに身を持ツ。八戒は一日のみ持ツ。（一三 21/19〜20）

（一〇八）若(し)菩薩の初發心より、乃至レ(る)までに得二るに無生忍從一(を)、是の[より]中間をは名二(づ)く精進一と。……得《え》二法性身一を、乃至レ(る)までにする成レるに佛に、是を爲二す心精進一と。（一六 12/17〜20）

17 第八壺の右上の「十」は、前稿には、記號だけを記して、讀み方を示さなかったが、「トイフコト」を表し、次のやうに用ゐられてゐる。

（一〇九）有る人は愚癡少智に(し)て、……今世に得《え》レ罪を、不《ず》レ知三(ら)後世に有二(り)といふこと(を)大罪報一。（一三 12/20〜21）

（一一〇）有る比丘於二て諸の有爲(の)法一に、正憶念して得《う》二といふこと世間第一(の)法一を、斯レ有二リ是の處一。（一八 7/11〜12）

（一一一）身念處をは可レし得《う》二内外一といふこと。……云何ぞ分三別する有二(り)と内受・外受一。（一九 16/10〜11）

（一一二）持戒の之人は无二し事として不《ず》レといふこと得。破戒の之人は一切皆失す。（一三 2/26〜27）

（一一三）一切十方の五道の中には、无レ(し)不《ず》二といふこと好レみ樂を而惡レ(ま)苦を。（一九 8/21）

18　同じ第八壷の下中の「十」は、前稿には記號だけを記して、讀み方をを示さなかったが、「マウス」を表し、次のやうに用ゐられてゐる。

（一一四）　鹿王逕《へ》二到る王門一に。衆人見レて之を恠二（しび）て其（の）自（ら）來一（れ）るを、以てレ事を白《まう》レす王に。（一六　14/8）

（一一五）　諸の比丘食し已（り）て、出レ（で）て城より、以二（て）是の事一を具に白《まう》二す世尊一に。（一七　8/15～16）

（一一六）　使者太子及四天王、自（ら）下（り）て觀二察す衆生一を。……孝二順するひと父母一を者少きときは者、便（ち）上二（り）て忉利一に、以（て）啓《まう》二す帝釋一に。（一三　20/9～10）

（一一七）　鹿王既に至（り）て、跪《ヒサマツ》きて白二（し）しく人王一に、「……若（し）以二供膳一（し）たてまつらむには當に自（ら）差レ（し）て次に、日に送二（り）て一鹿一を、以て供二（せ）む・とまうす王厨一に。」（一六　13/19～21）

（一一八）　鹿群の中に有二リ一の鹿一、……來（り）て白二（し）しく其の主一に、「……乞フ、垂二（れ）て料理一を、使下死者に得《え》レ次を、牛者をは不《ず》レあら（し）め（たま）へ・とまうす濫（さ）。」（一六　13/23～26）

19　同じ第八壷の中央の「十」は、前稿に擧げなかったが、「イヘドモ」を表し、次のやうに用ゐられてゐる。

（一一九）　智者は雖丁觀二するに是の心の生滅の相一を、亦（た）不《ず》レ得二實の生滅の法一を、不《ず》丙といへども分別乙（せ）垢淨甲を、而得《う》二心清淨一（な）ること。（一九　21/22～24）

（一二〇）　知二（リ）て是の福德果報は無常なり。天人にして受レくといへども樂を、還（り）て復（た）墮レッ・と苦に、厭二（は）む・との是の無常の福德一を故（に）、求二（む）べし實相の般若波羅蜜一を。（一八　18/3～5）

20　第九壷の左下の「∪」は、前稿に擧げなかったが、「ヘリ」を表し、次のやうに用ゐられてゐる。

（一二一）　如二（し）佛（の）說一（きたまへるが）、「我レ自（ら）憶二念（す）レば宿世一を、……恆に以二（て）方便一を度二脫（したま）へりき衆生一を。……」

（一〇　12/16～19）

（一二二）　白雪覆《おほ》二へり山地一を。鳥獣皆隠レ藏（る）。（一七　3/8）

（一二三）　有二一（り）の比丘一ありて、得二て四禪一を生二（し）て增上慢一を、謂《おも》レへり得二たりと四の道一を。得二る初禪一を時には、謂三へり是レ得《う》二と須陀洹一を。第一禪の時には、謂二へり是レ斯陀含一と。第三禪の時には、謂二へり是レ阿那含一と。第四禪の時には、謂レへり得二たりと阿羅漢一を。（一七　25/1～4）

（一二四）　弟子語二（らく）比丘尼一（に）、「我ガ大師優波毱欲《おも》三へり・といふ來（り）て見レ汝を、問二（はむと）佛の容儀一を」（一〇　11/6～7）

21　第十壷の「トト」「ハハ」は、「ト・ハ」の點を、それぞれ二個重ねたもので、次のやうに用ゐられてゐる。

（一二五）　如二き閻浮呿提梵志一の問二（ひ）しく舍利弗一に、「於二佛法の中一にして、何者《もの》をカ最も難（し）とする・と。」舍利弗の答（へ）て（い）ひしく、「出家を爲《す》レと難（し）と。」（一三　24/11～13）トト

（一二六）　若（し）言レ渇といはば、是の時に、獄卒卽（ち）斫二（り）て逐（ひ）て罪人一を、令レし（めて）坐二（せ）熱き銅の橛の上一に、……灌くに以二てす洋銅一を。（一六　10/14～16）ハハ

（一二七）　何（を）以（て）ぞ知レるといはば之を、如《△モ》し人著レするとき色に、觀二て身の不淨（な）る卅六種一を、則（ち）生二す心厭一を。（一七　6/9～10）ハハ

第二節　假名字體及び特殊な實字・略符號

第三種點に用ゐられた假名字體及び特殊な實字・略符號を整理すると、第二表の通りである。

第一種點のそれと比較して見ると、略體假名としての整理がより進んでゐて、第一種點より新しい印象を受けるが、個々の字體について言へば、イ・ツ・ヨに珍しい字體がある。イは、石山寺本『四分律』平安初期點に類似の字體が見えるだけで、築島裕博士の『平安時代訓點本論考、ヲコト點圖・假名字體表』にも收録されてゐない。「以」の字の終はり二畫を取ったもであらうか。レと紛れやすい。次のやうに用ゐられてゐる。

（一）作レる餘を者《ひと》、或（る）イは故ラに作（り）、或（る）イは不《ず》二故ラに作一（ら）。（一三　16/28）

（二）賈客の入レ（り）て海に、採レ（り）て寶を、垂《イマ、、》出二（て）むとするとき大海一を、其の船卒に壞レて、珍寶を失ヒ盡（し）ッ。（一三　7/16～17）

（三）各（の）把二（り）身の血一を、而相（ひ）塗《ヌ》リ漫《ケカ》し、痛–毒とイタミ、逼–切とタシナミ、悶（え）て、無レし所レ覺する。（一六　6/1～2）

（四）或（る）は作二（り）て姧（な）る吏一と、酷《イチ》–暴《ハヤ》ク侵–害し、如レき是の等の種種の惡口・讒賊の故になり。（一六　6/12～13）

（五）若《イ》–爲《カ》ぞ譏二嫌する式叉摩那一を。豈（に）不レや致レ（さ）譏を。（一三　25/27～26/1）

ツは、小川本・岩淵本・斯道文庫本『願經四分律』平安初期點、石山寺本・黑板本『金剛般若經集驗記』平安初期點等にも見えるが、別にス・メ・ラ・リ等の假名としても用ゐられる字體である。ツと讀む場合の字源は、ツの母字

第二表　第三種點　假名字體及び特殊な實字・略符號

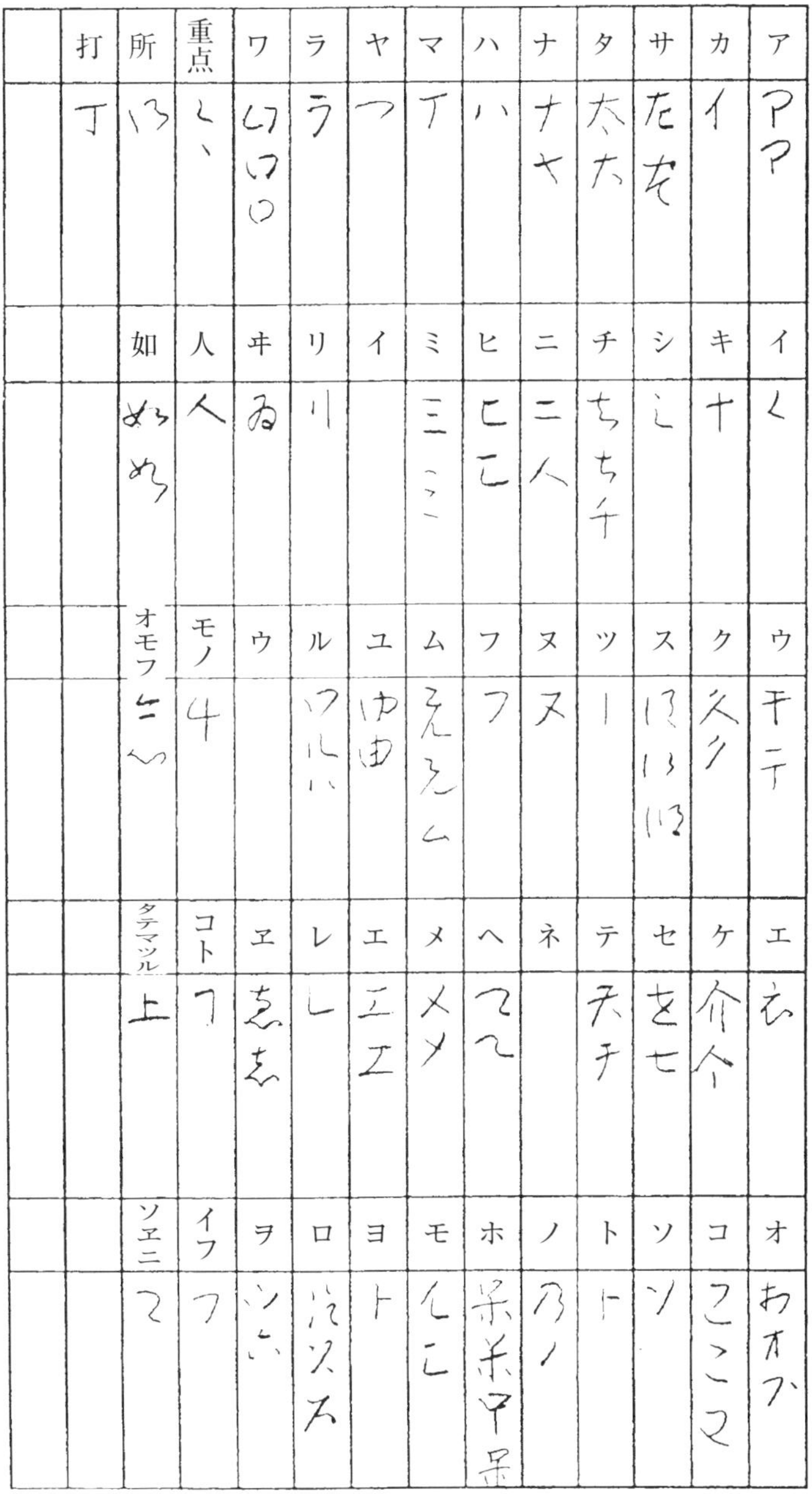

と見倣される「州・川」の一畫を取つたものであらうか。中田祝夫博士の『古點本の國語學的研究　總論篇』別冊の『ヲコト點圖錄・假名字體表・略體假名總合字體表』のツの項には、「州・都」の兩方に「ｌ」が收められてゐる。

（六）出二(し)て其の大舌一を、以二五百釘一を(も)て釘《ウ》レツ之を。（一三　4/17）

（七）雖下(ども)受二(け)て畜生の形一を、負レヒ重(き)ものを、鞭―策をセラレて、羇《オモツラ》を絆《ハセ》ラレ乘―騎上セラると、而常(に)得二レども好き屋好き食一を、爲レ(に)人の所レレ重(みせら)、以て人に供給(せ)ラる。（一二　22/4～5）

（八）熱鐵の臼の中に搗《ツ》レキて之を令レむること碎(か)、如レく迮《シモ》二ルガ葡萄一を、（一六　6/18）

（九）有二(り)き一(り)の盲(ひたる)比丘一。眼无レ(し)所レ見る。而以レて手を縫《ツ、》レリキ衣を。（一〇　9/9）

（一〇）但(た)出家セヨ。破レ(り)ツへくは戒を、便(ち)破(り)てマくのみ。（一三　24/21～22）

ヨは、トと同じ字體である。西大寺本『金光明最勝王經』平安初期點・石山寺本『大方廣佛華嚴經』平安初期點・高山寺本（箕面學園）『彌勒上生經贊』平安初期點・東寺本『悉曇章』延喜頃書寫・加點資料等にも見え、字源は「與」であらう。

（一一）尒時、世尊四《ヨ》へに㩜《タ、》二ミて憂多羅僧一を、敷(き)下シて以二(て)僧伽梨一を枕頭《マクラ》ニして而臥(し)たまひたり。（二六　8/17～18）

ヨへ

（一二）淫病重(きが)故(に)、求二む外の女色一を。得レるとき之を愈《(いよい)》ヨ多(け)レば、患至(る)こと愈《(いよい)》ヨ重し。（一九　8/1～2）イヨ

イヨ

（一三）此の五欲者は、得レて之を轉《(いよい)》ヨ劇(し)きこと如二し火に灸《アフ》レるガ疥を。（一七　2/22）同

（一四）劫奪の之人をは今世に有る人讃二美す其の健《ツヨ》一きことを。（一三　10/9）ツヨシ

實字の內、トコロは、不安定な字體であるが「所」の草體であらう。

（一五）　此の諸の菩薩は、欲レ（は）ば詣二（らむ）と釋迦牟尼佛一のところに、何（原文、「可」）（を）以（て）ぞ中道に（して）供二養する諸佛一に。

（一三　14/2～3）「佛」の右に「所」の注あり。

（一六）　自（ら）念（して）言（は）く、「何の許《ところ》に有レ（れ）ばカ河而可レき・とおもふ渡る者。」（一〇　18/16～17）「許」の右に「所也」の注あり。

オモフの二體は、共に「念」を崩したもので、上は「今」の部分を、下は「心」の部分を取ったものである。ただし、上の方は專らオモフに、下の方はココロに當てられてゐるやうである。

（一七）　行者思惟（す）ラく、「我自（ら）惜レ（し）み命を愛レす身を。彼（も）亦（た）如レ（けむ）是の。與レ我と何ぞ異（なら）む。以二（て）是の之故一を、不《ず》レとおもふ應二（くあら）殺生一す。」（一三　7/7～9）

（一八）　兒自ら思惟（し）て言（ひしく）、「我若（し）殺二（さ）ば此の一の羊一を、便（ち）當（に）終に爲《（つく）》二るべし此の業一を。豈以レ（て）の身を故に、爲《（つく）》二（ら）むや・とおもふ此の大罪一を。」（一三　9/5～7）

（一九）　心中に少（く）も多（く）も有レ（り）て疑謂（へらく）、「釋迦牟尼佛は功德大に（して）、所レ益す（る）或《（も）》（し）勝（れ）たりヤ」とおもへり。

（一〇　8/7～8）

（二〇）　卽（ち）復（た）念して言（ひ）しく、「佛（は）從レ定より起（でたまは）むこと、亦（た）將（に）不《じ》レ久（しくあら）。於レ是（こ）に小く住（ら）む・とおもひて」、到二（り）て倶伽離ガ房の前一に、叩二（き）て其の戶一を而言（ひ）しく、（一三　13/11～13）「小」の右に「且也」の注あり。

（二一）　此（の）人便（ち）念はく、「此の鹽は能（く）令《し》二む諸の物をして美一（くあら）。自《コロト》の味必ず多（け）むとおもひて、便（ち）空（し）く抄レして鹽

を滿レて口に食レするに之を、鹹く苦くして傷レし口を而て、（一八　11/13～14）

（二二）（陀舍聞二（きて）其（の）要言一（を））、欣-然して同レしく（し）て懷を、語二（り）て菩薩一に言（ひ）しく、（一二　17/18）

（二二）は「懷」の右に、「〱也」の注があり、「〱」は「心」の草體である。オモヒではなく、ココロと讀むのであらう。

ソヱニは、第一種點と同じ記號である。次の文の▲の位置に、この記號がある。

（二三）酒は失二（ふ）覺知一を相なり。……奪二フ諸の善功德一を。▲知レ（ら）む愧を者は、不《ず》レ飲む（べくあら）。（一三　16/18～21）

（二四）世間の惡人は、常（に）在二リ罪垢の糞の中一に。不淨に沒レせり頭を。▲我不《ず》二共-語一（せ）。（一七　5/5～6）

（二五）或る時には、火自（ら）能く燒（き）て、不《ず》レ待二（た）於人一をは。但（た）以レての名を故に、名（づけ）て爲二す人燒一すと。▲汝ガ論は墮二せり負處一に。（一九　11/27～12/2）

（二六）禪は最大ナルこと如レシ王ノ。▲說三（き）テ禪は則（ち）攝二ムト一切一を。說二ク餘の定は則（ち）不レと攝（め）。（一七　14/12～13）

（二七）菩薩在二すとき母胎一に、母も亦（た）樂二フ遠離の行一を。▲去レ（る）こと城を卅里、嵐鞞尼林の中に生（まれ）き。（二六　6/5～8）

第二章　音　韻

第一節　漢字音

漢字音は類音漢字で示すものが多く、假名を用ゐることもあるが、正式の反切によるものは少ない。次に擧げる例は、其の下の數字と同じ番號の例文中に見られるものである。

靭〈牛唐反〉（一）　所效〈學也〉、行長反・古梁反（二）　蹂〈仁場反〉（三）　恬涺〈上　都兼反、下　□藍反、タム〉（四）　斐─亹〈浮比反・七匪反〉（五）　鰛〈干反〉（六）　骨幹〈干反〉（七）　蚑〈支反〉（八）　泙〈甲反〉　渫〈恬反〉（九）　溷〈昆反〉（一〇）　貳〈二反〉（一一）　賖〈者反〉（一二）　徐─徐〈恕反〉（一三）　鶉〈寸反〉（一四）　危脆〈歳反〉（一五）　搭〈チ反〉（一六）　喘〈仙反〉（一七）　羆〈比反〉（一八）　韝〈祕反・□反〉（一九）　靡〈比反〉─爛（二〇）　沸〈比反〉・戻〈シ反〉（二一）　眄〈辨反〉（二二）　勁〈ケイ反〉（二三）　梢〈サク反〉（二四）　毳〈セイ反〉（二五）

（一）　淫行の罪の故（に）……嘴《ロハシ》・距《アコヱ》麁《（あら）》く靭《（つよ）》くして、不《ず》レ別二（た）觸と味一とを。（一六　3/23）天餘白に「牛唐反」、「靭」の右に「强也」の注あり。

（二）　檀をは爲下す涅槃の之初の緣、……智者の之所行、餘人の儉レく德寡レきガ識之所上レと效（す）る。（一一　13/23〜27）「效」

の右に「學也」の注あり。

（三）譬（へば）如レし蹂レガ場を。聚レ（め）て肉（を）成レレリ積と。積レること頭を如レし山の。（一六　6/19）天餘白、「蹂」の左に「フム」の訓あり。

（四）閑に坐二るとき林樹（の）間一に、寂然にして滅二（し）ヌ衆惡一。恬淈にして得《う》二一心一を。（一三　24/4）淈は「澹」の異體字。

（五）天衣无鞅數なり。其の色若干種なり。……金色映二せり繡-文《アヤ》一を。斐-亹（な）ること如二し雲氣一の。（一三　17/17）「斐-亹」の右に「ウルワシ」の訓あり。

（六）若（し）は白劍・婆羅（の）寶轀・雜餝を（も）て［以］爲《せ》二りき莊嚴一と。（一一　20/19〜20）「轀」の左に「カタヒラ」の訓、右に「干反」の注あり。

（七）如レく是の觀する身は、惡露にして无二し一も淨き處一。骨幹肉に塗（ら）レ、筋（に）纏（は）レ、皮に裹（ま）レタリ。（一九　19/26〜27）

（八）瞋恚偏（に）多（くあ）る人は、受二く毒蛇・蝮蠍（原文、「蟲」偏なし。）・蚑蜂・百足・含毒の之蟲一を。（一六　3/22〜24）「蚑」の左に「サソリ」の訓あり。

（九）漚波羅獄の中には、凍-氷の沍渫して、有レり似二ること靑蓮花一に。（一六　11/4）

（一〇）或る時には、至二（り）て廁溷の邊一に、立（ち）て伺二（ひ）求む不淨一を。（一六　5/17）

（一一）毘尼の達貳迦比丘作二レリ赤色の瓦-窟一（を）。（一〇　15/20）

（一二）二の大（きな）る惡（し）き狗あり。一には名二（づ）く賒摩一と。二（には）名二（づ）く賒婆羅一と。（一六　8/12）

（一三）僧の分レ（か）ッ酪をし時に、語（り）て言（ひしく）、「徐-徐にセヨ。莫《ナ》レといふ傷二ること此の愛酪の之沙彌一を。」（一七　5/15）

（一四）悪羅刹・獄卒（は）作㆓レリ種種の形㆒に。牛馬……六駮《マダラナル》大象・鵰鷲・鶉鳥なり。（一六　6/16）

（一五）知㆓（り）て身は危脆なり。財物（は）无常㆒なりと、修㆑（む）ること福を及㆑（ひ）て時に如㆓（く）火の中より出㆒㆑すガ物を、（一一　14/3）

天餘白「歳反」あり。

（一六）見㆘て父母（の）幽㆓閉（せら）レ囹圄㆒に、拷㆓掠（せら）レ搒搭㆒に、憂毒萬端㆖（な）るを、（一六　11/11）

（一七）他日其（の）師寝㆑（ねたり）疾に。舍利弗在㆓（り）て頭の邊㆒に立（て）り。大目連は在㆓（り）て足の邊㆒に立（て）り。喘喘とイキヅキッ、然も其の命將㆑終（ら）むとするイ、乃（し）愍尓と而笑フ。（一一　2/8）一九

（一八）慳貪・嫉妬・輕蹲・施促の故には、受㆓く獼猴……熊羆之形㆒を。（一六　4/1）

（一九）無愧無慚にして、𩜾饕する因縁の故には、受㆓く烏鵲・鵄鷲の諸鳥の之形㆒を。（一六　4/2）「𩜾」の左に「貪財」、「饕」の左に「貪食也」の注あり。

（二〇）斫リ刺し、割ル剥キ、身體を糜爛す。（一六　7/6）

（二一）令㆔（め）抱㆑（き）て炭を出㆓（て）熱沸の戻河㆒に、駈（り）て令㆑む入㆑（れ）中に。（一六　8/7）

（二二）坐・臥・行・立（し）ッ、廻《カヘリ》ミ眄て巧（み）に媚《ヲヤ》ス。（一四　14/1）「眄」は原文「目＋子」らしき文字。「ツ、」不確實。

（二三）智慧の箭（は）勁（く）利くして、破㆓（し）たまふ慢の諸賊㆒を。（一〇　20/23）

（二四）利刀劍梢（の）飛㆓（び）入（る）こと身の中㆒に、譬（へ）ば如㆓し霜フルとき樹より落（つ）る葉の隨㆑（ひ）て風に亂墜㆒するが。（一六　8/10）

（二五）〔毛分（の）因縁（の）故（に）有㆑（り）毛。毛（の）因縁（の）故（に）有㆑（り）〕毳。〔毳（の）因縁（の）故（に）有㆑（り）縷。〕（一二　7/12）

〔　〕の中は、「大正新脩大藏經」により補足。

右について、若干の説明を附け加へる。（一）～（五）は、珍しく反切を用ゐた例で、天の餘白に書き附けられ、「靬」の右には、「强也」の注がある。「靬」は『說文』に「靬、靬角鞮屬、从革、卬聲、〈五岡切〉」とあって、漢音・呉音ともにガウである。。高山寺本『篆隸萬象名義』には「干唐反」とあり、第一種點にも「向反」とあって、清濁を異にしてゐるが、本例の「牛唐反」は濁音に從ってゐる。「岡」は、『韻鏡』では、「宕攝、牙音、全清、平聲一等、唐韻」であるから、「牛唐反」は「五岡切」と同じく「靬」の音注として、適切である。大修館書店の『大漢和辭典』は、『說文』を引いて、ガウ・ギャウとし、「靬角は、かはをはったあしだ」と言ひ、また、『玉篇』から「靬、絲靴也」を引いて、「いとぐつ」と讀んでゐる。「靬」に加へられた「强」の注は、「かはをはったあしだ」や「いとぐつ」とは無緣であるが、「麁」と熟語して、アラク―ツヨシと讀んでゐるのは、今の場合、却って文意に合ってゐる。なほ、本書上卷、第三章、第一節、漢字音の項、用例（四）を參照。大東出版社の『國譯一切經』に「麁鞕にして」とあるのは不可解である。

（二）も天の餘白に書附けられ、「效」の右には「學也」の注がある。「效」は、『說文』に「效、象也、从攴、交聲、〈胡敎切〉」、『廣韻』に「效、具也、學也、象也、又、效力・效驗也、胡敎切。」、高山寺本『篆隸萬象名義』に「效、〈胡敎反、考・學・貝〉」とあって、漢音カウ・呉音ゲウ。「胡敎切」の「胡」は、『韻鏡』では、「遇攝、喉音、濁、平聲、一等、模韻」。「敎」は、「效攝、牙音、全清、去聲、二等、效韻。」。本例の「行長反」の「行」は、「梗攝、喉音、濁、平聲、二等、庚韻。」、「長」は「宕攝、舌音、全清、上聲、三等、養韻。」であるから、「行長反」は、「效」の音注として、子音は合ってゐるが、母音は合ってゐないことになる。また、本例の「古梁反」の「古」は、「遇攝、牙音、上聲、一等、姥韻。」、「梁」は、『說文』に「水橋也、从木从水、刅聲、〈呂張切〉」であるから、「古梁反」は、

「效」の音注として、子音も母音も合ってゐないことになる。義注の「學也」は、『廣韻』や『篆隷萬象名義』の注釋に「學」とあるのに一致してゐる。『說文』の「象也」に基づくのであらう。

（三）も天の餘白に書附けられ、左に「フム」の訓がある。「蹂」は、『說文』に「厹、獸足蹂地也。象形、九聲。……凡厹之屬、皆从厹〈人九切〉、蹂、篆文从足、柔聲。」、『廣韻』に「蹂、踐」、高山寺本『篆隷萬象名義』には、「蹂、仁柳反、踐」とあって、漢音ジウ、呉音ニュ。『韻鏡』では、「人九切」の「人」は、「臻攝、半齒、次濁、平聲、三等、眞韻」であるが、『廣韻』に「仁」は「如鄰切三」と言ひ、「如」は「人諸切」と言ってゐるから、「人・如・仁」は、同じ子音なのである。從って、本例の「仁場反」は、子音については『說文』の說明に合ってゐることになる。ただし、母音については、『韻鏡』では、「蹂」は「流攝、半齒、次濁、上聲、三等、有韻」であるが、「場」は、『篆隷萬象名義』に、「場〈以丈反、畔・界・行道〉」とあり、「丈」は、『韻鏡』では、「宕攝、舌音、上聲、二等、全濁、養韻」であって、漢音チャウ・呉音ヂャウ。「蹂」の漢音ジウ、呉音ニュとは、合はない。「蹂」の音を示すのに「仁場反」は適切でない。フムの訓は、『篆隷萬象名義』の「踐」と一致する。天治本『新撰字鏡』にも「人籌・人失二反、上、又、耳由反、踐也、阿止豆、又、布牟。」とあり、大修館書店の『大漢和辭典』には、上記『說文』の他、〔廣雅、釋詁一〕から「蹂、履也」を引いて、「ふむ」と讀んでゐる。

（四）は、「恬湉」の右に書き附けられてゐる。「恬」は、『說文』に「恬、安也、从心、甜省聲〈徒兼切〉」、玄應の『一切經音義』に、「恬澹〈徒兼・徒濫反、方言恬靜也、廣雅澹安也〉」、高山寺本『篆隷萬象名義』に「恬〈徒兼反、安、靜〉」とあり、大修館書店の『大漢和辭典』には、〔集韻〕から、「徒兼切」を引いて、テン・デンと讀む。本例の「都兼反」は、「恬」の注として適切である。その下の「湉」を、玄應の『一切經音義』に「澹」に作る。『大正新脩大藏經』も同じ。「澹」は、『說文』に「澹、〈水搖也、从水、詹聲〈徒濫切〉〉」とあり、高山寺本『篆隷萬象名義』にも、「澹〈達濫反、動〉」とあって、タンの音。本例の「タム」は、正確な表記である。大修館書店の『大漢和辭典』は、「恬澹《テンタン》、さっぱりとして、靜かなさま。恬淡に同じ。」と說く。

（五）は、「斐亹」の左に書き附られ、右に「ウルワシ」の訓がある。「斐」は、『說文』に、「斐、分別文也、从文、非聲、易曰君子豹變、其文斐也。〈敷尾切〉」、玄應の『一切經音義』に、「孚尾・亡匪反、如有也、詩云、有斐君子傳曰、斐文皃也、周易成天下之亹亹劉瓛曰、亹猶微微也」、高山寺本『篆隷萬象名義』に「斐、孚尾反、分別文。」とあって、ヒの音。本例の「浮比反」は、正確な表記である。「亹」は、大修館書店の『大漢和辭典』には、「斐亹」の熟語を擧げて、「ヒビ」と讀み、〔孫綽、遊ニ天臺山一賦〕から「彤雲斐亹以翼レ欞。〔注〕善曰、斐亹、文貌。」を引いて、「文彩あるさま。」と說く。「ウルワシ」の訓は適切である。

（六）は、「轀」の右に書き附けられ、左に「カタヒラ」の訓がある。「轀」は、『說文』にも、高山寺本『篆隷萬象名義』にも見えず、野口恆重編『字鏡集』にもなく、観智院本『類聚名義抄』に「轀、香蹇反」とあるのに過ぎない。大修館書店の『大漢和辭典』には、〔龍龕手鑑〕から「轀、同レ幰」を引いて、「音義未詳、幰に同じ。」とし、『大正新脩大藏經』と大東出版社の『國譯一切經』は「幰」に作る。『類聚名義抄』の「香蹇反」からすれば、ケンの音であるが、本例はカンである。假名で書くとかなり違ってゐるが、漢字音としては、「干」は山攝寒韻所屬字、「蹇」も同じく山攝獮韻所屬字で、兩者は近い音なのである。「カタヒラ」は車に吊るす絹布のことであらう。本例は、『大漢和辭典』が「音義未詳」とした「轀」について、音義を示した貴重な資料である。

（七）は、「幹」の左に書き附けられ、右には「□□□也」と四字の書き込みがあるが、讀めない。「幹」は、『說文』

に「幹〈築牆耑木也、从木、軋聲。〉」とあり、「軋」は、高山寺本『篆隷萬象名義』に「軋〈公日反、日出光〉」とあって、カンの音。本例の「干」と同音である。

（八）は、「蚑」の左に書き附けられ、右に「□反」と字音の表記があるが、讀めない。「蚑」は、『説文』に「行也、从蟲、支聲〈巨支切〉」とあり、高山寺本『篆隷萬象名義』に「蚑〈去蚑反、行皃〉」とあって、キの音。天治本『新撰字鏡』には、「蚑、巨儀反、蚍也、多足蟲也。」として、キの音と共に「多足蟲也。」と語義の説明を加へてゐる。ただし「多足蟲」がサソリを意味してゐるかどうか、分からない。大修館書店の『大漢和辭典』には、キ・ギと讀み、『説文』と〈王褒、洞簫賦〉の〈蚑行喘息。〈注〉善曰、凡生類之行、皆曰レ蚑。〉とを引いて、「〔一〕はふ。蟲がそろそろと行くさま。」と説き、また、「古今注、魚蟲」の「長蚑、蠨蛸也、身小足長、故謂二長蚑一。」を引いて、「〔二〕長蚑は、あしたかぐも。」と説く。「蚑蜂」の前の「蝮蠍」がマムシとサソリで、「蚑蜂」の「蜂」はハチであるから、「蚑」はサソリではなく、毒蜘蛛か何かを指してゐるのであるまいか。

（九）は、「⿰氵甲渫」の右に書き附けられてゐる。「⿰氵甲」は『説文』にない。大修館書店の『大漢和辭典』は、〈集韻〉の「乙甲切」に従ってアフと讀み、同じく〈集韻〉から「⿰氵甲、⿰氵甲涵、下濕。」を引いて、「⿰氵甲涵は、ひくくてうるほふ。」と説く。本例の「甲反」は、「⿰氵甲」の旁りから連想した誤りではないか。「渫」は、『説文』に「渫、除去也、从水、枼聲〈私列切〉」、高山寺本『篆隷萬象名義』に「渫〈息列反、除去、多。〉」また、「渫〈徒頰反、浹〉」とあって、セツ・ゼツ・セフ・ゼフ・テフ・デフの音。本例の「恬反」は、『説文』に「恬、安也、从心、甜省聲、〈徒兼切〉」とあって、テンの音。兩者は全く異なった音である。『大正新脩大藏經』は「浹渫」に作る。「浹渫」は、大修館書店の『大漢和辭典』に、「浹渫《カフテフ》、水の溢れつらなるさま」と説く。

（一〇）は、「溷」の右に、書き附けられてゐる。「溷」は、『說文』に「溷、亂也、一曰、水濁皃、从水、圂聲、〈胡困切〉」、高山寺本『篆隷萬象名義』に「溷〈胡困反、潰亂・濁・辱〉」とあり、大修館書店の『大漢和辭典』には、〈集韻〉から「胡困切・戶袞切・胡慣切・胡昆切」を引いて、コン・ゴン・クワン・ゲンと讀む。本例の「昆反」は、「溷」の注として適切である。

（一一）は、「貳」の右に書き附けられてゐる。「貳」は、『說文』に「貳、副益也、从貝、弍聲、弍古文二〈而至切〉」とあり、高山寺本『篆隷萬象名義』に「貳〈如志反、副、代・發・離……〉」とあって、ジの音。本例の「二音」は適切である。

（一二）は、「賒」の右に書き附けられてゐる。「賒」は、『說文』に「賒、貰買也、从貝、餘聲、〈式車切〉」、高山寺本『篆隷萬象名義』に「賒〈始遮反、民貸・則・賑・世見與〉」とあり、大修館書店の『大漢和辭典』には、〈集韻〉から「詩車切」を引いて、シヤと讀む。本例の「者反」は、「賒」の注として適切である。

（一三）は、「徐」の右に書き附けられてゐる。「徐」は、『說文』に「徐、安行也、从彳、餘聲、〈似魚切〉」とあり、高山寺本『篆隷萬象名義』に「徐〈似居反、遲・久〉」とある。「似」は、『韻鏡』に齒音、濁、上聲四等、止の韻であるから、「似魚切」「似居反」は濁音でジョである。一方、「恕」は、『說文』に「恕、仁也、从心如聲、商署切」、高山寺本『篆隷萬象名義』に「尸預反、仁、如」とあり、「商」は『韻鏡』に、齒音、清、平聲三等、陽の韻、「尸」は、齒音、清、平聲三等、脂の韻であるから、「商署切・尸預反」は音でショである。從って、本例の「恕反」は、「徐」の注として、清濁を異にし、不適切のはずである。逆に言へば、本例によって、「恕」が平安初期、既にジョと濁音化してゐたことが知られる。

（一四）は、「鶉」の右に書き附けられてゐるが、「寸」の字體がはっきりしない。「鶉」は、大修館書店の『大漢和辭典』に〔集韻〕から「殊倫切」（眞平聲）を引いて、シユン・ジュンと讀み、「うづら」と説く。「寸」は、〔集韻〕から「倉困切（願去聲）」を引いて、「ソン」と讀む。「鶉」に「寸」の注は適切でない。

（一五）は、天の餘白に書きつけられてゐる。「脆」は『説文』に「小耎易斷也。从肉从絕省〈此芮切〉」、高山寺本『篆隷萬象名義』に「脆〈淸歳反、愞弱〉」とあり、セイの音。「歳」は、『廣韻』に「相鋭切」、高山寺本『篆隷萬象名義』に「歳〈思惠反〉」とあってセイの音。「脆」に「歳」の注は適切である。

（一六）は、「搭」の右に書き附けられてゐる。「搭」は大修館書店の『大漢和辭典』に、「笞に同じ」とある。『説文』に「笞、擊也、从竹臺聲〈丑之切〉」、高山寺本『篆隷萬象名義』に「笞〈丑之反、擊也〉」とあり、大修館書店の『大漢和辭典』は〔集韻〕から「超之切」を引いて、チと讀み、「〔一〕むち。むちうつ。〔二〕たたき」と説く。本例の「チ反」は、「笞」の注として適切である。

（一七）は、「喘」の左に書き附けられてゐる。「喘」は『説文』に「喘、疾息也、从口耑〈聲昌沇切〉」とあり、大修館書店の『大漢和辭典』は〔集韻〕から「尺兗切」を引いて、センと讀む。「仙」は、『廣韻』に「神仙〈釋名曰、老而不レ死曰仙、仙遷也、遷入山也、故字從人旁山。相然切。〉」、高山寺本『篆隷萬象名義』に「仙〈僊、或口〉」とあり、大修館書店の『大漢和辭典』は〔廣韻〕から「相然切」を引いて、センと讀む。本例の「仙」は「喘」の注として適切である。

（一八）は、「羆」の右にある。「羆」は、高山寺本『篆隷萬象名義』に「羆〈鄙宜反、似熊黃白〉」とあり、大修館書店の『大漢和辭典』は〔集韻〕から「班縻切」を引いて、ヒと讀む。「比」は『説文』に「密也、二人爲レ从、反レ从爲ㇾ比。凡比之屬、皆从ㇾ比、〈毘至切〉」、〈廣韻〉に「𣬈〈說文曰、人齎也、今作ㇾ毘、通爲二輔毘一、房脂切〉、毘〈義見上〉。比〈和也、並也、又匕・鼻・必三音〉」、高山寺本『篆隷萬象名義』に「比〈俾似反〉」とあり、大修館書店の『大漢和辭典』は〈集韻〉から「補履切、毘義切、頻脂切」等を引いて、ヒ・ビと讀む。「羆」に「比」の注は適切である。なほ、「羆」の前の「熊」の右に、「雄反」らしい注があるが、剝落して不確實である。

(一九)は、「餥」の右に書き附けられ、左に「貪財」の注がある。「餥」は、『說文』に「餱也、从ㇾ食非聲、陳楚之間、相謁食二麥飯一曰ㇾ餥〈非尾切〉」、『廣韻』に「餥〈糇也、又方尾切〉」、高山寺本『篆隷萬象名義』に「餥〈甫鬼反、食二麥饘一〉」とあり、大修館書店の『大漢和辭典』は〈集韻〉から「府尾切・匪微切・方未切」を引いて、ヒと讀む。「祕」は、『說文』に「祕、神也、从ㇾ示必聲、〈兵媚切〉」、『廣韻』に「祕、密也、神也、視也、勞也、又姓……俗作祕、兵媚切」、高山寺本『篆隷萬象名義』に「祕〈鄙冀反、神也、視、勞、察〉」とあり、大修館書店の『大漢和辭典』は、〈集韻〉から「兵媚切」を引いて、ヒと讀む。「餥」に「祕」の注は適切である。なほ、「餥」の下の「餮」の右に「□反」があるが、剝落して讀めない。「餥」の左に「貪財」、「餮」の左に「貪食也」の注がある。「餥餮」(ヒテツ)は、財を貪り、食を貪ることである。

(二〇)は、「麋」の右に書き附けられてゐる。「麋」は、『說文』に「麋、鹿屬、从ㇾ鹿米聲、麋冬至解二其角一〈武悲切〉」、高山寺本『篆隷萬象名義』に「麋〈莫悲反、先・眉〉」とあり、大修館書店の『大漢和辭典』は、〈集韻〉から「旻悲切」を引いて、ビ・ミと讀む。「麋」に「比反」の注は適切である。

(二一)の「比反」は「沸」の右に、「シ反」は「戻」の右に書き附けられてゐる。「沸」は、『說文』に「沸、滭沸濫泉、从ㇾ水弗聲、〈分勿切、又、方未切〉」、『廣韻』に「沸、〈詩曰、觱沸濫泉、箋云、觱沸者、謂二泉涌出皃一、方味切〉」、高山寺本『篆隷萬象名義』に「沸〈不謂反、湯潰、或出・波涌〉」とあり、大修館書店の『大漢和辭典』は、〈集韻〉から「方未切」を引いて、ヒと讀む。「沸」に「比反」の注は適切である。「戻」は、高山寺本『篆隷萬象名義』に「戻〈施視反、陳、蘭糞也〉」、天治本『新撰字鏡』に「戻〈施視反、陳也、屎字〉」とあり、大修館書店の『大漢和辭典』は、「戻、屎に同じ」として、シと讀む。「戻」に「シ反」の注は適切である。「熱沸の戻河」は、熱く沸騰する糞の河のことである。

(二二)は、「眄」(原文、「目+子」らしき文字。『大正新脩大藏經』による)の左に書き附けられてゐる。「眄」は、『說文』に「眄、目偏合也、一曰、哀視也、秦語从㆑目丏聲〈莫甸切〉」、玄應の『一切經音義』に「廻眄〈冥見反、說文、邪視也、方言自關而西秦晉之間、曰眄也〉」、高山寺本『篆隷萬象名義』に「眄〈晏見反、一目偏合〉」とあり、大修館書店の『大漢和辭典』は、〈集韻〉から「眠見切」「彌殄切」を引いて、ベン・メンと讀む。「辨」は、高山寺本『篆隷萬象名義』に「覍〈辨と同字〉〈皮變反〉」とあり、大修館書店の『大漢和辭典』は、〈集韻〉から「皮變切」を引いて、ヘン・ベンと讀む。「眄」に「辨」の注は適切である。

(二三)は、「勁」の左に書き附けられてゐる。「勁」は、『說文』に「勁、彊也、从㆑力巠聲〈吉正切〉」、玄應の『一切經音義』に「勁利〈居盛反、說文勁強也、字體從㆑力、巠聲也〉」、高山寺本『篆隷萬象名義』に「勁〈居盛反、強也〉」とあり、大修館書店の『大漢和辭典』は、〈集韻〉から「堅正切」を引いて、ケイ・キヤウと讀む。「勁」に「ケイ反」の注は適切である。

(二四)は、「梢」の右に書き附けられてゐる。「梢」は、『說文』に「梢、木也、从㆑木肖聲〈所交切〉」、『廣韻』に「梢〈船舵尾也、又、枝梢也、所交切〉」、高山寺本『篆隷萬象名義』に「梢〈所交反、小柴〉」とあり、大修館書店の

『大漢和辭典』は、〔集韻〕から「師交切」を引いて、サウ・セウと讀む。「刀劍の梢」とは、刀劍の先端のことであらう。ただし、「梢」に「サク反」は不審である。「矟」と混同したのであらうか。

(三五)は、「毳」の右に書き附けられてゐる。「毳」は、『說文』に「毳、獸細毛也、从二三毛一、凡毳之屬、皆从レ毳〈比芮切〉」、高山寺本『篆隸萬象名義』に「毳〈齒芮反〉」とあり、大修館書店の『大漢和辭典』は、〔集韻〕から「此芮切」を引いて、セイ・セと讀む。「毳」の注として、「セイ反」は適切である。

第二節　國語音

1　ア・ヤ兩行のエ

ア行のエは「衣」の草體、または、ヲコト點で、ヤ行のエは「エ」で、正しく書き分けられてゐる。

ア行のエを「衣」の草體で書き表すもの。例は少ない。

願下(ふ)べし諸の煩惱を盡(くし)て逮二て薩婆若一を、成中就(せ)むとすること佛道上。(一三　19/12〜13)「逮」にテのヲコト點があり、右下に「得」を白書し、その右下に「え」の假名を記す。

ア行のエを、ヲコト點で示すもの。

不レず得《え》二……爲《す》一ること(一八　13/2)得《え》二信淨一(な)ること(一六　18/12)得《え》二大利一を(一七　27/4)得《え》二大衰一を(同)

得《え》二……佛法一を(一八　3/16)得《え》二……佛地一を(一九　27/13)得《え》二て无量の律儀一を(一三　26/7)得《え》二ッ卅兩の金一を(一一　18/7)得《え》レ脫(るる)こと(一七　13/4)得《え》レ差(ゆる)こと(同)得《え》レ道を(一七　14/21)

ヤ行のエを「エ」で書き表すもの。

距〈アコエ〉（一六 3/17・3/23）

2 その他のア・ハ・ヤ・ワ四行の音韻

ハ・ワ、イ・ヒ・ヰ、ウ・フ、ヘ・ヱ、オ・ホ・ヲ等、すべて正しく書き分けられ、混同した確例はない。

① ハ・ワを正しく用ゐた例

稱《ハカる》（一六 6/11） 勉《ス、ミ》勵《ハケミて》」（一三 3/24） 勉《ハケミ》勵《ハケむべし》（一三 18/26） 勉《ハケむは》（一三 22/3） 努-力《とイハミ》（左又、ハケミテ） 勉《ハケミ》勵（はけむ）べし（一四 3/4） 櫟《ハシリ》（一六 6/17） 櫟《ハシラレ》（一六 6/26） 狂《タハレ》逸《ハシリ》（一六 8/21） 靽《ハセラレ》（一二 22/4） 疥《ハタケ》（一七 2/22） 剥《ハツリ》（一六 10/24） 大《ハナハタ》（一四 15/4） 忌《み》憚《ハ、カる》（一六 16/18） 駃《ハヤきこと》（一七 2/1） 駃《トく》疾《ハヤし》（二四 9/22） 顛-匐《とハラハヒ》（一六 8/22） 挖（原文「宅」の旁）《ハるガ》（牛の皮を）（一六 8/6） 冒《ハルカに》渉（わたり）て（一六 13/1） 酷-暴《イチハヤク》（一六 6/13） 努-力《とイハミて》（二六 9/14） 應《レ》しとイハむ如《レ》く（あ）る佛《の》（一三 20/19） 得《むとイハム》（同 20/18） 如《し》……問《フとイハムガ》（一七 5/9） 鏘《ウハラ》（一六 21/22） 鉗《カナハシ》（一六 8/18） 嘴《口ハシ》（一六 3/17・23） 猛（たけ）く殺《コハクして》（一六 8/13） 逼-隘《セハ》（く）して（一四 16/10） 狂《タハレ》逸《ハシリ》（一六 8/21） 顛-匐《とハラハヒ》（一六 8/22） 唾《ツハキ》（一六 5/16） 卒《ニハカニ》壊（やふ）レて（一三 7/17） 臠《マハカシタる》肉（一七 14/2） 欲（おも）《フトキハ》（一三 22/24） 姑《ヲハ》（二四 12/13）

何《の》等《きワザヲカ》（一六 15/3） 穿《ホリ》踰《ワタリ》（一三 19/2） 裁《ワツカニ》（一六 7/8） 斐-亹《ウルワシ》（一三 17/17）

② イ・ヒ・ヰを正しく用ゐた例

若-爲《イカ(に)ぞ》(一三 25/27、26/1、24/27) 喘-喘《とイキツキツ》(一一 2/8) 共《に》行《イサと》(一二 17/11) 比(大正藏經「叱」)《イサヒキ》(一四 12/27) 酷-暴《イチハヤク》(一六 6/13) 何-許《イツクに(か)》(一二 19/9) 努-力《とイトナミて》(二四 4/24~25) 得《むとイハム》(一三 20/18) 問《フとイハムガ》如《し》(一七 5/9) 毒《ぞとイ(は)ムガ》如《し》(一三 15/22) 應《しとイハム》如《く(あ)る》(一三 20/19) 言《イはく》(一三 24/15) 與《フとイヒシガ》如《く》(一四 11/26) 垂《イ(ま)》當《(に)》(一七 24/22) 垂《イマ、、》(一三 7/16)(一六 14/12)(24 10/11) 逆《イムカフ》(一四 15/18) 或《(る)イは》(一三 16/28) 有《(る)イは》(一八 19/8) 或有《るイは》(一八 19/23) 陷《お(ち)イリ》(一六 5/11) 控《ヒキ》告《(く)る》(一六 14/4) 牽《ヒきて》(一五 5/2) 曳《ヒくと》(一三 12/18) 援《ヒくこと》(一七 2/13) 掣《ヒく》△(一六 6/20) 跪《ヒサマツきて》(一六 13/19) 釵《ヒシ》(一六 5/26) 鍦《ヒシ》(一六 9/22) 犀《ヒツシの》甲(一一 20/16) 蛾《ヒ、ル》(一六 3/24) 間《アヒタ》(一三 17/16) 寶-幰《カタヒラ》(一一 20/20) 無-然《としてクヒセ(のごとく)》(一七 22/15) 會《ツヒニ》(一三 9/24) 了《ツヒに》(一七 9/7) 卒《ツヒに》(一三 21/23) 橛《クヒ》(一六 9/21) 鐵《(の)》材《クヒ》(一六 8/18) 領《クヒ》(一六 3/18) 特-牛《コトヒ》(一一 5/15) 假-使《(たと)ヒ》(二六 16/7) 假-令《(たと)ヒ》(二六 16/7) 政-使《(たと)ヒ》(一八 18/10) 設《(たと)ヒ》(一六 5/13) 嘔-吐《タマヒ》(一六 5/16) 澡-槃《タラヒ》(一三 15/2) 番(原文、立心偏＋米＋虫)《ツカヒに》休《ヤスミて》(一〇 25/18) 噤《ツクヒ》戰《フルヒて》(一六 11/3) 角鵄《トヒ》(一六 3/25) 伏《ナヒ》匿《カクス》(一三 16/1) 奮《フルヒて》(一四 5/3) 床榆《シキヰ》(一七 4/23)

③　ウ・フを正しく用ゐた例

得ぅ（一七　16/8）　向ウカ、ヒて（一一　4/15）　伺ウカ、ヒて（一二　4/15）　穿ウケ壞（やふ）レ（一六　3/18）　儉ウスく（一一　13/27）　轉轉ウタタ（二六　15/16）　霜にウタレたる蓮華（一三　3/27）　釘ウッ（一三　14/17）　頂ウナシ（一六　3/11）　壁の上ウヘ（二六　13/1）　然―可ウヘナミて（一一　15/12）　斐―亹ウルワシ（一三　17/17）

鵂フクロフ（一六　3/25）　蹂フムガ（一六　6/19）　距フミて（二六　9/13）　奮フルヒて（一四　5/3）

直（あた）フを以て（一四　15/8）　價（あた）フ（二六　17/22）　逆イムカフ（一四　15/18）　耗オトロフ（一三　12/1）　欲（おも）フ（一六　17/12）　欲（おも）フこと（一六　17/12）　欲（おも）フときは（一三　22/24）　欲（おも）フに（一七　7/2）　及（およ）フひと（一三　23/7）　及（およ）フ者（一七　4/8）　及（およ）フガ（一七　11/24）　齧クフ（一六　8/16）　乞（こ）フ（一六　13/26）　願（ねが）フ（一一　20/13）　鵂フクロフ（一六　3/25）　跨アフトコみ（二六　9/11）　爛アフリ（一六　7/26）　爲カフル（一三　12/〜2）　歊カフるガ（一七　2/23）　蹶タフレて（一七　7/26）　抂タフレ怖（おそり）て（一六　7/3）　享ホフ（る）が（一六　7/18）

④　ヘ・ヱを正しく用ゐた例。

鬲ヘタテ（一六　3/22）

肯アヘて（二四　1/17）　上ウヘ（の）樹（二六　13/1）　然―可ウヘナミて（一一　15/12）　耕カヘス（一三　14/18）　復カヘシて（一七　8/1）　復カヘリテ（一六　6/3）　廻カヘリミて（一四　14/1）　四《ヨヘ》に鬟《タタ》ミて（二六　8/17）　知（しり）已《ヲ》へ不《ず》して（二六　5/10）　體ムクロ胤アナスヱなり（一七　6/21）

⑤　オ・ホ・ヲを正しく用ゐた例

著オキ（一六　8/2）　作オコリて（一六　17/18）　陵―虐オコリて（一六　4/5）　挫オシスヱて（一一　14/16）　厞《オ》ス（一六　7/8）

排《オシテ》（一六　9/7、10/10）陥《オ(ち)イリ》（一六　5/11）耗《オトロフ》（一三　12/1）駈《オヒ》馳《(は)セ》（一六　3/17）羈《オモツラを》（一二　22/4）

梢《ホコ》（一六　5/26）憍－泆《ホコリて》（一三　3/10）細－視《ホソメシ》（一四　12/24）幾《ホトホト》（一三　7/19）斐－亹《ホノカニ》（一六　7/5）怳－惚《ホノカニシテ》（一三　16/7）享《ホフ(る)が》（一六　7/18）

⑥　オ・ヲを混同した疑ひのある例

以二て力勢一を相ヒ陵《(しの)》き、狂《(よこさま)》に押《を》二して羸弱一を、受二く兩山相(ひ)合する罪一を。（一六　6/23～24）

「押」に、ヲ・テ・シ三個のヲコト點がある。ヲシテと讀んだものと見る他はない、オスは、神武紀に「壓〈此云二飫蒭一〉」、『萬葉集』（四三六〇）に「於之弖流」（押光）、「東大寺諷誦文稿」に「轢〈オサレテ〉」、「石山寺本四分律平安初期點」に「排《オ》シ看ョ」、「逼《セ》メ斥《オ》シ」「石山寺本大智度論第一種點」に「推《オ》シ著ケて」とあり、オスが本來の假名遣ひであり、第三種點でも、「排オシて」と書いてゐるのに、なぜ本例だけ「押《を》して」といったのであらうか、不審である。

3　音便

イ音便・ウ音便・促音便・撥音便とみるべきものはなく、いづれも本來の形で用ゐられてゐる。

①　イ音便となるべき形容詞の連體形、四段活用の連用形キ・ギは、原形のままである。

赭《アカき》色（一六　7/1）晩《(おそ)きこと》（一七　6/25）難レ《(かた)きガ》破《ること》（一〇　10/23）寡《(すくな)きガ》（一一　13/27）少《(すくな)きときは》（一九　17/21）健《ツヨきこと》（一三　10/9）駃《ハヤきこと》（一七　2/1）軟《(をぢな)き》夫（一三　21/22）儜《(をちな)き》人（一七　14/1）

詭アサムきて（一三　14/27）著（お）きて……上に（一七　8/2）在（お）きて衆生に（一七　1/8）析サキて（一一　8/24）陵シノきて靈を（一四　18/20）敲タ、きて（一五　5/6）搗ツキて之を（一六　6/18）掘トリ挽ヒきて（一七　5/2）牽ヒきて羊を（一五　5/2）跪ヒサマツきて（一六　13/19）

② ウ音便となるべき形容詞の連用形クは、原形のままである。

愍―爾とアチキナクシテ（一一　2/8）麁（あら）く靮（つよ）くして（一六　3/23）大（いた）く（一六　4/4）酷―暴イチハヤク（一六　6/13）儉ウスく德（一一　13/27）（一四　12/24）堅（かた）く勁ツヨく（一六　7/1）難レ（かた）く及（ふ）こと（一〇　8/3）猛（たけ）く毅コハクして（一六　8/13）輙タヤスく飲み（一七　7/14）駃トく疾ハヤし（二四　9/22）苦ニカク醎カラク（あ）ること（一四　13/1）完（また）く堅（く）なりて（一六　10/23）

③ 促音便となるべき四段活用動詞の連用形のリ・ヒは、原形のままである。

絶―踴トアカリて（一四　5/3）作オコリて（一六　17/18）陵―虐オコリて（一六　4/5）齊カキリて（一四　15/5）復カヘリテ（一六　6/3）芬薰と（かを）りて（一三　18/19）窮（きはま）リ逼（せ）マリて（二六　9/11）逡―巡立モトホリて（一四　13/5）昱―爍（と）テリて（一四　13/10）泥滑ナメリて（一七　8/27）憍―泆ホコリて（一三　3/10）爲よりて（一七　2/26）貿アキナヒて（一六　3/16）與（あた）フトイヒシガ（一四　11/26）甘アマナヒて（一三　7/26）逆（いむか）ヒて（一四　15/16）向ウカ、ヒて（一一　4/15）伺ウカ、ヒて（一二　4/15）鳴スヒて（二六　16/20）殘―賊ソコナヒしガ故に（一六　6/22）奮フルヒて（一四　5/3）噤ツクヒ戰フルヒて（一六　11/3）

④ 撥音便となるべき四段活用動詞連用形のミ・リは、原形のままである。

然―可ウヘナミて（一一　15/12）四ヨへに襞タ、ミて（二六　8/17）恕ツツ（し）ミて（一三　11/20）悪―露ニクミて（一二　8/3）勉ス、ミ勵《ハケミ》て（一三　3/24）怒-力と《イハミ》て（左　又ハケミテ）（一六　9/14）距《フミ》て（一六　9/13）番（原文、立心偏＋米＋虫）《ツカヒ》に休《ヤスミ》て（一〇　26/18）

「一の縷をダも取（ら）ず」（一八　5/16）の例がある。ダモをダニモの變化と見れば、ニが撥音便の例となるが、ダモは、ダにモが直接結合したと見る說もあって、確かではない。

第三章　漢字による訓義の注

漢字の訓義を示すために、漢字で注を加へることがある。次に擧げる例は、その下の數字と同じ番號の例文中に見出されるものである。

以〈已〉（一）　以〈已也〉（二）　麀〈女也〉（三）　翳〈隱也〉（四）　麚〈男鹿也〉（三）　寡〈少也〉（五）　懷〈心也〉（六）　穫〈收也〉（七）　寬置〈許也〉（八）　許〈所也〉（九）　許〈所〉（九）　供-膳〈上也〉（一〇）　苟〈且〉（一一）　頃〈間〉（一二）　決〈定也〉（一三）　儉〈薄也〉（五）　遣〈令也〉（一四）　權〈且也〉（一五）　驗〈明也〉（一六）　故〈猶也〉（一七）　效〈學也〉（五）　翕-嚮〈急也〉（一八）　翕-然〈急也〉（一九）　靭〈强也〉（二〇）　坐〈由也〉（二一）　迮〈押也〉（二二）　四淵〈生老病死〉（二三）　失〈出也〉（二四）　小〈且也〉（二五）　餉〈送也〉（二六）　將〈助也〉（二七）　信〈使也〉（二八）　捶〈丁也〉（二九）　漸〈次也〉（三〇）　喘-喘〈急也〉（三一）　逮〈得〉（三二）　大喜〈喜支也〉（三三）　輒〈卽也〉（三四）　飬〈貪食也〉（三五）　盪-滌〈洗汁也〉（三六）　撞〈打也〉（三七）　軟〈劣也〉（三八）　儜〈劣也〉（三九）　發〈除也〉（四〇）　鉢盂〈木鉢也〉（四一）　晩〈遲也〉（四二）　飬〈貪財〉（三五）　拼〈□丁也〉（四三）　不-如〈負也〉（四四）　棒〈丁也〉（二九）　完〈全也〉（四五）　輸〈進也〉（四六）　與〈爲也〉（四七）　嬴〈劣也〉（四八）

（一）　所願以(に)足レラば、是(れ)則(ち)應レし足る。（一六　15/18）

（二）　內外(の)賊を以に除せり。（一七　2/16）（原文、鹿＋假、大正新脩大藏經による）

先より以に說二(き)ッ世界一を。(一〇　26/7〜8)

(三)　見二て鹿の麚-鹿の合會一するを、淫心卽(ち)動(き)て、精を流二(し)ッ槃中一に。(一七　8/21)「麚」、原文、鹿+叚、大正新脩大藏經による。

(四)　知二(り)て鳥の銜ヒ來一(れ)るなりと、翳《カク》二シて、身を樹の上一に、伺《(さ)も(ら)》(ひ)て欲レフ取レ(ら)むと之を。(一七　6/2)

(五)　爲下す……餘人の儉《ウス》レく德　寡《(すくな)》レきガ識之所上レと效する。(一一　13/27)

(六)　欣-然して同レ(し)くして懷を語二(り)て菩薩一に言(ひ)しく、(一二　17/18)

(七)　譬(へ)ば如二し春種(まき)て秋穫《(をさ)》一(む)るガ。(一四　11/14)

(八)　王卽(ち)寬《(ゆる)》置(し)ッ。(一七　6/25)

(九)　自(ら)念(し)て言(は)く、「何の許《(ところ)》に有レ(れ)ばカ河而可レき・とおもふ渡る者。」(一〇　18/16)

然(し)て後に、於二文殊師利の許《(ところ)》一に、受レ(け)て戒を發レ(し)て心を作レ(り)き佛と。(一二　15/13)

(一〇)　若(し)以(て)供-膳(し)たてまつらむには、當(に)自(ら)差レ(し)て次を、日(に)送二(り)て一鹿一を、以て供二(したてまつら)むと王廚一に。(一六　13/21)

(一一)　若(し)苟《(しばら)》く免(れ)て全レ(く)すとも身を、身何の所得カアラむ。(一三　8/23)

(一二)　或(は)衆生の命、未《ヌ》レ盡(き)頃《あひた》に、於二火の上一に、炎レし之、(一六　9/8)

(一三)　未《ず》レ能二は決《(さた)》め計一ること。(一四　5/6)

(一四)　卽(ち)自(ら)送レして身を、遣二鹿母を還一(ら)しむ。(一六　14/7)

(一五)　譬(へば)如下(く)……權《(しばら)》く息二(め)家務一を、氣力平健に(な)るときは、則(ち)修レすること業を如上レく(なるが)故の、(一七　1/6

〜7）
（一六）以二て相驗（せ）むといふ之意一を、謂《おもひ》三て二人必ず爲《せ》二（りと）不淨一（を）、先ッ懷二く嫉妬一を。（一三　13/7）
（一七）如下く（劫盡（の）大火（は）、燒二（きて）三千大千世界一（を）悉（く）盡（すとも））火勢故《なほ》し不上レガ息《や》マ、（佛（の）智慧（の）火（も）亦（た）如レ（し）是（の）。）（二六　7/19）
（一八）猛風絶炎には、土石爲（に）焦レて、翕‐響の之間に、蕩‐然とトラケて夷‐滅として（ほろひ）ヌ。（一一　14/6〜7）
（一九）擧レく身の生レ（ヒ）ヌ創。始には如二し芥子一の。漸く大に（な）ること如レく豆の、如レく棗の如レく椋の、轉ヨ大に（な）ること如レし苽の。翕‐然と［に］爛壞すること如二くして大火燒一の、叫喚嘷哭す。（一三　14/1〜3）
（二〇）淫行の罪の故（に）、身生二して毛羽一に、……嘴《ロバシ》・距《アコエ》麁く靭《つよ》くして、不《ず》レ別二（た）觸と味一とを、（一六　3/22〜23）
（二一）此の蟲は本是（れ）我ガ沙彌なりき。但し坐《よ》三（り）て貪二愛（せ）しに殘酪一を故、生二（まれ）たり此（の）瓶の中一に。（一七　5/17〜18）
（二二）熱鐵の臼の中に、搗《ツ》レキて之を令《し》レむること碎（か）、如レく迮《シモ》二ルが葡萄一を、亦（た）如レく（す）壓《シモ》レルが油を。（一六　6/18〜19）
（二三）當（に）觀二て老病死一を、尒乃し出二（つ）べし四淵一を。（一七　11/10）
（二四）其の夜の夢に失《いだ》二（し）ッ不淨一を。（一三　13/1）
（二五）於レ是（こ）に小《しはら》く住《ととま》（ら）むとおもひて、到二（り）て倶伽離ガ房の前一に、扣レ（き）て戶を而言（ひ）しく、（一三　13/12〜13）
（二六）一（り）の沙彌心に常（に）愛レす酪を。諸の檀越餉《おく》二る僧に酪一を時（に）、（一七　5/12〜13）
（二七）（若（し）人以二（て）正行一（を）御レ（し）業（を））、善法を（も）て將《たす》（け）養《やしな》（ひ）て、還（り）て與二へ好報一を、（二四　9/26）
（二八）諸佛の力等は、更（に）不《ず》レ求レ（め）福を。何故ぞ以レて華を爲《す》レる信《つかひ》と。（一〇　8/22〜23）
（二九）鐵の棒を（も）て相（ひ）棒《う》（ち）、鐵の杖を（も）て相（ひ）捶《う》（ち）、鐵の鏟《クシ》を（も）て相（ひ）貫き、（一六　5/26）

(三〇)　大衆(と)倶に來(り)て、以レ(て)漸を近レ(つきたてまつる)佛(に)。既(に)到(り)て稽首(し)、在二(りて)一面一(に)立(てり)。(一一　3/8)

(三一)　其(の)師寢レ(ねたり)疾に。……喘-喘とイキツキツ、然も其の命將レ終(ら)むとするイ、乃(し)愍-尓とアチキナクシテ而笑フ。(一一　2/8)

(三二)　願下(ふ)べし諸の煩惱を盡(し)て、逮《ウ》二て薩婆若一を、成中就(せ)むと[すること]佛道上。(一三　19/12〜13)

(三三)　如三し貧(し)きひとの得二るが寶藏一を。大喜は覺動の心なり。(一七　15/1)

(三四)　婦の言(は)く、「我ガ夫狂癡にして、十二年に作レ(り)て得二るものを三十兩の金一(を)、不《ず》三して憐二愍(せ)婦兒一を、盡く以(て)與レ(へ)て他に人の依とせり。如二く官制一の輒《(すなはち)》縛(り)て送(り)來(れり)と。」(一一　18/16〜18)

(三五)　以レ(ての)是(を)故(に)、諸(の)惡鬼神、於二此の六日一に輒《(すなはち)》有二リと勢力一。(一三　20/27)

(三六)　無愧無慙にして、饕餮する因緣の故には、受二く烏鵲・鵄鷲の諸鳥の之形一を。(一六　4/2〜3)

(三七)　或有る餓鬼は常(に)食二フ屎尿・涕唾《ツハキ》・嘔《タマヒ》吐・盪-滌・餘の汁一を。(一六　5/16)

(三八)　麁心の初念、是をは名(づけ)て爲レす覺と、細心の分別、是をは名(づけ)て爲レす觀と。譬(へば)如レし撞《(う)》レツときの鐘を。初聲の大(な)る時をは、名(づけ)て爲レす覺と。後の聲の微細(な)るをは名(づけ)て爲レす觀と。(一七　15/27〜16/2)

(三九)　輭《(をちな)》き夫を爲《す》レるときは將と、雖二(も)復(た)將-兵終レ(ふる)までに(すと)身を、智勇不《ヌ》レを(も)て足(ら)卒《ツヒ》に无二し功名一。(一三　21/22〜23)「將」は原文「持」、丸印を附して天の餘白に訂正。

(四〇)　若(し)著二(す)るときは諸の欲一に、令《し》二む人をして惱苦一(せ)。著レ(す)る欲に之人は、亦(た)如二し獄囚一の。……如二し儜《(をぢな)》き人の在レるガ陣に。(一七　13/24〜14/1)

（四〇）若(し)斷二截し通路一を、發二徹し橋梁を一、破二し正法の道一を、（一六　9/22）

（四一）若(し)持二ツとき(は)鉢盂一を、則(ち)是(れ)盛二(れ)る洋銅一を器なり。（一三　4/20）

（四二）待二(ち)て其の子の生一(れ)むを、知二(リ)ナば似レ(れ)リヤ父に不一ヤと、治レするに之を無レ(け)む・とまうししカは晩《おそ》きこと、（一七　6/25）

（四三）以二黑熱の鐵繩一をもて、拼二－度するを罪人一を、以二て獄中の鐵の斧一を、教レ(へ)て人を斫《き》レ(ら)しむ之を。（一六　6/8）

（四四）以レ(て)此を爲レして占を、知二(ら)む・とおもふ誰カ得レる・と勝(つ)こと。此の牛不－如とおもふ。（一一　5/16～17）

（四五）卽(ち)復リて完《また》く堅(く)なりて、受レ(くる)こと罪を如レし初の。（一六　10/23）「完」は、原文「皃」に似た文字。『大正新脩大藏經』により訂正。

（四六）鳥の母怒レ(り)て之を、於二香山の中一より、取二(り)てす毒藥一を。其の香と味と色と、全ラ似二(れ)リ前の者《もの》一に。薗人奪(ひ)得て輸《たてまつ》レる王に。（一七　6/3～4）

（四七）佛與《ため》二に羅睺羅一ガ而說レ(き)て偈を言《のたま》ひしく、（一〇　26/27）

（四八）以二て力勢一を相ヒ陵き、抂に押《をし》二て羸弱一を、受二く兩山相(ひ)合する罪一を。（一六　6/23～24）「押」は『大正新脩大藏經』に「壓」に作る。『國譯一切經』羸弱を抂げ壓せば、

右について、若干の說明を附け加へる。（一）（二）は、「以」の右に書き附けられ、「以」をスデニと讀むことを示してゐる。「以」をスデニと讀むことは、古點本には例が多い。劉湛の『助字辨略』に、〔史記趙世家〕から「以服爲臣」を、〔王右軍帖〕から「此心心以于彼」を引いて、「此以字、亦通レ已、猶レ云二既已一也。」と言ってゐる。

（三）は「女也」は「麀」の右に、「男鹿也」は「麚」の右に書附けられ、「麚」がヲジカ、「麀」がメジカであるこ

とを示してゐる。大修館書店の『大漢和辭典』に、〈説文〉から「麀牝鹿也、从二鹿牝省一」を、〈爾雅、釋獸〉から、「鹿、牝麀。」を引いて、「麀」を「めじか」と讀み、また、〈説文〉から「麚、牡鹿也、从レ鹿叚聲。」を、〈爾雅、釋獸〉から「鹿牡、麚。」を引いて、「麚」を「をじか」と讀んでゐる。一角仙人の話は、『今昔物語集』卷五第四話にも出て來るが、ヲジカとメジカが交尾する現場を見て、淫心を起こして、精液を槃中に流したと言ふ所は缺けてゐる。

（四）は、「翳」の左に書き附けられてゐる。右にカクシと附訓した上、更に左に「隱」と注して、カクスと讀むことを明示したもの。『廣韻』に「翳、〈羽葆也、又、隱也、奄也、障也〉」とある。ただし、觀智院本『類聚名義抄』には、「翳」にカクルの訓はあるが、カクスの訓はない。

（五）は、「寡」の右に書附けられてゐる。「寡」をスクナシと讀むことを示したもの。但し、剥落して、確實ではない。

（六）は、「懷」の右に書附けられてゐる。「懷」をココロと讀むことを示したもの。觀智院本『類聚名義抄』に、「懷」にココロの訓があり、大修館書店の『大漢和辭典』に、〈集韻〉から「懷、一曰、人情也。」を、〈詩、小雅、谷風〉から「寘二豫于懷一。」を、〈左氏、成、十七〉から「泣而爲二瓊瑰一盈二其懷一。」等を引いて、「こころ」と讀む。「同懷」とは、「同心」と言ふことである。

（七）は、「穫」の右に書附けられてゐる。「穫」をヲサムと讀むことを示したもの。「收穫」の意味である。大修館書店の『大漢和辭典』に、〈國語、呉語〉から、「以二歳之不一レ穫也。〈注〉穫、收也。」を引いて、「をさめる」と讀む。

（八）は、「寛-置」の右に書き附けられ、「寛-置」をユルスと讀むことを示してゐる。觀智院本『類聚名義抄』に〈説「寛」をユルスともナダムとも讀むが、「置」には、ユルス・ナダムの訓はない。大修館書店の『大漢和辭典』に文〕から「置、赦也、从二网直一。」を、〔史記、吳王濞傳〕から「無レ有レ所レ置」〔注〕正義曰、置、放釋也。」を引いて、「置、（一）おく。（イ）ゆるす。はなす。」と說く。「置」には、本來、ユルス意味があるらしい。『大漢和辭典』には、「寬置」の熟語を載せないが、「寬置」は二字合はせてユルス意味を表すのであらう。その前の「寬恕」については、大修館書店の『大漢和辭典』に、「（一）心が廣く、思ひやりがある。（二）ゆるす。咎めだてをせずにゆるすこと。」と說く。これをナダムと讀むのは、加點者の意譯であらう。

（九）は、二例ともに「許」の右に書き附けられ、「許」をトコロと讀むことを示してゐる。大修館書店の『大漢和辭典』に、〔說文通訓定聲〕から「許、假借爲レ處、墨子、吾將惡許用レ之、世說新語、晉人每言二某許一、皆此字、亦以レ所爲レ之、同、謝元暉詩、良辰竟何許、注、猶レ所也。」等を引いて、「（六）ところ。もと。」と讀む。高山寺本『隸篆萬象名義』に「許、虛語反、進、聽、……諾、所、與」、天治本『新撰字鏡』に「許、虛呂反、上、聽也、……進也、所也、擧也、量也。」とあって、トコロと讀む場合のあることを示してゐる。

（一〇）は、「供膳」の右に書附けられてゐる。「上」は敬語動詞のタテマツルを示すものと見て、「供膳したてまつらむには」と讀んでみたが、どうであらう。『大正新脩大藏經』には、「以供レ膳」と返點を打ち、大東出版社の『國譯一切經』には「膳に供するならば」と讀んでゐる。大修館書店の『大漢和辭典』に、「供膳」の熟語を收め、〔北史、陸通傳〕から、「有レ魚、遂得二以供レ膳。」を引いて、「（一）食膳に供へる。」と說く。

（一一）は、「苟」の右に書き附けられ、シバラクと讀むことを示してゐる。高山寺本『隸篆萬象名義』に「苟、公后反、誠、且、得、……」とあり、大修館書店の『大漢和辭典』に、〔集韻〕から「苟、一曰、且也」を、〔儀禮〕から「賓爲二苟敬一。〔注〕苟、且也、假也。」を引いて、「（一）かりそめ、かり。」と讀む。シバラクは、「かりそめ」から出て來るのであらう。ただし、觀智院本『類聚名義抄』には、「苟」にシバラクの訓を載せない。

（二）は、「頃」の右に書き附けられ、アヒダと讀むことを示してゐる。高山寺本『篆隷萬象名義』に、「丘頴反、須臾間。」とあり、大修館書店の『大漢和辭典』に、〔荀子、正論〕から「不レ待レ頃矣。〔注〕頃、少頃也。」を、〔戰國、秦策〕から「莅レ政レ頃。〔注〕言レ不レ久。」を引いて、（二）しばらく。わづかの時間。」と說くが、アヒダの訓はない。最明寺本『往生要集』院政期點、觀智院本『類聚名義抄』にアヒダの訓が見える。

（三）は、「決」の右に書き附けられて、サダムと讀むことを示してゐる。大修館書店の『大漢和辭典』に、〔戰國、秦策〕から「寡人決講矣」〔注〕決、必。」を引いて、「（八）かならず。たしかに。きっと。けっして。斷定の意。」と說く。サダメテの訓はないが、「かならず」から出て來るのであらう。觀智院本『類聚名義抄』には、「決」にサダムの訓がある。

（四）は、「遣」の右に書き附けられて、「遣」を助動詞のシムに讀むことを示してゐる。「遣」を使役の助動詞としてシムと讀むことは、古點本では早くから行はれてゐる。例へば、

○　父母遣二す・といふ我を與レに君が作レレ・と妻と。（別訓、我を君が與に妻と作ラ遣む。）（石山寺本四分律平安初期點　三一　19/2）

○　遣三人をして送二（ら）しむ王の所著の貴價の氍氀一を。（岩淵本願經四分律平安初期點　9/5〜6）

○　遣下（む）化人をして爲二に一切一の說上レ（か）法を。（石山寺本大智度論天安點　八一　16/31）「遣」の右に「令」の注あり。

○　何以ぞ不二して卽度一（し）たまは、方に遣レ（め）たまふ至二ら曇无竭の所一に。（同　九七　12/7〜8）「遣」の右に「令」の注あり。

(一五)は、「權」の右にあって、「權」をシバラクと讀むことを示してゐる。但し、剥落して、「且」の字は不確實である。大修館書店の『大漢和辭典』に、〔左思、魏都賦〕から、「權、假レ日以餘榮。〔注〕善曰、權、猶二苟且一也。」を引いて、「(十)(八)かりそめ。一時。」と説く。「權」をシバラクと讀むのは「かりそめ」から出て來るのであらう。觀智院本『類聚名義抄』には、「權」にシバラクの訓を載せてゐる。

(一六)は、「驗」の右に書き附られてゐるが、剥落して確かではない。「相驗」の意味も分からない。

(一七)は、「故」の右に書き附られ、ナホシと讀むことを示してゐる。大修館書店の『大漢和辭典』に、〔經傳釋詞、五〕から、「固、猶レ乃也。或作レ故。呂覽審己篇曰、臣以レ王爲二已知一レ之矣。王故尙未二之知一希。」を引いて、「(廿一)なほ、しかも、乃ち。」と説く。「故」をナホシと讀む例は、古點本に多い。

○ 談下す佛の往昔《むか》し說二(き)たまひシ彌勒を故《ナホシ》世に出一(て)む・と世尊の略言上を。(高山寺本彌勒上生經贊平安初期點 16/11)

○ 彼の外道の心に故シ執二持せり外道の白衣の法一を。(石山寺本四分律平安初期點 三四 13/16~17)

○ 若(し)故シ復(た)忘(れ)ば者、次に第二の比丘當(に)代(り)て說ケ。(同 三六 4/24~25)

(一八)は、「翕-嚮」の右に書き附けられてゐて、「急也」はその意味を示してゐるはずであるが、「翕-嚮」と「急也」とは結び附かない。『大正新脩大藏經』は「翕響」に作り、大修館書店の『大漢和辭典』にも、「翕嚮」の熟語はなく、「翕響」の熟語を擧げて、「〔左思、蜀都賦〕から、「毛羣陸離、羽族紛泊、翕響揮霍、中二網林薄一。〔注〕劉逵曰、翕響揮霍、奄忽之間也」を引いて、「(一)少しの時間。」と説く。「急也」は、「たちまち」の意味である。天の餘白に「□吸反」とあるのは、「翕」の音を示したものであらうが、上の字が不明で、確かなことは分からない。

(一九)は、「翕-然」の左に書き附けられてゐて、「急也」はその意味を示してゐるはずであるが、剥落して、讀みにくい。「翕-然」は、大修館書店の『大漢和辭典』に、「(一) 來り集まるさま。一致合同するさま。和合するさま。(二) 鳳の飛ぶさま。」とあって、「急也」とは異なる。今の場合、「翕-然」は「みんな一度に」の意味であるが、「急也」としたのは、「翕-嚮」と混同したのであらうか。

(三〇) は、「鞕」の右に書き附けられ、「鞕」をツヨシと讀むことを示してゐる。「鞕」は、『說文』に、「鞕、角鞮屬。」とあり、大修館書店の『大漢和辭典』には、〈玉篇〉の「鞕〈絲履也〉」を引いて、「いとくつ」と說く。ただし、ここは、「嘴《ロハシ》・距《アコエ》」を受けて「麁鞕」と言ってゐるところで、「はきもの」とは關係がない。『慧林一切經音義』卷第十三、『大寶積經第三十七卷』の「不鞕」の注に、「不鞕〈額更反、韻英云、堅也、俗作レ硬、或作レ鞕、同也。〉」と見え、「鞕」は「額更反」で、俗に「硬」にも「鞕」にも作るといふ。とすれば、「鞕」は「硬」と同じで、「堅」の意味である。從って、「麁鞕」はアラク-カタシと讀むべきで、アラク-ツヨシは、「堅」から「强」へはみ出した讀み方である。

(三一) は、「坐」の左に書き附けられて、「坐」をヨルと讀むことを示してゐる。大修館書店の『大漢和辭典』に〈漢書、賈誼傳〉から「古者大臣有下坐二不廉一而廢者上。」を引いて、「(七) よる。もとづく。」と說く。觀智院本『類聚名義抄』に、「坐」にヨルの訓がある。

(三二) は、天の餘白に書き附けられてゐる。本文は「迮」で、右にシモルの訓がある。「迮」に修正の丸印を附け、天の餘白に修正された文字を記した上、「押也」の注を附けたはずであるが、剝落して讀み取れない。「迮」は、大修館書店の『大漢和辭典』に、「(一) たつ。おこる。(二) せまる。(三) たちまち。にはか。(四) ちぢむ。」とあって、シボル意味はない。『大正新脩大藏經』に「笮」に作る。「笮」は、大修館書店の『大漢和辭典』に、〈增韻〉から

「筰、壓也。通作レ措。」を引いて、「[二]（五）おす。」と讀む。注の「押也」は、このオスで、シモルは意譯であらう。

(二三)は、「四淵」の右に書き附けられてゐる。「四淵」の中身を説明したものである。

(二四)は、「失」の右に書き附けられ、「失」をイダスと讀むことを示してゐる。ただし、大修館書店の『大漢和辭典』にも、「失」は、「[一]（一）うしなふ。（二）あやまち。（三）ゆきすぎ。[二]（一）はなつ。ほしいままにする。（二）のがれる。（三）たのしむ。（四）佚に通ず。」とあって、イダス意味の説明はない。現代日本語で、病氣や老衰のため、無意識のうちに大便や小便を漏らすことを「失禁」と言ふ。その「失」で、これを意譯して、イダスと言ったのである。觀智院本『類聚名義抄』には、「失」にイダスの訓がある。

(二五)は、「小」の右に書き附られて、シバラクと讀むことを示してゐる。大修館書店の『大漢和辭典』を見ると、「小」にシバラクの訓はないが、「（三）すこし。すこしく。（八）みじかい。（九）すくない。」などの意味がある。シバラクは時間の少ないことを言った意譯であらう。觀智院本『類聚名義抄』には、「少」にシバラクの訓がある。

(二六)は、「餉」の右に書き附けられ、オクルと讀むことを示してゐる。「餉」は、高山寺本『篆隷萬象名義』に、「餉、貳尚反、遺也。」、天治本『新撰字鏡』に「饋〈餉也、熟也、鮮也、於久留、又、也志奈不。〉」とあり、大修館書店の『大漢和辭典』に〈説文〉から「餉、饋也、从レ食向聲。」を、〈玉篇〉から「餉、饋也。」を、〈孟子、滕文公下〉から「有二童子一、以二黍肉一餉。」を引いて、「[一]おくる。」と讀む。

(二七)は、「將」の右に書き附けられ、「將」をタスクと讀むことを示してゐる。高山寺本『篆隷萬象名義』に、「將、〈子羊反、送、奉、大、養、……助……。〉」、天治本『新撰字鏡』に「將、〈正、子羊反、平、行也、送也、奉也、……

助也、大也、師也、養也……。〉」とあり。大修館書店の『大漢和辭典』に、〔廣雅、釋言〕から、「將、扶也。」を、〔詩、周南樛木〕から、「福履將レ之。〔箋〕將、猶二扶助一也。」を、〔詩、商頌、烈祖〕から「我受レ命溥將。〔箋〕將、猶レ助也。」を引いて、「(二十)たすける」と讀む。

(二八)は、「信」の右に書き附けられ、「信」をツカヒと讀むことを示してゐる。『新撰字鏡』に「信、正音、息進反、去、誠也、……使也、明也、……」とあり、大修館書店の『大漢和辭典』に、〔正字通〕から「信、個人謂二使者一曰レ信。與レ訊通。」を、〔史記、韓世家〕から「發二信臣一、多二其車一、重二其幣一。」を、〔丹鉛總錄〕から「古者謂二使者一曰レ信。虞永興帖云、事以二信人口一具、凡言レ信者、皆謂二使者一也。今之流俗、遂以二遺レ書羾レ物爲レ信、故謂二之書信一。」を引いて、「[二](一二)つかひ。使者。訊に通ず。」と說く。觀智院本『類聚名義抄』に「信」にツカヒの訓を收める。

(二九)は、「棒」「捶」二字それぞれの右に書き附けられ、共にウツと讀むことを示してゐる。「捶」は、『說文』に、「捶、以レ杖擊也。从レ手垂聲。〈之壘切〉」、高山寺本『篆隷萬象名義』に「捶〈諸縈反、以レ杖擊、舂〉」、天治本『新撰字鏡』に「捶〈□累反、上、打也、擊也、□也、掊也。〉」とあり、大修館書店の『大漢和辭典』には、〔說文〕から、「捶、以レ杖擊也。从レ手垂聲」を、〔廣雅、釋詁三〕から「捶、擊也。」を、〔荀子、正論〕から「捶二笞臏脚一。〔注〕捶、杖擊也」を引いて、「[二](一)うつ。杖でたたく。」と說く。「棒」は、〔廣韻〕に「柈〈杖也、打也、步項切。〉棒〈上同〉」、天治本『新撰字鏡』に、「柈〈步項反、打、〉棒〈上字〉」とあり、大修館書店の『大漢和辭典』には〔廣韻〕から「棒、打也。」を、〔北齊書、琅邪王傳〕から、「赤棒棒レ之。」を引いて、「(二)うつ。たたく。」と說く。なほ、「丁」は、この場合、「打」の省畫で、ウツを示すものと見た。野口恆重編『字鏡集』(寛・白二本)に「丁」にウツの訓を載せてゐる。

（三〇）は、「漸」の右に書き附けられて、「漸」をツイデと讀むことを示してゐる。ツイデヲ-モッテとは、「順番に」と言ふことであらう。『廣韻』に「漸〈次也、進也、稍也、事之端先覩之始也、……慈染切。〉」とあり、大修館書店の『大漢和辭典』には〔廣韻〕から「漸、次也、稍也。」を、〔晉書、顧愷之傳〕から「漸入二佳境一。」を引いて、「（一）やうやく、やや、だんだん、次第に、徐々に。」と説く。

（三一）は、「喘-喘」の左に書き附けられ、その上に「仙反」が書き附けられてゐる。「仙反」は「喘」の音を示し、「急也」は意味を示してゐる。下の「喘」に、トのヲコト點があり、「喘-喘」の右に、イキッキッ、の假名がある。「センセンとイキッキッ、」と文選讀みにしたものである。「喘」は、『説文』に「喘、疾息也、从口耑聲〈昌沇切〉」、高山寺本『篆隷萬象名義』「□沇反、轉、疾息。」とあり、大修館書店の『大漢和辭典』には、上記『説文』と、〔漢書、丙吉傳〕から、「牛喘吐レ舌。〔注〕喘、急息也。」を引いて、「（一）あへぐ。息切れする。」と説く。

（三二）は、「逮」の右に書き附けられ、その右下に「衣」の草體があって、「逮」を「エ（得）」と讀むことを示してゐる。「逮」は『説文』に、「逮、唐逮、及也。从辵隶聲〈臣鉉等曰或作迨、徒耐切。〉」、『廣韻』に「逮、及也、又、徒帝切。」、天治本『新撰字鏡』に「逮〈徒載反、及也、□也、與也、遁也、衆也。〉」とあり、大修館書店の『大漢和辭典』には、〔説文〕から、「逮、唐逮、及也。从辵隶聲。〔段注〕唐逮、雙聲、蓋方語也。」を、〔爾雅、釋言〕から「逮、及也。」等を引いて、「（一）およぶ」と讀む。「逮」の語義としては、『説文』以來、一貫して「及也」であって、「得也」の指摘はない。大修館書店の『大漢和辭典』にも、「およぶ」の他には、「あづかる、くみする、おふ、とらへる、おくる。」等があるだけで、「う（得）」と讀めさうな語義の説明はない。それでは、第三種點で、「逮」を「う

（得）」と讀んだのは誤りかと言ふと、『類聚名義抄』や『字鏡集』には、「逮」に「ウ」の訓を収めてゐるのである。

逮　音代、又、第、正隷、ヲヨホフス、イタル、ウ、トク、コホルス　禾タイ
（觀智院本類聚名義抄　佛上、四六）

逮　音代、又、第、正隷、ヲヨホフス、イタル、ウ、ユク、コホルス　禾タイ
（高山寺本三寶類字集　卷上）

逮《タイ》　エタリ　コホル
ウ　ヲヨフ
ユク　オヨホス
イタル
（野口恆重編　字鏡集　第九卷）

平安時代の訓點資料で、「逮」を「う（得）」と讀んだことは確かであり、本例はその中で、最古の用例と言ふことになるが、「及」からどうして「う（得）」が出てくるか、私には分からない。識者の敎示が仰ぎたい。

（三三）は、「喜」の右に書き附けられてゐるが、「喜支」の意味が分からない、此處の所を、『大正新脩大藏經』には、「如三貧得二寶藏一大喜覺動レ心」と返り點を打ち、大東出版社の『國譯一切經』には、「貧（人）が寶藏を得れば、大に喜覺の心を動かすが如く」と讀んでゐる。

（三四）の二例は、「輙（輒）」の右に書き附けられ、スナハチと讀むことを示してゐる。「輒」は、『說文』に「輒、車兩輢也、从レ車耴聲〈陟葉切。〉」とあり、「輢」は、『大漢和辭典』によれば、「車兩の左右兩傍のおほひ」である。『廣韻』には、「輒、〈專輒、說文曰、車相倚也、陟葉切。〉」とあり、「專輒」は、『大漢和辭典』によれば、「もっぱら

行ふ。勝手にふるまふ。又、其のこと。」で、「輒は、車の兩側の板で、人の身體をよせるもの。凡そ人は倚恃する所があると、とかく專斷になり勝ちなことから引き伸して、輒も專の意に用ひる。」と說く。「輒」に「專」の義は、高山寺本『篆隷萬象名義』に「輒〈竹葉反、專〉」、天治本『新撰字鏡』に「輙、〈陟葉反、入、專也、輢也。〉」と受け繼がれてゐる。この「專」の義から、どうして「すなはち」が出てくるのか、分からない。『大漢和辭典』には、〈史記、陳平世家〉から、「張負女五嫁而夫輒死。」を、〈漢書、董仲舒傳〉から、「凡相二兩國一、輒事驕レ王。」を引いて、「(四)すなはち。(イ)そのたびごとに。」と說き、〈漢書、吾丘壽王傳〉から、「盜賊不二輒伏レ辜、免脫者衆。」を、〈歐陽脩、春泡秋論〉から、「既輒加レ之、又、輒殺レ之。」を引いて、「(ロ)たやすく。無造作に。」と說く。中國の研究書では、劉淇の『助字辨略』に、〈漢書、董仲舒傳〉から、「凡相二兩國一、輒事驕レ王。」を引いて、「此輒字、猶レ云レ每也。」と言ひ、〈漢書、吾丘壽王傳〉から、「十賊彍レ弩、百吏不二敢前一。盜賊不二輒伏レ辜、免脫者衆。」を引いて、「此輒字、猶卽也。」と言ひ、〈漢書、食貨志〉から、「地方百里之增減、輒爲二粟百八十萬石一矣。」を引いて、「此輒字、猶則也。」と言ふ。揚樹達の『詞詮』には、〈史記、陳平世家〉から、「張負女五嫁而夫輒死。人莫二敢娶一。」を、〈同酈生傳〉から、「騎士曰、沛公不レ好レ儒。諸客冠儒冠來者、沛公輒解二其冠一、溲二溺其中一。」を引いて、「副詞　每也。」と言ひ、〈漢書、吾丘壽王傳〉から、「十賊彍レ弩、百吏不二敢前一。盜賊不二輒伏レ辜、免脫者衆。」を引いて、「時間副詞　卽也。」と言ってゐる。

(三五)は、「貪財」は「餥」の左に、「貪食也」は「餮」の左に書き附けられ、「餥餮」が財を貪り食を貪る意味であることを示してゐる。ただし、「餥」は、『說文』に「餥、餱也、从食非聲、陳楚之間、相謁食二麥飯一曰レ餥。〈非尾切〉」、『廣韻』に「餥〈糇也、又方尾切。〉」、高山寺本『篆隷萬象名義』に「餥〈甫鬼反、食二麥饘一、餱〉」、天治本『新撰字鏡』に「餥〈方尾反、上食也、餱、一日相謂食也。〉」とあり、大修館書店の『大漢和辭典』に、「餥（一）ほしいひ。かれいひ。（二）麥飯を食ふ。」とあって、「貪財」の意味はないやうである。一方、「餮」は、『説文』に、「飻、貪也、从食殄省聲、春秋傳曰、謂之饕飻〈他結切〉」、『廣韻』に「餮〈貪食、説文作レ飻、貪也。〉。飻〈上同〉」とあって、「餮」には「貪」の意味があるらしい。『大正新脩大藏經』には「餥餮」を「饕餮」に作る。「饕餮」は、天治本『新撰字鏡』に、「饕餮〈上他高反、下他結反、入、貪レ財曰レ饕、貪レ食曰レ餮〉」とあり、「饕」を「貪財」とし、「餮」を「貪食」としてゐる。大修館書店の『大漢和辭典』にも、「饕餮、（三）貨財及び飲食を貪る。饕は財を貪り、餮は飲食を貪ること。」とあって、本例の注と一致する。

〔三六〕は、「盪-滌」の右に書き附けられ、「盪滌」が「洗ひ汁」であることを示してゐる。「盪」は『説文』に「盪、滌器也、从レ皿湯聲、〈徒朗切〉」、高山寺本『篆隷萬象名義』に「盪〈徒朗反、□、器、勤、搖〉」、天治本『新撰字鏡』に、「盪〈當朗反、盪除、又滌器〉」とあって、「盪」は、「物を洗ふ器」または、「洗ふこと」を言ふ。大修館書店の『大漢和辭典』には、〔説文〕から「盪、滌レ器也、从レ皿湯聲。〔段注〕此字从レ皿、故訓二滌器一。貯二水於器中一、搖二蕩之一去レ滓、或以二湊垢瓦石一和レ水吮二漱之一、皆曰レ盪、盪者、滌之甚者也。」を引いて、「［一］（一）あらふ。（イ）振り動かしてあらふ。器中に瓦石を混じた水を入れ、搖り動かしてあらひ清める。」と說き、「盪滌」の熟語を擧げて、「あらひすすぐ。けがらはしいものなどを除去する。」と說く。「盪-滌」を「洗ひ汁」とするのは意譯である。

〔三七〕は、「撞」の右に書き附けられ、「撞」をウツと讀むことを示してゐる。「撞」は、〔説文〕に「丮擣也、从レ手童聲、〈宅江切〉」、〔廣韻〕に「撞、〈撞突也、學記曰、善待レ問者如レ撞レ鐘、撞擊也。〉」、高山寺本『篆隷萬象名義』に、「撞〈徒江反、擊、刺、擣〉」、天治本『新撰字鏡』に、「撞〈徒江・直江二反、突也、擊也、刺也。〉」とあり、大修館書店の『大漢和辭典』には、〈廣韻〉から「撞、〈撞突也、學記曰、善待レ問者如レ撞レ鐘、撞擊也。〉」を引いて、「〔一〕（一）つく。（イ）はやくうつ。」と説く。

(三八) は、「輭」の右に書き附けられ、「輭」を「劣」の意味で、ヲヂナシと讀むことを示してゐる。『廣韻』に「輭〈柔也、或从レ需、餘同、而兗切。〉」とあり、大修館書店の『大漢和辭典』に、〈廣韻〉から「輭〈柔也〉。」を引いて、「（一）やはらかい。」と説き、〈史記、貨殖傳〉から、「妻子輭弱。」を、〈金史、僕散安貞傳〉から、「防河卒、多下老幼罷輭、不レ勝二執役一之人上。」を引いて、「（三）か弱い。」と説く。本例で「劣也」と注したのは、「柔弱」の意味によるのであらう。「劣」にヲヂナシの訓は、古點本に例がある。

○ 以二(て)の小乘經は力劣《ヲヂナ》一キヲ故に、重罪を微薄(に)して、猶(し)墮二(ち)たり輕《か(る)》き地獄一に。（石山寺本法華義疏長保四年點　一 25/6〜7）

○ 餘の衆は德は劣《ヲヂナ》クシテ、但(た)有レ(り)て疑二すること佛の瑞相一をのみ、无レ(し)知二(る)こと釋疑の人一をは也。（同　二 10/16）

(三九) は、「儜」の右に書き附けられ、「儜」をヲヂナシと讀むことを示してゐるが、剥落して、確かではない。「儜」は、『廣韻』に、「儜〈困也、弱也、女耕切。〉」、天治本『新撰字鏡』に、「儜〈奴耕二反、平、敎也、乃行反、知加良奈志、□也。无力也。〉」とあり、「弱く无力なさま」を言ふ。大修館書店の『大漢和辭典』には、〈集韻〉から「儜、弱也。」を引いて、「（二）よわい。」と説く。ただし、「儜」にヲヂナシの訓は、他に例を知らない。

(四〇) は、「發」の右に書き附けられてゐて、「發徹」がノゾク意味であることを示してゐる。ただし、大修館書店の『大漢和辭典』には、「發徹」の熟語はなく、「發撤」を擧げて、「（一）人の罪をあばき出すこと。（二）疑はしく困難なところを解説すること。」と説くが、本例には當てはまらない。『大正新脩大藏經』は「撥徹」に作る。「撥」

は、大修館書店の『大漢和辭典』に、〔廣雅、釋詁三〕から「撥、除也。〔疏證〕史記、太史公自序云、秦撥二去古文一、焚二滅詩書一。」を引いて、「(十九) のぞく。」と説く。本例の「除也」の注と一致する。

(四一) は、「干」の右に書き附けられ、「鉢盂」が「木鉢」であることを示してゐる。「干」には胡粉で圓が記され、天の餘白に胡粉で「盂」が書き込まれてゐる。『大正新脩大藏經』は「鉢盂」に作る。「盂」は、『説文』に「盂、飯器也、从皿亏聲〈羽倶切〉。」とあり、大修館書店の『大漢和辭典』に「鉢盂」の熟語を擧げて、「鉢盂、ハツウ、僧侶の食器。鉢は梵語 Patra、盂は漢語。梵漢雙擧の名。」と説き、「鉢」については、〔正字通〕を引用して、「鉢、食器、梵語鉢多羅、此云二應量器一、謂二體色量三倶應一レ法、故體用二鐵瓦二物一、色以二藥煙一薫治、量則分二上中下一、釋氏皆用レ鐵、形圓、上有レ蓋、或用二瓦形一、亦如レ此。」と言ふ。これによると、鉢盂の材質は、鐵を用ゐるのが普通だったやうであるが、本例の場合、加點者はなぜわざわざ「木鉢也」と言ったのであらうか。

(四二) は、「晩」の右に書き附けられ、「晩」をオソシと讀むことを示してゐる。高山寺本『篆隷萬象名義』に、「晩〈莫遠反、後、暮〉」、天治本『新撰字鏡』に、「晩〈莫遠反、後也、暮也。〉」とあり、大修館書店の『大漢和辭典』に、〔呂覽、不侵〕から「君從以難レ之、未晩也。〔注〕晩、後也。」を、〔史記、主父偃傳〕から「何相見之晩。」を引いて、「(二) おそい。又、おくれる。」と説く。

(四三) は、「拼」の右に書き附けられてゐる。「丁」は「拼-度」がウツ意味であることを示してゐる。『大正新脩大藏經』も「拼-度」に作るが、「拼」にウツ意味はなささうである。大修館書店の『大漢和辭典』には、〔爾雅、釋詁〕から「拼、從拊、〔釋文〕拼、以レ利使レ人也。」を引いて、「〔一〕(一) したがへる。つかふ。せしめる。させる。(二) はじく。」と説く。「拼」によく似た文字に「拚」がある。「拚」は、〔説文〕に「拚、拊レ手也。〔段注〕拊、揗也。拍拊也。」」、天治本『新撰字鏡』に「拚・撲・抃〈三形作皮□反、擊〉」とあり、大修館書店の『大漢和辭典』には、〔說文〕の他、〔左思、吳都賦〕から「拚、射壺博。」を引いて、「（一）手をうつ。（二）うちあふ。兩人が相うつ。」と說く。「度」は、同じ辭典に、〔方言、五〕から、「僉、宋魏之間、謂二之櫺殳一、或謂二之度一。〔注〕今江東呼レ打爲レ度。」を引いて、「〔二〕十三、うつ。」と說く。「拚」「度」共にウツで、熟語の「拚度」もウツである。

(四四)は、「不如」の右に書き附けられ、「不如」が「負也」の意味であることを示してゐる。「不如」は、古點本では、オヨバナイと言ふ意味で、シカズと讀むことが多い。シカズ、すなはち、マケといふことで、「負也」の注になったのであらう。

○　於《ノゾム》二る（と）きは摩納が所誦一に、百倍萬倍巨なり億なり、萬億に（し）て不《ず》レ可レ（くあら）爲レす比と。不《ず》レ如《シカ》二摩納一には。（石山寺本四分律平安初期點　三一　18/4）

○　布施せむより不《じ》レ如《し》三か受二持せむには四句偈等一を也。（東大寺本金剛般若經仁和元年點　19/24）

○　不《ジ》レ如《シ》カ、聞二（か）むには此の蒭蕘の言《コト》一を。（神田本白氏文集天永四年點　四　8オ）

(四五)は、「完」の右に書き附けられ、マタクと讀むことを示してゐる。『說文』に「完、全也、从宀元聲、古文以爲□字〈胡官切〉」、廣韻に「完全也」とあり、大修館書店の『大漢和辭典』に、『說文』を引いて、「〔一〕（一）まったい。そなはる。缺けた所がない。」と說く。

(四六)は、「輸」の右に書き附けられ、「輸」をタテマツルと讀むことを示してゐる。「輸」は『說文』に、「輸、委輸也。从車兪聲、〈式朱切〉」、『廣韻』に「輸〈盡也、寫也、墮也、說文曰委輸也、式朱切、又、式注切〉」とあり、大修館書店の『大漢和辭典』に、『廣韻』から「輸、送也。」を、『增韻』から「輸、凡以レ物送レ人、則讀二平聲一。指二所レ送之物一、則讀二去聲一。」を引いて、「「輸」［一］（一）いたす、（イ）車で物をうつしはこぶ。［二］（一）おくる。送りもの。」と説く。また、『説文』の「委輸」については、「委輸《ヰユ》、貨物を運ぶこと、貨物を車上に登載するを委といひ、之を目的地に運んで卸すことを輸といふ。」と説く。本例の場合、「輸」は語義としてはオクルであるが、相手が王であるために、敬意を添へてタテマツルとしたのであらう。

（四七）は、「與」の右に書き附けられ、「與」をタメニと讀むことを示してゐる。王引之の『經傳釋詞』巻一に、「家大人曰、與猶レシ爲ノ也。〈此爲字讀去聲〉。孟子離婁篇曰、所レハ欲與レニ之ノ聚レ之。」言ハ民之所レハ欲則爲レニ民ノ聚レ之也。／秦策曰、或與二ニ中期一ノ説二秦王一曰、〈鮑本如レ是、姚本與作レ爲。〉言ハ爲二ニ中期一説二秦王一也。」とあるのが、「與」にタメニの用法のあることを指摘した最初とされ、裴學海の『古書虚字集釋』、楊樹達の『詞詮』がこれに従ってゐる。『説文』に「與、黨與也、从レ舁从レ与〈餘呂切〉」とあり、大修館書店の『大漢和辭典』に、「黨與」は「なかま。くみ。」と説く。「黨與」から、どうして「爲（タメニ）」が出てくるのか分らないが、古點本では、「與」は早くから「爲」に通じてタメニと讀まれてゐる。

○　與《（ため）》二に衆生一の説レ（か）む法を。（石山寺本四分律平安初期點　三一　2/22）「與」に「爲」の注あり。

○　此ノ少分受持する功德は、與《（ため）》二に菩薩一の爲《な》レる因と。（東大寺本金剛般若經贊述仁和元年點　22/20）同

○　能（く）與《（ため）》二に其（の）慳一の作二る安息處一と［あり］。（石山寺本瑜伽師地論平安初期點　七一　7/7）同

（四八）は、「羸」の右に書き附けられて、「羸」が「劣」の意味であることを示してゐる。「羸」は、『説文』に、「羸、瘦也、从レ羊檜聲、〈臣鉉等曰、羊主給レ膳以レ瘦爲レ病、故从レ羊、力爲切。」、『廣韻』に「羸、〈瘦也、力爲切〉」、高山寺本『篆隷萬象名義』に、「力爲反、弱・病・瘦・疲」、天治本『新撰字鏡』に、「羸、累垂反、弱也、疲也、瘦也、

又、力規反、累也。」とあり、「羸」はやせて、弱いことを言ふ。「劣」の注は、（三八）でヲヂナシと讀んだが、本例の場合は、「羸弱を」と格助詞を取って音讀してゐるから、「劣」は意味を示すだけで、ヲヂナシと訓讀してゐないと見た。

第四章　特殊な漢字の訓法

一　若・如・爲

共にモシと讀む。「若」は、シを送った例があって、モシと讀んだことが分かる。「若」は假設の副詞として用ゐられる他、選擇の接續詞としても用ゐられる。假設を表す場合、「若」を含む從屬句の述語は、活用語の未然形＋バとは限らず、さまざまな形を取る。

Ａ　活用語の未然形＋バ
Ｂ　活用語の連用形＋ハ・テ・テハ
Ｃ　活用語の連體形＋イ・イハ・ハ・モ・ニハ・トキハ・トキニハ・ヒト・ヒトハ
Ｄ　その他

また、從屬句を受ける主句の述語も、活用語の未然形＋ムの他、いろいろな形を取り、呼應の形式はさまざまである。

主句の述語

ａ　活用語の未然形＋ム・ジ
ｂ　活用語の終止形
ｃ　活用語の終止形＋ベシ・マジ

d　活用語の連體形

e　活用語の命令形

f　その他

（一）若し必ず欲レ(は)ば爾くせむ・と、小《しはら》く停(まり)て待二(て)と我ガ入(り)て還一(ら)むを。（一七　7/17～18）Ａe　バ・命令

（二）若(し)諸法空(な)ラば、云何(ぞ)能く得レむ・と禪を。（二〇　9/2）Ａa　バ・ム

（三）若(し)一切(の)法イ、念念に生滅し無常(な)ラば、佛云何ぞ言《のたま》三はむ諸の功德を(も)て……、心得二むと上に生一(る)ること。（一八　8/24～25）Ａa　バ・ム

（四）汝若(し)生二(さ)ば疑心一を、死王獄吏に縛(せら)レナむ。（一七　13/1）Ａa　バ・ム

（五）若(し)有法是レ牛なり・といはば、羊も亦(た)應二し是レ牛一(な)る。（一八　12/6）Ａc　バ・ベシ

（六）若(し)無二くは無相一、則(ち)不《ず》レ破二(せ)一切法の相一を。（一八　13/26）Ｂb　ナクハ・ズ

（七）若(し)不《ず》レは得二法忍一を、則(ち)不《ず》レ能三(は)常に忍二すること一切一を。（一八　19/6）Ｂb　ズハ・ズ

（八）若(し)不《ず》三は別(に)説二(か)名字一を、則(ち)不《マじ》レ知二(る)其の功德一を。（二〇　10/9～10）Ｂc　ズハ・マジ

（九）若(し)遥(か)に見二ては怨家・悪人一を、卽(ち)生二す怒害の心一を。若(し)見二て中人一を、則(ち)無レく怒無レし喜。（一三　3/21～22）Ｂb　テ・テハ

（一〇）若(し)爲《な》二りては餓鬼一と、火從レ口より出つべし。（一四　19/24～25）Ｂc　テハ・ベシ

（一一）若信二するイは諸法空一を、是レ則(ち)順二せり於理一に。（二五　12/26）Ｃb　イハ・リ

（一二）若(し)衆生の解下レるイは佛は以二(て)深心一を憐愍(し)たまふ者《ひと》上なりと、假令《たとひ》教レ(ふ)とも入二レと大火一に、卽(の)時(に)、歡樂

(し)て而入(る)こと、如三し人の熱悶の時(に)入二るガ清涼の池一に。(二六　16/7~8)Cb　イハ・ゴトシ

(一三)若(し)有る人來(り)て乞二(ふ)とき三衣鉢扞一を、若(し)與レ(ふ)るイは之を、則(ち)毀戒す。若(し)不《ヌ》レは與(へ)則(ち)破二(リ)ツベし檀波羅蜜一を。(一六　16/21~22)Cb　イハ　Cb　ハ・ベシ

(一四)若(し)有レ(り)て財而施するは、不《ず》レ足レ(ら)爲《す》レるには難しと。(一八　6/10~11)Cb　ハ・ズ

(一五)若(し)人の無レきは慈、與二夫レ虎狼一と亦何ぞ以異(なら)む・といふ。(一六　14/15)Ca　ハ・ム

(一六)若(し)有二(り)て遮道一、不《ヌ》レには得二通達一を、爲に說二く八背捨を一。(二〇　10/13~14)Cb　ニハ

(一七)若(し)爲《す》レるときは除二すること內苦一を、外苦復(た)來る。若(し)爲《す》レるときは除二すること外苦一を、內苦復(た)來る。(二〇　19/8~9)Cb　トキハ

(一八)譬(へ)ば如下く樹の常(に)東(に)向(き)て曲(れ)るを、若(し)有二(る)ときは斫る者《ひと》一、必(ず)當(に)東(に)倒上(る)べきガ、善人も亦(た)如レし是の。(一八　8/21~22)Cc　トキハ

(一九)若(し)如レき是(の)者《ひと》、何ぞ用二(ゐ)る問訊一を。(一〇　17/8)Cd　ヒト

(二〇)若(し)供養する者《ひと》は、得《う》二大果報一を。(一〇　14/3~4)Cb　ヒトハ

(二一)若(し)自(ら)无レくして力、但(た)釋迦牟尼佛の光明のみ照レ(し)たまふも之を、亦(た)應二し能(く)來一る。(一〇　13/5~6)Cc　モ

従屬文と主文との關係が、上記の諸例と異なって明瞭でないものを、纏めてD類とする。

①　――マクで引用句を導くもの

(二二)若(し)人殺し已(り)て、先っ自(ら)思惟(せ)マく、「全二(く)すること戒の利一を重し、全レ(く)すること身(を)爲レし重(し)と、破レ

(るを)戒を爲レし失と、喪レす(る)を身(を)爲《す》レと失と。」（一三　8/21〜22）

（一三）若(し)謂(は)マく、「細き故(に)、不《ず》レといはば可レく(あら)知る」、則(ち)與レ無と無レくなり(ぬ)異(なる)こと。（一八　14/22）

② 提示語法の形を取るもの

（一四）〔若(し)人欲レヒ勝(た)むと欲レ(ふ)は破(ら)むと、〕是レ不可得なり。（一〇　10/25）

（一五）〔若(し)……奪二(は)むとして其の命一を、生二(し)て身業一を、有二る作色一、〕是を名二(づ)く殺生罪一と。（一三　5/6〜7）

（一六）〔若(し)入二るときは精舍一に、〕則(ち)是レ入二るなり大地獄一に。〔若(し)坐二るときは衆僧の床榆《シキヰ》一に、〕是レを爲レす坐二ると熱鐵床の上一に。（一三　4/22〜23）

（一七）〔若(し)爲《セ》二むに侵害し强奪し逼迫一〕是は當(に)云何ぞ。（一三　8/20）「迫」にムの點、「人」の注あり。

（一八）〔若(し)犯する者《もの》〕是を名二(づ)く邪淫一と。（一三　10/25）

（一九）〔若(し)爲二に持戒一の失レするは身を〕其の利甚重なり。（一三　8/25）

③ 後に「何況——」が來るもの

（二〇）若(し)求二(むる)すら世間の近き事一を、不《ヌ》レとき能レは專レ(らに)すること心(を)、則(ち)事業不《ず》レ成(ら)。何況甚深の佛道而も不《ず》レ(あら)むヤ用二(ゐ)禪定一を。（一七　1/24〜25）

（二一）若(し)斯の人をは者、諸天の音樂すら尙(し)不《ず》レ能レは亂すること。何況人の聲は。（一三　4/9〜10）

（二二）若(し)無二く罪報の果一、亦(た)無二(き)をすら諸の呵責一、猶(し)當(に)應二慈忍一すべし。何況苦果の劇(し)きは。（一七　11/20）

④ 逆接に用ゐられるもの

（二三）若(し)苟《(しばら)》く免(れ)て全レ(く)すとも身を、身何の所得カアラむ。（一三　8/23〜24）「苟」の右に「且也」の注あり。

(三四) 若(し)有るひと雖レ(も)不《ず》二と守護一(せられ)、以レて法を爲レす守と。(一三 $\frac{10}{25}$)

⑤ その他、前後の關係の不明なもの

(三五) 若(し)菩薩の初發心より乃至レ(る)までに得二るに無生忍一(を)、從レ是より中間をは名二(づ)く身精進一と。生身未《ヌ》レ捨(て)故に(なり)。(一六 $\frac{12}{17\sim18}$)

(三六) 若(し)得二て世間第一の法一を、入二る正位一に、入二(りて)正位一(に)、得《う》二といふこと須陀洹・斯陀含・阿那含・阿羅漢一を、必ず有二リ是(の)處一(り)。(一八 $\frac{7}{12\sim14}$)

(三七) 若(し)得レ(たる)道(を)諸の阿羅漢あり。如二きは舎利弗・須菩提・目揵連等一の、所作已(に)辨せり。(一〇 $\frac{15}{9\sim10}$)

「若」は、また、アルイハの意味で、選擇の接續詞として用ゐられる。係助詞ハを添へて、モシハの形を取るものがある。モシハの早い例として注目したい。

(三八) 若(し)有二(り)二種の悔一。不作と若(し)は已作となり。(一七 $\frac{12}{19}$)

(三九) 若(し)如二(く)は所說一(の)、一切(の)智慧(は)盡(く)應レ入二(る)べし若(し)は世間、若(し)は出世間一(に)。(一八 $\frac{3}{21\sim22}$)

(四〇) 四種の精進イ、各(の)爲《し》二て首［と］因緣一と生レす道を。若(し)は有漏、若(し)は无漏、若(し)は色、若(し)は无色なり。(一九 $\frac{17}{18\sim19}$)

(四一) 若(しは)有二(り)ても因緣一、若(しは)无二くしても因緣一、而瞋る。(二〇 $\frac{11}{14}$)

(四二) 若(しは)有漏(に)も(あ)レ、若(しは)无漏(に)も(あ)レ、是を名二(づ)く受心法念處一と。(一九 $\frac{11}{16}$)

(四三) 若(しは)貴(く)も(あ)レ、若(しは)賤(しく)も(あ)レ、若(しは)小(さくもあ)レ、若(しは)大(きくもあ)レ、行二フは此の淨戒一を、皆得《う》二大利一を。(一三 $\frac{2}{3\sim4}$)

「若」を、「令」に續けて「若令」とし、ヒを送ってタトヒと讀んだ例がある。

（四四）　身は非二（ず）但（た）是レ苦性一のみには、亦（た）從レ（ひ）て身に有レ（り）苦。若令ヒ无二（く）は身隨レ（ふこと）意（に）、五欲を誰ヵ當（に）受（け）むひと者。（一九　7／19～20）

タトヒと讀めば、逆接になるが、それでは、文意が通じない。『大正新脩大藏經』には、「若令二无身隨レ意」と返り點を打ち、大東出版社の『國譯一切經』には、「若し身の意に隨ふもの無からしめば、」と讀んで、共に「令」を使役の助動詞としてゐる。本例は、加點者の誤讀の疑ひがあり、「若令」をタトヒと讀んで、逆接とした用例とはしない方がよからう。

「如」は、「若」と同じ意味に用ゐられる。

（四五）　如《モシ》菩薩の行二（せ）む檀波羅蜜一を時に、見下ては飢（ゑた）る虎の飢（う）ること急にして、欲《す》上レるを食二（ま）むと其の子一を、菩薩是の時に、興二（し）て大悲心一を、卽（ち）以レて身を施（す）べし。（一六　16／24～25）

（四六）　如《モシ》有レるは所レ至（る）、得レするを佛を爲レ到るといふ。（一六　15／24）

（四七）　何（を）以（て）ぞ知レる・といはば之を、如《モシ》人著レするとき色に、觀二て身の不淨（な）る卅六種一を、則（ち）生二す心厭一を。若（し）於二觸の中一に生レ（し）ツるとき著を、雖レ（も）知二（り）ヌ（と）不淨一なりと、貪二（り）て其の細濡一を、觀るに無レ（し）所レ益（する）。（一七　6／9～11）モシのモ不確實

「爲」をモシと讀む場合は、推測・疑惑の意味を表し、後に係助詞ヤ・カを伴ふのが普通である。

A　ヤが文中にあるもの

B　ヤが文末にあるもの

C　カが文末にあるもの

(四八) 爲し七覺の中の捨四无量心の中の捨をヤ名（づけて）爲《す》レる捨と。（一六　5/11）A

(四九) 若（し）有二（る）は是の有分を名レ（づく）ること身と、爲し各各の分の中にヤ具足して有る。爲し身の分分にヤ在二る諸分の中一（に）。（二〇　2/19）A・A

(五〇) 不《ず》レ知下（ら）爲し道果は无（し）ヤ耶。我は非中ずヤ・といふことを其の人上には耶。（一一　2/6）B

(五一) 問レ（ひ）て佛（を）言《まう》ししく、「一の究竟の道は、爲し衆多の究竟の道カ・と。」（一八　9/8～9）C

(五二) 歎（して）曰（はく）、「我等非二ずヤ其の人一には耶。爲し是（れ）師の隱レするカ我を耶。」（一一　2/14）C

(五三) 多寶國土は最も在二リ東邊一に。……是は自（ら）用レ（ゐて）ヤ力を行する。爲し寶積佛の力カ。是は普明菩薩の力カ耶。爲し釋迦牟尼佛の力カ。」（一〇　12/23～26）C・C

二　可・當・應・宜・須・肯

「可・當・應」は、いづれもそれ自身をベシと讀み、または、讀まずして後の語にベシを讀み添へる。客觀的な推量・可能・當然・命令など、廣い意味を表す。

「可」は、それ自身をベシと讀むのが原則である。

(一) 大火の燒レ（く）人を、是には猶（し）可レし近（つき）ヌ。清風の无レき形、是をも亦（た）可レし捉（へ）ツ。蚖蛇の含レするをは毒を、猶（し）亦（た）可レし觸（れ）ツ。女の之心は不《ず》レ可レ（くあら）得レる實（を）（一四　14/9～10）［得る］不確實

(二) 破レしては戒を當レし墮二ツ地獄一に。云何ぞ可レき破す。（一三　24/22）

(三) 破戒の之人（は）難レし可二きこと共住一す。（一三　4/9）

（四）譬（へば）如下く疽創の无二（き）に不《ヌ》レ痛（ま）時一、若（し）以レ（て）藥を塗るとき、可レ（くあ）レども得二少し差《（い）》一（ゆ）ること、而不《ヌガ》上レ可レ（くあら）得レ愈（ゆ）ること、人身も亦（た）如レ（し）是（の）。（一〇　16/12～14）

「當」は、それ自身をベシと讀むこともあれば、讀まずして、後の語にベシを補讀することもある。

（五）是の身をは名（づけ）て爲二す老病死の藪一と。必ず當《べ》二し壞敗一す。（一三　8/24）

（六）破レしては戒を當レし墮二ッ地獄一に。（一三　24/21）

（七）何の時にカ當レき得《う》レ來二ること此の間一に。（一〇　13/26）

（八）是（の）時（に）、自（ら）念二（ふ）我今若（し）死（に）ては、當レし・と生二るへ何の處一に。（一八　8/19）「當」にシの點が、「生」にへの假名あり。

（九）當堅く持戒すること、如レ（く）すべし惜二（しむ）ガ重寶一を。如レ（く）すべし護二るガ身命一を。（一三　1/16）

（一〇）若（し）欲レ（は）ば得二むと此（の）報一を、當勤（め）て自（ら）勉《ハケ》ミ勵《ハケ》むべし。（一三　17/26）

（一一）此の偈は但（た）說二く三諦一をのみ。當知二るべし道諦は已に在レ（り）と中一に。（一八　6/18）

「當」は、ニを送って、マサニと讀み、後にベシを補讀することが多く、ベシの代りにムを用ゐることもある。但し、「當」一字をマサニ・ベシと再讀・並記した例はない。

（一二）以二て是の之故一を當に護二（る）こと於戒一を、如レ（く）すべし護二るガ身命一を。如レ（く）すべし愛二するガ寶物一を。（一三　3/22）

（一三）我今當に觀下（る）べし是の相有二（リ）ヤ實に可レきこと得不上ヤ・と。（二〇　2/1）

（一四）我當に逆レヒて流に以て求二め盡-源一を入二（ら）む泥洹道一に。（一四　16/16）

（一五）佛言（はく）、「……衆生の有无は、後に當に說（か）む・と。」（一三　6/23）

（一六）鹿王既に至(り)て跪《ヒサマツ》きて白二(し)しく人王一(に)、「……當に自(ら)差レ(し)て次に、日に送二(り)て一鹿一を、以て供二(せ)む・とまうす王厨一に。」（一六　13/19～21）

（一七）我當に作レ(り)て禍を、奪二(ひ)此の龍處一を、居二(ら)む・と其の宮殿一に。（一七　4/18）

「應」は、それ自身をベシと讀むのが普通であるが、讀まないで後の語にベシを補讀することもある。第一種點には「應」に「當也」と注した例があるから、「應」の表す意味は「當」と同じなのであらう。

（一八）修二すること諸の善法一を難し。以レ(ての)是(を)故(に)應二し・といふ出家一す。（一三　24/14）

（一九）應レきを呵す而も讃し、應レきを讃す而(も)呵す。（一三　14/20）

（二〇）提婆達多の鹿群の中に、有二リ一の鹿一。懐レ(み)て子を次[に]至(り)て應《へ》レきあり送(ら)る。（一六　13/23～24）

（二一）善は應レ修(す)べし。不善及无記(な)ラば、不《ず》レ應レく(あら)修す。（一九　14/24）

（二二）若(し)是レ不《ず》レは異(なら)者、地と及地種とは不《ず》レ應レく(あら)異(な)る。（一八　13/15）

（二三）世間の法の中(には)、使從レ遠(く)より來るときは、必(ず)應レ有レ(る)べし信。（一〇　8/25）

（二四）若(し)言二神は無常一なり・といふも、亦(た)應二是(れ)邪見一(な)るべし。（一八　8/10）

（二五）著《き》二袈裟衣一を、剃二除し鬚髮一を、應三兩の手を(も)て急に捉二るべし和尚の兩足一を。（一三　25/19）

「應」と「當」とを重ねて「應當」とし、「當」をマサニ、「應」をベシと讀み、または讀まないで、後の語にベシを讀み添へることがある。

（二六）如レき是の定心を(も)て應三し當(に)捨レ(て)て身を以(て)護二る淨戒一を。（一三　9/2）

（二七）年向レフときは成レるに人と、應三當に修二(む)べし其の家業一を。（一三　9/3）

(二八) 譬(へ)ば如下し負レ(へ)るとき責《セメ》、責ー主索レ(め)ば之(を)、應二當に歡喜一(す)べし、償レ(ひ)ては責を不《ヌ》上レガ可レく(あら)瞋る也。

〔別訓 當に歡喜シテ責(むる)コトヲ償(ふ)ベシ〕(一四 15/19)

(二九) 破戒の之罪は、不《ず》レ可二(くあら)稱し說一す。行者應下當に一レ(に)して心を持戒上(す)べし。(一三 5/2)

「應當」の二字を縦線で結び、後の語にベシを讀み添へた例がある。「應ー當」に送り假名はないが、合せてマサニと讀んだのであらうか。

(三〇) 應ー當量二るべし其の輕重一を。(一三 8/21)

「應當」の「當」にシを送って、ベシと讀んだ例がある。

(三一) 菩薩は應當二し忍辱一す。(一四 19/10)

「應」にキを送って、ヨロシキと讀んだらしい例がある。

(三二) 是の法身の菩薩は、種種の法音を(も)て、隨レ(ひ)て應《(よろし)》きに而出ッ。(一七 24/12)

「宜」は、稀にしか用ゐられないが、それ自身をベシと讀み、または、讀まずして、後の語にベシを讀み添へる。

(三三) 佛何(を)以(て)ぞ言二欲レ(はば)往(か)む(と)隨レ(ひ)て意に、宜レし・とのたまふ知二る是の時一を。(一〇 8/5)

(三四) 是(の)故(に)、佛言(ひしく)、「欲レ(は)ば往(か)む(と)隨レ(ひ)て意(に)、宜レし・とのたまふ知二る是(の)時一を。」(一〇 8/21)

(三五) 聖實可レ依るべし。愚の或をは宜レ棄(つ)べし。(一九 7/22)

(三六) 華香淸妙なり。宜レし爲《(す)》二供養一(すること)。(一〇 10/6)

「宜」にシを送り、後の語にベシを讀み添へた例がある。ウベシ(またはムベシ)——ベシと讀んだのであらう。

(三七) 自(ら)思惟(ス)ラく、「……宜し自(ら)勉《ハケ》み厲二べし・とおもふ 以レ忍を(も)て調レす心を。」(一四 3/4~6)

「勉勵」は、「はげみ―はげみて」と讀み、「と・おもふ」は、後の語に續けて讀むべきではないか。『大正新脩大藏經』には「宜下自勉勵以レ忍調レ心……亦得上レ忍。」と返り點を打ち、大東出版社の『國譯一切經』には、「宜しく自ら勉勵して、忍を以て心を調へ、……亦た忍を得べし。」と讀んでゐる。

「須」は、用例が少ない。それ自身はベシと讀まないで、後の語にベシを讀み添へる。

（三八）我レ有二リ不一吉。須至二(り)て天の祠一に、以(て)求二(む)べし・と吉福一を。（一四　15/3〜4）

三　欲・垂・將

「欲」は、それ自身をオモフ、またはスと讀み、後の語にムトを讀み添へる。

（一）晝夜に常(に)行二(ひ)て精進一を、……諸の深經法を欲レヒ得むと、欲レヒ知(ら)むと、欲レヒ行(は)むと、欲レヒ誦(せ)むと、欲レヒ讀(ま)むと、乃至、欲レフ聞(か)むと。（一九　23/4〜6）

（二）諸の菩薩行二(ひ)て是の慈心一を、欲レフ令二衆生をして離レ(れ)て苦を得レしめむと樂を。（二〇　15/22）

（三）不《ず》レして行二(は)諸の功德一を、但(た)欲レフ得レむと(のみ)空を。（一八　11/17）

（四）若(し)欲レフときは專二(らにせ)むと心を道法一に、家業則(ち)廢(れ)ヌ。（一三　22/24）

（五）凡夫人は欲《す》三滅レ(し)て心を入二(ら)む(と)無想定一に。（一七　18/11）

（六）欲《す》レるとき得二むと心樂一を、大に用二(ゐ)る精進一を。（一八　18/7〜8）

（七）見二ては飢(ゑた)る虎の飢(う)ること急にして、欲《す》レるを食二(ま)むと其の子一を、（一六　16/25）

「――マク」に續く「欲」にシを送り、「――マク―ネガハシ」と讀んだらしい例がある。

（八）佛命レ(し)て僧に[を]集(め)て而告レ(け)て之に言(ひ)しく、「汝等欲《ねがは》レシや知二(ら)マく倶伽離が所墮の地獄、壽命の長短一をは不

ヤ・と。」（一三　14/5～6）

「垂」は、副詞にして、イマ、または、イマイマと言ひ、後の語にムトスを讀み添へる。

（九）　如下（し）人の被レ《レ》て縛（ら）將二去（き）て殺一（され）むとするとき、災害垂《イマ》上レ至（ら）むとするガ。（一七　12/7）

（一〇）　賈客の入レ（り）て海に、採レ（り）て寶を垂《イマヽヽ》出二（て）むとするとき大海一を、其の船卒《ニハカ》に壞レて、珍寶を失ヒ盡（し）ッ。（一三　7/16～17）

（一一）　垂《イマヽヽ》死（な）むとする時の心、決定して勇健（な）るガ故（に）、勝二（れ）たり百歳の行力一に。（二四　10/11～12）

ムトスの代はりにベシで應ずることもある。

（一二）　異部の群の中に、有二リ一の鹿の懐《はら》レ（め）る子一（を）。以子垂《イマヽヽ》産（る）べきイ、身當（に）殂割レナむとす。（一六　14/11～12）

「垂」に「當」を續け、「垂」をイマ、「當」をマサニと讀んだかと思はれる例がある。

（一三）　入二（り）て林樹（の）間一に、更に求二（め）て五通一を、一心にして專―至す。垂《イ（ま）》當（に）得むとする時に、有レ（り）て鳥在二（り）て樹の上一に、急に鳴（き）て以（て）亂二（す）其の意一を。（一七　24/21～22）

「將」の例は少ない。ニを送ってマサニと讀んでも、ムトスで受けるとは限らない。

（一四）　如下し大火の不《ヌ》二ときは急に避レ（け）之（を）、禍―害將に及上フガ。（一三　11/24）

四　設・正使・政使・假使・假令・若令

共にタトヒと讀む。タトヒは、一般に假説の逆態條件句を構成するが、從屬句の述語は、活用語終止形＋トモとは限らず、主文の述語も、活用語の未然形＋ムとは限らず、呼應の形式はさまざまである。

（一）　設ヒ得二とも生活一すること、不《じ》二と安隱一に（あら）。（一〇　27/5）

（二）若（し）欲《す》レるとき趣レ（かむ）と水に、護レる水を諸の鬼、以二て鐵の杖一を逆へ打ッ。設ヒ無二（く）とも守る鬼一、水自然に竭（き）ヌ。（一六　5/12～13）

（三）設ヒ有二ラば違失一すること、卽（の）時に、發露（す）べし。（一六　11/17）

（四）設ヒ有るいは此レ人も、貪生惜壽。何ぞ可レき得《う》耶。（一二　4/4）

（四）は、何と讀むのか分からない。『大正新脩大藏經』には、「設有二此人一貪レ生惜レ壽何可レ得耶」と返り點を打ち、大東出版社の「國譯一切經」には、「設ひ此の人ありとも、生を貪り壽を惜しまん、何ぞ得べけんや。」と讀んでゐる。

（五）正使ヒ筋骨は枯（れ）盡（く）レども、終に不《ず》二して懈廢一（せ）、得二て如意珠一を、以（て）給二し衆生一に、（一六　2/17～18）

（六）行者は端レくして身を直に坐し、繫レ（け）て念を在レ（き）前（に）、專-精して求レ（む）べし定を。政-使ヒ肌骨は枯（れ）朽ッとも、終に不《ず》二（あ）レ・と懈退一（せ）。（一八　18/9～10）

（七）若（し）盗二取するときは他物一を、其の主泣き涙《ナ（しほた）》り惱む。假-使ヒ天王（の）等（き）も猶（し）亦（た）以（て）爲レす・と苦と。（一二　10/5）

（八）若衆生の解下レるイは佛は以二（て）深心一を憐愍（し）たまふ者《ひと》上なりと、假-令（ひ）教レ（ふ）とも入二レと大火一に、卽（の）時（に）、歡樂（し）て而入（る）こと如二し人の熱悶時に、入二るガ清凉の池一に。（二六　16/7～8）

（九）假-令ヒ後世に无レく罪、不《ヌ》下すら爲二に善人一の所レレ訶（は）、怨家に所《レ》上レ嫉（ま）、尙し不《ず》レ應二く（あら）故ラに奪二フ他の命一を。（一三　7/12～13）

（一〇）身は非二（ず）但（た）是レ苦性一のみには、亦（た）從レ（ひ）て身に有レ（り）苦。若-令ヒ无二（く）は身隨レ（ふこと）意（に）、五欲を誰ヵ當（に）受（け）むひと者。（一九　7/19～20）

五　豈

「豈」は、ニを送った例は無いが、アニと讀んだのであらう。反語を表し、文末は―ムヤで結ぶ。

（一）我(れ)年既(に)幼稚なり。受戒(の)日初(めにして)淺(し)。豈(に)能(く)演二へ至眞一を、廣(く)說二(か)むヤ如來(の)義一を。（一一　2/24）

（二）我若(し)殺二(さ)ば此の一の羊一を、便(ち)當三終に爲二るべし此の業一を。豈(に)以レ(て)の身を故に爲二(ら)ムヤ此の大罪一を。（一三　9/6～7）

（三）若《イ》爲《カ》ぞ識二嫌する式叉摩那一を。豈(に)不《ず》レ(あらむ)ヤ致レ(さ)識を。（一三　25/27～26/1）

（四）我ガ願の得レむこと成(る)こと、豈(に)非二ず(あら)むヤ・とのたまふ汝ガ力一に。（一二　17/14～15）

六　況・何況

「況」を用ゐることは少なく、「何況」を用ゐることが多い。ニ・ヤなどを送った例はないが、イカニイハムヤと讀むのであらう。

前文を受けて後文を强調する抑揚形式で、後文の構造の分類は、上巻のそれに從ふ。（一二七頁參照）

（一）諸天及神仙すら尚(し)不《ず》レ能レは得(る)こと。何(に)況(や)凡夫の懈怠の者《ひと》は。（一七　2/10）A　ハ

（二）若(し)斯の人をは者、諸天の音樂すら尚(し)不《ず》レ能レは亂すること。何(に)況(や)人の聲は。（一七　4/9～10）A　ハ

（三）心に无二きひとは覆蓋一、佛道をすら可レし得ツ。何(に)況(や)聲聞道をは。（一四　6/18～19）B　ヲハ

（四）以二ての是の事一を故に、知ドる細濡の觸法は能く動二(かし)ツ仙人一をすら。何(に)況(や)愚夫上をは・と。（一七　10/20～21）B　ヲハ

（五）一の針一の縷をダモ不《ず》レ取(ら)。何(に)況(や)多物をは。（一八　5/16）B　ヲハ

（六）無レき主淫女を不《ず》二以レてダも指を觸一(へ)。何(に)況(や)人の之婦女をは。（一八　5/16～17）B　ヲハ

（七）病の時(に)すら猶-尚し不《ず》レ息(ま)。何(に)況(や)不レ病(ま)時には。（二六　8/22）B　ニハ△

（八）得二て身色端政一(な)ることを、威德第一なり。見-者歡喜す。敬信し心伏す。況(や)復(た)說法(せ)むときは。（一八　17/19～20）B△　トキハ（トキニハ）

（九）若(し)無二く罪報の果一　亦(た)無二(き)をすら諸の呵責一、猶(し)當(に)應二慈忍一すべし。何(に)況(や)苦果の劇(し)きは。（一七　11/20）B△　ハ（ヲハ）

（一〇）佛入二出(し)たまふ諸の三昧一に。舍利弗等は乃(し)不《ず》レ聞二(か)其の名一をダも。何(に)況(や)能(く)知(ら)むヤ。（一八　16/20～21）C　ムヤ

（一一）諸の業の中には尙し无レし有レ(る)こと一すら。何(に)況(や)有レ(ら)むヤ三。（一九　26/14）D　ムヤ

（一二）邪見の人は多く行二ヒ衆惡一を、斷二す諸の善事一を。觀レする空と人は善法すら、尙(し)不《ず》レ欲レは作(さ)むと。何(に)況(や)作レ(さ)むヤ惡を。（一八　10/6～7）E　ムヤ

（一三）是の娑婆國土の中の菩薩イ、見二て普明の遠(く)より來(り)て聽レ(く)を法を、便(ち)作二(さ)く是の念一を、「彼すら從レ遠(く)より來レリ。況(や)生二(る)るイ此の國土の中一に、而不《ず》レ(あら)むヤ聽レ(か)法を。（一〇　8/0～21）F　ムヤ

（一四）尓時、未《ず》二(あり)しすら得道一(せ)、尙し无二(くあり)き惡心一。何況(や)得二て阿褥多羅三貌三菩提一を、三毒已(に)盡し、於二て一切の衆生一に、大慈悲具足(せ)るをヤ。（二六　15/27～28）A

C・D・E・Fのやうに、終りに述語の來るものは、すべて――ムヤで結ぶが、Aのやうに、主語だけのものや、B

のやうに、連用修飾語だけの場合は、前文の主語・連用修飾語の格に合せて、――ハと言ふことが多い。例へば、Aの（一）は、「諸天及神仙すら」に對して、「懈怠の者《ひと》は」、（二）は、「諸天の音樂」に對して、「人の聲は」と言ひ、Bの（三）は、「佛道をすら」に對して、「聲聞道をは」と言ひ、（五）は、「一の縷をダモ」に對して、「多物をは」と言ふやうに。もっとも、Bの（七）は、「病のときすら」に對して、「病（ま）不《ぬ》時には」と言ひ、前文は「とき」、後文は「時には」で合はない。前文はニを書き忘れたものと見做し、ニを補って讀んだ。（四）は注意を要する。「得道せずありし」に對して、「大慈悲具足せる」であるから、ハを添へて「大慈悲具足せるは」といふべき場合と考へられるが、ヲヤを添えて、「大慈悲具足せるをや」と言ってゐる。このヲヤは感動を表す終助詞であらう。私は、先に高山寺本『彌勒上生經贊』平安初期點の例。

○　三劫に行レ（し）てするスラ因を果應二し無量一ナる。況（や）佛の示二現したまふこと境界一を難思ナるをや。（11/8）

を擧げて、「イハムヤの後に感動のヲヤを用ゐた最初の例として注目すべきものである。」（『平安時代における訓點語の文法』三五七頁）と言ったが、第三種點のこの例は、是に續くものである。

七　寧

「寧」は、附訓例はないが、ムシロと讀んだのであらう。用例は少ない。

（一）寧（ろ）以二て赤鐵一を蜿二轉（す）とも眼の中一には、不《ず》下以二て散心一を耶中に視（る）べく（あら）女色上をは。（一四　13/25）

（二）二輕の之中に、寧（ろ）爲二には无智一の所レるとも慢《あなづ》（ら）、不《ず》下爲二に（は）賢聖一の所上レるべ（くあら）賤（しま）。（同　19/2）

（三）我レ若（し）知二（ら）ば佛の智慧の如レ（くな）るを是の者、爲二（の）佛（の）智慧一（の）故（に）、寧（ろ）入二（り）て阿鼻地獄一に、受二（く）とも無量の劫苦一を、不二以（て）爲レ難（しと）は。（一一　10/11～13）

ムシロには、A　幾つかあるものの中から、一つを選ぶことを表すものと、B　反語を表すものとがあり、Aには、a　ムシロ――トモ――と、b　ムシロ――の二形式がある。第三種點には、Bの確例はなく、右の三例は、共にAのaに屬し、主句よりも從屬句の假説された内容を選ぶべきことを示してゐる。

八　曾

「曾」は、シを送って、ムカシと讀む。これを受ける述語は、過去の助動詞キを伴ふ。

（一）我等曾し聞レ(き)き有二リと如意寶珠一。（一二　16/24）

（二）佛先世に曾し作二(り)て賈客の主一と、將二て諸の賈人一を入二(り)き嶮難(の)處一に。（一六　1/5〜6）

九　但・唯・獨

「但・唯」は、共にシを送って、タダシと讀んだことが分かる。シの無いものは、タダと讀んだのであらう。

（一）譬(へ)ば如下く……賢イ知二(り)て鬼病一なりと、但し爲《し》レて治レすること(のみ)之を而好不《ヌ》中ガ瞋恚上(せ)、（一四　19/14）

（二）不《ず》二して審諦に求レ(め)知二(ら)むと諸法の實相一を、但し欲レフを(もて)なり求レ(め)むと脱二(れ)むことを老病死の苦一を。（一八　16/23〜24）

（三）此の蟲は本(と)是(れ)我ガ沙彌なりき。但し坐《(よ)》三(り)て(の)貪二愛(せ)しに殘酪一を故に、生二(まれ)たり此(の)瓶の中一に。（一七　5/17〜18）

（四）身は非二(ず)但(た)是レ苦性一のみには、亦(た)從レ(ひ)て身に有レ(り)苦。（一九　7/19〜20）

（五）爲二(に)する佛道一の精進を、名(づけ)て爲二す波羅蜜一と。諸の餘の善法の中(に)精進するを、但(た)名二(づけ)て精進一とのみ、不《ず》レ名二(づけ)波羅蜜一とは。（一六　2/6〜7）

(六)　菩薩思惟(す)ラく、「……若(し)非レヌを次に更に差(さ)ば、次未《じ》レ及レは之に。如一何ぞ可レき遣る。唯し有レリ我(のみ)、當(に)代レ(ら)む・と之に。」(一六　14/4～6)

(七)　菩薩作二リて如レき是の觀一を、……唯し以二て寂滅一を爲二す安穩一なりと。(同　18/2～4)

(八)　如下く慈の父母唯し有二リ一(り)の子一(のみ)。而得二ツるとき(は)重病一を、一心にして求レ(め)て藥を、救中療するが其の病上を、(同　3/1～2)

(九)　唯(た)佛のみ應三し供二養(し)たまふ佛一を。餘人は不《ず》レ知二(ら)佛德一を。(一〇　18/9)

(一〇)　是の虛誑の知は、都(て)不《ず》レ可レ(くあら)信す。所レの可レき信す者《もの》は、唯(た)有二す諸佛一のみ[なり]。(一八　19/20～21)

(一一)　我は唯(た)有二リ汝一(り)の兒一のみ耳。(一二　16/27)

(一二)　若(し)是レ十力ィ獨(り)是レ佛事のみ(な)ラば、弟子は今世に无二し人として能(く)得一べきこと。(二四　17/9)

(一三)　獨リ佛のみ能(く)盡(し)て遍く知(しめすが)故(に)、(二六　25/6)

(一四)　自レ古より及レ(ふ)までに今に、唯(た)有二リ此(の)林一(のみ)。常に獨リ蔚茂にして、不《ず》二爲レに火の燒一(か)れ。(一六　15/9～10)

(一五)　我レ欲三フ度二脫(せ)むと一切衆生一を。云何ぞ獨リ取二(ら)む涅槃一を。(一八　17/12)

(一四)(一五)の「獨」は、自分だけの意味である。

一〇　爲・與

「爲」の用法は多岐に亘ってゐて、讀み方もさまざまである。

A　形式名詞　タメ

B　代名詞　コレ

Ｃ　動詞　イフ・カフル・ス・ツクル・ナス・ナル・マウス・ヨル

Ｄ　副詞　モシ

Ｅ　助動詞　トアリ・タリ

タメは、格助詞ノ・ガを挾んで、名詞・代名詞、および活用語の連體形を受けて、目的・便益の他、原因・理由などを表し、また、受身の對象を表すこともある。タメニ・タメニス・タメノユヱニ・タメニナリなどの形で用ゐられる。

（一）離二レ五欲の罪樂一を、能(く)爲二に衆生一の説二く離法一を。（一八　17/23）

（二）諸の欲は樂甚(た)少し。憂苦の毒甚(た)多し。爲レに之ガ失二ふ身命一を。（一七　3/13）原因

（三）中人の持戒は爲二にす人中の富貴・歡娯・隨意一の。（一三　22/2）タメニス

（四）以下智慧不《ず》二具足一(せ)、不《ず》レ利あら、不《ず》レ能レは爲二にすること一切衆生一の。不《ヌ》上レを(も)ての爲レにセ得二むガ佛法一を故(に)、雖レ(も)有二(り)と實の智慧一、不《ず》レ名二(づけ)般若波羅蜜一と。（一八　16/18～19）タメニス

（五）豪貴長者の降二屈し身一を、親二近することは小人一に爲二なり・とのたまふ色欲一の。（一九　9/2）タメナリ

（六）上人の持戒は爲二の涅槃一の故に、……欲二求し離レ(れ)むと苦を、當(に)樂二フ无爲一を故にす。（一三　22/6～7）タメノユヱニ

（七）爲レの破レ(ら)むガ多二きひとを慳貪一故に、説二く布施(の)法一を。（一八　20/4）タメノユヱニ

漢文としての用法はともかく、訓讀文で、——ノ（ガ）タメニの、——ノ（ガ）に相當する部分が省略され、タメニだけが單獨に用ゐられることがある。ただし、省略された部分が、文脈上、いつも推定できるとは限らない。

（八）　有る人は於二て苦諦一に、多く惑（ふ）ガ故（に）、爲に說二く苦諦一を。而も得道（す）。（一八　26～27）

（九）　或有（る）イは都く惑二フ（が）四諦一に故（に）、爲に說二く四諦一を。（一八　20/1）

（一〇）　諸の欲は難レし可レ（き）こと解《ト》く。何を（もて）カ以能く釋レ（くべ）き之（を）。觀レして身を得二ツるときは實相一を、則（ち）不《ず》二爲に所レレ縛（せ）。（一七　11/12）

（一一）　淨居天イ知二（り）て菩薩の弘誓一を、卽（ち）爲に滅レ（し）き火を。（一六　15/8～9）

（八）の「爲」は、前の「有人」を受けて、「有ル人ノタメニ」の意味、（九）の「爲」は、前の「或有」を受けて、同じく「或有ルヒトノタメニ」の意味。（一〇）の「爲」は、「諸欲」を受けて、「諸ノ欲ノタメニ」の意味。（一一）の「爲」は、「菩薩」を受けて、「菩薩ノタメニ」の意味と推定される。

「爲」は、後に「所」を伴って、――ノ（ガ）タメニ――ル・ラルの形で、受身を表すことが多い。

（一二）　出世間の檀は者清淨なり。二種の結使あり。一種をは屬レす愛に。屬レす見に。爲二に二種の結使一の所レる使《ツカ》ハ。是を爲二す世間檀一と。（一一　19/8～9）

（一三）　二輕之中に、寧（ろ）爲二には无智一の所レるとも慢（ら）、不《ず》下爲二には賢聖一の所上るべ（くあら）賤（しま）。（一四　19/2）

（一四）　若（し）殺生の者《ひと》は、爲二（に）善人一の所レる訶（いさ）（は）、……負二る（が）他の命一を故（に）、常に有二リ怖畏一。爲レに彼が所レる憎（ま）。（一三　7/9～10）

「所」を伴はず、「爲」だけで、受身を表すことがある。

（一五）　女人は爲二に父母・兄弟・姉妹・夫主……王法一の守護（せ）ラる。（一三　10/23～24）

（一六）　一者、常に爲二に所淫の夫主一の欲二フ危害一（せら）レむかと之。（一三　11/25）

（一七）自レ古より及レ（ふ）までに今に、唯（た）有二リ此（の）林一（のみ）。常に獨リ蔚茂にして、不《ず》二爲レに火の焼一（か）れ。（一六　15/9〜10）

「爲」を代名詞にして、コレと讀んだ例は少ない。

（一八）我（は）爲《コレ》菩薩なり。不《ず》レ可レ（くあら）如レくはある彼ガ。雖レ（も）未《ず》レと斷レ（た）結を、當二自（ら）抑制一（す）べし。（一四　16/19〜20）

王引之の『經傳釋詞』、劉湛の『助字辨略』、揚樹達の『詞詮』、裴學海の『古書虚字集釋』等に、共に「爲」は「是也」と説いてゐる。

「爲」は、動詞として廣い用法を持ち、讀み方も意味によって、イフ・カブル・ス・ツクル・ナス・ナル・ヨル等さまざまである。

（一九）有レリ樹、名は爲《い》二ふ好堅一と。（一〇　17/20）イフ

（二〇）學二するを諸佛の法一を、名（づけ）て爲《い》二ふ布薩一と。（一三　19/10）イフ

（二一）如レ（き）是（の）等の智慧を（も）て知二るを諸法一（を）名（づけ）て爲《い》二ふ一切種一と。（一一　7/13）イフ

（二二）問曰、云何（なる）をカ爲《い》二ふ精進滿足一す・と。答曰、菩薩の生身と法性身との、能く具する功德、是を爲《い》二ふ精進波羅蜜滿足一すと。（一六　12/5〜17）イフ

（二三）何（を）以（てか）但（た）名レ（づけ）て愛をのみ爲《い》レふ味と。（一七　27/16〜17）イフ

（二四）六者、有二（り）て諸の惡事一、常に爲《カフ》二る人の所疑一を。（一三　12/1〜2）カフル

（二五）如レき是の等の種種の外患を、名（づけ）て爲《す》レ惱と。（一〇　16/6）ス

（二六）何故ぞ以レて華を爲レる信と。（同　8/22〜23）スル

（二七）或る時（は）、著二て比丘尼の衣一を、以（て）爲《し》二き戯笑一すること。（一三　24/26）シキ

(二八) 譬(へ)ば如下く……賢イ知二(り)て鬼病一なりと、但し爲《し》レて治レすること之を而不《ヌ》中ガ瞋恚上(せ)、(一四 19/14) シテ

(二九) 我は不《ず》二以レ(て)四を爲《せ》レ地とは。(一八 13/3) セズ

(三〇) 若(し)白穀、婆羅(の)寶幰、雜餝を(も)て、以爲《せ》二りき莊嚴一と。……雜色の綩綖、種種の茵蓐、柔濡(な)る細滑、以《(これ)》をもて爲《せ》二りき校餝一することを。(一一 20/20〜21) セリキ

(三一) 强に爲《ツク》二レリ之が名一を。(一二 7/13) ツクレリ

(三二) 現在の身に不レ爲《ツク》二ラ逆罪一を。(二六 23/23) ツクラズ

(三三) 菩薩は得二て神通力一を、見下る三界五道の衆生の以二(て)失樂一を爲《ナ》上レせるを苦(と)。(一六 3/11〜12) ナセル

(三四) 若(し)我レ實(に)修二(め)ば慈忍一を、血當(に)爲《ナ》レレ・と乳と。(一四 16/6〜7) ナレ

(三五) 我レ爲《な》二りて其ガ證一と、知二レリ其レ無レしと罪。(一七 6/24) ナリテ

(三六) 山神變(し)て爲《な》二りて一(り)の女一と、來(り)て欲レ(ひ)て試レ(み)むと之を、(一七 2/6) ナリテ

(三七) 我は於二て衆生一に爲レレリ無レきに所レ益する。(一六 5/7) ナレリ

(三八) 世人愚惑にして、貪二著(し)て五欲一に、至レ(るま)でに死に不《ず》レ捨(め)。爲《よ》レりて之に後世には受二く無量の苦一を。(一七 2/26) ヨリテ

第一種點には、「爲」に「由也」と注した例がある。

○ 如二く箭は於レて空に無レ(く)㝵、勢盡(く)るときに自(ら)墮(ち)ぬ。非レ(ず)といふが爲《(よ)》二(ら)空の盡一(く)るには、(七九 (第一種點) 21/8)「爲」の右に「由也」の注記あり。

揚樹達の『詞詮』、裴學海の『古書虛字集釋』に、「爲」は「因也」と說いてゐる。「爲」を推測・疑惑を表す副詞

としてモシと讀むものについては、已に述べた。〈第四章、一、用例、(四九)～(五三)〉

「爲」をアリと讀むのは、後に格助詞トが來て、トアリの形で、指定を表す場合に限られる。

(三九)　佛般涅槃の後、一百歳に有㆓(り)き一(り)の比丘㆒。名をは優婆毱といひき。……當㆓(り)ては尓の時世㆒に、爲《あ》㆓りき閻浮提の大導師㆒と。（一〇　11/2～4）トアリキ

(四〇)　如㆑く是(の)雖㆑(も)名㆑(づく)と飮と、實は爲《あ》㆓り飮㆑む死を毒㆒と。（一三　16/19）トアリ

(四一)　汝不《ず》㆑ヤ知(ら)、……火は本(と)爲《(あ)》㆓(り)き天の口㆒と。而(る)ものを今は一切噉フ・といふことを。（一四　13/2）トアリキ

トアリの熟合したタリの形もある。

(四二)　如《(い)》マ釋迦文尼菩薩(は)宿世に爲《た》㆓りき大國王の太子㆒[と]。（一六　17/4～5）タリキ

ただし、「太子」にトのヲコト點があるのは、トアリから拔け切ってゐないことを示してゐる。

「與」にニを送って、タメニと讀むことがある。

(四三)　佛與㆓に羅睺羅㆒ガ而説㆑(き)て偈を言《のたま》ひしく、（一〇　26/27）「與」の右に「爲也」の注あり。タメニ

(四四)　是の三業を(も)て得る功德(は)牢固にして、與㆓に佛道㆒の作㆓るを(もて)なり因縁㆒と。（一〇　10/22）タメニ

(四五)　佛敕㆓して阿難㆒に與に剃㆑リ頭を、著㆓(しめ)たまひき法衣㆒(を)。（一三　25/8）タメニ

王引之の『經傳釋詞』、揚樹達の『詞詮』、裴學海の『古書虛字集釋』に、「與」は「爲也」と說いてゐる。

「與」は、また、格助詞のトに讀むこと、周知の通り。

(四六)　此の女人は昨の夜與㆑人と情通(した)るべし・とおもひて、（一三　13/4）ト

(四七)　彼(も)亦(た)如㆑(けむ)是の。與㆑我と何ぞ異(なら)む。（同　7/8）ト

（四八）當に以二て精進(の)力一を與レ汝と相(ひ)擊(た)む。（一六　1/12）ト

稀に、並列助詞トに讀むこともある。

（四九）王と與二夫人一と、乃(し)知二(リ)ヌ其レ詐一ナリ・と。（一六　17/20～21）ト

一一　有・或

「有」は、動詞にして、アリと讀む。

（一）如二くは彼ガ得レるガ譽を、我も亦(た)有レリ分。（一三　2/19）アリ

（二）不盜には有二る何の等き利一カ。（一三　9/18）アル

（三）娑婆國土の中には、唯(た)有二レども化の華の千葉一は、无二し水生のは者一。（一〇　10/15）アレドモ

（四）財物(に)有二(り)二種一。有るイは屬レせり他に。有(る)イは不《ヌ》レ屬レ(せ)他に。（一三　9/13）アルイハ

（五）復(た)有るガ言(は)く、「諸佛の賢聖は不《ず》三戲二論(せ)諸法一を。現前の衆生は、各各(の)惜レ(し)む・といふ命を。」（一三　6/21～22）アルガ

（四）のアルイハは、アルヒトハ、（五）のアルガは、アルヒトガの意味である。

「有」一字をアルヒト・アルトキと讀むこともある。

（六）若(し)有るひと雖レ(も)不《ず》二と守護一(せられ)、以レて法を爲レす守と。（一三　10/25）アルヒト

（七）譬(へ)ば如下し清凉の池(に)、而有二るとき(は)毒蛇一、不《ヌ》中ガ中に澡浴上せ。（一三　2/5～6）アルトキ

「或」は、アルイハと讀んで、アルヒトハ・アルモノハの意味に用ゐる。

（八）作レる餘を者《ひと》、或(る)イは故《ことさ》ラに作し、或(る)イは不《ず》二故ラに作一(せ)。（一三　16/28）アルイハ（あるひと）

（九）施に有二(り)二種一。有レ(り)淨有二(り)不淨一。……或有るイは爲レの求レ(め)むガ財を故(に)施す。或(る)イは愧レめむガ人を故に施す。或(る)イは爲二(の)嫌憤一(の)故に施す。或(る)イは異懼の故に施す。或(る)イは欲レ(ふが)求二(め)むと他の意一を故に施す。（一一　15/16～20）アルイハ（あるひとは）

（一〇）或有るイは離二(れ)て五の波羅蜜一(を)、但(し)聞き讀み、思惟し、籌量して、通二達す諸法の實相一を。……或るイは從二一ッ、或は二ッ、四ッの、波羅蜜一より生二す般若波羅蜜一を。（一八　19/23～25）アルイハ（あるひとは）

（一一）法念處は、或(る)イは果にして非《ず》レ有レ(せ)果を。或(る)イは果も亦(た)有レせり果をも。或(る)イは非レず果にも、非レず有レ(せるにも)果を。（一九　15/2～3）アルイハ（あるものは）

「或」一字をアルトキと讀むことがある。

（一二）或(る)ときは有レリ報、或(る)ときは无レ(し)報、或(る)ときは有漏なり、或(る)ときは无漏なり。（一三　6/20）

（一三）隨二フ衆生の意一に故(に)、種種に說法す。或(る)ときは說レく有とも。或(る)ときは說レく無とも。或(る)ときは說レく常とも。或(る)ときは說二く無常一とも。（一八　5/21～23）

（一四）如二し草木の之類一の、自生し自滅し、或(る)ときは人に生レ、或(る)ときは人に殺一(さる)るガ。（同　10/4）

「或」は、アルハと讀んで、マタハの意味の選擇接續詞として用ゐる。

（一五）或有る人は但(し)服レ(み)て水を爲レす戒と。或は服レし乳を、或は服レし氣を、或(は)剃レリ髪を、或(は)長レくし髪を、或は頂の上に留二め少し許(り)の髪一を、或は著《き》二袈裟一を、或は著《き》二白衣一を、（一三　1/21～23）

（一六）或有(るは)宿世に煮《ニ》二生(け)る禽一を、或は生(けなが)ラ爛《アフ》二リ猪羊一を、或は以レて木を貫レ(き)て人を、而生(けなが)ラ炙レリ之を、或は焚二燒し山野、及……精舍(の)等一(き)を、或は推二(し)て衆生一を著《オ》二キ火坑の中一に、如レき是の等の種種の因緣

を(も)て、生二(れ)たり此の地獄の中一に。（一六　7/24～8/2）

（一七）以二(て)禪定の力一を服二し智慧の藥一を、得二て神通力一を、還(りて)在二きて衆生一に、或は作《な》二り父・母・妻・子一と、或は師・徒・宗・長となり、或は天となり、或は人となり、下至二るまでに畜生一に、種種の語言方便をもて開導す。（一七　1/7～10）

「或」を「有」に續けて「或有」とし、二字を合はせて、アル・アルイハ・アルガ・アルヒトと讀むことがある。

（一八）或有る餓鬼は、形如二し黒山一の。（一六　5/20）

（一九）四禪は或有るイは隨レ(ひ)て心に行(し)て、非二ず受と相應一するに。……或(る)イは隨レ(ひ)て心に行し、亦は受と相應す。（二〇　7/10）

（二〇）或有(る)イは无漏にして非二ヌ四念處一にも。或有るイは四念處にも、有二(り)无漏一にも。（一九　13/26～27）

（二一）或有るガ說(か)く……有二(り)といふ二一の名。（二〇　4/23）

（二二）或有るひとは持戒して不《ず》レ惱二(まさ)衆生一を。（一八　18/25）

なほ、〈（一五）の「或有る人」、（九）（一〇）の「或有るイは」〉參照。

一二　已・既・竟

「已」は、スデニの外、動詞にして、ヲハル・ヲフ・ヤムと讀む。スデニの場合は、後の動詞に、完了の助動詞ツ・ヌ・タリ・リを伴ふことが多い。

（一）若天世界といふに、已に攝二(メ)ツ魔と梵一とを。（一〇　25/9）

（二）今言《い》二ふに梵世界一と已に攝て說二(き)ツ色界の諸天一を。（一〇　25/22～23）

（三）我レ先に已に說(き)ッ。今當二(し)更(に)答一(ふ)。（一九　10/22〜23）

（四）七覺分の中に、念と・慧と・精進定とをは、上に已に廣く說(き)ッ。三の覺を今當に說(か)む。（一九　25/4〜5）

（五）已に知二(り)ヌ如レき是の種種の功德果報一を。（一三　5/3）

（六）已に知二(り)ヌ般若の體相は、是(れ)無相無得の法一なり・とすること。（一八　17/6）

（七）揔觀と別觀と、了《ツヒ》に不可得なり。所觀已に竟(リ)ヌ。（一九　16/9）

（八）我雖二(も)功德已に滿一(ち)たり・と、我深(く)知二レリ功德の因、功德の果[を]、報功德の力一を。（一〇　9/13〜14）

（九）父母開レ(き)て戶を見(れ)ば、羊在二(り)て一面一に立(テ)リ。兒已に命絕(え)たり。（一三　9/7〜8）

（一〇）若(し)所求(の)事辦(し)、所願以に成レラば、是(れ)則(ち)應レし足る。（一六　15/18）「以」の右に「已」の注あり。

（一一）內外(の)賊を以に除せり。汝が父をも亦(た)滅し退(し)てき。（一七　2/16）「以」の右に「已也」の注あり。

「以」をスデニと讀む場合も同樣である。

「已」を動詞にしてヲハルと讀むのは、前にある動詞を受けて、その動作・作用が完了することを示す。この場合、前の動詞の連用形を受けて――シヲハルと言ふものと、連體形を受けて、――スルコトヲハルと言ふものとがある。

（一二）佛言(ひ)しく、「以レ(て)水を注レゲ之を。」注き已(り)しカば、問(ひて)言(ひ)しく、「水は入レレリヤ中に不ヤ・と。」（一三　15/3〜4）

（一三）譬(へば)如下し前-火-木の燃二き諸の薪一を已るときは、亦(た)復《かへ》りて自に燃上(ゆ)るガ。（一八　14/3〜4）

（一四）見下(し)めむとしてなり一切の法は无常なり、苦なり、從二因緣一より生上すと、見(し)め已(り)て心に厭二離(し)て愛一を、卽(ち)得レ(し)めむ(と)してなり入レ(る)こと道に。（二〇　6/23〜24）

(一五) 佛見(そなは)し已(り)て、知(しめし)ヌレども而問二(ひたまは)く阿難一を、「此は作二レるぞ何の物一を。」(一〇 15/21)

(一六) 諸(の)鬼於二此の六日一に、割レ(き)て肉を出レ(し)て血を、以(て)著二くこと火の中一に、過二(く)ること十二歳一を已(りし)カば、天王來下し、語二(り)て其の子一に言(ひ)しく、(一三 21/9～10)

(一七) 高レくして聲を唱(ふ)ラく、「七日の中に已に爾許の日過く。過二(く)ること七日一を已(りな)ば、汝當に死(な)む・と。」(一〇 17/18～19)

(一八) 説二(く)こと此の偈一を已(り)て、到二(り)て佛(の)所一に、具に説二(き)き其の意一を。(一三 13/19)

(一九) 斷飲の者《ひと》は、受二(く)ること五戒一を已(り)て、師の前にして更(に)作二(さ)く誓言一を、(同 17/10)

「已」をヲハルと讀むのは自動詞の場合であるが、稀に他動詞にしてヲフ(下二段活用)といふことがある。

(二〇) 佛は无下(くい)マすといふ不《ず》二して知(り)已《ヲ》一へ捨(つ)る心上。(二六 5/10)

「已」をヤムと讀むのは、「止」の意味である。

(二一) 哀(しき)哉、衆生、常に爲二(に)五欲一の所レ《レ》て惱(まさ)、而猶(ほ)求レ(むる)こと之を不《ず》レ(あ)ラく已《ヤ》マ。(一七 2/21～22)

(二二) 譬(へ)ば如二く……去心不《ヌ》レこと息(ま)至レ(る)までに死に不《ヌ》レガ已《ヤ》マ、佛寶(も)亦(た)如レ(し)是(の)。(二六 7/17)

(二三) 以二ての此の無明・恚愛の法一を故に、乃(し)受二く此の苦一を。出(て)ては而復(た)入(り)ツ、、無レく窮(まる)こと無レし・と已《ヤ》むこと。(一六 11/7～8)

「既」は、スデニの代表的な文字であるが、「已」に比べて、用例が少ない。

(二四) 我レ年既に老(い)たり。兩の目失レへり明を。(一二 17/11)

(二五) 佛六年苦行したまふこと既に滿(ち)て、初に成レ(り)たまふ佛と時に、(一七 6/26)

（二六）耶輸陀羅卽(ち)進二(る)に百味の歡喜丸一を、著二(き)き佛鉢の中一に。佛既に食レ(したまひ)き之を。（一七　8/6～7）

（二七）鹿王既に至(り)て、跪きて白二(し)しく人王一(に)、「……當に自(ら)差レ(し)て次に、日に送二(り)て一鹿一を、以て供二(へ)む・とまうす王廚一に。」（一六　13/19～21）

（二八）既に得二ツるとき喜と除一とを、捨二ツ諸の觀行一を。所レ謂无常の觀……非有非无觀なり。（一九　25/13～14）

「竟」は、動詞にして、ヲハルと讀み、動詞に續く「已」に通じて用ゐる。

（二九）已に說二(く)こと一切法一を竟(り)ヌ。（一六　19/11）

（三〇）我レ某甲歸二依し佛一に竟(り)ぬ。歸二依すること法一に竟(り)ヌ。歸二依すること僧一に竟(り)ヌ・と。如レく是の二(た)ヒ、如レく是の二(た)ヒ歸依し竟レ。（一三　18/17～19）

一三　於

「於」は、さまざまな用法を持ち、代名詞にしてコレ、助詞にしてニ・ヨリ・ヲ、複合助詞にしてニオキテ・ニシテ等と讀む。

「於」をコレと讀むのは、「於中」をコレガナカニと讀む場合である。

（一）善不善法の中、生死及涅槃、定實眞有の法、於ガ中に莫レし生レすこと疑を。（一七　12/27）

「於」を助詞にしてニ・ヨリ・ヲと讀む場合は、ニ・ヨリ・ヲは後の語に讀み添へる。

（二）持戒の莊嚴は勝二(れ)たり於七寶一に。（一三　3/21～22）

（三）捨レ(て)て命を持レツは戒を、勝二(れ)たり於毀レ(り)て禁を全レくするには身を。（同　9/1）

（四）六者、得《う》二罪を於官一に。（同　10/20）

(五) 一分行といふ者は、於二五戒の中一に、受二(け)て一戒一を、不《ヌ》レなり能三(は)受二持すること四の戒一を。(同 17/7～8)

(六) 於二此の六日一に、割レり肉を出レ(し)て血を、以(て)著二(きき)火(の)中一に。(同 20/26)

(七) 梵摩達王遊二獵して於林中一に、見二ッ二の鹿の群一を。(一六 13/13～14)

(八) 譬(へば)如下し魚を出二(し)て於水一より、而著中くガ熱き沙の中上に。(同 7/22)

(九) 是の業は能(く)令三衆生をして六道の中に受レ(け)しむること生を、駃《ト》二く疾《ハヤ》し於箭一より(も)。(二四 9/22)

(一〇) 亂心輕く飄(る)こと甚二し於鴻毛一よりも。……不《ヌ》レこと可二く(あら)制止一(す)、劇二し於獼猴一より。暫く現(し)ては轉(た)滅することと、甚二し於掣電一より。(一七 2/1～3)

(一一) 於二衆僧の中一より、陵《しの》レきて靈を而去(り)て入二(り)て林樹間一に、寂-然して三-昧したまひき。(一四 18/20～21)「陵靈」を大正新脩大藏經に「凌虛」に作る。

(一二) 何以故ぞ諸の惡鬼の輩、以二(て)此の六日一を惱二害する於人一を。(一三 20/3～24)

(一三) 我當に作二(り)て大方便一を、給二足(し)て於財一を、令二めてむ・とおもふ其をして充滿一(せ)。(一六 12/25)

「於」をニシテと讀む場合も、ニシテは後の語に讀み添へる。

(一四) 汝ガ於二世俗の中一にして求二(む)る第一義一を。(二〇 16/12)

(一五) 於二佛法の中一にして、何者《もの》をカ最も難(し)とする・と。(一三 24/11～12)

「於」をニオキテと讀む場合は、「於」を直接讀んだらしく、「於」にテを、後の語にニを送ってゐる。

(一六) 舍利弗向レ(ひ)て佛(に)懺悔(し)て、白レ(して)佛(に)言(さく)、「我レは於二きてすらも一の鳥一に、尚(し)不レ能レ(は)知二(ること)其の本末一を。何(に)況(や)諸法をは。……」(一一 10/10～11)ニツイテ

（一七）問曰、「強奪の之人をは、今世に有る人、讃二美す其の健《ツヨ》一きことを。於二きて此の強奪一に、何を以ぞ放捨する。」（一二 10/9）ヲ

（一八）倶伽離白レ(して)佛に言(し)しく、「我は於二て佛語一に不《ず》二敢て不《ヌ》レに(あら)信(せ)。但(し)自(ら)目に見て、了了に定(め)て知三レリ・と二人は實に行二(す)と不淨一を。」（一三 13/25～26）ヲ

（一九）我は於二て衆生一に爲レレリ無レきに所レ益する。……當下(に)以二て佛道涅槃の常樂一を益中(す)べし・と於一切上を。（一六 5/7～8）ニトッテ

（二〇）菩薩は於二て此の衆生一に、發二しき弘誓の願一を、「我レ得二むとき佛道一を、要ず當(に)度二(さ)む・とおもふ此の惡の中の之悲の諸(の)衆生の輩一を。」（同 16/8～9）ニタイシテ

（二一）佛すら於二ては功德一に尙(し)无二(し)厭足一。何況(や)餘人は。（二六 7/10～11）ニツイテハ

（二二）諸經は於レて佛に則(ち)无二し甚深一(なること)。甚深の之稱は、出(つる)こと自二凡人一より(なり)。凡人の所疑は、於レて佛に无导なり凡人の所難は佛に(お)きては皆易し之。（一〇 10/3～4）ニトッテハ

（二三）是の菩薩の智慧をは、无二し能(く)壞する者《もの》一。於二て三界一に无二し所依一。……於二て世間一に无レし憂。於二ても涅槃一に无レし喜。（一九 23/26～24/2）ニハ・ニモ

（二四）殺生の人は罪雖レ(も)重しと、然も於二てのみ所殺の者《もの》一に、是(れ)賊なり。……若(し)犯二するは餘の戒一を、於二てのみ異國の中一に、有レリ不《ヌ》二こと以て爲レ罪と者。（一三 10/6）ニトッテダケ、ナカデダケ

「於」は、オイテと讀むのが普通であるが、（一六）（一七）は「於きて」と、「きて」を送り、（二二）は「に（お）きては」と補讀してゐるから、第三種點では、音便化しない原形のオキテを用ゐたことが分かる。ニオキテは、——ニ就

イテ、――ニ對シテ、――ニトッテなどと言ふのに近く、また、單に――ハ、――ヲ言ふのに當たる場合もあり、用途が廣い。

一四　而

「而」は、接續詞として、シカシテ・シカモ・シカルニ・シカルモノヲ・シカレドモなどと讀むが、不讀にすることも多い。

シカシテは、文初にも文中にも用ゐて、順接を表し、用例は少ない。

（一）（獄卒）將（て）入二（り）て熱鐵地獄の縱橫百由旬一（な）るに、……斫リ刺し割リ剥キ、身體を糜―爛す。而して復（た）將（て）入二（り）て鐵閣の屋の間一に、（一六　7/4〜7）「糜」の右に「比反」あり。

（二）譬（へば）如下し魚を出二（し）て於水一より、而（し）て著《(お)》中くガ熱き沙の中上に。（一六　7/22）

シカモは、接續詞としての積極的な意味を持たず、順接・逆接の區別もない。文初にも文中にも用ゐる。

（三）各各謂《おもひ》二て究竟一と、而も各自愛着す。（一八　9/17）サウシテ

（四）止二（まり）て於現在一に、更に無二し後世の生一は。而も不《ず》レ知レ（ら）觀二すること（を）身の內外の所有は自相も皆空一なりと。（一八　10/5〜6）ソレデキテ・ソノウヘ

（五）應レきを呵す而も讚し、應レきを讚す而（も）呵す。（一三　14/20）逆接

（六）不《ヌ》レを與（へ）而も偸盜する、是は不善（の）相なり。（同　10/10）ズシテ

（七）持戒の之人は、……不《ず》レ惜二（しま）財物一を、不《ず》レ修二（め）世利一を。而も无レし所レ乏（し）き。（一三　3/15）逆接

（八）結賊不《ず》レ滅（せ）、害未《ヌ》レときは除（ら）、如下し共二毒蛇一と同室に宿上るガ。……爾時、安ぞ可二き而も睡眠一す。（一七　12/8

～9）無

（九）是の人は雖二(も)先に不《ず》レと瞋二(ら)衆生一を、於レて法に有二る(が)憎愛の心一故(に)而も瞋二る衆生一を。（一八　18/27）無

（三）（四）は順接、（五）（六）（七）は逆接と分類できさうであるが、（八）（九）は、日本語としては、殆ど無意味である。

シカルニ・シカルモノヲ・シカレドモは、前文を受けて後文を起こす時、文初に用ゐて、逆説を表す。

（一〇）欲下(ふ)べし拔二き此(の)箭一を作中(ら)むと我ガ弟子上と。而るに不《ず》レして欲レは出二(て)むと前方一に、欲三求す盡二(さむ)と世間の常无常と邊无邊と(の)等一(き)を。（一五　7/10）シカルニ

（一一）我が身今日に當レレリ送レ(らる)るに死に。而るに我懷レ(めり)子を。子は非レず次に也。（一六　13/24～25）シカルニ

（一二）何以故、因緣の諸法は實に无二し吾我一。而るものを言二我レ與フ彼レ取一る・といふ。（一一　19/11）シカルモノヲ

（一三）一切の人は以レて財を自活す。而(る)ものを或(る)ときは穿《ホ》リ踰《コ》エて盜(み)[に]取(る)は、是れ最も不淨なり。（一三　10/1～2）シカルモノヲ

（一四）我ガ婦も他の妻も、同(し)く爲二レリ女人一と。骨肉情態は彼ー此无レし異(なる)こと。而(る)ものを我レ何ぞ爲橫(さま)に生二し惑心一を、隨二逐(せ)む・と邪意一に。（同　11/16～18）シカルモノヲ

（一五）人有二(り)四の軆一。要ず必ず有レリ食すること。而るものを此の人の不《ヌ》レは食(せ)、必ず是れ曲(け)て取二ラく人の心一を、非二(ず)と眞《おもふ》の法一には也。（一六　17/6～7）シカルモノヲ

（一六）一(りの)須陀洹の人、生二(れ)て屠殺(の)家一に、年向レフときは成レるに人と、應三當に修二(む)べし其の家業一を。而(る)もの(を)不《に》レす肯二(へ)殺生一(し)。（一三　9/2～3）シカルモノヲ

（一七）虎は殺二すを（も）て菩薩一を、亦（た）應レ得レべし罪を。而レども不《ヌ》三を（も）て籌二量（せ）父母の憂苦一を、虎イ得《う》二殺罪一を。（一六 16/26～17/1）シカレドモ

（一八）菩薩摩訶薩は知二（る）こと是の諸法を一已（り）て、能（く）令《し》三む諸法をして入二（ら）自性空一に。而レども於二て諸法一に無二し所著一。（一八 15/25～27）シカレドモ

一五 以・用

「以」は、助詞にしてヲモテと讀むほか、動詞にしてモチキル、副詞にしてスデニ、接續詞にしてモテ・コレヲモテ等とよむ。

ヲモテは、モテとヲとの複合した格助詞で、名詞や活用語の連體形について、手段・方法・材料・時間・原因・理由等を表す。

（一）發二（し）て大悲の心一を、欲下フ以二て常樂の涅槃一を利中益（せ）むと衆生上を。（一七 1/16）ヲモテ

（二）以レて酪を爲レし池と、米麪を爲レし山と、蘇油を爲レし渠と、（一一 20/14）ヲモテ

（三）當（に）作二（り）て百味の歡喜丸一を以二て藥草一を和レ（し）て之に、以二て呪語一を禁レせば之を、其の心便（ち）轉（し）て、必ず來（ら）むこと無レ（け）む疑。（一七 8/3～5）ヲモテ

（四）若（し）欲《す》レるとき趣レ（かむ）と水に、護レる水を諸の鬼、以二て是の杖一を逆へ打ッ。（一六 5/12～13）ヲモテ

（五）菩薩（い）是の時に興二（し）て大悲心一を、即（ち）以レて身を施（す）べし。（一六 16/25～26）ヲモテ

（六）我初に登二（り）しとき王位一に、皆以二て水と及楊枝一を、施二（し）き一切一に。（一七 7/15～16）ヲモテ

（七）以二て是の人は慳貪（にして）偏多一（な）るを、諸の餘の結使（は）皆從（ひ）て而生す。（一七 16/9～10）ヲモテ

（八）　有《(こも)》レ(れ)る身婦人は以二て其の身重一きを、厭二フ本の所習一を。……又、以三て心著二(す)るを淫欲一に、不二復(た)護レ(ら)兒を。（一三　11/6〜8）ヲモテ

ヲモテに動詞スを續けて、ヲモテスと言ふことがある。ヲモテスは、前にある活用語の連體形＋ニを受けて、——スルニ——ヲモテスと呼應することが多い。「——するのに——を用ゐる」と言ふ意味である。

（九）　八萬四千の車、皆以二て金銀・瑠璃・頗梨の寶一を飾リ、覆フに以二てしき師子・虎・豹の之皮一を。（一一　20/18〜19）ヲモテス

（一〇）　慳貪と瞋恚と愚癡と怖畏との故に、斷二するに事の輕重一を、不《ず》レ以二てセ正理一を。（一六　6/24〜25）ヲモテス

（一一）　若(しは)鏘《ウハラ》を(も)て傷レし人を、若(しは)斷二截し通路一を、發二徹し橋梁一を、破二し正法の道一を、示すに以二てセし非法の道一を、如レ(き)是(の)等《(ら)》の種種の因緣を(も)て墮二ッ刀地獄の中一に。（一六　9/22〜23）ヲモテス

（一二）　若(し)言レ渇とイはば、……令《し》レ(めて)坐二(せ)熱き銅の橛の上一に、以二て是の鉗一を開レ(け)て口を、灌くに以二てす洋銅一を。若(し)言《い》レふとき(は)飢と、坐二(せしめ)て之を銅橛一に、呑(まし)む(る)に以二てす鐵丸一を。（同　10/14〜16）ヲモテス

「以」を單にモテと讀み、接續詞として用ゐることがある。

（一三）　此の人の宿行の因緣は、劫二盗して他の財一を、以て自ら供レし口に、（一六　10/18）モテ

（一四）　父王有二(り)き梵志師一。詐(り)て以て不《ず》レ食二(は)惑物一を。衆人敬信(し)て、以て爲《し》二き奇特一なりと。（一六　17/5〜6）

「惑物」を大正新脩大藏經に「五穀」に作る。モテ

（一五）　見三て人の能く以レ(て)力を相(ひ)侵し、強二奪フを他の財一を、讃(し)て以て爲《す》レ健《ツヨ》し・と。（一三　10/14〜15）モテ

（一六）　於二此の六日一に、割二(き)て身の肉血一を、以て著二(き)て火の中に一、而得《う》二勢力一を。（一三　21/16〜17）モテ

（一七）我は无二し定處一。我は以て爲レす我と。彼は以て爲レす非と。彼は以て爲レす我と。我は以て爲レす非と。（一一 19/12～1）

モテ

「以」に「持」を續けて「以持」とし、合はせてモテと讀んで、「以」と同樣に、接續詞的に用ゐることがある。

（一八）卽(ち)以二て七寶の名珠一を著《お》二きて金槃の上一に、以て-持募レる人(を)。（一七 8/2）

「以」を「故」に續けて、「以——故」とし、——ヲモテ——ノ——ユヱニと言ふことが多い。——ヲモテの表す原因・理由を强調する形である。

（一九）豈以レ(て)の身を故に、爲二むヤ此の大罪一を。（一三 9/7）

（二〇）以二(て)の此の罪一を故に墮二(ち)たり餓鬼の中一に。（一六 5/22）

（二一）以二(て)の其レ難レきを捨(て)故に、爲レに之ガ常(に)作二る重罪一を。（一七 6/11～12）

（二二）以下ての知二りて諸法一を求中むるを實相上を故に、不《ず》レ畏二(り)惡道一を。（一三 22/17～18）

（二三）菩薩(の)父母、以レ(て)の失レするを子を故に、憂愁し懊惱して、兩の目に失レ(ひ)ッ明を。（一六 16/26～27）

「以——故」の間に、「是」を挾んで「以是故」とし、コレ-ヲモテ-ノ-ユヱニと言ふことがある。コレヲモテノユヱニは、全體でコノタメニの意味を表す複合の接續詞で、用例は多い。

（二四）若(し)不殺戒常(に)善(な)ラば者、持二ッ此の戒一を人は、應レし如二く(あ)る得レる道を人の、常に不《ヌ》レ(が)墮二(ち)惡道一に。以レ(て)の是を故に、或(る)時には應二し無記一(な)る。（一三 5/20～21）

（二五）何(を)以(ての)故(に)ぞ、隨二(ひ)て有量一に而不《ヌ》レ隨二(は)無量一には。以レ(て)の是を故に、知三る不殺戒の中に、或は有二(り)と無記一。（一三 5/25～26）

(二六)　菩薩の精進も亦復(た)如レ(し)是(の)。未《ヌ》レときは入二(ら)滅度一に、終に不《ず》二休息一(せ)。以レての是を故に、十八不共法の中に、欲と及精進(と)の二の事を常に修す。(一六　16/2～3)

(二七)　種種の大苦の事、皆爲二(の)著レ(する)樂(に)貪心一(の)故なり。以レ(て)の是を故に、知三る樂受能(く)生二すと種種の苦一を。(一九　9/3～4)

(二八)　入二るときは平等の正命一に、不《ず》レ見レ命をも、不《ず》レ見二非命一をも。行二す如レき是の實の智慧一を。以レ(て)の是を故に、名二(づ)く正命一と。(同　27/11～12)

「以」一字をコレヲモテと讀んで、一種の接續詞に用ゐることがある。第一種點には、「以」に「此」を書き添へて、コレヲモテと讀ませた例が多いが、第三種點には、その例がない。

(二九)　八萬四千の四寶の床あり。雜色の綩綖・種種の茵蓐・柔濡(な)る細滑、以《これ》をもて爲《せ》二りき校餝一することを。(一一　20/20～21)

(三〇)　實語と不飮酒と正命と、以《これ》を(も)て淨レむ心を。(一三　17/12)

(三一)　一切の諸の衆生は、衣食以《これ》を(も)て自活す。(一三　9/22)

(三二)　致二し諸の財物一を、及四方の無レ(き)主物、以《これ》を(も)て給二(す)衆生一に。(一六　13/3～4)

(三三)　我は於二無量劫の中一に、頭目髓腦、以《これ》を(も)て施二して衆生一に、令《し》二む其の願を滿一て。(一六　18/23)

無格のまま提示された語句をコレで受けるところは、提示語法の一種とも見られよう。

「用」を「以」と同樣、接續詞的に用ゐることがある。

(三四)　以レ(て)の是(を)故(に)、言二難得の之物を、盡く用て布施するとき、其の福最多一なり・といふ。(同　18/27～19/1)

一六　如・猶

「如」は、助動詞にしてゴトシと讀む他、動詞にしてシク、副詞にしてイマ・モシと讀み、用法が廣い。「如」をシクと讀むのは、「及」の意味であるが、第三種點にはその例が見當たらず、「不如」を熟語の短線で結んだ例がある。

（一）於二道の中一に有二リ一の特-牛《コトヒ》一。方に相（ひ）抵-觸す。心の中（に）作レしく想を、「此の牛は是は我なり。彼の牛は是レ彼（なり）」とおもひて、以レ（て）此を爲《し》レて占を、知二（ら）む・とおもふに誰カ得レる・と勝（つ）こと、此の牛不-如（なり）〔と・おもふ〕。（一一　5/15〜17）「抵-觸」の右に「ツイシラヒツ、」の訓、「不-如」の右に「負也」の注あり。

（二）摩陀羅ガ論議不-如（な）ることは、應下（し）奪二して其の封一を、以（て）與中（ふ）勝者上に。（同　5/25）

「不如」をシカズと訓讀しないで、一語として「フニョ」と音讀したのである。

（三）既（に）入二（り）て衆中一（に）、見二（るに）彼（の）論師一を、顏貌意色、勝相具足せり。自（ら）知二（リ）ヌ不如一なり（と）。（一一　5/20〜21）

（四）其の弟拘郗羅イ與レ姉と談論するに、毎に屈して不如なり。（同　6/7）

（三）（四）も「不如」にナリを送つてゐるから、音讀したのであらう。意味はオヨバナイ卽ち負けである。

「如」をイマと讀んだ例が多い。第一種點のやうに「今」と注した例はないが、マを送つてゐて、イマと讀んだことが分かる。ただし、イマといつても、時間的な「現在」よりも、例を設けてある事柄を説明する場合が多い。

（五）一レにして心を敬愼するは、是（れ）諸の功德の初門なり。……如レ（き）是（の）事皆從二（ひ）て一心一に得す。如《(い)マ》佛般涅槃の後、一百歲に有二（り）き一（り）の比丘一。名をは優婆鞠といひき。得二る六神通一を阿羅漢なりき。……優婆鞠聞二（き）て是の語一を、大

(きに)自(ら)慙愧(し)き。以レ(ての)是(を)故(に)、言二フ一心にして敬愼すべし。一心にして敬愼するは、善人の相一なり・といふ也。（一〇　10/30～11/21）

（六）好惡は在レリ人に、色は無レし定。何(を)以(てか)知レる・と(な)らば之を、如《(い)マ》遥(か)に見二ては所愛の之人一を、卽(ち)生二す喜愛(の)之心一を。若(し)遥(か)に見二ては怨家・惡人一を、卽(ち)生二す怒害の心一を。若(し)見二ては中人一を、則(ち)無レく怒無レし喜。若(し)欲レ(は)ば棄二(て)むと此の喜怒一を、當下(に)除二し邪念一を、及色を一時に倶に捨上ツべし。（一七　3/19～23）

（七）菩薩は觀二す一切の法は皆無相一なり(と)。是の諸の相は從二(りて)因緣和合一に生す。無二き(が)自性一故(に)無なり。如《(イ)マ》地は色・香・味・觸の四の法和合する(が)故に名レ(づ)く地と。不《ず》二但(た)色のみの故に名レ(づく)る(に)は地と。亦は不《ず》二但(た)し香、但(た)し味、但(た)し觸(のみ)の故に名(づけ)て爲《す》レるには(あら)地と。何(を)以(ての)故(に)、若(し)但(た)色のみ是レ地(な)ラば、餘の三は則(ち)不《ず》レ(あ)るべし應二是レ地一に(あら)。（一八　12/23～27）

（八）比丘尼(の)言(ひしく)、「……以レ(ての)是(を)故(に)知る、出家は受レ(け)て戒を雖二(も)復(た)破戒一すと、以二(ての)戒の因緣一を故(に)、得二たり阿羅漢の道一を。……今以レ(て)此を證知(すれば)、出家し受戒するは、雖二(も)復(た)破レ(リ)ツと戒を、以二(て)是の因緣一を、可レし得二(つ)道果一(を)。復次、如《(い)マ》佛在二(し)しとき祇桓一に、有二(り)て一(り)の醉(へる)婆羅門一、來二到(し)て佛所一に求レ(め)き作二(ら)むと比丘一に。（一三　24/24～25/8）

（八）では、「今」は現在、「如」は例示と、使ひ分けられてゐる。ただし、「如」が「現在」を表すと見られる例がないわけではない。

（九）鹿の白(さ)く、「我ガ主は不《ず》レ仁に(あら)。不《ず》レして見二料理一を而見二たり瞋怒一を。……如《(い)マ》我(れ)今日に天地雖レ(も)曠しと、無レし所二控《ヒ》き告一(く)る。」（一六　14/2～4）

（九）の「如《いま》」は、「今日ただいま」の意味であらう。なほ、「見」は、この場合、尊敬の助動詞で、ラルに相當し、「料理セラレズシテ」「瞋怒セラレタリ」と讀むべきもので、動詞のミルに讀んだのは、加點者の誤讀である。

第一種點には、「如」をイマ・ゴトシと再讀したものの他、文末にゴトシを補讀して、イマ――ゴトシと呼應したものがあった。第三種點には、再讀したものはないが、文末にゴトシを補讀して、イマ――ゴトシと呼應したらしいものがある。

（一〇）如《いま》一（り）の國王あり。名をは月分といふ。王有二リ太子一。愛二著せり美味一に。王の守レる薗を者《ひと》、日に送二る好き果一を。薗の中に有二リ一大樹一。樹の上に有レ（り）て鳥養レフ子を。……薗人奪（ひ）得て輸《たてまつ》レる王に。王イ與二フ太子一に。食レ（ひて）之を未《ヌ》レに久（しくあら）、身肉爛壞して、而死（に）しガごとキナり。（一七　5/19～6/5）

一四行に渉る長文であるが、一つの例話として、イマ（たとへば）――ゴトシで纏めたのであらう。

「如」をモシと讀むことについては、既に述べた。〈第四章、一、用例（四五）～（四七）〉參照。

「如」をゴトシと讀む場合、動詞アリ・スに續けてゴトクアリ・ゴトクスと言ふ。

（一一）父母（の）生身は受二（く）る人法一を故（に）、不《ず》レ如レくはあら天の。（一〇　17/6）

（一二）自（ら）碎二（く）こと身骨一を、令レめて如二くあら芥子一の、（一五　16/11）

（一三）衆生畏レ（る）ること之を如レくす見二るガ蛇虎一を。（一三　8/10～13）

（一四）菩薩の見三て諸の衆生の受二（く）るを五道の苦一（を）、念レ（ふ）こと之を如レくすること父の、亦復（た）如レし是の。（一六　11/12～

（一五）求レ（む）るに法を無レ（き）こと厭（ふ）こと、如二くする海（の）呑レするガ流を、是を爲二す菩薩の心精進一と。（同　15/16～17）

（一六）日日如レくせしかば是の、鳥の母怒レ(り)て之を、於二香山の中一より取二(り)てす毒藥一を。（一七　6/2〜3）

「如」は、タトヘバ――ゴトシと再讀することがあり、第一種點には多くの例があったが、第三種點にはその例がない。

「猶」は、副詞にしてナホシと讀む。助動詞としてゴトシと讀むこともあるが、第三種點にはその例がない。

（一七）（若欲レ斷、當）終に竟二(ふる)までに三月一猶し不《ず》レ可レく(あら)了フ。（一四　18/13）

（一八）世人の忿諍すら是レ猶(し)可レし恕す。出家の之人、何ぞ可二き諍ヒ鬪一フ。（同　18/17）

（一九）若(し)無二く罪報の果一、亦(た)無二(き)をすら諸の呵責一、猶(し)當二應(に)慈忍一すべし。何(に)況(や)苦果の劇(し)きは。（一七　11/20）

「猶」は、「尙」に續けて「猶尙」とし、合はせてナホシと讀む。

（二〇）四無量の心の、諸の清淨の法すら、以二(て)の所緣不《ヌ》レを實に(あら)故(に)、猶尙し不《ず》下與二眞空の智慧一と等上(し)く(あら)。何(に)況(や)此の邪見は。（一八　11/1〜2）

（二一）病の時すら猶尙し不《ず》レ息(ま)。何(に)況(や)不《(ぬ)》レ病(ひせ)時には。（二六　8/22）

「猶」は、「如」に續けて「猶如」とし、ナホシ―ゴトシと讀む。

（二二）汝ガ身流レ(る)ること汗猶(し)如レ(し)病の。（一〇　27/3）

「故」にシを送り、「猶也」と注して、ナホシと讀んだ例がある。

（二三）如下く〔劫盡(の)大火(は)燒二(きて)三千大千世界一(を)悉(く)盡(せども)、〕火勢故し不《ヌ》上レガ息《(や)》マ、（二六　7/19）「故」の右に「猶也」の注あり。〔　〕内は「大正新脩大藏經」による補足。

一七　等

「等」は、形容詞としてヒトシとよむ他、助動詞にしてゴトシ、副助詞にしてラと讀むことがある。ただし、第三種點には、共に附訓した例はなく、ゴトシは、「何等」を「何の等き」と「等」にキを送ったものしかなく、その他の「等」は、文脈上ラと讀んだと推定されるものだけである。

（一）有二る因緣一故（に）、二戒倶に等し。（一三　21/19）ヒトシ

（二）智と定との力等しく、所願皆得《う》。（一九　17/25）ヒトシ

（三）妄語は有二る何の等き罪一カ。（一三　12/10～11）ゴトキ

（四）又、問、「出家しては何の等きをカ難（し）とする。」答曰、「出家して樂レフを法を爲《す》レ難（し）と。」（一三　24/12～13）ゴトキ

（五）天帝釋來（り）て問レ（ひ）て之を言（ひ）しく、「汝作二する何の等一きワサヲカ。」（一六　15/2～3）ゴトキワザ

（六）是の身は无レく我も、无二き我所一も故（に）空なり。空なる故（に）无二し男女等《ら》の諸の相一。（一九　20/14～15）ラ

（七）云何ぞ佛說二（き）たまふ布施等《ら》は是（れ）善業なり。殺害等《ら》は是（れ）不善業なり。餘の事の動作は〔る〕、是レ无記の業一なり・と。（一九　26/12～13）ラ

（八）如二きは民大居士等《ら》一の、欲レ（ふときは）得二（むと）無量の寶物一を、則（ち）應《かな》（ひ）てレ意に皆得《う》。（一五　12/25）ラ

（九）而るに不《ず》レして欲レは出レ（さ）むと箭（を）、方に欲三求す盡二（さむ）と世間の常无常と邊无邊と等《ら》一を。（一五　7/10）ト……トラ

（一〇）是の人は無二み大慈大悲一、棄二捨（し）て衆生一を、不《ず》レ求二（め）十力と四無所畏と……無量の持戒（と）、禪定智慧（と）等《ら》の諸の善法一をしも。（一六　2/11～14）ト……トラ

（一一）種種の內外の諸の苦は名（づけ）て爲二す身病一と。淫欲と瞋恚と嫉妬と慳貪と憂愁と怖畏ト等の種種の煩惱・九十八結・五

百纏・種種の欲願等をは、名（づけ）て爲二す心病一と。（一〇　16/29～17/1）トラ

一八　使・令・遣・遣令・敎・勸

いづれも使役を表す文字で、「使・令」は、それ自身をシムと讀み、または、讀まずして、後の語にシムを讀み添える。

（一）我今布施（して）欲レ（ふ）求二（めむと）佛道一（を）。亦（た）无レ（し）有三（る）こと人として使《し》二むること我をして布施一（せ）。（一六　15/22）

（二）乞フ、垂二（れ）て料理一を、使二死者に得《え》レ次を、生者をは不《ず》レあら（し）め（たま）へ・とまうす濫（さ）。（同　13/25～26）

（三）長（き）を者は令《し》レむ短（くあら）、短（き）を者は令《し》レむ長（くあら）、方（な）るを者は使《し》レむ圓に（あら）、圓（な）るを者は使レ方に（あら）しむ。（一六　6/9）

（四）熱是の臼の中に、擣《ツ》レキて之を令《し》レむること碎（か）如レく迮《シモ》二ルガ蒲萄一を、亦（た）如レ（くす）壓《シモ》レルガ油を。（同　6/18～19）

（五）問（ひ）て言（はく）、「何以故ぞ爾くする。」語（り）て言（はく）、「此の鹽は能（く）令《し》二むるガ諸の物をして味美一に（あら）故なり・と。」（一八　11/12）

（六）汝破二（り）て善法一を、樂（ひ）て爲《す》二る惡事一を。令下汝をして生二（み）て惡子一を噉レみ肉を飲上レ（ま）しめむ・と血を。（一三　21/13）

（七）王亦（た）恡レ（しひ）て之を、而命して令《し》レめ前（すす）（ま）、問（ひて）言（はく）、「諸の鹿は盡（き）たりヤ邪。汝何を以（て）ぞ來（り）し・と。」（一六　14/9～10）

「遣」は、讀まずして、後の語にシムを讀み添へ、または、動詞にしてツカハシテ・ヤリテなどと讀んだ上、後の語にシムを讀み添へる。

（八）思レすること之を明に定（まり）て、卽（ち）自（ら）送レして身を、遣二鹿母を還一（ら）しむ。（一六　14/6～7）「遣」の右に「令也」

の注あり。

(九) 若(し)爾あらば者、佛(は)何(を)以(て)ぞ不《ず》三して自(ら)遥(か)に散二(せ)釋迦牟尼佛の上一に而遣《や》レ(り)て人を供養(せし)めたまふ。

(一二　9/23〜24)

「遣」に「令」を續けて「遣令」とし、……テ……シムと讀んだ例がある。大東出版社の『國譯一切經』には「遣はして還らしむ」と讀んでゐる。

(一〇) (諸(の)玉女言(さく)、「敬(しみて)如二(くせむ・と)王(の)敕一(の)。」) 説二(く)こと此の語一を已(り)て、各(の)遣(し)て令レむ還(ら)。

(一二　21/22〜23)

「教」は、テを送ってヲシヘテと讀み、後の語にシムを讀み添へる。

(一一) 常(に)行二し慈愍一を、持二(ち)て不殺戒一を、自(ら)致レたり得レるに佛(を)、亦(た)教二(へ)て弟子一を行二(せ)しむ此の慈愍一を。

(一三　8/17〜18)

(一二) 是の故に、劫初の聖人(は)、教レ(へ)て人を持齋し、修レし善を作レ(り)て福を、以(て)避二(けし)めたまひたり凶衰一を。(一三　20/4〜5)

(一三) 見二レば黒繩大地獄の中の罪人一を、爲二(に)惡羅刹・獄卒・鬼匠一の常(に)以二黒熱の鐵繩一を(も)て、拼二一度するを罪人一を、以二て獄中の鐵の斧一を、教レ(へ)て人を斫《き》レ(ら)しむ之を。(一六　6/6〜8)

「教」と「令」とを重ねて「教令」とし、「教」をヲシヘテ、「令」をシムと讀むことがある。

(一四) 如下き人(の)憐二愍すとして貧人一を、先ツ施中するガ寶物上を、是をは名レ(づく)樂と。後に教(へ)て令二むる賣買(し)て得レ受二(くる)こと五欲の樂一を、是をは名レ(づ)く喜と。(二〇　14/15〜16)

（一五）〔菩薩或（る）時（は）出家（して）行（し）禪（を）〕、引二導して衆生一を教（へ）て令レむ行レ（せ）禪を。（一〇　15/24～25）

「勸」は、ススメテと動詞に讀み、後の語にシムを讀み添へる。

（一六）施の時に、勸《（すす）》レ（め）て人を行レ（せし）め施を、而安二慰（し）て之一を、開二（く）ガ布施の道一を故（に）、得《う》下肉髻の相（と）、身圓（な）ること如二（き）尼拘盧一の相上（と）を。（一一　17/14～15）

一九　所

「所」は、附訓例はないが、トコロと讀み、モノ・コトの意味の形式名詞、及び連體修飾語を構成する關係代名詞として用ゐられる他、受身の助動詞として、ル・ラルと讀む。

（一）〔佛（の）所二（は）莊嚴一（したまふ）、一切（の）世界（に）、是（れ）殊勝（なり）〕、諸天の所レなり不《ヌ》レ能レ（は）得（る）こと。（一〇　23/18～19）モノ

（二）［一切（の）十方（の）衆生、若（し）盡（く）來（りて）在レ（らば）會（に）者、一切（の）世界（は）應レ（し）空（なる）］。若（し）不《ず》レは來（らし）め者、佛の無量の神力は、有レ（リ）ヌ所レ不《ヌ》レ能く（せ）。（一〇　24/20）コト

（三）我は於二て衆生一に、爲レレリ無レきに所レ益する。……當下以二て佛道涅槃の常樂一を、益中（す）べし・と於二一切上を。（一六　5/7～8）

（四）蜫勒に有二（り）三百廿萬言一。佛在レ（し）しとき世に時、大迦旃延の之所レなり造レる。（一八　6/2～3）モノ

（五）何（を）以（ての）故（に）、無知（の）之人は輕レみ所レを不《ず》レ（あ）るべき輕（みせ）、賢聖（の）之人は、賤レす（る）をいふ所レを可レき賤す。（一四　19/2～3）「賤レす（る）をいふ」の讀み不確實。コト

（六）是の虛誑の知は、都（て）不《ず》レ可レ（くあら）信す。所レの可レき信す者《もの》は唯（た）有二す諸佛一のみ［なり］。（一八　19/20）關係代名詞

（七）　七者、應レ（くゎ）る所レ（る）得物を而不《ず》レ得、已に所レの得ツる物を而散失す。（一三　16/1）同

（八）　有下（り）聖人に所二（る）る稱譽一（せ）檀上、有下リ聖人に所レの不《ヌ》二稱譽一（せられ）檀上。（一一　19/2）同

（九）　若（し）所レの噉フ食は則（ち）是レ呑二（み）燒（け）る鐵丸一を、飲二むなり熱洋の銅一を。（一三　4/20～21）同

助動詞としてル・ラルと讀む場合は、それ自身を讀む場合と、讀まずして後の語にル・ラルを讀み添へる場合とがある。

（一〇）　廿七者、人に所二レて憎惡一（せ）、不《ず》レ憙レ（は）レ見むと之。廿八者、貴重の親族、及諸の知識に所二る共に儐棄一（せ）。（一三　16/11～12）

（一一）　持戒の之人は常に得三て今世に人に所二（る）ること敬養一（せ）、心樂（しく）して不《ず》レ悔（い）。（同　2/25）

（一二）　如下し人の闇（き）ガ中に、飢渴に所レして逼（め）、食二（ひ）て不淨の物一を、晝日に觀知（り）て、乃（し）覺中するガ其レ非上ずと。（一九　25/9～10）

（一三）　比丘を爲二す乞士一と、除レ（き）髮を着二て袈裟一を、五情の馬に所レれ制せ、取レることも笑を亦（た）如レし是の。（一七　11/1）

（一四）　又、畏二（り）て夫主の傍の人に所レ知（ら）レむことを、多く懷二く妄語一を。（一三　11/14～15）

「爲」は、「所」と呼應し、「——爲——所——」の形で用ゐられ、——ノ（ガ）タメニ——ル・ラルと讀んで、受身を表すことが多い。これについては既に述べた。〈第四章、一〇　爲・與、用例（一二）～（一四）〉參照。

二〇　乃至・及・并

「乃至」は、事物の限界を擧げて、ある範圍を示す接續詞で、音讀する場合と訓讀する場合とがある。音讀する場合は、二字を合はせてナイシと言ふが、訓讀する場合は、「乃」はそのままにし、「至」は後から返って——ニイタル

マデニと讀む。

（一）瞋の罪は如レく是の、乃至不《ず》レ受二（け）佛語一をダも。（以レ（ての）是（を）之故（に）、應三（し）當（に）除レ（き）瞋（を）、修二行（す）忍辱一（を）。）（一四　18/21～22）

（二）精進根といふは者、晝夜に常（に）行二（し）て精進一を、除二却し五蓋一を、攝二護（し）て五根一を、諸の深經法を欲レヒ得むと、欲レひ知（ら）むと、欲レひ行（せ）むと、欲レひ誦（せ）むと、欲レひ讀（ま）むと、乃至欲レフ聞（か）むと。（一九　23/4～6）

（三）諸佛は乃至出入息（に）すら利二益（し）たまふ衆生一を。何（に）況（や）身口意業を故《ことさ》ラに作（し）て而不《ず》二（あらむ）ヤ利益一（せ）。（一六　12/20）

（四）諸佛は從二初發心一より乃至二（る）までに法盡一に、於二其（の）中間一に所レる有（ら）功德は皆是（れ）作法なり。（二〇　16/13～14）

（五）有る人の言（は）く、「從二初發意一より、乃至二（る）までに道樹下一に、於二其の中間一に、所レる有（ら）智慧、是を名二（づく）般若波羅蜜一（と）。（一一　12/1～3）

（六）若菩薩の初發心より乃至レ（る）までに得二るに無生忍從一（を）、是の〔より〕中間をは、名二（づ）く身精進一と。（一六　12/17～18）

（七）於二て一切の衆生一に、慈心を（も）て等（し）く視る、乃至二（る）までに蟻子一に、亦（た）不《ず》レ奪レ（は）命を。何（に）況（や）殺レ（さむヤ）人を。（一八　5/14～15）

（八）得《え》二法性身一を、乃至レ（る）までにする成レるに佛に、是を爲二す心精進一と。（一六　12/19～20）

（九）法空（といふは）者、如三し佛説二（きたまふ）ガ大空經中一に、十二因緣あり。無明より乃至二（る）までになり老死一に。（一八　7/23）

（四）は、「初發心」と「法盡」を限界として、「其の中間に所有功德は」と言ひ、（五）は、「初發意」と「道樹下」

を限界として、「是の中間をば」と言ひ、(六)は、「初發心」と「無生忍從を得る」とを限界として、「是の中間をば」と言って、「乃至」が兩方の限界を擧げて、その中間に存在する全てを問題にする構文であることを、『大智度論』の本文自身が、これを説明してゐる。しかしながら、日本語にはこれに相當する接續詞がないために、「乃至」の理解が困難であったのか、訓讀に亂れの見える例がある。

(一〇) 精進の法は是レ一切の諸善の之根本なり。能(く)出生ニす一切の諸の道法一を、乃至ニる阿耨多羅三藐三菩提一に。(一五 14/17～18)

(一一) 如下し佛爲ニ(に)須菩提一の説上(きたまふ)ガ。……受想行識は識自ー相空なり。十二入と、十八界と、十二因縁と、卅七品と、十力と、四無所畏と、十八不共の法と、大慈大悲と、薩婆若と、乃至阿耨多羅三藐三菩提とあり。皆自ラ空なりと。(一八 9/24～27)

(一〇)は、「乃至」は、「阿耨多羅三藐三菩提に至るまでに」と讀むべきで、すなはち、「一切の諸の道法を、阿耨多羅三藐三菩提に至るまでに出生す。」または、「一切の諸の道法を出生す、阿耨多羅三藐三菩提に至るまでになり。」と讀む。(一一)は、「乃至」は「阿耨多羅三藐三菩提に至るまでに」と讀むべきで、すなはち、「十二入と十八界と……薩婆若とより、阿耨多羅三藐三菩提に至るまでに、皆自ら空なり」と讀む。「乃至」を挾んで、「薩婆若と」「阿耨多羅三藐三菩提と」と、並列助詞のトを宛てて讀むのは、誤りである。

「及」は、動詞にしてオヨブと讀んだ例はあるが、接續詞にしてオヨビと讀んだ例はない。不讀にして、前後を並列助詞トで結ぶか、または全く無視して、並列助詞トさへ用ゐないこともある。

(一二) 若(し)言ニ神も無常なり、世間も無常一なり・といふ、是も亦(た)邪見なり。神と及世間と、常にあり亦(た)無常にもあり。神と

及世間とは非レず常にも、亦(た)非二ず非常一にも。皆是レ邪見なり。（一八　8/5～7）

（一三）若(し)是レ不《ず》レは異(なら)者、地と及地種とは不《ず》レ應レく(あら)異(な)る。（同　13/16）

（一四）不可見といふ者は、九の入と及一入の少分となり。（同　14/7）

（一五）今世及後世に、行レする法を者《ひと》安隱なり。（一六　14/26）

（一六）得二る(が)諸法の實相の智一を故(に)、爲二(に)十方の諸佛及大菩薩一の所レる念(せ)。（同　26/25）

（一七）轉輪聖王の飛二(ひ)上る天一に時は、四種の兵、及諸の宮觀・畜獸一切皆飛フ。（一〇　13/1～2）

「并」は、テを送って、アハセテとよむ。テを送った例は少ない。

（一八）我ガ諸の種類、及諸の宗親、并て諸の衆生、皆依二仰す此一に。（一六　15/4～5）

（一九）即(ち)脱二き身の瓔珞一を、及所乘の馬、并一の聚落を(も)て以施二(し)き貧人一に。（一一　18/24～25）

（二〇）爾時、婆羅婆王、及、八萬四千(の)小國王、并諸(の)臣民・豪傑・長者、各以二(て)十萬の舊き金錢一を、贈遺勸助(し)き。（同　21/1～2）

第五章　文　　法

第一節　形式名詞

第三種點に用ゐられた形式名詞には、コト・タメ・トキ・トコロ・ヒト・モノ・ユヱ等がある。この内、コト・トキは、ヲコト點と實字を持ち、ヒト・モノ・トコロは實字を持つが、タメ・ユヱは、本文の文字を讀むだけで、ヲコト點も實字もない。

コトは、形式名詞中、用例數が最も多く、モノと並んで、形式名詞の中心をなす。活用する語の連體形を受けて、動詞アタフ（能）、アリ（有）、ウ（得）、ヲハル（竟・已）等に續いて、――コト―アタハズ、――コト―アリ、――コト―ウ、――コト―ヲハル、形容詞カタシ（難）、ナシ（無）に續いて、――コト―カタシ、――コト―ナシ、助詞ナ（禁止）に續いて、――コト―ナ、ナカレ（莫・勿・無）に續いて、――コト―ナカレ、助動詞ゴトシに續いて、――コト―ノ（ガ）ゴトシ等の形で用ゐられることが多い。

（一）　華香木香は、不《ず》レ能二は遠く聞一(ゆ)ること。持戒の之香は、周二遍す十方一に。（一三　2/13）

（二）　白衣の居家の受二ケ世間の樂一を、兼(ね)て修二するは福德一を、不《ず》レ能三は盡く行二すること戒法一を。（一三　16/25～26）

（三）　佛滅度(したまひ)て後に、人の壽轉ヨ減し、憶識の力少くして、不《ず》レありしカば能二は廣(く)誦一すること、諸の得道の人、撰して爲《せ》二り卌八萬四千の言一に。（一八　6/3～4）

(四) 譬(へば)如二く虚空をは、瀆火も不《ず》レ能レは染すること、大雨も不《ヌ》レガ能レ(は)濕すること、如レく是の觀レするひとは空を、種種の煩惱に、不《ず》三復(た)著二(せ)其の心一。(一八　10/25~26)

(五) 家室・親屬は、雖二(も)共(に)受レくと樂を、獨(り)自(ら)受レく罪を。亦(た)不《ま》レじ能レフ救すること。(一三　9/25~26)

(六) 我(れ)以二て少財一を、不《ま》レじ能三フ滿二足すること其の意一を。……不《じ》レ能レは得レ(る)こと脫二(する)こと生老病死一を。(一六　12/23) コトアタハジ

(七) 漚波羅獄の中には、凍‐氷の泙潗して、有レり似二ること青蓮花一に。(一六　11/4~5) コトアリ

(八) 汝等外道、與二佛法一と懸(か)に殊(な)ること有レり若二きこと天地一の。……諸佛の法は、無量(な)ること有レり若二きこと大海一の。(一八　5/19~21) コトアリ

(九) 雖下(も)在二(りて)富貴(の)處一に生(れ)て、勢力豪强上(な)ることありと、而无二くは壽命一、誰カ受二(け)む此の樂一を。(一三　7/23~24) コトアリ

(一〇) 持戒の之人は、人の所樂を施するに、不《ず》レ惜二(しま)財物一を。不《ず》レ修二(せ)世の利一を。而无レし所レ乏(し)き。得《え》レ生二(るる)こと天上一に、十方の佛前にして、入二(りて)三乘の道一に、而得《う》三解二脫すること唯種種の邪見一を。(一三　3/15~17) コトウ

(一一) 以レ(て)の是を故に、不《ず》レ得二以レ(て)四を爲《す》レること地と。亦(た)不《ず》レ得《え》二離レ(れ)て四に爲《す》レること地と。(一八　13/1~2) コトウ

(一二) 誰カも不《ず》レ(あらむ)惜レ(しま)命(を)。次(て)來(ら)ば但(た)去け。何ぞ得レる・といふ辭すること也。(一六　14/26~27) コトウ

(一三) 七日の中に已に爾許の日過く。過二(く)ること七日一を已(りな)ば汝當(に)死なむ・と。(二〇　17/18~19) コトヲハル

(一四) 說二(く)こと此の猖一を已(り)て、到二(り)て佛所一に具に說二(き)き其の意一を。(一三　13/19) コトヲハル

（一五） 過二(く)ること十二歳一を已(りし)カば、天王來下し、語二りて其の子一に言(ひ)しく、「汝求二(む)る何の願一をカ。」（一三 21/9 ~10） コトヲハル

（一六） 我レ某甲歸二依し佛一に竟(リ)ヌ。歸二依すること法一に竟(リ)ヌ。歸二依すること僧一に竟(リ)ヌ・と。（一三 18/17~18） コトヲハル

（一七） 破戒の之人は、不《ず》レ得レ勉《まぬか》レ(るる)こと苦を。譬(へ)ば如二し惡道の難一レきガ可レきこと得レ過(くる)こと。破戒の之人は、不《ず》レ可二(くあら)共止一す。譬(へ)ば如二し惡賊の難一レきガ可二きこと親近一す。（一三 4/7~9） コトカタシ

（一八） 諸の欲は難二し放捨一すること。何(を)以(て)ぞ能く遠レ(さけ)む之を。（一七 11/11） コトカタシ

（一九） 汝欲レ(は)ば壞二(ら)むと我ガ論一を、終に已(に)無二(け)む此の處《ことわ》一リ。一切智には難レし勝ッこと。（一八 10/21） コトカタシ

（二〇） 我レ以レ(て)の无レきを害二すること於彼一を故(に)、彼も亦(た)无レし害二すること於我一を。（一三 6/26）（一三 6/26） コトナシ

（二一） 以二ての此の無明・恚・愛の法一を故に、乃(し)受二く此の苦一を。出(て)ては而復(た)入(り)ッ、無レく窮(まる)こと無レし・と已《ヤ》むこと。（一六 11/7~8） コトナシ

（二二） 知二(り)て二法は亂一レすと心を、雖レ(も)善なりと而應レ(し)離(る)。如二(し)大水の澄み靜(かなる)とき、波蕩(も)亦(た)无一レきガ見すること。（一七 15/2） コトナシ

（二三） 一切の法は畢竟空なり。無レし有二(る)こと決定性(の)可レく取(る)可一レきこと著(く)。（一八 17/11~12） コトナシ

（二四） 善男子、勿《ナ》レ生二(す)こと此の心一を。汝當(に)念二(し)て汝ガ本願一を、欲レ(ふ)べし度二(さ)むと衆生一を。（一〇 18/20~21） コトナ

（二五）汝今始（め）て得二て一无生の法門一を、莫《ナ》二とのたまふ便（ち）大喜一すること。（一〇　18/23～24）コトナ

（二六）莫《ナ》二奪二（ふ）こと他の命一を。奪二フハ他の命一を世世に受二く諸の苦痛一を。（一三　6/22～23）コトナ

（二七）我今代レ（ら）む汝に。汝勿《ナ》レとのたまふ憂（ふ）ること也。（一六　14/7）コトナ

（二八）王過二（き）て六日一を、而も出（て）て辭二謝（せ）しく仙人一に、「我は便（ち）相（ひ）忘（れ）たり。莫レレ・と見レ（る）ること咎め也。」（一七　7/20～21）コトナカレ

（二九）是（の）故（に）、佛語（りたまはく）、「汝往（き）て莫レレ觀二すること佛身一を。勿レレ念二すること國土一を。但（た）聽二（く）べし・とのたまふ佛の說法一を。」（一〇　8/11～12）コトナカレ

（三〇）仙人（の）言（ひ）しく、「王雖二（も）已に施一（し）きと、我ガ心疑悔す。罪不《ず》レあるカ除（か）也。願（ふ）、今見（ら）レ（れて）治（せ）無レ（くあ）レ令二めたまふこと後の罪一あら。（一七　7/16～17）コトナカレ

（三一）獄卒羅刹、以二て大（きな）る鐵の椎《ツチ》一を椎《ウ》二ツこと諸の罪人一を、如二し鍛の師の打レツガ鐵を。（一六　8/4～5）ゴトシ

（三二）利-刀-劍梢（の）、飛二（ひ）入（る）こと身の中一に、譬（へば）如二し霜フルとき樹より落（つ）る葉の、隨レ（ひ）て風に亂墜一するガ。（一六　8/10～11）ゴトシ

（三三）三者、常に懷二（き）て惡念一を、思二惟する惡事一を。四者、衆生畏レ（る）ること之を、如レくす見二るガ蛇虎一を。（一三　8/9～10）ゴトクス

（三四）從二一切の賢聖一より下至二（るまでに）凡人一に、求レ（む）るに法を無レ（き）こと厭（ふ）こと、如二くする海（の）呑レするガ流を、是を爲二す菩薩の心精進一と。（一六　15/16～17）ゴトクス

（三五）（然（して））後（に）入二（り）金剛三昧一（に）自（ら）碎二（く）こと身骨一を令レめて如二くあら芥子一の、（以（て）度二（して）衆生一（を）、而

不レ捨二(て)精進力一(を)。)(一五　16/11～12)ゴトクアリ

ウ(得)とコトとの間にハを挟んで、――コト-ハ-ウと言った例がある。

(三六)　譬(へ)ば如下し洋る金燒レく身を、若(し)欲《す》レるときは除レ(か)むと之を、不《ず》レ得《え》三但(た)欲二フことは棄レ(て)て火を(のみ)而留レ(め)むと金を。(一三　3/23～24)

コトは、しばしば動詞イフ(言)を受けて、トイフコトの形で用ゐられる。トイフコトはヲコト點で示す。

(三七)　入二(り)正位一(に)、得《う》二といふこと須陀洹・斯陀含・阿那含・阿羅漢一を必ず有リ二是(の)處《ことはり》一。(一八　7/13～14)

(三八)　偸盗の人をは、一切諸國に无レし不《ず》二といふこと治罪一(せ)。(一三　10/8)

(三九)　汝不《ず》レヤ知(ら)、……火は本(と)爲《あり》二き天の口一と。而(る)ものを今は一切噉フ・といふことを。(一四　13/2)

(四〇)　不《ず》三自(ら)憶二-念(せ)當レに墮二(ち)むとす・といふことを惡道一に。(一四　18/6)

これについては、〈第一章、第一節、用例(一〇九)～(一一三)〉參照。

タメについては、既に述べた。〈第四章、一〇　爲・與、用例(一)～(一七)〉參照。

トキは、本文の「時」を讀む他、文意によって補讀し、ヲコト點で示す。トキハの場合は、ハの點を添へる。

(四一)　佛在レしとき世に時、有二リ一(り)の長者の婦一。(一三　25/24～25)

(四二)　若(し)所レる在(ら)丘聚・郡懸・國邑に、有二るとき持齋し受戒する善人者一、以二(て)此の因緣一を惡鬼遠去す。(一三　20/21～22)

(四三)　譬(へ)ば如二く商人の遠く出(て)深く入るとき、得レ(む)こと利を必(す)多一きガ、以二(て)此の因緣一を惡鬼遠去す。(一三　20/21～22)

（四四）　略説するときは則(ち)五戒なり。廣説するときは則(ち)八萬戒なり。（一三　26/6～7）

（四五）　譬(へ)ば如二し美食の少レきときは鹽、則(ち)无レし味。得レるとき鹽を則(ち)味足(り)て如意一(な)るガ。（一九　17/21～22）

トコロは、本文の「所許」を讀み、場所の他、コト・モノに近い意味を表す。トコロを補讀する場合は、實字を用ゐる。

（四六）　諸佛賢聖は慈二愍(し)一切一を、了二達して三世の殃福(は)不レと朽(ち)、所レなり不《ず》二(あ)る稱譽一(せ)。以レ是故(に)知る、劫盗の之罪をは、倶(に)爲二す不善一と。善人行者の所レなり不《(ず)》レ(あ)る爲(さ)。（一三　10/15～16）コト

（四七）　蜫勒に有二(り)三百廿萬言一。佛在レしとき世に時、大迦旃延の之所レなり造レる。（一八　6/2～3）モノ

（四八）　自(ら)念(し)て言(は)く、「何の許《ところ》に有レ(れ)ばカ河而可レき・とおもふ渡る者。」（一〇　18/16～17）

（四九）　然(し)て後に、於二文殊師利の許《ところ》一に受レ(け)て戒を發レ(し)て心を作レ(り)き佛と。（一二　13～14）

（五〇）　此の諸の菩薩(は)欲レ(は)ば詣二(らむ)と釋迦牟尼佛一のところに、何以ぞ中道に供二養する諸佛に一。（一〇　14/2）「何以」は、

　原文「可以」。『大正新脩大藏經』によって訂正。

トコロについては、なほ、〈第四章、一九、「所」の用例（一）～（二四）〉參照。

ヒトは、本文の「人・者」を讀む他、文意によって補讀し、實字で示される。

（五一）　人雖二(も)貧賤一なりと、而能く持戒するは、勝二(れ)たり於富貴にして而破戒する者《ひと》一には。（一三　2/12）

（五二）　若(し)殺生の者《ひと》は、爲二に善人一の所《る》レ訶《(いさ)》(は)。（一三　7/9）

（五三）　諸天及神仙すら、尚(し)不《ず》レ能レ(は)得(る)こと。何況(や)凡夫の懈怠の者《ひと》は。（一七　2/10）

（五四）　諸佛は第一の福田なり。若(し)供養する者《ひと》は、得《う》二大果報一を。（一〇　14/3～4）

(五五) 如レく是の行する者《ひと》を、名(づけ)て爲二す精進波羅蜜一と。(一六 2/16)

(五六) 或有るひとは持戒して、不《ず》レ惱二(まさ)衆生一を。(一八 18/25)

(五七) 若(し)有るひと雖レ(も)不《ず》二と守護一(せられ)、以レて法を爲レす守と。(一三 10/25)

モノは、本文の「者・物・有」を讀む他、文意によって補讀することが多く、實字で示す。モノ・モノゾ・モノナリ・モノニハ・モノニモ・モノヲ等の形で用ゐられる。

(五八) 持戒の之財は、无二し能く奪フ者《もの》一 (一三 3/20〜21) モノ

(五九) 其の香と味と色と全ク似二(れ)リ前の者《もの》一に。(一七 6/4) モノニ

(六〇) 各各(の)相ヒ是非して、勝負ありて懷二く憂喜一を。勝ツ者《もの》は墮二ッ憍坑一に。負(く)る者《もの》は隧二ッ憂獄一に。(一八 9/19) モノハ

(六一) 譬(へ)ば如下し四大共合して、雖レ(も)不《ず》二と相離一(せ)、以二て多(か)る者《もの》一を(も)て爲《す》上レる(が)名と。(一八 16/18〜19) モノヲ

(六二) 菩薩摩訶薩は觀二して身は如レしと是の、知下る非二ず我が身一にも、亦(た)非二ず他の有《もの》一にも。……是の身は假有なり。屬中すと本の業因緣上に。(一九 20/9〜12) モノニモ

(六三) 波餘質姤樹(は)、天上の樹の中に王として、在二リ彼の歡喜園一に。一切无レし有レ(る)こと比(ふ)べきもの。(一三 17/21) モノ

(六四) 便(ち)生二して邪見一を謂へ(ら)く、「無二きものなり〔と〕涅槃一は。佛爲レたまへり欺レ(く)こと我を。」(一七 25/5) モノナリ

(六五) 不《ず》下從二諸方一よりも來上(ら)。亦(た)不《ず》二常に自(ら)有一るものにも(あら)。(一七 25/26〜27) モノニモ

(六六) 論議師の輩、遥(か)に見二て佛(の)來一すを、自(ら)語二はく其の衆一に、「……見二て汝等の靜默一(な)るを、或(は)能く來《(いでま)》

(さ)むものぞ・といひてレ此(こ)に」衆卽(ち)默然せり。(二六　13/24)モノゾ

モノに助詞ヲの附いたモノヲを、逆説を表す接續助詞として用ゐることがある。ただし、例は少ない。

(六七)　何(を)以(て)ぞ不《ヌ》三ものを名(づけ)て爲二般若波羅蜜一と、而も此の經の中の諸法の實相を、獨リ名二(づくる)般若波羅蜜一と。(一八　16/13〜14)

ユヱは、本文の「故」を讀む。名詞ではあるが、助詞ニを添へて、ユヱニと言ふのが普通である。名詞・代名詞、及び活用語の連體形に、直接、または助詞ノ・ガを挾んで續く。動詞ス(爲)に續けてユヱニす、指定の助動詞ナリを伴って、ユヱニナリと言ふこともある。

(六八)　見二レば餓鬼の中一を、餓渇の故に兩(つ)の眼陷《オ(ち)イ》リ、毛髪長く(し)て東西に馳(せ)走る。(一六　5/11)

(六九)　破戒の罪の故に、墮二(ち)て地獄一に、受二(け)き種種の罪一を。(一三　25/1)

(七〇)　諸佛は恭二敬すとの法一を故に、供二養し於法一を、以レ(て)法を爲レたまふ師と。(一〇　8/24)

(七一)　此の人は眞に賊なり。求レ(め)むとの名を故に、以(て)誑二す一國一を。(一六　17/21)

(七二)　多く殘《ソコ》二賊《ナ》ヒしガ如レき是の等の種種の鳥獸一を故に、還(り)て受三く此の衆の鳥獸の頭[にて]來(り)て害二すること(を)罪人一(を)。(一六　6/22〜23)

(七三)　此の人の宿行の因緣は、……或は作二(り)て奸(な)る吏一と、酷暴《イチハヤク》侵害し、如レき是の等の種種の惡口・讒賊の故になり。(一六　6/11〜13)

(七四)　上人の持戒は、爲二の涅槃一の故に、……欲二求し離レ(れ)むと苦を、當(に)樂二フ無爲一を故にす。(一三　22/6〜7)ユヱニス

（七五）行レフ道を故に、以レて見を爲レす先と。（一三　22/15）

「故」は、代名詞の「是」に續けて「是故」とし、文初にあって、前文を原因・理由として、後文の結果を説明する接續詞として用ゐる。コノユヱニと讀む。

（七六）菩薩の精進は、志願弘曠にして、誓レ(ひ)て度二(さ)むと一切衆生一を無レし盡(くる)こと。是の故に、精進も亦(た)不可盡なり。（一六　15/25～26）

（七七）如レ(き)是(の)等の種種の因縁を(も)て能く生二し能く離三す種種の善法一を。是の故に名(づけ)て爲二す精進波羅蜜一と。（一六　12/2～3）

（七八）攝レ(め)て心を入レる禪に時は、以二て覺觀一を爲レす惱と。是の故に、除二(き)て覺觀一を得《う》レ入二(る)こと一識處一に。（一七　15/6）

「故」はまた、前にある「爲」「以」を受けて、「爲―故」「以―故」の形で、――ノ(ガ)タメノユヱニ、――ヲモテノユヱニと讀むことが多い。

（七九）下人の持戒は、爲二の今世の樂一の故に、或は爲二の怖畏・稱譽・名聞一の故に、……或は避二(け)苦役一を、求レ(む)るガ離二(れ)むと危難一を故に。如レく是の種種(な)る、是は下人の持戒なり。（一三　21/26～22/1）

（八〇）上上人の持戒は、憐二愍し衆生一を、爲二の佛道一の故に、以下ての知二(り)て諸法一を、求中むるを實相上を故に、不《ず》レ畏二(り)惡道一を、不《ヌ》レ求レ(め)樂を故にす。（一三　22/16～18）

（八一）如レく是(の)應二有レ(り)て我使レヒ心を、有レ(り)て心使レ(ふ)べし身を。爲レの受二(け)むガ五欲樂一を故(に)なり。（一九　11/13～14）

(八二)　菩薩の精進も亦復(た)如レ(し)是(の)。未《ヌ》レときは入二(ら)滅度一に、終に不《ず》二休息一(せ)。以レての是を故に、十八不共法の中に、欲と及精進(と)の二の事を常(に)修す。(一六　16/1～3)

(八三)　菩薩の父母、以レ(て)の失レするを子を故に、憂愁し懊惱して、兩の目に失レ(ひ)ッ明を。(一六　16/26～27)

(八四)　或る時には、火ィ自(ら)能く燒(き)て、不《ず》レ待二(た)於人一をは。但(た)以レての名を故に、名(づけ)て爲二す人燒一すと。(一九　11/27～12/1)

(八五)　以二(て)の持戒因緣一を故に、生二(れ)て人天一に尊貴なり。……以二(て)の忍辱の因緣一を故には、障二フ瞋恚の毒一を。得二て身色端政一(なる)こと威德第一なり。(一八　17/17～19)

第二節　代名詞

一　事物代名詞

近稱にコ・コレを、中稱にソ・ソレを、遠稱にカ・カレを、不定稱にナニ・イヅレを用ゐたはずであるが、第三種點には完全に附訓したものは、「爲」をコレと讀んだものを除いて、一例もなく、「是・此」、「其」、「彼」にそれぞれレを送って、コレ・ソレ・カレと讀ませた例しかない。

(一)　我(は)爲《コレ》菩薩なり。不《ず》レ可レ(くあら)如レくは(あ)る彼ガ。雖レ(も)未《ず》レと斷レ(た)結を、當二自(ら)抑制一すべし。(一四　16/19～20)

(二)　群各(の)有レ(り)主。一(り)の主に有二(り)五百の群鹿一。一(り)の主は身七寶の色なり。是レ釋迦文菩薩なり。(一六　13/14～15)

（三）菩薩思惟（す）ラく、「此レ甚（た）可レし愍む。……唯し有レリ我（のみ）、當（に）代レ（ら）む・と之に。」（一六　14/5〜6）

（四）是レ誰ガ法ぞ。諸法の中に法相不可得なり。（一九　22/4〜5）

（五）以二（て）の其レ難レきを捨（て）故に、爲レに之ガ常（に）作二る重罪一を。（一七　6/11〜12）。

（六）以二（て）の其レ邪一にするを故に、既（に）名（づけ）て爲レす邪と。（一三　11/11）

（七）夫（れ）士の之生（る）るときは斧在二リ口の中一に。所二以は斬レる身を由一てなり其レ悪言一するに。（一三　14/19）

（八）地は堅重の相なり、水は冷濕の相なり、火は熱照の相なり、風は輕動の相なり、虚空は容受（の）相なりと、分別し覺知する、是を爲二す識の相一と。有レリ此レ有レる彼レ、是を爲二す方の相一と。（一八　12/17〜18）

「夫」にレを送って、ソレとよんだらしい例があるが、ノの點と位置が同じで、不確實である。ノならば、カノとなる。

（九）若（し）人の無レきは慈、與二夫レ虎狼一と亦（た）何ぞ以異（なら）む。（一六　14/15）

コレに助詞ガ・ノを添へて、コレガ・コレノと言ふことがある。コレガの例は多く、コレノの例は少ない。

（一〇）何（を）以（ての）故に（となら）ば、是ガ中に力勢薄き者は、是（れ）普明菩薩の力の故（に）得《う》レ來ること。（一〇　12/30〜13/1）

（一一）是ガ中に有る想は、微細にして難レき覺し故（に）、謂（ひ）て爲二す非有想一と。（一七　18/6〜7）

（一二）若（し）是レの法空イ、有レ（ら）ば性者、説二（く）ときに一切法空一なりと時、云何ぞ亦（た）自空せむ。（二〇　5/21）

「卽時」をソノトキと讀むことがある。

（一三）卽の時に、平復して復《カヘ》リて受二く苦毒一を。（一六　6/3）

（一四）卽の時に、將（て）入二（り）て熱鐵地獄の縱廣百由旬一（な）るに、駈ヒ打（ちて）馳走（せ）しむ。（一六　7/4）

二　人稱代名詞

自稱にワ・ワレを、對稱にナムヂを、他稱にカレを、不定稱にタレを、反射指示にオノ・オノレを用ゐたはずであるが、完全に附訓したものは一例もなく、「我・彼・己」にレを送って、ワレ・カレ・オノレと讀ませた例しかない。

（一）我レ有二リ身力一。云何ぞ懈怠(し)て、而不《ず》レ(あら)む救レ(は)之を。（一六　15/5）

（二）自(ら)誓(ひ)て、我レ從二今日一より不《じ》二といふ復(た)殺生一(せ)、是を名二(づ)く不殺生戒一と。（一三　5/15）

（三）彼レ侵二すとき我が妻一を、我レ則(ち)念毒す。若(し)我レ侵レ(さ)ば彼を、彼も亦(た)何ぞ異(なら)む。（一三　11/20）

（四）廻レし己レを易レ(へ)て處を、以て自ら制レすべし心を。（一三　11/19）

三　場所代名詞

近稱にココを、中稱にソコを、遠稱にカシコを、不定稱にイヅコ・イヅクを用ゐたはずであるが、完全な附訓例は、「何許」をイヅクニと讀んだものしかなく、また、コを送った例もない。

（一）(問(ひて)言(はく)、)「今在二る何‐許《イツーク》一に。」(白(して)言(さく)、)「在二(り)と此の衣(の)角《ツ》‐裏《マ》の中一に。」（一二　19/9）

第三節　動　詞

一　スの特殊な用法

ス（爲）の用法の内、注意すべきものに、次のやうな用法がある。

――ト―ス、――スルコト（ヲ）―ス、――シテ―ス、――ヲモテ―ス、――タメニ―ス、――ユヱニ―ス、――ゴトク―ス、――シテ等。

1　――ト―ス

活用語の終止形を、格助詞トで受けて、これにスを添へたものであって、トから前が連用修飾語になって、スに係る形式である。推量の助動詞ムを伴って、――ムトスと言ふことが多い。――ムトスは、本文の「欲・當」を讀む他、文意によって補讀する。

（一）薗の中に有二リ一の大樹一。樹の上に有レ（り）て鳥養レフ子を。常（に）飛（ひて）至二（り）て香山の中一に、取二（り）て好き好菓一を、以て養二る其の子一を。衆の子爭レフとして之、一の菓墮レ（ち）ヌ地に。（一七　5/20～22）「養る」ママ

（二）如下き人憐二愍すとして貧人一を、先ツ施中するガ寶物上を、是を名レ（づく）樂と。後に教（へ）て令二しむる賣買（し）て得レ受二（くる）こと五欲の樂一を、是をは名レ（づ）く喜と。（二〇　14/15～16）

（三）王珍《メツラシ》二ヒたまふ此の菓の香色殊異一（な）るを。太子見レて之を、便（ち）索フ。王愛二すとして其の子一を、即（ち）以て與レ（へ）たまふ之を。（一七　5/23～24）

（四）持戒の之人は、命欲《す》レるとき終（ら）むと時、其の心安樂なり。（一三　7/3）A

（五）譬（へ）ば如下し洋る金（の）燒レく身を、若（し）欲《す》レるときは除レ（か）むと之を、不《ず》レ得《え》三但（た）欲二フことは棄レ（て）て火を、而留レ（め）むと金を。要ず當中きガ金と火とを倶に棄上ツ。（一七　3/23～24）

（六）更に求二（め）て五通一を、一心にして專―至す。垂《イ（ま）》當（に）得むとする時に、有レ（り）て鳥在二（り）て樹の上一に、急に鳴（き）て以（て）

亂二(す)其の意一を。（一七　24/21～22）

（七）僉客の入レ(り)て海に、採レ(り)て寶を、垂《イマ、、》出二(て)むとするとき大海一を、其の船卒《ニハカ》に壞レて、珍寶を失ヒ盡(し)ツ。（一三　7/16～17）

（八）我(れ)故《(ことさ)ラ》に來(り)て見レ(たてまつら)むとするに佛を、佛入二(り)たまひたり三昧一に。（一三　13/11）

2　――スルコト（ヲ）―ス

單にスと言って濟みさうな場合に、一度スルコトと讀んだ上、更にスを添へたもので、スルコトは次のスに係る連用修飾語である。コトの後には、格助詞ヲを伴ふ場合と、伴はない場合とがる。

（九）八萬四千の四寶の床あり。雜色の綩綖、種種の茵蓐、柔濡(な)る細滑、以《(これ)》を(も)て爲《せ》二りき校飭一することを。（一一　20/20～21）

（一〇）持戒の之人は、見二て破戒の人の、刑獄に考掠(せら)レ、種種に苦惱一するを、自(ら)知三(り)て永二離せりと此の事一を、以て爲二す欣慶一することを。（一三　2/17～18）

（一一）我自(ら)憶二念(す)レば本の宿命一を、時に作二(り)て戲女一と、著二て種種の衣服一を、而說二(き)き舊語一を。或る時(は)、著二て比丘尼の衣一を、以(て)爲《し》二き戲笑一すること。（一三　24/24～26）

（一二）便(ち)生二(し)て邪見一を謂へ(ら)く、「無二きものなり・と涅槃一は。我は是レ阿羅漢なり。今還(り)て復(た)生(す)べし。佛爲二たまひたり・と虛誑一すること。」（一七　25/11～12）

（一三）(如二(きは)屯崙摩甄陀羅王・揵闥婆王一(の)、至二(り)佛(の)所一(に)、彈レ(き)琴(を)讚レ(し)佛(を))、三千の世界皆爲《し》二き震動一すること。（一〇　27/2～27）

(一四) 若(し)爲《す》レるときは除二すること內苦一を、外苦復(た)來る。若(し)爲《す》レるときは除二すること外苦一を、內苦復(た)來る。(二〇 19/8～9)

(一五) 譬(へば)如下く(藥師療二治(するに)衆病一(を)、若(し)鬼狂(の)病拔レ(き)刀(を)罵詈(して)不レ識二(ら)好醜一を。)賢イ知二(り)て鬼病一なりと、但し爲《し》レて治レすること之を而不《ヌ》中ガ瞋恚上(せ)、(一四 19/14)

——スルコト(ヲ)－スは、動詞の前に「爲」を持つ構文において、合はせて一つの動詞に讀めばよい場合——例へば、(九)は「校餝セリキ」、(一〇)は「欣慶ス」、(一一)は「戯シキ」、(一二)は「虛誑シタマヒタリ」、(一三)は「震動シキ」、(一四)は「除スルトキ」、(一五)は「治シテ」のやうに——原文に引かれて逐語譯した結果生じた飜譯文法であって、國語としては無用な重言である。

3 ——シテ－ス

本文に示されてゐる文字を、そのまま動詞に讀めばよささうに思はれる場合に、動詞連用形に讀んで、接續助詞テを添へ、更にスを加へたもので、——シテがスの連用修飾語となった形である。例は少ない。

(一六) 先ッ除二し身の麁一を、次に除二(し)て心の麁一を、然(し)て後に除二(し)て一切の法相一を、得二ること快樂一を、遍二してする心身の中一に、是を爲二す除覺分一と。(一九 25/12～13)

「遍(あまねく)スル」と讀めば簡單であるが、わざわざ——シテ－スと言ふ複雜な讀み方をしたのは、それなりの意味があってのことであらう。つまり、「遍(あまねく)シテス」のスは、「快樂を得る」意味を強調したのであらう。

4 ——ヲモテ－ス

本文の「以」を讀む。意味は——ヲモチヰルと言ふのに近い。

（一七）　八萬四千の車を皆以二て金銀・瑠璃・頗梨の寶一を飾リ、覆フに以二てしき獅子・虎豹の之皮一を。（一一　20/18～19）

（一八）　慳貪と瞋恚と愚癡と怖畏との故に、斷二するに事の輕重一を、不《ず》レ以二てセ正理一を。（一六　6/24～25）

（一九）　獄卒卽（ち）駈二（り）て逐（ひ）て罪人一を、令《し》レ（めて）坐二（せ）熱き銅の橛の上一に、以二て鐵の鉗一を開レ（け）て口を、灌くに以二てす洋銅一を。（一六　10/15～16）

（二〇）　華香清妙なり。宜レし爲二（す）供養一（すること）。如三（し）人の獻レるとき贈を必（ず）以二てするガ異物一を。問曰、何故ぞ正（し）く以二てし蓮華一を、不《ヌ》レ以二てセ餘物一を。（一〇　10/6～7）

（二一）　若（しは）鏘《ウハラ》を（も）て傷レし人を、若（しは）斷二截し通路一を、發二徹し橋樑一を、破二し正法の道一を、示すに以二てセし非法の道一を、如レ（き）是（の）等の種種の因緣をもて墮二ッ刀道地獄の中一に。（一六　9/22～23）

——ヲモテースについては、〈第四章、一五、以・用の項、用例（九）～（二二）〉參照。

5　——タメニース

——タメニースは、本文の「爲」を讀むだけで、補讀することはない。

（二二）　汝、憂婆塞、聽ケ。是の多陀阿伽度阿羅呵三藐三佛陀の、知レリ人を見レるを人を、爲二にす憂婆塞一の。（一三　19/18～19）

（二三）　中人の持戒は爲二にす人中の富貴・歡娯・適意一の。（一三　22/2）

（二四）　世俗經書の中のは爲二（に）するを（も）て安レし國を、全レくし家を、身命壽樂一（せしめ）むガ故、非レず實に。（一八　16/14～15）

（二五）　以下智慧不《ず》二具足一（せ）、不《ず》レ利あら、不《ず》レ能レは爲二にすること一切衆生一の。不《ヌ》上を（も）ての爲レニセ得二むガ佛法一を故（に）。雖レ（も）有二（り）と實の智慧一、不《ず》レ名二（づけ）般若波羅蜜一と。（一八　16/18～19）

6　――ユヱニ―ス

――ユヱニ―スは、本文の「故」を讀むだけで、補讀することはない。

(二六)　上人の持戒は爲二の涅槃一の故に、知二レる諸法は一切无常一なりと故(に)、欲二―求し離一レ(れ)むと苦を、當(に)樂二フ無爲一を故にす。(一三　22/5〜7)

(二七)　上上人の持戒は憐二愍し衆生一を、爲二の佛道一の故に、以下ての知二りて諸法一を求中むるを實相上を故に、不《ず》レ畏二(り)惡道を、不《ヌ》レ求レ(め)樂を故にす。(一三　22/16〜18)

(二六)(二七)の「故にす」のスは、「持戒ス」の意味である。

7　――ゴトク―ス

單にゴトシと讀めばよささうな場合に、連用形に――ゴトクと言ひ、更にスを添へたもので、――ゴトクがスの連用修飾語になってゐる。

(二八)　四者、衆生畏レ(る)ること之を如レくす見二るガ蛇虎一を。(一三　8/10)

(二九)　菩薩の見三て諸の衆生の受二(く)るを五道の苦一を、念レ(ふ)こと之を如レくすること父の、亦復(た)如レし是の。(一六　11/12〜13)

(三〇)　從二一切の賢聖一より、下至二(るまでに)凡人一に、求レ(む)るに法を無レ(き)こと厭(ふ)こと、如二くする海の呑レするガ流を、是を爲二す菩薩の心精進一と。(一六　15/16〜17)

(三一)　如何ぞ還(り)て欲レフこと得むと、如二くせむ愚の自(ら)食レフガ吐を。(一七　11/4)

上記諸例の――ゴトク―スのスは、――ゴトク行動スル意味を表してゐる。例へば、(二八)は「――ごとく畏れる」、(二九)は「――ごとく思ふ」、(三〇)は「――ごとく厭はない」、(三一)は「――ごとく思ふ」と言ふ意味である。

8　――シテ

スは、連用形に接續助詞テが附いてシテとなり、動詞本來の用法の他に、助動詞または助詞に近い用法を示すことがある。第三種點に用ゐられたシテを整理すると、次のやうである。

A　形容詞の連用形を受けるもの、――ク―シテ
B　比況の助動詞ゴトシの連用形を受けるもの、――ゴトク―シテ
C　否定の助動詞ズの連用形を受けるもの、――ズ―シテ
D　形容動詞ナリ活用・タリ活用の連用形を受けるもの、――ニ―シテ、――ト―シテ
E　格助詞ヲを挾んで名詞を受け、使役の對象を示すもの、――ヲ―シテ
F　格助詞ニを挾んで名詞を受けるもの、――ニ―シテ（場所・時間など）
G　指定の助動詞ナリの連用形を受けるもの、――ニ―シテ
H　格助詞トを挾んで名詞を受けるもの、――ト―シテ
I　その他

（二二）喘-喘とイキツキツ、然も其の命將（に）終（ら）むとするイ、乃（し）愍-爾とアチキナクシテ而笑フ。（一一　2/8）A

（二三）智と心と淨くして无レきは所二染著一する、得《う》二涅槃の道一を。（一一　14/26）A

（二四）譬（へ）ば如二く无レくして足欲レヒ行（か）むと、无レくして翅欲レヒ飛（は）むと、无レくして船求レ（む）る渡（ら）むと、是（れ）ガ不可得一（な）るガ、（一三　1/18～19）A

（二五）汝何ぞ愚（かなること）甚（し）くして而不《ヌ》レ敬レは之（を）。（一六　17/8～9）A

（三六）中間地トハ、智は多くして而定は少し。无色界は定多くして而智は少し。（一七 14/14～15）A

（三七）以二て人心多く散して、如レく狂の如レくして賊の、如レ（き）を「くして」醉の、一レにして心を敬愼（す）るは、是（れ）諸の功德の初門なり。（一〇 10/29～30）B

（三八）有る人過二（き）て百歲一を、取二（ら）む一の胡麻一を、如レくして是の、至レ（ら）むに盡すこと、阿浮陀地獄の中の壽は故し未レず盡（き）。（一三 14/7～8）B

（三九）箭の墮（つ）ること如レくして雨の、刺二（し）射る罪人一を。（一六 7/2～3）B

（四〇）佛攝《をさ》二（め）たまひしカば神力一を、諸の比丘の身復（た）如レくして故《もと》の、皆空レくして鉢を坐せり。（一七 7/7～8）B

（四一）耶輸陀羅の冀-想如レく願の歡娯すること如二くして初に佛の食一（ひたま）ひしときの、無レくなり（し）カば異ること、心自（ら）澄み靜（まり）き。（一七 8/8～9）B

（四二）我先世に不レずして行二（せ）功德一を、今世に貧窮し、受二く諸の辛苦一を。（一一 18/19～20）C

（四三）心相は如レく是の不レず可二く（あら）禁止一す。若（し）欲レはば制レ（せ）むと之を、非レずしては禪に不定なり。（一七 2/3）C

（四四）不レず爲二にも（せ）衆生一の、亦不下ずして爲レの知二（ら）むガ諸法（の）實相一を故に施上（さ）、但（た）求レ（む）る脫二（れ）むと生老病死一を、是を爲二す聲門の檀一と。（一一 19/24～25）C

（四五）我ガ夫狂癡にして、十二年に作レ（り）て得二るものを卌兩の金一（を）、不三ずして憐二愍（せ）婦兒一を、盡く以（て）與レ（へ）て他に、人の依《ヨスキ》とせり。（一一 18/16～17）C

（四六）不レずして得二世間第一の法一を、欲レフこと入二（ら）むと正位の中一に、無レし有二（ること）是の處《ことわ》一り。（一八 7/8～9）C

（四七）十七者、不レず敬二（は）伯叔、及尊長一を。何以故、醉悶し怳-惚（な）るときに无レき所レ別る故（に）。（一三 16/6～7）「怳-

惚」の右にホノカニシテの訓あり。D

（四八）口鼻は方《ケタ》にして大なり。（厚實（にして）堅滿（なり）。）（一五　8/9）D

（四九）菩薩の智慧も亦（た）甚（た）深妙にして無量なり。（一一　8/21）D

（五〇）天衣無軮數なり。其の色若干種なり。鮮白にして映二し天日一に、輕密にして无二し間壠《アヒタ》一。（一三　17/16）「壠」の右にウネらしき訓あれど讀めず。D

（五一）如下し於二悪賊の中一より、得二ツるとき自（ら）勉濟一（す）ること、安隱にして無上レきガ患。（一七　13/5）D

（五二）死の至（る）こと无レきイ期すること、忽-焉として逝沒（し）ヌるときは、形は與二木木一と同（し）く流る。財は與二委物一と倶に棄（て）ッ。（一一　14/10）D

（五三）狂愚（は）失レ（ひ）て智を、不レ量二（ら）火勢一を。猛風絶炎には、土石爲レ焦（か）レて、翕-嚮の之間に、蕩-然とトラケて夷-滅として（ほろひ）ヌ。（一一　14/6〜7）D「翕」の左に「由反」、「翕-嚮」の右に「急也」の注あり。『大正新脩大藏經』には「翕-嚮」を「翕-響」に作る。

（五四）時に更（に）有二（り）て一人一、來（り）て入二（り）て池の中一に、多く取二る其の華一を。掘《トリ》二挽《ヒ》きて根莖一を、狼藉として而去（リ）ヌ。（一七　5/2〜3）D「狼藉」の右にトラカスの訓あり。

（五五）釋迦文尼佛（は）本（と）爲《た》二りき螺結仙人一［と］。名二（づ）く尙-闍-梨一と。常に行二しき第四禪一（を）。出入息斷して、在二（り）て一樹の下一に、坐（し）て無-然として不《ず》レ動（か）。（一七　22/13〜15）D「無-然」の右にクヒセの訓あり。

（五六）何（を）以（ての）故（にぞ）令二舍利弗をして問一（は）しめて而後に說（き）たまふ。（一一　9/6）E

（五七）讃二して佛の諸（の）功德一を、令二（む）るは一切をして普く聞一（か）、以二（ての）此の果報一を故（に）而得《う》二大名譽一を。（一一　22/9）

E

（五八）富貴は雖レ（も）樂なりと、一切無常なり。五一家所レなり共する。令《し》ニむ人の心をして散し輕一躁とトラケて不定一にあら。（一一 20/8～9）E

（五九）刀道地獄の中にしては、於ニ絶（えた）る壁、狹き道の中一に、堅ニて利刀一を、令ニ罪人をして行レ（き）て上より而過一（さ）しむ。（一六 9/24～25）E

（六〇）我（れ）當に作ニ（り）て大方便一を、給ニ足（し）て於財一を、令ニめてむ・とおもふ其をして充滿一（せ）。（一六 12/25）E

（六一）持戒の之人は……得《え》レ生ニ（るる）こと天上一（に）、十方の佛前にして、入ニ（り）て三乘の道一に、而得《う》三解ニ脱すること唯種種の邪見一を。（一三 3/15～17）F

（六二）如ニき閻浮呿提梵志一の問ニ（ひ）しく舍利弗一に、「於ニ佛法の中一にして何者《もの》をカ最も難（し）とする・と。」（一三 24/11～12）F

（六三）斷飲の者《ひと》は、受ニ（く）ること五戒一を已（り）て、師の前にして更（に）作ニ（さ）く誓言一を、（一三 17/10）F

（六四）或（は）闇烟の窟の中にして、而薰し二殺し之一（を）、或（は）捉ニ（へ）て井の中一に、却ニ奪し他の財一を、（一六 7/15）F

（六五）如ニ（きは）［なり］甄陀羅王一の與ニ八萬四千（の）甄陀羅一と來（り）到（り）て、佛所に（し）て彈レ（き）て琴を、歌レ（ひ）て頌を以（て）供ニ養（したてまつら）む・とおもふ佛一を。（一一 11/14～16）F

（六六）法念處は、或いは果にして非《ず》レ有レ（せ）果を。或イは果も亦（た）有レせり果をも。或イは非レズ果にも、非レず有レ（せるにも）果を。數緣盡は是（れ）果にして、非レず有レ（せ）るに果を。（一九 15/2～3）G

（六七）知ニ（り）て是の福德果報は無常なり。天人にして受レくと・いふとも樂を、還（り）て復（た）墮レッと苦に、厭ニ（は）むとの是の無常の福德一を故（に）、求ニ（む）べし實相の般若波羅蜜一を。（一八 18/3～5）G

(六八)　如レく是の観する身は、悪露にして无二し一も淨き處一。骨幹肉に塗(ら)レ筋(に)纏(は)レ皮に裹(ま)レたり。(一九　19/26〜27) G

(六九)　是レ國王の師として教下(へ)き王に作二る轉輪聖王一と法上を。(一一　20/6) H

(七〇)　天鬚菩薩問二はく長老大迦葉一を、「耆-年先-宿として行二(し)たまふこと十二頭陀の法一を第一なり。何(を)以(てぞ)在レ(し)て坐に、不《ヌ》レといふ能二(は)自(ら)安一きこと。(一一　11/18〜19) H

(七一)　持戒を爲二す八正道の初の門一(と)。入道の初の門として、必(ず)至二る涅槃一に。(一三　22/11〜12) H

(七二)　持戒の之人は无二し事として不《ず》レといふこと得。破戒の之人は一切皆失す。(一三　2/26) H

(七三)　菩薩は觀二す一切(の)法は有相(にして)、無レしと有二(る)こと法として無レきものは相者一。(一八　12/16) H

その他

(七四)　有二り一(り)の畫師一。名二(づく)千那一と。到二(り)て東方の多利刹施羅國一に、客《ヱカキ》-畫《ツク》シ十二年して、得《え》二ツ問兩の金一を。(一一　18/6〜7) I

(七五)　天爲二大雨一すること七日七夜して、令レめき得二歡樂一を。飮食すること七日して、以復酒食皆盡(き)しカば、繼(く)に以二て(し)き山水木菓一を。(一七　10/2〜3) I

(七四)(七五)の二例は、經過する意味の動詞である。

二　アリの特殊な用法

アリは、存在・指定の意味を表す他、アルハ・アルイハを名詞として、アラム・アラユル・アラエシを連體詞として、アルハを選擇の接續詞として用ゐるなど、その用途は廣い。

1　存在・指定を表すものを分類すると、次の通りである。

A　本來の意味で存在を表すもの、——アリ
B　形容詞の連用形に續くもの、——ク−アリ
C　比況の助動詞ゴトシの連用形ゴトクに續くもの、——ゴトク−アリ
D　否定の助動詞ズの連用形に續くもの、——ズ−アリ
E　格助詞トに續くもの、——ト−アリ
F　格助詞ニに續くもの、——ニ−アリ
G　形容動詞の連用形に續くもの、——ニ−アリ
H　推量の助動詞ベシの連用形に續くもの、——ベク−アリ

（一）彼の國土の中には、多く有二リ金色光明千葉の蓮華一。娑婆國土の中には、唯（た）有二レども化の華の千葉一は、无二し水生のは者一。（一〇　19/14～15）A

（二）多寶國土は最も在二リ東邊一に。（一〇　12/25）A

（三）若（し）苟く免（れ）て全レ（く）すとも身を、身何の所得カアラむ。（一三　8/23～24）A　「苟」の右に「且也」の注あり。シバラクと讀む。

（四）譬（へ）ば如三し國王イ出（て）たまふ時には必（ず）有二るガ營從一。（一〇　13/8）A

（五）若（し）無二きときは禪定の靜室一、雖レ（も）有二（り）と智慧一、其の用不《ず》レ全く（あら）。（一七　1/20）B

（六）若（し）无二きは大心一、雖二（も）終レ（ふる）までに身を持戒一すと、不《ず》レ如下くはあら有る二大心一人の一日持戒上するガ也。（一三

21/21～22）C

（七）持二（ちて）種種の大力・美酒一を、色味を如レくあら（し）め水の、服二（て）樹の皮の衣・草の衣一ヲ、行二（き）て林樹（の）間一に、（一七　9/16～17）C

（八）聞二（き）て其（れ）ガ歌フ聲一を、卽（ち）失二（ひ）て禪定一を、心醉ひ狂逸して、不《ヌ》レこと能二（は）自（ら）持一（つ）こと、譬（へ）ば如三くありき大風の吹二くガ諸の林樹一を。（一七　4/4～5）C

（九）持二ッ此の戒一を人は、應レし如二く（あ）る得レる道を人の、常（に）不《ヌ》レガ墮二（ち）悪道一に。（一三　5/20～21）C

（一〇）乞フ、垂二（れ）て料理一を、使二死者に得レ次を、生者をは不《ず》レあら（し）め（たま）へ・とまうす濫（さ）。（一六　13/25～26）D

（一一）三千の世界皆爲《し》二き震動一すること。乃至摩訶迦葉不《ず》レありき安二く（あら）其の坐一に。（一〇　27/26～27）D

（一二）妄語の之人は、心に无二し慙愧一。閉二塞す天道涅槃の之門一を。觀二知（し）て此の罪一を、是の故に不《ず》レ（あ）るべし作（さ）。（一三　12/13～14）D

（一三）酒は失二フ覺知一を相なり……如レく是（の）雖レ（も）名レ（づく）と飮と、實は爲《あ》二り飮レむ死を毒一と。（一三　16/18～19）E

（一四）如《（い）マ》佛涅槃の後、一百歳に有二（り）き一（り）の比丘一。名をは優婆毱といひき。……當二（り）ては爾の時世一に、爲《あ》二りき閻浮提の大導師一と。（一〇　11/2～4）E

（一五）居家は憒閙しく多レく事多レく努、結使の之根、衆悪の之府とあり。（一三　23/27）E

（一六）酒に有二（り）卅五の失一。……二者、衆病の之門とあり。三者闘諍の之門とあり。（一三　15/22～25）E

（一七）菩薩摩訶薩は觀二して身は如レしと是の、知下る非二ず我ガ身一にも、亦（た）非二ず他の有《もの》一にも。……屬中すと本業因緣上に。（一九　20/9～12）F

（一八）求二（むる）に布施の相一を、不《ず》レ一にも（あら）、不レ異にも（あら）、非レず常にも、非二ず無常一にも、非レず有にも、非レヌ無にもあら等（き）なり。（一八　13/22〜23）F

（一九）觀一切の法は、若（し）亂にも（あ）レ、若（し）定（に）も（あ）レ、皆是（れ）不二（の）相なり。（一七　24/16）F

（二〇）四念處にも亦（た）有漏にもあり・といふは者、有漏の四念處なり。非二ず四念處一（に）、非二ず・といふは有漏一にも者、虚空と・數緣盡と・非數緣盡となり。（一九　13/24〜26）F

（二一）寧（ろ）以二て赤鐵一を蜿二轉すとも眼の中一には、不《ず》下以二て散心一を耶に視中（る）べく（あら）女色上をは。（一四　13/25）H

（二二）譬（へ）ば如下く疽創の无二（き）に不《ヌ》レ痛（ま）時一、若（し）以レ（て）藥を塗るとき（は）、可レ（くあ）レども得二少し差一（ゆ）ること、而不《ヌガ》上レ可レ（くあら）得レ癒（ゆ）ること、人身も亦（た）如レ（し）是（の）。（一〇　16/12〜13）H

ただし、E・Fは、指定の助動詞タリ・ナリの連用形とも見られるものである。

その他

（二三）我レ有二（れ）カ何の因緣一、懷任して六年ありつる。（一七　7/10〜11）

このアリは、經過スル意味である。

第四節　形　容　詞

第三種點に用ゐられた形容詞で、附訓のあるものは少ない。

1　ク活用に屬するもの

赭《アカき》（六）　慤-尓《とアヂキナクシテ》（一一）　酷-暴《イチハヤク》（一六）　儉《ウスく》（一一）　鹹《カラク(あ)ること》（一四）　毅《コハクして》（一六）　逼-隘《セハ(く)して》（一四）　輒《タヤスク》（一七）　健《ツヨし、ツヨきこと》（一三）　駃《トく》（二四）　苦《ニガシ》（一四）　駃《ハヤきこと》（一七）　疾《ハヤし》（二四）　滋-茂《モきこと》（一六）

2　シク活用に屬するもの

斐-揆《ウルワシ》（一三）　決《タクマし》（一四）　妖-穢《マガマガシ(くして)》（一四）

形容詞の語根に、接尾語ミを添へて、原因・理由を表すことがあるが、用例はナシ（無）に限られる。

(一)　是の人は無㆓み大慈大悲㆒、棄㆓捨(し)て衆生㆒を、不《ず》㆑求㆓(め)十力と……禪定智慧等の諸の善法㆒(と)をしも。（一六 2/11〜14）

第五節　形容動詞

第三種點に用ゐられた形容動詞で、附訓のあるものは少なく、それも、ナリ活用ばかりで、タリ活用はない。また、ナリ活用と言っても、連用形の——ニが殆どで、終止形の——ナリはなく、連體形の——ナルが一例あるだけである。

若-爲《イカ(に)ぞ》（一三）　方《ケタに・ケタにして》（二五）　卒《ニハカニ》（一三）　冒《ハルカに》（一六）　悦-惚《ホノカニシテ》（一三）　斐-揆《ホノカニ》（二六）　六駮《マタラナル》（一六）　裁《ワツカに》（一六）

附訓例はないが、漢語にニシテ・トシテを添へた、形容動詞ナリ活用・タリ活用の連用形に相當するものは多い。

〈第五章、第三節、一、ス（爲）の特殊な用法、8、——シテ、D項、用例（四六）〜（五三）〉參照。

また、漢語にトを添へた上、更に附訓して、音訓二重讀みにしたもの、いはゆる「文選讀み」の例もある。

(一)(如下(く)……)卽(ち)從レ地より起(ち)て、奮《フル》二ヒて其の智力一を、絕二-踴トアカリて間[をは]關(の)徑一(を)得中ツ・トイフガ自(ら)濟上(ふこと)、(一四　5/3～4)

(二)他日、其(の)師寢レ(ねたり)疾に。舍利弗在二(り)て頭の邊一に立(て)り。大目連は在二(り)て足の邊一に立(て)り。喘-喘とイキツキツ、然も其の命、將レ終(ら)ムトスルイ、乃(し)愍-尒とアチキナクシテ而笑フ。(一一　2/7～8)「喘」の左に「仙反、急也」の注あり。

(三)譬(へ)ば如下く……汝等愼(し)め。勿《ナ》二疲倦一すること。精-勤《(つと)》めて努-力トイトナミて、得レて至二(る)こと寶山一に、當上レ得二べし・といふガ七寶・如意寶珠一を、(二四　4/24～25)「イトナミて」の訓、不確實。

(四)出入息斷して、在二(り)て一樹の下一に、坐(し)て無-然として、クヒセ(のごとく)不《ず》レ動(か)。鳥見て如レく此の謂《おも》レひて之を爲《し》レて木と、(一七　22/14～15)

(五)以二て是の抓一を而相(ひ)〓《ツカ》ミ裂きて、各(の)把二(り)て身の血一を、而相(ひ)塗《ヌ》リ漫《ケカ》し、痛-毒とイタミ逼-切とタシナミ、悶(し)て無レし所レ覺する。(一六　5/27～6/2)「〓」は原文「國」＋「分」、『大正新脩大藏經』による。

(六)更(に)有二(り)て一人一、來(り)て入二(り)て池の中一に、多く取二る其の華一を。掘《ト》二リ挽《ヒ》きて根莖一を、狼藉として而去(リ)ヌ。(一七　5/2～3)「狼藉」の右に「トラカス」の訓あり。

(七)猛風絕炎には、土石爲(に)焦レて、翕-嚮の之間に、蕩-然とトラケて夷-滅として(ほろひ)ヌ。(一一　14/6～7)

(八)富貴は雖レ(も)樂なりと、一切无常なり。五-家所レなり共する。令《し》二む人の心をして散し輕-躁とトラケて不定一にあら。(一一　20/8～9)

㈨　或（る）ときは狂逸（とたはれはしり）、踼宊、或（るときは）藏竄（とかく）レ投擲トナク。或（る）ときは顚匐とハラハヒ墮落（とお）ツ。

（一六　8|21～22）「踼宊」を『大正新脩大藏經』に「唐突」に作る。

㈣は、「無然」にトシテのヲコト點があり、右に「クヒセ」の訓がある。ノゴトクを補って、「無然としてクヒセノゴトク」とよんだが、「クヒセノゴトク無然として」と讀むこともできるかも知れない。㈥は、「藉」にトシテのヲコト點があり、右に「トラカス」の訓がある。トラカスを活用させ、兩者を合はせて「狼藉とトラカして」と讀んではどうであらう。㈦は、「滅」にトシテのヲコト點があり、右下にヌの假名がある。文意に從ひ、ヌを活かして、「夷滅としてホロビヌ」と讀んでみた。㈨の「踼宊」は、大修館書店の『大漢和辭典』にも見えず、意味がわからない。『大正新脩大藏經』には「唐突」に作り、大東出版社の『國譯一切經』には「搪揬」に作る。

第六節　副　詞

副詞は、文法に關係の深い陳述副詞に限って述べる。陳述副詞は種類が多いが、便宜上次のやうに分類して取り扱ふ。

A　述語に斷定的要素を要するもの

a　肯定・否定いづれにも用ゐられるもの　　カナラズ・サダメテ

b　常に否定に用ゐられるもの　　カツテ

c　當然に用ゐられるもの　　ウベシ（ムベシ）・マサニ

d　願望に用ゐられるもの　ネガフ・コフ

e　比況に用ゐられるもの　タトヘバ

B　述語に疑惑・假定の要素を要するもの

f　假定に用ゐられるもの　モシ・タトヒ

g　推測に用ゐられるもの　モシ

h　疑問に用ゐられるもの　イカニ・イカニシテ・イカニゾ

ナニゾ・ナニセムゾ

i　反語に用ゐられるもの　アニ

j　その他　イカニイハムヤ・イハムヤ・ムシロ

aには、カナラズ・サダメテを用ゐる。カナラズは、「必・要」を、サダメテは「定」讀み、これに應ずる述語は、さまざまな形を取る。サダメテの例は少ない。

（一）三の事必ず得ニること報果一を不《ず》レ虚（しくあら）。布施は得《う》ニ大福一を。持戒は生ニ（ま）る好處一に。修定は得《う》ニ解脱一を。（一三 18/1〜2）　a　カナラズ

（二）是の人壽終（り）て後に、功德必ず如レく（なら）む・と我ガ。（一三 20/1）　a　カナラズ

（三）此の人は諸の結使（を）欲レ薄（くあらし）めて、必ず得《え》ニ（て）涅槃一を、墮ニ（ち）ナむものぞ・と僧寶（の）數の中一に。（一三 24/15〜16）　a　カナラズ

（四）若（し）我起動（せ）ば、鳥の母必ず不《じ》ニ復（た）來一（ら）。（一七 22/17）　a　カナラズ

（五）　要ず行二（し）て五の波羅蜜一を、然（し）て後（に）ャ得二る般若波羅蜜一をは。亦（た）有下（リ）ャ行二（し）て一一の波羅蜜一を得中す（る）こと般若上を邪。（一八　18/14～16）　a　カナラズ

（六）　人有二（り）四の體一。要ず必ず有レり食すること。（一六　17/6）　a　カナラズ

（七）　我レ得二むとき佛道一を、要ず當（に）度二（さ）む・とおもふ此の悪の中の之悪の諸の衆生の輩一を。（一六　16/10）　a　カナラズ

（八）　我は於二て佛語一に、不二ず敢て不レヌに（あら）信（せ）。但（た）自（ら）目に見て、了了に定（め）て知三レリ二人は實に行二（す）と不淨一を。

（一三　13/25～26）　a　サダメテ

bには、カツテを用ゐ、「都」を讀む。「都」は、漢語としてはスベテの意味を表す副詞で、第三種點でもコトゴトクと讀んでゐるが、否定詞「無・不」に續く場合に限り、テを送ってカツテと讀む。

（九）　此の人破二し汝ガ池一を、取二るに汝ガ華一を、汝都て無レし言(音)。（一七　5/3～4）　b　カツテ

（一〇）　審に悉く求レ（むるに）之を、都て不可得なり。（一九　16/4）　b　カツテ

「曾」をカツテと讀むことがあり、第一種點にもその例があるが、第三種點では、シを送ってムカシと讀んだものだけで、カツテの例はない。

（一一）　釋迦文尼佛先世に曾し作二（り）て賈客の主一と、將二て諸の賈人一を入二（りたまひ）き險難（の）處一に。（一六　1/5～6）　ムカシ

（一二）　汝ガ子羅睺羅（は）過去の久遠の世時に、曾し作二レリき國王一と。（一七　7/11～12）　ムカシ

cには、ウベシ（ムベシ）・マサニを用ゐる。ウベシ（ムベシ）は本文の「宜」を讀み、例は少なく、マサニは本文の「當」をよみ、例は多い。マサニについては、既に〈第四章、二、可・當・應・宜・肯の項、用例（一二）～（一七）〉

で、ウベシ（ムベシ）については、同じ項の〈用例（三六）〉で述べた。

dには、ネガフ・コフを用ゐる。ネガフは本文の「願」を、コフは本文の「乞」を讀む。ネガフ・コフ共に、本來動詞の終止形であるが、文初に置かれて、ネガハクハ・コフラクハと同じやうに用ゐられる。ネガフ・コフを受ける述語は、推量の助動詞ムを伴ふ場合と、活用語の命令形を取る場合とがあり、前者は話手の願望を、後者は聞手に對する要求を表す。ただし、第三種點には、後者の例しか見當たらない。

（一三）遣レ（り）て人を請レ（ひたてまつ）ラく佛を、「願フ、與二聖衆一と倶に、屈二（せし）めたまへ・と威神一を。」（一七　8/5～6）d

（一四）劬毘耶白レ（しし）く王に、「願フ、寛《ナ》二恕《タ》メ（たま）へ之一を。……我レ爲《な》二りて其ガ證一と、知二レリ其レ無一レしと罪。……」（一七　6/23～24）d

（一五）提婆達多の鹿群の中に有二リ一の鹿一。……來（り）て白二（し）しく其の主一に、「……乞フ、垂二（れ）て料理一を、使二死者に得《え》レ次を、生者をは不《ず》一レあら（し）め（たま）へ・とまうす濫（さ）。」（一六　13/23～26）d

eには、タトヘバを用ゐる。本文の「譬如」をタトヘバ――ゴトシと讀む。第一種點は、「如」一字をタトヘバ――ゴトシと讀んだ多くの例があるが、第三種點には、その例がない。

（一六）破戒（の）之人（は）不《ず》レ可二く（あら）近（つ）き觸一（る）。譬（へ）ば如二し大火一の。破戒（の）之人（は）譬（へ）ば如二し破（れた）る船の不《ヌ》レガ可二（くあら）乘（り）て渡一る。（一三　4/10～11）e

（一七）譬（へ）ば如三く衆藥和合して能く治二するガ重病一を、菩薩の精進も亦（た）如レ（し）是（の）。（一六　2/21～22）e

（一八）譬（へ）ば如下くする慈母の憐二むとして其の子の病一を、憂念して不《ヌ》上レガ捨て、如レ（き）是（の）相、是を爲二す菩薩の精進一と。（一六　16/11～12）e

（一九）　聞二（き）て其（れ）ガ歌フ聲一を、卽（ち）失二（ひ）て禪定一を、心醉ヒ狂-逸して、不《ヌ》レこと能二（は）自（ら）持一（つ）こと。譬（へ）ば如三くありき大風の吹二くガ諸の林樹一を。（一七　4/4～5）ｅ

ｆには、モシ・タトヒを用ゐる。モシについては、〈第四章、一、「若・如・爲」の項、用例（一）～（四三）〉で、タトヒについては、同じく、〈第四章、四、「設・正使・政使・假使・假令・若令」の項、用例（一）～（一〇）〉で述べた。

ｇにはモシを用ゐ、本文の「爲」を讀む。これについても、既に〈第四章、一、「若・如爲」の項、用例（四八）～（五三）〉で述べた。

ｈには、イカニ・イカニシテ・イカニゾ・イヅクニゾ・ナニセムゾ・ナニゾを用ゐる。イカニは本文の「何」を、イカニシテは「云何」を、イカニゾは「云何・若爲」を、イヅクニゾは「安」を、ナニセムゾは「何・何用」を、ナニゾは「何」を讀む。

（二〇）　王問二（ひ）しく此の鹿一を、「汝ガ主は何《(い)カ》に言フ・と。」（一六　14/2）ｈ　イカニ

（二一）　作二（さ）く是の思惟一を、「我レ當に云何《(いか)》にしてカ供二養（したてまつるべ）きと佛、及、法華三味一を」。（一〇　14/10）ｈ　イカニシテカ

（二二）　是の出家・在家の菩薩、及、童男・童女は云何にしてカ自（ら）致る。（一〇　12/24）ｈ　イカニシテカ

（二三）　云何ぞ以二て實相一を爲《す》レる首と。（一六　3/6）ｈ　イカニゾ

（二四）　若（し）爲《せ》二むに侵害し强奪し逼迫一（せ）むひと、是は當（に）云何ぞ。（一三　8/20）ｈ　イカニゾ

（二五）　若-爲《イカ》（に）ぞ譏二嫌する式叉那一を。豈不《ず》レヤ致レ（さ）譏を。（一三　25/27～2/1）ｈ　イカニゾ　ｉ　アニ

(二六)　尒時、安ぞ可二き而も睡眠一す。(一七　12/9) イヅクニゾ　h

(二七)　若(し)居家の戒を(も)て得《え》レ生二(るる)こと天上一に、得二菩薩道一を、亦(た)得レば至二(る)こと涅槃一に、復(た)何セむぞ用二(ゐ)る出家の戒一を。(一三　22/21〜22) h　ナニセムゾ

(二八)　(無二(きが)罪福一故(に)、) 何用《なにせ》むぞ學レ(は)む道を。(二〇　5/6) h　ナニセムゾ

(二九)　(一旦失レ(はば)汝(を)、) 我等亦(た)當(に)何用レ(ゐ)む活すること爲《せ》むぞ。(第一訓　なにせむぞ活すること(を)用(ゐ)む)。我等亦(た)當(に)何セムゾ活スルコトヲセム爲《セ》ム。(第二訓　何セムゾ活スルコトヲ爲《セ》ム) (一二　17/2) h　ナニセムゾ

(三〇)　老公は年已(に)百歳(になり)たり。何ぞ用二(ゐ)る・といふ是の偈一を。(一〇　9/20) h　ナニゾ

(三一)　是の普明菩薩は、何ぞ不《ず》二して獨(り)來一(ら)、而多く將二る衆人一を。(一〇　13/7) h　ナニゾ

iにはアニを用ゐ、本文の「豈」を讀む。これについては、既に〈第四章、五、「豈」の項、用例(一)〜(四)〉で述べた。

jには、上記の分類に入らないもので、イハムヤ・イカニイハムヤ・ムシロがある。これについても、既に〈第四章、六、「況・何況」の項、用例(一)〜(四)〉、〈第四章、七、「寧」の項、用例(一)〜(三)〉で述べた。

第七節　接續詞

接續詞を分類して、「並列・添加・選擇・順接・逆接・轉換」の六種とし、このいづれにも入らないものを「その他」とする。

第三種點に用ゐられた接續詞には、次のやうなものがある。

Ａ　並列　アハセテ・マタ
Ｂ　添加　無し
Ｃ　選擇　アルハ・アルトキニ・モシハ
Ｄ　順接　ソヱニ・ココニ・ココヲモテ・コノユヱニ・コノトキニ・ソノトキニ・モテ・コレヲモテ・シカシテ
Ｅ　逆接　シカレドモ
Ｆ　轉換　ソレ（一）
Ｇ　その他　ナイシ・スナハチ・シカモ

Ａの内アハセテは、本文の「并」を讀む。附訓例はないが、テを送ったものがあるから、アハセテと讀んだものと見て、間違ひあるまい。例は少ない。

（一）　我ガ諸の種類、及、諸の宗親、并て諸の衆生、皆依二仰す此一に。（一六　15/4〜5）ａ　アハセテ

マタは、本文の「又・亦・復」を讀む。附訓例もなければ、タを送った例もないが、マタと讀んだものと見て、間違ひあるまい。

（二）　活大地獄の中の諸の受罪の人は、各各共に闘ヒ、……鐵の鑵《クシ》を（も）て相（ひ）貫き、而以二て利刀一を互に相ヒ切ー膾す。又、以二て鐵の抓一を而相（ひ）擱《ツカ》ミ裂きて、各（の）把二（り）て身の血一を、而相（ひ）塗《ヌ》リ漫《ケガ》し、（一六　5/24〜6/1）ａ　マタ　「擱」は原文「國＋爪」。

（三）　是の不殺生は非レず心にも、非二ず心數法一にも。亦は非二ず心と相應一（せ）、或（は）共に心と生す。或（は）不二共レに心と生一（せ）。（一三　6/8～9）a　マタハ

（四）　貴にして而无レ（き）をは知則（ち）爲レす衰と。智あれども而驕慢（な）るをは亦（た）爲レす衰と。（一三　2/10）a　マタ

（五）　以二ての此の無明・恚愛の法一を故に、乃（し）受二く此の苦一を。出（て）ては而復（た）入（り）ッ、、無レく窮（まる）こと無レし・と已ャむこと。（一六　11/7～8）a　マタ

（六）　鐵の棒を（も）て捧《う》レ（つに）頭を、頭破レて腦出（つ）ること、如レし破二するガ酪瓶一を。斫《き》リ刺し割リ剥キ、身體を糜-爛す。而して復（た）將（て）入二（り）て鐵閣の屋の間一に、黑烟來（り）薫して、互に相（ひ）堆-庘す。（一六　7/5～7）a　マタ

（七）　譬（へ）ば如二く……无レくして船求レ（む）る渡（ら）むと、是（れ）ガ不可得一（な）るガ、若（し）无戒にして欲レフも求二（め）むと好果一を、亦復（た）如レ（し）是の。（一三　1/18～20）a　マタ

Cについては、既に〈第四章、一、「若」の項、用例（三八）～（四三）〉、及び〈第四章、一一「有・或」の項、用例（二三）～（二七）〉で述べた。

Dの内、ソヱニは、全て補讀で、特殊記號「ㄊ」で示す。これについては、〈第一章、第二節、假名字體及び特殊な實字・略符號の項、用例（三三）～（三七）〉で述べた。

ココニは、本文の「於是・是」を讀む。

（八）　王（音）善二（みし）［なり］其の言一（を）、聽レ（し）たまふ「如二く（せ）ヨ・と其の意一の。」於レ是《ここ》に、二の鹿群の主大集して、差レ（し）て次を各の當二ッ一日一に。是《ここ》に、提婆達來（り）て白二（し）しく其（の）主一に、（一六　13/21～24）d　ココニ　『大正新脩大藏經』は「是時」に作る。

ココヲモテは、本文の「以是」を讀む。

（九）久(しく)修二習し定一を、常に樂二フ獨處一を。如レき是(の)相を、名(づけ)て爲二す大辟支迦佛一と。以レ(て)是を、爲レす異なりと。（一八　3/14～15）d　ココヲモテ

コノトキニは、本文の「是時」を讀む。

（一〇）若(し)言レ渴といはば、是の時に、獄卒卽(ち)駈二(り)て逐(ひ)て罪人一を、令《し》レ(めて)坐二(せ)熱き銅の橛の上一に、（一六　10/14）d　コノトキニ

（一一）菩薩是の時に、興二(し)て大悲心一を、卽(ち)以レて身を施(す)べし。（一六　16/25～26）d　コノトキニ

（一二）若(し)人の發二(し)て阿褥多羅三貌三菩提の心一を布施する、是の時に、求二(む)るに布施の相一を、不《ず》レ一にも(あら)、不レ異にも(あら)、……非レ(ず)有にも非レヌ無にも等(き)なり。（一八　18/21～23）d　コノトキニ

（一三）若(し)智慧を(も)て籌二量し分三別し諸法一を、通二達する法性一を、是の時には、精進イ助二成す智慧一を。（一八　19/13～15）d　コノトキニ

ソノトキニは、本文の「卽時」を讀む。

（一四）罪人狂《タフ》レ怖(り)て、叩レ(き)て頭を求レむ哀と。「小し見二レ(よ)放捨一(せ)、小し見二レ(よといふ)憐愍一(せ)。」卽の時に、將て入二(れ)て熱鐵地獄の縱廣百由旬一(な)るに、駈ヒ打(ちて)馳走(せ)しむ。（一六　7/3～4）d　ソノトキニ

コノユヱニは、本文の「是故」を讀む。

（一五）如レ(き)是(の)等の種種の因緣を(も)て能二く生し能三(く)離す種種の善法一を。是の故に名(づけ)て爲二す精進波羅蜜一と。（一六　12/2～3）d　コノユヱニ

（一六）　攝レ（め）て心を入レる禪に時は、以二て覺觀一を爲レす惱と。是の故に除二（き）て覺觀一を、得《う》レ入二（る）こと一致識處一に。（一七　15/4）　d　コノユヱニ

モテ・コレヲモテについては、既に〈第四章、一五「以・用」の項、用例（一三）〜（一七）、（二九）〜（三三）〉で述べた。

シカシテは、本文の「而」を讀む。これについても、既に〈第四章、一四「而」の項、用例（一）〜（二）〉で述べた。

Eのシカレドモは、文初の「而」を讀む。これについても、既に〈第四章、一四「而」の項、用例（一七）〜（一八）〉で述べた。

Gのスナハチは、本文の「則・卽・乃・輙」を讀むのが普通であるが、第三種點には、附訓例は勿論、チを送った例もなく、スナハチと讀んだかどうか、確かではない。本書では、便宜上、チを送ったが、他の用法と區別し、スナハチと讀むべき場合であることを示したのに過ぎない。

（一七）破戒の之人は、著二るときは法衣一を、則（ち）是（れ）熱銅・鐵葉を以（て）纏二るなり其の身一を。若（し）持二ッとき（は）鉢干一を、則（ち）是（れ）盛二るなり洋銅器一を。若（し）所レの噉フ食は、則（ち）是（れ）呑二（み）燒（け）る鐵丸一を、飮二むなり熱洋の銅一を。（一三　4/19〜21）　g　則　「干」の右に「木鉢也」の注あり『大正新脩大藏經』は「干」を「盂」に作る。

（一八）　貴にして而无レ（き）をは智、則（ち）爲レす衰と。智あれども驕慢（な）るをは亦（た）爲レす衰と。（一三　2/10）　g　則

（一九）　若（し）更（に）有二ラば使レフ我を者《もの》一、是レ則（ち）无レ（けむ）窮（ること）。又更（に）有二（ら）ば使レフ我を者《もの》一、則（ち）有二（リ）ヌ兩神一。

（一九　11/17〜18）　g　則

(二〇)　其の人憍-泆(と)ホコリて、立二(ち)て瓶の上一に舞(ひ)しカば、瓶卽(ち)破壞(し)、一切の衆物(も)、亦(た)一時に滅(し)き。(一三　3/10~11)　g　卽

(二一)　若(し)言三フィ無二しと是の事一、卽(ち)是レ有なり。(一八　12/2)　g　卽

(二二)　以レ(ての)是(を)故(に)、諸(の)惡(しき)鬼神、於二此の六日一に、輒(ち)有二り・と勢力一。(一三　20/27)　G　「輒」の右に「卽也」の注あり。

(二三)　十二年に作レ(り)て得二るものを卅兩の金一(を)、不《ず》三して憐二愍(せ)婦兒一を、盡く以(て)與レ(へ)て他に人の依とせり。如二く官制一の、輒(ち)縛(り)て送(り)來(れり)・と。(一一　18/16~18)　G　「輒」の右に「卽也」の注あり。

(二三)の「輒」には、「卽」の注が附いてゐる。わざわざ「卽」の注をつけたのは、意味が「卽」に同じと言ふだけでなく、スナハチと讀むことを示してゐるのかもしれない。とすれば、第三種點では、スナハチが接續詞として用ゐられた可能性があることになる。

ナイシは、本文の「乃至」をそのまま音讀したものである。これについては、既に〈第四章、二〇「乃至・及・并」〉の項、用例(一)~(三)で述べた。

文頭の「故」にニを送った例がある。

(二四)　大王は、仁(音)及二(ひ)たまふ一切一に。故に來(り)て歸命す。(一六　14/3~4)　d

ユヱニと讀むのは、平安中期以後の訓である。初期の資料では、根津美術館本『大乘掌珍論』承和・嘉祥點に、「故」にソ・ニのヲコト點を加へて、ソヱニと讀んだ例がある。これを參考にして、今も「故に」はソヱニを示すものと見てはどうであらう。

なほ、第三種點には、カレの例は見當たらない。

シカレドモを補讀した例がある。ソヱニ以外で、接續詞を補讀することは珍らしい。

（二五）後夜の時に、知二（しめ）す集因縁一を故に、通イ變して爲レレリ明と。シカレトモ、後に在（し）て二衆の中一に、說（き）て言三我レ初夜の時に、得二たり・とのたまふ是の明一を。（二四 15/17～18）e シカレドモ

「夫」にレを送って、ソレと讀み、轉換に用ゐたかと思はれる例がある。

（二六）若（し）人の無レきは慈、與二夫レ虎狼一と、亦（た）何ぞ以異（なら）む・といふ。（一六 14/15）f ソレ

原文の構造からすれば、「夫」はカノと讀むべき場合かと思はれるが、訓讀文としてしは、轉換のソレと見ても不自然ではない。

Gの内、シカモは、本文の「而」を讀む。これについても、既に〈第四章、一四「而」の項、用例（三）～（九）〉で述べた。

第八節　助　詞

第三種點に用ゐられた助詞で確認できたものは、次の九種三八語である。

格助詞　イ・ガ・ト・ニ・ノ・ヨリ・ヲ（7）

並列助詞　ト（1）

接續助詞　シテ・テ・ツツ・トモ・ドモ・ニ・バ・モノヲ（9）

副助詞　スラ・ダニ・ダモ・ノミ・マデニ（5）
係助詞　カ・ゾ・ナ（禁止）・ハ・モ・ヤ（6）
終助詞　カナ・ヲヤ（2）
間投助詞　シ・ト（呼びかけ）（2）
準體助詞　ノ（1）
複合助詞　トシテ・ニオキテ・ニシテ・ヲシテ・ヲモテ（5）

一　格助詞

1　イ

第三種點に用ゐられたイは、用例は多いが、單獨で、または稀に係助詞ハ、間投助詞シを伴って、主格に立つ體言、または活用語の連體形に附くものだけである。

① 體言に附くもの

（一）譬（へ）ば如二し鑽レるに火を以レてするときは木を、則（ち）火可得なり。析《サ》レキて薪を求レ（む）るときは火を、火イ不可得一（な）るガ。（一一 8/24）イ

（二）虎は殺二すを（も）て菩薩一を、亦（た）應レ得レべし罪を。而レども不《ヌ》三を（も）て籌二量（せ）父母の憂苦一を、虎イ得《う》二殺罪一を。（一六 17/2）イ

（三）愚癡の之人イ、不レガ解二（ら）聲の相は無常なり、變失一すと故（に）、於二音聲の中一に妄（り）て生二す好樂一を。（一七 4/1～

2）イ

（四）菩薩未《ヌ》レときは得二菩薩道一を、生死の身以二て好事一を施二すべし衆生一に。衆生イ反りて更に以二て不善の事一を加レフ之に。（一六 16/5〜6）イ

（五）諸神の中に摩醯首羅神イ最大第一なり。（一三 21/2）イ

（六）若し心イ使レヒ身を有レりて我使レフ・といはば心を、應三更に有二るべし使レフ我を者《もの》一。（一九 11/16〜17）イ

（七）我レイシ實に是れ畜獸なり。名づけて曰二人の頭なる鹿一といふべし。（一六 14/7）イシ

② 用言の連體形に附くもの。

（八）若し有る人來りて乞二ふとき三衣鉢扞一を、若し與レふるいは之を則ち毀戒す。若し不《ヌ》レは與へ則ち破二リツべし檀波羅蜜一を。（一六 16/21〜22）イ

（九）譬へば如下し白疊の鮮淨なるイ、而有二るときは黒き物を點汚一すること、衆人皆見上るガ。（一七 5/7〜8）イ

（一〇）異部の群の中に有二リ一の鹿の懷レめる子を。以子垂《イマ》產るべきイ、身當に殂割レナむとす。（一六 14/11〜12）イ

（一一）不《ず》レして知二ら身命は无常なり。須臾も叵レしと保つべきこと、而更に聚‐斂《アツ》メ、守護し愛惜すること、死の至ること无レきイ期すること、忽‐焉として逝沒しヌるときは、形は與二木木一と同しく流る。（一一 14/8〜10）イ

イが用言の連體形に附くのは、從屬文の主語節を構成する場合が多い。

「有・或・有或」をアルイハと讀み、アルヒトハの意味に用ゐることがある。これについては、既に〈第四章、一一「有・或」の項、用例（四）、（八）〜（一二）、（一九）〜（二〇）〉で述べた。

2 ノ・ガ

ノ・ガには、連體修飾格を示す用法と、主格を示す用法と、その他の用法とがある。

A　連體修飾格を示すもの

a　名詞に附いて、他の體言に續くもの

b　數詞に附いて、他の體言に續くもの

c　代名詞に附いて、他の體言に續くもの

d　活用語の連用形に附いて、他の體言に續くもの　ナシ

e　活用語の連體形に附いて、他の體言に續くもの

f　その他

（一）如レ(き)是(の)等の種種の罪の故に、墮二(ち)て餓鬼の趣中一に、受二く無量の苦痛一を。（一六　5/23）Ａａ　ノ

（二）是(は)一切の善法の中の精進の相なり。（一六　2/1）Ａａ　ノ

（三）八萬四千の金(の)鉢には盛二(り)滿(て)たり銀の粟一を。銀の鉢には盛二(り)たり金の粟一を。瑠璃の鉢には盛二(り)たり頗梨の粟一を。頗梨の鉢には盛二(り)たり瑠璃の粟一を。（一一　20/23～24）Ａａ　ノ

（四）汝等、欲《ねがは》レシヤ知二(ら)マく倶伽離ガ所墮の地獄、壽命の長短一を不ヤ・と。（一三　14/6）Ａａ　ガ

（五）今摩陀羅ガ論議不レ如(な)ることは、應下(し)奪二して其の封一を、以(て)與中(ふ)勝者上に。（一一　5/25）Ａａ　ガ

（六）衆人イ以二て其の舍利ガ所生一を皆共に名レ(づけ)て之を爲二す舍利弗一と。（一一　6/13～14）Ａａ　ガ

（七）五百の比丘各各(の)説二く二邊及中道義一を。（一一　12/16）Ａｂ　ノ

（八）八萬四千の車を、皆以二て金銀・瑠璃・頗梨の寶一を飾リ、覆フに以二てしき獅子・虎豹の之皮一を。（一一　20/18～19）

Ab ノ

（九）以二て此の千葉の金色の蓮華一を供二養（したてまつ）る・といふ世尊一に。（一〇 15/16）Ab ノ

（一〇）有二り六十斛の胡麻一。有る人過二（きて）百歳一を取二（ら）む一の胡麻一を。（一三 14/7～8）Ab ノ

（一一）憂波毱聞二（き）て是の語一を、大（きに）自（ら）慙愧（し）き。（一〇 11/19～20）Ac ノ

（一二）以二て此の千葉の金色の蓮華一を供二養（したてまつ）る・といふ世尊一に。（一〇 15/16）Ac ノ

（一三）如二き佛子羅睺羅一の、其の年幼稚にして、未《ず》レ知二（ら）愼–口一を。（一三 14/26）Ac ノ

（一四）當二（り）ては尓の時世一に、爲《あ》二りき閻浮提の大導師一と。彼の時に有二（りき）比丘尼一。年百廿歳なりき。（一〇 11/4～5）

Ac ノ

（一五）是ガ中に盡壽までに不《ず》レ應二（くあら）妄語一す。（一三 19/25）Ac ガ

（一六）以二（て）の其レ難レきを捨（て）故に、爲レに之ガ常（に）作二る重罪一を。（一七 6/12）Ac ガ

（一七）我レ常に與二耶輸陀羅一と共に住せり。我レ爲《な》二りて其ガ證一と、知二レリ其レ無一レしと罪。（一七 6/24）A cガ

（一八）若（し）彼レ侵二すとき我ガ妻一を、我レ則（ち）忿毒す。（一三 11/20）Ac ガ

（一九）雖二（も）復（た）五–事被一レレたりと繫（か）、我ガ心終に不《ず》二爲一レに汝ガ伏一（せられ）也。（一六 1/11）Ac ガ

（二〇）此の人破二し汝ガ池一を、取二るに汝ガ華一を、汝都て無レし言《音》。（一七 5/3～4）Ac ガ

（二一）爲レに彼ガ所レる憎（ま）。（一三 7/10）Ac ガ

（二二）汝は誰ガ弟子ぞ。師は是（れ）何人ぞ・といふ。（一一 2/20）Ac ガ

（二三）醉酒既（に）惺（め）て、驚二（き）て恠し（ひ）て己ガ身の忽に爲一（れ）ることを比丘一と、卽便（ち）走（り）去（り）ヌ。（一三 25/9）Ac

ガ

(二四)爲レ(の)布二施(せ)むガ衆生一に故に、懃(め)て求二(む)るに財寶一を不《ず》三以(て)爲《セ》レ難(し)と。(一六 13/2) A e ガ

(二五)若(し)人の以二て智慧(の)眼一を觀二るは佛の法身一(を)、則(ち)爲《おも》二ふ見レるガ佛を中の最一なり・と。(一一 3/27～4/1) A e ガ

(二六)菩薩の智慧も亦(た)甚(た)深妙にして无量なり。先に答レ(へ)しガ破二ることを一切の智人一を中(に)、已に廣く説(きて)き。(一一 8/21～22) A e ガ

(二七)以レての是を故に、知三る不殺戒の中に、或は有二(り)と无記一。(一三 5/26) A f ノ

(二八)不《ず》下以二ての戒は无記一(な)るを故(に)、墮中(ち)地獄上に。(一二 5/22) A f ノ

(二九)示二(す)との善濡の心一を故(に)、以レ(て)華を爲レす信と。(一〇 8/24～25) A f ノ

(三〇)諸佛は恭二敬すとの法一を故に、供二養し於法一を、以レ(て)法を爲レたまふ師と。(一〇 8/26～9/1) A f ノ

(三一)知二(り)て是の福徳果報は無常なり。天人にして受レく・といふとも樂を、還(り)て復(た)墮レッと苦に、厭二(は)むとの是の無常の福徳一を故(に)、求二(む)べし實相の般若波羅蜜一を。(一八 18/3～4)

(三二)卽(ち)從レ坐より起(て)て、而去(り)て還二るに其の房中一に、擧レく身の生レ(ひ)ヌ創《きず》。(一三 14/1) A f ノ

(三三)以二て袈裟一を覆レ(ひ)て頭を而入る。卽(ち)死(に)て變(し)て爲二る大龍一と。福徳大(きな)る故(に)、卽(ち)殺二(す)彼の龍一を。擧レく池の盡く赤し。(一七 4/22～23) A f ノ

(三四)譬(へば)如二し一人犯レるとき事を、擧レく家の受レ(く)るガ罪を。(一八 6/19) A f ノ

(三二)の「擧レく身の」は、ミノコトゴトク、(三三)の「擧レく池の」は、イケノコトゴトク、(三四)の「擧レく家の」はイ

へのコトゴトクと讀む。「からだ全體に」「池の全部」「家族全員」の意味である。第一種點にも、左記の例があった。

○擧レく身の戰怖して、動レし眼(を)促レ(す)聲を。（四　8/22）〈『上』卷、第五章、文法、(五四)〉(二四三頁)の項參照。

B　主格を示すもの

a　主文の主語につくもの

b　從屬文の內、主語節の主語につくもの

c　從屬文の內、述語節の主語につくもの

d　從屬文の內、連體修飾節の主語につくもの

e　從屬文の內、連用修飾節の主語につくもの

f　提示語節の主語につくもの

g　――ク・ラクを持つ述語の主語につき、文を終止するもの　ナシ

h　引用句を導く――ク・ラクの主語につくもの

i　その他

(一)　如二(し)佛(の)說一(き)たまふガ、世に有二(り)て二人一、爲二す難得一と。一者出家の中の、非事の解脫の比丘。二者、在家の白衣の能く淸淨に布施するなり。（一一　6/2〜3）Ｂａ　ノ

(二)　何(を)以(ての)故(に)ぞ、優婆塞の於二口の律儀の中一に、无二き三の律儀と及淨命一と。（一三　16/24〜25）Ｂａ　ノ

(三)　白衣の居家の受二ケ世間の樂一を、兼て修二するは福德一を、不《ず》レ能三は盡く行二すること戒法一を。（一三　16/25〜26）Ｂｂ　ノ

（四）異部の群の中に、有二り｛一の鹿の懷《はら》レ（め）る子（を）。｝（一六　14/11）Ｂｂ　ノ

（五）若（し）｛人の以二て智慧の眼一を觀二るは佛の法身一を｝、則爲《おも》二ふ見レるガ佛を中の最一なりと。（一一　3/27～4/1）Ｂｂ　ノ

（六）彼すら從レ遠（く）より來レリ。況（や）｛我ガ生二（れた）るイ此の國土の中一に｝、而不《ず》レ（あら）むヤ・と聽レ（か）法を。（一〇　8/20）Ｂｂ　ガ

（七）或（る）とき佛自（ら）說二（き）たま（へ）るに諸法の名一を、｛諸の弟子の種種に集（まり）て述二解するなり其の義一を。｝（一八　7/6～7）Ｂｃ　ノ

（八）五欲は無レ（き）こと益｛如二し狗の齩《カフ》レるガ骨を｝。五欲は增レ（す）こと爭を｛如二し鳥の競レ（ふ）ガ肉を｝（一七　2/22～23）Ｂｃ　ノ

（九）譬（へば）如下く｛人の廣く修二する｝ことは田業一を、爲レの得二むガ多（く）の穀一を故上（に）なり・といふガ、（一〇　14/4～5）Ｂｄ　ノ

（一〇）逕に至二（り）て｛師の本（と）入（り）し｝處の大（きな）る池の邊一に、以二て袈裟一を覆レ（ひ）て頭を而入る。（一七　4/21～22）Ｂｄ　ノ

（一一）｛烏の母來（り）し｝時に、卽（ち）奪二（ひ）得て菓一を送る。（一七　6/3～4）Ｂｄ　ノ

（一二）是を爲二す｛父母ガ作る｝字一と。（一一　6/13）Ｂｄ　ガ

（一三）我（れ）尒の時（に）、年少くして見三（たてまつり）き｛佛の來二入（したまへ）るを聚落一に｝。（一〇　11/11）Ｂｅ　ノ

（一四）佛在（し）し時には、｛六群比丘の无レく羞无レくして恥、最も是（れ）弊惡なり（し）カども｝、威儀の法則（は）勝二（れ）たりき汝（が）〔には〕今日一のには。（一〇　11/16～17）Ｂｅ　ノ

（一五）　時の人貴下重す〔其の母ガ於二（て）衆の女人の中一（に）聰明第一上（な）るを〕。（一一　6/18）Ｂｅ　ガ

（一六）　王の言《のたま》ひしく、「若（し）必ず欲レ（は）ば尓くセむと、小《（しばら）》（く）停《（とどま）》（り）て待二（て）と〔我ガ入（り）て還一（ら）むを。〕」（一七　7/17～18）

「小」の右に「且也」の注あり。Ｂｅ　ガ

（一七）　〔凡夫の人の布施する、亦（た）、聖人の作二（り）て有漏心一を布施する、〕、是を名二（づく）世間檀一と。（一一　19/3～4）Ｂ

ｆ　ノ

（一八）　〔若（し）菩薩摩訶薩の知二（り）て不可得空一を、還（り）て能（く）分二別し諸法一を、憐二愍し度三脱す（る）衆生一を〕、是を爲二す般若波羅蜜の力一と。（一八　16/8～9）Ｂｆ　ノ

（一九）　〔若（し）人の發二（し）て阿耨多羅三藐三菩提の心一を布施する〕、是の時に、求二（むる）に布施の相一を、不レず一にも（あら）、不レず異にも（あら）、……非レ（ず）有にも非レヌ無にも等（き）なり。（一八　18/21～23）Ｂｆ　ノ

（二〇）　〔若（し）有る人の言二身は卽（ち）是レ神一なり・といひ、若（し）言三身は異二なり・といふ於神一に〕、是の二は雖レ（も）異なりと、同（し）く爲二す邪見一と。（一八　7/25～27）Ｂｆ　ノ

（二一）　復（た）有る人の言（は）く、「菩薩の般若波羅蜜は、无漏无爲なり。不可見无對なり・といふ。」（一一　12/7～8）Ｂｈ　ノ

（二二）　衆人の恠《（あやし）》（ひ）て言（は）く、「汝は失二（ひ）て財物一を、倮形にして得レたり[と]脱（るる）こと。云何ぞ喜（ひ）て言三「幾《ホトホト》に失二（ひつる）カナ・といふ大寶一を。」（一三　7/18～19）Ｂｈ　ノ

（二三）　復（た）有るガ言（は）く、「諸佛の賢聖は不三ず戲二論（せ）諸法一を。現前の衆生は、各各（の）惜レ（し）む・といふ命を。」（一三　6/21）Ｂｈ　ガ

（二四）　汝ガ言（は）く、「各各（の）有二る（が）我心一故に、知二る實に有レ（り）と我。若（し）但（た）有レリ身のみ、心イ顚倒（せ）る故（に）計レ

す・といはば我と者、何(を)以(て)ぞ不《ヌ》二他身の中に起一レ(さ)我を。」（一九　12/3〜4）Ｂｈ　ガ

ｇの例は見當たらない。（〔一〕　〔一〕は、節の印）

Ｃ　その他

ａ　準體助詞の用法

ｂ　比況の助動詞ゴトシに續くもの

ノ・ガには、準體助詞として、モノの意味の形式名詞と同様に用ゐられる用法があるが、訓讀文では、ノだけで、ガは用ゐられない。第三種點には、格助詞ニ・ヲ、係助詞ハを伴って、ノニハ・ノヲハ・ノハと言った例がある。

（一）問曰、一切の世俗の經書、及、九十六種の出家の經の中に、皆説レく有二(り)と諸法實相一。……。答曰、世俗(の)經書の中のは、爲二(に)するを(も)て(の)安レ(み)し國を全レくし家を、身命壽樂一(ならしめ)むガ故(に)、非レず實に。……。（一八　16/11〜15）Ｃａ　ノハ　諸法實相

（二）佛在(し)し時には、六群比丘の无レく羞无レくして耻、最も是(れ)弊惡なり(し)カども、威儀の法則(は)勝二(れ)たりき汝ガ今の日一のには。（一〇　11/15〜17）Ｃａ　ノニハ　威儀法則

（三）是の人は見諦所斷の根は鈍にして、思惟所斷の根は利なり。思惟所斷のは鈍にして、見諦所斷のは利なり。（二四　11/30〜12/1）Ｃａ　ノハ　根

（四）八炎火(の)地獄といふ者は、一をは名二(づく)炭坑一と。……七のをは名二(づ)く波頭摩一と。（一六　8/27〜9/5）Ｃａ　ノヲハ　地獄

（五）菩薩は盡く行二せり諸(の)禪一を。麁細と・大小と・深淺と・内縁と・外縁とを、一切盡く行す。以レ(ての)是(を)故(に)、

菩薩の心中のは名二（づけ）禪波羅蜜一と、餘人のをは但（た）名レ（づく）禪とのみ。（一七　22/5～8）Ｃａ　ノヲハ　禪

（一）のノは「諸法實相」、（二）のノは「威儀法則」、（三）のノは「根」、（四）のノは「地獄」、（五）のノは「禪」の意味である。

比況の助動詞ゴトシに續く場合、體言・副詞にはノを、活用語にはガを用ゐる。

（六）和尚は如レし父の。阿闍梨は如レし母の。（一三　25/17～18）

（七）精進（して）持レ（つに）戒を、……、一切能（く）持（ち）て、不《ず》レ毀（ら）不《ず》レ犯（さ）、大（きさ）は如二くにす毛髪一の。（一六　11/15～17）

（八）父母の生身は受二（く）るガ人法一を故（に）、不《ず》レ如レくはあら天の。（一〇　17/5）

（九）日日如レくセしカば是の、鳥の母怒レ（り）て之を、於二香山の中一より取二（り）てす毒菓一を。其の香と味と色と全ら似二（れ）リ前の者《もの》一に。（一七　6/3～4）

（一〇）千葉金色（の）蓮華といふは、如二し上に說一（き）ツるガ。（一〇　17/10）

（一一）四者、衆生畏レ（る）ること之を、如レくす見二るガ蛇虎一を。（一三　8/10）

（一二）若（し）人の求二む（るときは）大（きなる）善利一を、當（に）堅く持戒すること如レく惜二（しむ）ガ重寶一を、如レ（く）すべし護二るガ身命一を。（一三　1/15～16）

（一三）如乙し一（り）の沙彌心に常（に）愛レす酪を。……師の得る酪の分に、蟲在レ（り）て中に來レリ。師の言はく、「愛レする酪を人、汝何を以（て）ぞ來レる・といひて、」卽（ち）以レて酪を與甲レ（へ）しガゴトシ之に。（一七　5/12～19）

（一四）如一《(い)マ》（り）の國王あり。名をは月分といふ。……薗人奪（ひ）得て輸《たてまつ》レる王に。王ィ與二フ太子一に。食レ（ひて）之を未《ヌ》レに久（しくあら）、

身の肉爛壞して而死(に)しガごとキナリ。（一七　5/19〜6/5）「輸」の右に「進也」の注あり。

（三）は、文頭の「如」の右に、「二」を、文末の「與」の右に「一」を白書し、「與」から「如」に反って讀むことを示してゐる。（四）は、文頭の「如」をイマと讀み、文末の「死」の右に「一」を白書し、「如キナリ」を讀み添へてゐる。イマと讀んでも、時の現在ではなく、例を擧げて説明する意味を表し、第一種點ならば、タトヘバと讀むところである。「如」の右に「二」も「一」も見えないが、これと呼應してゴトシを讀み添へたことは確かである。「等」をゴトシと讀むのは、第三種點には「何等」をナニ-ノ-ゴトキと讀む例しかない。これについては、既に〈第四章、一七、等の項、用例（三）〜（五）〉で述べた。

3　ニ・ト

ニ・トの用法は廣いが、次のやうに分類してみる。

A　場所を示すもの
B　時間を示すもの
C　比較の基準を示すもの
D　受身の動作の對象を示すもの
E　使役の動作の對象を示すもの
F　動作・作用の歸着する目標を示すもの
G　共同作用の對象を示すもの
H　動作・作用の結果・變化を示すもの

I　原因を示すもの

J　行爲の目的を示すもの

K　形容動詞、及び指定の助動詞の連用形に相當するもの

L　引用句を受けるもの。

上記の内、A～Bは、ニのみでトは用ゐない。

（一）彼の國土の中には多く有二リ金色光明千葉の蓮華一。（一〇　10/14）A　ニ

（二）解慧(の)心寂然(な)ること、三界に无二し・と能く及一フひと。（一三　24/7）A　ニ

（三）卽(ち)問二(ひ)しく女人一を、「汝在二(り)てカ何の處一に臥(し)ツる・と。」（一三　13/4）A　ニ

（四）頭上の金釵墮レ(ち)て地に、在二(り)き大闇床の下一に。（一〇　11/12～13）A　ニ

（五）見二て貧窮の人一を、知二(り)て先世の因緣の所致一なり・と、心に生二す大厭一を。（一〇　12/7～8）A　ニ

（六）譬(へ)ば如三し國王ィ出(て)たまふ時には、必(ず)有二るガ營從一。（一〇　13/8）B　ニ

（七）諸(の)鬼於二此の六日一に、割レ(り)て肉を出レ(し)て血を、以(て)著二くを火の中一に、（一三　21/9）B　ニ

（八）晨朝に趣レ(き)て水に滲浴す。（一三　13/1）B　ニ

（九）不《ず》レ如下くあら夜の中に見レて人を、謂(ひ)て爲《し》二て杌-樹一なりと、而殺す者《ひと》の上。（一三　5/9～10）B　ニ如下し

（一〇）持戒の之人(な)レども而毀戒(な)るは、今世後世に一切衰フ・となり。（一三　2/11）B　ニ

（一一）若《シ》下-如《カズ》英-雄奮-發して、禍亂するに立レ(つる)を(も)て定を、一日の之動功、蓋中フには天下上を。（一三　21/23～24）C

ニハ　シカズ

（一二）譬(へ)ば如下し二種師子あり。一には黄師子、二には白髪師子なり。黄師子は雖二(も)亦(た)能く超一(ゆ)と、不《ヌ》上レガ如(し)二カ白髪師子一には。（一七　23/23〜24）C　シカズ

（一三）汝、欲レ(は)ば壞二(ら)むと我ガ論一を、終に已無二(け)む此の處一リ。一切智には難レし勝ツこと。（一八　9/21）C　ニ　カツ

（一四）破戒の之人は雖三(も)形は似二(れ)リと善人一に、內に无二し善法一。（一三　4/17〜18）C　ニ　ノル

（一五）破戒の之人は與二善人一と異(な)ること如三し驢の在二るガ牛(の)群一に。（一三　4/13）C　ト　コトナリ

（一六）死の至(る)こと无レきイ期すること、忽-焉として逝沒(し)ヌるときは、形は與二木木一と同(し)く流る。（一一　14/10）C　ト　オナジ

D〜Fは、ニのみで、トは用ゐない。

（一七）二輕の之中に、寧(ろ)爲二には无智一の所レるとも慢(ら)、不《ず》下爲二には賢聖一の所上レるへ(くあら)賤(しま)。（一四　19/2）D　ニ　ハ

（一八）自レ古より及レ(る)までに今に、唯(た)有二リ此(の)林一(のみ)。常に獨リ蔚茂にして、不《ず》二爲レに火の燒一(か)れ。（一六　15/9〜10）D　ニ

（一九）如下し人の闇(き)ガ中に、飢渴に所レして逼(め)、食二(ひ)て不淨の物一を、晝日に觀知(して)乃(し)覺中するガ其レ非上ず・と。（一九　25/9〜10）D　ニ

（二〇）破戒の之人は如二し霜にウタレタる蓮華の人に不《ヌ》レガ喜レ(はれ)見一むと。（一三　3/26〜4/1）D　ニ

（二一）或は破二し正道一を、轉二易して正法一を、受二く熱(き)鐵の輪に轢《ハシ》ラレ、熱(き)鐵の臼に搗《(つ)》一(かる)ることを。（一六　6/25〜26）D　ニ

(二二) 今は先ッ讚二(し)て戒の福一を、然(し)て後に、人に能(く)持レ(た)しむ戒を。(一三 18/6) E ニ

(二三) 無下し人として從二今世一より至中ること後世上に。(一八 7/20~21) F ニ

(二四) 著《き》レ衣を持レ(ち)て鉢を、入レ(り)て城に乞食(す)。(一一 2/19) F ニ

(二五) 諸の邪見と驕慢と疑とは屬二す無明一に。(一八 7/2) F ニ

(二六) 譬(へ)ば如下く樹の常(に)東(に)向(き)て曲(れ)るを、若(し)有二(る)ときは斫(き)る者《ひと》、必(ず)當中東に倒上(る)べきガ、善人も亦(た)如レし是の。(一八 8/21~22) F ニ

(二七) 若(し)日に三(た)び浴み、再ひ供二養し火一に、種種に祠-禮し、(一三 1/25) F ニ・K ニ

Gは、トのみで、ニは用ゐない。

(二八) 是の不殺生は……或(は)共レに心と生す。或は不《ず》二共レに心と生一(せ)。(一三 6/9) G ト トモニ

(二九) 上に有二(り)大毒蛇一。化して作二(り)て美女身一と、喚二フ此の罪人一を。「上(り)來レ。共レに汝と作レ(さ)む・といふ樂を。」(一六 9/27~10/1) G ト トモニ

(三〇) 若(し)能(く)行レする此を者《ひと》は、二世の憂畏除す。……常(に)與二天人一と倶なり。(一三 17/13) G トモニ

(三一) 我レ常に與二耶輸陀羅一と共に住せり。我レ爲《な》二りて其ガ證一と知二レリ其レ無一レしと罪。(一七 6/23~24) G トモニ

Hは、ニ・ト共に用ゐる。

(三二) 我は於二て衆生一に爲レレリ無レきに所レ益する。(一六 5/7) H ニ ナル

(三三) 時に山神變(し)て爲《な》二りて一(り)の女一と、來(り)て欲レて試レ(み)むと之を、(一七 3/6) H ト ナル

(三四) 若(し)我レ實(に)修二(せ)ば慈忍一を血當(に)爲レレ・と乳と。(一四 16/6~7) H ト ナル

(三五)　我は不《ず》二以レて四を爲《セ》レ地とは。(一八　13/3)　H　ト　ス

(三六)　諸佛の力等は更(に)不《ず》レ求レ(め)福を。何故ぞ以レて華を爲《す》レる信と。(一〇　8/22～23)　H　ト　ス

Iは、ニしか用ゐず、それも原因・理由を表すユヱに添へて、ユヱニの形で用ゐられるものに限る。

(三七)　諸佛は恭二敬すとの法一を故に、供二養し於法一を、以レ(て)法を爲レたまふ師と。(一〇　8/26～9/1)　I　ニ　ユヱニ

(三八)　若(し)慈二愍する衆生一を故に、爲レの度二(さ)むガ衆生一を故に、亦(た)知二(るが)戒の實相一を故に、不《ず》二猗著一(せ)。(一三　1/13～14)　I　ニ　ユヱニ

Jは、ニしか用ゐず、それも、目的を表すタメに添へて、タメニの形で用ゐられるものに限る。

(三九)　破二し散亂の心一を、離二レ五欲の罪樂一を、能(く)爲二に衆生一の説二く離の法一を。(一八　17/23)　J　ニ　タメニ

(四〇)　汝は見レ(たてまつりき)ヤ佛をは不(や)。容貌は何にカ似(れり)し。爲レに我ガ説け・といひき。(一〇　11/10)　J　ニ　タメニ

Kは、ニ・ト共に用ゐ、ニは——ニアラズ、——ニシテ、トは——トアリ、——トイマス、——トシテの形で用ゐられることが多い。

(四一)　諸法の實相は非レず常にも非二ず無常一にも。(一八　9/3)　K　ニ　アラズ

(四二)　口鼻は方《ケタ》にして大なり。(二五　8/9)　K　ニ　シテ

(四三)　菩薩の智慧も亦(た)甚(た)深妙にして無量なり。(一一　8/21)　K　ニ　シテ

(四四)　世尊、少惱・少患に(います)ヤ。興居輕利に(います)ヤ。氣力安樂に(います)ヤ不ヤ。(一〇　15/15～16)　K　ニ　イマス

(四五)　有二(り)て一人一、來(り)て入二(り)て池の中一に、多く取二る其の華一を。掘《ト》二リ挽《ヒ》きて根莖一を、狼藉として而去(リ)ヌ。(一七　5/2～3)　K　ト　「狼藉」の右に「トラカス」の假名あり。

(四六) 喘―喘とイキツキッ、然も其の命將(に)終(ら)むとするイ、乃(し)愍―爾とアチキナクシテ而笑フ。(一一 2/8) K ト イキツク・アチキナシ

(四七) 猛風絶炎には、土石爲(に)焦レて、翕―嚮の之間に、蕩―然とトラケて夷―滅として(ほろび)ヌ。(一一 14/6～7) K ト

(四八) 居家は憒―閙しく、多レく事多レく努、結使の之根、衆惡の之府とあり。(一三 23/23) K ト アリ

(四九) 有二(り)き一(り)の比丘一。名をは優婆毬といひき。得二る六神通一を阿羅漢一なり。當二(り)ては爾の時世一に、爲《あ》二りき閻浮提の大導師一と。(一〇 11/3～4) K ト アリ

Lは、トを用ゐて、ニは用ゐない。――トイフ(言)の他、――トオモフ(思)、――トシル、――トオソル(恐)なども、これに準じて考へる。

(五〇) 學二するを諸佛の法一を、名(づけ)て爲《い》二(ふ)布薩一と。(一三 19/10) L ト イフ

(五一) 是の中に盡壽までに不《ず》レ應レ(くあら)盗(む)。是の事若(し)能(くせ)むヤ・といはば、當に言レ諸といふべし。(一三 19/22～23) L トイフ

(五二) 是(の)故(に)、佛言《のたま》二ひたり一心にして敬愼(す)べし。彼の諸の菩薩には難レしと近(つく)こと。(一〇 12/1～2) L トノタマフ

(五三) 鹿王既に至(り)て、跪《ヒサマツ》きて白二(し)しく人王一(に)、「……若(し)以(て)供膳(したてまつら)むには、當に自(ら)差レ(し)て次に、日に送二(り)て一鹿一を、以て供二(したてまつら)む・とまうす王厨一に。」(一六 13/19～21) L トマウス 「供膳」の右に「上也」の注あり。

(五四) 若(し)欲レフときは專二(らにせ)むと心を道法一に、家業則(ち)廢(れ)ヌ。若(し)欲レフときは專ラ修二(め)むと家業一を、道の事則(ち)

廢(れ)ヌ。（一三　22/24〜25）L　トオモフ

(五五)　當(に)具二足(して)是の諸の因縁一を、行二(せ)む・とおもふ布施等の五波羅蜜一を。（一八　17/14）L　トオモフ

(五六)　見二て貧窮の人一を、知二(り)て先世の因縁の所致一なりと、心に生二す大厭一を。（一〇　12/7〜8）L　トシル

(五七)　是(の)故(に)、知下る有二るものは因縁一者來る、无二き因縁一者《もの》は住上すと。（一〇　13/10〜11）L　トシル

(五八)　諸の臣議(し)て言(は)く、「一(り)の聰明の人の來るに、便(ち)封二(する)を一邑一をは、功臣には不レして賞(せ)、但(た)寵二するは語論一を(のみ)、恐レる非二(ずあら)むかと安レくし國を全レくする家を之道一には。（一一　5/23〜24）L　トオソル

4　ヨリ

ヨリは、用法が廣いが、第三種點に見えるものは、次の通りである。

A　動作の起點を示すもの

B　經過する地點を示すもの

C　比較の基準を示すもの

D　その他

(一)　是の諸の珍寶は從二何の處一よりカ出(つ)る。（一0　23/11〜12）A

(二)　譬(へば)如下し魚を出二(し)て於水一より、而著中クガ熱き沙の中に上。（一六　7/22）A

(三)　多寶國土の中の菩薩イ遠(く)より來(り)て、見二て此の國土の不如なり、石沙穢惡あり、菩薩の身は小く、一切の衆の事、皆亦不如一(な)るを、（一〇　11/29〜30）A

(四)　有る人は不《(ね)》レども受レ(け)戒を、而從レ生(れて)より已來《(このかた)》は、不《ヌ》レは好二(ま)殺生一を、或(は)善、或(は)无記なり。（一三　6/7

〜8）A

（五）汝カ身より流レ（る）ること汗猶（し）如レし病の。（一〇　27/3）A

（六）佛は從二無量（の）阿僧祇劫の中一より、修二（め）たり諸の功德一を。（一〇　9/7）B

（七）我は但（た）池の岸の邊より行（く）を、便（ち）見（る）に呵罵して、云二我を偸レむ・といふ香（を）。（一七　54〜5）B

（八）亂心輕く飄（る）こと、甚二し於鴻毛一よりも。馳散（し）て不《ず》レして停（まら）、駃《ハヤ》きこと過二（き）たり疾風一より。不《ヌ》レこと可二（くあら）制止一（す）、劇二（し）於獮猴一より。暫く現（し）ては轉滅すること、甚二し於掣電一より。（一七　2/1）C

（九）三毒の之中には、无二し重レきは此より者一。（一四　18/3）C

（一〇）不忍（の）之罪は甚二（し）きをヤ於此一より也。（一四　18/26〜27）C

（一一）是の業は能（く）令二衆生をして六道の中に受レ（け）しむること生を駃《ト》二く疾《ハヤ》し於箭一よりも。（二四　9/22）C

その他の用法には、否定の助動詞ズに續き、ズヨリの形で、――シナイカギリ決シテの意味を表すものがある。

（一二）若（し）餘（の）處（に）、或（は）有二（らば）好語一、皆從二佛法の中一より得《う》。自《よ》レり非二ず佛法一に、初（めて）聞くとき（は）似レ（れども）好（き）に、久（しくあ）るときは則（ち）不《ず》レ妙に（あら）。（一八　2/25〜26）D

「佛法ニ非ズヨリ」とは、「佛法でないかぎり」と言ふ意味で、「妙ニアラズ」に續き、これを強く否定する構文である。「自非」をアラズヨリと讀むことについては、別に述べたものがある。〈日本紀竟宴和歌左注の「ずよりは」について〉、〈助詞「より」のある場合―訓點語を中心に―〉（拙著『國語史論集　上』所收）、及び、〈『平安時代における訓點語の文法　下』の第八章、第一節、5、ヨリ〉の項。前稿では、石山寺本『說无垢稱經』平安初期點を初出例として擧げたが、（一二）は、これとほぼ同時代の例と見てよい。なほ、前稿では、「自非」をアラズヨリハと讀み、アラズヨリに係助詞ハを添へた形を基本形とし、ハを缺くものにはハを補讀してゐたが、初出例の『說无垢稱經』平安初期點にも、本例にもハが無いのを見ると、ハのないのが本來の形で、後に強調するためにハを添へたのではないか。――シナイカギリに對する――シナイカギリハのやうに。

5　ヲ

ヲの用法を次のやうに分類する。

A　他動詞の場合、その對象を示すもの
B　他動詞または自動詞の場合、使役の對象を示すもの
C　自動詞の場合、その經由する場所・時間などを示すもの
D　自動詞の場合、その目標を示すもの（ニに通ずるヲ）
E　自動詞の場合、その基準を示すもの
F　その他

（一）或は服レし乳を、或は服レし氣を、或は剃レリ髪を、或は長レくし髪を、或は頂の上に留二め少し許（り）の髪一を、或は着《き》二袈裟一を、或は着《き》二白衣一を、（一三　1/22～23）A

（二）雖二（も）復（た）剃レリ頭を、染レめ衣を、次第に捉レするを籌を、名（づけ）て爲二すと比丘一と、實に（は）非二ず比丘一に。（一三　4/18～19）A

（三）我は是（れ）愛二する福德一を人なり。（一〇　9/13）A

（四）菩薩……思レすること之を明（か）に定（まり）て、卽（ち）自（ら）送レして身を、遣二鹿母を還一（ら）しむ。（一六　14/7）B　「遣」

の右に「令也」の注あり。

(五) 大熱の鐵輪轢二□□□諸の罪人一を、令《し》二む身を破碎一(せ)。(一六　6/17～18) B　「轢」の右に附訓あれど、讀めず。

(六) 若(し)八方より風起レども、不《ず》レ能レは令《し》二(む)ること須彌山を動一(か)。(一七　23/5) B

(七) 我レ求二(め)て富貴一を、欲レ令二心之所願を一切皆得一しめむ・とおもふ。(一三　3/3) B

(八) 象王の渡レるとき水を、入る時、出(つ)る時、足跡可見なり。(一七　23/11) C

(九) 或(は)作二(り)て薩陀婆一と、冒《ハルカ》に渉《(わた)》二(り)て嶮道の劫賊・師子・虎・狼・惡獸一アるを、……懃(め)て求二(む)るに財寶一を、(一六　13/1) C

(一〇) 亦(た)如下し行レ(く)とき道を、已に到二(れ)ば所在一に、不《ヌ》上レガ應二(くあら)復(た)行一す。(一六　15/20) C

(一一) 卽(ち)失二(ひ)て禪定一を、心醉ヒ狂—逸して、不《ヌ》レこと能二(は)自(ら)持一(つ)こと、譬(へば)如三くありき大風の吹二くガ諸の林樹一を。(一七　4/4～5) C

(一二) 負レ(ひ)て重キものを渉《(わた)》レリ遠(き)を、項領《ウナジクヒウ》穿ケ壞レ、熱き鐵に燒き爍《コガ》サる。(一六　3/17～18) C

(一三) 獄卒羅刹の問二(は)く罪人一を、「汝は何の處よりカ來(り)し。」(一六　10/13) D

(一四) 王問二(ひ)しく此の鹿一を、「汝ガ主は何《(い)カ》に言フ・と。」(一六　14/2) D

(一五) 菩薩は雖下(も)離二(れ)て衆生一を、遠く在中(り)と靜處上に、求レむ得二むと禪定一を。(一七　1/21) E

(一六) 以レ(ての)是(を)故(に)知る、菩薩は於二一切法の中一に、別想を觀(し)て、得《う》レ離二(るる)こと諸の欲一を。(一七　23/7) E

(一七) 菩薩は……滅受想定より起(てて)、……四禪(より)乃至二(る)までに初禪一に、或る時には超レユ一を。或る時には、超レユ二を。乃至超レユ九を。聲聞は不《ず》レ超レ(え)二を。(一七　23/20～22) E

二　並列助詞

トは、體言、または活用語の連體形に附いて、事物の並列を表す。格助詞ノ・ヲ、副助詞ノミ、係助詞ハ・モを伴ふことがある。本文の「與」を讀む他、補讀することが多い。第一種點では、並列助詞のトを、格助詞のトと區別して、異なったヲコト點で示したが、第三種點では、同じヲコト點を用ゐて、區別してゐない。

(一)　倶伽離能く相二知レども人の交會の情状一を、而不《ず》レ知三(ら)夢と與二不夢一とを。(一三　13/2～3)

(二)　王と與二夫人一と乃(し)知二(リ)ヌ其レ詐一ナリと。(一六　17/20～21)

(三)　佛弟子は八種の觀あり。无常と苦と空と无我と如病と如癰と如箭と入體と惱患となり。(一一　7/1～2)

(四)　十六といふは者、觀レするに苦を四種(あり)。無常と苦と空と無我となり。觀二するに苦の因一を四種あり。集と因と縁と生となり。(一一　7/3～4)

(五)　大名聞と端政と得レると樂を、及恭敬(せら)るると、威光如二(くあると)日明一(の)、爲二に一切一の所レ(るる)と愛(せ)、辨才と有二ると大智一、能(く)盡二すと一切の結一を、苦を滅(すると)得二ると涅槃一を、如レ(き)を是の名(づけ)て爲レす・と十と。(一一　22/5～7)

三　接續助詞

1　シテ

シテは、本來動詞スの連用形と接續助詞テとの結合した複合語で、種種な用法を持つ。これについては、すでに

〈第五章、第三節、一、スの特殊な用法〉の項で述べた。

2 ツツ

ツツは、活用する語の連用形を受けて、ある動作・作用の反復繼續することを示す。第三種點では、用例が少なく、文中に用ゐられるものだけである。

(一) 他日、其(の)師寝レ(ねたり)疾に。舍利弗(は)在二(り)て頭の邊一に立(て)リ。大目連は在二(り)て足の邊一に立(て)り。喘-喘とイキツキツ、然も其の命將レ終(ら)むとするイ、乃慤-爾とアチキナクシテ而笑フ。(一一 2/7〜8)「喘喘」の左に「仙反、急也」の注あり。「慤-爾」の左に注あれど讀めず。

(二) 屋をも既(に)不《ず》レ捄(は)、財物をも亦(た)盡(し)ッ。飢寒(に)凍餓(し)、憂-苦(し)ッ、畢レフ世を。(一一 14/7〜8)「捄」は『大正新脩大藏經』に「救」に作る。

(三) 後世の福は也、生死に輪轉(し)、往二來(し)ッ、五道一に、无二(し)親として可レ(き)こと恃む。(一一 14/22〜23)

(四) 常に値二(ひ)ッ、淫-婦一に、邪僻に殘《ヤフ》ラレ邪-淫(し)ッ、爲レす患を。(一三 11/23)ヤフラレの下に、白筆にて「賊」を記す。『大正新脩大藏經』は「殘賊」に作る。

(四)の「殘賊」は、大修館書店の『大漢和辭典』に、「殘賊〈そこなふ、殺す、道に悖り、義をそこなふこと〉」と說く。

3 テ

テは、一般に活用語の連用形に附くが、形容詞・形容動詞、推量の助動詞ベシ、比況の助動詞ゴトシ、否定の助動詞ズ等には、シテを用ゐて、テは用ゐない。

(一) 譬（へば）如二し……析《サ》レキて薪を求レ（む）るときは火を、火ィ不可得一（な）るガ。（一一 8/24）サキテ

(二) 見二レば人道の中一を以二て十善の福一を、貿《アキナ》ヒて得二う人身一を。（一六 3/15〜16）アキナヒテ

(三) 願下（ふ）べし諸の煩惱を盡（くし）て、逮《ウ》二て薩婆若一を、成中就（せ）むとすること（を）佛道上。（一三 19/12）ウテ

(四) 令《し》二む人の心をして散躁とトラケて不定一にあら。（一一 20/9）トラケテ

(五) 智人慧心は深く得レて悟レ（る）こと理を、慍賊雖レ（も）強しと、亦（た）能（く）挫《オシス》ヱて必（ず）令二む如意一に（あら）。（一一 14/16〜17）

オシスヱテ

(六) 論議師の輩、遥（か）に見二て佛の來《いでま》一すを、自（ら）語二はく其（の）衆一に、（二六 13/24）ミテ

(七) 當（に）以二（て）汝ガ皮一を爲《し》レ紙と、以二て身の骨一を爲《し》レて筆と、以レて血を書レ（か）ば之を、當（に）以て與レ（へ）む・と汝に。（一六 14/24〜25）シテ

4 トモ・ドモ・ド

トモは、活用語の終止形に附いて、假定の順態條件を、ドモは、活用語の已然形に附いて、確定の逆態條件を表す。トモは、單獨で用ゐられる場合と、副詞のタトヒを受ける場合とがあり、いづれの場合にも、トモを含む條件句に對する主文の述語は、推量の助動詞を伴ふとは限らず、さまざまな形をとる。

(一) 行者は、端レくして身を直に坐し、繫レ（け）て念を在レ（き）前（に）、專精して求レ（む）べし定を。政使ヒ肌骨は枯（れ）朽ッとも、終に不《ず》二（あ）レ・と懈退一（せ）。（一八 18/9〜10）

(二) 設ヒ得二とも生活一すること、不《じ》二安穩一に（あら）。（一〇 27/5）

(三) 若（し）苟《しばら》く免（れ）て全レ（く）すとも身を、身何の所得カあらむ。（一三 8/23）

（四）若（し）此處には無レくとも水、餘處には必ず有リ。（一六 15/23）

ドモは、確定條件を表す。

（一）若（し）八方より風起レども、不《ず》レ能レ（は）令《し》二（む）ること須彌山を動一（か）。（一七 23/5）オコレドモ

（二）世間の衆生は現前に見二レども穀の從レ種より出一（つ）るを、而不レ能レ（は）知（る）こと。何（に）況（や）心心數法の因緣果報をは。（二四 5/15～16）ミレドモ

（三）有三レども若（し）失二（す）ること重寶一を、無レし援《ヒ》二くこと愁苦の毒一を。（一七 2/13）アレドモ

（四）被レ（る）る儐（せ）之人、愁苦し懊惱すレども、但（た）欲レ（ひ）て持レ（た）むとのみ戒を、不《ず》レ慇二（は）其の苦一を。（一六 17/2～3）スレドモ

（五）佛在（し）し時には、六群比丘の无レく羞无レくして恥、最も是（れ）弊惡なり（し）カども、威儀の法則勝二（れたりき）汝（が）［には］今日一のには。（一〇 11/16～17）ナリシカドモ

（六）譬（へば）如下く疽創の无二（き）に不《ヌ》レ痛（ま）時一、若（し）以レ（て）藥を塗るとき、可レ（くあ）レども得二少し差一（ゆ）ること而不《ヌ》上レガ可レ（くあら）得レ癒（ゆ）ること、人身も亦（た）如レ（し）是（の）。（一〇 16/12～13）ベクアレドモ

ドモを單にドと言った疑ひのある例がある。

（七）或る時には、天の雨レど、雨化して爲《な》レる炭と。（一六 5/13）アメフレド

（八）若（しは）斫レ（り）て樹を押レ（し）て人を、以て報二し宿怨一を、若（しは）人以レて忠を信誠にして告（く）レど、而蜜相の中に陷（い）る。（一六 9/17～18）ツグレド

（九）菩薩は知二る（が）諸法の實相一を故（に）、入二（り）て禪の中一に、心安穩にして不レ著（せ）。諸の餘の外道は、雖レ入二レど禪定一に

不《ず》ニ心安穩一に(あら)。(一七　21/26～22/2)　イレド

上記の内、(七)の「天の雨レど」は、「天の雨ふれど」と讀むのであらう。

5　ニ

ニは、活用語の連體形に附いて、順接・逆接いづれにも用ゐられ、また、單に時間的な共存・繼起を示すこともある。

(一)　大く修ニするに布施一を、心高ヒ陵《オ》一虐《コ》リて、苦ニ惱(せ)し(むる)を(も)ては衆生一を受ニく金翅鳥の形一を。(一六　4/5～6)　スルノニ・クセニ

(二)　食レ(ひて)之を未《ヌ》レに久(しくあら)、身の肉爛壞して而死(に)しガごとキナリ。(一七　6/5)　シナイノニ

(三)　諸の女皆出(て)て迎一逆し、好華妙香を供ニ養するに仙人一に、仙人大(き)に喜フ。(一七　9/18～19)　スルト

(四)　二人以レて　疏を驗レするに之を、果《ツヒ》に如ニし師の語一の。(一一　2/13)　シタトコロ

(五)　以レ(て)頭を銜《ツ》レクに之を、頭卽(ち)復(た)著(き)ヌ。(一六　1/10)　シタトコロ

(六)　空(し)く抄レ(し)て鹽を、滿レ(て)て口に食レするに之を、鹹く苦くして傷レし口を、而て問(ひ)て言(は)く、(一八　11/14)　タトコロガ

(七)　其の弟拘郗羅ィ與レ姉と談論するに、毎に屈して不如なり。(一一　6/7)　スルタビニ

(八)　菩薩の精進は修ニ行するに一切の善法一を、大悲を(も)て爲レす首と。(一六　2/27)　スルバアイニ

(九)　斷ニするに事の輕重一を、不《ず》レ以ニてセ正理一を。(一六　6/25)　スルニツイテ

(一〇)　以レ(て)此を無レくして厭(ふこと)、誨レするに人を不《ず》レ倦(ま)。(一六　15/24)　スルコトニ

（一）（二）は逆接、（三）（四）（五）は順接、（六）〜（九）は、トキニ・バアイニの意味であらうか。（一〇）は格助詞との區別がつけにくい。

6 モノヲ

モノヲは、形式名詞モノとヲとの複合したものである。

（一）以二(て)ぞ何の因縁一を、佛(の)影覆レ(ふときは)鴿を、鴿便(ち)无レく聲、不ヌ二ものを復(た)恐怖一(せ)、我ガ影覆レフとき(は)上に、鴿作レ(して)聲を戰慄(す)ること、如レく(なる)故《もと》の。（一一 9/16〜18）「故」の右に「本也」の注あり。

（二）以レ(ての)著レ(せ)るを香に故(に)、諸の結使(の)臥(せ)るものを者、今皆覺め起(き)ヌ。（一七 5/1）

（三）若(し)言二世は常一なり・といふも、亦(た)應二邪見一(な)るべし。何以故、世間は實に皆無常(な)るものを、顚倒(せ)る故(に)、言《い》二ふを(も)て有常一(と)。（一八 8/9〜10）

（四）何(を)以(て)ぞ不ヌ三ものを名(づけ)て爲《せ》二般若波羅蜜一と、而も此の經の中の諸法の實相を、獨リ名二(づくる)般若波羅蜜一と。（一八 16/13〜14）

7 バ

バは、活用する語の未然形に附いて假定の順接を、已然形に附いて確定の順接を表す。前者の場合は、前に假説の副詞モシを持つことが多く、また、バを含む假定條件句を受ける主文の述語は、推量の助動詞を伴ふのが普通である。

（一）若(し)我イ强(ひ)て違二はば其の志一に、違レすること志に爲レ(し)てむ苦を。（一七 10/15）タガハバ

（二）若(し)心イ使レヒ身を、有レ(り)て我使レフ・といはば心を、應三更(に)有二(る)べし使レフ我を者一。（一九 11/16〜17）イハバ

（三）設ヒ有二ラば遺失一すること、卽時に露發(す)べし。（一六 11/17）アラバ

(四)　以二て呪語一を禁レせば之を、其の心便(ち)轉(し)て、必ず來(ら)むこと無レ(け)む疑(ひ)。(一七　8/4～5)セバ

(五)　待二(ち)て其の子の生一(れ)むを知二(り)ナば似レ(れ)リヤ父に不一ヤ・と、治レするに之を無レ(け)む・とまうししカば晩きこと、王郎(ち)寛(ゆ
る)置(し)ツ。(一七　6/25)シリナバ、「寛置」の右に「許也」の注あり。

(六)　遥(か)に見二て河水の清涼一を、快樂して走(り)て往(き)て、趣レ(き)て之に入レレば中に、變(し)て成二る熱沸(の)醎水一と。(一六　10/7～8)イレバ

(七)　裁《ワツカ》に欲レ求レむレば出(て)むと、其の門已に閉(ちら)レヌ。(一六　7/8)モトムレバ

(八)　見二レば人道の中一を、以二(て)十善の福一を貿《アキナ》ヒて得《う》二人身一を。(一六　3/15～16)ミレバ

(九)　是(の)時(に)佛攝二(め)たまひしカば神力一を、諸の比丘の身、復(た)如レくして故の皆空レくして鉢を坐せり。(一七　7/7～8)タマヒシカバ

四　副助詞

本點に用ゐられた副助詞で、確認できたものはスラ・ダモ・ノミ・マデニの四語で、サヘは求められない。

1　スラ

スラが用ゐられるのは、次のやうな場合で、例が多い。

甲　後文が「況・何況」で始まる場合、前文の「尙・猶尙・由」の前に補讀するもの。

乙　同じ場合に、前文に「尙・猶尙」がなくて補讀するもの。

(備考　A～Fは、〈第四章　六、「況・何況」〉の分類に從ふ。)

(一) 阿羅漢・辟支佛すら尙(し)不《ず》レ能レ(は)知(る)こと。何況餘人は。(一七 23/10) 甲A

(二) 若(し)斯の人をは者、諸天の音樂すら尙(し)不《ず》レ能レは亂すること。何況人の聲は。(一七 4/9) 甲A

(三) 諸の業の中には尙し无レし有レ(る)こと一すら。何況有レ(ら)むヤ三。(一九 26/14) 甲D

(四) 一切の衆生すら尙(し)不《ず》レ能レは得レ(る)こと知(る)こと。何況一人イ欲三(は)むヤ盡く知二(ら)むと一切の法一を。(一一 8/9～10) 甲F

(五) 若(し)無二く罪報の果一、亦(た)無二(き)をすら諸の呵責一、猶(し)當(に)應二慈忍一すべし。何況苦果の劇(し)きは。(一七 11/20) 甲A ヲスラ

(六) 四無量の心の諸の清淨の法すら、以二(て)の所緣不《ヌ》レを實に(あら)故(に)、猶-尙し不《ず》下與二眞空の智慧一と等上(し)く(あら)。何況此の邪見は。(一八 11/1～2) 甲A

(七) (以二(ての)是(の)義一(を)故(に)、佛(は)精進無レ(し)滅(すること))、病の時すら猶-尙し不《ず》レ息(ま)。何況不《(ぬ)》レ病(ま)時には。(二六 8/22) 甲B

(八) 以二ての是の事一を故に、知下る細軟の觸法は、能く動二(かし)ッ仙人一をすら。何況愚夫上をは・と(一七 10/21) 乙B ヲスラ

(九) 若(し)求二(むる)すら世間の近き事一を、不《ヌ》レとき能レは專レ(らに)すること心(を)、則(ち)事業不《ず》レ成(ら)。何況甚深の佛道、而も不《ず》レ(あら)むヤ用二(ゐ)禪定一を。(一七 1/24～25) 乙D

(一〇) 有る婦をすら心(に)不《ず》レ欲は。何況造二(ら)むや邪淫一を。(一七 3/11) 乙E ヲスラ

上記の例を通覽すると

甲類は、「……スラ……。何況……。」の形式で、

1　スラは「尙（猶・猶尙）」の直前（訓讀の順序）に補讀する。

2　スラの前にある主語・連用修飾語は、格助詞のないものが多く、ヲを持つものが稀にある。

3　「何況」を受けて、前文の主語・連用修飾語に對應する主語・連用修飾語には、ハを添へる。

4　「何況」を受ける述語は、ムヤで結ぶ。

5　「スラ「尙（猶・猶尙）」に續く述語は、一例（五）を除いて、否定である。

といふ特徴を持つ。

乙類は例が少ないが、「……。何況……。」の形式で、

1　スラは、前文の强調すべき連用修飾語の後に補讀する。

2　「何況」を受けて、前文の連用修飾語に對應する連用修飾語には、ハを添へる。

3　「何況」を受ける述語は、ムヤで結ぶ。

4　スラに續く述語は肯定のこともある（八）。

といふ特徴を持つ。

2　ダモ

全てダモと記され、ダニモの例はない。ダモが用ゐられるのは、次のやうな場合である。

甲　後文が「何況」で始まる場合、前文の「尙（猶・猶尙）」の前後に補讀するもの。

乙　同じ場合に、前文に「尙（猶・猶尙）」がなくて補讀するもの。

ただし、第三種點には乙の例ばかりで、甲の例は見當たらない。

(一) 佛法の中には則(ち)不《ず》レ然には(あら)。於二て一切の衆生一に、慈心を(も)て等(し)く視る、乃至二(る)までに蟻子一に、亦(た)不《ず》レ奪レ(は)命を。何況殺レ(さ)むヤ人を。一の針一の縷をダも不《ず》レ取(ら)。何況多物をは。無レき主淫女を不《ず》二以レてダも指を觸一(はへ)。何況人の之婦女をは。戯笑してダも不《ず》レ得二妄語一すること。何況故ラに作二(ら)むヤ妄語一を。(一八 5/14〜18) 乙

(二) 佛(は)入二出(し)たまふ諸の三昧一をは。舍利弗等は乃(し)不《ず》レ聞二(か)其の名一をダも。何況能(く)知(ら)むヤ。(一八 16/20〜21)

乙

ダモに續く述語は、全て否定である。

スラとダモを比較すると、

1 スラの例は多く、ダモの例は少ない。

2 スラの例は、甲・乙兩方に渉って存在するが、ダモは乙に限られてゐる。

3 スラと「尙」の結びつきは強く、ダモと「尙」の結びつきは弱い。

4 スラに續く述語は、否定が多く、まれに肯定もあるが、ダモは全て否定である。

3 ノミ

ノミは、

A 文中に用ゐられるもの

B 文末に用ゐられて、文を終止するもの

があり、表記上から見ると、

ａ　本文の文中の「唯・但・獨・純」を受けて、その前後に補讀するもの
ｂ　本文の文末の「而已・耳」をノミと讀むもの
ｃ　右の文字はないが、文意によって補讀するもの

に分けられる。「唯・但」は、タを送ったものはないが、シを送ったものがあって、タダシと讀んだことが分かり、「獨」はリを送ったものがあって、ヒトリと讀んだことが分かる。ノミを示す本來のヲコト點はなく、ノ・ミ二つの點で示す。

（一）萬物は无常なり。唯(た)福のみ可レし恃(む)。（一一　14/12〜13）Ａａ
（二）但(た)欲レ(ひ)て持レ(た)むとのみ戒を、不《ず》レ慜二(は)其の苦一を。（一六　17/3）Ａａ
（三）須臾(ありて)便二吐す王の邊一に。吐の中に純ラ蘇のみあり。（一六　17/20）Ａａ
（四）獨リ佛のみ能(く)盡(くし)て遍く知(しめすが)故(に)、（二六　25/6）Ａａ
（五）以レ(ての)是(を)故(に)、應レし言二(ふ)天人と而已《のみ》一。（一〇　25/7）Ａｂ
（六）我は唯(た)有二リ一(り)の兒一のみ耳。（一二　16/27）Ａａ
（七）梵天王のみ獨(り)在二(り)て梵宮一に、寂寞にして无レき人。（一〇　25/24）Ａａ
（八）是レ爲穀子、未レとも種(ゑ)芽已に得レツべし生すること。大果方に在レ(らまく)後に耳《のみ》。（一一　18/26〜27）Ｂｂ
（九）但(た)欲レフを(も)て滿レ(て)むと檀を、自(ら)得二ラくのみ福德一を。（一六　17/1）Ｂａ
（一〇）但(た)出家セヨ。破レ(り)ツべくは戒を便(ち)破(り)てマくのみ。（一三　24/21〜22）Ｂｃ
（一一）二戒倶に等し。但(た)五戒は終レ(ふる)までに身を持ッ。八戒は一日のみ持ッ。（一三　21/19〜20）Ａｃ

(一二) 墮二(つ)ベクは地獄一に、便(ち)墮(ち)マくのみ。(一三 24/23) Bc

(一三) 白衣の家居は唯(た)此の五戒のみカ。更(に)有二る餘の法一ヤ邪。(一三 18/12) Bc

上記の内、(五)は、文末の「而已」を「天人」に續けて、「天人トノミ」と讀んでゐるが、これは無理な讀み方であって、「而已」は文末に置いて、「應レくあらくのみ言二ふ天人一と而已」と讀むべきであらう。(六)は、「唯」と「耳」と二語で挾んだ例である。(七)は、「獨」の前の「梵天王」にノミを附けてゐるが、ノミは「獨」の後の語に附けるのが普通である。口語譯をすれば「梵天王が獨り梵宮にゐるだけで」と言ふところである。「在」にノミが附けにくいので、前の「梵天王」にノミを附けたのであらう。(一〇)は、「但」の持つ「限定の機能」は、「出家セヨ」で切れてゐて、「破リテマクノミ」は、「文意によって補讀する」形になってゐる。「破リテマクノミ」には、「破るだけだ」という限定の意味よりも、「破ってしまへ」と指定する氣持ちが強い。

5 マデニ

マデニは、下中のヲコト點一字で示し、第一種點のやうに、假名のマと、ヲコト點のテ・ニとを用ゐた例がないため、マデと讀んだか、マデニと讀んだか、確かなことは分らないが、平安初期の一般的傾向に從って、マデニと言ったものとして取り扱ふ。「乃至」の「至」をイタルマデニと讀んだ例が多い。動詞スに續いて――マデニ―ス、指定の助動詞ナリに續いて、――マデニ―ナリと言ふことがある。

(一) 得二て無生忍一を、捨二ッ內身一を。得《え》二法性身一を、乃至レ(る)までにする成レるに佛に、是を爲二す心精進一と。(一六 12/19～20)

(二) 從二一世二世一より乃至二(る)までに八萬大劫一に、未《マ》レじ勉(まぬが)二(る)鴿の身一を。(一一 9/28)

(三) 一切の有命は乃至二(る)までに昆蟲一に、皆自(ら)惜レ(し)む身を。(一三 8/14)

(四) 以二(て)禪定の力一を服二し智慧の藥一を、……或は天となり、或るは人となり、下至二るまでに畜生一に、種種の語言方便を(も)て開導す。(一七 1/7～10)

(五) 若(し)十二月一日より、至二(る)までに十五日一に、受二持するに此の戒一を、其の福最多なり。(一三 18/14～15)

(六) 若(し)无二きは大心一、雖二(も)終レ(ふる)までに身を持戒一すと、不《ず》レ如下くはあら有二る大心一人の一日持戒上するガ也。(一三 21/21～22)

(七) 如二く諸佛の盡レ(くる)までに壽不《ヌ》レガ淫(せ)、我某甲も一日一夜不《ヌ》レこと淫(せ)、亦(た)如レく(せ)む是の。(一三 18/25～26)

(八) 大火炎(の)炭、至レ(り)て膝までに燒二く罪人の身一を。(一六 9/9)

五　係助詞

1　カ・ヤ

カ・ヤは、種種な語に附いて、文中・文末にあって、疑問・反語を表す。

カ・ヤの用法を次のやうに分類する。

甲　文中に用ゐられるもの

乙　文末に用ゐられるもの

意味によって、

A　廣い意味で疑問を表すもの

B　廣い意味で反語を表すもの

他語との共用關係によって、

a　單獨で用ゐられるもの

b　疑問を表す代名詞・副詞と共に用ゐられるもの

c　推測の副詞（モシ・スコブル）と共に用ゐられるもの

d　反語副詞（アニ・イハムヤ・マサニ）と共に用ゐられるもの

(1)　カ

（一）卅兩の金は今在二る何の所一にカ。（一一　18/14）甲Ab

（二）何の等キカ是レ多欲多瞋多癡の相。（一四　12/18～19）甲Ab

（三）今不殺生は得二る何の等《こと》き利一をカ。（一三　6/25）甲Ab

（四）誰カも不《ず》レ（あらむ）惜レ（しま）命を。（一六　13/26）甲Ab

（五）是の物は近二き誰ガ國一にカ。（一三　9/16）甲Ab

（六）云何（なる）をカ爲《い》二ふ精進滿足一すと。（一六　12/5～6）甲Ab

（七）爲《も》し是（れ）師の隱レするカ我を邪。（一一　2/14）乙Ac

（八）一の究竟の道は、爲《も》し衆多の究竟の道カ。（一八　9/8）乙Ac

（九）有覺有觀は、爲し一法カ、爲し是（れ）二法カ。（一七　15/16）乙Ac

（一〇）恐レる非二（ずあら）むカ・と安レくし國を全レくする家を之道一には。（一一　5/24）乙Aa

（一一）以㆔（て）更（に）無㆓（き）を依處㆒、驚㆓懼し失㆑（は）むカと我を、畏㆑る墮㆓（ち）むカと無所得の中㆒に故。（一八　5/6）乙Aa

（一〇）の「非（ずあら）むカ」、（一一）の「失（は）むカ」「墮（ち）むカ」のやうに、カが、疑問・疑惑を表す代名詞・副詞を伴はないで、文末にあって、單獨で用ゐられるものは稀であって、「恐」「驚懼」等に續いて、――ムカ―ト―恐ル・驚懼スの形を取るものが多い。なほ、第一種點には、「有ればか」「住せればか」のバを省略して（と言ふより、バを必要としなかった）「有レカ」「住セレカ」と言った例があったが、第三種點には同種の例は求められない。第三種點が第一種點よりも、加點年代が新しいからであらう。

(2)　ヤ

（一）白衣の居家は唯（た）此の五戒のみカ。更（に）有㆓る餘の法㆒ヤ邪。（一三　18/12〜13）甲Aa

（二）爲し七覺の中の、捨四無量心の中の捨をヤ名（づけて）爲《す》㆑る捨と。（二六　5/11〜12）甲Ac

（三）若（し）有㆓（る）は是の有分を名㆑（づく）ること身と、爲《（も）》し各各の分の中にヤ、具足して有る。爲し身の分分にヤ在㆓る諸分の中㆒（に）。（二〇　2/19）甲Ac・甲Ac

（四）問（ひて）曰（はく）、「諸の鹿は盡（き）たりヤ耶。汝何を以（て）ぞ來（り）し・と。」（一六　14/9〜10）乙Aa

（五）待㆓（ち）て其の子の生㆒（れ）むを、知㆓（り）ナば似㆑（れ）りヤ父に不㆒ヤ・と、治㆑するに之を無㆑（け）む・とまうししカば晩《（おそ）》きこと、（一七　6/25）「晩」の右に「遲也」の注あり。乙Aa

（六）自㆓我（れ）求㆑（むる）より道を、彌（よ）歷㆓（れ）ども年歳㆒を、不《ず》㆑知㆘（ら）爲《（も）》し道果は无（し）ヤ邪。我は非㆗ずヤ・いふことを其の人㆖には邪。（一一　2/5〜6）乙Ac・乙Ac

（七）豈能（く）演㆓へ至眞㆒を、廣（く）説㆓（か）むヤ如來（の）義㆒を。（一一　24/27〜25/1）乙Bd

（八）若《イ》爲《カ》ぞ譏二嫌する式叉摩那一を。豈不《ず》レヤ致レ(さ)譏を。（一三　25/27〜26/1）乙Bd

（九）有る婦をすら心(に)不《ず》レ欲は。何況(や)造二(ら)むヤ邪淫一を。（一七　3/11）乙Bd

（一〇）乃至二(る)までに蟻子一に亦(た)不《ず》レ奪レ(は)命を。何況(や)殺レ(さ)むヤ人を。（一八　5/15）乙Bd

ヤは、文末にあるものが多く、文中にあるものは少ない。

2　ゾ

ゾは、種種な語に附いて、文中、文末に用ゐられ、文中にあっては指示強調を、文末にあっては、指定を表す。用ゐられる位置と、他語との共用關係を基準として、その用法を次のやうに分類する。

A　文中に用ゐられるもの

a　單獨で用ゐられるもの

b　疑問の代名詞・副詞に附くもの

c　他語を挾んで疑問の代名詞・副詞と呼應するもの

B　文末に用ゐられるもの

a　單獨で用ゐられるもの

b　疑問の代名詞・副詞に附くもの

c　他語を挾んで疑問の代名詞・副詞と呼應するもの

（一一）誰ぞ能く贊二(せ)む其の德一を。（一八　2/26）Ab

（一二）老公は年已(に)百歳(になり)たり。何ぞ用二(ゐ)る・といふ是の儛一を。（一〇　9/20）Ab

（三）讃二するに佛の功德一を、云何ぞ而得二る如レ(き)是(の)果報一を。（一一　22/7）Ａｂ

（四）結賊不《ず》レ滅(せ)、害未《ヌ》レときは除(せ)、如下し共二毒蛇一と同室に宿上るガ。……爾時、安《(いつくに)》ぞ可二き而も睡眠一す。（一七　12/8）Ａｂ

（五）若(し)居家の戒を(も)て、……得レば至二(る)こと涅槃一に、復(た)何セむぞ用二(ゐ)る出家の戒一を。（一三　22/21〜22）Ａｃ

（六）三(をは)名二(づく)呵羅羅一と。〈寒戰の聲ぞ也。〉。四(をは)名二(づく)阿婆婆一と。〈亦(た)患寒の聲ぞ也。〉（一六　9/3〜4）Ｂａ

（七）佛告二(けたまはく)舍利弗一(に)、「……是(の)時に、有レ(り)て佛度二(し)て无量阿僧祇の衆生一を、然(して)後に、入二るぞ无餘涅槃一に。……」（一一　10/2〜6）Ｂａ

（八）入智といふ者は、既(に)得二ツるときは三禪の中の樂一を、不《ヌ》三ぞ令二め於樂に生レ(せ)患を。（一七　6/25）Ｂａ

（九）心依二(り)て邪見一に破二すること賢聖の語一を、如三きぞ竹の生レするとき實自に毀二レるガ其の刑一。（一三　14/23）Ｂａ

（一〇）魔王驚疑して言《イ》はく、「此の人は諸の結使(を)欲レ薄(くあらし)めて、必ず得《え》二(て)涅槃一を、墮二(ち)ナむものぞ・と僧寶(の)數の中一に。」（一三　24/15〜16）Ｂａ

（一一）論議師の輩、遥(か)に見二て佛(の)來《(いてま)》一すを、自(ら)語二はく其の衆一に、「……見二て汝等の靜嘿一(な)るを、或(は)能く來《(いてま)》レ(さ)むものぞ・といひて此(こ)に。」衆《音》卽(ち)嘿然せり。（一六　13/24）Ｂａ

（一二）其の果報云何ぞ。願フ、爲(に)演說(せ)ヨ・と。（一一　22/3）Ｂｂ

（一三）問(ひ)て言(は)く、「汝は誰ガ弟子ぞ。師は是(れ)何人ぞ・といふ。」（一一　2/2）Ｂｃ

（一四）般若波羅蜜は、是レ何の等き法ぞ。（一一　10/18）Ｂｃ

㈤　若（し）无レくは所レ知（る）、云何ぞ能（く）使レ（は）む心を。若（し）神ィ有二（ら）ば知相一、復（た）何用レ（ゐる）こと心を爲（せ）（む）ぞ。（一九　11/20〜21）Ｂｃ「何」の右に「一」、「爲」の右に「二」の白筆の書き込みあり。

㈥　是（の）時（に）、衆-女逡-巡とたちモトホリて小し退（き）て、語二（り）て菩薩一に言（ひ）しく、「端坐すること何-爲《なにせ》むぞ。」（一四　13/4〜5）Ｂｃ

上記諸例中、（六）の〈　〉で包んだ部分は、それぞれ、本文の「呵羅羅」「阿婆婆」に附けられた注で、二行に小書きにされてゐる。㈤の「一」「二」は讀み順を示す返り點で、「心を用ゐること、何せむぞ」と讀む。

３　ナ

ナは、禁止を表す「莫・勿」を讀み、――コト-ナの形で、すべて文末に用ゐられる。用例は少ない。

㈠　是の故に、佛言（はく）、「莫《ナ》レ奪二（ふ）こと他の命一を。奪二フは他の命一を、世世に受二く諸の苦痛一を。……」（一三　6/22〜23）

㈡　舍利弗・目捷連（は）、心淨くして柔濡なり。汝莫《ナ》二謗レ（り）て之を而長夜に受レ（くる）こと苦を。（一三　13/13〜14）

㈢　我今代レ（ら）む汝に。汝勿《ナ》レと・のたまふ憂（ふ）ること也。（一六　14/7）

㈣　諸の惡を莫《ナ》レ作（る）こと。諸の善を奉行（して）、自（ら）淨二く（せ）よ其の意一を。是レ諸佛の教なり・と。（一八　6/8）

㈤　汝、起（き）ヨ。勿《ナ》下抱二（き）て臭き身一を臥上（す）ること。（一七　12/6）

「莫」にレを送った例がある。

㈥　王過二（き）て六日一を、而も出（て）て辭二謝（せ）しく仙人一に、「我は便（ち）相（ひ）忘（れ）たり。莫レレ・と見レ（る）ること咎め也。」（一八　7/20〜21）

ナカレの確實な例は、東大寺本『地藏十輪經』元慶點に始まる。

○　但し……住二して阿練若一に自ラ現レせり有レ(り)といふことを德。愼《ツヽ》(し)みて莫《ナカ》二レ・といふ供養し恭敬し承事一すること。(四　3/12～13)

本例の場合は、ナクアレからナカレへ移る過渡期にあったはずで、どちらとも決めがたい。

六　終助詞

1　カナ

カナは、原文の「哉」を讀んだ例はなく、補讀したものが數例あるに過ぎない。

(一)　國王愧喜交《こもごも》集(り)て、白二(し)て比丘一に言(は)く、「未曾有(なる)カナ也。說法(の)功德の大果乃(し)爾(な)ラく・と。」(一一　22/1～2)

(二)　賈客の入レ(り)て海に、採レ(り)て寶を垂《イマヽ》出二(て)むとするとき大海一を、其の船卒《ニハカ》に壞レて、珍寶を失ヒ盡(し)ッ。而も自(ら)喜慶して、擧レ(け)て手を而言(は)く、「幾《ほとほと》失二(ひ)ツるカナ・といふ大寶一を。」衆人の恠(しひ)て言(は)く、「汝失二(ひ)て財物一を、倮形にして得レたり・と脱(るる)こと。云何ぞ喜(ひ)て言三幾《ホトホト》に失二(ひつる)カナ・といふ大寶一を。」(一三　7/16～19)

(一)は、「未曾有(なる)カナ」を受ける文末の述語は、「爾(な)ラく」で、――カナ――クの形を取ってゐる。

2　ヲヤ

ヲヤは、訓讀文では、「況・何況」を受けて、文末に用ゐられることが多いが、第三種點には、まだその例はなく、和文のヲヤと同じ用法のものが、三例あるに過ぎない。

(一)　問曰、「一切(の)善法の中(には)、精進多し。今說二(くこと)精進波羅蜜一を已(り)て、入二(り)タるをヤ一切善法の精進の中一に。」

（一六　2/5～6）

(二)　問曰、汝先に自(ら)言下(ひ)つるをヤ摩訶衍經の中に說(か)く、「佛は爲二(の)菩薩一の故(に)、自(ら)說中(き)たまふ・と盡知遍知上と。」（二六　25/19～20）

(三)　(若(し)以二(て)小人(の)輕慢一(を)謂(ひて)爲二(し)怖畏一(と)、而欲レ(せば)不レ(あらむと)忍(は)、)　不忍(の)之罪は甚二(し)きをヤ於此一より也。（一四　18/26～27）

第一種點にも一例あった。

○　佛語二(りたまは)く須菩提一に、「汝、若(し)不レは見二實に定(め)て有一(り)と、云何ぞ以二(て)次第等一を難レする空を。而次第の法は不レぬをや・とのたまふ離二(れ)於空一に。」（八七　15/16～18）

ヲヤは、「歯切れの悪い」感動を表す。(一)は「一切善法の精進の中に入ったのにな」、(二)は「お說きになってゐると言ったのにな」、(三)は「これより甚しいのにな」、第一種點の「空に離れぬをや」は、「空に離れないのにな」である。詳しくは、拙著『平安時代における訓點語の文法』の、〈第八章、第六節、終助詞〉の項（六五九～六六四頁）を參照されたい。

七　間投助詞

第三種點に用ゐられた間投助詞は、シのみである。シの用法を次のやうに分類する。

A　特殊な副詞を受けないもの

a　格助詞ヲに重ねて用ゐられるもの

b　格助詞トに重ねて用ゐられるもの

c　格助詞イに重ねて用ゐられるもの

d　指定の助動詞ナリの連用形ニに重ねて用ゐられるもの

B　特殊な副詞を受けるもの

a　「尚・猶・故」に附いて、ナホシとよむもの

b　「但・唯」に附いて、タダシと讀むもの

c　「乃」に附いて、イマシと讀むもの

d　「宜」に附いて、ウベシと讀むもの

（一）太子食レ（ひ）菓を、得二て其の氣味一を、染心深く著して、日日に欲レフ得むと。……鳥の母の來（り）し時に、卽（ち）奪二（ひ）得て菓一をし送る。（一七　5/25〜6/3）Ａａ

（二）一（り）の沙彌心に常（に）愛レす酪を。……命終の之後に、生二（れ）ヌ此の殘酪の瓶の中一に。沙彌の師得二たり阿羅漢道一を。僧の分レツ酪をし時に、語（り）て言（ひしく）、「徐-徐にセヨ、莫《ナ》レといふ傷二ること此の愛酪の沙彌一を。」（一七　5/15）Ａａ

（三）是の菩薩行二するとき正語一を、諸の有二るイは所語一とし、皆住二して實相の中一に說く。（一九　26/7）Ａｂ

（四）我レイシ實に是（れ）畜獸なり。名（づけ）て曰二人の頭ナる鹿一といふべし。汝は雖二（も）是レ鹿身一なりと、名（づけ）て爲《す》二べし鹿の頭（な）る人一と。（一六　14/17）Ａｃ

（五）假-令ヒ後世に无レく罪、不《ヌ》下すら爲二に善人一の所《レ》レ訶《いさ》（は）、怨家に所《レ》上レ嫉（ま）、尙し不《ず》レ應三く（あら）故ラに奪二フ他の命一を。（一三　7/13〜14）Ｂａ

（六）阿那含阿羅漢すら尚し无二し煩惱の所起の惡口一。何況（や）佛は。（二六　15/20～21）Ｂａ

（七）四無量の心の諸の清淨の法すら以二（て）の所緣不《ヌ》レを實に（あら）故（に）、尙-猶し不《ず》下與二眞空の智慧一と等上（し）く（あら）。何況（や）此の邪見は。（一八　11/1～2）Ｂａ

（八）有二リ六十斛の胡麻一。有る人過二（き）て百歲一を、取二（ら）む一の胡麻一を。如レくして是の至レ（ら）むに盡すこと、阿浮陀地獄の中の壽は、故《なほ》し未《ず》レ盡（さ）。（一三　14/7～9）Ｂａ

（九）唯し以二て寂滅一を爲二す安穩一なりと。（一六　18/5）Ｂｂ

（一〇）慈の父母唯し有二リ一（り）の子一（の）み。（一六　3/1）Ｂｂ

（一一）此の蟲は本（と）是（れ）我ガ沙彌なりき。但し坐三（よ）（り）て貪二愛（せ）しに殘酪一を故、生二（れ）たり此（の）瓶の中一に。（一七　5/17）Ｂｂ　「坐」の左に「由也」の注あり。右にも注あれど讀めず。

（一二）禪定（は）難レ（し）得。行者の一心にして專ラ求（め）て不《ず》レ（あ）るとき廢（ま）、乃し當（に）得《う》レ之を。（一七　2/9）Ｂｃ

（一三）當（に）觀二て老病死一を、尒乃し出二（つ）べし四淵一を。（一七　11/10）Ｂｃ　「四淵」の右に「生老病死」の注あり

（一四）自（ら）思惟（す）ラく、「……宜し自（ら）勉《ハケ》み厲二べし・とおもふ以レ忍を（も）て調レす心を。」（一四　3/4～6）Ｂｄ

上記諸例中、（一四）は、「宜」にシを送り、「厲」にベシを讀み添へてゐる。ウベシ（またはムベシ）――ベシと讀んだものと思はれるが、「勉勵」は、「はげみ-はげみて」と讀み、「べしと・おもふ」は、「調」に續けて讀むべではきないか。本例については、〈第四章、二　可・當・應・宜・肯〉の項參照。

八　準體助詞

體言に、ノ・ガが附いて、他の體言の修飾語となる場合、後の體言が省略されると、ノ・ガがモノの意味を表し、いはゆる準體助詞となる。その例は、僅かながら奈良時代から見え、平安時代に入ると、訓讀文でも、初期から用ゐられたが、ノだけでガの例はない。第三種點の場合も同様である。

㈠　彼の國土の中には多く有二リ金色光明千葉の蓮華一。娑婆國土の中には、唯（た）有二レども化の華の千葉一は、无二し水生のは者一。（一〇　10/14～15）

㈡　八の寒氷地獄といふ者は、一をは名二（づく）頞浮陀一と。……七のをは名二（づ）く波頭摩一と。（一六　9/2～5）

㈢　菩薩は盡く行二せり諸（の）禪一を。麁細と・大小と・深淺と・內緣と・外緣とを、一切盡く行す。以レ（ての）是（を）故（に）、菩薩の心中のは名二（づく）禪波羅蜜一と。餘人のをは但（た）名レ（づく）禪とのみ。（一七　22/5～8）

㈣　何（を）以（て）ぞ不《ヌ》三ものを名（づけ）て爲《せ》二般若波羅蜜一と而も此の經の中の諸法の實相を、獨リ名二（づくる）般若波羅蜜一と。答曰、世俗經書の中のは、爲二（に）するを（も）て（の）安レ（く）し國を全レくし家を、身-命壽樂一（せしめ）むガ故（に）非レず實に（あら）。（一八　16/13～15）

上記諸例中、㈠は、「水生の蓮華は」、㈡は「七の地獄をは」、㈢は「餘人の禪をは」、㈣は「世俗經書の中の實相は」の意味である。

九　複合助詞

トシテ・ニオキテ・ニシテ・ヲシテ・ヲモテ等を、格助詞同様に用ゐることがある。

1　トシテ・ニシテ・ヲシテ

トシテ・ニシテ・ヲシテは、格助詞ト・ニ・ヲに、シテの結合した複合語である。シテは、本來動詞ス（爲）の連用形に接續助詞テの複合したもので、動詞としての用法を殘してゐる場合もあれば、助動詞や助詞に近い用法を示すこともある。從って、トシテ・ニオキテ・ニシテ・ヲシテ・ヲモテも、他の格助詞とは異なって、動詞や助動詞の要素を含み、その意義は微妙である。すなはち、トシテは――トアリテ、ニシテは――ニアリテ、ヲシテは――ニ命ジテ、――ニ勸メテ等と言ふのに近い。

(一) 國王の師として教下(へ)き王に作二る輪聖王一と法上を。（一一 20/6）トシテ

(二) 菩薩は觀二す一切法は有相(にして)、無レしと有二(る)こと法として無レきものは相者一。（一八 12/16）トシテ

(三) 佛所にして彈レ(き)て琴を歌レ(ひ)て頌を以(て)供二養(したてまつら)むとおもふ佛一を。（一一 11/15～16）ニシテ

(四) 於二佛法の中一にして、何者《もの》をカ最も難(し)とする。（一三 24/11～12）ニシテ

(五) 持戒の之福の令《し》三むることも人をして受二(け)後世の福樂一を、亦復(た)如レし是の。（一三 22/5）ヲシテ

(六) 此の鹽は能(く)令《し》二むるガ諸の物をして味美一に(あら)故(に)なり・と。（一八 11/12）ヲシテ

なほ、〈第五章、第三節、一　スの特殊な用法〉の項、用例E・F・H、用例（五六）～（六五）、（六九）～（七三）を參照されたい。

2　ニオキテ

ニオキテは、格助詞ニと、動詞オクの連用形と、接續助詞テとの結合した複合語で、本文の「於」を讀む他、文意によって補讀する。本文の「於」を讀む場合は、「於」にテを、後の語にニを送る。第三種點には、ニオキテを示す特定のヲコト點がないため、補讀する場合には、その文字にニ・キ・テ三個の點を加へる。

（一）凡人の所疑は於レて佛に无碍なり。凡夫の所難は佛に（お）きては皆易し之。（一〇　10/4～5）

（二）如下く人の在二るときは岐道一に、疑惑して無上レきガ所レ趣（く）、諸法の實相の中に（お）きては、疑も亦復（た）如レし是の。（一七　12/25）

稀に「在」を「於」の意味でニオキテと讀むことがある。

（三）菩薩如レく是の觀二する身の實相一を時には、離二（れ）て諸の欲染著一を、心に常（に）繫レ（け）て念に、在（お）レきて身に修二す身觀一を。（一九　20/21～22）

ニオキテについては、なほ、〈第四章、一三　於〉の項、用例（二六）～（三四）を參照されたい。

3　ヲモテ

ヲモテは、格助詞ヲとモテ（名詞に附いて、ある行爲に用ゐられる道具・材料を示すことが多く、稀に原因・理由を表す一種の格助詞）との複合語で、本文の「以」を讀む他、文意によって補讀することが多い。名詞、または活用語の連體形に附いて、道具・材料や原因・理由を表す他、格助詞ヲと同じ意味に用ゐられることもある。動詞スに續けて――ヲモテ-スと言ひ、指定の助動詞ナリに續けて、――ヲモテ-ナリと言ひ、代名詞ココ・コレに附いて、ココ-ヲモテ・コレ-ヲモテと言ふ複合語の接續詞を構成する。また、原因・理由を表す形式名詞ユヱニに續けて――ヲモテ-ノ-ユヱニと言ふこともある。

（一）示二（す）との善濡の心一を故（に）、以レて華を爲レす信と。（一〇　8/24）

（二）護レる水を諸の鬼以二て鐵の杖一を逆へ打ッ。（一六　5/12）

（三）鐵の釵《ヒシ》を（も）て相（ひ）釵《サ》シ、鐵の棒を（も）て相（ひ）棒《う》（ち）、鐵の杖を（も）て相（ひ）捶《う》（ち）、鐵の釵《クシ》を（も）て相（ひ）貫き、（一六　5/26）

〜27）「棒」「捶」の右に「丁也」の注あり。

（四）所以者（は）何、施の時に與る心堅固（な）るを（も）て、得《う》二足下安立の相一を。（一一　16/26）原因・理由

（五）大く修二するに布施一を、心高ヒ陵《オ》−虐《コ》リて、苦二惱（せ）し（むる）を（も）ては衆生一を、受二く金翅鳥の形一を。（一六　4/5〜6）

原因・理由

（六）何故ぞ正（し）く以二てし蓮華一を、不《ヌ》レ以二てセ餘物一をは。（一〇　10/7）

（七）以二て鐵の鉗一を開レ（け）て口を灌くに以二てす洋銅一を。（一六　10/15）

（八）何（を）以（て）ぞ捉レる・と（な）ラば足を、天竺の法は以レて捉レるを足を爲《す》二るを（も）てなり第一の恭敬供養一と。（一三　25/20）

（九）此の人の宿行の因緣は、以下繫二縛（し）て衆生一を、鞭杖を（も）て苦二惱上（せ）し（む）るを（も）てなり。（一六　3/19〜20）

（一〇）實語と不飲酒と正命と、以《これ》を（も）て淨レむ心を。（一三　17/12）

（一一）一切の諸の衆生は衣食以《これ》を（も）て自活す。（一三　9/22）

（一二）以下ての知二リて諸法一を求中むるを實相上を故に、不《ず》レ畏二（り）惡道一を。（一三　22/17〜18）

（一三）菩薩の精進も亦復（た）如レ（し）是（の）。未《ヌ》レときは入二（ら）滅度一に、終に不《ず》二休息一（せ）。以レての是を故に十八不共法の中に、欲と及精進（と）の二の事を、常（に）修す。（一六　16/1〜3）

——ヲモテについては、なほ、〈第四章、一五　以・用〉の項を參照されたい。

第九節　助動詞

第三種點に用ゐられた助動詞で、確認できたものは、次の九種二一語である。

使役　シム
受身　ル、ラル
否定　ズ・ジ・マジ・（カヘニス）
推量　ム・ベシ・ムトス
過去　キ
完了　ツ・ヌ・タリ・リ
指定　ナリ・タリ
比況　ゴトシ
補助動詞　タマフ（四段活用）・タテマツル・マウス・ノタマフ

一　使役を表すもの

使役のシムは、本文の「使・令・教・遣」等を讀む他、文意によって補讀する。シムに續く助動詞は、ジ・ム・ベシ・キ・ツ・タリ、補助動詞タマフ（四段活用）等である。使役の對象には、格助詞ヲ・ヲシテ・ニ等を添へる。

「使・令」は、それ自身をシムと讀み、または讀まずして後の語にシムを添へる。

（一）　長(き)を者は令《し》レむ短(くあら)、短(き)を者は令《し》レむ長(くあら)、方(な)るを者は使《し》レむ圓に(あら)、圓(な)るを者は使レ方に(あら)しむ。（一六　6/9）

（二）　今布施(して)欲レ(すれども)求二(めむと)佛道一(を)、亦(た)无レ(し)有三(る)こと人として使《し》二むること我をして布施一(せ)（一二　15/22）シムル

（三）　自(ら)作二(さ)く誓願一を、「使三我ガ身の光明(をもて)照二(さし)めむと八十恆河沙等の佛の國土一を。」（一〇　14/14～15）シメム

（四）　具二足して佛法一令《し》三むべし衆生をして得二是の實樂一を。（一〇　15/12～13）

（五）　若(し)不《ず》レは殺レ(さ)羊を、不《じ》レといふ令下汝をして出(てて)得中しめ見二［る］日月一を生活の飮食上を。（一三　9/5）シメジ

「令」は「命令」の形で用ゐられることがある。「命ジテ……シム」と讀む。

（六）　王亦(た)恠レ(しひ)て之を、而命して令《し》レめ前(ま)問(ひて)言(はく)、（一六　14/9）

「教」は、それ自身をヲシヘテと讀み、後の語にシムを讀み添へる。

（七）　劫初の聖人教レ(へ)て人を持齋し、修レし善を作レ(り)て福を、以(て)避二(けし)めたまひたり凶衰一を。（一三　20/4～5）

（八）　常(に)以二(て)黑熱の鐵繩一をもて、拼二-度するを罪人一を、以二て獄中の鐵の斧一を、教レ(へ)て人を斫《き》レ(ら)しむ之を。（一六　6/7～8）

「教」は、「教令」の形で用ゐられることがあり、「教」をヲシヘテ、「令」をシムと讀む。

（九）　引二導して衆生一を、教(へ)て令《し》レむ行レ(せ)禪を。（二〇　15/24～25）

（一〇）　後に教(へ)て令《し》二むる賣買(し)て得レ受二(くる)こと五欲の樂一を、是を名レ(づ)く喜と。（二〇　14/16）

「遣」は、ツカハシテ、またはヤリテと讀み、後の語にシムを讀み添へる。

（一一）　問曰、若(し)尓あらば者、佛何(を)以(て)ぞ不《ず》三して自(ら)遥(か)に散二(せ)釋迦牟尼佛の上一に、而遣レ(し)て人を供養(せし)めたまふ。（一〇　9/23～24）

（一二）　思レすること之を明(か)に定(まり)て、卽(ち)自(ら)送レして身を遣二鹿母を還一(ら)しむ。（一六　14/7）「遣」の右に「令也」の注あり。

「遣」は、「令」に續き、「遣令」の形で用ゐられることがある。この場合は、「遣」をツカハシテ、「令」をシムと讀む。

（一三）　(諸(の)玉女言(さく)、「敬(しみて)如二(くせむ・と)王敕一(の)。」）說二(く)こと此の語一を已(り)て、各(の)遣(し)て令《し》レむ還(ら)。（一二　21/22～23）

「勸」をススメテと讀み、後の語にシムを讀み添へることがある。

（一四）　施の時に、勸レ(め)て人を行レ(せし)め施を、而安二慰(し)て之一を、開二(く)ガ布施の道一を故(に)、（一一　17/14～15）

使役の表現は、訓讀文に多く、「使・令・教・遣・勸」等の文字の無い場合にも、文意によって補讀することが多い。

（一五）　佛語二はく羅睺羅一に、「澡槃《タラヒ》に取レ(り)て水を與レ(へ)て吾に洗レ(はし)めヨ・と足を。」（一三　15/2）シメヨ

（一六）　今は先ッ讃二(し)て戒の福一を、然(し)て後に、人に能(く)持レ(た)しむ戒を。（一三　18/6）シム

（一七）　此の人は諸の結使(を)欲レ薄(くあらし)めて、必す得《え》二涅槃一を、墮二(ち)ナむものぞ・と僧寶(の)數の中一に。（一三　24/15～16）

（一八）　此の三地獄は、寒—風ありて、噤《ツク》ヒ戰《フル》ヒて、口も不《ず》レ（あら）しむ能レは開（く）こと。（一六　11/3）

二　受身を表すもの

受身のル・ラルは、本文の「所・被・見」を讀む他、文意によって補讀する。ル・ラルに續く助動詞は、ズ・ム・キ・タリ等である。

1　「所」は、單獨で用ゐられる場合と、前に「爲」があって、「爲——所——」の形を取る場合とがあり、また、「所」自身をル・ラルと讀む場合と、「所」は讀まないで後の語にル・ラルを讀み添へる場合とがある。

A　「所」が單獨で用ゐられる場合

a　「所」自身をル・ラルと讀む場合

b　「所」を不讀にして、後の語にルラルを讀み添へる場合

B　「所」が「爲」と呼應して、「——爲——所」の形を取る場合

a　「所」自身をル・ラルと讀む場合

b　「所」を不讀にして、後の語にルラルを讀み添へる場合

「所」が單獨で用ゐられ、「所」自身をル・ラルと讀む場合、「所」にル・レの點を打つ。

（一）　持戒の之人は、常に得三て今世に人に所二ることを敬養一（せ）、心樂（しく）して不《ず》レ悔い。（一三　2/25）A a

（二）　悔惱の火に所レるときは燒（か）、後世に墮二ッ惡道一に。（一七　12/17）A a

（三）　如下し人の闇（き）ガ中に飢渇に所レして逼（め）、食二（ひ）て不淨の物一を、晝日に觀知（し）て、乃（し）覺中するガ其レ非上ず・と。（一

九　25/9～10）Ａａ

（四）五情の馬に所レれ制せ、取レること笑を亦(た)如レし是の。（一七　11/1）Ａａ

「所」が單獨で用ゐられ、「所」を不讀にして、後の語にル・ラルを讀み添へる場合。

（五）畏二(り)て夫主の傍の人に所レ知(ら)レむことを、多く懷二く妄語一を。（一三　11/14～15）Ａｂ

（六）六者、人に所レなり不《ず》レ(あ)る敬(は)レ。（一三　15/9）Ａｂ

「所」が「爲」と呼應して、「――爲――所」の形を取り、「所」自身をル・ラルと讀む場合。

（七）爲二に二種の結使一の所レる使《ツカ》ハ、是を爲二す世間檀一と。（一一　19/9）Ｂａ

（八）二輕の之中に、寧(ろ)爲二には无智一の所レるとも慢(ら)、不《ず》下爲二(に)は賢聖一の所《る》上レべ(くあら)賤(しま)。（一四　18/2）Ｂａ

（九）威光如二(くあると)日明一(の)、爲二に一切一の所レると愛(せ)、辨才と有二ると大智一、（一一　22/5）Ｂａ
ルトモ、ルベクアラズ　Ｂａ

（一〇）假令ヒ後世に無レく罪、不《ヌ》下すら爲二に善人一の所《レ》レ訶(は)、怨家に所《レ》上レ嫉(ま)、尙し不《ず》レ應三く(あら)故ラに奪二フ他の命一を。

（一三　7/12～13）Ｂａ

（一一）觀レして身を得二ツるときは實相一を、則(ち)不《ず》二爲に所レレ縛(せ)。（一七　11/12）Ｂａ

「所」が「爲」と呼應して、「――爲――所」の形を取り、「所」を不讀にして、後の字にル・ラルを讀み添へる場合については、確實な例が見當たらない。

なほ、「爲」だけあって、これに續く「所」がない場合に、「所」がある場合と同樣に、――ノタメニ――ル・ラルと讀むことがある。

（一二）　女人は爲㆓に父母・兄弟・姉妹・夫主・兒子、世間法・王法㆒の守護（せ）ラる。（一三　10/23）

（一三）　一者（は）、常に爲㆓に所淫の夫主㆒の、欲㆔フ危㆓害（せら）レむカ・と之㆒。（一三　11/25）

（一四）　自㆑古より及《いた》㆑（る）までに今に、唯（た）有㆓リ此（の）林㆒のみ。常に獨リ蔚茂にして、不《ず》㆓爲㆑に火の燒㆒（か）れ。（一六　15/9～10）

（一五）　（行者（も）亦（た）爾（なり）。）爲㆓（に）無常の虎㆒の逐（は）レて不《ず》㆑捨（ま）。（一四　12/11～13）

「被」は、それ自身をル・ラルと讀む。例は少ない。

（一六）　酒は失㆓（ふ）覺知㆒を相なり。……智心動して而亂す。慙愧已に被《ラ》㆑る劫（せ）。（一三　16/18）

（一七）　或有る餓鬼（は）常（に）被㆓ること火に燒㆒（か）如㆓し劫盡の時に諸の山より火出㆒ツるガ。（一六　5/14）

（一八）　譬（へ）ば如㆘く……王被㆓レて毒に害㆒（せ）、沒して不《ず》㆖㆑なりき・といふガ還㆑（ら）宮に、（一四　16/9）

「見」は、ル・ラルと讀んで、受身を表す場合と、尊敬を表す場合とがあるが、第三種點には、一見受け身のやうに見えながら、尊敬を表してゐるものが數例あるに過ぎない。

（一九）　王過㆓（き）て六日㆒を、而出（て）て辭㆓謝（せ）しく仙人㆒に、「我は便（ち）相（ひ）忘（れ）たり。莫㆑レ・と見㆑（る）ること咎め也。」（一七　7/20～21）

（二〇）　罪人抂《タフ》㆑怖（り）て、叩㆑（き）て頭を求㆑む哀を。「小し見㆓レ（よ）放捨㆒（せ）。小し見㆓レヨ憐愍㆒（せ）。」（一六　7/3～4）「見レヨ」のヨは不確實。

（一九）は「咎めないで下さい」、（二〇）は「自由にして下さい」「哀れんで下さい」の意味である。「見」の表す尊敬は、下位の者が、上位の者に對して、――シテクダサイと願望するものである。ところが、第三種點では、「見」の尊敬表現が十分に理解されてゐなかったらしく、尊敬を表す「見」を、そのまま動詞にしてミルと讀んだ例がある。

（二二）　鹿の白（さ）く、「我ガ主は不《ず》レ仁に（あら）。不《ず》レして見ニ料理一を而見ニたり瞋怒一を。……」（一六　14／2～3）

（二三）　梵志歡喜（し）て自（ら）念はく、「王及夫人、内外の大小、皆服ニ事す我一に。唯（た）太子のみ不《ず》レ見ニ敬信一することを。……」

（一六　17／15～16）

（二二）は、子を懐妊した鹿が、國王の食料に差し出される順番に當たった。鹿は、子の命を助けたいと思って、「差し出される順番を變更して下さい」と、グループの鹿王（提婆達多）に賴んだが、鹿王は怒って、「誰でも命は惜しい。順番通り行け。」といって、賴みを聞いてくれなかった。困った鹿は、別のグループの鹿王（釋迦文菩薩）の所に行って哀訴した。その時の言葉である。「料理を見ずして」では何のことか分からない。「料理」とは、中村元博士の『佛教語大辭典』に「とりはからい、處理する、また、道理を考えること。」とあり、ここでは、鹿の願ひを取り上げて、適當な處置を考へることである。「見」は動詞のミルではなく、尊敬を表す。「不見料理」とは、「取り計らってくださらない。」「適當な處置を考へてくださらない」と言ふ意味で、「料理せられず」と讀む。「瞋怒を見たり」も分かりにくい。受身にとって、「瞋怒せられたり」（叱ラレタ）と讀んではどうであらう。尊敬とすれば「お叱りを受けた」といふことにならうか。[注1]

注1　『三寶繪詞』上卷第九話「鹿王」と同じ趣旨の話であるが、『三寶繪詞』には「不《ず》レして見ニ料理一を而見ニたり瞋怒一を。」といふ表現はない。

（二三）は、ある梵志師が食物を取らないと僞って、人々の敬信を得た。國王の太子だけはこれを信ぜず、バケの皮を剝いでやらうと、機會を狙ってゐた。ある日の朝、靑蓮華に種々の藥草の香を沁み込ませたのを梵志師に供養した。梵志師は、そんなこととは露知らず、太子もやっと信服してくれたと喜んだ。「不見敬信」の「見」は、動詞のミルではなくて尊敬を表し、「敬信して下さらない」と言ふ意味で、「敬信せられず」と読む。「見」には、なほ、注意すべき用法がある。

(二三)　(是(の)羅睺羅(は)悩㆓乱(す)我㆒(を))、願(ふ)、佛憐愍して見に救護(し)たまへ。(一〇　26/26)

(二四)　我(れ)獨(り)して無㆑し所㆑恃む、唯(し)願フ、見にし愍傷(せられ)ヨ。(一七　3/8)

(二五)　比丘の言(ひ)しく、「……我は但(た)池の岸の邊より行(く)を、便(ち)見に呵罵して云㆓我を偸㆑む・といふ香を。」(一七　5/4～5)

(二六)　客言(ひ)しく、「出㆑(し)て瓶を見に示し、并(せて)所出の物を□□□□」(一三　3/9)

上記諸例の「見」には、いづれも左上に、音読の斜線がある。ケンニと読んだのであらう。「見」は、大修館書店の『大漢和辞典』に、「[二]⑦いま・まのあたり。現在。現に同じ。」とあり、ケンニは「現に」の意味である。、但し、(二三)の「見救護」、(二四)の「見愍傷」は、「見」を尊敬を表すものと見て、「救護せられよ」「愍傷せられよ」と読むこともできる。「見」の尊敬表現については、別に述べたものがある。(「漢文訓読文で『見』を『る』『らる』と読む場合の一考察」平成五、『國語國文』六二・四・五、『國語史論集　下』所收)

三　否定を表すもの

否定のズ・ジ・マジは、本文の「不・未・非・无」等を読む。ザリの例はなく、すべてズ-アリと言ふ。

1　ズ

(一)　父母(の)生身は受㆓(く)る人法㆒を故(に)、不《ず》㆑如㆑くはあら天の。(一〇　17/5)

(二)　不《ず》レして剪《キ》二ラ指(の)抓一を、讀二(みて)十八種の經書一を、皆令二めき通利一(せ)。(一一　6/9)
(三)　汝若(し)不《ず》レは能三(は)盡(く)知二(る)こと過去世一を、試に觀二(る)べし未來世一を。(一　9/24)
(四)　火大に水少(く)して、往來するに疲乏(せ)しかども、不《ず》二き以(て)爲《せ》レ苦と。(一一　15/1～2)
(五)　破戒の之人は、人に不《ず》二歸向一(せら)レ。譬(へ)ば如二し渇(きたる)人の不《ヌ》レガ向二は枯井一に。(一三　4/2)
(六)　一分行といふ者は、於二五戒の中一に、受二(け)て一戒一を、不《ヌ》レなり能三(は)受二持すること四の戒一を。(一三　17/7～8)
(七)　得二ツるときは諸の禪定の樂一を、則(ち)不《ず》二なりヌ爲(に)所レ欺(かれ)。(一七　11/8)
(八)　破戒の之人は人の所レなり不《ず》レ(あ)る敬(せ)。(一三　3/25)
(九)　乞フ、垂二(れ)て料理一を使二死者に得《え》レ次を、生者をは不《ず》レあら(し)め(たま)へ・とまうす濫(さ)。(一六　13/25～26)
(一〇)　是の菩薩は未《ず》レ得二一切智一を、未《ヌ》レ得二佛眼一を故(に)、心中に少多有レ(り)て疑、(一〇　8/7)
(一一)　未《ヌ》レときは得二法身一を、心則(ち)隨レフ身に。(一六　13/9)
(一二)　如《(い)マ》大地有二(り)といふこと邊際一、非二ずは一切智人の大神力一アるに、不《ず》レ能レ(は)知(る)こと。(一一　8/25～26)

上記諸例中、(四)は、ズが過去の助動詞キに續いた例である。

2　ジ

ジは、「不・未」を讀み、終止形の例しかない。

(一)　獨(り)心を生(し)て自(ら)誓(ひ)て、「我レ從二今日一より不《じ》二といふ復(た)殺生一(せ)。」(一三　5/15)
(二)　是(の)故(に)、若(し)欲レ(は)ば不《じ》レと惱二(まさ)衆生一を、當(に)行二(す)べし諸法の平等一を。(一八　19/1)
(三)　願下(ふ)べし持二ツ是の布薩一を福報を(も)て、生生に不《じ》レ墮二(ち)三惡八難一に。我(も)亦(た)不《じ》上レと求二(め)轉輪聖王・梵釋天

王の世界の之樂一を。（一三　19/10～11）

(四) 是ガ中(に)、有二(り)て羅刹鬼一、以レて手を遮レして之(を)言《イ》はく、「汝、住(り)て莫《ナ》レ動すること。不《じ》レと聽二(さ)汝ガ去一(く)ことを。」

（一六　1/6～7）

(五) 舍利弗卽(ち)入二(り)て願智三昧一に、觀二見するに此の鴿一を、一二三世、乃至、八萬の大劫に、未《じ》レ脫二(れ)鴿の鳥一を。過レ(きて)是を已往は亦(た)不《ず》レ能レ(は)知(る)こと。（一一　9/25～26）

3 マジ

マジは、「不」を讀む。終止形の例しかない。「不」にジの點を打ち、マは補讀する形になってゐるが、是に續く活用語が終止形であるため、ジではなく、マジと讀むべきことが理解される。

(一) 家室親屬は雖二(も)共(に)受レくと樂を、獨(り)自(ら)受レく罪を。亦(た)不能《(まじ)》レフ救すること。（一三　9/25～26）

(二) 一切の衆生は不《ヌ》レを(も)て足二(ら)於財一に、多く作二る衆の惡一を。我以二て少財一を不能《(まじ)》三フ滿二足すること其の意一を。（一六　12/22～23）

四 推量を表すもの

1 ム・ムトス

ムは、本文の「當・欲・豈・況」等を受けて讀む他、文意によって補讀する。

(一) 衆生の有無は、後に當に說(か)む。（一三　6/23）

(二) 我當に逆レヒ流に以て求二め盡一源一を入二(ら)む泥洹道一に。（一四　16/16～17）

(三)　(瞋恚(の)之人(は)、不レ知レ(ら)善(を)、不レ知二(ら)非善一(を)、不レ觀二罪福一(を)、不レ知二(ら)利害一(を))、不《ず》四自(ら)憶三念(せ)當に墮二(ち)むとす・といふことを惡道一に。(一四　18/6)

(四)　欲といふは名乙(づ)く欲下し於二欲界の中一よりは出上(て)むと、欲甲レするに得二むと初禪一を。(一七　13/11)

(五)　如下く疲極の之人(の)、得レて息フこと欲《す》レるとき睡(ら)むと、傍の人喚呼し、種種に惱亂上するガ、(一七　16/13~14)

(六)　凡夫人は欲三す滅レ(し)て心(を)、入二(ら)むと無想定一に。佛弟子は欲三す滅レ(し)て心を入二(ら)むと滅受定一に。(一七　18/11~12)

(七)　若(し)欲レフときは專二(らにせ)むと心を道法一に、家業則(ち)廢(れ)ヌ。若(し)欲三フときは專ラ修二(め)むと家業一を、道の事は則(ち)廢(れ)ヌ。(一三　22/24~25)

(八)　知二リ是レ衆生一なりと、發レ(し)て心を欲レヒ殺(さ)むと而奪二(は)むとして其の命一を、生二して身業一を、有二る作色一、是を名二(づ)く殺生罪一と。(一三　5/6)

(九)　他日、其(の)師寢レ(ねたり)疾に。舍利弗(は)在二(り)て頭の邊一に立(て)り。大目連は在二(り)て足の邊一に立(て)リ。喘ー喘とイキツキツ、然も其の命將レ終(ら)むとするイ、乃(し)愍ー尒とアチキナクシテ而笑フ。(一一　2/7~8)

(一〇)　我年既(に)幼稚なり。受戒(の)日初(めにして)淺(し)。豈(に)能(く)演二へ至眞一を、廣(く)說二(か)むヤ如來(の)義一を。(一一　2/24)

(一一)　佛入二出(し)たまふ諸の三昧一に。舍利弗等は乃(し)不《ず》レ聞二(か)其の名一をダも。何(に)況(や)能(く)知(ら)むヤ。(一八　16/20~21)

(一二)　破戒の之人は、如二し霜にウタレタる蓮華の、人に不《ヌ》レガ喜レ(はれ)見むと。(一三　3/27~4/1)

(一三) 如レく是の思惟し已(り)て、知二(る)べし持戒をは爲レし重(し)と、全レ(くするをは)身を爲レすと輕しと。若(し)苟く免(れ)て全レ(く)すとも身を、身何の所得カアラむ。(一三 8/23〜24)

上記の他、「垂」をイマイマと讀み、後の語にムトスを補讀することがある。

(一四) 賈客の入レ(り)て海に、採レ(り)て寶を垂出《イマ、、》二(て)むとするとき大海一を、其の船卒《ニハカ》に壞レて、珍寶を失ヒ盡(し)ッ。(一三 7/16〜17)

(一五) 如下(し)人の被《レ》レて縛(ら)將二去(き)て殺一(され)むとするとき、災害垂至《イマ》上(ら)むとするガ。安(ぞ)可レき眠す。(一七 12/7)

(一六) 入二(り)て林樹(の)間一に、更に求二(め)て五通一を、一心にして專-至す。垂當《イ(ま)》(に)得むとする時に、有レ(り)て鳥在二(り)て樹の上一に、急に鳴(き)て、以(て)亂二す其意一を。(一七 24/21〜22)

(一五)の「垂〈イマ〉」、(一六)の「垂〈イ(マ)〉」は、共にイマイマの省記であらう。「垂」については、なほ、〈第四章、三、「欲・垂・將」〉の項を參照されたい。

ムの未然形マに、接尾語クを伴った——マクの形がある。引用句を導く他、「欲」に續いて、——マク-ネガハシ(または——マク-ホシ)と言ひ、また、副助詞ノミを伴って、マク-ノミの形で、文末に用ゐられることもある。

(一七) 若(し)謂(は)マく、細き故(に)不《ず》レといはば可レく(あら)知る、則(ち)與レ無と無レ(くある)べし異(なる)こと。若(し)謂(は)マく、麁(くあ)レ(ども)可得(な)るを(も)て則(ち)知レるといはば有レ(り)と細、若(し)無レ(き)ときは麁、亦(た)無レ(くある)べし細も。(一八 13/21〜23) イハマク

(一八) 佛命レ(し)て僧に集(め)て、而告レ(け)て之に言(ひ)しく、「汝等欲レ(は)しヤ知二(ら)マく倶迦離ガ所墮の地獄、壽命の長短一を、不ヤ。」(一三 14/5〜6) シラマク

（一九）無レき羞弊惡の人イ、設二く此の不淨の言一を、「不《ず》……レと欲レ（は）聞二（か）マく汝ガ聲一を。」（一七　3/10）キカマク

（二〇）比丘の言（ひ）しく、「但（た）出家セヨ。破レ（り）ツべくは戒を便（ち）破（リ）テマくのみ。」問（ひて）言（ひしく）、「破レしては戒を當レし墮二ツ地獄一に。云何ぞ可レき破す。」答（へて）言（ひしく）、「墮二（つ）べくは地獄一に便（ち）墮（ち）マくのみ。」（一三　23/21～23）ヤブリテマクノミ・オチマクノミ

2　ベシ

ベシは、本文の「可・當・應・宜」等を讀み、または讀まずして、後の語にベシを補讀する他、文意によって補讀することが多い。客觀的な推量・可能・當然・命令など、廣い意味を表す。

（一）大火は燒レ（く）人を、是をは猶（し）可レし近（つき）ヌ、清風の無レき形、是をも亦（た）可レし捉（へ）ツ、蚖虵の含レするをは毒を、猶（し）亦（た）可レし觸（れ）ツ。女の之心は不《ず》可レ（くあら）得レる實（を）。（一四　14/9～10）

（二）我（が）身如レし是の。有二る何の可レきことカ呵す。（一四　13/11～12）

（三）若（し）言二法性イ可レく作す、可レし・といはば破す、是の事不《ず》レ然には（あら）。（二〇　5/10～11）

（四）是の身をは名（づけ）て爲二す老病死の藪一と。必ず當二べし壞敗一す。（一三　8/24）

（五）自（ら）念二（ふ）我（れ）今若（し）死（に）ては、當レシ・と生二るへ何の處一に。（一八　8/19）

（六）何の時にカ當レき得《う》レ來二ること此間一に。（一〇　13/2）

（七）譬（へ）ば如下く樹の常（に）東（に）向（き）て曲るを、若（し）有二（る）ときは斫る者《ひと》一、必（ず）當中東に倒上（る）べきガ、善人も亦（た）如レし是の。（一八　8/21～22）

（八）以二て是の之故一を、當に護二（る）こと於戒一を如レ（く）すべし護二るガ身命一を。如レ（く）すべし愛二するガ寶物一を。（一三　3/22）

(九)　我今當に觀下(す)べし是の相有二(リ)ヤ實に可レきこと得不上ヤ・と。(二〇　2/2)
(一〇)　云何ぞ却《(さ)》二くとはいふ五事一を。當に呵二責すべし五欲一を。(一七　2/20～21)
(一一)　若(し)受二持するひとは此の戒一を、必(ず)應レし・とイハむ如レく(あ)る佛の、是(れ)則(ち)實説なり。(一三　20/18～19)
(一二)　應レきを呵す而讃し、應レきを讃す而呵す。(一三　14/20)
(一三)　著《き》二袈裟衣一を、剃二除し鬚髮一を、應三兩の手を(も)て急に捉二るべし和上の兩足一を。(一三　25/19)
(一四)　佛何(を)以(て)ぞ言二欲レ(はば)往(か)む(と)隨レ(ひ)て意(に)、宜レし・とのたまふ知二る是の時一を。(一〇　8/5)
(一五)　華香清妙なり。宜レし爲二(す)供養一(すること)。(一〇　10/6)
(一六)　聖實可レ依るべし。愚の或をは宜レ棄(つ)べし。(一九　7/22)
(一七)　自(ら)思惟(す)ラく、「……宜し自(ら)勉《ハケ》み厲二べし・とおもふ以レ(て)忍を調レす心を。(一四　3/4～6)
(一八)　不《ず》下以二ての戒は无記一(な)るを故(に)、墮中(ち)地獄上に。更に有二る惡心生一すること故に、墮二(つ)べし地獄一に。(一三　5/22～23)
(一九)　飢餓は身羸疲(し)て、受二くとも罪の大苦處一を、他物に不《ず》レ可レ(くあら)觸す、譬(へば)如二(く)すべし大火聚一の。(一三　10/4)
(二〇)　廻レし己レを易レ(へ)て處を、以て自ら制レすべし心を。(一三　11/19)

(一一)の「實(を)得る可(くあら)不《ず》」の「得る」のルは誤點であらう。(八)～(一〇)のやうに、「當」にニを送り、後の語にベシを送った例は多いが、「當」一字にニ・ベシを送って、マサニ――ベシと再讀併記した例はない。
(一七)は、「宜」にシを、「厲」にベシを送ってゐる。「宜」を副詞にして、ウベシ(またはムベシ)と讀み、後の語に助動詞ベシを添へて、ウベシ(またはムベシ)――ベシと讀んだかと思はれる例であるが、「厲」をベシと讀むことはできない。「厲」は「勉」に續けて「勉厲」とし、動詞にして、「ツトメ-ハゲミて」と讀み、ベシは、後の語に添へて讀むべきである。大修館書店の『大漢和辭典』には、「宜下自勉勵以レ忍調レ心以二身口忍一心亦得上レ忍。」と返り點を打ち、大東出版社の『國譯一切經』にも、同じく、「宜しく自ら勉勵して、忍を以て心を調へ、身口に忍を以て、心にも亦た忍を得べし。」と讀んでゐる。

五　過去を表すもの

キを用ゐる。ケリの例はない。キの用例は多いが、全て補讀である。キは、

セ　○　キ　シ　シカ　○

と活用するが、第三種點にセの例はない。キは否定の助動詞ズに附いてズキと言ひ、シは、接尾語クを伴ったシクの形がある。

キは、地文と會話とを問はず、過去を語る場合に用ゐられ、「昔・乃昔・曾・先・先世」等のやうに、直接過去を表す語の後では、特に用ゐられることが多い。

(一) 客問レ(ひ)て之を言《イ》はく、「汝先に貧窮なりき。今日所に由(りて)ぞ得二る如レき此の富一を。」(一三　3/7)「所由」を『大正新脩大藏經』に「所レ由」とし、大東出版社の『國譯一切經』には「何に由ってか」と讀む。

(二) 我レ乃昔の時に、世世に墮二(ち)き地獄一に。地獄より出(て)て爲二(り)き惡人一と。惡人は入二(り)て地獄一に、都て无二(くあり)き所得一。(一三　25/4～5)

(三) 釋迦文尼佛(は)、先世に曾し作二(り)て賈客の主一と、將二て諸の賈人一を、入二(り)き險難(の)處一に。(一六　1/5～6)

直接過去を表す語はないが、事實上、過去を示す表現がある場合にも、キを用ゐる。

(四) 佛在レ(し)し世に時に、此の比丘(は)得二る六神通一(を)阿羅漢なりき。入二(り)て貴人の舍一に、常に讃二しき出家の法一を。(一三 24/18〜19)

(五) 比丘尼(の)言(ひしく)、「我自(ら)億二念(す)レば本の宿命一を、時に作二(り)て戲女一と、著二て種種の衣服一を、而說二(き)き舊語一を。或る時(は)、著二て比丘尼の衣一を、以(て)爲《し》二き戲笑一すること。(一三 24/24〜26)

過去の說話を語る場合には、キで始まり、途中は原形や完了の助動詞を用ゐても、終りはキで結ぶのが、古訓點の傳統であるが、第三種點も、不十分ながらこれを踏襲してゐる。

(六) 昔し、野の火燒レ(き)き林を。林の中に有二(り)て一の雉一、懃レ(め)て身を自力(をも)て飛(ひ)て入二(り)き水の中一に。漬二(し)て其の毛羽一を、來(り)て滅二(し)き大火一を。火大に水少(く)して、往來するに疲-乏(せ)しかども、不《ず》二き以(て)爲レ苦と。是の時に、天帝釋來(り)て問レ(ひ)て之を言(ひ)しく、「汝作二する何の等一きワザヲカ。」答(へて)言(ひしく)、「我ガ救二(ふ)ことは此の林一を、愍二(ふが)衆生一を故(に)なり。……我レ有二リ身力一。云何ぞ懈怠(し)て而不《ず》レ(あら)む救レ(は)之を。」……是(の)時(に)、淨居天イ知二(り)て菩薩の弘誓一を、卽(ち)爲に滅レ(し)き火を。(一六 14/27〜15/9)

(七) 昔し、閻浮提の中に有レ(り)き王。名をは婆薩婆と(いひき)[は]。尒時、有二(り)き婆羅門の菩薩一。名をは韋羅摩と(いひき)。是レ國王の師として教下(へ)き王に作二る轉輪聖王一と法上を。韋摩羅イ財富无量なり。珍寶具足せり。作二しく是の思惟一を、「人イ謂レ(ひ)て我を爲レす貴と。財富无量なり。饒二益(せ)むこと衆生一を、今正(し)く是の時なり。……應レし・とおもふ行二(す)布施一を。」……飯の汁より行レ(かし)む船を、……臥具湯藥を皆令《し》二む極妙一に(あら)、……欲二き以布施一(せ)むと、……四寶を(も)て莊嚴(せ)しむ、四寶を(も)て校絡しき、……覆フに以二てしき獅子・虎豹の之皮一を、……雜餝を(も)て以爲《せ》二りき莊嚴一と。……

四寶の床あり、……以《(これ)》を(も)て爲《せ》二りき校錺一すること、……妙衣・盛服皆亦(た)備に有(り)き……金(の)鉢に盛二(り)滿(て)たり銀の粟一を、銀の鉢には盛二(り)たり金の粟一を。瑠璃の鉢には盛二(り)たり頗梨の粟一を。……八萬四千の乳牛あり。羊は出レ(す)こと乳を一斛なり。……八萬四千の美女あり、端正なり、福德あり、皆以二(て)白珠名寶一を瓔珞とせり。……尓時、婆羅婆王、及八萬四千(の)小國王、并(せて)諸(の)臣民・豪傑・長者、各(の)以二(て)十萬の舊き金錢一を、贈遺勸助(し)き。(一一 20/4～21/2)

六　完了を表すもの

完了のツ・ヌ・タリ・リは、稀に「已・既」を受けて後の語に補讀する他は、すべて文意による補讀である。

1　ツ・ヌ

ツ・ヌを比較すると、ツは他動詞に、ヌは自動詞に附くことが多い。ツに附く助動詞はキ・ベシ・ム等で、ヌに附く助動詞はム・ムトスである。

(一)　今言二フに梵世界一と、已に捴て說二(き)ツ色界の諸天一を。(一〇 25/22～23)

(二)　雖レ(も)未《ず》レと得二無餘一を、涅槃の分を已に得ツ。(一七 2/6)

(三)　先より以に說二(キ)ツ天世界一を、(一〇 26/7～8)「以」の右に「已也」の注あり。

(四)　未《ヌ》レときは得二法身一を、心則(ち)隨レフ身に。已に得二ツるとき(は)法身一を、則(ち)心不《ず》レ隨レは身に。(一六 13/9～10)ツルトキ

(五)　(若(し)離二(れて)五衆一(を)有二(らば)衆生一、)如下(し)先に說二(ける)神(は)常なり遍一(し)と中に已に破上(し)ツるガ。(一四 7/15)

ツルガ

（六）汝始（め）て施二（したれども）衆僧一に、衆僧未《ず》レ食（し）たまは。是レ［爲］穀子、未レとも種（ゑ）芽已に得レツべし生すること。（一一 18/25～26）エツベシ

（七）優波毱入るとして徐（に）排《ア》二くとして戸－扇一を、麻油を小し棄《コボ》シツ。（一〇 11/9）コボシツ

（八）譬（へば）如下（く）……語レ（り）て人に言（ひ）しく、「汝は精進の力大なり。必ず不《ず》二首－伏一（せ）、放レ（ちて）汝を令上レめてむ・とイヒシガ去（か）、」（一六 1/14）テム

（九）但（た）出家セヨ。破レ（り）ツべくは戒を便（ち）破（り）テマくのみ。（一三 24/21～22）ツベシ・テマクノミ

（一〇）内外（の）賊を以に除せり。汝が父をも亦（た）滅し退（し）てき。（一七 6/6）テキ

（一一）而も自（ら）喜慶して、擧レ（け）て手を而言（はく）、「幾《ほとほと》失二（ひ）ツるカナ・といふ大寶一を。」（一三 7/17～18）ツルカナ

（一二）若（し）人の破レ（り）て戒を憍泆して、自（ら）恣（し）き（ままな）るは亦復（た）如二し彼の人の破レ（り）て瓶を失レ（ひ）ツるガ利を。（一三 3/12～13）ツルガ

（一三）已に知二（り）ヌ如レき是の種種の功徳果報一を。（一三 5/3）ヌ

（一四）惣觀と別觀と了《ツヒ》に不可得なり。所觀已に竟（リ）ヌ。（一九 16/9～10）ヌ

（一五）但（た）非二ず汝等の所及一には。得二て上妙の自恣の五欲一を過二（くる）こと七日一を已（リ）ヌ。（二〇 17/15）ヌ

（一六）知三（る）こと是（れ）無二しと我我所一已（り）ナむとき、（衆生（は）云何（ぞ）於二諸法（の）中一（に）、心著（する）。）（二〇 1/23～24）ナム

（一七）待二（ち）て其の子の生一（れ）むを、知二（り）ナば似レ（れ）リヤ父には不一ヤ・と、治レするに之を無レ（け）む・とまうししカば晩《おそ》きこと、（一七

6/25）ナバ「晩」の右に「遲也」の注あり。

（一八）今世に遭二遇（ひ）て福田一に、若（し）不《ず》レは種レ（ゑ）福を、後世にも復（た）貧になりナむ。（一一 18/20～21）ナム

（一九）異部の群の中に、有二リ一の鹿の懷レ（め）る子（を）。以子垂《イマヽヽ》產（まる）べきイ、身當（に）殂割レナむとす。（一六 14/11～12）レナムトス

（二〇）汝若（し）生二（さ）ば疑心一を、死王獄吏に縛（せら）レナむ。（一七 13/1）ラレナム

2　タリ・リ

タリとリとを比較すると、リがタリより多い。巻第一〇・一一・一三・一六・一七の五巻について見ると、タリ八六例、リ一三一例で、その比は三九・六對六〇・四である。第一種點では、四一・六對五八・四であるから、第三種點では、平安初期の資料としては、第一種點に續いてタリの使用が多いことになるが、リの優勢は變はらない。テーアリの例はない。

（一）我は雖二（も）功德已に滿一（ち）たりと、我深（く）知二レリ功德の因・功德の果〔を〕報功德（の）力一を。（一〇 9/10）タリ・リ

（二）父母開レ（き）て戶を見（れ）ば、羊在二（り）て一面一に立（て）リ。兒は已に命絕（え）たり。（一三 9/7～8）リ・タリ

（三）財施・法施には、何等をカ爲《す》レる勝（れ）たりと。（一一 23/6）タリ

（四）以二（ての）戒の因緣一を故に得二たり阿羅漢の道一を。（一三 25/3）タリ

（五）我故《ことさ》ラに來（り）て見レ（たてまつら）むとするに佛を、佛入二（り）たまひたり三昧一に。（一三 13/11）タリ

（六）我ガ師大聖主、是の義（を）如レく是の說（き）たまひたり。（一八 6/17）タリ

（七）內外（の）賊を以に除せり。汝ガ父をも亦（た）滅し退（し）てき。（一七 2/16）「以」の右に「已也」の注あり。リ

（八）如下し……師の得る酪の分に、蟲在レ（り）て中に來レリ。師の言はく、「愛レする酪を人、汝何を以（て）ぞ來レる・といひて」、卽（ち）以レて酪を與上レ（へ）しガごとシ之に。（一七　5/12～19）リ・ル

（九）時（に）有二（り）て一（り）の五通の仙人一、來二入せりき王の國一に。（一七　7/12）リキ

（一〇）汝ガ子羅睺羅（は）過去の久遠の世の時に、曾し作二レりき國王一と。（一七　7/11～12）リキ

（一一）如下し佛在二（して）尼拘盧樹の下一に坐禪（したま）へりしとき、魔王の三の女說レ（き）て偈を問（ひ）て言上《まう》ししガ。（一七　2/11～12）リシ

七　指定を表すもの

指定を表すものに、ナリ・タリがある。

1　ナリ

ナリは、文意によって補讀することが多く、體言・活用語の連體形の他、いろいろな語につく。

（一）是は聖人の所レなり不二《ず》（あ）る稱譽一（せ）。（一一　19/21～22）ナリ

（二）彼の時に有二（りき）比丘尼一。年百廿歳なりき。（一〇　11/4）ナリキ

（三）一分行といふ者は、於二五戒の中一に、受二（け）て一戒一を不レ《ヌ》なり能三（は）受二持すること四の戒一を。少分行といふ者は、若（し）受二ケ二戒一を、若（し）受二（く）るなり三戒一を。（一三　17/7～9）ヌナリ・ナリ

（四）此の人の宿行の因緣は、枉に殺レ（さ）しめ無レきを辜《つみ》、或は作二（り）て奸（な）る吏一と、酷《イチ》ー暴《ハヤ》ク侵ー害し、如レき是の等の種種の惡口・讒賊の故になり。（一六　6/11～13）ユヱニナリ

(五) 有二(り)六種(の)法一。見苦斷法と見習盡道斷法と思惟斷の法と不斷法となり。(一一 8/66～7) トナリ

(六) 十二因緣あり。無明より乃至二(る)までになり・老死一に。(一八 7/23) マデニナリ

(七) 問曰、「大は者應レし行す。小者何を以(てか)能く來(り)し。」答曰、「在二(り)てなり功德一。不《ず》レ在二(り)てには(あら)大小一。」
(二〇 13/18) テナリ

(八) 何(を)以(て)カ知レ(る)と(な)ラば之、六群比丘は入レるに戸を、不《ず》レ(あり)き令二め油を棄一(て)。此レ雖二(も)弊惡一なりと、知二(り)て比丘の儀法一を、行住坐臥に不《ず》レ(あり)しカばなり失二(は)法則一を。(一〇 11/17～18) トナラバ、シカバナリ

ナリの連用形は、――ニ・アリ、――ニ・シテの形で用ゐられる。

(九) 譬(へ)ば如二く……无レくして船求レ(む)る渡(ら)むと、是(れ)ガ不可得一(な)るガ、若(し)无戒にして欲レフも求二(め)むと好果一を、
亦復(た)如レ(し)是の。(一三 1/18～20) ニシテ

(一〇) 汝は失二(ひ)て財物一を、裸形にして得レたり脱(るる)こと。(一三 7/18) ニシテ

(一一) 四念處にも亦(た)有漏にもあり・といふは者、有漏の四念處なり。(一九 13/24～25) ニモアリ

(一二) 非二ず四念處一にも、非二ず・といふは无漏一にも者、除二(き)て有漏の四念處一を、餘殘の有漏法なり。(一九 14/3～4) ニモアラズ

(一三) 殺レすときに他を得《う》二殺罪一を。非二ず自(ら)殺レすに身を。(一三 5/8) ニアラズ

(一四) 此の耶輸陀羅は非下ず但(た)今世に以二て歡喜丸一を惑上レ(す)るのみには我を。(一七 8/17) ノミニハアラズ

2　タリ

タリは、――ト―アリの複合したものであるが、第三種點では、この――ト―アリとタリが並行して用ゐられてゐる。

トーアリは連用形と終止形の例があり、タリは連用形が過去の助動詞キに續いたタリキの例しかない。

(一) 二者、衆病の之門とあり。三者、鬪諍の之本とあり。(一三 15/25) トアリ

(二) 居家は憒-閙しく、多レく事多レく努、結使の之根、衆惡の之府とあり。(一三 23/27) トアリ

(三) (香湯(を)漼レ(きて)頂(に)受二(け)王位一(を)、) 於二て四天下一に之首とあり、壞二除せり一切の賊一を、(令レ(む)無二(くあら)敢(て)違一(ふこと)。) (二五 10/17) トアリ

(四) 有レ(る)イは所レとし說く无レし不《ず》二といふこと是レ實一に(あら)。(二六 21/10〜11) トシアリ

(五) 如レく是(の)雖レ(も)名レ(づく)と飮と、實は爲《あ》二り飮レむ死を毒一と。(一三 16/19) トアリ

(六) 如《(い)マ》佛涅槃の後に、一百歳に有二(り)き一(り)の比丘一。……當二(り)ては爾の時世一に、爲《あ》二りき閻浮提の大導師一と。(一〇 11/2〜4) トアリキ

(七) 汝不《ず》レや知(ら)……火は本(と)爲《あ》二(り)き天の口一と。而(る)ものを今は一切(を)噉フといふことを。(一四 13/2) トアリキ

(八) 如《(い)マ》釋迦牟尼菩薩(は)宿世に爲《た》二りき大國王の太子一と。(一六 17/4〜5) トタリキ

(九) 釋迦文尼佛(は)本(と)爲《た》二りき螺結仙人一と。名二(づ)く尙-闍-梨一と。(一七 22/13〜14) トタリキ

(八)(九)の二例は、「爲」をタリと讀みながら、「太子」「仙人」にトを送って、タリ——トの形を取ってゐる。これは甚だ異例である。——トーアリと讀むつもりで「太子」「仙人」にトを送ったが、途中で氣が變はって、「爲」をタリと讀んだ、その段階でトは消しておくべきであったが、消し忘れたといふのであらうか。理解に苦しむ例である。

他に「爲」をタリと讀んだ例はない。

八　傳聞・推定を表すもの

傳聞・推定のナリは無い。

九　比況を表すもの

ゴトシは、「如」を讀む他、文意によって補讀し、いろいろな語に、直接または助詞ノ・ガを介して附く。

A　體言＋格助詞につくもの

B　活用語の連體形＋格助詞ガにつくもの

C　副詞カク＋格助詞ノに附くもの

（一）沸戻は深く廣きこと如二し大海の水一の。（一六　9/13）A

（二）式叉摩那は未《ず》レ受二（け）具足一を。譬（へ）ば如二し小兒一の。（一三　26/1〜2）A

（三）如レき絹の如レきは布の、集縁合する故に成る。（一一　19/15）A・A

（四）父母（の）生身は受二（く）る人法一を故（に）、不《ず》レ如レくはあら天の。是（の）故（に）應下し如二く人法一の問訊上す。（一〇　17/6）A・A

（五）千葉（の）金色（の）蓮華といふは、如二し上に說一（き）ツるガ。（一〇　17/10）B

（六）以二て大（いな）るの鐵の椎《ツチ》一を椎《ウ》二ツこと諸の罪人一を、如二し鍛《カチ》の師の打一レツガ鐵を。（一六　8/4）「椎」の訓ウツは不正確。

（七）當に護二（る）こと於戒一を、如レ（く）すべし護二るガ身命一を。如レ（く）すべし愛二するガ寶物一を。（一三　3/22〜23）B・B

（八）譬（へ）ば如乙きぞ大月氏弗迦羅城（の）中に有二リ一（り）の畫師一。名二（づく）千那一と。到二（り）て東方の多刹施羅國一に、客－畫《エカキツク》シ、十二年して、得《え》二ツ卅兩の金一を。持（ち）て還二る本國一に。……大果方に在レ（らまく）後に耳《のみ》甲といふガ。（一一 18/6～27）

B

（九）如二くは彼ガ得一レるガ譬を、我も亦（た）有レリ分。（一三 2/19）B

（一〇）人を問訊（する）ときは則（ち）應レし爾（くあ）る。諸天をすら尚（し）不《ず》レ應二（くあら）如レく此の問訊一す。（一〇 17/3）C

（一一）如レき是の種種の因縁あり。（一〇 8/21）C

「如是等」はカクノ－ゴトキ－ラと讀む。

（一二）此の人の宿行の因縁は、枉に殺レ（さ）しめ無レきを辜《（つみ）》、或は作二（り）て奸（な）る吏一と、酷《イチ》－暴《ハヤ》ク侵－害し、如レき是の等の種種の悪口・讒賊の故になり。（一六 6/11～13）

（一三）復（た）三種の念あり。念佛種といふ者は、佛といふは是（れ）多陀阿伽度・阿羅呵・三藐三佛陀（を）いふ。如レき是（の）等の十號ぞ。（一一 7/10～11）C

（一四）如レき是（の）等の種種（は）皆從二（ひて）法施一（に）分別（し）、了知す。（一一 23/23）C

「等」をゴトシと讀むことがあり、「何等」をはナニノ－ゴトキと讀む。ナニノヤウナ、または、ナニノヤウナ－モノの意味である。

（一五）今不殺生は得二る何の等き利一をカ。（一三 6/25）

（一六）問（ひて）曰（はく）、「般若波羅蜜は、是レ何の等き法ぞ。」（一一 10/18）

（一七）問（ひて）曰（はく）、「何の等きカ是レ多欲・多瞋・多癡の相。」（一四 12/18～19）

（一八）又問（ひしく）、「出家しては何の等きをカ難（し）とする。」答（へて）曰（ひしく）、「出家して樂レフを法を爲レする難しと。」（一三　24/11～12）

（一九）是の時に、天帝釋來（り）て問レ（ひ）て之を言（ひ）しく、「汝作《す》二る何の等一きワザヲカ。」（一六　15/2～3）

（一九）は、「何の等き」の後にワザを補って、ナニノゴトキワザと讀んだ、珍しい例である。「等」については、なほ、〈第四章・一七「等」〉の項を參照されたい。

一〇　補助動詞

補助動詞には、タマフ・タテマツルがある。

1　タマフ（四段活用）

タマフは、ヲコト點（右中の「┐」）で示す。佛・菩薩・帝釋・天・王・聖人等に用ゐる。

（一）諸佛は恭二敬すとの法一を故に、供二養し於法一を、以レ（て）法を爲レたまふ師と。（一〇　8/26～9/1）タマフ

（二）佛は等力（い）マすガ故（に）、應二（し）相（ひ）問訊一（し）たまふ。（一〇　15/29）タマフ

（三）譬（へ）ば如三し國王イ出（て）たまふ時には、必（ず）有二るガ營從一。（一〇　13/8）タマフ-トキ

（四）帝釋・諸天心皆不《ず》レ悅（ひ）たまは。（一三　20/11）タマハズ

（五）劫初の聖人教レ（へ）て人を持齋し、修レし善を作レ（り）て福を、以（て）避二（けし）めたまひたり凶衰一を。（一三　20/4～5）タマヒタリ

（六）是（の）時（に）、世尊食し已（り）て出（て）去（り）たまひき。（一七　7/23）タマヒキ

専用のヲコト點を用ゐず、送り假名で、活用語尾を示すだけで、タマフを表すことがある。

(七)　耶輸陀羅(ヤスダラ)卽(ち)白レ(し)て王に言(し)しく、「以レ(て)此を證二驗(したま)へ我は無レし(と)罪也。」(一七　7/9～10)タマヘ

(八)　如二(し)佛(の)說一(きたまふ)ガ、「我レ自(ら)憶二念(す)レば宿世一を、……雖二(も)諸の功德・六波羅蜜・一切の佛事具足一せりと、而不《ず》レ作レ(ら)佛と。恆に以二(て)方便一を度二脫(したま)へりき衆生一を。……。」(一〇　12/16～19)タマヘリキ

下二段活用のタマフの例はない。

2　タテマツル

タテマツルは、佛以外のものが佛に對して何かする場合、その行爲を示す語に附いて謙讓を表す。實字の「上」を用ゐる。

(一)　時に淨飯王、及、耶輸陀羅常(に)請レ(し)て佛を入レレて宮に食(せし)めたてまつる。(一七　7/3～4)シメ―タテマツル

(二)　守レる園を人晨朝に見レて之、奇《あやし》二ヒて其レ非常一なりと、卽(ち)送二與(し)たてまつる王一に。王珍《メヅラシ》二ヒたまふ此の菓の香色殊異一(な)るを。(一七　5/22～24)タテマツル

專用の實字を用ゐず、送り假名で、活用語尾を示すだけで、タテマツルを表すことがある。

(三)　菩薩は常に敬二重(したてまつ)る於佛一を。(一〇　14/6)タテマツル

(四)　以二て此の千葉の金色の蓮華一を、供二養(したてまつ)る・といふ世尊一に。(一〇　15/16～17)タテマツル

(五)　是の諸の菩薩の中には、雖レ(も)有二(りと)白衣一、以三(て)の從レ遠(く)より來(り)て、供二養(したてまつ)るを佛一を故に立(て)リ。(一〇　15/13～14)タテマツル

(六)　諸佛の法は爾(なり)。知レども而故(らに)問(ひ)たまふ。如下きぞ……如レき是の等(の)處處に知レども而故(らに)問上(ひたてまつ)るガ。

（一〇　15/20～26）タテマツル

第一〇節　接尾語

文法上注意すべき接尾語に、ク・ラクとミとがある。

一　ク・ラク

クは、四段・ラ變に活用する語の未然形に、ラクは、その他の活用語の終止形に附く。文中に用ゐられるものと、文末に用ゐられるものとがある。クは、推量の助動詞ムに附いてマク、過去の助動詞キに附いてシク、完了の助動詞リに附いてラクと言ふことがある。

1　文中に用ゐられるもの

A　引用句を導くもの

B　形容詞のネガハシ（またはホシ）に續いて——マク-ネガハシ（または——マク-ホシ）と言ふもの

Aの場合、一般に、ク・ラクの附く動詞は、

a　イフ、及びこれに類する語

b　オモフ、及びこれに類する語

に大別され、これを受けて引用句を結ぶ動詞は、aに對してはイフを、bに對してはオモフを用ゐる。また、クが過去の助動詞キ、完了の助動詞リ、推量の助動詞ムに附いて、シク・ラク・マクの形を取る場合は、引用句を結ぶ動詞

も、これに合はせて、イハム・イヒキ・イヘリ・オモハム・オモヒキ・オモヘリと言ふ。これが初期における本來の用法であったと思はれるが、第三種點では、その呼應が亂れて、イヒシク――トイフ、マウシシク――トマウス、ノタマヒシク――トイフ・トオモヒキ、思惟セシク――トオモフの形を取るものや、引用句を結ぶ動詞を省略して、助詞のトだけで濟ませるものや、そのトさへ省略するものもある。初期といっても、時代が下ってゐるからであらう。

（一）菩薩自（ら）念はく、「我は身命を惜（しむ）應（くあら）不《ず》。何（を）以（ての）故（に）、是の身相は……生（し）もセ不《ず》、滅（し）もセ不《ず》、身に依猗セ不《ず》」とおもふ。（菩薩自念、我不レ應レ惜二身命一。何以故、是身相……不レ生不レ滅、不三依二猗身一。）（一九 20/12～14）A 念ハク――トオモフ

（二）若（し）謂（は）マく、「細き故（に）知る可（くあら）不《ず》」といはば、則（ち）無と［與］異（なる）こと無（くある）べし。若（し）謂（は）マく、「麁（くあ）レ（ども）可得（な）るを（も）て、則（ち）細有（り）と知る」といはば、若（し）麁無（き）ときは、亦（た）細も無（くある）べし。（若謂、細故不レ可レ知、則與レ無無レ異。若謂、麁可得則知レ有レ細、若無レ麁亦無レ細。）（一 13/21～23）AA 謂ハマク――トイハバ

（三）天鬚菩薩、長老大伽葉を問はく、「耆-年先-宿として、十二頭陀の行（し）たまふこと第一なり。何（を）以（てか）坐に在して、自（ら）安きこと能（は）不《ヌ》。」といふ。（天鬚菩薩問二長老大伽葉一、「耆-年先-宿行十二頭陀法第一。何以在レ坐不レ能二自安一。」）（一一 11/18～20）A 問ハク――トイフ

（四）此の小-者の遠（く）より來（れ）るとき、人イ見て、歎（す）ラく、「小すら［而］能く爾くす。法の爲（に）遠（く）より來レリ。」といふ。（此小者遠來、人見則歎、「小而能爾。爲法遠來。」）（一〇 13/20）A 歎スラク――トイフ

（五）　王此の鹿の直に進み趣（き）て、已に忌み憚《ハヽカ》る所無（き）を見て、諸の從人に敕（す）ラく、「汝ガ弓箭を攝（め）」ヨ。其の來意を斷すること無（くあ）レ。）とのたまふ。（王見二此鹿直進趣已無レ所二忌憚一、敕二諸從人一、攝二汝弓箭一。無レ得レ斷二來意一。）（一六　13/17～19）Ａ　敕スラク——トノタマフ

（六）　菩薩此を見て、是（の）如く思惟（す）ラく、「……我當に精進して、六度を懃め修シ、諸の功德を集（め）て、衆生（の）五道の中の苦を斷除（し）てむ」とおもふ。（菩薩見レ此如レ是思惟、……我當精進懃修二六度一、集二諸功德一、斷二除衆生五道中苦一。）（一六　11/8～10）Ａ　思惟スラク——トオモフ

（七）　自（ら）思惟（す）ラく、「……宜し自（ら）勉《ハケ》み忍を以（て）心を調す厲べし。」とおもふ。（自思惟、「……宜自勉厲二以レ忍調レ心。」）（一四　3/4～6）Ａ　思惟スラク——トオモフ

（八）　優波毱……坐し已りて、比丘尼に問（ひ）しく、「汝は佛をは見（る）ヤ不（や）。容貌は何にカ似（れり）し。我が爲に之を説ケ。」といひき。（優波毱……坐已問二比丘尼一、汝見レ佛不。容貌何似。爲レ我説レ之。）（一〇　11/9～11）Ａ　問ヒシク——トイヒキ

（九）　王是の言を聞（き）て、卽（ち）坐より［從］起（ち）て、［而］偈を説（き）て言《のたま》ひしく、「……我無畏を以て施す、且く汝ガ意を安くす可し」といふ。（王聞二是言一、卽從レ坐起而説レ偈言、「……我以二無畏一施、且可レ安二汝意一。」）（一六　14/15～19）Ａ　ノタマヒシク—トイフ

（一〇）　鹿王既に至りて、跪《ヒサマツ》きて人王に白（し）しく、「……當に自（ら）次に差（し）て、日に一鹿を送（り）て、以て王厨に供（せ）む」とまうす。（鹿王既至、跪白二人王一、……・當自差レ次、日送二一鹿一、以供二王厨一。）（一六　13/19～21）Ａ　マウシシク—トマウス

(一一)　心に自ら念じて言《のたま》ひしく、「……我當(に)是の法を恭敬し供養し尊事(せ)む」とおもひき。(心自念言、……我當恭二敬供三養尊四事是法一。)(一〇　17/18～20)Ａ　念ジテノタマヒシク—トオモヒキ

(一二)　天此の人を愍(み)て、自(ら)其の身を現(じ)て、[而]之に問(ひ)て曰《イ》はく、「汝何等をカ求(む)る」と。(天愍二此人一、自現二其身一、而問レ之曰、「汝求二何等。一」)(一三　3/2～3)Ａ　トヒテイハク—ト

(一三)　帝釋諸天、心悅(ひ)たまは不《ず》。說(き)て言《のたま》はく、「阿修羅(の)種は多くして、諸天(の)種は少(し)き)なり」と。(帝釋諸天不レ悅。說言、阿修種多、諸天種少)。(一三　20/10～11)Ａ　ノタマハク—ト

(一四)　大伽葉答(へ)て曰《のたま》ひしく、「我は人天の諸の欲(に)於ては、心傾動(せ)不《ず》。……忍すること能(は)不(あ)る所なり。」(大伽葉答曰、我於二人天諸欲一、心不二傾動一。……所レ不レ能レ忍。」、(一七　23/2～5)Ａ　ノタマヒシク—。

(一五)　寶積如來問を致(さ)く、「世尊、少惱少患に(います)ヤ。興居輕利に(います)ヤ。氣力安樂に(います)ヤ、不《いな》ヤ」(寶積如來致レ問、世尊少惱少患、興居輕利、氣力安樂不。)(一〇　15/15～16)Ａ　問ヲイタサク—。

Bの場合、動詞のホリス、形容詞のネガハシ(またはホシ)に續いて、—マク-ホリス、—マク-ネガハシ(または—マク-ホシ)となるものは、例が少ない。

(一六)　優婆塞兩の手を(も)て耳を掩(ひ)て、[而]偈に答(へ)て言《イ》(ひ)しく、「無羞慚惡の人イ、此の不淨の言を設く。……汝ガ聲を聞(か)マく欲(りせ)不《ず》」と。(優婆塞兩手掩レ耳而答レ偈言、無羞慚惡人、設二此不淨言一。……不レ欲レ聞二汝聲一)(一七　3/9～10)

(一七)　其の夜過ぎ已(り)て、佛僧に[を]命(じ)て、集(め)て[而]之に告(け)て言(ひ)しく、「汝等、

倶伽離ガ所墮の地獄、壽命の長短をは知（ら）マく欲《ねか》（は）しヤ不ヤ」と。諸（の）比丘言（ひ）しく。「願《ね》-樂《が》（は）し欲《ね》-聞《か》（は）し」と。（其夜過已、佛命レ僧集、而告レ之言、汝等欲レ知二倶伽離所墮地獄、壽命長短一不）（一三 14|5〜7）

（一六）は、「欲」の前に「不」があって、「欲」をネガハシと讀むことができない。『萬葉集』の「今日もかも都なりせば、見まくほり（見麻久保里）」（一五ノ三七七六）、「鳴く聲を聞かまくほりと（伎可麻久保理登）」（一九ノ四二〇九）、「生ける日の　ためこそ妹を　見まくほりすれ（欲見爲禮）」（四ノ五六〇）、「更にや秋を　見まくほりせむ（欲見世武）」（八ノ一五一六）等を參考にして、「聞（か）マく欲（りせ）不《ず》」と讀んで見た。前著『平安時代における訓點語の文法』では、―マク-ホリスの例として、中期以後の例しか擧げてゐないが、本例が認められれば、―マク-ホリスの初出例と言ふことになる。

2　文末に用ゐられるもの

文末に用ゐられるク・ラクに

A　「善哉」「未曾有」等のカナの附く語を受けて、感動の意味を表すもの

B　助詞ノミを伴って、指定・限定の意味を表すもの

がある。

A

（一）佛言（ひしく）、「善哉、善哉、快《こころ》ヨく此の偈を說（か）く。」（佛言、善哉、善哉、快說二此偈一。）（一三 13|19〜20）

（二）國王愧（と）喜（と）交《こもこ》（も）來（り）て、比丘に白（し）て言（は）く、「未曾有（なる）カナ［也］、說法

（の）功徳の大果、乃（し）爾（な）ラく」と。（國王愧喜交來白㆓比丘㆒言、未曾有也、説法功徳大果乃爾。）（一一　22/1〜2）A

㊂　哀（しきかな）哉、衆生、常に五欲の爲（に）惱（まさ）所《レ》て、猶（し）之を求（むる）こと已《ヤ》マ不《ず》（あ）ラく。（哀哉、衆生、常爲㆓五欲㆒所㆑惱、而猶求㆑之不㆑已。）（一七　2/21〜22）A

㊃　譬（へ）ば……「汝始（め）て衆僧に施（せども）、衆僧食（し）たまは未《ず》。是レ穀子種（ゑ）未《（ね）》ども、芽已に生すること得ツべし［爲］。大果方に後に在（らまく）耳《のみ》」といふガ如きぞ。（譬如……汝始施㆓衆僧㆒、衆僧未㆑食。爲㆓是穀子未㆑種、芽已得㆑生。大果方在㆑後耳。）（一一　18/6〜27）B「穀」は原文、声＋殳＋禾、『大正新脩大藏經』によって訂正。

㊄　女、仙人(に)白（して）言（さく）、「汝何（を）以（て）ぞ此間に在（り）て住（せ）不《ヌ》。」答（へて）曰（はく）、「亦（た）住す可（べくあら）く耳《のみ》。（女白㆓仙人㆒言、汝何以不㆘在㆓此間㆒住㆖。答曰、亦可㆑住耳。）（一七　9/25〜26）B

㊅　耶輸陀羅の言（ひし）く、「今動（か）不《ヌ》ことは［者］、藥力行（か）未故《ヌ》（にならく）耳《（のみ）》。藥の勢發（らむ時には、必（ず）我ガ願の如く（あら）む」と。（耶輸陀羅言、「今不㆑動者、藥力未㆑行故耳。藥勢發時、必如㆓我願㆒。」（一七　8/9）B

㊆　（心（に）自（ら）思惟（すらく）、「若（し）先世（の）因縁（にて）、福德を懃修（して）、今（に）供養（を）得（るは）、是（れ）身を懃めて之を作（り）て、［而］自（ら）得《う》とす（らく）耳《のみ》。……。（心自思惟、若先世因縁懃㆓修福德㆒、今得㆓供養㆒、是爲㆓懃㆑身作㆑之而自得㆒耳。）（一四　11/13〜14）B

（八）　菩薩の檀波羅蜜を行（せ）む［とき］時に、……虎は菩薩を殺すを（も）て、亦（た）罪を得べし。而レども父母の憂苦を籌量（せ）不《ヌ》を（も）て、虎イ殺罪を得《う》。但（た）檀を滿（て）むと欲フを（も）て、自（ら）福德を得ラくのみ。（菩薩行㆓檀波羅蜜㆒時、……虎殺㆓菩薩㆒亦應㆑得㆑罪。而不㆔籌㆓量父母憂苦㆒、虎得㆓殺罪㆒、但欲㆑滿㆑檀自得㆓福德㆒。）（一六　16/24～17/1）B

（八）の「但（た）檀を滿（て）むと欲フを（も）て、自（ら）福德を得ラくのみ。」は文意不明である。『大正新脩大藏經』に「但欲㆔滿㆑檀自得㆓福德㆒。」と返り點を打ってゐるのに從って、「但だ檀を滿て、自ら福德を得むと欲へらくのみ」と讀むべきであらう。大東出版社の『國譯一切經』にも、「但だ檀を滿して自ら福德を得んと欲す」と讀んでゐる。

文初に「善哉」も「未曾有」もなく、文末にノミも無く、――ク・ラクだけで文を終止する例としては、、次の一例が問題になる。

（九）　太子思惟（すら）く、「人四（つ）の體有（り）。要ず必ず食すること有リ。而るものを、此の人の食（は）不《ヌ》は、必ず是レ曲（げ）て人の心を取らく。眞の法には非（ず）」とおもふ。（太子思惟、「人有㆓四體㆒、要必有㆑食。而此人不㆑食、必是曲取㆓人心㆒。非㆓眞法㆒也。」）（一六　17/6～7）「眞」は、原文「其」。『大正新脩大藏經』によって訂正。

「取」にはクのヲコト點と、右にラの假名がある。餘り明瞭ではないが、ラクと讀んで間違ひなければ、「人の心を取るのだ」といふ强調表現として理解される。

二　ミ

ミは、形容詞の語根に附いて、原因・理由を表す。第三種點には、ナシ（無）に附いたものが一例あるに過ぎない。

（一）是の人は、大慈大悲無み、衆生を棄捨（し）て、十力と四無所畏と……禪智慧等の諸の善法をしも求（め）不《ず》。（是人無二大慈大悲一、棄二捨衆生一、不レ求二十力四無所畏……禪智慧等諸善法一。）（一六　2/11～14）

第一一節　提示語法

提示語法には、いろいろな形がある。

一　提示される語が

甲　體言であるもの

乙　活用語の連體形であるもの

二　提示される語を受ける代名詞（これに準ずるものを含む）が

A　主語であるもの

B　述語であるもの

C　連體修飾語であるもの

D　連用修飾語であるもの

三　提示される語や、これを受ける代名詞が

a　助詞を伴はないもの
b　係助詞を伴ふもの
c　副助詞を伴ふもの
d　並立助詞を伴ふもの
e　格助詞を伴ふもの
f　助詞イを伴ふもの
g　終助詞ゾ（指定）を伴ふもの
h　助動詞ナリ（指定）を伴ふもの

（備考）以下の文例中、〰〰は、提示される語を示す。

1　甲―A

（一）我　爲《コ》レ菩薩なり。彼ガ如くは（あ）る可（くあら）不《ず》。（我爲菩薩。不レ可レ如レ彼。）（一四 16/19〜20）甲a―Aa

（二）有漏の念―所　是は有なり。（有漏念所是有）（一九 13/17）甲a―Ab

（三）若（し）有法　是レ牛なりと・いはば、羊も　亦（た）是レ牛（な）る應し。（若有法是牛、羊亦應二是牛一。）（一八 12/6）甲a―Aa　甲b―Aa

（四）心不相應の諸行は　是レ相應因に非ず。（心不相應諸行是非二相應因一。）（一九 13/18）甲b―Aa

（五）般若波羅蜜は　是レ何の等き法ぞ。（般若波羅蜜是何等法。）（一一 10/18）甲b―Aa

(六)〔有爲と及虛空と非數緣盡とは〕是レ有上なり。(有爲及虛空非數緣盡是有上。)(一九 15/8〜9)甲d b—A a

2 甲—B

(七) 開門大布施は、〔汝ガ所爲の者〕是なり。(開門大布施、汝所爲者是)(一一 21/7)甲a—B h

(八) 一角仙人と(いひ)しは、〔我ガ身〕是なり。(一角仙人我身是。)(一七 10/18)甲a—B h

3 甲—D

(九)〔若(し)犯する者《もの》〕、是を邪淫と名(づ)く。(若犯者、是名二邪淫一。)(一三 10/25)甲a—D e

(一〇) 一切の諸の衆生は、〔衣食〕、以《これ》を(も)て自活す。(一切諸衆生、衣食以自活。)(一三 9/22)甲a—D e

(一一) 我は無量劫の中に於(いて)、〔頭目髓腦〕、以《これ》を(も)て衆生に施して、其の願を滿(て)令《し》む。(我於二無量劫中一、頭目髓腦、以施二衆生一、令二其願滿一。)(一六 18/23)甲a—D e

(一二)〔若(し)衆僧の床榻《シキヰ》に坐るときは〕、是レを熱鐵床の上に坐ると爲す。(若坐二衆僧床榻一、是爲レ坐二熱鐵床上一)(一三 4/23)甲b—D e

4 乙—A

(一三)〔與(へ)不《ヌ》を而も偸盜する〕、是は不善相なり。(不レ與而偸盜、是不善相。)(一三 10/10)乙a—A b

5 乙—C

(一四)〔心に從(ひ)て定を求(む)る〕是の事は難き(が)故に、精進を須(ゐる)べし。(從レ心求レ定、是事難故、應レ須二精進一)(一八 18/13)乙a—C e

(一五)〔若(し)智慧を(も)て諸法を籌量し分別し、法性を通達する〕、是の時には、精進イ智慧を助成す。(若

智慧籌二量分二別諸法一、通二達法性一、是時、精進助二成智慧一。）（一八　19/13～14）乙a—Ce

（一六）〔若（し）持戒の爲に身を失するは〕其の利甚重なり。（若爲二持戒一失レ身其利甚重。）。（一三　8/25）乙b—Ce

6　乙—D

（一七）〔生身の菩薩の六波羅蜜を行する〕是を身の精進と爲す。〔法性身の菩薩の六波羅蜜を行する〕是を心の精進と爲す。（生身菩薩行二六波羅蜜一、是爲二身精進一。法性身菩薩行二六波羅蜜一是爲二心精進一。）（一六　13/8）乙a—De、乙a—De

（一八）〔是（の）如き智人、常（に）正業有（り）て、邪業无き〕、是を名（づけ）て菩薩の正業と爲す。（如レ是智人、常有二正業一、无二邪業一、是名爲二菩薩正業一。）（一九　27/7～8）乙a—De

（一九）〔鳥を瓶の中に閉メ著（き）て、瓶破（る）るとき出（つる）こと得るガ如き〕、是を空處定と名（づ）く。（如下鳥閉二著瓶中一、瓶破得上レ出、是名二空處定一。）（一七　17/16～17）乙a—De

（二〇）〔諸の心の智慧を觀する〕、是をは心念處と名（づ）く。（觀二諸心智慧一、是名二心念處一。）（一九　12/13）乙a—Deb

（二一）〔若（し）能（く）慈惠有るは〕、獸なりと雖（も）、實は是レ人なり。（若能有二慈惠一、雖レ獸實是人。）乙b—Aa

（二二）〔若（し）人の慈無きは〕夫レ虎狼と［與］亦（た）何ぞ以異ならむ・といふ。（若人無レ慈、與二夫虎狼一亦何以異。）（一六　14/15）乙b—Aa

（二三）〔若（し）諸法空を信するイは〕、是レ則（ち）理に順せり。（若信二諸法空一、是則順二於理一。）（二五　12/26）乙e b―A a

提示語法は、無格で提示された語句を、代名詞で受けて、格を明示すると共に、後の語句に續ける形式であるが、提示されたはずの語句に格助詞が附いてゐたり、提示語とこれを受ける代名詞との關係が不正確であったりして、呼應の亂れたものがある。私にこれを「提示語法崩れ」と呼ぶ。

(二四) 五根といふは者は、〔信道、及助道の善法を〕、是を信根と名(づく。)(五根者、信道、及助道善法、是名二信仰根一。)(一九 18/6～7)

(二五) 〔何等をか〕是レ風(と)[の]風[と]種といふ。(何等是風風種。)(一八 13/15)「何等か これを風(と)風種といふ。」を『國譯一切經』に「何等か是れ風と風種なる、何等か風種と風なる、」と讀む。

(二六) 〔佛心を解(せ)不《(ず)》、佛語を受(け)不《ヌ》を〕是を狂愚と爲す。(不レ解二佛心一、不レ受二佛語一、是爲二狂愚一。)(二六 16/3～4)

(二七) 〔囂塵の天日を蔽(ふ)をは〕大雨能く之を掩(ふ)。〔覺觀の風心を散するをは〕、禪定能(く)之を滅す。(囂塵蔽二天日一、大雨能掩レ之。覺觀風散レ心、禪定能滅レ之。)(一七 2/8)

(二八) 〔譬(へ)ば愚夫の死尸を供養(し)[する]莊嚴するを〕智者之を聞(き)て、惡みて見むと欲(は)不ガ《ヌ》如し。(譬如下愚夫供二養莊二嚴死尸一、智者聞レ之、惡不上レ欲レ見。)(一三 4/26～5/1)

(二九) 〔他の所愛を奪(ふ)とき、其の本心を破するをは〕、是を名(づけ)て賊と爲す。(奪二他所愛一、破二其本心一、是名爲レ賊。)(一三 11/12～13)

(三〇) 〔若(し)精舍に入るときは〕、則(ち)是レ大地獄に入るなり。〔若(し)衆僧の床榻に坐るときは〕、是レを熱鐵床の上に坐ると爲す。（若入㆓精舍㆒、則是入㆓大地獄㆒。若坐㆓衆僧床榻㆒、是爲㆑坐㆓熱鐵床上㆒。）（一三　4/22～23）

（三一）〔无漏の想衆・行衆、及无爲の法（な）ラば〕是レ无漏なり。（无漏想衆・行衆、及无爲法、是无漏。）（一九　14/12）『國譯一切經』无漏の相衆・行衆、及び无爲法は、是れ有漏なり。

（三二）〔破戒の［之］人は、供養利樂を得《う》と雖（も）、〕是レ不淨を樂フなり。（破戒之人、雖㆑得㆓供養利樂㆒、是樂㆓不淨㆒。）（一三　4/26～27）

上記諸例中、（二四）は、提示語のはずの「善法」に格助詞ヲが附いてゐるが、ヲを除いて「善法」とすればよく、（二五）は、提示語のはずの「何等」に格助詞ヲと係助詞カが附いてゐるが、格助詞ヲを除いて「何等か」とすればよく、（二六）は、提示語のはずの「受（け）不《ヌ》」に格助詞ヲが附いてゐるが、格助詞ヲを除いて、「受（け）不《ヌ》」とすればよく、（二七）は、提示語のはずの「掩（ふ）」「散する」にそれぞれ格助詞ヲと、係助詞ハとが附いてゐるが、格助詞ヲを除いて、「掩（ふ）は」「散するは」とすればよく、（二八）は、提示語のはずの「莊嚴する」に格助詞ヲが附いてゐるが、格助詞ヲを除いて、「莊嚴する」とすればよく、（二九）は、提示語のはずの「破する」に、格助詞ヲと係助詞ハとが附いてゐるが、格助詞ヲを除いて、「破するは」とすればよく、（三〇）は、提示語のはずの「入る」に、形式名詞のトキと、係助詞ハとが附いてゐるが、トキを除いて、「入るは」とすればよく、（三一）は、提示語のはずの「法」に指定の助動詞ナリと、接續助詞バが附いてゐるが、指定の助動詞ナリと、接續助詞バを除いて、「法」とすればよく、（三二）は、提示語のはずの「得」に、「と雖（も）」が附いてゐるが、これを除いて、「得るは」とし、「人は」を「人の」にすれば、正常な提示語法となるであらう。

第一二節　倒　置　法

倒置法が現れるのは、大別して、二つの場合である。

A　主語と述語の場合

B　連用修飾語と述語の場合

Aは、例が少ない。

（一）佛言（ひしく）、「善哉、善哉、快《(こころ)》ヨく此の偈を説（か）く。」（佛言、善哉、善哉、快説二此偈一。）（一三　13/19～20）A

（二）國王愧（と）喜（と）交《(こもこ)》（も）來（り）て、比丘に白（し）て言（は）く、「未曾有（なる）カナ［也］、説法（の）功德の大果、乃（し）爾（な）ラく」と。（國王愧喜交來白二比丘一言、未曾有也、説法功德大果乃爾。）（一一　22/1～2）A

（三）哀（しきかな）哉、衆生、常に五欲の爲（に）惱（まさ）所レて、猶（し）之を求（むる）こと已《ヤ》マ不《ず》（あ）ラく。（哀哉、衆生、常爲二五欲一所レ惱、而猶求レ之不レ已。）（一七　2/21～22）A

接尾語ク・ラクの項で述べた右のやうな構文は、漢文の側から言へば、主・述の倒置と見られるものであるが、國語として倒置らしい倒置は、Bの連用修飾語と述語の場合に多い。但し、第三種點では、それも、述語が「願」をネガフ、「乞」をコフと讀む場合に限られ、全體として、倒置の例が少ない。

（四）王の言（ひ）しく、「其の果云何ぞ。願フ、爲（に）演説（せ）ヨ」と。（王言、其果云何。願、爲演説。）（一一　22/3）

（五）太子答（へ）て言（ひ）しく、「願フ、小《しば》ラく意を留（めたま）へ。此の人久（しくあら）不《ず》して、證驗自（ら）に出（でな）む」と。（太子答言、願、小留㆑意。此人不㆑久證驗自出。）（一六　17/9〜10）

（六）劬毘耶王に白（しし）く、「願フ、之を寛恕《ナタ》メ（たま）へ。……其の子の生（れ）むを待（ち）て、父には似（れ）リヤ不ヤ・と知（り）ナば、之を治するに晩きこと無（け）む」とまうししカば、王卽（ち）寛《（ゆる）》置（し）ツ。（劬毘耶白㆑王、願、寛㆓恕之㆒。……待㆓其子生㆒、知㆓似㆑父不㆒、治㆑之無㆑晩。）（一七　6/23〜25）

（七）耶輸陀羅其の教法を受（け）て、人を遣（り）て佛を請（す）ラく、「願フ、聖衆と〔與〕倶に威神を屈（せし）めたまへ」と。（耶輸陀羅受㆓其教法㆒、遣㆑人請㆑佛、「願、與㆓聖衆㆒倶屈㆓威神㆒。」）（一七　8/5〜6）

（八）我獨（り）して恃む所無し。唯（り）願フ、見《（音）》にし愍傷（せられ）ヨ・と。（我獨無㆑所㆑恃。唯願、見㆓愍傷㆒。）（一七　3/8）

（九）乞フ、料理を垂（れ）て、使死者に次を得《え》、生者をは濫（さ）不《ず》あら（し）め（たま）へ・とまうす。（乞、垂㆘料理㆖、使㆓死者得㆑次、生者不㆑濫。）（一六　13/25〜26）

（八）は、「見」に、音を示す記號と、ニ・シのヲコト點とがある。「見」を「現」の意味の副詞に理解して音讀したやうであるが、ここは尊敬の助動詞と見て、「愍傷セラレヨ」と讀んで、「愍傷シテクダサイ」の意味に理解した方がよい。「愍傷」は、大修館書店の『大漢和辭典』に「あはれみいたむ」と說く。

上記の他、Bの一種と見られるものに、次のやうな例がある。

(一〇)　離二レ喜樂身受一を、捨二す念及方便一を。聖人は得て能(く)捨す。餘人は捨するを爲レす難しと。(一七　15/7〜8)大東出版社の『國譯一切經』に「聖人は能く捨つること得、」と讀む。

「得能捨」を「能く捨スルコト得《う》」と讀まないで「得」を先に讀んで、「得て」と副詞にし、「捨」を文末において、「捨す」と讀んだ。私は、拙著『石山寺本大方廣佛華嚴經古點の國語的研究』の中で、

○　無量億千劫にも難レシ可二(き)こと得《ウ》見レ(る)汝を。(七五　2/29)

の例を擧げて、

「得」を「見」より先に讀んでゐるのが問題である。和文ならば、「え見るべきことかたし」といふであらうが、訓讀文では、副詞のエは用ゐず、動詞のエに接續助詞テの結合したエテを稀に用ゐたが、それも末期以後のことである。……今の場合、このままエと讀めば、訓讀文には例のない和文風な讀みかたとなり、テを補ってエテと讀めば、末期以後の新しい訓法を初期の資料に持ち込むことになる。判斷に迷ふ所であるが、今は前者を取って、初期にはこのやうな讀み方もあったとしておくより仕方がない。」(二三五頁)

と言ったが、(一〇)は、「得」にテが送られてゐて、エテと讀んだ、確實な例である。平安初期に既にエテは成立してゐたのである。

第六章　語彙

第一節　敬語

第三種點に用ゐられた敬語には、次のやうなものがある。

尊敬の動詞　イデマス・イマス・ノタマフ
謙譲の動詞　マウス
尊敬の助動詞・補助動詞　ル・ラル・タマフ
謙譲の助動詞・補助動詞　タテマツル

第三種點の敬語は、比較的簡單である。

一　尊敬の動詞

イデマスは、「來」を讀む。ス・セしか送られてゐないが、イデマスと讀んで間違ひあるまい。

（一）論議師の輩、遥（か）に見二て佛の來《いてま》一すを、自（ら）語二はく其の衆一に、「……見二て汝等の靜嘿一（な）るを、或（は）能く來《いでま》レ（さ）むものぞ・と（い）ヒて此（こ）に」衆卽（ち）嘿然せり。（二一六　13/24）

（二）譬（へば）如三し王來《いでま》すときは、必ず有二るガ大臣・營從一。（二〇　4/5～6）

（三）衆人言二（ひ）しカば佛來《いでま》一せり・と我（も）亦（た）隨二（ひ）て衆人一に、出（て）て見二て光明一を、便（ち）禮（したてまつり）き。（一〇　11/11～12）

イマスは、存在を表す。「在」を讀む他、文意によって補讀する。

（四）佛在《いま》（し）しとき有二リ一（り）の長者の婦一。（一三　25/24～25）

（五）寶積佛は一切智（い）マす。（一〇　15/18）

（六）佛雖二（も）一切智一（し）たまふ。（一〇　15/26～27）

ノタマフは、用例が多いために、特定のヲコト點（上中の「⌐」）で示す。「言・曰」を讀むほか、文意によって補讀する。

（七）佛言《のたま》はく、「一の究竟の道なり。無二し・と衆多一は也。」（一八　9/9）

（八）後に佛出世（し）て、教（へ）て、語レ（り）て之（に）言《のたま》ヒシク、「汝、當（に）一日夜（に）如二く諸佛一の、持二つべし八戒一（を）。……。」
（一三　20/6～7）

（九）天帝言《のたま》ひしく、「汝ガ心雖レも尓なりと、誰カ證知（せむ）者（ぞ）。」（一一　15/7）

（一〇）大迦葉答（へ）て、曰《のたま》ひしく、「我は於二ては人天の諸の欲一（に）、心不《ず》二傾動一（せ）。……。」（一七　23/3）

（一一）王見二て此の鹿の直に進み趣（き）て、已に無レ（き）を所二忌み憚《ハヽカ》一る、敕二（す）ラく諸の從人一に、「攝《をさ》二（め）ヨ汝ガ弓箭一を。無レ（くあ）レ・とのたまふ得レ（る）こと斷二すること其の來意一を。」（一六　13/19）

二　謙譲の動詞

マウスは、「言・白」を讀む他、文意によって補讀する。例が多いため、特定のヲコト點（下中の「+」）で示す。

（一二）衆人見レて之を、恠《（あやし）》二（ひ）て其（の）自（ら）來一（れ）るを、以レて事を白《まう》レす王に。（一六　14/8）

（一三）諸の比丘食し已（り）て、出レ（て）て城より以二（て）是の事一を具に白《（まう）》二す世尊一に。（一七　8/16）

（一四）至二（り）て佛所一に問レ（ひ）て佛（に）言《まう》ししく、「一の究竟の道は、爲《（も）》し衆多の究竟の道カ・と。」佛言《（のたま）》はく、「一の究竟の道なり。無二し・と衆多一は也。」（一八　9/8～9）

（一五）鹿王既に至（り）て、跪《ヒサマツ》きて白二しく人王一に、「……當に自（ら）差レ（し）て次に、日に送二（り）て一鹿一を、以て供二（せ）む・とまうす王厨一に。」（一六　13/19～21）

（一六）有二リ一の鹿一。懐レ（み）て子を次［に］至（り）て應《べ》レきあり送（ら）る。來（り）て白二（し）しく其の主一に、「……乞フ、垂二（れ）て料理一を、使二死者に得《え》レ次を、生者をは不《ず》レあら（し）め（たま）へ・とまうす濫《（みた）》（さ）。」（一六　13/23～26）

三　尊敬の助動詞・補助動詞

ル・ラルは、受身を表す場合と、尊敬を表す場合とがある。尊敬を表す場合は、「見」を讀む場合に限られる。これについては、〈第五章、第九節、二、受身を表すもの、2〉の項を參照されたい。

タマフは、用例が多く、特定のヲコト點（右中の「ㄱ」）で示す。これについては、〈第五章、第九節、一〇、補助動詞〉の項を參照されたい。

四　謙譲の助動詞・補助動詞　タテマツル

タテマツルは、用例が多く、實字「上」で示す。これについては、〈第五章、第九節、一〇、補助動詞〉の項を參照されたい。

第二節　語彙抄

傍訓を持つ語彙を五十音順に擧げて、若干の説明を試みる。

【ア】

アカシ（赭）

（一）眼の中より火出（て）て、著《き》二赭《アカ》き色の衣一を、身肉堅く勁《ツヨ》く、走ること疾きこと如レく風の、（一六　7/1）

「赭」は、『説文』に「赤土也、从赤者聲〈之也切〉」とあり、大修館書店の『大漢和辭典』は、『説文』を引いて「①あかつち」と言ひ、『廣雅、釋器』から「赭、赤也」を引いて、「②あか」と説く。

アガル（絶踴）

（二）（譬（へば）如下（く）……）從レ地より起（ち）て、奮《フル》二ヒ其の智力一を、絶－踴トアカリて間關遥、得中ツ・といふガ自（ら）濟上（ふこと）、（一四　5/3～4）

「絶踴」の二字を短線で結び、右に「トアカリ」と讀める不確實な訓があり、「踴」にテの點がある。ゼツユウ―トアガリ―テと文選讀みにしたやうである。その下の「間」にヲ・ニらしい點があり、「關遥」は無點で、讀むことができない。『大正新脩大藏經』に、「絶二踊間關逕一」と返り點を打ち、大東出版社の『國譯一切經』には間關の徑を絶踴し、自ら濟《すく》ふことを得たり」と讀んでゐる。「絶踴」は、大修館書店の『大漢和辭典』に載せない。「絶」は「甚だしい」意味で、「絶踴」は「勢いよく躍り上がって」といふことであらうか。

アキナフ（貿）

（三）見二レば人道の中一を、以二（て）十善の福一を、貿《アキナ》ヒて得《う》二人身一を。（一六　3/15～16）

「貿」をアキナフと讀むことは、早く西大寺本『金光明最勝王經』平安初期點に見え、

○　既に供養し已りて、所レむ有（ら）供養をは、貿《アキナ》レヒて之を取レレ直を。（八　6/15）

天治本『新撰字鏡』には、「估」をアキナフと讀んでゐる。

○　估〈宮戸反、上、商也、佐也、助也、交易也、……阿支奈不。〉

アク（排）他動詞下二段活用

（四）優波毱入るとして、徐（く）排《ア》二クとして戸‐扇一を、麻油を小し棄《コホ》シツ。（一〇　11/9）

「排」は、大修館書店の『大漢和辭典』に〈廣雅、釋詁三〉から「排、推也。」を、〈禮、少儀〉から「排レ闔說二屨於內一者、一人而已矣。〈疏〉排、推二門扇一也。」を引いて、「おしひらく」と讀む。「あくとして」は、「あけようとして」の意味。「戸扇」「門扇」は「とびら」のことである。

アゴエ（距）

（五）身生二して毛‐羽一に、鬲《ヘタ》二テ諸の細滑一を、嘴《ロハシ》・距《アコエ》、麁（あら）く靭くして、不《ず》レ別二（た）觸と味一とを。（一六　3/22～23）

「距」をアゴエと讀むことは、先行資料に例があり、古辭書にも見える。アコエは、鶏や雉の蹴爪（けづめ）のこと

である。

○所拒〈下渠呂反、……鳥足著安後延〉（小川本新譯華嚴經音義私記　巻一五）

○距〈其呂反、上、足角也、阿古江也。〉（天治本新撰字鏡）

○距、蔣魴切韻云、距〈音巨、訓阿古江〉鶏雉脛有岐也。（倭名類聚抄）

○距〈順云、音巨、訓阿古江、鶏雉脛有岐也。〉（圖書寮本類聚名義抄）「古」左下濁點あり。

○距〈俗歫、音巨、又、后呂反、……アコエ……〉（觀智院本類聚名義抄）

アザムク（詭）

（六）　人來（り）て問レ（ひ）しく之を、「世尊は在《いま》すや不や・と。」詭《アザム》きて言レ（ひ）き不レ（と）在（さ）。（一三　14/27）

古點本では、「欺・誑・詐・誣・詭」等をアザムクと讀むが、「詭」の例は少ない。『大智度論』第一種點に同じ例があった。

○魔い……至二（り）て淨飯王の所一に、詭《アザム》（き）て言（ひ）き、「汝が子は今日の後夜に、已に了（る）べし・と。」（三　18/27～28）

本項については、『石山寺本大智度論古點の國語學的研究　上』〈第六章、第二節、語彙抄、アザムク〉（四二五頁）の項を參照されたい。

アタフ（直・價）

（七）　（王女既（に）入（りて）、見二（て）其（の）睡一（れるを）、重（ねて）推レ（すに）之（を）不レ悟（ら）。）卽（ち）以三て瓔珞の直《あた》二フを十萬兩の金一に、遺《アタ》レへて之に而去（リ）ヌ。（一四　15/8）

（八）　伽葉の衣は價《あた》二フ直《あたひ》十萬兩の金一に。（二六　17/22）

「直・價」には、フしか送られてゐないが、アタヒを動詞にして、四段に活用させたものと見た。他にも例がある。

○　六-鉢の價《アタヒ》ハ直(あた)ニフ娑世界一に。（高山寺本彌勒上生經賛平安初期點（白）10/7）

白點は、第三種點と同じ頃の加點であらう。観智院本『類聚名義抄』に、「直」にアタフの訓を収めない。

アタフ（遺）他動詞下二段活用

用例（七）の「遺〈アタヘて〉」參照。「遺」は、大修館書店の『大漢和辭典』に、〔説文通訓定聲〕から「遺、畀也」を、〔廣雅、釋詁三〕から「遺、豫也」を、〔廣雅、釋詁四〕から「遺、送也」等を引いて、「おくる」とよんでゐる。送り主が王女であるから、オクルと讀まないで、アタフと言ったのであらう。大東出版社の『國譯一切經』では「遺して去る」と讀んでゐる。

アヂキナシ（愍爾）

（九）　其(の)師寢レ(ねたり)疾に。舍利弗(は)在ニ(り)て頭の邊一に立(て)り。大目連は在ニ(り)て足の邊一に立(て)り。喘—喘とイキツキツ、然も、其の命將レ終(ら)むとするイ、乃(し)愍-爾とアチキナクシテ而笑フ。（一一　2/7~8）

「愍爾」二字を縦線で結び、トのヲコト點を打ち、右に「アヂキナクシテ」と附訓されてゐる。ビンジト—アヂキナクシテと、文選讀みにしたのである。（大東出版社の『國譯一切經』に「愍爾」を「あはれんで」とあるは誤譯。）

「アヂキナシは、『萬葉集』では、「小豆奈良九」（二五八二）、「小豆無」（二八九九）、「小豆鳴」（二五八〇）のやうに、アヅキナクであったが、平安時代になると、和文・訓讀文共にアヂキナシに變はった。大修館書店の『大漢和辭典』に、「愍爾」は載せないが、「愍然〈ビンゼン〉」の熟語があって、「いたましいさま。あはれなさま。」と説く。「愍爾」もこれと同じやうな意味ではあるまいか。瀕死の病人がぜいぜい言ひながら、笑ってゐる。その様子がいたましく、見てゐても切ない。それを「あぢきなし」と言ったのである。「あぢきなし」は、小學館の『日本國語大辭典』に、「④胸がしめつけられるように耐え難い。やるせない。」と説く。

アヂキナシは、古點本では、本例が初出で、次いで第二種點に「无伏」をアヂキナクと讀んだ例が出てくる。

○　五體を投レ(け)て地に、悔レ(い)過を向レ(かひ)たてまつりて佛に、「我れ心に无レく伏《アチキ》愚(か)にして、不《ず》レありけり・とまうす信レ(し)たてまつら佛を。」（八　第二種（天慶點）3/7）「伏」を白筆にて「狀」に訂正。

古辭書・音義類では、藤原公任撰、石山寺本『大般若經字抄』に「无端〈アチキナシ〉」の例がある。

アツ（中）

（一〇）　或有る衆生は、菩薩の贊美するときは、反(り)て更に毀辱す。……菩薩(の)慈念するときは、反(り)て求二む其の過一を。謀二欲す中《ア》テ傷一(ら)むと。（一六　16/8）アテのテ不確實

「中」は、自動詞にしてアタル、他動詞にしてアツと讀む。本例のアツは、文字通り「中傷する」意味である。古點本で「中」をアツと讀んだものに、次のやうな例がある。

○　若(し)諸(の)有情(の)爲二に諸(の)毒蛇・毒蟲一の所レ螫《ス》ハレ、或(は)被《カウフ》二(る)ガ種種の毒藥(に)(の)所レ中《ア》テラル、ことを、有三(るいは)能(く)至心をもて……供二養(す)ること地藏菩薩摩訶薩一(を)者、（東大寺本地藏十輪經元慶點　一　15/17～19）

○　於レ是、禽彈《ツ》(き)中《ア》ツ(る)こと衰(へ)ぬ。〈師古曰、彈ハ盡也。中ハ射中也。〉（上野本漢書揚雄雄傳天曆點　二〇二行目）

○　衆生の常に爲二に諸有の毒の箭一の所(ら)レれたること中《ア》テ、（石山寺本大般涅槃經治安點　八　16）「中」の左に「ヤフラレ」の訓あり。

アツカブ（熱）

（二一）　已に得レて離二（るる）こと淫の火一を、則（ち）獲《う》二清涼定一を。如下し人大に熱《（あつか）》ヒ悶《（もだ）》（ゆ）るとき、入二（り）て冷き池一に則（ち）樂上（しふ）ガ。

（一七　14/27）

小學館の『日本國語大辭典』の「あつか・う」の項に、①熱に惱む。暑くて苦しむ。②病氣や心勞などで苦しみ惱む。思いわずらう。の二通りの解釋をし、①の例に『新撰字鏡』から

○　暍〈於月反、傷熱也、阿豆加布〉

を引いてゐる。本例も同じ意味である。第三種點と同時期の資料『三代實錄』に見える例、

○　因レ茲日夜無レ間《ヒマ》憂禮比念保之熱加比御坐須。（貞觀八年九月）

○　件事毛思保之熱可比憂（ひ）歎岐御坐之間尓、（貞觀一二年二月）

や、中期の古點本の例

○　云何（なるをか）爲レ（す）惱と。忿と恨とを爲レシ先と、追ひ觸《フレハ》ヒ暴《シ》ヒ熱《アツカ》ヒ、佷《ヒスカシマ》（に）戾《モトホ》ルをもて爲レ（す）性と。（石山寺本成唯識論寛仁點六　13/11～12）

は、②の意味であらう。

アト（蹤）

（二二）　拔レ（き）て劍を追レ（ひ）て蹤《アト》を、見（れ）ば、在二（ち）て仙人の前一に立（て）リ。（一四　15/26）「蹤」は原文「縱」、『大正新脩大藏經』によって訂正。

「蹤」は、大修館書店の『大漢和辭典』に、〈釋名、釋言語〉から「蹤、從也、人形從レ之也。」を、〈集韻〉から、「蹤、跡也」を、〈漢書、揚雄傳上〉から「躡二三皇之高蹤一。」を、〈後漢書、南匈奴〉から「無二復匹馬之蹤一」をひい

て、「①あと。あしあと。」と説く。古本點で、「蹤」をアトと讀んだものに、次の例がある。

○　百-重（の）寒暑（には）躡《フ》二ミて霜雪一を而前《ス、》レム蹤《アト》を。（石山寺本説无垢稱經平安初期點　2/8）

○　車の蹤《アト》を曰レフ轍と。（東大寺百法顯幽抄平安中期點　47/6）

小學館の『日本國語大辭典』に、「あとを追う」を、「①先に行くものや去ってしまったものをあとから追って、ついて行く。」と說いてゐる。

アナスヱ（胤）

（一三）我ガ所懷の子は、實に是（れ）太子の體《ムクロ》胤《アナスヱ》なり。（一七　6/21）「胤」の左に「由ラ反」らしき注あれど、不審。

「體胤」は、大修館書店の『大漢和辭典』に載せないが、「後裔・子孫」のことであらう。「後裔・子孫」をアナスヱと言ふことは、『播磨風土記』美囊郡の條に、

○　青垣山の山投に坐す市邊の天皇が御足末、奴津らま（岩波文庫本による）

とある「御足末」をミアナスヱと讀むのが古く、假名書きは本例が初出である。次いで、『日本書紀』顯宗天皇卽位前の

○　天萬國萬押磐尊の御裔、僕是也。

の「御裔」を、圖書寮本に「ミアナスヱ」と讀んでゐる。

アハセテ（并）

（一四）我ガ諸の種類、諸の宗親、并（せ）て諸の衆生、皆依二仰す此一に。（一六　15/4〜5）

アヒダ（頃・間）

（一五）　天衣无鞅數なり。其の色若干種なり。鮮白にして映二し天日一に〔を〕、輕密にして无二し間《アヒタ》瓏一。（一三　17/16）『大正新脩大藏經』に、「无鞅」を「无央」に、「間瓏」を「間壟」に作る。大東出版社の『國譯一切經』に「天衣は無央數にして」、「輕密にして間壟なく」と讀み、脚注に「壟、小高きところ。うね。」と說く。「間瓏」の左に、「畝也」「町也」の注あり。「瓏」の右に「ウネ」らしき訓あれど、不確實。

（一六）　或(は)排二オシて衆生一を、著二き火坑の中一に、或(は)衆生の命未レヌ盡(き)頃に、於二火の上一に炎レし之、（一六　9/8）「頃」の右に「間」の注あり。

（一五）の「无鞅」の「鞅」は「むながい」で、文意に合はない。『大正新脩大藏經』の「无央」に從ふべきであらう。「央」は、大修館書店の『大漢和辭典』に〔廣雅、釋詁一〕から「央、盡也。」を、〔楚辭、離騷〕から「時亦猶其未レ央。」を引いて、「④つきる。」と說く。「无央」は盡きないことである。「間瓏」の「瓏」は、「王偏になってゐるが、「土」偏の誤寫であらう。「壟」は、注の通り「うね」のことである。「間壟」といっても、ここは「天衣」のことであるから、空いた所や高くなったと所がないといふことであらうか。古點本で「間」をアヒダと讀んだものに、次の例がある。

○　途(み)チの間(あひ)タに失レヒツ地を。（石山寺本說无垢稱經平安初期點　一　2/6）

（一六）は、「頃」をアヒダと讀んでゐる。大修館書店の『大漢和辭典』に、「頃」にアヒダの訓を載せないが、古點本で「頃」をアヒダと讀んだものは、「間」より多い。

○　汝ガ遠(く)行(き)て未レヌ還(かへ)(リ)コ之頃に、（白鶴美術館本涅槃經集解平安初期點　5）「頃」の右に「間」の注あり。

○　於二一念の頃一モ、至レ(し)て心を不レず犯(さ)。（高山寺本彌勒上生經贊平安初期點（白）　22/1）「頃」の右に「間モ」の注あり。

○於二一日-夜、或は一食の頃一に、能ク度二(し)て……諸の有情の類一を（東大寺本地藏十輪經元慶點　一二　12/15）「頃」の右に「間」の注あり。

○經二てル於一剎那の頃《アヒタ》一を、（石山寺本守護國界主陀羅尼經平安初期點（朱）八）地の餘白に白筆にて「アヒタ」の書き込みあり。

○於二一念の頃《アヒタ》一に、悉く能く稱二リ量る一切の生死一を。（東大寺本大般涅槃經平安末期點　一八　8/20～21）

アフトコム（跨）

（一七）我レ爾の時に、爲二レリ大身多力の鹿一と。以二て前の脚一を跨《アフトコ》二み一の岸一を、以二て後の脚一を距《フ》二ミて一の岸一を、令下(し)むるに衆の獸をして踏二(み)て背の上一を、而度《わた》上(ら)、皮肉盡ク壞(れ)き。（二六　9/11～13）

大樹林に火災が起きた。禽獸たちは野火に追はれて逃げ出したが、行くてに川があって飛び越せない。其の時、一頭の大きな鹿が現はれ、兩足で川の岸を跨ぎ、背中を踏み臺にして、禽獸を渡して、命を助けたといふ話である。「跨」は、マタグ・マタガル意味に用ゐられることが多いが、今は、後の「距」をフムと讀んでゐるやうに、フム意味に用ゐられてゐると解すべきである。前足で一方の岸を踏み、後足で他方の岸を踏んで、川をまたぐ形になるのである。大修館書店の『大漢和辭典』に、「跨」は、「またぐ。またがる。こえる。また。よる。ほこる。あぐらをくむ。」などと讀まれ、フムの訓はないが、吉田金彦氏が「『跨』字の和訓をめぐって—その表記と音韻と意味—」（『訓點語と訓點資料』一〇輯、昭和三三・一〇）といふ論文に引用された慧琳の『一切經音義』に、「字林跨踞也、亦躡也。說文、跨渡也。」（五八・一二オ）といふ説明があって、フム意味のあることが分かる。『觀智院本類聚名義抄』にフムの訓を傳へてゐる。アフトコミは連用形で、終止形はアフトコムであらう。「跨」をアフトコムと讀むのは、先例があり、古辭書にも收錄されてゐる。ただし、語形には微妙な違ひがある。

○ 跨《アフック》二ムて千古一に、以(て)飛レはし聲を、掩《オ(ほ)》二ヒて百王一を、而騰《ア》レケたり實を。（知恩院本大唐三藏玄奘法師表啓平安初期點　七六～七七行）ク存疑。「聲」の右に「名」の注あり。

○ 越三界といふは者、慧は踰《コ》二エ生滅一を、道は跨《アフトコ》二フ也三有一を也。（石山寺本法華義疏長保點　一 20/28～29）アフトコムの右に、「アフトク也」とあり。

○ 踷跨〈上市柯反、下共依反、齊レ足而踊之皀、又、越也、阿不止己牟、又乎止留〉（新撰字鏡）

○ 跨〈アフドコブ〉（圖書寮本類聚名義抄）

本例と『新撰字鏡』とはアフトコム、知恩院本『大唐三藏玄奘法師表啓』平安初期點はアフツクム、石山寺本『法華義疏』保點はアフトコフで、三樣の形を取ってゐるが、同一語であることは間違ひない。ただし、音韻上、假名の通り發音されてゐたかどうか、問題である。吉田金彥氏によれば、表記の違ひにかかはらず、平安初期には、a n d o k ö m b ω、平安中期から院政期には a d o k ö b ω であったらう、と言ふ。詳しくは、吉田氏の前記論文を見られたい。

アブル（灸・爛）

（一八）　此の五欲は者、得レて之を轉ヨ劇(し)きこと、如二し火に灸《アフ》レるガ疥《ハタケ》を。（一七　2/22）

（一九）　或は生(けなか)ラ爛《アフ》二リ猪羊一を、或は以レて木を貫レ(き)て人を、而生(けなか)ラ灸《(あふ)》レリ之を、或は焚二焼し山野、及、諸の聚落・佛圖・精舍等一を、（一六　7/26～27）

「炙」をアフルと讀むのは、先例がある。

○　金の師の金を治（つ）ときに、或は炙《アフ》リ、或は漬《ヒタ》し、或時《アル》には捨置す。（正倉院聖語藏本成實論天長點　一八）鈴木一男氏による。「治」の右に「打也」の注あり。

「爛」は、大修館書店の『大漢和辭典』に、〔一切經音義七〕から「爛、熱也。」を引いて「⑥やく。」と説く。「やく」意味からアブルの訓が出て來るのであらう。ただし、觀智院本『類聚名義抄』に「炙」にアフルの訓はあるが、「爛」にアフルの訓はない。『新撰字鏡』は、「焚」を「阿夫留」と讀み、「灸・爛」をアフルとは讀まない。今の所、本例は、古點本で「爛」をアブルと讀んだ唯一の例のやうである。

アヘテ（肯）

（二〇）（若（し）菩薩不レ解二（せ）不レ（して）行三（せ）是（の）小乘一（を）。而（も）但（た）呵（せば）者）、誰カ當二に肯《アヘ》て信一せむ。（二四　1/17）

アヘテは、『萬葉集』から用ゐられてゐる。「いざ兒等、あへて（安倍而）拷ぎ出む　にはも靜けし」（三八八）、「今こそは　船枻《ふなだな》打ちて　あへて（安倍底）漕ぎ出め」（三九五六）。訓點資料では、「敢・肯・堪」を讀んだ。「肯」をアヘテと讀むのは、先例がある。

○　自レ非二三寶神力一、孰肯掾二其重憂一。（注　肯〈阿へ天〉）（日本靈異記　上、三二話）

○　所見既（に）異（なら）ば、誰か肯《アヘ》て順從せむ・となり。（大東急記念文庫本大乘廣百論釋論承和點　3/5）

「堪」をアヘテと讀むことは珍しいから、參考までに擧げておかう。

○　彼の所在の國界の諸の方の、險阻にして多レ（く）して難《（音）》、不レずせ任二《（音）》營理一するに、有レリ疑（ひ）有レリ怖（り）、堪《アヘ》て客《（ゆる）》二（す）外境の怨敵惡友の［を］、投レ竄藏伏一するを。（東大寺本地藏十輪經元慶點　二　15/3～4）

アマナフ（甘）

（二）　一切世人の、甘《アマナ》ヒて受二(く)ることは刑罰・形殘・考掠一を、以レ(て)なり護二るを壽命一を。（一三　7/26）「形」を『大正新脩大藏經』に「刑」に作る。

「甘受」は、甘んじて受けることである（『假名遣及假名字體沿革資料』に「アマヘ」と讀んでゐるのは誤讀である。）アマナフは、後續資料にも例がある。

○　因レ(りて)悃《アマナ》二フニ其(の)情一に、方便化導して、令三(む)其をして安二―住せ佛惠一に。（大東急記念文庫本大日經義釋延久・承保點　一三　35）アマナフは天の餘白にあり。

○　其(の)心甘《アマナ》ヒ樂(しひ)て聽二受し是(の)經一を已(り)て、（東大寺本大般涅槃經平安末期點　六　1）

小學館の『日本國語大辭典』に、右の三例を引いて、「②そのことに甘んずる。滿足する。」と說く。觀智院本『類聚名義抄』には「適・甘・和」等にアマナフの訓がある。

アヤ（繡―文）

（三）　金色映二せり繡―文《アヤ》一を。斐―亹(な)ること如二し雲氣一の。如レ(く)に是の上妙の服、悉く從二天樹一より出ッ。（一三　17/17）

「斐―亹」の右にウルワシの訓あり。「斐」の左に浮比反、「亹」の左に「亡匪反」の注あり。

アヤは、三省堂の『時代別國語大辭典　上代編』に、「縱橫種々の模樣。あるいはその模樣を織り出した絹織物。」と說き、『古事記』の歌謠と『萬葉集』の和歌を引用してゐる。「文垣《あやかき》の（阿夜加岐能）　ふはやが下に、蠶衾《むしぶすま》　柔《にこ》やが下に」（古事記歌謠8）、「錦綾《にしきあや》の　中につつめる　齋兒《いつきご》も　妹にしかめや」（萬葉集一八〇七）。訓點資料では、「繡文」の他に「文・絢」を讀む。

○世尊の足の下《ウラ》には、千輻輪の文《アヤ》アリ。（高山寺本彌勒上生經贊平安初期點（朱）15/8）

○金色交リ絡《マツ》ハレて、文《アヤ》同二し綺《イロ》へ畫《カ》一ケるに。（同　15/11）

第一種點にも例があった。〈四三二頁、用例三二〉參照。「絢」は後續資料に例がある。

○名-衣幡-珮《オムモノカムハタ》綺-絢《アヤ》をもて、垂-布して校二飾せり之一を。（國會圖書館本大日經治安點　五　12）オムモノ・カムハタ・アヤの訓は左。

アヤシブ（奇）

（三）守レる薗を人晨朝に見レて之を、奇《（あや）》二（し）ヒて其レ非常一なりと、即（ち）送二與王一に。（一七　5/22～23）

「奇」には「ヒて」しか送られてゐないが、アヤシヒテと讀んだものと見て間違ひあるまい。觀智院本『類聚名義抄』に「奇」にアヤシフの訓がある。訓點資料では、「奇」の他、「異・怪・恠・神・奇侅」等を讀む。アヤシフ・アヤシム兩形が併用されてゐる。

○但（シ）奇侅《アヤ》シフラクハ、鳳凰〈鳥鳥〉其（ノ）當（リニ）翔（ラ）不。（但鳳凰不翔其當）（東大寺諷誦文稿二七〇行、古典籍索引叢書8）

○衆人咸（く）驚（き）て異《アヤシ》レふ之（を）。（石山寺本金剛般若經集驗記平安初期點　6）

○傳二（へ）て其（の）自ラ來一（る）ことを、神《アヤシ》へトモ而不レ（ありき）貴ひ。（興聖寺本大唐西域記平安中期點　15/14）

○二（り）の兄恠《アヤシ》レヒて不レことを還（ら）、（春日本金光明最勝王經平安中期點　一〇）

○吐蕃異《アヤシ》レヒテ（朱）之を、竟に如二（く）して前の言一の放（ち）てき。（石山寺本金剛般若經集驗記平安初期點　6）白點「アヤシミて」

○　其(の)僧等見二(て)此(の)事一(を)稍異《アヤシ》ム。〔黒板本金剛般若經集驗記平安初期點　複製本下二9〕

アラハス（良）

〔三四〕　此の人の宿行の因縁は、讒賊の中に良し、妄語し惡口し、兩舌し綺語し、……如レき是の等の種種の惡口・讒賊の故になり。

（一六　6/12〜13）「良」の右に「ラハス」の訓あり。

「讒賊」は、大修館書店の『大漢和辭典』に、〔墨子、尚同中〕から「讒賊寇戎。」を、〔史記、伍子胥傳〕から「以二讒賊小臣一疏二骨肉之親一乎。」を、〔漢書、劉向傳〕から「執二疑之心一者、來二讒賊之口一、持二不斷之意一者、開二群杜之門一。」を引いて、「わるもの。又、邪惡な。人を陷れてそこなふ。」と説く。加點者は「讒賊」を名詞に理解して、「中」に續け「良」を動詞に理解して、「アラハス」と附訓し、これを連用形に活用させて、アラハシと讀んだやうである。しかし「讒賊の中にあらはす」では意をなさない。『大正新脩大藏經』には「讒二賊忠良一」と返り點を打ち、大東出版社の『國譯一切經』にも、「忠良を讒賊し、」と讀んでゐる。これに從ふべきであらう。大修館書店の『大漢和辭典』で「良」を調べても、アラハスと讀めさうな意味はない。ところが、「良」にアラハスの訓は先例がある。

○　十日に果得二ルに主一人張の閏が書一を、報(すら)ク、「昨《サキ》に七日の平《アケ》-明《ホノ》に婁の長-史差二して不良《アラハス》人一(を)、於二閏(が)家一に、捜二掩しむ足下一を。幸に知レれ之を也。千萬好去といひき。」〔石山寺本金剛波若經集驗記平安初期點（白）複製本　11〜13頁〕「捜掩」の左に「トラヘ」の訓あり。

「アラハス」は、「不」の右下から、「人」の右下に掛けて、白筆で書き附けられ、裏面には、朱筆で「不」の下部から「良」にかけて書附られてゐる。本例と突き合はせて考へると、「アラハス」は「良」一字に對する訓と認定される。しかし、この例でも、「良」にアラハスの訓は不可解である。識者の教へを仰ぎたい。

アリ（有・在・爲・補讀）

アリについては、〈第五章、二、アリの特殊な用法〉を參照。

アリ（蟻）

（二五）　愚癡多き故（に）は、受く蚓蛾《ミヽスヒヽル》蜣蜋・蟻螻《アリケラ》鵂鶹・角鴟《トヒ》之屬、諸の駃蟲の鳥を。（一六　3/24～25）「蜣」は原文「蟲＋差」、『大正新脩大藏經』によって訂正。「鵂鶹」の左にフクロフ・カモの訓、「角鴟」の左にミヽツクの訓あり。

アリは後續資料に例があり、古辭書にも收める。

○　除去す……蟲《ムシ》蟻《アリ》蜣蜋《カウラウ》毒—螯之類を。（國會圖書館本大日經治安點　一　11）

○　垤〈徒結反、入、蟻塚也、阿利豆加。〉（新撰字鏡）

○　大蟻、爾雅集注云、蚍蜉〈毘浮二音。〉一名馬螘〈宜倚反、今案、即蟻字也、見玉篇。和名於保阿里。〉大蟻也。／赤蟻、爾雅集注云、赤駮蚍蜉、一名蠪虰〈龍偵二音、和名伊比阿里〉赤蟻也。／飛蟻、爾雅集注云、螱〈音尉〉一名飛蟻〈和名波阿里〉蟻有翼而能飛也。（倭名類聚抄）

アルイハ（或・有・或有）

アルイハについては、〈第四章、一一　有・或〉の項參照。

アルトキ（或）

アルトキについては、〈第四章、一一　有・或〉の項參照。

アルヒト（有・或有）

アルヒトについては、〈第四章、一一　有・或〉の項參照。

【イ】

イカナル（云何）

（一）云何（なる）をカ名（づけ）て爲《い》レふ寶と。（一〇　7/2）

（二）云何（な）るカ是レ方便。（二六　18/14）

イカニ（何・云何・若爲）

（三）王問二（ひ）しく此の鹿一を、「汝が主は何《(い)カ》に言フ・と。」（一六　14/2）

（四）我レ當三云何《(いか)》にしてカ供二養（すべ）き・と佛及法華三昧一を。（一〇　14/10）

（五）云何ぞ以二實相一爲《す》レる首と。（一六　3/6）

（六）若（し）爲《せ》二むに侵害し强奪し逼迫一［むひと］、是は當（に）云何ぞ。（一三　8/29〜21）

（七）問曰、若-爲《イカ》ぞ譏二嫌する式叉摩那一を。豈不《ず》レ（あら）むヤ致レ（さ）［す］譏（り）を。（一三　25/27〜26/1）

「若爲」は、大修館書店の『大漢和辭典』に、〔方言藻〕から「杜荀鶴詩、承レ恩不レ在レ貌レ。教二妾若爲容一。」を、〔宋書、王景文傳〕から「居二貴要一但問レ心若爲耳。」を、〔唐書、孫伏伽傳〕から「自爲レ無レ信、欲二人之信一、若爲得哉。」を、〔白居易、春至詩〕から「若爲南國春還至、爭向二東樓一日又長。」を引いて、「どんな。いかにして。如何に同じ。」と說く。訓點資料に先例がある。

○　嘉會云（はく）、「此（こは）去二（ること）泰山一（を）三千餘里（なり）。經レ（ること）途（を）既（に）遠（し）。若爲《イカ》ニシテカ能（く）致（らむ）。」

（黑板金剛般若經集驗記平安初期點　複製本　8ウ）

「何・云何」も先例がある。

○　何而《イカニ》シテカ備《ソナ》ニヘ―儲（け）テ如法（の）之供養一（を）、（東大寺諷誦文稿　1/29）

○　眞の體若（し）無ならば、何にの欣あれか修レせむ證することを。〈朱右別訓、何《イカニ》ソ修證セムト欣《ネカ》ハム〉（大東急記念文庫本大乘廣百論釋論承和點　一〇　7/1）

○　云何《（い）か》にスレバカ身の衰壞し、諸の大の有ニル增―損一すること。（西大寺本金光明最勝王經平安初期點　九　9/3）

イキツク（喘喘）

用例はアヂキナシの項を參照。「喘」の左に「仙反、急也」の注が、右に「イキツキツ、」の訓がある。「喘喘《（せんせん）》といきつく」と文選讀みにしたのである。「喘喘」は、大修館書店の『大漢和辭典』に、〈莊子、大宗師〉から「俄而子來有レ病。喘喘然將レ死。」を、〈素問、平人氣象論〉から「病心脉來、喘喘連屬、其中微曲、曰ニ心病一」を、〈韓愈、答ニ竇秀才一書〉から「喘喘焉無ニ冀一朝夕一」を引いて「喘喘センセン、あへぐさま。」と説く。「いきつく」は、小學館の『日本國語大辭典』に「④苦しそうに呼吸する。あえぐ。」として、觀智院本『類聚名義抄』から「喘〈アヘグ・イキツク〉」を、『竹取物語』から「大納言南海の濱に吹きよせられたるにやあらんと思ひて、いきつきふしたまへり。」を引いてゐる。

イク（活）自動詞四段活用

（八）　忽（に）復（た）還（り）て活《（い）》きて、身體平復（し）ヌ。（一六　10/4）

「活」をイクと讀むのは、先例がある。

○　問（ひて）言（はく）、「死にてヤある。活（きて）ヤある。」答（へて）言（はく）、「故《（なほ）》し活《イ》ケリ・と。」（小川本願經四分律平安初期點　甲

20｜1）

訓點資料で、イクは「活・生・在」等を讀み、平安期全期を通じて四段活用であった。

○聞二（け）トモ生《イ》ケル人（の）之死一（ぬる）ヲハ、未《ず》レ聞二（か）死（にたる）人（の）之反（り）生一（きたるをは）。（東大寺諷誦文稿20行）

○其（の）僧尚（し）在《イ》ケリキ。（黒板本金剛般若經集驗記平安初期點　複製本　中一4）

○百姓廻惶《オソ》リて、莫レ（し）知二（ること）生《イ》ケラム計《スヘ》一。（同　複製本　下二8）

○如下く魚の子不《ぬ》二ときには爲レに母が念一（せ）られ則（ち）爛壞して不上レといふが生《イ》カ、（石山寺本大智度論第一種點　七九　181）

○千の魚は爲《せ》レむ死（にたり）とや、爲《せ》レむ活《イ》キタリとや。（春日本金光明最勝王經平安中期點　九）

○必死なり、无二（し）生《イ》カム望一（み）。（前田家本冥報記長治點　23オ）

イザ（共行）

（九）（有二（りき）一（りの）盲人一。名二（づけき）陀舍一（と）。曾（し）以三（て）七反（り）入二（りしを）大海（の）中一（に）、具（に）知二（れり）海道一（を）。）菩薩卽（ち）命二す共に行《イサ》一と。（一二　17｜10）大東出版社の『國譯一切經』に「共に行かむことを命ず」と讀む。「行」にトのヲコト點が、右に「イサ」の訓がある。「いざ行かむ」と讀んだのではなく、イザだけで、「いざ行かむ」の意味を表してゐると見るべきである。小學館の『日本國語大辭典』に、「いざ〔感動〕①相手を誘う時、自分と共に行動を起こそうと誘いかけるときなどに呼びかける語。さあ。」と說き、『古事記』中巻の「伊奢（イザ）刀（たち）合はさむ。」「伊奢（イザ）吾君（あざ）振熊（ふるくま）が、痛手負はずは、鳰鳥（にほどり）の、淡海の海に、潛（かづ）きせなわ」の例を引いてゐる。訓點資料には先例がある。

○衆多（の）居士、於下塚間に燒二（く）死人一を時上に、糞掃衣（の）比丘、見レ烟を已（り）て、喚二（ひ）て餘の比丘一を、共（に）往二ク塚

間一に。「取二りに糞掃衣一を去《イサ》」といふ。（小川本願經四分律平安初期點　甲　17/8~10）

觀智院本『類聚名義抄』には、「去來」をイザと讀んでゐる。

イサブ（叱）他動詞、四段活用

（一〇）　尓時、密跡金剛力士瞋(り)の目をも(て)叱《イサ》レヒき之を、「此は是レ何人ナレバ(か)而汝ガ妖ー媚して、敢て來(り)て觸繞する・と。」

（一四　12/26~27）「叱」は、原文「比」。『大正新脩大藏經』によって訂正。

イサブはシカルこと。イサムと書いた例があって、フは濁音のブであったと推定される。先例がなく、本例がイサブの初出例である。後續資料に「呵」をイサフ・イサムと讀んだ例がある。

○　不《ぬ》レに請(せ)而説(き)たまふ・といはば、則(ち)外道譏呵《ソシリいサ》ハム。（石山寺本法華義疏長保點　四　23/19）

○　自を是(れ)須《(もち)》二(ゐ)る人の呵諫《イサヒイサ》一(ふ)ことを。（東大寺本大般涅槃經平安末期點　一五　5/23~24）

○　受二(け)て是の大苦一を、自《み(づから)》呵《イサ》二ムテ其の心一を、而作二(さ)く是の言一(を)、（同　三二）

イサムテは、イサムの連用形イサミの撥音化である。

○　似レむ見下(る)に叱二ー呵セシ希烈《(人名)》一を時上を。（神田本白氏文集天永點　四　複製本　2ウ）「叱ー呵」の左にイサヒイサフシ」の訓あり。

イタク（大）

（一一）　大《(いた)》く作二るに布施一を、瞋恚曲心を(も)てする、以二(て)の此の因緣一を故には、受二く諸の龍の身一を。（一六　4/4~5）

（一二）　鉢の中に有二リ殘飯數粒一。沙彌嗅レく之を。大く香し。食レするに之を甚(た)美し。（一七　4/13~14）

クしか送られてゐないが、イタクと讀むのであらう。イタクには、先例がある。

○　你（は）是（れ）誰（が）家（の）小兒（ぞ）。面无二（く）血（の）色一、太劇《イタ》ク焦頼《カシカ》ミタル。（黑板本金剛般若經集驗記平安初期點　一　複製本　17）「焦」は、原文「隹＋頁＋灬」私意によって訂正。

イダス（失）

（一三）　其の夜夢に失《いた》二（し）ッ不淨一を。晨朝に趣レ（き）て水に滲浴す。（一三　13/1）「失」の右に「出也」の注あり。

「失不淨」とは、今日、老衰などで、思はず尿を漏らすことを「失禁」といふのに當たる。大修館書店の『大漢和辭典』で「失」を見ると、「【一】①うしなふ。②あやまち。③ゆきすぎ。④ふでき。【二】①はなつ。ほしいままにする。②のがれる。③たのしむ。」等とあって、イダスの訓はない。しかし、「失」をイダスと讀むことは、訓點資料では、他にも例があり、觀智院本『類聚名義抄』にも、イダスの訓を載せてゐる。

○　失《いた》レして聲を唱（へ）て言二フ苦（し）き哉《カナ》、苦（しき）哉一と。」（東大寺本百法顯幽抄平安中期點　41/27）「失」の右に「出也」の注あり。

○　人の失《イタ》レシテ火を燒二く舍宅一を時に、（東大寺本大般涅槃經平安末期點　三九　5/24）

イタチ（土虎）

（一四）　邪貪・憎嫉の業因緣の故には、受二く猫狸・土虎《ケラ又イタチ》の諸獸の之身一を。（一六　4/1〜2）

「土虎」は、大修館書店の『大漢和辭典』で調べても出てこない。「諸獸」と言ふから、獸の一種なのであらうが、分らない。「土虎」が分らないので、イタチの訓が合ってゐるかどうかも分らない。ケラは昆蟲で、「諸獸」の中に入らない。昆蟲とイタチを並べて讀むのは無理である。加點者にも、「土虎」の意味が分ってゐなかったのではないか。イタチは、古點本に先例がある。

○六群比丘畜二せり犬蟲草……狙《イタチ》の皮、野の猫《ネコ》の皮・伽羅の皮・野狐の皮一を。（石山寺本四分律平安初期點　三九　4/13～14）

○鼬鼠、爾雅集注云、鼬鼠、〈上音酉〉、狀如レ鼠、赤黃而大尾、能食レ鼠、今江東呼爲レ鼬〈音性、和名以太知、揚氏漢語抄云二鼠狼一。〉（倭名類聚抄）

○長者有二（らむ）一の大（き）なる宅一。其（の）宅久（しく）故《（ふ）》りて、……守《キ》宮《モリ》・百《アマ》足《ヒコ》・狖《イタチ》・貍《タヽケ》・鼷《アマクチネズミ》鼠、諸の惡蟲の輩《（たぐ）ひ》、交橫馳走す。（龍光院本妙法蓮華經明算點　二　12/12）

イタム（痛毒）

（一五）各（の）把《（と）》二（り）て身の血一を、而相（ひ）塗《ヌ》り漫《ケカ》し、痛毒とイタミ逼迫とタシナミ、悶（え）て無レし所レ覺。する（一六　6/1～2）

「痛毒」は、大修館書店の『大漢和辭典』に、〈後漢書、章帝紀〉から「念二其痛毒一、怵然動レ心。」を、〈潘嶽、爲二揚長文一作弟仲武哀祝文〉から、「煩二寃痛毒一撫心思レ咎。」を引いて、「くるしみ」と說く。ツウドク―ト―イタムと、文選讀みにしてゐる。イタムは、訓點資料では、「傷・痛・悼・凄・悽・疼・病・毒」等を讀むが、「痛毒」を讀んだ例は、本例の他に知らない。

○因（り）て遂に患《ヤ》レム瘻を。……至二（り）て胸前《ココロサキ》一に、疼痛《イタミ》呻吟（して）不レ能二（は）檢校一すること。（石山寺本金剛般若經集驗記平安初期點　複製本　8）

○臨レ（む）訣《ワカレ》二之際《アヒタ》、詞氣凄涼《イタミカナシフ》。（黑板本金剛般若經集驗記平安初期點　複製本　一　4）

○各（の）起二（し）て慈心一を、悽《カナシ》ヒ傷《イタ》ミ愍み念（ひ）て、（西大寺本金光明最勝王經平安初期點　一〇　3/12～13）

○女人愁へ毒《イタ》ムこと入レ（れ）て心に狂亂（し）て、（石山寺本大般涅槃經平安初期點（丙）一六　3）去二

○　深く自ら鄙み悼《イタ》(み)て、都て无二シ去(ら)むといふ心一。（同　一九　16）

イチハヤシ（酷暴）

（一六）　此の人の宿行の因縁は、……或は作二(り)て奸(な)る吏一と、酷《イチ》―暴《ハヤ》ク侵―害し、如レき是の等の種種の悪口、讒賊の故になり。

（一六　6/11～13）

「酷暴」は、大修館書店の『大漢和辭典』に、〈詩、衞風、氓、言既遂矣至二于暴威一矣、箋〉から、「我既久矣、至附箋謂二三歳後一、見レ遇浸薄、乃至レ見二酷暴一。」を、〈漢書、谷水傳〉から「放二退殘賊酷暴之吏一。」を、〈劉峻、辨命論〉から、「未レ甚二東陵之酷暴一。」を、〈北史、吐谷渾傳〉から「前後奉レ使、皆以二酷暴一爲レ名。」を引いて、「むごくてあらあらしい。」と説く。小學館の『日本國語大辭典』に「いち―はや―し、【一】程度のはなはだしく激しいさま。①靈威が激しく恐ろしい。荒々しくすさまじい。」と説き、『書紀』欽明五年一二月（寛文版訓）「浦の神嚴忌（イチハヤシ）。人敢（あへ）て近づかず。」を引いてゐるが、確實な例は、本例に始まる。ただし、イチハヤシは、他の古點本に見えず、觀智院本『類聚名義抄』にも載せないのに、『伊勢物語』『蜻蛉日記』『源氏物語』などの假名文學に用ゐられてゐるのをみると、假名文特有語だったのであらうか。

イヅク（何許）

（一七）　(問(ひて)言(はく)、「汝得二(つる)何物一(をか)。」答(へて)言(さく)、「得二(つと)如意寶珠一(を)。」問(ひて)言(はく)、)「今在二る何許《イツク》一に(か)。」白(して)言(さく)、「在二(り)と此の衣の角《ツ》―裏《マ》の中一に」。（一二　17/9～10）イツクのク存疑。

イヅクは、『記・紀』の歌謠、『萬葉集』の和歌に見え、古點本にも先例がある。

○　生死(は)從レ(りか)何《イツク》起(こる)、（東大寺本諷誦文稿　355行）

○　問二(ひ)て守門(の)人一に言(ハ)ク、「耆婆は所在《イツク》ニかある。」(石山寺本四分律平安初期點　四〇　5/1)

イヅクニゾ(安)

(一八)　一の菩薩は以レて(る)偈を呵二(し)睡眠の弟子一を言《イ》(はく)、「……爾(の)時(に)安ぞ可二キ而も睡眠一す。……以レて眠を覆レるときは心を無レし所レ識(る)。如レき是の大失あり。安ぞ可レき・と睡す。」(一七　12/4〜9)

「安」はゾしか送られてゐないが、イヅクニゾと讀むのであらう。イヅクニゾと假名書きにした例は、末期の資料に見える。

○　又安《イツク》ンぞ能く有レ(らむ)所二含養一する。(大東急記念文庫本大日經義釋延久・承保點　三　12ウ)

○　朕安《イツク》ゾ能(く)致(サ)ム也。(興福寺本三藏法師傳永久點　六　11/10)

イデマス(來)

(一九)　衆人言二(ひ)しカば佛來《(いてま)》一せり・と、我(も)亦(た)隨二(ひ)て衆人一に出(て)て、見二て光明一を、便(ち)禮(したてまつり)き。(一〇　11/12)

(二〇)　論議師の輩遙(か)に見二て佛(の)來《(いてま)》一すを、自(ら)語二はく其の衆一に、「……見二(そなはし)て汝等の靜嘿一(な)るを、或(は)能く來《(いてま)》レ(さ)ものぞ・といひて此(こ)に。」衆卽《音》(ち)嘿然せり。(二六　13/23〜24)

イデマスは、『日本書紀』の歌謠、『萬葉集』の和歌に見える他、古點本にも先例がある。

○　去長安三年十月內、駕《イテ》二幸《マ》シキ東都一に。(黑板本金剛般若經集驗記平安初期點　複製本　下二　10)

○　時に世尊與二阿難一と俱に行《いてマ》す。(小川本四分律平安初期點　甲　13/11)

○　佛不レあるものなり欲下(さ)躡二(み)て新(し)き衣の上一を行《イテマ》上(さ)ムと。(岩淵本四分律平安初期點　18/7)

○　天女來《イテマ》シて令二むとして我が語をして無レ(から)滯(る)こと。(西大寺本光明最勝王經平安初期點　八)

イトナム（努力）

(三一)　譬(へば)如下く……汝等、愼め勿《ナ》二疲倦一すること。精《ツ》勤《ト》めて努-力とイトナミテ、得レて至二(る)こと寶(の)山一に、當(に)得中べし・といふガ七寶、如意寶珠上を、（二四　4/24～25）イトナミテのミテ存疑。

「努力」を文選讀みにしてゐる。イトナムは、小學館の『日本國語大辭典』に①忙しく物事をする。あれこれ整えて、怠ることなく、物事に努める。」と說き、『東大寺諷誦文稿』から左記の例を引用してゐる。

○　獵師は通夜覔而（イトナミて）

『東大寺諷誦文稿』に續くものに次の例がある。

○　常(に)以二(て)波若一(を)爲レ務《イナ》ミ則知二(る)大乘(の)之力一(を)。(黑板本金剛般若經集驗記平安初期點　複製本　一　4)

觀智院本『類聚名義抄』は「務」にイトナムの訓を收める。

イノチヲハル（命終）

(三二)　好レむ施を之人は、貴人に所レる念(せ)。賤人に所レる敬(せ)。命欲《す》レる終(ら)む(と)時には、其の心不《ず》レ怖(り)。(一一　14/20～21)

「命終」は、音讀することが多いが、今は、「命」と「終」との間に、「欲」を挾んでいるために、二字を續けて音讀することができず、別々に讀んだ結果、イノチ―ヲハルといふ訓讀になった。

イハム（努力）

(三三)　最後に一の兎來レリ。氣力已に竭(き)しカども、自(ら)强に努-力とイハミて、忍して令レめき得レ過(くる)こと。(二六　9/14)

「努力」の左に「又、ハケミテ」の訓あり。「努」は原文「怒」、『大正新脩大藏經』によって訂正。「努力」をドリキ−ト−イハミテ、またはドリキ−ト−ハケミテと文選讀にしてゐる。「自強努力」とは、「一所懸命頑張って」といふ意味である。これをハゲミテと讀んだのはいいが、イハミテは問題である。イハムは、『日本書紀』神武卽位前、己未年、春二月の條に

○　是時ニ磯城ノ八十梟師《タケル》於彼處《ソコ》ニ屯聚居《イハミヰ》タリ之。〈屯聚居、此云怡波瀰萎〉（寛文版本）

とあって、「屯聚居」に當てられたイハミは、三省堂の『時代別・國語大辭典　上代編』に、「いはむ、多く集まる。みちる。」と說く。「努力」の訓に宛てられる語ではないらしい。加點者はどこで間違へたのだらうか。觀智院本『類聚名義抄』にはイハムの語を収めない。

イフ（言・爲・補讀）

(二四)　魔王驚疑して言《イ》はく、「此の人は諸の結使(を)欲レ薄(くあらし)めて必ず得《え》二(て)涅槃一を、墮二(チ)ナむものぞ・と僧寶(の)數の中一に。」（一三　24/15〜16）

(二五)　云何ぞ妄(り)て言下持二ッ一日の戒一を功德福報は、必(ず)得上レむ・とイハム如レく我ガ。若(し)受二持するひとは此の戒一を、必(ず)應レし・とイハむ如レく(あ)る佛の。（一三　20/17〜19）

(二六)　坐し已(り)て問二(ひ)しく比丘尼一に、「汝は見レ(つ)ヤ佛を不(や)。容貌は何にカ似(れり)し。爲レに我ガ說レケ・といひき之を。」（一〇　11/10）

(二七)　有レり樹、名は爲《い》二ふ好堅一と。（一〇　17/20）

(二八)　如下く……我は不《ず》レ須レ(ゐ)儛を。但(た)欲レ(ふ)ガ教二(へ)む(と)子孫一を故に(ならく)耳《(のみ)》上といふガ、佛も亦(た)如レし是の。（一〇

9/19～21）

イフコト（補讀）

（二九）偸盗の人をは一切諸國に无レし不《ず》二といふこと治罪一（せ）。（一三　10/8）

（三〇）有る比丘於二て諸の有爲（の）法一に、正憶念して得二といふこと世間第一（の）法一を、斯レ有二リ是の處《（ことわり）》一。（一八　7/11～12）

イフハ（者・補讀）

（三一）或は受レ（けて）戒（を）行レ（し）善を、或（は）不レ（して）受レ（け）戒（を）行レ（する）善（を）、皆名二（づ）く尸羅一と。尸羅といふ者は、略（し）て説くに、身口律儀（にして）有二（り）八種一。（一三　1/4～5）「説くに」のニ存疑。

イマ（如）

（三二）如《（い）マ》佛在二（し）しとき祇桓一に、有二（り）て一（り）の醉（へる）婆羅門一、來二致（り）て佛所一に、求レ（め）き作二（ら）むと比丘一に。（一三　25/7～8）例示・過去

（三三）如《（い）マ》釋迦文尼菩薩（は）宿世に爲《た》二りき大國王の太子一と。父王有二（り）き梵志師一。（一六　17/4～5）例示・過去

（三四）如二きは人の身一の無常なり。何以故、生滅の相（な）る故（に）。（一八　12/11）

如《（い）マ》人の身は無常なり。（何以故）、生滅する故（に）。（一八　12/13）

「如」をイマと讀んだ例が多い。今と言っても、時間よりも例示・比喩・假設等を表す。（三四）では、同じ構文の「如人身」を、初めは「人の身のごときは」と讀み、後では「いま人の身は」と讀んでゐる。「如」をイマと讀むことについては、〈第四章、一六、「如」の項、（五）～（一〇）〉を參照されたい。

イマイマ（垂）

(三五)　賈客の入レ(り)て海に採レ(り)て寶を垂《イマ》出二(て)むとするとき大海一を、其の船卒《ニハカ》に壞レて、珍寶を失ヒ盡(し)ツ。(一三　7/16～17)

(三六)　是の垂《イマ》死(な)むとする時の心(は)、決定して勇健(な)るガ故(に)、勝二(れ)たり百歳の行力一に。(同　二四　10/11～12)

(三七)　異部の群の中に、有二リ一の鹿の懐《はら》レ(め)る子(を)。以子垂《イマ》産(まる)べきイ身當(に)殂割(せら)レナむとす。(一六　14/11～12)

(三八)　還二(り)て其の本處一に、入二(り)て林樹(の)間一に、更に求二(め)て五通一を、一心にして專一立す。垂《イ(ま)》當(に)得むとする時に、有レ(り)て鳥在二(り)て樹の上一に、急に鳴(き)て以(て)亂(す)二其の意一を。(一七　24/21～22)

「垂」をイマイマと讀む例は、第一種點にもあって、若干の説明をしておいた。〈上卷、第六章、第二節、イマイマ〉の項を參照されたい。なほ、(三八)は「垂」にイしか送られてゐないが、單にイマと讀むこともあったのであらうか。

イマシ(乃)

(三九)　禪定(は)難レ(し)得。行者の一心にして專ラ求(め)て不《ず》レ(あ)るとき廢(ま)、乃し當(に)得《う》レ之を。(一七　2/9)

(四〇)　當(に)觀二て老病死一を、爾乃し出二(づ)べし四渕一を。(一七　11/10)

觀智院本『類聚名義抄』に「乃」をイマシと讀んでゐる。イマコソといふ意味である。

イマス(在、補讀)

(四一)　寶積佛は一切智(い)マす。(一〇　15/18)

(四二)　佛は等力(い)マすガ故(に)、應二(し)相(ひ)問訊一(し)たまふ。(一〇　15/29)

(四三)　佛在《いま》レ(し)しとき世に時、有二リ一(り)の長者の婦一。(一三　25/24～25)

イマスについては、なほ〈第一節、敬語、一　尊敬の動詞、イマス〉の項參照。

イムカフ(逆)自動四段活用

(四四)　(我今償レ(ふ)之(を)。)　應ニ(し)當(に)甘(みして)受一く、何ぞ可レき逆《イムカ》フ也。(一四　15/18)

(四五)　(菩薩自(ら)念(はく)、)「……我當に逆《(いむか)》レヒて流に以て求ニめ盡ー源一を、入ニ(ら)む泥洹の道一に。」(一四　16/16〜17)

訓點資料に用ゐられたイムカフは、本例が初出であるが、これに續くものに次の例がある。

○　天と與ニ非天一と、互に相ヒ違ヒ拒《イムカ》フときニ、卽(ち)執ニる四の杖《ツハモノ》一を。謂(はく)金銀と頗胝と瑠璃となり。共に相(ひ)戰闘す。(石山寺本妙法蓮華經玄贊平安中期點　六　18/34〜19/1)

訓點資料以外では、『古事記』、『萬葉集』に先例がある。

○　汝者雖レ有ニ手弱女一、與ニ伊牟迦布《イムカフ》神一〈自レ伊至レ布以レ音〉面勝神。(古事記　上)

○　天の川　い向かひ立ちて　(已向立而)　戀しらに　言だに告げむ　妻問ふまでは　(萬葉集　二〇一一)

○　天の川　い向かひ居りて　(射向居而)　一年に　二度逢はぬ　妻戀に　(同　二〇八九)

○　安の川　い向かひ立ちて　(伊牟可比太知弖)　年の戀　日長き兒らが　妻問ひの夜ぞ。(同　四一二七)

ただし、意味は必ずしも同じではない。三省堂書店の『時代別　國語大辭典　上代編』に、「①向かう。」として、『萬葉集』の和歌二〇一一・二〇八九の二首を引用し、「②對抗する。反抗する。」として、『古事記』から前記の例を、『日本書紀』から「國神有ニ強禦《いむかふ》之者一」(神代紀下)を、訓點資料から、『妙法蓮華經玄贊』平安中期點の例を引用してゐる。「對抗する。反抗する。」といっても、『古事記』の場合は、「怖めず—臆せず」に當たり、『妙法蓮華經玄贊』平安中期點の例は、「戰ふときに」であり、本例の場合、(四五)は、「流れにさからふ」意味である。

イヨイヨ　(轉・愈)

(四六)　始には如ニし芥子一の。漸く大に(な)ること如レく豆の、如レく棗の、如レ棕の、轉ヨ大に(な)ること如レし瓜の。(一三　14/1〜2)

(四七) 此の五欲は者、得レて之を轉ヨ劇（し）きこと、如二し火に炙《アブ》レるガ疥《ハタケ》を。（一七　2/22）

(四八) 如レく人（の）穿レ（ち）て井を求レ（む）るガ泉を、用レ（ゐ）ること功を轉よ多くして、轉よ無二（く）は水相一、則（ち）應二（し）止息一（し）ヌ。（一六　15/19〜20）

(四九) 若（し）汝以レて受二（くる）を淫欲一を爲レす樂と。淫病重（きが）故（に）、求二む外の女色一を。得レる（こと）〔とき〕之を愈ヨ多（くあ）レば、患至（る）こと愈ヨ重し。（一九　8/1〜2）

「轉・愈」には、ヨしか送られてゐないが、イヨイヨと讀んだものと見て、間違ひあるまい。

【ウ】

ウ（得・獲・逮）

ウ・ウは、ヲコト點で示すことが多い。

（一）攝レするときは心を得レ禪を、便（ち）得《う》二實の智慧一を。得二るときは實の智慧一（を）、便（ち）得《う》二解脱一（を）。便（ち）得二るときは解脱一を、便（ち）得《う》レ盡エ（すこと）苦を。如レ（き）是（の）事皆從二（ひ）て一心一に得す。（一〇　10/30〜11/2）

（二）已に得レて離二（るる）こと淫の火一を、則（ち）獲《う》二清涼定一を。（一七　14/27）

（三）譬（へ）ば如下し洋《わか》（せ）る金（の）燒レく（とき）身を、若（し）欲《す》レるときは除レ（か）むと之を、不《ず》レ得《ウ》三但（た）欲二フことは棄レ（て）て火を而留レ（め）むと金を。要ず當中きガ金と火とを倶に棄上ツ。（一三　3/23〜24）エズ

（四）致二（り）て東方の多利施羅國一に、客－畫《エカキック》シ十二年して、得《え》二ッ卅兩の金一を。（一一　18/7〜8）エツ

（五）願下（ふ）べし諸の煩惱を盡（し）て、逮《ウ》二薩婆若一を、成中就（せ）むと佛道上。（一三　19/12〜13）「逮」の右下に白筆にて「得」を書き附け、その右下に、假名の「え」を記す。エテ

（六）答（へて）言（ひしく）、「已に盡（き）たり。今當（に）共（に）行（か）む。去レること此を不《ず》レして遠（くあら）、有ニり・と可レき得《う》處一。（一七　10/4～5）ウベキ

「逮」をウと讀むことについては、〈第三章、（三二）〉を參照されたい。

ウウ（種）

（七）八者（は）種ニう短命の業因縁一を。（一三　8/12）

（八）八者（は）種ニう怨家の業因縁一を。（一三　12/2）

「種」にはウしか送られてゐないが、ウウと讀んで間違ひあるまい。ウウは『古事記』の歌謠、『萬葉集』の和歌に用ゐられてゐるが、訓點資料にも先例がある。

○學ニヒ諸の技藝一を、繪師泥《しヌ》リ作リ、造レリ書を教へ學ヒ、種《マ》ニキ植《ウ》ヱ根裁《ヒコエ》一を、（白鶴美術館本大般涅槃經集解平安初期點　9/21）「裁」の左にクキの訓あり。ヒコエのコは「古」。

○種ニ植《ウ》ヱ鉢頭摩、及以分陀利たる、青白二の蓮華一を、池の中に皆遍滿（せし）メむ。（西大寺本金光明最勝王經平安初期點　九　6/4）

○種ニヱ諸の善根一を、然て後に證ニ得すべくあるト阿褥多羅三貌三菩提一を、（飯室切金光明最勝王經注釋平安初期點）

ウカガフ（向・伺）

（九）獵ー者伺《ウカ、》レヒて便を、以ニ（て）毒の箭一を射レき之（を）。（一二　4/15～16）「伺」は原文「向」、『大正新脩大藏經』によって訂正。

ウカガフは、『古事記』の歌謠に現れ、訓點資料では『日本靈異記』の訓釋に見える。

○弓削の大連、狂ひたる心に逆を起し、傾《カタフ》ケ〔ムト〕謀り便を窺《ウカガ》フ。注 窺〈宇可々不〉（上 第五話）（日本古典文學大系本による）

○彼の一の俗、猶奇しび、見遂げむと念ひて、竊《ひそか》に窺《ウカガ》ヒ往く。注 窺〈有加々ヒ〉（下 第六話）（日本古典文學大系本による）

○有る人張《ハ》レリ弓を、捻《ト》レリテ箭を、徐《ヤウヤ》ク行《ユ》キて覘覘《ミウカ、》ヒ、來（り）て趣《オ（も）フ》二ク我等一に。（東大寺本地藏十輪經元慶點 四 7/14）

ウク（穿）

（一〇）負レ（ひ）て重キものを渉レリ遠（き）を項領《ウナシクビ》穿《ウ》ケ壞レ、熱き鐵に燒き爍《コガ》サる。（一六 3/17～18）

ウクは、『萬葉集』の和歌に、「うけ沓《ぐつ》を（宇既具都遠）脱ぎつるごとく 踏み脱ぎて 行くちふ人は」（萬葉集 八〇〇）のウケに用ゐられてゐるが、訓點資料では本例が初出である。ただし、觀智院本『類聚名義抄』にウクの語を収めず、訓點資料でもこれに續く例は容易に求められない。私が知ってゐるのは、左記の例だけである。

○僕乃（ち）詠（し）て曰（はく）、「積レム愁を膓已ニ斷（え）ムトス。懸《ハル》カニ望（み）テ眼應レシ穿《ウ》ケヌ。今宵《コヨヒ》莫レ（れ）［シ］閉《サ》レスこと戸を。……」

（醍醐寺本遊仙窟康永點 複製本 33オ）

ウスシ（儉）

（一一）檀をは爲下す……聖人・大士・智者の之所行、餘人の儉《ウス》レく德、寡《（すくな）》レきガ識之所上レと效する。（一一 13/23～27）「儉」の左に「薄也」、「效」の右に「學也」の注あり。「寡」の右に「少也」の注あれど不確實。

「儉」は、大修館書店の『大漢和辭典』に、〔廣雅、釋詁三〕から、「儉、少也。」を〔南史、謝弘微傳〕から「弘微家素貧儉。」を引いて、「〔二〕②すくない。とぼしい。」と說く。「德うすし」とは「德すくなし」を意譯したのであらう。「ウスシ」は、『日本書紀』の歌謡、『萬葉集』の和歌に登場するが、訓點資料では、先の例が早い。

○　朕《竹(ん)》イ學《(が)クウ(す)》淺ク心拙《ツタな》ケ(れ)ば、在レする(ときには)物に猶し迷《マト》ヒヌ。（智恩院本大唐三藏玄奘法師表啓平安初期點　3/18）

「學あさく」と讀めばよささうなところ、わざわざ「學うすく」と言ってゐる。觀智院本『類聚名義抄』に「儉」にウスシの訓を收めない。

ウタタ（轉轉）

（二二）　具二(す)るは四種の悪語一を者、其の罪重し。三ッ二ッ一ッアルは、轉轉《ウタタ》輕微なり。（二六　15/16）

文意を助けるために、大東出版社の『國譯一切經』によって、前の部分を引用すると、左記の如くである。

○　復次に、苦切の語に五種あり。一には但だ綺語し、二には悪口し、亦た綺語し、三には悪口し亦た綺語し妄語し、四には悪口し亦た綺語し妄語し兩舌す。五には煩惱なき心の苦切の語にして、弟子に善と不善法とを教へんが爲の故なり、衆生を苦難の地より拔かんが故なり。四種の悪語を具する者はその罪重し、三二一は轉轉して輕微なり。

「三二一」は、一～二行目の「一、二、三」項を指してゐる。ウタタに附いては、〈『上』巻第六章、第二節、ウタタ（轉）〉（四四六頁）の項を參照。

ウツ（釘・棒・捶・撞・椎）

（二三）　出二(し)て其の大舌一を、以二五百の釘一を(も)て、釘《ウ》レッ之を。（一三　14/17）

（二四）　鐵の棒を(も)て棒《(う)》レ(つに)頭を、頭破レて腦出(つ)ること、如レし破二するガ酪瓶一を。（一六　7/5）「棒」の右に「丁也」の注あり。

（一五）　鐵の棒を（も）て相（ひ）棒《う》（ち）、鐵の杖を（も）て相（ひ）捶《う》（ち）、鐵の鎈《クシ》を（も）て相（ひ）貫き、（同　5/26）「棒」の右に「丁也」の注あり。

（一六）　譬（へば）如レし撞《う》レツときの鐘を。初聲の大（きな）る時をは名（づけ）て爲レす覺と。後の聲の微細（な）るをは、名（づけ）て爲レす觀と。（一七　16/1）「撞」の右に「打也」の注あり。

（一七）　獄卒羅刹以二て大（きな）る鐵の椎《ツチ》一を、椎《ウ》二ツこと諸の罪人一を、如二し鍜《カチ》の師の打レツガ鐵を。（一六　8/4〜5）

古點本でウツと讀む文字は多い。大修館書店の『大漢和辭典』に「棒」は、〔廣韻〕から「棒、打也。」を、「北齊書、琅邪王傳」から「赤棒棒レ之。」を引いて、「［一］②うつ。たたく。」と讀む。「捶」は、〔說文〕から「捶、以レ杖擊也。」、〔廣雅、釋詁三〕から「捶、擊也。」等を引いて、「［一］①うつ。」と讀んでゐる。「釘・捶」をウツと讀むのは先例がある。

〇　其の所レ著（くる）枷《アシカシ》、釘《ウ》テル鐷《ヒラカネ》爆裂（すること）、如下クして用二（ゐる）斧鑿《ノミ》一（を）之聲上の、（石山寺本金剛波若經集驗記平安初期點（白）　複製本　14）

〇　忽に乗れる馬と、空に騰《あが》りて往き、行者を捶《う》ちし處に到り、（前田家本『日本靈異記』訓釋　捶〈打〔ウチシ〕〉下卷第一四話）（日本古典文學大系本による）

ウツ（霜）

（一八）　破戒の之人は如二し霜にウタレタる蓮華の、人に不《ヌ》レガ喜レ（はれ）見むと。（一三　3/27〜4/1）

「霜にうたれたる」とは、「霜の被害を受ける」ことである。「霜」一字を「霜にうたれたる」と讀んだのは、巧みな意譯である。

ウナジ（頂）

（一九）（淫女）語レ（り）て王に言（ひ）しく、「我レ當下に騎二（り）て此の仙人の項《ウナシ》一に來上（ら）む・と。」（一七　9/13）

（二〇）負レ（ひ）て重キものを渉レリ遠（き）を、項《ウナシ》領《クヒ》穿《ウ》ヶ壞レ、熱き鐵に焼き爍《コガ》サる。（一六　3/17～18）

ウナジは早く奈良時代の古文書に見え、訓點資料にも先例がある。

○　生益奴嚢麻呂〈年六、右脇於黒子一、宇奈自之左黒子一〉（東大寺文書・天平勝寶三年八月二〇日）

○　象頂上〈于奈自〉（東大寺本法華義疏紙背）

○　世尊の肩頂《カタウナジ》は、圓に滿（ち）て殊妙なり。（高山寺本彌勒上生經贊平安初期點　15/23）ウナジは白點

○　世尊の身の毛は……如二し孔雀の頂《ウナジ》一の。（同　18/10）ウナジは朱・白兩點

ウバラ（鏘）（一七　9/13）

（二一）是の時、林の中に有二（り）て鳥・鷲・悪狗一、來（り）て食二す其（の）肉一を。……若（しは）橛《クヒ》、若（しは）鏘《ウハラ》を（も）て傷レし人を、若（しは）斷二截し通路一を、（一六　9/20～22）「鏘」の左に、「又、ヒシ」の訓あり。

ウバラは、後のイバラのこと。ただし、「鏘」は、大修館書店の『大漢和辭典』に、「〔一〕〔二〕①金玉の鳴るおと。」とあって、イバラとは無縁な文字である。大東出版社の『國譯一切經』は、本例と同じく「鏘を以て人を傷け」と讀むが、『大正新脩大藏經』は、「槍」に作る。「鏘」は「槍」と同音であるため、「槍」に通じて用ゐたのであらうか。識者の教示を仰ぎたい。觀智院本『類聚名義抄』に

○　鏘ヽ〈タカシ、ナル、金ノウハウ〉

とある「金ノウハウ」に注目して見ると、ウハフと言ふ名詞は無いから、ウハフはウハラの誤寫で、「金のウバラ」

は、金屬製のトゲのある武器の一種なのではあるまいか。左訓のヒシは、同じ『類聚名義抄』に「叉・鍾」を讀み、岩波書店の『古語辭典』に「ひし。②兵器の一種。鐵製。菱の實の形に作る。」と說く。ウバラを武器の一種として使用した例としては、本例が初出であらう。

ウヘ（上）

（三二）　摩頭波斬陀比丘阿羅漢は跳《ヲト》二リ上リ梁（の）枰、或（は）壁の上《ウヘ》（の）樹一に、（二六　13/1）ウへは「上」の左。

ウベシ（宜）

（三三）　自（ら）思惟（す）ラく、「……宜し自（ら）勉《ハケ》み厲《べし》二とおもふ以レて忍を調レす心を。」（一四　3/4～6）

ウベナム（然可）

（三四）　手に捉二（り）て二丸一を而要（音）レして之を言（はく）、「汝若（し）能（く）自（ら）食二し一丸一を、以二て一丸一を施レ（さ）ば僧に者、當（に）以（て）施レ（さ）む・と汝に。」卽（ち）然可《ウベナ》ミて、以二て一の歡喜丸一を布二施（し）き衆僧一に。然（し）て後に、於二（て）文殊師利の許《ところ》一に受レ（け）て戒を發レ（し）て心を、作レ（り）き佛と。（一二　15/11～14）

ウベナムは、上記ウベを動詞化したもので、ウベナフとも言ひ、「相手の要求を聞き入れる、同意する」意味。先例がある。

○　然其人方、天地乃宇倍奈彌由流之天授賜流人仁方不レ在。（續日本紀天平神護元年　三月宣命）

觀智院本『類聚名義抄』には、「可・諾・承諾・宜」等をムヘナフと讀むが、ウベナムの訓はない。

ウルハシ（斐亹）

（三五）　天衣无央數なり。其の色若干種なり。鮮白にして映二し天日一に「を」、輕密にして无二し間壟《アヒタ》一。金色映二せり繡《ア》文《ヤ》一を。斐一亹(な)ること如二し雲氣一の。(一三　17/16〜17)「央」は原文「鞅」、「壟」は原文「瓏」、共に『大正新脩大藏經』によって訂正。「間」の左に「畝也」、「壟」の左に「町也」、「斐」の左に「浮比反」、「亹」の左に「亡匪反」の注あり。「斐-亹」の右にウルハシの訓あり。

「斐-亹」は、大修館書店の『大漢和辭典』に〈孫綽、遊二天臺山一賦〉から「彤雲斐亹以翼レ欞〈注〉善曰、斐亹、文貌。」を引いて、「文彩あるさま」と說く。觀智院本『類聚名義抄』に「斐・亹」を共にウルハシと讀んでゐる。

【オ】

オク(著・在)

(一)或は推二(し)て衆生一を著《オ》二キ火坑の中一に、如レき是の等の種種の因緣をもて生二(れ)たり此の地獄の中一に。(一六　8/1〜2)

(二)以二て七寶の名珠一を、著二きて金槃の上一に、以-持て募レる人(を)〔に〕。(一七　8/2)

(三)利刀を著二くときは好飮食の中一に、刀便(ち)生レす垢(を)。(一〇　12/11)

「著」をオクと讀むのには先例がある。

○若(し)蓐小(さくは)、應三し張り縫《ヌ》ヒて著二(く)床の四邊一に。(小川本四分律平安初期點(乙)　3/15)「著」の右に「置也」の注あり。

オクル(餉)

(四)一(り)の沙彌心に常(に)愛レす酪を。諸の檀越餉二る僧に酪一を時(に)、沙彌每(に)得二て殘分一を、心中に愛着し樂喜すること不《ず》レ離レ。(一七　5/12〜14)「餉」の右に「送也」の注あり。

「餉」をオクルと讀むのには、先例がある。

○車詢ィ廻レして心を、敬信すること倍に加（へ）て、頂禮して日に餉《オク》二リキ齊食一（を）。（石山寺本金剛波若經集驗記平安初期點（白）複製本　15）裏書朱「オクル」後續資料にも例がある。

○鞭《むち》二ウチ洛水（の）之宓妃一を、餉《オク》三ル屈原（と）與二彭婿一。（上野本漢書揚雄傳　天暦點　二〇三行）

「餉」は、大修館書店の『大漢和辭典』に、〔正字通〕から「餉、與レ貺通、魏志文帝紀注、以二所レ著典論及詩賦一餉二孫權一。」を引いて、「（ロ）人に物をおくる。」と説く。

オゴリ－ユルブ（憍奢）

（五）（女人（は）不三瞻二視（せ）憂苦憔悴一（を）、給養敬待（せば）、）奢《おこ》リ憍《ユル》フこと叵《かた》レ（し）制すること。（一四　14/9～10）

オコル（作）

（六）華の中の藥の氣入レレ（ば）腹に、須臾《しばら》くありて、腹の內の藥作《オコ》リて、欲二求す下（さ）む處一を。（一六　17/18～19）

「藥オコリて」とは、藥が効き始めることを言ふのであらう。「作」にオコルの訓は、他の訓點資料にも見えず、觀智院本『類聚名義抄』にも收めない。

オゴル（陵－虐）

（七）大く修二するに布施一を、心高ヒ陵－虐《オコ》リて、苦二惱（せ）し（むる）を（もて）は衆生一を、受二く金翅鳥の形一を。（一六　4/5～6）

「陵虐」は、大修館書店の『大漢和辭典』に、〔書、洪範〕から「無レ虐二煢獨一、而畏二高明一。〔疏〕天子無三陵二虐煢獨一、而畏二避高明貴寵者一。」を、〔左氏、襄、十八〕から「齊環怙二恃其險一負二其衆庶一、棄レ好背レ盟、陵二虐神主一。」を、〔後漢書、袁術傳〕から「薰卓無道、陵二虐王室一。」を引いて、「しのぎそこなふ。をかしひたげる。」と説く。觀智院本『類聚名義抄』には、「虐」にオゴルの訓はあるが、「陵」にオゴルの訓はない。

オシスウ（挫）ワ行下二段活用

（八）（智人(は)慧心深(く)得レ(て)悟レ(ること)理(を)、）慳‐賊雖レ(も)強しと、亦(た)能(く)挫《オシス》レヱて之(を)、必(ず)令二む如意一に(あら)。
（一一　14）

「挫」は、大修館書店の『大漢和辭典』に、〔戰國、秦策〕から「挫二我於内一。〔注〕挫、毀也。」を、〔史記、屈原傳〕から「兵挫地削、亡二其六郡一。」を引いて、「〔一〕〔二〕（ロ）とりひしぐ。こぼつ。」と説く。觀智院本『類聚名義抄』にも、「挫」にトリヒシクの訓がある。本例も「とりひしぐ」意味であるが、これをオシ―スウといった例は、訓點資料では、他に例を知らない。小學館の『日本國語大辭典』には、「おし‐すえる」と言ふ見出し語があって、「①一定の所に動かないように置く。また、すわらせる。②相手の勢いをおさえつける。壓倒する。」と説き、①の例として、「源氏物語」から「いつしか雛（ひひな）おしすゑて、そそき居給へる」（紅葉賀）を、「平家物語」から「藏人の頸に繩をかけてからめ、引き起しておしすへたり。」（一二、泊瀬六代）を引用し、②の例として、太平記から「今降人の如くなれば、仁木・細川等に押（オシ）すへられて、人數ならぬ有樣御邊も定めて遺恨にぞ思ふらん」（三一、新田起義兵事）を引用してゐる。オシスウは、「おす（押）」と「すう（据）」との複合語で、本例が初出例のやうであるが、訓點資料に傳へられず、和文に繼承されたらしい。オシスウのオは正しく表記されてゐる。

オス（厠・鑠・排・押）

（九）將(て)入二(り)て鐵閣の屋の間一に、黑煙來(り)薫(して)、互に相(ひ)堆‐厠す。更も相に怨毒して、皆言二フ何以ぞ厠《オ》レす・といふ我を。（一六　7/7〜8）

（一〇）熱鐵の火車、以《これ》を(もて)鑠《オ》二す其の身一を。（一六　8/7）

（一一）或(は)排《オ》二シて衆生一を著二き火の坑の中一に、（一六 9/7）

（一二）以二て力勢一を相ひ陵き、抂に押《を》二して羸弱一を、受二く兩の山相(ひ)合する罪一を。（一六 6/23～24）

（九）の「厣」は、大修館書店の『大漢和辭典』に、〔玉篇〕から「古洽切」を引いて「カフ」と讀み、〔篇海〕から「厣、大也。」を引いて、「おほきい」と說く。オスと讀める文字ではない。『大正新脩大藏經』は「壓」に作り、「壓」を「厣」に書き誤る可能性は少ないと思はれるが、どこで間違ったのであらう。識者の教示を仰ぎたい。書寫の際に「壓」を「厣」に書き誤る可能性は少ないと思はれるが、どこで間違ったのであらう。識者の教示を仰ぎたい。（一〇）の「鑠」は、大修館書店の『大漢和辭典』に、「〔一〕〔二〕①とかす。②とける。③やく。④する。みがく。⑤そしる。⑥かがやく。⑦よい。うつくしい。⑧爍に通ず。〔三〕かなへの屬。」などとあって、これまたオスと讀めさうな意味はない。『大正新脩大藏經』は「轢」に作り、大東出版社の『國譯一切經』も「熱鐵の火車は以て其の身を轢《し》き」と讀んでゐる。轢は、大修館書店の『大漢和辭典』に、「〔一〕〔二〕〔三〕①ひく。車がふみにじる。②ふみにじる。しのぐ。ないがしろにする。」とあって、車で引いて、推しつぶす意味であるから、オスと讀むことができさうである。「鑠」は「轢」の誤寫なのであらうか。（一一）の「排」は、大修館書店の『大漢和辭典』に、〔說文〕から排、擠也、从レ手非聲。」を、〔揚雄、羽獵賦〕から「探レ巖、排レ碕。」を、〔何遜、擬輕薄篇〕から「肩排瞑不レ息。」を引いて、「〔一〕①おす。」と說く。（一二）の「をして」は、ヲコト點ながら、ア行のオをワ行のヲに誤ったもので、オ・ヲ混同の早い例として注目すべきである。これについては、〈第二章、第二節、⑥オ・ヲを混同した疑ひのある例〉を參照されたい。

オソシ（晩）

（一三）我レ爲《な》二りて其ガ證一と知二レり其レ無レしと罪。待二(ち)て其の子の生一(れ)むを知二(り)ナば似レ(れ)リヤ父に不一ヤ・と、治レするに之を無レ(け)む・と申(し)しカば晩きこと、（一七　6/24〜25）「晩」の右に「遲也」の注あり。

（一三）の「遲也」は、「晩」をオソシと讀むことを示したもの。「晩」は、大修館書店の『大漢和辭典』に、〔呂覽、不侵〕から「君從以難レ之、未レ晩也。〔注〕晩、後也。」を、〔史記、主父偃傳〕から、「何相見之晩。」を引いて、「②おそい。又、おくれる。」と讀む。『東大寺諷誦文稿』に「遲」をオソ（く）と讀んだ例はあるが、

○　疾トク就スル、遲オソ（く）就（する）（二〇二行目）

「晩」をオソキと讀んだのは本例が初出のやうである。

オソル（畏）上二段活用

（一四）廣心といふ者は、畏レリ罪を畏レる墮二(ち)むことを地獄一に。故に除二するぞ心中の惡法一を。（二〇　12/8）

オソルは、「畏・恐・懼・惶・恠・懾・戰・怖・慄」等多くの文字を讀む。「畏」をオソルと讀むのには、先例がある。

○　譬(へば)如下クある師子の有二り大威力一、獨り歩むに無レし畏り。離中(れ)たるが驚恐上を故に、（西大寺本金光明最勝王經平安初期點　四　2/2）

少し遲れて、次の例がある。

○　不レ見二不レ畏三リ後世の苦果一を。（東大寺本地藏十輪經元慶點　四　1/2）

○　不《ず》レ見二不レリジ畏《おそ》三リ後世の苦果一を。（同　四　13/6）

オチイル（陷）

（一五）譬(へば)如下し人射《ゆみ》イルとき先ッ得《う》二平地一を。地平にして然て後に心安し。心安(らか)にして然て後に挽き滿ッ。挽滿して然て後

に陥《おち》上レイるガ深きに。（一四　5/9～10）

（一六）見二レば餓鬼の中一を、餓渇の故に兩眼陥《オ(ち)イ》リ、毛ー髪長くして、東西に馳（せ）走る。（一六　5/11～12）

「陥」をオチイルと讀むのは、先例がある。

○逆《さかしま》なる子歩み前《すす》みて、母の項《こう》を殺《き》ら将《む》とするに、地裂けて陥《(オ)チイ》ル。（國會圖書館本『日本靈異記』訓釋「陥ヲチイル」、日本古典文學大系本による。）

オツ（墮）

（一七）九者、身壞し命終して、墮二ッ泥梨の中一に。（一三　8/12～13）

（一八）出家の人は雖二（も）破レ（り）て戒を墮レッと罪に、罪竟（ふ）るときは得《う》二解脱一を。（一三　24/16～17）

オトロフ（耗）

（一九）邪淫に有二リ十の罪一。……五者、財ー産日に耗《オトロ》フ。（一三　11/25～12/1）「耗」の左に「□反」の注あれど、讀めず。

「耗」は、大修館書店の『大漢和辭典』に、〔廣雅、釋詁〕から「耗、減也」を、〔周禮、考工記、隼人〕から「改煎二金錫一則不レ耗。」を引いて、「〔一〕①へる。へらす。」と説く。今は財産が減ることをオトロフと言ったのである。

本例より少し後の訓點資料に

○廣雅には費（は）耗《オトロ》フ也。（石山寺本蘇悉地羯羅經略寛平點　七　18/1～2）

の例があり、觀智院本『類聚名義抄』にも「耗」にオトロフの訓を收める。

オノレ（己）

（二〇）廻レし己レを易レ（へ）て處を、以て自ら制レすべし心を。（一三　11/19）

オノレには、先例がある。『萬葉集』に「伊夜彦　おのれ（於能禮）神さび　青雲の　棚引日すら　小雨そほ降る」（三八八三）の例があり、小川本『新譯華嚴經音義私記上』に

○　己〈居里反、倭云、於乃禮〉

とある。

オフ（駈）

（二一）　鞭杖を（も）て（うた）レ駈《オ》ヒ馳セ、負レ（ひ）て重キものを渉レリ遠（き）を、（一六　3/17）「馳セ」のセ不確實。

「駈」をオフとよむのは、先例がある。

○　隨レ（ひ）て欲に駈《オ》ヒ使（ひ）て、无レクアラしメ不レといふこと遂レは心に、（唐招提寺本金光明最勝王經平安初期點　5/25）

○　漸（く）遍二（くあら）しめ（て）身分一（に）、而して駈《オ》二ヒ下（しつ）之一を。（阿形本大毘盧遮那經義釋平安初期點　五上　7/16）

オホヨソ（凡）

（二二）　居家の持戒に、凡そ有二リ四種一。（一三　21/25）

オホヨソには先例がある。

○　此の大地に凡《オホヨソ》有ラル、所須の百千の事業、悉ク皆周ク備《ソナハ》ラむ。（西大寺本金光明最勝王經平安初期點　八　7/10）

○　凡《オホヨソ》是の土地に所レむ生《レ》（ま）之物を、悉ク得《ウ》二增長一すること滋クも茂く、廣大に（あらし）メ、（同　八　8/6）

○　見に絕レ（ち）たラば筆（を）者、凡そ五十八卷。（知恩院本大唐三藏玄奘法師表啓平安初期點　23行）

オモヅラ（羈）

（二三）　雖下（も）受二（け）て畜生の形一を、負レヒ重（き）ものを鞭ー策セラレて、羈《オモツラ》を絆《ハ》セラレ乘騎上セラルと、而常（に）得二［レども］好き屋好き

食一を、爲レ(に)人の所レ重(みせ)、以て人に供給(せ)らると。（一二 22/4～5）

「羇絆」は、大修館書店の『大漢和辭典』に、〈晉書、慕容垂載記〉から「垂猶レ鷹也。飢則附レ人、飽便高揚、惟宜下急二其羇絆一、不上レ可レ任二其所一レ欲。」を引いて、「キハン、きづな。束縛。羇絆に同じ。」と說く。オモヅラには、先例がある。

○ 有ルひとは射二ル琉璃王の營の有レる中に蓋の頂キ、蓋の科・蓋の子一を。……或有(る)は中《アタ》二ル車の轅《ナ(か)エ》一に。或有(る)は中《アタ》二ル馬《ク》-勒《ラ》、馬-控《クツワ》、馬-韁《オモヅラ》一に。（岩淵本願經四分律平安初期點 26/23～25）

『倭名類聚抄』鞍馬具の項に、

○ 龓頭、唐韻云、龓〈音籠、漢語抄云、龓頭、於毛都良〉龓頭也。羇〈音基〉馬絡頭也。〈今案、絡頭即龓頭也。〉

とあり、小學館の『日本國語大辭典』に、「おもがい（面掛）に同じ。」と言ひ、「おもがい」について、「馬具の一つ。銜（くつわ）を固定するために、馬の頭につける緒。紐先を銜の立聞（たちぎき）にからませて、上の羂（わな）を馬の頭にかけ、小紐（こひも）を頸の下にまわして結び留める。おもがき。おもがけ。おもづら。」と說く。

オモフ（謂・欲・補讀）

(二四) 以二て相驗(せ)むといふ之意一を、謂《おも》三ひて二人必ず爲(せ)二(りと)不淨一を、先ツ懷二く嫉妬一を。（一三 13/7）

(二五) 有二一(り)の比丘一、得二て四彈一を、生二(し)て增上慢一を、謂《おも》レへり得二たりと四道一を。（一七 25/1～2）

(二六) 見二て四彈の中陰の相一を、便(ち)生二(し)て邪見一を謂《(おも)》へ(ら)く、「無二きもの也[と]捏槃一は。我は是レ阿羅漢なり。今還(り)て復(た)生(す)べし。佛(は)爲二たまひたり・と虛誑一すること。」（一七 25/11～12）

(二七) 慇懃に精進して、求二む此の功德一を。欲《おも》三ふ具二足(せむと)五波羅蜜一。（一六 19/1）

（二八）不《ず》二して審諦に求レ（め）知二（ら）むと諸法の實相一を、但し欲《おも》レフを（もて）なり求レ（め）むと脱二（れ）むことを（のみ）老病死の苦一を。（一八　16/22～23）

（二九）此の人久（しく）ありて後に思惟すらく、「……作二（り）て無量の罪一を、墮二（ちむ）とおもふ三悪道一に。」（一七　24/24～26）

（三〇）王自（ら）思惟（せ）しく、「……當に復（た）何に縁《よ》り（て）ぞ強（ひ）て奪二（は）む・とおもひて其の志一を。」卽（ち）發遣（せ）しむ之。（一七　10/14～16）

オヨブ（及）

（三一）解慧（の）心寂然（な）ること三界に无二し・と能く及一フひと。（一三　23/7）

（三二）有智の之人は、觀三す聲は生滅して、前後に不《ず》レ倶（にあら）、無二しと相（ひ）及フ者《もの》一。（一七　4/7～8）

オヨブには先例がある。

○　聖鑑遐（く）覃《オヨ》ヘリ。（黑板本金剛般若經集驗記平安初期點（白）　複製本　二　5）「覃」の下に、「太阿ム反」の注あり。裏面朱筆同じ。

「遐覃」は、大修館書店の『大漢和辭典』に、〔江淹、爲二肅驃騎一讓大尉增封一表〕から、「聖渥遐覃、賜以二矜宥一。」を、〔駱賓王、姚州破レ賊露布〕から「玄謀廣達、妙略遐覃」を引いて、「遠方にまでおよぶ。覃は及。遠覃。」と説く。

○　自二佛捏槃一以來、迄三于延暦六年、歳次二丁卯一而逕二一千七百廿二年一。（日本靈異記　序）迄〈ヲヨブマデ〉（前田家本訓釋）

【カ】

カカヤカス（曜）

（一）　明珠は天の耳璫なり。寶‐渠曜《カヽヤ》二（か）す手足一を。（一三　17/18）

カカヤクには先例がある。

○　時電放レ光明炫。（日本靈異記　上　一）興福寺本訓釋　炫〈可ゝヤ介利〉

○　觀レ之道頭有二黄金山一。即致炫レ面（同　上　五）興福寺本訓釋　炫〈加ゝ也久〉

○　妙頗黎の網のゴトクシテ映《カヽヤ》ケル金の軀ヲハ種種の光明以《これ》（をも）て嚴飾せり。（西大寺本金光明最勝王經平安初期點　四　12/21）

○　第六の發心には囁下‐受（す）能（く）生二す日の圓に光《テ》リ焔《カヽヤ》一ケルカ如キ者ヲ三摩地上を。（飯室切金光明最勝王經註釋平安初期點　四　59）

ただし、カカヤカスは、本例が初出のやうである。

カカル（貫）

（二）　如下く貫《カヽ》二レる龍王一に寶珠を、一心にして觀察（し）て、能（く）不《ヌ》レとき觸レ（へ）龍に、則（ち）買《（あた）》中フガ直閻浮提上に、一心禪定イ除二却す五欲五蓋一を。（一八　18/5～7）

カカルには、先例がある。

○　比丘尼、破戒し有《（こも）》レりヌ身。在二（り）て懸《カカ》レル厠《カハヤ》の上一に、大小便するときに墮レ（し）て胎を在二（きつ）厠の中一に。（斯道文庫本四分律平安初期點　24/11～12）

○　日月麗《かか》レりて天に、既に分《ワカ》二てり暉を於戸牖一に。（知恩院本大唐三藏玄奘法師表啓平安初期點　3/24）

カギル（齊）

（三）　敕二（し）て諸の從者一を、齊《カギ》レリて門を而止めて、獨リ入二（り）ヌ天の祠一に。（一四　15/5）

「齊」をカキルと讀むのには、先例がある。

○有る人言（はく）、「此（の）法は但（た）齊《カキ》二ル・といふ一日一夜一（に）。」（東大寺本成實論天長點　一二　5/3〜4）

○當（に）知れ、齊《カキ》レりて此に善（く）修習する故（に）名二（づく）善修根一（と）。（石山寺本瑜伽師地論平安初期點　九二　8/4）

「齊」は、大修館書店の『大漢和辭典』に、〔孔子家語、曲禮子貢問〕から「有亡惡二於齊一。〔注〕齊、限也。」を、〔晉書、羊琇傳〕から「無二復齊限一。」を引いて、「⑪かぎる。かぎり。ほどあひ。」と説く。

カク（鉤）他動詞下二段活用

（四）獄卒羅刹、以レて釵を鉤《カ》ケ出（し）て、持（ち）て著二く岸の上一に。（一六　10/9）

「鉤」をカクと讀むのには先例がある。

○佛言（はく）、「聽下す・とのたまふ指に鉤《カ》二ケ革屣一を、鉢は置二（き）て掌の中一に、一の手を（もち）て褰《かか》上レ（くる）こと衣を。（小川本願經四分律平安初期點　甲　4/12）

カクス（翳・匿）

（五）薗―人至二（り）て得レし菓を處一に見レば、有二リ鳥の巣一。知二（り）て鳥の銜ヒ來一（れ）るなりと、翳《カク》二シて身を樹の上一に、伺《さもら》（ひ）て欲レフ取レ（ら）むと之を。（一七　6/1〜2）「翳」の左に「隱也」の注あり。

（六）酒に有二（り）卅五の失一。何等をか卅五といふ。……八者、伏《ナ》と匿《カク》ス之事を盡く向レ（ひ）て人に説く。（一三　15/22〜16/2）

「翳」をカクスと讀むのは、先例がある。

○祝術者といふは、能く翳《カク》レシ身を、令《し》二め人をして不レ（あら）見、能（く）變レ（し）て人を爲《ナ》二す畜獸一と。（石山寺本大智度論第一種點七四　11/19〜20）

「匿」をカクスと讀む例は、少し後の資料に見える。

○　匿《カク》シテ不レ（し）て發レ（せ）喪を、更に問二フ神主一（に）。（興聖寺本大唐西域記平安中期點　4/28）

カザル（餝珞）

（七）八萬四千の白象を犀《ヒツシ》の甲と金とを（も）て餝《カサ》リ珞《マツ》ヒ、以二て名寶一を建二て大金幢一を、以二て四寶一を（も）て莊嚴（せ）しむ。（一一 20/16〜17）

「餝」をカザルと讀むのには先例がある。

○　富ガ中ニ貧ハ自所レ招、貴ガ中ニ賎ハ自所レ餝カサ、朝々抱レか、ヘテ膝ヲ而念へとも（東大寺諷誦文稿　8）

『古典籍索引叢書　8』の『東大寺諷誦文稿總索引』に、「自（ラ）餝《カサ》（ル）〔所〕（ナリ）」と讀んでゐる。なほ、先行資料に、「莊・嚴」等をカザルと讀んだ例がある。

○　女衆之行《ミ》ワサ莊嚴《カサシツ》佛ノ法、女衆之行（東大寺諷誦文稿　294）

『古典籍索引叢書　8』の『東大寺諷誦文稿總索引』に「佛ノ法（ヲ）莊《カサ》（リ）嚴《シツ（ラ）》（ヒ）」と讀んでゐる。

○　彼い爲レに其の香―華莊《はなカサ》レル身を之具（あり）。（斯道文庫本願經四分律平安初期點　1　8/12）

○　當に用二（ゐ）て木の膠一を雜に彩（し）ク莊《カサ》リ餝《ヨソ》へ。（西大寺本金光明最勝王經平安初期點　六　12/6〜7）

○　嚴《カサ》レ（る）ことは德（を）菩薩の雅迹ナリ。（東大寺諷誦文稿　86）

○　嚴《カサ》二（り）て四兵一を發二向して彼の國一に、（西大寺本金光明最勝王經平安初期點　六　2/6〜7）

カタシ（難）

〈第五章、第一節　形式名詞、用例（一七）〜（一九）〉參照。

カタビラ（轀）

（八）八萬四千の車を、皆以二て金銀・瑠璃・頗梨の寶一を飾リ、覆フに以二てしき獅子・虎豹の之皮一を。若（しは）白□・婆羅・寶轀、雜餝を（も）て以爲《せ》二りき莊嚴一と。（一一　20/18～20）□は「僉＋几＋又」、『大正新脩大藏經』に「劍」に作る。「轀」の左に「カタヒラ」の訓あり。右に「干反」らしき注あれど讀めず。『大正新脩大藏經』に「轀」を「韞」に作る。

本例については、〈第二章、第一節（六）〉の項を參照されたい。

カヂ（鍛）

（九）獄卒羅刹（の）以二て大（きな）る鐵の椎《ツチ》一を椎《ウ》二ツこと諸の罪人一を、如二し鍛《カチ》の師の打レツガ鐵を。（一六　8/4～5）

カヂには先例がある。

○　留レ馬聞レ之、唯有二鍛音一。（日本靈異記　中　二二）類從本訓釋　鍛〈カチスル〉

カツテ（都）

（一〇）此の人破二し汝ガ池一を、取二るに汝ガ華一を、汝都（かつ）て無レし言（音）。（一七　5/4）

（一一）行ー者求下む内身は有二（リ）ヤ淨常樂我一不上ヤ・と。審に悉く求レ（むるに）之を、都て不可得なり。（一九　16/3～4）

本例については、〈第五章、第六節、Ａｂ〉の項、用例（九）（一〇）參照。

カナバシ（鉗）

（一二）以レテ鉗《カナハシ》を開レ（け）て口を、潅（くに）以二てす洋洞一を。（一六　8/18）

『新撰字鏡』に「鉗〈加奈波志〉」、『倭名類聚抄』に「鋏鉗、漢語抄云、鋏鉗〈加奈波之、下奇炎反〉」とあるが、本例の方が早い。カナバシは、小學館の『日本國語大辭典』に「鍛冶屋が鍛えるものをはさむのに用いる、大きなはさみのようなもの。」とある。

カナラズ（要・必）

(一三) 人有二(り)四(つ)の體一。要ず必ず有レり食すること。（一六 17/6）

(一四) 要ず行二(し)て五の波羅蜜一を、然(し)て後(に)ヤ得二る般若波羅蜜一をは。（一八 18/14）

カナラズについては、〈第五章、第六節、Ａａ〉の項、用例（一）～（七）を参照されたい。

カブル（齩）

(一五) 五欲は無レ(き)こと益、如二し狗の齩《カフ》レるガ骨を。（一七 2/23）

カフルには、先例がある。

○ 犬の枯れたる骨を齧《カフ》ルニ、飽厭く期《ご》無きが如し。（日本靈異記 下、一八話、眞福寺本訓釋 齧〈加不留ニ〉）（日本古典文學大系本による）

○ 狗イ血塗《ヌ》レル枯骨ニ齩《カブ》ルトキニ……（聖語藏本成實論天長點 一三）春日政治による。

後續資料にも例がある。

○ 如三し犬の齧《カフ》二ル(が)枯(れ)たる骨一を。（東大寺本大般涅槃經平安末期點 二二 11/2）

カブル（爲）

(一六) 六者、有二(り)て諸の惡事一、常に爲《カフ》二る人の所疑一を。（一三 12/1～2）

「人の爲に疑はる」と讀む「爲」をカフルと讀んだもの。「爲」をカフルと讀むのは、本例が初出である。

後續資料の例。

○若(し)諸の有情の爲《カフ》二レルイハ於種種の求－不得－苦(に)之所逼－切一セラル、ことを、光明に照(さるる)ガ故に、隨レ(ひて)願に皆得ツ(といふ)ことを、(東大寺本地藏十輪經元慶點　一 4/6)

○或(は)當(に)墮落(し)て、爲《カフ》二らむ火に所レ(る)ることを燒(か)。(龍光院本妙法連華經明算點　二 9/9)

カフルは、「爲」の他に、「被・荷・賴・冠」等を讀み、カガフル→カンブル→カウフル→カフルとなったと考へられてゐるが、訓點資料の用例では、カウフルはカフルの後から出てくる。カフルは、カンフルのンの零表記なのであらうか。

カヘス(耕)

○賁育か之倫《トモ》、蒙《カウフ》レり盾を負レ(ひ)羽を、杖《ツ》二イ(て)鏌邪一を而、(上野本漢書揚雄傳天暦點　199行)

(一七)　倶伽離は墮二(ち)たり是の摩呵波頭摩地獄の中一に。出二して其の大舌一を、……五百の具梨《カラスキ》を(も)て耕《カヘ》レす之を。(一三 14/16～18)

「耕」をカヘスと讀むのには先例がある。

○三に〔者〕下部とは卽ち田(ヲ)耕《カヘシ》し、殖を種《クサウヱ》、種を種まく下業(ヲ)(イフ)ゾ。(松田本四分律行事鈔平安初期點　中田祝夫博士による。)

カヘス(復)

(一八)　天下に誰カ善(く)爲二呪術一し、能く轉二し其の心一を、令下復《カヘ》二シて本意一に歡樂すること如上レくあら(し)めむ・と初の。(一七 8/1～2)

(一七)のカヘスは裏返す意味であり、(一八)のカヘスは、元に戻す意味である。左記のカヘスも同じ意味であらうか。

○　宗景(は)移レ(し)星(を)、魯陽(は)迴《カヘ》レシキ日(を)。(黒板本金剛波若經集驗記平安初期點　複製本　下二5)

カヘニス(不肯)

(一九)　一須陀洹の人生二(れ)て屠須家一に、年向レフときは成レるに人と、應三當に修二(む)べし其の家業一を。而(る)もの(を)不《に》レす肯《(か)》二(へ)殺生一し。(一三　9/3)

(二〇)　愚人貧二著して好き菓一に、上レ(り)て樹に食レ(ひ)ツ、之を、不《に》レす肯《(か)》二(へ)時に下一(り)。(一七　2/27)

(二一)　亦(た)以二(て)善事一を利益而(したま)へども、而不《に》レす肯《(か)》レ(へ)受(け)、不レ解二(せ)佛心一を。(二六　16/3〜4)

「不肯」の「不」にニ・スのヲコト點があるだけで、「肯」は無點であるが、カヘニスと讀んだものと見て、間違ひあるまい。「不肯」をカヘニスと讀むことについては、別に述べたものがある。〈「不肯」の古訓〉(『訓點語の研究』所收)。

カヘリテ(復)

(二二)　卽の時に、平復して復《カヘ》リて受二く苦毒一を。(一六　6/3)

(二三)　譬(へば)如下し前－火－木の燃二き諸の薪一を已るときは、亦(た)復《カヘ》リて自に燃上(ゆ)るガ。(一八　14/3〜4)

カヘリテには先例がある。

○　伊(は)是(れ)凡僧(なり)。未レ至二(ら)羅漢一(に)。如何(ぞ)燒レ(き)指(を)已(り)盡(して)更(に)得二(む)却《カヘ》リて生一(すること)。(黒板本金剛波若經集驗記平安初期點　複製本　二　24、白・朱)

○　令二(め)我をして在《タ》レテ前に已(り)て、復(り)て令二(むる)こと我をして在レ(て)後に何ぞ甚大《ハナハタ》速き。(石山寺本大智度論第一種點　七九　6/21）「復」の右に「反也」の注あり。

カヘリミル（廻眄）

（二四）坐臥行立（し）ツ、、廻眄《カヘリミ》て巧に媚《ヲヤ》ス。（薄智（の）愚人（は）、爲レ（に）之（が）心醉（ふ）。）（一四　14/1）「眄」の左に「辨反」の注あり。

カヘリミルには、「眄瞻・睇・廻領」等を讀む。

○愚人顚沛《タフ》レ、東西に狂ひ走る。僧は卽ち遠く去り、眄瞻《カヘリ》ミること得不《ず》。（日本靈異記上一五話　興福寺本訓釋）

「眄加へ利見（カヘリミ）」（日本古典文學大系本による。）

○世尊の廻領《カヘリミ》シ給ときに必ず皆右サマに（白）旋ること如《ごと》二し（白）龍象王一の。（高山寺本彌勒上生經贊（朱）16/23）

○儛ヒ歌ヒ笑ヒ睇《カヘリ》ミシ、美キ顔妙なる觸、祇《フ》シ奉《ツカ》へて成レす禮を。（石山寺本瑜伽師地論平安初期點　A　五七　11/25）

カモ（鶩）

アリ（二五）の例參照。「鵂鶩」の左にフクロフ・カモの訓がある。「鶩」は、天治本『新撰字鏡』に「莫族反、鴨、又、鷹。」、高山寺本『篆隷萬象名義』に「莫族反、鴨」とあり、観智院本『類聚名義抄』にカモと讀んでゐる。

カラシ（鹹）

（二五）汝不《ず》レヤ知（ら）、……大海の水の清（く）美（し）きも、今日に盡く苦《ニカ》ク鹹《カラ》ク（なれること）を。（一四　13/1）カラクの下、切れてなし。

カラスキ（犁）

（二六）カヘスの例參照。「犁」の右にカラスキの訓がある。「梨」は「犁」の誤寫であらう。天治本『新撰字鏡』に、

「耒〈來音、加良須支〉」、廿巻本『倭名類聚名義抄』に、「犂、唐韻云、犂〈音黎、和名加良須岐〉墾田器也。」とある。

カル（乾）

（二七）身乾《カ》レ命絶（に）て、（卽（ち）生二（れたり）第二忉利天上一（に）。）（一四 1/20）

カレ（彼）

（二八）若（し）彼レ侵二するときは我ガ妻一を、我レ則（ち）忿毒す。（一三 11/20）

（二九）有レリ此レ有レる彼レ、是を爲二す方の相一と。（一八 12/18）

カワトキ（杵）

（三〇）譬（へ）ば如二し牛乳と驢乳とは、其の色雖レ（も）同（じ）なりと、牛乳は杵《カワ》とき則（ち）成レ（る）蘇に、驢の乳は杵《カワ》とき則（ち）成レるガ糞と。（一八 4/26〜27）『大正新脩大藏經』に「杵」を「攅」に、「糞」を「尿」に作る。大東出版社の『國譯一切經』には「杵」を「攅《あつ》むれば」と讀み、「糞」を「尿」に作る。

原文の「杵」はキネと讀む字であって、動詞に讀むことはできない。これに書きつけられた「カワ」の假名とトキの點も、何と讀むのか分らない。カワク-トキと讀ませる積もりなのであらうか。

カヲル（芬薫）

（三一）柔濡の香芬薫と（かを）りて、悉く從二寶池一より出ッ。（一三 17/19）

「芬薫」を文選讀みにして、フンクン-ト-カヲリテと讀んだのである。

【キ】

キク（聽）

（一）汝憂婆塞聽ケ。（一三　19/18）

キザム（剋）

（二）或は期二して後世の福樂一を剋《キサ》レみ己を自を勉《ハゲ》むは爲レす苦を。（一三　22/3）

「剋己」は、大修館書店の『大漢和辭典』に、〔後漢書、周擧傳〕から「成湯遭レ災、以二六事一剋レ己。」を〔韓愈、嶽陽樓別二竇司直井戸一詩〕から「生還眞可レ喜、剋己自懲創。」を引いて、「おのれの欲にかつ。」と説く。キザムには、先例がある。

○丁蘭ハ雕《キザ》レ（み）て木ヲ爲《セ》レリ母（と）。（東大寺諷誦文稿　5/13）

○虐吏の來（り）て索（む）ル之徒《トモカラ》、用レて法を深（く）刻《キザ》二ム一經一（を）。（石山寺本金剛波若經集驗記平安初期點　10）

○刻《キザ》（み）雕《エ》りて成二（す）も衆の相一を、皆已に成二（し）キ佛道一。（山田本妙法蓮華經方便品平安初期點　7/25）

キタス（來）

（三）答曰、不《ず》レ應二（くあら）盡く來一す。（何以故、諸佛（の）世界（は）無邊無量（なり）、若（し）盡（く）來（らば）者、便（ち）爲二（らむ）有邊一（と）。）（一〇　24/20）

キル（著）

（四）著《き》レ衣を持レ（ち）て鉢を、入レ（り）て城に乞食（す）。（一一　2/18～19）

（五）或は著《き》二袈裟一を、或は著《き》二白衣一を、或は著《き》二草衣を、或は木皮衣一を、或は冬入レ（り）水（に）、（一三　1/23）

（六）著《き》レ鎧を持二（ち）て刀杖一を、見レて敵を而退走する、如レき是（の）性弱（き）人をは、（一七　10/26）

（七） 汝已に剃レ（り）て頭を、著《き》二袈裟一を、執二持して瓦鉢一を行二す乞食一を。（同 12/14）

キル（剪・斫）

（八） 不《ず》レして剪《キ》二ラ指抓一を、讀二（み）十八種の經書一を、皆令二めき通利一（せ）。（一一 6/9）

【ク】

クグマル（傴）

（一） （巨身大力（にして）、從二住處一（より）出（でて）傴《クヽマ》レリ背《せ》頻-申。（二五 8/12）「頻-申」の右に「ノ□□」の訓あれど、讀めず。「頻-申」を『大正新脩大藏經』に「頻伸」に作る。「傴背」を大東出版社の『國譯一切經』に「背を傴《なび》かせて」と讀む。

「傴背」は、下から返って、セクグマリと讀むのであらう。セクグマルは、圖書寮本『類聚名義抄』に「玉抄云、跼〈セクヾマル〉とあり、觀智院本『類聚名義抄』に、「跼〈ク、マル〉」「〈セク、マル〉」、「傴〈セクヾマル〉」と見えてゐる。

クサビ（榍）

（二） 三解脱を爲レ（し）榍《クサヒ》と、禪定（の）之智慧を爲二す調適一と。（二五 10/6）

（三） 惡欲は以二（て）苦切語一を教（ふる）こと如二し以レて榍《クサビ》を出レ（す）ガ榍を。（二四 12/24）

クサビは、小學館の『日本國語大辭典』に、「【楔・轄】①硬い木、または石や鐵でV字形に作り、物を割ったり、廣げたり、または枘（ほぞ）穴に挿し込んだ部材が離れないように穴に打ち込むもの。責木（せめぎ）。」と說く。『新撰字鏡』に「粇〈魚銀・魚厥、二反。大車輗曰レ輗、十車輗曰レ粇。轅端上曲鉤衝者也。久佐比也。〉」とある他、「轄・

軏・軥・轄」等をもクサビと讀んでゐる。二十巻本『倭名類聚抄』にも、「轄、野王案轄〈音割、和名久佐比〉軸端鋏也。」とある。訓點資料では、本例に次ぐものに、次の例がある。

○　風縦縦と（して）而扶レ（け）轄《クサヒ》を兮、鸞鳳紛と（して）其（れ）御《ノ》レル蕤に。（上野本漢書揚雄傳天暦點　192行）

クシ（鑵）

（四）　鐵の杖を（も）て相（ひ）捶（ち）、鐵の鑵《クシ》を（も）て相（ひ）貫き、而以二て利刀一を互に相ヒ切－膾す。（一六　5/26～27）「捶」の右に「丁也」の注あり。ウツと讀む。

「鑵」は、大修館書店の『大漢和辭典』に、〔説文〕から「鑵、一曰、平レ鐵。」を、〔段注〕から「謂下以二剛鐵一削中平柔鐵上也。」を、〔韻會〕から「鑵、平レ木鐵器。」を、〔正字通〕から「鑵、狀如レ斧而前二其刃一、用以鑵二平木石一」を、〔鮑照、石帆銘〕から「乃劍乃鑵、既剞既斲。」を引いて、「②かんな。てうな。木・金・石をけづって平にする器具。」と説く。高山寺本『篆隷萬象名義』に「鑵〈叉蒐反、平木器。平レ鐵。〉」、天治本『新撰字鏡』に「鑵〈初鷹反、削也。又、上平二木鐵一也。加奈。〉」、二十巻本『倭名類聚抄』に「鏩、唐韻云、鏩〈音斯、和名賀奈、……〉平レ木器也。釋名云、釿有二高下之跡一、鏩以レ此平二其上一也。」とあり、「鑵・鏩」は、木・石・金等を削って、平らにする道具で、今のカンナのことらしい。一方、クシは、小學館の『日本國語大辭典』に、「①　竹または鐵などで、箸のように細長く先をとがらせて作ったもの。魚肉・獸肉などを貫き通して、あぶったり干したりするのに用いる。」とあるやうに、細く尖ったものを指し、カンナとは別物である。とすれば、本例のやうに、「鑵」をクシと讀むのは誤りと言ふことになる。ところが、本例の場合、「貫く」とある本文には、カンナよりもクシが相應しい。中國本土で、「鑵」の意味が變化したのであらうか。

クソムシ（尺蠖）

（五）譬（へ）ば如下く尺蠖《クソムシ》の屈二（め）て安（みし）て後の足一を、然し（て）後に進二む前の足一を。所縁盡（く）るとき無二くして復（た）進む處一而還上るが、外道は依二止（し）て初禪一に、捨二ッ下地の欲一を。（一八 5/2～3）

「尺蠖」は、大修館書店の『大漢和辭典』に、「尺蠖セキタワク・セキワク、しゃくとり蟲。」と説く。クソムシは、二十卷本『倭名類聚抄』に「蜣蜋、本草云、蜣蜋〈羌郎二音〉、一名蛣蜣〈吉羌二音、和名久曾無之、一云末呂無之〉兼名苑注云、食糞蟲也。」とあり、觀智院本『類聚名義抄』にも、「蜣蜋」をクソムシと讀み、訓點資料でも、「蜣蜋」をクソムシと讀んだ例がある。

○ 屎尿の臭き處に、不淨の流れ溢（るる）に、蜣蜋《クソムシ》の諸の蟲、而も集二（ま）れり其（の）上に。（龍光院本妙法蓮華經平安末期點 二 12/13）

「蜣蜋」は、大修館書店の『大漢和辭典』に、「蜣蜋キヤウ—ラウ蟲の名。好んで人畜の糞を押轉して丸を成し、卵をその中に産す。くそむし。こがねむし。まろむし。」とあって、クソムシは「蜣蜋」を讀み、「尺蠖」のシクトリムシとは別の蟲のやうである。加點者は兩者を混同して、「尺蠖」をクソムシと讀んだのであらう。シャクトリムシについては、本書上卷七八～七九頁の用例（八）參照。

クチバシ（嘴）

（六）アゴエの用例（五）參照。

（七）大鳥長レくして嘴《（くちば）し》、破レ（り）て頭を瞰レむ腦を。（一六 8/16）

天治本『新撰字鏡』に「嘴〈之髓反、喙也、鳥口也、久知波志〉」、二十卷本『倭名類聚抄』に「觜、説文云、觜

〈音斯、和名久知波之〉鳥喙也。」とある。

クヒ（杙・橛）

（八）行二(か)ば鐵刺の上一を、或(る)ときは坐二(し)て鐵(の)杙《クヒ》一に、杙を從レ下より入(れ)しむ。（一六　8/17～18）

（九）若(しは)橛《クヒ》、若(しは)鏘《ウハラ》を(も)て傷レし人を、若(しは)斷二截し通路一を、（一六　9/21～22）「鏘」の左に「又、ヒシ」の訓あり。

クヒは、天治本『新撰字鏡』に「杙〈弋字同。餘職反、橛謂之杙、即橛也。久比、又、加止佐志〉」とある。

クビ（領）

（一〇）ウク（穿）の項參照。「領」は、大修館書店の『大漢和辭典』に、〔説文〕から「領、項也。从レ頁令聲。」を〔段注〕から「按、項當レ作レ頸、碩人・桑扈傳曰、領　頸也。（後略）」を、〔廣雅、釋親〕から〔領、項也。〕を引いて、「①　くび。」と讀む。訓點資料で「領」をクビと讀んだものに、次の例がある。

○　提《き》レて裘《カハコロモ》を擧レ(く)るに領《クヒ》を、萬の毛皆整りぬ。（東大寺本百法顯幽抄平安中期點　58/4）

○　使レむ如下(く)なら(ら)提《ヒ》レキ鋼を振レ(る)に領《クヒ》を、毛目盡(く)擧上(る)が。（大東急記念文庫本大日經義釋延久・承保點　七81オ）

クヒゼ（補讀）

（一一）出入息斷して、在二(り)て一樹の下一に、坐(し)て無レ然としてクヒセ(のごとく)不《ず》レ動(か)。鳥見て如レく此の謂《おも》レひて之を爲《し》レて木なりと、（一七　22/14～15）

「憮然」にトシテのヲコト點が、右にクヒセの訓がある。「憮然」を文選讀みにしたものと見て、ゴトクを補って讀んだ。

クヒゼには、先例がある。

○其の中に桴《クヒセ》の如き物有《あ》りて、涌《わ》き返り沈み、浮き出て、（日本靈異記　下　三五話、眞福寺本訓釋　桴クヒセ）日本古典文學大系本による。

○參二(り)相(ふ)トモ法一(に)、如レ(し)向レ(ふが)杌《クヒセ》(に)。（東大寺諷誦文稿　16/19）

○或(は)遇レひ淺きところに、逢レ(ひ)て査《クヒセ》に、殆(と)无二(し)死(に)たる者一は。（石山寺本金剛波若經集験記平安初期點　複製本19）

「査」は、大修館書店の『大漢和辭典』に、〔字彙〕から「査、浮木也。」を、〔正字通〕から「査、讀若レ槎、水上浮木也。云云、又以二浮木一爲レ楂。」を、〔拾遺記〕から「巨査浮二于西海。一」を引いて、「〔一〕②いかだ。水中の浮木。」と説く。

○若(し)有二(らば)大なる樹の株《クヒセ》、若(し)石一、應二し掘《ホ》リ出一(す)。（小川本願經四分律平安初期點　乙　14/18）

○若(し)在二(りても)兀《クヒセ》木の頭(の)〔二〕上一に坐せよ。（斯道文庫本願經四分律平安初期點　17/17）

クフ（齧）

（一二）大身の毒蛇・蝮蠍・悪蟲競(ひ)來(り)て齧《ク》レフ之を。（一六　8/15～16）

訓點資料では、クラフと言ふことが多いが、クフの先例もある。

○持二(ち)て革屣一を在レ(き)て前に便睡するに、狗い銜《ク》ヒて去(リ)ヌ。（小川本願經四分律平安初期點　甲　4/4）

○若(し)鳥銜《ク》ヒ、風に吹(か)レて、離レ(れ)たる處衣、（同　17/1）

クム（抒）

（一三）好レむ施を菩薩は、求二(め)むとして如意珠一を、抒《ク》二み大海の水一を、正使《(たと)》ヒ節骨は枯(れ)盡(く)レども、終に不《ず》二して懈廢一(せ)、

得二て如意珠一を、（一六　2/17～18）

「抒」は、大修館書店の『大漢和辭典』に、〔説文〕から「抒、挹也。从レ手豫聲。」を、〔段注〕から「凡挹レ彼注レ茲曰レ抒。」を、〔一切經音義、九〕から「抒、汲出謂二之抒一。」を、〔詩、大雅、生民、或舂或揄、傳〕から「揄、抒レ臼也。」を、〔釋文〕から「抒、取出也。」を、〔管子、禁藏〕から「抒レ井易レ水。」を引いて、「[一]」「[二]」①くむ。」と説く。クムには先例がある。

○　青柳の、はらろ川門に、汝を待つと、清水《せみど》は汲まず（西美度波久末受）立ち處平《どなら》すも（萬葉集　三五四六）

○　諸（の）比丘汲《ク》レむ（に）水を、灌《ツルヘ》の繩數（は）斷ユ（小川本願經四分律平安初期點　甲　12/17）

【ケ】

ケガス（漫）

(一)　各（の）把二（り）て身の血一を、而相（ひ）塗《ヌ》リ漫《ケカ》し、痛-毒とイタミ逼-切とタシナミ、（一六　6/1）

「漫」は、「大修館書店の『大漢和辭典』に〔荀子、儒教〕から「行不レ免二於汙漫一。」を、〔集解〕から「漫亦汙也。」を、〔呂覽、離俗〕から「不レ漫二於利一。」を、〔魏志、齊王芳傳〕から「耽二淫內寵一、沈二漫女德一。」を引いて、「⑩けがす。けがれる。」と説く。ケガスには、先例がある。

○　善に貪る至に勝へ不《ず》、描き紙を黷《ケガ》シ、口傳を謬《あやま》り注《しる》す。（日本靈異記　中序、眞福寺本訓釋　黷〈計加之〉）日本古典文學大系本による。

○　遂（に）將二（て）泥水一（を）入レ（り）寺（に）將レ欲二澆《ヌラ》シ濯《ケカ》一サム（とす）、（黑板本金剛波若經集驗記平安初期點　複製本　下一6）

○　輕（く）觸《ケカ》二シて天威一（を）、伏（し）て增二す悚汗《アセツカ》一ふこと（を）。（知恩院本大唐玄奘三藏法師表啓平安初期點　3/7）

○輕《かろ(かろ)》シク塵《ケカ》ニシ旒戻《リウイ》一を、伏(し)て深《フカ》ニ(く)ス戰《オソ》リ灼《かシクマ》一ルこと(を)。(同 2/24)
○見三ッ流レ(れ)て血成レ(り)て泥(と)、霑《ヌラ》ニシ汗《ケカ》せるとを其の地一を。(西大寺本金光明勝王經平勝王經平安初期點 一〇 5/5)
○或(は)爲ニ塵土一に空《ケカ》(され)てありや、或(は)爲レ泥に汚(され)てありや。(石山寺本四分律平安初期點 三三 23/23)
○(如ニ(く)) 虛空は塵と水とに不レ著《ケカ》サレ。(性淸淨(なるが)故一(にといふが))、(石山寺本大智度論第一種點 六六)

ケタナリ(方)

(二) 獅子王は淸淨種の中に生せり。深き山大(きな)る谷の中に住せり。方《ケタ》レに頰《ツラ》は、大レ(き)なり骨は。身肉肥滿(な)リ。(二五 8/11)

(三) 口鼻は方《ケタ》にして大《(音)》なり。(同 9/9)

ケタナリの初出例として、これまでは興聖寺本大唐西域記平安中期點が擧げられてゐたが、それよりも、本例が早い。

ケラ(螻)

【ア】の(二五)アリの項の「螻」、【イ】の(一四)イタチの項の「土虎」參照。

ケラは、小學館の『日本國語大辭典』に、「けら【螻蛄】(名) ケラ科の昆蟲。體長約三センチメートルで、黄褐色ないし暗褐色。ややコオロギに似ているが細長い。前あしはモグラの手に似て太く平たいので土を掘るのに適する。地中にトンネルを掘り、ミミズなどを捕食するほか農作物の根を食べる。前ばねは短いが後ばねは長く燈火にも飛來する。發音器は特に雄に發達し、春秋に土中でジーと鳴き、俗に「ミミズが鳴く」といわれる。おけら。」と說く。『新撰字鏡』に、「螻蛄〈上圓計反、下古胡反、螻(也)、介良。〉」、『倭名類聚抄』に、螻蛄、崔豹古今注云、螻蛄

〈婁姑二音〉一名𧌒〈胡木反〉、方言云、螻蛭〈音室〉一名碩鼠〈和名介良、今案碩宜レ作レ鼫。〉とあるが、本例は、『新撰字鏡』より早い。

【コ】

コ（釵）

（一）羅刹獄卒、……口より出二し悪聲一を、捉《ト》二リ三般《(み)ツマタ》ナル釵《コ》一を、箭の墮(つ)ること如レくして雨の、刺二(し)射る罪人一を。（一六 6/27〜7/3）

『大正新脩大藏經』に「三般釵」を「三股叉」に作り、大東出版社の『國譯一切經』も同じ。「三般」をミツマタとよむことはできない。『大正新脩大藏經』の「三股叉」によるべきであらう。『大漢和辭典』に「叉」は、〈隋書、煬帝紀〉から「鐵叉搭鉤」を引いて、「⑤さすまた。敵の首を扼する武器。」と説く。小學館の『日本國語大辭典』に、「こ【鈷】（名）（「鈷」は「股」の借字。）武器としての鋒（ほこ）を象徴化したもので、煩惱をくだき、本來の佛性を顯現する意味で用いる。金屬製の密教法具。鋒の數により獨鈷（とっこ）、三鈷、五鈷などという。」と説く。「叉」をコと讀むのは、「鈷」の意味に理會したのであらう。

コガス（爍）

（二）負レ(ひ)て重キものを渉レリ遠(き)を、頂領《ウナシクヒ》穿ケ壞レ、熱き鐵に焼き爍《コカ》サる。（一六 3/17〜18）

「爍」は、大修館書店の『大漢和辭典』に、「②あつい。⑥とける。とかす。」の訓はあるがコガスの訓はない。觀智院本『類聚名義抄』に「炙・焦・燋・炬・爚」等にコガスの訓を收める。

コガル（焦＋火）

（三）呑二むとき熱鐵の丸一を、入レレば口に口燋《コカ》(れ)、入レレば咽に咽爛る。（一六 8/19〜20）

観智院本『類聚名義抄』に、「爛」をコカルと讀み、「燋飯」をコガレイヒ、「燋」をコカレクサシと讀んでゐる。

コゾリテ（擧）

（四）如レき是（の）性弱（き）人をは、擧《こそ》レ（り）て世所二なり輕笑一する。（一七 10/27）

世―コゾリテと言って、世ヲ-コゾリテとは言はない。

コト

〈第五章、第一節、形式名詞コト〉の項參照。

コトゴトク（擧・盡・都）

（五）卽（ち）從レ坐より起（で）て、而去（り）て還二るに其の房中一に、擧レく身の生レ（ひ）ヌ創《きず》。（一三 14/1）

（六）福德大（きな）る故（に）、卽（ち）殺二（す）彼の龍一を。擧レく池の盡く赤し。（一七 4/23）

（七）譬（へは）如二し一人犯レるとき事を、擧レく家の受レ（く）るガ罪を。（一八 6/19）

（八）懃苦（し）て得（た）る此の少物を、盡く以（て）施レせり僧に。（一一 18/24）

（九）滿行といふ者は、盡く持二ッなり五戒一を。（一三 17/9）

（一〇）是（の）故に、言二難レ（き）得之物を、盡く用て布施するとき、其の福最多一なり・といふ。（一一 18/27）

（一一）此の諸の定功德は、都く是（れ）思惟するガ修なり。（一七 14/11）

コトサラニ（故）

（一二）我（れ）故ラに來（り）て見レ（たてまつら）むとするに佛を、佛入二（り）たまひたり三昧一に。（一三 13/11）

（一三）妄語の心生する故（に）、作レる餘を者《ひと》、或（る）イは故ラに作し、或（る）イは不《ず》二故ラに作一（せ）。（一三 16/28）

（一四）戯笑してダも不《ず》レ得二妄語一すること。何況（や）故ラに作二（さ）むヤ妄語一をは。（一八　5/17）

（一五）諸佛は乃至出息入息（に）すら、利二益（し）たまふ衆生一を。何況（や）身口意業を、故ラに作（し）て而不《ず》二（あらむや）利益一（せ）。

（二一六　12/19～20）

コトサラニは先例がある。

○ことさらに（事更尒）　衣は摺らじ　女郎花　咲く野の萩に　にほひて居らむ（萬葉集　二一〇七）

○沙彌聞きて輕《かろ》み咲《わら》ひ呰《あさけ》り、故《コトサラ》ニ己が口を俁《モト》ラカシテ、（日本靈異記　上、一九話、興福寺本訓釋　故〈己止左良ニ〉）

日本古典文學大系本による。

○若（し）耶縁來（る）トモ、故《コトサ》ラニ我不レ作レ（ら）罪（を）。（東大寺諷誦文稿　15/13）

○故《コトサ》ラニ費《ヤワ》レシ形を、心身をは作二（し）一切（の）人（の）下一ニ、（同　9/3）

コトヒ（特牛）

（一六）於二道の中一に、有二リ一の特牛《コトヒ》一。（一一　5/15）

コトヒは、『新撰字鏡』に、「□（牛偏＋葉（？））〈文玉反、入、特牛也、己止比〉」、『倭名類聚抄』に、「特牛、辨式立成云、特牛〈俗語云、古度比〉頭大牛也。」とあるが、本例の方が早い。

コノゴロ（比）

（一七）我レ比《コノコロ》（しはし）數は來（れ）ども、毎（に）不《ず》レ（あり）ツ得レ入（る）こと。（一四　11/25）

「比」は、大修館書店の『大漢和辭典』に〔世說新語、簡傲〕から「又問二馬比死多少一、答曰、未レ知レ生、薗焉知レ死。」を引いて、「このごろ」と讀む。コノコロには、先例がある。

○ 新室の　こどきに至れば　はだすすき　穂に出し君が　見えぬこのころ（己能許呂）（萬葉集　三五〇六）

訓點資料で、「比」をコノコロと讀んだものに、末期の資料ながら、次の例がある。

○ 比見《コノコロ》下るに衆─人(の)不レ信二(せ)因果一を者上を、（冥報記長治點　17）

コノトキ

（一八） 是の時に、獄卒卽(ち)駈二(り)て逐(ひ)て罪人一を、令《し》レ(めて)坐二(せ)熱き銅の橛の上一に、（一六　10/14）

（一九） 若(し)人の發二(し)て阿褥多羅三藐三菩提の心一を布施する、是の時に、求二(む)るに布施の相一を、不《ず》レ一にも(あら)不レ異にも(あら)、（一八　18/22）

（二〇） 若(し)智慧を(も)て籌二量し分三別し諸法一を、通二達する法性一を、是の時には、精進イ助二成す智慧一を。（同　19/13～15）

コノユヱニ（是故）

（二一） 妄語の之人は、心に无二し慙愧一。閉二塞す天道涅槃の之門一を。親二知(し)て此の罪一を、是の故に不《ず》レ(あ)るべし作(さ)。（一三　12/13～14）

（二二） 如レ(き)是(の)等の種種の因縁を(も)て能二く生し能(く)離三す種種の善法一を。是の故に名(づけ)て爲二す精進波羅蜜一と。（一六　12/2～3）

（二三） 攝レ(め)て心を入レる禪に時は、以二て覺觀一を爲レす惱と。是の故に除二(き)て覺觀一を得《う》レ入二(る)こと一識處一に。（一七　15/4）

コハシ（毅）

（二四） 鐵の口猛く毅《コハ》くして、破二碎す人の筋骨一を。（一六　8/13）

「毅」は、大修館書店の『大漢和辭典』に、〔説文〕から「毅、一日、毅、有レ決也。」を、〔論語、泰伯〕から「士不レ可三以不二弘毅一。」を、〈集解〉から「强而能決斷也。」を、〈國語、楚語下〉から「毅而不レ勇。」を引いて、「①つよい。たけしい。こはい。（イ）意思がつよくて思ひきりがよい。果決。」と說き、〈論語、子路〉から「剛毅木訥。」を、〈集解〉から「毅、果敢也。」を、〈國語、楚語下〉から「彊忍犯レ義、毅也。」を引いて、「（ロ）おしきってする。」と說く。ただし、本例の場合には當てはまらない。本例は、口が頑丈にできてゐて、强靭であることを言ってゐる。小學館の『日本國語大辭典』に、「③かたい。强靭（きょうじん）である。ごわごわしている。」として、本例を引用してゐるのに從ひたい。（用例は大坪提供）

コフ（乞）

（二五）乞フ、垂二（れ）て料理一を使二死者に得《え》レ次を生者をは不《ず》レあら（し）め（たま）へ・とまうす濫（さ）。（一六　11/25〜26）

本例については、〈第五章、第一二節、倒置法〉、用例（六）を參照されたい。

コボス（棄）

（二六）優波毱入るとして徐（く）排《ア》二くとして戸一扇一を麻油を小し棄《コホ》シツ。（一〇　11/9）

コボスは、本例が初出である。後續資料に「棄・覆」をコホスと讀んだものがある。

○若（し）棄《コホ》二セラハ一滴一を當レにシ斷二（つ）汝か命一を。（東大寺本大般涅槃經平安末期點　二二　11/17〜18）「棄」の左に「ステタラハ」の訓あり。

○譬（へは）如二（し）……不《ぬ》レが棄《コホ》二サ一渧の之油一を。（同　二二　11/22）

○持二（ち）て一の油の鉢一を、逕《へ》二テ由て中一より過（き）て、莫レれ入二（らしむる）こと傾《カタフ》キ覆《コホサ》一シ。（同　二二　11/17〜18）

コム（閉）

(二七) 父母與二(へ)て刀と一口の羊一を、閉《コ》二メ著《(お)》きて屋の中一に而語レ(り)て之に言(ひ)しく (一三 9/4)

本例のコムは、トジコメル意味のコムで、先例がある。

○ 八雲立つ 出雲八重垣 妻ごめに (菟磨語味爾) 八重垣作る その八重垣を (日本書記歌謠1) 日本古典文學大系、『古代歌謠集』による。

○ 亦籠《コメ》通して屈曲 (ニ) 隨へ (と) (は) 云ふ可から不。(亦不レ可四籠通云三隨二屈曲一) (松田本四分律行事鈔平安初期點)

中田祝夫博士による。

コモゴモ (相・更)

(二八) 如二(し)二國王の力勢雖レ(も)同(し)なりと、亦(た)相《コモヽ》贈《もツトもの》ー遣《ヤ》一ルガ (一〇 8/23〜14)

(二九) 復(た)將(て)入二(り)て鐵閣の屋の間一に、黒烟來(り)薫して、互に相(ひ)堆ー㡯す。更《(こもこ)》も相《(たかひ)》に怨毒して、皆言二フ何(を)以(て)ぞ㡯《オ》レす・といふ我を。(一六 7/7)

コモゴモには、先例がある。

○ 常に相《こもコモ》今世後世の利益安樂を求むることを爲して、終に相に無益 (の) 事 (を) 求 (むる) ことを爲《せ》不。(正倉院聖語藏本成實論天長點 一八) 鈴木一男氏による。

「更」をコモコモと讀んだ例は、後續資料に見える。

○ 普平等心をもて更《コモコモ》相ヒ利益し、安樂せむ・といふ之心を、(東大寺本地藏十輪經元慶點 一 11/12)

○ 如レクイハ、是(の)宗と因と更《コモヽ》相違(し)ぬるが故(に)、(小川本大乘掌珍論天暦點 4/2)

○ 若(し)言レ異(なりと)者《イ》ハ、、諸(の)有情の我は更《コモヽ》ー相ヒ遍(する)が故(に)、體應二(し)相ヒ離一す。(石山寺本成唯識論寛仁點 二

2/15～19）

コユ（蹴）

（三〇）　復（た）以二て左の捲一を撃レ（つ）に之を、亦（た）不《ず》レ可レ（くあら）離る。以二（て）右足一を蹴《コ》レユるに之に、足復（た）黏（り）著（き）メ。（一六　1/8～9）

「蹴」の訓コユについては、別に述べたものがある（『蹴』の古活用」（『訓點語の研究　上』所收）。「黏著」の左右に假名が薄く見えるが、剥落して讀めない。「黏著」は、「粘著」と同じで、ネバリツクこと。ただし、觀智院本『類聚名義抄』には、ネバルの訓はなく、「黏」はネヤカルと讀んでゐる。「黏著」を訓讀すると、ネヤカリ―ツクと言ふのであらう。

コユ（超・踰）

（三一）　一切の人は以レて財を自活す。而（る）ものを或（る）ときは穿《ホ》リ踰《ワタ》リ、盗（み）取（る）は、是れ最も不浄なり。（一三　10/1～2）「踰」の右の「ワタリ」を消し、左にコエの訓を記し、「踰」にテの點を打つ。「盗」に二の點あり。

コユには、先例がある。

○　梯立《はしたて》の　嶮《さか》しき山も　我妹子《わぎもこ》と　二人越《ふたりこ》ゆれば（古喩例塵）　安席かも（日本書記　歌謡　六一、仁德紀四〇年）

○　山越えて（古曳底）　海渡るとも　おもしろき　今城の中は　忘らゆましじ（同　一一九、齊明四年）

○　遠き山　關も越え來《き》ぬ（故要伎奴）　今更に　逢ふべきよしの　無きがさぶしさ（萬葉集　三七三四）

○　伊勢の國に踰えむ・といふ。（日本靈異記　下　一話）訓釋　踰〈超也。〉《逾〈古由〉》日本古典文學大系本による。

○渡レり海(を)踰ニユル山坂一(を)之國ニモ、(東大寺諷誦文稿 4/2)

○蠢々たる迷生方に超ニユルのみなら(む)ヤ[に]塵累一を而已。(知恩院本大唐玄奘三藏法師表啓平安初期點 3/29)

○文は超ニエて象繫(の)之表一を、若三聚(れ)ル日(の)之放ニてるがごと(し)千の光一を。(同 4/1)

○能く超ニエて惡境一を、祈《イノ》ニル彼の淨方一を。(高山寺本彌勒上生經贊平安初期點(白) 2 2/14)

○逾《こ》三(に)たり於千の月の放ニてるに光明一を。(唐招提寺本金光明最勝王經平安初期點 6/10)「逾」の右に「超」の注あり。

コレ(是・此・爲・斯)

(三二) 汝は雖ニ(も)是レ鹿身一なりと、名(づけ)て爲《す》ニべし鹿の頭(な)る人一と。(一六 14/17)

(三三) 若(し)能(く)有ニるは慈惠一、雖レ(も)獸なりと實は是れ人なり。(同 14/18)

(三四) 若(し)是レ十力イ、獨(り)是レ佛事のみ(な)ラば、弟子は今世に无ニし人として能(く)得一(へ)きこと。(二四 17/9)

(三五) 有レり此レ有レる彼レ、是を爲ニす方の相一と。(一八 12/18)

(三六) 有る比丘於ニて諸の有爲法一に、正憶念して得《う》ニといふこと世間第一(の)法一を、斯レ有ニり是の處一。(一八 7/11～12)

(三七) 我(は)爲レ菩薩なり。不レ可レ(くあら)如レくは(あ)る彼ガ。雖レ(も)未《ず》レと斷レ(た)結を、當ニ自(ら)抑制一すべし。(一四 16/19～20)

(三八) 不《ず》レして廢(せ)精進する、是レは菩薩の精進なり。(同 16/4)

(三九) 此は是レ陶家の子出家せり。字は達貳迦といふ。(一〇 15/22)

(四〇) 是ガ中に有る想は、微細にして難レき覺し故(に)、謂(ひ)て爲ニす非有想一と。(一七 18/6)

(四一) 是ガ中に力勢薄き者は、是(れ)普明菩薩の力の故(に)得《う》レ來ること。(一〇 12/30)

(四二)　若(し)是レの法空イ有レ(ら)ば性者、說二(く)とき一切の法空一なりと時、云何ぞ亦(た)自然空セむ。(二〇　5/21)

(四三)　定實眞有の法、於ガ中に莫レレ生レすこと疑を。(一七　12/27)

(四四)　實語と不飮酒と正命と、以《(これ)》を(も)て淨レむ心を。(一三　17/12)

(四五)　(寶藏(は)豐溢(し)、軍容(は))　七寶以《(これ)》を(も)て爲《せ》二り校飾一と。(二五　10/18)

コロト(自)

(四六)　此の人便(ち)念はく、「此の鹽は能(く)令《し》二む諸の物をして美一(くあら)。自《ころと》の味必ず多(け)む・とおもひて」便(ち)空(し)く抄レして鹽を、滿レ(て)て口に食レするに之を、醎く苦くして傷レし口を而て、(一八　11/13〜14)

コロトには、先例がある。

○　復(た)告二(くらく)女人一に、「若下ク兒イ長大にして、能ク自《コロト》行し來(る)ときには、凡(て)所二は食|噉一スル、能ク消レし難レ(き)を消し、本所レ(の)[は]與(ふる)蘇は則(ち)不《じ》中とい ふガ供|足上セ、我ガ之所有の聲聞弟子も亦復(た)如レし是(の)。(白鶴美術館本大般涅槃經集解平安初期點　3/本9)

○　異意の故(に)、聽レしキ食二(ふことを)三種の淨肉一を、異想の故(に)斷二しキ十種(の)肉一を。異想の故(に)一切を悉(く)斷ス。及二(す)自《コロ》(と)死(ぬる)者《ひと》一サへに。(同　8/本3)「ひとサへに」の訓不確實。

○　如下ク黑白ノ牛自《コロトズ》不二相繫一セ倶ニ以《モテ》レ繩ヲ繫上スルガ。(正倉院聖語藏本成實論天長點　一三)大矢透博士による。「自」に白筆にてコロトの訓あり。

本例も、白鶴美術館本『大般涅槃經集解』平安初期點の第一例も、聖語藏本『成實論』天長點も、コロの後にトがついて、コロトと言ってゐること、更に、本例では、格助詞ノを取って、コロトノとし、體言の連體修飾語になってゐることに注意すべきである。コロトは、「他人の力を借りないで、自分自身で」の意味。

【サ】

サキニ・ノ（先・向）

（一）汝、先に讃二し精進一を、今は説二く精進の相一を。（一六　1/25）

（二）汝先に言下（ひ）ッ呵二し五欲一を、除二き五蓋一を、行二（し）て五法一を、得中と初禪上を。（一七　14/22～23）

（三）波羅蜜の義は如二し先に説一（き）ツるガ。（一六　12/4）

（四）破戒の之人は、受［ク］苦萬端なり。如二し向《（さ）き》の貧人の破レ（り）て瓶を失レ（ひ）ツるガ物を。（一三　3/23）

サキニ・サキノは、先例がある。

○未レ（より）聞レ（か）法（を）以前《サキ》ハ、如レ（し）夜（の）。聞レ（き）ツル（より）法（を）以後《ノチ》ハ如レ（し）曉（の）。（東大寺諷誦文稿　362行）

○昨《サキ》に七日の平明《アケホノケ》に、（石山寺本金剛波若經集驗記平安初期點　複製本　13）

○向《サキ》（に）者、見二（しは）龜の數頭《アマタ》一ある（を）者、是れ我が身ぞ・といふ也。（同　25オ）

○昨《サキ》ノ日禪院客僧已三日惣不レ見。（黒板本金剛波若經集驗記平安初期點　複製本　一　22）

○向《サキ》の五十萬言（に）、并二（せ）て此の釋論一（を）一百五十萬言なり。（石山寺本大智度論第一種點　一〇〇　16/15～16）

サク（析）

（五）譬（へ）ば如二し鑚《（き）》レるに火を、以レてするときは木を則（ち）火可得なり。析《サ》レキて薪を求レ（む）るときは火を、火イ不可得一（な）るガ。

（一一　8/14～25）

サクには、先例がある。

○或るは攝津の國島下《しましも》の郡春米寺《つきよねでら》に住み、塔の柱を斫《さ》き燒き、法を汗《けが》す。（日本靈異記　上　第二七話、興福寺本訓釋　斫〈左支〉）日本古典文學大系本による。

○若（し）自ラ取（り）、教レ（へて）人（を）取（らしめ）、若（し）自（ら）斫《サ》キ、教レ（へて）人を斫（かしめ）、（斯道文庫本願經四分律平安初期點　10/11〜12）

○新（し）く劈《サ》ケル乾（き）たる毳は、隨レ（ひ）て風に東西す。（石山寺本大智度論第一種點　六七　2/31〜32）「劈」は原文「辟＋分」、『大正新脩大藏經』による。

サス（遮）

（六）守レる門を人見二て其の衣服の麁弊一（な）るを、遮《サ》レシて門を不《ず》レ前《（すす）》（まし）め。（一四　11/21）

「遮門」は、門をとざすこと。サスは、トザスのサスである。

サスには、先例がある。

○唯（た）中間（に）有二（り）一の彌勒閣一（のみ）。閑《キ》テ而垣鎖《サ》セリ。（黒板本金剛波若經集驗記平安初期點　複製本　一　19）「鎖」は原文「鏁」。「鏁」は「鎖」の異體字。

後續資料に、末期のものながら、「鏁」をサスと讀んだ例がある。

○告二（けて）守者一（に）、請レフ鏁《サ、》二ムト開（き）たる鏁一を。（前田本冥報記長治點　一　26ウ）

サス（釵）

（七）鐵の釵《ヒシ》を（も）て相（ひ）釵《サ》シ、鐵の棒を（も）て相（ひ）棒《（う）》（ち）、（一六　5/26）「棒」の右に「丁也」の注あり。

同じ「釵」をヒシともサスとも讀んでゐる。ヒシは名詞で、サスは動詞である。後文で、同じ「棒」を名詞にしてボウ、動詞にしてウツと讀んでゐるのと同じ讀み方である。ヒシは、『倭名類聚抄』に、「叉、六韜云、叉〈初牙反〉兩岐鐵柄長六尺、文選叉簇〈讀比之〉、今案簇卽鏃字也。」とあり、柄の長い武器で、「さすまた」の類である。これをサスと讀んだのは、ヒシでツキサス意味であらう。もっとも、大修館書店の『大漢和辭典』で、「釵」を引くと、〔說文新附〕から「釵、笄屬、从レ金、叉聲。本只作レ叉、此字後人所レ加。」を、〔釋名、釋首飾〕から「釵、叉也、象二叉之形一、因名レ之也。」を、〔玉篇〕から「釵、婦人岐笄也。」を、〔正字通〕から「釵、婦人兩股笄。」を引いて、「かざし。かんざし。二本足のかみかざり。もと叉。」と說く。つまり「釵」は、本來「かんざし」のことであるが、今は、カンザシに似た兩股の武器の意味にとってヒシと讀み、ヒシで突き刺すサス意味に擴大してサスと讀んだのであらう。觀智院本『類聚名義抄』に、「釵」にサスの訓はない。

サスは、先例がある。

○ 命の　全《また》けむ人は　疊薦《たたみこも》　平群《へぐり》の山の　熊白檮《くまがし》が葉を　髻華《うず》に插《さ》せ（佐勢）　その子。（古事記歌謠三一）

○ 秋萩は　盛りすぐるを　徒らに　揷頭に插《さ》さず（不揷）　還りなむとや（萬葉集　一五五九）

○ 爲二に木の刺一の刺《サ》レ、レて脚を血大(に)出ッ。（小川本願經四分律平安初期點　甲　6/9）

○ 爲二木の刺一に刺《サ》レシ脚を破(り)ツ。（同　甲　13/10）

○ 偏ク體如二(く)して針をモチテ刺《サ》一すが、（西大寺本金光明最勝王經平安初期點　一〇　8/2）

○ 木の刺《ム(は)ラ》に刺《サ》レシ脚を破(り)ツ。（同　13/10）

○ 昔有二(り)て一(りの)國王一、毒蛇に所レたりき螫《サ》、れ。（石山寺本大智度論第一種點　二　11/17）

サソリ（蚑）

（八）　瞋恚偏（に）多（くあ）るひとは受二く毒蛇・蝮歇・蚑蜂《サソリ》・百足・含毒の之蟲一を。（一六　3/23〜24）「蚑の訓サソリは左にあり。右に「□反」あれど、剥落して讀めず。「蜂」は原文「蟲＋逢」、『大正新脩大藏經』によって訂正。大東出版社の『國譯一切經』には「蚊蜂」に作る。

「蚑」は大修館書店の『大漢和辭典』に、〔説文〕から「蚑、徐行也。凡生之類、行皆曰レ蚑。从レ蟲支聲。」を、〔王褒、洞簫賦〕から「蚑行喘息。」を、〔注〕から「善曰、凡生類行、皆曰レ蚑。」を引いて、［一］①はふ。蟲がそろそろと行くさま。②長蚑は、あしたかくも。」と説く。サソリとは無縁の文字らしい。「蜂」に似合ふ蟲はサソリよりカであらうから、『國譯一切經』の「蚊蜂」に從ひたい。カやハチである。「蝮歇」は『國譯一切經』に「蝮蝎」に作る。「蝎」は、大修館書店の『大漢和辭典』に、〔正字通〕から「蝎、本作レ蝎、俗作蠍、音義並通。」を引いて、「さそり」と讀む。「蚑」に書き附けられた「サソリ」の訓は「歇」につけられるべき訓を誤って「蚑」に附けたのではあるまいか。もっとも、『新撰字鏡』には、「蠭蜂蝰〈三形作レ蠭、同疋凶反、（波知…）…又、佐曾利〉」「蛘〈餘章反、平、□蛘、波知、又、佐曾利〉」とあって、同じ文字をハチ・サソリ兩方に讀んでゐる。ハチの類と、サソリの類とが混同されるのは、本例だけの問題ではなかったやうである。

サダム（決）

（九）（病（も）亦（た）如レ（く）是（の）、以レ（て）有二（るを）差（ゆる）期一）、未《ず》レ能二は決《さだ》め計《はか》一ること。（一四　5/6）「決」の右に〔定也〕の注あり。

サダムには、先例が有る。

○　上毛野《かみつけの》、佐野田の苗の　占苗《うらなえ》に　ことは定めつ（佐太米都）　今は如何《いか》にせむ（萬葉集　三四一八）

○　皇祖の　神の命の　畏くも　始め給ひて　貴くも　定め給へる（佐太米多麻敝流）　み吉野の　この大宮に（同

四〇九八）

サトス（喩）

（一〇）母諭《サト》レして兒（を）言（ひ）しく、（「汝（は）是（れ）小人（なり）。王女（は）尊貴（なり）。……」）（一四　14/16）

サトスには先例がある。

○　隨二（ひ）て緣の所在一に覺《サト》二シたまふ群迷一を。（西大寺本金光明最勝王經平安初期點　五　2/3）

やや後の資料にも「喩」をサトスと讀んだものがある。

○　香姓婆羅門而も喩《サト》二ス衆人一を。（石山寺本蘇悉地羯羅經略疏寛平點　二　11/5）

サモラフ（伺）

（一一）菌‐人至二（り）て得レし菓を處一に見レば、有二リ鳥の巣一。知二（り）て鳥の銜ヒ來一（れ）るなりと、翳《カク》二シて身を樹の上一に、伺《(さ)も(ら)》（ひ）て欲レフ取レ（ら）むと之を。（一七　6/1～2）「翳」の左に「隱也」の注あり。

「伺」にモとテとのヲコト點がある。サモラヒテと讀んで見た。サモラフは、小學館の『日本國語大辞典』に【候・侍】（他ハ四）（「さ」は接頭語。「もらう」は動詞「もる（守）」に上代の反復・繼續の助動詞「ふ」の附いてできたもの。様子をうかがい待つの意）①様子をうかがい、時の至るを待つ。（イ）よい機會をうかがう場合。萬葉―一〇・二〇九二「あらたまの　月かさなりて　妹に逢ふ　時候（さもらふ）と、立ち待つに〈作者未詳〉・萬葉―一一・二六〇六「人目多み　常かくのみし　候（さもらは）ば　何れの時か　吾が戀ひざらむ〈作者未詳〉」とある通りである。ただし、サモラフは觀智院本『類聚名義抄』に收めないし、訓點資料にも他に例を見ない孤例である。

サラニ（更）

（三）　問曰、得二るに諸禪一を、更に有二(り)ヤ餘の法一邪。（一七　20/20）

サラニは、先例がある。

○　あしひきの　山下日蔭《ひかげ》　蘰《かづら》ける　上にやさらに（左良尓）　梅を賞《しの》ばむ（萬葉集　四二七八）

○　ある人は淡路に侍り坐せる人を率《ゐ》て來て　さらに（佐良仁）　帝と立てて（續日本紀宣命　二三）

【シ】

シカクス（爾）

（一）　此の小‐者の遠(く)より來(れ)るとき、人ィ見て則(ち)歎(す)ラく、「小すら而能く尓《しか》くす。爲レ(に)法の遠(く)より來レリ・といふ。」

（一〇　13/20～21）

（二）　衆人問(ひ)て言(ひ)しく、「何(を)以(て)ぞ尓《しか》くする・と也。」（一四　11/24）

（三）　問曰、「何(を)以(ての)故(に)ぞ尓《しか》くする。」語(り)て言(は)く、「此の鹽は能(く)令二むるガ諸の物をして味美一に(あら)故(に)なり・と。」

（一八　11/12）

シカクスには、先例がある。

○　但(た)是の智のみヤ能く增二長する生死一を。施戒亦尓《しか》くすヤ。（大東急記念文庫本百論天安點　7/5～6）

中期に入っても、暫くはシカクスといった例がある。

○　天魔既に尓《しか》くす。（東大寺本百法顯幽抄平安中期點　38/27）

シカク―シテ―ノチニ（然後）

（四）　妄語の之人は、先ッ自(ら)誑レして身を、然(く)して後に誑レす人を。（一三　12/11）

（五）今は先ッ讃二（し）て戒の福一を、然（く）して後に、人に能（く）持レ（た）しむ戒を。（同 19/6）

（六）因レ（り）て此に制下（し）き有三（り）て三年に學レし戒を受二（く）ること六法一を、然（く）して後に、受具足戒上（す）べしと。（同 25/26～27）

（七）服二食し衆香一を、飲二（み）て諸の香油一を、然（く）して後に、以二て天の白疊一を、纏レ（ひ）て身を而燒（き）て、（一〇 14/13）

（八）譬（へ）ば如二し……地平にして然（く）して後に心安し。心安（く）して然（く）して後に挽き滿ッ。挽滿して、然（く）して後に、陷レイるガ深きに。（一四 5/9～10）

シカク―シテ―ノチには先例がある。

○ 然クして後に於二淨室中一（に）、瞿―摩をもて塗レレ地に。（唐招提寺本金光明最勝王經平安初期點 3/7～8）

○ 以二て福德一を動レし心に、然くして後に、受二（く）べし涅槃の道に染一すること。（大東急記念文庫本百論天安點 8/22）

シカモ（而）

〈第四章、一四、「而」の項〉參照。

シカルニ（而）同

シカルモノヲ（而）同

シカレドモ（而・補讀）同

シキヰ（床⿰木扇）

（九）若（し）坐二るときは衆僧の床⿰木扇《シキヰ》一に、是レを爲レす坐二ると熱鐵床の上一に。（一三 4/23）

「⿰木扇」は、大修館書店の『大漢和辭典』に「榻に同じ」とあり、「榻」を引くと、〔說文新附〕から「榻、牀也。从レ木□聲。」を、〔釋名、釋牀帳〕から「人所二坐臥一曰レ牀、牀、裝也。所二以自裝載一也。長狹而卑曰レ榻。言二其榻然近レ地也。」を、〔廣雅、釋器〕から「榻、枰也。」を、〔初學記、二十五〕から「牀三尺五曰レ傳」を、〔後漢書、徐穉傳〕から「蠻在レ郡不レ接二賓客一、唯穉來特設二一榻一、去則懸レ之。」を、〔晉書、羊琇傳〕から「連レ榻而坐。」を引いて、「(一)こしかけ。ねだい。牀の細長く低いもの。」と説く。平安末期のものであるが、「席」をシキヰと讀んだものがある。

○　坐は乃(ち)各(の)別に小(さ)き牀をもて(し)、不レ應二(くあら)連レ(ねて)席《シキヰ》を相(ひ)觸一る。（天理大學圖書館本南海寄歸内法傳平安末期點　10/24）

シ、ムラ（臠−臠）

(一〇)　破二(り)て其の肉分一を、臠-臠《シ、ムラ》稱《ハカ》レる之を。（一六　6/11）「臠」の左に、「連反」らしき注あれど、剥落して讀めず。「臠-臠」は、大修館書店の『大漢和辭典』に、〔説文〕から「臠、一日、切肉也。」を、〔正字通〕から「臠、塊割也。」を、〔儀禮、有司徹、皆加レ膴祭二于其上一。注〕から「膴刳レ魚時割二其腹一以爲二大臠一也。」を、〔禮、曲禮上、毋レ嘬レ炙。注〕から「嘬、謂二一擧盡レ臠。」を引いて、「[一]①きりみ。きり肉。肉片。」と説く。大東出版社の『國譯一切經』には「其の肉を破り、臠臠に分って之を稱す。」と讀むが、文意不明である。シシムラには、先例がある。

○　十一月十五日の寅の時に、一つの肉團《ししむら》を産み生《な》す。（日本靈異記　下、一八）眞福寺本訓釋「肉團〈シ、ム良、下音斷〉」（日本古典文學大系本による。）

末期の資料にも、「臠」をシシムラと讀んだ例がある。

○　竊(かに)藏二(して)一臠《シシムラ》一(を)、留(めて)以(て)示レす兒(に)。（前田家本冥報記長治點　52ウ）

シノグ（陵）

（一一）於二衆僧の中一より、陵《シノ》レきて虚を而去（り）て、入二（り）て林樹（の）間一に、寂然して三昧（し）たまひき。（一四　18/20～21）「虚」は原文「靈」。『大正新脩大藏經』によって訂正。大東出版社の『國譯一切經』に「虚を凌いで去り」と讀む。「陵」は、大修館書店の『大漢和辭典』に、〔説文通訓定聲〕から「陵、叚借爲レ夌。」を、〔禮、檀弓上〕から、「喪事雖レ遽不レ陵レ節。〔注〕陵、躐也。」を、〔史記、樂書〕から「迭相陵。〔注〕正義曰、陵、越也。」を引いて、「④しのぐ。（ハ）こえる。」と説き、「陵虚」については、「天空に升る。凌虚。」と説く。シノグには先例がある。

○　其の村の童女等、皆心を同じくして、凌《シノ》ギ蔑《アナツ》リテ曰く、（日本靈異記　上　九話）興福寺本訓釋、「凌〈志乃支〉」

○　轥《シノ》二キて軒昊《カヲ》一を而高ク視《み》たり。（知恩院本大唐三藏玄奘法師表啓平安初期點　1/9）

後續資料に「凌」をシノグと讀んだ例がある。

○　互に相ヒ欺《アサム》キ凌《シノ》キ、諂《ヘツラ》ヒ言《い》ヒ妄語し、（東大寺本地藏十輪經元慶點　二　2/22）

地の餘白に「シノキアサケリ」の書き込みあり。

シヒテ（强）

（一二）是ガ中に、無二し一切の妄想一。亦（た）不《ず》レ如三くはあら强（ひ）て作二るガ無想定の滅相一を。（一八　4/23）

シヒテには先例がある。

○　有るひと强《シ》ヒて授二（け）ッ人に具足戒一を。（石山寺本四分律平安初期點　三五　5/26）

シボム（萎）

（一三）（罪人）常に觸二し麁澁一に、遭二ヒて諸の苦痛一に、迷悶し萎《シホ》ミ熟す。（一六　8/20～21）「麁澁」は、原文「麁忽」、『大正新脩大藏經』によって訂正。

シマラク（且・小・苟・權・須臾）

（一四）我故ラに來（り）て見レ（たてまつら）むとするに佛を、佛入二（り）たまひたり三昧一に。且《しまら》く欲二（ふ）還（り）去一（ら）むと。（一三　13/11）

（一五）念して言（ひ）しく、「佛從レ定より起（てたまは）むこと、亦（た）將（に）不レ久《じ》（しくあら）。於レ是（こ）に、小《しまら》く住《ととま》（ら）むとおもひて」、到二（り）て倶伽離ガ房の前一に、扣二（き）て其の戶一を而言（ひ）しく、（同　13/12〜13）「小」の右に「且也」の注あり。

（一六）太子答（へ）て言（ひ）しく、「願フ、小《しまラ》く留レ（めたま）へ意を、此の人不レ《ず》して久（しくあら）證─驗自（ら）に出（てな）む・と。」（一六　17/9〜10）

（一七）若（し）苟《しまら》く免（れ）て全レ（く）すとも身を、身何の所得カアラむ。是の身をは名（づけ）て爲二す老病死の藪一と。（一三　8/23〜24）

「苟」の右に「且也」の注あり。

（一八）譬（へば）如下（く）服レ（するに）藥を、將レ（て）身（を）權《しまら》く息二（め）家務一を、氣力平健に（な）るときは、則（ち）修レすること業を如上レく（なるが）故の、（一七　1/6〜7）「權」の右に「且也」の注あれど、剥落して不確實。

（一九）華の中の藥の氣、入《音》レし腹に須臾《しまら》くありて、腹の内の藥作《オコ》りて、欲二─求す下（さ）む處一を。（一六　17/18〜19）

シマラクには、先例がある。

○　しまらくは（思麻良久波）寢つつもあらむ　夢のみに　もとな見えつつ　我を音しなくも（萬葉集　三四七一）

○　暫時《シマラク》ノ身、詎《たれ》か眉《なが》く存《ながら》へむ。泛爾《カリサマ》ナル命、孰《たれ》か常に恃《たの》まむ。（日本靈異記下序、眞福寺本訓釋、「暫時〈シ萬良久乃〉」

日本古典文學大系本による）

○　少─選《シマラ》（く）も（すれば）鬼火還（りて）集（り）ぬ。（石山寺本金剛波若經集驗記平安初期點　複製本　14）

○　少《シマ(ら)》くのときには則(ち)不レ能レ(は)爲レすこと害を。（石山寺本大智度論第一種點　八三　10/21）「少」の右に「シマ（らく）ノ時ノハ」の訓あり。

シマラクは、シマラニとも、また、單にシマラとも言ふことがあった。

○　一刹那の頃《シマラ》ニ假使殑伽沙（と）等（しき）世界の滿中七寶（を）以用（ゐて）布施（せば）（正倉院聖語藏本阿毘達磨雜集論平安初期點　一二）鈴木一男氏による。

○　无暫已〈ㄟ止也。暫、又、爲二蹔字一、之麻良〉（小川本新譯華嚴經音義私記上　經卷第七普賢三昧品第三）

○　昌行少《シマラノアヒ(た)》時出二南門外一、見二大糞聚一。（黑板本金剛波若經集驗記平安初期點　複製本　下　一　29）

シマラクについては、なほ〈上　第二部、第六章、シマシ・シマラク〉の項を參照されたい。

シマラクがシバラクとなるのは、平安初期のことで、次の例が早い。

○　我レ今具《シハラ》ク說二ク如レキ是(の)事一を。（西大寺本金光明最勝王經平安初期點　六　13/7）地の餘白に「且也」とあり。

第一種點にも「都」をシバラクと讀んだ例があるが、カツテと讀むべきを誤った疑ひがある。〈上卷、第二部、第六章、シバラク〉の項、用例（二五）參照。

シモフル（霜）

（二〇）　利-刀-劍梢(の)、飛二(ひ)入(る)こと身の中一に、譬(へば)如二し霜フルとき樹より落(つ)る葉の、隨レ(ひ)て風に亂墜一するガ。（一六　8/10〜11）

シモフルには、先例がある。

○　芦邊行く　鴨の羽がひに　霜降りて（霜零而）　寒き夕べは　大和し思ほゆ（萬葉集　六四）

○愛しき　小目の小竹葉に　霰降り　霜降るとも（志毛布留等毛）な枯れそね　小目《をめ》の小竹葉《ささば》（播磨風土記　賀毛郡）

シモル（迮・壓）

（二一）熱鐵の臼の中に、搗《ツ》レキて之を令《し》レむること碎（か）、如レく迮《シモ》二ルガ葡萄一を、亦（た）如レく（す）壓《シモ》レルガ油を。（一六　6/18～19）

「迮」に白筆にて○印を附け、天の餘白に「□□反、押也。」と注す。『大正新脩大藏經』は「迮葡萄」を「笮蒲桃」に作る。

「迮」は、大修館書店の『大漢和辭典』に、「①たつ。おこる。②せまる。③たちまち。にはか。④ちぢむ。⑤通じて作に作る。⑥俗に窄に作る。⑦姓。」とあって、シモルと讀めさうな意味はないが、「押也」と注してゐるから、加點者は、オス意味に理解して、シモルと讀んだのであらう。『大正新脩大藏經』の「笮」は、同辭典に、〔增韻〕から「笮、壓也。通作レ措。」を、〔史記、梁孝王世家〕から「李太后與爭レ門措レ指。〔注〕集解曰、晉灼曰、許愼、措置措、以爲レ笮。」を、〔漢書、王莽傳下〕から「迫二措靑徐盜賊一。〔注〕師古曰、措、讀與レ笮同。」を引いて、「⑤おす。」と讀んでゐる。シモルの語としては、本例が初出で、後續資料に下記の例がある。

○彼の牧レふ牛を者《もの》、構《シモ》リ已（はり）て、自（ら）食（ひ）ッ。（東大寺本大般涅槃經平安末期點　三　8）

○自（ら）構《シモ》リ採《ト》（り）テ得《ウ》已（り）て而も食す。（同　三　8）

○人構《シモ》レルときには角を、本より无《ナ》二（けれ）ば乳（の）相一、雖レ（も）加二（ふ）と功力一を、乳无レし由レ出（つ）る。（同　二五　15/5～6）

観智院本『類聚名義抄』には、シホルはあるが、シモルは無い。

【ス】

ス（爲・欲・補讀）

（一）外事を懃（め）て修する、是をは爲《す》ニ身精進一と。内に自（ら）專精する、是をは爲《す》ニ心精進一と。麁き精進をは、名（づけ）て爲レす身と。細き精進をは名（づけ）て爲《す》レ心と。（一六 12/14～16）

（二）當（に）以ニ（て）汝ガ皮一を爲《し》レ紙と、以ニて身の骨一を爲《し》レて筆と、以レて血を書レ（か）ば之を、當（に）以て與レ（へ）む・と汝に。（一六 14/24～25）

（三）財施・法施には何（の）等（き）をカ爲《す》レる勝（れ）たり・と。（一一 23/6）

（四）若（し）以レ（て）有を爲《す》レるときは實と、則（ち）以レては无を爲《す》レ虚と。若（し）以レて无を爲《す》レるときは實と、則（ち）以てレ有を爲《す》レ虚と。（一九 25/17～18）

（五）佛滅度（したまひき）て後に、人の壽轉ヨ減し、憶識の力少くして、不《ず》レありしカば能ニは廣（く）誦一すること、諸の得道の人撰して爲《せ》ニり三十八萬四千言一に。（一八 6/3～5）

（六）若（し）白斂・婆羅（の）寶轀、雜餝を（も）て以爲《せ》ニりき莊嚴一と。八萬四千の四寶の床あり、雜色の縦綩、種種の茵蓐、柔濡（な）る細滑、以《（これ）》をもて爲《せ》ニりき校餝一すること。（一一 20/19～21）「轀」の左にカタヒラの訓あり。右に「干反」らしき注あれど、剥落して不確實。

（七）見ニては肌（ゑた）る虎の飢（う）ること急にして、欲《す》レるを食ニ（ま）むと其の子一を、菩薩是の時に興ニ（し）て大悲心一を、卽（ち）以レて身を施（す）べし。（一六 16/24～26）

（八）持戒の之人は、欲《す》レるとき終（ら）むと時、其の心安樂なり。（一三 7/3）

スクナシ（寡）

(九)　檀をは爲下す涅槃の之初の縁、……聖人大士・知者の之所行、餘人の儉《ウス》レく德、寡レきガ識之所上レと效(す)る。(一　13/23～27)「儉」の左に「薄也」の注あり。「寡」の右に「少也」らしき注あれど、剥落して不確實。「效」の右に「學也」の注あり。天の餘白に「古梁反」と「行長反」らしき注あり。

スクナシには先例がある。

○　旅といへば　言にぞ易き　少くも(須久奈久毛)　妹に戀ひつつ　すべ無けなくに。(萬葉集　三七四三)

○　庣服(の)者(は)衆(く)、吉服(の)者(は)稀《スクナ》シ。(黑板本金剛波若經集驗記平安初期點　複製本　一　17)

ススク(濯)

(一〇)　洋《わか》(せ)る銅を(も)て漼《スヽ》レき口を、瞰二(ひ)ツべし燒(けた)る鐵の丸一を。(一七　5/11)

ススクには、先例がある。

○　清水の泉を沐《あ》み、欲界《よくかい》の垢を濯《スス》キ、孔雀の呪法を修習し、(日本靈異記　上　二八)興福寺本訓釋「濯〈須ゝ支〉」

(日本古典文學大系本による)

○　弘ク闢《ヒラ》二きて大-猷《イ(う)》一を、蕩《トラカ》二-シ滌《スヽ》ケリ衆の罪一を。(知恩院本玄奘三藏表啓平安初期點　3/11)

○　盪《アラ》二ヒ滌《スヽ》キて心身一を、安住して慙愧して、(石山寺本瑜伽師地論平安初期點　A二三　8/17)

ススミ-ハゲム(勉勵)

(一一)　持戒の之人は、觀二て破戒の人の罪一を、應下自(ら)勉《スヽ》二-ミ勵《ハケ》ミて一の心一を持戒上(せ)しむべし。(一三　3/24～25)「勉」の訓ス、ミは剥落して不確實。

ススミ-ハゲムは、ススメ-ハゲマシテの意味か。觀智院本『類聚名義抄』に「勉・勵」二字に、ススムの訓がある。

スデニ（已・既・以）

「已・既」については、〈第四章、一二、已・既〉の項參照。「以」については、〈第三章、用例（一）（三）〉參照。

スナハチ（輙）

「輙」については、〈第三章、用例（三四）〉參照。

スフ（口嗚）

（一二）王イ嗚《ス》ニヒ其の口一を、與レ（へ）て唾を令レめたり嗽《ノ》マ。（二六 16/20）

クチ（ヲ）スフには、先例がある。

○見下（る）他の夫主の共レ（に）婦と嗚《ロス》ヒ、捫二一模とナデ身體一を、捉中一リ捺《（く）ク》ムを乳上を。（斯道文庫本願經四分律平安初期點 18/5〜6）

○接我唇吻〈接正可レ作二唼字一、與二咂喉字一同、子盍反、入レ口曰レ咂、倭言須二布唇口一也。〉（小川本新譯華嚴經音義私記 經第六十八卷入法界品第卅九之九）

スル（磨・揩）

（一三）譬（へ）ば如下く……若（し）以レて石を磨《ス》レリ之を、脂灰を（も）て瑩き治め、垢を除るときは刀利《（と）》上く（なり）ヌ・といふガ、（一〇 12/12）

【セ】

セバシ（逼一隘）

（一）處レることは胎に逼《セ》一隘《ハ》（く）して、受二く諸の苦痛一を。（一四 16/10）

セバシには、先例がある。

○　窄《セハ》ク釘レルて鍱を彌（よ）牡《ツヨ》クす。（石山寺本金剛波若經集驗記平安初期點　複製本　15）

○　若人ハ迮《セハ》ク閙《サワ》カ（しき）が中にして死（する）ときは、寛處を得（むと）欲（ふ）をもちて［於］鳥（の）中に生（る）。（正倉院聖語藏本一六）鈴木一男氏による。

○　於レ內に无レ（く）して有二（る）こと隘《セハ》キこと迮一（な）ること、（石山寺本瑜伽師地論平安初期點　B　九二　5/12〜13）

セマル（逼）

（二）　集の獸窮り逼《（セ）マ》りて逃《（まぬが）》レ（る）るに命を无レし地。（二六　9/11）

中期の資料に「溥」をセマルと讀んだ例がある。

○　何（そ）恐三（れ）む日の溥《セマ》二（る）ことを於西山一に。（上野本漢書揚雄傳天曆點　複製本　5オ）

セム（責）

（三）　譬（へ）ば如下し負レ（へ）るとき責《セメ》を責—主索レ（め）ば之（を）、應二當に歡喜一（す）べし。償レ（ひ）ては責を不《ヌ》レガ可レく（あら）瞋る也。（一四　15/19）別訓「歡喜シテ責（むる）ことヲ償（なふ）ベシ」

「責」を名詞のセメに讀んだものに、次の例がある。

○　預《アラカシメ》選《エラ》ハレテ敢（て）塞《フサ》二ク深き責《セメ》一を。（興聖寺本大唐西域記平安中期點　14/22）

【ソ】

ソコナフ（毀・殘—賊）

（一）　不《ず》レとおもひて可レ（くあら）令三此の小人をして毀《ソコナ》二ヒ辱（か）しむ王女一をは、（一四　15/6）

（二）　殘《ソコナ》二—賊ヒしが如レき是の等の種種の鳥獸一を故に、還（り）て受三く此の衆（く）の鳥獸の頭［にて］來（り）て害二すること（を）罪人一（を）。

（一六　6/22～23）

ソコナフには、先例がある。

○恐らくは寒心するところ、患を手を傷《ソコナ》フニ（貽《いた》）さむ。（日本靈異記　序）興福寺本訓釋　傷〈曾去奈不尓〉（日本古典文學大系本による）

○揚州戸曾丁母憂居レ喪毀《ソコナ》ハレ瘠《ヤ》セタリ。（黑板本金剛波若經集驗記平安初期點　複製本一　14）

○離二（れ）て…壞レ損《ソコナ》ハレ擁《フサカ》リ曲レるが等き過一を、（高山寺本彌勒上生經贊平安初期點　16/5）

「殘」をソコナフと讀んだものに、末期の資料ながら、次の例がある。

○頭の髪蓬（の）ごとく亂（れ）て、殘《ソコナ》ヒ害し兇險にして、（龍光院本妙法蓮華經明算點　二　13/11）

○諸根殘《ソコナ》ハレ缺《カ》ケタレドモ、多く鐃二にして財寶一得二たるアリ大自在一を。（東大寺本大般涅槃經平安末期點　四〇　4/31）「缺」は原文「垂＋缺─缶」

○斷二（ち）て其の殘《ソコナ》ヒ害《コロ》一スヲ令《し》レむ无二から遺餘一。（同　二八　18/18）

ソノ・ソレ（其・夫）

（三）菩薩の鹿王イ、見三て人王の大衆をして殺二すを其の部黨一を、起二（し）て大悲心一を、（一六　13/16）

（四）若（し）人墮二（つ）るとき頞浮陀地獄の中一に、其レ處二す積レる氷一に。（一六　10/21～22）

○若（し）人の無レきは慈、與二夫レ虎狼一と、亦（た）何ぞ以異（なら）む・といふ。（一六　14/15）

「夫」はカノと讀むべきであらう。

ソノトキ（即時）

（五）罪人狂《タフ》レ怖りて、叩レ(き)て頭を求レ(む)哀を。……卽の時に、將(て)入二(り)て熱鐵地獄の縱横百由旬一(な)るに、駈ヒ打(ち)馳走(せ)しむ。（一六　7/3～4）

ソヱニ（補讀）

〈第五章、第七節、接續詞、D　順接、ソヱニ〉の項を參照されたい。

【タ】

タカブ（高）

（一）大く修二するに布施一を、心高ヒ陵《オ》虐《コ》リて、苦二惱(せ)し(むる)を(も)ては衆生一を、受二く金翅鳥の形一を。（一六　4/5～6）

タカブには先例がある。

○自(ら)矜《オコ》り高《タカ》ヒ諂曲をさへして、心不《(あ)》レらずして實に、（山田本妙法蓮華經平安初期點　7/5）

○若(し)菩薩自(ら)高レヒて意を下《アナツ》二ルときには衆生一を者、（石山寺本大智度論第一種點　七三）

後續資料では、中期のものながら、次の例がある。

○恃《タノ》二ウテ此の諸見一を、擧《アカ》リ我レ自《み(つから)》高《タカ》フルナリ也。（石山寺本法華義疏長保點　四　14/19）

タギル（沸）

（二）或は著二く沸《タキ》レる灰の中一に。譬(へば)如下し魚を出二(し)て於水一より、而著中くガ熱き沙の中上に。（一六　7/22）

タクマシ（決）

（三）不《ず》レして忍(は)用レ(ゐ)るは威を、雖レ(も)快《タクマ》しと而賤なり。（一四　19/10）〔決〕は原文「决」、『大正新脩大藏經』によって訂正。

小學館の『日本國語大辭典』で「たくまし・い」を引くと、「①力が滿ちあふれている。勢いが盛んである。」「②筋骨ががっしりとして、頑丈そうである。强そうである。」「③意思や考えがしっかりしていて多少のことでくじけない。」「④知謀、術策にすぐれている。」とある。本例は、①の「勢いが盛んである。」に當たるであらう。

タクマシには、先例がある。

○ 快シク故京《ふるさと》より食を備けて來れり。（日本靈異記 中 一四）眞福寺本訓釋「快〈タクマシク〉」日本古典文學大系本頭注「豪勢に。」

タシナム（逼—迫）

（四） 痛-毒とイタミ逼-切とタシナミ、悶（え）て無レし所レ覺する。（一六 6/1）

小學館の『日本國語大辭典』でタシナムを引くと、「〔一〕（自マ四）苦しむ。苦しい目にあう。困窮する。また、苦勞する。」とある。『大日經義釋延久・承保點』に、タシナマズの例があって、四段活用であったことが知られる。

○ 身亦不レ困《タシナ》マ。（一四 61）

タタク（敲）

（五） 有る人見レて之を、叩《タヽ》レきて頭を求請（し）て則（ち）放（ち）て令《し》レむ去（ら）。（一五 5/6〜7）

タタクには、先例がある。

○ 撓《タヽ》レ（き）て門を而喚二（ふ）に大迦葉一を、（石山寺本大智度論第一種點 二 7/17）

タダシ（唯）

（六） 慈の父母唯し有二リ一（り）の子一（のみ）。（一六 3/1）

（七）心息二（ひ）て無爲一に、欲レヒ滅二（せ）むと其の心一を、唯し以二て寂滅一を（のみ）爲二す安穩一なりと。（一六 18/5）

タダシには先例がある。

○唯し有二り名のみ獨り存一すること。（石山寺本大智度論第一種點　二 8/12）

○但し有二（り）て言說一のみ無二し因緣一。（東急記念文庫本百論天安點 8/9）

○但唯《タ(た)シ》有レ（ら）しむとするぞ法のみ。（高山寺本彌勒上生經贊平安初期點 6/16）

タタム（疊）

（八）尒時、世尊四《ヨヘ》二ニ疊《タヽ》ミて欝多羅僧一を敷（き）下シて、以二（て）僧伽梨一を枕一頭《マクラ》ニして而臥（したまひ）たり。（二六 8/17〜18）

中期の資料であるが『上野本漢書揚雄傳天暦點』に「疊」をタタムと讀んだ例がある。

○被《キ》二たり夫容之朱裳一を。……不レ如（か）、疊《タヽ》ム（て）而幽《（かく）》二（さ）むには之離一房一に。師古曰、疊、疊レ衣也。離房別房也。

（複製本　3ウ4）

タチモトホル（逡巡）

（九）是時、衆一女逡一巡《立モトホ》リて小し退（き）て語二（り）て菩薩一に言（ひ）しく、「……端座すること何一爲《（なにせ）》むぞ・と。」（一四 13/4〜5）

『萬葉集』の「木の間より　移ろふ月の　影を惜しみ　徘徊《たちもとほ》るに　小夜ふけにけり」（二八二一）の「徘徊」を、タチモトホルと讀んでゐる。天治本『新撰字鏡』の「佪穴〈人之心、從轉不定之皃、太知毛止保留〉」に據ったのであらうが、本例の方が『新撰字鏡』よりも早い。

タテ（楯）

（一〇）（捉二（り）智慧（の）劍一（を））、執二り禪定の楯《タテ》一を、（遮《（さえき）》二（る）諸（の）煩惱（の）箭一（を）。（一五 4/19）

タテには、先例がある。

○ 今日よりは　顧みなくて　大君の　醜《しこ》の御盾《みたて》（美多弖）と　出で立つわれは（萬葉集　四三七三）

タテマツル（輸・補讀）

（一一）　鳥の母怒レ(り)て之を、於二香山の中一より、取二(り)てす毒果一を。其の香と味と色と全ラ似二(れ)リ前の者《もの》一に。薗人奪(ひ)得て輸《たてまつ》レる王に。（一七　6/3〜4）「輸」の右に「進也」の注あり。

（一二）　守レる薗を人晨朝に見レて之を、奇二(し)とて其レ非常一なりと、即(ち)送二與(し)たてまつる王一に。（一七　5/23）

「與」にルのヲコト點が、右上に「上」の字が書きつけられてゐる。「送與」の二字をタテマツルと讀んだのであらうか。タテマツルについては、なほ〈第五章、第九節、一〇、補助動詞〉の項を參照されたい。

タトヒ（設・假令・若令・政使・假使）

タトヒについては、〈第四章、四、設・正使・政使・假使・假令・若令〉の項を參照されたい。

タトヘバ（譬）

タトヘバについては、〈第五章、第六節、副詞、Ａe、比況に用ゐられるもの〉の項を參照されたい。

タハル（狂）

（一三）　或(る)ときは狂-逸(と)タハレはしり、踢-突と(けりつき)、或(るときは)藏-竄(とかく)レ投-擲とナく。（一六　8/20）タハレ・ハシリ共に、剥落して不確實。

「狂逸」は、大修館書店の『大漢和辭典』に、「狂逸キャウイツ、くるって走りまはる」と說く。

タフル（蹕）

（一四）毎《（つね）》に一《（もは）》ラ思を至（し）て躃《タフ》レて地に氣絶（せ）しかば、傍の人以レて水を灑レ（き）て之に、乃（し）得二（し）めき蘇息一すること。（一七 7/26～27）

タフルには、先例がある。

○乃《すなは》ち籬《（マ）ガキ》の外より牽《ひ》きて出だすに、地に躃《タフ》レて臥し默然《（しづか）》ナリ。（日本靈異記中、第一〇話）三昧院本訓釋　躃〈太布禮奴〉（日本古典文學大系本による。）

○愚人顛沛《タフ》レ、東西に狂ひ走る。（同　上第一五話）興福寺本訓釋　顛沛〈上音典反、下音背反、二反、下音背反、二合云太不流也。〉

○彼（の）上坐老病アリて、羸《ヤ》セ頓《ツカ》レて經行する時倒《タフ》レレヌ地に。（小川本願經四分律平安初期點　乙 6/13）

○脚を跌《フミラは》して倒《タフ》レレヌ地に。（同 15/20）

○却《ノケサマ》に倒《タフ》レレて地に形露して、（斯道文庫本願經四分律平安初期點 12/25）

○舌黑み鼻の梁《柱》欹《タフ》レ、耳の輪與《ワ》レ舊のと殊になり。（西大寺本金光明最勝王經平安初期點　九 10/6）

タブル（狂）下二段活用

（一五）箭の墮（つ）ること如レくして雨の、刺二（し）射る罪人一を。罪人狂《タフ》レ怖（り）て、叩レ（き）て頭を求レむ哀（を）。（一六 7/3）「狂」は原文「狂」、『大正新脩大藏經』によって訂正。

タブルは、小學館の『日本國語大辭典』に、「氣がくるう。また、きちがいじみる。」として、『萬葉集』の和歌、「狂れたる（多夫禮多流）　醜つ翁の　言だにも　われには告げず　との曇り　雨の降る日を　鷹狩すと　名のみを告りて（四〇一一）を引用してゐる。

タマサカニ（偶）

（一六）此の舍の中に、先に有二（り）て一（り）の女人一、在二（り）て闇の中一に宿（りぬ）。二人不《ず》レ知二（ら）此の女人一を。其の夜、夢に失《（いだ）》二（し）ツ不淨一を。晨朝に趣レ（き）て水に滲浴す。是（の）時（に）、倶伽離、偶《タマサカ》に行（き）て見レる之を。（一三　13/2）「失」の右に「出也」の注あり。

タマサカニは、先例がある。

○たまさかに（玉坂）わが見し人を　如何ならむ　縁《よし》をもちてか　また一目見む（萬葉集　二三九六）

○嗚乎《ああ》彼の父、邂逅《タマサカ》ニ兒有る家に次《やど》り、遂に是の子を得たり。（日本靈異記　上第九話）興福寺本訓釋　邂逅〈上音解反、下后反、二合太萬左加尓〉）日本古典文學大系本による。

○我等ハ從二（り）無量劫一以來《（このかた）》、不レ聞二（か）大乘（の）名一（を）。終（に）不レ樂《（ねが）》レ（は）聞（くことを）。稀《タマ（さか）》（に）聞（き）テハ反（りて）起二（す）誹謗一（を）。（東大寺諷誦文稿　249〜250）

○諸の外道の中に有二（り）とも好語一、如二し蟲（の）食レ（ふ）ときに木（を）偶《タマサカ》に得レるが成レ（る）こと字と。（石山寺本大智度論第一種點　二 1/16）

タマヒ（嘔吐）

（一七）或有る餓鬼は常（に）食二フ屎尿・涕唾《ツハキ》・嘔吐《タマヒ》・盪滌餘の汁一を。（一六　5/16）「盪滌」の右に「洗汁也」の注あり。「涕」の右に訓あれど剥落して讀めず。

タマヒは、『倭名類聚抄』に、「嘔吐、病源論云、胃氣逆則嘔吐〈上於后反、字亦作レ嘔、倍止都久、又、太萬比〉」とある。

タメニ（爲・與）

タメについては、〈第四章、一〇、「爲・與」〉の項、用例（一）〜（一七）參照。

タヤスク（輙）

（一八）我入二（り）て王國一に、犯二せり不與取一のものを。輙《タヤス》く飲二み王の水一を、用二（ゐ）たり・と王の楊枝一を。（一七 7/14）

タヤスシには、先例がある。

○言《こと》にいへば　耳にたやすし（田八酢四）　少なくも　心のうちに　わが思はなくに（萬葉集　二〇八一）

○天皇敕して使を遣して捉《とら》ふるに、猶《なほ》驗力に因りて輙《タヤス》ク捕へられ不《ざ》るが故に、其の母を捉ふ。（日本靈異記　上第二八話）興福寺本訓釋　輙〈太ヤ須久〉（日本古典文學大系本による）

タラヒ（澡槃）

（一九）佛語二はく羅睺羅一に、「澡-槃《タラヒ》に取レ（り）て水を與レ（へ）て吾に洗レ（はし）めヨ・と足を。」（一三 15/2）

タラヒは、『倭名類聚抄』に、「盥、説文云、盥〈音管一音貫〉澡手也。字從二臼水臨皿一也。揚氏漢語鈔云、澡盥〈多良比〉俗用二手洗二字一。」とある。

【ツ】

ツカヒ（信）

（二〇）諸佛の力等は、更（に）不《ず》レ求レ（め）福を。何故ぞ以レて華を爲《す》レる信《（つかひ）》と。（一〇 8/22〜23）「信」の右に「使也」の注あり。

大修館書店の『大漢和辭典』に、〔正字通〕から「信、古人謂二使者一曰レ信。與レ訊通。」を、〔丹鉛總錄〕から「古者、謂二使者一曰レ信。虞永興帖云、事以二信人口一具。凡言使者、皆謂二使者一也。」を引いて、「⑫つかひ。使者。」と説く。

ツカヒには、先例がある。

○ 天飛ぶ　鳥も使ぞ（都加比曾）　鶴《たづ》が音の　聞こえむ時は　吾《わ》が名問はさね（古事記歌謡　八六）

○ 返し遣る　使ひ（都可比）無ければ　持てれども　驗《しるし》を無みと　また置きつるかも（萬葉集　三六二七）

○ 玉いし出行す。夫人産二ム男子一を。遣(し)二(む)信《ツカヒ》をして告レ(さ)王に。（七一　55/9〜10）「遣」の右に「令也」、「告」の右に「申也」の注あり。

ツガヒ（番〈原文、忄＋米＋蟲〉）

（二）（有(る)時(は)、天上(にして)爲二(に)諸天一(の)作レ(す)樂(を)、）此の二種は常に番《ツカヒ》に休《ヤスミ》て上り下る。（一〇　25/19〜20）「番」は原文「忄＋米＋蟲」、『大正新脩大藏經』に據って訂正。

ツガヒは、本例が初出である。

ツカム（掴、原文「國＋分」摶）

（三）以二て鐵の抓一を而相(ひ)掴《ツカ》ミ裂キて、各(の)把(と)二(り)て身の血一を、而相(ひ)塗《ヌ》リ漫し、（一六　5/27〜6/1）「掴」は、原文「國＋分」、『大正新脩大藏經』は「國＋爪」に作る。

（四）如下く麞鹿の爲レ(に)虎の摶《ツカ》ミ逐(お)(は)るるとき(は)、追レ(ひ)て之を不《ヌ》レとき捨(て)、雖レ(も)得《う》二と好草美水飲食一を、心に无中染看《きガ》上、（一四　12/11〜13）「染看」は、『大正新脩大藏經』に「染著」に作る。

ツカムには、先例がある。

○　戀はいまは　あらじと　われは思へるを　何處《いづく》の戀ぞ　掴《つか》み（附見）かかれる（萬葉集　六九五）

○　家にありし　櫃《ひつ》に鏁《かぎさ》刺し　藏《をさ》めてし　戀の奴の　つかみ（束見）かかりて（萬葉集　三八一六）

ツク（搗）

（五）　熱鐵の臼の中に搗《ツ》レきて之を令《し》レむること碎（か）、如レく迮《シモ》二るガ葡萄一を、亦（た）如レく（す）壓《シモ》レルガ油を。（一六　6/18）

ツクには先例がある。

○　稻搗《つ》けば（伊袮都氣波）　皸《かか》る吾が手を　今夜《こよひ》もか　殿の若子《わくご》が　取りて歎かむ（萬葉集　三四五九）

○　一處に擣《ツ》キ篩《フル》ヒて取二レ其の香末一を。當に以二て此の呪一を呪二（せ）よ一百八編一。（西大寺本金光明最勝王經平安初期點　七　7/4～5）

ツクは、『新撰字鏡』に、「舂・舂〈二形同、世蜂反、稻豆久。〉」とある。

ツク（釵・衝・刺）

（六）　譬（へば）如二くして煮豆の熟爛一（せ）るガ、骨節解散し、皮肉相（ひ）離（れ）たり。知二（り）て其レ已に爛一（せりと）、以レて釵《ヒシ》を釵《ツ》き一出す。（一六　8/20～21）

（七）　以レ（て）を頭を衝《ツ》レクに之を、頭卽（ち）復（た）著（き）ぬ。（一六　1/10）

（八）　以レて梢《ホコ》を相（ひ）刺《ツ》き、鐵の釵《ヒシ》を（も）て相（ひ）釵《サ》シ、鐵の棒を（も）て相（ひ）棒（う）（ち）、（一六　6/26）

ツクには先例がある。

○　大魚《おふを》よし　鮪《（しび）》つく（都久）海人よ　しが荒れば　うらごほしけむ　鮪《しび》つく（都久）　鮪《（しび）》（古事記歌謠　111）

○　戟《ホコ》ヲ以て背に棠《ツ》キ立て、前に逼め將《ゐ》る。（日本靈異記　下　第九話、眞福寺本訓釋　棠〈ツ支〉）日本古典文學大系本による。

○以二ソ物部ヘノ利トキ木一ヲ指ツク指ツクソ、指ツキ腕ママロハシ焼(き)ケル云、（東大寺諷誦文稿　257～258）

○如二(し)騏驎ノ有レ(れ)ドモ角不レ牴《ツ》カヌ(が)。（同　268）

○汝何故ぞ……共(に)相(ひ)逼斥《セメハサ》ミ、車蓋相ヒ突《ツ》クヤ邪。（岩淵本願經四分律平安初期點　12/16～17）

○譬(へば)如三く大力の狂象の唐突《ツキツ》き蹴(け)蹋《ふ》(む)ときに、无二(き)が能く制する者《もの》一、（石山寺本大智度論第一種點　一　9/12）

○放レチ箭を穳《ツ》レキ矛《ホコ》を、車馬象歩に、交へ横へ馳セ亂り、（石山寺本瑜伽師地論平安初期點　A　二三　7/8）

ツクブ（噤）

（九）呵婆婆と呵羅羅と睺睺と、此の三地獄は、寒―風ありて、噤《ツク》ヒ戰《フルヒ》て口も不《ず》レ(あら)しむ能レは開(く)こと。（一六　11/2～3）

「噤」は、大修館書店の『大漢和辭典』に、〔説文〕から「噤、口閉也。从レ口禁聲。」を、〔一切經音義、一二〕から「口不レ開曰レ噤。」を、〔楚辭、劉向、九歎、思古〕から「口噤閉而不レ言。〔注〕閉レ口爲レ噤也。」を引いて、「①つぐむ。口をとぢる。ものを言はない。」と説く。ツクブの信頼できる例としては、本例が初出である。觀智院本『類聚名義抄』には、「緘」をツクフと讀んでゐる。濁點が無く、ツクブと讀んだかどうか確かではなく、『大言海』の如きはツグフと讀んでゐるが、岩波書店の『古語辭典』に「古形はツクビであったかと推定される。tukubi」と言つてゐるやうに、語尾のフを濁って、ツクブと讀むのが普通である。高山寺本『三寶類字集』に「噤〈奇飲反、スム、トツ、ハクフ〉」とある「ハクフ」は、ツクフの誤寫であらう。野口恆重編『字鏡集』には、「噤〈ツクフ、ツクム、ツムク〉」の三形が載ってゐる。

ツクル（爲）

これについては、〈第四章、一〇〉、用例（三二）（三三）參照。

ツチ（椎）

（一〇）獄卒羅刹、以二て大（きな）る鐵の椎《ツチ》一を椎《ウ》二ツこと諸の罪人一を、如二し鍛《カチ》の師の打レツガ鐵を。（一六　8/4～5）「椎」の訓「ウツこと」のウツは不確實。

ツチには、先例がある。

○若（し）苦酒（を）もて澆ケ、若（し）以二て石（の）[を]椎《ツチ》一を打（ち）破《ワ》りて出セ。（小川本願經四分律平安初期點　乙　14/19）

○婆羅門（の）女い帶レ（ひ）て杆《ツチ》を謗レれりき・といふ佛を。（石山寺本大智度論第一種點　二　12/13）

『倭名類聚抄』には「擣衣杆」をツチと讀んでゐる。「擣衣杆、東宮舊事云、擣衣杆〈昌與反、和名都知〉」

ツチクレ（累塹）

（一二）譬（へ）ば如二し累塹《ツチクレ》一の、（又、如二（し）木人機關（の）動作（して）有レ（り）去（るもの）有レ（るが）來（るもの）。）（一四　20/7～8）

ツチクレの確實な例としては、本例が初出である。後續資料では、「塊」をツチクレと讀んだ例がある。

○二（は）塊《土クレ》成二る分片一に。（石山寺本蘇悉地羯羅經略疏寛平點　七　18/23）

○埵の音は丁果反、……小なる塊《ツチクレ》係累也。（石山寺本妙法蓮華經玄贊平安中期點　六　4/32～33）

ツツク（揣）

（一三）以二大（きな）る鐵の鋸《ノホキリ》一をもて、解《ト》き析《（さ）》き揣《ツヽ》き截る。（一六　6/10～11）

「揣」は、大修館書店の『大漢和辭典』に、「揣、①圖る。②こころみる。③さだめる。④とる。⑤うごく。⑥のぞく。⑦むちうつ。⑧をさめる。⑨姓。⑩押し込む。⑪きたへる。⑫まるめる。⑬あつまるさま。」などと讀み、「揣截」

の熟語を載せない。ここは、獄卒が餓鬼を鐵の鋸で、切り刻むところである。「揣」をツックと讀むのは何の意味であらう。現代口語で言へば、「ツッツク（突）」ことか。『大正新脩大藏經』は本例と同じく「揣截」であるが、大東出版社の『國譯一切經』は「剸截」に作る。「剸」はキル意味である。

ツツシム（恕）

（一三）若（し）彼レ侵ニすときは我ガ妻一を、我レ則（ち）忿毒す。若（し）我レ侵レ（さ）ば彼を、彼も亦（た）何ぞ異（なら）む。恕《ツツ（し）》レミて己を自（ら）制す。（一三 11/19）

「恕」は、大修館書店の『大漢和辭典』に、「①おもひやり。②ゆるす。③さとる。」と讀み、「恕己」の熟語を載せない。大東出版社の『國譯一切經』に「己を恕して」とあるのは、ユルシテと讀んだのであらうか。ここは、「自己を抑制して、他人の妻を犯さない」と言ふところであるから、ユルシテと讀むのは間違ひである。ツツシムとは、「抑制」の意味の意譯であらうか。

ツヅル（縫）

（一四）如《（い）マ》佛在（し）しとき時、有ニ（り）き一（り）の盲（しひたる）比丘一。眼无レ（し）所レ見（る）。而以レて手を縫《ツヽ》レりき衣を。（一〇 9/9）

『日本靈異記』に

○極めて窮《まづ》しくして食無《な》く、子を養ふに便《たより》無く、衣无く、藤を綴る。（上、第一三話）（訓釋無し。日本古典文學大系本による。）

とある「綴」をツヅルと讀んでゐるが、確實なツヅルの例は本例が初出である。

ツトモノ-ヤル（贈遺）

（一五）　隨ニ(ひ)て世間の法一に行(す)る(が)故(に)なり。如ニ(し)二國王の力勢雖レ(も)同(じ)なりと、亦(た)相《コモ、》も贈遺《ツトものヤ》一ルガ。（一〇　8/23〜24）

「贈遺」は、大修館書店の『大漢和辭典』に、「贈遺ソウイ、人に物品をおくる。又、其の物。」と説く。ツトは、小學館の『日本國語大辭典』に、「①わらなどを束ねて、その中に魚・果實などの食品を包んだもの。わらづと。あらまき。②他所に携えてゆき、また、旅先や出先などから携えて歸り、人に贈ったりなどするみやげもの。③旅行に携えてゆく、食料などを入れた包み物。あらかじめ準備して持ってゆくもの。」とある。ここは、勢力の拮抗する二國の國王同士が、自國の珍しい産物などを送って、國交の和平を願ふところであって、ツトモノ-ヤルは贈りものをすることである。ツトモノ-ヤルは、他に例を知らない。

ツハキ（唾）

（一六）　或有る餓鬼は常(に)食ニフ屎尿・涕唾《ツハキ》・歐-吐《タマヒ》・盪-滌餘の汁一を。（一六　6/16）「涕」の右にカ、ヒらしき訓あれど、剥落して不確實。「盪-滌」の右に「洗汁也」の注あり。

ツハキには先例がある。

○　時に迦留陀夷い罵ニり打チ比丘尼一を、若(し)唾《ツハ》キ、……若(し)説ニキ麁語・詭語一を勸喩す。（斯道文庫本願經四分律平安初期點　21/14）

ただし、本例のツハキは名詞、四分律平安初期點の例は動詞の連用形である。

ツヒニ（會・卒・了）

（一七）　劫奪して得レて物を、以(て)自(ら)供養するは、雖ニ(も)身は充足一すと、會《ツヒ》に亦(た)當三(に)死(に)ては入ニ(る)べし地獄一に。（一

三　9/24～25)

(一八)　譬(へ)ば如軟き夫を爲《す》レるときは將と、雖二(も)復(た)持一兵終一レ(ふる)までに(すと)身を、智勇不《ヌ》レを(も)て足(ら)、卒《ツヒに》无二し功名一。（一三　21/22～23)

(一九)　若(し)十二年不《ず》レ(ある)ときは雨二(ら)我ガ國一に、了《ツヒ》に矣無《ナ》二(け)むと復(た)人民一。（一七　9/7)

(二〇)　一時倶(に)觀する、是をは爲二す惣相一と。惣觀と別觀と、了《ツヒ》に不可得なり。（一九　16/9)

玄應の『一切經音音義』に、「卒」は「子律反、爾雅卒終也。舍人曰、卒病之終也。李巡曰、卒事之已也。」とある。

ツヒニは先例がある。

○　玉くしげ　みむろの山の　さなかづら　さ寢ずは　つひに（遂尓）　ありかつましじ。（萬葉集　九四）

○　高圓の　野邊はふ　葛《くず》の　末つひに（都比爾）　千代に忘れむ　わが大君かも（同　四五〇八）

○　无暇(の)樂(を)令下(めむ)受二(けて)七寶殿一(に)、終《ツヒ》(に)昇二(り)花(の)臺(の)上一(に)、作中(ら)三身(の)佛上一(と)。（東大寺諷誦文稿　35)

○　遂《ツヒ》に令二むルをもて我等及餘の眷屬無量の諸天に、不《ず》レアラ得《ウ》レ聞二(く)こと此の甚深の法一を、（西大寺本金光明最勝王經平安初期點　六　7/29)

○　假使ヒ日月は墜二墮し于地一に、或は可二クとも大地は有る時に移轉一す、我が此の實語は終《ツヒ》に不《じ》二虛然一には(あら)。（同　六　13/10)

○　衆生は光色滅し、勢力盡ク衰《つヒ》に微《ヨワ》りナむ。（同　八　14/7)

「衰微」は、大修館書店の『大漢和辭典』に、「おとろへてかすかになる」と說いてゐるやうに、二字連文の動詞である。これを二字に分けて、「衰」をツヒニと讀んだのは不可解である。

○　此の諸の外道(は)、何の因緣をもてぞ來(り)て、竟に《ツヒ》不レして蒙レ(ら)度(し)たまふを、而も空(し)く還(り)去(り)ぬる・とおもふ。（石山寺本大智度論第一種點　六〇　3/22～23）

○　雖二(も)能く持戒一すと、而も復(た)鈍根にして、不レ解二(ら)深義一を。聽二(く)に其の所說一を、了に《ツヒ》无レ(し)といふ所レ益する。（同　六七　19/31～32）

ツマ（妻）

（二）汝は是(れ)聰明人なり。我レ以レて女を妻《ツマ》レと(せ)む汝に。（一一　6/1）

ツマ（角裏）

（三）問(ひて)言(はく)、「今在二る何許《イツク》一に(か)。」白(して)言(さく)、「在二(り)と此の衣の角裏《ツマ》の中一に。」（一二　19/9）イツクのク存疑

小學館の『日本國語大辭典』に、「ツマ【端・褄】「二」⑵袷（あわせ）や綿入れなどの表地と裏地とが、袘（ふき）と立褄（たてづま）の最下端との角で一點に集まるところ。」として、本例を引用してゐる。（用例は大坪提供）

ツマヅク（蹶）

（三）譬(へ)ば如二(し)老人(の)夜行(くに)无レ(くして)杖則(ち)蹶《ツマツ》一キ(ぬ)るガ。（一四　3/14）

ツマヅクには、先例がある。

○　鹽津山　うち越え行けば　我が乘れる　馬ぞ爪づく《つま》（爪突）　家戀ふらしも（萬葉集　三六五）

同時期の資料の例。

○於レ路に脚跌《ツマツ》キて、二瓶倶に破(り)つ。(石山寺本大般涅槃經平安初期點(丙) 一七 13/24)「ツマヅキて」は左訓。

ツメ(踔)

(二四) 八萬四千の乳牛あり。牛は出レ(す)こと乳を一斛なり。金をもて錺二(れり)其の踔《ツメ》角一を。(一一 20/24〜25)「牛出」は、原文「羊出」。『大正新脩大藏經』によって訂正。

「踔」は、大修館書店の『大漢和辭典』に載せない。『今昔文字鑑』に、「髀」の異體字とするが、「髀」はモモであつて、ツメとは關係がない。『大正新脩大藏經』には「蹕」に作る。「蹕」は大修館書店の『大漢和辭典』に、〔集韻〕から「蹕、行聲」を引いて、「行く音」と説く。「踔」をツメと讀むのは、何の義に基づくのであらう。識者の教示が仰ぎたい。

ツメは先例がある。

○頭への鬚抓《ヒゲツメ》髮は悉皆長ク利シ。(白鶴美術館本大般涅槃經集解平安初期點 10)

○彼い令二ム男子をして剪レ(ら)抓《ツメ》を。(斯道文庫本願經四分律平安初期點 16/25)

○十指の頭《ツメノハシ》より出二(し)て十の寶藏一を、(石山寺本大般涅槃經平安初期點 一二 11)

○利レきをは抓《ツメ》爲二し羅刹の相一と、(石山寺本大智度論第一種點 八九)

ツヨシ(靭・健)

(二五) 嘴距《口ハシアコエ》麁《あら)》く靭《(つよ)》くして、不《ず》レ別二(た)觸と味一とを。(一六 3/23)「靭」の右に「強也」の注あり。

(二六) 劫奪の之人をは、今世に有る人(い)、讚二美す其の健《ツヨ》一きことを。(一三 10/9)

(二七) 見三て人の能く以レ(て)力を相(ひ)侵し、強二(ちに)奪フを他の財一を、讚(し)て以て爲レす健《ツヨ》しと。(同 10/15)

(二八)　身(の)肉堅く勁《ツヨ》く、走ること疾きこと如レく風の、(一六　7/1)

ツヨシには、先例がある。

○唯菩提樹下のみ堅《ツヨ》(く)全《マタ》(くして)而不二振(ひ)裂一(け)。(東大寺諷誦文稿　17/7)

○窄《セハ》ク釘レ(ちて)鍱を彌(よ)牡《ツヨ》くす。(石山寺本金剛般若經集驗記平安初期點　複製本15)

○夫人至レ(るまでに)今に尙なり。康《トシ》年八十なり矣。(同　複製本　20)「尙」の右に「安也」の注が、左下欄外に「ツヨシ」の訓あり。朱點「安也、又、トヨシ」とあり。

○是の人欲二(ふ)ときに起(ち)て行一(か)ムと、有二(り)て兩(り)の健《ツヨ》き人一各(の)扶二(け)て一腋一を、語二(り)て老人一に言(は)く、(石山寺本大智度論第一種點　七一　9/8〜9)

ツラ(頰)

(二九)　(如二(きは)師子王一(の)、淸淨種(の)中(に)生(れ)、深山大谷(の)中(に)住(し)、)方《ケタ》レに頰《ツラ》大レなり骨は。身肉肥滿せり。(二五　8/11)

ツラには先例がある。

○頰ツラ……嘆ケドモ、(東大寺諷誦文稿　9)

後續資料の例。

○以二(て)智慧平一(かなる)を承レく頰《ツラ》を。(國會圖書館本大日經治安點　四　13)「承」の左に「ウケヨ(朱點)」あり。

○得《う》二師子の頰《ツラ》一を。(東大寺本大般涅槃經平安末期點　二九　25/11)

【テ】

テル（昱爍）

（一）（女）（卽（ち）自（ら）變レ（して）身（を）、還（りて）復二（し）本形一（に））光曜昱－爍（と）テリて、照二（して）林樹の間一を、（作二（し）天（の）伎樂一（を）、）（一四 13/10）

大修館書店の『大漢和辭典』に「昱爍」の熟語はのせないが、「昱」は、〔說文〕から「昱、日朙也。从レ日立聲。」を、〔廣韻〕から「昱、日光也」を引いて、「あきらか、かがやく」と讀み、「爍」は、〔說文新附〕から「爍、灼爍、光也、从レ火藥聲。」を引いて、「ひかる。かがやく。」と讀む。「昱爍」はひかりかがやく意で、これをテリテと讀んだのは、「照」の意味に解したのであらう。

テルは、多くの先例が有ること、周知の通りである。

○朝日照る（弓流） 佐太の岡邊に 群れ居つつ わが泣く涙 止む時も無し（萬葉集 一七七）

○天華景《日》のごと（く）爛《て》レリ。（知恩院本大唐三藏玄奘法師表啓平安初期點 3/21）

○照《て》リ明（かに）して玄－言沖－遠なり。（同 1/26）

○惠の字と之與レ義と、二（つ）ナカラ俱に炳－と然とテレラム。（高山寺本彌勒上經贊平安初期點 14/3）

○眉の相皎《テ》リ淨くして、如二し天帝の弓一の。（同 16/11）「テリ」は白點

○滿《ミ》チイク月の相（ひ）光《テ》リテスルガ如クスル陀羅尼することの無盡無滅なると、（飯室切金光明最勝王經注釋平安初期點 四 253）

○日之光漸（く）照《テ》リ增《マサ》リテ破レ（る）闇（を）義。（同 四 252）

○妙なる色映《テ》リ徹《トホ》リて、等二（し）クして金山一に、（西大寺本金光明最勝王經平安初期點 五 2/6）

○身の光照耀《テリ（て）》ルこと如二し金色一の。（同 五 1/9）

【ト】

トキ（時・補讀）

形式名詞のトキは、本文の「時」を讀む他、文意によって補讀し、ヲコト點で示す。〈第五章、第一節、トキ〉の項、參照。

トキドキ（時）

（一）二者(は)、隨レ(ひ)て時に別るに、行二する波羅蜜多一を者《ひと》、受レく名を。（一八　18/17）「隨時」の右に「トキ、、」の訓あり。

トク（解）

（二）以二大(き)なる鐵の鋸《ノホキリ》一を(も)て解《ト》き析《(さ)》き揣《ツ、》き截《(き)》る。（一六　6/10）

（三）刀風解《ト》レき身を、筋脈斷絕(す)レども、(自(ら)知二(りて)持戒淸淨一(なりと))、（一三　2/2）「筋」は、原文「草冠＋解」、大正新脩大藏經によって訂正。

トクには、多くの先例がある。

○太刀が緒も　いまだ解かずて（登加受弖）　襲をも　いまだ解かね（登加泥）（古事記歌謠　2）

○筑紫なる　にほふ兒ゆゑに　陸奥の　かとり乙女の　結ひし紐解く（等久）（萬葉集　三四二七）

○能ク解《ト》二キて一切衆生の之縛《バク》一を、（西大寺本金光明最勝王經平安初期點　三　6/29）

○不レして久(しから)當に來至してむ・とまをして、以て釋《ト》二キキ大王の憂一を。（同　一〇　8/23）

トコロ（許、補讀）

（四）自（ら）念（して）言（はく）、「何の許《（ところ）》に有レ（れ）ばカ河、而可レき・とおもふ渡る者。」（一〇　18/16〜17）「許」の右に「所也」の注あり。

（五）然（くし）て後に、於二（て）文殊師利の許《（ところ）》一に受レ（け）て戒を發レ（して）心を作レ（リ）き佛と。（一二　15/14）「許」の右に「所」の注あり。

（六）此の諸の菩薩（は）欲レ（は）ば詣二（らむ）と釋迦牟尼佛一のところに、何（を）以（て）ぞ中道に（して）供二養する諸佛一に。（一〇　14/2〜3）「何」は原文「可」、大正新脩大藏經によって訂正。「佛」の右に「所」の注あり。

トコロについては、なほ、〈第四章、一九、「所」〉の項を參照。

トコロには、先例がある。

○所《（とこ）ロ》レ聞（く）所《（とこ）ロ》レ履（む）、百有卅八國なり。（知恩院本大唐玄奘三藏法師表啓平安初期點　2/19）［有］の右に「イ」あり。不審。

○所《（とこ）ロ》二は踐み藉《フヨ》一（り）シ、空レシ陳二フ（る）こと廣–衺一（を）。（同　2/20）

○何の所爲の故（に）ゾ、詣二（て）し在家（の）衆一の所に、乃至應レシ・といふ默す。（石山本瑜伽師地論平安初期點（B）七一　9/30）

○爲–性《（ひととな）リず》不レ好レ（ま）造二き詣ることを於他一の所ニ。（同　B　七一　12/9）

○或（は）遇レ（ひ）ぬ淺き所に。逢レ（ひ）ぬ査《クヒセ》に。（石山寺本金剛波若經集驗記平安初期點　複製本19）

トシ（駃）

（七）是の業は能（く）令二衆生をして六道の中に受レ（け）しむること生を、駃《ト》二く疾《ハヤ》し於箭一よりも。（二四　9/22）

「駃」は、大修館書店の『大漢和辭典』に、〔廣雅、釋室〕から「駃、奔也。」を引いて、「はしる」と讀み、〔高翔麟、脫文字通」から「西陽雜俎、河水色渾駃流、元好問詩。駃雨東南來、並以レ駃爲レ快。」を引いて、「はやい」と說く。

トシには先例がある。

○約レ(きては)物(に)有二(り)疾《ト》ク就スル(もの)遲《オソ》く就一(するもの)。(東大寺諷誦文稿　202)

○若(し)須《もち》二(ゐ)ムとナラば貴藥一を、當に得二(べし)急《ト》キ乘騎《のり馬》一(を)。(岩淵本願經四分律平安初期點　3/19)

○名レ(づ)く如丙きに估ー客の大將の雖下(も)乘二(り)て快《ト》キ馬一に、能く疾く到中(り)ぬべしと所止上に、故し待乙(つ)といふが衆人甲を。(石山寺本大智度論第一種點　八三　5/20～21)

後續資料で、本例と同じく「駃」とトクと讀んだ例がある。

○恆河の駃《ト》ク流(る)る水には、可レ(し)生二(し)ぬ白蓮華一は。(春日本金光明最勝王經平安中期點　一　9/24)

○顚《サカサマ》に墜《ヲ》二ツること地獄一に、如二し駃《ト》キ雨の點一するが。(石山寺本守護國界主陀羅尼經平安中期點　一〇　9/13)

○如三く彼の駃《ト》キ河の能(く)澍《ナガ》二スガ香象一を、煩惱の駃《ト》キ河も亦復(た)如レし是(の)。(東大寺本大般涅槃經平安末期點　一二　9/27～28)

トビ(角鴟)

アリ(蟻)の項參照。

トラカス(狼藉)

(八)時に更(に)有二(り)て一人一、來(り)て入二(り)て池の中一に、多く取二る其の華一を。堀《ト》二リ挽《ヒ》きて根莖一を、狼藉として而去(リ)ヌ。(一七　5/2～3)「狼藉」の右に「トラカス」の訓あり。

「狼藉」は、大修館書店の『大漢和辭典』に、「①とり亂したさま。物事のとり散らして整はないさま。狼は亂雜、藉はごたごた亂れる。一説に、狼が草をしいて寢たあとは、草が亂れて居るからといふ。」とあり、一方トラカスは、小學館の『日本國語大辭典』に、①金屬などを、高熱によって溶解する。とかす。とろかす。②惑わせて本心を失わせる。また、心をやわらげて、うつとりするような感じにさせる。また、舌に感じる甘くておいしい味の形容にも用いる。とろかす。」とあつて、兩者の説明にズレがあるが、本例の場合は、池の中の華を取るために、莖や根まで引き拔いて、それを始末せず、亂雜にしたまま行ってしまったといふのである。「狼藉」は、場面の亂雜な情景を指し、立ち去る人の行動を言ってゐるわけではないから、「狼藉として」といふ讀み方はよくない。別に、「トラカス」の訓が添へられてゐるのをみると、「狼藉と―トラカシテ」と文選讀みにしたかったのではないか。なほ、〈第五章、第五節、形容動詞〉の項を參照されたい。

トラカスには先例がある。

○　駐《ト、》二メ蹕《アト》を靑―丘一に蕩《トラカ》二セリ妖氣《エ(う)》を於幡―木一に。（知恩院本大唐三藏玄奘法師表啓平安初期點　1/10）

○　弘ク闢《ヒラ》二きて大猷《イ(う)》一を蕩《トラカ》二―シ篠《ス、》ケリ衆の罪一を。（同　3/11）

トラク（蕩然・輕躁）自動詞下二段活用

（九）　猛風絶炎には、土石爲（に）焦レて、翕―響の之間に蕩―然とトラケて夷―滅として（ほろひ）ヌ。（一一　14/6〜7）「翕響」は、原文「翕―嚮」、『大正新脩大藏經』によって訂正。「翕―嚮」の右に「急也」の注あり。

（一〇）　富貴は雖レ（も）樂なりと、一切无常なり。五―家所レなり共する。令《し》二む人の心をして散し、輕―躁とトラケて不定一にあら。（一一　20/8〜9）

「翕響」は、大修館書店の『大漢和辭典』に、〔左思、蜀都賦〕から、「毛羣陸離、羽族紛泊、翕響揮霍、中網林薄。〔注〕劉逵曰、翕響揮霍、奄忽之間也。」を引いて、「少しの時間。」と説く。「蕩然」は、同じ『大辭典』に、〔史記、魯仲連鄒陽傳〕から、「蕩然肆レ志、不レ詘二於諸侯一。」を、〔蜀志、諸葛亮傳〕から「伏惟、陛下邁二蹤古聖一蕩然無レ忌。」を引いて、「空しいさま。あとかたのなくなったさま。又、ほしいままなさま。」と説く。

トラクは、小學館の『日本國語大辭典』に、「①離れ離れになる。散る。②離れてなくなる。心の中のわだかまりがとけてなくなる。」と説く。（九）のトラクは、跡形もなく焼失してしまつたさまを、（一〇）のトラクは、心がばらばらになって、分からなくなってしまふことを言ふのであらう。

トラクには、先例がある。

○　祇《ツヽ(し)》(み)て奉二(り)て綸言一を、精《クハシ》キ守リ振《フ》リ越《トラ》ケたり。（知恩院本大唐三藏玄奘法師表啓平安初期點　3/17）

○　光《オホセタマ》(ふ)命《ミこと》隆《サかり》に厚(け)れば、精《クハシ》(き)守り震越《フリトラ》ケヌ。（同　4/4）

○　見《み》三……殘レル骨并餘レル髮の縱橫《トラ》ケて在二ルを地の中一に、（西大寺本金光明最勝王經平安初期點　一〇　7/22）

觀智院本『類聚名義抄』には、「散」をトラク、「蕩」をトラカスと讀んでゐる。

トル（捉・掘・攬）

（一一）口より出二し惡聲一を、捉《ト》二(リ)三股《(み)ツマタ》ナル釵一を、箭の墮(つ)ること如レくして雨の、刺二(し)射る罪人一を。（一六　7/2）「股」は原文「般」、大正新脩大藏經によって訂正。

（一二）宰官の人の狂《(ま)》(けて)攬《ト》二リ人民一を、(不レ(して)順二(せ)治法一(に)而取二(りて)財物一(を)、)（一二　22/11）

（一三）掘《ト》二リ挽《ヒ》きて根莖一を、狼藉として而去(り)ヌ。（一七　5/2〜3）（八）と重出。

「捉」をトルと讀んだものに、次のやうな例がある。

○　出レ(して)鉢を捉《ト》二リ一處一を乞食(せ)よ。(石山寺本蘇悉地羯羅經略疏寛平點　二 26/16)

○　捉《ト》二リ狗の兩の足一を、撲《タフ》して令レ(む)失《ハナ》レタ聲を。(龍光院本妙法蓮華經明算點　二 13/6)

○　捉《ト》二リ(て)生―猪一を食レ(ふ)之(を)。(前田家本冥報記長治點　30ウ)

(二)の「攬」は、大修館書店の『大漢和辭典』に、〔説文〕から「擥、撮持也。从レ手監聲。〔段注〕謂二總撮而持一レ之也。」を引いて、「①とる、(イ)すべとる。つかさどる。」と讀む。觀智院本『類聚名義抄』は、「攬」にトルの訓を收める。本例では、人心を收攬する意味である。

(三)の「堀挽」はホリトル意味で、トリヒクと讀んだのであらう。

【ナ】

ナイシ(乃至)

第四章、二〇、用例(一)〜(二)參照。

ナカダチ(媒)

(一)　爲二師及父母一の、爲レ牛の爲レ身の、爲レの媒《ナカダチ》の故に聽二す妄語一す(る)こと。(一八 5/12)ナカタチのチは不確實。

後續資料の例、

○　抨二し雄鳩一(を)以て作《たり》レ媒《ナカタチ》兮。〈師古曰、抨(は)使(なり)也。〉(上野本漢書揚雄傳天暦點　複製本　六ウ5)

吉澤義則博士の「井々竹添先生遺愛唐鈔漢書揚傳訓點」(『國語説鈴』所收)に、解讀文の左に、「作にタリの點を加へ、媒にデの點を加へたり、誤なるべし」が小書きにされてゐる。『新撰字鏡』に「媒〈莫來反、平妁也。奈加太豆〉」

とあるのは、ナカダチを動詞にしたものである。

ナク（泣）

（二）若（し）盗二取することは他物一を、其の主泣《ナ》き涙《（しほた）》り惚む（一三　10/5）

ナグ（投擲）

（三）或（る）ときは狂‐逸（と）タハレ・ハシリ踢‐突と（けりつき）、或（るときは）藏‐竄（とかく）レ投‐擲とナぐ。（一六　8/21）

ナグには、先例がある。

○不レ應二（くあら）自ラは取一（る）。當に擲《ナ》レケて籌を分（か）て。（岩淵本願經四分律平安初期點　9/21）

○若（し）華（を）擲《ナ》ケ水を灑キ、若（し）説二キ麁語・詭語一を、（斯道文庫本願經四分律平安初期點　27/14）

○待二（ち）て飲食一を散二キ擲《ナ》ケ餘方一に、施二セヨ諸の神等一にも、（西大寺本金光明最勝王經平安初期點　八　4/26）

○如下世に有二良醫一あり。妙藥をもちて投《ナ》中クルがごとし衆の病上に。（大東急記念文庫本大乘廣百論釋論承和點　15/7）

○三擲三滅、（東大寺本法華義疏紙背文書）「擲」の左に「奈具禮止毛」の注あり。

ナシ（無）

（四）若（し）歸して而不《ず》レは救（は）、無《ナ》レ（け）む異二（なる）こと木石一に。（一六　14/13）

ナス（爲）

（五）菩薩は得二て神通力一を、見下る三界五道の衆生の、以二（て）失樂一を爲《ナ》上レせるを苦（と）。（一六　3/11～12）

ナスには、先例がある。

○大君は　神にし坐《ま》せば　赤駒の　葡匐《はらば》ふ田井を　都となしつ（奈之都）（萬葉集　四二六一）

○　翻(して)化《ナ》二シテ瓔珞(の)衣一(と)、百味(の)供養云、(東大寺諷誦文稿　32)

○　以二て孔雀の羽一を作《ナ》二シて幢旗一に、(西大寺本金光明最勝王經平安初期點　七　13/1)

○　以三て一義悉檀の無二(き)を利益一爲《ナ》レす難と。(石山寺本大智度論第一種點　九六　12/31)

ナダム(寬恕)

(六)　勆毘耶白レ(しし)く王に、「願フ、寬《ナ》二恕《タ》メ(たま)へ之一を。……我レ爲《な》二りて其ガ證一と、知二レリ其レ無レしと罪……。」(一七　6/23〜24)

ナダムには、先例がある。

○　然れども、思ほす大御心坐すに依りて、免し賜ひなだめ(奈太毎)賜ひて、遠流の罪に治め賜はくと宣りたまふ天皇の御命を、(續日本記宣命　五三(寶龜三年三月二日))、

後續資料に、「寬」をナダムと讀んだ例がある。

○　寬《ナタ》レメテ意を莫レれ愁(ふる)こと。(東大寺本大般涅槃經平安末期點　一九　2/18)

ナニ(所由)

(七)　客イ問レ(ひ)て之を言《イ》はく、「汝、先に貧窮なりき。今日に所に由(りて)ぞ得二る如レき此の富一を。」(一三　3/7〜8)所の右に「何也」の注あり。

「所由」は、大修館書店の『大漢和辭典』に、「よるところ。其の事の由って來るところ。」と說く。『大正新脩大藏經』は、「所由」の二字の間に「レ返り點」を附けて、ヨル-トコロと讀んでゐる。本例の場合は、「所」に「何也」の注を附けてゐるから、ナニ-ヨリテと讀むのであらうが、「所由」を疑問に讀んだのは、文意による意譯なのであ

らうか。大東出版社の『國譯一切經』は、「何に由ってか」としてゐる。

ナニセムゾ（何―爲・何）

（八）若（し）无ㇾくは所ㇾ知（る）、云何ぞ能（く）使ㇾ（はむ）心を。若（し）神ィ有二（らば）知相一、復（た）何用ㇾ（ゐる）こと心を爲《せむ》ぞ。（一九　11/20〜21）

（九）復（た）何（せ）ムゾ用二（ゐ）るといふ精進婆羅蜜一を。（一五　13/20）

（八）は、「心ヲ用ヰルコト何セムゾ」、（九）は、「何セムゾ精進婆羅蜜ヲ用ヰル」と讀む。ナニセムゾについては、なほ、〈第五章、第六節　副詞〉の項、用例（二七）〜（二九）參照。

ナニモノ（何者）

（一〇）既（に）得二ては樂法一を、復（た）何に者《もの》をカ爲《す》ㇾる難しと。（一三　23/13）

ナニモノには先例がある。

○　吾子が　形見の衣　なかりせば　何物（奈爾毛能）もてか　命繼がまし（萬葉集　三七三三）

○　不《ず》ㇾ知下（ら）用二てか何もの[を]物一を盛《い》上（れ）ム・といふことを。（石山寺本四分律平安初期點　三九　12/16）

ナブ（伏）四段活用

（一一）酒に有二（り）卅五の失一。何等をカ卅五といふ。……八者、伏《ナ》ヒ匿《カク》ス之事を、盡く向ㇾ（ひ）て人に說く。（一三　16/1）

「伏匿」は、大修館書店の『大漢和辭典』に、「伏匿、ふしかくれる。ひそむ。世を避ける。」と說く。ナブは、小學館の『日本國語大辭典』に、「なぶ【隱】（自バ四）「なばる（隱）」に同じ。（補注）「播磨風土記」の加古郡と印南郡の條に、「隱れ居たから南毘都麻（ナビヅマ）という。」という地名起源說話があるところから、この語が存在したと考えられる。」とある。「播磨風土記」の記事は左記の通りである。

その時、印南《いなみ》の別嬢《わきいらつめ》聞きて驚き畏《かしこ》みて、やがて南毘都麻《なびつま》の島に遁《のが》れ度《わた》りき。遂に度りて相遇《あ》ひ給ひき。勅して、「この島に隠《な》びし愛し妻はも（隠愛妻）」と宣り給ひき。仍《よ》りて南毘都麻《なびつま》と號《なづ》く。（播磨風土記、賀茂郡、岩波文庫本による。）

岩波書店の『古語辭典』に、ナブの語を載せないが、本例によって、「かくれる」または「かくす」意味のナブの語の存在してゐたことが明らかになった。

ナホ（尙・故・猶尙）

（一二）假‐令《たと》ヒ後世に无レく罪、不《ヌ》下すら爲二に善人一の所《レ》レ訶《いさ》（は）、怨家に所《レ》上レ嫉（ま）、尙し不《ず》レ應三く（あら）故ラに奪二フ他の命一を。（一三　7/12〜13）

（一三）阿那含阿羅漢すら尙し无二し煩惱の所起の惡口一。（二六　15/20〜21）

（一四）爾時、未二（ずあり）しすら得道一（せ）、尙し无二（かり）き惡心一。何況（や）得二て阿褥多羅三貌三菩提一を、三毒已（に）盡し、於二て一切の衆生一に大慈悲具足（せ）るをや。（二六　15/27〜28）

（一五）如レくして是の至レ（ら）むに盡すこと、阿浮陀地獄の中の壽は故し未《ず》レ盡（き）。（一三　14/8〜9）

（一六）（如下（く）劫盡（の）大火（は）燒二（きて）三千世界一（を）悉（く）盡（せども））、火勢故《なほ》し不《ヌ》上レガ息マ、（二六　7/19）「故」の右に「猶也」の注あり。

（一七）四無量の心の諸の淸淨の法すら、以二（て）の所緣不《ヌ》レを實に（あら）故（に）、猶‐尙し不《ず》下與二眞空の智慧一と等上（し）く（あら）。何況（や）此の邪見は。（一八　11/1〜2）

（一八）（佛（は）精進無レ（し）滅（すること）。）病の時すら猶尚し不《ず》レ息（ま）。何況（や）不レ病（ま）時には。（二六　8/22）

ナメル（滑）

（一九）一時に上レ（り）き山に。値二（ひ）て大雨一に、泥滑《ナメ》リて、其の足不便にして、僻レ（れ）て地に破二し其の鉀持一を、又、傷二（け）て其の足一を、（一七　8/27～9/1）

ナメルは、ナメラカですべること。先例がある。

○　遠（く）向二（ひ）て深山一に、樹（の）下、崖（の）谷を爲（し）レ室（と）、……滑《ナメ》レリ朽《ク》チタルもの（に）、酢《ス》キ子《ミ》ヲ拾《ヒロ》ヒテ、助二（け）弱（き）身一ヲ、

（東大寺諷誦文稿　96～97）

ナル（爲）

（二〇）（是（の）時、仙人卽（ち）作レ（して）誓（を）言（はく）、）「若（し）我レ實（に）修二（せ）ば慈忍一を、血當（に）爲《ナ》レ（と）乳と。」（一四　16/6～7）

（二一）我は於二て衆生一に、爲レレリ無レきに所レ益する。（一六　5/7）

（二二）時に、山神變（し）て爲《な》二りて一（り）の女一と、來（り）て欲レ（ひ）て試レ（み）むと之を、說二（き）て此の偈一を言《イ》（ひ）しく、（一七　3/6）

（二三）我レ常（に）與二耶輸陀羅一と共に住せり。我レ爲《な》二りて其ガ證一と、知二レリ其レ無一レしと罪。（一七　6/24）

【二】

ニガシ（苦）

（一）汝不《ず》レヤ知（ら）、（天命（は）失レ（して）好（を）而黃髯（となり））、大海の水の清（く）美（し）きも、今日に盡く苦《ニカ》ク鹹《カラ》ク（なれ）ることを。

（一四　13/1）

ニガシには先例がある。

○無常は鹹《カラ》キ味なり、無我は苦《ニガ》キ味なり。（白鶴美術館本大般涅槃經集解平安初期點　5）

○如下（し）服二して藥苦一を當‐時に雖レ（も）苦《ニガ》シと、後に得上レるが除レすること患を。（石山寺本大智度論第一種點　六七　12/33〜13/1）

ニクム（惡露）

（二）（如二し一（りの）美色一（の）。淫人（は）見レ（て）之（を）、以（て）爲二（して）淨妙一（なりと）、心（に）生二（す）染著一（を）。不淨觀（の）人（は）視レ（て）之（を））、種種に惡‐露《にく》ミて无二し・とおもふ一の淨處一（も）。（一二　8/3）

「惡露」は、大修館書店の『大漢和辭典』に、「①婦人の産後の下りもの。②身體の不淨の津液。卽ち膿・血・屎・尿の類。惡は憎厭、露は津液の意。」と說く。「種々の不淨の集積で、清淨なものは一つもない」の意味である。「惡露」を動詞にして、ニクムと讀んだのは誤譯である。大東出版社の『國譯一切經』に「種種の惡、露はれ」とよんでゐるのもいかが。

ニハカナリ（卒）

（三）入レ（り）て海に採レ（り）て寶を、垂《イマヽヽ》出二（て）むとするとき大海一を、其の船卒《ニハカ》に壞レて、珍寶を失ヒ盡（くし）ツ。（一三　7/16〜17）

ニハカニは、先例がある。

○聞二（き）て法の稀有一なるを涙《（なみ）ダ》交《ニハカ》ニ流レ、心身に大なる喜（び）皆充遍しキ。（西大寺本金光明最勝王經平安初期點　九　2/20）

「交」をニハカニと讀むのは、何によるのであらうか。

「卒」をニハカニとよんだものに、左記の例がある。

○　卒《ニハカ》ニ難二(き)が入解一(する)こと故に、名(づけ)て爲二す深入一と。（石山寺本妙法蓮華經玄贊淳祐點　三　24/10）

○　釋名に撮は卒ゾ也。暫ク卒《ニハカ》に取(る)ゾ也。（同　六　3/30）

○　盛年に(し)て无レ(き)が病、卒《ニハカ》に死(し)て體に无二ク瘢跡一、（石山寺本蘇悉地羯經略疏天暦點　五　21/7）

○　從レ(ひ)て役に遠行(し)て、卒《ニハカ》に得二て凶問《トフラヒ》一を、聞レ(き)て之(を)、（東大寺本大般涅槃經平安末期點　五　6）

【ヌ】

ヌカメス（細視）

(一)　(譬(へば)如二(く)黒雲電光(の)暫(く)現一(するが))、或(る)ときは揚《(あ)》レ(け)て眉を、頓-睖し、媻-娗す、細-視《ヌカメ》し、作二(り)て衆の伎樂、種種の姿媚一を、來(りて)近二(つく)菩薩一(に)。（一四　17/24〜25）「頓-睖」の左に「マシロキ」、「細-視」の右に「ヌカメシ」、左に「ホソメシ」の訓あり。「媻-娗」は原文「(目＋嬰)-脂」。『大正新脩大藏經』に據って訂正。

ヌカメは、他に例がない。左訓にホソメシとあるから、目を細くして見ることであらうが、ヌカの語源が分からない。

ヌスム（偸）

(二)　汝、何を以(て)ぞ捨二(て)て彼の林中の禪定の坐處一を而偸《ヌス》二む我ガ香一を。（一七　4/26〜5/1）

ヌスムには、先例がある。

○　己が命《を》を　竊《ぬす》み（奴須美）弑《し》せむと　後《しり》つ戸よ　い行き違《たが》ひ（古事記歌謠　二二）

○己が命《を》を　殺せむと　竊《ぬす》まく（農殊末句）知らに　姫遊《ひめなそび》すも。（日本書記歌謡　七）

○或（る）ときには盗二（み）て窣観波の物、四方僧の物、現前僧の物一を、自在に而も用二（ゐ）たり世尊の法律一をも。（西大寺本金光明最勝王經平安初期點　三　2/10）「盗」の右に「ヌス反」の注あり。

ヌル（塗）

（三）各（の）把《（と）》二（り）て身の血一を、而相（ひ）塗《ヌ》リ漫《ケガ》し、痛─毒とイタミ、逼─切とタシナミ、（一六　5/1）

ヌルには、先例がある。

○其の王は尓時に、當に浄く澡浴して、以レて香を塗《ヌ》レリ身に、着二て新浄の衣、及諸瓔珞一を、（西大寺本金光明最勝王經平安初期點　六　3/25）

【ネ】

ネガハシ（欲・願樂・欲聞）

（二）佛命レ（し）て僧に[を]集（め）て、而告レ（け）て之に言（ひ）しく、「汝等、欲《（ねがは）》レしヤ知二（ラ）マく伽離ガ所墮の地獄、壽命の長短一をは不ヤ・と。」諸（の）比丘の言（ひ）しく、「願─樂《（ねがは）》し、欲─聞《（ねがは）》し・と。」」（一三　14/5～6）

ネガハシには先例がある。

○汝等、樂三欲《（ねが）》ハシヤ見二マク彼の往昔に苦行の菩薩たりしときノ本の舍利一をは不ヤ。（西大寺本金光明最勝王經平安初期點　一〇　1/12～13）

○舍利弗の言《まう》さ（く）、「唯る然かなり。世尊、願─樂《ネガハ》シクシテ欲《（ねが）》レはし・とまうすト聞《キ》カマク。」（山田本妙法蓮華經平安初期點　4/6～7）

山田本『妙法蓮華經』平安初期點の例からすれば、「欲聞」は、本例の場合も、キカマク―ネガハシと讀みさうなものであるが、「(ねがは)し」には、助詞のトが附いてゐて、キカマクの續く餘地はない。

ネガフ(願)

(二)　劬毘耶白レ(しし)く王に、「願フ、寛《ナ》ニ恕《タ》メ(たま)へ之ーを。……我レ爲《な》ニりて其が證ーと、知ニレリ其レ無レしと罪。……。」(一七 6/23～24)

(三)　耶輸陀羅受ニ(け)て其の教法ーを、遣レ(り)て人を請レ(したてまつ)らく佛を、「願フ、與ニ聖衆ーと倶に屈ニ(せし)めたまへ・と威神ーを。」(一七 8/5～6)

ネガフを受ける文末の活用語は、命令形の場合は、他に對する要求を表し、推量の助動詞ムを伴ふ場合は、自己の願望を表すが、第三種點の場合は、前者だけで、後者の例は見當たらない。

【ノ】

ノタマフ(言・曰)

〈第六章、第一節、一、尊敬の動詞〉の項を參照。

ノホギリ(鋸)

(一)　以ニ大(きな)る鐵の鋸《ノホキリ》ーを(も)て、解《ト》き析《(さ)》き揣《ツ、》き截《(き)》る。(一六 6/10)

ノホキリは、『新撰字鏡』に、「鋸、居御反、削刀也。割也。乃保支利。」、『倭名類聚抄』には、「四聲字苑云、鋸〈音據、和名能保岐利〉似レ刀有レ齒者也。」とあって、いづれもノホキリであるが、觀智院本『類聚名義抄本』には、「鑠・鉞」をノホキリ、「鉞」をノコキリと讀み、新舊兩樣の語形を傳へてゐる。

ノム（嗽）

（二）（提婆達貪二（るが）利養一（を）故（に）、化二作（し）天身（の）小兒一（に）、在二（り）阿闍世王（の）抱中一（に）。）王鳴《ス》二ヒて其の口一を、與レ（へ）て唾を令レめたり嗽《ノ》マ。（二六　16/20）

ノムには、先例がある。

○　青柳　梅との花を　折りかざし　飲みて（能彌弖）の後は　散りぬともよし（萬葉集　八二一）

○　由二（り）て彼レい不《ヌ》レに雜せ、脈離二（れ）て沈み浮ヒ、延ヒ縮（ま）り壞レ損し、擁《フサカ》リ曲レるが等《（こと）》き過一を、能く正（し）く呑-咽《の》ミたまふに津-液とウルヒテ通ヒ流る。（高山寺本彌勒上生經贊平安初期點　16/5）

○　其の第三の王子は已に被《レ》二タマヒニケリ無常に呑《ノ》一マ。（西大寺本金光明最勝王經平安初期點　一〇　8/25）

○　如下く呑《ノ》レメル鉤を魚（は）、雖三（も）遊二戯すと池中一に、當レ（し）知（る）、出在せむこと不《じ》上といふが久（しから）、（石山寺本大智度論第一種點　六七　11/23～24）

【ハ】

ハカル（稱）

（一）以二大（きな）る鐵の鋸《ノホキリ》一を（も）て解《ト》き析《（サ）》き揣《ツ、》き截る。破二（り）て其の肉分一を、鬻《シ、》-鬻稱《ムラハカ》レる之を。（一六　6/10～11）

「稱」は、大修館書店の『大漢和辭典』に、〔禮、月令〕から「蠶事既登、分レ繭稱レ絲。」を引いて、「②はかる。はかりにかけて輕重を知る。」と説く。本例は、餓鬼の肉を切りとって、その重さを計るのである。物の長さや幅を計ることは、先例があるが、重さをはかるのは、本例が初出である。

○　外道（は）以二（て）丈尺一（を）計《ハカ》リ（しか）ドモ、不レ能レ（は）知（ること）。（東大寺諷誦文稿　156）

ハゲム（勉・勵・努）

（二）或は期二して後世の福樂一を、剋《キサ》レみ己を自を勉《ハケ》ム（を）は、爲レす苦（と）〔を〕。（一　22/3）

（三）持戒の之人は、觀二て破戒の人の罪一を、應下自（ら）勉《ス、》二ミ勵《ハケ》ミて一の心一を持戒上（せ）しむべし。（一三　3/24）「ス、ミ」のス不確實。

（四）自（ら）思惟（す）ラく、「……宣し自（ら）勉《ハケ》み、厲二べしとおもふ以レ（て）忍を調レす心を。」（一四　3/4〜5）

（五）最後（に）一の兎來レリ。氣力已に竭《（つ）》（き）しカども、自（ら）強《（あながち）》に努-力とイハミて、忍して令レめき得レ過（くる）こと。（二六　9/14）

「努」は原文「怒」、『大正新脩大藏經』によつて訂正。「努力」の左に「又、ハケミテ」の訓あり。

（六）若（し）欲レ（は）ば得二むと此（の）報一を當（に）懃（め）て自（ら）勉勵《ハケミハケ》むべし。（一三　17/26）「ハケミ」のミ不確實。

上記諸例中、（四）は、後に「以二身口忍一心亦得レ忍。」が續き、「勉《ハケ》み（み）厲《（はけ）》（みて）以レ（て）忍（を）調レ（し）心（を）、以二（て）身口忍一（を）心（も）亦（た）得レ（べし）忍（を）。」と讀むべき構文を、「調心」で切って、「勉厲」に返ったために、「勉厲」の「厲」をベシと讀む誤譯となった。

ハゲムには、先例がある。

○遂（に）卽（ち）發心（し）、誦二（す）金剛波若經一（を）。不レ（こと）愈（ﾆ）時月、漸（く）覺二（ゆ）瘳逾一（ゆることを）。懇誠に彌（よ）勵《ハケ》ム。屢（ば）見二（る）光明一（を）。（黒板本金剛波若經集驗記平安初期點　複製本　一　4）

○慨-然と（なけ）きはケミ懷レ（き）て憤《いき（とほり）》を、誓（ひ）て以（て）弘《ヒロ》レメ宣（す）ることを、（知恩院本大唐玄奘三藏法師表啓平安初期點　1/17）

○廣ク設二（け）て方便一を策み勤《ハケ》（め）て無レし怠ルこと。（西大寺本金光明最勝王經平安初期點　一　7/9）

○雖レ（も）欲三（ふ）と猛く勵《ハケ》ミて、抗二論せむと眞空一を、由し無二（き）をもちて所依一、（大東急記念文庫本大乘廣百論釋論承和點

16/26～27）

○　於二其の眼所識の色の中一に、應レ（し）策《ハケ》二ム眼根一に。（石山寺本瑜伽師地論平安初期點（A）一三　3/31）

○　諸（の）出家の者《ひと》、力《ハ》｜勵《ケ》ミて受行して、速疾に能（く）證二す沙門の義利一を。（同（A）九二　13/2）

ハジメテ（適）

（七）　汝、欲レ（は）ば壞二（ら）むと我ガ論一を、終に已無二（け）む此の處《（ことわ）り》一。一切智には難レし勝ツこと。適《（はし）》めて足二（り）たり自（ら）毀壞一（せ）む（に）「と」。（一八　9/21）

「適」にメテを送ってゐるのは、ハジメテと讀んだのであらう。大修館書店の『大漢和辭典』に、〔一切經音義　二四〕から「適、始也。」を引いて、「⑤はじめ。はじめる。」と讀んでゐる。ただし、大東出版社の『國譯一切經』には「適《たまたま》自ら毀壞するに足るのみ。」と讀んでゐる。

「適」をハジメテとよんだものに、次の諸例がある。

○　輪王太子、適《ハシ》メテ在二ルニ胎藏（の）之中一に、（大東急記念文庫本大毘盧遮那成佛經義釋延久・承保點　六　69オ）

○　適《ハシ》メテ生シテ遊｜行七步して、（同　八　31）

○　適《ハシ》メに纔（か）に結二｜作（する）ときは之一（を）、卽（ち）同二（じ）なり於に世尊一。（龍光院本大毘盧遮那成佛經天喜點　四　6オ）

○　我適て曾し供養（し）たてまつりき。（龍光院本妙法蓮華經明算點　七　15/4）「適」の右に「始也」の注あり。

ハシル（轢）

（八）　大熱の鐵輪轢《ハシ》二リて諸の罪人一を、令二む《し》身を破碎一（せ）。（一六　6/17～18）

（九）　或は破二し正道一を、轉二易して「を」正法一を、受二く熱鐵の輪に轢《ハシ》ラレ、熱鐵の臼に搗一（かる）《（つ）》ることを。（同　6/25～26）

「轢」は、大修館書店の『大漢和辭典』に、〔説文〕から「轢、車所レ踐也。从レ車樂聲。〔段注〕踐者、履也。軼下曰、轢レ牲而行、是也。」を、〔張衡、西京賦〕から「當レ足見レ蹍、値レ輪被レ轢。〔注〕綜曰、車所レ加爲レ轢。」を、〔一切經音義〕から、「轢、蹍也。」を引いて、「①ひく。車がふみにじる。」と説く。本例では、「車にふみにじられる」ことを、「車にはしられる。」と言った。ハシルは、勿論「走」の意味である。

ハス（靽）

（一〇）（能（く）分別（して）知乙（る）……）、雖下（も）受二（け）て畜生の形一を、負レヒ重（き）ものを鞭─策セラレ［をテ］、羇《オモツラ》を靽《ハ》セラレ乗─騎上セラルと、而常（に）得二［レども］好き屋・好き食一を、爲レ（に）人の所レレ重（みせ）、以て人に供給甲（せ）ラる・と。（一一　22/4～5）

「靽」は、大修館書店の『大漢和辭典』に、〔玉篇〕から「靽、與レ絆同。」を、〔集韻〕から「靽、駕レ牛具、在レ後曰レ靽。」を引いて、「きづな。ほだし。」と説く。本例は、「靽」を動詞にして、ハスと讀んでゐるから、ハスは「オモヅラ（羇）をつける」意味に用ゐられてゐるはずであるが、辭書を調べても、さういふ意味のハスといふ語は見當たらない。なほ、「羇」は旅を表し、オモヅラには「羇」を用ゐるべきであるが、『大正新脩大藏經』も同樣であり、大東出版社の『國譯一切經』に「覊靽せられ」と讀んでゐるのは、不可解である。

ハタケ（疥）

（一一）此の五欲は者、得レて之を轉ヨ劇（し）きこと如二し火に炙レフるガ疥《ハタケ》を。（一七　2/22）

ハタケには、先例がある。

○此の水の源は、郡の西なる柏野《かしはの》の磐《いは》の中より出で、南を指して下り流る。その色酒の如く、水の味、少し酸し。用《も》ちて痂癬〈胖大氣（はたけ）と謂ふ。〉を療す。（豐後風土記、大分）岩波文庫本による。

○道ミチノヘニ伏り(たる)乞□《カタヰ》(は)、疥搔《ハタケカ》キテ、无二ク目所一モ腫(れ)合(ひ)テ、(東大寺諷誦文稿 169)

○世尊の皮《(はた)》膚《へ》(は)速く離二(れ)たまひたり疥癬《ハタケクヒ》一ヲ。(高山寺本彌勒上生經贊平安初期點 17/8)「ハタケクヒヲ」は白點

ハツル（剥）

(一二) 此の人の宿業の因縁は、寒き月に剥《ハツ》レリ人を、或は劫二盗し凍(れ)る人の薪火一を、(一六 10/24)

ハツルには、先例がある。

○剥皮〈上、波川流音〉(小川本新譯華嚴經音義私記上 經第六十六巻入法界品第卅九之七)

○其の人、兎を捕《とら》へ皮を剥《はつ》りて野に放つ。(日本靈異記 上、第一六話) 興福寺本訓釋、「剥〈波川利天〉」) 日本古典文學大系本による。

○六群比丘、剥《ハツ》二リテ多羅樹の葉一を作レ(る)とき跋に、樹便(ち)枯レ乾(き)ヌ。(小川本願經四分律平安初期點 甲 7/22)

○彼即(ち)殺レし之を、剥《ハツ》レリ(て)皮を與二へつ跋難陀一に。(同 甲 5/19)

○其衫是生時所レ造、死後始着。當レ被二勘當一。其衫破二(れば)剥桂《ハツリカ》ケ着一奈何。(黒板本金剛波若經集驗記平安初期點 複製本 一 17)

○所レる謂(は)……火に炙《アフ》リ斫《(き)》(り)刺シ㓮キ剥《(は)ハツ》ルなり。(石山寺本大般涅槃經平安初期點(丙) 一一 4)

ハナハダ（大）

(一三) (王女至レ(りて)時白二(さく)其(の)父王一(に)、「我有二(り)不吉。須下(し)至二(りて)天祠一(に)以(て)求中(む)吉願上(を)。」王(の)言(はく)、)「大《ハナハダ》善し・と。」(一四 15/4)

『萬葉集』では、「甚・甚多」をハナハダと讀ませてゐるが、訓點資料では、「甚」の他、「甚太・大・太・非常」等

をハナハダと讀む。

○通經レ日不レ得レ食。非常《ハナハタ》飢乏。（石山寺本金剛波若經集驗記平安初期點　複製本　33）

○忽聞三院中有二異香氣一。非常郁烈《ハナハタサカリ》ナリ。（黑板本金剛波若經集驗記平安初期點　複製本　一　14）

○有二野火一暴起。非常熾盛《ハナハタサカリナ》り。（同　一　14）

○是の人は甚ダ稀有なり。（唐招提寺本妙法蓮華經平安初期點　一　6/26）

○復《かへ》(り)て令二(むる)こと我をして在《た》レ(て)後に、何ぞ甚太《はなはた》速き・といふ。（石山寺本大智度論第一種點　七九　6/21）「甚太」の右に「甚也」の注あり。

○内曰、太《はなはた》過レ(き)たる實に故に・といふ。（東急記念文庫本百論天安點　4/2）「太」の右に「甚也」の注あり。

ハバカル（憚）

（一四）王見二て此の鹿の直に進み趣(き)て已に、無レ(き)を所二忌み憚《ハヽカ》一る、敕二(す)ラく諸の從人一に、（一六　13/18）

ハバカルは、小學館の『日本國語大辭典』に、「【憚】（自ラ四）①幅があって、狭い處にはいりかねる。轉じて、差し障りがあってうまく進まない。ゆきなやむ。②（他ラ五（四））（1）（對象との間に一定の距離を置く意から）恐れつつしむ。氣がねする。遠慮する。（2）忌みきらう。（3）とむらう。葬式を出す。」と説く。本例は、②（1）の「恐れつつしむ。氣がねする。遠慮する。」の意であらう。

ハバカルには、先例がある。

○能く超二え惡-境一を、祈二フ彼の淨方一を、夙《ハヤ》き運に不《ず》レ(し)て憚《はばカ》ラ生(ま)るるを爲二す上品一と。（高山寺本彌勒上生經贊平安初期點　22/14～15）「憚」は原文「彈」、文意によって訂正。

○ 應下し當に於二に此の經王一の、……行二するに精進波羅蜜一を、不《ず》レ惜二（しま）身命一を、不上レある憚《ハヽカ》二ラ疲勞一を。（西大寺本金光明最勝王經平安初期點　五　12/25～26）

○ 爲レには聽二（か）むが此の經王一を、直に過キて無二（か）レ辭《ハヽカ》り苦《クルシ》一フこと。（同　九　4/3）

ハヤシ（駃）

（一五）亂心輕く飄（ふ）こと、甚二し於鴻毛一よりも。馳（せ）散（り）て不《ず》レして停（まら）、駃《ハヤ》きこと過二（き）たり疾風一より。（一七　2/1～2）

（一六）是の業は能（く）令二衆生をして六道の中に受レ（け）しむること生を駃《ト》二く疾《ハヤ》し於箭一よりも。（二四　9/22）

「駃」は、大修館書店の『大漢和辭典』に、〔高正麟、說文字通〕から「西陽雜俎、河水色渾駃流、元好問詩、駃雨東南來、並以レ駃爲レ快。」を、〔元好問、詩〕から「駃雨東南來。〔自注〕駃、與レ快同。」を引いて、「②はやい。快に通ず。」と說く。

ハヤシには先例がある。

○ 婦負川《めひがは》の　早き（波夜伎）瀬ごとに　篝《かがり》さし　八十伴《やそとも》の男《を》は　鵜川《うかは》立ちけり（萬葉集　四〇二三）

○ 亦（た）以て障二へ疾《ハヤ》キ雨《アメ》一をも、暴《アラ》ク疾《ハヤ》キ諸の惡（しき）風を如レク是（の）得《ウ》二障翳一すること。（小川本願經四分律平安初期點　乙　2/22）

ハラバフ（顚匐）

（一七）或（るときは）藏竄（とかく）レ、或（るときは）投擲とナく。或（る）ときは顚匐とハラハヒ、隳落（とお）ツ（一六　8/21～22）

ハラバフには先例がある。

○ 山里の人の家に、嬰兒の女《むすめ》有り。中庭に葡匐《ハラハ》フを、鷲擒《と》りて空に騰《アカ》リテ、東を指《サ》して翥《ハフ》リイヌ。（日本靈異記

上第九）興福寺本訓釋「葡萄〈上音布反、下音福反、二合波良波不〉」日本古典文學大系本による。

ハル（挓）

（一八）從レ頭より剥レること皮を、乃至二（るまでにし）其（の）足一（に）、以二て五百の釘一を、釘二ツこと其の身一に、如レし挓《ハ》二るガ牛の皮一を、

（一六　8/5）

「挓」は、大修館書店の『大漢和辭典』に、「挓、タ、挓挓は、ひらくさま。〔集韻〕、挓挓抄。開皃。」と説く。本例では、「牛の皮を剥いで、たるみのないやうに廣げて、周りに釘を打って、なめし皮にするやうに」と言ふのであらう。ハルは「張る」である。

石山寺本『法華經玄贊淳祐點』に同種の例がある。

○　從二其（の）口中一より拔二（き）出（し）て其の舌一を、以二て百の鐵の釘一を々（ち）て而張《ハ》ル之。（六　17/7）

ハルカナリ（冐）

（一九）或（るは）作二（り）て薩陀婆一と、冐《ハルカ》二に渉《（わた）》（り）て嶮道の劫賊、師子・虎狼・悪獸一アるを、爲レの布二施（セ）むガ衆生一に故に、

懃（め）て求二（む）るに財寶一を、（一六　13/1）

「冐渉」は、大修館書店の『大漢和辭典』に、〔韓愈、送二靈師一詩〕から、「靈師不レ掛レ懷、冐渉道轉延。」を、〔宋史、交阯傳〕から「冐二渉風濤一。」を引いて、「風や波などををかしわたる。」と説く。これをハルカニ－ワタルと讀んだのは、加點者の誤讀であらう。

ハルカニには、先例がある。

○　緬《はルカ》に懷二（き）て空一寂一なるコトヲ、紹《ツ》二き宣《の》フルを妙法一（を）、以て爲二す大なる訓一と。（知恩院本大唐玄奘三藏法師表啓平安初期

點　1/13）

○況（や）佛教の幽《ハルカ》ニ微《クハシ》（き）をは、豈に能（く）仰《アフ》キ測《たはか》ラムヤ。（同　3/13）

○配《なラ》ニヒて兩儀ニと而同レシ（くし）久し（きことを）與ニに二耀《エウ》ニと而して倶に懸《はるか》なり。（同　3/27）

○出レ（て）ては家を寛（く）曠《ハル（か）》なること、猶（し）如ニ（し）虚空ニの。（石山寺本大般涅槃經平安初期點（丙）一一　11）

【ヒ】

ヒク（曳・援・挽・牽・控・掣）

（一）其心端直（な）るときは、易レし得レ勉《（まぬが）》レ（る）ること苦を。譬（へ）ば如ニし稠林より曳《ヒ》レくとき木を、直きは者易レきガ出（て）。（一三　12/18〜19）

（二）有ニレども若（し）失ニ（す）ること重寶ニを、無レし援《ヒ》ニくこと愁苦の毒ニを。（同　一七　2/13）

（三）有ニ（り）て一人ニ來（り）て入ニ（り）て池の中ニに、多く取ニる其の華ニを。堀《ト》ニリ挽《ヒ》キて根莖ニを、狼藉として而去（り）ヌ。（一七　5/2〜3）「狼藉」の右に「トラカス」の注あり。

（四）（羊（は）雖ニ（も）得レ（て）養（を）肥ニ（ゆと）、而無レ（し）脂。）牽《ヒ》レキて羊を與レフ王に。（一五　5/2）

（五）如《（い）マ》我（れ）今日に天地雖レ（も）曠しと、無レし所ニ控《ヒ》き告ニ（く）る。（一六　14/4）

（六）積レ（め）ること頭を如レし山の。血流（れ）て成レレリ池と。鵰鷲・虎狼、各（の）來（り）て諍《（あらそ）》（ひ）て掣《ヒ》く。（一六　6/20）「掣」の訓「ヒク」のク不確實。大東出版の『國譯一切經』も「掣《ひ》く」と讀む。

ヒクには、多くの先例がある。

○上野《かみつけの》　可保夜が沼の　いはゐつら　引かば（比可波）ぬれつつ　我をな絶えそね（萬葉集　三四一六）

○寒時ニ曳《ヒ》キ蒙《カツ》ク綿（の）端ハ西國（の）所レ（なり）出（す）。（東大寺諷誦文稿　325）

○或人同伴、曳《ノ》レへ（て）手（を）挽《ヒ》キ起（すときに）、方始醒覺。（黑板本金剛波若經集驗記平安初期點　複製本　一18）

○純乃毆レ鬼一下、鬼等大怒、曳《ヒキ》其落馬、因大卽悶絶、（同　複製本　一32）

○其賊曳《ヒキ》ニ將て別處一に恠て而惱《イカ》りて之を更（に）斫ニル數刀一を。（石山寺本金剛波若經集驗記平安初期點　複製本　7）

○若（し）得ニタラば織レル皮（の）車一を、除ニ（き）て皮繩・髮繩一を、餘のは得レむ・とのたまふ蓄することを。不レ知ニ（ら）何人にカ應レ（き）といふことを牽ク。（小川本願經四分律平安初期點　甲　12/10）

○彼（の）犯戒の比丘い挽《ヒ》レキて繩を開レ（け）て嚮を、取ニ（り）て比丘の衣鉢・鍼筒・坐具一を去（リ）ヌ。（同　乙　4/25）

○雖下（も）引ニキヌ衆多の世間の譬喩一を、種種の方便上をすと、（東急記念文庫本大乘廣百論釋論承和點　10/1）

ヒザマヅク（跪）

（七）鹿王旣（に）至（り）て、跪《ヒサマツ》きて白ニ（し）しく人王一に、「……日に送ニ（り）て一鹿一を、以て共ニ（せ）む・とまうす王厨一に。」（一六　13/19～21）

ヒザマヅクには、先例がある。

○明かに知る、是れ我が先の父母なることを。卽ち長跪《ヒザマツ》キテ拜す。（日本靈異記　上第一八話、興福寺本訓釋「長跪〈二合　比左末川支天〉」）日本古典文學大系本による。

○茲に船人大に惶り、長跪《ヒサマツ》キテ白して言はく、「犯せり。服《ウヘ》ナリ」といふ。（同　中第二七話、國會圖書館本訓譯「長跪〈ヒサマツキテ〉」）同

東大寺本『地藏十輪經』元慶點には、「跪」をヒザマヅクと讀んだ例がある。

○（醉象）懺謝し悲-號（し）て跪《ヒサマツ》（き）テ伏《フ》ニセツ於前一に。（四　12/8）

ヒシ（釵・鏘）

（八）鐵の釵《ヒシ》を（も）て相（ひ）釵《サ》シ、鐵の棒を（も）て相（ひ）棒（う）（ち）、（一六　5/26）「棒」の右に「丁也」の注あり。「打」の意なるべし。

（九）人在ニ（り）て鑊の中一に……皮肉相（ひ）離（れ）たり。……以レて釵《ヒシ》を釵《ツ》き-出す（同　7/21）

（一〇）若（し）橛《クヒ》、若（し）鏘《ウハラ》を（も）て傷レし人を、（同　9/21〜22）「鏘」の左に「叉、ヒシ」の訓あり。

ヒシは、『倭名類聚抄』に、「叉、六韜云、叉〈初牙反〉兩岐鐵柄長六尺、文選叉簇〈讀比之〉今案簇卽鏃字也。」とあり、三省堂の『時代別國語大辭典　上代篇』に、「竿の先にとがつた金屬をつけて魚を突き刺して捕る道具、またはさきが二股に分かれたさすまたに類する武具をいう。」と說く。

ヒツジ（犀）

（一一）八萬四千の白象を、犀《ヒツジ》の甲と金とを（も）て餝《カサ》り珞《マツ》ヒ、以ニて名寶一を建ニて大金幢一を、（一一　20/16〜17）

「犀」は、觀智院本『類聚名義抄』に「犀〈音西《セイ》、此間音サイ〉」とあり、古くからサイと音讀みにしてゐたらしい。これをヒツジと讀んだのは大變な誤讀である。

ヒト（人・者）

〈第五章、第一節、形式名詞〉用例（五二）〜（五七）參照。

ヒトリ（獨）

（一二）所施の財者（は）、從ニ（ひ）て因緣合一するに有（り）。无レし有ニること一法として獨リ可レきもの得ツ。（一一　19/14〜15）

（一三）常(に)獨ﾘ思惟(す)ラく、「天下に誰ｶ能(く)善(く)爲二呪術一し、能く轉二し其の心一を、令下復《カヘ》二して本位一に歡樂すること如上レくあら(し)めむ・と初の。」（一七　7/27～8/1）

（一四）我レ欲三フ度二脫(せ)むと一切衆生一を。云何ぞ獨ﾘ取二(ら)む涅槃一を。（一八　17/12～13）

（一五）獨ﾘ佛のみ能(く)盡(くし)て遍く知(しめすが)故(に)、言二不共法一といふ。（一六　25/16）

ヒトリには、多くの先例がある。

○八田の　一本菅は　獨り（比登理）居りとも　天皇し　よしと聞こさば　獨り（比登理）居りとも（古事記歌謠六六）

○春去れば　まづ咲く宿の　梅の花　獨り（比等利）見つつや　春日暮らさむ（萬葉集　八一八）

○虚(しき)尸(は)殘二(り)留(り)荒(れたる)野一(に)、孤《ヒト》(りある)魂(は)馳二(せ)三途一(に)、（東大寺諷誦文稿　317）

○掩《オ(ほ)》二ヒて胥-庭一を而獨《(ひと)》り歩(みたま)へり。（知恩院本大唐玄奘三藏法師表啓平安初期點　1/9）

○區々たる梵-衆獨《ヒ(と)》り荷二ヒ恩の榮一を、蠢-々たる迷-生(の)方に超《コユ》二ルのみにならむ(む)ヤ塵累一を而已。（同　3/29）

○又、非三ず他宗の獨(り)所レを許せる因として、能(く)立二するものには所立一を。一《ひと》りに(は)不レが成(ら)故(に)。（根津美術館本大乘掌珍論承・嘉祥點　3/17）

○我見二れば佛の身相一を、猶し如二(く)います紫金山一の。妙相衆德滅(し)たまひたり。唯し有二リ名のみ獨ﾘ存一せること。（石山寺本大智度論第一種點　二　8/12）

○不レ見レ有二(り)と一りの定(ま)れる衆生一。（同　九〇　13/5～6）

ヒヒル（蛾）

(二六)〈アの(三五)アリ〉の項參照。

ヒヒルは、『倭名類聚抄』に、「蛾、說文云、蛾〈音峨、和名比々流〉蠶作飛蟲也。」とあるやうに、いはゆる「ガ」のこと。先例がある。

○　愛欲の火、心身を燋《や》くと雖も、淫《たは》れの心に由りて、穢《きたな》き行《わざ》を爲さ不《ざ》れ。愚人の貪《ふけ》る所は、蛾《ヒヒル》の火に投《い》るが如し。

（日本靈異記　下　第一八話）國會圖書館本訓釋「蛾〈比ゝ留〉」日本古典文學大系本による。

後續資料で。「蛾」をヒヒルと讀んだ例。

○　蠶《カヒコ》・蛾《ヒヽル》飛ヒ盡(し)て、乃(し)得レ治《な》レ(る)ことを繭に。（興聖寺本大唐西域記平安中期點　14/7）「治」の右に「作也」の注あり。

【フ】

フ（逕）

(一)　鹿王逕《ヘ》ニ到る王門一に。（一六　14/8）

三省堂の『時代別國語大辞典　上代篇』に、「ふ【經・歷】（動下二）時が過ぎる。經過する。」として、「時が過ぎる」例を擧げた後、「【考】空間的にある場所を經由する意に用いた「河所レ經《フル》也」（遊仙窟眞福寺本）などの例はまれであるが」と補足してゐる。本例は、その希な例の初出例のやうである。後續資料に次の例がある。

○　歷《ヘ》ニテ數《(あま)タノ》川越一ヲ行(く)こと三百餘里、（興聖寺本大唐西域記平安中期點　3/7）

フクロフ（鵂）

(二)　ア(三五)アリの項參照。

フクロフは、『本草和名　下』に、「鴟目、一名梟、一名鵂、……和名布久呂布。」『倭名類聚抄』に「梟、説文云、梟〈古尭反、和名布久呂不、辨色立成云、佐介〉食父母不幸鳥也。……。」とある。

フム（蹂）

(三) 譬（へば）如レし蹂レ（む）ガ場を。聚レ（め）て肉を成レレリ積と。積レること頭を如レし山の。（一六 6/19）「蹂」の左に「フム」の訓あり。

フムには、多くの先例がある。

○夏草の　あひねの濱の　蠣貝《かきかひ》に　足踏ますな（布厩須那）　明かして通れ（古事記歌謡 87）

○妹に逢はず　あらばすべなみ　磐ね踏む（布牟）　生駒の山を　超えてぞ吾が來る（萬葉集 三五〇〇）

○追（ひ）て慙《は》チ戰《オソ》リ悸《かシコマ》ルこと、若レシ履《フ》ニムガ氷れる谷一を。（知恩院本大唐玄奘三藏法師表啓平安初期點 2/1〜2）

○章-亥か之所ニは踐《ヨ》ミ藉一（り）し、空レし陳《の》ニフ（る）こと廣袤一（を）。（同 2/20）

○用（ゐ）て成ニして於梯《タイ》一と蹬《フ》みて、可三（か）ラむときに昇《アカ》ニり上《ノホ》ル天宮一に、（西大寺本金光明最勝王經平安初期點 一 9/13）

○而ルモノヲ不《ず》レして行ニ（せ）其の法一を國人皆破散すること、如三ク（あらし）むルに象の踏《フ》ニむガ蓮池一を、（同 八 13/15）

フル（故）上二段活用

(四) 人の著ニるとき新衣一を、初（め）著る日（に）若（し）不レは故《(ふ)》リ、第二日（にも）應レし不《ず》レ（ある）故（り）。（一九 10/16）

フルは、古くなること。先例がある。

○あをによし　奈良の都は　古り（布里）ぬれど　もと霍公鳥　鳴かずあらなくに（萬葉集 三〇一九）

後續資料に「陳」をフルと讀んだものがある。

○其の樹陳《フ》リ朽（ち）て、皮膚枝葉、悉（く）皆脱落（す）。（東大寺本大般涅槃經平安末期點　三九　14/1）

フルフ（奮）

（五）（譬（へば）如下（く）……）卽（ち）從レ地より起（ち）て奮《フル》二ヒて其の智力一を、絶二一踴トアカリて間【をは】關（の）徑一（を）得中ッ・（とい）フガ
自（ら）濟上（ふこと）、（一四　5/3〜4）

小學館の『日本國語大辭典』に、「【一】他ワ五（八四）④（奮）勇み立たせる。勵ます。氣力をわき起こさせる。」として、本例を引用してゐる。（用例は大坪提供）

後續資料で「奮」を他動詞四段に活用させたものに、次の例がある。

○奮《フル》二（ひ）電鞭一を騁二にす電輜一を。（上野本漢書揚雄傳天暦點　195）

○奮《フル》二ヒて止觀の翅一を、搏《ト》二ル天人龍一を。（東急記念文庫本大日經義釋延久・承保點　三23ウ）

【へ】

ヘダツ（鬲）

（一）身生二して毛一羽一に、鬲《ヘタ》二テ諸の細滑一を嘴距《ロバシアコエ》麁く靭くして、（一六　3/22〜23）「靭」の右に「强也」の注あり。

「鬲」は「隔」に通じてゐる。「細滑をへだつ」とは、「細滑」とは距離がある、無縁といふことか。ヘダツには、先例がある。

○月見れば　同じ國なり　山こそは　君が邊りを　隔てたりけれ（敏太弖多里家禮）（萬葉集　四〇七三）

【ホ】

ホコ（梢）

(一)手に捉二(り)て利刀一を、互に相ヒ割(き)剥き、以レて稍《ホコ》を相(ひ)刺《ツ》き、(一六　5/26)「稍」は、原文「梢」、文意によって訂正。

ホコには多くの先例がある。

○八千矛の(夜知富許能)神の命は　八島國　妻枕きかねて(古事記歌謡　2)

○神將二刀稍《ホコ》一刺二其肋下一。(黑板本金剛波若經集驗記平安初期點　複製本　一　21)

○高門列レ戟《ホコ》、如二大州門一。(石山寺本金剛波若經集驗記平安初期點　複製本4)

○紺色(の)刀《タチ》・鉾《ホコ》・幡―蓋、紺の色の珠―毛拂、(岩淵本願經四分律平安初期點　12/12)

○各に持(も)二たまひたり弓と箭と刀と稍《ホコ》と斧と、長キ杵と鐵の輪と并て羂索一とを。(西大寺本金光明最勝王經平安初期點　七　14/17)

○放レチ箭を穳《ツ》レキ矛《ホコ》(を)、(石山寺本瑜伽師地論(A)平安初期點　一三　7/8)

ホコル(驕―泆)

(二)譬(へば)如下く……其の人驕―泆《ホコ》リて、立二(ち)て瓶の上一に舞(ひ)しカば、瓶卽(ち)破壞(して)、一切の衆物亦(た)一時に滅上(し)き・といふガ、(一三　2/27～3/11)「舞」は原文「木＋舞」、『大正新脩大藏經』によって訂正。

ホコルには先例がある。

○これを除《お》きて　またはあり難し　さ並べる　鷹は無けむと　情には　思ひ誇りて(於毛比保許里弖)　笑《ゑま》ひつつ　渡る間に、(萬葉集　四〇一一)

後續資料の例。

○慢といふは者、……不畏也。倨《ホコ》ルゾ也。或(は)爲二レリ嫚の字一に。(石山寺本妙法蓮華經玄贊淳祐點　三　31/21～22)

○ 一（は）憍、恃二（み）て族姓と色力と聰叡と財富一とを而醉ヒ逸《ホコ》ル人ゾ也。（同　六　14/11〜12）

○ 譬（へば）如三く大王の慢《ホコ》ニルが小王一を、解脱は不《ず》レ爾には（あら）。（東大寺本大般涅槃經平安末期點　五　12）「慢」に別訓「アナツル人ガ」あり。

ホソメス（細-視）

〈㈢「ぬ」㈠ヌカメス（細視）〉の項參照。

ホソメは、小學館の『日本國語大辭典』に、『承應版狹衣物語　三　上』から「細目開けて首筋引立ててをれかへりをれかへり彈く側顏の」を引いて、「細く開いた目」と說き、日本古典文學大系本では、「母代「いなごまろは、拍子うち、きりぎりすは」など、細めつゝ、首筋引き立てて、」の頭注に「眼をほそめながら」と解釋してゐる。本例の場合は、「種種の姿媚を作り」の一部であるから、單に眼を細めるだけでなく、人を誘惑するための媚態なのである。「狹衣物語」の例も、母代が品を作つてゐる姿ではあるまいか。

ホトホト（幾）

㈢ 衆人の恡（しひ）て言（はく）、「汝は失二（ひ）て財物一を裸形にして得レタリ[と]脫（るる）こと。云何ぞ喜（ひ）て言三幾《ホトホト》に失二（ひつる）カナ・といふ大寶一を。」（一三　7/18）

「ほとほとに大寶を失ひつるかな」とは、「すんでのことに、命を失ふところだつたな。」といふこと。小學館の『日本國語大辭典』に、ホトホトの意味について、「①すっかりそうなるわけではないが、事態が進んで、それに非常に近い狀況になるさまを表す。もう少しのところで、すんでのことに。あやうく（……するところだ）。ほとんど。②まったくというわけではないが、比較的に見て大體そういう狀態であるさまを表す。おおかた。あらかた。ほとんど。」

として、本例（大坪提供）を②の例として取り扱ってゐるのは、誤りである。

ホトホトには、先例がある。

○歸りける　人來れりと　言ひしかば　ほとほと（保等保登）死にき　君かと思ひて（萬葉集　三七七二）

ホノカナリ（怳惚・斐亹）

(四) 十七者、不《ず》レ敬二（は）伯叔、及尊長一を。何以故、醉悶し怳惚《ホノカ》ニシテ、无レき所レ別る故（になり）。（一三　16/6～7）別訓「怳惚《(ほのか)》（な）るときに」

(五) 是の比丘は斐亹《ホノカ》ニ見二（たてまつ）り佛の光明一を（又、識二（りて）佛（の）音聲一（を）、白レ（して）佛（に）言（さく）、）（二六　7/5）

「怳惚」は、大修館書店の『大漢和辭典』に、〔宋玉、神女賦序〕から「晡夕之後、精神怳惚、若レ有レ所レ喜。〔注〕善曰、怳惚、不二自覺一之意。」を引いて、「①うっとりするさま。」と説く。「斐亹」は、同じ辭典に、〔孫綽、遊二天臺山一賦〕から「彤雲斐亹以翼レ櫺。〔注〕善曰、斐亹、文貌。」を引いて、「文彩あるさま。」と説く。(四)の「怳惚」は、酒に醉って、思慮分別を失ひ、ぼんやりしてゐる狀態で、これをホノカニと言ふのはよいが、(五)の「斐亹」は、佛の發する明るい華やかな雰圍氣を指してゐるから、これをホノカニと言ふのは當たらない。

ホノカナリには、先例がある。

○聊《いささ》か側《ホノカ》ニ聞くことを注《しる》し、號《なづ》けて日本國現報善惡靈異記と曰ひ、（日本靈異記　上序文）興福寺本訓釋「側〈保乃加爾〉」日本古典文學大系本による　後續資料で同じく「側・怳忽」をホノカニと讀んだ例、

○側《ホノカ》ニ聞《キ》二、餘論一を、考二フルニ厥の衆謀一を、（興聖寺本大唐西域記平安中期點　17/18）

○怳忽として如レ（し）睡（れるが）。（前田家本冥報記長治點　23オ）「怳忽」の左に「ホノカナルナリ」の訓あり。

ホフル（享）

㈥　有二リ二の銅鑊一。……醎く沸《たき》（れ）る水中に滿（て）リ。羅刹鬼獄卒以二て罪人一を投レ（く）ること中に、如二し厨士の享《ホフ》一レ（る）ガ肉を。

（一六　7/18～19）

「享」は、大修館書店の『大漢和辭典』に、「①すすめる。みつぐ。②もてなす。③祭る。祀る。④春の祭り。⑤祫祭。⑥あたる。うける。食む。應ずる。⑦やしなふ。」とあり、本例に當てはまるものがない。本例は、文意からすれば、料理人が沸騰する湯か油の中に、肉片を投げ込む樣を言ってゐるのであって、ホフルは、まさに現代口語のホウリコム意味ではないか。小學館の『日本國語大辭典』には、「ほうる。はフル【放・拋・投】［他ラ五（四）］（「はふる（放）」の變化したもの。）①遠くへ投げる。投げる。また、むぞうさに投げる。」として、文明本節用集から例を引いてゐる。訓點資料に用ゐられるホフルには、「割・屠」をホフルと讀むものがあって、左記のやうに用ゐられてゐるが、本例のホフルとは別であらう。

○　割《ホフ》レ（りて）身を濟二（ひ）たまヒ父母ガ命一を、（東大寺諷誦文稿　5/11）

○　年十九時、屠《ホフリ》二宰《サカ》テリ猪羊之命一、（石山寺本金剛波若經集驗記平安初期點　複製本27オ）

○　我が子を誰ぞ屠《ホフ》リて割《キ》リて、餘レして骨のみを散《とら》二ケたる干地一に。（西大寺本金光明最勝王經平安初期點　一〇　6/26）

ホル（穿）

㈦　一切の人は以レて財を自活す。而（る）ものを、或（る）ときは穿《ホ》リ踰《コ》エて盜（み）［二］取（る）は、是れ最も不淨なり。（一三　10/1～2）

「踰」の訓コエテは左。右にワタリの訓あれど消す。

「穿踰」は、大修館書店の『大漢和辭典』に、「穿窬に同じ。」と言ひ、「穿窬」を見ると、〔荀子、賦〕から「不レ盜不レ竊、穿窬而行。」を、〔法言、淵騫〕から「呂不韋之盗、穿窬之雄乎。」を引いて、「壁をうがち牆を超えて、竊盗を行ふこと。こそどろぼう。」と説く。すなはち、本例のホルは、壁に穴をあけることである。

ホルには、先例がある。

○　佛造る　眞朱《まそほ》足らずは　水たまる　池田の朝臣《あそ》が　鼻の上を掘れ（穿禮）（萬葉集　三八四一）

○　若(し)有二(らば)大なる樹の株《クヒセ》、若(し)石一、應二し掘《ホ》リ出一(す)。（小川本願經四分律平安初期點　乙　14/18）

○　聽三(す)……鑿《ホ》レリて坑《アナ》を安二(く)こと大小便の處一を。（同　15/21）

○　其僧遂取レ杖抉《クシリ》看、撥《ハラヒ》二却木葉一、見二一濕地一、（黑板本金剛波若經集驗記平安初期點　複製本一　20）「クシリ」の下に「又　ホル」の訓あり。

【マ】

マウス（言・白、補讀）

〈第一節、敬語、二　謙讓の動詞〉、用例（三）～（一六）參照。

マガマガシ（妖穢）

(一)　（廻レ(して)面(を)攝レ(め)眼(を)、美言(をもて)妬瞋(す)、）行き歩み妖《マカ》穢《マカ》シくして、以て或《まと》二(は)す於人一を。（一四　13/26）「マカマカシ」の第一字不確實。

マガマガシは、小學館の『日本國語大辭典』に、「【禍禍・凶凶・曲曲】（形シク）①災いを招くようである。いかにも災厄を招きそうである。不吉である。いまわしい。縁起が悪い。不祥である。」として、『多武峰少將物語・枕草紙』の例を擧げてゐる。本例は、其れより遥かに早く、マガマガシの初出例であるらしい。なほ、観智院本『類聚名義抄』

にはマガマガシを收めない。

マクラ（枕頭）

（二）〈タタム〉の項（八）參照。

マクラには、先例がある。

○ 直《たた》に逢はず　在らくも多く　敷栲《しきたへ》の　枕（麻久良）離《さ》らずて　夢にし見えむ。（萬葉集　八〇九）

マサニ（當）

（三）〈第四章、二、可・當・應・宜・須・肯〉の項、用例（二）〜（六）參照。

マジロク（頓時）

（四）〈ヌカメス〉の項（二）參照。マジロキは、「頓‐睖」の左に書き附けられてゐる。大修館書店の『大漢和辭典』に「睖」は、「睞に同じ。」、また「睞」は「囁に同じ。」として、〈集韻〉から「囁、目動貌、或作睞・睫。」を引いて、「またたく」と讀んでゐる。マジロクは、小學館の『日本國語大辭典』に、「まばたきをする。またたく。まばたく。」と說く。

マジロクには、先例がある。

○ 三日三夜、目不二交睫《マシロカス》一。（黑板本金剛波若經集驗記平安初期點　複製本　一 20）「睫」は、原文「目十夊十庚」

○ 目瞤《マシロ》キ乳動（き）つ、、異二に常の時一に、（西大寺本金光明最勝王經平安初期點　一〇　5/17）

マタシ（完）

（五）卽（ち）復（た）完く堅（く）なりて、受レ（くる）こと罪を如レし初の。（一六　10/23）「完」の右に「全也」の注あり。

マタシには、先例がある。

○　唯(た)菩提樹(の)下ノミ堅《ツヨ》(く)完《マタ》(くして)而不二振(ひ)裂一(け)。(東大寺諷誦文稿　391)

比の人は有《あ》二ること淨戒等の功德成熟一せること、猶し如三し完キ器の堪二任せるが受ケ盛《(い)》一ルに。(東大寺本成實論天長點　一一　14/13)「完」の右に「全也」の注、「盛」の右に「入ル」の訓あり。

○　若(し)使《シ》三メテセバ我が兒に重《マタ》二クアラ壽命一を、縱ひ我が身は亡(せ)ヌとも不レ爲《セ》レザラマシ苦とは。(西大寺本金光明最勝王經平安初期點　一〇　6/6)

マダス(遺)

(六)　佛は不《ず》レ須レ(ゐたまは)物をは。佛寶・天寶をすら尙(し)亦(た)不《ず》レ須(ゐたまは)。何況(や)人寶をは。以レ(て)の不《ヌ》レを須(ゐ)故(に)不《ず》レ遺《マ》(た)シたまは。(一〇　10/1〜2)マ(た)シのマ不確實。

マダスの完全な附訓例は、後續資料の龍光院本『妙法蓮華經』明算點に見える。

○　皆遺《マタ》二して侍者一を、問二-訊(したまは)むとして釋迦牟尼佛一を、(四　26/15)「マタして」のタは不確實。

○　諸佛遺《マタ》レシたまふこと使を亦復(た)如レ(し)是(の)。(四　27/2)

マダラナリ(六駮)

(七)　見レ(れ)ば合會大地獄(の)中一を、惡羅刹・獄卒は作レレリ種種の形一に。牛馬……師子・六駮《マタラ》ナル大象・鵰鷲・鶉鳥なり。作二(り)て種種の諸の鳥獸の頭一と、而來(り)て呑二噉し、齩三齧し齟四掣す罪人一を。(一六　6/14〜15)「大象」を大正新脩大藏經に「大鳥」に作る。

「六駮」は、大修館書店の『大漢和辭典』に、〔秦風、晨風〕から、「山有二苞櫟一、隰有二六駮一。[傳]駮、如レ馬、倨牙、食二虎豹一。〔疏〕言二六駮一者、王肅云、言レ六、據レ所レ見而言也。」を、〔左思、呉都賦〕から、「驀二六駮一、追二飛生一。〔注〕翰曰、六駮・飛生、皆獸名。」を、【北齊書、張華原傳】から「山中忽有二六駮一、食二猛獸一。」を引いて、「①六匹の駮。駮は猛獸の名。馬に似て、體白く尾黑く、虎豹を食ふといふ。一說に、六駮を猛獸の名とし、又一說には、馬の名とする。」と說く。「六駮大象」は、「六駮」と「大象」とで、「六駮」は猛獸の名である。「六駮」を「大象」の修飾語と見たのも、これをマダラナリと形容動詞に讀んだのも誤りである。ところが、觀智院本『類聚名義抄』を見ると、「駮〈布角反、六-獸、似鳥、ブチムマ、マダラカナリ、アユミス、アキラカ〉」とあって、「六駮」を鳥に似た獸の名としながら、別にブチウマとも、マダラカナリとも讀んでゐる。本例の誤讀が尾を引いてゐるうやうである。なほ、野口恆重編『字鏡集』には、應永本に「駮《マタラナリ》」の訓を收めてゐる。

マヅ（先）

（八）女先ッ遺レ（り）て信を白レ（し）しく王に、「王可レし・と觀二たまふ我ガ知-能一を。」（一七 10/7〜8）

マヅには先例がある。

○ 春されば まづ（麻豆）咲くやどの 梅の花 ひとり見つつや 春日暮らさむ（萬葉集 八一八）

○ 轉倫聖王先《マツ》爲二に衆生一の說二（きたまふ）十善の法一を。（白鶴美術館本大般涅槃經集解平安初期點 14/7〜8）

マハカス（臠）

（九）我本（と）觀レき欲を。欲をは爲二す怖畏憂苦の因緣一と。欲をは爲二す少樂多苦一と。……譬（へ）ば如二し林樹の四邊に火起一るときノ。……如レし舐二るガ蜜（を）塗（れ）る刀一を。如二し四衢の臠《マハカ》シタる肉一の。（一七 13/18〜14/2）

「臠」は、大修館書店の『大漢和辭典』に、〔說文〕から「臠、一日、切肉也。」を引いて「①きりみ。きり肉。」と解く。「四通八達の往來に置かれた切り肉のやうなものでほしがっても無駄だ。」といふことらしいが、マハカスは辭書に見えない語である。私の誤讀であらうか。

【ミ】

ミカ（甕）

（一）如三し華を覆二（へ）るガ不浄一に。如三し蜜を塗二るガ毒の甕《ミカ》一に。（一七　14/2～3）

ミカは、『新撰字鏡』に、「甕〈鳥共反、去、合熟酒之器也。美加。〉」とある。

ミダリテ（妄）

（二）云何ぞ妄（り）て言下持二ッ一日の戒一を功德福報は、必（ず）得上レムトイハム如レく我ガ。（一三　20/17～18）

（三）於二音聲の中一に、妄（り）て生二す好樂一を。（一七　4/2）

『日本靈異記』興福寺の訓釋に、「然れども愼黄泉の事を妄《ミタリ》ニ宣べ傳ふること勿れ。」（上第三〇話、興福寺本訓釋「妄〈見太利爾〉」）（日本古典文學大系本による）として、ミタリニと讀んでゐるが、他の先行資料にはミダリテとあって、この方が古い。

○　唯（た）有二（り）て幻事一のみ、惑二して人の眼目一を、妄りて謂《おも》二ハシメたり象等及諸倉庫一と。（西大寺本金光明最勝王經平安初期點　五　10/26～27）

○　識は如二（く）して幻化一の、非二ず眞實一に。依二止して根據一に妄りて貪-求（す）ラクのみ。（同　同　6/8）

○　知二（る）といふは想の相一を者、是の想は如三（し）とする炎においで水不可得なるに、而も妄（り）て生二すが水といふ想一を、是を爲レす知二ると想の相一を。（石山寺本大智度論第一種點　九〇　4/21～22）

ミツ（有）

㈣　婆羅捺國の山の中に有二(り)き仙人一。……淫心即(ち)動(き)て、精を流二(し)ッ槃中一に。麀-鹿飲レ(み)て之を、即時に有《ミ》レチヌ身。滿レ(ち)て月生レ(れ)ヌ子。形類は如レし人の。（一七　8/19〜22）「有」の訓ミチのミは不確實。モとも讀みうる字體。

「有身」は、妊娠することで、ミゴモルと讀むのが普通であるが、本例はミチヌ（またはモチヌ）と讀んでゐる。

ミツ（塡）

㈤　諦(か)に視二觀するときは之一を、不淨塡《ミ》チ積(り)ヌ。（一四　14/5）

ミツには先例がある。

○　阿胡《あご》の浦に　船乘りすらむ　娘子《をとめ》らが　赤裳の裾に　潮滿つらむ（美都良武賀）（萬葉集　三六一〇）

○　二更將レ盡、雨逫滂《ハヒコ》リ沱《ミ》チヌ（黑板本金剛波若經集驗記平安初期點　複製本下二　8）

○　世尊の容儀は洪《おほ》きに滿(ち)て、端-直と(なほ)し。（高山寺本彌勒上生經贊平安初期點（朱）15/24）「滿」に白點「……とミチ」、「端直」に白點「とナホシ」あり。

白點は「洪滿とミチ、端直とナホシ」と文選讀みにしてゐる。

○　資産財寶皆悉ク豐かに盈《み》テラむ。（西大寺本金光明最勝王經平安初期點　六　2/27）

ミツマタ（三股）

㈥　手足長く大(き)に、口より出二し惡聲一を、捉《ト》二リ三股《(み)ツマタ》ナル釵一を、箭の墮(つ)ること如レくして雨の、（一六　7/2）「股」は原文「般」、大正新脩大藏經によって訂正。

ミツマタは本例が初出である。觀智院本『類聚名義抄』に、「戟」を、ミツマタナル-ホコと讀んでゐる。

ミミクソ（結聹）

（七）是の身は九の孔より常（に）流㆓る不淨㆒。眼よりは流㆓レ眵《メクソ》涙㆒、耳よりは出㆓デ結〔耳〕-聹《クソ》㆒、鼻の中よりは涕《（な）ミ（た）》流レ、（一九 6/26〜27）

「聹」は、大修館書店の『大漢和辭典』に〈集韻〉から「聹、耵聹、耳垢也。」を引いて、「①耳あか。」と說く。『倭名類聚抄』には、「聹」を「耵、孫愐云、耵〈音頂〉、聹〈乃梃反〉耳垢也。〈和名美々久曾〉」と、ミミクソと讀み、『大般若經字抄』にも同じく、「聹」を「聹〈原文月偏〉〈音寧、ミ、クソ〉」とミミクソと讀み、觀智院本『類聚名義抄』には、「耵聹・聹」を、「耵聹〈上音頂、下乃給反、ミ、ミタリ、ミ、クソ、ミ、ノヤマヒ〉」、「聹〈原文 月偏〉〈俗聹字、故頂反、ミ、クソ〉」と讀んでゐる。

ミミズ（蚓）

（八）〈アリ（蟻）〉の項（二五）參照。「ミミズ」の二字目不確實。

ミミズは、『本草和名』に「白頭蚯蚓、一名土龍（中略）和名美々須。」、『倭名類聚抄』に、「蚯蚓、唐韻云、蜿蟮〈苑善二音〉蚯蚓也。本草云、蚯蚓〈丘引二音、和名美々須〉」とある。

ミミヅク（角鴞）

（九）〈アリ（蟻）〉の項（二五）參照。

『倭名類聚抄』に「木兎」をミミヅクと讀んでゐる。「兎、爾雅注云、木兎〈和名都久、或云、美々都久〉似鵄而小、兎頭毛角者也。」

【ム】

ムカシ（昔・曾）

（一）昔し野火燒レ（き）キ林を。林の中に有二（り）て一（は）の雉一、懃レ（め）て身を自力（をも）て、飛（ひ）て入二（り）き水の中一に。（一六 14/27～15/1）

（二）釋迦文尼佛（は）先世に曾し作二（り）て賈客の主一と、將《ゐ》二て諸の賈人一を、入二（リ）キ險難（の）處一に。（一六 1/5～6）

ムカシには多くの先例がある。

○移り行く 時見るごとに 心いたく 昔の（牟可之能）人し 思ほゆるかも（萬葉集 四四八三）

○汝往《ムカシ》某年月某日、共二州人一分二我頭脚一、各々食《ハ》レムテシハ之、（黑板本金剛波若經集驗記平安初期點 複製本 下 一 31）

○生平《ムカシ》亦數《アマタ》造二功德一。（同 複製本 下 二 2）

○此の處には由來《ムカシ》より无レし水い。（石山寺本金剛波若經集驗記平安初期點 複製本 7）

○參《アヒ》識て後に、便同二しクス疇昔《ムカシ》一に。（同 同 11）

○曾シ從二（ひ）たてまつりて諸佛一に、聞二けレバナリ方便の所說の法一を。（唐招提寺本妙法蓮華經平安初期點 6/17）

○世尊の身相は……嘗《ムカシ》より无二し厭レ足一。（高山寺本彌勒上生經贊平安初期點 18/4）

○是が中に諸天子（の）曾シ見レ（たてまつ）れる佛を者《ひと》、歡喜し踊躍して、作二（して）是の念一を言（は）く、（石山寺本大智度論第一種點 六七 9/30）

ムクロ（體）

（三）〈アナスヱ（胤）〉の項（一三）參照。

「體胤」二字で「後裔・子孫」の意味と思はれるが、加點者は二字を別々に讀んだのであらうか。ムクロの假名書き例としては、本例が初出である。観智院本『類聚名義抄』には、「身・質」にムクロの訓を収める。

【メ】

メクソ（眵涙）

（一）〈ミミクソ〉の項（七）參照。

メクソは本例が初出らしい。『大般若經字抄』に「瞄〈メクソ〉」、『倭名類聚抄』に「眵、唐韻云、眵〈充支反、和名米久曾〉目汁凝也。」とある。

メグル（廻）

（二）欲レシ[す]至二（ら）むと餘の處一に、廻《メク》リ往（き）て趣レ（き）たまふ之に。（二一六　13/22～23）

メグルには先例がある。

○世尊の顏容は常に小くシて不レ老《ず》いたまは。好く巡《メク》二リたまふ舊《もと》の處一に。（高山寺本彌勒上生經贊平安初期點　18/23）

○四は水踊きて繞《メク》レリ梁《（は）リ》に、門の外に生レせり花を。（同　8/16）「繞」の訓メクリは白點。

○由二（り）て此の經王の力一に、流レ（し）て暉を遶《メク》二る四天一を。（西大寺本金光明最勝王經平安初期點　九　6/6）

メヅラシブ（珍）

（三）守レる薗を人晨朝に見レて之を、奇二（し）ヒて其レ非常一なりと、卽（ち）送二與《たてまつ》る王一に。王珍《メツラシ》二ヒたまふ此の菓の香色殊異一（な）るを。（一七　5/23～24）

メヅラシブは、小學館の『日本國語大辭典』に、めずらしいと思う。賞美すべきものと思う。」として、本例を擧げてゐる。（大坪提供）他に例を見ない孤例なのであらうか。

【モ】

モ―アレ

(一) 若(し)貴(く)も(あ)レ、若(し)賤(しく)も(あ)レ、若(し)小(さくもあ)レ、若(し)大(きくもあ)レ、行二フは此の淨戒一を、皆得《う》二大利一を。（一三 2/3〜4）

(二) 一切の法は、若(し)亂にも(あ)レ、若(し)定(に)も(あ)レ、皆是(れ)不二の相なり。（一七 24/16）

モシ（滋茂）

(三) 大王仁を及二(ぼ)すに群鹿一に、人として無二し犯する者《ひと》一。但(た)有二リ滋―茂《モ》一きこと(のみ)。何ぞ有二(ら)む盡(く)る時一。（一六 14/10〜11）

モシには先例がある。

○ 水傳ふ　磯の浦廻《うらみ》の　岩躑躅《いはつつじ》、茂《も》く（木丘）咲く道を　また見なむかも（萬葉集　一八五）

モシ（若・如・爲）

(四) 〈第四章、一、若・如・爲〉の項參照。

モツ（携）

(五) 有る人は病差(え)て、雖二(も)能く行歩坐起一すと、氣力未《ず》レ足(ら)、不《ず》レ能二は造事施爲、携《モ》レチ輕(き)を擧レ(く)ること重(き)を。

……有る人(は)雖二(も)病得レて差(ゆる)こと、能(く)擧レ(け)重(き)を携《(も)》レツと輕(き)を、而未《ず》レ受二(け)安樂一を。（一〇 16/21〜23）

モツには多くの先例がある

○十餘人して荷《モ》ッ可き鋤柄《スキガラ》を作りて持た使《し》む。（日本靈異記　上　第三話　興福寺本訓釋　荷〈毛都〉）日本古典文學大系本による。

○若（し）擔《モタ》レムに輦を肩痛《イタ》（く）は、聽レす安二（く）こと枕-薦一（を）。（小川本願經四分律平安初期點　甲　12/5）

○見三岸上有二一人一。手齎《モ》二テリ小幞《ツツミ》一。（石山寺本金剛波若經集驗記平安初期點　複製本　3）

○譬（へ）ば如三し火の能く燒（き）て、非二ぬガ有レ（て）る火を人の燒一（く）には。（東急記念文庫本百論天安點　11/13～14）

ただし、觀智院本『類聚名義抄』には「携」にモツの訓を収めない。

モノ（者・補讀）

（六）〈第五章、第一節、形式名詞、モノ〉の項參照。

モハラ（純・專）

（七）須臾（にして）便二吐す王の邊一（に）。吐の中に純ラ蘇のみあり。（一六　17/20）

（八）專（ラ）求二め初禪一を、放二捨（す）べし欲藥一を。（一七　13/16）

モハラには多くの先例がある。

○時に无二（く）して比丘尼一は、純ヲ式叉摩耶のみあり。（岩淵本願經四分律平安初期点　23/10）

○今の此の衆は无二し復（た）枝葉一は。純ラ有二（り）貞實一のみ。（山田本妙法蓮華經方便品第二平安初期點　4/4）

○外書に説二けり須彌山は一色なり。純ラ是れ黄金一なりと。（石山寺本大智度論第一種點一〇〇　5/25～26）

○若（し）能（ク）專《モハ》ラ注レして心を不《ヌ》レときニ移（さ）、決定して解二脱（せし）メたまふ諸の憂苦一を。（西大寺本金光明最勝王經平安初期點　七　14/4）

○普光寺僧栖玄、德行淳修《モハラ》、道欲欽仰《ツヽシミ》。（黑板本金剛波若經集驗記平安初期點　複製本　下　一　32）

○汝が立レ（つ）ル有を因をは、一ラ未ニ曾て（白より）見一せ。（東急記念文庫本大乘廣百論釋論承和點　5/16〜17）「一」の右に「專也」の注あり。

【ユ】

ユミイル（射）

（一）譬（へば）如下し人射《ユミイル》とき先ッ得《う》ニ平地一を。地平にして然て後に、心安し。心安（く）して然て後に、挽き滿ッ、挽滿して然て後に、陷《イ》るガ深きに。（一四　5/9〜10）

ユミイルは、第一種點に左記の例がある。

○（譬（へば）如下（く））善く射《ユミイ》ル之人、（仰（きて）射ニ（るときに）虛空一（を）、箭（は）去（くこと）雖レ（も）遠（しと）必（ず）當（に）墮上レ（つべきが）地（に）、）（九九）

【ヨ】

ヨク（能）

（一）能く到ニるを佛道・涅槃の城一に、是を名ニ（づく）正精進一と。（一六　1/21）

（二）菩薩の生身と法性身との能く具する功德、是を爲《い》ニふ精進波羅蜜滿足一すと。（同　12/6）

（三）我以ニ（て）の方便の力一を故に、今已に如レ（し）此（の）。無ニし所復（た）能一くすること。（一七　10/9〜10）

ヨヘ（四）

（四）〈タタム（疊）〉の項（八）參照。

ヨヘにタタムは、第一種點に左記の例があった。

○　佛常(に)命二(し)たまはく阿難一に、「汝四-襞《ヨヘニタヽ》二ミて優多羅僧一を敷ケ。我欲二フ小くは眠一せむと。……。」（九一　16/17〜18）

ヨヘは、四重の意味である。

ヨル（坐・爲）

(五)　此の蟲は本(と)是(れ)我ガ沙彌なりき。但し坐《よ》三(り)て貪二愛(せ)しに殘酷一を故に、生二(れ)たり此(の)瓶(の)中一に。（一七　5/17）

「坐」の左に「由也」の注あり。

「よりて」から「故に」續けるのは、破格である。「よるが故に」と言ふべきである。「坐」は、楊樹達の『詞詮』に「原因介詞　因也。」と說くやうに、「因」に通じてヨリテと讀む。觀智院本『類聚名義抄』にも、「坐」にヨル・ヨリテの訓を收める。

(六)　世人愚惑にして貪二著(し)て五欲一に、至レ(る)までに死に不《ず》レ捨(め)。爲《よ》レりて之に後世には受二く無量の苦一を。（一七　2/26）

なほ、〈第四章、一〇、爲・與〉の項（三八）參照。

【ワ】

ワザ（補讀）

(一)　林の中に有二(り)て一(は)の雉一、懃レめて身を自力(をもて)飛(ひ)て、入二(り)き水の中一に。漬二(し)て其の毛羽一を、來(り)て滅二(し)き大火一を。……是の時に、天帝釋來(り)て問レ(ひ)て之を言(ひ)しく、「汝作二する(と)何の等一キワザヲカ。」（一六　14/27〜15/3）

ワザは、第一種點に「事」を呼んだ例がある。

ワタル（踰）

(二)〈コユ（超・踰）の項（三一）〉參照。

ワタリは「踰」の右に書き附けられてゐるが、これを消して、左に「コエ」を記してゐる。觀智院本『類聚名義抄』には「踰」にコユ・ワタル兩訓を收めてゐるが、本例は、壁や垣根に穴を開けたり、乘り越えたりする意味で、コエテの訓を取りたい。

ワヅカナリ（裁）

(三) 裁《ワツカ》に欲レ求レむレば出（て）むと、其の門已に閉（ちら）レヌ。（一六　7/8）

「裁」は、大修館書店の『大漢和辭典』に、〔説文通訓定聲〕から「裁、叚借爲レ才。與レ用二纔・財一同。」を、〔漢書、功臣表〕から「裁什二三。〔注〕師古曰、裁、與レ纔同。」を引いて、「⑬わづか。わづかに。才・纔に通ず。」と説き、楊樹達の『詞詮』に「裁、副詞　僅也。」と説く。

ワヅカナリには、先例がある。

○　十種の衣の中に、聽下す趣《ワツカ》に用二（ゐ）て一衣一を作上レ（る）こと囊に。（小川本願經四分律平安初期點　甲　3/25）

○　行者（は）少く欲知レる足ることを。衣は趣《ワツカ》に蓋《カク》レスハカリ形を、不レ多（く）もセ不レ（が）少（く）モセ故（に）、受二く但（た）三衣（の）一〔をのみ〕法一を（のみ）。（石山寺本大智度論第一種點　六九　4/7～8）

同期資料の例。

○　趣《ワツカ》二足（り）て而食シ、終に不《ず》二長（く）受一（け）。所受（の）衣服（は）裁《ワツカ》に足（り）て覆レひ身をは、（石山寺本大般涅槃經平安初期點　丙　一一　13）

ワレ（我）

(四)　施の時に、言二ヒ我レ當(に)相(ひ)與一(へ)むと、施心轉ヨ增する故(に)、(一一　17/4〜5)

(五)　我レ有二リ身力一。云何ぞ懈怠(し)て而不《ず》レ(あら)む救レ(は)之を。(一六　15/5)

上記の他、「見」をワレと讀んだかと思はれる例がある。

(六)　譬(へ)ば如下く……客イ問レ(ひ)て之を言《イ》はく、「汝先に貧窮なりき。今日に所《(なに)》に由(よりて)ぞ得二る(と)如レき此の富一を。」答(へて)言(はく)、「我得二たり天瓶一(を)。瓶イ能(く)出二す種種の衆物一を。故(に)富(め)ること如レし・と是の。」客言(ひ)しく、「出レ(し)て瓶を見に示し、并所出の物を□□□□□。」卽(ち)、爲(に)出レし瓶を、瓶の中より引二(き)出す種種の衆物一を。其の人憍《ホ》‐泆《コ》リて立二(ち)て瓶の上一に舞(ひ)しカば、瓶卽(ち)破壞(し)、一切の衆物、亦(た)一時に滅上(し)き・といふガ、(一三　3/7〜11)「所由」の「所」の右に「何也」の注あり。「物」の右下に假名書きあれど讀めず。「出瓶見示并所出物」を『大正新脩大藏經』に、「出レ瓶見レ示二并所出物一」と返點を加えてゐる。大東出版社の『國譯一切經』には「瓶を出し、并に出す所の物を示されよ。」と讀んでゐる。「見」には、ニしか送られてゐないので、何と讀んだか、確かなところは分らないが、文脈からすれば、尊敬の助動詞として、「示サレヨ」と讀むか、一人稱代名詞としてワレ‐ニと讀むか、どちらかである。「示サレヨ」と讀まないで、ニを送ってゐるのは、ワレ‐ニとよんだものと考へたい。これについては、別に述べたものがある。(「漢文訓讀文で『見』を『る』『らる』と讀む場合の一考察」、「再び『見』の特異な用法について」『國語史論集　下』所收)

【ゑ】

ヱガク(客畫)

(一)　大月氏弗迦羅城(の)中に、有二リ一(り)の畫師一。名二(づく)千那一と。到二(り)て東方の多利施羅國一に、客‐畫《エカキツク》シ十二年して、

得《ウ》二ッ卅兩の金一を。（一一　18/6～7）

「客畫十二年」は、大東出版社の『國譯一切經』に、「客として畫くこと十二年して」と讀んでゐる。「客畫」は、旅の畫師として、旅先で繪を畫くことを言ふのであらう。これをヱーカキーツクシ（繪書盡）と讀んだのは、不可解である。

ヱガクは、後續資料に例がある。

○如來の常身は猶し如レ（し）畫《ヱカ》レクガ石に。（東大寺本大涅槃經平安末期點　三　14）ヱカクガは左にあり。

【ヲ】

ヲ（縷）

㈠一の針、一の縷《を》ダも不レ取（ら）。何況（や）多物をは。（一八　5/16）

ヲには先例がある。

○太刀が緒《を》も（遠母）　いまだ解かずて　襲《おすひ》をも　いまだ解かねば（古事記歌謠　二）

○難波道《なにはぢ》を　行きて來《く》までと　吾妹子《わぎもこ》が　着けし紐が緒《を》　絶えにけるかも（萬葉集　四四〇四）

ヲサム（穫）

㈡譬（へ）ば如二し春種（まきて）秋穫《をさ》一（む）るガ。（一四　1/14）「穫」の右に「收也」の注あり。

ヲサムには先例がある。

○吾妹子《わぎもこ》が　赤裳《あかも》ひづちて　植ゑし田を　刈りて藏《をさ》めむ（將藏）　倉無《くらなし》の濱（萬葉集　一七一〇）

○今斂〈音禮牟、川乎佐牟〉而不レ散。（東大寺本法華義疏紙背文書）

○其姉試《コヽロミニ》往視レ之、乃所斂《ヲサ》メタル之福也。（黑板本金剛波若經集驗記平安初期點　複製本　一　11）

○武が功既に戢《ヲサ》メて、歸二セリ馬を華山一に。（知恩院本大唐玄奘三藏法師表啓平安初期點　1/11）

○（定力（の）故（に））攝《ヲサ》二メて心を一處一に不レして動か、（石山寺本大智度論第一種點　八五）

ヲス（押）

（三）以二て力勢一を相ヒ陵《（しの）》き、扗に押《を》二して羸弱一を、受二く兩の山相（ひ）合（する）罪一を。（一六　6/23～24）「羸」の右に「劣也」の注あり。

「押」には、ヲ・シ・テ三個のヲコト點がある。ヲシテとしか讀みやうがない。しかし、「押す」は、オスであって、ヲスではない。表記が假名でなくてヲコト點であるとは言へ、本例は、オ・ヲを混同したものとみなければならない。加點年代明白な資料で、オ・ヲ混同の例は、東大寺本『地藏十輪經』元慶點のヲクラキ↓オクラキに始まるが、春日政治博士によれば、それより早く、天長前後の資料と推定される、正倉院聖語藏本『菩薩善戒經』古點に、「駈〈オヒ↓ヲヒ〉」の混同例がある由。とすれば、本例は兩者の中間に位置することになる。

ヲヂナシ（軟）

（四）軟き夫を爲《す》レるときは將と、雖二（も）復（た）持一兵終レ（ふる）までに（すと）身を、智勇不《ヌ》レを（も）て足（ら）、卒《ツヒ》に无二し功名一。（一三　21/22～23）「軟」の右に「劣也」の注あり。「持兵」を大正新脩大藏經「將レ兵」に作る。

「劣」は、觀智院本『類聚名義抄』にオヂナシと讀んでゐる。

ヲヂナシには、先例がある。

○大工匠《おほたくみ》　拙劣《をぢな》みこそ（袁遲那美許曾）　隅傾けれ（古事記歌謠　106）

○天地動きて應《こた》へにけるものを、をぢなき（遠知奈岐）奴《やっこ》覺らずして、此の大御願を動かし過てる事、（續日本紀宣命　六三）

○拙劣《をぢな》きや（乎遲奈伎夜）　我に劣れる　人を多み、濟《わた》さむためと　寫しまつれり　仕へまつれり。（佛足石歌）

後續資料で、「劣」をヲヂナシと讀んだものに、左記の例がある。

○以二（て）の小乘經は力劣《ヲヂナ》一キヲ故に、重罪を微薄（に）して、猶（し）墮二（ち）たり輕《か（る）》き地獄一に。（石山寺本法華義疏長保點　一 25/6～7）

○餘の衆は德は劣《ヲヂナ》クシテ、但（た）有レ（り）て疑二すること佛の瑞相一をのみ、无レし知二（る）こと釋疑の人一をは也。（同　二 10/16～17）

○无漏の位の中には、智は強くして識は劣《オチ（な）》し。（石山寺本成唯識論寛仁點　一〇 7/27）

ヲドル（跳）

（五）如二き摩頭波斯吒比丘阿羅漢一の跳《ヲト》二リ上リ梁枰、或（は）壁の上《ウヘ》（の）樹一に（二六 13/1）「上」の訓ウへは左にあり。

ヲドルには、先例がある。

○立ち踊り（立乎杼利）　足摩り叫び　伏し仰ぎ　胸うち嘆き、（萬葉集　九〇四）

○一（たび）唱（ふれば）下レ（し）鳥（を）、再（ひ）囀（れば）踊《ヲトラ》レ（しむ）魚（を）。（東大寺諷誦文稿　297）

○四は水踊きて繞レる梁《（は）リ》に。門の外に生レせり花を。（高山寺本彌勒上生經贊平安初期點 8/16）「踊」に別訓「ヲトる」、白點「ワキて」の訓あり。

同期資料の例、

○齊二（し）くシテ雙（つ）の足一を踰《ヲト》二リ越（ゆ）抗塹《ミソホリキ》一を。（石山寺本瑜伽師地論平安初期點（B）七九 5/29～30）「ミソ・ホリキ」

の訓は左。

ヲヌク（袛）

（六）　語二（り）て諸人一に言はく、「誰ぞ樂欲すること爲二る福德の者《ひと》一と、爲レ（に）我ガ袛《ヲヌ》レケ・と針に。」（二六　7/3）大正新脩大藏經には「樂二欲福德一者」とあり。

ヲバ（姑）

（七）　佛（の）姑《ヲハ》甘露女（ガ）所生なり。（二四　13/13）

ヲバには先例がある。

○　あふして拾《ひり》ひ　たくさはぬものを　旨《うま》らに食《を》せ　叔母《をば》が君　熟《うま》らに睡《ね》や（琴歌譜　あふして振り）

○　其の藥料の物を、岡田村主《おかだのすぐり》の姑《ヲハめ》女が家に寄せ、酒を作り利《ウマハシ》を息《いら》す。（日本靈異記　中第三二話、國會圖書館本訓釋　姑〈乎皮〉）日本古典文學大系本による。

ヲフ（已）

（八）　佛は无下（くい）マすといふ不二して知（り）已《ヲヘ》一捨（す）る心上、（二六　5/10）

ヲフには、先例がある。

○　正月立ち　春の來たらば　斯《か》くしこそ　梅を招《を》きつつ　樂しき終へめ（乎倍米）（萬葉集　八一五）

○　釋迦の御足跡《みあと》　石《いは》に寫し置き　行き廻り　敬ひまつり　我が世は終へむ（乎閉牟）、この世は終へむ（乎閉牟）。（佛足石歌　14）

○　猶有二兩紙來一未レ遍《ヲヘズ》。（石山寺本金剛波若經集驗記平安初期點　複製本　二）

○事訖《ヲ》フル時に、要(す)須二(ゐる)心力一を。(東大寺本成實論天長點 一二 17/8)
○行二ヒ此の諸の道一を已《ヲ》ヘテ、道場にして得レたまひたり成レ(す)ことをは果(を)。(山田本妙法蓮華經平安初期點 1/22)
○語言盡く竟《ヲ》へて、心が行も亦(た)訖《ヲ》へたり。(石山寺本大智度論第一種點 一 8/22)
○常に不レ却二(け)五逆の心一を。罪を畢《ヲ》へば乃し除す。(同 七四 16/12～13)
○以二て是の一の空相一を破二す各各別異の相一を。破し已《ヲ》フル[ぬる]事訖(り)ぬるときに、還(り)て捨二(つ)不二の相一を。(九六 9/5～6)

ヲヤス(眊)

(九) 行き歩み妖《マカ》—穢《マカ》シくして、以て或二(は)す於人一を。……坐(り)臥(し)行(き)立(ち)ッ、、廻《カヘリ(かへり)》ミ眄(み)て巧に眊《ヲヤ》ス。(一四 14/1)

大正新脩大藏經は、「眊」を「媢」に作る。

「眊」は、大修館書店の『大漢和辭典』に、〔集韻〕から、「目合」を引いて、「ねむる。目をとぢる。」と説く。大正新脩大藏經に「媢」とあるのに從ふべきであらうか。「媢」は、觀智院本『類聚名義抄』にヲヤスと讀んでゐる。

ヲヤスには先例がある。

○所レル有(ら)毒藥と蠱《マシもの》と魅《クルホスもの》と厭《オソフもの》と祷《ヲヤスもの》と害レする人を虎と狼と師子と毒蛇の之類と、乃至蚊蝱とにも、悉ク不《じ》レとまうす爲レ害セラレ。(西大寺本金光明最勝王經平安初期點 七 5/27～28)「クルホスもの」「ヲヤスもの」は左。

後續資料にも、左記の例がある。

○狐の音は扈都反、玉篇(には)妖獸《ヲヤス》ゾ。(石山寺本法華經玄贊平安中期點 六 3/20)

西大寺本『金光明最勝王經』平安初期點のヲヤスモノについては、春日政治博士の『西大寺本金光明最勝王經古點の國語學的研究』に、詳細な説明がある。

元來ヲヤスはヲユといふ自動詞に對する他動詞であるが、ヲユといふ語は古事記の假名書きに見えてゐる。神武天皇の熊野に出で給うた時、怪しい大熊が出て來て皇軍を惱まし奉ったことがあって、その時の事を、

爾神倭伊波禮毘古命、倏忽爲《マシ》二遠延《ヲエ》一、及《マタ》御軍皆遠延《ヲエ》而伏《シキ》。

と記してある。そのヲエが卽ちこの語である。而して之に對する他動詞ヲヤスは書紀（仁徳紀・欽明紀等）の古訓に存してゐるに係らず、一般に忘れられてしまって、從って書紀のこの訓をヲカスなど誤り改めた本さへある。しかし古訓には相當表れ來る語であって、石山寺本大智度論點には

廻《カヘリ》ミ（かへり）眄（み）て巧に睸《ヲヤ》ス　卷十四

とあり、又同寺本法華經玄贊古點には

狐ノ音ハ扈都反、玉篇妖《ヲヤス》獸ゾ鬼ノ所業ナリ　卷六

とある。怪獸などの蠱惑したり、美人などの魅惑したりする義に普通に用ゐられたものである。名義抄には媚字にヲヤスとつけてある。魅字と通ずる字で、大智度論點の睸字も亦同じである。（研究篇　九三頁）

本例は、まさに「美人などの魅惑したりする義」である。

第四部　第二種點を中心に

A組六八巻の内、巻第三〇から巻第五八までの間、巻第三四・三五・四一を除く二六巻と、E組一〇巻の内、巻第一・二・三を除く七巻との、計三三巻に加へられた訓點を、出現の順序に従って、私に第二種點と呼ぶ。

第二種點は、巻第四の後半に初めて現はれ、巻第一〇まで續くが、巻第八と巻第一〇とは、前半だけで後半はない。巻第一一から巻第二九まで飛んで、巻第三〇に再び現れ、巻第三四・三五・四一の三巻になく、巻第五八まで續く。ただし、巻第四六は後半だけで前半はない。本文のA組とE組との範圍内で、常に第一種點と重なってゐるのが特徴である。

第二種點は、巻第四の後半に初めて現はれるが、正確に言へば、一一枚目の二五行目からである。左記の例の假名の右に黒點を記したのが第二種點である。

（一）

答曰、若三（し）一切外（二四行目）道禪定中に、得二（る）が自在一を。又如下（く）す尙闍梨仙人の坐禪せりし時に、无二し出入息一。鳥於二螺髻（の）中一に生レ（めるにも）子（を）、不二動搖一（せ）。乃至鳥の子を飛ひ去上（ら）しめ（し）が。問曰、般若波羅蜜（は）云何（に）か滿する。答曰、菩薩（は）大心をもて思惟し分別（すること）、如下（く）す劬嬪地婆羅門大臣の分二（ち）て閻浮提の大地一を、作な二し七分一に、若干（の）大城・小城・聚洛・村民を盡（く）作せ中るが七分上に。般若波羅蜜（も）如レし是（の）。（四11/24～30）

重なったのをよく見ると、第一種點は淡く、第二種點は濃く見えるから、第二種點は、第一種點より後の加點と推定されるが、この推定を裏附ける資料がある。巻第五八の表紙裏（見返し）に、次のやうな白墨の識語がある。

以上卌三巻天慶元年□□□□大徳□□

卷第五〇の識語の太く柔らかい筆蹟と異なって、これは細く鋭い筆致である。この識語は、昭和一五年夏の調査の時に氣づいたが、當時既に剥落が甚だしく、上部の九字と下部の「大德」とを除いて、他は判讀できなかった。從って、斷定はできないが、かうした識語の例に倣って、私は、「以上の三三卷は、天慶元年（朱雀天皇、九三八）に、某大德の所講を聞いて、訓點を加へたものである」と言ふ意味に理解した。（前稿（「石山寺藏大智度論加點經緯考」（『國語國文』一一ノ一））では、「元慶元年」と讀んだが、その後、石山寺の調査で、故田中稔・築島裕の兩氏と同席する機會があり、昭和一五年の夏にメモしたノートをご覽に入れて、「元慶・天慶」いづれに讀むべきかを、お伺ひしたところ、兩氏共に「天慶」を可とされた。兩氏のご教示に從って、前稿を改め、本書では「天慶元年」の加點とした。）加點者は不明であるが、ヲコト點の組織から見て、東大寺邊の學僧の加點と推定して、間違ひあるまい。

問題は、「以上三三卷」である。これを第一種點と見ると、卷第一から卷第五八までは、三五・五卷であるから、卷數が合はない。第二種點と見ると、卷第四から卷第五八まで、前半または後半しかない卷――卷第四・八・一〇・四七――を、それぞれ一卷と數へて、ちやうど三三卷になる。卷第五〇の天安二年の識語は、第一種點の加點作業が一〇〇卷の半ばを終はった段階で記されたものであり、卷第五八の天慶元年の識語は、第二種點の加點作業が終了した時點で記されたものであらう。このやうに考へることによって、二つの識語を加點の實際に照らして理解することができるのである。

第二種點は、常に第一種點に重なって現れるが、第一種點が本文の全體に加へられてゐるのに對して、第二種點は、加點されてゐる卷と加點されてゐない卷があり、加點されてゐる卷でも、前半にだけあって、後半にない卷や、前半になくて、後半にだけある卷がある。第一種點は、一〇〇卷全體を讀んで加點したが、第二種點は必要な箇所だけを部分的に讀んで加點したやうである。『大智度論』といふ佛典の性質上、始めから終はりまで、全部讀み通さなければならないと言ふものではなく、摩訶般若波羅蜜經の不審な箇所について、必要な註釋だけを拾ひ讀むと言ふこともあり得たからであらう。

第一章　表記法

第一節　ヲコト點

第二種點のヲコト點を整理すると、第一表の通りである。

二二壺一〇〇個餘を數へ、よく整備された點圖である。第一種點・第三種點に比べて、格段の相違がある。ヲコト點の系統は、中田祝夫博士の分類によれば、第三群點に屬し、東大寺點（三論宗點）と呼ばれるものと一致するものが多い。古點本を調べる時に、點圖集が役に立つことは殆どなく、類似するものがあっても、大抵單星點に限られ、複雜な線點や鉤點になると、まちまちなのが普通である。本點の如きは、極めて異例に屬する。築島裕博士の『平安時代訓點本論考〈ヲコト點圖・假名字體表〉』には、本點は東大寺點資料の最初に置かれてゐる。點圖を整理したものに、別に中田祝夫博士に『古點本の國語學的研究　總論篇』別冊『ヲコト點圖錄・假名字體表・略體假名總合字體表』があり、この方が早く出てゐるが、本點の實際は、前者所收のものにより近いやうである。

第一表　第二種點　ヲコト點圖

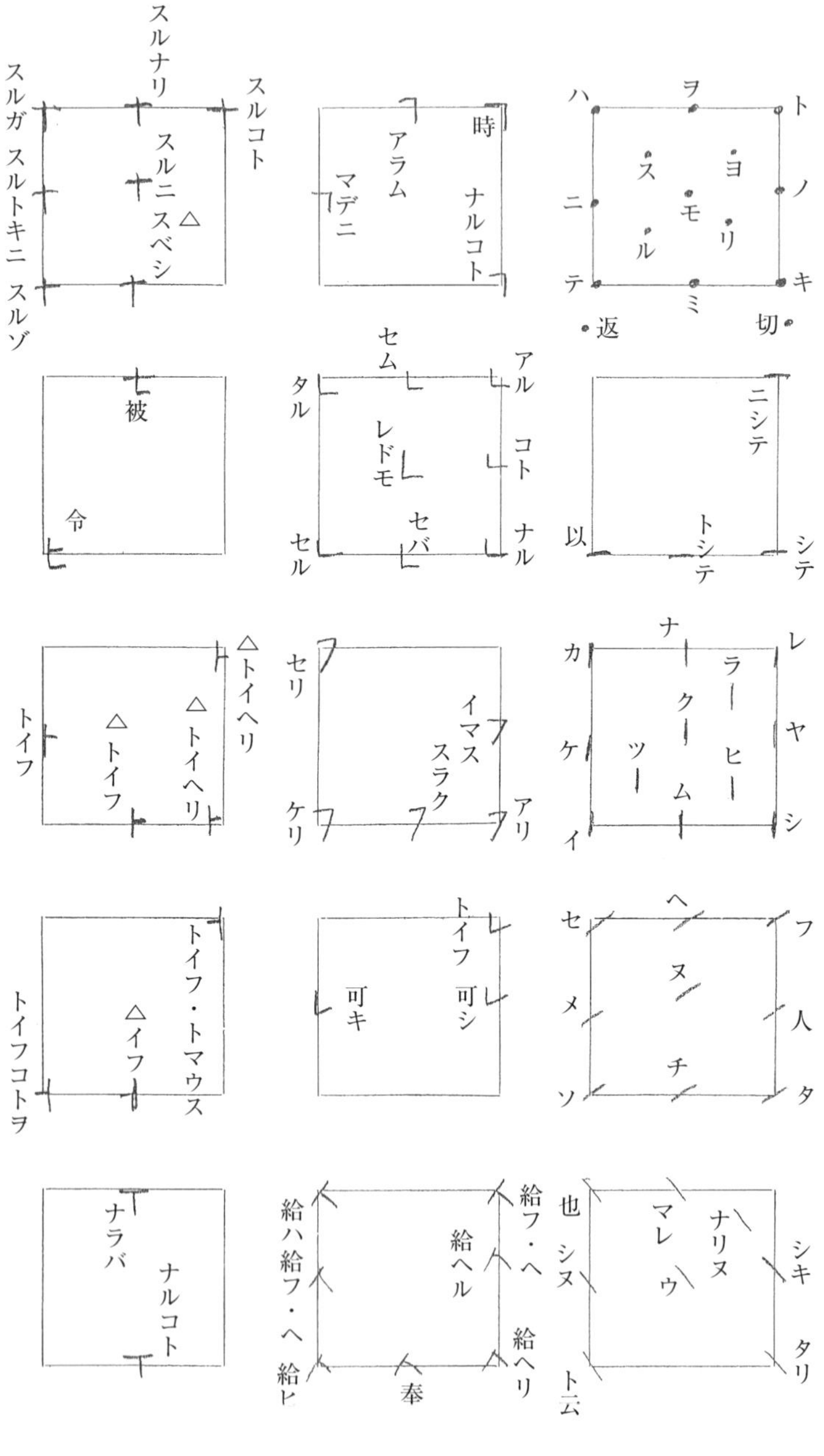

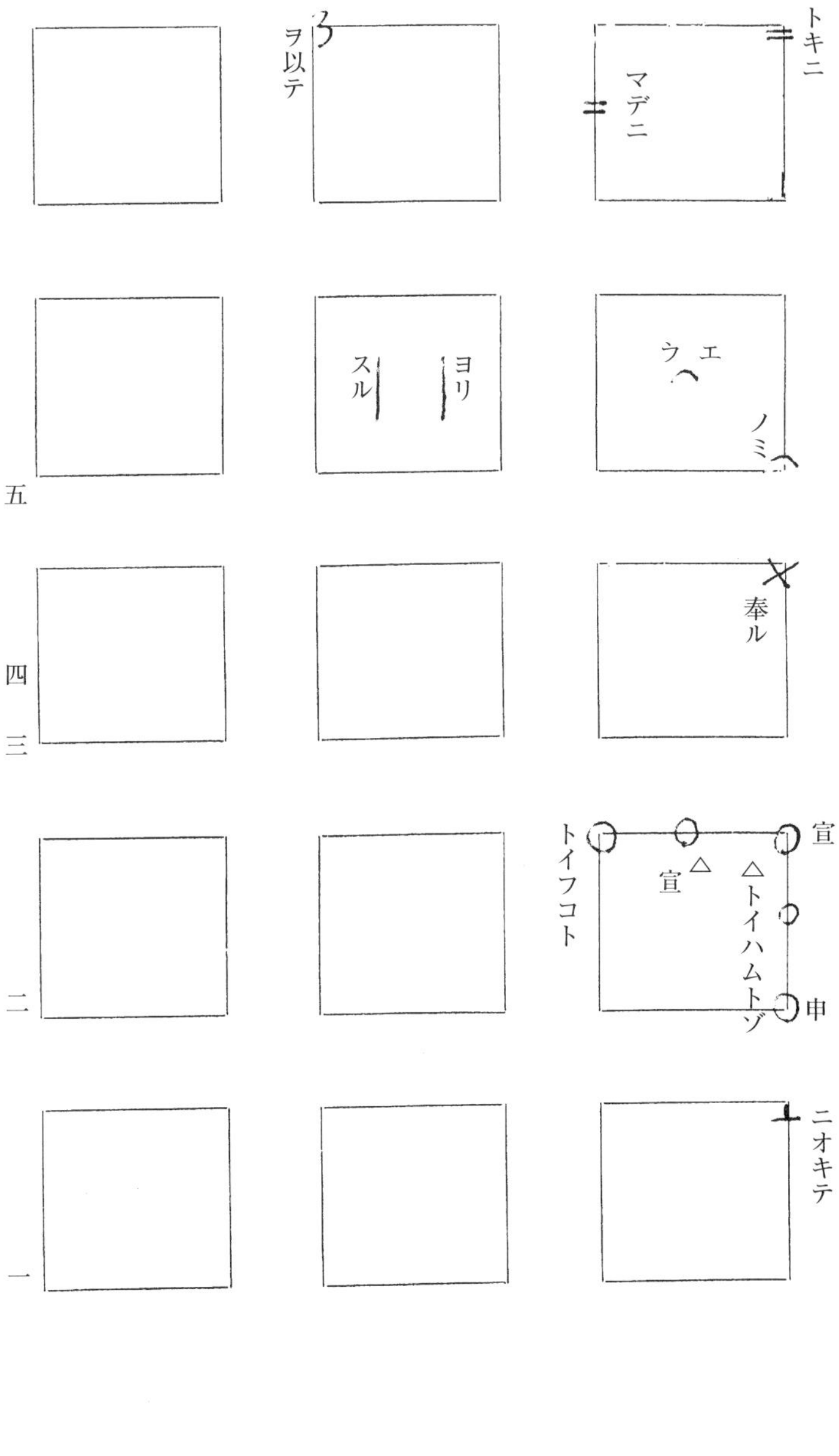
トキニ
マデニ
ヲ以テ
ヨリ
スル
エ
ウ
ノミ
奉ル
宣
宣
トイハムトゾ
トイフコト
申
ニオキテ
五
四
三
二
一

この點圖は、前稿（「石山寺藏大智度論加點經緯考」『國語國文』一一ノ一）の點圖の不備を、かなりの範圍に涉って、補訂したものである。

1　句讀點は、左下の星點を返り點として用ゐる。返り點は丹念に打たれてゐるが、右下の星點を文の終止に用ゐることはしなかったか、または、稀にしか用ゐなかった疑ひがある。中央に文の中止を示す中點もない。

2　文の構造が複雑な場合、一・二・三の數字を用ゐることがある。

㈠　先に已(に)聞下(き)っ住二(し)て不住法一に行レすべし檀をは。施者・受者・財物不可得(なるが)故(に)、如レ(き)是(の)等い爲《す》上レべし・と行二すること般若一を。（三七　6/18～20）「爲」の左に「一」を、「聞」の左に「二」を記す。

㈡　言下ふ五陰は是(れ)定て有法なり、但(た)受二(く)る五陰一を者《ひと》のみ空上なり・と。（同　9/23～24）「言」の左に「二」、「空」の左に「一」を記す。

㈢　如下く迦陵毘伽鳥の子は雖レ(も)未レと出レ(て)卵より、其(の)音勝二(れ)たり於《よ》り衆の鳥一。何(に)況(や)出上レ(て)たるは・といふガ卵を、菩薩の智慧も亦(た)如レ(し)是(の)。（三七　12/22～23）「卵」は原文「殼＋卵」、下の「出」の左に「一」を、「如」の左に「二」を記す。

㈣　以レ(ての)是(を)故(に)、説四(く)諸菩薩(は)知三(る)と諸法は如二(しと)水中の月一の。（六　2/30～31）「如」の左に「一」を、「知」の左に「二」を、「説」の左に「三」をしるす。

㈤　以レ(ての)是(を)故(に)説三(く)諸菩薩(は)知二(る)と諸法は如ㇾ(しと)炎の。（六　2/30～31）「如」の左に「一」を、「知」の左に「二」を、「説」の左に「三」を記す。

㈥　三者、不《ず》レ見《み》下若東方・南西・北方、四維・上下より有中りとは來(り)て難問して令二(む)る我をして不ㇾ(あら)能二(は)如レく法の答一することと者《もの》上。（五　14/15～17）「答」の左に「一」、「不・能」のそれぞれに「二」、「令」の左に「三」、「有」の左に「四」、「見」の左に「五」を記す。

3　第一壺の下中央の星點は、前稿で點だけ擧げて、讀み方を示さなかったが、ミを示す。

(一)　灸《アフ》レり身を、自《み(づか)》(ら)凍(い)、拔レき髮を、自(ら)餓(ゑ)、入レり火に、赴レき淵に、投レくる巖に、如レ(き)是(の)等は、從レり癡生す。（五　15/26～27）

(二)　佛言(はく)、「汝頗《も》し見《み》、頗(し)聞二(く)や幻所作伎樂一をは不や。」(と)。（六　1/34）

(三)　見《み》二て佛世尊(の)空レ(しく)して鉢(を)而來一(り)たまふを、（八　2/12）

(四)　汝は如二し狂象の踏み蹐《フ》ミ、殘害するに无レ(き)が所二拘制一する。（六　11/16）

(五)　以二(て)箭(の)鏑の在レ(る)を體(に)、雖二(も)沈み深(く)して難レ(し)と拔(く)こと、（五六　4/22）

4　第一壺の右上中の星點は、前稿で擧げなかったが、ヨを示す。

(一)　得二るときには可度の衆生一を、轉《(いよい)よ(ますま)》增す无レし限り。（七　13/31）

(二)　其(の)音勝二(れ)たり於《より》衆の鳥一。（三七　12/22）

5　前稿で擧げなかったが、第一壺のス・ル、ヨ・リの二點を續けて用ゐるとき、同じ位置で、連續した短線として用ゐることがある。

(一)　問曰、般若波羅蜜(は)云何(に)か滿する。（四　11/27）

(二)　常に念レするいは佛を得二種種の功德の利一を。（七　3/21）

(三)　何以故、常に憶二念するが種種の光明一を故(に)得するをもて。（五　11/17）

(四) 西方の馬頭より出二(て)たり婆又河一。(七　16/2)

(五) 若(し)佛口より放二(ち)たまはば光明一を、衆生怖畏しなむ。(七　13/25)

(六) 天上の寶蓮華は復(た)大二なり於より此一。(八　4/8～9)

6　第三壺の上中央の「—」は、前稿で擧げなかったが、ナを示す。

(一) 喜見養育(し)て爲《な》レ(し)き女と。(三七　2/12)

(二) 諸龍與レ(へ)珠(を)已(りて)言(はく)、「盡二(き)なば汝が壽命一、珠をは當(に)還レせ・といふ我に。」(三七　2/1)

(三) 汝等、衆人、捉へ已(り)なば、以レて刀を自殺(す)べし。(四　17/7～8)

(四) 若(し)佛口より放二(ち)たまはば光明一を、衆生怖畏しなむ。(七　13/25)

(五) 此(の)三千大千國土、皆作《な》二る金色一に。(九　7/27～28)

7　第四壺の右中央の「／」は、前稿で擧げなかったが、ヒト(人)を示す。(中田博士の點圖には「ナ」、築島博士の點圖には「(ユ)」とある。)

(一) 有る諸佛は无二きは人として請する者《ひと》一、便(ち)入二りて涅槃一に而不《マ》レじ說レ(く)法を。(七　4/13)

(二) 受二(くる)五欲一(を)者《ひと》(すら)、尚(し)所レアレドモ應レき得、而不レ得レ之(を)。(三七　4/8～9)

(三) 菩薩は世世に不雜心をもて、佛法の中に出家(して)、无二(し)能(く)障导する者《ひと》一。(五一　3/32)

(四) 上には問下フ發二趣(す)る大乘一を者《ひと》上を。(五一　4/13)

(五) 言下ふ五陰は是(れ)定て有法なり。但(た)受二(く)る五陰一を者《ひと》のみ空上なりと。(三七　9/23～24)

8　第五壺の左下の「／」は、前稿で點だけ擧げて、讀み方を示さなかったが、トイフ(言)を示す。

（一）世間の中に五欲第一なり。无レ（し）不二といふこと愛樂一（せ）。（三七 3/23）

（二）若（し）先に生（まれ）て後（に）法ありといふとも、若（し）先に法ありて後に生すといふとも、若（し）生と法と一時なり・といふとも、皆不可得なり。（三七 8/22）

（三）世間は有邊なり。世間は无邊なり・といふ。（三七 15/10）

（四）一切の智慧を无レき所レ不レといふ得、是（を）名二（づく）一切種一（と）。（三七 15/17）

（五）譬（へば）如下（く）日の出（て）ぬる時（には）、光明遍（く）炤二（し）て閻浮提一を无中（き）が不レ蒙レ（ら）明を者《ひと》上は、菩薩摩訶薩も亦（た）如レ（し）是（の）。（三七 17/5〜6）

9　第五壺の左中央の「／」は、前稿に擧げなかったが、シヌを示す。

（一）獵者恐怖（し）て、不二（し）て敢て食一は肉を。持て施二しぬ衆僧一に。（五一 11/28）

（二）汝觀二（する）が諸法空一と故（に）、著二しぬ是の涅槃一に。（五〇 8/2〜3）第一種點「著す」

（三）信等の五根成就し、淳熟しぬ（る）が故（に）、能（く）得二是の深心一を。（五一 5/16）

（四）信等の五根成就しぬ（る）ときに者《は》、乃（し）能（く）識二別す善惡一を。（五一 5/20）

（五）梵天自（ら）請（す）るをは、則（ち）外道心伏しぬ。（七 5/18）

10　第五壺の上中央の「／」は、前稿に擧げなかったが、マレを示すと見た。ただし、用例が少ない上に、剥落して不確實である。（中田博士の點圖には「ケム」、築島博士の點圖には、「（ケム）（マレ）」とある。）

（一）菩薩は、若（しは）佛現在（したまひ）てまれ、若（しは）佛滅［ひて］度（したまひ）てまれ、後（に）爲二（に）衆生一の、說法（し）、（五一 4/3〜4）

マレの確實な例は、石山寺本『瑜伽師地論』平安初期點に見える。

○爾(の)時の種姓をは、若し種にマレ、若し果にマレ、倶に説(き)て名レ(づ)ク麁と。(石山寺本瑜伽師地論平安初期點　五七　1/22)

11　第五壺の右中の「╱」は、前稿では、點だけ擧げて、讀み方を示さなかったが、シキを示す。

(一)　得レ聞二(くこと)佛法一を、出家して爲《な》レせど(も)道を、而復(た)捨戒しき。如レ(く)是(の)六萬二千世に常(に)捨戒しき。(六　15/31)

(二)　一一の佛度二して无量阿僧祇(の)衆生一を、令レ(め)入二(ら)无餘涅槃一に、更(に)无二(き)が新しき衆生一故に、(九　9/13〜15)

(三)　第三十一劫の中に、有《いま》二しき二佛一。(九　11/14〜15)

12　第五壺の右上中の「╱」は、前稿に擧げなかったが、ナリヌを示す。(中田博士の點圖にはナラク、築島博士の點圖にはナリキ・ナリテとあり。)

(一)　若(し)鐵を在二(く)ときに金の邊一(に)、則不レなりぬ現(せ)。今現に在る金(を)比二するに佛の在(さ)む時(の)金一に、則(ち)不レなりぬ現(せ)。佛の在(す)時の金を、比二するに閻浮那金一に、則(ち)不レなりぬ現(せ)。閻浮那金を比二するに大海中の轉輪聖王の道の中の金沙一に、則(ち)不レなりぬ現(せ)。(四　14/11〜15)

(二)　是(の)魔惡部黨も亦復(た)沒して不レなりぬ現(せ)。是を名二(づく)諸結惡魔一と。(五　15/8)

13　第七壺の下中央の「L」は、前稿に擧げなかったが、セバを示す。

(一)　地天の太子は實に有《いま》二す卅二の大人(の)相一。若(し)在家せば者、當レし作二る轉輪聖王一と。若(し)出家せば者、當レし・といふ成レ(る)佛と。(四　13/15〜16)

(二)　若不レして入二(ら)三昧王三昧一に、而現二せば神力一を者、有(る)人い心に念(は)マく、(七　10/25〜26)

(三) 若(し)般若の中に、貴二せば一切の法空一を、此(が)中に何(を)以(てか)先(に)説二(き)て衆生空一を、破レる我を。(三七 7/19)

14 第七壺の中央の「レ」は、前稿で點だけ擧げて、讀み方を示さなかったが、レドモを示す。

(一) 諸業は无量(の)力アレども、不《ず》レ逐二は非《ぬ》レ造せ者《もの》一ハ。果報(の)時節來れども、不レ忘せ亦(た)不レ失(せ)。(五 16/14)

(二) 一切世界の衆生の中に、若(し)來(り)て侵害すれども、心は不二恚恨一せ。若(し)種種に恭敬すれども、而不《ぬ》二ぞ喜ひ悅一ひ。(六 12/3～5)

15 第八壺の左下の「フ」は、前稿で擧げなかったが、ケリを示す。

(一) 身に有二(りて)諸の毛生一すること、皆上に向(ひて)而靡《なび》けり。(四 14/8)

(二) 婆羅門心開(け)意に解《さと》りて、五體を投レ(げ)地に、悔レ(い)過を、向レ(ひ)たてまつりて佛に、「我れ心に无レく狀愚《アチキ》にして不《ず》レありけり・とまうす信レ(し)たてまつら佛を。」(八 3/7～8)「狀」は原文「伏」、白墨にて○を附し、地の餘白に「狀」を記す。

16 第八壺の右中の「フ」は、前稿で點だけ擧げて、讀み方を示さなかったが、イマスを示す。

(一) 佛は至(りて)尊重にいます。何(を)以(ての)故(に)咲《わら》(ひたま)ふ。(七 12/14)

(二) 是(の)諸華の上(に)皆有《いま》二して化佛一、結跏趺坐して、說二(きたま)ふ六波羅蜜一を。(八 1/26～27)

(三) 有る外道(の)仙人すら、能(く)以二て藥草呪術一を、除二す他人の病一を。何況(や)如來の一切智德いますいは、自身に有レ(り)て病、而不レあらむや能レ(は)除すること。(九 4/23～25)

(四) 雖三(も)佛は无二(く)いますと嫉妬の心一、然(も)以二(ての)行業は世世に淸淨一なるを故(に)、(九 12/16～17)

17 第九壺の左中央の「レ」は、前稿に擧げなかったが、ベキを示す。

（一）何(を)以(ての)故(にか)、復(た)遊二戯(す)べき其(の)中一に。（七　7/16）

（二）是(の)諸(の)菩薩(は)於二十方の國土一にして、皆補二すべきをもてなり佛處一を。（七　8/23）

（三）云何(ぞ)世尊の入二(り)て三昧王三昧一に、无レ(くある)べきものヲ所二施作一する、而從レ定(より)起(ち)て視二觀(したま)ふ世界一を。（七　11/19〜20）

18　第九壺の右上の「レ」は、前稿に點だけ擧げて、讀み方を示さなかったが、トイフを示す。

（一）若(し)在家(せば)、當(に)爲二らむ轉輪聖王一と。若(し)出家セハ、當レし・といふ成レ(る)佛と。（四　13/14）

（二）如二(し)經中に説一(く)が、「无二(く)は老病死煩惱一、諸佛則(ち)不《じ》レといふ出レ(でたまは)世(に)。」（四　20/26）

（三）觀し已(り)て自(ら)念(は)く、「我が此(の)法藏(は)无量无數にして、不レといふ可二(くあら)思議一す。」（七　11/22）

（四）若(し)佛口より放二(ち)たまはば光明一を、衆生怖畏しなむ、「是(れ)何(の)大光ぞ・といふ。」（七　13/25）

（五）如二し佛(の)後の品に自(ら)説一(きたまふ)が、須陀洹の、若(し)智、若(し)果は、皆是(れ)菩薩の无生法思なり・といふ。（五〇　7/1〜2）

19　第九壺の右中央の「レ」は、前稿に點だけ擧げて、讀み方を示さなかったが、ベシを示す。

（一）菩薩は先より已に了下知せり……我は依二(り)父母一に生レせり身を。得中べしと阿耨多羅三藐三菩提上を。（四　13/7〜9）

（二）捉二(へ)て我が頭髮手足一を、當レし度る。汝等衆人捉へ已(り)なば、以レて刀を自殺(す)べし。（四　17/7〜8）

（三）欲レ(ふときは)得二(む)と寒露(の)味一を。當三棄二捨(す)べし雜毒一を。（五　12/30）

（四）若(し)一佛い能(く)度二(せば)一切衆生一を者、可下［あるべし］不レして須二(ゐ)餘の佛一を、但(た)一佛のみ出上(て)たまふべし。（四　21/12〜13）

(五)若(し)於㆓目の前㆒に面《(まのあ)た》り請㆓するは諸佛㆒を、則(ち)可なるべし。(七 4/7)

20 第一〇壺は、タマフ(給)とタテマツル(奉)のグループである。左中央の「人」は、前稿では、點だけ擧げて、讀み方を示さなかったが、タマフにもタマヘにも用ゐる。ただし、用例が少なく、確かではない。

(一)有(ら)む人(の)癩風病あるい、來㆓至(して)遍吉菩薩像(の)邊㆒に、一心(に)自(ら)歸して、念㆓して遍吉菩薩(の)功德㆒を、願㆑(ふ)除㆓(し)たまへと此の病㆒を。(九 15/32~33)タマヘ

(二)是(の)般若波羅蜜經の中の摩訶薩埵の相を、佛自(ら)說(き)たまふこと如㆑し是(の)。(五 5/28)タマフ

21 第一〇壺の右上の「人」は、タマフを示すことが多いが、タマヘを示すこともある。

(一)二者、佛在㆓して一處㆒(に)、說㆑(き)たまふに法を、能(く)令㆔(め)たまひたり一一の衆生をして各(の)自《み(づか)》(ら)見㆓佛在㆑(して)前へに說㆑(き)たまふト法を。(九 8/6)タマフ

(二)如㆔きは慈心い念㆓するが諸(の)衆生に令㆑(めむ)と得㆓快樂㆒を、衆生雖㆑(も)无㆓(し)と所得㆒、念するいは者、大に得㆓其(の)福㆒を。請㆓(す)るも佛を說㆑(き)たまへと法(を)、亦復(た)如㆑(し)是(の)。(七 4/11~12)タマヘ

タマフの未然形タマハを示すこともある。

(三)若(し)佛口より放㆓(ち)たまはば光明㆒を、衆生怖畏しなむ。(七 13/25)タマハ

22 第一〇壺の右中央の「人」は、前稿で指摘した通り、タマヘルを示す。

(一)佛は以㆓(て)卅二相㆒(を)莊㆓嚴(し)たまへるイハ身㆒を者、端政にして不《ぬ》㆑亂せ故(に)。(四 15/29)タマヘルーイハ

(二)諸佛以㆓(ての)一切(の)事勝㆒(れ)たまへるを故(に)、是(の)身(の)色と・威力と……禪定と・解脫との衆の事。皆勝(れ)たまひたり。(四 15/34~35)タマヘルーヲ

(三)　雖レ(も)有二(りと)此(の)言一、汝不レ解二(せ)其(の)義一を。佛は説三(き)たまへるなり一－三千大千世界の中に、无二(し)と一時に二佛出一(でたまふ)こと。(四　21/4～5)　タマヘル－ナリ

同じ點がタマヘを示すことがある。

(四)　色界の中に大く有二(り)て諸(の)梵王一、常(に)請三(し)たてまつる佛轉二(し)たまへ・と法輪一(を)。(四　18/23～24)

23　第一〇壺の右下の「人」は、前稿に擧げなかったが、タマヘリを示す。

(一)　佛教三へたまへり弟子を應二(し)と如レく是(の)坐一す。(七　9/16)

(二)　初(めて)轉二(したまひし)法輪一(を)時に、皆放二(ち)て无量(の)光明一を、滿二(ち)たまへり十方一に。(七　14/11～12)

(三)　六者、受二(け)て阿耆達多婆羅門の請一を而食二(ひ)たまへり馬麥一を。(九　3/5)

(四)　有(る)時は、暫く來二(り)たまひて北天竺(の)月氏國一(に)、降二(し)たまへり阿波羅龍王一を。又、至二(り)て月氏國の西一に、降二(し)たまへり女の羅刹一を。(九　15/6～7)

(五)　有(る)時は、暫く飛二(ひ)至(り)たまひて罽賓隸跋陀仙人の山の上一に、住二して虚空の中一に、降二(し)たまへり此の仙人一を。(九　15/10～11)

24　第一一壺の左下の「十」は、前稿に擧げなかったが、スルゾを示す。

(一)　轉變と者は、……種種の諸物を皆能(く)轉變するぞ。(五　11/6～7)

(二)　言－必信受と者は、天と人と龍と阿修羅等と、及一切の大人と、皆信二受するぞ其(の)語一をは。(五　12/10～11)

(三)　二者、菩薩道於二无量國土中一に、念二するぞ十方三世(の)諸佛一を。(七　2/29)

25　第一一壺の左中央の「十」は、前稿ではスルコトとしたが、正しくはスルトキニを示す。

(一) 中陰の中に住するときには、則(ち)知二る中陰に住一(す)と。入レ(る)胎(に)時は、知レ(る)入レ(る)と胎(に)。(四 12/32〜33)

(二) 若(し)結跏趺坐するときに、身安(か)にして入二る三昧一に。(七 9/13)

(三) 覺悟するときに亦(た)輕《か(る)》(く)便なり。安坐するときに如二(し)龍の蟠《ワタカマ》一れるが。(七 9/14)

(四) 讃二嘆するときに般若一(を)、聞(く)者歡喜し尊重(せば)則(ち)增二す其(の)福德一を。(三七 6/28)

26 第一一壺の中央の「十」は、前稿でスルとしたが、スルニが正しい。

(一) 一切治レするに肩を、无二し如レき是(の)者《もの》一は。(四 14/30)

(二) 當に先っ莊二嚴し房室一を、除二却し汚穢一を、塗治するに香薫をもてし、(四 16/6)

(三) 一切衆生の聽受し問難するに、隨レ(ひ)て意に如レく法(の)答し、(五 14/18)

(四) 治レするに病を、苦藥針別なり。痛すれども而得レ差《う(い)》(ゆる)こと。(六 14/3)

(五) 學二(ふ)般若波羅蜜一(を)故(に)問するなり。非二(ず)自(ら)憶問一するには。(三七 6/15)

27 第一一壺の左下の「ヒ (七)」は、前稿で擧げなかったが、使役のシムを示す。前稿で下中央の「ヒ」をシムとしたのは、この點を誤ったものである。

(一) 以レ(ての)是(を)故(に)、佛敎下む弟子をして結二跏(し)て趺一を直レ(く)して身(を)坐上(せ)。(七 9/18〜19)

(二) 佛入二(り)て三昧王三昧一に、一切の佛法の寶藏を悉(く)開(き)て、悉(く)看しめ(たま)ふ。(七 11/20〜21)

(三) 佛欲下す說二(き)て摩訶般若波羅蜜一を、无鞅數の衆生をして當(に)續中(か)しめむと佛種上を。(七 12/17〜18)

(四) 諸(の)白衣等、以二(て)諸(の)湯藥一を供二給して比丘一に、使レめ得二安穩一なること、坐禪し行動す。(九 4/23〜24)

(五) 令三他をして受二(け)しむる苦樂一を、是をは名二(づく)使受者一(と)。(三七 10/6)

(六) 或は聲聞乘、或(は)辟支佛乘、若(し)不㆑をは入㆓(ら)三乘の道㆒に、教(へ)て修㆓(せ)しめ福德㆒を、受㆓(け)しめ天上・人中の富樂㆒(を)、若(し)不㆑をは能㆑(は)修㆑すること福を、以㆓(て)す今世の利益之事たる、衣食・臥具等㆒を。(三七　15/20～22)

28　第一三壺の左中央の「├」は、トイフを示し、下寄りのこともある。

(一) 兜師といふを名㆓(づけ)知足天㆒と、夜魔といふは名㆓(づく)善分天㆒(に)。(九　6/20～21)

29　第一四壺の左下の「┤」は、前稿に擧げなかったが、トイフコトヲを示す。

(一) 不㆑知㆘(ら)以㆓(て)の何(の)等き力㆒を故(に)か无㆖㆑(き)といふことを畏(るること)。(六　10/30)

(二) 欲㆑(ふ)が明㆘(さ)むと智慧は從㆓(り)因緣㆒生㆖(す)といふことを故(に)、(七　10/10～1/17～18)

(三) 佛言(はく)、「誰(か)當(に)信㆓せむ汝が言㆒(を)者《もの》。樹は大なること乃(ち)爾あり。而種子は甚(だ)小(なり)といふことを・といふ。」(八　3/3)

(四) 今欲㆑すが現㆓せむと其(れ)殊特㆒なり・といふことを故(に)、(七　11/1)

(五) 所散の華は少(く)して、而も化して爲㆓(し)大臺㆒と、以(て)示㆓(さ)むとなり衆生(の)因は少(く)して果は多㆒し・といふことを。(九　7/17～18)

30　第一四壺の右上の「┤」は、トイフ、またはトマウスを示す。

(一) 釋提桓因、白㆓(さく)大德須菩提㆒(に)、「……何等(か)是(れ)菩薩摩訶薩(の)般若波羅蜜(なる)。云何(ぞ)菩薩摩訶薩の應㆑き・とまうす行㆓(す)般若波羅蜜㆒(を)。」

31　第一五壺の上中央の「丅」は、前稿に擧げなかったが、ナラバを示す。ただし、例が少なく、確かではない。

(一) 若(し)諸法い都く空ならば、不㆑應㆑(くあら)説㆓(く)是の喩㆒を。(六　10/117)

32　第一五壺の下中央の「丅」は、前稿に擧げなかったが、ナルコトを示す。

㈠ 其(の)光(の)大(に)明(か)なること、如二(し)萬日の倶に照一(す)が。（八 4/14〜15）

㈡ 諸(の)白衣等以二(て)諸(の)湯藥一を供二給して比丘一に、使《し》レめ得二安穩一なること、坐禪し行道す。（九 4/23〜24）

㈢ 諸法は常空なること如二し虛空の相一の。何況(や)字は。（五〇 16/8）

㈣ 觀す、身は如二(くし)て草木瓦石一の、无レし異なること。（五〇 4/11）

㈤ 譬(へば)如下(しと)衆の樹依二(るときに)於雪山一に、根莖・枝葉・華菓、皆得中(る)が茂盛上なること。（五一 13/5）

33　第一六壺の左中央の「=」は、前稿に擧げなかったが、マデニを示す。

㈠ 佛の說法の聲《み(こゑ)》は至二る梵天一までに。（九 6/13）

㈡ 此(の)身は從レ(り)足至レ(る)までに髮に、從レ(り)髮至レ(る)までに足に、周迊(し)て薄(き)皮あり。（五〇 4/26）

㈢ 從二(り)四天王一、乃至二(る)までに有頂の生處一に、是を名二(づく)生天一(と)。（五 11/25）第一種點「てに」

㈣ 此間に一(り)の梵天王あり。名二(づく)尸棄一(と)。秦(には)言レ(ふ)火(と)。從二(り)梵天一乃至首陀婆までになり。（五六 3/23〜24）

㈤ 從二(り)二禪一乃至非有想・非無想定までに、是(を)名二(づく)无覺无觀三昧一と。（五〇 10/11〜12）

㈥ 東方の如二き恆河沙一の等の國土、乃至二(る)までに十方一(に)亦(た)爾なり。（八 5/10〜11）

34　第一七壺の中央の「︵」は、前稿に擧げなかったが、ア・ヤ兩行のエを示す。

㈠ 得二たるガ法性身一を故(に)、破二す陰魔一を。得《え》レ道を得二たる法性身一を故(に)、破二す死魔一(を)。（五 14/24）ア行のエ

㈡ 不二必—(ず)定一(め)てしも(あら)。有(る)いは受レけ(て)苦を得《え》レ罪を、受レけ(て)苦を得《(う)》レ樂を。（三七 14/32）ア行のエ

（三）今十方の无量の國土の諸佛は、亦(た)不二目に見一ㇽ。云何(ぞ)可ㇾき請す。（七　4/8）ヤ行のエ

35　第一八壺の右上の「×」は、前稿に擧げなかったが、タテマツル（奉）を示す。

（一）婆羅門心開(け)意に解《さと》りて、……向ㇾ(ひ)たてまつりて佛に、「我れ心に无ㇾく狀《アチキナ》、愚にして不《ず》ㇾありけり・とまうす信ㇾ(し)たてまつら佛を。」（八　3/7~8）

36　第一九壺の右下の「○」は、前稿に擧げなかったが、マウス（申）を示す。

（一）婆羅門心開(け)意に解《さと》りて、……向ㇾ(ひ)たてまつりて佛に、「我れ心に无ㇾく狀《アチキナ》、愚にして不《ず》ㇾありけり・とまうす信ㇾ(し)たてまつら佛を。」（八　3/7~8）

（三）答(へて)言(さく)、「……縱《たとひ》—令血は出(つ)れども、亦(た)不ㇾとまうす置ㇾ(か)之(を)。」（三七　14/27）

37　第二〇壺の右上の「⊥」は、前稿に擧げなかったが、ニオキテを示す。

（一）觀三し諸法は畢竟空なり。從ㇾ(り)本已來《このかた》、皆如二しと无餘涅槃の相一の、觀二(す)一切衆生におきては視ㇾ(る)こと之を如ㇾしと佛の。何(に)況(や)法師(は)。（五一　13/25~26）

（二）是の三種の菩薩におきては者、如下きぞ世間の人の受二(け)て五欲一を後に、捨離し出家(し)て、得中(るが)菩提道上を。（三七　4/21）

38　第二一壺の左上の「ヲ」は、前稿で、點だけ擧げて、讀み方を示さなかったが、ヲモテを示す。

（一）云何ぞ名三(づくる)菩薩(は)正慧をもて入二す・と母胎一に。（四　12/30）

（二）更(に)得二るが佛種種の異—大の功德一(を)故(に)、更(に)有二るをもて異名一、名(づけ)爲ㇾ(す)佛(と)。（四　16/26~27）

（三）何(を)以(ての)故(にとならば)、、常に憶二念するが種種の光明一を故(に)得するをもて。（五　11/17）

(四)　多聞と・辨慧と・巧言語とをもて、美《ヨ》ク説二(き)諸法一を轉二すれども人心一を、（五　13/4）「美」の訓「ヨク」は不確實。

(五)　今何(の)因縁をもてカ有二(り)て此(の)光明一、照二す於世間一を。（九　16/25）

第二節　假名字體及び特殊な實字・略符號

第二種點に用ゐられた假名字體及び特殊な實字・略符號を整理すると、第二表の通りである。殆どが、簡略化の進んだ省文假名である。その中で、ツの「ア」は珍しい字體である。大矢透博士の『假名遣及假名字體沿革史料』に收めず、築島裕博士の『平安時代訓點本論考〈ヲコト點圖・假名字體表〉』には、『石山寺本大智度論』第二種點の假名字體表に、「ア」を擧げないで、「ㄇ」を擧げてゐるが、これは「ア」を見誤ったものであらう。石山寺舊藏（現在春日和男博士藏）本『金光明最勝王經』平安中期點は、東大寺點で、本點によく似たヲコト點を用ゐてゐるが、假名もよく似てゐて、ツに同じ字體が用ゐられてゐる。字源について、中田祝夫博士の『古點本の國語學的研究　總論篇　別冊』の「ヲコト點圖・假名字體表・略體假名總合字體表」には、「都」を擧げてゐるが、「都」をどのように崩せば、「ア」となるのであらうか。實字や略符號が少ないのは、ヲコト點が整備されて、その必要が無くなったのであらう。

第二表　第二種點　假名字體及び特殊な實字・略符號

第二章　音　韻

第一節　漢字音

漢字音は、類音漢字や假名で示すものばかりで、正式の反切によるものは一例もない。

次に擧げる例は、その下の數字と同じ番號の例文中に見られるものである。

嘻〈エイ反〉（一）　斷〈銀音〉（二）　劍〈今反〉（三）　駃〈シ反〉（四）　忮〈之反〉（五）　濡〈殊反〉（六）　占〈セム〉（七）　榻〈タフ〉（八）　涅〈內反〉（九）　嚢〈ナウ〉（一〇）　縹〈ヘウ〉（一一）　舞〈无也〉（一二）

（一）如三(く)夏月(の)天の雷と電雨(と)陰雲覆嘻《エイ反》(して)不二が清淨一(にあら)、凡夫の无智も亦(た)如レし是(の)。（六 3/7〜8）

天の餘白に白筆にて「計反」の書き込みあり。

（二）是(の)風七處に觸す。頂と及斷《銀音》と齒と唇と舌と咽と及以胸となり。（六 4/14）

（三）非二(ず)阿婆夜一(に)、非二(ず)劍《今反》摩羅一(にも)。（五 3/26）

（四）大海の水入レ(り)て中に、船の去(く)こと駃《シ反》疾なり。（七 3/8〜9）

（五）非二(ず)提羅一(にも)、非二(ず)忮《之反》羅一(にも)。（五 3/24）

（六）其(の)名(をは)曰二(ふ)跋陀婆羅菩薩……滿濡尸利菩薩秦言二妙德一……彌勒菩薩一(と)[なり]。（七 7/29〜8/1）「濡」

の右に「殊反」の注あり。

（七）　星得は長者子の菩薩なり。是（れ）占《セム》波國の人なり。（七　8/9）

（八）　若欲レ（はば）娶レらむと我を者、當に先っ莊二嚴し房室一を、……安二施し床榻《タフ》と幡蓋と華香一とを、必（す）令二（め）よ嚴餝一せ。（四　16/6～8）「榻」は、原文「木＋合＋羽」、『大正新脩大藏經』によって訂正。

（九）　非二（ず）阿跋多一（にも）、非二（ず）泥《内反》提舍一（にも）。（五　3/30）「泥」は原文「泥＋土」

（一〇）　度―師一人は以二（て）浮囊《ナウ》・草筏一を渡レす之を。（六　13/34～35）「筏」は原文「木＋伐」、『大正新脩大藏經』により訂正。

（一一）　虚空は非二（ず）可見の法一に。遠視（の）故（に）、眼の光い轉して見《み》二たり縹《ヘウ》色一を。諸法（も）亦（た）如レ（し）是（の）。（六　2/32～33）

（一二）　戯笑（と）語言と歌舞《无他》と邪視と、如レ（き）是（の）等は從レ（ひ）て愛に生す。（五　15/24）

上記諸例中、（四）の「駃〈シ反〉」は、問題である。『說文解字』に、「駃、騠馬父贏子也。从馬夬聲。〈臣鉉等曰、今俗與レ快同用、古穴切。〉」、『篆隷萬象名義』に「古穴反、駿馬。」とあって、ケツの音が正しい。

第二節　國語音

1　ア・ヤ兩行のエ

ア行のエを示す假名がなく、中央の「(」はアヤ兩行のエに用ゐられてゐる。ア・ヤ兩行のエは完全に混同されてゐるのである。

（一）得二たるガ法性身一を故（に）、破二す陰魔一を。得《え》レ道を得二たる法性身一を故（に）、破二す死魔一（を）。（五 14/24）ア行のエ（𛀀）

（二）不二必—（ず）定一（め）てしも（あら）。有（る）いは受レけ（て）苦を得《え》レ罪を、受レけ（て）苦を得《う》レ樂を。（三七 14/32）ア行のエ（𛀀）

（三）今十方の无量の國土の諸佛は、亦（た）不二目に見一𛄡。云何（ぞ）可レき請す。（七 4/8）ヤ行のエ（𛄡）

京大圖書館本『蘇悉地羯羅經』延喜點では、右下中の星點をア行のエに、中央の「エ」をヤ行のエに當てて、兩者を區別してゐる。本點は、ヲコト點で、ア・ヤ兩行のエを混同した、加點年代明白な最初の資料であらうか。因みに、東大寺本『百法顯幽抄』古點は、第一群點の西墓點系で、右中の星點をア・ヤ兩行のエに通用してゐる。『百法顯幽抄』古點を初めて紹介された稻垣瑞穗氏の論文には、ヲコト點圖にこの點がなく、加點年代を平安初期末とされたが、私は、この點の存在に氣がつき、加點年代を引き下げて、中期の資料とした。（拙著『訓點語の研究　上』（63〜64頁））

2　その他のア・ハ・ヤ・ワ四行の音韻

①　ハ・ワを正しく用ゐた例

除-穢ハラフときには（五一 13）頭ハシの土（四〇 7/28）照（さ）むとイハ不（三七 16/33）照（さ）むとはイハ不（三七 17/1）迸-木ウハラに（九 3/4）喜シハ、、（七 16/9）詃マトハス（六 7/13）」融ワカセル金（九 3/4）蟠ワタカマれるが（七 9/14）橅ワナ（三七 5/28）

②　イ・ヒ・ヰを正しく用ゐた例

（補讀）イヒナム（七 5/22）（補讀）イハ不（三七 16/33〜17/1）」狂れ狷ヒスカシマにして（七 9/18）相ヒ違背

セ不ぬ（三七　13/5）比（たぐ）ひ（三七　11/31）」將ヰて（八　2/10）須（もち）ヰる（七　2/23）以（もち）ヰる（六　4/33）

③　ウ・フを正しく用ゐた例（六　11/16）

得う（九　8/31・10/29）釘ウツ（五一　6/33）頂ウナジ（七　13/32）迸―木ウハラに（九　3/4）」踏み躪フミ（六　11/16）不雨フラヌが（五　13/5）搖フル（ひて）（七　17/4）炙アフリ（五　15/26）言（い）フ（三七　13/6）

言（い）ふ（三七　13/9）役ツカフが（三七　10/4）償ツクノフ（四〇　2/28）問（と）ふ（三七　13/9）除―穢ハラフときには（五一　13）繞マトふが（七　6/11）咲（わら）ふ（七　12/31）

問題になる例がある。

(一)　言ふ已(り)て默然(し)ぬ。乳餔すること二年までに不レ行(は)不レ語(ら)。（四〇　15/9）

(二)　如二きは須陀洹一の用二ふ二種の解脱の果一を。有爲の解脱、無爲の解脱なり・といふ。（三七　13/16）

活用語に續く「已」をヲハルと讀む場合に、活用語は、連用形を取る場合と、連體形＋コトの形を取る場合とがある。

(三)　便(ち)於二夢の中一に、夢に與《トモ》に從レ(ひ)てす・とユメミル事に。覺し已(り)て心に念はく、（七　6/26～27）

(四)　佛以二(て)廣長舌(の)相一を、遍(く)覆二(ひ)たまふこと三千大千國土一(を)已(り)ぬ。（八　3/29～30）

のやうに。したがって、(二)は「言ひ已りて」か、「言ふこと已りて」か、どちらかの形に讀むべきである。しかるに、「言」にはフの點が加へられてゐる。コトを補って讀むのであらうか。このままでは、ヒ・フを混同した例となる。(二)は、「用」にフの點が加へられてゐる。フで文が終止してゐるから、モチフと讀むしかない。とすれば、加點年代明白な資料で、モチヰルをハ行に活用させた、初出例と言ふことになる。（終止形だけで、他の活用形がないから、上二段活用かどうか分からない。）

ところが、假名書きの例では、モチヰルと、本來の形を守ってゐる。

(五) 以レ(ての)是(を)故(に)、福德に須《もち》レヰる願を、是を名レ(づく)願レすと受二けむと无量の諸佛の國土一を。（七 2/23）

(六) 問曰、一事をもて可レ(し)知(リ)ヌ。何(ぞ)以《もち》二ヰる多(く)の譬喩一を。（六 4/33～34）

加點者は實際にモチヰルとモチフとを、並用したのであらうか。また、モチヰルからどんな過程を經てモチフに變化したのであらうか、識者の教示をまちたい。

④ ヘ・ヱを正しく用ゐた例（を）

與(あた)へ不肯(かへ)にす（三七 2/5） 濟(すく)へり（七 3/18） 度(わたしたま)へるが（七 4/21） 藥(を)種《う》ヱ、（五 7/28）

⑤ オ・ホ・ヲを正しく用ゐた例

發オコス（五 12/14） 溺オホ、ル、を（五一 15/23）

齊ホソ（六 4/11） 溺オホ、ル、を（五一 15/23）

ヲは、格助詞のヲしか例がない。

3 音便

イ音便・ウ音便になるべき例は、アヂキナク（无狀）、カキツ（少）しかなく、しかも共に本來の形を守ってゐて、音便化してゐない。ただ一つ、「愍」にムテを送って、アハレムテと讀み、〔mi〕が〔m〕となった撥音便と見られる例がある。

(一) 人見二て狗の食レ(ふ)を糞を、賤(しめ)ども而愍《あはれ》レむて之(を)、（三七 5/20～21）

第三章　漢字による訓義の注

漢字の訓義を示すために、漢字で注を加へることがある。次に擧げる例は、その下の數字と同じ番號の例文中に見出されるものである。

以〈用也〉（一）　寡〈少也〉（二）　賜〈空也〉（三）　如〈今〉（四）（五）　如〈今也〉（六）（七）（八）（九）　稱〈名也〉（一〇）　我曹〈壽也〉（一一）　了〈畢〉（一二）　適〈悟也〉（一三）　搏〈取也〉（一三）　猶〈如也〉（一四）

（一）　欲レ（ふ）ときは見二むと衆生一を、唯（た）以《もち》二（ゐる）二眼一を（のみ）。（七　1/30〜31）

（二）　如下（し）絶（え）て捷《たけ》き之人（は）、少き衆の力寡（く）しては、不レ能レ（は）制レすること之（を）。大軍の攻レ（むるときは）之（を）、則（ち）伏上（す）るが。（三七　12/15〜16）

「寡」は、原文「寬」に似た不明瞭な字體。『大正新脩大藏經』によって訂正。

（三）　有二る方百由旬一と城に、溢二て滿（て）たり芥子一を。有二（り）て長壽の人一、過二（き）て百歳一を、持二（ち）て一の芥子一を去（ら）むに、芥子は都く盡（き）ぬとも、劫は猶（し）不レ賜《に》（き）。（四〇　9/28〜29）

（四）　如《今》佛の神足持戒をすら尙（し）不レ可レ（くあら）知（る）。何（に）況（や）三昧王三昧は・といふ。（七　10/12〜13）

（五）　如《今》一身の中には、頭をは爲二す最上一と。（七　13/20〜21）

（六）　如《今也》瓶は二根い知（る）。眼根と耳根となり。（六　7/11〜12）

（七）如《令他》鏡の中の像は、非二（ず）鏡の作一に、非二（ず）面の作一に、（六　7/17～18）

（八）如《令他》牛の相は牛の中に住せり。馬の相は馬の中に住せり。（五　9/26～27）

（九）如《令他》佛世尊は、大德尊重にいます。（八　2/1）

（一〇）此の菩薩（の）名字は、衆緣和合（し）て、假（り）て稱《なづ》（け）たり。（三七　7/6～7）

（一一）水流奔趣（する）は、是（れ）入二（る）なり其の口一に。我（が）曹了（り）ぬ矣。各各（の）求二（む）べし［といふ］諸（の）天神一に。（七　3/12）

（一二）此は是（れ）、佛の所二なり化し成一せる。欲二す以（て）可レしと適《さと》二（す）［べシ］大衆一（を）［に］。（七　8/29）

（一三）譬（へば）如二く師子（の）搏《と》レ（りて）鹿を、自在に戲樂一（するが）、佛（も）亦（た）如レ（し）是（の）。（八　6/3～4）

（一四）如二きを方百由旬なる石一の、有（る）人百歲ありて、持二（ち）て伽尸羅の輕儒疊の衣一を一（た）ひ來（り）て拂レ（は）む之、石は盡（きぬ）とも、劫は猶《ごと》レ（し）不レが漸《つ》（き）。（四〇　9/29～31）

上記諸例中、（一）は、「以」をモチヰル、（二）は、「寡」をスクナシと讀むことを示したもの。（三）の「賜」は、大修館書店の『大漢和辭典』に、〔說文通訓定聲〕から「賜、假借爲レ漸。」を、〔方言、三〕から「賜、盡也。」を引いて、「つきる。漸に通す。」と說く。『大正新脩大藏經』には「漸」に作る。「賜」に「空也」と注したのは、俗に言ふカラニナル意味なのであらう。（四）～（九）は、「如」をイマとよむことを示したもの。このイマは、現在のことではなく、例を擧げて說明する意味である。（一〇）は、「稱」をナツクと讀むことを示したもの。（一一）の「我曹」は、ワレラのことであるが、「曹」の右に「壽也」と注したのは、「我壽」に改めて、ワガ-イノチと讀んだのであらうか。その下の「了」に「畢」と注したのは、「了」をヲハリヌと讀むことを示したもの。「ワレワレハ、オシマヒダ」と言ふのである。(一二)は、「適」をサトル、またはサトスと讀むことを示してゐるはずであるが、これを受ける「大衆」に、ニが送られてゐるのは不審である。普通にカナフとよんではいけないのだらうか。大東出版社の『國譯一切經』には、「以て大衆に適《かな》ふ可きを欲す。」と讀んでゐる。(一三)は、「搏」をトルと讀むことを示したもの。(一四)は、「猶」をゴトシと讀むことを示したものである。

第四章　特殊な漢字の訓法

一　若・爲・頗

共にモシと讀む。「若」は、假說の副詞として用ゐられる他、選擇の接續詞としても用ゐられる。この場合、ハを送ったものがあって、モシハの形を確認することができる。

（一）若（し）无レきに請（ふこと）而自（ら）說法（したま）ハ、者、是は爲《な》三りぬ自（ら）顯二（はす）に自-執の法一を。（七　5/12）

（二）若（し）來（り）て侵害すれども、心は不三恚恨一せ。若（し）種種に恭敬すれども亦（た）不《ぬ》二ぞ喜ひ悅一ひ。（六　12/5）

（三）聲聞に所レ（る）有（ら）智慧、若（し）は須陀洹・斯陀含・阿那含・阿羅漢・辟支佛の智慧、佛の智慧、是（の）諸（の）衆の智は、无レし有二（ること）差別一。（三七　13/2～4）

「爲」をモシと讀む場合は、推測・疑惑の意味を表し、後に疑問詞や係助詞ヤ・カを伴ふのが普通である。

（四）太子問（ひ）て曰（さく）、「汝は爲《も》し屬レせる誰（に）か、若（し）有二（らば）所屬一、此（は）非二（ず）といふ我（が）宜一には。」（三七　2/19）

（五）如二きは我乃至知者・見者一の、爲（し）是（れ）一事か。爲《も》し各各（の）異（なる）か。（三七　9/29～30）

（六）諸（の）聲聞・辟支佛の智慧は、爲《も》し有二（り）や是の事一不（やと）。（三七　14/15）

「頗」は、シを送ってモシと讀み、「爲」に同じく、推測・疑惑の副詞として用ゐられる。

（七）於二（て）汝（が）意一（に）云何（ぞ）。是（の）幻人は、於二此（の）五欲一に、頗し有二（り）實に受一（くる）こと不（や）。（三七　4/29～30）

「幻」は、原文「此」。朱筆によって訂正。

(八) 舍利弗、於二(て)汝(が)意一(に)云何(ぞ)。諸(の)聲聞・辟支佛は、頗し有二(り)や是(の)念一、「我等當下(しといふ)得二むときには阿褥多羅三藐三菩提一(を)、度二脫(し)て一切衆生一を、令上レ(む)得二无餘涅槃一を。」不や。(三七 15/31〜33)

(九) 今言ふ、頗し有二(り)や是の念一、「我等當(に)得二て阿褥多羅三藐三菩提一を、令三(めむ)と一切衆生をして得二无餘涅槃一を。」(三七 16/9〜10)

(一〇) 舍利弗、於二(て)汝(が)意一(に)云何(ぞ)。諸(の)聲聞・辟支佛(は)、頗し有二(り)や是(の)念一、「我行二(し)て六波羅蜜一(を)、……度二脫(し)て无量阿僧祇の衆生一を、令レ(めむ)といふや得二涅槃一を。不(や)。」(三七 16/13〜16)

二　可・當・應

「可・當・應」は、いづれもそれ自身をベシと讀み、または、讀まずして後の語にベシを讀み添へる。客觀的な推量・可能・當然・命令など、廣い意味を表す。

(一) 地天の太子は、實に有二す三十二の大人(の)相一。若(し)在家せば者、當レし作二る轉輪聖王一と。若(し)出家せば者、當レし成レ(る)佛と。(四 13/15〜16)

(二) 佛弟子欲レ(ふときは)得二(む)と甘露(の)味一を、當三棄二捨(す)べし雜毒一を。(五 12/30)

(三) 受二(くる)五欲一(を)者《ひと》(すら)、尙(し)所レアレドモ應レき得而不レ得之。(三七 4/8)

(四) 以レ(ての)是(を)故(に)、菩薩は應レ作二(す)べし童眞の行一を。(三七 4/10)

(五) 一切の法は先(つ)有レ(り)相。然して後(に)可レし知二(る)其(の)實一を。(四 17/16) 可能

(六) 今十方の无量の國土の諸佛は、亦(た)不二目に見一ゴは(せ)。云何(ぞ)可レき請す。(七 4/8) 可能

(七) 雖レ(も)言二(ふ)と佛の神力大一なりと、而猶(し)可レ知(る)べし。敬心をもて不レ重せ。(七 10/30～31)「知(る)べし」のべシは不確實。ムか。

「當」には、マサニ―ベシと再讀併記した例がある。

(八) 迦旃延尼子の弟子(の)輩の言(はく)、「三阿僧祇劫の中に、未レ有二(ら)佛相一。亦(た)无下(し)種二(う)る佛相一を因緣上も。云何(ぞ)當《に》レき知二(る)是(れ)菩薩一(なり)と……。(四 17/15～16)

(九) 菩薩は如レく(し)て是(の)思惟(すらく)、「我應レ(し)安二樂す衆生一を。……若(し)有二(る)ときは談處一、或(は)生二しつ聲聞・辟支佛の心一を。我當《に》二し遠離一(す)。」(五一 10/2～6)

三　欲・將

「欲」は、それ自身をス・オモフ・オモホス(オボス)などと讀む。

(一) 阿難從レ(ひ)て佛に遊二行す諸國一に。欲レす到二(ら)むと婆羅門の城一に。(八 2/6～7)

(二) 信心清淨にして、欲《す》二るに好(みて)供養一すること、无レ(し)由。(八 2/16)

(三) 若(し)衆生(の)欲《す》レるときは作二(ら)むと重罪一をは、善く敎(ふる)に不レ(は)從(は)、以二て苦言一を諫レふ之を。(三七 14/29～30)

(四) 於二佛法(の)中一に、作二(し)て論議一を、結使と智と定と根等と、於《これ》が中に、作《な》レ(すすら)義を、尙(し)處處に有レ(り)失。何(に)況(や)欲《おも》三はむや作二(さ)むと菩薩の論議一を。(四 16/33～17/1)

(五) 一切の三昧に、欲レへば入(ら)むと、卽(ち)入る。(七 11/12)

(六) 佛は種種の方便・光明・神德をもて欲《おもほ》丁せり敎二化して一切衆生一を、令丙(め)むと心に調柔にして、然(して)後(に)、能(く)信乙受せ般若波羅蜜甲を。(七 12/27～28)

「將」は、ニを送ってマサニと讀んだ例はあるが、ムトスで應じたものはない。

（七）　若(し)人計二(すれば)吾我一(を)淫將に入二(り)てむ惡道一に。（六　15/24）

（八）　乃至將に示二して相師一を、「汝觀二(す)べし我が子一を。……若(し)出家セバ、當レし・といふ成レ(る)佛と。」（四　13/12〜14）

大東出版社の『國譯一切經』には、「將」を「ひいて」と讀んでゐる。

「將」を使役の助動詞シムに讀んだ例がある。

（九）　先世の業を自《み(つか)》(ら)作シテ　將三むし人をして受二(け)果報一を。（五　16/8）「作シテ」は白筆にて補足。

劉湛の『助字辨略』、裴學海の『古書虛字集釋』、楊樹達の『詞詮』等を見ても、「將令也」などと言った說明は見られない。加點者の勝手な讀み方と言ふことになるが、「人ヲ將《ヰ》テ」を意譯して、使役に讀んだのであらう。

四　假令・縱令

送り假名はないが、タトヒと讀むのであらう。例は少ない。

（一）　雖三(も)衆生は不二(と)面《(まのあた)》(り)請レ(ひたてまつら)佛(を)、佛(は)常(に)見二其(の)心一を、亦(た)聞二(きたまふ)彼(が)請一(を)。假令(ひ)諸佛(は)不レ聞(か)不レ(とも)見(たまは)、請レ(ひたてまつる)に佛を亦(た)有二(り)福德一。何(に)況(や)佛悉(く)聞(き)見(たまひて)而无レ(けむや)所レ益(する)。（七　4/26〜27）

（二）　假令(ひ)无二(けれ)ども得レる佛を因緣一、猶尙(し)愛樂す。何(に)況(や)當レ(くして)得而不二(あら)むや愛樂一(せ)。（五一　7/18〜19）

（三）　佛問二(ひたまはく)无畏一を、「汝が子、或《ある》時には、呑二む諸(の)瓦石・草木一を。汝聽レ(す)や咽(むこと)をは不(や)。」答(へて)言(さく)、「不レ聽(さ)、先(つ)教(へ)て令レ(め)てき吐せ、若(し)不レするときには肯《(かへ)》レに吐(き)、左の手をもて捉レり耳を、右の手をもて擿レ

す口(を)。縦令(ひ)血は出(つ)れども、亦(た)不レとまうす置(か)之。」(三七 14/25～27)

五 豈

「豈」は、ニを送った例は無いが、アニと讀むのであらう。文末はヤで結ぶ。

(一) 汝過二(ぎ)て一阿僧祇劫一を、當(に)得レム作レ(る)こと佛(と)。名二(づけ)む釋迦文尼一(と)。得―記如レし是(の)。而言三(へ)るい爾時に未ず二と是(れ)菩薩一に(あら)、豈(に)非二(ず)ヤ大失一に。(四 17/12～14)

(二) 諸菩薩(は)行業清淨なり。自(ら)得(う)二淨報一を。何(を)以(て)ぞ要(ず)須レ(ゐ)て立レ(つる)ことを願を、然(して)後(に)得レる之を。譬(へば)如二(し)田家(の)得レ(る)こと穀を、豈(に)復(た)待レ(たむ)や・といふが願を。(七 1/8～9)「穀」は、原文「聲―耳＋禾」。「といふが」は不確實。

六 何況

「況」はなく、専ら「何況」を用ゐる。前文を受けて後文を强調する抑揚形式である。後文の分類は、上卷のそれに從ふ。

(一) 以レ(ての)是(を)故(に)、毘首羯磨も不レ能二(は)化作一すること。何(に)況(や)餘の工師は。(四 13/25)ハ A

(二) 法空の中には乃(ち)无二し一毫(の)法一も。何(に)況(や)麁色は。(七 8/10～11)A「毫」は、原文「豪」。『大正新脩大藏經』によって訂正。

(三) 如下く迦陵毘伽鳥の子は、雖レ(も)未レと出レ(て)卵より、其(の)音勝二(れ)たり於(より)衆の鳥一。何(に)況(や)出上(て)たるは(といふが)卵を、菩薩の智慧も亦(た)如レ(し)是(の)。(三七 12/21～23)ハ A「卵」は、原文「聲―耳＋卵」

(四) 佛及法身の菩薩は、一切(の)閻浮提の中(の)微塵の生滅多少をすら、皆能(く)數(へ)知(り)たまへり。何(に)況(や)恆河の沙は。

（七　16/12〜14）ヲハ　Ｂ

（五）云何（ぞ）菩薩の遠二離する十不善道一を。是の十不善道い能（く）障二（ふる）をもて八聖道一を。何（に）況（や）阿耨多羅三藐三菩提をは。（五一　10/10〜12）ヲハ　Ｂ

（六）菩薩の智慧も亦（た）如レ（し）是（の）。雖レ（も）未レと出二（て）无明の卵一を、勝二（れ）たり一切の聲聞・辟支佛一には。何（に）況（や）成レ（り）ては佛に。（三七　12/23〜24）テハ　Ｂ

（七）惡師云何（ぞ）得二む供養し信受一すること。善き師をたに不レ能二（は）視レ（る）こと之（を）如レ（く）すること佛の。何（に）況（や）於二ては惡（し）き師一に。（五一　13/7〜8）オイテハ　Ｂ

（八）諸佛の一切智第一に尊重なること、如二（き）すら須彌山王一の、尚（し）不レ能レ（は）轉二すること是の諸業一を。何（に）況（や）於二ては凡人一に。（五　16/4〜5）Ｂ　オイテハ

（九）自《みつから》以二（て）利根・智慧一を、於二佛法（の）中一に、作二（し）て論議一を、……於が中に作《な》レ（すら）義を、尚（し）處處に有レ（り）失。何（に）況（や）欲レはむや作二（さ）むと菩薩の論議一を。（四　16/33〜17/1）Ｃ　ムヤ

七　曾

「曾」は、シを送って、ムカシと讀む。

（一）佛告二（けたまはく）婆羅門一（に）、「汝頗(も)し曾(むか)し見二（きや）世に所稀有（にして）難レ（き）見事一（を）不（や・と）。」（八　2/32〜33）

『大正新脩大藏經』には、「見下世所二稀有一難レ見事上不。」と返り點を打ち、大東出版社の『國譯一切經』には、「世に稀有にして見難きところの事を見しや。」と讀む。

（二）天上（より）る下る時に、種種（の）瑞應未《ぬ》レい曾（し）よりアラ所レなり有る。（四　12/27〜28）

『大正新脩大藏經』には、「未㆓曾所㆑有。」と返り點を打ち、大東出版社の『國譯一切經』には「未だ曾て所有せず。」と讀んでゐる。

八　但・唯

「但・唯」共にタを送ってタダと讀む。後にノミを伴ふものと、伴はないものとがある。

(一) 汝無數劫より來《このか》た、集㆓(めて)諸の雜業㆒を、而も无㆓し厭足㆒(すること)。而も但た馳㆓せ逐(ひ)て世樂㆒を(のみ)、不㆑覺㆑(ら)爲㆑(すことを)苦(を)。(六　11/13〜15)

(二) 但(た)當㆔(し)出㆓生す此(の)三昧㆒をのみ。何(を)以(ての)故(にか)復(た)遊㆓戲(す)べき其(の)中㆒に。(七　7/15〜16)

(三) 聖如意と者は、外の六塵の中に、不《ぬ》㆑可㆑(くあら)愛(す)不淨の物を、能(く)觀して、令㆑(め)む淨にア(ら)。可㆑き愛(す)淨物を、能(く)觀して令㆓(む)るぞ不淨㆒にア(ら)。是(の)自在の法は、唯た佛にのみ獨り有り。(五　11/9〜10)

(四) 佛をは爲㆓(し)法王㆒(と)、菩薩をは爲㆓(す)法將㆒(と)。所尊・所重は唯(た)佛世尊のみなり。(七　3/19〜20)

(五) 唯(た)中國の迦毘羅婆淨飯王の后のみ能く懷㆓(み)たまふ菩薩㆒を。(四　12/23〜24)

(六) 欲㆑(ふ)ときは見㆓むと衆生㆒を、唯(た)以《もち》㆓(ゐる)二眼㆒を(のみ)。(七　11/31)「以」の右に「用也」の注あり。

「獨」を「但・唯」と同樣に用ゐることがある。

(七) 如㆑き是(の)菩薩(は)衆多なり。何(を)以(て)ぞ獨り說㆓ける廿二の菩薩の名㆒をのみ。(七　8/4)

「獨」を「唯」と重ねて用ゐることがある。

(八) 有㆓り種種の禪定の法㆒。何(を)以(ての)故(にか)、獨り稱㆓する此(の)三三昧㆒をのみ。(五　8/21〜22) ノミは不確實。

(九) 聖如意と者は、外の六塵の中に、不《ぬ》㆑可㆑(くあら)愛(す)不淨の物を、能(く)觀して令㆑(め)む淨にア(ら)。可㆑き愛(す)淨物を、

能（く）觀して令二（む）ぞる不淨一ニア（ら）。是（の）自在の法は、唯タ佛にのみ獨リ有リ。（五 11/9〜10）

九　爲・與

「爲」の用法は多岐に渉ってゐて、讀み方もさまざまである。

A　形式名詞　タメ

B　動詞　ス・ナス・ナル

C　副詞　モシ

D　助動詞　タリ

タメは、格助詞ノ・ガを挾んで、名詞・代名詞、及び活用語の連體形を受け、目的・便益の他、原因・理由などを表し、また、受身の對象を表すこともある。タメニ・タメニス・タメノユヱニ・タメニナリなどの形で用ゐられる。

（一）中道をもて爲レに人の說レ（き）たまひ法を、（四 12/8〜9）A　タメニ

（二）如下し提婆達多が爲二に利養一の自《み(つか)》（ら）沒上せるが。（五 12/32）A　タメニ

（三）爲レに佛の所レれて記（せ）、當に得《う》レ（べし）作レること佛と。（四 17/18）A　タメニ

（四）此（の）人は大瞋あり、爲二に惡業一の所レたり覆（は）。（六 15/18）A　タメニ

タメニは、誰のためにがなく、單獨で用ゐられることがある。

（五）我今當三（し）爲に說二（く）甚深の法一を。（六 15/18〜19）A　タメニ

（六）佛爲に說レ（きたまひ）しかば法を、太子得二てき无量の陀羅尼門一を。（三七 3/3〜4）A　タメニ

（七）佛は知二れり一切（の）聲聞・辟支佛は不レと能レ（は）爲二にすること衆生一（の）。（三七 15/24）A　タメニス

（八）二者、以二（て）此（の）智慧一を爲レなり欲下（ふ）が度二脱（し）て一切衆生一を、令上レ（めむと）得二涅槃一を。（三七　10/30～31）A　タメナリ

（九）但（た）爲三の教二化せむが衆生一を故に、以二（て）法身一（を）現二す［たまふ］於十方三界の中一（に）、（五　11/18～19）A　タメノユヱニ

（一〇）先に已（に）聞下（き）ッ……施者・受者・財物、不可得（なる）が故（に）、如レ（き）是（の）等い爲《す》上レべしと行二すること般若一を。（三七　6/18～19）B　スベシ

（一一）此の女二百五十劫の中に集二（め）て諸（の）功德一を、後（に）生二（れ）ぬ喜見淫女の園の蓮華の中一に。喜見養育（し）て爲《な》レ（し）き女と。（三七　2/11～12）B　ナス

（一二）或（る）時には捨レ（て）て汝（を）出家（し）て、爲《な》二りて佛弟子一と、靜二居（す）巖-嶽一に。（三七　2/30）B　ナリテ

（一三）佛若（し）无レきに請而自（ら）説法（したま）ハ、者、是は爲《な》三りぬ自（ら）顯二（はす）に自-執の法一を。（七　5/12）B　ナリヌ

（一四）汝は爲《も》し屬レせる誰（に）か。若（し）有二（ら）ば所屬一、此（れは）非二（ず）といふ我（が）宜一には。（三七　2/19）C　モシ・カ

（一五）菩薩摩訶薩の行二（するに）般若波羅蜜一を、……心に念下はむ……知二り一切の法一を、度中せむと一切衆生上を。諸（の）聲聞・辟支佛（の）智慧は、爲《も》し有二（り）や是の事一不（や・と）。」（三七　14/12～15）C　モシ・ヤ

（一六）摩訶薩埵と者は、於二多（く）の衆生（の）中一に、最も爲《た》二り上首一。（五　1/6）D　タリ

（一七）何（を）以（ての）故（に）、淫欲は爲《た》二るをもてなり諸結之本一。（三七　4/2）D　タリ

「何」と「爲」とが、語句を挾んで呼應する場合に、……コト―ナニセムと讀むことがある。ナニニ―シヨウの意味である。

（一八）譬（へば）如下（し）人、雖レ（も）有レ（り）と目、日不《ぬ》レ出（で）時（は）、不レ能レ（は）有二（る）こと所見一。要（ず）須《も》二て日の明一を、得《う》レ有二（る）こと所見一。不《ぬ》上レが得レ言二（ふ）こと我は有レ（り）眼。何用レ（ゐること）日を爲《せ》一む・とは。（四　22/6～8）

（一九）不レ應下（くあら）難（して）言中（ふ）廻向心已（に）滅（して）、无二（し）所有一。云何（ぞ）與二に菩提一の作上レ（ら）むと因と。（五六　6/15～16）

「與」にニを送って、タメニと讀むことがある。

一〇　有・或

「有」は、動詞にしてアリ・イマスと讀む。イマスはアリの尊敬語である。

（一）若（し）有二らば卅二相具足一せること者、是（れ）應レし有二（る）二法一。（四　13/13）アリ

（二）已に成二（る）ときに佛道一、更（に）得二るが佛種種の異‐大の功德一（を）故（に）、更（に）有二るをもて異名一、名（づけ）て爲レ（す）佛（と）。（四　16/26）アリ

（三）難陀・提婆達等も、皆有二り卅相一。（四　17/21）アリ

（四）汝何（を）以（て）ぞ信三して餘の四天下に更（に）有《（いま）》二（す）といふことを轉輪聖王一、而不《ぬ》レ信二（せ）三千大千世界の中に有《いま》レす・といふことを佛。（四　21/10～11）イマス

（五）是（の）諸華の上（に）皆有《いま》二して化佛一結跏趺坐して、說二（きたま）ふ六波羅蜜一を。（八　1/25～26）

（六）有（る）ひと墮二（ち）たるときに餓鬼（の）中一に、火炎從レ（り）口出っ。（五　12/14）

「有」をアルヒトと讀む。

「有」をアルイハと讀んで、アルヒトハの意味に用ゐる。

（七）有(る)人は歡喜して而咲《わら》(は)む。有(る)人は瞋恚して而咲(は)む。……有(る)いは見二て殊方の異俗一を而咲(はむ)。有(る)いは見二て稀有の難事一を而咲ふ。（七　12/29～32）

（八）譬(へば)如下く人出レ(つ)るときに獄(を)、有(る)いは但(た)穿レ(ち)て墻を而出(て)て、自(ら)脱レ(する)身を者《人》と、有(る)いは破レり獄を壞レ(り)て鎖を、身及衆人をも皆出(つ)る者《人》上とあるが、（三七　10/32～11/1）

（九）佛滅後の五百歳(を)〔に〕、分ちて爲二(す)二分一と。有(る)いは信二す法空一を。有(る)いは但(た)信二す衆生空一をのみ。（三七　9/23）アルイハ

（一〇）佛の言(はく)、「不二必(ず)定一(め)てしも(あら)、有(る)いは受レ(け)て苦を得《え》レ罪を、受レ(けて)苦を得《う》レ樂を。有(る)いは受レ(けて)樂(を)得レ罪を、受レ(けて)樂(を)得《う》レ福(を)。」（三七　14/32～33）アルイハ

「有」をアルイハと讀んで、選擇の接續詞として用ゐることがある。

（一一）衆生(は)種種の因緣をもて得レ(る)こと度を不同なり。有(る)いは禪定して得度(する)者《もの》。有(る)いは持戒說法して得度する者《もの》。有(る)いは光明觸レして身(に)而得度(する)者《もの》あり。（七　16/24～26）

（一二）聲聞・辟支佛の智慧は、但(た)觀二て諸法空一をのみ、不レ能レ(は)觀二することは世間と涅槃とを爲《す》レと一と。譬(へば)如下く人出レ(つ)るときに獄(を)、有(る)いは但(た)穿レ(ち)て墻を而出(て)て自(ら)脱レ(する)身を者《ひと》と、有(る)いは破レり獄を壞レ(り)て瓅を、身及衆人をも皆出(つ)る者《ひと》上とあるが。（三七　10/31～11/1）（三七　10/32～33）「如く」は第一種點「如し」。

（一一）は、「禪定して得度する者《もの》有り、持戒說法して得度する者《もの》有り。光明身に觸して得度する者《もの》有り。」と讀み得る「有」を、接續詞に讀んだために、文末にアリを補讀しなければならなくなったもの。（一二）は、「但だ墻を穿ちて出でて、自ら身を脱する者有り、獄を壞り瓅を壞りて、身及衆人、皆出づる者有り。」と讀み得る「有」を接續詞に

讀んだために、同じく文末にアリを補讀しなければならなくなったものである。アルイハを選擇の接續詞に用ゐることは、早く東大寺本『地藏十輪經』元慶點に見えるから、半世紀以上後の本點にあっても不思議ではない。

「或」は、アルと讀んで、體言の修飾語として、不特定の意味を表す。

（一三）　或《あ》る菩薩は有二（り）父母・妻子・親族・知識一。或有る菩薩は從二（り）初發意一、斷二し淫欲一（を）、……不レ犯二（さ）色欲一を。
（三七　4/16～17）アル

（一四）　佛の或《あ》る時には憐愍（の）心の故に、出二（す）ときに衆生を［も］於《より》罪の中一、而衆生い瞋る。（三七　14/23～24）アル

「或」は、アルイハと讀んで、アルヒトハの意味に用ゐる。

（一五）　未《(ぬ)》レ得二法身一を菩薩は、或（る）いは修得なり、或（る）いは報得なり。（五　11/20）

「或」は、アルハと讀んで、マタハの意味の選擇接續詞として用ゐる。

（一六）　二者、大功德牢固にして、初發心の時より、斷二（ち）て於淫欲一（を）、乃至成二す佛道一。是（の）菩薩は、或は法身、或は宍身なり、或は離欲なり、或は未離欲なり。（三七　4/4～5）アルハ

（一七）　三者、清淨法身の菩薩の得《え》二無生法忍一（を）、住二（し）て六神通一に、爲レ（の）教二化せむが衆生一を故（に）、……或は作《な》二り轉輪聖王一と、或は作二（り）て閻浮提（の）王・長者・刹利一と、隨二（ひ）て其（の）所須一に而利二益する之一（を）。（三七　4/24～27）
アルハ

「或」を「有」に續けて「或有」とし、二字を合はせて、アル・アルイハと讀むことがある。

（一八）　或有る菩薩は從二（り）初發意一斷二し淫欲一（を）、修二し梵童眞（の）行一（を）、（三七　4/17～18）アル

（一九）　或有（る）いは是間に死（に）て、彼間に生（まる）。（四〇　7/8）アルイハ

(二〇) 現(に)作二(れ)ども聲聞・辟支佛・佛、及諸(の)出家の外道の師一と、在家の衆生は或有(るい)は見二て出家の者一を得度す。或(る)いは有見三て在家の同(じく)受二(くる)を五欲一を、而可二(し)化度一す。(三七 5/14~16)アルイハ

一一 已・既・竟

「已」は、スデニの他、動詞にしてヲハル、完了の助動詞にしてヌと讀む。スデニの場合は、後の動詞に、完了の自動詞ツ・ヌを伴ふことが多く、稀に過去の助動詞キを伴ふ。

(一) 是(の)事をは舍利弗上に已に問(ひ)つ。(三七 6/13)

(二) 上に佛已に說三(きたまひ)つ菩薩摩訶薩の修習(する)智慧は、出二過しぬと聲聞・辟支佛の上一に。(三七 13/8)

(三) 問曰、第二品の末に已に說三(き)てき空をは。今何(を)以(てぞ)重(ね)て說(く)。(三七 9/18)

(四) 是(の)魔業・魔事を盡く已に過(し)たるが故(に)、是を名二(づ)く已過魔事一と。(五 14/27)

「已」を動詞にしてヲハルと讀むのは、前にある動詞を受けて、その動作・作用が完了することを示す。この場合、前の動詞の連用形を受けて、――シ–ヲハルと言ふものと、連體形+コトを受けて、――スルコト–ヲハルと言ふものとがある。

(五) 便(ち)於二夢の中一に、夢に與《トモ》に從レ(ひ)てすとユメミル事に。覺し已(り)て心に念はく、「彼女も不レ來(ら)。我も亦(た)不レ往(か)。而(る)ものを淫の事の得レる・といへり辨すること。」(七 6/26~27)

(六) 佛(は)以二(て)廣長舌(の)相一を、遍(く)覆二(ひ)たまふこと三千大千國土一を已(り)ぬ。(八 3/29~30)

「既」は、スデニの代表的な文字であるが、用例は少ない。

(七) 得レれども入二(る)こと栴檀(の)林一に、而但(た)取二る其の葉一を。既に入二レども七寶山一に、而も更(に)取二る水精一を。(五

12/28）

（八）譬（へば）如下（く）王子未《ぬ》レ（ときには）作レら王と、名（づけ）て爲二（す）王子一と。已（に）作レ（る）ときに王（と）、不三して復（た）名二（づけ）王子一とは、既（に）爲レ（れば）王（と）、雖二（も）是（れ）王子一なりと、不上レが名二（づけ）王子一とは、菩薩（も）亦（た）如レ（し）是（の）。（四 16/27〜28）

「竟」も、前の活用語の連用形を受けて、――シ―ヲハルと言ふものと、連體形＋コトを受けて、――スルコト―ヲハルと讀むものとがある。用例は少ない。

（九）是の五通略して說（く）こと竟（り）ぬ。（五 12/9）

（一〇）是（の）時（に）、菩薩……夜半に出家す。六年苦行し、食二（し）たまふ難陀婆羅門（の）女（の）益レする身を十六の功德ある石蜜・乳糜一を。食し竟（り）て、菩提樹下にして、破二すること萬八千億の鬼兵・魔衆一を竟（り）て、得二たり阿耨多羅三藐三菩提一を。

（四 16/13〜17）

一二　於

「於」は、さまざまな用法を持ち、名詞にしてウヘニ、代名詞にしてコレ、助詞にしてニ・ヨリ、複合助詞にしてニオキテ・ニシテ等と讀む。

（一）餘人は在二（り）て中陰一に住する時に、若（し）男は於《うへ》レに母の生二して欲染の心一を、此の女人は與レ我と從レ（ふ）に事に、於《うへ》レに父が生二す瞋恚一（を）。若（し）女人於《うへ》レに父が生二して染欲心一を、此の男子は與レ我と從事すといふ於《うへ》レに母が生二す瞋恚一（を）。如レき是（の）瞋恚心と染欲の心（と）は、菩薩には无レし此れ。（四 13/4〜6）ウヘニ

上記の「於」は、假名が書き附けられてゐないが、他の用例から推して、ウヘと讀んで間違ひあるまい。ウヘニは、

――ニタイシテの意味である。

(二) 佛は生二(まれ)たまふ二の種姓の中一に。若(しは)利利、若(しは)婆羅門なり。利利種は勢力大なるが故(に)、佛於《これ》が中に生(まれ)たまふ。婆羅門種は智慧大なるが故(に)、隨二(ひ)て時の所貴一(に)、佛於《これ》が中に生(まれ)たまふ。(四 12/19～21)

(三) 自《み(つか)》(ら)以二(て)利根・智慧一を、於二佛法(の)中一に、作二(し)て論議一を、結使・智・定・根等、於《これ》が中に作《な》レ(すすら)議を尚(し)處處に有レ(り)失。(四 16/33～17/1)

(四) 幻師、若(しは)幻(の)弟子(の)、善く知二(り)て幻法一を、幻二作(して)五欲一を、於《これ》が中に、共(に)相(ひ)娯樂す。(三七 4/28～29)

コレガ―ナカニは、前の語を受けて、ソノ―ナカデと言ふ意味である。

「於」を助詞にしてニ・ニシテと讀む場合は、ニ・ニシテは、後の語に讀み添へる。

(五) 欲レ(ひ)て求二(めむ)と如意珠一(を)、入二(り)て於大海一に、至二る龍王(の)宮一に。(三七 1/22)

(六) 是(の)時(に)、太子於二月の十五日一に、六寶をもて來應しぬ。(三七 3/12)

(七) 舍利弗は於二聲聞の中一に、智慧第一なり。(三七 11/15)

(八) 無量阿僧祇劫に集二せるが无量の智慧・福德一(を)故に、勝二(れ)たり於聲聞・辟支佛一に。(三七 12/26～28)

(九) 如下(く)(へ)ば幻師の以二(ての)幻術一を故(に)、於二衆人の中一にして、現二(し)て稀有の事一を、令中(むる)が人(を)して歡喜上(せ)、菩薩の幻師も亦(た)如レ(し)是(の)。(三七 5/10～2)

(一〇) 於二燃燈佛の所一にして、受記(せ)られて爲レ(る)べしと佛と。(四 17/10～11)

(一一) 於二虛空の中一にして、立(ち)て讚二(し)たてまつる定光佛一を。(四 17/11)

「於」を助詞のヨリに讀む場合は、ヨリを後の語に讀み添へる場合と、「於」自體をヨリと讀む場合とがある。

(一二)　佛は不二自《ずみ(つから)》貴レは光を、不レ爲二にせ利養一の。以レ(ての)是(を)故(に)、於二賤處一より放レ(ち)たまふ光を。(七　13/23)

(一三)　佛の所坐の華は、復(た)勝二(れ)たること於《より》此一百千萬倍なり。(八　4/9〜10)

(一四)　或《ある》時には、憐愍(の)心の故に、出二(す)ときに衆生を[も]於《より》罪の中一、而衆生い瞋る。(三七　14/23〜24)

(一五)　迦陵毘伽鳥の子は、雖レ(も)未レと出レ(て)卵より、其(の)音勝二(れ)たり於《より》衆の鳥一。(三七　12/22)

次のやうな例は、オイテと讀むのであらう。

(一六)　舍利弗、於二て汝が意一に云何ぞ。諸の聲聞・辟支佛は、頗し有二(り)や是の念一(三七　15/31)

(一七)　天眼通と者は、於レて眼に得二たる色界の四大造の性淸淨色一を、是を名二(づく)天眼一と。(五　11/12〜13)

一三　而

「而」は、接續詞としてシカモと讀むが、不讀にすることも多い。シカモは、文中に用ゐられ、接續詞としての積極的な意味を持たず、順接・逆接の區別もない。

(一)　但(た)有二(る)をもて假名一のみ、種種の因縁あり。合會して而も有二(り)此の名字一。(八　9/11〜2)

(二)　汝無數劫より來《(このか)》た、集二(めて)諸の雜業一(を)而无二し厭足一。而も但た馳二せ逐(ひ)て世樂一(を)、不レして覺レ(ら)爲レ(るを)苦、(六　11/24)

(三)　菩薩の初發意の廻向は與二佛の心一と作二る因縁一と。而も初發意の廻向の時には、未有二(ら)佛心一。(五六　6/10〜11)

(四)　旣に入二レども七寶山一に而も更(に)取二る水精一を。(五　12/28)　D

(五)　云何ぞ一等に觀(る)が而も不《ぬ》レ墮二せ顚倒一に。(五　9/28〜29)

一四　如

「如」は、助動詞にしてゴトシと讀む他、動詞にしてシク、副詞にしてイマ・タトヘバと讀み、用法が廣い。

「如」をシクと讀むのは、「及」の意味である。

（一）所二以十方恆河沙の舍利弗・目連の不《ぬ》レ如《シ》二カ一（りの）菩薩一に者《は》、譬（へば）如丁く熒火の蟲（の）……不丙が作二（し）て是（の）念一を、我（が）光明をもて能（く）照乙（さ）むとイハ一閻浮提甲を、（三七　16/31〜17/1）

「如」をイマとよむのは、時間的な現在よりも、例を設けてある事柄を説明する場合が多い。

（二）如レき此（の）三昧をは唯（た）佛のみ能（く）知（しめ）せり。如《今》佛の神足持戒をすら尚（し）不レ可レ（くあら）知（る）。何（に）況（や）三昧王三昧は。（七　10/12〜13）

（三）問曰、如《今》一身の中には頭をは爲二す最上一と。何（を）以（ての）故（に）先（つ）從二（り）足下一放レ（ちたま）ふ光を。（七　13/21）

（四）如《今他》昔菩薩爲二として大薩陀婆一と度二（り）たまふ大海の水一を。惡風壞レる船を。（四　17/5〜6）

「如」にハを送って、タトヘバと讀んだ例がある。

（五）如下（く）（へ）ば幻師の以二（て）の幻術一を故（に）、於二衆人の中一にして、現二（し）て稀有の事一を、令中（むる）が人（を）して歡喜上（せ）、菩薩の幻師も亦（た）如レ（し）是（の）。（三七　5/10〜12）

「如」にはハしか送られてゐないが、「令」から返って讀んでゐるから、タトヘバ――ゴトシと再讀したのであらう。

一五　等

「等」は、形容詞にしてヒトシと讀む他、助動詞にしてゴトキ・ゴトク、助詞にしてラと讀む。

ゴトシは、「如」を讀むゴトシと異なって、現代口語のナドに近い意味を表す。

(一)　若(し)行者観二するは五衆等(は)寂滅(なり)、遠離(なり)、不生(なり)、不滅(なり)、不垢(なり)、不淨なり(との)等《(ごと)》一く、此は但(た)爲二(の)般若波羅蜜一の故(になり)。(五六　5/10～12)

(二)　是(の)三昧王三昧をは何の定にか攝(む)る。何(の)等《(ごと)》き相ぞ。(七　9/31)

(三)　或は共生の因縁、或は相應の因縁、或は報の因縁の等きなり、常修し常集(する)因縁(は)、令二(むること)果報(を)増長一(せ)、如下(し)春殖二(ゑ)て果樹一を、隨レ(ひ)て時に漑灌するときに、華菓繁茂上(すといふが)。(五六　6/7～9)「等きなり」は「等き」とあるべきか。

「等」をラと讀むことがある。

(四)　惡口し、譏謗する、是を名二(づく)訟心一(と)。若(し)殺害し、打縛する等《ら》を是を名レ(づく)鬪(と)。(五一　15/11～12)

ラが活用語の連體形を受ける珍しい例である。

一六　使・令・敎

いづれも使役を表し、「使・令」はそれ自身をシムと讀み、または、讀まずして、後の語にシムを讀み添へる。「使」の例は少なく、「令」の例が多い。「敎」は、それ自身はヲシへテと讀み、後の語にシムを讀み添へることが多い。

(一)　五道に受生するは皆心が所爲なり。誰(か)使《(し)》レむる尓《(しか)》せ者《(もの)》。(六　11/15～16)

(二)　我等當丁し作二(り)て方便一を令丙む是(の)菩薩をして離二(れ)て於淫欲一を、從レ(り)初め發レし意を、常(に)作乙(ら)僮眞甲と。莫レれ使下(むる)こと與二に色欲一と共(に)會上せ。(三七　3/17～18)

(三)　使三(め)む我(が)菩提樹をして當(に)出二(さ)如レ(き)是(の)香一を。衆生の聞(く)い者は、无レ(く)有二(る)こと淫欲・瞋恚・愚癡一、亦(た)无二(けむ)聲聞・辟支佛(の)心一。(五六　10/22～23)

(四)　諸天(は)方便をもて令三む菩薩をして遠二離(せ)淫欲一を。(三七　3/25)

(五)　不《ぬ》レ可レ(くあら)愛(す)不淨の物を、能(く)觀して令レ(め)む淨に(あら)。可レき愛(す)淨物を、能(く)觀して令二(む)るぞ不淨一にア(ら)。(五　11/9～10)

(六)　隨二(ひ)て藍–風來り吹一(く)に、破二して土山一を、令二(む)れども散して爲レ(ら)塵と、乃至一塵も不レ著二せ佛身一に。(四　14/24～25)

(七)　令三他をして受二(け)しむる苦樂一を、是をは名二(づく)使受者一と。(三七　10/6～7)

(八)　佛(は)以二(て)神通一を感動して、令三此(の)三千大千の國土地を皆柔濡一にあらしめて、衆生の心を信して得二しめたまふ歡喜一を故に、(八　8/23～24)

(九)　盡して能(く)救濟して、令下離二(れ)苦惱一を、著中けしめむ・といふ於無爲安穩の樂の中上に。(五　3/3)

(一〇)　以レ(ての)是(を)故(に)、佛敎《し》下む弟子をして結二跏(し)て趺一を直レ(く)して身(を)坐上(せ)。(七　9/18～19)

(一一)　或は聲聞乘、或(は)辟支佛乘、若(し)不レときは入二(ら)三乘の道一に、敎(へ)て修二せしめ福德一を、受二(け)しめ天上–人中の富樂一(を)、(三七　15/20～21)

(一二)　是(の)人說レ(き)て法を敎レ(へ)て人を入二(ら)しむ邪見の中一に。(六　14/34)

「敎」と「令」とを重ねて用ゐることがある。

(一三)　佛問二(ひたまはく)无畏一を、「汝が子、或《あ》る時には、呑二む諸(の)瓦石草木一を。汝聽レ(す)や咽をは不(や)。」答(へ)て言(さく)、「不レ聽(さ)。先(つ)敎(へ)て令レ(め)てき吐せ。……。」(三七　14/25～26)

一七　乃至・及・并

「乃至」は、事物の限界を擧げて、ある範圍を示す接續詞で、音讀する場合と訓讀する場合とがある。音讀する場合は、二字を合はせてナイシと言ふが、訓讀する場合は、「乃」はそのままにして、「至」は後から返って――ニイタルマデニと讀む。

（一）於二諸(の)大衆、乃-至菩薩衆の中一にして、説レ(き)て法を无盡なり。論議すれども无滅なり。（六 10/28）

（二）二(には)者、大功德牢固にして、初發心の時より斷二(ち)て於淫欲一(を)、乃至成二する佛道一。（三七 4/22〜23）

（三）我等行二(し)て波羅蜜、乃至十八不共法一を、得二て阿褥多羅三藐三菩提一を、（三七 16/28〜29）

（四）轉輪聖王と及餘の諸大王等とを、是を名二(づく)假號天一(と)。從二(り)四天王一乃至二(るまでに)有頂の生處一に、是を名二(づく)生天一(と)。（五 11/24〜26）

（五）足下(の)六百萬億(の)光明(より)乃至二(る)までに肉結一に、是(れ)皆可レし數ふ。三千大千國土すら尙し不レ可レ(くあら)滿(つ)。何(に)況(や)十方は。（七 13/26〜28）

「乃至」の「至」をイタル-マデニと讀まないで、マデニを後の語に詠み添へることがある。

（六）此間に一の梵天王あり。名二(づく)尸棄一(と)。秦(には)言レ(ふ)火(と)。從二(り)梵天一乃至首陀婆までになり。（五六 3/23〜24）

「乃至」を「及」と混同したのか、マデニと言はないで、並列の助詞トを並べた例がある。

（七）眼空と乃至菩薩空とは、不レ二(にもあら)不レ別(に)も(あら)。六塵も亦(た)如レ(し)是(の)。（五六 8/9）

（八）地種の空と乃至識種の空と、菩薩の空とは不レ二(に)も(あら)不レ別(に)も(あら)。（五六 8/11〜12）

（九）无明の空と、乃至老死(の)空と、无明滅の空と、乃至老死滅の空と、菩薩の空とは、不二不別なり。（五六 8/15〜17）

「及」は、不讀にして、前後を並列の助詞トで結ぶことが多く、また、全く無視して、並列の助詞トさへ用ゐないこともある。

（一〇）若(し)有る人分二別する淫と怒と癡と及道一と(を)、是の人は去レ(る)こと佛(を)遠し。（六 15/22）

（一一）兜率天は於二六天と及梵との之中一にして、上にも三つ下に(も)三つなり。（四 12/6）

（一二）今の世尊と、及法と、過去の諸佛と、及弟子(の)恩法とは、即(ち)是(れ)法寶なり。（五六 7/25〜26）

（一三）一切の算數(の)、所レなり不レ能レ(は)知(る)こと。唯(た)有《いま》二す佛及法身の菩薩一(のみ)。（七 16/11〜12）

（一四）是(の)語何の處(に)か説ける。三藏中、及摩訶衍に(も)无二し此の事一。（四 19/6〜7）

「并」は、テを送ってアハセテと讀む。

（一五）譬(へば)如丁く人請二し天子一を、并て食二(せ)しむるを群臣一に、亦(た)名丙(づく)るが供乙養すと天子甲を。（三七 13/29）

第五章　文　法

第一節　形式名詞

第二種點に用ゐられた形式名詞は、コト・タメ・トキ・トコロ・ヒト・モノ・ユヱ等がある。この内、コトはヲコト點を持ち、トキはヲコト點と實字を持つが、タメ・トコロ・ヒト・ユヱは、本文の文字を讀むだけで、ヲコト點も實字もない。

コトは、形式名詞中、用例數が最も多く、モノと並んで、形式名詞の中心をなす。活用する語の連體形を受けて、動詞アタフ（能）、アリ（有）、ウ（得）、ヲハル（竟・已）に續いて、——コト―アタハズ、——コト―アリ、——コト―ウ、——コト―ヲハル、形容詞カタシ（難）、ナシ（無）に續いて、——コト―カタシ、——コト―ナシ、——コト―ナカレ、助動詞ゴトシに續いて、——コト―ノ（ガ）ゴトシ等の形で用ゐられることが多い。

（一）摩訶般若波羅蜜は甚深にして、難レ（く）解（ること）難レ（く）知ること、難レし可二（き）こと信受一（す）。（八　2/3～4）カタシ

（二）諸佛の一切智、第一に尊重なること、如二（き）スラ須彌山王一の、尚（し）不レ能レは轉二すること是の諸業一を。何（に）況（や）於二凡人一に。（五　16/4～5）アタハズ

（三）如二（き）スラ須彌山王一の、尚（し）不レ能レは轉二すること諸業一を。（五　16/4）アタハズ

コトとアタハズとの間に係助詞ハを入れて、――コト―ハ―アタハズと言ふことがある。

(四) 聲聞・辟支佛の智慧は、但(た)觀二て諸法空一をのみ、不レ能レ(は)觀二することは世間と涅槃とを爲レと一と。(三七 10/31～32) アタハズ

(五) 身に有二(り)て諸の毛生一すること、皆上に向(き)て而靡けり。(四 14/8) アリ

(六) 若(し)有レる得二ること涅槃一を、是(を)名(づけて)爲二(す)實樂一と。(五 9/17) アリ

(七) 若(し)有二らば卅二の相具足一すること者、是(れ)應レし有二(る)二法一。(四 13/13) アリ

(八) 譬(へば)如下(し)二人在二(り)て大深澗一に、各(の)住二(して)一面一(に)、讃二すること佛と法と衆一(と)を有中[リ](るが)二種の響(の)出上(づる)こと。(五六 14/18～20) アリ

(九) 然して後に得レる知二(る)こと他心一を、是を爲二す他心智の初門一と。(五 12/8) ウ

(一〇) 得レれども入二(る)こと栴檀林一に、而但(た)取二る其の葉一を(のみ)。(五 12/28) ウ

(一一) 佛以二(て)廣長舌(の)相一(を)遍(く)覆二(ひたまふこと)三千大千國土一(を)已(り)ぬ。ヲハル

(一二) 是(の)五通略して說(く)こと竟(り)ぬ。(五 12/9) ヲハル

(一三) 作《な》三す是(の)觀二することを十二因緣起一を者《もの》を、則(ち)爲下(す)坐二して道場一に得《う》中と薩婆若上(を)。(五 17/11～12) ナス

(一四) 先に已(に)聞下(き)つ住二(し)て不住法一に行レすべし檀をは。……如レ(き)是(の)等い爲《す》上レべしと行二すること般若一を。(三七 6/18～19) スルコトース

(一五) 如下(くあら)む離二別することは常の人一を易(し)、離二別することは知識一を難く、離二別することは知識一を易(し)、離二別することは父子一を難(く)、離二別することは父子一を易(し)、自(ら)離二(すること)は其(の)身一を難(く)、自(ら)離二(すること)は其(の)身一を易

（し）、離二することは其の心一を者難上（きが）。（五〇　3/21〜23）カタシ

（一六）若（し）聞二（きて）（は）无我一を、則（ち）易レし解ること。（三七　7/23）ヤスシ

（一七）五者、聽（く）者《もの》欲レ（ひ）て聞（かむ）と、无レし厭（ふ）こと。（四　15/13〜14）ナシ

（一八）身は如二（くし）て草木瓦石一の、无レし異なること。（五〇　4/11）ナシ

（一九）當（に）使下（めむにも）我（が）世界（の）中をして无レ（く）有二（ること）四念處の名字一、乃至无レく有二（ること）十八不共法の名字一、……乃至无上レ（くあら）有二（る）こと佛の名字一、不レ應レ（くあら）住（す）。（五六　10/28〜30）ナシ

（二〇）我等當丁し作二（り）て方便一を令丙む是（の）菩薩をして離二（れ）て於淫欲一を、從レ（り）初め發レし意を、常（に）作乙（ら）僮眞甲と。莫レれ使下（むる）こと與二に色欲一と共（に）會上せ。（三七　3/17〜18）ナカレ

（二一）汝莫下れ於二因の時一に求上レ（むる）こと果を。（五六　7/31〜32）ナカレ

（二二）汝、於二（て）法師一に、莫レれ念二（する）こと其の短一を。（五一　13/18）ナカレ

（二三）一者、身能（く）飛行すること如二し鳥の无㝵一なるが。（五　11/4）ゴトシ

（二四）諸法は常空なること如二し虚空一の。（五〇　16/8）ゴトシ

コトは、また、動詞イフ（言）を受けて、トイフコトの形で用ゐられる。

（二五）二者、知下（る）爲二（の）何の事一の故（にか）説上（く）といふことを。三者、知下（る）以二（ての）方便一を故（に）説上（く）といふことを。四者、知下（る）示二（すが）理趣一を故（に）説上（く）といふことを。（五〇　16/19〜20）

タメについては、〈第四章　九「爲」〉の項、用例（一）〜（八）參照。なほ、「與」をタメニと讀むことがある。

（二六）不レ應下（くあら）難（して）言中（ふ）廻向心已（に）滅（して）无二（し）所有。云何（ぞ）與二（に）菩提一の作上（ら）むと因と。（五六　6/15〜

16）

トキは、本文の「時」を讀む他、文意によって補讀し、ヲコト點または實字で示す。

（二七）人壽百歳なるとき二、佛出（てたまふ）時到（る）。（四 12/16〜17）

（二八）中陰の中に住するときには、則（ち）知二る中陰に住（す）と。入レ（る）胎（に）時は知レる入レ（る）と胎（に）。（四 12/32〜33）

（二九）言三（へ）るい尓（の）時に未《ず》二と是（れ）菩薩一に（あら）、豈（に）非二（ず）や大失一に。（四 17/13〜14）

（三〇）若（し）聞二（か）ば波の字一を、卽の時に知三（り）ぬ一切の法は入二せり・といふことを第一義の中一に。（五〇 14/20）

（三一）佛の或（る）時には憐愍（の）心の故に、出二（すときに）衆生を於《より》罪の中一、而（も）衆生い瞋る。（三七 14/23〜2）

トコロは、本文の「所」を讀み、場所の他、コト・モノに近い意味を表す。

（三二）是（れ）佛の眞法なり。佛口に所レなり說（き）たまへる。（四 18/17）

（三三）佛と及法身の菩薩の清淨（の）天眼をは一切の凡夫の人の離欲せると、五通との所レなり不《ぬ》レ能レ（は）得すること。（五 11/29）

（三四）凡夫人は……觀下して諸法の實相は非レ（ず）空（に）、非二（ず）不空一に、不レ有に（あら）、非中（ずと）不有上に、是の法の中に深（く）入（りて）、不レ轉せ、无レき所二罣㝵一する、是を名レ（づく）度二（すと）深法の忍一（を）。（五 13/33〜14/2）

（三五）雖レ（も）得二たりと初果第二道一を、猶（し）爲《た》二り欲染の之所一レと蔽する。（六 3/10）

（三六）本より所レを不レる得而も欲レはむや得レむと之。（三七 4/9〜10）

（三五）は、「蔽する所となる」と、「蔽する所たり」とを混同した形である。本點では、受身の場合には、——ノタメニ-ル・ラルの形を取るのが普通で、——トコロト-ナルと讀むのは珍しい。

ヒトは、本文の「人・者」を讀む他、文意によって補讀し、ヲコト點、または實字で示す。

（三七）如下(へ)ばく幻師の以二(て)の幻術一を故(に)、於二衆人の中一にして現二(し)て稀有の事一を、令中(むる)が人をして歡喜上(せ)、（三七　5/10～11）

（三八）五欲も如レ(く)是(の)喪二-失して善心一を、奪二フ人の慧命一を。（三七　5/25～26）

（三九）行二する般若波羅蜜一(を)者《ひと》、生二(して)憍慢の心一を言(はく)、（三七　7/33）

（四〇）受二(くる)五欲一を者《ひと》(すら)、尙(し)所レアレドモ應レき得、而不レ得之。（三七　4/8～9）ヲコト點

（四一）化は雖二(も)五情の所知一なりと、而見る者《ひと》甚(た)少(し)。（三七　5/9～10）實字

（四二）舍利弗、置下け滿二(て)らむひとノ閻浮提の中一に、如中(く)あらむヲハ舍利弗・目揵連等上の。若(し)滿二(てら)むひと(の)三千大千國土一に、如二(く)あらむ舍利弗・目揵連等一の、復(た)置二け是(の)事一をは。（三七　12/7～8）

モノは、本文の「者・物」を讀む他、文意によって補讀することが多く、實字で示す。モノ・モノゾ・モノニ・モノニハ・モノニモ・モノヲなどの形で用ゐられる。

（四三）衆生(は)種種の因緣をもて得レ(る)こと度を不同なり。有(る)いは禪定して得度(する)者《もの》。有(る)イは持戒說法して得度する者《もの》。有(る)いは光明觸レして身(に)而得度(する)者《もの》あり。（七　16/24～25）

（四四）汝不《ず》レ見二世間の貪樂の致レすこと(を)患(を)、五道に受生するは、皆心が所爲なり。誰か使レむる尓《しか》せ者《もの》。（六　11/15～16）モノ

（四五）有二(り)て婆羅門一來二到して佛所一(に)問レ(ひたてまつらく)佛(に)、「此の樹林は有二(る・と)幾(ばくの)葉一か。」佛卽時に便(ち)答レ(へたまふ)有二(り)と若干數一。婆羅門心に疑はく、「誰か證知せる者《もの》。」（七　16/15～16）モノ

（四六）佛言(はく)、「誰(か)當(に)信二せむ汝が言一(を)者《もの》。樹は大なること乃尓あり。而種子は甚(た)小(し)といふことを。」（八　3/2～

3）モノ

上記諸例中、(四四)・(四五)・(四六)の、〔誰……者〕の構文で、(四四)は、「誰がさうさせるであらうか。」、(四五)は、「誰が證知しようか。」、(四六)は「誰がお前の言ふことを信じようか。」の意味であって、文末の「者」は不要のはずである。（第一種點では、「者」をヒトと讀むこともある。）楊樹達の『詞詮』に〔論語先進〕から「安見方六七十如五六十而非邦也五六十而非邦也者。」を、〔漢書〕から「君言太謙君而不可尙誰可者。」を、〔又王章傳〕から「仲卿京師尊貴在朝廷人、誰踰仲卿者。」を引いて、「語末助詞、表疑問。」と言ってゐる。ただし、西田太一郎博士の『漢文の語法』では、これを否定して、

1　誰カ爲《ため》ニ二大王一ノ爲《な》二セシ此ノ計一ヲ者ゾ。（史記、項羽本紀）

2　昔者《むかし》、韓ノ昭侯醉《ゑ》ひて而寢《い》ヌ。冠典者見二ル君之寒一キヲ也《や》、故ニ加二フ衣ヲ於君之上一ニ。覺レメテ寢《しん》ヨリ而說《よろこ》ヒ、問二ヒテ左右一ニ曰ク、「誰カ加レヘシ衣を者ゾト。」左右對《こた》ヘテ曰ク、「典冠ナリト。」（省略）（韓非子、二柄）

3　富貴ニシテ不レルハ歸二ラ故鄕一ニ、如二シ衣《き》レテ繡《しう》ヲ夜行一クガ。誰カ知レル之ヲ者ゾ。」（史記、項羽本紀）

等の諸例を引いて、「これはこれで一つの表現法だと思えば、何も問題はないのである。なお、「誰カ……者ゾ」「誰カ……者カ」という訓讀は、特に後者は珍妙ではあるが、「誰ガ」という訓讀法のない以上は、異例はやむを得ない。」（第二〇節、者について、Ⅰ〔誰……者〕の場合、一四八～一四九頁）と說く。

(四七)　齒(の)密き相をは人の不《ぬ》レ知(ら)者《もの》は、謂(ひて)爲《せ》二り一の齒一と。（四　14/34～15/1）

(四八)　五欲の中(に)第一なる者《もの》は色なり。（七　13/13）

(四九)　又以三諸華は皆小なり。无二(き)をもてなり如レき此(の)華の香(し)くして淨く大なる者《もの》一は。（八　4/6）モノハ

(五〇)　諸業は无量(の)力アレども、不《ず》レ逐二は非《ぬ》レ造せ者《もの》一ハ。(五　16/14) モノハ

(五一)　若(し)聞レ(けば)說二(くこと)(を)般若一(を)、則(ち)增二(す)其(の)智慧一(を)。不下但(た)以二(ての)福德の因緣一を故(に)のみ可上レ(き)ものは(あら)成二(る)佛道一。(三七　6/29~30) モノハ-アラズ

(五二)　以レ(ての)是(を)故(に)、非三(ず)直(に)不《ぬ》レを惜レ(しま)身(を)、爲《す》二るものは檀波羅蜜滿一と。(四　19/20) モノハ-アラズ

(五三)　諸(の)菩薩摩訶薩の輩は不下爲レの度二せむが一人一を故(に)發中(す)ものハ(あら)阿耨多羅三藐三菩提心上を。(五　3/6~7) モノハ-アラズ

(五四)　般若相といふは者、不下離二(れ)て五衆一に有中(ら)涅槃上。不下離二(れ)て涅槃一に有中(る)ものは(あら)五衆上。(五六　5/18~19) モノハ-アラズ

(五五)　甚深法と者は、於二十二因緣の中一に展轉して生レ(す)果(を)。因の中に非レ(ず)有レ(る)ものも果。亦非レ(ず)无レ(き)ものも果。(六　13/17~18) モノモ-アラズ

(五六)　乃至非下(ず)爲三(の)分別して知二(らむが)不可說不可說(の)三千大千世界(の)微塵等(の)諸佛(の)願一(を)故に發上レすものも心(を)。(五　4/25~26) モノモ-アラズ

同じ例を、第一種點は、指定の助動詞ナリの連用形ニを挾んで、モノニハ-アラズ・モニモ-アラズと讀んでゐる。ニの脫落は、第二種點が第一種點に比べて、それだけ時代が下ってゐることを示すものであらう。モノに助詞ヲの附いたモノヲを、逆接を表す接續助詞として用ゐることがある。ただし、例は少ない。

(五七)　如下く夢の中は无二(きもの)を喜事一而喜(す)。无二(き)ものを瞋(する)事一而瞋し、无二(き)ものを怖事一而怖上するが、一界の衆生も亦(た)如レ(し)是(の)。(六　5/19~20) モノヲ

(五八)　云何(ぞ)世尊の入二(り)て三昧王三昧一に、无レ(くある)べきものヲ所二施作一する、而従レ(り)定起(ち)て視二觀(したま)ふ世界一を。(七　11/19～20)

ユヱは、本文の「故」を讀む。名詞であるが、助詞ニを添へて、ユヱニと言ふのが普通である。名詞・代名詞、及び活用語の連體形に、直接または助詞ノ・ガを挾んで續く。「爲」を受けて——ノ・ガ–タメ–ノ–ユヱニと言ひ、「以」を受けて——ヲモテノ–ユヱニ、指定の助動詞ナリを伴って、ユヱニ–ナリと言ふこともある。

(五九)　利根智慧の故に、能(く)如レく法(の)思惟(す)。(四　22/10)　ノユヱニ

(六〇)　如レ(き)是(の)等の種種(に)多(く)有二(れ)とも違錯一せること、欲レ(ふ)が作二らむと般若波羅蜜の論議一を故に、不レ能三(は)復(た)廣(く)論二すること餘の事一を。(四　22/11～12)　ガユヱニ

(六一)　但(た)爲三の教二化せむが衆生一を故に、以二(て)法身一を現二(す)於十方三界の中一に。(五　11/19)　タメノ–ユヱニ

(六二)　如丙きは尸毘王の爲レ(の)鴿の故に割レ(きて)肉を與レ(ふ)るに鷹に、心不乙が悔恨甲(せ)、(四　19/12～13)　タメノ–ユヱニ

(六三)　以二(て)の佛力一を故に、令二(め)たまふ其に得レ衣を。(八　12/21)　ヲモッテノ–ユヱニ

(六四)　以二(て)の佛の神力一を故に、令二(め)たまふ病者を得レ癒(ゆる)こと。(八　13/23～24)　ヲモッテノ–ユヱニ

ユヱニナリは、正確に加點した例はなく、ナリだけを記してゐるが、ユヱニ–ナリと讀んだのであらう。

(六五)　所以者何。諸法の實性は无レ(く)生无レ(く)滅、无レ(く)垢无レ(きが)淨故(に)なり。(三七　6/7～8)　ユヱニ–ナリ

(六六)　今此(が)中(に)略(して)說(か)む。大悲心の故(に)、……般若波羅蜜(と)方便との二事和合(する)が故(に)なり。(三七　9/5～6)　ユヱニ–ナリ

(六七)　菩薩(の)修二して卅二相一(を)、自《み(づから)》莊二嚴すること身一を、爲レの得二ムが阿耨多羅三貌三菩提一(を)故(に)なり。(四　16/12～

13）タメノ－ユヱニナリ

（六八）大慈大悲と、卅七道品とを、一切の諸法の總相と別相とをは、悉（く）知るが故（になり）、故に名（づけ）て爲レ佛といふ。（四 16/21～22）カルガ－ユヱニ・ソヱニ

第二節　代名詞

一　事物代名詞

近稱にコレを、中稱にソ・ソレを、遠稱にカ・カレを、不定稱にナニ・イヅレを用ゐたはずであるが、本點には完全に附訓したものはなく、「是・此」にレを送って、コレと讀ませた例しか見當たらない。

（一）出二（で）母胎一より行二して七歩一、發二（さく）口言一を、「是れ我が末後の身なり。」（四 13/11）

（二）人壽百歳なるとき、是れ佛の出世の時なり・トイハ、、（四 20/7）

（三）聞レく法を聖弟子は、著二（して）是の法一に言二（ふや）是の法は是れ我なり。是れ我所一なりと不や。（三七 15/3～4）

（四）四－邊に皆有二（り）一丈の光一。佛は在二す是の光の中一に。（四 14/21）

（五）何の經の中（に）か、有二（る）是の語一（は）。（四 18/3）

（六）如レき是（の）瞋恚心と・染欲の心（と）は、菩薩には无レし此れ。（四 13/7）

（七）佛言（はく）、「此の樹の種子は其の形大なりや小（なり）や・と。」（八 3/1～2）

（八）釋曰、此の義は同二（し）なり上の閻浮提一に。（三七 12/12）

コレにガを添へて、コレガと言ふことがある。

（九）是が中に云何(ぞ)説二(く)智慧と无生と性空と无レ(し)と有二(ること)別異一。（三七 13/21）

（一〇）有(る)人言(はく)、「作二(る)因縁一(を)業熟(す)。應二(し)といふ是が中に生一す。」（四 11/34）

（一一）此が中に何(を)以(てか)問ふ。（四〇 1/20）

「於中」をコレガナカニと讀むことがある。これについては、〈第四章、一二、「於」〉の項參照。

（一二）喜徳女……自(ら)發レ(し)しく言を、「……以二(て)我が此の身一を奉二給せむ・といふ太子一に。」（三七 2/16~17）

（一三）此の男子は與レ我と從事す・といふ。（四 13/6）

（一四）此の大福德の人にして无二(き)が怨敵共-世一すること故(になり)。（四 21/7）

（一五）時に有二(り)八種一。佛出二(で)たまふ其の中一に。（四 12/12）

（一六）足の趺の上の毛は、靑毘瑠璃色なり。其の足嚴好(なり)。（四 13/3）

二　人稱代名詞

自稱にワ・ワレを、對稱にナムヂを、他稱にカレを、不定稱にタレを、反射指示にオノ・オノレを用ゐたはずであるが、本點には、完全に附訓したものは一例もなく、「我」にレを添へて、ワレと讀ませた例しか見當たらない。

（一）婆羅門、心開(け)意に解りて、五體を投レ(け)地に、悔レ(いて)過を向レ(ひたてまつり)て佛に、「我れ心に无レく狀愚《アチキ》にして、不《ず》レ
ありけり・とまうす信レ(し)たてまつら佛を。」（八 3/7~8）

（二）汝觀二(る)べし我が子一を。實に有二(り)や三十二の大人の相一。（四 13/12）

㈢　諸龍與レ(へ)珠(を)已(りて)言(ひしく)、「盡二(き)なば汝が壽命一、珠をは當(に)還レせ・といふ我に。」(三七　2/1〜2)

㈣　若(し)汝が生せる男女、及汝が身を、有二ら人い求一(むる)こと者ば、當二以(て)施レすべし之をは。(三七　2/28〜29)

㈤　然(して)後(に)、我當(に)住二せむ汝が身中一に。(四　16/10)

三　場所代名詞

近稱にココを、中稱にソコを、遠稱にカシコを、不定稱にイヅク、またはイヅコを用ゐたはずであるが、本點にはその例を見ない。ただ一つ、奇妙な例がある。

㈠　因レ(りて)是(に)而悟二(り)ぬ一切の諸法、皆如レしと是(の)邪。於レ是往二(き)到(りて)跋陀婆羅菩薩の所一に、問二(ひき)是(の)事一を。(七　6/28〜29)

㈡　王い聞二(きて)此(の)事一を、敕を下二(して)國の内一に、「不レ(あら)む知レ(ら)恩を人(は)、无レれ令レ(むる)こと住レ(ま)此コに。」(五一　11/30〜31)

㈠の「是」と㈡の「此」とには、第一種點・第二種點共に、それぞれの位置にニのヲコト點がある上、「是・此」の下中の位置に、平假名の「こ」らしいものが見える。第一種點にはこのやうな例はないから、第二種點でココニと讀ませる積もりで「コ」を書き加へたものではあるまいか。

第三節　動　　詞

一　スの特殊な用法

ス（爲）の用法の内、注意すべきものに、次のやうな用法がある。

――トース、――スルコトー（ヲ）ス、――ヲモテース、――タメニース、――ゴトクース、――シテ。

1　――トース、

活用語の終止形を、格助詞トで受けて、是にスを添へたものであって、トから前が連用修飾語になって、スに係る形式である。推量の助動詞ムを伴って、――ムトスと言ふことが多い。――ムトスは、本文の「欲」などを讀むほか、文意によって補讀する。

(一)　何(を)以(ての)故(に)ぞ未レを得二佛道一を、名(づけ)て爲二し菩薩一と、得二るを佛道一を不《ぬ》レ名二(づけ)菩薩一と。（四　16/23〜24）トス

(二)　若(し)能(く)讃二する是(の)甚深の難解難知(の)法一を、是を爲二す實の讃佛一と。（五　13/22〜23）トス

(三)　云何(ぞ)言下(は)む於二九十一の大劫の中一に種ゑて、餘の一生の中に得《う》上と、是を爲二す大失一と。（四　17/33〜34）トス

(四)　如(し)求二むとして佛道一を、讃二し一偈一を、一(た)びも稱二し南無佛一と、（七　12/23）トシテ

(五)　汝何(を)以(て)ぞ讃二して中の布施一を、爲《す》二る檀波羅蜜滿一すと。（四　19/15）トス

(六)　有(る)人入二(り)て佛法一に、不レして求二(め)涅槃の樂一を、反(り)て求二む利供養一を。是(の)輩は自をも爲レす欺けり・と。（五　12/29）トス

(七)　菩薩(の)身(は)齊(しく)して、爲二す中と四邊との量等一しと。（四　14/7）トス

(八)　我(も)亦(た)如レ(し)是(の)。若(し)衆生(の)欲《す》レるときには作二(ら)むと重罪一をは、善く教(ふる)に不レ(は)從(は)、以二(て)苦言一を

諫レふ之を。（三七　14/29〜30）ムトス

2　——スルコト一（ヲ）ス、

（一）懈怠は沒二す善心一を。癡闇は破二す智明一を。妙願は皆爲レす滅すること。（五　12/21）スルコト一（ヲ）ス

（二）先に已（に）聞下（き）つ住二（し）て不住法一に行レすべし檀をは。施者・受者・財物不可得（なる）が故（に）、如レ（き）是（の）等い爲上レすべし（と）行二すること般若一を。（三七　6/18〜20）スルコト一（ヲ）ス

（三）又は亦（た）何ぞ爲せ二む自を重（して）輕レ（む）ことを他を。（五〇　5/12）スルコト一（ヲ）ス

3　——ヲモテス

（一）當に先っ莊二嚴し房室一を、除二却し汚穢一を、塗治するに香薰をもてし、安二施し……幡蓋と華香一とを、（四　16/6）ヲモテス

（二）安レ（み）するに之を以二（て）す無患一を、度レするに之を以二（て）すべし法樂一を。（九　11/1）ヲモテス

4　——タメニ一ス

（一）若（し）佛は知二れり一切（の）聲聞・辟支佛は不レと能レ（は）爲二にすること衆生一（の）。（三七　15/23〜24）タメニ一ス

5　——ゴトクス

（一）此（の）人は摩訶羅なり。不二多（く）讀レ（ま）經を。何ぞ以二て大供養一を如レくする是（の）。（九　10/4）ゴトクス

6　——シテ

A　形容詞の連用形を受けるもの、——ク一シテ

B　否定の助動詞ズの連用形を受けるもの、——ズ一シテ

C　形容動詞ナリ活用の連用形を受けるもの、——ニ–シテ

D　格助詞ヲを挟んで名詞を受け、使役の對象を示すもの、——ヲ–シテ

E　格助詞ニを挟んで名詞を受けるもの、——ニ–シテ（場所・時間など）

F　格助詞トを挟んで名詞を受けるもの、——ト–シテ

G　格助詞ヨリを挟んで名詞を受けるもの、——ヨリ–シテ

（一）以三諸華は皆小なり。无二(き)をもてなり如レき此(の)華の、香(し)くして淨く大なる者《もの》一は。（八 4/6）A

（二）菩薩は齒骨多(く)して、頭の骨は少し。餘人は齒骨は少(く)して、頭骨は多し。（四 14/32）A

（三）不レして失二(は)正慧一を、入二(り)たまふ於母胎一(に)。（四 12/24）B

（四）尓時、世尊出二(し)て廣長の舌相一を、遍(く)覆二(ひ)たまひ三千大千國土一を、熙–怡として而咲(ひ)たまふ。（八 1/24～25）

C

（五）狂《(たぶ)れ》狷《ヒスカシマ》にして心沒二せり邪海一に。（七 9/18）C

（六）多二(く)金銀寶物一、飲食豐美にして、其(の)土清淨(なる)をもてなり。（四 12/18）C

（七）十一者、身廣長にして、等(し)き相。（四 14/6）C

（八）於二一切人中一に、身最大にして而直きぞ。（四 14/29）C

（九）白毛眉間に生して、不レ高(く)も(あら)不レ下(く)も(あら)。白淨にして右に旋(け)り。（四 15/19）C

（一〇）佛教《し》下む弟子をして結二跏(し)て趺一を、直レ(く)して身を坐上(せ)。（七 9/18～19）D

（一一）佛欲下す說二(き)て摩訶般若波羅蜜一を、无鞅數の衆生をして當(に)續中(が)しめむと佛種上を。（七 12/17～18）D

(一二)　能く令二(めたま)ふ三惡(の)衆生をして一時に得レて息すること、皆得二安穩一(なること)三。(八　6/7~8)D

(一三)　令二(め)て其の心をして漸く離レ(れ)欲を、然(し)て後(に)、爲に說二(き)たまふ智慧一を。(七　13/14)D

(一四)　於二燃燈佛の所一にして、受記(せ)られて爲レ(る)べしと佛と。(四　17/10~11)E

(一五)　於二虛空の中一にして、立(ち)て讚二(し)たてまつる定光佛一を。(四　17/10~11)E

(一六)　雜色(の)華蓋、五色にして繽紛(たり)。(九　7/22)E

(一七)　如二し師子の獸の中に王として平廣の頰一あるが。(四　15/3)F

(一八)　一切聖人の賊として破二して一切の逆流の人の事一を、不《ぬ》レ喜二(せ)涅槃一を、(五　15/23)F

(一九)　佛(は)世界の中に尊として、得二たまひたり自在一を。(七　12/12)F

(二〇)　如レ(き)是(の)大德人は、无二(し)願として而不レといふこと滿(せ)。(五　18/6)F

(二一)　智慧をもて普(く)知レ(る)无二(し)と物として不《ぬ》レものは盡(さ)、是を名二(づく)一切智一と。(九　9/19)F

(二二)　汝(は)无-反-復の人なり。汝(は)從二して摩訶衍の中一より出生せり。云何(ぞ)言二我未レといふ能二(は)都信一すること。(四　18/18)G

(二二)は、「中」にヨリの、「從」にシテのヲコト點がある。合はせてヨリシテと讀むのであらう。

二　アリの特殊な用法

アリは、存在・指定の意を表す他、アルハ・アルイハを名詞として、アル・アラム・アラユルを連體詞として、アルハを選擇の接續詞として用ゐるなど、その用法は廣い。

1　存在・指定を表すものを分類すると、次の通りである。

A　本來の意味で存在を表すもの、——アリ

B　比況の助動詞ゴトシの連用形に續くもの。——ゴトク-アリ

C　否定の助動詞ズの連用形に續くもの。——ズ-アリ

D　格助詞トに續くもの、——ト-アリ

E　格助詞ニに續くもの、——ニ-アリ

F　形容動詞の連用形に續くもの、——ニ-アリ

その例

（一）廿二者、卌の齒ある相。不レ多（く）も（あら）不《ぬ》レぞ少（く）も（あら）。餘人は卅二の齒あり。身には三百餘の骨あり。（四　14/30〜31）A

（二）菩薩は有二（り）骨髻一。如三し捲-等の在二るが頭の上一に。（四　15/18）A

（三）此の三千大千の國土は在二り虛空（の）中一に。（七　15/16〜17）A

（四）已に成二（る）ときに佛道一、更（に）得二るが佛（の）種種の異-大の功德一（を）故（に）、更（に）有二るをもて異名一、名（づけ）て爲レ（す）佛（と）。（四　16/26〜27）A

（五）此の施は雖三（も）大レに心は多二（し）と慈悲一、有レ（り）知二る智慧一を、有レり不《ぬ》レ知二（ら）智慧一（を）。（四　19/16）A

（六）无量歲の中に、佛時ありて時に出（て）たまふこと、譬（へば）如二（し）漚曇波羅樹の華の、時ありて時に一（た）ひ出一（つる）が。（四　21/17〜18）A

（七）若(し)无二(き)とき菩薩一、有二るをもて種種の經の中に說一(け)ること、人得二て此(の)法一を、行二(せむ)福德の因緣一を。（四 22/3～4）A

（八）是(の)自在の法は、唯た佛にのみ獨り有り。（五 11/0）A

（九）諸業は无量(の)力アレども、不《ず》レ逐二は非《ぬ》レ造せ者《もの》一ハ。（五 16/14）A

（一〇）譬(へば)如下(く)百由旬の大火聚アラム、有(る)人負二(ひて)乾(れ)たる草一を入二(り)火中一(に)過(くるに)、不レあらむ燒二(か)一葉一を(も)、是(を)爲《す》中るが甚(た)難上(し)と、佛(も)亦(た)如レ(し)是(の)。（七 13/1～3）A・C

（一一）發レ(して)願(を)言(はく)、「我作レ(らむ)佛(と)時(にも)、國土の衆生(い)亦復(た)如レ(く)あらむ是(の)。」（七 1/15～16）B

（一二）若(し)如レ(く)アラ是(の)者ば、佛力は減劣なるべし。（七 10/20～21）B

（一三）燃燈佛生(れ)たまひし時(に)、一切(の)身邊如レ(く)ありシが燈の故(に)、（九 10/5）B

（一四）向レ(ひたてまつり)て佛に、「我れ心に无レく狀《アチキ》愚にして、不《ず》レありけり・とまうす信レ(し)たてまつラ佛を。」（八 3/7～8）C

（一五）如二キは釋迦文佛一の、本(と)爲《あ》二(り)し菩薩一と時に、名を曰二(ひ)き樂法一と。（五一 6/24～25）D

（一六）揵闥婆城は非レぬを城に、人い心に想ひては爲レ(す)城と。（六 4/31～32）E

（一七）是(れは)雜行の人なり。非二(す)純淸淨一にあら。（六 15/1）F

（一八）不《ぬ》レ可レ(くあら)愛(す)不淨物を能(く)觀して令レ(め)ム淨にア(ら)。可レき愛(す)淨物を、能(く)觀して令二(む)るぞ不淨一にア(ら)。（五 11/9～10）F

（一九）譬(へば)如下(し)城有二り多(く)の門の入處一、各各(の)至る處は不上レが異にア(ら)。（七 16/26～27）F

2　アルハ・アルイハについては、〈第四章、一一、「有・或」〉の項を參照。

第四節　形　容　詞

第二種點に用ゐられた形容詞で、附訓のあるものは、アチキナシ一語しか見當たらない。

（一）　婆羅門心開（け）意に解《（さと）》りて、五體を投レ（け）地に、悔レ（い）過を向レ（ひたてまつり）て佛に、「我れ心无狀《アチキ（な）》く、愚（か）にして不《ず》レありけり・とまうす信レ（し）たてまつら佛を。」（八　3/6～8）「无狀」の「狀」は、原文「伏」。白筆にて「伏」に○を附し、地の餘白に「狀」を記す。「伏」の右に「アチキ」の訓、「无」にクのヲコト點あり。

アチキナシ最古の例か。

第五節　形容動詞

第二種點に用ゐられた形容動詞で、附訓のあるものは少なく、それも、ナリ活用ばかりで、タリ活用はない。

稠穊サカリなる（三七　11/31）　狂れ狷ヒスカシマにして（七　9/18）　圓マリ、カニ好き（四　14/29）

第六節　副　詞

副詞は、文法に關係の深い陳述副詞に限って述べる。陳述副詞は種類が多いが、便宜上次のやうに分類して見る。

A　述語に斷定的要素を要するもの
a　肯定・否定いづれにも用ゐられるもの　カナラズ・サダメテ
b　常に否定に用ゐられるもの　カツテ
c　當然に用ゐられるもの　マサニ
d　願望に用ゐられるもの　ネガフ
e　比況に用ゐられるもの　タトヘバ

B　述語に疑惑・假定の要素を要するもの
f　假定に用ゐられるもの　モシ・タトヒ
g　推測に用ゐられるもの　モシ
h　疑問に用ゐられるもの　イカニシテ・イカニゾ・ナニゾ
i　反語に用ゐられるもの　アニ
j　その他　イカニイハムヤ

aには、カナラズ・サダメテを用ゐる。カナラズは「要」にスを、サダメテは「定」にテを送って示す。

（一）如三く重(き)物をは一人(して)不レ能レ(は)擔《モ》ツこと、必(す)須《(もち)》二(ゐ)るが多(く)の人の力一を、如レ(く)是(の)種《(う)》レ(うる)ことは相を、要《(かなら)》す得二て大心多思和合一すること、尓(して)乃ち得レ種(うる)こと。（四　18/35～19/1）　a

（二）言下ふ五陰は是(れ)定(め)て有法なり。但(た)受二(く)る五陰一を者《ひと》のみ空上なりと。（三七　9/24）　a

（三）佛の言(はく)、「不二必－定一てしも(あら)。有(る)いは受レけ(て)苦を得レ罪《ウ》を、受レ(けて)苦を得レ樂《(う)》を。（三七　14/32）　a

bには、カツテを用ゐ、「都」を讀む。「都」は、漢語としてはスベテの意味を表す副詞で、肯定の場合は、クを送ってコトゴトクと讀むが、否定詞「不・无」に續く場合に限り、テを送ってカツテと讀む。

（四）二の火燒(ゆる)が故(に)名(づけて)爲二(す)熾燃一(と)。都て无二(し)樂時一。（三七　5/8～19）　b

（五）但(た)隨二ふ諸法の相(に)、曲直、及屈伸・去來、現二(す)語言一(を)。都て无レ(し)有二(る)こと作者一。（六　4/16～17）　b

（六）若(し)阿修羅起レ(して)兵を來る時にも、都て无二し鬪(はむ)といふ心一も。（八　8/2～3）　b

（七）舍利弗作二(さく)是(の)念一(を)、「若(し)都て无二(く)は所住一、當(に)住二してか何處一に得レむ・といふ成二(る)こと佛道一。」（五六　13/28～29）　b

cには、マサニを用ゐる。マサニは本文の「當」を讀む。

（八）三阿僧祇劫の中に、未レ有二(ら)佛相一。亦(た)无下(し)種二(う)る佛相一を因縁上も。云何(にぞ)當レきに知二(る)是(れ)菩薩一(なり)と。（四　17/15～16）　c

（九）若(し)有二(る)ときは談處一、或(は)生二しつ聲聞・僻支佛の心一を。我當二しに遠離一(す)。（五一　10/5）　c

（一〇）先には略(し)て說二(き)つ我當レべしに得二[ム]阿耨多羅三藐三菩提一を。（三七　16/18）　c

三例共に、「當」には、ニとキ・シ・ベシのヲコト點が加へられてゐて、マサニ－ベシと再讀併記した例である。

dには、ネガフを用ゐる。本文の「願」を讀む。

（一一）　阿難言（はく）、「唯《うけたまは》（り）願ふ、欲レ（ふ・と）見レ（たてまつら）む（と）佛を。」（八　3/27〜28）d

eには、タトヘバを用ゐる。

（一二）　是（の）利養の法は、如レく賊の如レし雹（の）。壞二すること功德の本一を、譬（へ）ば如三し天一雹の傷二一害するが五穀一を。（五　12/24）e　「如雹」は原文缺、白筆にて補足。

（一三）　菩薩（は）行二し百千種の三昧一を、斷二す其（の）塵勞一を。譬（へ）ば如下く爲二に諸（の）貧人を欲レ（ふ）が令二（め）むと大富一に（あら）、當（に）備二（へ）種種の財物一を、一切備足して、然（して）後（に）、乃（し）能（く）濟中せむが諸（の）貧人上を、……菩薩も亦（た）如レし是（の）。（七　7/11〜14）e

（一四）　譬（へ）ば如三く閻浮提の衆川萬流の皆入二るが大海一に、亦（た）如三し一切人民を皆屬二（する）が國王一に。（七　10/14〜16）e

（一五）　譬（へ）ば如下く屠牛の師、若（しは）屠牛の弟子、以レ（て）刀を殺レ（し）牛を、分（ち）て作二す四分一に。作二（し）四分一（に）已（り）て、若（しは）立し、若（しは）坐（して）、觀中（る）が此（の）分上を、菩薩も亦（た）如レ（し）是（の）。（五〇　2/30〜31）e

fには、モシ・タトヒを用ゐる。モシについては、〈第四章、一、若・爲・頗〉の項で、タトヒについては、〈第四章、四、假令・縱令〉の項で述べた。

gには、モシを用ゐ、本文の「爲・頗」を讀む。これについても、〈第四章、一、若・爲・頗〉の項で述べた。

hには、ナニゾ・イカニ・イカニゾを用ゐる。ナニゾは「何」を、イカニ・イカニゾは「云何・如何」を讀む。

（一六）　汝何ぞ以看レて指を而不レといふ視レ月を。（九　11/33）h　ナニゾ

（一七）　般若波羅蜜云何（に）か滿する。（四　11/27）h　イカニ

（一八）云何（にある）をか觀レ（る）といふ時を。（四 12/12）イカニアル h

（一九）云何（に）ぞ名三（づくる）菩薩正慧をもて入二すと母胎一に。（四 12/30）イカニ h

（二〇）云何（に）ぞ言レふ无と。（六 6/34）イカニゾ h

（二一）卽（の）時（に）、擧レ（け）て手を大に發レ（して）聲を言（はく）、「一切（の）衆人、甘露（の）門開（き）ぬ。如何（に）ぞ不レあらむ・といひき出（て）。」（八 3/8〜9）イカニゾ h

iには、アニを用ゐ、「豈」を讀む。これについては、〈第四章、五 豈〉の項で述べた。

jには、イカニイハムヤを用ゐ、「何況」を讀む。これについては、〈第四章、六 何況〉の項で述べた。

第七節 接續詞

接續詞を分類して、「並列・添加・選擇・順接・逆接・轉換」の六種とし、このいづれにも入らないものを「その他」とす。

第二種點に用ゐられた接續詞には、次のやうなものがある。

A 並列 マタ・アハセテ

B 選擇 アルハ・アルトキニ・モシハ

C 順接 コノユヱニ・モテ・ココヲモテ・コレヲモテ・コレヲモテノユヱニ・トキニ・コノトキニ・ソノトキニ

D　逆接　　　シカレドモ

E　その他　　ナイシ・スナハチ・シカモ・シカシテ—ノチニ

Aの内、マタは、本文の「又・復・亦」を讀む。附訓例もなければ、タを送った例もないが、マタと讀んだものと見て、間違ひあるまい。

（一）問曰、禪那波羅蜜(は)云何(にか)滿(する)。答曰、若三(し)一切外道(の)禪定(の)中に得二(る)が自在一を。又、如下(く)す尚闍梨仙人の坐禪せりし時に、无二し出入息一。……乃至鳥の子を飛ひ去上(ら)しめ(し)が。（四 11/24~27）又A

（二）五欲之生することは、正(しく)爲下(の)破二壞し衆善一を、毀中敗せむが德業上を故(に)出っ。又、知下る五欲は如二し釣の賊レ(す)るが魚を、如二し擌《ワナ》の害レするが鹿を、如中(し)と燈の焚上レくが蛾を。（三七 5/26~28）又A

（三）如二(き)は釋迦文菩薩一の、在二(り)て淨飯王の宮一に欲二(す)ときに出レ(て)て城を遊觀一(せむと)、淨居の諸天化(し)て爲《な》二りて老病死の人一と、令二む其(の)心をして厭一(は)。又、令三(む)夜半に見二諸(の)官人・伎直は惡露にして不淨なり、涕唾流延(し)、屎尿塗漫一すと。（三七 3/28~31）又A、「唾」は原文サンズイ。『新脩大藏經』によって訂正。

（四）三阿僧祇劫の中に、未レ有二(ら)佛相一。亦(た)无下(し)種二(う)る佛相一を因緣上も。（四 17/15）亦A

（五）卅二の相は轉輪聖王にも亦(た)有(り)。諸(の)天魔王(も)亦(た)能(く)化二作す此の相一を。（四 17/20~21）亦A

（六）有(る)人言(はく)、「佛は以レ(て)食を著二るとき口中一に、是(の)一切の食皆作《な》二る最上の味一と。……」復(た)有(る)人言(はく)、「若(し)菩薩(の)擧レ(け)て食を著二くとき口の中一に、……是(の)味淸淨なるが故(に)、名三(づく)味の中に得二たりと上味一(を)。」（四 15/4~9）復A

「亦」と「復」と、「又」と「亦」とを續けて用ゐることがある。

（七）　譬（へば）如下く人見二て狗の食レ（ふ）を糞を、賤（め）ども而愍レむて之（を）、不レは得二好食一を、而噉中（ふ）が不淨上を、受レ（くる）欲（を）之人も亦復（た）如レ（し）是（の）。（三七　5/20～22）『大正新脩大藏經』には、「譬如下人見二狗食レ糞、賤而愍上レ之。」とあり、大東出版社の『國譯一切經』にも、「譬へば、人、狗の糞を食ふを見て、賤みてこれを愍むが如し。」とある。これに從ふべきである。A

（八）　所以者何（に）、受二（くる）ときは欲樂一を、淫欲の根深（し）。是（の）故（に）出家の法の中には淫戒を在レ（く）初に。又亦（た）爲レ（す）重（しと）。（三七　4/13～14）A

アハセテは、「并」を讀む。附訓例はないが、テを送ったものがあるから、アハセテと讀んだものと見て、間違ひあるまい。

（九）　各（の）持二（ち）て天華一（を）來二詣す佛所一に。……并て天樹葉香を持（ち）て詣二づ佛所一に。（九　6/30～7/2）并A

（一〇）　譬（へば）如丁く人請二し天子一を、并て食二（は）しむるを群臣一に、亦（た）名丙（づく）るが供乙養すと天子甲を。（三七　13/28～29）并A

なほ、「及」は、附訓例も、ヒを送った例もなく、不讀にしたらしい。前後に並列の助詞トを置く場合と置かない場合とがある。

（一一）　我知下（りぬ）今の世尊と、及法と、過去の諸佛と、及弟子恩法とは、卽（ち）是（れ）法（の）寶なり。今の佛と過佛とは、卽（ち）是（れ）佛寶なり。諸菩薩と及弟子とは是僧寶上なりと。（五六　7/25～26）トあり。

（一二）　三千大千世界（は）純（ら）是（れ）金剛（のみなり、といふは）者、餘の世界は雖下（も）底に有二り金剛一、及佛の所行・所坐の處には有中（り）と金剛上、而餘の處には皆无し。（五六　13/11～13）トなし

アルハ・アルトキニ・モシハについては、〈第四章、一　若・爲・頗、一〇　有・或〉の項を參照。コノ—ユヱニは本文の「是故」を、コレヲ—モテノ—ユヱニは本文の「以是故」を讀む。附訓した例も、ニ・ノ・ヲ等を送った例もないが、さう讀んだものと見て間違ひあるまい。

（一三）　爲二(に)是(の)人一の説二(く)ときに般若一(を)、則(ち)大に得二利益一を、感レすることも恩を亦(た)深(し)。是(の)故(に)、説二(く)ときに般若一(を)、未レ發レ(さ)心(を)者《もの》ハ、當レ(に)發(す)べし。（五六　4/7～8）C　コノユヱニ

（一四）　菩薩は先ッ觀三して諸法(は)空にして无二(し)と所有一、心退沒(して)欲レフ取二(らむ)と涅槃一を。涅槃卽(ち)是(れ)無爲の相なり。是(の)故(に)、今説二(く)須陀洹果等の無爲の相に不レと應レ(くあら)住(す)。（五六　11/25～27）C　コノユヱニ

（一五）　諸天雨二(り)て種種(の)妙華一を、滿二て三千大千世界一に、以て供二養(し)たてまつる佛一を。（九　7/5）C　モッテ

（一六）　是(の)諸天(の)華、乃至天の樹・葉・香、以《これ》をもて散二(す)佛(の)上《み(うへ)》一に。（九　7/10）C　コレヲモテ

（一七）　諸の鈍根者は、可二(し)以《これ》を(も)て爲レす喩と。舍利弗は智慧利根なり。何(を)以(て)か爲レる喩と。（三七　11/9）C　コレヲモテ

（一八）　天の澤香以《これ》をもて塗二る佛(の)地一に。天の末香以《これ》(をもて)散二す佛(の)上一(に)。（九　6/33）C　コレヲモテ

（一九）　是(の)一佛の世界の中に、常に化二作(して)諸佛(の)種種(の)法門・種種(の)身・種種(の)因緣・種種(の)方便一を、以《これ》をもて度二(し)たまふ衆生一(を)。（九　12/21～22）C　コレヲモテ

（二〇）　菩薩は齒骨多(く)して、頭の骨は少し。餘人は齒骨は少(く)して、頭の骨は多し。以レ(ての)是(を)故(に)、異二なり於餘人(の)身一に。（四　14/32～33）C　コレヲモテノユヱニ

（二一）　遣二して智慧の使一を、未來世の中に、到二(り)て菩薩の所一に言(はく)、「若(し)欲レ(はば)得レむと我を、先(つ)修二［せむ］(して)相

好一を、以(て)自(ら)莊嚴す(べし)。……若(し)不レ(ずは)莊二嚴(せ)身一を、我不(じ)レといふ住(せ)也。」以レ(ての)是(を)故(に)、菩薩修二して卅二相一(を)、自《み(つから)》莊二嚴すること身一を、爲レの得二ムが阿耨多羅三藐三菩提一(を)故(に)なり。(四 16/10~13) C コレヲモテノユヱニ

(二二) 未《ぬ》レ得二佛道一(を)心は、愛着し求欲して取二る阿耨多羅三藐三菩提一(を)。以レ(ての)是(を)故(に)、名(づけ)て爲二菩薩一といふ。(四 16/24~25) C

(二三) 二者、上人は應三(き)なり更(に)求二(む)上法一を。以レ(ての)是(を)故(に)、上人(は)求二(めむ)に阿耨多羅三藐三菩提一を无レし咎。(五六 4/15~16) C コレヲモテノユヱニ

(二四) 如二きは釋迦文佛一の本(と)爲《あ》二(り)し菩薩一と時に、名を曰二(ひ)き樂法一と。時に、世に无レ(くあり)しをもて佛、不レ(き)聞二(か)善語一を。(五一 6/24~5) C トキニ

(二五) 四方に求レ(むる)に法を、精勤(め)て不レ懈(ら)。了《ツヒ》に不レき能レ(は)得(ること)。尓(の)時(に)、魔變(して)作二(り)て婆羅門一と、而語レ(り)て之(に)言(はく)、(五一 6/26~27) C ソノトキニ

(二六) 有(る)人入レ(り)て山に伐レ(り)て木を、迷二惑して失レ(ひ)つ道を。時に、値二(ひ)て暴雨一に、日暮(れて)飢二寒す。(五一 11/13~14) C トキニ

(二七) 羅閣を秦(には)言レ(ふ)垢(と)。若(し)聞二(か)ば波の字一を、卽の時に知三(り)ぬ一切の法は入二せり・といふことを第一義の中一に。(五〇 14/19~20) C ソノトキニ

(二八) 波羅末陀を秦(には)言二(ふ)第一義一(と)。若(し)聞二(か)ば遮の字一を、卽の時に知二(り)ぬ一切の諸法は皆非レ(ず)といふことを行に。(五〇 14/20~21) C ソノトキニ

（二九）如下（き）なり後の薩陀波崙品の中に、長者の女め聞三（き）て讃二嘆（す）るを功德一を、卽の時に捨ㇾ（て）て家を詣中（れるが）曇无竭の所上に。（五一　5/13〜15）C　ソノトキニ

（三〇）或（る）時には、自を恃（み）て而生二す憍慢一を。是（の）時に、應ㇾ（し）作二（す）是（の）念一（を）。（五一　8/3〜4）C　コノトキニ

ナイシについては、〈第四章、一七、乃至・及・并〉の項を參照されたい。

スナハチは、本文の「則・卽・乃・尋・便」等を讀む。「乃・尋・便」にはチを送った例があって、スナハチと讀んだことが明らかである。「則・卽」にはその例がなく、スナハチと讀んだかどうか、確かではないが、文意の理解を助けるために、スナハチと讀んでおいた。

（三一）如三く重（き）物をは一人（して）不ㇾ能ㇾ（は）擔《モ》ツこと、必（ず）須《（もち）》二（ゐ）るが多（く）の人の力一を、如ㇾ（く）是（の）種ㇾ（うる）ことは相を、要す得二て大心多思和合一すること、尓（して）乃ち得ㇾ種（うる）こと。以ㇾ（ての）是（を）故（に）名二（づく）百福の相一と。（四　18/35〜19 2）

（三二）以二て人の目に所ㇾは見（る）不《ぬ》ㇾをもて過二（き）數里一に、今言ㇾ（ふは）遍二（し）と三千大千國土一に、无二を乃ち大（きく）しては而難ㇾ（き）こと信すること。（八　3/20〜2）『大正新脩大藏經』には「無乃大而難ㇾ信」、大東出版社の『國譯一切經』には「むしろ大に過ぎて信じ難し。」とあり。

（三二）の「无」にはヲのヲコト點と、左下に「ニ」に似た點がある。何と讀んだのか分らない。文脈からすれば、「大き過ぎて、却って信じがたいのではないか。」と言ふところであって、「无」はナカラムヤと讀むべきであらう。もっとも、「無乃」は二字合はせてムシロと言ふ讀みかたもあり、この方が分かりやすい。「無乃」をムシロと讀むことについては、かつて觸れたことがある。（拙著『平安時代における訓點語の文法　上』第六章、副詞、第十節、その他、ム

シロの項)

(三三) 修身觀は者、尋ち隨二(ひ)て觀察一(に)知二(る)其(れ)不淨なり、衰老し病死し、爛壞(し)て臭(き)處なり。骨節腐敗(し)、磨滅(して)歸レ(することを)土に。(五〇 3/10〜11)E

(三四) 彌勒菩薩も亦(た)種種に讃二せり弗沙佛一(を)。但(た)阿波陀那經の中に不レ(あ)れば說(か)、汝所レなり不レ知(ら)。无二(きが)因緣一故(に)、汝便ち謂三(へ)り彌勒(の)弟子は心未二と純淑一(なら)。(四 19/9〜11)E

シカシテ―ノチは、「然後」を讀む。

(三五) 若(し)欲レ(ふときは)娶レらむと我を者、當に先っ莊二嚴し房室一を、除二却し汚穢一を、塗治するに香薰をもてし、……必(ず)令二(め)よ嚴飾一せ。然して後に、我當(に)到二(ら)む・いふ汝が舍一に。(四 16/8)E シカシテノチニ

(三六) 若(し)未レ有レ(ら)鏡、未《(ぬ)》レときには有レ(ら)面則(ち)无レ(し)像。像い待レチ鏡を待レ(ち)て面を、然して後に有リ。(六 7/22〜23)E

(三七) 五衆(の)實相卽(ち)是(れ)涅槃なり。是(の)故(に)、初發心鈍根の者《ひと》は、先ッ用二(ゐて)无常等の觀一を、然して後に觀二(す)五衆の寂滅等一を。(五六 5/20〜21)E

第八節　助　　詞

第二種點に用ゐられた助詞で、確認できたものは、次の九種三二語である。

格助詞　イ・ガ・ト・ニ・ノ・ヨリ・ヲ (7)

並列助詞　ト (1)

接續助詞　シテ・テ・トモ・ドモ・ニ・バ・モノヲ（7）
副助詞　スラ・ダニ・ノミ・マデニ（4）
係助詞　カ・コソ・ゾ・ハ・モ・ヤ（6）
間投助詞　シ（1）
準體助詞　ノ（1）
複合助詞　トシテ・ニオキテ・ニシテ・ヲシテ・ヲモテ（5）

一　格助詞

1　イ

第二種點に用ゐられたイは、單獨で、または稀に係助詞ハ、間投助詞シを伴って、主格に立つ體言、または活用語の連體形に附くものだけである。

① 體言に附くもの

（一）妙光菩薩は、長者の女い見三て其（の）身（に）有二（るを）廿八相一、生二（し）て愛敬の心一を、住二在せり門の下一に。（三七　2/8）

（二）王い聞二（き）て此（の）事一を赦を下二（し）て國の內一に、「不レ（あら）む知レ（ら）恩を人（は）、无レ（くあ）れ・といふ令レ（むる）こと住レ（ま）此コに。」（五一　11/30～31）

（三）行者い觀三れども外法は盡く空にして无二（しと）所有一、而謂二へり能（く）知レる空（を）者《ひと》は不レと空に（あら）也。（三七　9/19～20）

（四）獵者い問（ひ）て言（はく）、「汝從レ何《いづこ》（より）か來（れ）る。見レつや有二（り）と衆獸一不や・といふ。」（五一　11/20～21）

（五）　熊い將《ゐ》二(て)此(の)人一を、示二す其(の)道逕一を。（五一　11/18）

（六）　有二(るが)二の因緣一故(に)、菩薩の智慧い勝二(れ)たり聲聞・辟支佛一のに。（三七　10/28）

（七）　如レき是(の)愚癡と智慧と有二(る)何の別異一か。初(に)入二(る)ときには佛法一に、是(の)癡い是(れ)智慧なり。（三七　14/9）

（八）　五道の之中には、天道い最上なり。（四　12/27）

（九）　諸法(も)亦(た)如レ(し)是(の)。空にして无二(し)所有一。人いは遠二(さかるが)无漏實智の慧一を故(に)、棄二(てて)實相一(を)、（六　2/33～3/1）

（一〇）　生死の輪いし載レ(せ)て人を諸(の)煩惱と結使とい大力自在に轉す。（五　16/6）

イと格助詞ノとを重ねたものがある。

（一一）　奪二(ひ)て慧命一を壞ニる道法・功德・善本一を。是(の)故(に)名(づけ)て爲レ(す)魔(と)。諸(の)外道のい言(はく)、「是を名二(づく)欲主一と。亦(は)名二(づ)け華箭一と、亦(は)名二(づけ)たり五箭一(と)。……。」（五　15/18～19）

「道」と「言」との間に朱筆でマルを、右に同じ朱筆で「人輩」と書き加へてゐる。『大正新脩大藏經』も同じであり、大東出版社の『國譯一切經』にも「諸の外道人の輩の言く」と讀んでゐる。「外道のい」は、「外道のやから」の積もりで加點したのであらう。

②　活用語の連體形に附くもの

（一）　常に念レするいは佛を得《う》二種種の功德の利一を。（七　3/21）

（二）　先に有なりしい今无なるが故(に)。（六　7/9）

（三）　上二昇して虛空一に、見二たてまつるい十方の佛一を、此(れ)非二(ず)大の相一に邪《や》。（四　17/18）

（四）佛は以二（て）卅二相一（を）莊二嚴（し）たてまつるイハ身一を者、端政にして不レぬ亂せ故（に）。（四 15/29）

（五）今无きい先に有（り）き・といふ。是（を）名（づけて）爲レ（す）斷と。（六 13/25）

2 ノ・ガ

ノ・ガには、連體修飾格を示す用法と、主格を示す用法と、その他の用法とがある。

A 連體修飾格を示すもの

a 名詞に附いて、他の體言に續くもの

b 數詞に附いて、他の體言に續くもの

c 代名詞に附いて、他の體言に續くもの

d 活用語の連體形に附いて、他の體言に續くもの

e その他

（一）地天の太子は實に有二す卅二の大人（の）相一。（四 13/15）Aa ノ・b ノ

（二）十五者、丈光の相、四邊に皆有二（り）一丈の光一。佛は在二す是の光の中一に。（四 14/20〜21）Aa ノ・b ノ・c ノ

（三）時に有二（り）八種一。佛出二（で）たまふ其の中一に。（四 12/12）Ac ノ

（四）是（の）智慧は心と相應し、心と共に生し、隨レ（ひ）て心に行す。是が中に云何（ぞ）說二（く）知惠と無生と性空と、无レ（しと）有二（ること）別異一。（三七 13/20〜21）Ac ガ

(五) 是れ我が末後の身なり。(四 13/11) A c ガ・a ノ

(六) 如レき是(の)諸(の)阿羅漢の智慧和合せりとも、不レ及二(は)菩薩の智慧の百分が之一一にも。(三七 11/34～35) A a ノ・a ノ・b ガ

(七) 舎利弗、於二て汝が意一に云何ぞ。(三七 15/31) A c ガ

(八) 此が中の事雖二(も)稀有一なりと、皆可レ(し)信(す)。(五六 13/14) A c ガ

(九) 若(し)衆生利根にして福重(なる)ときは、佛則(ち)爲レに之が現二(したまふ)無量の光明一を。(八 1/9) A c ガ

(一〇) 幻(の)弟子(の)善く知二(り)て幻法一を、幻二作(し)て五欲一を、於が中に、共(に)相(ひ)娯樂す。(三七 4/28～29) A c ガ

(一一) 喜(といふは)者、隨二(ひ)て其が所行一に而讚二嘆(して)之一(を)令二(む)其(が)心(を)喜一ひ。(五六 7/33～8/1) A c ガ

(一二) 諸(の)一切の三昧は皆入二(る)が其が中一に故(に)、名二(づく)三昧王三昧一(と)。(七 10/14) A c ガ

(一三) 彼(の)間(の)衆生の亦(た)見二(る)は此方一を、是(れ)誰が力ぞ邪。(九 9/3) A c ガ

(一四) 自《み(つから)》莊二嚴すること身一を、爲レの得二ムが阿耨多羅三藐三菩提一(を)故(に)なり。(四 16/12～13) A a・d

(一五) 但(た)爲三の教二化せむが衆生一を故に、以二(て)法身一を現二す於十方三界の中一に。(五 11/19) A d

(一六) 人皆利根にして福德あり。福德利根なるが故(に)、應レ(し)易二(くある)得道一すること。(四 20/17～18) A d ガ

(一七) 種種に說二(く)が法門一を中に无レし所二罣㝵一する。(五 18/18～19) A d ガ

(一八) 以レ(ての)是(を)故(に)、擧レく身の微咲(したま)ふ。(七 11/15) A e ノ

(一九) 以二(て)の佛力一を故に、令二(め)たまふ其に得レ衣を。(八 12/21) A e ノ

(二〇) 以二(て)の佛の神力一を故に、令二(め)たまふ病者を得レ癒(ゆる)こと。(八 13/2～24) A e

B　主格を示すもの

a　主文の主語につくもの

b　從屬文の内、主語節の主語につくもの

c　從屬文の内、述語節の主語につくもの

d　從屬文の内、連體修飾節の主語につくもの

e　從屬文の内、連用修飾節の主語につくもの

f　提示語節の主語につくもの

g　引用句を導く――ク・ラクの主語につくもの

(一)　破二(す)といふは憍慢一(を)者、是(れ)菩薩の出家し、持戒し、說法(し)て、能(く)斷二するなり衆生の疑惑一を。(五一　8/2～3)　B a

(二)　云何ぞ汝が言下ふ能(く)分二(ち)て大地・城郭・聚落一を作《な》二す七分一(に)、是(を)名中(づく)と般若波羅蜜滿上と。是(の)事は是(れ)算數の法い能(く)分す。(四　19/31～32)　B a　ガ

(三)　何(に)況(や)如來の一切智德いますいは、自身に有レ(り)て病、而不レあらむや能レ(は)除すること。(九　4/25)　B b　ノ

(四)　是の利養の法は、如レく賊の如レし雹(の)。壞二すること功德の本一を、譬(へ)ば如三し天一雹の傷二害するが五穀一を。(五　12/24)　B C c　ノ

(五)　今世には燒二き善根一を、後には墮二すること於地獄一に、如下し提婆達が爲二に利養一の自《み(つから)》沒上せるが。(五　12/32)　B c　ガ

(六)　尙闍梨仙人の坐禪せりし時に、无二し出入息一。(四　11/25～26)　B d　ノ

（七）如ニし水の異レなることは火に、以レ（て）の相を故（に）知一（る）が。（四　16/27）Ｂｄ　ノ

（八）生死の輪いし載レ（せ）て人を……大力自在に轉す。无ニし人の能（く）禁止一すること。（五　16/6）Ｂｄ　ノ

（九）衆生の見る者《もの》は、畢至ニ（ら）む阿耨多羅三藐三菩提一（に）。（九　5/12～13）Ｂｄ　ノ　「畢」の下に「皆也」の注あり。

（一〇）諸法に有ニ（り）二種一。有ニ（り）心が著（する）處一、有ニ（り）心が不レ著（せ）處一。以ニ（て）心が不《ぬ》レ著（せ）處一（をもて）解ニ（く）心が著（する）處一を。（六　10/8～10）Ｂｄ　ガ

（一一）稽ニ首（し）たてまつる世尊の希レナるを有レ（る）こと比すること。（五　2/12）Ｂｅ　ノ　「希」の「ナ」不確實。

（一二）此（の）二の忍が增長するを、名（づけ）て爲ニ（す）大忍一（と）。（六　13/3）Ｂｅ　ガ

（一三）若（し）法が實有なるは、是（れ）亦（た）不レ應下（くあら）從ニ（ひて）因緣一に生上（す）。（六　8/15～16）Ｂｆ　ガ

（一四）若（しは）菩薩摩訶薩の不《ぬ》レ念ニ（せ）聲聞辟支佛（の）心と、及諸（の）破戒障佛道の法一とを、是を名ニ（づく）戒淸淨一（と）。（五一　8/23～24）ｆ　ノ

（一五）釋提桓因の難すらく、「何（を）以（ての）故（に）廻向心の不《ぬ》下在ニ（り）て菩提心の中一に、可上レ（くあら）得。……。」（五六　6/27～28）Ｂｇ　ノ

Ｃ　その他

ａ　準體助詞の用法

ｂ　比況の助動詞ゴトシに續くもの

ノ・ガには、準體助詞として、モノの意味の形式名詞と同樣に用ゐられる用法があるが、訓讀文では、ノだけで、

ガは用ゐられない。ノも第二種點では用例が少ない。

(一)　有二(るが)二ノ因縁一故(に)、菩薩ノ智慧ィ勝二(れ)たり聲聞・辟支佛一のに。(三七　10/28)　a

「辟支佛のに」は、「菩薩の智慧い」を受けて、「辟支佛の智慧には」の意味である。

比況の助動詞ゴトシに續く場合、體言・副詞にはノを、活用語にはガを用ゐる。

(二)　二十九者、眞一青ノ眼ある相。如二し好き青蓮華一の。(四　15/16)　b

(三)　如二きは我乃至知者・見者一の、爲《もし》一事か、爲《もし》各各(の)異(なる)か。(三七　9/29～30)　b

(四)　如三く佛ノ入二(る)が涅槃一に、須陀洹ノ極一遲は不レ過二(き)七世一を。(三七　13/17～18)　b

(五)　易レ(きが)知(り)故(に)名レ(づく)相(と)。如二し水ノ異レなることは火に以レ(て)の相を故(に)知一(る)が。(四　15/27)　b

(六)　知下る五欲は如二し釣ノ賊レるが魚を、如二し爐《ワナ》ノ害レするが鹿を、如中(し)と燈ノ焚上レくが蛾を。(三七　5/27～28)　b

(七)　如下(く)日天子ノ憐二愍(するが)衆生一を故(に)、……炤二(し)て諸(の)闇冥一を、令中(めむ)が各(をして)得上レ所を、菩薩も亦(た)如レし是の。(三七　17/9～11)　b

3　ニ・ト

ニ・トの用法は廣いが、次のやうに分類してみる。

A　場所を示すもの

B　時間を示すもの

C　比較の基準を示すもの

D　受身の動作の對象を示すもの

E　使役の動作の對象を示すもの
F　動作・作用の歸着する目標を示すもの
G　共同作用の對象を示すもの
H　動作・作用の結果・變化を示すもの
I　原因を示すもの
J　行爲の目的を示すもの
K　形容動詞、及び指定の助動詞の連用形に相當するもの
L　引用句を受けるもの
上記の内、A～Bは、ニのみで、トは用ゐない。
（一）非レ（ず）謂三（ふには）十方世界に无二（し）と現在の佛一也。（四　21/5）A　ニ
（二）身には三百餘の骨あり。（四　14/31）A　ニ
（三）頭目・髓腦を布施するに、心に无レし有レ（る）こと悔。（四　17/4）A　ニ
（四）自在の法は唯（た）佛にのみ獨り有り。（五　11/10）A　ニ
（五）如二（き）スラ須彌山王一の尙（し）不レ能レは轉二すること是の諸業一を。何（に）況（や）於二ては凡人一に。（五　16/4～5）A　ニ
（六）尙闍梨仙人の坐禪せりし時に、无二し出入息一。（四　11/25）B　ニ
（七）讃二嘆するときに般若一（を）、聞（く）者歡喜し尊重（せば）、則（ち）增二す其（の）福德一を。（三七　6/28～29）B　ニ
（八）厭患の心生（し）、夜半に出家す。（四　16/14）B　ニ

（九）　有（る）人は初には不ㇾ（して）見二乾闥婆城一を、晨朝に東に向（く）ときに、見ㇾて之（を）實に樂二ふ疾く行きて趣ㇾ（か）むと之（に）。（六　4/23）Ｂ　ニ

（一〇）　菩薩（も）亦（た）夜の三時、晝の三時に、偏に袒二（きて）右肩一（を）、（七　4/2～3）Ｂ　ニ

Ｃは、ニを用ゐることが多いが、オナジ・コトナリに限って、トも併用する。

（一一）　今現に在る金を比二するに佛の在（さ）む時（の）金一に、則（ち）不ㇾなりぬ現（せ）。佛の在（す）時の金を比二するに閻浮那金一に、則（ち）不ㇾなりぬ現（せ）。（四　14/11～12）Ｃ　ニ・Ｃ　ニ

（一二）　廿四者、牙は白き相。乃至勝二（れ）たり雪山王の光一に。（四　15/1～2）Ｃ　ニ

（一三）　如ㇾき是（の）諸（の）阿羅漢の智慧和合せりとも、不ㇾ及二（は）菩薩の智慧の百分が之一一にも。（三七　11/32～33）Ｃ　ニ

（一四）　影は則（ち）異二なり於色法一に。（六　7/10）Ｃ　ニ

（一五）　我（が）女は生‐年日月時‐節皆與二太子一と同（し）なり。（三七　2/20～21）Ｃ　ト

（一六）　如二（き）は法身の菩薩一の、則（ち）與ㇾ佛と无ㇾし異なること。（六　12/17）Ｃ　ト

Ｄ～Ｆは、ニのみで、トは用ゐない。

（一七）　是（の）人は癡惑にして聖に所ㇾる咲《（わら）》は。（六　2/27）Ｄ　ニ

（一八）　凡夫の无智も亦（た）如ㇾし是（の）。種種の煩惱に常に覆ㇾはれたり心を。（六　3/8）Ｄ　ニ

（一九）　若（し）不ㇾに請（せ）而說（きたま）ハハ、外道に所《れ》ㇾなむ譏《ソシ》ラ。（七　5/16～17）Ｄ　ニ

（二〇）　爲ㇾに佛の所ㇾれて記（せ）、當に得《う》ㇾ作ㇾること佛と。（四　17/18）Ｄ　ニ

（二一）　若（し）欲三ハ、廣く多聞（し）、爲ㇾに人の所二（れ）むと信受一（せ）、（五　12/16）Ｄ　ニ

（二二）入二れて諸法の實相（の）中一に、不下して爲二に染著の火一の所（れ）上燒（か）、直に過（き）て无濁。（七　13～4）D　「㝵」にヲコトあれど、讀めず。

（二三）爲二（るが）一切衆生に得レ（し）めむと樂を故（に）、自（ら）捨二（てて）已（が）樂一を、令二（めむが）一切衆生を得レ離レ（るること）苦（を）故（に）、（三七　1/8～9）E　ニ

（二四）得レれども入二（る）こと栴檀（の）林一に、而但（た）取二る其の葉一を（のみ）。既に入二レども七寶（の）山一に、而も更（に）取二る水精一を。（五　12/28）F　ニ

（二五）自《み（つから）》凍イ、拔レき髮を、自（ら）餓（ゑ）、入レり火に、赴レき淵に、投レくる巖に、如レ（き）是（の）等は、從レ（り）癡生す。（五　15/26）F　ニ

（二六）勝意い異の時に入二（り）て聚洛の中一に、至二（り）ぬ喜根の弟子の家一に。（六　14/31～32）F　ニ

（二七）云何ぞ一等に觀（する）が而も不《ぬ》レ墮二せ顚倒一に。（五　9/28～29）F　ニ

（二八）有（る）ひと墮二（ち）たるときに餓鬼（の）中一に、火炎從レ（り）口出づ。（五　12/14）F　ニ

（二九）今世には燒二き善根一を、後には墮二すること於地獄一に、如下し提婆達多が、爲二に利養一の自《み（つから）》沒上せるが。（五　12/32）F　ニ

（三〇）説（く）こと如二（く）して佛言一の隨二へり佛意一に。（五　13/14）F　ニ

（三一）十二者、毛上サマニ向ふ相。身に有二（り）て諸の毛生一すること、皆上に向（かひ）て而靡けり。（四　14/7～8）F　ニ

Gは、トのみで、ニは用ゐない。

（三二）寧（ろ）以二（て）利刀一（を）割二（き）截（るとも）身體一をは、不下れ與二女色一と共に會上（せ）。（三七　4/2～3）G　ト

(三三) 是(の)五衆は如下(し)與二師子・虎狼一と共に住するときに常(に)懷中(く)が憂畏上を。(五六 4/25〜26) G ト

(三四) 是(の)諸(の)菩薩共レに佛と住す。欲レへども讃二せむと其(の)功德一を。无量億劫に不レ可レ(くあら)得レ盡(す)こと。(七 7/27) G ト

(三五) 我曾(し)共二に婆羅門一と道中に行し、見二き……蔭は猶(し)不《ぬ》レを盡(き)。(八 2/3) G ト

(三六) 是(の)智慧は心と相應し、心と共に生し、隨レ(ひ)て心に行す。(三七 13/20〜21) G ト

Hは、ニ・ト共に用ゐる。

(三七) 三阿僧祇劫の中に、知レ(りて)得レむと作レ(る)こと佛に、能(く)爲レに人の說(く)、(四 18/2) H ニ

(三八) 佛若(し)无レきに請而自(ら)說法(したま)ハ、者、是は爲《な》三りぬ自(ら)顯二(はす)に自-執の法一を。(七 5/12) H ニ

(三九) 若(し)在家せば者、當レし作二る轉輪聖王一と。若(し)出家せば者、當レし・といふ成レ(る)佛と。(四 13/15〜16) H ト

(四〇) 馬の相は非二ず牛の中一(に)。馬は不《ぬ》レが作《な》レら牛と故(に)。(五 9/27〜28) H ト

Iは、ニしか用ゐず、それも原因・理由を表すユヱに添へて、ユヱニの形で用ゐられるものに限る。ユヱニは、また、タメニと結合して、タメノ-ユヱニの形を取ることが多い。

(四一) 業力の故に轉轉して、生死の海の中に廻る。(五 16/8) I ニ

(四二) 此(の)衆生は衆の罪報(の)故に、墮二(ち)て惡道の中一に、无量劫に尙(し)不レ聞二(か)佛名一(を)ダニ。(四 21/23) I ニ

(四三) 欲レ(ふ)が作二らむと般若波羅蜜の論議一を故に、不レ能三(は)復(た)廣(く)論二すること餘の事一(を)。(四 22/12〜13) I ニ

(四四) 如レ(く)是(の)一切諸の陀隣尼の中に、无㝵陀隣尼い大なり。以レ(ての)是を故に重(ね)て說く。(五 10/23〜24) I ニ

(四五) 尸毘王の爲レ(の)鴿の故に、割レ(き)て肉を與レ(ふ)るに鷹に、(四 19/12) I ニ

(四六) 爲二に衆生一の說レ(き)て法を、不《ず》下爲二の衣食・名聞・勢力一の故に說上か。（五 13/1〜2）I ニ

Jは、ニしか用ゐず、それも、目的を表すタメに添へて、タメニの形で用ゐられるものに限る。

(四七) 如下(き)ぞ人の爲二に父母・親屬一の、不レ惜レ(しま)身を、或(は)爲レに主の不上レが惜レ(しま)身を。（四 19/17）J ニ

(四八) 爲レに度二せむが衆人一を、決二(せむが)衆の疑一を故(に)、示二す陰藏の相一を。（四 14/4）J ニ

(四九) 知下(り)て一切衆生の欲レふ令二(め)むと解脫一せ因緣(と)[を]、諸根の利鈍上(と)を、隨二(ひて)其の所應一に而も爲に說レ(く)が法を故(に)、（五 14/14）J ニ

(四九)の「爲に」は、「一切衆生のために」の意味である。

Kは、ニ・ト共に用ゐ、ニは——ニアラズ、——ニシテ、トは、——トアリ、——トイマス、——トシテの形で用ゐられることが多い。

(五〇) 譬(へ)ば如二(し)熱氣盛(りな)るときには非レ(ぬ)を黃に見レ(るが)黃と。（五 13/28）K ニ

(五一) 不《ぬ》レ可レ(くあら)愛(す)不淨の物を、能(く)觀して令レ(め)む淨に(あら)。可レき愛(す)淨物を、能(く)觀して令二(む)るぞ不淨一にア(ら)。（五 11/9〜10）K ニ

(五二) 佛は至(りて)尊重にいます。何(を)以(ての)故(に)咲(ひたま)ふ。（七 12/14）K ニ

(五三) 於二一切人中一に、身最大にして而直きぞ。（四 14/29）K ニ

(五四) 佛は以二(て)卅二相一(を)莊二嚴(し)たまへるイハ身一を者、端政にして不《ぬ》レ亂せ故(に)。（四 15/29）K ニ

(五五) 是(の)智慧清淨にして、能(く)求二む佛道一を。（四 18/24）K ニ

(五六) 十二者、毛上サマニ向フ相。（四 14/8）K ニ

(五七) 廿一者、肩圓《マリ、カ》ニ好き相。(四 14/29～30) K ニ
(五八) 淨天の中に尊といます者は、是(れ)佛なり也。(七 12/6～7) K ト
(五九) 佛(は)世界の中に尊として得二たまひたり自在一を。(七 12/12) K ト
(六〇) 廿五者、師子の頬ある相。如二し師子の獸の中に王として平廣の頬一あるが。(四 15/2～3) K ト
(六一) 是(の)菩薩は不レ見下法として可レき作二す大慢一を者上(を)。(五一 10/13) K ト
(六二) 一切聖人の賊として破二して一切の逆流の人の事一を、不《ぬ》レ喜二は涅槃一を、(五 15/23) K ト

Lは、トを用ゐて、ニは用ゐない。――トイフ(言)の他、――トキク(聞)、――トオモフ(思)、――トミル(見)、――トシル(知)、――トヲシフ(教)なども、これに準じて考へる。

(六三) 汝言二フ云何(ぞ)常に念レして佛を不《ぬ》レといふ行二(せ)餘(の)三昧一(を)者は、(七 3/23～24) L トイフ
(六四) 善男子・善女人い聞丙(き)て菩薩は不下(して)從二(りて)一世二世一(に)而得上レ成レ(ること)道、无鞅數世に往乙來すと生死甲に、便(ち)作二(さく)是(の)念一(を)、(三七 1/14～16) L トキク
(六五) 有二(り)て諸(の)梵王一、常(に)請三(し)たてまつる佛初て轉二(し)たまへと法輪一(を)。(四 18/23) L ト請フ
(六六) 衆人一レにして心を同レ(しくし)て聲を、稱二す南无佛一と。(七 3/16) L ト稱ス
(六七) 於二一佛身一に、心眼をもて見レむ滿二(ち)たまへりと十方一に。(七 2/28) L トミル
(六八) 二者、實事をもて爲レ(る)なり喩と。此をは名二(づ)く假喩一と。(三七 11/29～30) L トナツク
(六九) 有(る)人入二(り)て佛法一に、不レして求二(め)涅槃の樂一を、反(り)て求二む利供養一を、是(の)輩は爲二す自をも欺一けり・と。(五 16/29) L トス

（七〇） 是（の）諸（の）菩薩共レに佛と住す。欲レへども讃二せむと其（の）功德一を、无量億劫に不レ可レ（くあら）得レ盡（す）こと。（七 7/27） L トオモフ

（七一） 菩薩は知下る……我今不二出家一（せ）者ば、死（な）む時に倶に亦（た）當レし捨す。今自（ら）遠離せば、福德爲上レ（り）なむ・と大に。（五一 7/4〜8） L トシル

（七二） 佛教三へたまへり弟子を應二（し）と如レく是（の）坐一す。（七 9/6） L トヲシフ

（七三） 天眼通と者は、於レて眼に得二たる色界の四大造の淸淨色一を、是を名二（づく）天眼一（と）。（五 11/12〜13） L トナツク

4 ヨリ

ヨリは、用法が廣いが、本點に見られるものは、次の通りである。

A 動作の起點を示すもの

B 經過する地點を示すもの

C 比較の基準を示すもの

（一） 於二兜師天一より下（り）て、不レして失二（は）正慧一を、入二（り）たまふ於母胎一（に）。（四 12/24） A

（二） 出二（で）て母胎一より行二して七歩一、（四 13/11） A

（三） 咽喉の邊の兩の處より流二し注《ソヽ》（き）て甘露一（を）、和二合す諸の味一を。（四 15/8） A

（四） 初は觀三するは卅六物の死屍膨脹し、一日より至二（る）までにを五日一に、是（れ）不淨觀なり。（五〇 5/22〜23） A

（五） 若（し）佛口より放二（ち）たまはば光明一を、衆生怖畏しなむ。（七 13/25） A

（六） 遶二して四天下一を、從《より》レ初至レ（る）までに終に、常（に）不二懈怠一（せ）。（三七 17/10） A

(七)　共地者(といふは)、所レ謂乾慧地より乃至佛地(までに)なり。(五一　4/22)　A
(八)　以レ(ての)是(を)故(に)、於二賤處一より放レ(ち)たまふ光を。(七　13/23)　A
(九)　先より來《(このかた)》三種の邪行あり。(五〇　3/23)　A

Bの例は見當たらない。

(一〇)　是の菩薩は深(く)念二すること衆生一を踰《(こ)》二(江)たるが於慈母一より故(に)といふ。(五一　12/30)　C
(一一)　國土の嚴淨なること勝二(れ)たり於《より》天宮一。覩レ(る)に之を无レし厭(ふ)こと。(五一　14/21)　C
(一二)　六者、手足柔-濡なる相。如三し細劫波毳《ニコケ》(の)勝二れるが餘の身分一より。(四　13/29)　C
(一三)　如下く迦陵毘伽鳥の子は、雖レ(も)未レと出レ(て)卵より、其(の)音勝二(れ)たり於《より》衆の鳥一。(三七　12/22～23)　C
(一四)　大失・大賊は无レし過二(く)るは懈怠一より。(五　12/19～20)　C

5　ヲ

ヲの用法を次のやうに分類する。

A　他動詞の場合、その對象を示すもの
B　他動詞または自動詞の場合、使役の對象を示すもの
C　自動詞の場合、その經由する場所・時間などを示すもの
D　自動詞の場合、その目標を示すもの
E　自動詞の場合、その基準を示すもの
F　その他

（一）　若（し）欲レ（はば）娶レせむと我を者、當に先っ莊二嚴し房室一を、除二却し汚穢一を、塗治するに香薫をもてし、安二施し床榻《タフ》と被縟と綩綖と幃帳と幄幔と幡蓋と華香一とを、必（す）令二（め）よ嚴餝一せ。（四　16/5～8）A

（二）　知下る五欲は如二し釣の賊レるが魚を。如二し𣐠の害レするが鹿を。如中（し）と燈の焚上レくが蟻を。（三七　5/27～28）A

（三）　喜德女見二て太子一を自（ら）造二（り）て歌偈一を而讃二しき太子一を。（三七　2/16～17）A

（四）　佛欲下す說二（き）て摩訶般若波羅蜜一を、无鞅數の衆生をして當（に）續中（が）しめむと佛種上を。（七　12/18）A

（五）　九者、正（し）く立レ（てて）手を摩レ（て）たまふ膝を相。（四　13/34）A

（六）　何（を）以（ての）故（に）か、前に稽二首し三世（の）佛一を、後（に）別して歸二命せる釋迦文尼佛一を。（四　20/33～34）A

（七）　見二て閻浮提の人の貧窮一なるを、欲レ（ひ）て求二（めむ）と如意珠一（を）、入二（り）て於大海一に、至二る龍王（の）宮一に。（三七　1/21～22）A

（八）　諸龍與レ（へ）珠（を）已（りて）言（はく）、「盡二（き）なば汝が壽命一、珠をは當（に）還レせ・といふ我に。」（三七　2/1）A

（九）　一の珠は能（く）雨二る飲食一を。一の珠は能（く）雨二る衣服一を。（三七　2/3～4）A

（一〇）　譬（へば）如二く苦き藥（は）、服レするときには之（を）甚（た）難し。假レるに之に以レてして蜜を服レするときに之を則（ち）易一（き）が。（三七　11/13～14）A

（一一）　爲二（るが）一切衆生に得レ（し）めむと樂を故（に）、自（ら）捨二（てて）己（が）樂一を、令二（めむが）一切衆生を得レ離レ（るること）苦（を）故（に）、（三七　1/8～9）B

Cの例は見當たらない。

（一二）　如二し五（り）の比丘の問レ（ひたてまつる）が佛を、「受レけ（て）樂を得レ（むや・と）道を耶。」（三七　14/31）D

（二三）我等當丁し作二(り)て方便一を、令丙む是(の)菩薩をして離二(れ)て於淫欲一を、從レ(り)初め發レし意を、常(に)作乙(ら)憧眞甲と。（三七　3/17〜18）E

（二四）行者い遠二離(し)て五欲一を、出家し學レするとき道を、（五〇　3/27）E

（二五）我は去二(れる)こと四大一を遠し。（五〇　4/24）E

（二六）復(た)過二きて佛の出時一を、兜師天の壽は、與二佛の出時一と會するが故(に)、（四　12/4〜5）E

Fの例は見當たらない。

二　並列助詞

トは、體言、または活用語の連體形に附いて、事物の並列を表す。格助詞イ・ノ・ヲ、係助詞ハ・モを伴ふことがある。本文の「與」を讀む他、補讀することが多い。

（一）生死の輪いし載レ(せ)て人を　諸の煩惱と結使とい　大力自在に轉す。（五　16/6）

（二）是(の)故(に)、言レふ不レと見三我行と與二(とを)不行一。（三七　8/2）

（三）兜率天は於二六天と及梵との之中一にして、上にも三、下に(も)三つなり。（四　12/6）

（四）若(し)心散亂するときには、當レ(し)念二(す)老と病と死との三悪道の苦一を。（五〇　5/28〜29）

（五）二者、足下(の)二輪の相と千輻と輞と轂と、三の事具足して、自然に成就せり。（四　13/19）

（六）復(た)有(る)人言(はく)、「得二たまひたり佛は十力と、四无所畏と、十八不共法と、三達と、无㝵と、三意止一と(を)。」（四　16/18〜19）

（七） 何等を（か）五といふ。順二入すると衆生の心一に、遊二戲すると諸神通一に、見二ると諸佛の國一を、如二（く）所見の佛國一の自（ら）莊二嚴（す）ると其（の）國一を、如レ（く）實の觀二て佛身一を自ら莊二嚴（す）るとなり佛身一を。（五一 3/5～7）

「及・及以」を不讀にして、その前後にトを用ゐることがある。

（八） 兜率天は於二六天と及梵との之中一にして、上にも三つ下に（も）三つなり。（四 12/6）

（九） 我知下（れり）今の世尊と及法と、過去の諸佛と、及弟子（の）恩法とは、卽（ち）是（れ）法寶上なりと。（五六 7/25～27）

（一〇） 所レ（る）謂（は）眼根と、五耶見と、世間の正見と、无滿の見と、是を名二（づく）見者一（と）。餘の四根の所知と、及意識の所知とを通（し）て、名（づけて）爲二（す）知者一（と）。（三七 10/9～11）

（一一） 是（の）風七處に觸す 頂と及齗と齒と唇と 舌と咽と及以匈となり。（六 4/14～15）

「乃至」の處置を誤って、「及」と同樣に、トを並べて讀んだ例がある。

（一二） 眼空と乃至菩薩空とは、不レ一二（にもあら）不レ別（に）も（あら）。（五六 8/8～9）

（一三） 地種の空と乃至識種の空と、菩薩の空とは、不レ一二（に）も（あら）、不レ別（に）も（あら）。（五六 8/11）

三 接續助詞

1 シテ

シテは、本來動詞スの連用形と接續助詞テとの結合した複合語で、種々な用法を持つ。これについては、すでに〈第五章、第三節、一 スの特殊な用法〉の項で述べた。

2 テ

テは、一般に活用語の連用形に附くが、形容詞・形容動詞・推量の助動詞ベシ、比況の助動詞ゴトシ、否定の助動詞ズ等には、シテを用ゐて、テは用ゐない。

(一) 見二て老病死の苦一を、厭患の心生(し)、夜半に出家す。(四 16/13〜14)

(二) 於二一辟支佛の塔一に、青黛を塗レりて壁に、作二(り)て辟支佛の像一を、(四 17/27〜28)

(三) 譬(へば)如二(し)漚曇波羅樹の華の、時ありて時に一(た)ひ出一(つる)が。(四四 21/18)

(四) 或は天い與レへて夢を、欲レ(ふ)が令レ(め)むと知二(ら)未來の事一を故に。(六 5/25)

(五) 實に樂二ふ疾く行きて趣レ(か)むと之に。(六 4/24)

(六) 佛は在(いま)二して王舍城一に、欲レせり說二(かむ)と般若波羅蜜一を。(七 8/19)

(七) 何(を)以(ての)故(にか)、獨り稱二して三昧王一と、爲(い)二ふ第一一と。(七 9/27〜28)

3 トモ・ドモ

トモは、活用語の終止形に附いて、假定の順態條件を、ドモは、活用語の已然形に附いて、確定の逆態條件を表す。トモは、單獨で用ゐられる場合と、副詞のタトヒを受ける場合とがあり、いづれの場合にも、トモを含む條件句に對する主文の述語は、推量の助動詞を伴ふとは限らず、單に終止形で結ぶこともある。

(一) 所以者(は)何(ぞ)、若(しは)先に生(まれ)て後(に)法ありといふとも、若(しは)先に法ありて後に生すといふとも、若(しは)生と法と一時なりといふとも、皆不可得なり。(三七 8/22〜23) トモ

(二) 如レき是(の)諸の阿羅漢の智慧和合せりとも、不レ及二(は)菩薩の智慧の百分が之一一にも。(三七 11/32) トモ

(三) 以レ(ての)是(を)故(に)、人壽過二(ぎ)たりとも八萬歲一に、佛應レ(し)出レ(てたまふ)世に。(四 20/16) トモ

（四）諸(の)外道等は、捨二(て)て五欲一を自(ら)苦レ(しま)しむとも身を、不レ能レ(は)捨二すること惡不善一を。（五〇　7/10～11）トモ

（五）譬(へば)如二し雲モ雷もナレトモ而不レ雨フラヌガ。（五　13/5）ドモ

（六）若(し)菩薩在《(い)マ》二して乾土山の中一に、經行すれども土不《ず》レ着レ(か)足に。隨二(ひ)て濫—風來り吹一(く)に、破二して土山一を令二(む)れども散して爲レ(ら)塵と、乃至一塵も不《ず》レ着二せ佛身一に。（四　14/24～25）ドモ・ドモ

（七）種種の因緣、在二れども生死の中一に、不レ厭(は)。（五一　14/15）ドモ

（八）一切世界の衆生の中に、若(し)來(り)て侵害すれども、心は不二恚-恨一セ。若(し)種種に恭敬すれども、亦(た)不《ぬ》二ぞ喜ひ悦一ひ。（六　12/4～5）ドモ

（九）觀二れども一切の諸法は空一なりと、未レ得二方便の力一を。（五一　16/26）ドモ

（一〇）諸(の)結使(の)眠(の)中に、實に无(け)れども而著せり。（六　5/15）ナケレドモ

（一一）如二(きは)泥像と木像一(との)、无二(け)れども實の功德一(は)、因レ(る)が發二するに佛(の)想一を故(に)、（五一　13/20～21）ナケレドモ

（一二）譬(へば)如下(く)閻浮提に四の大河あり。……此の水種種に不淨(な)れども、入二(るときは)大海の中一に、皆清淨上なるが。（六　9/23～25）ナレドモ

（一三）假-令(ひ)諸佛は不レ聞(か)不レとも見、請レ(す)るに佛を亦(た)有二(り)福德一。（七　4/26）トモ

ドモを單にドと言った例がある。モを加點するのを忘れたのであらうか。

（一四）於二世界の中一に、得二れど福德報一(を)、不レこと能三(は)直に至二(る)こと佛道一(に)、如レし說下(くが)般若波羅蜜の中には……

爲中(す)と具足して檀波羅蜜滿上すと。（四 19/24〜26）ド

4　ニ

ニは、活用語の連體形に附いて、順接・逆接いづれにも用ゐられ、また單に時間的な共存・繼起を示すこともある。

(一) 閻浮那金を比二するに大海中の轉輪聖王の道の中の金沙一に、則(ち)不レなりぬ現(せ)。金沙(を)比二するに金山一に、則(ち)不レなりぬ現(せ)。（四 14/13〜14）

(二) 廿一者、肩圓《マリ、カ》ニ好き相。一切治レするに肩を、无二し如レき是(の)者《もの》一は。（四 14/29〜30）

(三) 三阿僧祇(の)中に、頭目・髓腦を布施するに、心に无レし有レ(る)こと悔。（四 17/4〜5）

(四) 是(の)般若波羅蜜は无二(く)來處一、无二し去處一。一切處に求(む)るに不可得なり。如レ(く)幻(の)如レく響(の)、如二く水中の月の見るに便(ち)失一するが。（四 20/1〜3）

(五) 復(た)觀二(て)外身一を、求二(むる)に淨と常と我と樂と實一とを、亦(た)不可得なり。（五〇 2/34〜3/1）

(六) 四者、一切衆生の聽受し問難するに、隨レ(ひ)て意に如レくに法(の)答し、能(く)巧に斷二するが一切衆生の疑一を故(に)、（五 14/18〜19）

5　モノヲ

モノヲは、形式名詞モノに助詞ヲが附いたもので、逆接を表す接續助詞として用ゐる。これについては、すでに〈第五章、第一節、形式名詞〉の項で述べた。

6　バ

バは、活用する語の未然形に附いて假定の順接を、已然形に附いて確定の順接を表す。前者の場合は、前に假說の

副詞モシ（若）を持つことが多く、また、バを含む假定條件句を受ける主文の述語は、推量の助動詞を伴ふのが普通である。

未然形に附くもの

（一） 諸の相師の言（はく）、「地天の太子は實に有二す卅二の大人（の）相一。若（し）在家せば者、當レし作二る轉輪聖王一と。若（し）出家せば者、當レし成レ（る）佛と。」（四 13/15〜16）

（二） 若（し）有二らば卅二の相具足一せること者、是（れ）應レし有二（る）二二法一。（四 13/13）

（三） 若（し）有レらば初、則（ち）无二（くある）べし因緣一。若（し）有二らば因緣一、則（ち）无レ（くある）べし初［を］。（六 13/12）

（四） 若（し）以レ（て）佛（を）爲レ（し）大（と）、衆生を爲《せ》レば小と、則（ち）破二（り）てむ等一法の相一を。（五六 12/7〜8）

（五） 人壽百歳なるとき、是れ佛の出世の時なり・トイハ、、若（し）諸佛は常（に）憐二愍（し）たまふ衆生一を。何（を）以（て）ぞ正（し）く八種の時の中（に）のみ出レ（て）て世（に）、餘の時に（は）不《ぬ》レ出（てたま）は。（四 20/7〜8）

（六） 若（し）佛口より放二（ち）たまはば光明一を、衆生怖畏しなむ。（七 13/25）

（七） 汝等衆人、捉へ已（り）なば、以レて刀を自殺（す）べし。（四 17/7）

已然形に附くもの

（八） 无智の人（は）得レれば樂を、淫心に愛着す。（六 8/5）

（九） 如二（く）變化心滅（す）れば則化も滅一（する）が、諸法も亦（た）如レ（し）是（の）。（六六 9/15）

（一〇） （佛）又復（た）患レ（ひ）たまひしかバ熱を、阿難在レ（り）て後（に）扇レけり佛を。（九 3/8〜9）

四　副助詞

本點に用ゐられた副助詞で、確認できたものは、スラ・ダニ・ノミ・マデニの四語で、サへは求められない。

1　スラ

スラが用ゐられるのは、次のやうな場合で、例が多い。

甲　後文が「況・何況」で始まる場合、前文の「尙」の前に補讀するもの。

乙　同じ場合に、前文に「尙」が無くて補讀するもの。

丙　その他。

(一)　不レ應三(くあら)一思をもて種二(う)一相一をは。餘の事スラ尙(し)不レ得三一思をもて種二(うる)こと一事一を。何(に)況(や)百福の相は。(四　19/3〜4)甲

(二)　是れ諸佛の一切智、第一に尊重なること、如二(き)スラ須彌山王一の、尙(し)不レ能レ(は)轉二すること是の諸業一を。何(に)況(や)於二ては凡人一に。(五　16/3〜5)甲

(三)　一切の佛の法は一相无相なり。无量无數なり。不レ可二(くあら)思議一(す)。諸餘(の)三昧すら尙(し)不レ可レ(くあら)量(る)。不レ可レ(くあら)數(ふ)。不レ可二(くあら)思議一(す)。何(に)況(や)三昧王三昧は。(七　10/10〜11)甲

(四)　一(りの)聲聞・辟支佛すら尙(し)不レ作二(さ)是の念一を。何(に)況(や)一切の聲聞・辟支佛は・といふ。(三七　16/11〜12)甲

(五)　是(の)菩薩聖人すら尙(し)不レ及(は)。何(に)況(や)當(に)是の凡夫は・といふ。(四〇　18/25〜26)甲

(六)　畜生の中にすら猶尙し如レ(し)是(の)。何(に)況(や)作二(り)て人身一と、離レ(れて)欲(を)入レ(るひとの)禪に而不レ(あら)むは・といふ得二滅盡定一を。(四〇　18/28〜29)甲

(七) 諸天(の)壽出二(づる)すら千萬歳一に、有二(る)をもて先世(の)因緣一、雖二(も)多レ(く)樂、深愛厚一(しと)、能(く)得道す。何(に)況(や)人中(は)不二大樂一に(あら)。卌六種の不淨ありて、易レし可二(き)こと敎化一(す)。(四 20/14〜16) 乙

(八) 佛及法身の菩薩は、一切(の)閻浮提の中(の)微塵の生滅多少をすら、皆能(く)數(へ)知(り)たまへり。何(に)況(や)恆河の砂は。(七 16/12〜14) 乙

(九) 般若波羅蜜は无量なり、无邊なり、如二し大海(の)水一の。諸天・聖人・阿羅漢・辟支佛、乃至初行の菩薩スラ、尙(し)不レ能レ(は)知二(る)こと其(の)邊崖一を。十地に住(せる)菩薩い乃(し)能(く)知る。(四 19/29〜30) 丙

2 ダニ・ダニモ

ダニ・ダニモが用ゐられるのは、次のやうな場合である。

甲 後文が「何況」で始まる場合、前文の「尙・猶」の前後に補讀するもの。

乙 同じ場合に、前文に「尙・猶」はなくて補讀するもの。

丙 その他。

(一) 是(の)菩薩は知二(るが)諸法の實相一を故(に)、尙(し)不レ見レ持レ(た)ムと戒をたに。何(に)況(や)破レ戒をは。(五一 15/5〜6) 甲

(二) 云何(ぞ)菩薩(の)淨法施・所有法施において、乃至不レ求二(め)阿耨多羅三貌三菩提一をたにも。何(に)況(や)餘事(をは)。(五一 9/8〜10) 乙

(三) 惡師云何(ぞ)得二む供養し信受一すること。善き師をたに不レ能二(は)視レ(る)こと之(を)如レ(く)することは佛の。何(に)況(や)於二ては惡(し)き師一に。(五一 13/7〜8) 乙

(四) 譬（へば）如下（し）慳貪の人は无二（くし）ては因緣一、乃至一の錢をたに不レ施（せ）、貪惜し積聚（し）て、但（た）望中（む）が增長上せむと。

（五一　5/3〜4）丙

3　ノミ

ノミは、

A　文中に用ゐられるもの

B　文末に用ゐられて、文を終止するもの

があり、表記上から見ると、

a　本文の文中の「唯・但・獨」を受けて、その後に補讀するもの

b　本文の文末の「而已・耳」をノミと讀むもの

c　右の文字はないが、文意によって補讀するもの

に分けられる。「唯・但」はタを送った例があって、タダと讀んだことが分かる。「獨」はリを送った例があって、ヒトリとよんだことが分かる。

(一) 是（の）自在の法は、唯た佛にのみ獨り有り。（五　11/10）A a

(二) 唯（た）中國の迦毘羅婆淨飯王の后のみ能く懷二（き）たまふ菩薩一（を）。（四　12/23）A a

(三) 是（の）神（は）但（た）有二十六の名字一のみや。更（に）有二（る）餘の名一や。（三七　10/14〜15）A a

(四) 佛（は）何（を）以（ての）故（にぞ）但（た）說下（きたま）ふ无二き分別憶想一出世間の施上をのみ。（五一　6/13〜14）A a

(五) 五衆は但（た）有二（る）此（の）十五種（の）惡一のみや。更（に）有二（りや）餘事一。（五六　4/27）A a

（六）何（を）以（て）ぞ獨り說二ける廿二の菩薩の名一をのみ。（七　8/4）Ａａ

（七）此（の）神は十方三世の諸佛、及諸賢聖（の）求レ（むるに）之不可得なり。但（た）憶想分別（し）て强（ひ）て爲二（さく）のみ其（の）名一を。（三七　10/12～13）Ｂａ

4　マデニ

マデニは、左中のヲコト點「＝」で示す。「乃至」の「至」をイタル–マデニと讀んだ例が多い。

（一）除二（き）て四根本禪一を、從二（り）未到地一乃至二（る）までに有頂地一に名（づけて）爲レ（す）定と。（五　8/28～29）

（二）此（の）間に一の梵天王あり。名二（づく）尸棄一と。秦（には）言レ（ふ）火（と）。從二（り）梵天一乃至首陀婆までになり。（五六　3/23～24）

（三）是（れ）菩薩の大舌を從二（り）口中一出（し）て、覆二（ひ）たまふ一切四分乃至髮の際一までに。（四　15～10）

（四）此（の）身は從レ（り）足至レ（る）までに髮に、從レ（り）髮至レ（る）までに足に、周匝（し）て薄（き）皮あり。（五〇　4/26）

（五）初は觀三するは卅六物の死–尸膖脹し、一日より至二（る）までにを五日一に、是（れ）不淨觀なり。（五〇　5/23）

（六）常に憶下念するぞ日月年歲至二（る）までにをは胎–中一に、及過去世の中の、一世、十世、百世、千萬億世上を。（五　12/2～3）

五　係助詞

1　カ・ヤ

カ・ヤは、種種な語に附いて、文中・文末にあって、疑問・反語を表す。

カ・ヤの用法を次のやうに分類する。

甲　文中に用ゐられるもの

乙　文末に用ゐられるもの

意味によって、

A　廣い意味で疑問を表すもの

B　廣い意味で反語を表すもの

他語との共用關係によって、

a　單獨で用ゐられるもの

b　疑問を表す代名詞・副詞と共に用ゐられるもの

c　推測の副詞（モシ）と共に用ゐられるもの

d　反語の副詞（アニ・イハムヤ）と共に用ゐられるもの

（1）カ

（一）婆羅門心に疑はく、「誰か證知せる者《もの》と。」（七　16/16）甲Ab

（二）云何（なる）をか觀レ（す）といふ時を。（四　12/12）甲Ab

（三）何等をか卅二相といふ。（四　13/16～17）甲Ab

（四）何（の）因縁をもてか見二る陰藏の相一を。（四　14/3）甲Ab

（五）得二（たる）が何（の）功德一を故（に）か、名（づけ）て爲レ（る）佛（と）。（四　16/17）甲Ab

（六）若(し)都て无二(く)は所住一、當(に)住二してか何處一に、得レむ・といふ成二(る)こと佛道一。（五六　13/29）甲Ａｂ

（七）此の樹林は有二(る)幾(ばく)の葉一か。（七　16/18）甲Ａｂ

（八）汝は爲《も》し屬レせる誰にか。（三七　2/19）甲Ａｂ

（九）當レし觀二(す)此(の)樂(は)爲《も》し實か、爲《も》し虛一か(と)。（五〇　6/2）乙Ａｃ

（一〇）有(る)人は觀二して此(の)身一を、身は爲《も》し何れ(の)法ぞ。諸の身分と邊とは、爲《も》し一か、爲《も》し異か。（五〇　3/16～17）乙Ａ

ｃ

（2）ヤ

（一）是(の)淫欲の煩惱は在レ(る)內にや邪、在レる外にや邪。（六　15/3～4）甲Ａａ

（二）譬(へば)如丁(く)熒火の蟲は不丙が作二(し)て是の念一を、我(が)力をもてや能(く)炤二(し)て一閻浮提一を、皆令乙(めむ)とはオモハ大に明甲に(あら)、（三七　16/26～27）甲Ａａ

（三）若(し)不レときには作レ(さ)願を、不レ得レ福を邪《や》。（七　2/5～6）乙Ａａ

（四）汝觀二(す)べし我が子一を、實に有二(り)や三十二の大人の相一不や。（四　13/12）乙Ａａ

（五）是(が)中に有二(り)說者一、有二(り)聽者一、有《あ》二りや知者一不(や)と。（五六　14/13）乙Ａａ

（六）此(の)人は於二(て)此(の)五欲一に、頗《も》し有二(り)や實に受一(くる)こと不(や)。（三七　4/29～30）乙Ａｃ

（七）先に言下(ひ)つ智慧をは爲二の一切衆生一の故上(なり)と。今(は)言丁ふ頗し有二(り)や是の念一、「我等當(に)得二て阿耨多羅三藐三菩提一(を)、令丙(めむ)と一切衆生をして得乙无餘涅槃甲を。」（三七　16/8～10）乙Ａｃ

（八）汝頗《も》二し見《み》、頗三(し)聞(く)や幻所作(の)伎樂一をは不(や)。（六　1/34）乙Ａｃ

(九)　上二昇して虚空一に、見二たてまつるい十方の佛一を、此(れ)非二(ず)大の相一に邪《や》。(四　17/17〜18)　乙Ba

(一〇)　於《これ》が中に作《な》レ(すすら)義を、尚(し)處處に有レ(り)失。何(に)況(や)欲レはむや作二(さ)むと菩薩の論議一を。(四　16/34〜17/1)　乙Bd

(一一)　此(の)衆生は衆の罪報(の)故に、墮二(ち)て悪道の中一に、无量劫に尚(し)不レ聞二(か)佛(の)名一ダニ。何(に)況(や)見レむや佛を。(四　21/23〜24)　乙Bd

(一二)　而(も)言三(へ)るい尓(の)時に未二と是(れ)菩薩一に(あら)、豈(に)非二(ず)や大失一に。(四　17/13〜14)　乙Bd

(一三)　譬(へば)如二(し)田家(の)得レ(る)こと槃(を)、豈(に)復(た)待レ(たむ)や・といふが願を。(七　1/19)　乙Bd

2　ゾ

ゾは、種種な語に附いて、文中・文末に用ゐられ、文中にあっては指示強調を、文末にあっては指定を表す。用ゐられる位置と、他語との共用關係を基準として、その用法を次のやうに分類する。

A　文中に用ゐられるもの

a　單獨で用ゐられるもの

b　疑問の代名詞・副詞に附くもの

c　他語を挾んで疑問の代名詞・副詞と呼應するもの

B　文末に用ゐられるもの

a　單獨で用ゐられるもの

b　疑問の代名詞・副詞に附くもの

c　他語を挾んで疑問の代名詞・副詞と呼應するもの

（一）云何ぞ名三（づくる）菩薩正慧をもて入二すと母胎一に。（四　12/30）Ａｂ

（二）汝何（を）以（て）ぞ重二（み）せる此の相一を。（四　17/24～25）Ａｂ

（三）何（を）以（ての）故（に）ぞ未レを得二佛道一を名（づけ）て爲二し菩薩一と、得二るを佛道一を不《ぬ》名二（づけ）菩薩一と。（四　16/23～24）Ａ

c

（四）歌羅羅といふは、受胎七日、赤白精和合する時ぞ。（四　12/34）Ｂａ

（五）言‐必信受と者は、天と人と龍と阿修羅等と、及一切の大人と、皆信二受するぞ其（の）語一をは。（五　12/10～11）Ｂａ

（六）十八者、兩‐脇の下《（し）た》、平に滿てる相。不レ高（く）も（あら）不《ぬ》レぞ深（く）も（あら）。（四　14/27～28）Ｂａ

（七）一切世界の衆生の中に、若（し）來（り）て侵害すれども、心は不二恚恨一せ。若（し）種種に恭敬すれども、亦（た）不《ぬ》二ぞ喜ひ悅一ひ。

（六　12/4～5）Ｂａ

（八）如下（く）ぞ人の爲二に父母親屬一（の）不レ惜レ（しま）身（を）、或（は）爲レ（に）主（の）不上レが惜レ（しま）身を。（四　19/17）Ｂａ

（九）是（の）三種の菩薩におきては、初の者は如下きぞ世間の人の受二（け）て五欲一を後に、捨離し出家（し）て、得中（る）が菩提道上を。

（三七　4/21）Ｂａ

（一〇）若（し）佛口より放二（ち）たまはば光明一を、衆生怖畏しなむ、「是（れ）何（の）大光ぞ・といふ。」（七　13/25）Ｂｃ

Ａａ・Ｂｂの例は見當たらない。

3　コソ

コソの例がある。

(一)　答曰、不レ尒《しか》(に)は(あら)。爲《い》二へ一大千世界の中にコソ、佛(は)無量歳に時ありて時(に)出一(て)たまふとは、不《ず》レ言二(は)一切の十方世界の中に難一(し)と。(四　21/20〜21)コソのコの字、不正確。

六　間投助詞

本點に用ゐられた間投助詞は、シのみである。シの用法を次のやうに分類する。

A　特殊な副詞を受けないもの

B　特殊な副詞を受けるもの

a　「尙・猶尙」に附いて、ナホシと讀むもの

b　「必」を受けて後の語にシモを添へるもの

c　「必」に附いて、カナラズ―シモと讀むもの

(一)　生死の輪いし載レ(せ)て人を、諸の煩惱と結使といい、大力自在に轉す。(五　16/6)A　イシ

(二)　可下きが不レして須二(ゐ)言辨一を而識上る故(に)、言三尙し可二(しと)いふ了知一(す)。(五六　15/26)Ba　ナホシ

(三)　畜生の中にすら猶尙し如レ(し)是(の)。何(に)況(や)作二(り)て人身一と離レ(れて)欲(を)入レ(るひとの)禪に而不レ(あらむは)得二滅盡定一を。(四〇　18/28〜29)Ba　ナホシ

(四)　問曰、諸(の)鈍根者は、可二(し)以《これ》を(も)て爲《す》レ喩と。舍利弗は智慧利根なり。何(を)以(て)か爲レる喩(と)。答曰、不下必(ず)以二てしも鈍根一を爲《せ》中譬喩上とは。譬喩は爲下(の)莊二嚴して論議一を令中(めむ)が人をして信著上せ故なり。(三七　11/10)Bb　シモ

（五）佛の言（はく）、「不二必（ず）-定一てしも（あら）、有（る）いは受レけ（て）苦を得《え》レ罪を、受レ（けて）苦を得レ樂《(う)》を。（三七　14/32）Ｂｂ

シモ

（六）諸（の）床（に）可レ（し）坐（したまふ）。何（ぞ）必（ず）しも蓮華（ならむ）。（八　4/3）Ｂｃ　カナラズ-シモ、「蓮華」に二字の假名が送られてゐるが、讀めない。大東出版社の『國譯一切經』には「何ぞ必ずしも蓮華なるや。」と讀む。

（一）は、格助詞のイと重ねて用ゐた例である。シモが「必」と共用される場合は、「必」は單にカナラズと讀み、シモは後の語に添へるのが古用であり、第一種點はその通り讀んでゐる。本點も（四）（五）は、古用に從ってゐるが、（六）は新しい讀み方をしてゐる。加點年代明白な古點本における、カナラズ-シモの初出例である。

七　準體助詞

體言に、格助詞ノ・ガが附いて、他の體言の修飾語となる場合、後の體言が省略されると、ノ・ガがモノの意味を表し、いはゆる準體助詞となる。ただし、訓讀文に見えるものは、ノだけでガの例はない。本點にも僅かながら、ノの例が見える。

（一）譬（へば）如下し少力の人跳二（ふ）とも小渠一を、尚（し）不レ能レ（は）過（くる）こと。何（に）況（や）大河のは…知中沒失上。（四　17/1～2）

ノハ

（二）奪二（ひ）て慧命一を壞二る道法・功徳・善本一を。是（の）故（に）名（づけ）て爲レ（す）魔（と）。諸（の）外道のい言（はく）、「是を名二（づく）欲主一と。亦は名二（づ）け華箭一と、亦（は）名二（づけ）たり五箭一（と）。……」（五　15/18～19）ノイ

（三）是（の）九十一劫の中に、三の劫には有レしき佛。賢劫の之前の九十一劫の初（め）のに有す佛をは名二（づけき）鞞婆尸一（と）。（九

11/13）ノニ

（四）有二（るが）二の因縁一故（に）、菩薩の智慧い勝二（れ）たり聲聞・僻支佛一のに。（三七　10/8）ノニ

上記諸例中、（一）は、「小渠」に對して、「大河」と言ってゐるから、「大河をば」と言ふべきであって、「大河のは」と言ふのは、誤りである。（二）は、「外道」の下に朱で圓をし、右下に朱筆で「人輩」を補記してゐる。『大正新脩大藏經』も同樣である。「外道のい」は「外道の輩が」の意味であらう。（三）の「初（め）のに」は「初の劫に」、（四）は「僻支佛の智慧に」の意味であらう。

八　複合助詞

1　トシテ・ニシテ・ヲシテ

トシテ・ニシテ・ヲシテは、格助詞ト・ニ・ヲに、シテの結合した複合語である。シテは、本來動詞ス（爲）の連用形に接續助詞テの複合したもので、動詞としての用法を殘してゐる場合もあれば、助動詞や助詞に近い用法を示すこともある。從って、トシテ・ニシテ・ヲシテも、他の格助詞とは異なって、動詞や助動詞の要素を含み、その意義は微妙である。すなはち、トシテは――トアリテ、ニシテは――ニアリテ、ヲシテは――ヲ教ヘテ、――ニ命ジテ、――ニ勸メテといふのに近い。

（一）廿五者、師子の頬ある相。如二し師子の獸の中に、王として平廣の頬一あるが。（四　15/3）トシテ

（二）佛は爲二して法王一と觀（たま）ふ。（三七　7/30）トシテ

（三）佛（は）世界の中に尊として得二たまひたり自在一を。（七　12/12〜13）トシテ

（四）是（の）菩薩は不レ見下法として可レき作二す大慢一を者上（を）。（五一　10/13）トシテ

（五）兜率天は於二六天と及梵との之中一にして、上にも三つ、下に（も）三つなり。（四　12/6）ニシテ

（六）在家にしては有二り種種の罪の因緣一。我若（し）在レらば家に、自（ら）不じレ能レ（は）得レ（る）こと行二すること清淨の行一を。（五一　7/4～5）ニシテ

（七）欲レふに比下せむと菩薩の行二する般若波羅蜜一を智慧上に、百分にして不レ及レ（は）一にも、千分百千分にして、乃至算數譬喩も所レなり不レ能レ（は）及（ふ）こと。（三七　10/25～26）ニシテ

（八）我等當丁し作二（り）て方便一を、令丙む是の菩薩をして離二（れ）て淫欲一を、從レ（り）初發レし意を、常（に）作乙（ら）僮眞甲と。（三七　3/17～18）ヲシテ

（九）如二きは釋迦文菩薩一の、在二（り）て淨飯王の宮一に、欲二（す）ときに出レ（て）て城を遊覽一せむと、淨居の諸天、化（し）て爲《な》二りて老病死の人一と、令二む其（の）心をして厭一（は）。（三七　3/29～30）ヲシテ

（一〇）佛（は）欲下す說二（き）て摩訶般若波羅蜜一を、无鞅數の衆生をして當（に）續中（が）しめむと佛種上を。（七　12/17～18）ヲシテ

トシテ・ニシテ・ヲシテについては、なほ〈第五章、第三節、一　スの特殊な用法　6　シテ〉の項を、ヲシテについては、更に〈第四章、16　使・令・教〉の項を參照されたい。

2　ニオキテ

ニオキテは、格助詞ニと、動詞オクの連用形と、接續助詞テとの結合した複合語で、本文の「於」を讀む他、文意によって補讀する。本文の「於」を讀む場合は、「於」にテを、後の語にニを送る。補讀する場合は、その語にニオキテの點を打つ。ニオキテの表す意味は、――ノナカデ、――ニ就イテ、――ニ對シテ、――ニトッテ、――ニヨッ

テ等に近く、また、單に——ハ、——ヲと言ふのに當たる場合もあって、用途は廣い。體言または活用する語の連體形に附く。

(一)　惡師云何(ぞ)得二む供養し信受一すること。善き師をだに不レ能二(は)視レ(る)こと之(を)如一レ(く)すること佛の。何(に)況(や)於二ては惡師一に。(五一　13/7～8)　ニオキテ

(二)　天眼通と者は、於レて眼に得二たる色界の四大造の淸淨色一を、是を名二(づく)天眼一(と)。(五　11/12～13)　ニオキテ

(三)　菩薩も亦(た)如レ(し)是(の)。於レて師に得二(るときには)智慧の光明一を、不レ計二かるべから其(の)惡一をは。(五一　13/15)　ニオキテ

(四)　是の三種の菩薩においては、初の者は如下きぞ世間の人の受二(け)て五欲一を後に、捨離し出家(し)て、得中(る)が菩提道上を。(三七　4/21～22)　ニオキテ補

(五)　觀三し諸法は畢竟空なり、從レ(り)本已來(た)、皆如二しと无餘涅槃の相一の、觀二(す)一切衆生においては視レ(る)こと之を如一レしと佛(の)。何(に)況(や)法師(は)。(五一　13/25～26)　ニオキテ補

3　ヲモテ

ヲモテは、格助詞ヲとモテ（名詞に附いて、ある行爲に用ゐる道具・材料を示すことが多く、まれに原因・理由を表す種の格助詞）との複合語で、本文の「以・用」を讀む他、文意によって補讀することが多い。名詞、または活用語の連體形に附いて、道具・材料や原因・理由を表す他、格助詞ヲと同じ意味に用ゐられることもある。動詞に續けて——ヲモテ-スと言ひ、指定の助動詞ナリに續けて、——ヲモテ-ナリと言ひ、代名詞ココ・コレに附いて、ココ-ヲモテ・コレ-ヲモテと言ふ複合語の接續詞を構成する。また、原因・理由を表す形式名詞ユヱニに續けて——ヲモテノ-ユヱ

ニと言ふこともある。

(一) 得二ッ(る)此(の)大乘一を人は、慈二悲する一切一を故(に)、頭・目をもて以布施し、捨すること之如二(く)す草木一の。(四 3/13) ヲモテ

(二) 不下必(ず)以二てしも鈍根一を爲《(せ)》中譬喩上とは。(三七 11/9～10) ヲモテ・シモ 手段

(三) 如下く聲聞法の中には、常(に)以二て十六にして不レを及レ(は)一にも爲《(す)》上レ(るが)喩と、大乘法の中には則(ち)以二てす乃至算數比喩の所レを不レ能レ(は)及(ふ)こと。(三七 12/4～5)(手段) ヲモテ・ヲモテ-ス

(四) 譬(へば)如下(し)人雖レ(も)有レ(り)と目、日不《ぬ》レ出(て)時(は)、不レ能レ(は)有二(る)こと所見一。要《(かなら)》(す)須《以也》二(て)日の明一を、得《う》レ有二(る)こと所見一。不《ぬ》上レが得レ言二(ふ)こと我は有レ(り)眼、何用レ(ゐ)ること日を爲《せ》一むとは。(四 22/6～8)「須」の右に「以也」の注あり。ヲモテ

(五) 譬(へば)如二く苦き藥(は)服するときには之、甚(だ)難し。假レるに之に以レてして蜜を服レするときに之を則(ち)易一(き)が。(三七 11/14) ヲモテ-ス (手段)

(六) 譬(へば)如下く人有二(る)ときに重罪一、先っ以二(て)し打縛楚毒一を、然(して)後に、乃(し)殺上(す)が、如下く聲聞法の中には、常(に)以二て十六にして不レといふを及レ(は)一にも爲《す》上レるが喩と、大乘法の中には、則(ち)以二てす乃至算數比喩の所レを不《(ぬ)》レ能レ(は)及(ふ)こと。(三七 12/3～5) ヲモテ・ヲモテ-ス

(七) 刀をもて截(る)ときには雖レ(も)苦(しと)、不レ墮二(せ)惡趣一には。(三七 4/3) ヲモテ 道具

(八) 是(の)卅二相業をは、爲(し)是(の)意識をもてや種《(う)》(う)る、是(の)五識をもてや種(うる)。(四 6/13～14) ヲモテ、方法

(九) 云何ぞ名二(づくる)正慧をもて入一すと母胎一に。(四 12/30) ヲモテ

(一〇)　若(し)无㆓(き)とき菩薩㆒、有㆓るをもて種種の經の中に說㆒(け)ること、人得㆓て此(の)法㆒を、行㆓(せむ)福德の因緣㆒を。(四 22/3～4)ヲモテ、理由

(一一)　云何(ぞ)菩薩の遠㆓離する十不善道㆒(を)。是(の)十不善道ぃ能(く)障㆓(ふる)をもて八聖道㆒を。(五一 10/10～11)ヲモテ、理由

(一二)　當に先っ莊㆓嚴し房室㆒を、除㆓却し汚穢㆒を、塗治するに香[をもて]薰をもてし、安㆓施し……幡蓋と・華香㆒とを、必(ず)令㆓(め)よ嚴餝㆒せ。(四 16/6～7)ヲモテ－ス、手段

(一三)　諸佛は常に在㆓(り)て中國㆒に生(まれ)たまふ。多㆓(く)金銀・寶物㆒、飮食豐美にして、其(の)土淸淨(なる)をもてなり。(四 12/18)ヲモテ－ナリ、理由

(一四)　諸(の)鈍根者は、可㆓(し)以《これ》を(も)て爲(す)㆑喩と。(三七 11/8)コレヲ－モテ

(一五)　是(の)諸天(の)華、乃至天の樹・葉・香、以《これ》をもて散㆓す佛(の)上㆒に。(九 7/10)コレ－ヲモテ

(一六)　以㆓(て)の佛力㆒を故に、令㆓(め)たまふ其に得㆑衣を。(八 12/21)ヲモテノ－ユヱニ

(一七)　以㆓(て)の佛の神力㆒を故に、令㆓(め)たまふ病者を得㆑癒(ゆる)こと。(八 13/23～24)ヲモテノ－ユヱニ

上記所例中、(一三)は、「諸佛は常に在㆓(り)て中國㆒に生(まれ)たまふ。」の理由を、後から說明したものであり、(一四)は、「諸(の)鈍根者は」を受けてコレと言ひ、(一五)は、「是(の)諸天(の)華、乃至天の樹・葉・香」を受けて、コレと言ってゐる。一種の提示語法である。

第九節　助　動　詞

第二種點に用ゐられた助動詞で、確認できたものは、次の九種、一九語である。

使役	シム	1
受身	ル・ラル	2
否定	ズ・ジ・マジ	3
推量	ム・べシ	2
過去	キ・ケリ	2
完了	ツ・ヌ・タリ・リ	4
指定	ナリ・タリ	2
傳聞推定		0
比況	ゴトシ	1
補助動詞	タマフ（四段）・タテマツル	2

一　使役を表すもの

使役のシムは、本文の「使・令・教」を讀む他、文意によって補讀する。使役の對象には、格助詞ヲ・ヲシテ・ヲモテ等を添へる。

「使・令」は、それ自身をシムと讀み、または、讀まずして後の語にシムを讀み添へる。

(一) 隨二(ひ)て藍−風來り吹一(く)に、破二して土山一を令二(む)れども散して爲レ(ら)塵と、乃至一塵も不レず着二せ佛身一に。(四 14/24~25)

(二) 令三(むる)が他をして起二(さ)後世(の)罪福の業一を故(に)、名二(づく)使起者一と。(三七 10/5) ヲシテ

(三) 譬(へば)如丁くあり十方一切世界(と)、乃至虚空(の)邊際と合して爲二として一水一[と]令下(め)む无數无量の衆生をして共に持二(たしめて)一髮一を、取二(り)て一渧一を而去上(ら)。更(に)有二(りて)无鞅數の衆生一、如レく前の共に持二(ち)て一髮一(を)、取二(り)て一渧一を而去(ら)しむ。如レ(く)是(の)令丙(めむ)が彼(の)大水をして悉(く)盡(して)无乙(くあら)餘−殘甲、衆生は故《なほ》し不レ盡《じ》(き)。(五 2/19~3/2) ヲシテ

(四) 令三他をして受二(け)しむる苦樂一を、是をは名二(づく)使受者一(と)。(三七 10/5~6) ヲシテ

(五) 衆生等(は)无レ(く)邊无レ(し)量。不レ可レ(くあら)數(ふ)、不レ可二(くあら)思議一(す)。盡(くし)て能(く)救濟して、令下離二(れ)苦惱一を、著中けしめむ・といふ於无爲安隱の樂の中上(に)。(五 1/2~3)

(六) 佛には有二(す)兩種の斷一。惡不善法の已に來(れ)るを者は除却す。未《ぬ》レを來(ら)者は防(き)て使《し》レむ不レ(あら)生せ。(五〇 7/11~13) ヲハ

(七) 五道に受生するは皆心が所爲なり。誰か使レむる尓《しか》せ者《もの》。(六 11/15)

「教」は、それ自身をヲシヘテと讀み、後の語にシムを讀み添へることが多いが、稀に「教」自體をシムと讀むことがある。

（八） 若(し)不レをは入二(ら)三乘の道一に、敎(へ)て修二せしめ福德一を、受二(け)しめ天上・人中(の)富樂一(を)、若(し)不レときは能レ(は)修レすること福を……。（三七 15/20～21）

（九） 以レ(ての)是(を)故(に)、佛敎《し》下む弟子をして結二跏(し)て趺一を、直レ(く)して身(を)坐上(せ)。（七 9/18～19）

「敎・令」の二字を直接に、または他語を隔てて使用し、「敎」をヲシヘテ、「令」をシムと讀む。

（一〇） 先(つ)敎(へ)て令レ(め)てき吐せ。若(し)不《す》レるときには肯《かへ》レに吐(き)、左の手をもて捉レり耳を、右の手をもて擿レす口を。（三七 14/26～27）

（一一） 佛(は)欲下す說二(き)て摩訶般若波羅蜜一を、无鞅數の衆生をして當(に)嗣中續(が)しめむと佛種上を。（七 12/17～18） ヲシテ

（一二） 作二リ佛事一を度二(して)无量阿僧祇(の)衆生一を、入二(れ)しめむにも涅槃一(に)、不レ應レ(くあら)住(す)。（五六 10/18） ヲ

（一三） 有二(り)て長壽(の)人一、百歲を過(き)て一(た)ひ來(る)。取二らむ一(の)芥子一を。芥子をは盡(さ)しむとも、劫(は)故(し)不レ盡(き)。（五 17/17～18） ヲハ

（一四） 天帝(に)九百九十九の門あり。門皆以二て十六淸衣夜叉一を守(ら)しむ之。（五六 15/23～24） ヲモテ

二 受身を表すもの

受身のル・ラルは、本文の「所」を讀む他、文意によって補讀する。

（一） 是(の)人は癡惑にして聖に所レる咲は。（六 2/27）

（二） 若(し)不《ぬ》レに請(せ)而說(きたま)ハハ、外道に所レれなむ譏《ソシ》ラ。（七 5/17）

（三） 凡夫の无智も亦(た)如レし是(の)。種種の煩惱に覆レはれたり心を。（六 3/8）

（四）　或(る)時は、行者見《(み)》㆔骨人の在㆑(り)て地に、雨水に澆浸せ(ら)れ、日に曝(さ)れ風に吹(か)れて、但(し)有㆓(る)を白骨㆒のみ、（五〇　5/20〜21）

（五）　於㆓燃燈佛の所㆒にして、受記(せ)られて、爲㆑(る)べし・と佛と。（四　17/10〜11）

（六）　四種の菩薩四種に受記せられたり。有(る)いは未㆑(して)發㆑(さ)心を而授記せられたり。有(る)いは適《(たまたま)》發㆑し(て)心を而授記(せられたり)。（四　18/9〜10）

「爲……所」は、「……ノタメニ……ル・ラル」と讀む。

（七）　爲㆑に佛の所㆑れて記(せ)、當に得《う》㆑作㆑ること佛と。（四　17/18）

（八）　所以(は)者何(に)、若(し)濡㆑にして心を漸進(する)ときは、則(ち)爲㆓(に)煩惱㆒の所㆑れ覆(は)、魔人に所㆑る壞(ら)。（五一 14/1〜2）「濡」の右に「ヨワク」の訓あり。

（九）　此(の)人は大瞋あり。爲㆓に惡業㆒の所㆑たり覆(は)。（六　15/17〜18）

（一〇）　若如㆘(く)春天の日の欲《す》㆑るに出(てむ)と、時に爲㆓(に)陰雲㆒の所㆗(れ)たるが覆曀㆖(せ)、（六　3/11）

「爲……所」を、「……スル・トコロ・タリ」と讀むことがある。

（一一）　雖㆑(も)得㆓たりと初果第二道㆒を、猶(し)爲《た》㆓り欲染の之所㆑[と]弊する。（六　3/10）

三　否定を表すもの

否定のズ・ジ・マジは、本文の「不・未・非」等を讀む。ザリの例はなく、すべてズアリと言ふ。

1　ズ

(一) 菩薩は在ニマして乾土山の中一に經行すれども、土不《ず》レ著レ(か)足に。隨ニ(ひて)藍-風來り吹一(く)に、破ニして土山一を令ニ(む)れども散して爲レ(ら)塵と、乃至一塵も不《ず》レ著ニせ佛身一に。(四 14/23〜25) ズ

(二) 何(を)以(ての)故(に)ぞ未《ぬ》レを得ニ佛道一(を)、名(づけて)爲ニし菩薩一と、得ニるを佛道一を不《ぬ》レ名ニ(づけ)菩薩一と。(四 16/23〜24) ヌ

(三) 三阿僧祇(の)中に、頭目・髓腦を布施するに、心无レし有レ(る)こと悔。是(の)阿羅漢・辟支佛の所レなり不《ぬ》レ能レ(は)及(ふ)こと。(四 17/5) ヌ

(四) 以レ(ての)是(を)故(に)、知ニる爲レに鴿の不《ぬ》レは惜レ(しま)身(を)、是(れ)中の布施一なり・と。(四 19/18) ヌハ

(五) 婆羅門心開(け)意に解りて、五體を投レ(け)地に、悔レ(い)[に]過を、向レ(ひ)たてまつりて佛に、「我れ心に无狀《アチキ(な)》く愚にして不《ず》レありけり・とまうす信レ(し)たてまつら佛を。」(八 3/6〜8) ズアリ

(六) 諸(の)聲聞・辟支佛の智慧を欲レむとならば比ニすること(せ)菩薩摩訶薩の智慧一に、百分にして不レ及レ(は)一にも、千分百千分して、乃-至算數譬喩も所レなり不《ず》レ(ある)能レ(は)及(ふ)こと。(三七 16/2〜3) ズアル

(七) 若(し)鐵を在ニ(く)ときに金の邊一に、則(ち)不レなりぬ現(せ)。今現に在る金を比ニするに佛の在(さ)む時の金一に、則(ち)不レなりぬ現(せ)。(四 14/11) ズナリヌ

2 ジ

ジは、「不」を讀み、終止形の例しかない。

(一) 佛は以ニ(て)卅二相一(を)莊ニ嚴(し)たてまつるイハ身一を者、端正にして不《ぬ》レ亂せ故(に)。若(し)少(きとき)は者、身不《じ》ニ端正一(な)ラ。(四 15/29〜30)

(二) 若(し)身相不《ず》レは嚴ラ、阿耨多羅三藐三菩提(は)不《じ》レ住(す)二マハ此(の)身の中一に。(四 16/3〜4) ジ

(三) 汝等衆人捉へ已(り)なば、以レて刀を自殺(す)べし。大海水の法は、不《じ》レ停二め死尸一を。(四 17/7〜8) ジ

(四) 无二(く)は老病死(の)煩惱一者、諸佛(は)則不《じ》レといふ出レ(てたまは)世(に)。(四 20/27) ジ

(五) 假─令(ひ)地─獄の火來(り)て燒二滅すとも我(が)身一を、終に亦(た)不《じ》レ悔(い)。我(も)亦(た)不《じ》下爲二(の)淫欲・戲樂一の故(に)、而以相ひ好上(む)ことをせ。(三七 2/31〜32) ジ

3　マジ

マジは、「不」を讀む。例は少なく、終止形の例しかない。マは假名で、ジは假名、またはヲコト點で示す。

(一) 有る諸佛は无二きは人として請する者《ひと》一、便(ち)入二りて涅槃一に、而不《マじ》レ説レ(く)法を。(七 4/13〜14) マジ

(二) 如レく願(の)慚愧(し)て白レ(さく)佛(に)、「思二欲するに設レ(け)むと供を、更に不《マジ》レ能レ(ふ)得(る)こと。……」(八 2/16〜17)

マジ

四　推量を表すもの

1　ム・ムトス

ムは、本文の「當・將・欲・況」等を受けて讀む他、文意によって補讀する。

(一) 汝過二(きて)一阿僧祇永劫一を、當(に)得レむ作レ(る)こと佛(と)。(四 17/12〜13) ム

(二) 然して後に我當(に)到二(ら)む・といふ汝が舍一に。(四 16/8) ム

(三) 自《み(つから)》以二(て)利根・智慧一を、於二佛法(の)中一に、作二(し)て議論一を、……於が中に作《な》レ(すら)義を、尚(し)處處に有レ(り)

失。何(に)況(や)欲レはむや作二(さ)むと菩薩の論義一を。（四　16/33～17/1）ムヤ

（四）佛の三昧をは誰(か)能(く)知二(ら)む其の相一を。（七　10/9）ム

ムは、完了の助動詞ヌ・ツに續いて、——ナム、——テムと言ふ。

（五）若(し)於二下地一に生(れ)ては、命短(き)をもて壽終(り)なむ時に、佛未レき出レ(でたまは)世に。（四　12/3～4）ナム

（六）有る外道の輩ら(の)言(はく)、「體道帶定れり。何(を)以(て)ぞ著レして法に多レく言多レきとイヒナム事。」（七　5/～2）ナム

（七）佛は以二(て)卅二相一(を)莊二嚴(し)たまへるイハ身一を者、端正にして不《ぬ》レ亂せ故(に)。若(し)少(きとき)は者、身不《じ》二端正一(な)ラ。若(し)多(きとき)は者、佛身(の)相亂(れ)なむ。（四　15/29～30）ナム

（八）若(し)人計二(せば)吾我一(を)、淫將に入二(り)てむ惡道一に。（六　15/24）テム

ムトスは、「欲」を受けて讀む他、文意によって補讀する。

（九）若(し)衆生(の)欲《す》レるときには作二(さ)むと重罪一をは、善く教(ふる)に不レ(ときには)從(は)、以二(て)苦言一を諫レふ之を。（三七　14/29～30）ムトス

（一〇）如佛は言下へり无量阿僧祇劫の中に作二して功德一を、欲上レす(と)度二さむと衆生一を。（四　18/13～14）ムトス

（一一）佛は在二して王舍城一に欲レせり說二(かむ)と般若波羅蜜一(を)。（七　8/19）ムトス

（一二）何等(を)か四(といふ)。欲定は斷行成就せむとして、修二す如意分一を。心定は斷行成就せむとして、修二す如意分一を。精進定は斷行成就せむとして、修二(す)如意分一(を)。思惟定は斷行成就せむとして、修二(す)如意分一を。（五〇　8/27～19）ムトス

（一〇）・（一一）は、佛に對して、ムト—オモホスと言ったのかも知れない。

ムの未然形マに、接尾語クを伴った——マクの形がある。引用句を導く他、タノシ（樂）に續いて、——マク‐タノシと言ふ。

(一三) 菩薩亦(た)夜の三時、晝の三時に、偏に袒二き(て)右肩一を、合レ(せて)掌(を)言(は)マく、「十方の國土の无量の諸佛[を]、我某甲請(ふ)、令下久(しく)住二して世間一に、鞅數劫に度二脫し一切一を、利中益(し)たまへ・といふ衆生上を。」（七　4/2〜5）『大正新脩大藏經』「國土」を「佛土」に作る。イハマク

(一四) 有(る)人い心に念(は)マく、「佛は用二(ゐ)る幻力・呪術力一をや。或(は)是(れ)大力の龍神か。或は是(れ)天か、……種種の光明變化(するが)故(に)。」（七　10/26〜28）オモハマク

(一五) 仙人(の)言(ひ)しく、「我は樂《タノ》レシ住二マク此が中一に。願(ふ)、佛、與二(へたまへ)我(に)佛(の)髮(と)、佛(の)抓一(とを)。起レて塔を供二養(したてまつるべし・と)塔一を。」（九　15/11〜12）マク‐タノシ

(一五)の「樂住」は、スマク‐ネガハシと讀むべきであらう。

2　ベシ

ベシは、本文の「可・當・應」等を讀み、または讀まずして、後の語にベシを補讀する他、文意によって補讀することが多い。客觀的な推量・可能・當然・命令等、廣い意味を表す。

(一) 一切の法は先(つ)有レ(り)相。然して後に、可レし知二(る)其(の)實一を。（四　17/16）可能

(二) 以レ(ての)是(を)故(に)、佛應レし出二(て)たまふ其(の)國一に。（四　20/26）推量

(三) 我等當丁し作二(り)て方便一を、令丙む是(の)菩薩をして離二(れ)て於淫欲一を、從レ(り)初め發レし意を、常(に)作乙(ら)幢眞甲と。（三七　3/17〜18）當然

（四）云何（なる）をか觀二（す）といふ生處一を。何（の）等き母人か能（く）壞二すへき那羅延力の菩薩一を、亦（た）能（く）自《み（つから）》護二（る）べき淨戒一を。（四 12/21～22）可能

（五）菩薩は先より已に了下知せり是（れ）父なり、是（れ）母なり。是（の）父母い能（く）長二養せり我が身一を。我は依二（り）て父母一に生レせり身を。得中べしと阿褥多羅三貎三菩提上を。（四 13/7～9）推量

（六）汝、觀二（る）べし我が子一を。實に有二（リ）や三十二の大人の相一不や。（四 13/12）命令

（七）汝等衆人捉へ已（り）なば、以レて刀を自殺（す）べし。（四 17/7～8）命令

なほ、〈第四章、特殊な漢字の用法、二、可・當・應〉の項を參照。

五　過去を表すもの

キ・ケリが用ゐられる。

1　キ

キの用例は多い。「セ　○　キ　シ　シカ」と活用したはずであるが、セの例はない。キは、地文と會話とを問はず、過去を語る場合に用ゐられる。初期の資料では、「昔・已・先・本」等のやうに、直接過去を表す語の後では、殊に用ゐられることが多いが、本點では、これらの語の後でも、過去形を用ゐず、現在形で濟ますことがある。

（一）今无きい先に有（り）き・といいふ。是（を）名（づけて）爲レ（す）斷と。（六 13/25）キ

（二）未來は未有なり。過去は已（に）滅しき。（五〇 6/3～4）キ

（三）佛入二（りたまひ）し王宮一に時に、耶輸陀羅、卽（ち）進二（る）に百味の歡喜丸一を、著二（き）き佛鉢の中一に。佛既に食レ（ひたまひ）き

之を。（一七　8/6～7）キ・シ

（四）第二品の末に、已に説レ（き）てき空をは。今何以（て）ぞ重（ね）て説（く）。（三七　9/18）テキ

（五）何（を）以（ての）故（に）、先に有なりしい今无なるが故（に）。（六　7/9）シ

（六）亦（た）如下（き）ぞ須扇多佛（の）弟子（の）本一行未レ（あ）りしかば熟（せ）、便（ち）捨（て）て入二（り）て涅槃一に、留二（め）て化佛を一劫一（に）、以（て）度中（したま）へるが衆生上を。（七　4/16～17）シカバ

（七）佛爲に説レ（きたまひ）しかば法を、太子得二てき无量の陀羅尼門一を。（三七　3/3～4）シカバ

連體形のシは、接尾語クを伴って、――シクと言ふことがある。

（八）喜德女見二て太子一を自（ら）造二（り）て歌偈一を而讃二しき太子一を。愛眼をもて視（る）に之、目未二曾（て）眴《まじろ》一（か）。而自（ら）發レ（し）しく言を、「世間の之事をは、我悉（く）知（れり）之。以二（て）我（が）此の身一（を）奉二給せむ・といふ太子一に。」（三七　2/16～18）

キ・シク

（九）菩薩見已（り）て、卽（ち）生レ（し）て念を言（ひ）しく、「身は雖レ（も）似レたりと人に、其（の）心可レ（し）といふ惡（む）。」（三七　3/33～34）シク

（一〇）作二（り）て辟支佛の像一を、因（り）て而作レして願を願（ひ）しく、「我恆に得二（む・と）金色（の）身相一（を）。」（四　17/27～28）シク

（一一）如《今也》昔菩薩爲二として大薩陀婆一と、度二（り）たまふ大海の水一を。惡風壞レる船を。（四　17/5～6）

（一一）の「如」に「今也」と注したのは、現在の意味ではなく、例を擧げて説明する意味であって、「昔」と矛盾するものではない。「昔」に對して、「度（り）たまふ」と、現在形で應じてゐる。本點では、キの使用が粗雜である。

未然形のセに、接續助詞バを續けた――セバの例はない。

2　ケリ

ケリは、訓讀文では、會話、または心話に限って用ゐられる傾向がある。本點の場合も同樣で、會話に用ゐられたものが一例ある。確認の意味を表す。

（一）　婆羅門、心開(け)意に解りて、五體を投レ(げ)地に、悔レ(いて)過を向レ(ひ)たてまつりて佛に、「我れ心に无レく狀《アチキ》愚(か)にして、不《ず》レありけり・とまうす信レ(し)たてまつら佛を。」佛爲(に)種種に說レ(き)たまひしかば法を、得二てき初道の果一(を)。（八　3/6〜8）ケリ

「狀」は、原文「伏」、白墨にて丸を附け、地の欄外に「狀」を記す。『大正新脩大藏經』同じ。

六　完了を表すもの

完了のツ・ヌ・タリ・リは、「已」を受けて後の語に補讀する他は、すべて文意による補讀である。

1　ツ・ヌ

ツ・ヌを比較すると、ツは他動詞に、ヌは自動詞に附くことが多い。ツに附く助動詞はキ・ベシ・ム等で、ヌに附く助動詞はベシ・ム等である。

（一）　佛は如レ(く)實(の)知丁(る)諸(の)漏盡の故(に)、无漏の心解脫せり。无漏(の)慧解脫せり。現在の法の中に、自(ら)證三知(す)〔し〕入二(る)と是の法一に。所レ(る)謂(は)我(が)生已(に)盡(き)ぬ、梵行をは已(に)作しッ。從二(り)今-世一不《じ》丙と復(た)見乙後世甲を、十(の)力(なり)也。（五〇　11/6〜9）ヌ・ツ

（二）我見二つ一の大(き)なる羆一を。（五一　11/21）ツ

（三）若(し)以レ(て)佛(を)爲(し)レ大(と)、衆生を爲《せ》レば小と、則(ち)破二(り)てむ等-法の相一を。（五六　12/7）テム

（四）若(し)人計二(せ)ば吾我一(を)、淫將に入二(り)てむ惡道一に。（六　15/24）テム

（五）萬八千(の)聲聞(の)人は不レが著二(せ)一切法一に故(に)得二てき解脫一(すること)。（六　15/27）テキ

（六）佛爲に說レ(きたまひ)しかば法を、太子得二てき无量陀羅尼門一を。（三七　3/3〜4）テキ

（七）如下きなり摩訶迦葉の娶二(り)て金色の女一を、爲レつれども妻と、心に不二(し)て愛樂一(せ)、棄捨(て)て出家上せるが。（五一　5/9〜10）ツレドモ

（八）先には說三(き)ツれども諸(の)菩薩得二たりと陀隣尼一を、不《ず》レ知二(ら)是(れ)何(の)等き陀隣尼一ぞとは。（五　10/25〜26）ツレドモ

（九）汝等衆人捉げ已(り)なば、以レて刀を自殺(す)べし。（四　17/7）ナバ

（一〇）若(し)少(き)ときには者、身不《じ》二端政一(な)ラ。若(し)多(きときに)は者、佛身(の)相亂(れ)なむ。（四　15/30）ナム

（一一）體道帶定(ま)れり。何(を)以(て)ぞ著レして法に多レく言、多レ(しと)イヒナム事。（七　5/1〜2）ナム

（一二）若(し)鐵を在二(く)ときに金の邊一に、則(ち)不(ず)レなりぬ現(せ)。今現に在る金を比二するに佛の在(さ)む時《とき》(の)金一に、卽(ち)不(ず)レなりぬ現(せ)。（四　14/11）ナリヌ

（一三）大海の水は乾(き)竭き、須彌山(の)地盡(き)ヌれども、先(の)世の因緣の業は不《ず》レ燒(け)亦(た)不(じ)レ滅(せ)。（五　16/9）ヌレドモ

七　指定を表すもの

指定を表すものに、ナリ・タリがある。

1　ナリ

ナリは、未然形ナラ、連用形ナリ、終止形ナリ、連體形ナルの例がある。

(一) 當レ（し）知（る）、諸（の）聲聞・辟支佛の智慧を、欲（せ）レむとならば比二すること菩薩摩訶薩の智慧一に、百分にして不レ及レ（は）一にも。（三七　16/2）ナラバ

(二) 如二きは釋迦文菩薩一の、五百の釘をもて釘《ウ》レッ身に。爲レ（の）求レ（めむ）が法を故（に）なりき。（五一　6/33）ナリキ

(三) 第八は人壽一百餘歳なり。（四　12/16）ナリ

(四) 助二く（といふは）八聖道一を者、所レ謂八萬四千の法衆、十二部四藏なり。所レ謂阿含と・阿毘曇と・毘尼と・雜藏となり。（五一　6/20～21）ナリ・トナリ

(五) 作二して如レき是（の）觀察一を、以二てなり不淨三昧易レ（きを）得。（五〇　4/4～5）モテナリ

(六) 人壽百歳なるときに、佛出（て）たまふ時到（る）。（四　12/16）ナル

2　タリ

タリは、名詞に附く。連用形ト、終止形タリ、連體形タルの例があり、連用形のトは、——ト—アリ、——ト—シテの形で用ゐられる。終止形の例は少ない。

(一) 立二（て）て德主太子一を爲《と》レして王、出家（し）て求レむ道を。（三七　3/11）トシテ

(二) 如二きは釋迦文佛一の、本（と）爲（あ）二（り）し菩薩一と時に、名を曰二（ひ）き樂法一と。（五一　6/24～25）トアリ

（三）菩薩は爲二（の）一切衆生一（の）故（に）、爲《た》二り父母一、爲（た）二（り）主者一。（四 19/19）タリ

（四）西方は名二（づく）毘流波叉一（と）。秦（には）言二（ふ）雜語一（と）。主二たり諸龍王、及、富多那一に。北方は名二（づく）鞞沙門一（と）。秦（には）言二（ふ）多聞一（と）。主二たり夜叉、及羅刹一に。（五六 3/16〜17）タリ

（五）若（し）不レときは能レ（は）修レすること福を、以二（て）す今世の利益（の）之事たる、衣食・臥具等一を。（三七 15/21〜22）タル

（六）聞三き種種に讃二（するを）佛の功德たる十力・四無所畏・大德・大悲・一切智慧一を、（五一 7/15）タル

八　比況を表すもの

ゴトシは、「如・猶・若」を讀む他、文意によって補讀し、いろいろな語に、直接または助詞ノ・ガを介して附く。

Ａ　體言＋格助詞ノに附くもの

Ｂ　活用語の連體形＋格助詞ガに附くもの

Ｃ　副詞カク＋格助詞ノに附くもの

ゴトシは、連用形ゴトク、終止形ゴトシ、連體形ゴトキの例がある。推量の助動詞ムに續く場合には、ゴトケムと言ふ。

（一）深（く）念二（は）く薩婆若一を、「我當（に）云何（に）か於二て此（の）六情の獄一に、得レ（る）こと出（づる）こと如二けむ・といふ諸（の）佛・聖人一の。」（五一 5/29）Ａ　ゴトケム

（二）是（の）利養の法は、如レく賊の如レし雹（の）。（五 12/24）Ａ　「如雹」は本文缺。白補。ゴトシ・ゴトク

（三）諸法は常空なること、如二し虛空の相一の。何（に）況（や）字は。（五〇 16/8）Ａ　ゴトシ

(四) 知下る五欲は如二し釣の賊レるが魚を。如二し檻《ワナ》の害レするが鹿を。如中(し)と燈の焚上レくが蛾を。(三七 5/27) B ゴトシ

(五) 若(し)柳宿・尾宿・箕宿・辟宿・奎宿・危宿、是の六種の宿中するときは、爾の時に、地動すること若レし崩(る)るが。

(八 7/5~6) ゴトシ

(六) 如下きなり摩訶迦葉の娶二(り)て金色の女一を爲レつれども妻と、心に不二(し)て愛樂一(せ)、棄捨(し)て出家上せるが。又如乙きなり耶舍長者の子の中夜に見三て衆(く)の婇女は皆如二しと死(に)たる狀一の、捨下(て)て直二る十萬兩の金一に寶の屐上を、於二水の岸の邊一にして、直に度(り)て趣甲レ(け)るが佛に。(五一 5/9~11) B ゴトキナリ

(七) 如レ(く)是(の)觀二(し)四諦一を、信二し涅槃の道一を、心に甚(た)快樂(す)。似レたり如二きに无漏一の。(五〇 6/21) ゴトキ

二

(八) 如二きは須陀洹一の、用二ふ二種の解脱の果一を。(三七 13/16) A ゴトキハ

(九) 如二きをは父が生レ(む)が子を名(づけて)爲二(す)生者一と。(三七 9/33) B ゴトキヲハ

(一〇) 此の男子は與レ我と從事すといふ、於レに母が生二す瞋恚一を。如レき是(の)瞋恚(の)心と染欲(の)心は、菩薩には无レし此れ。

(四 13/6~7) C カクノ―ゴトキ

ゴトシは、「譬如」の形で用ゐられることが多く、タトヘバ……ゴトシと讀む。

(一一) 譬(へ)ば如下く爲二に諸(の)貧人を欲レ(ふ)が令二(め)むと大富一に(あら)、當(に)備二(へ)種種(の)財物一を、一切備足して、然(して)後(に)、乃(し)能(く)濟中せむが諸(の)貧人上を、又復(た)如下く人い欲三す廣二治せむと諸病一を。當(に)備二(へ)て種種の衆の藥一を、然(して)後(に)、能(く)治上せむが、菩薩も亦(た)如レし是(の)。(七 7/11~14) B・B タトヘバ―ゴトク

(一二) 譬(へ)ば如三く閻浮提の衆川萬流皆入二るが大海一に、亦(た)如三し一切(の)人民を皆屬二(する)が國王一に。(七 10/14~16)

B　タトヘバ―ゴトク

「如」一字を、タトヘバ―ゴトシと読んだかと思はれる例がある。

(一三)　如《たと》下(へ)(く)ば幻師の以二(ての)幻術一を故(に)、於二衆人の中一にして、現二(し)て稀有の事一を、令中(むる)が人(を)して歡喜上(せ)、菩薩の幻師も亦(た)如レ(し)是(の)。(三七　5/10～12)　B　タトヘバ・ゴトク

連用形のゴトクで文を終止した例がある。

(一四)　德主太子散二すること諸(の)寶物・衣服・飲食一を、譬(へば)如二く龍の雨の无レ(き)が不二といふこと周遍一(せ)。(三七　2/15～16)

(一五)　今舍利弗聞三(き)て上に種種に讚二(する)を般若の功德一を、心に歡喜(し)て尊二重(する)が般若一を故(に)、問二ふ云何(ぞ)應レ(き)と行す。如下く病人の聞三(き)て讚二嘆(す)るを良藥一を、便(ち)問中(ふ)が云何(にか)應上レきと服す。(三七　6/16～18)

(一六)　譬喩は爲下(の)莊二嚴(し)て論議一を、令中(めむ)が人をして信著上せ故(に)なり。以二(て)五情の所見一を、以下喩二(へ)て意識一に、令中(むる)をもて其をして得上レ悟(る)こと、譬(へば)如二く登レ(る)ときに樓に得レて梯を、則(ち)易レ(き)が上り。(三七　11/10～11)

(一七)　一切(の)衆生(は)、著二(き)て世間の樂一に、聞二(き)て道―得の涅槃一を、則(ち)不レ信(せ)不レ樂(しま)。以レ(ての)是(を)故(に)、以二(て)眼見の事一を、喩二す所不見一に。譬(へば)如二く苦き藥(は)服するときには之、甚(た)難し。假レるに之に以レてして蜜を服するときに之則(ち)易一(き)が。(三七　11/12～14)

前に言ったことについて、後から補足する積もりなのであらうか。もっとも、ゴトクで文を終止する例は、東大寺本『成實論』天長點以來、多くの例があって、珍しくない。これについては、『上』卷〈第五章、文法、第九節、助動詞、九　比況を表すもの〉の項參照。

「如」をゴトシと讀むものの他に、「等」をゴトキ・ゴトクと讀んで、口語のナドに近い意味を表すことがある。これについては、〈第四章、一五　等〉參照。

九　補助動詞

補助動詞には、タマフ・タテマツルがある。

1　タマフ

タマフには、四段活用と、下二段活用とあるが、第二種點には、下二段活用はなく、四段活用だけである。タマフは、これを示す特定のヲコト點を持ち、しかも、それが、活用に應じて、幾通りにも分かれてゐるために、却って分かりにくい。主として、佛・菩薩、稀に國王・后の行爲を示す語に附いて、尊敬を表す。

(一)　諸佛は不二色の中に住一(し)たまは。（五六　11/4）タマハ

(二)　云何(なるをか)觀二(る)といふ土地一を。諸佛は常に在二(り)て中國一に生(れ)たまふ。多二(く)金銀・寶物一、飮食豐美にして、其(の)土清淨(なる)をもてなり。云何(なるをか)觀二(る)といふ種姓一を。佛は生二(れ)たまふ一の種姓の中一に。若(は)刹利、若(は)婆羅門なり。（四　12/17〜19）タマフ

(三)　諸佛(は)以二(ての)一切(の)事勝《すぐ》一(れ)たまへるを故(に)、是(の)身(の)色と・威力と・種姓と・家屬と・智慧と・禪定と・解脱との衆事、皆勝《すく》(れ)たまひたり。（四　15/34〜16/1）タマヘルヲ・タマヒタリ

(四)　如《今也》昔、菩薩爲二として大薩陀婆一と、度二(り)たまふ大海の水一を。悪風壞レる船を。（四　17/6）タマフ

(五)　唯(た)中國の迦毘羅婆淨飯王の后のみ能く懷二(し)たまふ菩薩一を。（四　12/23）タマフ

2　タテマツル

タテマツルは、これを表す特定の點を持ち、佛以外のものが、佛に對して何かをする場合に、その行爲を示す語に附いて、謙讓を表す。

(一) 是(の)菩薩……即時に上二昇して虛空一に、見二たてまつる十方の佛一を。於二虛空の中一にして、立(ち)て讃二(し)たてまつる定光佛一を。(四　17/9〜12)

(二) 上二昇して虛空一に、見二たてまつるい十方の佛一を、此(れ)非二(ず)大の相一に邪や。(四　17/18)

(三) 毘沙門王い以レ(て)偈を白レ(さく)佛(に)、「稽二首(し)たてまつる去來の現在の諸佛一(に)。亦復(た)歸二[たてまつる]命(したてまつる)釋迦文佛一に。」(四　20/30)

(四) 於二て一切等一に无二(し)與に等一(し)きこと。稽二首(し)たてまつる世尊の希レナるを有レ(る)こと比すること。(五　2/12)「希ナるを」の訓、不確實。

一〇　接尾語

文法上注意すべき接尾語に、ク・ラクがある。

クは、四段・ラ變に活用する語の未然形に、ラクは、その他の活用語の終止形に附く。文中に用ゐられるものと、文末に用ゐられるものとがある。クは、推量の助動詞ムに附いてマク、過去の助動詞キに附いてシク、完了の助動詞リに附いてラクと言ふ事ができる。

1　文中に用ゐられるもの

A　引用句を導くもの

B　形容詞のタノシ（樂）に附いて、――マクータノシと言ふもの

2　文末に用ゐられるもの

A　助詞ノミを伴って、指定・限定の意味を表すもの

B　それだけで文を終止するもの

1―A

（一）船の師樓（の）上の人に問はく、「汝、見（る）こと何等ぞ」といふ。（船師問㆓樓上人㆒、汝、見何等。）（七 3/9）ク

（二）覺し已（り）て、心に念はく、「彼女も來（ら）不。我も亦（た）往（か）不。而（る）ものを淫の事辨すること得る」といへり。（覺已心念、彼女不㆑來。我亦不㆑往。而淫事得㆑辨。）（七 6/27～28）ハク

（三）菩薩い衆生の樂を受（くる）を見て、則（ち）慈喜の心を生（し）て、是の願を作（さ）く、「我當（に）一切衆生をして皆佛の樂を得令（めむ）」といふ。（菩薩見㆓衆生受㆑樂、則生㆓慈喜心㆒、作㆓是願㆒、我當令㆔一切衆生皆得㆓佛樂㆒。）（五一 6/4～6）ク

（四）須菩提深心（をもて）三寶を信す。故に說かく、「我、……今の佛と、過佛とは、卽（ち）是（れ）佛寶なり。諸菩薩と［及］弟子とは、是（れ）僧寶なりと知（る）。」（須菩提深心信㆓三寶㆒。故說、「我知㆘……今佛、過佛、卽是佛寶。諸菩薩及弟子、是僧寶㆖。」）（五六 7/25～26）ク

（五）愛眼をもて視（る）に〔之〕、目曾（て）眴《ましろ》（か）未。「而」自（ら）言を發（し）しく、「世間の〔之〕事をは、

我悉（く）知（れり）。我（が）此の身（を）以（て）、太子に奉給せむ」といふ。（愛眼視之、目未二曾晌一。而自發レ言、「世間之事、我悉知之。以二我此身一、奉二給太子一。」）（三七　2/17～18）シク-トイフ

（六）但（た）諸法の實相は清淨なりと說（く）。諸（の）弟子に語《（い）》（ひ）しく、「一切の諸法は淫欲の相なり。……罣㝵（する）所无し」といふ。（但說二諸法實相清淨一。語二諸弟子一、一切諸法淫欲相。……无レ所二罣㝵一。）（六　14/24～26）シク-トイフ

（七）婆羅門心に疑はく、「誰か證知せる者《もの》。」と。（婆羅門心疑、誰證知者。）（七　16/16）ク

（八）釋提桓因難すらく、「何（を）以（ての）故（に）、廻向心の菩提心の中に在（り）て、得可（くあら）不《ぬ》。……」（釋提桓因難、何以故、廻向心不下在二菩提心中一可上レ得。……。）（五六　6/27～29）ラク

（九）但（た）諸法の實相は清淨なりと說（く）。諸（の）弟子に語（ひ）しく、「一切の諸法は淫欲（の）相なり。……罣㝵（する）所无し」といふ。（但說二諸法實相清淨一。語二諸弟子一、一切諸法淫欲相。……无レ所二罣㝵一。）（六　14/24～26）シク-トイフ

（一〇）菩薩（も）亦（た）夜の三時、晝の三時に、偏に右肩（を）袒（きて）、掌（を）合（せて）言（は）マく、「十方の國土の无量の諸佛を、我某甲、久（しく）世間に住して、无鞅數劫に一切を度脫し、衆生を利益（し）たまへ・と請せむ」といひき。（菩薩亦夜三時、晝三時、偏袒二右肩一、合レ掌言、十方國土无量諸佛、我某甲請レ令下久住二世間一、无鞅數劫、度二脫一切一、利中益衆生上。）（七　4/2～4）マク-トイヒキ

（一一）有（る）人心に念（は）マく、「佛は幻力・呪術力をや用（ゐ）る、或（は）是（れ）大力の龍神か、或は是（れ）天か。……。」（有人心念、佛用二幻力・呪術力一、或是大力龍神、或是天。……。）（七　10/26～27）マク

Aの場合、ク・ラクの附く動詞は、

　a　イフ、及びこれに類する語

　b　オモフ、及びこれに類する語

に大別され、これを受けて引用句を結ぶ動詞は、aに對してはイフを、bに對してはオモフと言ひ、また、クが過去の助動詞キ、完了の助動詞リ、推量の助動詞ムに附いて、シク・ラク、マクの形を取る場合は、引用句を結ぶ動詞も、これに合はせて、イハム・イヒキイヘリ、オモハム・オモヒキ・オモヘリと言ふのが、初期の本來の用法であった。ところが、第二種點では、その呼應が亂れ、オモハクに對してイヘリ、イハマクに對してイヒキ、言ヲ發シシクに對してトイフと言ふ他、受ける言葉そのものを省略することが多い。

1—B

（二）　仙人(の)言(ひ)しく、「我樂《タノ》レシ住二マク此が中一に。願(ふ)、佛(と)、與二(へ)我(に)佛(の)髮(と)佛(の)抓一(とを)、起レて塔を供二養(したまへ)塔一を。」（九　15/11）マク—タノシ

ただし、「樂」は、ネガハシと讀んで、「住マク—ネガハシ」と言ふべきであらう。

2—A

（三）　如レ(く)此(の)說(く)は者、外道及聲聞の變化の法なら(く)(のみ)耳。（八　4/26）クノミ

（四）　此(の)神は十方三世の諸佛、及諸(の)賢聖(の)求(むるに)之、不可得なり。但(た)憶想分別(し)て强(ひ)て爲二(さく)のみ其名一を。諸法も亦(た)如レ(し)是(の)。皆空にして无レ(し)實。但(た)假(り)て爲二(さく)のみ其(の)名一(を)。（三七　10/12〜13）クノミ

2—Bのノミを伴はずして、文を終止する例は見當たらない。

第一〇節　提示語法

提示語法には、いろいろな形がある。

一　提示される語が

甲　體言であるもの

乙　活用語の連體形であるもの

二　提示される語を受ける代名詞（これに準ずるものを含む）が

A　主語であるもの

B　述語であるもの

C　連體修飾語であるもの

D　連用修飾語であるもの

三　提示される語や、これを受ける代名詞が

a　助詞を伴はないもの

b　係助詞を伴ふもの

c　副助詞を伴ふもの

d　並立助詞を伴ふもの

e　格助詞を伴ふもの
f　助詞イを伴ふもの
g　終助詞ゾ（指定）を伴ふもの
h　助動詞ナリ（指定）を伴ふもの

（備考）以下の文中の〔　〕は、提示される語を示す。

1　甲―A

㈠　〔人壽百歳なるとき〕、是れ佛の出世の時なりトイハ、、（人壽百歳、是佛出世時）（四 20/7）甲a―Aa

㈡　〔我等今日の衆苦は〕、是れ先身の罪報なり。（我等今日衆苦、是先身罪報。）（七 4/2～3）甲b―Aa

㈢　是（の）魔に三事有（り）。〔戯笑（と）語言と歌舞と邪視と〕、是（の）如（き）等は、愛に従（ひ）て生す。〔縛打し、鞭考し、刺割し、破轄する〕、是（の）如（き）等は、瞋（に）従（ひ）て生（す）。〔身を炙《アフ》リ、自《み（つから）》凍（い）、髪を抜き、自（ら）餓（ゑ）、火に入り、淵に赴き、巌に投ぐる〕、是（の）如（き）等は、癡従り生す。（是魔有二三事一。戯笑、語言、歌舞、邪視、如レ是等、従レ愛生。縛打、鞭考、刺割、破截、如レ是等、従レ瞋生。炙レ身、自凍、抜レ髪、自餓、入レ火、赴レ淵、投レ巌、如レ是等、従レ癡生。）（五 15/24～27）甲d―Ab、乙a―Ab、乙a―Ab

2　甲―B

㈠　文殊師利言（はく）、「爾（の）時（に）、勝意比丘といふは、〔我（が）身〕是なり。……。」（文殊師利言、「爾時、勝意比丘、我身是也。……。」）（六 16/1）甲a―Bh

㈡　浄天といふは、〔佛と辟支佛と阿羅漢と〕、是なり。（浄天、佛、辟支佛、阿羅漢、是也。）（七 12/6）甲d―Bh

3　甲—C

(一) 自《み(づから)》利根・智慧を以て、佛法(の)中に〔於〕、論議を作(し)て、〔諸(の)結使と智と定と根等と〕、於《(これ)》が中に、義を作《な》(すら)尚(し)處處に失有(り)。(自以二利根・智慧一、於二佛法中一、作二論議一、諸結使・智・定・根等、於中作ㇾ義、尚處處有ㇾ失。)(四 16/33〜17/1)甲d—Ce

(二) 〔〔若(し)柳宿・尾宿・箕宿・辟宿・奎宿・危宿〕、是の六種の宿中するときには〕、爾の時に、地動すること崩(る)るが若し。(若柳宿・尾宿・箕宿・辟宿・奎宿・危宿、是六種宿中、爾時、地動若ㇾ崩。)(八 7/5〜6)甲a—Ce、甲eb—De

(三) は、提示語が二重構造になってゐる。

4　甲—D

(一) 〔若(し)菩薩食を擧げて口の中に著くとき〕、是(の)時、咽喉の邊の兩の處より甘露(を)流し注《ソ》(き)て、諸の味を和合す。(若菩薩擧ㇾ食著二口中一、是時、咽喉邊兩處流二注甘露一、和二合諸味一。)(四 15/7〜8)甲a—Da

(二) 〔〔若(し)柳宿・尾宿・箕宿・辟宿・奎宿・危宿〕、是の六種の宿中するときには〕、爾の時に、地動すること崩(る)るが若し。(若柳宿・尾宿・箕宿・辟宿・奎宿・危宿、是六種宿中、爾時、地動若崩。)(八 7/5〜6)甲a—Dc、甲eb—De

(三) は、提示語が二重構造になってゐる。

5　乙—D

(一) 〔能(く)悪罵の人を忍する〕、是を人中上と名(づく)。(能忍二悪罵人一、是名二人中上一。)(三七 1/2)乙a—De

(二)〔五種の耶語、〔及〕鞭杖・打害・縛繫等（を）以て其（の）心を毀壞すること能（は）不《ぬ》〕、是を名（づけて）善相（と）爲（す）。（以二五種耶語、及鞭杖・打害・縛繫等一不レ能三毀二壞其心一、是名爲二善相一。）（三七 1/3～4）乙a—De

(三)〔他をして苦樂を受（け）令しむる〕、是をは使受者（と）名（づく）。（令三他受二苦樂一、是名二使受者一。）（三七 10/6～7）乙a—Deb

(四)〔若（し）復（た）得不《（ぬ）》をば、當（に）慈悲心を以て利益すべき〕、是を一切衆生を度（す）と名（づく）。（若復不レ得、當下以二慈悲心一利益上、是名レ度二一切衆生一。）（三七 15/22～23）乙a—Deb

(五)置論（といふは）者、十四難の如（きぞ）。世間は有常なり、世間は无常なり。世間は有邊なり。世間は无邊なり・といふ。〔是（の）如（き）等を〕、是を名（づけ）て、置論（と）爲（す）。（置論者、如二十四難一。世間有常、世間无常。世間有邊。世間無邊。如レ是等、是名爲二置論一。）（三七 15/8～9）乙e—De

第六章　語　彙

第一節　敬　語

第二種點に用ゐられた敬語には、次のやうなものがある。

尊敬の動詞　イマス・オモホス・シロシメス・ノタマフ
謙譲の動詞　マウス
尊敬の助動詞・補助動詞　ル・ラル・タマフ
謙譲の助動詞・補助動詞　タテマツル
尊敬の接頭語　ミ

一　尊敬の動詞

イマスは、存在を表す。例が多いため、右中のヲコト點「フ」を用ゐる。「在・有」を讀む他、文意によって補讀する。

（一）　若(し)菩薩は在(い)マ二して乾(ける)土山の中一に經行すれども、土不レ著レ(か)足に。（四　14/23）

（二）汝何（を）以（て）ぞ信三して餘の四天下に更（に）有二（す）といふことを轉輪聖王一、不《ぬ》レ信二（せ）三千大千世界の中に、更に有《いま》レす・といふことを佛。（四　21/10～11）

（三）是（の）中に有《いま》レす佛。名二（づく）寶積一（と）。（九　9/31）

（四）我等（が）大師すら猶尙し有レしき病。（九　8/22）

（五）佛今各各（の）在レして前に而爲に說法（し）たまふ。（九　8/10）

（六）淨天の中に尊といます者は、是（れ）佛なり。（七　12/6～7）

（七）何（に）況（や）如來の一切智德いますい、自身に有レ（り）て病、而不レあらむや能レ（は）除すること。（九　8/25～26）

（八）雖三（も）佛は无二（く）いますと嫉妬の心一、然（も）以二て（の）行業は世世に清淨一なるを故（に）、（九　12/16～17）

オモホスは、「欲」にス・シテ・セリ・セバを送った例しかないが、オモホスと讀んで、間違ひあるまい。

（九）佛（は）用二（て）神力一を欲レすときに住せむと、便（ち）住す。（七　14/32）

（一〇）佛は以二（て）神力一を欲下してなり示二して衆生一に令上レ（めむと）知下（ら）佛を爲二（す）福田一（と）、得レ（て）報（を）不レ失（は）、乃至レ（る）までに成レ（るに）佛と其（の）福不上と滅せ。（九　7/20）

（一一）佛は種種の方便・光明・神德をもて欲丁せり敎二化して一切衆生一を、令丙（め）むと心に調柔にして、然（して）後（に）、能（く）信乙受せ般若波羅蜜甲を。（七　12/27～28）

（一二）佛（は）用二（て）神力一を欲レすときに住せむと、便（ち）住す。（七　14/32）

（一三）佛心に念レして化を、欲レせバ令二（めむ）と化語一せ、卽便（ち）皆語（り）たまふ。（八　4/33）

（一四）佛今欲レしき說二（か）むと般若波羅蜜一を。

シロシメスは、「知」をよむ。

（一五）以レ(ての)是(を)故(に)、知三る佛は能(く)知二(し)めせり・と恆河(の)沙の數一を。（七　16/20）

（一六）如レき此(の)三昧をは唯(た)佛のみ能(く)知《(しろしめ)》せり。（七　10/12）

（一七）佛の一切智は无レし所レ不レ知(しめさ)。何(を)以(ての)故(にぞ)、入二(り)て此(の)三昧一に、然(して)後(に)能(く)知(しめ)す。

（七　10/16～17）

ノタマフは、用例が少ない。「言」を讀む。

（一八）佛(は)於二聲聞法の中一に、不レ言レは有二(す)と十方の佛一。亦(た)不レ言《の(たま)》レは无(し)とも。（九　14/17～18）

二　謙讓の動詞

（一）向レ(ひ)たてまつりて佛に、「我れ心に无《アチキ(な)》レく狀、愚にして不《ず》レありけり・とまうす信レ(し)たてまつら佛を。」（八　3/7～8）マウス

三　尊敬の助動詞・補助動詞

ル・ラルは、受身を表す場合と、尊敬を表す場合とがある。尊敬を表す場合は、「見」を讀む場合に限られる。ただし、ル・ラルを送った例はない。

（一）當下(に)見二(れて)愍念一(せ)、賜《(たま)》中匃(へ)といひき少多上。（四　10/8）

（二）我(が)智不レ周レ(くあら)物に。治(すること)不レ如レ(か)法に。當レ(し)見二(る)忠恕一(せ)。（四　11/2）

タマフは、例が多いので、ヲコト點を使用し、活用形によって、異なる點を用ゐる。

(三) 佛は生二(れ)たまふ二の種姓の中一に。若(は)刹利、若(は)婆羅門なり。（四　12/19）

(四) 諸佛(は)以二(ての)一切(の)事勝一(れ)たまへるを故(に)、是(の)身(の)色と威力と種姓と家屬と智慧と禪定と解脫との衆の事、皆勝(れ)たまひたり。（四　15/34〜16/1）

(五) 諸佛は无レ(し)有二(ること)所得一。諸佛は不二色の中に住一(し)たまは。（五六　11/3〜4）

四　謙讓の助動詞・補助動詞

(一) 卽時に上二昇して虛空一に、見二たてまつる十方の佛一を。（四　17/11）

(二) 上二昇して虛空一に見二たてまつるい十方の佛一を、此(れ)非二(ず)大の相一に邪《や》。（四　17/18）

(三) 毘沙門王い以レ(て)偈を白レ(さく)佛(に)、稽二首(し)たてまつる去來の現在の諸佛一(に)。亦復(た)歸二命(し)たてまつる釋迦文尼佛一に。（四　20/30）

下二段活用のタマフの例はない。

五　尊敬の接頭語ミ

(一) 是(の)諸(の)天(の)華、乃至天の樹・葉・香、以《(これ)》をもて散二す佛(の)上《み(うへ)》一(に)。（九　7/10）

(二) 皆以二(て)諸(の)華一(を)而散二す佛(の)上《み(うへ)》一(に)。（九　7/13）

(三) 佛は於二て三界一(に)第一の福田なり。以レ(ての)是(を)故(に)、華を散二す佛(の)上《み(うへ)》一(に)。（九　7/13〜14）

第二節　語　彙　抄

傍訓を持つ語彙を五十音順に擧げて、若干の説明を試みる。

【ア　行】

アタル（直）

（一）　如乙きなり耶舍長者の子の中夜に、見三て衆の婇女は皆如二しと死（に）たる状一の、捨下（て）て直《アタ》二ル十萬兩の金一に寶の屐上を、於二水の岸の邊一にして、直に度（り）て趣甲レるが佛に。（五一　5/11）

「直」をアタルと讀むのは、「相當する」意味である。諸橋轍次博士の『大漢和辭典』に、〔禮、投壷〕から「馬各直二其筭一。〔疏〕直、當也。「漢書、元后傳」から「正直二其地一。〔注〕直、亦當。」を引いて、「④あたる。」と讀む。「直」をアタルと讀むのは、本例が初出のやうである。後續資料に、下記の例がある。

○　方位正（し）く相ヒ直《アタ》ル。（國會圖書館本『大毘盧遮那成佛經』治安點　三　5）

○　各（の）直《アタ》二ルを十萬兩の金一に、（東大寺本大般涅槃經平安末期點　一八　14/21）

アヂキナシ（无状）

（二）　婆羅門、心開（け）意に解りて、五體を投レ（け）地に、悔レ（い）過を向レ（ひ）たてまつりて佛に、「我れ心に无状《アヂキ（な）》く、愚にして不《ず》レありけり・とまうす信レ（し）たてまつら佛を。」（八　3/7〜8）「状」は、原文「伏」、白筆にて○を附け、地の欄外に「状」を記す。「大正新脩大藏經」同じ。

小學館の「日本國語大辭典」に、「書紀-神代上（水戸本訓）「素戔嗚尊、汝（いまし）無道（アチキナシ）」」を引いて、「亂暴で手が附けられない。道にはずれていて、どうにもならない。」と說く。アチキナシの信頼すべき例としては、第三種點が初出であるが、本例は、それに次ぐものである。後續資料に、下記の例がある。

○ 慧動ニシ寂雲之心一（を）、時ニ追ニ（ふ）疾風之影一ヲ。〈書曰、慧者、阿知支奈久〉（將門記承德點　3オ）

アフル（炙）

（三） 炙《アフ》レリ身を、自《み(つから)》凍（い）、拔レき髮を、自（ら）餓（ゑ）、入レり火に、赴レき淵に、投レくる巖に、如レ（き）是（の）等は、（五　15/26）

アフルは、先行資料に例がある。

○ 金の師の金を治（つ）ときに、或は炙《アフ》リ、或は漬《ヒタ》し、或時には捨-置す。（正倉院本成實論　一八、鈴木一男氏による。）

○ 或（は）生（けなが）ラ爛《アフ》ニリ猪羊一を、或は以レて木を貫レ（き）て人を、而生（けなが）ラ炙レリ之を、（石山寺本大智度論　一六、第三種點、7/26～27）

○ 此の五欲は者、得レて之を轉ヨ劇（し）きこと、如ニし火に炙《アフ》レるガ疥《ハタケ》を。（石山寺本大智度論　一七、第三種點、2/22）

アリ（在・有・爲・補讀）

〈第五章、第三節、二、アリの特殊な用法〉を參照。

イフ（言・補讀）

（四） 有る外道の輩ら言（はまく）、「體道帶定（ま）れり。何（を）以（て）ぞ著レして法に、多レく言多レき・とイヒナム事。」（七　5/1～2）

（五） 我の中に色あり。色の中に我あり。如レ（く）色をイヒツるが受想識（も）、而亦（た）如レ（し）是（の）。（六　5/28）

イマ（如）

（六）如昔、菩薩爲《と》して大薩陀婆と、度（り）たまふ大海水を。（四　17/5～6）

（七）如瓶は二根い知（る）、眼根と身根となり。（六　7/11～12）

（八）如鏡の中の像は、非（ず）鏡の作に、非（ず）面の作に。（六　7/17～18）

〈第三章、用例（四）～（九）〉參照。

イマス（有・在・補讀）

〈第六章　語彙、第一節　敬語、尊敬の動詞〉參照。

イヨイヨ（轉）

（九）譬（へば）如（し）迦羅求羅蟲の其（の）身微細なれども、得（れば）風（を）轉《（いよい）ヨ》大なり、乃至能（く）貪食するが一切を。光明（も）亦（た）如（し）是（の）。得るときには可度の衆生を、轉《（いよい）》よ增す（こと）无（し）限り。（七　13/29～31）

「轉」にはヨしか送られてゐないが、イヨイヨと讀むのであらう。もっとも、『萬葉集』に「世の中は　空しきものと　知る時し　いよよ（伊與餘）ますます（麻須萬須）悲しかりけり」（七九三）とあり、訓點資料でも、早くからイヨイヨの例が見られるから、本例もイヨイヨと言った可能性がある。

○　若（し）頓に説カば者、踰《イヨ、》增してム其の病を。（白鶴美術館本大般涅槃經集解平安初期點　一二　13）

○　其（の）化逾《イヨ、》遠（し）。其（の）德彌（よ）眞（なり）。（黑板本金剛波若經集驗記平安初期點　下一　13）

○　由（り）て此（の）因縁に、彌《イヨ（いよ）》應シ讃嘆す。（石山寺本瑜伽師地論（B）平安初期點　七四　9/28～29）

なほ、〈『上』卷、第六章、語彙、四四三頁、イヨイヨ（轉・逾）〉（四四三頁）の項參照。

ウ（得）

（一〇）如レき是（の）年歳（を）數へて、爾（して）乃（し）得《う》レ到レ（る）こと地に。（九　10/29）ウ

（一一）亦（た）如下（し）劫盡（き）燒（くる）時に、一切衆生（は）、自ー然に皆得《う》二禪定一を、得中たるが天眼・天耳上（を）。（九　8/30～31）ウ

（一二）爲レに佛の所レれて記（せ）、當に得《う》レ作レること佛と。（四　17/17）ウ

（一三）云ー何（ぞ）言下（は）む於二九十一の大劫の中一に種（ゑ）て、餘の一生の中に得《う》上と、（四　17/33～34）ウ

（一四）又言三（は）ば人中に得《う》レ種（うること）。非二（ず）と餘道一には、（四　18/25）ウ

（一五）人雖レ（も）有レ（り）と目、日不《ぬ》レ出（て）時（は）、不レ能レ（は）有二（る）こと所見一。要（す）須《以也》二て日の明一を、得《う》レ有二（る）こと所見一。（四　22/7～8）ウ

（一六）是（の）諸の菩薩は……得《え》レ道を、得二たる（が）法性身一（を）故（に）、破二す死魔一（を）。（五　14/23～25）ラ

「ウ（得）」は先例が多い。

ウタタ（轉）

（一七）乾闥婆城と者（いふは）、日の出（つる）時に、見二る城門・樓櫓・宮殿に行（く）人は出入一す［る］と。日轉ヨ［す］高《アカ》ルときに、轉た滅二っ此（の）城一を。但（た）可二（し）眼い見一（る）、而无レ（し）有レ（る）こと實。（六　4/20～22）「轉ヨ」は、第一種點。

ウタタは、『上』巻にも例がある。〈ウタタ（轉）〉（四四六頁）の項參照。

ウツ（釘）

（一八）如二きは釋迦文菩薩一の、五百の釘をもて釘《ウ》レツ身に、爲レ（の）求レ（めむ）が法を故なりき。（五一　6/33）

「釘」をウツと讀むのは、先行資料に例がある。

○　用二(て)釘五枚一(を)釘《ウ》二チテ若(の)頭頂手足一(を)、（黑板本金剛般若經集驗記平安初期點　下　1/31）

○　出二(し)て其の大舌一を、以二五百の釘一を(も)て、釘《ウ》レツ之を。（石山寺本大智度論一三、第三種點　14/17）

ウナジ（頂）

（一九）　肱-手の十の指、頂《ウナシ》・口、卌の齒……各各(の)放二(ち)たまふ六百萬億の光明一を。（七　13/33〜34）

ウナジは、早く奈良時代の古文書に見え、訓點資料にも先例がある。

〈本書第二部、第六章、第二節、ウナジ〉の項參照。

ウバラ（迸木）鏘

（二〇）　四者、迸-木《ウハラ》刺レせり脚《み(あし)》。（九　3/4）『大正新脩大藏經』同じ。

「迸」は、諸橋轍次博士の『大漢和辭典』に、「①はしる。②ほとばしる。③しりぞける。④或は跰に作る。」とあって、ウバラとは無縁の字である。「逆」と混同したのであらうか。ウバラは、先行資料に例がある。「萬葉集」に「からたちの　うばら（棘原）刈り除け　倉建てむ　糞遠くまれ　櫛造る刀自（三八三二）」とあり、天治本『新撰字鏡』に「蕪・棘」を「宇波良」と讀む。訓點資料では、『大智度論』第三種點に、左記の例がある。

○　若(しは)橛《クヒ》、若(しは)鏘《ウハラ》を(も)て傷レしむ人を。（一六　9/21〜22）「鏘」の左に「又ヒシ」の訓あり。

オク（在）

（二一）　諸天賤レ(み)て之(を)、不二以て在《オ》レ(か)意(に)。是(の)故(に)不レ解二(ら)其(の)言一を。（五六　15/24〜25）

訓點資料で、「在」をオクと讀んだものに、左記の例がある。

○ 時に彼の人王は欲三ふが爲二我等一に生二(せし)メむと歡喜一を故(に)、當に在《オ》三クベシ一邊に近二ク於法座一に。(西大寺本金光明最勝王經平安初期點 六 5/13)「爲」にヲコト點あれど讀めず。

○ 壽《(いの)チ》終(り)て葬《(は)フ》りて在《オ》二ク……巖石(の)室の中一に。(興聖寺本大唐西域記平安中期點 7/6)

オコス（發）

(二二) 有(る)ひと墮二(ち)たるときに餓鬼(の)中一に、火炎從レ(り)口出っ。四向して發《オコ》二す大聲一を、是を爲二(す)口過の報一と。(五 12/14)

「發」にオコスの訓は、觀智院本『類聚名義抄』に見えるが、訓點資料には、他に例が見當たらない。

オフ（被）

(二三) 譬(へば)如下(く)鹿(の)未《(ぬ)》レ被レ(は)創(を)時に(は)、不レ知二(ら)怖畏一を。既(に)被《オ》レヒ箭を已(り)て、踔《コ》レエて圍を而出上(つる)が、人(も)亦(た)如レ(し)是(の)。(九 14/14〜15)

オフは、小學館の『日本國語大辭典』に、[二] の②に、「身に受ける。こうむる。引きうける。」として、『古事記』歌謠の「振熊が　痛手(伊多弖)負はずは(淤波受波)にほどりの　阿波海の海に　潜《かづ》きせなわ」(三八)を引用してゐる。

「箭ヲオフ(被)」とは、箭に射られて、傷を受けることである。觀智院本『類聚名義抄』は、「被」にオフの訓を載せてゐるが、訓點資料では、他に例を知らない。築島博士の『訓點語彙集成』にも、「被」にオフの訓を收めない。

オモホス（欲）

〈第六章、第一節　敬語、一　尊敬の動詞〉參照。

オボホル（溺）

（二四）若(し)未二(して)能(く)自度一(せ)而欲レ(ふ)とき(は)度レ(さむ)と人を者、如下(く)ならむ不レ「ガ」知レ(ら)浮(く)ことを人の欲《す》レるときに救二(はむと)於溺《オボ》一ル、を、相-與《(とも)》(に)倶(に)沒上(するが)。（五一　15/22〜23）「如(く)ならむ」不確實。

オボホルは、訓點資料に先例がある。〈『上』巻、第六章、語彙、オボホル（溺）〉（四五六頁）の項參照。

オモフ（補讀）

（二五）我(も)亦(た)當(に)莊二嚴せむとオモヒテモ世界一を、不レ應レ(くあら)住(す)。以レ(ての)有二(るを)所得一故(に)、成二就して衆生一を、令レ(めむと)おも(ひ)ても入二(ら)佛道一に、不レ應レ(くあら)住(す)。（五六　9/23〜24）

（二六）於二佛法(の)中一に、作二(し)て論議一を、結使と智と定と根等と、於《(これ)》が中に作《な》二(すら)論議一を、尚(し)處處に有レ(り)失。何(に)況(や)欲《(おも)》レはむヤ作二(さ)むと菩薩の論議一を。（四　16/34〜17/1）

「欲」をオモフと讀んだ例は、先行資料に見える。

○　爲レの欲《おも》レふが遮下せむと墮二せる常の邊一に過上を故(に)のたまヘルことゾ。（根津美術館本大乘掌珍論承和・嘉祥點　11/4〜5）

【カ　行】

カク（少）他動詞四段活用

（一）婆羅門去(り)て、至二(り)て一樹(の)邊一(に)、取二(り)て一の樹一を上《の(ほ)》(り)て、少《カ》レキツ葉を藏しつ。（七　16/16〜17）「少《カ》キツ」のツ、「藏しつ。」の「しつ」不正確。

小學館の『日本國語大辭典』に、「かく【缺・缺・闕】［一］（他カ五（四））①物の一部分をこわす。また、一部を削り減らす。」として、『新撰字鏡』から「剷　波奈加久」を引いてゐる。カクには、訓點資料に先例がある。

○　持レ(ち)て戒を无二ク毀《ヤフ》リ缺《カ》一クこと、勤(め)て修二し於佛法一を、（小川本願經四分律平安初期點　乙　2/22）

○　於レに食の知レ(り)量(を)、減《カ》二キ省《ハフ》キ睡眠一を、（石山寺本瑜伽師地論平安初期點　A　二三　7/12）

カクル（竄）

（二）　少德(にして)无二(きは)智慧一、不レ應レ(くあら)處二る高座一に。如下(し)豺(の)見二て師子一を、竄《カク》レ伏(し)て不中が敢て出上(て)。（五　18/3）

「竄」は、諸橋轍次博士の『大漢和辭典』に、〔說文〕から「竄、匿也。从三鼠在二穴中一。」を引いて、「①かくれる。」と讀む。訓點資料で「竄」をカクルと讀んだものは、先行資料にも後續資料にも例がある、

○　善沖い當に卽(ち)竄《カク》レナムトするに不レ知レ(ら)所レ(を)之《(ゆ)》(く)。（石山寺本金剛般若經集驗記平安初期點　複製本一五頁）

○　云何ゾ一生に受二(けむ)トオモフテ他の驅策《クサク》一を、逃《ニ》ケ竄《カク》レテ出家セム。（石山寺本守護國界主陀羅尼經平安中期點　一〇　4/19）

○　欲二逃《ニ》ケ竄《カク》一レムとするに悶絶シて擗《タフ》レレて地に、（同　一〇　9/17）

カサヌ（復）

（三）　千と千を重(ね)て數ふるが故(に)、名二(づく)大千一と。二つを過(き)て復《カサ》レヌルガ千を故(に)言二(ふ)三千一と。（七　15/10～11）

「復」は、諸橋轍次博士の『大漢和辭典』に、〔說文通訓定聲〕から「復、叚借爲レ複。」を、〔集韻〕から「復、重也」を引いて、「(廿二)かさなる。かさねる。」と讀む。觀智院本『類聚名義抄』にカサネテの訓がある。ただし、訓點資料では、「復」をカサヌと讀んだ例は少ない。

○　諸漏已に盡(し)て、無二し復《重也》ての煩惱一。（立法寺本妙法蓮華經平安中期點　一　1/4）

これは、カサネテノ-ボンノウと讀んだ、珍しい例である。

カツテ・コトゴトク（都）

（四）都て无レ（し）有二（る）こと作者一。是（の）事（は）是（れ）幻なり邪（なり）。（六　4/17）

（五）二の火燒（ゆる）が故（に）、名（づけて）爲二（す）熾燃一（と）。都て无二（し）樂時一。（三七　5/18〜19）

（六）有二（り）て長壽の人一、過二（ぎ）て百歳一を、持二（ち）て一の芥子一を去（ら）むに、芥子は都く盡（き）ぬとも、劫は猶（し）不レ賜《つ》（き）。（四〇　9/28〜29）「賜」は「大正新脩大藏經」に「澌」に作る。「澌」はツキル

（七）有る佛（の）世界には都く无二し衆苦一。（七　1/5）

（八）今は問ふが云何（なるか）是（れ）初の行法一と故（に）、此が中に都て説二（く）十二入一を。（五六　5/7）第一種點「都く」

「都」は、これを受ける述語が肯定の場合にはコトゴトク、否定の場合にはカツテとよみ分けるのが初期の用法であった。第二種點では、その用法が亂れ、（七）ではカツテ讀むべきをコトゴトクと讀み、（八）ではコトゴトクと讀むべきをカツテと讀み誤ってゐる。

カヘニス（不肯）

（九）如二きは須摩提菩薩一の見二て燃燈佛一を、從二（ひ）て須羅婆女一に、買二（ふ）に五莖の華一を不すレ肯（へ）に與レへ之。（三七　2/4〜5）

（一〇）若（し）不すレるときには肯レ（へに）吐（き）、左の手をもて捉レり耳を、右の手をもて摘レす口を。（三七　14/27）

「不肯」をカヘニスと讀むことは、訓點資料で多く用ゐられ、平安初期に始まって、末期まで續く。

○彼（の）比丘隨二愼して言教一に、不二敢て違逆一セ。乞二ふ解羯磨一を。彼不すレ肯レ解キカヘに。（斯・願經四分律平安初期點 6/15）

○ 我が所說の法を不《せ》レむ肯二カヘニ信受一し。壞二せむ窣堵坡及諸の寺舍一を。（東大寺本地藏十輪經元慶點 四 15/13）

コノカタ（已來）

（二一） 從二（り）發心一（して）已來《このかた》、乃至佛道までに、修二すること是（の）功德一を、不レ休（ま）、不レ息（ま）。（五六 6/24～25）

訓點資料で、コノカタハは、「以來・已來・已去・已後、以還・已降」等、さまざまな文字を讀む。和文では、古今和歌集の序文に、「かの御時より、この方、としはもとせあまり、世はとつぎになむなりにける。」とあるのが早い。

コユ（踔）

（二二） 譬（へば）如下（く）鹿（の）未《ぬ》レ被レ（ら）創《キズ》を時に（は）、不レ知二（ら）怖畏一を。既（に）被《オ》レヒ箭を已（り）て、踔《コ》レエて圍を而出上（つる）が、人（も）亦（た）如レ（し）是（の）。（九 14/14～15）『大正新脩大藏經』は「稠緻」に作る。

「踔」は、諸橋轍次博士の『大漢和辭典』に、〔後漢書、蔡邕傳〕から、「踔二宇宙一而兮。〔注〕踔、猶レ越也。」を引いて、「〔四〕こえる。」と讀む。訓點資料で、コユは、「踰・超・越逾・絕」等を讀むことが多く、「踔」を讀んだものは、他に例を知らない。

【サ 行】

サカリナリ（穉）

（二） 所下以（は）不《ぬ》中以二て餘物一をは爲《せ》上レ喻（と）者、以二（て）此の四の物は、叢り生ひ稠り穉《サカリ》一なるを種類又多（し）。（三七 11/30～31）

「穉」は諸橋轍次博士の『大漢和辭典』に、「穉」は「稺に同じ」。「稺」は、「①幼い禾。②おくて。③をさない。④おごる。」とあり、「おごる」には、〔管子、重令〕から「而工以二雕文刻鏤一相稺也。謂二之逆一。」

〔注〕稺、驕也。」を引いてゐる。サカリナリの訓は「驕也。」に基づくのであらうか。竹庣稻茅が元氣よく伸び放題に伸びてゐる状態を言ったのであらう。

シカシテノチ（然後）

（二）何（ぞ）須二（ゐ）て持戒と禪定と智慧一とを、然して後に、得レ（る）道（を）。（七　16/24）

シカルモノヲ（而）

（三）覺し已（り）て心に念はく、「彼女も不レ來（ら）。我も亦（た）不レ往（か）。而（る）ものを淫の事得レる・といへり辨すること。」（七　6/27〜28）

『續日本紀』の宣命に、「然有物乎」「然流物乎」「然物乎」などの例があって、シカアルモノヲ、またはシカルモノヲとよまれるから、奈良時代の成立で、訓點語はこれを踏襲したものである。

○　我等も亦（た）得二て此の法一を到二れり於涅槃一に。而あるも（の）を、今不レなりぬ・とおもふ知二ら是の議の所レを趣く〔き〕、（山田本妙法蓮華經平安初期點　2/18〜19）

○　由丁（る）なり諸天の加護するをもて得レたり作《な》二ること於國王一と。而ルものを、不《ヌ》丙に以二て正法一を守乙護セ於國界甲を。（西大寺本金光明最勝王經平安初期點　八　14/12）

○　有い若（し）唯（た）俗のみナラバ、眞は卽（ち）非レずなりぬ有に。何にの所二かあらむ・といふことぞ修し證一する。シカルものヲ、但（た）説二（く）いは眞無一と、是（れ）遮に（し）て非レ（ず）と表に、乃至廣（く）説（き）ツルい（白こと）豈（に）釋レするならむや難を邪。（大東急記念文庫本大乘廣百論釋論承和點　7/21）

○　何以故、因緣の諸法は實に无二し吾我一。而るものを言二我レ與フ、彼レ取一る・といふ。（石山寺本大智度論第三種點　一一

19/11）

シク（如）

㈣ 所二以十方恆河沙（の）舍利弗・目連の不《ぬ》レ如《シ》二カ一（りの）菩薩一に者は、譬（へば）如丁く熒火の蟲（の）……不丙が作二（し）て是（の）念一（を）、我（が）光明をもて能（く）照乙（さ）むとイハ一閻浮提甲を、（三七 16/31～32）

「不如」をシカズと讀むことは、早く『萬葉集』に見え、訓點資料にも先例がある。「醉泣するに　なほしかずけり（不如家里）」（卷三・三五〇）、「長き心に　なほしかずけり（不如來）」（卷八・一五四八）

○ 於《ノソ》二ムる（と）キは摩納が所誦一に、……不《ず》レ可レ（くあら）爲レす比と。不《ず》レ如《シ》二カ摩納一には。（石山寺本四分律平安初期點　三一 18/6～7）

○ 阿羅漢等は雖二（も）漏盡一せりと、不《ず》レ如《シ》二カ初發心の菩薩一に。（石山寺本大智度論第一種點　七九 6/2）

シバシバ（意）

㈤ 餘の河は名字屢《シバヽ》轉す。此（の）恆河（は）世世に不レ轉（せ）。（七 16/9）

「屢」は、原文「意」。『大正新脩大藏經』によって訂正。

シバシバは、『萬葉集』に、假名書きも、「屢」を讀んだ例もある。「霍公鳥（ほととぎす）飛幡（とばた）の浦にしく波の　しばしば（屢）君を　見むよしもがも」（萬葉集　三一六五）。訓點資料では、先行資料に「屢」を讀んだものがある。

○ 雖二（も）盛なる冬の之月一（と）、亦（た）屬《シハシハ》見レ（る）虵（を）。（石山寺本金剛般若經集驗記平安初期點　複製本一三頁）「屬」の右に、「シハシハ」の下に「又皆也」とあり。朱・白同じ。「屬」は「屢」の誤字なるべし。

○眞は非二(ず)といふこと有無一に、如前に屢《シバ、、》辨してき。（大東急記念文庫本大乘廣百論釋論承和點　6/27）

スナハチ（便・尋）

(六)无二(きが)因縁一故(に)、汝便チ謂三(へ)り彌勒(の)弟子は心未二と純淑一(なら)。（四　19/10〜11）

(七)修身觀は者、尋ち隨二(ひ)て觀察一に、知二(る)なり其(れ)不淨なり、衰老し、病死し、爛壞(し)て、臭(き)處なり。骨節、腐敗(し)、磨滅(して)歸レ(することを)土に。（五〇　3/10）

スナハチは、『萬葉集』に、「ほととぎす　鳴きしすなはち　君が家に　行けと追ひしは　至りけむかも」（一五〇五）とあり、訓點資料では、さまざまな文字をスナハチと讀んでゐる。「便」は……スルト、スグニ。「尋」はツイデの意味である。先行資料に例がある。

○若(し)知(り)ては已一斷一を、便チ生二し歡喜一を、若(し)知二(り)ては未斷一を、則一便チ數數に勤(め)て修二す正道一を。（石山寺本瑜伽師地論平安初期點　二八　5/13〜14）

○若し一切の行の生し已(はり)て、尋チ滅するをは名二(づく)壞滅无常一と。（同　五二　6/27）

スナハチについては、なほ、〈『上』卷、第六章、語彙、スナハチ（適）〉（五〇六頁）の項參照。

ソシル（譏）

(八)若(し)不レに請は而說(きたま)ハハ、外道に所《れ》レなむ譏《ソシ》ラ。（七　5/17）

ソシルについては、〈『上』卷、第六章、語彙、ソシル（譏・譏刺）〉（五〇九頁）の項參照。

ソソク（注）

(九)是(の)時(に)、咽喉の邊の兩の處より流二し注《ソ、》(き)て甘露一(を)、和二合す諸の味一を。（四　15/7〜8）

ソソクについては、〈『上』巻、第六章、語彙、ソソク（漑・灌）〉（五一〇頁）の項參照。

【タ　行】

タダ（但）

（一）汝但た見下たり釋迦文尼菩薩の於二寶窟の中一に、見二て弗沙佛一を、七日七夜、以二て一偈一を讃上せるを。（四　19/7～9）

（二）汝无數劫より來《このか》た、集二（めて）諸の雜業一（を）、而无二し厭足一。而も但た馳二せ逐（ひ）て世樂一（をのみ）、不レして覺レ（ら）爲《た》レ（ることを）苦、（六　11/14～51）

ツカフ（役）

（三）力能ありて役《ツカ》レフが他を故（に）、名二（づく）使作者一（と）。（三七　10/4）

「役」は、諸橋轍次博士の『大漢和辭典』に、〔廣雅、釋詁〕から「役、使也。」を、〔周禮、春官、典祀〕から、「徵二役于司隸一而役レ之。〔注〕役レ之、作二使之一。」を、〔淮南子、本經訓〕から、「乘レ時應レ勢也。以服二役人心一也。〔注〕役、使也。」を引いて、「（八）つかふ。」と讀む。訓點資料で、「役」をツカフと讀んだ例は少ない。後續資料に左記の例がある。ただし、これは下二段活用である。

○　見下る有レ（り）て人多く役《ツカ》二へて力用一を求レ（むる）に財を不《ぬ》上レを得《ウ》。（東大寺本大般涅槃經平安末期點　四〇、11/19）

ツクノフ（償）

（四）償《ツクノ》レフこと罪を既に畢（り）て、、涅槃の善根熟（せるが）故（に）、（四〇　2/28）

ツクノフについては、〈『上』巻、第六章、語彙、ツクノフ（償）〉（五三一頁）の項參照。

トモニ（與）

㈤　晝夜に專レ(ら)にし念を、心に著して不レ捨(て)。便(ち)於二夢の中一に、與《トモ》に從レ(ひ)てすとユメミル事に。（七　6/26～27）

訓點資料で、「與」をトモニと讀むのは、先例がある。

○　諸佛皆與《トモ》二此の人に授二(け)む阿耨多羅三藐三菩提の記一を。（西大寺本金光明最勝王經平安初期點　五　5/4）

○　世尊の身支は……无二し與《トモ》二等しき者《ひと》一は。（高山寺本彌勒上生經賛平安初期點　18/1）トモニは白點。

○　相ヒ與《トモ》に謀議して、運《ハコ》二ヒて諸の籌と策一とを、（東大寺本地藏十輪經元慶點　二　3/3）

【ナ　行】

ナス（作）

㈠　是(の)十四の變化(の)心を作《な》二す八種の變化一(と)。（六　8/32）

㈡　八者、隨二(ひて)意の所欲一に、盡(く)能(く)得。……手をもて捫《な》二て日月一を、能(く)轉二し四大一を、地を作《な》レし水(に)、水を作レ(し)地(に)、……金を作レす石に。（六　9/3～5）

ナスについては、〈『上』卷、第六章、語彙、ナス（作・爲）〉（五四六頁）の項參照。

ナヅ（捫）

㈡の例に、「捫」をナヅと讀んでゐる。ナヅについては、〈『上』卷、第六章、語彙、ナヅ（慰）〉（五四八頁）の項參照。

ナニセム（何爲）

㈢　譬(へば)如下(し)人雖レ(も)有レ(り)と目、日不《ぬ》レ出(て)時(は)、不レ能レ(は)有二(る)こと所見一。要(す)須《(も)》二て日の明一を、得《う》レ有二(る)こと所見一。不《ぬ》上レが得レ言二(ふ)こと我は有レ(り)眼、何用レ(ゐる)こと日を爲《せ》一むとは。（四　22/6～8）「須」の右に「以也」の注あり。

ナニセムについては、〈『上』卷、第六章、語彙、ナニセムゾ（何・何――爲）〉（五四九頁）の項參照。

ナル（作）

（四）牛（の）相は非二（ず）馬の中一に。馬の相は非二ず牛の中一（に）。馬は不《ぬ》レが作《な》レら牛と故（に）。（五　9/27～28）

（五）淨居の諸天化（し）て爲《な》二りて老病死の人一と、令二む其（の）心をして厭一（は）。（三七　3/29～30）

ナルについては、〈『上』卷、第六章、語彙、ナル（作・爲・成-爲・補讀）〉（五五五頁）の項參照。

ニクム（惡）

（六）世世より已《このか》-來た、常（に）好二（み）て直實一を、惡《にく》二む於欺誑一を。（四〇　18/3）「惡」の右に、第一種點「ニクム」あり。

ニクムは、『日本靈異記』の訓注に「憹」を「尓久見」と讀んでゐるのが早く、他の訓點資料で、「惡」をニクムと讀んだ例は多い。

○ 天地相《あひ》憹《ニク》ミ、大きなる厲《わざはひ》を被《かがふ》らむ。（下、第三八話、訓釋「憹尓久見」）日本古典文學大系本による。

○ 餘（の）比丘見（て）甚（た）惡《ニク》ム之。（小川本四分律平安初期點　甲　4/8）

○ 被《ラ》二ル、惡ミ賤一シビ者は、人に所《レ》レヌ敬（は）。（西大寺本金光明最勝王經平安初期點　一　5/19）

ノル（騎）

（七）見れば、一（り）の金色の光明の色人、騎《ノ》二リテ［て］白-象一（に）、合レ（せて）手（を）供養す。（九　16/6～7）

ノルは、『萬葉集』に、「ぬばたまの　黑馬に乘りて（黑馬爾乘而）　川の瀬を　七瀬渡りて」（三三〇三）とあるのが早い。訓點資料では、先例は「乘」を讀むことが多く、「騎」は後續資料に出て來る。

○ 伏（し）て惟《おも》二（ひみれば）陛下一を、握《と》レりて紀を乘《の》レり時に、（知恩院本玄奘三藏法師表啓平安初期點　2/6）

○　匪レ乘《の》二ラずして千葉一に詣《マ(ゐ)》二ツルこと雙林一(に)如《ごと》二し食頃《兄》一の。（同　4/17）

後續資料に、「騎」をノルと讀んだ例がある。

○　捉二(り)て赤き幡一を騎《ノ》二レリ孔雀一に也。（石山寺本法華義疏長保點　一　22/27）

○　各(の)騎《ノ》二テ如レ(く)アル龍(の)之馬一に、皆率二(ゐる)如レ(くある)雲(の)從一(を)也。（眞福寺本將門記　古典保存會複製本　16ウ）

【ハ　行】

ヒズカシマナリ（狷）

（一）　有る外道の輩は、或いは常(に)翹《(くはた)》レてて足を求レム道(を)。或いは常(に)立ち、或(い)は荷レ(ひ)て足を坐セリ。如レ(く)是(の)狂《(たふ)》れ狷《ヒスカシマ》にして、心沒二せり邪海一に。（七　9/17～18）

「狂狷」は、諸橋轍次博士の『大漢和辭典』に、『論語』〔子路〕の、「子曰、不下得二中行一而與上レ之、必也狂狷乎。狂者進取、狷者有レ所レ不レ爲也。」を引いて、「徒らに理想に走って實行が伴はず、思慮が乏しくかたくななこと。狂は志が極めて高く進取の氣象に富むが行の疎略なこと。狷は知識の未だ及ばない所はあるが、守る所が堅固であり斷固として不善を爲さないこと。」と說く。これをヒズカシマと讀んだのは、本例が初出である。後續資料に、「佷」を讀んだものがある。

○　云何(なるをか)爲レ(る)惱と。忿と恨とを爲《シ》レ先と、追ひ觸《フレハ》ヒ暴《シ》ヒ熱《アツカ》ヒ、佷《ヒスカシマ》(に)戾《モトホ》ルをもて爲レ(す)性と。（石山寺本成唯識論寛仁點　六　13/11～12）

觀智院本『類聚名義抄』には、「佷・偪・□（囂の下、口二つ省形）」等をヒスカシ、「囂」をヒズカシと讀んでゐる。

フム（踏・躙）

（二）汝は如ニし狂象の踏み躪《フ》ミ残害するに、无レ（き）が所ニ拘制一する。誰（か）調レ（ふる）汝（を）者《もの》。（六 11/16）「躪」は『大正新脩大藏經』に「藉」に作る。

「躪」は、諸橋轍次博士の『大漢和辭典』に、「躇に同じ」とし、〈集韻〉から「躇、踐也。或从レ藉。」を引いて、「ふむ」と讀む。觀智院本『類聚名義抄』では、「躇」をフムと讀み、「躪」を「俗」としてゐる。訓點資料では、「踏・蹬・履」等をフムと讀むことが多く、「躪」を讀むことは稀である。なほ〈『上』卷、第六章、語彙、フム（踏）〉（五八三頁）の項參照。

フル（雨）

（三）多聞と辨慧と巧言語とをもて、美《ヨ》ク説ニ（きて）諸法一を轉ニすとも人心一を、自（ら）不如法（にして）行不《ぬ》レは正（しくあら）、譬（へば）如ニし雲《（く）モ》（り）雷なれども而不レ雨フラヌガ。（五 13/4～5）

「雨」一字をアメ―フルとも、單にフルとも讀むが、今はアメ―フラヌガと讀むのであらう。

○暴キ雨フリ、悪（し）キ風フキて、不《じ》レ依ニ（ら）時節一に。（飯室切金光明最勝王經註釋平安初期點 六 133～134）アメ―フル

○受ニ（く）ルコトと無量の樂一を、雨《（あめふ）》ニラシむルコトと天の妙華一を、（西大寺本金光明最勝王經平安初期點 五 9/28）アメ―フラシム

○大龍王普ク雨《（あ）メ》ニフラシテ世間一に、作ニし衆生の利益一（を）、（大東急記念文庫本大日經義釋延久・承保點 七 57ウ）アメ―フラス

○當（に）雨《フ》ニリテ砂土一（を）、塡ニチ滿タタム此（の）城一に。（興聖寺本大唐西域記平安中期點 15/18）フル

フルフ（搖）

（四）譬（へば）如下（く）搖《フル》レ（ひて）樹（を）取レ（るときに）菓（を）、熟（せる）者（は）前（に）墮（つ）、若（し）未《ぬ》レ熟（せ）者（は）、更（に）須中（きが）後（に）搖上（ふ）、（七　17/3〜4）

振り動かす意味のフルフには、先例がある。

○五百（の）梨耆（い）振《フル》レヒ手を、瞋二（り）恨（みて）菴婆羅婆提一を言（はく）、（岩淵本四分律平安初期點　12/25〜13/1）

ホソ（齊）

（五）如下（し）人の欲《す》レる語（らむと）時に、口の中に風あり。名二（づく）憂陀那一（と）。還（り）て入（り）て至レ（り）て齊《ホソ》二、觸レして齊《ホソ》ニ響出っ。響出（つ）る時は、觸二して七處一（に）退上するが、是を名二（づく）語言一（と）。（六　4/11〜12）「響」は原文「嚮」。『大正新脩大藏經』によって訂正。

ホソについては、〈『上』巻、第六章、語彙、ホゾ〉の項（五八七頁）参照。

ホトリ（頭）

（六）是（の）時（に）、有二（り）一（り）の貧（しき）老母一。立（ちて）在二（り）道の頭《ホト（り）》一に。（九　12/33）

ホトリは上代には例がなく、左記訓點資料に見えるものが初出である。

○四（つ）の邊には皆是（れ）鐵の床、劍の樹あり。有二（り）四の獄卒一、手には持二（ちて）鐵の叉《マサカリ》一を、畔《ホトリ》の上（を）走リ行（きて）、叫《サケ》ヒ喚《ヨハ》フ之聲、甚（た）可二（し）怖畏一（す）。（石山寺本金剛般若經集驗記平安初期點　複製本　31頁）

○平州（の）人孫壽、於二海（の）濱《ホトリ》一（に）遊獵（して）、見二（る）野火（の）炎熾（にして）、草木蕩盡一（せるを）。（黑板本金剛般若經集驗記平安初期點　複製本　14頁）

○於二州（の）城門（の）首《ホトリ》（の）堂上一（にして）、常（に）誦二（す）金剛般若一（を）。（同　26頁）

(六)の「畔」のホトリは、河のほとりである。「頭」をホトリと讀んだものに、末期の例がある。

○頭《ホトリ》の指を爲レ(す)定と。(大東急記念文庫本大日經義釋延久・承保點　一〇　26オ)

○有レ(り)て人坐二(し)て四衢道の頭《ホトリ》一に、(東大寺本大般涅槃經平安末期點　二四　16/18)

○出(て)て至二(り)て江ノ頭《ホトリ》一二、(唐招提寺本戒律傳來記保安點)

【マ　行】

マドハス(誑)

(一)以レ(て)の无(を)故(に)、影は非レ(す)有二(る)に實物一。但(た)是(れ)誑《マトハ》レス眼を法なり。(六　7/13)

マドハスは、『萬葉集』に先例がある。「渡會の　齋宮ゆ　神風に　い吹き惑《まど》はし(伊吹或之)」(一九九)。ただし、確實な例は、左記訓點資料に始まる。

○非三(ず)但(た)誑《タフロカ》二シ炫《オフセカ》ス(のみにあら)凡庸一(を)、亦(た)是(れ)誑《マトハ》二シ囚《カ》ケツ聖上一(を)。(黑板本金剛般若經集驗記平安初期點　複製本一　二四頁)「オフセカス」は左訓。セ不確實。

○无明に所レ覆はレ、邪見に惑《マトハ》レサレたり・ト心を、(西大寺本金光明最勝王經平安初期點　三　2/13)

マトフ(繞)

(二)一切の煩惱の結の繞《マト》レふが心を故(に)、盡く名(づけ)て爲レ(す)纏(と)。(七　6/11～12)

マトフは、上代にはなく、初期訓點資料に始まる。

○或(るときは)入二(り)て稠林一に、履《フ》ミ踐《フ》ミて棘に圍《マト》ハル。(石山寺本瑜伽師地論平安初期點(B)七九　5/29)

マノアタリ(面)

（三）若（し）於二目の前一に面《(まのあ)たり》請二するは諸佛一を、則（ち）可なるべし。（七　4/7）

マノアタリは、上代にはなく、初期訓點資料に始まる。

○聖上（の）親《(ま)の(あ)タリクタ》降二シ鑾の輿《みコシ》一を、開二ケリ青－蓮（の）之目一を。（知恩院本大唐三藏玄奘法師表啓古點　3/2）

○忽に以二て微－生一を親《(まのあ)たり》承二（け）た（ま）ハリて梵の響一を、踊躍（と）アカリ、歡喜とヨ（ろこ）ヒヨ（ろ）コ（ふる）こと如《こと》レ（し）聞《き》二ケルが受－記一を。（同　4/23）

ミ（身）

（四）夢の中に見《み》二人の頭に有一レ（り）と角、或（は）夢に見《み》二（る）身飛二（ふ）と虚空一に。人實に无レ（し）角、身《み》亦（た）不レ飛（は）。（六　5/32〜33）

ミ（身）は、早く『古事記』の歌謡「日下江《クサカエ》の　入り江の蓮《はちす》　花蓮　身のさかり人（微能佐加理毘登）ともしきろかも」（記下）や、『萬葉集』の和歌「しらぬひ　筑紫の綿は　身に著けて　いまだは着ねど　暖けく身ゆ。」（三三）に出てくるが、初期の訓點資料の例は少ない。

○躬《み》には習《なラ》二ヒ梵言一を、覽《み》二たり毘－尼（の）之奧旨一を。（知恩院本大唐三藏玄奘法師表啓平安初期點　1/18）

ミヅカラ（自）

（五）自《み(つから)》无なるが故（に）、他（も）亦（た）无し。（六　7/28）

（六）佛在二して一處一（に）說レ（き）たまふに法を、能（く）令三（め）たまひたり一一の衆生をして各（の）自《み(つから)》見二佛在レ（して）前《(ま)へ》に說レ（き）たまふト法を。（九　8/5〜6）

（七）是（の）普明菩薩（は）於二諸菩薩の中一に、最尊第一なり。應三（し）自《み(つから)》知二（る）因緣一を。（九　16/27〜28）

（八） 汝莫下自《ナみ（つから）》 以二煩惱未《（ず）》レ盡（き）、未《（ぬ）》レをもて（の）成二（ら）佛道一故（に）、而自（ら）懈廢上すること。（五六 7/14～15）

ミヅカラは、上代にはなく、平安初期の訓點資料に初めて現れる。

○ 其（の）側（に）作レ（り）廬（を）、三年（までに）自《ミ（つから）》運レ（ひて）土（を）作レ（る）墓（を）（東大寺諷誦文稿 6/24）

○ 先レ（にして）他ヲ而後レ（にし）己《ミツカラ》（を）、濟レ（ひて）［弘］公（を）而陋《サ》レクス私ヲ。（同 12/4）

○ 自《み（つか）ラ》知二るベシ當に作《（な）》レ（らむ）と佛と。（唐招提寺本妙法蓮華經平安初期點 一 7/6）

和文では、『古今和歌集』に、「萬えうしふにいらぬふるきうた、みづからのをも、たてまつらしめたまひてなん。」（序）とあるのが早い。

ミル（見）

（九） 何（を）以（てか）不二見《み》レ聲をは聞レ（か）色をは。（六 1/8）

（一〇） 我（れ）无二（きが）實智一故（に）、見《み》二種種の法一を、見已（り）て歡喜して、（六 2/24～25）

（一一） 夢の中に見《み》二人の頭に有レ（り）と角、或（は）夢に見《み》三（る）身飛二（ふ）と虚空一に。（同 5/22～23）

（一二） 一處（に）坐して說レ（き）て法を令二（め）たまふ諸（の）衆生をして遠處に皆見《み》、遠處に皆聞一（か）。（九 8/4～5）

ミルについては、〈『上』卷、第六章、語彙、ミル（見・看・尋・補讀）〉（六〇五頁）の項參照。

ムカシ（曾）

（一三） 佛告二（けたまはく）婆羅門一（に）、「汝頗し曾《（むか）》し見下（きや）世に所二希有（にして）難レ（き）見事上（を）不（や・と）。」（八 2/32～33）

ムカシについては、〈『上』卷、第六章、語彙、ムカシ（曾）〉（六〇七頁）の項參照。

モシ（若・頗・爲）

モシについては〈第四章、一、若・爲・頗〉の項參照。

モチヰル（以・用）

（一四）問曰、「一事をもて可レ（し）知（り）ぬ。何（そ）以《（もち）》ニヰる多（くの）譬喩一を。」（六 4/33～34）

（一五）欲レ（ふ）ときは見ニむと衆生一を唯（た）以《（もち）》ニ（ゐる）二眼一を（のみ）。（七 11/31～32）「以」の右に「用也」の注あり。

（一六）福徳に須《（もち）》レヰる願を、是を名レ（づく）願レすと受ニけむと无量の諸佛の國土一を。（七 2/23）

（一七）盲人（は）无量（なり）、而（も）言三（ふ）唯（た）須《（もち）》ニヰる（と）一（り）の醫一（をのみ）。此（れ）亦（た）不レ然（ら）。以レ（ての）是（を）故（に）、應三（し）更（に）有ニ（る）十方の佛一。（九 13/29）

モチヰルの確實な例は、初期の訓點資料に始まるらしい。

○我今須《モチ》レ（ゐ）ム草を。見レよ惠ニ（へ）ら少多一。（石山寺本四分律平安初期點　三一 7/12）

○時に大象王心に生ニ（し）て悲愍一を、徐《ヤウヤ》ク問レ（ひ）て人に曰《い》はク、「汝何《ナ（に）》ノ所レカアル・といふ須する。」彼の人答（へ）て曰《い》はク、「欲《おも》レふ・といふ須《モチ》ニヰ（むと）汝ガ牙一を。」（東大寺本地藏十輪經元慶點　四 8/3～4）

ただし、それから少し後の、本點よりは早い、京大圖書館本『蘇悉地羯羅經』延喜點に、「用・須」にイを送って、モチイルと讀んでゐるから、

○梟く惡しき之類を皆不レ應レ（くあら）用い（る）。（32/11）

○金剛の諸の事には應レ用ニい（る）べし……或いは苦練木一を。（16/10）

○常に須《（もち）》ニいむ念誦一することを。（8/10）

本點の場合も、表記上はモチヰルを踏襲してゐても、音聲上はモチイルであったはずである。その一方で、「用」

にフを送って、ハ行上二段に活用させてゐる（四二八頁（二）の例）のは、どういふことか、理解に苦しむ。本點の加點者にとって、モチヰルをモチイルと發音してゐても、それはやはり古語であって、自分自身はハ行上二段に活用させて使用したと言ふことであらうか。問題は殘るが、「用」をハ行に活用させた、最初の事例として、注目したい。後に、モチヰルを誤ってモチヒルとし、この方が一般化することになるが、モチヒルの確例は、石山寺本『成唯識論』寛仁點が初出である。

○相分心等は不二が能縁一に（あら）故（に）、須《モチ》二ヒルときは彼れい實に用一を、別に從レ（ひ）ても此に生す。（石山寺本成唯識論寛仁點二 16/7）

○若し苦き樹の菓の油をは、諸の天に用（ゐ）る。及ひ摩訶迦羅に用《モチ》ヒヨ。（京大圖書館本蘇悉地羯羅經延喜點 26/5）モチヒヨは朱點。

モツ（擔）

（一八）如三く重（き）物をは一人（して）不レ能レ（は）擔《モ》ツこと、必（す）須《も》二（ちゐ）るが多（く）の人の力一を、如レ（く）是（の）種《う》レ（うる）ことは相を、要す得二て大心多思和合一すること、（四 18/35～19/1）

「擔」は、諸橋轍次博士の『大漢和辭典』にニナフと讀み、觀智院本『類聚名義抄』も同じである。本點のモツもニナフ意味なのであらう。

モノ（者・物・補讀）

モノについては、〈第五章、第一節、形式名詞、モノ〉の項參照。

モモ（髀）

(一九)　兩(の)膝、兩(の)髀《モヽ》、腰-背、腹背……各各放二(ち)たまふ六百萬億の光明一を。（七　13/32～34）

モモについては、〈『上』卷、第六章、語彙、モモ（髀）〉（六一二頁）の項參照。

【ヤ　行】

ヤカラ（輩）

(一)　有る外道の輩《やから》言(はく)、「體道常(に)定(ま)れり。何(を)以(て)ぞ著レして法に多レく言多レき・とイヒナム事。」（七　5/1～2）

「常」原文「帶」。『大正新脩大藏經』によって訂正。

ヤカラの確實な例は、上代にはなく、平安初期の訓點資料に初めて登場する。

○　行二する六事一を輩《やか》ラ、極(め)て少し。但シ(白)能く於二一念の項《間》一も至レ(し)て心を不レず犯(せ)。（高山寺本彌勒上生經贊平安初期點（朱）22/1）

○　二十卷本『和名類聚抄』にも、「商人　穀梁傳云、商人〈和名阿岐比止〉一云、商賈一云百族〈和名、毛毛夜加良〉」とある。

ユメミル（補讀）

(二)　如佛在(し)し時に、三人ありて爲二れり伯仲一と。……各各(の)聞三(き)て人(の)讃二(す)るを三(たり)の女人端正无比一なり(と)、晝夜に專レ(ら)にし念を、心に著して不レ捨(て)。便(ち)於二夢の中一に、夢に與《トモ》に從レ(ひ)てすとユメミル事に。覺し已(り)て心に念はく、「彼(の)女も不レ來(ら)。我も亦(た)不レ往(か)。而(る)ものを淫の事の得レる・といへり辨すること。」因レ(りて)是(に)而悟二(り)ぬ一切の諸法、皆如レしと是(の)邪。（七　6/22～28）

ユメ-ミルに附いては、〈『上』卷、第六章、語彙、ユメミル（夢）〉（六二〇頁）の項參照。

ヨシ（美）

（三）多聞と辨慧と巧言語とをもて　美《ヨ》ク説二（きて）諸法一を轉二すとも人心一を、自（ら）不如法（にして）行不《ぬ》レは正（しくあら）、（五 13/4～5）「美」の訓ヨク、不確實。

「美」をヨシと讀んだ例は、比較的新しい資料に見える。

○其の味ひ次に美《ヨ》クシテ、世に復（た）易レし求（め）。（京大圖書館本蘇悉地羯羅經延喜點（朱）27/6）

○若し山の中より所レの生する根の美《ヨ》キ味ヒアラムヲハ者、佛部に供獻セヨ。（同 27/18）「美」の訓ヨキは朱點。

【ワ 行】

ワカス（融）第一種點

（一）是（の）骨人筋纏（して）、能（く）作二（すこと）言語（の）聲一（を）、如二（し）融《ワ》カせる金の投（い）レるが水に。（六 4/19）「投」の右に「入也」の白注あり。「筋」原文「角＋力」、『大正新脩大藏經』によって訂正。

「ワカセル金」とは、高溫で熱せられて、ドロドロになった金のことである。ワカスは早く『萬葉集』に「さし鍋に　湯沸かせ（湯和可世）子ども　櫟津《いちひつ》の　檜橋より來む　狐に浴《あ》むさむ。」（三八二三）とあり、訓點資料にも先例がある。

○身の色は光リ明にして常に普ク照（し）たまふこと、譬（へば）如二し融《ワカ》せる金の妙にして無比一なるが。（西大寺本金光明最勝王經平安初期點　五 1/25）

また、天治本『新撰字鏡』に、「煖〈奴管・難管二反。溫也、湯也、阿太ゝ牟、又、和可須。〉」とある。

ワダカマル（蟠）第一種點

(二)　覺悟するときに亦(た)輕《カ(る)》(く)便なり、安坐するときに如二(し)龍の蟠《ワタカマ》一(れるが)。(七　9/14)

「蟠」は、諸橋轍次博士の『大漢和辭典』に、〔廣雅、釋詁一〕から「蟠、曲也。」を、〔集韻〕から「蟠、一曰、龍未二升天一謂二之蟠一。」を、〔尚書大傳、虞夏傳〕から「蟠龍賁二信於其藏一。〔注〕蟠、屈也。」を引いて、「(四)まがる。わだかまる。」と讀む。

ワダカマルは、訓點資料に先例がある。

○　結跏趺坐といふは者、如二し槃《ワタカマ》れる龍の屈一レるが。(高山寺本彌勒上生經贊平安初期點(朱)14/15)

○　世尊の骨節は……猶し若二し龍の盤《ワタ(か)マ》一レるが。(同　16/25)

○　十位の菩薩は諸の節骨解(け)槃龍《ワタカマ》りて相ひ結べり。(石山寺本大般涅槃經平安初期點(丙)一一　3)

『和名類聚抄』には、「蟠、野王案蟠〈音煩、訓和太加末流〉龍蛇臥貌也。」と説く。

ワナ(檝)

(三)　知下る五欲は如二し釣の賊レ(す)るが魚を、如二し檝《ワナ》の害レするが鹿を、如中(し)と燈の焚上レくが蛾を。(三七　5/27〜28)

ワナは、『記・紀』の歌謠に、「宇陀の　高城《たかぎ》に　鴫羂《しぎわな》張る(志藝和那)」(古事記歌謠九)、(書紀歌謠七)、天治本『新撰字鏡』に「罥〈古玄反、上、繫也、挂也、和奈。〉」、『和名類聚抄』に「蹄、周易云、蹄者、所二以得レ兎也、故得レ兎忘レ蹄。〈師說和奈、今案卽牛馬蹄字也、見二玉篇一也。〉」とあるが、訓點資料では、他に例を知らない。

ヰル(將)

(四)　作二(して)制限一(を)後に、佛到二(り)たまひ其の國一に、將《ヰ》二て阿難一を、持レ(ちて)鉢を入レ(りて)城(に)乞食(し)たまふ。(八　2/10)

ヰルは、『日本書紀』の歌謠に「山川に　鴛鴦《をし》二つ居て　偶《たぐひ》好く　偶へる妹を　誰か率《ゐ》にけむ。(多例柯威爾鶏武)」、

『萬葉集』に「荒き風　波にあはせず　平らけく　率て（率而）歸りませ　もとの國家《くにへ》に。」（四二四五）とあり、訓點資料にも先例がある。

○時（に）昌家（の）人未二敢（へて）入歛《ヲサ》一メズ。被二人（に）將《ヰ》一ラエ（て）至二（る）閻魔王（の）所一（に）。（黑板本金剛波若經集驗記平安初期點　複製本　下　28頁）

○將二て二百の弟子一を詣二る那提迦葉が所一に。（石山寺本四分律平安初期點　三三　7/8〜9）

○正二シて衣服一を將二たり大比丘千人一を。（同　7/8〜9）

第五部　譯　文

第一章　第一種點

第一節　巻第六十一

①摩訶般若波羅蜜經舍利校量品之餘　六十一

經復次、世尊、如下佛住二三事示現一説中十二部經、修多羅祇夜、乃至憂婆提舍上、復有善男子・善女人、受二持誦三説是般若波羅蜜一等无レ異。何以故、世尊、是般若波羅蜜中、生二三事示現、及十二部經脩多羅、乃至憂波提舍一故。復次、世尊、十方諸佛住二三事示現一説二十二部經脩多羅、乃

---

①摩訶般若波羅蜜經舍利校量品之餘　六十一

經復次、世尊（呼）、佛（の）三事（の）示現（に）住（して）、十二部經、修多羅祇夜、乃至、優婆提舍（を）説（きたまふが）如（く）、復（た）有る善男子・善女人の、是（の）般若波羅蜜（を）受持し、誦し説（き）たてまつる、等（しくして）異なること无（し）。何以故、世尊、是の般若波羅蜜の中に、三事の示現、[及]十二部經、修多羅、乃至、優婆提舍（を）生（するが）故（に）。復次、世尊（呼）、十方（の）諸佛、三事（の）示現（に）住（し）たまひて、十二部經、修多羅、乃至、優婆提舍（を）説（きたまふ）。復（た）有（る）人（の）、般若波羅蜜（を）受（し）他人の爲に説く、等（しく）し（て）異（なること）无（し）。何以故、般若波羅蜜の中より諸の佛を生し、亦（た）十二部經、修多

至憂波提舍一。復有人受二般若波羅蜜一、爲二他人一說、等无レ異。何以故、般若波羅蜜中生二諸佛一、亦生二十二部經、修多羅、乃至憂波提舍一。復次、世尊、若有供下養十方如二恆河沙一等世界中諸佛上、恭敬、尊重、讃嘆、華香乃至幡蓋。復有人書二般若波羅蜜經卷一、恭敬、尊重、讃嘆、華香乃至幡蓋。其福正等。何以故、十方諸佛、皆從二般若波羅蜜中一生。復次、世尊、善男子・善女人聞二是般若波羅蜜一、受持、讀誦、正憶念、亦爲二他人一說、是人不レ墮二地獄道、畜生餓鬼道一。亦不レ墮二聲聞辟支佛道一。何以故、當レ知、是善男子・善女人、正住二阿鞞跋致地中一故、是般若波羅蜜、遠二離一

羅、乃至、優婆提舍（を）生すをもて。復次、世尊（呼）、若（し）有る人（の）、十方（の）恆河（の）沙（の）如（きに）等し（き）世界の中の諸佛を供養（し）恭敬し、尊重し、讃嘆（し）、華香、乃至、幡蓋（をもてする）。復（た）有（る）人の、般若波羅蜜經卷を書して、恭敬し、尊重し、讃嘆（し）、華香、乃至、幡蓋（を）もて（する）。其の福（は）正（に）等（し）。何以故、十方（の）諸佛、皆般若波羅蜜（の）中從（り）生（し）たまふをもて。復次、世尊（呼）、善男子・善女人の是般若波羅蜜を聞（き）て、受持（し）、讀誦（し）、正憶念（し）、亦（た）他人の爲（に）說（か）ム、是の人は、地獄道、畜生、餓鬼道に墮（せ）不《じ》。亦（た）聲聞・辟支佛道に墮（せ）不《じ》。何以故、當知（れ）、是の善男子・善女人は、正（し）く阿鞞跋致地の中に住せるが故（に）。是（の）般若波羅蜜（は）、一切（の）苦惱・衰病（を）遠離（す）。復次、世尊、若（し）有（る）善男子・善女人の、是（の）般若波羅蜜の經卷を書（し）、受持（し）、親近（し）、供養し、恭敬し、尊重し、讃嘆せむ、是の人（は）、諸（の）恐怖（を）離（れむ）。世尊（呼）、譬（へば）債《ツクノヒ》を負へる人（の）、國王に親近し、左右（に）供給（するときには）[し]、債‐主反（り）て更に是の人をも供養し、恭敬す。是の人も復（た）畏怖せ不。何以故、世尊（呼）、此の人は、王に［於］依リ近（づき）て憑恃し、力有るが故（に）といふが如（く）、是（の）如く、世尊（呼）、諸佛の舍利は、般若波羅蜜に修薰（せ）らるるが故

切苦惚衰病一。復次、世尊、若有善男子・善女人書二是般若波羅蜜經卷一、受持、親近、供養、恭敬、尊重、讃嘆。是人離二諸恐怖一。世尊、譬如下負レ債人親二近國王一、供二給左右一、債-主反 更供二養恭三敬是人一。是人不二復畏怖一。何以故、世尊、此人依二近於王一、憑恃有レ力故上、如レ是、世尊、諸佛舍利、般若波羅蜜修薫故、得二供養恭敬一。世尊、當レ知、般若波羅蜜如レ王、舍利如二負-債人一。負債人依レ王故、得二供養一。舍利亦依二般若波羅蜜修薫一故、得二供養一。世尊、當レ知、諸佛一切種智亦從二般若波羅蜜修薫一故、得二成就一。以レ是故、世尊、二分中、我取二般若波羅蜜一。何以故、世尊、般若波羅蜜中、生二

(に)、供養(し)恭敬(せ)らるること得《ウ》。世尊、當知(しめせ)、般若波羅蜜(は)王(の)如(く)、舍利(は)負—債人の如(し)。負債人(は)王に依るが故(に)。供養(せらるること)得《(う)》。舍利も亦(た)般若波羅蜜に修薫(せらるるに)依(るが)故(に)供養(せらるること)得《ウ》。世尊(呼)、當知(しめせ)、諸佛の一切種智も亦(た)般若波羅蜜の修薫從(る)が故(に)成就すること得《ウ》。以是故、世尊(呼)、二分の中に、我は般若波羅蜜を取(ら)ム。何以故、世尊(呼)、般若波羅蜜の中より諸佛の舍利三十二相を生(す)。般若波羅蜜の中より亦(た)佛(の)十力、

諸佛舍利三十二相一。般若波羅蜜中亦生二佛十力・
②四无所畏・四无㝵智・十八不共法・大慈大悲一。世尊、般若波羅蜜中生二五波羅蜜一。使レ得二波羅蜜名字一。般若波羅蜜中生二諸佛一切種智一。復次、世尊、所在三千大千世界中、若有七受二持供三養恭四敬尊五重讃六嘆般若波羅蜜一、是處、若人、若非人、不レ能レ得二其便一。是人漸漸得レ入二涅槃一。世尊、般若波羅蜜爲二大利益一如レ是。於二三千大千世界中、能作二佛事一。世尊、在‐所處有二般若波羅蜜一、則爲レ有レ佛。世尊、譬如下无價摩尼寶在二所住處一、非人不レ得二其便一。若男子、若女人、有二熱病一、以二是珠一著二身上一、熱病即時除。若有二風病一、若有二冷病一、若有レ

②四无所畏・四无㝵智・十八不共法・大慈大悲を生す。世尊（呼）、般若波羅蜜の中に五波羅蜜を生す。波羅蜜（の）名字（を）得使（む）。般若波羅蜜（の）中（に）諸佛の一切種智を生（す）。復次、世尊（呼）、所在の三千大千世界の中に、若（し）般若波羅蜜を受し、持し、供養し、恭敬し、尊重（し）、讃嘆すること有（ら）ム、是の處には、若（し）人、若（し）非人い、其の便を得（る）こと能（は）不《じ》。是の人（は）漸漸《やうや》く涅槃に入（る）こと得ム。世尊（呼）、般若波羅蜜は、大の利益を爲（すこと）是（の）如（し）。三千大千世界の中に於て、能く佛事（を）作（し）たまふ。世尊（呼）、在‐所の處に般若波羅蜜有《いま》すいは［か］、則（ち）佛有すと爲（し）たまふなり。世尊（呼）、譬（へば）无價（の）摩尼寶（の）所住の處に在（る）ときに（は）、非人い其の便を得不。若（し）男子・女人（の）、熱病有（り）、是の珠を以て身上に著（く）るときに（は）、熱病即時に除しぬ。若（し）風病有リ、若（し）冷病有（り）、若（し）熱風・冷病雜せること有（る）ときに、珠を以（て）身（の）上に著（く）るときには、皆悉く除愈しぬ。若（し）闇の中をは、是の寶い能く明（らか）にあら令（め）、熱時をは能く涼（しく）あら令（め）、寒時をは能く溫（か）にあら令（め）。珠の所住の處は、其の地寒にも（あら）不、熱（にもあら）不、時‐節和‐適なり。其の處は、

雜二熱風冷病一、以レ珠著二身上一、皆悉除愈。若闇中、是寶能令レ明、熱時能令レ涼、寒時能令レ溫。珠所住處、其地不レ寒不レ熱。時-莭和-適。其處亦无二諸餘毒螫一。若男子、女人爲二毒虵一所レ螫、以レ珠示レ之、毒卽除滅。復次、世尊、若男子・女人眼痛、膚-瞖、盲-瞽、以レ珠示レ之、卽時除愈。若有二癩-創惡腫一、以レ珠著二其身上一、病卽除愈。復次、世尊、是摩尼寶所在水中、水隨作二一色一。若以二靑物一裹著二水中一、水色卽爲レ靑。若黃・赤・白・紅・縹物、裹著二水中一、水隨作二黃・赤・白・紅・縹色一。如レ是等種種色物、裹著二水中一、隨作二種種色一。世尊、若水濁、以レ珠着二水中一、水卽爲レ淸。是珠其德如レ是。尒時、阿難問二

亦（た）諸の餘の毒の螫《サ》スもの无し。若（し）男子・女人の、毒蛇の爲に螫（さ）所《れ》ぬるときに、珠を以（て）之（に）示すときには、毒卽（ち）除滅（しぬ）。復次、世尊、若（し）男子・女人の、眼痛《ヤ》ミ、膚《布反》-瞖《マケ》の、盲-瞽《メシ》ヒたるときには、珠を以（て）之に示すときには、卽時に除愈しぬ。若（し）癩-創惡腫有（る）ときに、珠を以（て）其の身の上に著（く）るときに（は）、病卽（ち）除愈しぬ。復次、世尊、是（の）摩尼寶の所在の水の中には、水（は）隨（ひ）て一色に作（り）ぬ。若（し）靑物以て裹《ツヽ》（み）て水の中に著（くる）ときに（は）、水の色卽（ち）靑に爲《な》りぬ。若（し）黃・赤・白・紅・縹〈天眇反〉の物をもて裹（み）て水の中に著（くる）ときには、水（は）隨（ひて）黃・赤・白・紅・縹（の）色（に）作《(な)》る。是（の）如（き）等（の）種種の色物をもて裹（み）て水の中に著（く）るときには、隨（ひて）種種の色（に）作（り）ぬ。世尊(呼)、若（し）水濁（り）ぬるときに、珠を以（て）水（の）中に著（く）るときには、水卽（ち）淸く爲《な》りぬ。是の珠の其の德是（の）如し。尒時、阿難、釋提桓因を問（ひ）て言（は）く、「憍尸迦、是（の）摩尼寶は、爲《(も)》し是れ天上の寶か。爲《(も)》し是れ閻浮提の寶か。」釋提桓因、阿難に語（らく）、「是は天上の寶なり。閻浮提の人も亦（た）是（の）寶有（り）。但（だ）功德（の）相少（な）し。具足せ不。天上の寶は淸淨輕妙なり。譬喩を以て比と爲《す》可（くあら）不。」復次、世尊(呼)、是の摩尼寶は、若（し）篋の中に［は］著ケて、珠を

釋提桓因一言、「憍尸迦、是摩尼寶爲是天上寶。爲是閻浮提寶。」釋提桓因語二阿難一、「是天上寶。閻浮提人亦有二是寶一。但功德相少。不二具足一天上寶清淨輕妙。不レ可下以二譬喩一爲上レ比。」復次、世尊、是摩尼寶、若着二篋中一、擧レ珠出二其功德一、薫レ篋故、人皆愛敬上、如レ是、世尊、在二所處一有レ書二般若波羅蜜經卷一、是處則无二衆惱之患一、亦如三摩尼寶珠所著處則无二衆難一。世尊、佛般涅槃後、舍利得二供養一、皆般若波羅蜜力。禪波羅蜜、乃至檀波羅蜜、內空乃至无法有法空、四念處、乃至十八不共法、一切智・法相・法住・法位・法性・實際・不可
③思議性・一切種智、是諸功德力。善男子・善女

擧（げ）て其の功德（を）出すときには、篋を薫するが故（に）、人い皆愛敬す・といふが如く（九行目に返る）、是（の）如く、世尊（呼）、所處に在（りて）、般若波羅蜜の經卷を書（き）たてまつること有る、是の處には、則（ち）衆惱（の）［之］患（ひ）无（し）。亦（た）摩尼寶珠の所著の處に、則（ち）衆難无（き が）如し。世尊（呼）、佛、般涅槃し（たまひ）て後に舍利の供養を得たまふことは、皆般若波羅蜜の力なり。禪波羅蜜、乃至、檀波羅蜜、內空、乃至、无法・有法空、四念處、乃至、十八不共法・一切智・法相・法住・法位・法性・實際・不可
③思議性・一切種智、是の諸の功德の力なり。善男子・善女人（は）

人作二是念一、「是佛舍利、一切智、一切種智、大慈大悲、斷二一切結使、及習一。常-捨行、不-錯謬法等、諸佛功德住處。以レ是故、舍利得二供養一。」「世尊、舍利是諸功德寶。波羅蜜住處。不レ垢不レ淨。波羅蜜住處。不生不滅波羅蜜、不-入不出波羅蜜。不-增不損波羅蜜。不來不去、不住波羅蜜。是佛舍利、是諸法相波羅蜜住處。以二是諸法相波羅蜜一薰修故、舍利得二供養一」復次、世尊、置二三千大千世界滿レ中舍利一。如二恆河沙一等諸世界滿二其中一舍利作二一分一。有人書二般若波羅蜜經卷一作二一分一。二分之中、我取二般若波羅一。何以故、是般若波羅蜜中生二諸佛舍利一、是般若波羅

是の念を作すべし、「是の佛（の）舍利（は）、一切智・一切種智・大慈大悲（にして）一切（の）結使、［及］、習を斷（ち）たまヒ、常-捨行・不-錯謬法の等《ごと》き諸佛の功德の住處なり。是（を）以（ての）故（に）、舍利（は）供養を得たまふ。」と。「世尊(呼)、舍利は是れ諸の功德の寶なり。波羅蜜の住處なり。垢にも（あら）不、淨にも（あら）不《ぬ》。波羅蜜の住處なり。不生不滅の波羅蜜、不-入不出の波羅蜜なり。不-增不損の波羅蜜なり。不來・不去・不住の波羅蜜なり。是の佛の舍利は、是れ諸法の相の波羅蜜住處なり。是の諸法の相の波羅蜜を以て薰修せるが故（に）、舍利は供養を得たまふ。」と。復次、世尊(呼)、三千大千世界に中に滿（た）ム舍利を置く。恆河（の）沙の如き（に）等（し）き諸の世界に、其の中に滿（た）ム舍利を一分と作《せ》む。有（ら）ム人（の）般若波羅蜜（の）經卷を書（き）たてまつるを一分と作《せ》む。二分［之］に中には、我（は）般若波羅（蜜）を取（ら）ム。何以故、是の般若波羅蜜の中より諸佛の舍利を生するをもて、是の般若波羅蜜に薰修（せ）られたまふが故（に）、舍利は供養を得たまふ。世尊(呼)、若（し）有（ら）ム善男子・善女人の、舍利を供養し、恭敬（し）、尊重（し）、讃嘆せむは、其の功德の報（は）［を］邊（を）得可（くあら）不。人中・天上（の）福樂を受（け）ム。謂（ふ）所（の）刹利（の）大姓の中、婆羅門（の）大姓、居士（の）大家、四天王天處、乃至、他化自在天の中にして、福樂を受けむ。亦（た）是の福德（の）因緣を以ての故（に）、

蜜勳修故、舍利得二供養一。世尊、若有善男子・善女人、供二養舍利一、恭敬、尊重、讃嘆、其功德報不レ可レ得レ邊。受二人中・天上福樂一。所レ謂刹利大姓中、婆羅門大姓、居士大家、四天王天處、乃至他化自在天中、受二福樂一。亦以二是福德因緣一故、當レ得レ盡レ苦。若受二持是般若波羅蜜一、讀誦說、正憶念、是人能具二足禪波羅蜜一、乃至能具二足檀波羅蜜一、能具二足四念處一、乃至能具二足十八不共法一、過二聲聞・辟支佛地一、住二菩薩位一。住二菩薩位一已、得二菩薩神通一、從二一佛國一至二一佛國一。是菩薩爲二衆生一故、受レ身。隨二其所應一成二就衆生一。若作二轉輪聖王一、若作二刹利大姓一、若作二婆羅門大姓一、成二就衆

當（に）苦を盡すこと得ム。若（し）是の般若波羅蜜を受し、持し、讀し、誦し、說し、正憶念せむ、是の人は、能（く）禪波羅蜜を具足し、乃至、能（く）檀波羅蜜を具足し、四念處を具足し、乃至、能（く）十八不共法（を）具足し、聲聞・辟支佛の地を過ぎ、菩薩の位に住せむ。菩薩の位に住し已（り）て、菩薩の神通を得、一佛國從（り）一佛國に至（ら）ム。是の菩薩（は）衆生の爲の故（に）身を受けむ。其の所應に隨（ひ）て衆生を成就せむ。若（し）轉輪聖王と作《な》リ、若（し）刹利大姓と作リ、若（し）波羅門大姓と作（り）て、衆生を成就せむ。是（を）以（ての）故（に）、世尊（呼）、我（は）輕慢の爲に、不恭敬の故（に）、舍利を取（ら）不《ぬ》には（あら）不。善男子・善女人（の）般若波羅蜜を供養（し）たてまつる（は）［を］、則（ち）舍利を供養（し）たてまつるに爲《な》りぬるを［もて］以（ての）故（に）。復次、世尊（呼）、有る人の、十方の无量阿僧祇の諸の世界の中の、現在佛の法身と［を］色身とを見ムと欲（は）ム、是の人は、般若波羅蜜を聞き、受し、持し、讀し、誦し、正憶念し、他人の爲に廣く說（き）たてまつる應（し）。是（の）如き善男子・善女人は、當（に）十方の无量阿僧祇の世界の中の諸佛の法身と、色身とを見たてまつらム。是の善男子・善女人は、般若波羅蜜を行せむときに、亦（た）法の相を以て念佛三昧を修すべし［應］。復次、善男子・善女人の、現在の諸佛を見たてまつらム（と）欲（ふ）いは、當（に）

生一。以レ是故、世尊、我不下爲二輕慢一、不恭敬故、不上レ取二
舍利一、以下善男子・善女人供二養般若波羅蜜一則
爲上レ供二養舍利一故。復次、世尊、有人欲レ見二十方无
量阿僧祇諸世界中現在佛法身色身一、是人
30 應下聞二受三持般若波羅蜜一讀、誦、正憶念、爲二他
人一廣說上。如レ是善男子・善女人當レ見二十方无量
阿僧祇世界中諸佛法身・色身一。是善男子・善女
人行二般若波羅蜜一、亦應下以二法相一修中念佛三昧上。
復次、善男子・善女人欲レ見二現在諸佛一、應下當受二
④持是般若波羅蜜一、乃至正憶念上。
論復次、佛住二三-事示現一、說二十二部經一者、問曰
一切人中、无二與レ佛等者一。佛說二十二部經一、則无レ

---

④是の般若波羅（蜜）を受し、持し、乃至、正憶念したてまつる應（し）。

論復次、佛、三-事の示現に住（し）て、十二部經を說（きたまふ）といふは［者］、問曰、一切の人の中に、佛と［與］等（し）き者《ひと》无し。佛（の）十二部經を說（き）たまふときに、則（ち）

不㆓備具㆒。云何善男子但受㆓持讀㆔誦般若㆒、與㆑佛等无㆑異。答曰、此中佛欲㆑稱㆓嘆般若爲㆑大故。於㆓十二部經中㆒、般若爲㆓最勝㆒。所以者何、説㆓是般若波羅蜜㆒、多有㆑發㆓菩薩心㆒、説㆓十二部經㆒、雜發㆓三乘意㆒故。不㆘以㆓菩薩功德㆒比㆗佛无量身㆖。此説㆘法身菩薩但説㆓般若㆒、勸㆓導大乘㆒、佛雜説勸導㆗三乘㆖故、等无㆑異。復次、三事示現及十二部經根本者、所㆑謂般若波羅蜜是。供㆘養十方如㆓恆河沙㆒等諸佛㆖、若復有供㆓養般若經卷㆒、亦等无㆑異。此中佛説般若所以福勝因緣。所㆑謂般若能破㆓一切苦惱衰病怖畏等㆒。如㆓負責人依㆑王、王喩㆓般若㆒、負債人喩㆓舍利㆒。舍利是先

備具セ不といふこと无し。云何ぞ善男子の、但（だ）般若をのみ受持し讀誦（し）たてまつり、佛と［與］等（し）くして異なること无き。答曰、此（れ）が中には、佛、般若（を）大と爲すと稱嘆せむと欲《おもほ》すが故（に）なり。十二部經の中に於（て）、般若を最勝と爲す。所以者何、是の般若波羅蜜を説（く）ときには、多く菩薩の心を發すこと有リ、十二部經を説（く）ときには、雜して三乘の意を發すが故（に）。菩薩の功德を以て佛の无量の身に比するには（あら）不。此は法身の菩薩の但（だ）般若を（のみ）説（き）て、大乘を勸導すると、佛の雜（して）説（き）たまひて、三乘を勸導するとを、説（く）が故（に）、等（し）くして異なること无（し）。復次、三事の示現と、［及］、十二部經との根本は［者］、謂（ふ）所（の）般若波羅蜜是（なり）。十方の恆河（の）沙の如きに等しき諸佛に供養（し）たてまつらムと、若（し）復（た）［有ム］般若經卷を供養（し）たてまつらムとは、亦（た）等（し）くして異なること无けむ。此が中に佛、般若を説（き）たまふ所以は、福勝（れ）たる因緣なり。謂（ふ）所（の）般若の能く一切の苦惱・衰病・怖畏等を破（し）たまふなり。負責の人の、王に依れるが如く、王をは［すに］般若に喩す、負債（の）人を舍利に喩す。舍利は是れ先世の業の因緣に成（さ）所《（れ）》たり。因緣の中に、諸の對《アタ》を償《ツクノ》フ應（し）。般若波羅蜜に薫修（せ）らるるを以（て）の故（に）、宿命の因緣の諸の對《アタ》〈天　惡也〉と、［及］、飢渴・寒熱との得（る）こと能（は）不《ぬ》

世業因縁所㆑成。因縁中應㆑償㆓諸對㆒。以㆓般若波羅蜜薫修㆒故、宿命因縁諸對、及飢渇、寒熱所㆑不㆑能㆑得、而得㆓諸天・世人所見供養㆒。如㆘負債人依㆑王反爲㆓債主㆒所㆖敬。先説㆑无㆓諸衰病、及怖畏㆒、以㆑明㆑內、今説㆓摩尼寶、人・非人不㆑得㆓其便㆒、以㆑明㆑外。是人供㆓養般若波羅蜜㆒故、若今世、［若］後世、若身‐衰・心病、盡皆能除、諸善願事、隨㆑意能與。得㆓是般若波羅蜜大寶㆒故、无㆓諸怖畏㆒、无㆑所㆓乏短㆒。譬如㆓无價寶珠所㆑願皆得㆒。問曰、摩尼寶珠於㆓頗梨・金銀・車渠・馬瑙・琉璃・珊瑚・甪魄・金剛等中㆒、是何等寶。答曰、有人言、「此寶珠從㆓龍王惣中㆒出。人得㆓此珠㆒、毒不㆑能㆑害。入㆑火不㆑能㆑

所として、而も諸天・世人の所見・供養を得《ウ△》。負債（の）人（の）王に依れるときに［を］、反（り）て債主の爲に敬（せらるる）［所］が如く。先に諸の衰病、［及］、怖畏无（し）と説（き）しいは、以て内を明（さ）く、今、摩尼寶は、人と非人と、其の便を得不と説（く）ときには、以て外を明（さ）く。是（の）人（は）般若波羅蜜を供養（し）たてまつるが故（に）、若（し）今世、後世に、若（し）身‐衰・心病を盡く皆能く除し、諸の善願の事を、意に隨（ひ）て能く與フ［と］。是の般若波羅蜜（の）大寶を得せるが故（に）、諸の怖畏无（く）、乏短なる所无し。譬（へば）无價寶珠の願（ふ）所（を）皆得しむる（が）如し。問曰、摩尼寶珠は頗梨・金銀・車渠・馬瑙・瑠璃・珊瑚・甪魄・金剛等の中に於て、是れ何（の）等《(ごと)》き寶ぞ。答曰、有（る）人の言（は）く、「此の寶珠は、龍王の惣《ナツキ》の中より出ヅ。人此の珠を得るときには、毒も害（する）こと能（は）不。火に入れども、燒（く）能（は）不。是（の）如（き）等の功德有（り）。」といふ。有（る）人（の）言（はく）、「是（れ）帝釋の執れる所の金剛なり。用《これをも》て阿修羅と［與］鬪フ時に、閻浮提に碎《クダ》ケ落（ち）ぬ。」といふ。有（る）人（の）言（は）く、「諸の過去の久遠の佛の舍利なり。法既に滅盡するとき、舍利い變（し）て此の珠と成る［をもて］。（これを）以（て）衆生を益す。」といふ。有（る）人（の）言（は）く、「衆生の福德の因緣の故（に）、自然に此の珠有（り）。譬（へば）罪の因緣の故（に）地獄の中に自然に治‐罪

燒。有二如レ是等　功德一。」有人言、「是帝釋所レ執金剛。用與二阿修羅一鬪時、碎二落閻浮提一。」有人言、「諸過去久遠佛舍利。法既滅盡、舍利變成二此珠一。以益二衆生一。」有人言、「衆生福德因緣故、自然有二此珠一。譬如下罪因緣故、地獄中自然有中治-罪之器上、此寶珠名二如意一。无レ有二定色一、清-徹輕妙、四天下物皆悉照現。」如意珠義如二先說一。是寶常能⑤出二一切寶物一。衣服飮食隨二意所欲一盡能與レ之。亦能除二諸衰惱・病苦等一。是寶珠有二二種一、有二天上如意寶一、有二人間如意寶一。諸天福德厚故、珠德具足。人福德薄故、珠德不二具足一。是珠所レ著房舍函篋之中、其處亦有二威德一。般若波羅蜜

（の）［之］器有るが如く、此の寶珠をは如意と名（づ）く。定まれる色有（る）こと无（し）。清-徹輕妙なり。四天下の物皆悉く照現す。」といふ。如意珠の義は、先に説（き）しが如（し）。是の寶は、常に能く

⑤一切の寶物（を）出して、衣服・飮食、意の所欲に隨（ひ）て、盡（く）して能く與フ［之］。亦（た）能く諸の衰惱・病苦等を除く。是の寶珠に二種有（り）。天上の如意寶有（り）。人間の如意寶有リ。諸天は［の］福德厚きが故に、珠の福具足せり。人は福德薄きが故（に）、珠の德具足せ不。是の珠を著《オ》ける［く］所の房舍、函篋の［之］中（は）、其の處にも亦（た）威德有リ。般若波羅蜜も亦（た）是（の）如（し）といふは［者］、如意寶珠（の）能く在家の人に今世の富樂を與（へ）て、意の所欲に隨（ふ）が如（く）、般若波羅蜜も能く出家の求道の人に三乘の解脫

亦如レ是者、如下如意寶珠能與二在家人今世富樂一隨中意所欲上、般若波羅蜜能與二出家求道人三乘解脫樂一、隨二意所願一。如意寶珠在二所着處一、非‐人不レ得二其便一。般若波羅蜜亦如レ是。行者心與相應、惡邪羅刹不レ能下入二其心中一、沮‐壞道意一、〔广＋専〕中智慧命上。復次、般若波羅蜜所在在‐處處、魔若魔民・地神・夜叉、諸惡鬼等不レ能レ得レ便。如三寶珠能除二四百四病一。根本四病者、風・熱・冷・雜。般若波羅蜜亦能除二八萬四千病根本一。四病者、貪・瞋・癡等分。婬欲病分二二萬一千一。瞋恚病分二二萬一千一。愚癡病分二二萬一千一。等分病分二二萬一千一。以二不淨觀一除二貪欲一。以二慈悲心一除二瞋恚一。以レ觀二因

の樂を與（へ）て、意の所願（に）隨フ。如意寶珠は所著の處に在（り）て、非‐人其の便を得不。般若波羅蜜も亦（た）是（の）如（し）。行者（の）心と［與］相應して、惡邪羅刹（も）其の心の中に入（り）て、道の意を沮‐壞し、智慧の命を〔广＋専〕（「奪」の異體）（ふこと）能（は）不。復次、般若波羅蜜の所在の在‐處に［處に］、魔、（若し）魔民・地神・夜叉・諸（の）惡鬼等い便を得（る）こと能（は）不。寶珠の能く四百四病（を）除するが如く、根本の四病といふは［者］、風と熱と冷と雜となり。般若波羅蜜も亦（た）能く八萬四千の病の根本を除す。四病といふは［者］、貪と瞋と癡と等分となり。婬欲の病は二萬一千に分（か）れたり。瞋恚の病（は）二萬一千に分（か）れたり。愚癡の病（は）二萬一千に分（か）れたり。等分の病（は）二萬一千に分（か）れたり。不淨觀を以（て）貪欲を除す。慈悲心を以（て）瞋恚を除す。因緣を觀するを以て愚癡を除す。上の三藥（の）或は不淨、或は慈悲、或は觀‐因緣を總して、等‐分の病を除す。寶珠の能く黑闇を除するが如く、般若も亦（た）是（の）如く能く三界の黑闇を除す。寶珠の能く熱を除するが如く、般若も亦（た）是（の）如く能く婬欲・瞋恚の熱を除（し）たまふ。寶珠の能く冷を除するが如く、般若も亦（た）是（の）如く能く无明の不‐信・不恭敬・懈怠等の冷心を除（し）たまふ。日と月とは皆諸の寶に成（さ）所《れ》たり・といふ。日は能く熱を作す。月は能（く）冷を作す。倶に衆生を利益すと雖（も）、兼（ぬ）ること能（は）

緣㆒除㆓愚癡㆒。總㆔上三藥、或不淨、或慈悲、或觀‐因緣㆒、除㆓等‐分病㆒。如㆔寶珠能除㆓黑闇㆒、般若亦如㆑是能除㆓三界黑闇㆒。如㆓寶珠能除㆑熱、般若亦如㆑是、能除㆓婬欲・瞋恚熱㆒。如㆓寶珠能除㆑冷、般若亦如㆑是能除㆓无明不‐信・不恭敬・懈怠等冷心㆒。日・月皆諸寶所㆑成、日能作㆑熱、月能作㆑冷。雖㆔倶利㆓益衆生㆒。以㆑不㆑能㆑兼故、不㆔名爲㆓如意寶珠㆒。所在處、毒蛇等諸惡蟲所㆑不㆑能㆑害。般若亦如㆑是。貪欲等毒所㆑不㆑能㆑病。若有人毒蛇所㆑螫、持㆓寶珠㆒示㆑之、卽時除愈。有人爲㆓貪欲等毒蛇㆒所㆑螫、得㆓般若波羅蜜㆒、貪恚毒卽除。如㆓難陀・鴦群梨摩羅等㆒。有人眼痛、盲瞽、以㆓寶珠㆒示㆑之、卽時

不《ぬ》を以ての故（に）、名（づけ）て如意寶珠と爲《せ》不。所在の處には、毒蛇等の諸の惡蟲（の）害（する）こと能（は）不《ぬ》所なり。般若も亦（た）是（の）如し。貪欲等の毒の病（せ）しむること能（は）不《ぬ》所なり。若（し）有（る）人（の）毒蛇に螫（さ）所《れ》ぬるときに、寶珠を持（ち）て之に示すときには、卽の時（に）除愈しぬ。有（る）人貪欲（の）等（き）毒蛇（の）爲に螫（さ）所ぬるときに、般若波羅蜜を得るときに（は）、貪恚の毒卽（ち）除しぬ。難陀・鴦群梨摩羅等の如きなり。有る人（の）眼痛《や》み。盲瞽《めしひ》ぬるときに、寶珠を以て之に示すときには、卽の時に除愈しぬ。般若波羅蜜も亦（た）是（の）如し。有る人（の）无明・疑悔・顚倒・邪見等を以て、慧眼を破（し）ツるときには、般若を得るときには、卽の時（に）明了になりぬ。如《たと》（へ）ば人（の）癩‐瘡・瘫（「癰」の異體）腫あるときに寶珠を以て之に示すときには、卽の時に除愈しぬといふが（ごと）く、般若も亦（た）是（の）如（し）。五逆（の）癩罪（の）等（きも）、般若を得るときには卽の時に消滅しぬ。種種の色を以（て）寶珠を裹《ツヽ》ミて水の中に著（く）るときに、隨（ひ）て一色に作《な》るが如く、般若も亦（た）是（の）如（し）。行者（は）

除愈。般若波羅蜜亦如レ是。有人以二无明・疑悔・顛倒・邪見等一破二慧眼一、得二般若一、即時明了。如下人癩-瘡癰腫、以二寶珠一示レ之。即時除愈上、般若亦如レ是。五逆癩罪等、得二般若一、即時消滅。如下以二種種色一裹二寶珠一著二水中一、隨作中一色上、般若亦如レ是。行者、得二⑥般若力一故、心則柔濡、无レ所レ著。隨二信-首五根等一、亦隨二順四禪・四无量心・背捨・勝處、及一切入一。復次、於二須陀洹・斯陀含・阿那含・阿羅漢・辟支佛地一、隨順遍學、无レ所二違逆一。第六緇色者、是虚空色。行者得二般若一觀二諸法空一、心亦隨順不レ著。如レ是等種種者入二一切諸法一。皆隨順无㝵。如二水渾-濁。雜色不淨。以レ珠著レ中。皆清淨一色一、般若

---

⑥般若の力を得るが故に、心則(ち)柔濡にして、著(く)る所无し。信-首の五根等に隨(ひ)て、亦(た)四禪・四无量心・背捨・勝處、[及]一切入に隨順す。復次、須陀洹・斯陀含・阿那含・阿羅漢・辟支佛地に於て、隨順して遍く學するに、違逆(する)所无し。第六の緇色といふは[者]、是れ虚空の色なり。行者(は)般若を得て、諸法空を觀するときに、心(も)亦(た)隨順して著セ不。是(の)如(き)等の種種の者《もの》、一切諸法に入《い》る。皆隨順して无㝵なり。水渾-濁して、雜色不淨なり。珠を以て中に著(く)りときに、皆清淨にして一ツ色なり・といふが如く、般若も亦(た)是(の)如(し)。人種種の煩惱・邪見・戲論有(り)て、心を擾し渾-濁(せ)しむ。般若を得ツるときには、則(ち)清淨一色になりぬ。如意珠の无量の功德有るが如く、般若の功德も亦(た)是(の)如(し)。

亦如レ是。人有二種種煩惚耶見戯論一、擾レ心渾濁。得二般若一則清淨一色。如三如意珠有二无量功德一、般若功德亦如レ是。今當別相說二般若功德一。是如意珠但能除二惡鬼一。不レ能レ壞二魔天一。般若則能除二二事一。珠能治二身病一。般若能治二身心病一。珠能治二人神所レ治病一。般若能治二一切天・龍・鬼神所レ不レ能レ治病一。珠能治二世世曾所レ治病一。般若能治下无始世界來、未二曾所レ治病上。如レ是等[種種]差別。珠能照二所住處夜闇一。般若能照二一切煩惱相應无明黑闇、及不共无明、一切法中不了癡黑闇一。珠但能破二所在處熱一。不レ能レ破二餘處熱一。般若力乃至无量世界劫盡大火、一吹能滅。何況

今當に別相をもて般若の功德を說（か）ム。是の如意珠は、但（た）能く惡鬼をのみ除す。魔天を壞すること能（は）不。般若は則（ち）能く二の事を除す。珠は能く身の病を治す。般若は能く身心の病（を）治す。珠は能く人と神との治する所の病（を）治す。般若は能く一切の天・龍・鬼神の治すること能（は）不《ぬ》所の病（を）治す。珠は能く世世に曾（し）より治する所の病を治す。般若は能く无始［す］世界より來《このかた》の、曾（し）より治する所（にあら）［ぬ］未《ぬ》病を治す。是（の）如（き）等《（ら）》の差別あり。珠は能く所住の處（の）［を］夜闇を照（ら）す。般若は能く一切の煩惱と相應する无明の黑闇と、［及］不共无明と、一切法の中の不了癡の黑闇とを照（ら）す。珠は但（た）能く所住の處（の）熱を（のみ）破す。餘の處の熱を破すること能（は）不。般若（の）力（は）、乃至、无量世界の劫盡の大火のを、一（た）ヒ吹（く）ときに能く滅す。何（に）況（や）一處の熱をは。珠は但（た）能く形質火日の［之］熱をのみ除す。般若は能く三毒の心の熱を除す。珠は能く風雨寒雪を除す。般若は能く十方の无量の世界の衆生の不信・不恭敬・懈怠心等の寒を除す。珠は能く外の毒螫《尺反》を却ケて［し］、四大の毒蛇をは除すること能（は）不。般若は能く畢竟して此の二種の毒を除す。珠は邪見の毒を治すること能（は）不。般若は能く除す。珠は能く肉眼を治す。般若は能く慧眼を治す。珠は能く近見（の）眼を治す。般若は能く遠見の眼を治す。珠は能く肉眼を治す。肉眼は珠と（は）作《（な）》ら

一㕍熱珠但能除二形質火日之熱一。般若能除二
三毒心熱一。珠能除二風雨寒雪一。般若能除二十方无
量世界衆生不信・不恭敬・慳怠心等寒一。珠能
却二外毒螫一不レ能レ除二四大毒蛇一。般若能畢竟除二
此二種毒一。珠不レ能レ治二邪見毒一。般若能除。珠能
治二肉眼一。般若能治二慧眼一。珠能治二近見眼一。般若
能治二遠見眼一。珠能治二肉眼一。肉眼不レ作レ珠。般若
能治二慧眼一。慧眼卽作二般若一。珠能治二肉眼一後病
復發。般若能治二慧眼一畢竟清淨。珠能治二癩創・
惡腫一、般若能治二身癩・心頼一。問曰、四種病中攝二
一切病一。何以故、別二說眼痛・癩病等一。答曰、
眼是身中第一。所レ用最貴。是故別說。諸病中、

不。般若は能く慧眼を治す。慧［は］眼（は）卽（ち）般若と作《な》る。珠は能く肉眼を治すれども、後に病復（た）發《おこ》る。般若は能く慧眼を治すること畢竟清淨なり。珠は能く癩創・惡腫を治す。般若は能く身癩・心頼を治す。問曰、四種の病の中に一切の病を攝《をさ》（め）たり。何（を）以（ての）故（に）ぞ眼痛・癩病等を別に說く。答曰、眼は是れ身の中（の）第一なり。用（ゐ）る所も最も貴なり。是の故（に）別に說く。諸の病の中に、癩病は最も重し。宿命の罪の因緣の故（に）治（し）難し。是（の）故（に）、更に說く。珠は能く水をして裏める所の色に隨（は）令（む）。般若は能く心數の善法に隨順す。珠は人の心を轉すること能（は）不。般若は能く一切衆生の心性の所樂・

癩病最重。宿命罪因縁故難レ治。是故更説。珠能令三水隨二所レ裹色一。般若能隨二順心數善法一。珠不レ能レ轉二人心一。般若能轉二一切衆生心性所樂・⑦所欲一。珠能令二所レ着處濁水清一。非二一切水一。般若力能令二六-覺濁水心卽時清淨一。又於二諸龍王・鬼神王・人王等貪恚濁心一能令二清淨一。珠能使三所レ著呂篋・房舍、有二威德一。般若力能度二十方无量世界阿僧祇衆生一、令レ有二威德一。珠功德力入二函篋一、函篋不レ能レ與二人隨-意功德一。舍利得二般若薰修一故、有人供養、必還得二般若一而得二成佛一。是函篋凡夫人所レ貴。舍利凡夫・聖人所レ貴。函篋世間愛樂人所レ貴。舍利出世間世間愛樂人

⑦所欲を轉す。珠は能く著《お》く所の處の濁水を清（く）あら令（む）。一切の水には非（ず）。般若の力は、能く六-覺の濁水の心をして卽の時（に）清淨にあら令（む）。又、諸の龍王・鬼神王・人王等の貪恚の濁心をして「於」、能く清淨にあら令（む）。珠は能く著《(お)》く［き］所の呂《入也》（朱訂「函ィ」）篋・房舍におきて、威德有（ら）しむ［使］。般若の力は能（く）十方无量世界（の）阿僧祇の衆生を度して、威德有ら令（む）。珠の功德の力は呂（朱訂「函」）篋に入るときに、函篋は人に隨-意の功德を與（ふる）こと能（は）不。舍利は般若の薰修を得たるが故（に）、有る人供養するときに、必（ず）還（り）て般若を得て［而］佛と成ること得《ウ》。是の函篋は凡夫の［之］人の貴する所なり。舍利は凡夫［の］・聖人の貴する所なり。函篋は［を］世間の愛樂する人の貴する所なり。舍利は出世間と世間との愛樂する人の貴する所なり。般若は是れ如意寶珠なり。呂（朱訂「函」）篋（は）是（れ）舍利なり。舍利の中（には）般若无（し）と雖（も）、般若に薰（せ）所《ら》（る）るが故（に）供養を得《ウ△》。復次、諸の聖法の中には、般若（は）第一なり。譬喩とす可（き）こと无（し）。世間の人

所レ貴。般若是如意寶珠、吕篋是舍利。舍利中雖レ无二般若一、般若所レ薫故、得二供養一。復次、諸聖法中般若第一。无レ可二譬喩一。以三世間人貴二是寶珠一故、以レ珠爲レ喩。人見二如意寶珠一、所願皆得。若見二珠所住處一、亦得二少願一。行者亦如レ是、得二是般若波羅蜜義一、即入二佛道一。若見二般若所住舍利一供養故、得二今世後世无量福德一。久必得道。如レ是捴相別相、應二當知一。問曰、般若若有二如レ是功德一者、何以故說下舍利是五波羅蜜、乃至一切種智所住處故、得中供養上。答曰、先已說三一切諸法般若波羅蜜爲レ首、爲二明導一。譬如下王來必有二將從一、但擧二其主名一、餘者以盡得上。讚二般若波羅蜜一、

(は)是の寶珠を貴するを以ての故(に)、珠を以て喩と爲《す》。人如意寶珠を見(る)ときに、所願皆得《ウ》。若(し)珠の所住の處を見(る)ときに、亦(た)少願を得《ウ》。行者も亦(た)是(の)如(し)。是の般若波羅蜜の義を得るときには、即(ち)佛道に入る。若(し)般若の所住の舍利を見て、供養するが故(に)、今世・後世の无量の福德を得《ウ》。又、必す得道す。是(の)如き總相・別相を當に知(る)應(し)。問曰、般若若(し)是(の)如き功德有らば[者]、何以故(に)ぞ舍利は是れ五波羅蜜、乃至、一切種智の所住處なるが故(に)供養を得と說く。答曰、先には已に一切の諸法は般若波羅蜜を首《(はしめ)》と爲《し》、明導なり(と)爲《す》と說(き)てき。譬(へば)王の來るときには、必(ず)將從有り。但(た)其の主(の)名をのみ擧(く)るときに[が]、餘の者をも以(朱訂「已」)(に)盡(く)して得るが如(し)。般若波羅蜜を讚すること、是の義をは先に已に說(き)てき。

經復次、世尊(呼)、二種の法相有(り)。有爲の諸法の相と、无爲の諸法の相となり。云何ぞ有爲の諸法の相と名(づく)る。謂(ふ)所(の)內空の中の智慧、乃至、无法・有法空の中(の)智慧、四念處の中の智慧、乃至、八聖道分の中の智慧、佛(の)十力、四无所畏、四无㝵智、十八不共法の中の智慧、善法の中、不善法の中、有漏法の中、无漏法の中、世間法の中、出世間法の中の智慧なり。是を有爲の諸法の法相と名(づ)く。云何(ぞ)无爲の諸法の法相と名(づく)る。若(し)法の生无く、滅无

是義先已說。

經復次、世尊、有二二種法相一。有爲諸法相、无爲諸法相。云何名二有爲諸法相一。所レ謂內空中智慧、乃至无法・有法空中智慧、四念處中智慧、乃至八聖道分中智慧、佛十力、四无所畏、四无㝵智、十八不共法中智慧、善法中、不善法中、有漏法中、无漏法中、世間法中、出世間法中智慧。是名二有爲諸法相一。云何名二无爲諸法法相一。若法无レ生无レ滅、无レ住无レ異、无レ垢、无レ淨、无レ增、无レ滅、諸法自性。云何名二諸法自性一。諸法无所有性、是諸法自性、是名二无爲諸法相一。尒時、佛告二釋提桓因一、「如レ是如レ是。憍尸迦、過去諸佛

（く）、住无（く）、異无（く）、垢无（く）、淨无（く）、增无（く）、滅无き（は）、諸法の自性なり。云何ぞ諸法の自性と名（づく）る。諸法（は）〔の〕无所有の性なり。是の諸法の自性、是を无爲の諸法の相と名（づ）く。尒時、佛、釋提桓因（に）告（けたまはく）、「是（の）如（し）、是（の）如（し）。憍尸迦、過去の諸佛は

⑧因二是般若波羅蜜一得二阿耨多羅三藐三菩提一。過去諸佛弟子亦因二般若波羅蜜一得二須陀洹道、乃至阿羅漢・辟支佛道一。未來・現在世十方无量阿僧祇諸佛、因二是般若波羅蜜一得二阿耨多羅三藐三菩提一。未來・現在諸佛弟子、亦因二是般若波羅蜜一、得二須陀洹道、乃至辟支佛道一。何以故、般若波羅蜜中廣說二三乘義一。以二无相法一故、无レ生无レ滅法故、无レ垢无レ淨法故、无レ作无レ起、不レ入不レ出、不レ增不レ損、不レ取不レ捨法故、以二俗法一故、非レ以二第一義一。何以故、是般若波羅蜜非レ此非レ彼、非レ高非レ下、非レ等非二不等一、非レ相非二无相一、非二世間一、非二出世間一、非二有漏一、非二无漏一、非二有爲一、非二无

⑧是の般若波羅蜜に因（り）て、阿耨多羅三藐三菩提を得たまひき。過去の諸佛（の）弟子も亦（た）般若波羅蜜に因（り）て、須陀洹道、乃至、阿羅漢・辟支佛道を得（たまひ）き。未來・現在世の十方无量阿僧祇の諸佛も、是の般若波羅蜜に因（り）て、阿耨多羅三藐三菩提を得たまひき。未來・現在の諸佛の弟子も亦（た）是の般若波羅蜜に因（り）て、須陀洹道、乃至、辟支佛道を得《ウ》。何以故、般若波羅蜜（の）中には、廣く三乘の義を說く。无相の法を以（て）の故（に）、生无く滅无き法なるが故（に）、垢无く淨无き法なるが故（に）、作无く起无（く）、入（せ）不出（せ）不、增（せ）不損（せ）不、取（せ）不捨（せ）不《ぬ》法なるが故（に）、俗法を以（て）の故（に）、第一義を以ては非（ず）。何以故、是の般若波羅蜜は、此にも非（ず）彼（にも）非（ず）、高（にも）非（ず）下（にも）非（ず）、等（にも）非（ず）不等（にも）非（ず）、相（にも）非（ず）无相（にも）非（ず）、世間（にも）非（ず）出世間（にも）非（ず）、有漏（にも）非（ず）无漏（にも）非（ず）、有爲（にも）非（ず）无爲（にも）非（ず）、善（にも）非（ず）不善（にも）非（ず）、過去（にも）非（ず）未來（にも）非（ず）、現在（にも）非（ず）。何以故、憍尸迦（呼）、般若波羅蜜は、聲聞・辟支佛の法を取（ら）不。亦（た）凡夫の法をも捨（て）不。」釋提桓因佛に白（して）言（さく）、「世尊、菩薩摩訶薩は般若波羅蜜を行して、一切衆生の心をも［は］、亦（た）衆生（をも）得不、乃至、知者見者をも亦

爲㆒、非㆑善、非㆓不善㆒、非㆓過去㆒、非㆓未來㆒、非㆓現在㆒。何以故、憍尸迦、般若波羅蜜不㆑取㆓聲聞・辟支佛法㆒。亦不㆑捨㆓凡夫法㆒。」釋提桓因白㆑佛言、「世尊、菩薩摩訶薩行㆓般若波羅蜜㆒、㆓知㆘一切衆生心、亦不㆑得㆓衆生㆒、乃至知者・見者亦㆒不㆖得。是菩薩不㆑得㆑色、不㆑得㆓受・想・行・識㆒。不㆑得㆓眼乃至意㆒。不㆑得㆓色乃至法㆒。不㆑得㆓眼觸因緣生受、乃至意觸因緣生受㆒。不㆑得㆓四念處、乃至十八不共法㆒。不㆑得㆓阿耨多羅三藐三菩提㆒。不㆑得㆓諸佛法㆒。不㆑得㆑佛。何以故、般若波羅蜜不㆘爲㆓得‐法㆒故出㆖。何以故、般若波羅蜜性无㆓所有㆒不可得。所用法不可得。處亦不可得。」佛告㆓釋提桓因㆒、「如㆑是如㆑是。憍尸迦、

(た)得不と知る。是の菩薩は色を得不、受想行識(を)得不。眼乃至意(を)得不。色乃至法(を)得不。眼觸の因縁より生せる受、乃至、意觸の因縁より生せる受を得不。四念處、乃至、十八不共法を得不。阿耨多羅三藐三菩提を得不。諸(の)佛法を得不。佛を得不。何以故、般若波羅蜜は、得‐法の爲の故(に)出(てたまは)不《ぬ》をもて。何以故、般若波羅蜜は、性所有无く、不可得なり。所用の法(も)不可得なり。處(も)亦(た)不可得なるをもて。」佛、釋提桓因に告(げたまはく)、「是(の)如(し)是(の)如(し)。憍尸迦、汝が説(く)所の如し。菩薩摩訶薩(は)長夜に般若波羅蜜を行す。阿耨多羅三藐三菩提すら不可得なり。何(に)況(や)菩薩と、[及]菩薩の法とは。」とのたまふ。尒時、釋提桓因、佛(に)白(して)言(さく)、「世尊、菩薩摩訶薩は但(た)般若波羅蜜を(のみ)行して、餘の波羅蜜をは行(せ)不や[耶]。」佛、釋提桓因(に)告(けて)言(はく)、「憍尸迦(呼)、菩薩は盡(く)して六波羅蜜の法を行す。所得无(き)を以(て)の故(に)、檀波羅蜜を行するときに、施者を得不、受者を得不、財物を得不。尸羅波羅蜜を行する(ときに)、戒を得不、持戒の人を得不。破戒の人を得不。乃至、般若波羅蜜を行するときに、智慧を得不。智慧の人(を)得不、无智慧の人を得不。憍尸迦、菩薩摩訶薩は布施を行する時に、般若波羅蜜(は)爲に明

如二汝所レ説一。菩薩摩訶薩長夜行二般若波羅蜜一。
阿耨多羅三藐三菩提不可得。何況菩薩及
菩薩法。」尒時、釋提桓因白レ佛言、「世尊、菩薩摩
訶薩但行二般若波羅蜜一、不レ行二餘波羅蜜一耶。」佛
告二釋提桓因一言、「憍尸迦、菩薩盡行二六波羅蜜
法一。以レ无二所得一故、行二檀波羅蜜一、不レ得二施者一、不レ得二
受者一、不レ得二財物一。行二尸羅波羅蜜一、不レ得レ戒、不レ得二
持戒人一、不レ得二破戒人一。乃至行二般若波羅蜜一、不レ
得二智慧一、不レ得二智慧人一、不レ得二无智慧人一。憍尸迦、
菩薩摩訶薩行二布施一時、般若波羅蜜爲作二明
⑨導一、能具二足檀波羅蜜一。菩薩摩訶薩行二持戒一
時、般若波羅蜜爲作二明導一、能具二足尸羅波羅

---

⑨導と作りて、能く檀波羅蜜を具足（せ）しむ。菩薩摩訶薩（は）持戒を行フ［ときには］時に、般若波羅蜜（は）爲に明導と作（り）て、能く尸羅波羅蜜を具足（せ）しむ。菩薩摩訶薩は忍辱

蜜一。菩薩摩訶薩行二忍辱一時、般若波羅蜜爲作二明導一、能具二足羼提波羅蜜一。菩薩摩訶薩行二精進一時、般若波羅蜜爲作二明導一、能具二足 毗梨耶波羅蜜一。菩薩摩訶薩行二禪波羅蜜一時、般若波羅蜜爲作二明導一、能具二足禪波羅蜜一。菩薩摩訶薩觀二諸法一時、般若波羅蜜爲作二明導一、能具二足般若波羅蜜一。一切法以レ无二所得一故、所レ謂色乃至一切種智。憍尸迦、譬如三閻浮提諸樹、種種葉、種種華、種種果、種種色、其蔭无二差別一、諸波羅蜜入二般若波羅蜜中一、至二薩婆若一、无二差別一、亦如レ是。以レ无二所得一故。」釋提桓因白レ佛言、「世尊、般若波羅蜜大功德成就。世尊、般若波羅蜜

を行する時（に）、般若波羅蜜（は）爲に明導と作（りて）［たり］、能く羼提波羅蜜を具足（せ）しむ。菩薩摩訶薩（は）精進を行する時に、般若波羅蜜（は）爲に明導と作（り）て、能く毗梨耶波羅蜜を具足（せ）しむ。菩薩摩訶薩（は）禪波羅蜜を行する時に、般若波羅蜜（は）爲に明導と作（り）て、能く禪波羅蜜を具足（せ）しむ。菩薩摩訶薩（は）諸法を觀する時に、般若波羅蜜（は）爲に明導と作（り）て、能く般若波羅蜜を具足（せ）しむ。一切の法所得无（き）を以（て）の故（に）、謂（ふ）所（の）色、乃至、一切種智なり。憍尸迦、譬（へば）閻浮提の諸の樹は、種種の葉、種種の華、種種の果、種種の色（あれども）、その蔭（に）差別无（し）といふが如く、諸の波羅蜜（の）般若波羅蜜の中に入（り）て、薩婆若に至（り）ぬるときに、差別无きこと亦（た）是（の）如（し）。所得无（き）を以（て）の故（になり）。」釋提桓因、佛（に）白（して）言（さく）、「世尊、般若波羅蜜は、大功德成就せり。世尊（呼）、般若波羅蜜は一切の功德成就（し）たまひたり。世尊（呼）、是の般若波羅蜜は、无量の功德成就（し）たまひたり。无邊の功德成就（し）たまひたり。无等（の）功德成就（し）たまひたり。世尊（呼）、若（し）有る善男子・善女人の是の般若波羅蜜の經卷を書（き）たつまつりて、恭敬し、供養し、尊重し、讃嘆し、華香、乃至、幡蓋をもてし、般若波羅蜜の所説の如（く）して、正憶念せむと、復（た）有（ら）ム善男子・善女人の、般若波羅蜜（の）經［の］卷を書（き）たてま

一切功德成就。世尊、是般若波羅蜜无量功德成就。无邊功德成就。无等功德成就。

世尊、若有善男子・善女人、書二是般若波羅蜜經卷一、恭敬、供養、尊重、讃歎、華香、乃至幡蓋、如二般若波羅蜜所說一、正憶念、復有善男子・善女人書二般若波羅蜜經卷一、與二他人一、其福何所爲レ多。」佛告二釋提桓因一、「憍尸迦、我還問レ汝。隨二汝意一報レ我。若有善男子・善女人、供二養諸佛舍利一、恭敬、尊重、讃嘆、華香乃至幡蓋、若復有人分二舍利一如二芥子許一與二他人一令二供養、恭敬、尊重、讃嘆一、華香乃至幡蓋、其福何-所爲レ多。」釋提桓因白レ佛言、「世尊、如二我從レ佛聞法中義一、若有善男子・善

つりて、他人に與（へ）ムと、其が福、何-所《いづれ》をか多（し）と爲《せ》む。」とまうす。佛、釋堤桓因（に）告（げたまはく）、「憍尸迦、我還（り）て汝を問（は）ム。汝が意に隨（ひ）て我に報せよ。若（し）有（ら）ム善男子・善女人（の）、諸佛の舍利を供養し、恭敬し、尊重し、讃嘆し、華香、乃至、幡蓋をもてせむと、若（し）復（た）有（ら）ム人の、舍利を分（かつ）に、芥子許《はか》（り）の如くして他人に與（へ）て、供養し、恭敬し、尊重し、讃嘆せ令め、華香、乃至、幡蓋をもて（せ）しめむ（と）、其が福、何-所《いづれ》をか多（し）と爲（む）。」（と）。釋堤桓因、佛（に）白（して）言（さく）、「世尊（呼）、我が佛に從（ひ）たてまつりて聞（ける）法の中の義の如（く）あらば、若（し）有（ら）ム善男子・善女人の、自（ら）舍利を供養するに、乃至、幡蓋を（も）てせむよりは、若（し）復（た）有（ら）ム人の、舍利を分（かつに）、芥子許（り）の如くも他人に與（へ）て、供養（せ）令（め）ム、其が福甚（だ）多し。世尊（呼）、佛は是（れが）［いを］福衆生を利すべしと見（そなは）すが故（に）、金剛三昧の中に入（り）たまひて、金銅身を碎して、末舍利と作（し）たまふ。何以故、有る人、佛滅度（し）たまひて後に、佛舍利の乃至芥子許（りの）如く（あら）ムをも供養せむ、其が福報无邊ならむ、乃至苦を盡（く）すべきが故（に）なり。」とまうす。佛、釋堤桓因（に）告（げたまはく）、「是（の）如（し）、是（の）如（し）、憍尸迦（呼）、若（し）有（ら）ム善男子・善女人の、般

女人、自供二養舎利一乃至幡蓋、若復有人分二舎利一如二芥子許一、與二他人一令二供養一、其福甚多。世尊、佛見三是福利二衆生一故、入二金剛三昧中一、碎二金銅身一作二末舎利一。何以故、有人佛滅度後、供三養佛舎利、乃至如二芥子許一、其福報无邊、乃至苦盡故。」佛告二釋堤桓因一、「如レ是如レ是。憍尸迦、若有善男子・善女人、書二般若波羅蜜經巻一、供養、恭敬、華香乃至幡蓋、若復有人書二般若波羅蜜⑩經巻一、與二他人一令レ學、是善男子・善女人其福甚多。」復次、「憍尸迦、善男子・善女人、如二般若波羅蜜中義一、爲二他人一演說、開示、分別、令レ易レ解、是善男子・善女人七勝於前善男子・善女人一功六徳五所三従二

若波羅蜜（の）經巻を書し、供養し、恭敬し、華香、乃至、幡蓋をもて（せむ）よりは、若（し）復（た）有（ら）ム人（の）、般若波羅蜜の⑩經巻を書（き）たてまつりて、他人に與（へ）て學（ひ）令（め）ム、是の善男子・善女人の、其の福は甚（た）多し。」復次、「憍尸迦（呼）、善男子・善女人の、般若波羅蜜の中の義の如きを、他人の爲に演へ說（き）、開示し、分別して、解（り）易（く）あら令（め）ム、是の善男子・善女人は、前の善男子・善女人の、従（ひ）て般若波羅蜜を聞（き）たてまつれる所の功徳よりは［於］勝（れ）たり。當に其の人を視ムこと、如《たと》（へ）ば佛の

聞四般若波羅蜜三、當下視二其人一如レ佛、亦如中高勝梵行人上。何以故、當レ知、般若波羅蜜卽是佛、般若波羅蜜不レ異レ佛。佛不レ異二般若波羅蜜一。過去・未來・現在諸佛、皆從二般若波羅蜜中一學、得二阿耨多羅三藐三菩提、及高勝梵行人一。高勝梵行人者、所レ謂阿鞞跋致。菩薩摩訶薩亦學二是般若波羅蜜一、當レ得二阿耨多羅三藐三菩提一。聲聞人亦學二是般若波羅蜜一、得二阿羅漢道一。求二辟支佛道一人亦學二是般若波羅蜜一、得二辟支佛道一。菩薩亦學二是般若波羅蜜一、得レ入二菩薩位一。以レ是故、憍尸迦、善男子・善女人、欲下供二養現在諸佛一、恭敬、尊重、讃嘆、華香乃至幡蓋上、當三供二養般若波

(ごと)く、亦(た)高勝の梵行の人の如(く)すべし。何以故、知れ[當]、般若波羅蜜は卽(ち)是れ佛なり。般若波羅蜜は佛に異に(あら)不。佛は般若波羅蜜に異に(あら)不。過去・未來・現在の諸佛は、皆般若波羅蜜の中に從(ひ)て學(ひ)て、阿耨多羅三藐三菩提[を]、[及]高勝(の)凡行(の)人(を)得(たまひ)たり。高勝の梵行の人といふは[者]、謂(ふ)所(の)阿鞞跋致(なり)。菩薩摩訶薩(も)亦(た)是の般若波羅蜜を學して、當(に)阿耨多羅三藐三菩提を得べし。聲聞の人も亦(た)是の般若波羅蜜を學して、阿羅漢道を得べし。辟支佛道を求(む)る人も亦(た)是の般若波羅蜜を學(して)、辟支佛道を得べし。菩薩も亦(た)是の般若波羅蜜を學(し)て菩薩の位に入(る)こと得べし。是(を)以(ての)故(に)、憍尸迦、善男子・善女人の、現在の諸佛を供養(し)たてまつり、恭敬し、尊重し、讃嘆し、華香、乃至幡蓋をもてせむと欲(は)ムいは、當(に)般若波羅蜜を供養(し)たてまつるべし。我是の利益を見て、初め阿耨多羅三藐三菩提を得たまひし時に、是(の)如き念を作《(せ)》しく、「誰か供養し、恭敬し、尊重し、讃嘆して、依止して、住(せ)らるべき者《ひと》有る。」(と)。憍尸迦(呼)、我一切世間の中に、若(し)天、若(し)魔、若(し)梵、若(し)沙門・婆羅門の中に、我と[與]等しき者《ひと》(を)見[エ]不。何(に)況(や)勝(れ)たる者《ひと》有(ら)ムや。」と。我自ら思惟し念すらく、「我は所得の法をもて自ら佛と作《(な)》(る)ことを致せり。我是の法

羅蜜一。我見二是利益一、初得二阿耨多羅三藐三菩提一時、作二如レ是念一、「誰二有下可二供養、恭敬、尊重、讃嘆、依止住一者上。」憍尸迦、我一切世間中、若天、若魔、若梵、若沙門・婆羅門中不レ見二與レ我等者一。何況有二勝者一。」我自思惟念、「我所得法自致レ作レ佛。我供二養是法一恭敬、尊重、讃嘆、當四依二止住三依是法一二」何等是法。所レ謂般若波羅蜜。憍尸迦、我自供二養是般若波羅蜜一、者恭敬、尊重、讃歎已、依止住。何況善男子・善女人欲レ得二阿耨多羅三藐三菩提一而不下供二養般若波羅蜜一恭敬、尊重、讃嘆、華香瓔珞乃至幡蓋上。何以故、般若波羅蜜中生二諸菩薩摩訶薩一。諸菩薩摩訶薩中生二諸佛一。

を供養し、恭敬し、尊重し、讃嘆して、當（に）是の法に依止して、住［し］依せむ。」と。何等か是れ法。謂（ふ）所（の）般若波羅蜜なり［と］。憍尸迦(呼)、我すら自（ら）是の般若波羅蜜を供養（し）たてまつり［者］、恭敬し、尊重し、讃嘆し已（り）て、依止して住す。何（に）況（や）善男子・善女人の阿耨多羅三藐三菩提を得ムと欲（は）ムい、而も般若波羅蜜を供養し恭敬し、尊重し、讃嘆し、華香・瓔珞、乃至、幡蓋をもてセ不（あら）ムや。何以故、般若波羅蜜の中より諸の菩薩摩訶薩を生す。諸の菩薩摩訶薩中より諸佛を生すをもて。是（を）以（ての）故（に）、憍尸迦(呼)、善男子・善女人の、若（し）佛道を求め、若（し）辟支佛道を求め、若（し）聲聞道を求めムいは、皆般若波羅蜜を供養（し）たてまつり、恭敬し、尊重し、讃嘆し、華香・瓔珞、乃至、幡蓋をもてす應（し）。

論問曰、何因縁をもて（か）是の有爲の法、無爲の法の相を説く。

答曰、帝釋（は）般若波羅蜜に一切の法を攝（め）たりと讃嘆す。此が中に、因縁を説（か）ムと欲フ。有爲の法相といふは、謂（ふ）所（の）十八空、三十七品、乃至、

以レ是故、憍尸迦、善男子・善女人、若求二佛道一、若求二辟支佛道一、若求二聲聞道一、皆應下供二養般若波羅蜜一、恭敬、尊重、讃歎、華香乃至幡蓋上。

論問曰何因緣說二是有爲法・无爲法相一。答曰、帝釋讃二歎般若波羅蜜攝二一切法一、此中欲レ說二因緣一。有爲法相、所レ謂十八空、三十七品乃至二⑪十八不共法一。略說二善不善等乃至二世間・出世間一、是名二有爲法相一。何以故、是作-相、先无今有、已有還无故。興レ上相違、即是无爲法相。是二一相故、皆般若波羅蜜中攝。有爲善法是行處、无爲法是依處。餘无記不善法已捨離故、不レ說。此是雜發意菩薩所學。若得二般若波

---

⑪十八不共法なり。略（し）て善・不善等、乃至、世間・出世間（に）說かば、是を有爲法の相と名（づ）く。何以故、是の作-相は、先に无（く）ありしい今有リ、已に有るい還（り）て无（き）が故（に）。上と［與］相違せる、即（ち）是れ無爲法の相なり。是の二相の故（に）、皆般若波羅蜜の中に攝（め）たり。有爲の善法は是れ行處なり。无爲の法は是れ依處なり。餘の无記と不善法とをは、已に捨離するが故（に）說（か）不。此は是（れ）新（原文「雜」大正藏經により訂正）發意菩薩の所學なり。若（し）般若波羅蜜と方便力とを得て、无生忍に應せるときに、則（ち）行法を愛セ不。捨法を憎セ不。有爲の法に離（れ）て［而］无爲の法有（る）ものは（あら）不。是（の）故（に）、涅槃に依止

羅蜜方便力一、應二无生忍一、則不レ愛二行法一、不レ憎二捨法一。不下離二有爲法一、而有中无爲法上。是故、不三依二止涅般一。是以、經中說二般若波羅蜜一中、廣說二三乘一。用二无相法一故、无レ生无二滅等一。以二世諦一故、作二是說一。非二第一義諦一。菩薩行二是諸法實相一、雖三能觀二一切衆生心一、亦不レ得二衆生一。雖三能行二一切法一、亦不レ得二一切法一。何以故、以レ得二无所得般若波羅蜜一故。佛可二其所嘆一。菩薩常習二是行一。乃至二阿耨多羅三藐三菩提一、不可得。何況餘法。帝釋意念、「若般若是究竟法者、行人但行二般若波羅蜜一。何用二餘法一。」佛答、「菩薩行二六波羅蜜一、以二般若波羅蜜一。用二无所得法和合一故、此卽是行二般若波羅蜜一。若

セ不、是（を）以（て）、經の中に般若波羅蜜（を）說くが中に、廣く三乘を說く。无相の法を用ての故（に）、生无く、滅等无し。世諦を以（て）の故に、是の說を作る。第一義諦には非（ず）。菩薩は是の諸法の實相を行して、能く一切衆生の心を觀すと雖（も）、亦（た）衆生を得不。能く一切の法を行すと雖（も）、亦（た）一切の法を得不。何以故、无所得の般若波羅蜜を得るを以（て）の故（に）。佛は其の所嘆を可（し）たまふ。菩薩は常に是の行を習す。［乃］阿耨多羅三藐三菩提（に）至（るま）で（に）不可得なり。何（に）況（や）餘の法は・と。帝釋意（に）念（は）く、「若（し）般若是（れ）究竟の法ならば［者］、行人は但（た）般若波羅蜜をのみ行（す）べし。何ぞ餘の法を用（ゐ）る。」と。佛答（へ）たまはく、「菩薩は六波羅蜜を行するに、般若波羅蜜を以（て）す。无所得の法と和合するを用ての故（に）。此は、卽（ち）是れ般若波羅蜜を行するなり。若（し）但（た）般若をのみ行して、五の法を行（せ）不《ぬ》ときには、則（ち）功德具足（せ）不。美にも（あら）不、妙にも（あら）不。譬（へば）愚人（の）飲食は種《（くさく）サ》の具ありと識（ら）不して、醬《ヒシホ》は是れ衆の味の主なりとのみ聞（き）て、便（ち）純《（もは）》ら醬をのみ飲（みて）、味を失（ひ）て患を致す（が）如（く）、行者も亦（た）是（の）如（く）、著-心を除せむと欲（ふ）が故（に）、但（た）般若をのみ行（する）ときには、反（り）て邪見に墮（し）て、善法に增（原文「憎」、大正藏經によって訂正。）進すること能（は）不。

但行二般若一不レ行二五法一、則功德不二具足一。不レ美不レ妙。譬如下愚人不レ識二飲食種種具一、聞二醬是衆味主一、便純飮レ醬失レ味致上レ患、行者亦如レ是、欲レ除二著-心一故、但行二般若一、反墮二邪見一、不レ能三增二進善法一。若與二五波羅蜜一和合、則功德具足、義味調-適。雖二衆行和合一、般若爲レ主。若布施等諸法離二般若波羅蜜一、則有二種種差別一。至二般若波羅蜜中一、皆一相、无レ有二差別一。譬如下閻浮提阿那婆達多池四大河流、一大河有二五百小川一歸レ之、倶入二大海一、則失二其本名一、合爲二一味一、无上レ有二別異一。又如下樹木枝葉・華菓衆色別異、蔭則无上レ別。問曰、蔭亦有二差別一。樹大則蔭大。枝葉華菓、大小種種異形。云何

若（し）五波羅蜜と「與」和合するときに、則（ち）功德具足し、義味調-適なり。衆行和合すと雖（も）、般若を主と爲す。若（し）布施等の諸法は、般若波羅蜜に離（れ）ては、則（ち）種種の差別有リ。般若波羅蜜の中に至（り）ぬるときには、皆一相にして、差別有（る）こと无し。譬（へば）閻浮堤の阿那婆達多池より四大河流（る）。一の大河に五百の小川有（り）て、之に歸して、倶に大海に入（り）ぬ（る）ときには、則（ち）其の本名を失（ひ）て、合して一味と爲《な》りて、別異有（る）こと无（し）といふが如（し）。又、樹木の枝葉・華菓の衆色（は）別異なりと（いへども）、蔭は則（ち）別なること无（し）といふが如（し）。問曰、蔭にも亦（た）差別有（り）。樹大なるときには、則（ち）蔭大なり。枝葉・華菓も、大と小と種種の異形なり。云何（ぞ）差別无（し）といふ。答曰、光を蔽《カク》すが故（に）影現す。光无き［之］處を、卽（ち）名（づけ）て蔭と爲す。蔭は大小の異なる形を以て義と爲《せ》不。問曰、般若波羅蜜を行して、受し誦し、乃至、正憶念せむ、此（の）事（を）難（し）と爲す。般若の經卷を書し持し、他人に與（ふる）をは易しと爲す［し］。功德（すら）尚（し）等（しく）ダ（に）もある應（くあら）不。云何ぞ

无二差別一。答曰、蔽レ光故、影現。无レ光之處卽名爲レ蔭。蔭不下以二大小異形一爲上レ義。問曰、行二般若波羅蜜一、受誦乃至正憶念、此事爲レ難。書二持般若經卷一與二他人一爲レ易。功德尚不レ應レ等。云何言レ⑫勝。答曰、獨行讀誦正憶念、雖レ難、或以二我心一故功德小。以二經卷一與レ他者、有二大悲心一。作二佛道因緣一。无二吾-我一故、功德爲レ大。如三佛問二帝釋一。「若人自供二養舍利一、復有人以二舍利一與レ他令二供養一、其福何-所爲レ多。」答曰、與二他人一令二供養一得レ福多。以二无二吾我一慈悲心與一故。佛雖レ不レ用二福德一見レ有三如レ是大利二益衆生一故。是以入二金剛三昧一、自碎二其身一。問曰、若福德在レ心、佛何用碎レ身如二芥子一、

⑫勝（れ）たりと言（はむ）。答曰、獨リ行し、讀し誦し、正憶念するは、難しと雖（も）、或は我心を以（ての）故（に）、功德小し。經卷を以て他に與（ふ）るは［者］、大悲心有リ。佛道の因緣と作る。吾-我无（き）が故（に）、功德大なりと爲す。佛（の）帝釋を問（ひ）たまふが如し。「若（し）人自（ら）舍利を供養せむ、復（た）有（ら）ム人、舍利を以て他に與（へ）て、供養（せ）令（め）ム、其が福、何-所《いつれ》をか多（し）と爲《す》る。」と。答曰、他人に與（へ）て供養（せ）令（む）るは、福を得ること多し。吾我无く、慈悲心をもて與（ふ）るを以（て）の故に。佛は福德を用（ゐ）不と雖（も）、是（の）如（く）［き］大に衆生（を）利益すべきこと有（り）と見（そなは）す（が）故（に）。是（を）以（て）、金剛三昧に入（り）て、自（ら）其の身を碎（き）たまふ。問曰、若し福德心に在り、佛何（を）用てか身を碎（く）こと芥子の如（く）して、人をして供養セ令（め）たまふ。答曰、信淨の心は二つの因緣に從（ひ）て生す。一者、內に

令二人供養一。答曰、信淨心從二二因緣一生。一者内正-憶念、二者外有二良福田一。譬如下有二好穀子一。田又良美、所レ收必多上。是故、心雖レ好、必因二舍利一、然後得二大果報一。佛既可二其言一。復更自說、「有人書二寫經卷、與レ人、復有人於二大衆中一、廣解二其義一。其福勝レ前。視二是人一如レ佛、若次レ佛。如レ佛、若次レ佛。」義如二先說一。佛以二二種因緣一證二般若波羅蜜爲レ勝。一者三世聖人從レ中學成二聖道一。二者我以二此法一故得レ成二无上聖一。我今還師仰二此法一。法者、諸法實相。所レ謂般若波羅蜜。憍尸迦、我更无二所求一、而猶推二尊般若一供養。何況善男子不下以二種種供具一供中養般若波羅蜜上。此中說二因緣一。「般

正（し）く憶念（する）なり。二者、外に良（き）福田有る。譬（へば）好の穀子有リ。田も又良美なるときには、收（む）る所、必（ず）多（し）といふが如（し）。是（の）故（に）、心は好なりと雖（も）、必（ず）舍利に因（り）て、然（し）て後に大果報を得《ウ》とまうす。佛既に其が言を可したまふ。復（た）更（に）自（ら）說（き）たまはく、「有（る）人經卷を書寫して、人に與（へ）ム。復（た）有（る）人大衆の中にして［於］、廣く其の義を解（か）ム。其の福は前のに勝（れ）たり。是の人を視ムこと佛の如くし、若（し）佛に次（ぎ）て（す）。佛の如くし、若（し）佛に次けり」といふ義［を］は、先に說きしが如し。佛（は）［に］二［の］種（の）因緣を以て、般若波羅蜜を勝れたりと爲《す》と證（し）たまふ。一（は）［者］三世の聖人（は）中に從（ひ）て學して、聖道と成（り）たまひたり。二（は）［者］我は此の法を以（て）の故（に）、无上の聖と成（る）こと得たまひたり。我今還（り）て師とし（て）此の法を仰（き）たてまつる。法といふは［者］、諸法の實相なり。謂（ふ）所（の）般若波羅蜜なり。憍尸迦（呼）、我更（に）所求无（け）れども、而も猶（し）般若を推《ユツ》リ尊ヒ供養（し）たてまつる。何（に）況（や）善男子種種の供具を以て般若波羅蜜に供養したてまつら不（あら）ムや［と］。此が中に因緣（を）說けり。「般若は是れ菩薩の根本因緣なり。菩薩は是れ諸佛の根本因緣なり。諸佛は是れ一切世間の大利益安樂の因緣なり。」是（の）故（に）、聲聞・辟支佛の人

若是菩薩根本因緣。菩薩是諸佛根本因緣。
諸佛是一切世間大利益安樂因緣。」是故、聲
聞辟支佛人、欲㆔自安隱入㆓三解説門㆒者、猶尚
供㆓養般若波羅蜜㆒。何況菩薩。供養具者、所㆑謂
25以㆘一㆑心聽受、乃至正憶念、及以㆗華香乃至幡
蓋㆖。釋第卅六品竟

の、自（ら）安穩に三解説門に入（ら）ムと欲（は）ム者《ひと》すら猶
尚（し）般若波羅蜜を供養（し）たてまつるべし。何（に）況
25（や）菩薩は。供養具といふは［者］、謂（ふ）所（の）心を一に
して［以］聽受し、乃至、正憶念し、［及］華香、乃至、幡蓋を
以てするなり。
〈釋第卅六品竟〉

摩訶般若波羅蜜品第卅七　校法施品

經佛告二釋提桓因一言、「憍尸迦、若有善男子、善女人、教二一閻浮提人一行二十善道一、於二汝意一云何。以二是因緣一故、得福多不。」答曰、「甚多。世尊。」佛言、「不レ如、是善男子、善女人書二持般若波羅蜜經卷一與二他人一令二讀誦說一得福多上。何以故、是般若波羅蜜中、廣說二諸无漏法一。善男子・善女人從二是中一學、已學。今學。當レ學。入二正法位中一、已入、今入、⑬當レ入。得二須陀洹果一、已得、今得、當得。乃至二阿羅漢果一求二辟支佛道一亦如レ是。諸菩薩摩訶薩求二阿耨多羅三藐三菩提一、入二正法位中一。已入、今入、當レ入。得二阿耨多羅三藐三菩提一、已得-今得、

摩訶般若波羅蜜品第卅七　校法施品

經佛、釋提桓因（に）告（げて）言（はく）、「憍尸迦（呼）、若（し）有（ら）ム善男子・善女人（の）、一閻浮提の人を教（へ）て、十善道を行（せ）しめむ、汝（が）意に於（て）云何（ぞ）。是の因緣を以（ての）故（に）、得ム福は多しや不や。」答（へて）曰（さく）、「甚（だ）多し、世尊。」佛（の）言（はく）、「如《（し）》（か）不、是の善男子・善女人の、般若波羅蜜の經卷を書し持し、他人に與（へ）て讀し誦し、說セ令（め）て得ム福の多きには。何以故、是の般若波羅蜜の中には、廣く諸の无漏法を說く。善男子・善女人は、是（れ）が中に從（ひ）て學す。已にも學しき今も學す。當にも學すべし。正法位（の）［に］中に入り、已にも入（り）き。今も入る。

⑬當にも入（る）べし。須陀洹果を得、已にも得《ウ》てき。今も得。當にも得《（う）》べし。［乃］阿羅漢果（に）至（るま）でに、辟支佛道を求（む）るにおきても、亦（た）是（の）如（し）。諸の菩薩摩訶薩は阿耨多羅三藐三菩提を求め、正法の位（の）［に］中に入り、已に（も）入り（き）。今も入（る）［リ］、當（にも）入（る）べし。阿耨多羅三藐三菩提を得たまヒ、已にも得たまひき。今も得（たまふ）。當（にも）得（たまふ）べし。憍尸迦、何等

當レ得。憍尸迦、何等是无漏法。所レ謂四念處乃至八聖道分、四聖諦、內空乃至无法有法空、佛十力乃至十八不共法。善男子・善女人、學二是法一、得二阿耨多羅三藐三菩提一、已得、今得、當レ得。憍尸迦、若有善男子・善女人、教二一人一令レ得二須陀洹果一、是人得福德勝下教二一閻浮提人一、行中十善道上、何以故、憍尸迦、教二一閻浮提人一行二十善道一、不レ離二地獄・畜生・餓鬼苦一。憍尸迦、教二一人一得二須陀洹果一、離二三惡道一故。乃至二阿羅漢果、辟支佛道一、亦如レ是。憍尸迦、若善男子・善女人教二一閻浮提人一、令レ得二須陀洹果・斯陀含果・阿那含・阿羅漢・辟支那道一、不レ如、善男子・善女人教二一人一、令レ

か是れ无漏法。謂（ふ）所（の）四念處、乃至、八聖道分、四聖諦、內空、乃至、无法有法空、佛（の）十力、乃至、十八不共法なり。善男子・善女人は、是（の）法を學して、阿耨多羅三藐三菩提を得、已にも得《ウ》（て）き。今も得《(う)》。當にも得べし。憍尸迦(呼)、若（し）有（ら）ム善男子・善女人（の）、一人を教（へ）て須陀洹果を得令（め）ム、是の人の得ム福德は、一閻浮提の人を教（へ）て、十善道（を）行（せ）しむるよりは勝（れ）たり。何以故、憍尸迦(呼)、一閻浮提の人を教（へ）て、十善道を行（せ）しむる、地獄・畜生・餓鬼の苦を離（れ）不。憍尸迦(呼)、一人を教（へ）て須陀洹果を得しむるは、三惡道を離（る）るが故（に）。［乃］阿羅漢果・辟支佛道に至（るま）でに、亦（た）是（の）如（し）。憍尸迦(呼)、若（し）善男子・善女人の、一閻浮提の人を教（へ）て、須陀洹果・斯陀含果・阿那含・阿羅漢・辟支佛道の得令（め）ムよりは、如《し》（か）不《じ》、善男子・善女人（の）一人を教（へ）て、阿耨多羅三藐三菩提を得令（め）が、得ム福の多きに（は）。何以故、憍尸迦(呼)、菩薩の因緣を以（て）の故（に）、須陀洹果（原文缺、大正藏經により補足）、乃至、阿羅漢・辟支佛（を）生（す）。菩薩の因緣（を）以（ての）故（に）、諸佛を生すべし。是（の）因緣（を）以（ての）故（に）、憍尸迦、知れ［當］、善男子・善女人（の）般若波羅蜜の經卷を書し、他人に與（へ）て書し、持し、讀し、誦し、說セ令（め）て得ム福は多し。何以故、是の般若波羅蜜の中には、廣く諸の善

得㆓阿耨多羅三藐三菩提㆒、得福多。何以故、憍尸迦、以㆓菩薩因縁㆒故、生㆓須陀洹至阿羅漢・辟支佛㆒、以㆓菩薩因縁㆒故生㆓諸佛㆒。以㆓是因縁㆒故、憍尸迦、當㆑知、善男子・善女人書㆓般若波羅蜜經巻㆒、與㆓他人㆒令㆓書持、讀誦、說㆒、得福多。何以故、是般若波羅蜜中、廣說㆓諸善法㆒、是善法中學、便出㆓生刹利大姓、婆羅門大姓、居士大家、四天王天、乃至非有想非无想天㆒。便有㆓四念處、乃至一切種智㆒。便有㆓諸須陀洹、乃至阿羅漢・辟支佛㆒。便有㆓諸佛㆒。憍尸迦、置㆓一閻浮提人㆒。若有善男子・善女人、教㆓四天下世界中衆生㆒、令㆑行㆓十善道㆒、於㆓汝意㆒云何。是人以㆓是因縁㆒故、得㆑

法を說く。是の善法の中に學して、便（ち）刹利の大姓、婆羅門の大姓、居士（の）大家、四天王天、乃至、非有相非无想天を出生（す）［し］。便（ち）四念處、乃至、一切種智有（り）。便（ち）諸の須陀洹、乃至、阿羅漢・辟支佛有（り）。便（ち）諸佛有《いま》すをもて。憍尸迦（呼）、一閻浮提（の）人を置く。若（し）有（ら）ム善男子・善女人の、四天下の世界中の衆生を教（へ）て、十善道を行（せ）令（め）ム、汝（が）意（に）於（て）云何（ぞ）。是の人（は）是の因縁（を）以（ての）故（に）、福を得ムこと多けむや不や。」とのたまふ。答（へて）曰（さく）、「甚（だ）多（し）。世尊。」とまうす。佛言（はく）、「如《し》（か）不《じ》、是の善男子・善女人の、般若波羅蜜の經巻を書し、他人に與（へ）て、書し持し讀（し）誦し、說セ令（め）て、得ム福の多（き）には。餘は上に說（き）ツる（が）如（し）。憍尸迦（呼）、四天下の世界の中の衆生をは置く、若（し）小千世界（の）中（の）衆生を教（へて）、十善道を行（せ）令（め）ムこと、亦（た）是（の）如（く）せむ。憍尸迦（呼）、小千世界の中の衆生をは置く。若（し）二千中の世界の中の衆生を教（へ）て、十善道を行（せ）令（め）ム、若（し）有（ら）ム善

福多不」。答曰、「甚多。世尊。」佛言、「不レ如、是善男子・善女人書二般若波羅蜜經卷一、與二他人一令二書持、讀誦、說一得福多。餘如二上說一。憍尸迦、置二四天下世界中衆生一、若教二小千世界中衆生一令レ行二十善道一亦如レ是。憍尸迦、置二小千世界中衆生一、若教二二千中世界中衆生一令レ行二十善道一、若有善

⑭男子・善女人、書二般若波羅蜜經卷一、與二他人一令二書持讀誦一、是人福德多。餘如二上說一。憍尸迦、置二二千中世界中衆生一、若教二三千大千世界中所有衆生一、令レ行二十善道一、復有人書二般若波羅蜜經卷一、與二他人一令二書持讀誦一、是人福德多。憍尸迦、置二三千大千世界中衆生一、若教下如二恆河沙一

---

⑭男子・善女人（の）、般若波羅蜜の經卷を書し、他人に與（へ）て、書持（し）讀誦（せ）令（め）ム、是の人の［は］福德は多し。餘は上（に）說（きつるが）如（し）。憍尸迦、二千中（の）世界の中の衆生をは置く。若（し）三千大千世界の中の所有の衆生を教（へ）て、十善道を行（せ）令（め）ム、復（た）有（ら）ム人（の）、般若波羅蜜の經卷を書し、他人に與（へ）て、書持（し）讀誦（せ）令（め）ム、是の人の福德は多し。憍尸迦(呼)、三千大千世界の中の衆生をは置く。若（し）恆河（の）沙の如き（に）等しき世界の中の所有の衆生を教（へ）て、十善道（を）行（せ）令（め）ム。若（し）復（た）有（ら）ム人（の）、般若波羅蜜の經卷を書し、他人に與（へ）て、書持（し）讀誦（せ）

等世界中所有衆生上、令レ行二十善道一、若復有人書二般若波羅蜜經卷一、與二他人一令レ書持讀誦一、其福德多。餘如二上說一。復次、憍尸迦、有人教二一閻浮提衆生一、令レ立二四禪四无量心・四无色定・五神通一、於二汝意一云何。是善男子・善女人福德多不。」釋提桓因言、「甚多。世尊。」佛言、「不レ如、是善男子・善女人書二般若波羅蜜經卷一、與二他人一令二書持讀誦說一得福多。何以故、是般若波羅蜜中、廣說二諸善法一。餘如二上說一。憍尸迦、置二浮提中衆生一、復置二四天下世界中衆生、小千世界中衆生、二千中世界中衆生、三千大千世界中衆生一。憍尸迦、若有人教下十方如二恆河沙一等世界

令（め）ム、其の福德は多けむ。餘は上（に）說（きつるが）如（し）。復次、憍尸迦（呼）、有（ら）ム人（の）、一閻浮提（の）衆生を教（へ）て、四禪・四无量心・四无色定・五神通立《成也》（ら）（「立」の右に「成也」の注あり）令めム。汝（が）意に於（て）云何（ぞ）。是の善男子・善女人の福德は多しや不や。」釋提桓因の言（さ）く、「甚（だ）多（し）。世尊。」とまうす。佛言（は）く、「如《し》（か）不、是の善男子・善女人の、般若波羅蜜の經卷を書し、他人に與（へ）て書持（し）讀誦（し）說（せ）令（め）て、得ム福の多きには。何以故、是の般若波羅蜜の中には、廣く諸の善法を說く。餘は上（に）說（きつるが）如（し）。憍尸迦（呼）、閻（原文缺、白補）浮提の中の衆生をは置（く）。復（た）四天下（の）世界（の）中の衆生、小千世界の中の衆生、二千中世界の中（の）衆生、三千大千世界の中の衆生をは置く。憍尸迦（呼）、若（し）有（ら）ム人（の）、十方の恆河（の）沙の如きに等しき世界の中の衆生を教へて、四禪・四无量心・四无色定・五神通並《な》ら令（め）ム、汝（が）意（に）於（て）云何（ぞ）。是の人の福德は多（し）や不や。」答（へて）曰（はく）、「甚（だ）多（し）。世尊。」とまうす。佛の言（は）く、「如《し》（か）不《じ》、是の善男子・善女人の、般若波羅蜜の經卷を書し、他人に與（へ）て、書持（し）、讀誦（し）、說（せ）令（め）て、得ム福の多きには。何以故、是の般若波羅蜜（の）中には、廣く諸の善法を說（き）たまふをもて。餘は上に說（きつるが）如（し）。復次、憍

中衆生上、令レ並二四禪・四无量心・四无色定・五神通一、於二汝意一云何。是人福德多不。」答曰、「甚多。世尊。」佛言、「不レ如、是善男子・善女人書二般若波羅蜜經卷一、與二他人一令三書持讀誦說一得福多。何以故、是般若波羅蜜中、廣說二諸善法一。餘如二上說一。復次、憍尸迦、若有善男子・善女人、受二是般若波羅蜜一、書持、讀誦、說、正憶念、是人福德勝下教二閻浮提人一行二十善道一、立二四禪・四无量心・四无色定・五神通一、正憶念者上。受二持親二近般若波羅蜜一、乃至正憶念、不レ以二二法一。不レ以二不二法一、受二持親二近禪波羅蜜・毗梨耶波羅蜜・羼提波羅蜜・尸波羅蜜・檀波羅蜜一、乃至正憶念、不レ以二二法一。

尸迦(呼)、若（し）有（ら）ム善男子・善女人の、是の般若波羅蜜を受し、書し持し、讀誦（し）、說し、正憶念せむ、是の人（の）福德は、閻浮提（の）人を［の］教（へ）て、十善道を行（せ）しめ、四禪・四无量心・四无色定・五神通立《な》（ら）しめ、正憶念せしむる者《ひと》に勝（れ）たり。般若波羅蜜を受持し親近し、乃至正憶念するに、二法を以てせ不、不二の法を以てもせ不、禪波羅蜜・毗梨耶波羅蜜・羼提波羅蜜・尸波羅蜜・檀波羅蜜を受し持（し）、親近し、乃至、正憶念するに、二法を以てせ不、不二の法を以ても（せ）不。阿耨多羅三藐三菩提の爲に、正憶念し、內空、［乃］一切種智に至（るま）でに［する］、二法を以ても（せ）不、不二の法を以ても（せ）不。復次、憍尸迦(呼)、若（し）有（ら）ム善男子・善女人（の）、他人の爲に種種の因緣をもて般若波羅蜜の義を演へ說き、開示し分別して、

不レ以二不二法一。爲二阿耨多羅三藐三菩提一、正憶念、内空乃至二一切種智一、不レ以二二法一、不レ以二不二法一。

復次、憍尸迦、若有善男子・善女人、爲二他人一種種因縁演二説般若波羅蜜義一、開示、分別、令レ易レ⑮解。憍尸迦、何等是般若波羅蜜義。憍尸迦、般若波羅蜜義者、不レ應下以二二相一觀上。不レ應下以二不二相一觀上。非二有‐相一、非二无相一、不レ入不レ出、不レ增不レ損、不レ垢不レ淨、不レ生不レ滅、不レ取不レ捨、不レ住非レ不レ住、非レ實非レ虛、非レ合非レ散、非レ著非レ不レ著、非レ因非レ不レ因、非レ法非レ不レ法、非レ如非レ不レ如、非二實際一非二不實際一。憍尸迦、若善男子・善女人、能以二是般若波羅蜜義一爲二他人一種種因縁演說、開示分別、令レ易レ解、

---

⑮解（し）易（く）あら令（め）ム。憍尸迦(呼)、何等か是れ般若波羅蜜の義。憍尸迦(呼)、般若波羅蜜の義といふは［者］二相を以て觀（る）應（くあら）不。不二の相を以て觀（る）應（くあら）不。有‐相にも非（ず）、无相にも非（ず）、入（ら）不、出（て）不、增（せ）不、損（せ）不、垢（なら）不、淨（なら）不、生（せ）不、滅（せ）不、取（ら）不、捨（て）不、住（せ）不、住（せ）不（にも）非（ず）、實（に）非（ず）、虛（に）非（ず）、合（せ）非、散（せ）非、著（せ）非、著（せ）不（にも）非（ず）、因（に）非（ず）、因（に）不（にも）非（ず）、法（に）非（ず）、法（に）不（にも）非（ず）、如（に）非（ず）、如（に）不（にも）非（ず）、實際（に）非（ず）、不實際にも非ぬなり。憍尸迦(呼)、若（し）善男子・善女人の、能く是の般若波羅蜜の義を以て、他人の爲に、種種の因縁をもて演說し、開示し、分別して、解（し）易（く）あら令（め）ム。是の善男子・善女人の所得の福德は甚（だ）多し。自ら般若波羅蜜を受し持し、

是善男子・善女人、所得福德甚多。勝下自受二持般若波羅蜜一、親近讀誦、說正憶念上。復次、憍尸迦、善男子・善女人、自受二持般若波羅蜜一、親近讀誦、說正憶念、亦爲二他人一種種因緣演二說般若波羅蜜義一、開示分別、令レ易レ解、是善男子・善女人所得功德甚多。」釋提桓因白レ佛言、「世尊、善男子・善女人、應下如レ是演二說般若波羅蜜義一、開示分別、令上レ易レ解。」佛告二釋提桓因一、「如レ是、憍尸迦、是善男子・善女人、應下如レ是演二說般若波羅蜜義一、開示分別、令レ易上レ解。憍尸迦、善男子・善女人如レ是演二說般若波羅蜜義一開示、分別、令レ易レ解、得二无量无邊阿僧祇福德一。若有善男子・

親近（し）、讀し誦（し）說（し）、正憶念せむには勝（れ）たり。復次、憍尸迦(呼)、善男子・善女人の自（ら）般若波羅蜜を受し持し、親近し、讀し誦し說し、正憶念し、亦（た）他人の爲に、種種の因緣をもて般若波羅蜜の義を演說し、開示し、分別して、解（し）易（く）あら令（め）ム。是の善男子・善女人の所得の功德は甚（だ）［し］多し。」とのたまふ。釋提桓因、佛（に）白（して）言（さく）、「世尊、善男子・善女人（は）［の］是（の）如（くし）て、般若波羅蜜の義を演說（し）、開示し、分別して、解（し）易（く）あら令（む）應（し）。」佛、釋提桓因（に）告（けたまはく）、「是（の）如し、憍尸迦(呼)、是の善男子・善女人は、是（の）如（く）して般若波羅蜜の義を演說し、開示し、分別して、解（し）易（く）あら令（む）應（し）。憍尸迦、善男子・善女人の、是（の）如く（して）般若波羅蜜の義を演說（し）、開示し、分別して、解（し）易（く）あら令（め）ムいは、无量无邊（の）阿僧祇の福德を得ム。若（し）有（ら）ム善男子・善女人の、十方（の）无量の阿僧祇の諸佛を供養（し）たてまつり、其の壽命の盡（くる）マ（て）に、其が所須に隨（ひ）て恭敬し、尊重し、讚嘆し、華香、乃至、幡蓋をもて供養（し）たつまつらム、若（し）復（た）有（ら）ム善男子・善女人の、種種の因緣をも他人の爲に廣く般若波羅蜜の義を說き、開示し、分別して、解（し）易（く）あら令（め）ム、是の善男子・善女人の功德は、甚（だ）多し。何以故、諸（の）過去・未來・現在の諸佛は、皆

善女人供二養十方无量阿僧祇諸佛一、盡二其壽命一、隨二其所須一恭敬尊重讃歎、華香乃至幡蓋供養、若復有善男子・善女人種種因縁爲二他人一廣説二般若波羅蜜義一、開示分別、令レ易レ解、是善男子・善女人功徳甚多。何以故、諸過去・未來・現在諸佛、皆於二是般若波羅蜜中一學、得二阿耨多羅三藐三菩提一、已得、今得、當得。復次、憍尸迦、若善男子・善女人、於二无量无邊阿僧祇劫一、行二檀波羅蜜一、不レ如、是善男子・善女人、以二般若波羅蜜一爲二他人一演二説其義一、開示分別、令レ易レ解。其福甚多。以レ无二所得一故。云何名二有所得一。憍尸迦、若菩薩摩訶薩用レ有二所得一故布施、布施時、作二

是の般若波羅蜜の中に於て、學して阿耨多羅三藐三菩提を得（たまひ）たるをもて、已に（も）得てき、今も得し、當にも得べし。復次、憍尸迦（呼）、若（し）善男子・善女人の、无量无邊（の）阿僧祇却に於（て）、檀波羅蜜を行せむよりは、如《し》（か）不《じ》、是の善男子・善女人の、般若波羅蜜を以て、他人の爲に其の義を演説し、開示し、分別して、解（し）易（く）あら令（め）ムには。其れの福甚（だ）多し。所得无（き）を以（て）の故（に）。云何なるをか有所得と名（づく）る。憍尸迦（呼）、若（し）菩薩摩訶薩（は）、所得有るを用ての故（に）、布施す［ときに］。布施の時に、是の念を作（さ）く、「我は與フ、彼は受く。施する［の］所は者‐物なり」と。是を得の檀と名（づ）く。波（原文「彼」、訂正の白丸あり）羅蜜とあること得不。「我は戒を持ツ。此れは是れ戒なり」と。是を得の戒と名（づ）く。波羅蜜とあること得不。

是念二「我與、彼受、所レ施者-物」、是名二得檀一、不レ得二波羅蜜一。「我持レ戒、此是戒、」是名二得戒一。不レ得二波羅蜜一。⑯「我忍辱、爲二是人一忍辱」、是名二得忍辱一。不レ得二波羅蜜一。「我精進。爲二是事一懃精進」、是名二得精進一。不レ得二波羅蜜一。「我修レ禪所修是禪」是名二得禪一。不レ得二波羅蜜一「我修レ慧。所修是慧」是名二得慧一。不レ得二波羅蜜一。憍尸迦、是善男子・善女人如レ是行者、不レ得三具二足檀波羅蜜・尸羅波羅蜜・羼提波羅蜜・毗梨耶波羅蜜・禪波羅蜜・般若波羅蜜一。」釋提桓因白佛レ言、「世尊、菩薩摩訶薩云何修具二足檀波羅蜜・尸羅波羅蜜・羼提波羅蜜・毗梨耶波羅蜜・禪波羅蜜・般若波羅蜜一。」

⑯「我は忍辱す、是の人の爲に忍辱す」とする。是（を）得の忍辱と名（づく）。波羅蜜とあること得不。「我は精進す。是の事の爲に、勤めて精進す」とする。是を得の精進と名（づく）。波羅蜜とあること得不。「我は禪を修す、所修は是れ禪なり」とする、是を得の禪と名（づく）。波羅蜜（とあること）得不。「我は慧を修す。所修は是れ慧なり」とする、是を得の慧と名（づく）。波羅蜜（とあること）得不。憍尸迦、是の善男子・善女人の、是（の）如（く）して行するは［者］、檀波羅蜜・尸羅波羅蜜・羼提波羅蜜・毗梨耶波羅蜜・禪波羅蜜・般若波羅蜜を具足すること得不」とのたまふ。釋提桓因、佛（に）白（して）言（さく）、「世尊、菩薩摩訶薩は云何《いか》に修してか檀波羅蜜・尸羅波羅蜜・羼提波羅蜜・毗梨耶波羅蜜・禪波羅蜜・般若波羅蜜を具足する。」とまうす。佛、釋提桓因（に）告（けたまはく）、「菩薩摩訶薩は、布施の時に、與-者を得不、受者を得不、所施の物を得不《ぬ》、是の人の所-得に檀波羅蜜具足す。乃至、般若波羅蜜を修する時に、智を得不、所修の智を得不。是の人（は）、般若波羅蜜具足すること得。憍尸迦（呼）、是を菩薩摩訶薩、檀波羅蜜、乃至般若波羅蜜具足すと爲す。善男子・善女人は、是（の）如（く）して般若波羅蜜を行し、他人の爲に其の義を演說し、開示し、分別して、解

佛告二釋提桓因一、「菩薩摩訶薩布施時、不レ得二與-者一、不レ得二受者一、不レ得二所施物一、是人所-得具二足檀波羅蜜一。乃至修二般若波羅蜜一時、不レ得レ智、不レ得二所修智一。是人得三具二足般若波羅蜜一。憍尸迦、是爲三菩薩摩訶薩具二足檀波羅蜜、乃至般若波羅蜜一。善男子・善女人、如レ是行二般若波羅蜜一、當下爲二他人一演二説其義一、開示分別、令レ易レ解、禪波羅蜜・毗梨耶波羅蜜・羼提波羅蜜・尸羅波羅蜜・檀波羅蜜、演二説其義一、開示分別、令上レ易レ解。何以故、憍尸迦、未來世當下有善男子・善女人、欲レ説二般若波羅蜜一、而説中相似般若波羅蜜上。有善男子善女人、發二阿耨多羅三藐三菩提心一、聞二是

（し）易（く）あら令しむ。禪波羅蜜・毗梨耶波羅蜜・羼提波羅蜜・尸羅波羅蜜・檀波羅蜜におきて、其の義を演説し、開示し、分別して、解（し）易（くあら）令しむべし。何以故、憍尸迦（呼）、未來世に、當（に）有（ら）ム善男子・善女人の、般若波羅蜜を説（き）たてまつらムと欲（は）ムいは、而も相似の般若波羅蜜を説（か）ム。有（ら）ム善男子・善女人の、阿耨多羅三藐三菩提の心を發して、是の相-似の般若波羅蜜（を）聞（か）ムいは、正道を失（ひ）てム。善男子・善女人は是の人の爲に具足して、般若波羅蜜の義を演へ説き、開示し、分別し（て）、解（し）易（く）あら令（む）べし。」とのたまふ。釋提桓因、佛（に）白（して）言（さく）、「世尊（呼）、何等か是れ相似の般若波羅蜜。」とまうす。佛言（はく）、「有る善男子・善女人の、有所得の般若波羅蜜を説（か）ム、是を相似の般若波羅蜜と爲す。」釋提桓因、佛（に）白（して）言（さく）、「世尊（呼）云何ぞ善男子・善女人の、有所得の般若波羅蜜を説く、是を相似（の）般若波羅蜜と爲《す》る。」とまうす。佛言（はく）、「善男子・善女人（の）、有所得の般若波羅蜜を説く、是れ相似の般若波羅蜜なり。相似の般若波羅蜜といふは［者］色无常と説（き）て、この言を作（さ）く、「能く是（の）如（く）して是れ般若波羅蜜を行するなり」といは《ママ》ム。行者い色の无常を求ム。是れ相似の般若波羅蜜を行すと爲す。受想行識无常なりと説（き）て、是の言を作（さ）マく、「能く是（の）如（く）して行する、是（れ）般若波

相‐似般若波羅蜜一失二正道一。善男子・善女人應下爲二是人一具足、演二說般若波羅蜜義一、開示分別、令上レ易レ解。」釋提桓因白レ佛言、「世尊、何等是相似般若波羅蜜。」佛言、「有善男子・善女人說二有所得般若波羅蜜一、是爲二相似般若波羅蜜一。」釋提桓因白レ佛言、「世尊、云何善男子・善女人、說二有所得般若波羅蜜一、是爲二相似般若波羅蜜一。」佛言、「善男子・善女人、說二有所得般若波羅蜜一、是相似般若波羅蜜。相似般若波羅蜜者、說二色无常一、作二是言一、「能如レ是行二是行般若波羅蜜一。」行者求二色无常一。是爲レ行二相似般若波羅蜜一。說二受想・行識无常一、作二是言一、「能如レ是行、是行二般若波羅蜜一。」

羅蜜を行するなり」といはム。行者（は）受想行識の无常を求ム。是（を）相似の般若波

行者求二受想行識无常一。是爲レ行二相似般若波⑰羅蜜一。説二眼无常一、乃至説二意无常一、説二色无常一、乃至説二法无常一、説二眼界无常、色界・眼識界无常一、乃至説二意界・法界・意識界无常一、説二地種无常一、乃至説二識種无常一、説二眼識界无常一、乃至説二意識界无常一、説二眼觸无常一、乃至説二意觸无常一、説二眼觸因縁生受无常一、乃至説二意觸因縁生受无常一。廣説、如二五衆一説二色苦一、乃至説二意觸因縁生受苦一、説二色无我一、乃至説二意觸因縁生受无我一、皆如二五衆説一。行者行二檀波羅蜜一時、爲説二色无常、苦、无我一、乃至意觸因縁生受、説二无常・苦・无我一。尸羅波羅蜜、乃至二般若波羅蜜一亦如レ是行二

---

⑰羅蜜を行すと爲す。眼は无常なりと説き、乃至、意（は）无常（なりと）説（き）、色（は）无常（なりと）説（き）、乃至、法は无常なりと説き、眼界（は）无常なり、色界・眼識界（は）无常なりと説き、乃至、意界・法界・意識界（は）无常（なりと）説（き）、地種（は）无常（なりと）説（き）、乃至、識種（は）无常（なりと）説（き）、眼識界（は）无常（なりと）説（き）、乃至、意識界（は）无常（なりと）説（き）、眼觸（は）无常（なりと）説（き）、乃至、意觸（は）无常（なりと）説（き）、眼觸（は）因縁より生せる受无常なりと説（き）、乃至、意觸の因縁より生せる受无常なりと説（か）ム。廣く説かば、五衆の如きにおきて、色苦なりと説き、乃至、意觸の因縁より生せる受（の）苦なりと説き、色（は）无我なりと説（き）、乃至、意觸（の）因縁より生せる受（の）无我なりと説（か）ム。皆五衆に説（き）ツるが如く《ママ》。行者い檀波羅蜜を行せむ時に、爲に色は无常なり、苦なり、无我なりと説き、乃至、意觸（の）因縁より生せる受におきて、无常なり、苦なり、无我なりと説（か）ム。尸羅波羅蜜、［乃］般若波羅蜜に至（る）マ（で）に、亦（た）是（の）如（し）といはム。四禪・四无量心・四无色定を行せむときに、爲に、无常なり、苦なり、无我なりと説き、四念處を行せむときに、爲に、无常なり、苦なり、无我なりと説き、乃至、薩

四禪・四无量心・四无色定一、爲説二无常・苦・无我一、行二四念處一爲説二无常・苦・无我一、乃至行二薩婆若一時、爲説二无常・苦・无我一。作二如レ是教二、「能如レ是行者、是爲レ行二般若波羅蜜一。憍尸迦、是名二相似般若波羅蜜一。復次、憍尸迦、若善男子・善女人、當來世説二相似般若波羅蜜一、作二是言一、「汝、善男子、修二行般若波羅蜜一。汝修二行般若波羅蜜一時、當レ得二初地一、乃至當レ得二十地一。禪波羅蜜、乃至二檀波羅蜜一亦如レ是。」行者以二相似有所得一以二總相一修二是般若波羅蜜一。憍尸迦、是名二相似般若波羅蜜一。

復次、憍尸迦、善男子・善女人、欲レ説二般若波羅蜜一、作二是言一、「汝、善男子、修二行般若波羅蜜一已、當レ

婆若を行せむ［ときに］時（に）、爲に、无常なり、苦なり、无我なりと説（か）ム。是（の）如（き）教を作（さ）マく、「能く是の如くして行する者《ひと》、是を般若波羅蜜を行すといはム。憍尸迦（呼）、是を相似の般若波羅蜜と名（づく）。復次、憍尸迦（呼）、若（し）善男子・善女人（の）、當-來の世に、相似の般若波羅蜜を説（き）て、是の言を作（さまく）、「汝、善男子は、般若波羅蜜を修行す。汝、般若波羅蜜を修行せむ時に、當（に）初地を得《ウ》、乃至、當（に）十地を得ム。禪波羅蜜、［乃］檀波羅蜜に至（るま）でに、亦（た）是（の）如（し）」といはム。行者い相似の有所得を以（て）［を］、總相を以て、是の般若波羅蜜を修せむ。憍尸迦（呼）、是を相似の般若波羅蜜と名（づ）く。復次、憍尸迦（呼）、善男子・善女人の、般若波羅蜜を説（か）ムと欲（は）ムい、是の言を作（さ）マく、「汝、善男子、般若波羅蜜を修行し［て］已（りて）［に］、當に聲聞辟支佛地を過（ぎ）ム。」といはム。是（を）相似（の）般若波羅蜜と名（づ）く。復次、善男子・善女人の、佛道を求（むる）ことを爲《せ》む者《ひと》、是（の）如く説（か）マく、「汝、善男子・善女人は、般若波羅蜜修行し已（り）て、菩薩の位に入り、无生法忍を得ム。无生法忍を得已（り）て、便（ち）菩薩の神通に住して、一佛國從（り）一佛國に至（り）て、諸佛を供養し、恭敬し、尊重し、讚嘆（し）たてまつらム」と。是（の）如くして説（か）ム者、是を相似の般若波羅蜜と名（づ）く。復次、憍尸迦（呼）、善男子・善女人の、佛道を求（む）る者《ひと》

過二聲聞辟支佛地一。」是名二相似般若波羅蜜一。復次、善男子・善女人爲レ求二佛道一者、如レ是說、「汝、善男子・善女人、修二行般若波羅蜜一已、入二菩薩位一、得二无生法忍一。得二无生法忍一已、便往二菩薩神通一、從二一佛國一至二一佛國一、供二養諸佛一、恭敬尊重讚嘆。」如レ是說者、是名二相似般若波羅蜜一。復次、憍尸迦、善男子・善女人、爲下求二佛道一者上、如レ是說、「汝、善男子・善女人學二是般若波羅蜜一、受持讀誦、說正憶念、當レ得二无量无邊阿僧祇功德一。」如レ是說者、是名二相似般若波羅蜜一。復次、善男子・善女人、爲下求二佛道一者上說、「如二過去・未來・現在諸佛一、功
⑱德善本、從二初發心一至三成二得、佛一都合集廻二向阿

の爲に、是（の）如くして說（か）マく「汝善男子・善女人は、是の般若波羅蜜を學し、受持し、讀し誦し、說し、正憶念して、當に无量无邊阿僧祇の功德を得ム」といはム。是（の）如く說（か）ム者《ひと》、是を相似の般若波羅蜜と名（づ）く。復次、善男子・善女人の、佛道（を）求（む）る者の爲に說（か）マく、「過去・未來・現在の諸佛の如きは、功
⑱德の善本を、初發心從（り）佛と成-得するに至（るま）でに、

耨多羅三藐三菩提。」如レ是說者、是名二相似般若波羅蜜一。釋提桓因白レ佛言、「世尊、云何善男子・善女人爲下求二佛道一者上、不レ說二相似般若波羅蜜一。」佛言、「若善男子、善女人爲下求二佛道者上、說二般若波羅蜜一、「善男子、汝修二行般若波羅蜜一、莫レ觀二色无常一。何以故、色性空、是色性非レ法、若非レ法、卽名爲二般若波羅蜜一。般若波羅蜜中、色非レ常、非二无常一。何以故、是中色尚不可得。何況常无常。」」憍尸迦、善男子・善女人、如レ是說者、是名レ不レ說二相似般若波羅蜜一。受想行識亦如レ是。復次、憍尸迦、善男子・善女人、爲下求二佛道一者上說、「汝、善男子・善女人修二行般若波羅蜜一、於二諸法一莫レ

都く合して集（め）て、阿耨多羅三藐三菩提に廻向す」とおもはム。是（の）如く說（か）ム者《ひと》、是を相似の般若波羅蜜と名（づ）く。釋提桓因佛（に）白（して）言（さく）、「世尊、云何ぞ善男子・善女人の、佛道を求（む）る者の爲に、相似の般若波羅蜜を說（か）不《ぬ》。」佛言（はく）、「若（し）善男子・善女人の、佛道を求（む）る者の爲に、般若波羅蜜を說（か）マく、『善男子(呼)、汝般若波羅蜜を修行せむときに、色无常（なり）と觀すること莫。何以故、色は性空なり。是の色の性は法に非（ず）。若（し）法に非ぬを、卽（ち）名（づけ）て般若波羅蜜と爲す。般若波羅蜜の中には、色は常にも非（ず）、无常（にも）非（ず）。何以故、是が中には、色すら尚（し）不可得なり。何（に）況（や）常无常は』といはム。憍尸迦(呼)、善男子・善女人の、是（の）如くして說（か）ム者《ひと》、是を相似の般若波羅蜜を說（か）不と名（づ）く。受想行識も亦（た）是（の）如（し）。復次、憍尸迦(呼)、善男子・善女人の、佛道（を）求（む）る者の爲に說（か）マく、『汝善男子・善女人は、般若波羅蜜を修行して、諸法に於て、過（ぐ）る所有（る）こと莫。住（する）所有（る）こと莫。何以故、般若波羅蜜の中には、法として過（ぐ）可く住（す）可（き）こと有（る）こと无（き）をもて。所以者何、一切の法は、自性空なり。自性空は是れ法に非（ず）。若（し）法に非ぬを、卽（ち）名（づけ）て般若波羅蜜と爲す。般若波羅蜜の中には、法として入（る）可く、出（つ）可く、生（す）可（く）、滅（す）

有㆑所㆑過。莫㆑有㆑所㆑住。何以故、般若波羅蜜中、无㆑有㆓法可㆑過可㆑住。所以者何、一切法自性空。自性空是非㆑法。若非㆑法、卽名爲㆓般若波羅蜜㆒。般若波羅蜜中、无㆑有㆓法可㆑入、可㆑出、可㆑生、可㆑滅。」憍尸迦、是善男子・善女人如㆑是說、是名㆑不㆑說㆓相似般若波羅蜜㆒。廣說如㆑上。與㆓相似㆒相違、是名㆑不㆑說㆓相似般若波羅蜜㆒。如㆑是、憍尸迦、善男子・善女人、應㆔如㆑是演㆓說般若波羅蜜義㆒。若如㆑是說㆓般若波羅蜜義㆒、所㆑得功德勝㆓於前者㆒。

論釋曰、佛更欲㆘以㆓異門㆒明㆗般若波羅蜜勝㆖故、問㆓帝釋㆒言、「若有人教㆓一閻浮提人㆒、行㆓十善道㆒、其福多不。」如㆓經中廣說㆒。此中說㆔所㆓以勝因緣㆒。所㆑

可(き)こと有(る)こと无し』といはム。憍尸迦(呼)、是の善男子・善女人の、是(の)如(く)して說(か)ム、是を相似の般若波羅蜜を說(か)不と名(づ)く。廣く說(く)こと上の如(し)。相似と[與]相違す。是を相似の般若波羅蜜を說(か)不と名(づ)く。是(の)如(く)、憍尸迦(呼)、善男子・善女人は是(の)如(く)して般若波羅蜜の義を演說(す)應(し)。若(し)是(の)如くして般若波羅蜜の義を說(く)ときには、得る所の功德前の者に[於]勝(れ)たり。

論釋曰、佛(は)更(に)異門を以て般若波羅蜜勝(れ)たりと明(さむ)と欲すが故(に)、帝釋を問(ひ)て言(は)く、「若(し)有(ら)ム人の、一閻浮提の人を教(へ)て、十善道を行(せ)しめむ、其の福は多しや不や。」經の中に廣く說(く)が如し。此が中に勝(れ)たる因緣の所以を說けり。謂(ふ)所(の)

謂般若波羅蜜、廣說二諸无漏法一成二三乘道一、入二涅槃一不三復還二十善道一。但善有漏法受二世間无常福德一、還-復墮レ苦。是故不レ如。復次、先是世間法、後是出世間法。先是能生生死法、後
30是能滅生死法。先是无常樂因緣、後是常樂因緣。先是凡夫聖人共法、後但是爲二聖人法一。如レ是等差別。无漏法者、三十七品、十八不共法、乃至无量諸佛法。欲レ令二是事了了易レ解故、更說二因緣一。所レ謂教二一人一令レ得二須陀洹果一、得大福德、
⑲勝下於教二閻浮提人一行中十善道上。雖レ行二十善一、未レ免二三惡道一故。乃至レ得二阿羅漢辟支佛道一亦如レ是。佛更說二譬喩一、「若有人教二一閻浮提人一令レ得二聲

般若波羅蜜には、廣く諸（の）无漏の法を說して、三乘の道成（ら）しめ、涅槃に入（れ）しめたまひて、復（た）十善道に還（ら）しめたまは不。但（た）善の有漏の法は、世間の无常の福德を受（け）しめ、還-復（り）ては苦に墮（せ）しむ。是の故（に）、如《シ》カ不。復次、先のは是れ世間の法なり。後のは是れ出世
30間の法なり。先のは是れ能く生死を生す法なり。後のは是れ能く生死を滅（する）［す］法なり。先のは是れ无常の樂の因緣なり。後のは是れ常樂の因緣なり。先のは是れ凡夫と聖人と共（に）する法なり。後のは但（だ）是（れ）聖人の法と爲す。是（の）如（き）等の差別あり。无漏の法といふは［者］、三十七品、十八不共法、乃至、无量の諸佛の法なり。是の事として、了了に解（し）易（く）あら令（め）ムと欲（す）が故（に）、更（に）因緣を說（き）たまふ。謂（ふ）所（の）、一人を教（へ）て須陀洹果を得令（め）て得る大福德は、
⑲閻浮提の人を教（へ）て、十善道（を）行（せ）しむるに［於］勝（れ）たり。十善を行すと雖（も）、三惡道を免（れ）未《(ぬ)》が故に。［乃］阿羅漢・辟支佛道（を）得しむるに至（るま）でに、亦（た）是（の）如（し）。佛（は）更（に）譬喩を說（き）たまはく、「若（し）有る人、一閻浮提の人を教（へ）て、聲聞・

聞・辟支佛道一、不レ如、有人教二一人一令レ得二阿耨多羅三藐三菩提一、是人得福多。何以故、須陀洹至二辟支佛一、皆從二菩薩一生故。是般若波羅蜜中、種種說二佛道因緣一。是故、書二般若經卷一與レ人、勝下以二十善一教中四天下乃至如二恆河沙一等世界上。復次、教二閻浮提人乃至恆河沙等世界人一、令レ行二四禪等一、乃至二五神通一亦如レ是。但四禪等是離欲人。與二十善一差別。復次、若有人教下一閻浮提人乃至如二恆河沙一世界上令レ行二十善道・四禪・四无量心・四无色定・五神通一。不レ如、是人受二持般若波羅蜜一、讀誦說正憶念得福多。得福多者、上以二般若經卷一與二他人一。今自行二般若一爲レ異。

辟支佛道を得令（め）ムには、如《(し)》（か）不《(じ)》、有（ら）ム人の、一人を教（へ）て、阿耨多羅三藐三菩提を得令（め）ムよりは、是の人の得ム福は多し。何以故、須陀洹より辟支佛に至（るま）でに、皆菩薩に從（ひ）て生するが故（に）。是の般若波羅蜜の中に、種種に佛道の因緣を說（き）たまふ。是の故（に）、般若の經卷を書し（て）人に與（ふる）いは、十善を以（て）四天下、乃至恆河（の）沙の如きに等（原文缺、大正藏經により訂正）（しき）世界のに教（ふ）るに勝（れ）たり。復次、閻浮提（の）人、乃至、恆河（の）沙（に）等（しき）世界（の）人を教（へ）て、四禪等を行（せ）令（むる）こと、［乃］五神通に至（るま）でに、亦（た）是（の）如（くあら）しめむ。但（た）四禪等は、是れ離欲の人なり。十善と［與］差別なり。復次、若（し）有（ら）ム人、一閻浮提の人、乃至、恆河（の）沙の如きに等（原文缺、大正藏經により訂正）（しき）世界のを教（へ）て、十善道・四禪・四无量心・四无色定・五神通を行（せ）令（め）ムよりは、如《(し)》（か）不《(じ)》。是の人の、般若波羅蜜を受持し、讀誦し、說（し）、正憶念して得ム福の多（き）には。得る福多（し）といふは［者］、上には般若の經卷を以て他人に與（ふる）ことをいひツ。今は自ら般若を行して、異なりと爲す。先には十善道と、乃至、五神通とを別して說く。今は合（せ）て說く。問曰、何（を）以（て）ぞ、受し持し、讀し誦し、說すと解（せ）不して、但（た）正憶念と（のみ）解く。答曰、受持（し）、讀誦（し）、說

先十善道乃至五神通別說。今合說。問曰、何以不レ解二受持讀誦說一、但解二正憶念一。答曰、受持讀誦說、福德多。以三正憶念能具二二事一、所レ謂福德智慧。是故別說。如下人採二藥草一、乃至合和、而未レ服レ之、於レ病无レ損、服乃除上レ病、正憶念如二服レ藥病愈一。是故、但解二正憶念一。正憶念相、所レ謂非レ二非二不二一、行二般若波羅蜜一。二不二義如二先說一。初以レ書二經卷一勝二舍利一。中以二經弔一與レ人、勝三教レ人行二十善乃至五通一。今受持讀誦說。於二受持邊一、正憶念最勝。今如二諸佛一憐二愍衆生一故、爲解二其義一、令レ易レ解、勝三自行二正憶念一。是時、佛欲三廣分二別福德一故、說言、「若有人盡二形壽一供二養十方佛一、不レ如、爲レ他

(くこと)は、福德のみ多し。正憶念には能く二の事を具するをもて[以]、謂(ふ)所(の)福德と智慧となり。是をもて(の)故(に)、別に說く。如《(たと)》(へ)ば人(の)藥草を採り、乃至、合和して、[而]之(を)服(せ)未《ぬ》ときには、病に於て損无し。服(す)るときには、乃(し)病を除す・といふが(ごと)く(再讀)、正憶念(原文缺、大正藏經による)は藥を服(し)て、病愈(ゆ)るが如し。是の故(に)、但(た)正憶念とのみ解く。正憶念の相といふは、謂(ふ)所(の)二ともセ非《(ず)》、不二ともセ非《(ず)》して、般若波羅蜜を行(する)なり。二と不二との義は先に說(き)しが如(し)。初には經卷を書するを以て、舍利に勝(れ)たり・といふ。中《(あ)ヒタ》は經卷を以(て)人に與(ふ)るは、人に教(へ)て十善、乃至、五通を[に]行(原文缺、白補)セシムルニ勝(れ)たり・といひツ。今は受し持し讀し誦し[を]說す。受持の邊に於て、正憶念(することは)最も勝(れ)たり。今諸佛の如きは、衆生を憐愍(し)たまはムと(の)故(に)、爲に其の義を解(き)て、解(し)易(く)あら令(め)たまひて、自ら正憶念を行するに勝(れ)たり。是の時に、佛廣く福德を分別せむと欲(す)が故(に)說(き)て言(は)く、「若(し)有(ら)ム人(の)、形壽盡(くる)マでに、十方の佛を供養(し)たてまつらムよりは、如《(し)》(か)不《じ》、他の爲に般若の義を解說せむには[と]。此が中に勝(れ)たる因緣を說(き)たまはく、「三世の諸佛は、みな是の般若を學して、无上道成(り)た

解二說般若義一。此中、說二勝因緣一、「三世諸佛皆學二是般若一、成二无上道一。」復次、若菩薩於二无量劫一
30行二六波羅蜜一、以二有所得一故、不レ如三爲レ人解二說般若波羅蜜一。有所得者、所レ謂以二我心一於二諸法中一取レ相故。佛更欲レ說二般若正義一故、答二帝釋一、「菩薩以二无所得一行二六波羅蜜一、則得二具足一。」具足卽是般若波羅蜜正義。有人未來世、說二相似般若一
⑳者、會中人聞レ說二正憶念一、作二是思惟一、「何者是邪憶念。」是故、說二相似般若波羅蜜相一。如下人知二是道、非道一故、能捨二非道一、行中正道上。復次、憐下愍未來世衆生不レ見二佛及諸大菩薩一、但見二經書一、
5邪憶念故、隨著上音聲一、說二相似般若波羅蜜一。相

30まひたり」と。復次、若（し）菩薩无量劫に於（て）、六波羅蜜を行して、有所得を以（て）の故（に）、人の爲に般若波羅蜜を解說せむには如《(し)》（か）不《じ》。有所得といふは［者］、謂（ふ）所（の）、我心を以て諸法の中に於て相を取る［なり］故に（なり）。佛更に般若の正義を說（か）ムと欲（す）が故（に）、帝釋に答（へ）たまはく、「菩薩（は）无所得を以（て）六波羅蜜を行（し）たまふときに、則（ち）具足すること得《ウ》」と。具足といふは、卽（ち）是れ般若波羅蜜の正義なり。有る人未來世（に）相似の般若を說（か）ムといふは
⑳［者］、會の中の人の、正憶念（を）說（き）たまふを聞（き）て、是（の）思惟（を）作（さ）マく、「何《(いつ)れ》者か是れ邪憶念」と。是の故（に）、相似の般若波羅蜜の相を說く。人（の）是れ道なり、非道なりと知るが故（に）、能く非道を捨（て）て、正道を行す・といはムが如きなり。復次、未來世の衆生の、佛、［及］諸（の）
5大菩薩を見不して、但（た）經書をのみ見て、邪憶念するが故（に）、隨（ひ）て音聲に著するを憐愍（し）たまはムとして、相似の般若波羅蜜を說（き）たまふ。相似といふは［者］、名字語言は同（じ）なれども、［而］心義異なり。著心を以て相を取

似者、名字語言同、而心義異。如下以二著心一取レ相一說中五衆等无常、乃至无生无滅上、是相似般若。若以二不著心一不レ取レ相說二五衆无常一、但爲レ破二常顚倒一故、不レ著二无常一、是眞實般若。如レ是說レ法、人教下捨二相似般若波羅蜜一、修中習眞般若波羅蜜上、是名下說二般若波羅蜜正義一勝中前功德上。
大智度經卷第六十一
天平六年歲次甲戌
十一月廿三日寫針間國賀茂郡既多寺
針間國造廣山　（右ト同筆ナリ）

(り)て、五衆等は无常なり、乃至、无生无滅なりと說(く)が如き、是れ相似の般若なり。若(し)不著の心を以(て)相を取(ら)不して、五衆は无常なりと說く。但(た)常顚倒を破せむが爲の故(に)、无常に著(せ)不《ぬ》、是れ眞實の般若なり。是(の)如(く)して、法(を)說(き)て、人に、相似の般若波羅蜜を捨(て)て、眞(の)般若波羅蜜(を)修習することを教(ふ)る、是を般若波羅蜜(の)正義(を)[をもて]說くをもて、前の功德に勝れたりと名(づ)く。
大智度經卷第六十一
天平六年歲次甲戌十一月廿三日寫針間國賀茂郡既多寺
針間國造廣山

第二節　卷第六十七

①摩訶般若波羅蜜品第卌四　問相品 卷六十七　紙十九 逕耳

經尔時釋提桓因作二是念一、「若善男子・善女人得下聞二般若波羅蜜一逕上耳者、是人於三前世佛一作二功德一、與二善知識一相隨。何況、受持親近讀誦正憶念如レ說行。當知、是善男子・善女人、多親三近諸佛一能得二聽受一、如レ說行、能問能答。當知、是善男子・善女人、於三前世一多供二養親三近諸佛一故、聞二是深般若波羅蜜一不レ驚不レ怖不レ畏。當知、是人亦於二无量億劫一行二檀波羅蜜・尸羅波羅蜜・羼提波羅蜜・毗梨耶波羅蜜・禪波羅蜜・般若波羅

---

①摩訶般若波羅蜜品第卌四　卷六十七

【經】尒時、釋提桓因是の念を作（さ）く、「若（し）善男子・善女人の般若波羅蜜を聞（き）たてまつりて、耳（に）逕《ふ》（ること）得ム者、是の人は、前の世の佛のところにして［於］、功德を作リ、善知識と［與］相ヒ隨（ひき）。何（に）況（や）受持し、親近し、讀し誦し、正憶念し、說（く）が如く行せむは。當（に）知れ、是の善男子・善女人は、多く諸佛に親近（し）たてまつりて、能く聽受すること得《ウ》、說（く）が如く行し、能く問し、能く答せりといふことを。當（に）知れ、是の善男子・善女人は、前の世に［於］多く諸佛を供養（し）たてまつり、親近（し）たてまつれるが故に、是の深般若波羅蜜を聞（き）て、驚（か）不、怖（ぢ）不、畏（り）不といふことを。當（に）知れ、是の人は、亦（た）无量億劫に［於］、檀波羅蜜・尸羅波羅蜜・羼提波羅蜜・毗梨耶波羅蜜・禪波羅蜜・般若波羅蜜を行（しき）といふことを。」とまうす。尒時、舍利弗、佛（に）白（して）言（さく）、「世尊（呼）若（し）有（ら）ム善男子・善女人の、是の深般若波羅蜜を聞（き）て、驚（か）不、怖（ぢ）不、畏（り）不、聞（き）已（り）て、受し持し、親近し、說（く）が如く習行せむは、當

蜜。」尒時、舍利弗白レ佛言、「世尊、若有善男子・善女人聞二是深般若波羅蜜一、不レ驚不レ怖不レ畏、聞已受持親近如レ說習行、當知、是善男子・善女人如二阿鞞跋致菩薩摩訶薩一。何以故、世尊、是般若波羅蜜甚深。若先世不三久行二檀波羅蜜・尸羅波羅蜜・羼提波羅蜜・毗梨耶波羅蜜・禪波羅蜜・般若波羅蜜一、終不レ能レ信二解深般若波羅蜜一。世尊、若有善男子・善女人、毀二呰深般若波羅蜜一者、當知、是人前世亦毀三呰深般若波羅蜜一。何以故、是善男子・善女人聞レ說二深般若波羅蜜一時、无レ信无レ樂、心不二清淨一。當知、是善男子・善女人先世不二問不三難諸佛及弟子一。云何

(に)知れ、是の善男子・善女人は、阿鞞跋致菩薩摩訶薩の如しといふことを。何(を)以(ての)故(に)、世尊(呼)、是の般若波羅蜜は甚深なり。若(し)先の世に久(し)く檀波羅蜜・尸羅波羅蜜・羼提波羅蜜・毗梨耶波羅蜜・禪波羅蜜・般若波羅蜜を行せ不《ぬ》いは、終に深般若波羅蜜を信解すること能(は)不《ぬ》をもて。世尊(呼)、若(し)有(ら)ム善男子・善女人の深般若波羅蜜を毀呰せむひと[者]、當(に)知れ、是の人は、前の世に亦(た)深般若波羅蜜を毀呰せりといふことを。何(を)以(ての)故(に)、是の善男子・善女人(は)、深般若波羅蜜を說(く)を聞(か)ム時に信无く樂无く、心清淨に(あら)不(あら)ム。當(に)知れ、是の善男子・善女人は、先の世に、諸佛と[及]弟子とに問せ不、難せ不といふことを。云何にしてか檀波羅蜜・尸羅波羅蜜・羼提波羅蜜・毗梨耶波羅蜜・禪波羅蜜・般若波羅蜜を行(す)應き。云何にしてか內空を修(す)應き。乃至、云何にしてか无法有法空を修(す)應(き)。云何(にしてか)四念處を修す應(き)。乃至、云何(にしてか)八聖道分(を)修(す)應(き)。云何(にしてか)佛十力(を)修(す)應(き)。乃至、云何にしてか十八不共法を修す應き。」釋提桓因、舍利弗に語(ら)く、「是の深般若波羅蜜をは、若(し)有(ら)ム善男子・善女人の、久(し)く檀波羅蜜・尸羅波羅蜜・羼提波羅蜜・毗梨耶波羅蜜・禪波羅蜜・般若波羅蜜を行せ不、內空、乃至、无法有法空を行(せ)不、四禪・四无量心・四无色定を行(せ)不、四

應レ行二檀波羅蜜・尸羅波羅蜜・羼提波羅蜜・毗梨耶波羅蜜・禪波羅蜜・般若波羅蜜一。云何應レ修二內空一。乃至、云何應レ修二无法有法空一。云何應レ修二四念處一。乃至、云何應レ修二八聖道分一。云何應レ修二佛十力一。乃至、云何應レ修二十八不共法一」釋堤桓因語二舍利弗一、「是深般若波羅蜜、若有善男子・善女人不三久行二檀波羅蜜・尸羅波羅蜜・羼提波羅蜜・毗梨耶波羅蜜・禪波羅蜜・般若波羅蜜一、不レ行二內空・乃至无法有法空一、不レ行二四禪・四无量心・四无色定一、不レ行二四念處・乃至八聖道分一、不レ
②行二佛十力・乃至十八不共法一、如レ是人不レ信二解是深般若波羅蜜一、有二何可レ恡。大德舍利弗、我禮二

念處、乃至、八聖道分を行（せ）不《ず》、
②佛十力、乃至、十八不共法を行（せ）不《ぬ》、是（の）如き人は、是の深般若波羅蜜を信解セ不といふこと、何の恡（しぶ）可きことか有（ら）ム。大德舍利弗、我、般若波羅蜜を禮（し）たてまつ

般若波羅蜜㆒禮㆓般若波羅蜜㆒是禮㆓一切智㆒。」佛告㆓釋提桓因㆒、「如㆑是如㆑是。憍尸迦、禮㆓般若波羅蜜㆒、是禮㆓一切智㆒。何以故、憍尸迦、諸佛一切智、皆從㆓般若波羅蜜㆒生。一切智卽是般若波羅蜜。以㆑是故、憍尸迦、善男子・善女人欲㆑住㆓一切智㆒、當㆑住㆓般若波羅蜜㆒。若善男子・善女人、欲㆑生㆓道種智㆒、當㆑習㆓行般若波羅蜜㆒。欲㆑斷㆓一切諸結・及習㆒、當㆑習㆓行般若波羅蜜㆒。善男子・善女人、欲㆑轉㆓法輪㆒、當㆔習㆓行般若波羅蜜㆒。善男子・善女人、欲㆑得㆓須陀洹果・斯陀含果・阿那含果・阿羅漢果㆒、當㆔習㆓行般若波羅蜜㆒。欲㆑得㆓辟支佛道㆒當㆔習㆓行般若波羅蜜㆒。欲㆘教㆓衆生㆒令㆖得㆓須陀洹果・斯陀

る。般若波羅蜜を禮(し)たてまつる(は)、是は一切智を禮(し)たてまつるなり。」と。佛、釋提桓因に告(げたまはく)、「是(の)如(し)、是(の)如(し)。憍尸迦(呼)、般若波羅蜜を禮(し)たてまつるは、是れ一切智を禮(し)たてまつるなり。何(を)以(ての)故(に)、憍尸迦(呼)、諸佛の一切智は、皆般若波羅蜜從(り)生す。一切智、卽(ち)是れ般若波羅蜜なり。是(を)以(ての)故(に)、憍尸迦(呼)、善男子・善女人の一切智に住せむと欲(は)ムいは、當(に)般若波羅蜜に住すべし。若(し)善男子・善女人の道種智を生さむと欲(は)ムいは、當(に)般若波羅蜜を習行すべし。一切の諸の結と[及]習とを斷(た)ムと欲(は)ムいは、當(に)般若波羅蜜を習行すべし。善男子・善女人の法輪を轉せむと欲(は)ムいは、當(に)般若波羅蜜を習行すべし。善男子・善女人の須陀洹果・斯陀含果・阿那含果・阿羅漢果を得ムと欲(は)ムいは、當(に)般若波羅蜜を習行すべし。辟支佛道を得ムと欲(は)ムいは、當(に)般若波羅蜜を習行すべし。衆生を教(へ)て須陀洹果・斯陀含果・阿那含果・阿羅漢果・辟支佛道を得令(め)ムと欲(は)ムいは、當(に)般若波羅蜜を習行すべし。若(し)善男子・善女人の、衆生を教(へ)て阿耨多羅三藐三菩提を得令(め)ムと欲ヒ〈イいは〉、若(し)比丘僧を揔攝せむと欲(は)ムいは、當(に)般若波羅蜜を習行すべし。」

【論】釋曰、釋提桓因は、是れ諸天の主なり。利根・智慧あり。

含果・阿那含果・阿羅漢果・辟支佛道一、當三習二行般若波羅蜜一。若善男子・善女人、欲下教二衆生一令上得二阿耨多羅三藐三菩提一、若欲三摁二楯比丘僧一、當三習二行般若波羅蜜二。」

論釋曰、釋提桓因是諸天主。利根智慧。勝信二佛法一故、倍復增益如三火得レ風逾更熾盛一。聞下須菩提、以二種種因緣一讃二般若波羅蜜一。佛以二深理一成中其所讃上、帝釋發二希有心一作二是念一、「若善男子・善女人、得聞二般若一經レ耳者、是人、於三前世一、多供二養諸佛一作二大功德一、今世得レ遇二好-師・同-學-等善知識一。因三先世供二養佛一、緣二今世善知識一故、聞二般若波羅蜜一能信。何況讀誦思惟正憶念・修習・禪

勝れて佛法を信するが故（に）、倍《ますま》す復（た）增益すること、火の風を得て、逾《いよい》ヨ更に熾盛なるが如し。須菩提の、種種の因緣を以て般若波羅蜜を讃（へ）たてまつり、佛（の）、深理を以て其が所讃を成（し）たまふを聞（き）て、帝釋・希有の心を發して、是（の）念を作（さ）く、「若（し）善男子・善女人の、［得］般若を聞（き）たてまつりて、耳に經（逕）（れ）ムいは［者］、是の人は、前の世に［於］多く諸佛を供養（し）たてまつり、大功德を作れるをもて、今（の）世に好―師・同―學等（の）善知識に遇（ふ）こと得たり。先の世に佛を供養（し）たてまつりしを因とし、今の世の善知識を緣とするが故（に）、般若波羅蜜を聞（き）て、能く信す。何（に）況（や）、讀し誦し、思惟し、正憶念し、修習し、禪定し、籌量し、義趣を分別して、能く事を成辨さむひとは［者］當（に）知れ、是の人は、過去の諸佛と［及］弟子とに從（ひ）て、深般若波羅蜜の義を聞（き）て、信受し、怖（ぢ）不、畏（り）不《ぬ》ひとなり・といふことを。何（を）以（ての）故（に）、是の人は、无量阿僧祇劫に［於］、六波羅蜜等の諸の功德を行ゐるをもて。是の故（に）、阿鞞跋致地をは得未《ず》と雖（も）、深法の中に於て、疑（は）不、悔（い）不。譬（へば）、新（し）く膀《サ》〈原文「刀」を「分」に作る〉ケル乾〈原文「乞」を「乙」に作る〉（き）たる毳は、風に隨（ひ）て東西す。毳を濕《ウル》ホして、緤《音》すること緻《キヒ》ク（し）ツるときには、則（ち）動（かす）可（くあら）不といふが如く、新發意の菩薩も亦（た）

定籌量、分二別義趣一能成二辨事一者、當知、是人從二過去諸佛、及弟子一、聞二深般若波羅蜜義一、信受、不レ怖不レ畏。何以故、是人於二无量阿僧祇劫一、行二六波羅蜜等諸功德一。是故、雖レ未レ得二阿鞞跋致地一、於二深法中一不レ疑不レ悔。譬如二新辟乹一毳、隨レ風東西。濕レ毳緤一緻、則不一レ可レ動。新發意菩薩亦如レ是。不二久修一レ德、作レ福淺薄、隨二他語一故、不レ能三信二受般若波羅蜜一。若久修二福德一、不レ隨二他語一、則能③信二受深般若波羅蜜一、不レ驚不レ怖。」帝釋思三惟念四般若波羅蜜有二无量功德一時、舍利弗知二帝釋所念一、而白レ佛言、「世尊、善男子・善女人雖レ未レ入二菩薩位一、能信二受深般若波羅蜜一、不レ驚不レ怖、如レ說

是（の）如（し）。久（し）く德を修セ不、福を作（る）こと淺薄なるをもて、他の語に隨（ふ）が故（に）、般若波羅蜜を信受すること能（は）不。若（し）久（し）く福德を修し、他（の）語（に）〈イヲ〉隨（は）不《ぬ》ときには、則（ち）能く③深般若波羅蜜を信受して、驚（か）不、怖《じ》（ぢ）不。」帝釋、般若波羅蜜の、无量の功德有（る）ことを、思惟し念する［とき］時に、舍利弗、帝釋の所念を知（り）て、而も佛（に）白（して）言（さく）、「世尊、善男子・善女人の菩薩の位に入（ら）未《(ず)》と雖（も）、能く深般若波羅蜜を信受し、驚（か）不、怖（ぢ）不、說（く）が如く修業せむ。是の人は、大福德と知慧と信力との故（に）、當（に）知れ、阿鞞跋致の如（く）して、異なること无

修行。是人大福德・智慧・信力故、當知、如二阿鞞跋致一无レ異。」此中佛自說二因緣一、「般若波羅蜜甚深。无三相可二取信受一。若能信受、是爲二希有一。如人、空中種-殖、是爲二甚難一。」一切凡夫得二勝法一、則捨二本事一。如下得二禪定樂一、捨二五欲樂一、乃至依二有頂處一捨中无所有處功德上、不レ能下无レ所二依止一而有中所捨上。如下尺-蠖尋レ條安二前足一進二後足一、盡樹レ端、更无レ所二依止一、還歸中本處上、是菩薩未レ能レ得レ道、於二般若波羅蜜一、无レ所二依止一、而能修二福德一、捨二五欲一。是事希有。是中說二因緣一。是人先世、信受、久行二六波羅蜜一。大集二諸福德一。與レ信。相違、則毀ニ呰般若波羅密一。如下厚二福德一者、從レ久積集上、不レ信毀呰者、亦

（く）なりぬ。」と。此が中に、佛自ら因緣を說（き）たまは（く）、「般若波羅蜜は、甚深なり。相として取リ信じ、受す可（き）こと无し。若（し）能く信受せむ、是をは希有なりと爲す。如（し）〈右白若也〉人、空の中に種─殖ム、是を甚（だ）難しと爲す。」一切の凡夫は、勝法を得（る）ときには、則（ち）本事を捨ツ。禪定樂を得て、五欲の樂を捨テ、乃至、有頂處に依（り）て、无所有處の功德を捨（つ）るが如く、依止する所无（く）して、而も所捨有（る）ことは能（は）不。尺─蠖〈右白護反〉の、條《ヲチ》を尋（ね）て、前の足を安して、後の足を進め、盡（く）して端を樹〈左白立也〉ツるときには、更に依止する所无み、本所に歸するが如く、是の菩薩（は）、道を得（る）こと能（は）未《ネ》ども、般若波羅蜜に於て、依止する所无（く）して、而も能く福德を修し、五欲を捨ツ。是の事希有なり。是が中に因緣を說けり。是の人、先の世に信受し、久（し）く六波羅蜜を行し、大に諸の福德を集せり。信と［與］相違せるは、則（ち）般若波羅蜜を毀呰す。福德を厚（く）せる者（の）、久（し）く從（り）積集せるが如く、信（せ）不して毀呰する者《ひと》も、亦（た）久（しく）從（り）習ゐり。問曰、若（し）先の世に毀呰し誹謗せるは、地獄に墮（つ）應（し）。何（に）緣（りて）ぞ復（た）般若を聞（く）こと得る。答曰、有（る）人（の）言（はく）、「是の人は、地獄に墮（ち）て、罪を畢へて、還リ來（たり）て毀呰す。次─後の身を說（く）には（あら）不。」といふ。有（る）人（の）言（は

從レ久習。問曰、若先世、毀呰誹謗、應レ墮二地獄一。何緣復得レ聞二般若一。答曰、有人言、「是人、墮二地獄一罪畢還來毀呰。不レ說二次-後身一。」有人言、「作レ業積集厚重則能與二果報一。是人前世雖レ不レ信而積レ業未レ厚、則未レ得二果報一。以二餘福德一故、生二人中一續復不レ信。」復次、有人言、「五逆罪次-後身必受。餘罪不レ尒。或次-後身。或久後身。」尒時、帝釋語二舍利弗一、「是般若波羅蜜、畢竟空、无二所有一故甚深。菩薩不三久行二功德一、則著-心堅固。信力微-弱、不レ信二般若波羅蜜一乃至二一切智一何足レ恠。」帝釋思中惟籌下量信二般若波羅蜜一福德无量、无レ信者得レ罪深重上、深愛二敬般若波羅蜜一故、發二是言一、「我當レ禮二是

く）、「業を作（り）て積集すること、厚く重きには、則（ち）能く果報を與フ。是の人は、前の世に、信（せ）不と雖（も）、［而］業を積（む）こと厚（くあら）未《ぬ》をもて、則（ち）果報を得未《(ず)》。餘の福德を以（て）の故（に）、人中に生（まれ）て、續（き）て復（た）信（せ）不。」といふ。復次、有（る）人（の）言（はく）、「五逆罪は、次—後の身に、必（ず）受（く）べし。餘の罪は、尒《(しか)》には（あら）不。或《ある》いは次—後の身にすべし。或《ある》いは久（しく）ありて後の身にすべし。」といふ。尒の時に、帝釋、舍利弗に語（ら）く、「是の般若波羅蜜は、畢竟して空にして、所有无（き）が故（に）甚深なり。菩薩の、久（し）く功德を行セ不あるいは、則（ち）着—心堅固なり。信力微—弱なるをもて、般若波羅蜜を信セ不、［乃］一切智に至（るま）でに、何ぞ恠（し）フに足らム。」帝釋は、般若波羅蜜を信する福德无量なり、信无き者《ひと》は、罪を得（る）こと深重なりと思惟し、籌—量して、深く般若波羅蜜を愛敬するが故（に）、是の言を發（さ）く、「我、當にこの般若を禮（し）たてまつらム。」と。何（を）以（ての）故（に）、般若波羅蜜を禮するいは［に］、則（ち）一切智を禮するに爲りぬ。一切智を禮するいは［者］、則（ち）三世の十方の諸佛を禮（し）たてまつりツるをもて。」尒時、佛、其が言を可（し）たまひて、復（た）般若波羅蜜を讚する因緣を說（き）たまふ。謂（ふ）所（の）諸佛（の）一切智慧は、皆般若の中從（り）生す。是（の）故（に）言（はく）、「若（し）有（ら）ム

般若二。」何以故、禮二般若波羅蜜一則爲レ禮二一切智。禮二一切智一者、則禮二三世十方諸佛。一」尒時、佛可二其言一、復説下讃二般若波羅蜜一因縁上。所レ謂諸佛一切智慧、皆從二般若中一生。是故言、「若有菩薩、欲下住二一切智

④中一乃至捻中攝比丘僧上、當三習二行般若波羅蜜。一」

經釋提桓因白レ佛言、「世尊、菩薩摩訶薩欲レ行二般若波羅蜜一時、云何名レ住二般若波羅蜜・禪波羅蜜・毗梨耶波羅蜜・羼提波羅蜜・尸羅波羅蜜・檀波羅蜜。一云何住二内空、乃至无法有法空一、云何住二四禪・四无量心・四无色定・五神通一、云何住二四念處乃至八聖道分一、云何住二佛十力、乃至十八不共法。一世尊、菩薩摩訶薩云何習二行

菩薩の、一切智の

④中に住し、乃至、比丘僧を總—攝せむと欲（は）ムいは、當（に）般若波羅蜜を習行すべし。」

【經】釋提桓因、佛（に）白（して）言（さく）、「世尊、菩薩摩訶薩の、般若波羅蜜を行せむと欲（は）ム時には、云何にせむを（か）、般若波羅蜜・禪波羅蜜・毗梨耶波羅蜜・羼提波羅蜜・尸羅波羅蜜・檀波羅蜜に住すとは名（づく）べき。云何に（して）か内空、乃至、无法有法空に住し、云何に（して）か四禪・四无量心・四无色定・五神通に住し、云何（にしてか）四念處、乃至、八聖道分に住し、云何（にしてか）佛十力、乃至、十八不共法に住すべき。世尊（呼）、菩薩摩訶薩は、云何（して）か般若波羅蜜、乃至、檀波羅蜜、内空、乃至、十八不共法を習行すべき。」とまうす。佛、釋提桓因（に）語（りたまはく）、「善哉、善哉、憍尸迦（呼）、汝が能く樂に是の事を問（ひ）たてまつらく。皆是は佛の神力なり。憍尸迦（呼）、若（し）菩薩摩訶薩は、般若波羅

般若波羅蜜・乃至檀波羅蜜・内空・乃至十八不共法二。」佛語二釋提桓因一、「善哉善哉、憍尸迦、汝能樂問二是事一。皆是佛神力。憍尸迦、若菩薩摩訶薩行二般若波羅蜜一時、若不レ住二色中一爲三習二行般若波羅蜜一若不レ住二受想行識中一、爲三習二得般若波羅蜜一眼・耳・鼻・舌・身・意・色・聲・香・味・觸・法・眼界、乃至意識界、亦如レ是。憍尸迦、若菩薩摩訶薩不レ住二般若波羅蜜中一、爲三習二行般若波羅蜜一。不レ住二禪波羅蜜中一、爲レ習二禪波羅蜜一。不レ住二毗梨耶波羅蜜中一、爲レ習二毗梨耶波羅蜜一。不レ住二羼提波羅蜜中一、爲三習二羼提波羅蜜一。不レ住二尸羅波羅蜜中一、爲レ習二尸羅波羅蜜一。不レ住二檀波羅蜜中一、爲レ

蜜を行せむ時には、若（し）色の中に住（せ）不して、般若波羅蜜を習行することを爲《す》べし。若（し）受想行識の中に住（せ）不して、般若波羅蜜を習―得することを爲《す》べし。眼・耳・鼻・舌・身・意・色・聲・香・味・觸・法・眼界、乃至、意識界におきても、亦（た）是（の）如（し）。憍尸迦（呼）、若（し）菩薩摩訶薩は、般若波羅蜜の中に住（せ）不して、般若波羅蜜を習行することを爲《す》べし。禪波羅蜜の中に住（せ）不して禪波羅蜜を習することを爲《す》べし。毗梨耶波羅蜜（の）中（に）住（せ）不（して）、毗梨耶波羅蜜（を）習（することを）爲（べし）。羼提波羅蜜（の）中に住（せ）不（して）、羼提波羅蜜（を）習（することを）爲（べし）。尸羅波羅蜜（の）中（に）住（せ）不（して）、尸羅波羅蜜（を）習（することを）爲（べし）。檀波羅蜜の中に住（せ）不して、檀波羅蜜（を）習することを爲《す》べし。憍尸迦、是を、菩薩摩訶薩、般若波羅蜜に住（せ）不して、般若波羅蜜を習することを爲《す》と名（づ）く。憍尸迦（呼）、内空の中に住（せ）不して、内空を習することを爲《す》べし。乃至、无法有法空（に）住（せ）不（して）、无法有法空（を）習（することを）爲（べし）。四禪（に）住（せ）不（して）、四禪（を）習（することを）爲（べし）。四无量心（に）住（せ）不（して）、四无量心（を）習（することを）爲（べし）。四无色定（に）住（せ）不（して）、四无色定（を）習（することを）爲（べし）。五神通（に）住（せ）不（して）、五神通（を）習（することを）爲（べし）。四

習二檀波羅蜜一。如レ是、憍尸迦、是名下菩薩摩訶薩不レ住二般若波羅蜜一、爲上習二般若波羅蜜一。憍尸迦、不レ住二内空中一爲レ習レ内空一。乃至不レ住二无法有法空一、爲レ習二无法有法空一。不レ住二四禪一、爲レ習二四禪一。不レ住二四无量心一、爲レ習二四无量心一。不レ住二四无色定一、爲レ習二四无色定一。不レ住二五神通一、爲レ習二五神通一。不レ住二四念處一、爲レ習二四念處一。乃至不レ住二八聖道分一、爲三習二行八聖道分一。不レ住二佛十力一爲三習二行佛十力一。乃至不レ住二十八不共法一、爲三習二行十八不共法一何以故、憍尸迦、是菩薩不レ得二色可レ住可レ習處一。乃至二十八不共法一、不レ得二十八不共法可レ住可レ習處一。復次、憍尸迦、菩薩摩訶薩不レ習レ色。若

念處（に）住（せ）不（して）、四念處（を）習（することを）爲（べし）。乃至、八聖道分（に）住（せ）不（して）、八聖道分（を）習（することを）爲（べし）。佛十力（に）住（せ）不（して）、佛十力（を）習行（することを）爲（べし）。乃至、十八不共法に住（せ）不して、十八不共法を習行することを爲べし。何（を）以（ての）故（に）、憍尸迦（呼）、是の菩薩は色として住（す）可く習（す）可き處を得不。[乃] 十八不共法に至（るま）でに、十八不共法として、住（す）可く習（す）可き處を得不。復次、憍尸迦《ぬ》（呼）、菩薩摩訶薩は、色を習（せ）不。若（し）色を習（せ）不、是を色を習すと名（づ）く。受想行識、乃至、十八不共

不レ習レ色、是名レ習レ色。受想行識、乃至十八不共⑤法亦如レ是。何以故、是菩薩摩訶薩、色前際不可得。中際不可得。後際不可得。乃至二十八不共法一亦如レ是。」舍利弗白レ佛言、「世尊、是般若波羅蜜甚深。」佛言、「色如甚深故、般若波羅蜜甚深。受想行識如甚深故、般若波羅蜜甚深。乃至十八不共法亦如レ是。」舍利弗言、「世尊、是般若波羅蜜難レ可二惻量一。」佛言、「色難レ可二惻量一故、般若波羅蜜難レ可二惻量一。受想行識、乃至二十八不共法一、難レ可二惻量一故、般若波羅蜜難レ可二惻量一。」「世尊、是般若波羅蜜无量。」佛言、「色无量故、般若波羅蜜无量。受想行識、乃至十八不共法无量

---

⑤法も亦（た）是（の）如し。何（を）以（ての）故（に）、是の菩薩摩訶薩は、色の前際不可得なり。中際不可得なり。後際不可得なり。［乃］十八不共法に至（るま）でに、亦（た）是（の）如（し）。」舍利弗、佛（に）白（して）言（さく）「世尊、是の般若波羅蜜は甚深なり。」とまうす。佛言（はく）、「色の如甚深なるが故（に）、般若波羅蜜（も）甚深なり。受想行識の如甚深なるが故（に）、般若波羅蜜（も）甚深なり。乃至、十八不共法も亦（た）是（の）如（し）。」舍利弗言（さく）、「世尊（呼）、是の般若波羅蜜は、測量（す）可（き）こと難（し）。」とまうす。佛言（はく）、「色（は）測量（す）可（き）こと難（き）が故（に）、般若波羅蜜（は）測量（す）可（き）こと難（し）。受想行識、［乃］十八不共法に至（るま）でに、測量（す）可（き）こと難（き）が故（に）、般若波羅蜜（は）測量（す）可（き）こと難（し）。」とのたまふ。「世尊（呼）、是の般若波羅蜜は、无量なり。」とまうす。佛言（はく）、「色无量なるが故（に）、般若波羅蜜无量なり。受想行識、乃至、十八不共法无量なるが故（に）、般若波羅蜜无量なり。」とのたまふ。佛、舍利弗（に）告（げたまはく）、「若（し）菩薩摩訶薩の般若波羅蜜を行する時に、色甚深なりと行（せ）不《ぬ》を、般若波羅蜜を行すと爲す。受想行識を行（せ）不、乃至、十八不共法甚深なりと行（せ）不《ぬ》を、般若波羅

故、般若波羅蜜无量。」佛告二舍利弗一、「若菩薩摩訶薩行二般若波羅蜜一時、不レ行二色甚深一爲レ行二般若波羅蜜一。不レ行二受想行識一、乃至不レ行二十八不共法甚深一、爲レ行二般若波羅蜜一。何以故、色甚深相爲二非色一。受想行識、乃至十八不共法甚深相、爲レ非二十八不共法一。如レ是不レ行、爲レ行二般若波羅蜜一。舍利弗、若菩薩摩訶薩行二般若波羅蜜一時、不レ行二色難レ可二惻量一、爲レ行二般若波羅蜜一。不レ行二受想行識一、乃至不レ行三十八不共法難二惻量一爲レ行二般若波羅蜜一。何以故、色難二惻量一相、爲二非色一。受想行識、乃至十八不共法難二惻量一相、爲レ非二十八不共法一。舍利弗、若菩薩摩訶薩行二般

蜜を行すと爲す。何(を)以(ての)故(に)、色の甚深の相をは、非色と爲す。受想行識、乃至、十八不共法の甚深の相をは、十八不共法に非ずと爲す。是(の)如(く)して行(せ)不《ぬ》を、般若波羅蜜を行すと爲す。舍利弗、若(し)菩薩摩訶薩は、般若波羅蜜を行する時に、色、測量(す)可(き)こと難しと行(せ)不《ぬ》を、般若波羅蜜を行すと爲す。受想行識を行(せ)不、乃至、十八不共法(は)、測量すべきこと難(し)と行(せ)不《ぬ》を、般若波羅蜜を行すと爲す。何(を)以(ての)故(に)、色の測量すべきこと難き相をは、非色と爲す。受想行識、乃至十八不共法の測量すべきこと難き相をは、十八不共法に非ずと爲す。舍利弗、若(し)菩薩摩訶薩は、般若波羅蜜を行する時に、色无量なりと行(せ)不《ぬ》を、般若波羅蜜を行すと爲す。受想行識を行(せ)不、乃至、十八不共法无量なりと行(せ)不《ぬ》を、般若波羅蜜を行すと爲す。何(を)以(ての)故(に)、色の、是れ无量なる相をは、非色と爲す。受想行識、乃至、十八不共法の无量なる相をは、十八不共法に非ずと爲《す》るをもて。」舍利弗、佛(に)白(して)言(さく)、「世尊(呼)、是の般若波羅蜜は甚深なり。甚深の相をは見難し、解(り)難(し)、思議(す)可(くあら)不、新發意の菩薩の前に在(り)て說(く)應(くあら)不。何(を)以(ての)故(に)、新發意の菩薩は、是の甚深の般若波羅蜜を聞(き)ては、或(いは)當(に)驚怖し、心に疑悔を生して、是の甚深(の)般若波羅蜜を信せ不、行(せ)不《ぬ》をもて。當(に)阿鞞跋

若波羅蜜一時、不レ行二色无量一、爲レ行二般若波羅蜜一。不レ行二受想行識一、乃至不レ行二十八不共法无量一、爲レ行二般若波羅蜜一。何以故、色是无量相、爲二非色一。受想行識、乃至十八不共法无量相、爲レ非二十八不共法一。」舍利弗白レ佛言、「世尊、是般若波羅蜜甚深、甚深相難レ見、難レ解、不レ可二思議一、不レ應下在二新發意菩薩前一説上。何以故、新發意菩薩聞二是甚深般若波羅蜜一、或當丁驚怖、心生二疑悔一、不レ信乙不レ行丙是甚深般若波羅蜜甲。當下在二阿鞞跋致菩薩摩訶薩前一説上。是菩薩聞二是甚深般若波⑥羅蜜一、不レ驚不レ怖、心不二疑悔一、則能信行。」釋提桓因問二舍利弗一、「若在二新發意菩薩摩訶薩前一、説二

致の菩薩摩訶薩の前に在（り）て説（く）べし。是の菩薩は、是の甚深（の）般若波⑥羅蜜を聞（き）ては、驚（か）不、怖（ち）不、心に疑悔（せ）不して、則（ち）能く信行すべし。」釋提桓因、舍利弗を問（は）く、「若（し）新發意の菩薩摩訶薩の前に在（り）て、是の深般

是深般若波羅蜜一。有二何等過一。」舍利弗報二釋提桓因一言、「憍尸迦、若新發意菩薩前、說二是深般若波羅蜜一、或當二驚怖・毀呰不レ信。是新發意菩薩、或有二是處一。若新發意菩薩聞二是深般若波羅蜜一、毀呰不レ信、種二三惡道業一。是業因緣故、久久難レ得二阿耨多羅三藐三菩提一。」

論釋曰、尒時、帝釋從レ佛聞レ讚二般若波羅蜜具足一故、今問レ佛、「菩薩云何住二般若波羅蜜一。從二禪波羅蜜一乃至二十八不共法一。」佛讚言二善哉善哉一者、以下釋提桓因、諸天中主、言必可レ信、問二是事一、斷二大衆疑一、通達无导、能大利益上、故言二「善哉善哉。一」復次、佛以下帝釋能捨二上妙五欲七寶宮殿一、能

若波羅蜜を說くに、何（の）等き過か有る。」と。舍利弗、釋提桓因に報（へ）て言（は）く、「憍尸迦(呼)、若（し）新發意の菩薩の前にありて、是の深般若波羅蜜を說かば、或（いは）當に驚怖し、毀呰して、信（せ）不《じ》。是の新發意の菩薩、或（い）は是の處《ことわ》リ有リ。若（し）新發意の菩薩は、是の深般若波羅蜜を聞（き）て、毀呰し、信（せ）不して、三惡道の業を種（う）べし。是の業因緣の故（に）、久久としても、阿耨多羅三藐三菩提を得べきこと難し。」

【論】釋曰、尒時、帝釋、佛に從（ひ）て、般若波羅蜜は具足せりと讚するを聞（く）が故（に）、今、佛に問（ひ）たてまつらく、「菩薩は、云何にしてか般若波羅蜜に住する。禪波羅蜜從（り）、［乃］十八不共法に至（るま）でに。」とまうす。佛の讚して「善哉、善哉。」と言《のたま》（ふ）ことは［者］、釋提桓因、諸天の中に主として、言《こと》必（ず）信（す）可（く）して、是の事を問（ひ）て、大衆の疑を斷し、通達すること无导にして、能く大利益するをもて［以］、故れ、「善哉、善哉」と言フ。復次（に）、佛、帝釋の、能く上妙の五欲・七寶の宮殿を捨て、能く佛に賢聖の所行の事を問（ひ）たてまつるを以（て）、是の故（に）、「善哉」と言フ。佛の神力を以（て）の故（に）、汝が能く樂に此の事を問（ひ）たてまつる。是が中に、更に上妙の諸天有（り）て、佛の神德の无量なることを觀たてまつる。今、帝釋、能く大衆の中にして［於］、佛の事を諮問（し）たてまつるが故（に）、是れ

問中佛賢聖所行事上、是故言二「善哉一。」以二佛神力一故、汝能樂問二此事一。是中更有二上妙諸天一、觀二佛神德无量一。今帝釋能於二大衆中一、諮二問佛事一故、是佛威神。如二持-心經說一。佛光明入二身中一、能問二佛事一。佛答二憍尸迦一、「若菩薩不レ住二色等一、是習二行般若波羅蜜一者、是菩薩見二色无常・苦等過罪一故、不レ住レ色、若不レ住レ色、卽是能習二行般若波羅蜜一。凡夫人見レ色著レ色故、起二顚倒煩惱一失二是般若波羅蜜道一。以レ是故、不レ住者、能習二行般若波羅蜜一。五衆・十二入・十八界亦如レ是。」問曰、何以故、不レ住二六波羅蜜等一、各各自習二其行一、答曰「是六波羅蜜等皆是善法行-法、以レ是故、說下不レ

佛の威神なり。持―心經〈右白思益梵天經也〉に說（く）が如し。佛の光明身の中に入れるをもて、能く佛事を問（ひ）たてまつる。佛、憍尸迦に答（へ）たまはく、「若（し）菩薩の色等に住（せ）不《ぬ》、是れ、般若波羅蜜を習行するなり・といふは［者］、是の菩薩は、色の无常・苦等の過罪を見るが故（に）、色に住（せ）不、若（し）色に住（せ）不《ぬ》ときに、卽（ち）是れ、能く般若波羅蜜を習行す。凡夫の人は、色を見て色に着するが故（に）、顚倒の煩惱を起（こ）して、是の般若波羅蜜の道を失フ。是（を）以（ての）故（に）住（せ）不《ぬ》者《ひと》能く般若波羅蜜を習行す。五衆・十二入・十八界におきても、亦（た）是（の）如（し）。」問曰、何（を）以（ての）故（にか）、六波羅蜜等に住（せ）不（し）て、各各に自ら其の行を習する。答曰、「是の六波羅蜜等は、皆是れ善法の行―法なり。是（を）以（ての）故（に）、六度等に住（せ）不といふ言（音）を說く。各（の）其の衆界入を行することを習（する）を、般若波羅蜜を習行すと爲す。若（し）是の法の中に於て着（せ）不《ぬ》ときには、則（ち）愛着を斷ツ。愛着を斷（ち）ツる故（に）、色等の諸法の中に清淨なり。此を習するが中に、不住の因緣を說けり。謂（ふ）所（の）色等の法の住處を得不、色等の法の習處を得不《ぬ》なり。

復次、佛、此の事解（り）難（き）を以（て）の故（に）、更に因緣を說（き）たまふ。色を習（せ）不といふは［者］、是の菩薩は色の過（ち）を見るが故（に）、色の中に住（せ）不、住

住二六度等一言上。各習三其行二衆界入一、爲三習二行般若波羅蜜一。若於二是法中一不レ著則斷二愛著一。斷二愛著一故、色等諸法中清淨。習レ此中說二不住因緣一。所レ謂不レ得二色等法住處一、不レ得二色等法習處一。」復次佛以二此事難レ解故、更說二因緣一。不レ習レ色者、是菩薩見二色過一故、不レ住二色中一、不レ住故不レ習。習レ色名レ取二色相若常、若无常等一。復次、菩薩常二行善法一。正語・正業等積習純厚⑦故、名レ習レ色。今菩薩欲レ行二般若一故、散壞、是色不レ習。所以者何、過去色已滅。未來色未有故不レ可レ習。現在色生時卽滅故不レ住。若住二一念一尚无レ習。何況念念滅。是故此中說二不レ習レ色因緣一。三

(せ)不《ぬ》が故(に)、習(せ)不。色を習(する)をは、色の相の、若(し)常、若(し)无常等を取るに名(づ)く。

復次、菩薩、善法を常行す。正語・正業等を積習すること、純《もは》ら厚くするが⑦故(に)、色を習すと名(づ)く。今、菩薩、般若を行せむと欲(ふが)故(に)、散壞、是れ色なるをもて習(せ)不。所以(は)[者]何(に)、過去の色は已滅なり、未來の色は、未有なるが故(に)、習(す)可(くあら)不。現在の色は、生時に卽(ち)滅するが故(に)、住(せ)不。若(し)一念にすら住する、尚(ほ)習(すること)无し。何(に)況(や)念念(に)滅せむは。是の故(に)、此が中に色を習(せ)不《ぬ》因緣を說く。三世の

世色不可得。乃至十八不共法亦如レ是。若能如レ是觀二諸法散壞一、不レ取レ相、是名三能習二色等諸法實相一。尒時、舍利弗從レ佛聞二是義一、歡喜深入二空智一、白レ佛、「般若波羅蜜甚深。」佛然—可、成二其所讚一、「色等諸法如故甚深。」佛語、「不二但眼見色甚深一。以二般若波羅蜜一、分二別色—入如—實一故甚深。如下雨渧—渧不レ名二甚深一、和二合衆流一入二於大海一、乃名中甚深上、色等亦如レ是。天眼・肉眼、見淺而不レ深。若以二慧眼一觀、則深不レ可レ惻。甚深故難レ可二惻量一。唯有二諸佛一。乃盡二其底一。甚深不レ可二惻量一故、名二无量一。无レ有三智慧能取二色等實相、若常・若无常一。籌二量有二過罪一故。」是時、舍利弗、及諸聽者作二是念一、「般若波羅蜜不レ

色（は）不可得なり。乃至、十八不共法におきても、亦（た）是（の）如（し）。若（し）能く是（の）如ク、諸法散壞すと觀して、相を取（ら）不《ぬ》、是を能く色等（の）諸法の實相を習すと名（づ）く。尒時、舍利弗、佛に從（ひ）たてまつりて、是の義を聞（き）て、歡喜し、深く空智に入（り）て、佛に白（さ）く、「般若波羅蜜は甚深なり。」と。佛、然—可（し）たまひて、其が所讚を成（し）たまひて、「色等の諸法、如なるが故に甚深なり。」とのたまふ。佛、語（り）たまはく、「但（に）眼見の色の甚深なるのみには（あら）不。般若波羅蜜を以て、色—入の如—實を分別するが故（に）甚深なり。雨の渧—渧をは甚深とは名（づ）け不、衆流を和合して、大海に［於］入（り）ぬるを、乃《(いま)》し甚深と名ふ《い》が如く、色等も亦（た）是（の）如（し）。天眼・肉眼は、見(音)淺くして而深（く）あら不。若（し）慧眼を以て觀するときに、則（ち）深くして測る可（くあら）不。甚深なるが故（に）、測量す可（き）こと難し。唯（だ）諸佛のみ有《(いま)》す。乃（し）其の底を盡（くし）たまひたり。甚深にして測量（す）可（くあら）不《ぬ》が故（に）、无量と名（づ）く。智慧として能く色等の實相［を］（の）、若（し）常、若（し）无常を、取（る）べきこと有（る）こと无し。過罪有（り）と籌量するが故（に）。」是（の）時（に）、舍利弗（と）、［及］諸の聽—者（と）、是（の）念（を）作（さ）く、「般若波羅蜜は測量す可（くあら）不。量有（る）こと无し。菩薩、當に云何ぞ行せむ。」とおもふ。

可二惻量一。无レ有レ量。菩薩當二云何行一。」佛知二其念一、告二舍利弗一、「菩薩摩訶薩若行二色等甚深一者、則爲レ失二般若波羅蜜一。若不レ行二色甚深一、是爲レ得二般若波羅蜜一。凡夫鈍根故、言二甚深一。若有二一─心福德利根一者、爲レ非二甚深一。譬如下水深・淺・定レ宏。若於二小兒則深。長者則淺。乃至二大海一、於レ人則深。於二羅睺阿修羅王一則淺上。如レ是、於二凡夫人・新發意懈怠者一、爲二甚深一。於二久積レ德阿鞞跋致一、則淺。諸佛如二羅睺阿修羅王一。於二一切法一、无レ有二深者一。得二无㝵解脫一故、以レ是故知、爲二衆生、及時節・利・鈍・初・久・懈怠・精進一故、分別說二深淺一。不レ可二惻量一。无レ有レ量亦如レ是。此中佛自說二因緣一。色等法甚深相爲二

佛其が念を知（ろしめ）して、舍利弗に告（げたまはく）、「菩薩摩訶薩の、若（し）色等甚深なりと行するをは［者］、則（ち）般若波羅蜜を失すと爲す。若（し）色甚深なりと行（せ）不《ぬ》、是を般若波羅蜜を得すと爲す。凡夫は鈍根なるが故（に）、甚深と言（ふ）。若（し）一──心福德利根なること有る者《ひと》におきては、甚深に非ずと爲す。譬（へば）水の深と淺と定リ无し。若（し）小兒に於ては、則（ち）深し。長者におきては、則（ち）淺し。［乃］大海に至（るま）でに、人に於ては、則（ち）深し。羅睺阿修羅王に於ては、則（ち）淺しといふが如（く）、是（の）如く、凡夫の人、新發意（の）懈怠の者《ひと》に於ては、甚深と爲す。久（し）く德を積める阿鞞跋致に於ては、則（ち）淺し。諸佛は羅睺阿修羅王の如し。一切の法に於（て）、深き者《もの》有（る）こと无し。无㝵解脫を得たまひたるが故（に）。是（を）以（ての）故（に）知る、衆生と［及］時節と利と鈍と初と久と懈怠と精進との爲の故に、分別して深淺を說く。測量す可（くあら）不。量有（る）こと无（き）におきても、亦（た）是（の）如（し）。此が中に、佛自（ら）因緣を說（き）たまふ。色等の法の甚深なる相をは、非色と爲す。何（を）以（ての）故（に）、怖畏し心疑悔に沒するが故（に）、色を以て甚深と爲す。色の相は、則（ち）深（音）は无し。先に說（き）しが如し。舍利弗、佛（に）白（して）言（さく）、「世尊、是の般若波羅蜜は、甚深、甚深なり、相（音）見難く解（り）難し。」と。問曰、上に、菩薩の甚深なりと行

非色一。何以故、怖畏、心沒二疑悔一故、以レ色爲二甚深一。色相則无レ深。如二先說一。舍利弗白レ佛言、「世尊、是般若波羅蜜、甚深甚深。相難レ見難レ解。」問曰、上說下菩薩不レ行二甚深一爲上レ行二般若波羅蜜一。今、舍利弗、何以復說二甚深二。」答曰、舍利弗、非三定心說二甚深一。得二佛意趣一、爲レ人故說二甚深一。是故、此中說、

⑧「世尊、不レ應下於二新發意菩薩前一、說中是般若波羅蜜上。新學菩薩聞二是深智慧一、則心沒。應下當在二阿鞞跋致菩薩前一說上。阿鞞跋致智慧深故信而不レ沒。譬如下深水不レ應レ使二小兒度一。應中教二大人一令上レ度。」帝釋問二舍利弗一、「若爲二新發意菩薩一說、有二何等過一。」舍利弗答、「是新發意者、則不レ信心沒。心

（せ）不《ぬ》を、般若波羅蜜を行すと爲すと說（き）ツらく。今、舍利弗、何（を）以（て）ぞ復（た）甚深と說く。答曰、舍利弗は、定（ま）れる心をもて甚深と說（く）には非（ず）。佛の意趣を得て、人の爲の故（に）甚深と說く。是（の）故（に）、此が中に說かく、

⑧「世尊（呼）、新發意の菩薩の前にして［於］、是の般若波羅蜜を說く應（くあら）不。新學の菩薩は是の深智慧を聞〈天白訂聞〉（き）て、則（ち）心沒（し）なむ。當（に）阿鞞跋致の菩薩の前に在（り）て、說（く）應（し）。阿鞞跋致は、智慧深きが故（に）、信じて［而］沒（せ）不《じ》。譬（へば）深き水には、小兒をして度ら使（む）應（くあら）不、大人を教（へ）て度（ら）令（む）應（し）といふが如（し）。」帝釋、舍利弗に問（は）く、「若（し）新發意の菩薩の爲に說くに、何（の）等き過（ち）か有る。」舍利弗答すらく、「是の新發意の者《ひと》、則（ち）信（ぜ）不して、心沒（し）なむ。心沒するが故（に）、疑悔・怖畏を生す。若

沒故生二疑悔怖畏一。若受二一切空法一、我云一何當レ墮二斷滅中一。若不レ受者、佛所說法何可レ不レ受。」是故、怖畏生二疑悔一。若心定則生二惡邪一毀呰。毀呰果報如二地獄品中說一。此中略說下種二三惡道業一因緣、久久難上レ得二无上道一。

經釋提桓因問二舍利弗一、「頗有下未レ受レ記菩薩摩訶薩聞二是深般若波羅蜜一、不レ驚不レ怖者上不。」舍利弗言、「如レ是。憍尸迦、若有菩薩摩訶薩聞二是深般若波羅蜜一、不レ驚不レ怖、當レ知、是菩薩受二得阿耨多羅三藐三菩提記一不レ久、不レ過二一佛兩佛一。」佛告二舍利弗一、「如レ是、如レ是。是菩薩摩訶薩久發レ意、行二六波羅蜜多一、供二養諸佛一、聞二是深般若波

(し)一切の空法を受ケば、我、云何ぞ當(に)斷滅の中に墮(し)なム。若(し)受(け)不は[者]、佛の所說の法を何ぞ受(け)不ある可き。」と。是(の)故(に)、怖畏して疑悔を生す。若(し)心定(まり)ぬるときには、則(ち)惡邪を生して毀呰す。毀呰の果報は、地獄品の中に說(き)しが如(し)。此が中には、略して三惡道業を種(う)る因緣をもて、久久として无上道(を)得(る)こと難(き)ことをのみ說く。

【經】釋提桓因、舍利弗に問(は)く、「頗る記を受(け)未《ぬ》菩薩摩訶薩の、是の深般若波羅蜜を聞(き)て、驚(か)不、怖(ぢ)不《ぬ》者《ひと》有(り)や、不や。」といふ。舍利弗の言(は)く、「是(の)如(き)なり。憍尸迦(呼)、若(し)有る菩薩摩訶薩の、是の深般若波羅蜜を聞(き)て、驚(か)不、怖(ぢ)不《ず》(あら)ム、當(に)知れ、是の菩薩、阿耨多羅三藐三菩提の記を受得せむこと、久(しくあら)不、一佛・兩佛よりは過(ぎ)不《じ》といふことを。」佛、舍利弗(に)告(げたまはく)、「是(の)如(し)、是(の)如(し)。是の菩薩摩訶薩は、久(し)く意を發して六波羅蜜多を行し、諸佛を供養(したてまつ)れるをもて、是の深般若波羅蜜を聞(き)て、驚(か)不、怖(ぢ)不、畏(り)不。聞(き)て卽(ち)受し持(し)、般若波羅蜜の中の所說の如(く)して行す。」尒時、舍利弗、佛(に)白(して)言さく、「世尊(呼)、我譬喩を說(か)ムと欲フ。[如]菩薩の道を求(め)ム善男子・善女人の、夢の中に、般若波羅蜜を修行し、禪定に入り、

羅蜜一不レ驚不レ怖不レ畏。聞卽受持、如二般若波羅蜜中所説一行。」尒時、舍利弗白レ佛言、「世尊、我欲レ説二譬喩一。如求二菩薩道一善男子善女人、夢中修二行般若波羅蜜一入二禪定一、懃精進、具二足忍辱一、守二護於戒一行二布施一、修二行內空外空一、乃至レ坐二於道場一。當レ知、是善男子・善女人近二阿耨多羅三貌三菩提一。何況菩薩摩訶薩欲レ得二阿耨多羅三貌三菩提一、覺—時、實修二行般若波羅蜜一、入二禪定一、懃精進、具二足忍辱一守二護於戒一、行二布施一、而不下疾成二就阿耨多羅三貌三菩提一、坐中於道場上。世尊、善男子・善女人、善根成就、得レ聞二般若波羅蜜一、受持乃至如レ說行。當知、是菩薩摩訶

懃（勤）み精進し、忍辱具足し、戒を［於］守護し、布施を行し、內空・外空を修行すること、［乃］道場に［於］坐するに至（るま）でにすとミム。當（に）知れ、是の善男子・善女人は、阿耨多羅三貌三菩提に近（つき）ぬといふことを。何（に）況（や）菩薩摩訶薩の阿耨多羅三貌三菩提を得ムと欲（ひ）て、覺—時に實に般若波羅蜜を修行し、禪定に入り、懃（勤）め精進し、忍辱具足し、戒を［於］守護し、布施を行せむい、而も、疾く阿耨多羅三貌三菩提を成就し、道場に［於］坐セ不《ず》（あら）ムや。世尊（呼）、善男子・善女人の、善根成就し、般若波羅蜜を聞（く）こと得て、受し持し、乃至、說（く）が如く行せむ、當（に）知れ、是の菩薩摩訶薩は、久（し）く意を發し、善根を種ヱ、多く諸佛に供養（し）たてまつり、善知識と［與］相ヒ隨ゐりといふことを。是の人、能く般若波羅蜜を受し持し、乃至、正憶念せむ、當（に）知れ、是の人は、阿耨多羅三貌三菩提の記を受（く）るに近（つき）ヌといふことを。當（に）知れ、是（の）善男子・善女人は、阿鞞跋致の菩薩摩訶

薩、久發レ意種二善根一、多供二養諸佛一與二善知識一相隨。是人能受二持般若波羅蜜一、乃至正憶念、當レ知是人近レ受二阿耨多羅三貌三菩提記一。當レ知、是善男子・善女人如二阿鞞跋致菩薩摩訶⑨薩一、於二阿耨多羅三貌三菩提一、不二動轉一、能得二深般若波羅蜜一。得已、能受、持、讀、誦、乃至正憶念。世尊、譬如下人欲レ過二百由旬・若二百・三百・四百由旬曠野嶮道一、先見二諸相一、若放-牧者、若壃界、若園林、如レ是等諸相一。故知レ近二城邑聚落一。是人見二是相一已、作二是念一、「如二我所見相一、當二知、城邑・聚落不レ遠。」心得二安穩一、不レ畏二賊-難・惡-蟲・飢渴一、世尊、菩薩摩訶薩亦如レ是。若得二是深般若波羅蜜一、受、

⑨薩の如く、阿耨多羅三貌三菩提に於て動轉セ不、能く深般若波羅蜜を得べし。得已（り）て、能く受し持し、讀し誦し、乃至、正憶念すべし。世尊(呼)、譬（へば）人、百由旬、若（し）二百・三百・四百由旬の曠野の嶮道を過（ぎ）ムと欲フ、先ツ諸の相を見る、若（し）放—牧の者《ひと》、若（し）疆〈原文「土」偏〉—界[の]、若（しは）園林、是（の）如（き）等の諸相をもて、故れ、城邑・集落〈原文 さんずい偏に「若」の旁〉に近しと知る。是（の）人、是の相を見已（り）て、是（の）念（を）作（さく）、「我が所見の相の如く、當（に）知れ、城邑・集落〈原文 前記に同じ〉は遠（くあら）不《じ》といふこと（を）。」として、心安穩なること得《ウ》、賊—難・惡—蟲・飢渴を畏（り）不といふが如（く）、世尊(呼)、菩薩摩訶薩も亦（た）是（の）如（し）。若（し）是の深般若波羅蜜を得て、受し持し、讀し誦し、乃至、正憶念せむ。當（に）知れ、阿耨多羅三貌三菩提の記を受—得するに近くして、

持、讀、誦乃至正憶念。當二知、近レ受二得阿耨多羅三藐三菩提記一、不レ久。當レ知、是菩薩摩訶薩、不レ應レ畏レ墮二聲聞辟支佛地一。是諸先相、所レ謂甚深般若波羅蜜得レ聞、得レ見、得レ受、乃至正憶念故。」佛告二舍利弗一「如レ是、如レ是。汝復樂說者、便說。」「世尊、譬如下人欲レ見二大海一、發レ心往趣、不レ見二樹相一。不レ見二山相一。是人雖レ未レ見二大海一、知二大海不一レ遠。何以故、大海處平、无二樹相一、无二山相一故上。如レ是、世尊、菩薩摩訶薩聞二是深般若波羅蜜一、受、持、乃至正憶念時、雖レ未三佛前受二劫數之記、若百劫・千萬百千萬億劫一、是菩薩自知、近受二阿耨多羅三藐三菩提記一不レ久。何以故、我得レ聞二是深般若波

久（しくある）マ不《じ》といふことを。當（に）知れ、是の菩薩摩訶薩は、聲聞辟支佛地に墮せむかとは畏（る）應（くあら）不。是の諸の先相、謂（ふ）所の甚深般若波羅蜜を聞（き）たてまつること得《ウ》、見たてまつること得《ウ》、受（け）たてまつること得《ウ》、乃至正憶念するが故（に）。」とまうす。佛、舍利弗（に）告（けたまはく）、「是（の）如（し）、是（の）如（し）。汝が復（た）樂に說（か）ムとならば［者］、便（ち）說ケ。」とのたまふ。「世尊(呼)、譬（へば）人、大海を見ムと欲（ひ）て、心を發し往き趣く（に）、樹の相（を）見不、山の相（を）見不、是（の）人（は）、大海を見未《(ず)》と雖（も）、大海は遠（くあら）不と知（り）ぬ。何（を）以（ての）故（に）、大海は處平にして、樹の相无く、山の相无（き）が故（に）といふが如（く）、是（の）如く、世尊(呼)、菩薩摩訶薩（は）是の深般若波羅蜜を聞（き）て、受し持し、乃至、正憶念する時には、佛の前にして、劫數の［之］記、若（し）百劫・千萬百千萬億劫（を）［と］受（け）未と雖（も）、是の菩薩は、自（ら）知るべし、近く阿耨多羅三藐三菩提の記を受けむこと久（しく）あるマ不《じ》と。何（を）以（ての）故（に）、我、是の深般若波羅蜜を聞（き）たてまつること得《ウ》、受し持し、讀し誦し、乃至、正憶念（し）たてまつるが故（に）。世尊(呼)、譬（へば）初の春、諸の樹の陳《フル》キ葉已に墮（ち）ぬ、當（に）知れ、此の樹は、新（し）き葉・華・菓出―在せむこと久（しく）あるマ不《じ》と。何（を）以（ての）故（に）、是の諸の樹

羅蜜一、受、持、讀、誦、乃至正憶念故。世尊、譬如下初春、諸樹陳葉已墮。當レ知、此樹新葉・華・菓出一在不レ久。何以故、見二是諸樹先相一故、知二今不レ久葉華菓出一。是時、閻浮提人見二樹先相一皆歡喜言上、世尊菩薩摩訶薩、得レ聞二是深般若波羅蜜一、受、持、讀、誦、乃至正憶念、如レ說行。當レ知、是菩薩善根成就、多供二養諸佛一。是菩薩應レ作二是念一、「先世善根所レ追、趣二阿耨多羅三貌三菩提一。以二是因縁一故、得レ見二得レ聞三是深般若波羅蜜一、受、持、讀、誦、乃至正憶念、如レ說行。」是中、諸天子、曾見レ佛者、歡喜、踊躍、作二是念一言、「先諸菩薩摩訶薩亦有二如レ是受記先一相一。今是菩薩摩訶薩、受二阿耨多

（の）先相（を）見るが故（に）、今久（しくあら）不して葉・華・菓出（つ）べしと知る。是の時に、閻浮提の人、樹の先相を見て、皆歡喜して言フといふが如く、世尊（呼）、菩薩摩訶薩、是の深般若波羅蜜を聞（き）たてまつること得て、受し持し、讀し誦し、乃至、正憶念し、說（く）が如く行せむ。當（に）知れ、是の菩薩は、善根成就し、多く諸佛を供養（し）たてまつれりといふことを。是の菩薩は、是の念を作（す）應（し）、「先の世の善根に追（は）所《れ》て〈「追」に受身を示す點あり〉、阿耨多羅三藐三菩提に趣（く）べし。是（の）因縁（を）以（ての）故（に）、是の深般若波羅蜜を見たてまつることこと得、聞（き）たてまつること得《ウ》（て）、受し持し、讀し誦し、乃至、正憶念し、說（く）が如く行す。」と。是が中に、諸天子（の）曾《(むか)》し佛を見（たてまつ）れる者《ひと》、歡喜し踊躍して、是の念を作（して）言（は）く、「先の諸の菩薩摩訶薩にも、亦（た）是（の）如き受記の先—相有（り）き。今是の菩薩摩訶薩、阿耨多羅三藐三菩提の記を受けむこと、亦（た）久（しく）ある不《(ま)じ》。」と。世尊（呼）、譬（へば）母人懷—

羅三藐三菩提記一亦不レ久。」世尊、譬如下母人懐⑩任身體苦重。行歩不便。坐-起不レ安。眠-食轉少、不レ喜二言-語一。厭二本所-習一。受二苦痛一故。有二異母人一見二其先相一當レ知、産生不上レ久、菩薩摩訶薩亦如レ是。種二善根一、多供二養諸佛一久行二六波羅蜜一、與二善知識一相隨、善根成就、得レ聞二深般若波羅蜜一、受、持、讀、誦、乃至正憶念、如レ説行。諸人亦知下是菩薩摩訶薩得二阿耨多羅三藐三菩提記一不上レ久。」佛告二舍利弗一、「善哉善哉。汝所二樂説一皆是佛力。」尒時、須菩提白レ佛言、「希有。世尊、諸多陁阿伽度阿羅訶三藐三佛陁、善附二諸菩薩摩訶薩事一。」佛告二須菩提一、「是諸菩薩摩訶薩發二阿耨多羅

---

⑩任（妊）して、身體苦（し）く重し。行歩するに不便なり。坐—起（する）に安（く）あら不。眠—食轉《（いよい）》ヨ少（な）く、言—語喜《コノ》マれ不。本の所—習を厭フ。苦痛を受（く）るが故（に）。異の母人有（り）て、其の先—相を見て、當（に）知れ、産生せむことは久（しくある）不《（まじ）》といふが〈右白ト云カ〉如（く）、菩薩摩訶薩も亦（た）是（の）如（く）。善根を種ヱ、多く諸佛を供養し、久（し）く六波羅蜜を行ヒ、善知識と［與］相ヒ隨ヒ、善根成就し、深般若波羅蜜を聞（く）こと得《ウ》（て）、受し持し、讀し誦し、乃至、正憶念し、説（く）が如く行す。諸の人（も）亦（た）、是の菩薩摩訶薩は、阿耨多羅三藐三菩提の記を得ムこと久（しくある）マ不《じ》と知る。」とまうす。佛、舍利弗（に）告（げたまはく）、「善哉、善哉。汝が樂に説く所は、皆是れ佛の力なり。」とのたまふ。尒時、須菩提、佛（に）白（して）言（さく）、「希有（に）います（か）ナ、世尊、諸の多陀阿伽度阿羅訶三藐三佛陀の、善く諸（の）菩薩摩訶薩の事を附（し）たまはく。」とまうす。佛、須菩提（に）告（げたまはく）、「是の諸の菩薩摩訶薩は、阿耨多羅三藐三菩提の心を發して、多（く）の衆生を安隱し、无量の衆生をして樂を得令め、諸の天人を憐愍し、安樂し、饒益せむとの［し］故に、是の諸の菩薩（の）、菩薩の道を行する時に、四事を以て无量百千衆生を攝す。謂（ふ）所の布施と愛語と

三藐三菩提心㆒、安㆓隱多衆生㆒、令㆓无量衆生得㆑樂、憐愍安㆓樂饒㆔益諸天人㆒故、是諸菩薩行㆓菩薩道㆒時、以㆓四事㆒攝㆓无量百千衆生㆒。所㆑謂布施・愛語・利益・同事。亦以㆓十善道㆒成㆓就衆生㆒。自行㆓初禪㆒、亦教㆓他人㆒令㆑行㆓初禪㆒。乃至自行㆓非有想・非无想處㆒、亦教㆓他人㆒令㆑行㆓乃至非有想・非无想處㆒。自行檀波羅蜜㆒、亦教㆓他人㆒令㆑行㆓檀波羅蜜㆒。自行㆓尸羅波羅蜜㆒、亦教㆓他人㆒令㆑行㆓尸羅波羅蜜㆒。自行㆓羼提波羅蜜㆒、亦教㆓他人㆒令㆑行㆓羼提波羅蜜㆒。自行㆓毗梨耶波羅蜜㆒、亦教㆓他人㆒令㆑行㆓毗梨耶波羅蜜㆒。自行㆓禪波羅蜜㆒、亦教㆓他人㆒令㆑行㆓禪波羅蜜㆒。自行㆓般若波羅蜜㆒、亦教㆓他人㆒令㆑

利益と同事となり。亦（た）十善道を以て衆生を成就す。自（ら）初禪を行し、亦（た）他［を］人（を）教（へ）て初禪を行セ令（む）。乃至、自（ら）非有想・非无想處を行し、亦（た）他人を教（へ）て、乃至、非有想・非无想處を行セ令（む）。自（ら）檀波羅蜜を行し、亦（た）他人を教（へ）て檀波羅蜜を行セ令（む）。自（ら）尸羅波羅蜜を行し、亦（た）他人を教（へ）て尸羅波羅蜜を行セ令（む）。自（ら）羼提波羅蜜を行し、亦（た）他人を教（へ）て羼提波羅蜜を行セ令（む）。自（ら）毗梨耶波羅蜜を行し、亦（た）他人を教（へ）て毗梨耶波羅蜜（を）行セ令（む）。自（ら）禪波羅蜜を行し、亦（た）他人を教（へ）て禪波羅蜜を行セ令（む）。自（ら）般若波羅蜜を行し、亦（た）他人を教（へ）て般若波羅蜜を行セ令（む）。是の菩薩、般若波羅蜜を得て、方便の力を以て、衆生を教（へ）て須陀洹果を得令（む）れども、自（ら）内に於て證セ不。衆生を教（へ）て斯陀含果・阿那含果・阿羅漢果を得令（む）れども、自（ら）内（に）於（て）證（せ）不。衆生を教（へ）て辟支佛道を得令（む）れども、自（ら）内に於て證セ不。自（ら）六波羅蜜を行し、亦（た）无量百千萬諸菩薩を教（へ）て六波羅蜜を行（せ）令（む）。自（ら）阿鞞跋致地に住し、亦（た）他人を教（へ）て阿鞞跋致地に住（せ）しむ。自（ら）佛國土を淨め、亦（た）他人を教（へ）て佛國土を淨（め）しむ。自（ら）衆生を成—就し、亦（た）他人を教（へ）て衆生を成就せしむ。自（ら）菩薩の神通

行二般若波羅蜜一。是菩薩得二般若波羅蜜一、以二方便力一、教二衆生一令レ得二須陁洹果一、自於レ内不レ證。教二衆生一令レ得二斯陁含果・阿那含果・阿羅漢果一、自於レ内不レ證。教二衆生一令レ得二辟支佛道一、自於レ内不レ證。自行二六波羅蜜一、亦教二无量百千萬諸菩薩一、令レ行二六波羅蜜一。自住二阿鞞跋致地一、亦教二他人一住二阿鞞跋致地一。自淨二佛國土一、亦教二他人一淨二佛國土一。自成二就衆生一、亦教二他人一成二就衆生一。自得二菩薩神通一、亦教二他人一令レ得二菩薩神通一。自淨二陁羅尼門一、亦教二他人一淨二陁羅尼門一。自具二足樂一說辨才一、亦教二他人一具二足樂說辨才一。自受二色成就一、
⑪亦教二他人一受二色成就一。自成二就三十二相一、亦教二

を得《ウ》、亦（た）他人を教（へ）て菩薩の神通を得令（む）。自ら陀羅尼門を淨め、亦（た）他人を教（へ）て陀羅尼門を淨（め）しむ。自（ら）樂—說辨才具足し、亦（た）他人を教（へ）て樂說辨才具足せしむ。自（ら）色成就を受ケ、

⑪亦（た）他人を教（へ）て色、成就を受（け）しむ。自（ら）三

他人一成二就三十二相一。自成二就童‐眞地一、亦教二他人一成二就童眞地一。自成二就佛十力一、亦教二他人一令二成二就佛十力一。自行二四无所畏一、亦教二他人一行二四无所畏一。自行二十八不共法一、亦教二他人一行二十八不共法一。自行二大慈大悲一、亦教二他人一行二大慈大悲一。自得二一切種智一、亦教二他人一令レ得二一切種智一。自離二一切結使及習一、亦教二他人一令二離二一切結使及習一。自轉二法輪一、亦教二他人一轉二法輪一。

論釋曰尒時帝釋問二舍利弗一、「頗有二未レ受レ記菩薩、聞二是深般若一不レ驚不レ怖者一不。」舍利弗言、「无レ有二不レ受レ記、聞二般若一能信者一。或時、能信者、當レ知、垂欲レ受レ記。不レ過レ見二一佛二佛一、便得二受記一。」佛可二舍

十二相を成就し、亦（た）他人を教（へ）て三十二相を成就せしむ。自（ら）童—眞地を成就し、亦（た）他人を教（へ）て童眞地を成就せしむ。自（ら）佛十力を成就し、亦（た）他人を教（へ）て佛十力を成就（せ）令（む）。自（ら）四无所畏を行し、亦（た）他人を教（へ）て四无所畏を行せしむ。自（ら）十八不共法を行（し）、亦（た）他人を教（へ）て十八不共法を行せしむ。自（ら）大慈大悲を行し、亦（た）他人を教（へ）て大慈大悲を行せしむ。自（ら）一切種智を得《ウ》、亦（た）他人を教（へ）て一切種智を得令（む）。自（ら）一切の結使（と）、［及］習（と）を離れ、亦（た）他人を教（へ）て一切の結使（と）、［及］習（と）を離（れ）令（む）。自（ら）法輪を轉し、亦（た）他人を教（へ）て法輪を轉せしむ。

【論】釋曰、尒時、帝釋、舍利弗に問（は）く、「頗る記を受（け）未《ぬ》菩薩（の）、是の深般若を聞（き）て驚（か）不、怖（り）不《ぬ》者《ひと》有（り）や不や。」舍利弗言（は）く、「記を受（け）不して、般若を聞（き）て能く信ずる者《ひと》は有（る）こと无し。或《あ》る時に、能く信せむ者《ひと》は、當（に）知れ、垂《いまいま》〈右白今ヽ〉記を受けむと欲《す》るなり。一佛二佛（を）見たてまつることを過（ぎ）不して、便（ち）受記を得ツべし。」とまうす。佛、舍利弗の語を可（し）たまふ。舍利弗、佛の其の所説を可（し）たまふを聞（き）て、心に歡喜を生す。復（た）分明に是の事を了了にあらしめむと欲（ふ）が故（に）、譬喩を説く。是（の）言（を）作（さ）く、

利弗語一。舍利弗聞三佛可二其所説一、心生二歡喜一。復欲三分明了二了是事一故、説二譬喩一。作二是言一、「夢中心爲レ睡所レ覆故、非二眞心所作一。」若善男子・善女人、於二夢中一、發レ意行二六波羅蜜一、乃至坐二道場一。當レ知、是人福德輕微、近レ受二於阿耨多羅三藐三菩提記一。何況菩薩摩訶薩、覺‐時、實心發二阿耨多羅三藐三菩提一行二六波羅蜜一而不レ近レ受レ記。世尊、若人往二來六道生死中一、或時得レ聞二般若波羅蜜一、受、持、讀、誦、正憶念、必知、是人不レ久得二阿耨多羅三藐三菩提一。如下呑レ鈎之魚、雖三復遊二戯池中一、當レ知、出‐在不上レ久、行者亦如レ是。深信二樂般若波羅蜜一、不三久住二於生

「夢の中の心は、睡の爲に覆（は）れ所たるが故（に）、眞心の所作に非（ず）。」

若（し）善男子・善女人（の）、夢の中に［於］、意を發して六波羅蜜を行し、乃至、道場に坐すとミム。當（に）知れ、是の人は、福德輕微なれども、阿耨多羅三藐三菩提の記を［於］受（く）るに近（つき）ぬ。何（に）況（や）、菩薩摩訶薩の、覺―時に實の心をもて阿耨多羅三藐三菩提を發し、六波羅蜜を行せむイ、而も記を受（く）るに近（つか）不（あら）ムや。世尊（呼）、若（し）人（の）、六道生死の中に往來して、或（る）時には、般若波羅蜜を聞（く）こと得て、受し持し、讀し誦し、正憶念せむ、必（ず）知るべし、是の人は、久（しくあら）不して、阿耨多羅三藐三菩提を得べしといふことを。鉤を呑メル［之］魚、復（た）池の中に遊戲すと雖（も）、當（に）知れ、出―在せむ〈右白ウカム〉こと久（しくあら）不《じ》といふが如く、行者も亦（た）是（の）如（く）、深く般若波羅蜜を信樂するをもて、久しく生死に［於］住セ不《じ》。此が中に舍利弗自（ら）譬喩を説かく、「若（し）人喩道を過（ぎ）ムと欲（は）ム。」喩道といふは［者］、卽（ち）是れ世間なり。百由旬といふは［者］、是れ欲界なり。二百由旬といふは［者］、是（れ）色界なり。三百由旬といふは［者］、是（れ）无色界なり。四百由旬といふは［者］、是（れ）聲聞・辟支佛道なり。

復次、四百由旬といふは、是れ欲界なり。三百由旬といふは、是

死一。此中舍利弗自說二譬喩一、「若人欲レ過二嶮道一。」嶮道者、卽是世間。百由旬者、是欲界。二百由旬者、是色界。三百由旬者、是无色界。四百由旬者、是聲聞辟支佛道。

30復次、四百由旬、是欲界。三百由旬、是色界。二百由旬、是无色界。百由旬、是聲聞・辟支佛。欲レ出者、是信二受行三般若波羅蜜一人。先見二諸相一者、見下大菩薩捨二世間欲—樂一、深心樂中般若波羅蜜上。壃界者、分二別諸法一、是聲聞法、是辟支佛法、⑫是大乘法、如レ是小利、是聲聞、大利是菩薩、魔界是生死、佛界是般若波羅蜜、甘露法味不—死之處。園林者、隨二佛道一禪定・智慧等樂。如レ是等

(れ)色界なり。二百由旬といふは、是(れ)无色界なり。百由旬といふは、是れ聲聞・辟支佛なり。出(て)ムと欲フ者《ひと》、是れ般若波羅蜜を信受し行する人なり。先ツ諸の相を見るといふは［者］、大菩薩の、世間の欲—樂を捨て、深心をもて般若波羅蜜を樂(ふ)を見るなり壃〈「壃」は原文「土」偏〉界といふは［者］、諸法を分別して、是は聲聞の法なり、是は辟支佛の法なり、⑫是は大乘の法なり、是(の)如(き)［く］小利は、是は聲聞なり、大利は是れ菩薩なり、魔界は是れ生死なり、佛界は是れ般若波羅蜜なり、甘露法味は、不—死の［之］處なり(と)するなり。園林といふは［者］、佛道に隨フ禪定・智慧等の樂なり。是(の)如(き)等の无量の善法の相なり。聚樂〈「落」は原文「若」の

无量善法相。聚渚者、是柔愼法忍。邑者、是无生法忍。城者、是阿耨多羅三貌三菩提。得二安隱一者、菩薩聞二是法一思惟籌量行。我得二是法一、心安隱。當レ得二阿耨多羅三貌三菩提一。賊者、是我等六十二耶見。惡蟲者、是愛恚等諸煩惚。不レ畏レ賊者、人不レ得レ便。不レ畏二惡蟲一者。非人不レ得レ便。不レ畏レ飢者、不レ畏レ不レ能レ得二聖人眞智慧一。不レ畏レ渇者、不レ畏レ不レ能レ得二禪定・解脱等法樂味一。此中自說二因緣一。「菩薩摩訶薩得二先-相一者、不レ久當レ得二阿耨多羅三貌三菩提一。不レ畏レ墮二惡道中一。飢餓死者、不レ畏レ墮二聲聞・辟支佛地一。佛然下可其喩以レ麁喩レ細、以二世間一喩中出世間上。餘三譬喩亦應二如レ上

旁〉といふは［者］、是れ柔愼法忍なり。邑といふは［者］、是れ无生法忍なり。城といふは［者］、是れ阿耨多羅三藐三菩提なり。安隱を得といふは［者］、菩薩、是の法を聞（き）て、思惟し籌量して行す。我（れ）是の法を得て、心安隱なり。當（に）阿耨多羅三藐三菩提得べしと。賊といふは［者］、是れ我等の六十二の邪見なり。惡蟲といふは［者］、是れ愛恚等の諸煩惚なり。賊を畏（り）不といふは［者］、人の便を得不《ぬ》なり。惡蟲を畏（り）不といふは［者］、非人の便を得不《ぬ》なり。飢を畏（り）不といふは［者］、聖人の眞智慧を得（る）こと能（は）不（あら）ムか・と畏（り）不《ぬ》なり。渇を畏（り）不といふは［者］、禪定・解脱等の法樂の味を得（る）こと能（は）不（あら）ムか・と畏（り）不《ぬ》なり。此が中に、自ら因緣を說かく、「菩薩摩訶薩の、先―相を得るいは［者］、久（しくあら）不して、當（に）阿耨多羅三藐三菩提を得べし。惡道の中に墮（ち）ムか・と畏（り）不《(ぬ)》（なり）。飢餓して死ぬといふは［者］、聲聞・辟支佛の地に墮（ち）ムか・と畏（り）不《ぬ》なり。」佛、其の喩の、麁を以て細に喩し、世間を以て出世間に喩するを然―可（し）たまふ。餘の三の譬喩は、亦（た）上の如く、分別し（て）說（く）應（し）。大海（の）水は、是れ无上道なり。平地に樹无く、山无（し）といふは、是（れ）［には］般若波羅蜜の經の卷の等きなり。樹菓は是れ无上道なり。樹華は是れ阿鞞跋致地なり。春の時に、陳《フル》キ葉洛（落）（ち）て更に新（し）き葉を生すといふは、是（れ）［の］

分別說一。大海水是无上道。平地无レ樹无レ山、是般若波羅蜜經卷等。樹菓是无上道。樹華是阿鞞跋致地。春時陳葉洛更生二新葉一、是諸煩惱耶見疑等滅、能得二般若波羅蜜經卷等一。母人是行者。所任身是无上道。欲レ產相、是菩薩久習二行般若波羅蜜一。厭二本所習一、是患二世間婬欲樂一、不二復喜著一。佛讚二其所說一、「善哉」。尒時、須菩薩聞三佛然二舍利弗所說一、讚レ其「善哉」。知三佛意深敬二念是菩薩一、是故白レ佛言、「世尊、甚爲二希有一。善附二菩薩事一」。菩薩事者。空道・福德道。亦如二佛種種捴相・別相一。說以、寄三附阿難彌勒等一、入二无餘涅槃一後、好自奉行、教二示利三益衆生一、无レ令二

諸の煩惱たる邪見疑等滅（し）て、能く般若波羅蜜經卷等を得るなり。母人といふは、是れ行者なり。所任の身といふは、是れ无上道なり。產せむと欲フ相といふは、是（れ）［の］菩薩の久（し）く般若波羅蜜を習行するなり。本の所習を厭（ふ）といふは、是は世間の淫欲の樂を患（し）て、復（た）喜—著セ不《ぬ》なり。佛、其が所說を讚（し）たまひて、「善哉」とのたまふ。尒時、須菩提、佛の、舍利弗の所說を然（し）たまふを聞（き）て、其れを讚（し）て「善哉」とまうす。佛意に深く是の菩薩を敬念（し）たまふと知（り）て、是の故（に）佛（に）白（して）言（さく）、「世尊（呼）、甚（だ）希有にいます［爲］。善く菩薩の事を附（し）たまふ。」と。菩薩の事といふは［者］、空道と福德道となり。亦（た）佛の種種の總相と別相との如きなり。說き以《をは》（り）て〈右白已〉、阿難・彌勒等に寄—附（し）たまひて、无餘涅槃に入（り）たまひての後に、好（み）て自ら奉行し、衆生を教示し利益して、謬錯セ令（む）ること无し。佛善—附の因緣を說（き）たまふに、諸の菩薩、阿耨多羅三藐三菩提の心を發して、多（く）の衆生を安隱（に）すといふは［者］、一切衆生の中に、无量无邊阿僧祇なり。佛を除（き）ては、能く計《カムカ》へ知る者《ひと》无し。佛に從（ひ）て利益を得る者《ひと》、數（ふ）可（くあら）不《ぬ》が故（に）多と名（づ）く。安隱といふは［者］、衆生の常（音）に著せるには、无常を教へ、樂に著せるには［者］、苦を教へ、實に著せるには［者］、空を教へ、我に著せるには［者］、无我を教（へ）たまふ。

謬錯一。佛說二善-附因緣一、諸菩薩發二阿耨多羅三藐三菩提心一、安二隱多衆生一者、一切衆生中、无量无邊阿僧祇。除レ佛无二能計知者一。從レ佛得二利益一者、不レ可レ數故、名レ多。安隱者、衆生著レ常教二无常一、著レ樂者教レ苦、著レ實者教レ空、著レ我者教二无我一。如レ是等名二安隱一。凡夫人、聞レ是、當レ時雖レ不二喜樂一、久久滅二諸煩惱一、得二安隱樂一。如下服二苦-藥一當-時⑬雖レ苦、後得上除レ患。无量衆生得レ樂者、若菩薩求二般若波羅蜜一、未レ得二成就一時、以二今世後世樂一利二益衆生一。如二菩薩本生經說一。若得二般若波羅蜜一已、斷二諸煩惱一、亦以二世間樂出生間樂一、利二益衆生一。若得二无上道一時、但以二出世間樂一利二益衆生一。安樂饒

是（の）如（き）等《ら》を安隱と名（づ）く。凡夫の人は是を聞（き）て、時に當（り）て喜樂《ウ》セ不と雖（も）、久久とありて諸の煩惱を滅し、安隱の樂を得。苦—藥を服して、當—時には

⑬苦《ニカ》しと雖（も）、後に患を除すること得るが如（し）。无量の衆生樂を得といふは［者］、若（し）菩薩、般若波羅蜜を求（め）て、成就すること得未《ぬ》時には、今世後世の樂を以（て）、衆生を利益す。菩薩本生經に說（く）が如し。若（し）般若波羅蜜を得已（り）ぬるときに、諸の煩惱を斷じ、亦（た）世間の樂・出世間の樂を以て、衆生を利益す。若（し）无上道を得る［ときに］時には、但（だ）出世間の樂を以て、衆生を利益す。安樂饒益といふは［者］、但（だ）憐愍の心を以（て）の故（に）安樂す。饒益といふは［者］、多く人を利益す。餘道の中には、饒益少（な）

益者、但以二憐愍心一故安樂。饒益者、多利二益人一。餘道中、饒益少故不レ說。利益事者、所レ謂四攝法。以二財施・法施二種一、攝二取衆生一。愛-語有二二種一。一者隨レ意愛語。二者隨二其所愛法一爲說。是菩薩未レ得レ道、憐二愍衆生一自破二憍慢一、隨レ意說レ法。若得レ道、隨二所應度法一爲說。高-心富人、爲讚二布施一。是人能得二他物利一、名-聲福德故、若爲讚二持戒一、毀呰破レ戒、則心不二喜-樂一。如レ是等隨二其所應一而爲說レ法。利益亦有二二種一。一者今世利・後世利、爲說レ法以レ法治-生、懃修二利事一。二者不レ信教令レ信、破レ戒令二持戒一。寡レ識令二多聞一、不レ好レ施者令二布施一、癡者教二智慧一。如レ是等以二善法一利二益衆生一。同事者、

きが故（に）說（か）不。利益の事といふは［者］、謂（ふ）所（の）四攝法なり。財施と法施との二種を以て衆生を攝取す。愛―語に二種有（り）。一者、意に隨（ひ）て愛語す。二者、其が所愛の法に隨（ひ）て爲に說く。是の菩薩（は）、道を得未《ぬ》ときには、衆生を憐愍すとして、自（ら）憍慢を破し、意に隨（ひ）て法を說く。若（し）道を得ツるときには、所應度の法に隨（ひ）て爲に說く。高―心ある富人には爲に布施を讚す。是の人能く他物の利を得《ウ》、名―聲福德あるが故（に）。若（し）爲に持戒を讚セば、毀呰し戒を破（り）て、則（ち）心に喜―樂セ不《じ》。是の如（き）等には、其が所應に隨（ひ）て、而も爲に法を說く。利益に亦（た）二種有（り）。一者、今世の利、後世の利、爲に法を說（き）て、法を以て治―生し、懃（勤）（め）て利事を修す。二者、教を信（ぜ）不《ぬ》には信（ぜ）令（め）、戒を破れるには持戒セ令（む）。識寡《（すくなき）》〈右白少也〉には多聞セ（め）、施を好（ま）不《ぬ》には［者］布施セ令（め）、癡なる者には智慧を教フ。是（の）如（き）等の善法を以て、衆生を利益す。同事といふは［者］、菩薩、衆生を教化して、善法を行（せ）令（め）ムとして、其が所行に同（音）す。菩薩は善心なり、衆生は惡心なり。能く其が惡を化して、己が善に同セ令（む）。是の菩薩、四種を以て衆生を［に］攝して、十善道に住セ令（む）。是は廣く四攝の義を說（く）なり。二施の中に於ては、法施は其が所樂に隨（ひ）て、而も爲に法を說く。是は愛語の中に第一なり。衆生は壽命を愛惜す。十

菩薩教二化衆生一、令レ行二善法一、同二其所行一。菩薩善心。衆生惡心。能化二其惡一、令レ同二己善一。是菩薩以二四種一攝二衆生一、令レ住二十善道一。是廣説二四攝義一。於二二施中一、法施隨二其所樂一。而爲説レ法。是愛語中第一。衆生愛二惜壽命一。令レ行二十善道一、則得二久壽一利二益於一切一。寶物利中、法利最勝。是爲二利益一。同‐事中、同行二善法一爲レ勝。是菩薩、自行二十善一、亦以教レ人。有人言、「後自行二十善等一、是第四同義」。是故、説下自行二十善一、亦教レ人行、自行二初禪一、亦教レ他行中初禪等上。同離レ欲、同持レ戒。是故名二相攝一。相攝故、漸漸能以二三乘法一度。乃至二非有想・非无想處一、亦如レ是。自行二六波羅蜜一、亦以教レ他。因二般若一故、

善道を行（せ）令（む）るときに、則（ち）久（し）き壽を得て一切を［於］利益す。寶物の利の中には、法利最勝なり。是を利益と爲す。同‐事の中には、同（じ）く善法を行せむをもて［る］勝（れ）たりと爲す。是の菩薩、自ら十善を行し、亦（た）以て人に教フ。有る人の言（は）く、「後に自ら十善等を行する、是は第四の同(音)の義なり。」是の故（に）、自ら十善を行し、亦（た）人を教（へ）て行せしめ、自（ら）初禪を行し、亦（た）他を教（へ）て初禪等を行せしむと説く。同（し）く欲を離れ、同（し）く戒を持す。是（の）故（に）、相‐攝と名（づく）。相攝するが故（に）、漸漸に能く三乘の法を以て度す。［乃］非有想・非无想處に至（るま）でに、亦（た）是（の）如（し）。自ら六波羅蜜を行し、亦（た）以て他を教フ。般若によるが故（に）、衆生をして般若の分を得令（む）。謂（ふ）所（の）須陀洹等を得しむるなり。方便の力の故（に）、自（ら）證セ不。是の人の福徳と智慧との力增益するが故（に）、无量阿僧祇の菩薩を教（へ）て、六波羅蜜に住セ令（む）。自（ら）阿鞞跋致地の等《ごと》きに住し、亦（た）以て他を教フ。乃至、自（ら）法輪を轉し、亦（た）他を教（へ）て法輪を轉（せ）しむ。是（の）故（に）、我（れ）慈悲の心を以ての故（に）、善く是の菩薩の事を附す。愛

令三衆生得二般若分一。所レ謂得二須陁洹等一。方便力故自不レ證。是人福德・智慧力增益故、教二无量阿僧祇菩薩一、令レ住二六波羅蜜一。自住二阿鞞跋致地等一、亦以教レ他。乃至自轉二法輪一、亦教レ他轉二法輪一。是故我以二慈悲心一故、善附二是菩薩事一。不下以二愛⑭著一故上。

經須菩提白レ佛言、「希有、世尊、諸菩薩摩訶薩、大功德成就。所レ謂爲二一切衆生一、行二般若波羅蜜一、欲レ得二阿耨多羅三貌三菩提一。世尊、云何諸菩薩摩訶薩具足修二行般若波羅蜜一。」佛告二須菩提一、「若菩薩摩訶薩行二般若波羅蜜一時、不レ見二色增相一亦不レ見二滅相一、不レ見二受想行識增相一、亦不レ

---

⑭着を以ての故には（あら）不。

【經】須菩提、佛（に）白（して）言（さく）、「希有（に）います（か）ナ、世尊、諸の菩薩摩訶薩は、大功德成就せり。謂（ふ）所の、一切衆生の爲に般若波羅蜜を行し、阿耨多羅三貌三菩提を得ムと欲（ふ）なり。世尊、云何ぞ諸の菩薩摩訶薩の、具足して般若波羅蜜を修行する。」佛、須菩提（に）告（げたまはく）、「若（し）菩薩摩訶薩は、般若波羅蜜を行する時に、色の增の相を見不、亦（た）滅の相を見不、受想行識の增の相を見不、亦（た）滅の相を見不、［乃］一切種智に至（るま）でに、增の相を見不、亦（た）滅の相を見不。菩薩摩訶薩（は）是の時に般若波羅蜜を具足す。

復次、須菩提、菩薩摩訶薩は、般若波羅蜜を行する時に、是は法、

見二滅相一、乃至二一切種智一不レ見二增相一、亦不レ見二滅相一。菩薩摩訶薩是時、具二足般若波羅蜜一。

復次、須菩提、菩薩摩訶薩行二般若波羅蜜一時、不レ見二是法是非法一、不レ見二是過去法、是未來・現在法一、不レ見二是善法、不善法、有記法、无記法一、不レ見二是有爲法、无爲法一、不レ見二欲界、色界、无色界一、不レ見二檀波羅蜜・尸羅波羅密・羼提波羅蜜・毗梨耶波羅蜜・禪波羅蜜・般若波羅蜜一、乃至不レ見二一切種智一。如レ是菩薩摩訶薩具足修二行般若波羅蜜一。何以故、諸法无レ相故、諸法空、欺誑、不二堅固一。无二覺者一、无二壽者一故」。須菩提言、「世尊、世尊所説不可思議」。佛告二須菩提一、「色不可思議

是は非法と見不、是は過去の法、是は未來・現在の法と見不、是は善法なり、不善の法（なり）、有記の法なり、无記の法なりと見不、是は有爲も法なり、无爲の法なりと見不、欲界なり、色界なり、无色界なりと見不、檀波羅蜜・尸羅波羅蜜・羼提波羅蜜・毗梨邪波羅蜜・禪波羅蜜・般若波羅蜜なりと見不、乃至、一切種智なりと見不。是（の）如くする菩薩摩訶薩（は）具足して般若波羅蜜を修行す。何（を）以（ての）故（に）、諸法は相无（き）が故（に）、諸法は空なり、欺誑なり、堅固にあら不。覺者も无く、壽者も无（き）が故（に）。」須菩提の言（さ）く、「世尊（呼）、世尊の所説は、不可思議なり。」とまうす。佛、須菩提（に）告（けたまはく）、「色不可思議なるが故（に）、所説不可思議なり。受想行識不可思議なるが故（に）、所説不可思議なり。六波羅蜜不可思議なるが故（に）、所説不可思議なり。乃至、一切種智不可思議なるが故（に）、所説不可思議なり。須菩提（呼）、若（し）菩薩摩訶薩の般若波羅蜜を行する時に、色是れ不可思議なり、受想行識、是れ不可思議なりと知リ、乃至、一切種智［なりと］、是れ不可思議なりと知る。是の菩薩は、則（ち）般若波羅蜜を具足すること能（は）不。」とのたまふ。須菩提、佛（に）白（して）言（さく）、「世尊、是の深般若波羅蜜を、誰か當（に）信解する者《ひと》。」と、まうす。佛言（はく）、「若（し）有る菩薩摩訶薩の、久（し）く六波羅蜜を行し、善根を種（う）ること多くし（て）、諸佛に親近し、供養（し）たてまつリ、善知識と［與］相

故、所説不可思議。受想行識不可思議故、所説不可思議。六波羅蜜不可思議故、所説不可思議。乃至一切種智不可思議故、所説不可思議。須菩提、若菩薩摩訶薩行二般若波羅蜜一時、知二色是不可思議、受想行識是不可思議一、乃至知二一切種智、是不可思議一。是菩薩則不レ能レ具二足般若波羅蜜一」。須菩提白レ佛言、「世尊、是深般若波羅蜜誰當信解者」。佛言、「若有菩薩摩訶薩、久行二六波羅蜜一、種二善根一多、親二近供三養諸佛一、與二善知識一相隨、是菩薩能信二解深般若波羅蜜二」。須菩提白レ佛言、「世尊、云何菩薩摩訶薩、久行二六波羅蜜一、種二善根一多、親二近供三養諸佛一、與二

ヒ隨（はむ）［ヒ］、是の菩薩い、能く深般若波羅蜜を信解す。」とのたまふ。須菩提、佛（に）白（して）言（さく）、「世尊、云何ぞ菩薩摩訶薩の、久（し）く六波羅蜜を行し、善根を種（う）ること多くし（て）、諸佛に親近し、供養（し）たてまつり、善知識と［與］相ヒ隨（ふ）。」と。佛言（は）く、「若（し）菩薩摩訶薩の、色を［の］分別（せ）不、色の相を分別（せ）不、色の性を分別（せ）不、受想行識を分別（せ）不、識の相を分別（せ）不、識の性を分別（せ）不、眼耳鼻舌身意と色

善知識一相隨」。佛言、「若菩薩摩訶薩不レ分二別色一、不レ分二別色相一、不レ分二別色性一、不レ分二別受想行識一、不レ分二別識相一、不レ分二別識性一、眼耳鼻舌身意・色⑮聲香味觸法・眼界乃至意識界、亦如レ是。不三分二別欲界・色界・无色界一、不三分二別三界相性一、不三分二別檀波羅蜜、乃至般若波羅蜜、內空、乃至无法・有法空、四念處、乃至八聖道分、佛十力、乃至十八供法一、不三分二別十八不共法相性一、不三分二別道種智相性一、不三分二別一切種智一、不三分二別一切種智相一、不三分二別一切種智性一何以故、須菩提、色不可思議。受想行識不可思議。乃至一切種智不可思議。如レ是、須菩提、是名下菩薩摩

---

⑮聲香味觸法と眼界乃至意識界とにおきても、亦（た）是（の）如くす。欲界・色界・无色界を分別（せ）不、三界の相と性とを分別（せ）不、檀波羅蜜乃至般若波羅蜜、內空乃至无法・有法空、四念處乃至八聖道分、佛十力乃至十八不共法を分別（せ）不、十八不共法の相と性とを分別（せ）不、道種智の相と性とを分別（せ）不、一切種智を分別（せ）不、一切種［の］智の相を分別（せ）不、一切種智の性を分別（せ）不。何（を）以（ての）故（に）、須菩提（呼）、色は不可思議なり、受想行識（は）不可思議なり、乃至、一切種智（は）不可思議なり。是（の）如く、須菩提（呼）、是を菩薩摩訶薩（の）久（し）く六波羅蜜を行し、善根を種（う）ること多くし（て）、諸佛に親近し供養したてまつり、善知識と［與］相（ひ）隨ゐりと名（づ）く。」とのたまふ。須菩薩、佛（に）白（して）言（さく）、「世尊、色甚深なるが故（に）、般若波羅蜜甚深なり。受想行識甚深なり。乃至、一切種智甚深なるが故（に）、般若波羅蜜甚深なり。世尊（呼）、是の般若波羅蜜は珍寶聚なり。須陀洹果の寶と有るが故（に）、斯陀含果・

訶薩、久行二六波羅蜜一、種二善根一多、親二近供三養諸佛一、與二善知識一相隨上。」須菩提白レ佛言、「世尊、色甚深故、般若波羅蜜甚深。受想行識甚深。乃至一切種智甚深故、般若波羅蜜甚深。世尊、是般若波羅蜜珎寶聚。有二須陁洹果寶一故、有二斯陁含果・阿那含果・阿羅漢果・辟支佛道・阿耨多羅三藐三菩提寶一故、四禪・四无量心・四无色定・五神通・四念處、乃至八聖道分・佛十力・四无所畏・四无㝵智・大慈大悲・十八不共法・一切智・一切種智寶故。世尊、是般若波羅蜜、是清淨聚、色清淨故、般若波羅蜜、清淨聚。受想行識清淨、乃至一切種智清淨故、般若波

阿那含果・阿羅漢果・辟支佛道・阿耨多羅三藐三菩提の寶と有るが故（に）、四禪・四无量心・四无色定・五神通・四念處、乃至、八聖堂分・佛十力・四无所畏・四无㝵智・大慈大悲・十八不共法・一切智・一切種智の寶とあるが故（に）。世尊(呼)、是の般若波羅蜜は、是（れ）清淨の聚なり、色清淨なるが故（に）、般若波羅蜜は、清淨の聚なり。受想行識清淨なり、乃至、一切種智清淨なるが故（に）、般若波羅蜜（は）清淨の聚なり。

【論】釋曰、是の菩薩（は）大功德成就せりといふは［者］、先に說（き）しが如（く）、自―行し、亦（た）他人を教（ふ）るなり。復次、多（く）の功德といふは［者］、衆生は親―里に非（ず）、又、貪利する所无（け）れども、而も是の衆生の爲に、懃（勤）苦し（て）般若波羅蜜を行して、阿耨多羅三藐三菩提を得《ウ》。是を菩薩摩訶薩（と）名（づく）。大恩分有るが故（に）、大功德と名（づ）く。般若波羅蜜を修する相［を］は、先の品の中に種種の因緣をもて說（き）しが如（し）。今は般若を修する具足（の）相を問フ。佛言（はく）、「般若を修するが如く、具足の相も亦（た）是（の）如し。所以（は）［者］何（に）、若（し）菩薩の色等の諸法の增減を見不《ぬ》、是（の）如きを、悉く具足と名（づ）く。」是の菩薩、十地を得《ウ》（て）道場に坐する、尒（の）時（に）、般若波羅蜜を修すること具足すと雖（も）、夢の如く幻の如（く）して、增（せ）不、滅（せ）不、畢竟空なるを以（て）の故（に）說く。

羅蜜清淨聚」。

論釋曰、是菩薩大功德成就者、如二先說一。自‐行、亦教二他人一。復次、多功德者、衆生非二親‐里一、又无レ所二貪利一、而爲二是衆生一、懃苦、行二般若波羅蜜一、得二阿耨多羅三藐三菩提一。是名二菩薩摩訶薩一。有二大恩分一故、名二大功德一。修二般若波羅蜜一相、如二先品中種種因緣說一。今問下修二般若一具足相上。佛言、「如レ修二般若一、具足相亦如レ是。所以者何、若菩薩不レ見二色等諸法增減一、如レ是悉名二具足一」。是菩薩雖下得二十地一、坐二道場一、尒時、修二般若波羅蜜一具足上、如レ夢如レ幻、不レ增不レ滅、以二畢竟空一故說。

復次、若菩薩於二一切法一、不三分二別是法、是非法一

復次、若（し）菩薩は、一切の法に於て、是は法なり、是は非法なりと分別（せ）不《ぬ》をもて、悉く皆是れ法なり。大海の水の、百川萬流すれども、皆一味にあら令（む）るが如く、尒（の）

悉皆是法。如三大海水百川萬流、皆令二一味一、尒
⑯時、修二般若波羅蜜一具足。
復次、若菩薩入二法空中一、不レ見下法有二三世一善不善等上、不レ見二六波羅蜜乃至一切種智一、尒時、修二般若波羅蜜一具足。何以故、諸法无レ相、是實相。若分二別諸法一、皆是耶見相。用二十八空一故、名二諸法空一。諸法和合因縁生。以爲レ有。諸縁離則破壞故虚誑。一切有爲法中、无常无レ實故、是名二不─堅固一。无下受二苦樂一者上。衆生空故。无二覺─者一、不レ覺二苦樂一。无二壽命一者、壽名二命根一。有人言、「是命根有二我相一。是故壽命爲レ我。」衆生空中、已種種因縁破。是故无二行レ法者一、无二受レ法者一。若観二諸法空、衆

⑯時（に）、般若波羅蜜を修すること具足す。
復次、若（し）菩薩、法空の中に入（り）て、法に三世有リ、善・不善なりとの等《こと》く見不《ぬ》、六波羅蜜乃至一切種智を見不《ぬ》、尒時、般若波羅蜜を修すること具足す。何（を）以（ての）故（に）、諸法の相无き、是れ實相なり。若（し）諸法を分別するは、皆是れ邪見の相なり。十八空を用ての故（に）、諸法空と名（づ）く。諸法は和合の因縁をもて生す。以《これ（を）もて》〈右白此〉有（り）と爲す。諸縁離するときには、則（ち）破壊するが故（に）、虚誑なり。一切の有爲の法の中に、无常にして實无（き）が故（に）、是を不─堅固と名（づ）く。苦樂を受（く）る者《ひと》无し。衆生空なるが故（に）、覺─者无（し）といふは、苦樂を覺（せ）不《ぬ》をもてなり。壽命无（し）といふは［者］、壽をは命根に名（づ）く。有る人の言（は）く、「是の命根に我の相有（り）。是の故（に）壽命を我と爲す。」衆生空の中に、已に種種の因縁をもて破してき。是の故（に）、法を行する者《ひと》无く、法を受（く）る者《ひと》无し。若（し）諸法空なり、衆生空なり、法空なりと觀する、是（の）如（く）するときに、則（ち）具足して般若波羅蜜を修す。須菩提（は）、是の時に驚き喜（び）て、自（ら）安（み）すること能（は）不して、「説く所の般若波羅蜜は不可思議なり。」とまうす。佛言（はく）、「色等の諸法不可思議なるが故（に）、不可思議な

生空、法空一、如レ是則具足修二般若波羅蜜一。須菩提、是時驚喜、不レ能二自安一、「所レ説般若波羅蜜、不可思議」。佛言、「色等諸法不可思議故、不可思議」。所以者何、因・果相似故。

復次、若菩薩知二色等法亦不可思議一。若住二是不可思議中一、則不三具二足般若波羅蜜一。取二不可思議相一故。是故説、「若菩薩知二色等法不可思議一則不三具二足般若波羅蜜一」。尒時、須菩提於二般若中一不レ得二依‐止處一如レ沒二大海一。是故白レ佛、「是深般若、不可思議。不可思議亦不可思議故、誰當信解者」。若但不可思議由不レ可レ信。何況不可思議復不可思議。佛答、「若菩薩久行二六波

り。」と。所以（は）［者］何（に）、因と果と相ヒ似るが故（に）。

復次、若（し）菩薩は、色等の法も亦（た）不可思議なりと知る。若（し）是の不可思議の中に住（し）ぬるときには、則（ち）般若波羅蜜具足セ不。不可思議の相を取るが故（に）。是（の）故（に）説かく、「若（し）菩薩は、色等（の）法不可思議なりと知るをもて、則（ち）般若波羅蜜具足（せ）不。」と。尒時、須菩薩、般若の中に於て、依―止處を得不《ぬ》こと大海に沒するが如し。是の故（に）、佛（に）白（さ）く、「是の深般若は不可思議なり。不可思議も亦（た）不可思議なるが故（に）、誰か當（に）信解せむ者《ひと》。」若（し）但（た）不可思議なるすら、由《（なほ）》し信（す）可（くあら）不。何（に）況（や）、不可思議の復（た）不可思議なるは。佛答（へ）たまはく、「若（し）菩薩の久（し）く六波羅蜜を行し、久（し）く善根を種ヱ、久（し）く諸佛を供養し親近したてまつリ、久（し）く善知識と［與］相（ひ）隨ゐる、是の因縁の故（に）、信心牢固にして、能く深般若波羅蜜を信受す。餘の品の中に説かく、「有る新發意者も亦（た）能く深般若波羅蜜を信す。」今、佛、久發意の故（に）能く信すと説（き）たまふ。是（を）以（て）、須菩提問（ひ）たてまつらく、「云何なるか是れ久發意の者《ひと》。」と。佛言（はく）、「若（し）菩薩摩訶薩の、了了に般若波羅蜜の相を知（り）て、一切の法を分別（せ）不《ぬ》、謂（ふ）所（の）、色の四大、若（しは）四大造の色を分別（せ）不《ぬ》なり。色の相を分別（せ）不といふは［者］、色は是れ可―見

羅蜜一、久種二善根一、久供二養親三近諸佛一、久與二善知
識一相隨、是因緣故、信心牢固、能信二受深般若
波羅蜜一。餘品中說、「有新發意者亦能信二深般
若波羅蜜一」。今佛說二久發意故能信一。是以、須菩
提問、「云何是久發意者」。佛言、「若菩薩
摩訶薩、了了知二般若波羅蜜相一、不三分二別一切
法一、所レ謂不三分二別色四大・若四大造色一。不三分二別
色相一者、不三分二別色是可-見、聲是可-聞、是色
若好、若醜、若長、若短、若常、若无常、若苦、若
樂等一。不三分二別色性一者、不レ見二色常法一。所レ謂地堅
性等。復次、色實性名二法性一。畢竟空故、是菩
⑰薩不三分二別法性一。法性不壞相故、乃至一切種智

聲は是れ可―聞、是の色の若（し）好、若（し）醜、若（し）長、若（し）短、若（し）常、若（し）无常、若（し）苦、若（し）樂の等《（こと）》きを分別（せ）不《ぬ》なり。色の性を分別（せ）不といふは［者］、色の常法を見不《ぬ》なり。謂（ふ）所（の）、地の堅の性の等《（こと）》きなり。復次、色の實性をは法性に名（づ）く。畢竟空なるが故（に）。是の菩
⑰薩は法性を分別セ不。法性は不懷の相なるが故（に）、乃至、一

亦如レ是。問曰、「地是堅相。何以言レ性。」答曰、是相積習成レ性。譬如三人瞋日習不レ已、則成二悪性一。或性相異。如二見レ烟知レ火、烟是火相而非レ火。或相性不レ異。如二熱是火相、亦是火性一。此中佛説二因縁一、「色等諸法不可思議。不可思議卽是畢竟空。諸法實相常清淨。須菩提言、「菩薩雖二日月年歳不一レ久、能如レ是行、是名レ久」。須菩提聞二般若波羅蜜一、更得二深利益一。故白レ佛言、「世尊、般若波羅蜜甚深。色等甚深故。色等甚深相、如二先説一。世尊、般若波羅蜜是珎寶聚。」珎寶者、所レ謂須陁洹果。能滅二三結悪毒一故。乃至二阿耨多羅三藐三菩提一、能滅二一切煩惱及習一、能滿二一切願一。是諸

切種智も亦（た）是（の）如（し）。問曰、「地は是れ堅の相なり。何（を）以（て）ぞ性と言フ。」答曰、是の相は、積習（し）て性と成る。譬（へば）、人（の）瞋を日に習（ふ）こと［ときに］已《ヤ》マ不《ぬ》ときには、則（ち）悪性に成るが如（し）。或《ある》いは性と相と異なり。烟を見て火を知る、烟は是れ火の相なり、而れども火には非（ぬ）が如きなり。或《ある》いは相と性と異に（あら）不。熱の是れ火の相なり、亦（た）是れ火の性なるが如きなり。此が中に、佛、因縁を説きたまひたり［なり］。「色等の諸法は不可思議なり。不可思議卽（ち）是れ畢竟空なり。諸法の實相は清淨なり。」と。須菩提の言（は）く、「菩薩は、日月年歳は久（しくあら）不と雖（も）、能く是（の）如くして行する、是を久（音）と名（づ）く。」須菩提、般若波羅蜜を聞（き）て、更に深き利益を得《ウ》。故に佛（に）白（して）言（さく）、「世尊（呼）、般若波羅蜜は甚深なり。色等甚深なるが故（に）。色等の甚深の相は、先に説（き）しが如し。世尊（呼）、般若波羅蜜は、是れ珍寶の聚なり。」珍寶といふは［者］、謂（ふ）所（の）、須陀洹果なり。能く三結の悪毒を滅せるが故（に）。［乃］阿耨多羅三藐三菩提に至（るま）でに、能く一切の煩惱（と）、［及］習（とを）滅し、能く一切の願を滿ツ。是の諸の果は、諸の禪、乃至一切種智に依る。因と果とを合して説く。是を珍寶の聚と名（づ）く。是の般若波羅蜜は清淨聚なり。色等の諸法清淨なるが故（に）。色等の法の中の正行の邪に（あら）不《ぬ》を、名（づけ）て清淨と爲す。諸の過患无く、［乃］畢竟

果依二諸禪乃至一切種智一。因果合說。是名二珎寶聚一。是般若波羅蜜清淨聚。色等諸法清淨故、色等法中正行不レ耶、名爲二清淨一。无二諸過患一、乃至二畢竟空一、亦不レ著、不レ可二思議一亦不レ著。是故名二清淨聚一。尒時、須菩提應レ作二是念一、「是般若波羅蜜是珎寶聚。能滿二一切衆生願一。所レ謂今世樂後世樂・涅槃樂・阿耨多羅三藐三菩提樂。愚癡之人而復欲三破二壞是般若波羅蜜清淨聚一。如二如―意寶珠无レ有二瑕穢一、如二虛空无レ有二塵垢一、般若波羅蜜畢竟清淨聚。而人自起二邪見一因緣、欲下作二留難一破壞上。譬如下人眼翳、見二妙珎寶一、謂爲中不淨上」。作二是念一已。

空に至（るま）でに亦（た）著セ不、思議す可（くあら）不《ぬ》（に）亦（た）著セ不。是の故に、清淨聚と名（づ）く。尒時、須菩提、應《まさ》〈右白當也〉に是の念を作（すべし）、「是の般若波羅蜜は、是れ珎寶（の）聚なり。能く一切衆生の願を滿（て）たまふ。謂（ふ）所（の）、今世の樂、後世の樂、涅槃の樂、阿耨多羅三藐三菩提の樂なり。愚癡の［之］人、而も復（た）是の般若波羅蜜の清淨の聚を破壞せむと欲フ。如―意寶珠の瑕穢有（る）こと无（き）が如く、虛空の塵垢有（る）こと无（き）が如く、般若波羅蜜は、畢竟清淨の聚なり、而も人い自（ら）邪見を起（こ）す因緣をもて、留難を作（り）て破壞せむと欲フ。譬（へば）人の、眼に翳《マケ》あるが、妙珍寶を見て、謂《おも》（ひ）て不淨と爲《す》るが如し。」と。是の念を作し已（り）ぬ。

經須菩提言、「世尊、甚可レ恠。說二是般若波羅蜜一時、
多有二留難一」。佛言、「如レ是、如レ是。須菩提、是甚深般
若波羅蜜、多有二留難一。以二是事一故、善男子善女
人、若欲レ書二是般若波羅蜜一時、應二當疾書一。若讀、
30誦、思惟、說、正憶念、修行時、亦應二疾修行一。何以
故、是甚深般若波羅蜜、若書時、讀、誦、思惟、說、
正憶念、修行時、不レ欲レ令二諸難起一故。善男子・善
女人、若能一月書成、當應二懃書一若二月・三月・
四月・五月・六月・七月、若一歲書成、亦當應二懃
⑱書一。讀、誦、思惟、說、正憶念、修行、若一月得二成就一、
乃至一歲得二成就一、應二當懃成就一。何以故、須菩
提、是珎寳中、多有二難起一故」。須菩提言、「世尊、是

【經】須菩提言（さく）、「世尊（呼）、甚（だ）恠（しぶ）可し。是
の般若波羅蜜を說く時に、多く留難有（り）。」とまうす。佛言
（は）く、「是（の）如（し）、是（の）如（し）。須菩提、是の甚
深の般若波羅蜜は、多く留難有リ。是の事を以（て）の故（に）、
善男子・善女人は、若（し）是の般若波羅蜜を書（き）たてまつ
らムと欲（は）ム時には、當（に）疾（か）に書（き）たてまつ
30る應（し）。若（し）讀し誦し、思惟し、說し、正憶念し、修行
せむ時にも、亦（た）疾く修行す應（し）。何（を）以（ての）
故（に）、是の甚深の般若波羅蜜を、若（し）書（き）たてまつ
らム時（に）も、讀し誦し、思惟し、說し、正憶念し、修行せむ
時に、諸の難を起（こ）ら令（め）ムと欲（は）不《ぬ》が故（に）。
善男子・善女人の、若（し）能く一月に書き成すべくあらムは、
當（に）懃（勤）（め）て書（き）たてまつる應（し）。若（し）
二月・三月・四月・五月・六月・七月（に）、若（し）一歲に書
き成すべく（あら）ムは、亦（た）當（に）懃（勤）（め）て
⑱書す應（し）。讀し誦し、思惟し、說し、正憶念し、修行せむも、
若（し）一月に成就すること得《ウ》、乃至一歲に成就すること得べく
は、當（に）懃（勤）（め）て成就す應（し）。何（を）以（ての）
故（に）、須菩提（呼）、是の珍寳の中には、多く難起（こ）ること
有るが故（に）。」須菩提言（さ）く、「世尊（呼）、是の甚深の般若

甚深般若波羅蜜中、悪魔喜作二留難一故、不レ得レ令レ書。不レ得レ令二讀、誦、思惟、說、正憶念、修行一」。佛告二須菩提一、「悪魔雖レ欲下留‐難是深般若波羅蜜、令上不レ得二書、讀、誦、思惟、說、正憶念、修行一、亦不レ能三破下壞是菩薩摩訶薩、書二般若波羅蜜一、乃至修行上。尒時、舍利弗白レ佛言、「世尊、誰力故、令二悪魔不レ能三留下難菩薩摩訶薩書二深般若波羅蜜一、乃至修行上」佛言、「是佛力故、悪魔不レ能三留下難菩薩摩訶薩書二深般若波羅蜜一、乃至修行上。舍利弗、亦是十方國土現在諸佛力故。是諸佛、𢹂二護念三是菩薩一故、令二魔不レ能下留二難菩薩摩訶薩一令上不下書二成般若波羅蜜一、乃至修行上。何以故、十方國

波羅蜜の中には、悪魔喜《この》みて留難を作すが故（に）、書セ令（む）ることを得不、讀し誦し、思惟し、說し、正憶念し、修行セ令（む）ること得不。」とまうす。佛、須菩提（に）告（げたまはく）、「悪魔は、是の深般若波羅蜜を留—難して、書し、讀し誦し、思惟し、說し、正憶念（し）、修行すること得不あら令（め）ムと欲（ふ）と雖（も）、亦（た）是の菩薩摩訶薩の、般若波羅蜜を書し、乃至修行するを破壞することは能（は）不。」とのたまふ。尒時、舍利弗、佛（に）白（して）言（さく）、「世尊、誰が力の故にか、悪魔をして、菩薩摩訶薩の、深般若波羅蜜を書き、乃至修行するを、留難すること能（は）不あら令（む）る。」とまうす。佛言（はく）、「是は佛力の故（に）、悪魔イ菩薩摩訶薩の、深般若波羅蜜を書し、乃至修行することを、留難すること能（は）不。舍利弗(呼)、亦（た）是は十方國土の現在の諸佛の力の故（に）なり。是の諸佛、是の菩薩を𢹂護し念（し）たまふが［をもて］故（に）、魔をして、菩薩摩訶薩を留難し［すること］、般若波羅蜜を書き成し、乃至修行することをセ不あら令（む）ること能（は）不あら令（む）。何（を）以（ての）故（に）、十方國土の中の現在の无量无邊阿僧祇（の）諸佛（の）、是の菩薩の深般若波羅蜜を書し、乃至修行するを𢹂護し念（し）たまふをもて。法應念〈三字讀めず、「念」に白丸を附し、天に「尒」を記す〉能く留難を作すこと无し。舍利弗(呼)、善男子・善女人は當（に）是の念を作す應（し）、

土中現在无量无邊阿僧祇諸佛、擁中護念下是菩薩書二深般若波羅蜜一、乃至修行上。法應念、无三能作二留難一。舍利弗、善男子・善女人、應三當作二是念一、「我書二是深般若波羅蜜一、乃至修行、皆是十方諸佛力」。舍利弗言、「世尊、若有善男子・善女人書二是深般若波羅蜜一、乃至修行、皆是佛力故。當レ知、是人是諸佛所レ護」。佛言、「如レ是、如レ是。舍利弗、當レ知、若有善男子・善女人、書二是深般若波羅蜜一、乃至修行、皆是佛力故、當レ知、是人亦諸佛所レ護」。舍利弗言、「世尊、十方現在无量无邊阿僧祇諸佛皆識、皆以二佛眼一見下是善男子・善女人書二深般若波羅蜜一、乃至修行時上。」佛言、

「我が是の深般若波羅蜜を書き、乃至修行するは、皆是れ十方の諸佛の力なり。」と。舍利弗言（さ）く、「世尊（呼）、若（し）有（ら）ム善男子・善女人の、是の深般若波羅蜜を書き、乃至修行するは、皆是れ佛の力の故（に）なり。當（に）知れ、是の人は、是れ諸佛に護（ら）所《れ》ムといふことを。」とまうす。佛の言（は）く、「是（の）如（し）、是（の）如（し）。舍利弗、當（に）知れ、若（し）有（ら）ム善男子・善女人の、是の深般若波羅蜜を書し、乃至修行するいは、皆是れ佛力なるが故（に）、當（に）知れ、是の人は亦（た）諸佛に護（ら）所《れ》ム。」とのたまふ。舍利弗の言（さ）く、「世尊（呼）、十方現在の无量无邊阿僧祇の諸佛に皆識（ら）れム。皆佛眼を以て、是の善男子・善女人の、深般若波羅蜜を書し、乃至修行する時見（そこなは）さむ。」とまうす。佛言（はく）、「是（の）如（し）、是（の）如（し）。舍利弗（呼）、十方の現在の无量无邊阿僧祇の諸佛に皆識（ら）れム。皆佛眼を以て、是の善男子・善女人の、深般若波羅蜜を書し、乃至修行せむ時を見（そこなは）さむ。舍利弗（呼）、是が中に、菩薩の道を求（め）ム善男子・善女人の、若（し）是の深般若波羅蜜を書し、受し持し、讀し誦し、正憶念し、說（く）が如く修行せむ、當（に）知れ、是の人は阿耨多羅三貌三菩提に近（つか）ムこと、久（しくあら）不《じ》。舍利弗、善男子・善女人の、是の深般若波羅蜜を書し、受し持し、讀し誦し、乃至正

「如レ是。如レ是。舍利弗、十方現在无量无邊阿僧祇諸佛皆識。皆以二佛眼一、見下是善男子・善女人書二深般若波羅蜜一、乃至修行時上。舍利弗、是中求二菩薩道一善男子・善女人、若書二是深般若波羅蜜一、受、持、讀、誦、正憶念、如レ説修行。當レ知、是人近二阿耨多羅三藐三菩提一不レ久。舍利弗、善男子・善女人、書二是深般若波羅蜜一受、持、讀、誦、乃至正⑲憶念、是人、於二深般若波羅蜜一、多信解相。亦供二養恭三敬尊四重讃五嘆是深般若波羅蜜一、華香・瓔洛、乃至幡蓋供養、舍利弗、諸佛皆識、皆以二佛眼一見二是善男子・善女人一。是善男子・善女人、供養功德、當得二大利益・大果報一。舍利弗、是善男

⑲憶念せむ、是の人は深般若波羅蜜に於て、多くの信解の相あり。亦(た)是の深般若波羅蜜を供養し、恭敬し、尊重し、讃嘆(し)たてまつり、華香・瓔珞、乃至幡蓋をもて供養(し)たてまつるいは[リ]、舍利弗、諸佛に皆識(ら)れ[たまふ]ム。皆佛眼を以て、是の善男子・善女人を見(そこなは)さむ。是の善男子・善女人は、供養の功德をもて、當(に)大利益・大果報を得ム。舍利弗、是の善男子・善女人は、是の供養の功德の因縁を以(て)の故(に)、終に惡道の中に墮(ち)不《じ》。[乃]阿鞞跋致地に至(るま)でに、終に諸佛を遠離セ不《じ》。舍利弗(呼)、是の善男子・善

子・善女人、以二是供養功德因緣一故、終不レ墮二惡道中一。乃至二阿鞞跋致地一、終不三遠二離諸佛一。舍利弗、是善男子・善女人、是善根因緣故、乃至二阿耨多羅三藐三菩提一、終不三遠二離六波羅蜜一。終不三遠二離內空、乃至无法・有法空一。終不三遠二離四念處、乃至八聖道分一。終不三遠二離佛十力、乃至阿耨多羅三藐三菩提一。」

論釋曰、留難者、魔事等壞二般若波羅蜜一因緣。佛可二須菩提所說一、「若善男子・善女人、欲レ書二是般若波羅蜜一、當疾疾書。乃至正憶念、如レ說行時、疾修行。所三以疾一者、是有爲法、不レ可レ信。多有二留難起一。是般若波羅蜜、部黨經卷有レ多、有レ少、有二

女人は、是の善根の因緣の故（に）、［乃］阿耨多羅三藐三菩提に至（るま）でに、終に六波羅蜜を遠離（せ）不《じ》。終に內空、乃至无法・有法空を遠離（せ）不《じ》。終（に）四念處、乃至八聖道分を遠離（せ）不《じ》。終（に）佛十力、乃至阿耨多羅三藐三菩提を遠離（せ）不《じ》。」

【論】釋曰、留難といふは［者］、魔事等の般若波羅蜜を壞する因緣なり。佛、須菩提の所說を可（し）たまはく、「若（し）善男子・善女人の、是の般若波羅蜜を書（か）ムと欲（は）ムいは、當（に）疾疾《すみやか》に書（き）たてまつれ。乃至、正憶念し、說（く）が如く行せむ時（に）も、疾く修行すべし。疾（く）すべき所以は［者］、是れ有爲の法にして、信（す）可（くあら）不。多く留難（の）起（こ）ること有ればなり。是の般若波羅蜜は、部—黨經卷多（く）有り、少（なく）有（り）、上・中・下有（り）。光讚と放光と道行となり。書寫（し）たてまつること有る者《ひと》、書

上中下一。光讃・放光・道行。有二書寫一者、書有二遲疾一。有二一レ心懃書者一、有下懈憧不二精進一者上。人-身无常。有爲法不レ可レ信。釋迦文佛出二惡世一故、多有二留難一。是故說、「若可二一月書竟當懃書成。莫レ有二中癈。」畏レ有二留難一故、乃至二一歲、如レ書乃至二修行一亦如レ是。隨二人根利鈍一、得レ有二遲疾一。此中、佛更說二因緣一。世間以二珎寶一故、多有二賊出一。般若卽是大珎寶故、多有二留難一。留難者、雖レ有二疾病・飢餓等一、但以二魔事大一故、說言二魔事一。若魔、若魔民、惡鬼、作レ惡因緣、入二人身中一、嬈二亂人身心一、破レ書二般若一、或令二書人疲-厭一、或令二國土事起一、或書人不レ得二供養一。如レ是等、讀誦時、師-徒不二和合一。大衆中說時、

(き)たてまつるに、遲疾有リ。心を一にして、懃(勤)(め)て書(き)たてまつる者《ひと》有(り)、懈惰〈原文「墮」の旁〉にして精進(せ)不《ぬ》者《ひと》有リ。人―身无常なり。有爲の法にして、信(す)可(くあら)不。釋迦文佛は、惡世に出(でたまひ)たるが故(に)、多く留難有リ。是の故(に)說かく、「若(し)一月に書き竟へツ可くは、當に懃(勤)(め)て書(き)成セ。中《(あ)ヒタ》に癈(廢)(する)こと有(る)こと莫《(な)》。」留難有(ら)ムかと畏(る)るが故(に)。[乃]一歲に至(るま)でに、書するをいひツるが如く、[乃]修行に至(るま)でに、亦(た)是(の)如(く)あるべし。人根の利鈍に隨(ひ)て遲疾有(る)こと得《ウ》。此が中に、佛更に因緣を說(き)たまふ。世間は珍寶を以(て)の故(に)、多く賊出(つる)こと有リ。般若は卽(ち)是れ大寶なるが故(に)、多くの留難有リ。留難といふは[者]、疾病・飢餓等有(り)と雖(も)、但(だ)魔事大なるを以(て)の故(に)、說(き)て魔事と言フ。若(し)魔、若(し)魔民・惡鬼惡を作る因緣をもて、人身(の)中に入(り)て、人の身心を嬈亂して、般若を書(き)たてまつることを破リ、或(る)ときには、書く人をして疲―厭セ令(め)、或(る)ときには、國土の事を起(こ)サ令め、或(る)ときには、書く人に供養を得不《(ず)》あらしむ。是(の)如(き)等《(ら)》をして、讀誦の時に、師―徒和合セ不《(ず)》あらしむ。大衆の中にして說く時には、或有る人は、來(り)て法師の過罪を說く。或《あ》るが言(は)く、「說(く)が如く行す

或有人來說二法師過罪一。或言、「不レ能二如レ說行一。何足二聽受一。」或言、「雖二能持戒一、而復鈍根、不レ解二深義一。聽二其所說一了无レ所レ益。」或說五「般若波羅蜜、空无下所有上。滅二一切法一、无下可レ行處上、譬如四裸人、自言三我著二天衣一。」如レ是等留難、令レ不レ得レ說。不正憶念者、

⑳魔作二好―身、若善知識身一、或作下所二敬信一沙門形上、爲說下般若波羅蜜、空无二所有一雖レ有二罪福名一、而无中道理上。或說四般若波羅蜜空、可三卽取二涅槃一。如レ是等破下修二佛道一正憶念事上。新攪意菩薩、聞二是事一、心大驚怖。「我等生死身。魔是欲界主。威―勢甚大。我等云何行二般若波羅蜜一、得二无上道一。」是故、佛說、「惡魔雖レ欲二留難一、亦不レ能二破壞一。何以故、大

ること能（は）不。何ぞ聽受するに足（ら）ム。」といふ。或《あ》るが言（は）く、「能く持戒すと雖（も）、而も復（た）鈍根にして深義を解（ら）不。其の所說を聽（く）に、了《ッ》ヒに益する所无（し）。」といふ。或《あ》るは「般若波羅蜜（は）、空にして所有无し。一切の法を滅して、行（す）可き處无（く）あらしむること、譬（へば）裸なる人の、自ら我れ天衣を著（たり）［たる］といはムが［言］如（し）」と說く。是（の）如（き）等《(ら)》の留難をして、說（く）こと得不《(ず)》あら令（む）。不生憶念といふは［者］、

⑳魔い好―身、若（しは）善知識の身と作リ、或（る）は敬信する所の沙門の形と作（り）て、爲に、般若波羅蜜は空にして所有无し、罪福の名有（り）と雖（も）、而（も）道理无（し）と說（か）ム。或（る）は般若波羅蜜は空なり、卽（ち）涅槃を取（る）可（し）と說（か）ム。是（の）如（き）等をして、佛道を修する正憶念の事（を）破せむ。新發意の菩薩（は）、是の事を聞（き）て、心に大に驚怖せむ。「我等は生死の身なり。魔は是れ欲界の主なり。威―勢甚大なり。我等云何にしてか、般若波羅蜜を行して、无上道を得ム。」と。是（の）故（に）、佛說（き）たまはく、「惡魔は留難せむと欲（ふ）と［か］雖（も）、亦（た）破壞すること能（は）不《じ》。何（を）以（ての）故（に）、大の因緣は常（に）能く小を破するが故（に）。離―欲の人の常（に）

因縁常能破㆑小故。如㆘離欲人常勝㆓貪欲者㆒、慈悲人常勝㆓瞋恚者㆒、智人常勝㆗无智者㆖、般若波羅蜜是眞智慧。其力甚大。魔事虚誑。是菩薩、雖㆑未㆑得㆔具㆓足般若波羅蜜㆒、得㆓其氣分㆒故、魔不㆑能㆑壞」。是事因縁故、舍利弗白㆑佛、「誰力故、魔不㆑能㆑破」。佛答「佛力故」。如惡人中、魔爲㆑大。善人中、佛爲㆑大。縛人中、魔爲㆑大。解人中、佛爲㆑大。留難人中、魔爲㆑大。通達人中、佛爲㆑大。初説㆓佛力㆒者、釋迦文佛。後説㆓十方現在佛㆒、是餘佛阿閦阿彌陁等。如㆓惡賊餘惡相助㆒、諸佛法亦如㆑是。常爲㆓一切衆生㆒故、有㆓發心者㆒、便爲作㆑護。所以者何、般若波羅蜜、是十方諸佛母。人欲㆓沮壞㆒、不㆑可㆑不㆑

貪欲の者《ひと》に勝チ、慈悲の人の常（に）瞋恚の者に勝チ、智の人の常に无智の者に勝ツが如く、般若波羅蜜は、是れ眞の智慧なり。甚の力甚大なり。魔事は虚誑なり。是の菩薩は、般若波羅蜜を具足すること得未《ず》と雖（も）、其の氣分を得たるが故（に）、魔い壞（る）こと能（は）不《じ》。」是の事の因縁の故（に）、舍利弗、佛に白（さ）く、「誰が力の故（に）か、魔の破すること能（は）不《ぬ》。」と。佛答（へ）たまはく、「佛の力の故（に）なり。」と。［如］惡人の中には、魔を大と爲す。善人の中には、佛を大と爲す。縛人の中には、魔を大と爲す。解人の中には、佛を大と爲す。留難人の中には、魔を大と爲す。通達人の中には、佛を大と爲す。初（め）に佛の力と説くは［者］、釋迦文佛なり。後に十方の現在の佛を説くは、是れ餘の佛たる阿閃阿彌陀の等（き）なり。惡賊の餘の惡を相ヒ助（く）るが如く、諸佛の法も亦（た）是（の）如（し）。常（に）一切衆生の爲の故（に）、發―心―者有（る）ときには、便（ち）爲に護（り）と作（り）たまふ。所以（は）［者］何（に）、般若波羅蜜は、是れ十方の諸佛の母（に）います。人い沮壞せむと欲ゐるをもて、護（り）たまは不《ず》ある可（くあら）不。應《かなら》す〈右白必也〉當（に）知（れ）、其の書し讀し、乃至正憶念すること有るいは［者］、皆是れ十方の佛の力なりと。是の諸の留難の力大なるが故（に）。舍利弗言（は）く、「若（し）書し持し、乃至修行すること有（ら）ムいは、皆是れ諸佛に護（ら）所《（れ）》ム。」とまうす。佛其が言を可（し）たまふ。舍利弗復（た）

護。應當レ知、其有二書、讀、乃至正憶念一者、皆是レ十方佛力。是諸留難力大故。舍利弗言、「若有二書、持、乃至修行一皆是諸佛所レ護。」佛可二其言一。舍利弗復說、「世尊、書持等善男子・善女人、十方現在諸佛、皆以二佛眼一見–知念耶。」佛可言レ如レ是、先惡魔來欲二破壞一、佛、及十方諸佛、守護不レ令二沮壞一。今以二佛眼一見二是善男子・善女人一、知下是人功德、難レ得レ有、未レ破二魔網一、而能行中是般若波羅蜜大事上、是故十方佛以二佛眼一見二知三念四是人一。問曰、爲以二天眼一見。以佛眼一見。若以二天眼一見、云何此中說二佛眼一。若以二佛眼一見、衆生虛誑。云何以二佛眼一見。答曰、天眼有二二種一。一者佛眼所レ攝。二者

說かく、「世尊(呼)、書し持せむが等《ごと》き善男子・善女人は、十方の現在の諸佛に、皆佛眼を以て見—知し、念(せ)られムや［耶］。」とまうす。佛、可《ゆる》(し)たまひて、是(の)如(き)なりと言《のたま》フは、先に惡魔い來(たり)て、破壞せむと欲(ひし)ときに、佛、［及］十方の諸佛、守護(し)たまひて沮壞セ令(め)たまは不《ず》(ありき)。今は佛眼を以て是の善男子・善女人を見(そこなは)し(て)、是の人の功德の、有ること得(る)こと難く、魔の網をは破(せ)未《ず》あれども、而も能く是の般若波羅蜜の大事を行するを知(ろしめ)すをもて、是の故(に)、十方の佛、佛眼を以(て)是の人を見(そこなは)し、知(ろしめ)し、念(し)たまふ。問曰、爲《も》し天眼を以(て)や見(そこなは)す、佛眼を以(て)や見(そこなは)す。若(し)天眼を以て見(そこなはさ)ば、云何ぞ此が中に佛眼と說く。若(し)佛眼を以て見(そこなはさば)、衆生は虛誑なり。云何ぞ佛眼を以て見(そこなはさ)ム。答曰、天眼に二種有(り)。一者、佛眼に攝(め)所(る)る〈「攝」に受身の點あり〉。二者、攝(め)られ不《ぬ》。佛眼に攝(め)られ不所《ぬ》といふは［者］〈「不」に受身の、「所」にルの點あり〉、現在の衆生の限有(り)、量有るを見るなり。佛眼に攝(め)所(る)〈「攝」に受身の點あり〉といふは［者］、三世の衆生限无く、量无しと見るなり。法眼は佛眼の中に入(り)ぬるときには、但(た)諸法をのみ見て、衆生をは見不。慧眼は佛眼の中に入(り)ぬるときには、

不レ攝。佛眼所レ不レ攝者、見二現在衆生有レ限有レ量。佛眼所レ攝者、見二三世衆生无レ限无レ量。法眼入二佛眼中一、但見二諸法一不レ見二衆生一。慧眼入二佛眼中一、㉑不レ見レ法、但見二畢竟空一。問曰、佛眼所レ攝天眼、爲實、爲虛妄。若虛妄、佛不レ應下以二虛妄一見上。若實者、衆生空。現在衆生尚不實。何況未來・過去。答曰佛眼所レ攝、皆是實。衆生於二涅槃一是虛妄。非下於二世界所見一是虛妄上。若人於二衆生一取二定相一故說言二虛妄一。非下爲二世諦一故說中虛妄上。以レ是故、佛眼所レ攝天眼見二衆生一。問曰、若尒者、何以不下以二佛眼所レ攝慧眼一見中衆生上。答曰、慧眼无レ相利故、慧眼、常以二空无相・无作共相應一、不レ中レ觀二

㉑法をは見不、但（た）畢竟空をのみ見る。問曰、佛眼に攝（め）所（る）る〈「攝」に受身の點あり〉天眼は、爲し實か、爲し虛妄か。若（し）虛妄ならば、佛（は）虛妄を以て見（る）應（くあら）不。若（し）實ならば［者］、衆生空なり。現在の衆生すら尚（ほ）不實なり。何（に）況（や）、未來・過去は。答曰、佛眼に攝（め）所（る）るは〈「攝」に受身の點あり〉、皆是れ實なり。衆生は涅槃に於て、是れ虛妄なり。世界の所見に於て是れ虛妄なるには非（ず）。若（し）人、衆生に於て、定相を取るが故（に）、說（き）て虛妄と言フ。世諦の爲の故（に）、虛妄と說（く）には非（ず）。是（を）以（ての）故（に）、佛眼に攝（め）所（る）る〈「攝」に受身の點あり〉天眼は、衆生を見る。問曰、若（し）尒（ら）ば［者］、何（を）以（て）ぞ佛眼に攝（め）所（る）る〈「攝」に受身の點あり〉慧眼を以て衆生を見不《ぬ》。答曰、慧眼は相无く利きが故（に）、慧眼は常（に）空・无相・无作と共に相應するを以て、衆生を觀（る）に中《アタ》ラ不。何（を）以（ての）故（に）、五衆和合せるを、假（り）て衆生と名（づ）く。

衆生一。何以故、五衆和合、假名二衆生一。譬如下小兒可下以二小杖一鞭上、之不下可レ與二大杖一。此中讚三菩薩行二般若波羅蜜一、爲二世諦一故說。非二第一義諦一。

問曰、未來世未有。念知尙難。何況眼見。答曰、如下過去法、雖三滅无二所有一、而心心數法中念力故、能憶二過去事一、盡中其宿命上。聖人亦如レ是。有二聖智力一雖レ未レ起、而能知、能見。復次、是般若中、三世无二分別一。未來・過去・現在不レ異。若見二現在一、過去・未來亦應レ見。若不レ見二過去・未來一、亦不レ應レ見二現在一。問曰、北方末―法衆生漏―結未レ盡。是罪惡人。佛何以故、見、知、念。答曰、佛大悲相、愛二徹骨髓一。是菩薩能發二无上道心一、爲二衆生一故。

譬（へば）小兒をは小杖を以て［之］鞭《ウ》ツ可（し）。大杖をは與（ふ）可（くあら）不といふが如し。此が中には、菩薩の般若波羅蜜を行するを讚するは、世諦の爲の故（に）說く。第一義諦には非（ず）。

問曰、未來世は未有なり。念知するダに尙（ほ）難し。何（に）況（や）眼に見ムや。答曰、過去の法は、滅して所有无（し）と雖（も）、［而］心心數の法の中の念力の故（に）、能く過去の事を憶し、其の宿命を盡（くし）ていふが如（く）、聖人も亦（た）是（の）如し。聖智力有（り）て、起（こら）未《ず》と雖（も）、［而］能く知（ろしめ）し、能く見（そこなは）す。復次、是の般若の中には、三世分別无し。未來・過去・現在、異に（あら）不。若（し）現在を見《み》（ば）、過去・未來をも、亦（た）見（る）應（し）。若（し）過去・未來を見不《（ず）》は、亦（た）現在をも見（る）應（くあら）不。問曰、北方の末―法の衆生は、漏―結盡（き）未《（ず）》。是れ罪惡の人なり。佛（は）何（を）以（ての）故（に）か、見（そこなは）し、知（ろしめし）、念（し）たまふ。答曰、佛の大悲の相は、骨髓に愛徹（し）たまふ。是の菩薩の、能く无上道心を發すことは、衆生の爲の故（に）なり。佛、是の法は、末後に熾盛なるべし。我（が）涅槃（し）たまひ（なむ）後に、是の人、佛法を佐助すべしと觀（そこなは）すが故（に）、是（を）以て、念知（し）たまふ。

復次、北方の末後の人は、邊地・惡世に［於］生（まれ）たり。

佛觀二是法末後熾盛。我涅槃後、是人佐二助佛
法一故、是以念知。
復次、北方末後人、生二於邊地惡世一。三毒熾盛。
25刀兵劫中、賢聖希少。是人自不レ知二諸罪福業
因緣一。但從レ人聞、若讀レ經、便能信樂、供養、疾近二
无上道一不レ久。是事爲レ難。若佛在レ世、作二阿鞞跋
致一、信二行般若波羅蜜一、不レ足レ爲レ難。如レ是等種種
无量因緣故、佛應二見、念知一。是人信解相大故、
㉒能供二養般若波羅蜜一。供養具華香等如二先說一。
是故、供養得二大果報一。如毀呰者受二大苦惱一。大
果報者、如二須陁洹終不レ墮二三惡道一、是菩薩一レ
心信二解供三養般若波羅蜜一亦如レ是。愛二念諸佛一

25三毒熾盛なり。刀兵劫の中には、賢聖希少なり。是の人、自（ら）諸の罪福の業・因緣を知（ら）不。但（だ）人に從（ひ）て聞き、若（し）經を讀み、便（ち）能く信樂し、供養し、疾く无上道に近（つか）ムこと、久（しくあら）不《じ》。是の事を難（し）と爲す。若（し）佛世に在すときには、阿鞞跋致と作（り）て、般若波羅蜜を信行せむを、雖（し）と爲《す》る（に）足（ら）不。是（の）如（き）等《（ら）》の種種（の）无量の因緣の故（に）、佛見（そこなは）し、念知（し）たまふ應（し）。是の人信解の相大なるが故（に）、

㉒能く般若波羅蜜を供養（し）たてまつる。供養の具たる華香等をは、先に說（き）しが如（し）。是の故（に）、供養（し）たてまつるいは大の果報を得《ウ》。[如] 毀呰する者《ひと》は大苦惱を受けむ。大果報といふ [者]、須陀洹の終に三惡道に墮（ち）不《（ぬ）》が如く、是の菩薩、心を一にして、般若波羅蜜を信解し供養（し）たてまつること、亦（た）是（の）如（し）。諸佛に愛念（せらる）る
5（が）故（に）、常（に）念佛三昧を行（する）が故（に）、終に

故、常行二念佛三昧一故、終不レ離二諸佛一。乃至到二阿鞞跋致地一、教二化衆生一、離二諸佛一无レ咎。如二小兒不レ離二其母一、恐レ墮二諸難一故、常深愛二念善法一故、乃至二阿耨多羅三藐三菩提一、終不レ離二六波羅蜜等一、得二如レ是等今世・後世大果報一。

大智度經論六十七

天平六年歲次甲戌

十一月廿三日寫針間國賀茂郡既多寺

針間直名着賣

諸佛を離（れ）たてまつら不。乃至阿鞞跋致地に到（り）ぬるときには、衆生を教化すとして、諸佛を離（る）とも、咎无し。小兒（の）其の母を離（れ）不《ぬ》（が）如く、諸の難に墮（ち）ムかと恐（る）るが故（に）、常（に）深く善法を愛念するが故（に）、[乃] 阿耨多羅三藐三菩提に至（るま）でに、終に六波羅蜜等を離（れ）不、是（の）如（き）等（の）今世・後世（の）大果報を得ム。

大智度經論六十七

天平六年歲次甲戌十一月廿三日寫針間國賀茂郡既多寺

針間直名着賣

①摩訶般若波羅蜜品第六十八　方便品　巻八十二

經尓時、須菩提白レ佛言、「世尊、是菩薩摩訶薩如レ是方便力成就者、發レ意已來、幾時。」佛告二須菩提一、「是菩薩摩訶薩能成二就方便一者、發心已來、无量億阿僧祇劫。」須菩提言、「世尊、是菩薩摩訶薩如レ是成二就方便力一者、爲レ供二養幾佛一。」佛言、「是菩薩成二就方便力一者、供下養如二恆河沙一等諸佛上。」須菩提白レ佛言、「世尊、菩薩得二如レ是方便力一者、種二何等善根一。」佛言、「菩薩成二就如レ是方便力一者、從二初發意一已來、於二檀波羅蜜一无レ不二具足一、於二

①摩訶般若波羅蜜品第六十八　方便品　巻八十二

【經】爾時、須菩提佛（に）白（して）言（さく）、「世尊、是の菩提摩訶薩の、是（の）如き方便の力成就セルことは［者］、意を發して（より）已來《このかた》、幾時ぞ。」とまうす。佛、須菩提（に）告（けたまはく）、「是の菩提摩訶薩の能く方便（を）成就せることは、發心し（て）より已來《このかた》、无量億阿僧祇劫（なり）」（と）。須菩提言（さく）、「世尊、是の菩提摩訶薩の、是（の）如く方便の力を成就セルは［者］、幾（はしら）の佛に供養したてまつることをか爲（る）」とまうす。佛言（はく）、「是の菩薩の方便の力を成就せるは［者］、恆河の沙の如きに等（し）き諸佛を供養（し）たてまつれり」とのたまふ。須菩提、佛（に）白（して）言（さく）、「世尊、菩薩の是（の）如き方便の力を得たることは［者］、何（の）等き善根を種（ゑ）てぞ」とまうす。佛言（はく）、「菩薩（の）是（の）如き方便の力を成就せることは［者］、初發意從（り）已來、檀波羅蜜に於（て）、具足（せ）不《（ず）》といふこと无し、尸羅波羅蜜・羼提波羅蜜・毗梨耶波羅蜜・禪波羅蜜・般若波羅蜜に於て、具足（せ）不といふこと无し」（と）。須菩提佛（に）白（して）言（さく）、「世尊、菩薩摩訶薩の是（の）如き

尸羅波羅蜜・羼提波羅蜜・毗梨耶波羅蜜・禪波羅蜜・般若波羅蜜无レ不二具足一。」須菩提白レ佛言、「世尊、菩薩摩訶薩成二就如レ是方便力一者、甚希有。」佛言、「如レ是如レ是。須菩提、菩薩摩訶薩成二就如レ是方便力一者、甚希有。須菩提、譬如下日月周行照二四天下一、多有上レ所レ益般若波羅蜜亦如レ是、照二五波羅蜜一多有レ所レ益。須菩提、譬如下轉輪聖王若无二輪寶一、不レ得三名爲二轉輪聖王一。輪寶成就故、得上レ名二轉輪聖王一、須菩提、五波羅蜜亦如レ是、若離二般若波羅蜜一、不レ得二波羅蜜名字一。不レ離二般若波羅蜜一故、得二波羅蜜名字一。須菩提、譬如二无レ夫婦人、易上レ爲二侵一陵一、五波羅蜜亦如レ是遠二離

方便の力（を）成就せるは［者］、甚（た）希有（なり）」（と）佛言（はく）、「是（の）如（し）、是（の）如し。須菩提、菩薩摩訶薩の是（の）如き方便の力（を）成就せるは［者］、甚（た）希有なり。須菩提、譬（へば）、日月周行して、四天下を照（ら）し、多く益する所有（り）といふが如（く）、般若波羅蜜も亦（た）是（の）如（く）、五波羅蜜を照（ら）して、多く益する所有（り）。須菩提、譬（へば）、轉輪聖王（の）、若（し）輪寶无（き）ときには、名（づけ）て轉輪聖王と爲《す》ること得《（う）》不《（ず）》。輪寶成就せるが故（に）、轉輪聖王と名（づけ）らるること得といふが如（く）、須菩提、五波羅蜜も亦（た）是（の）如（く）、若（し）般若波羅蜜を離（れ）ぬるときには、波羅蜜の名字を得不《（ず）》。般若波羅蜜に離（れ）不《ぬ》が故（に）波羅蜜の名字を得《（う）》。須菩提、譬（へば）、夫无き婦人の侵—陵することを爲《す》るに易しといふが如（く）、五波羅蜜も亦（た）是（の）如（く）般若波羅蜜を遠離（し）ぬるときには、魔と若（しは）魔天と、之を壞ること則（ち）易し。譬（へば）、夫有る婦人の侵—陵す可（き）こと難（し）といふが如（く）、五波羅蜜も亦（た）是（の）如（し）。般若波羅蜜を得るときには、魔、若（しは）魔天、沮壞すること能（は）不。須菩提、譬（へば）、軍將と鎧杖と具足（し）ぬるときに、隣國の強—敵と（いへども）、壞（る）こと能（は）不《ぬ》所なりといふが如（く）、五波羅蜜も亦（た）是（の）如（く）般若波羅蜜を遠離（せ）不《ぬ》ときには、魔、若（し）魔天、若（し）

般若波羅蜜一、魔若魔天、壞レ之則易。譬如二有レ夫婦人難レ可二侵-陵一、五波羅蜜亦如レ是。得二般若波羅蜜一、魔若魔天、不レ能二俎壞一。須菩提、譬如二軍將鎧杖具足、隣國强-敵所レ不レ能レ壞、五波羅蜜亦如レ是不三遠二離般若波羅蜜一、魔若魔天、若增上慢人、乃至菩薩稱陁羅所レ不レ能レ壞。須菩提、譬如下諸小國王隨二順時一朝中轉輪聖王上、五波羅蜜亦如レ是、隨二順般若波羅蜜一。譬如下衆川萬流皆入二於恆一、隨入中大海上、五波羅蜜亦如レ是、般若波羅蜜所二守護一故、隨到二薩婆若一。譬如二人之右手
②所作事便一、般若波羅蜜亦如レ是、如二人左手造レ事不-便一、五波羅蜜亦如レ是。譬如下衆流若大、若

增上慢人、乃至、菩薩の稱陀羅も壞（る）こと能（は）不所《ぬ》なり。須菩提、譬（へば）諸の小國王の時に隨順して、轉輪聖王に朝するが如（く）、五波羅蜜も亦（た）是（の）如（く）般若波羅蜜に隨順す。譬（へば）、衆川萬流の皆恆に［於］入（り）、隨（ひ）て大海に入（る）が如（く）、五波羅蜜も亦（た）是（の）如（く）、般若波羅蜜（に）守護（せ）ら所（る）るが故（に）、隨（ひ）て薩婆若に到る。譬（へば）人の［之］右の手の
②所作（する）事便（に）あるが如（く）、般若波羅蜜も亦（た）是（の）如（く）、人の左の手の事を造（るに）不―便なるが如（く）、五波羅蜜も亦（た）是（の）如（し）。譬（へば）、衆流の、

小、倶入二大海一、合爲中一味上、五波羅蜜亦如レ是爲二般若波羅蜜一所レ護、隨二般若波羅蜜一入二薩婆若一、得二波羅蜜名字一。譬如下轉輪聖王四種兵輪寶在レ前導。王意欲レ住、輪則爲レ住。令三四種兵滿二其所願一、輪亦不レ離二其處一、般若波羅蜜亦如レ是導二五波羅蜜到二薩婆若一常是中住、不レ過二其處一。譬如下轉輪聖王四種兵三寶在レ前導上、般若波羅蜜亦如レ是導二五波羅蜜一到二薩婆若中一住。般若波羅蜜亦不二分別一、檀波羅蜜隨二從我一、尸羅波羅蜜・羼提波羅蜜・毗梨耶波羅蜜・禪波羅蜜不三隨二從我一。檀波羅蜜亦不二分別一、我隨二從般若波羅蜜一、尸羅波羅蜜・羼提波羅蜜・毗梨耶波

若（し）大、若（し）小、倶に大海（に）入（り）て、合（して）一味と爲（る）が如（く）、五波羅蜜も亦（た）是（の）如（く）、般若波羅蜜の爲に護られ、般若波羅密に隨（ひ）て薩婆若（に）入（る）ときには、波羅蜜の名字を得《う》。譬（へば）、轉輪聖王の四種の兵と輪寶と前に在（り）て、導く。王（の）意に住（まら）ムと欲（ふ）ときには、輪（は）則（ち）住（する）こと爲す。四種の兵をして其の所願を滿（た）令め、輪も亦（た）其の處に離（れ）不《ず》といふが如（く）、般若波羅蜜も亦（た）是（の）如（く）、五波羅蜜を導（き）て、薩婆若に到らしめ、常（に）是が中に、住（し）て、其の處を過（き）不。譬（へば）、轉輪聖王の四種（の）兵を三寶の前に在（り）て、導くが如（く）、般若波羅蜜も亦（た）是（の）如（く）、五波羅蜜を導（き）て薩婆若の中に到（り）て住す。般若波羅蜜は亦（た）分別せ不。檀波羅蜜を我に隨從す。尸羅波羅蜜・羼提波羅蜜・毗梨耶波羅蜜・禪波羅蜜は我に隨從せ不〔とは〕。檀波羅蜜も亦（た）分別（せ）不。我は般若波羅蜜に隨從す。尸羅波羅蜜・羼提波羅蜜・毗梨耶波羅蜜・禪波羅蜜は隨從せ不〔とは〕。尸羅波羅蜜・羼提波羅蜜・毗梨耶波羅蜜・禪波羅蜜も亦（た）是（の）如（し）。何以故、諸の波羅蜜の性は、能く作する所无（く）、自性空虚誑なること、野馬の如し。爾時、須菩提佛（に）白（して）言（さく）、「世尊、若（し）一切の法、自性空ならば、云何ぞ菩薩摩訶薩の六波羅蜜を行して、當（に）阿褥多羅三藐三菩提を得べき」とまうす。

羅蜜禪波羅蜜不二隨從一。尸羅波羅蜜・羼提波羅蜜・毗梨耶波羅蜜・禪波羅蜜亦如レ是。何以故、諸波羅蜜性无レ所二能作一、自性空虚誑如二野馬一。」尒時、須菩提白レ佛言、「世尊、若一切法自性空、云何菩薩摩訶薩行二六波羅蜜一、當レ得二阿耨多羅三藐三菩提一。」「須菩提、菩薩摩訶薩行二六波羅蜜一時、作二是念一、「是世間心皆顚倒。我若不レ行二方便力一、不レ能三度二脱衆生生死一。我當下爲二衆生一故、行中檀波羅蜜・尸羅波羅蜜・羼提波羅蜜・毗梨耶波羅蜜・禪波羅蜜・般若波羅蜜上。」是菩薩爲二衆生一故捨二内外物一。捨時、作二是念一、「我无レ所レ捨。何以故、是物必當壞敗。」菩薩作二如レ是思惟一、能具二

「須菩提、菩薩摩訶薩は六波羅蜜を行する時に、是の念を作すべし。『是の世間の心は、皆顚倒なり。我若（し）方便の力を行（せ）不ば、衆生の生死を度脱すること能（は）不《じ》。我當に衆生の爲の［に］故（に）、檀波羅蜜・尸羅波羅蜜・羼提波羅蜜・毗梨耶波羅蜜・禪波羅蜜・般若波羅蜜を行すべし』と。」是の菩薩（は）衆生の爲の故（に）、内外の物を捨（つ）。捨（つる）時に是の念（を）作（さく）、「我捨（つ）る所无し。何以故、是の物は必（ず）當（に）壞敗すべし。」と。菩薩是（の）如き［ことを］思惟を作（し）て、能（く）檀波羅蜜を具足し、衆生の爲の故に、終（に）破戒セ不。何以故、菩薩是（の）念（を）作（さく）、「我衆生の爲の故（に）阿耨多羅三藐三菩提を發す。若（し）生を殺（さ）ば、是れ應ス（べくあら）不《ぬ》所なり。乃至、我衆生の爲の故（に）、阿耨多羅三藐三菩提を發す。若（し）邪見を作し、若（し）聲聞・辟支佛（の）地に貪著セば、是（れ）應（せ）不《ぬ》所なり。」（と）。菩薩摩訶薩は是（の）如く思惟して、能く尸羅波羅蜜（を）具足す。菩薩（は）衆生の爲の故（に）瞋心セ不《せ》。乃至、一念をも生（せ）不。菩提是（の）如く思惟す（ら）く、「我衆生を利益す應（し）。云何（ぞ）而（も）瞋心を起（こさむ）や」と。菩提是（の）如（く）〔して〕思惟して、能く

足檀波羅蜜一、爲二衆生一故終不二破戒一。何以故、菩薩作二是念一、「我爲二衆生一故發二阿耨多羅三藐三菩提一。若殺レ生、是所レ不レ應。乃至我爲二衆生一故、發二阿耨多羅三藐三菩提一。若作二耶見一、若貪二著聲聞辟支佛地一、是所レ不レ應。」菩薩摩訶薩如レ是思惟、能具二足尸羅波羅蜜一。菩薩爲二衆生一故不二瞋心一、乃至不レ生二一念一。菩薩如レ是思惟、「我應三利二益衆生一。云何而起二瞋心一。」菩薩如レ是思惟、能具二足③羼提波羅蜜一。菩薩爲二衆生一故、乃至二阿耨多羅三藐三菩提一、常不レ生二懈怠心一。菩薩如レ是行、能具二足毘梨耶波羅蜜一。菩薩爲二衆生一故、乃至レ得二阿耨多羅三藐三菩提一、不レ生二散亂心一。菩薩如レ

---

③羼提波羅蜜（を）具足す。菩薩（は）衆生の爲の故（に）、乃（ち）阿褥多羅三貌三菩提に至（るま）でに、常に懈怠の心を生（せ）不。菩薩是（の）如く行して、能（く）毗梨耶波羅蜜を具足す。菩薩は衆生の爲の故（に）、乃（ち）阿褥多羅三貌三菩提を得るに（いたる）〔至〕マ（でに）、散亂の心を生（せ）不。菩薩は是（の）如（く）して行して、能く禪波羅蜜を具足す。菩薩（は）衆生の爲の故（に）、乃（ち）阿褥多羅三貌三菩提を得るに

是行、能具㆓足禪波羅蜜㆒。菩薩爲㆓衆生㆒故、乃至レ得㆓阿耨多羅三藐三菩提㆒、終不レ離㆓智慧㆒。何以故、除㆓智慧㆒不レ可㆘以㆓餘法㆒度㆗脫衆生㆖故。菩薩如レ是行、能具㆓足般若波羅蜜㆒。」須菩提白レ佛言、「世尊、若諸波羅蜜无㆓差別相㆒、云何般若波羅蜜於㆓五波羅蜜中㆒第一最上微妙。」佛告㆓須菩提㆒、「如レ是如レ是。諸波羅蜜雖レ无㆓差別㆒、若无㆓般若波羅蜜㆒、五波羅蜜不レ得㆓波羅蜜名字㆒、因㆓般若波羅蜜㆒、五波羅蜜得㆓波羅蜜名字㆒。須菩提、譬如㆘種種色身到㆓須彌山王邊㆒、皆同一色㆖、五波羅蜜亦如レ是因㆓般若波羅蜜㆒到㆓薩婆若中㆒、一種无レ異、不㆔分㆓別是檀波羅蜜、是尸羅波羅蜜、是羼

（いたる）マ（でに）〔至〕、終（に）智慧（を）離（れ）不。何以故、智慧を除（き）ては、餘の法を以て衆生を度脱す可（くあら）不《ぬ》が故（に）。菩薩は是（の）如（く）して行して、能く般若波羅蜜を具足す。」（と）。須菩提佛（に）白（して）言（さく）、「世尊、若（し）諸の波羅蜜（に）差別の相無（く）は无（く）は、云何（に）ぞ般若波羅蜜の、五波羅蜜の中に於て、第一最上微妙ならむ」とまうす。佛須菩提（に）告（げたまはく）、「是（の）如（し）、是（の）如（し）。諸の波羅蜜は、差別无しと雖（も）、若（し）般若波羅蜜无（き）ときには、五波羅蜜は波羅蜜（の）名字を得不《じ》。般若波羅蜜に因（り）て、五波羅蜜は波羅蜜といふ名字を得（ればなり、）。須菩提、譬（へば）種種の色（の）身、須彌山の王の邊に到（り）ぬるときに、皆同一色になりぬといふが如（く）、五波羅蜜も亦（た）是（の）如（く）般若波羅蜜に因（り）て、薩婆若の中に到（り）ては、一種にして、異なる无し、是は檀波羅蜜（なり）、是は尸羅波羅蜜（なり）、是は羼提波羅蜜（なり）、是は毗梨耶波羅蜜（なり）、是は禪波羅蜜（なり）、是（は）般若波羅蜜なりと分別すべく（あら）不。何以故、是の諸の波羅蜜は自性无（き）が故（に）。是の因縁を以（て）の故（に）、諸の波羅蜜は差別无し」（と）。須菩提佛（に）白（して）言（さく）、「世尊、若（し）實義に隨（ひ）ては、分別无し。云何（ぞ）般若波羅蜜の、五波羅蜜の中に於（て）最上最妙なる」とまうす。佛言（はく）、「是（の）如（し）、是（の）

提波羅蜜、是毗梨耶波羅蜜、是禪波羅蜜、是般若波羅蜜一。何以故、是諸波羅蜜无自性故。以二是因緣一故、諸波羅蜜无二差別一。」須菩提白レ佛言、「世尊、若隨二實義一、无二分別一。云何般若波羅蜜於二五波羅蜜中一最上最妙。」佛言、「如レ是如レ是。須菩提、雖二實義中无レ有二分別一、但以二世間法一故、說二檀波羅蜜・尸羅波羅蜜・羼提波羅蜜・毗梨耶波羅蜜・禪波羅蜜・般若波羅蜜一、爲レ欲レ度二衆生生死一。是衆生實不レ生不レ死、不レ起不レ退。須菩提、衆生无所有故、當レ知、一切法无所有。以二是因緣一故、般若波羅蜜於二五波羅蜜中一最上最妙。須菩提、譬如二閻浮提衆女人中、玉女寶第一

如（し）。須菩提、實義の中に分別有（る）こと无（し）と雖（も）、但（た）世間の法を以（ての）故（にのみ）檀波羅蜜・尸羅波羅蜜・羼提波羅蜜・毗梨耶波羅蜜・禪波羅蜜・般若波羅蜜と說く。衆生の生死を度さむと欲（ふことを）爲す。是の衆生は實に生（せ）不、死（せ）不、起（せ）不、退（せ）不。須菩提、衆生（は）无所有なるが故（に）、〔當〕知れ、一切の法は、无所有なり。是の因緣を以（て）の故（に）、般若波羅蜜は、五波羅蜜の中に於て、最上最妙なり。須菩提、譬（へば）閻浮提の衆の女人の中には、玉女寶第一、最上最妙なり・といふが如（く）、般若波羅蜜も亦（た）是（の）如（く）、五波羅蜜の中に於（て）、第一、最上最妙なり」（と）。須菩提佛（に）白（して）言（さく）、「世尊、佛（は）何の意を以（て）の故（に）か、『般若波羅蜜は最上最妙なり』と說（き）たまふ」（と）。佛、須菩提（に）告（げたまはく）、「是（の）般若波羅蜜は、一切の善法を取（り）て、薩婆若の中に到（り）て、住すれども住（せ）不《ぬ》が故（に）」とのたまふ。須菩提佛（に）白（して）言（さく）、「世尊、般若波羅蜜は、法として取（る）可く、捨（つ）可（き）こと有（り）や不《いな》や」とまうす。佛言、（はく）「不也《いな》、須菩提と（呼）、般若

最上最妙㆒、般若波羅蜜亦如㆑是、於㆓五波羅蜜中㆒第一最上最妙。」須菩提白㆑佛言、「世尊、佛以㆓何意㆒故説㆓般若波羅蜜最上最妙㆒。」佛告㆓須菩提㆒、「是般若波羅蜜取㆓一切善法㆒、到㆓薩婆若中㆒、住不㆑住故。」須菩提白㆑佛言、「世尊、般若波羅蜜有㆓法可㆑取可㆑捨不㆒。」佛言、「不也、須菩提、般若

④波羅蜜无㆓法可㆑取、无㆓法可㆑捨。何以故、一切法不㆑取不㆑捨故。」「世尊、般若波羅蜜於㆓何等法中㆒不㆑取不㆑捨。」佛言、「般若波羅蜜於㆑色不㆑取不㆑捨。於㆓受想行識、乃至阿耨多羅三藐三菩提㆒、不㆑取不㆑捨。」「世尊、云何不㆑取㆑色、乃至不㆑取㆓阿耨多羅三藐三菩提㆒。」佛言、「若菩薩不㆑念㆑色、乃至不㆑

---

④波羅蜜は、法として取(る)可(き)こと無く、法(として)捨(つき)可(き)こと无(し)。何以故、一切の法は、取(る)べく(あら)不、捨(つ)べく(あら)不《ぬ》が故(に)」とのたまふ。「世尊、般若波羅蜜は何(の)等き法の中に於てか、取(るべくあら)不、捨(つ)べく(あら)不《ぬ》」とまうす。佛言(はく)、「般若波羅蜜は色に於(て)取(る)べくあら不、捨(つ)べく(あら)不。受想行識に、乃至阿耨多羅三藐三菩提に於て、取(る)べくあら不、捨(つ)べく(あら)不《ず》」とのたまふ。「世尊、云何ぞ色(を)取(ら)不《ず》、乃至阿耨多羅三藐三菩提を取(ら)不《ぬ》」とまうす。佛言(はく)、「若(し)菩薩(の)色を念(せ)

念二阿耨多羅三藐三菩提一、是名下不レ取レ色、乃至不上取二阿耨多羅三藐三菩提一。」須菩提言、「世尊、若不レ念レ色、乃至不レ念二阿耨多羅三藐三菩提一、云何得三増二益善根一、善根不レ増、云何具二足諸波羅蜜一、若不三具二足諸波羅蜜一、云何得二阿耨多羅三藐三菩提一。」佛告二須菩提一、「若菩薩不レ念レ色、乃至不レ念二阿耨多羅三藐三菩提一、是時、善根増益。善根増益故、具二足諸波羅蜜一。諸波羅蜜具足故、得二阿耨多羅三藐三菩提一。何以故、不レ念レ色、乃至不レ念二阿耨多羅三藐三菩提一時、便得二阿耨多羅三藐三菩提一。」「世尊、何因縁故、色不レ念時、乃至阿耨多羅三藐三菩提不レ念時、便得二

不《(ず)》、乃至、阿耨多羅三藐三菩提（を）念（せ）不《ぬ》、是を色を取（ら）不《(ず)》、乃至、阿耨多羅三藐三菩提を取（ら）不と名（づ）く」（と）。須菩提言（さく）、「世尊、若（し）色を念（せ）不《(ず)》、乃至、阿耨多羅三藐三菩提を念（せ）不《(ず)》ば、云何に（して）か善根を増益すること得る、善根増（せ）不ば、云何にしてか諸の波羅蜜を具足せむ、若（し）諸（の）波羅蜜を具足（せ）不《(ず)》ば、云何にしてか阿耨多羅三藐三菩提を得ム」とまうすに。佛須菩提（に）告（けたまはく）、「若（し）菩薩色を念せ不《(ず)》、乃至、阿耨多羅三藐三菩提を念（せ）不《ぬ》、是の時に、善根増益す。善根増益するが故（に）、諸の波羅蜜具足す。諸の波羅蜜具足するが故（に）、阿耨多羅三藐三菩提を得《(う)》。何以故、色を念（せ）不《(ず)》、乃至、阿耨多羅三藐三菩提を念（せ）不《ぬ》時に、便（ち）阿耨多羅三藐三菩提を得《(う)》」とのたまふ。「世尊、何の因縁（の）故（に）か、色におきて念（せ）不《ぬ》時（に）も、乃至、阿耨多羅三藐三菩提におきて念（せ）不《ぬ》時に、便（ち）阿耨多羅三藐三菩提を得（る）」とまうす。佛言（はく）、「念（する）を以（て）の故（に）欲界・色界・无色界に著す。念（せ）不《(ぬ)》が故（に）、著する所无（し）。是（の）如く、須菩提、菩薩摩訶薩は、般若波羅蜜を行するときに、所—著有（る）應（くあら）不」とのたまふ。「世尊と(呼)、菩薩摩訶薩は是（の）如（く）して般若波羅蜜を行するときに、當（に）何の處にか住せむ」とまうす。佛言（はく）、「菩薩摩訶薩は、是（の）如（く）して行するときに、色に住（せ）不。乃至、一切

阿耨多羅三藐三菩提一。」佛言、「以レ念故著二欲界・色界・无色界一、不レ念故无レ所レ着。如レ是須菩提、菩薩摩訶薩行般若波羅蜜一、不レ應レ有二所―著一。」「世尊、菩薩摩訶薩如レ是行二般若波羅蜜一、當レ住二何處一。」佛言、「菩薩摩訶薩如レ是行、不レ住レ色、乃至不レ住二一切種智一。」「世尊、何因緣故色中不レ住、乃至一切種智中不レ住。」佛言、「不レ着故不レ住。何以故、是菩薩不レ見レ有二法可レ着可一レ住。如レ是須菩提、菩薩摩訶薩以二不―著不住法一行二般若波羅蜜一。須菩提、若菩薩摩訶薩作二是念一、『若能如レ是行、如レ是脩、是行二般若波羅蜜一。我今行二般若波羅蜜一、脩二般若波羅蜜一、若如レ是取レ相、則遠二離般若波羅

種智に住（せ）不」とのたまふ。「世尊、何の因縁の故（に）か、色中に住（せ）不《ず》、乃至、一切種智の中に住（せ）不《ぬ》」とまうす。佛言（はく）、「著（せ）不《ぬ》が故（に）住（せ）不。何以故、是の菩薩（は）法として著（す）可く、住（す）可（き）こと有（り）と見不《ず》。是（の）如く、須菩提、菩薩摩可薩は不―著不住の法を以て、般若波羅蜜を行す。須菩提、若（し）菩薩摩訶薩（の）是（の）念（を）作（さ）く、『若（し）能く是（の）如（く）して行し、是（の）如（く）して脩する、是れ般若波羅蜜を行するなり。我今般若波羅蜜を行し、般若波羅蜜を脩せむときに、若（し）是（の）如く相を取らば、則（ち）般若波羅蜜を遠離（し）なむ。若（し）般若波羅蜜を遠離（し）なば、則（ち）波羅蜜を遠離（し）なむ、乃至、一切種智を遠離（し）なむ。何以故、般若波羅蜜は著―處有（る）こと无く、亦（た）著者も无し。自性无（き）が故（に）。菩薩摩訶薩、若（し）復（た）是（の）如（く）して相を取（る）ときには、則（ち）般若波羅蜜に於て退す。若（し）般若波

蜜。若遠離般若波羅蜜、則遠離檀波羅蜜、乃至遠離一切種智。何以故、般若波羅蜜无有著-處、亦无著者、自性无故。菩薩摩訶薩、若復如是取相、則於般若波羅蜜退。若退般若波⑤羅蜜、則是退阿耨多羅三藐三菩提、不得受記。』菩薩摩訶薩復作是念、『住是般若波羅蜜、能生檀波羅蜜、乃至能生大悲。』若作是念、則爲失般若波羅蜜。失般若波羅蜜者、則不能生檀波羅蜜、乃至不能生大悲。菩薩若復作是念、「諸佛知諸法无受相故、得阿耨多羅三藐三菩提。」菩薩若作如是演説、開示、教照、則失般若波羅蜜。何以故、諸佛於諸法无所知、

---

⑤羅蜜を退するときには、則（ち）是れ阿褥多羅三藐三菩提を退しぬ。受記を得不』（と）。菩薩摩訶薩（は）復（た）是（の）」念（を）（さまく）、『是の般若波羅蜜に住して、能（く）檀波羅蜜を生し、乃至、能（く）大悲を生す』と。若（し）是（の）念を作（す）ときには、則（ち）般若波羅蜜を失（ふ）ことを爲す。般若波羅蜜を失（ひ）ツるときには［者］、則（ち）檀波羅蜜を生すこと能（は）不。乃至、大悲を生すこと能（は）不。菩薩、若（し）復（た）是（の）念（を）作（さまく）、「諸佛は、諸法（は）受の相无（し）と知（しめ）すが故（に）、阿褥多羅三藐三菩提を得たまひたり」と。菩薩若（し）是（の）如（く）して演説し、開示し、教照（を）作すときには、則（ち）般若波羅蜜を失（ひ）ツ。何以故、諸佛は諸法に於て所知无く、所得无く、亦（た）法として説（く）可（き）こと无し。何況（や）當（に）所得有（ら）ムや、是の處《ことわり》有（る）こと无ケム」とのたまふ。

无二所得一、亦无二法可一レ說。何況當有二所得一、无レ有二是處一。」須菩提白レ佛言、「世尊、菩薩行二般若波羅蜜一、云何无二是過失一。」佛言、「若菩薩摩訶薩行二般若波羅蜜一、作二是念一、『諸法无所有、不可取。若法无二所有一、不レ可レ取、則不レ可レ得。』若如レ是行、爲レ行二般若波羅蜜一。若菩薩摩訶薩着二无所有法一則遠二離般若波羅蜜一。何以故、般若波羅蜜中、无レ有二着法一故」。須菩提白レ佛言、「世尊、般若波羅蜜遠二離般若波羅蜜一耶。檀波羅蜜遠二離檀波羅蜜一耶。乃至一切種智遠二離一切種智一耶。」「世尊、若般若波羅蜜遠二離般若波羅蜜一、乃至一切種智遠二離一切種智一、菩薩云何得二般若波羅蜜一、乃

須菩提佛（に）白（して）言（さく）、「世尊、菩薩（の）般若波羅蜜を行するときに、云何にしてか是の過失无き」とまうす。佛言（はく）、「若（し）菩薩摩訶薩（の蜜を）般若波羅蜜を行（する）ときに、是（の）念（を）作（さまく）、『諸法は无所有なり。不可取なり。若（し）法（にして）所有无く、取（る）可（くあら）不は、則（ち）得可（くあら）不』。若（し）是（の）如（く）して行するを、般若波羅蜜を行すと爲《す》る。若（し）菩薩摩訶薩无所有の法に著するときには、則（ち）般若波羅蜜を遠離しぬ。何以故、般若波羅蜜の中には、著法有（る）こと无（き）が故（に）。」（と）。須菩提、佛（に）白（して）言（さく）、「世尊、般若波羅蜜は、般若波羅蜜には遠離すや［耶］。檀波羅蜜は檀波羅蜜には遠離すや［耶］乃至、一切種智は一切種智に遠離すや［耶］［とのたまふ］。「世尊、若（し）般若波羅蜜い般若波羅蜜に遠離し、乃至、一切種智い一切種智を遠離セらば、菩薩（は）云何（に）ぞ般若波羅蜜を得《ウ》、乃至一切種智を得ム」とまうす。佛言（はく）、「菩薩摩訶薩は般若波羅蜜を行する時に、不-生におきては色なり。是れ（や）色、誰が色ぞ、乃（ち）一切種智に至（るまで）に不生なり。是れや一切種智、誰か一切種智ぞ・と。是（の）如（く）するときに、菩薩は、能く般若波羅蜜を生し、乃至能（く）一切種智を生す。」（と）。復次、須菩提、菩薩摩訶薩（は）般若波羅蜜を行する時に、色は若（し）常、若（し）无常、若（し）苦、若（し）樂、若（し）我、若（し）非我、若

至得二一切種智一。」佛言、「菩薩摩訶薩行二般若波羅蜜一時、不‐生色、是色、誰色、乃至二一切種智一不生、是一切種智、誰一切種智。如レ是菩薩能生二般若波羅蜜一乃至能生二一切種智一。」復次、「須菩提、菩薩摩訶薩行二般若波羅蜜一時、不レ觀二色若常、若无常、若苦、若樂、若我若非我、若空、若不空、若離、若非離一。何以故、自性不レ能レ生二自性一。乃至二一切種智一亦如レ是。若菩薩摩訶薩行二般若波羅蜜一、如レ是觀レ色、乃至觀二一切種智一、能生二般若波羅蜜一、乃至能生二一切種智一。譬如下轉輪聖王有二所‐至一處、四種兵皆隨從上、般若波羅蜜亦如レ是。有二所至一處五波羅蜜、皆悉隨從、到二薩婆

(し)空、若(し)不空、若(し)離、若(し)非離、と觀セ不。何以故、自性は自性を生すこと能(は)不《ぬ》をもて、乃(ち)一切種智に至(るま)でに、亦(た)是(の)如(し)。若(し)菩薩摩訶薩(の)般若波羅蜜を行するときに、是(の)如く色を觀し、乃至、一切種智を、觀するときに能く般若波羅蜜を生し、乃至、能(く)一切種智を生す。譬(へば)、轉輪聖王(の)所―至とし有る處に、四種の兵、皆隨從すといふが如(く)、般若波羅蜜も亦(た)是(の)如(し)。所至とし有る處には、五波羅蜜(ありて)、皆悉(く)隨從し、薩婆若の中に到(り)て住す。譬(へば)、善(く)駕―馴を御するときに、平なる道失(は)不して、意に隨(ひ)て至(る)所ありといふが如(く)、般若波羅蜜も亦(た)是(の)如(し)。五波羅蜜を御するときには、正道を失(は)不して、

若中一住。譬如下善御二駕-駟一、不レ失二平道一、隨レ意所上至、般若波羅蜜亦如レ是、御二五波羅蜜一、不レ失二正道一

⑥至二薩婆若一。」須菩提言、「世尊、何等是菩薩摩訶薩道、何等是非道。」佛言、「聲聞道非二菩薩道一。辟支佛道非二菩薩道一。一切種智道是菩薩摩訶薩道。須菩提、是名二菩薩摩訶薩道非道一。」須菩提言、「世尊、諸菩薩摩訶薩般若波羅蜜、爲大事故起。所レ謂示二是-道非道一。」佛言、「如レ是如レ是。須菩提、般若波羅蜜爲二大事一故起。所レ謂示二是道是-非道一。須菩提、是般若波羅蜜爲レ度二无量衆生一故起。爲三利二益阿僧祇衆生一故起。般若波羅蜜雖レ作二是利益一、亦不レ受レ色。亦不レ受二受想行識一。

⑥薩婆若に至（る）。」（と）。須菩提言（さく）、「世尊、何等か是れ菩提摩訶薩の道、何等か是れ非道」とまうす。佛言（はく）、「聲聞道は菩薩の道に非（ず）。辟支佛の道は菩薩の道に非（ず）。一切種智の道（は）是（れ）菩薩摩訶薩の道なり。須菩提、是を薩摩訶薩の道、非道と名（づく）。」（と）。須菩提言（さく）、「世尊（呼）、諸の菩薩摩訶薩の般若波羅蜜は、大事の爲の故（に）起（こ）る。謂（ふ）所（の）是—道非道と示すなり」とまうす。佛言（はく）、「是（の）如（し）、是（の）如（し）。須菩提、般若波羅蜜は大事の爲の故（に）起（こ）る。謂（ふ）所（の）是の道、是-非道を示すなり。須菩提、是の般若波羅蜜は、无量の衆生を度さむが爲の故（に）起（こり）たまふ。阿僧祇の衆生を利益せむが爲の故（に）起（こり）たまふ。般若波羅蜜は是の利益を作（し）たまふと雖（も）、亦（た）色をも受（け）不。亦（た）受想行識をも受（け）不。亦（た）聲聞・辟支佛の地をも受（け）不。須菩提、般若波羅蜜は、是れ諸の菩薩摩訶薩の道として、阿耨多羅三藐三菩提を示し、能く聲聞・辟支佛の地を離（れて）、薩婆若に住せしめむ［令］。般若波羅蜜は生する所无く、滅する所无し。諸法は常住なるが故（になり）」とのたまふ。須

亦不レ受二聲聞辟支佛地一。須菩提、般若波羅蜜是諸菩薩摩訶薩道示二阿耨多羅三藐三菩提一、能令下離二聲聞辟支佛地一住中薩婆若上。般若波羅蜜无レ所レ生、无レ所レ滅。諸法常住故。」須菩提言、「世尊、若般若波羅蜜无レ所レ生无レ所レ滅、云何菩薩摩訶薩行二般若波羅蜜一時、應二布施一。云何應二持戒一、云何應レ脩レ忍、云何應二懃精進一、云何應レ入二禪定一、云何應レ脩二智慧一。」佛告二須菩提、「菩薩摩訶薩念二薩婆若一、應二布施一、念二薩婆若一應二持戒、忍辱、精進、禪定、智慧一。是菩薩摩訶薩持二是功德一與二衆生一共之應三廻二向阿耨多羅三藐三菩提一。若如レ是廻向、則具足脩二六波羅蜜及慈悲心、諸功

菩提言（さ）く、「世尊と(呼)、若（し）般若波羅蜜は生する所无く、滅する所无（くは）、云何（に）ぞ菩薩摩訶薩の般若波羅蜜を行する時に、布施（す）應き。云何にか持戒す應き。云何にか忍を脩す應き。云何にか懃（め）て精進す應き。云何（にか）禪定に入（る）應き。云何にか智慧を脩す應き」とまうす。佛須菩提（に）告（けたまはく）、「菩薩摩訶薩は薩婆若を念して、布施す應（く）、薩婆若を念して持戒し、忍辱し、精進し、禪定し、智慧をす應（し）。是（の）菩薩摩訶薩（は）、是の功德を持（ち）て、衆生と［與］共ににして［之］、阿褥多羅三貌三菩提に廻向す應（し）。若（し）是（の）如（く）、して廻向するときに、則（ち）具足して六波羅蜜、［及］慈悲心・諸の功德を脩す。須菩提、若（し）菩提摩訶薩（の）六波羅蜜を遠離（せ）不《ぬ》ときには、則（ち）薩婆若を遠離（せ）不。是（を）以（ての）故（に）、須菩提、菩薩摩訶薩（の）阿褥多羅三貌三菩提を得ムと欲（は）ば、六波羅蜜を學す應（く）、行す應（し）。菩薩摩訶薩は六波羅蜜を行して、一切の善根を具足するときに、當（に）阿褥多羅三貌三菩提を得（む）。是（を）以（ての）故（に）、須菩提、菩薩摩訶薩は六波羅蜜を習行す應（し）」とのたまふ。須菩提言（さく）、「世尊と(呼)、云何にか菩薩摩訶薩の六波羅蜜を習行（す）應き」とまうす。佛言（はく）、「菩薩摩訶薩は是（の）如（く）して觀す應（し）、色は合（せ）不、散（せ）不。受想行識は合セ不、散（せ）不。乃至、一切種智も合（せ）不、散（せ）不と。是を

德一。須菩提、若菩薩摩訶薩不三遠二離六波羅蜜一、則不三遠二離薩婆若一。以レ是故、須菩提、菩薩摩訶薩欲レ得二阿耨多羅三藐三菩提一、應レ學二應レ行三六波羅蜜一。菩薩摩訶薩行二六波羅蜜一、具二足一切善根一、當得二阿耨多羅三藐三菩提一。以レ是故、須菩提、菩薩摩訶薩應三習二行六波羅蜜一。」須菩提言、「世尊、云何菩薩摩訶薩應三習二行六波羅蜜一。」佛言、「菩薩摩訶薩應二如レ是觀一、「色不レ合不レ散。受想行識不レ合不レ散。乃至一切種智不レ合不レ散。」是名三菩薩摩訶薩習二行六波羅蜜一。」復次、「須菩
⑦提、菩薩摩訶薩應レ作二是念一、「我當不レ住二色中一、不レ住二受想行識中一乃至不レ住二一切種智中一、如レ是

菩薩摩訶薩、六波羅蜜を習行すと名（づく）。復次、「須菩

⑦提、菩薩摩訶薩（は）是（の）念（を）作（す）應（し）、『我當に色の中に住（せ）不、受想行識の中に住（せ）不、乃至、一切種智の中に住（せ）不して、是（の）如（く）して、六波羅蜜を

應三習二行六波羅蜜一。何以故、是色无二所住一、乃至薩婆若无二所住一。」如レ是須菩提、菩薩摩訶薩以二无所住法一習二行六波羅蜜一、應三當得二阿耨多羅三藐三菩提一。須菩提、譬如下士―夫欲レ食二掩羅菓一、若波羅那婆果一、當種二其子一、隨レ時漑灌、守護、漸漸生長、時節和合、便有二菓實一、得而食上レ之、須菩提、菩薩摩訶薩亦如レ是、欲レ得二阿耨多羅三藐三菩提一、當學二六波羅蜜一、以二布施一攝二取衆生一、持戒、忍辱、精進、禪定、智慧攝二取衆生一、度二衆生生死一。以レ是故、須菩提、菩薩摩訶薩欲下不レ隨二他語一當學中般若波羅蜜上、欲下淨二佛國土一成中就衆生一、欲レ坐二道場一、欲レ轉二法輪一、當レ學二般若波羅蜜一。」須菩提

習行す應（し）。何以故、是の色は所住无（く）、乃至薩婆若は所住无（し）』と。是（の）如（く）して、須菩提と（呼掛け）、菩薩摩訶薩は无所住の法を以て、六波羅蜜を習行して、當（に）阿耨多羅三貌三菩提を得べし［應］。須菩提、譬（へば）士―夫（の）掩羅菓［を］、若（し）波羅那婆果を食（ま）ムと欲（ふ）ときには、當（に）其（の）子を種（ゑ）て、時に隨ひて漑灌し、守護して、漸く漸く成長して、時節和合するとき、便（ち）菓實有（り）て、得て［而］之を食（ふ）といふが如（く）、須菩提、菩薩摩訶薩も亦（た）是（の）如（く）阿耨多羅三貌三菩提を得ムと欲（は）ば、當（に）六波羅蜜を學すべし。布施を以て衆生を攝取し、持戒し、忍辱し、精し、禪定し、智慧をもて衆生を攝取して、衆生の生死を度すべし。是（を）以（ての）故（に）、須菩提、菩薩摩訶薩は他の語に隨（は）不して、當（に）般若波羅蜜を學せむと欲（ふ）ときには、佛國土を淨め、衆生を成就せむと欲（ひ）、道場に坐せむと欲ヒ、法輪を轉せむと欲（は）ば、當（に）般若波羅蜜を學すべし」とのたまふ。須菩提、佛に白（して）言（さく）、「世尊、是（の）如（く）して般若波羅蜜を學（す）應（し）や［耶］」（と）。佛言（はく）、「菩薩は是（の）如（く）して、般若波羅蜜を學す應（し）。諸法に於て自在を得ムと欲（は）ば、當（に）般若波羅蜜を學すべし。何以故、是の般若波羅蜜を學して、一切（の）諸法の中に於（て）、自在を得るが故（に）。」（と）復次、般若波羅蜜は一切の諸法の中に於

白レ佛言、「世尊、應三如レ是學二般若波羅蜜一耶。」佛言、「菩薩應三如レ是學二般若波羅蜜一。欲下於二諸法一得中自在上、當レ學二般若波羅蜜一。何以故、學二是般若波羅蜜一、於二一切諸法中一得二自在一故。」復次、「般若波羅蜜於二一切諸法中一最大。譬如下大海於二萬川中一最大上、般若波羅蜜亦如レ是、於二一切諸法中一最大。以レ是故諸欲レ求二聲聞辟支佛道、及諸菩薩道一、應三當學二般若波羅蜜・檀波羅蜜、乃至一切種智一。須菩提、譬如下射―師執二如意弓箭一、不上畏二怨敵一、菩薩摩訶薩亦如レ是行二般若波羅蜜、乃至一切種智一、魔、若魔天、所レ不レ能レ壞。以レ是故、須菩提、菩薩摩訶薩欲レ得二阿耨多羅三藐三菩提一、

（て）最大なり。譬（へば）大海の萬川の中に於（て）［を］最大なるが如（く）、般若波羅蜜も亦（た）是（の）如（く）、一切の諸法の中に於（て）、最大なり。是を以（て）の故（に）、諸の聲聞・辟支佛（の）道、〔及〕諸の菩薩道を求（め）ムと欲（は）ムいは、當（に）般若波羅蜜、乃至一切種智を學すべし［應］。須菩提、譬（へば）、射―師の如意の弓箭を執（る）ときには、怨敵を畏（り）不といふが如く、菩薩摩訶薩も亦（た）是（の）如（く）般若波羅蜜、乃至、一切種智を行するときには、魔、若（し）魔天い壞（る）こと能（は）不所《ぬ》なり。是（を）以（ての）故（に）、須菩提、菩薩摩訶薩は阿耨多羅三藐三菩提を得ムと欲（は）ば、般若波羅蜜を學すべし［應］。是（の）般若波羅蜜を行（する）菩薩は、十方の諸佛の爲に念（せ）ら所《る》。」（と）。須菩提佛（に）白（して）言（さく）、「世尊と（呼）、云何（に）ぞ十方の諸佛は是の菩提摩訶薩を念（し）たまふ」とまうす。佛須菩提（に）告（けたまはく）、「菩提摩訶薩は檀波羅蜜を行する時に、十方の諸佛皆念（し）たまふ。尸羅波羅蜜・羼提波羅蜜・毗梨耶波羅蜜・禪波羅蜜・般若波羅蜜を行する時に、十方の諸佛（は）皆念（し）たまふ。云何にすればか、布施（は）不可得なり。持戒・忍辱・精進・禪定・智慧（も）不可得なり。乃至、一切種智（も）不可得なりと念する［れは］、菩薩（は）能く是（の）如く

應レ學二般若波羅蜜一。是行二般若波羅蜜一菩薩、爲二十方諸佛一所レ念。」須菩提白レ佛言、「世尊、云何十方諸佛念二是菩薩摩訶薩一。」佛告二須菩提一、「菩薩摩訶薩行二檀波羅蜜一時、十方諸佛皆念。行二尸羅波羅蜜・羼提波羅蜜・毗梨耶波羅蜜・禪波羅蜜・般若波羅蜜一時、十方諸佛皆念。云何念二布施不可得。持戒・忍辱・精進・禪定・智慧不可得。乃至一切種智不可得一。菩薩能如レ是不―可⑧得二諸法一故、諸佛念二是菩薩摩訶薩一。」復次、「須菩提、諸佛不二以レ色故念一。不下以二受想行識一故念上。」乃至不下以二一切種智一故念上。」須菩提言、「世尊、菩薩摩訶薩多有レ所レ學、實无レ所レ學。」佛言、「如レ是如レ是。

---

⑧諸法を不―可得なりとするが故（に）、諸佛（は）是（の）菩薩摩訶薩を念（し）たまふ。」（と）。復次、「須菩提、諸佛は色を以（て）の故（に）念（したまは）不。受想行識を以（て）の故（に）念（し）たまは不。乃至、一切種智を以（て）の故（に）念（し）たまは不。」（と）。須菩提言（さく）、「世尊、菩薩摩訶薩は多く學する所有れども、實には學する所无し。」とまうす。佛言（はく）、「是（の）如（し）、是（の）如（し）。无し、須菩

須菩提、菩薩多有レ所レ學、實无レ所レ學。何以故、是菩薩所學諸法、皆不可得。」須菩提白レ佛言、「世尊、佛所說法、若略、若廣。於二此法中一諸菩薩摩訶薩欲レ求二阿耨多羅三藐三菩提一、六波羅蜜若略、若廣、應下當受持、親近、讀、誦、讀誦已思惟、正觀上。心心數法不レ行故。」佛告二須菩提一、「如レ是如レ是、菩薩摩訶薩、略廣學二六波羅蜜一、當レ知二一切法略廣相一。」須菩提言、「世尊、云何菩薩摩訶薩知二一切法略廣相一。」佛言、「知二色如相一、知二受想行識一乃至知二一切種智如相一。如レ是能知二一切法略廣相一。」須菩提言、「世尊、云何色如相、云何受想行識、乃至一切種智如相。」佛告二須菩提一、「色如

提、菩薩は多く學する所有れども、實には學する所无し。何以故、是の菩薩の所學の諸法は、皆不可得なるをもて」とのたまふ。須菩提佛（に）白（して）言（さく）、「世尊と(呼)、佛の所說の法におきて、若（し）略、若（し）廣あり。此の法の中に於（て）、諸の菩薩摩訶薩（の）、阿耨多羅三藐三菩提を求（め）ムと欲（ふ）ときには、六波羅蜜の、若（し）略、若（し）廣を、當（に）受持し、親近し、讀し誦し、讀し誦し已（り）て、思惟し、正觀すべし［應］。心心數の法行すべく（あら）不《ぬ》が故（に）」とまうす。佛須菩提に告（げたまはく）、「是（の）如（し）、是（の）如（し）。菩薩摩訶薩は略廣に六波羅蜜を學すべし。當（に）一切法の略廣の相を知（る）べし」と。須菩提言（さく）、「世尊と(呼)、云何ぞ菩薩摩訶薩の一切法の略廣の相を知（る）」とまうす。佛言（さく）、「色は如の相なりと知リ、受想行識を知リ、乃至、一切種智は如の相なりと知る。是（の）如（く）して、能く一切法の略廣の相を知（る）」（と）。須菩提言（さ）く、「世尊、云何（に）ぞ色の如の相、云何（にぞ）受想行識、乃至、一切種智の如の相（なる）」とまうす。佛須菩提（に）告（げたまはく）、「色の如は生无く、滅无（く）、住无し、異（なり）。是を色の如の相と名（づ）く。乃至、一切種智の如の相は、生无く、滅无（く）、住无し、異（なり）。是を一切種智の如の相と名（づ）く。是が中に、菩薩摩訶薩（は）學（す）應（し）」（と）。復次、「須菩提、菩薩摩訶薩は諸法の實際を知る時に、一切の法の略廣の相

无レ生・无レ滅・无レ住異。是名二色如相一。乃至一切種智如相、无レ生・无レ滅・无レ住異。是名二一切種智如相一。是中菩薩摩訶薩應レ學。」復次、「須菩提、菩薩摩訶薩知二諸法實際一時、知二一切法略廣相一。」「世尊、何等是諸法實際。」佛言、「无際是名二實際一。菩薩學二是際一、知二一切諸法略廣相一。〔須菩提、若菩薩學是知二一切諸法略廣相一。〕須菩提、若菩薩摩訶薩知二諸法法性一、是菩薩能知二一切法略廣相一。」「世尊、何等是諸法法性。」佛言、「色性、是名二法性一。是性无レ分无二非-分一。須菩提、菩薩摩訶薩知二法性一故、知二一切法略廣相一。」須菩提白レ佛言、「世尊、復云何應レ知二一切法略廣相一。」佛言、「若菩薩

を知る。」「世尊、何等か是れ諸法の實際（なる）。」（と）。佛言（はく）、「无際は是を實際と名（づ）く。菩薩は是の際（白補）（を）學して、一切諸法の略廣の相を知る。〔須菩提若菩提學是、知一切諸法略廣相（白筆にて消す）〕須菩提、若（し）菩薩摩訶薩の諸法の法性を知る、是の菩薩は、能く一切法の略廣の相を知る。」（と）。「世尊、何等か是れ諸法の法性（なる）。」とまうす。佛言（はく）、「色の性、是を法性と名（づく）。是（の）性は、分无く、非―分无（し）〔とまうす〕。須菩提、菩薩摩訶薩は法性を知るが故（に）、一切法の略廣の相を知る。」とのたまふ〔まうす〕。須菩提佛（に）白（して）言（さく）、「世尊、復（た）云何（に）ぞ一切法の略廣の相を知（る）應き。」とまうす。佛言（はく）、「若（し）菩薩摩訶薩は一切法は合（せ）不、散（せ）不と知る《こと》。」とのたまふ。須菩提の言（さ）く、「世尊と（呼）、何（の）等き法か合（せ）不、散（せ）不《ぬ》。」とまうす。佛言（は）く、「色（は）合（せ）不、散（せ）不。受想行識（も）合（せ）不、散（せ）不。乃至、一切種智（も）合（せ）不、散（せ）不。有爲の性、無爲（の）性（も）合（せ）不、散（せ）不。何以故、是の諸法の自性无し。云何ぞ合有（り）、散有（ら）ム。若（し）法の自性无き、是を非法と爲す。非法は合（せ）不、散（せ）不。是（の）如（く）して、當に一切法の略廣の相を知（る）べし〔應〕。」（と）。須菩

摩訶薩知二一切法不レ合不レ散。」須菩提言、「世尊、何等法不レ合不レ散。」佛言、「色不レ合不レ散、受想行識不レ合不レ散。乃至一切種智不レ合不レ散。有爲性无爲性不レ合不レ散。何以故、是諸法自性无。云何有レ合有レ散。若法自性无、是爲二非法一。非法不レ合不レ散。如レ是應三當知二一切法略廣相一。」須菩

⑨提言、「世尊、是名二菩薩摩訶薩略一攝般若波羅蜜一。世尊、是略攝般若波羅蜜中、初發意菩薩摩訶薩應レ學、乃至十地菩薩摩訶薩亦應レ學。是菩薩摩訶薩學二是略攝般若波羅蜜一則知二一切法略廣相一。」

論釋曰、須菩提聞二菩薩摩訶薩大利根相一。所レ謂

---

⑨提言（さく）、「世尊、是を菩薩摩訶薩の略—攝般若波羅蜜と名（づく）。世尊、是の略—攝の般若波羅蜜の中には、初發意の菩薩摩訶薩は學（す）應（し）。乃至、十地（の）菩薩摩訶薩も亦（た）學（す）應（し）。是の菩薩摩訶薩、是の略攝の般若波羅蜜を學するときに、則（ち）一切法の略廣の相を知る」とまうす。

論釋曰、須菩提、菩薩摩訶薩の大利根の相を聞（き）て、所謂、一波羅蜜の邊に能く五波羅蜜を生し、一波羅蜜を行（する）ときに、卽（ち）能（く）五波羅蜜（を）具するなり。上の品の中に說（き）しが如（し）。是の事希有なるが故（に）、佛に問（ひ）たてまつらく、「是の菩薩（は）、發心してより以來《このかた》、爲し幾（ばく）

一波羅蜜邊能生二五波羅蜜一、行二一波羅蜜一。卽能具二五波羅蜜一。如二上品中說一。是事希有故問レ佛、「是菩薩發心以來、爲幾時能得二如レ是方便一。」佛答、「是菩薩發心以來、除二大菩薩一於二餘衆生一无量億阿僧祇劫。」或有菩薩發心以來、无量億阿僧祇劫、大罪因緣覆レ心故不レ見レ佛。不二親近供養一。是故問、「是菩薩爲供二養幾佛一」佛答、「是菩薩爲下已供中養如二恆河沙一等諸佛上。上言二无量億阿僧祇一。今言二恆河沙一者、多數理同故。有菩薩久發レ心雖下多以二華香一供中養諸佛上、而未レ能レ種二善根一。作二是念一、「我必當得二果報一深心行二六波羅蜜一故。」若以二深心一行二六波羅蜜一、爲二阿耨多羅三

の時にか、能く是（の）如き方便を得る。」と。佛答（へ）たまはく、「是の菩薩（は）、發心してより以來（た）、大菩薩を除《お》（きたてまつり）て、餘の衆生に於て、无量億阿僧祇劫なり。」（と）。或有る菩薩は、發心してより以來（た）无量億僧祇劫なれども、大罪の因緣心を覆へるが故（に）、佛を見たてまつら不。親近（し）供養（し）たてまつら不、是の故（に）、問（ひ）たてまつらく、「是の菩薩は爲し《も》幾（はしら）の佛にか供養（し）たてまつる。」と。佛答（へ）たまはく、「是の菩薩（は）、已に恆河（の）沙の如きに等しき諸佛を供養（し）たてまつることをせり［爲］。上には无量億阿僧祇と言（ひ）ッ。今（は）恆河沙と言フは［者］、多くの數の理（は）同（じ）なるが故（に）なり。有る菩薩は、久（し）く心を發し、多く華香を以て諸佛に供養（したてまつ）れりと雖（も）、而も能く善根を種（ゑ）未。是の念（を）作（さ）く、「我必（ず）當（に）果報（を）得べし。深心をもて六波羅蜜を行するが故に。」（と）。若（し）深心を以（て）六波羅蜜を行し、阿耨多羅三藐三菩提の爲の故（に）、功德を作る。是を善根を種（う）と名（づ）く。是（の）故（に）、第三に問（ひ）たてまつらく、「何（の）等き善根をか種（ゑ）し」と。佛答（へたまは）く、「是の菩薩は、初發心縱（り）已來（た）具足して、六波羅蜜を行し、一切の福德（として）作《な》（さ）不といふこと无し［者］。一—切の善法として脩集（せ）不といふこと无（し）。」と。須菩提聞（き）已（りて）、歡喜して

藐三菩提一故作二功德一、是名レ種二善根一。是故、第三問、「種二何等善根一。」佛答、「是菩薩從二初發心一已來、具足行二六波羅蜜一、一切福德无レ不レ作者、一|切善法无レ不二脩集一。」須菩提聞已、歡喜白レ佛言、「希有世尊、是菩薩能如レ是行二方便一。所レ謂未レ斷二諸煩惱一。未レ離二生死一而能勝下斷二煩惱一離二生死法一者上。」无始生死以來、集二諸惡法一。菩薩心後來、而能用二後來心一不レ隨二先所レ集惡心一、是爲二希有一、一切衆生无レ恩二於菩薩一、而菩薩常欲三利二益是諸衆生一。或欲下奪二菩薩命一割中截身體上、菩薩欲レ與二第一佛樂、智慧命一、欲レ與二衆生如レ是等一、是爲二希有一。佛可二須菩提所說一欲レ令二此事明了一故、作二譬喩一、「如下

佛（に）白（して）言（さ）く「希有なるかナ。世尊と（呼）、是の菩薩は、能く是（の）如く方便を行せり。所謂、諸の煩惱を斷（せ）未《ぬ》なり。生死を離（れ）未《ネ》ども、而も能く煩惱を斷し、生死を離（れ）たる者に勝（れ）たり。」（と）。无始の生死より以來（た）は、諸の惡法を集しき。菩薩の心（は）後に來れども、〔而〕能（く）後來の心を用て、先（に）集（めし）所の惡心に隨（は）不《ぬ》、是を希有なりと爲す。一切衆生は菩薩に〔於〕恩无（け）れども、而も菩薩は常に是の諸の衆生を利益せむと欲フ。或（るは）菩薩の命を奪ヒ、身體を割截せむと欲へども、菩薩（は）第一の佛樂と智慧の命とを與（へ）ムと欲フ。衆生に是（の）如き等を與（へ）ムと欲フ。是を希有なりと爲す。佛（は）須菩提の所說を可して、此の事を明了にあら令（め）ムと欲（ふ）が故（に）、譬喩を作（し）たまふ、「如《たと》（へ）ば、日と月とい四天下を照（ら）す。若（し）日と月と无（き）ときには、則（ち）百穀・藥草、〔及〕衆生は、以て生長すること无し。月は是れ陰氣なり、日は是れ陽氣なり。二氣和合するが故（に）、萬物成し長す。是（の）故（に）、日と月とは、四天下に於て、大利益有（り）といふが（ごと）く（再讀）、菩薩も亦（た）是（の）如（し）。四生の中に於て、大悲心を以て、衆生を憐愍するが

日月照二四天下一。若无二日月一、則百穀・藥草・及衆生无二以生長一。月是陰氣、日是陽氣。二氣和合故萬物成長、是故、日月於二四天下一有中大利益上、菩薩亦如レ是、於二四生中一以二大悲心一憐二愍衆生一⑩故、能隨二所願一行二一切善法一。大智慧力故、破下衆生著二善法一心上。如レ是、六波羅蜜等諸善增長、成就、直至二阿耨多羅三藐三菩提一。又復衆生雖二復有レ眼、若无二日月一則无レ所レ見。衆生雖レ有二世俗善根利智一、不レ得二般若波羅蜜照明一、尚不レ得二二乘一。何況得二阿耨多羅三藐三菩提一。又復菩薩雖レ行二五波羅蜜一、不レ得二般若波羅蜜一、不レ得レ名二波羅蜜一。以レ不レ破二著心一故。若菩薩乃至能自以二身命一

---

⑩故（に）、能く所願に隨（ひ）て一切の善法を行す。大智慧の力の故（に）衆生の善法に著する心を破す。是（の）如（く）して、六波羅蜜等の諸の善、增長し、成就して、直に阿耨多羅三貌三菩提に至る。又は復（た）衆生は復（た）眼有（り）と雖（も）、若（し）日月無きには、則（ち）見（る）所无し。衆生（は）世俗の善根利智有（り）と雖（も）、般若波羅蜜（の）照明を得不《ぬ》ときには、尚（し）二乘を夕に得不。何況（や）阿耨多羅三貌三菩提を得ムや。又復（た）菩薩は五波羅蜜を行すと雖（も）、般若波羅蜜を得不《ぬ》をもて、波羅蜜と名（づくる）こと得不。著心を破（せ）不《ぬ》を以ての故（に）。若（し）菩薩、乃至、能く自《(こころ)》（と）身命を以て布施すとも、若（し）般若无（き）ときには、其の心破（れ）易《(やす)》し。夫无き［之］婦の侵陵すること則（ち）易きが如し。若（し）般若有（る）ときには、則（ち）破壞（す）可（くあら）不。菩薩（は）種種の諸の餘の深法を行すと雖（も）、般

布施、若无二般若一、其心易レ破、如二无レ夫之婦、侵陵則易一。若有二般若一、則不レ可二破壞一。菩薩雖レ行二種種諸餘深法一、不レ得二般若一、不三名爲レ行二波羅蜜一。但名爲レ行二善法一。有レ量有レ盡故。此中說二譬喩一、「轉輪聖王、雖レ有二千子、八萬四千小王、及六寶一、不レ得三名爲二轉輪聖王一。不レ能三飛-行到二四天下一。若天遣二金輪寶至一、乃得三名爲二轉輪聖王一、菩薩亦如レ是。雖レ有二布施等諸善法一、不レ得二般若波羅蜜一故、不下名二菩薩一爲中行二六波羅蜜一人上。不レ能下除二障㝵一行中菩薩道上故。譬如下健將善知二戰法一、器杖具足不上レ畏二怨敵一。健將卽是菩薩、器杖是般若。增長慢者、未レ得二聖道一、意謂二已得一。菩薩說二畢竟空法一、是人

若を得不《ぬ》ときには、名（づけ）て波羅蜜を行すと爲不《せ》。但（た）名（づけ）て善法を行すと爲す。量有（り）、盡有（る）が故（に）。此が中に、譬喩を說（き）たまふ。「轉輪聖王（は）、千（の）子、八萬四千の小王、〔及〕六寶有（り）と雖（も）、名（づけ）て轉輪聖王と爲《す》ること得不。飛—行して四天下に到（る）こと能（は）不。若（し）天金輪寶をして至ら遣〈右に白筆「令」あり〉（む）るときに、乃（し）名（づけ）て轉輪聖王と爲《す》ること得といふが（ごとく）、菩薩も亦（た）是（の）如（し）。布施等の諸の善法有（り）と雖（も）、般若波羅蜜を得不《（ぬ）》が故（に）菩薩を名（づけ）て六波羅蜜を行する人と爲不《せ》。障礙を除（き）て、菩薩道を行すること能（は）不が故（に）。譬（へば）健將（は）善く戰法を知リ、器杖具足するをもて、怨敵を畏（り）不が如し。健將といふは、卽（ち）是れ菩薩なり。器杖は是れ般若なり。增長慢といふは［者］、聖道を得未《ぬ》に、意に已に得たりと謂《おも》（ふ）なり〈『謂』の右に「心」を白書す。〉菩薩（の）畢竟空法を說（く）といふは、是の人善法を行する心不同なるが故（に）、菩薩を毀-壞す。外道の梵志等と、〔及〕諸の魔民と、乃至、菩薩の旃陀羅となり。菩薩の旃陀羅といふは〔者〕、魔品の中に、魔の來（り）て、其の名字を稱して、〔而〕受記を與（ふ）るを聞（き）て、而も輕慢を生すと說（き）しが如（し）。復次、般若波羅蜜の爲の故（に）、五波羅蜜を說く。若（し）人能く直に諸法の實相を行するときに、則（ち）爲に布施等の般若に入る初門と

行二善法一心不同故、毀二壞菩薩一。外道梵志等及諸魔民、乃至菩薩旃陀羅。菩薩旃陀羅者、如丁魔品中說丙聞下魔來稱二其名字一而與中受記上、而生乙輕慢甲。復次、爲二般若波羅蜜一故、說二五波羅蜜一。若人能直行二諸法實相一、則不爲說下布施等入二般若一初門上。以二人鈍根罪重一故、種種因緣說。以二布施一破レ慳、持レ戒、折二薄諸煩惱一、忍辱開二福德門一、能行二難事精進一如二風吹レ火熾燃不一レ息、禪定攝レ心一—定觀二諸法實相一故、是五波羅蜜皆趣二向般若波羅蜜一。如三諸小王朝二宗轉輪聖王一。如三一切衆流皆入二大海一、布施等諸善法亦如レ是爲二般若波羅蜜一所二守護一故、得レ至二薩婆若一。問曰、五

説（か）不。人は鈍根にして、罪重（き）を以（て）の故（に）、種種の因緣をもて說く。布施を以て慳を破し、持戒をもて諸の煩惱を折薄し、忍辱をもて福德の門を開き、能く難事の精進を行すること、風の火を吹（き）て、熾燃にして息メ不《ず》あらしむるが如くし、禪定をもて心を攝（め）て、一—定して諸法の實相を觀するが故（に）、是の五波羅蜜は、皆般若波羅蜜に趣向す。諸の小王の轉輪聖王に朝宗するが如し。一切（の）衆流の皆大海に入るが如く、布施等の諸の善法も、亦（た）是（の）如く、般若波羅蜜の爲に守護（せ）所るが故（に）、薩婆若に至（る）こと得。問曰、五波羅蜜は諸の川流の如し。般若波羅蜜は大海の如（く）ある應（し）。今何（を）以（てぞ）五波羅蜜は般若波羅蜜の爲（に）守護（せ）ら所るが故（に）

波羅蜜如二諸川流一。般若波羅蜜應レ如二大海一。今何以言下五波羅蜜爲二般若波羅蜜一所二守護一故、

⑪得上レ入二薩婆若一。答曰、汝不レ聞、先說下般若有中種種名字上耶。薩婆若卽是般若異名。五波羅蜜福德入二般若中一、卽得二清淨一。般若清淨故得二佛道一變名二薩婆若一。是故言下入二薩婆若一卽是入中般若上。有人疑、「諸波羅蜜各有レ力。何以獨言二般若波羅蜜功用爲レ大。」是故言、「譬如二人之右手自然隱便一。五波羅蜜如二左手一、不レ得二般若波羅蜜一、則所レ作不レ便。如二人開レ目造レ事所作皆成一、如下導師在レ前餘伴隨逐、進止取捨、皆隨二導師一不上レ得二自在一、般若波羅蜜亦如レ是。導二五波羅蜜一所、

---

⑪薩婆若に入（る）こと得といふ〔言〕。答曰、汝は聞（か）不《ず》や、先に般若に種種の名字有（り）と說（き）しをは〔耶〕。薩婆若は卽（ち）是れ般若の異名なり。五波羅蜜の福德は般若の中に入（る）ときに、卽（ち）清淨なること得。般若清淨なるが故（に）佛道を得（る）ときに、變（し）て薩婆若と名（づ）く。是（の）故（に）、薩婆若に入《い》（り）ぬるときには、卽（ち）是（れ）般若に入（る）なりと言フ。有る人疑はく、「諸の波羅蜜には、各各（の）力有り。何（を）以（て）ぞ獨（り）般若波羅蜜の效用を大（なり）と爲すと言フ」と。是（の）故（に）、言（は）く、「譬（へば）人の〔之〕右の手の自然に隱便《ヤスラカ》にあるが如し。五波羅蜜は左の手の如し。般若波羅蜜を得不《ぬ》ときには、則（ち）所―作便にあら不。人（の）目を開（き）て事を造《な》（す）ときに、所作皆成るが如く、導師は前に在（りて）餘伴は隨逐して、進止取捨、皆導師に隨（ひ）て、自在なること得不《ず》といふが如く、般若波羅蜜も亦（た）是（の）如（し）。五波羅蜜を導く所には、脩集し成辨す可きことあり（て）、皆般若を仰ぐ。此が中に、佛自（ら）譬喩を說（き）たまふ。轉輪聖王の輪寶の、四兵の前に在（り）て導く（に）、輪住《とま》るときには、餘の寶も則（ち）住（る）

可二脩集成辨一、皆仰二般若一。此中、佛自說二譬喩一、「如下轉輪聖王輪寶在二四兵前一導、輪住、餘寶則住上。輪是般若波羅蜜、常在二五波羅蜜前一導。五波羅蜜隨逐。如二般若初品中說一、菩薩欲三具二足檀波羅蜜一、不レ見二施者受者及財物一。先籌量分別、斷二一切着一、然後布施。是則般若在レ前導如下輪寶伏二四天下一已、常在二王宮一住中虛空中上。聖王是菩薩、輪是般若、破二諸魔民煩惱一已、入二薩婆若宮中一住。是輪无レ所二分別一。我常在レ前、餘寶在レ後。无二憎愛心一。是可レ來、是不レ可レ來。般若无二分別一亦如レ是。檀波羅蜜隨レ我來。尸波羅蜜勿レ來。如二經中廣說一。此中佛自說二因緣一、「一切法性无レ所二能

といふが如し。輪は是れ、般若波羅蜜なり、常（に）五波羅蜜の前に在（り）て導く。五波羅蜜は隨逐す。般若の初の品の中に說（き）しが如（く）、菩薩、檀波羅蜜を具足せむと（ふ）ときには、施者と受者と、［及］財物とを見不。先ツ籌量し分別して、一切の著を斷（し）て、然（して）後（に）、布施す。是（れ）則（ち）般若の前に在（り）て導（く）こと、輪寶の四天下をふし已（り）て、常（に）王宮に在（り）て、虛空（の）中に住する（が）如（し）。聖王は是れ菩薩なり。輪は是れ般若なり。諸の魔民（の）煩惱を破し已（り）て、薩婆若の宮の中に入（り）て住す。是の輪は分別する所无し。我は常（に）前に在リ。餘（の）寶は後に在りとは。憎愛の心无（し）。是は來（る）可（し）、是は來（る）可（くあら）不とは。般若の分別无（き）ことも亦（た）是（の）如（し）。檀波羅蜜は我に隨（ひ）て來れ。尸羅波羅蜜は來（る）こと勿《な》とは、經中（に）廣（く）說（ける）が如（し）。此が中に、佛自（ら）因緣を說（き）たまふ。「一切の法性は能く作する所无し」と。須菩提是を聞（き）已（り）て、佛（に）白（して）言（さく）、「若（し）一切の法性空にして、所有无くは、云何（に）ぞ菩薩（は）六波羅蜜を行して、能（く）阿耨多羅三藐三菩提を得る」と。佛答（へたまは）く、「菩薩は般若を行して、是（の）念（を）作（さ）く、「諸法は畢竟空なりと雖も、衆生（は）狂顚倒の故（に）、深く著して、解（せ）不。我若（し）方便力を以（てせ）不《ず》ば、則（ち）度《わた》すこと得可

作㆓。」須菩提聞㆑是已、白㆑佛言、「若一切法性空无㆓所有㆒、云何菩薩行㆓六波羅蜜㆒、能得㆓阿耨多羅三藐三菩提㆒。」佛答、「菩薩行㆓般若㆒作㆓是念㆒、「諸法雖㆓畢竟空㆒、衆生狂顚倒故、深著不㆑解。我若不㆑以㆓方便力㆒、則不㆑可㆑得㆑度。」方便者、所㆑謂金色身・卅二相・八十隨形好・无量光明・神通變化、能以㆓一指㆒動㆓十方三千大千國土㆒、梵音說㆑法无㆓能勝㆒色身・十力・四无所畏・十八不共法・无㝵解脫・一切種智・大慈大悲等。具㆓足无量諸佛法㆒、然後能敎㆓化衆生㆒、衆生必能信受。得㆓如㆑是力㆒、假令志語、人猶尙信。何況實語。如㆜經說㆛我雖㆘知㆓諸法實相㆒、得㆖㆑入㆓涅槃㆘、但爲㆓衆生㆒故行㆚檀

（くあら）不」と。方便といふは［者］、所謂金色身・卅二相、八十隨形好・無量の光明、神通變化の能（く）一指を以（て）十方の三千大千の國土を動（か）し、梵音をもて法を說（く）に、能く勝ること无（き）、色身・十力・四无所畏・十八不共法・無㝵解脫・一切種智・大慈大悲等なり。無量の諸佛の法を具足して、然（して）後に、能（く）衆生を教化するときに、衆生（は）必（ず）能（く）信受す。是（の）如き力を得たるひとは、假令《たと》ヒ妄語なりとも、人は猶（ほ）信すべし。何況（や）實語せむをは。經に我諸法の實相を知リ、涅槃に入（る）こと得べしと雖（も）、但（た）衆生の爲故（に）、檀

⑫波羅蜜等甲。如二經中廣説一、乃至不レ可下以二異事一度中衆生上。」須菩提白レ佛言、「世尊、若諸波羅蜜畢竟空故无二差別一、云何般若波羅蜜於二諸波羅蜜中一最尊。」佛可二須菩提一、「畢竟空中、諸波羅蜜實无二差別一。若无二般若波羅蜜一、諸波羅蜜、畢竟空无二差別一。誰能知者。」若无二般若一、五法云何得二波羅蜜名字一。五波羅蜜未レ入二般若一時、有二差別一。既入二般若一、則无二差別一。如下諸異色物到二須彌山邊一、皆同一色、不レ得レ言二餘物色皆同一。何以獨稱二須彌一爲レ大、檀波羅蜜等亦如レ是、雖レ无二差別一皆是般若力故、不レ得レ言レ大。何以獨稱二般若一爲レ大。須菩提、雖レ蒙二開-釋一、猶未二善解一。復以二異-塗一而問、「世

---

⑫波羅蜜等を行すべしと説（く）が如（し）。經の中に廣説（する）が如（く）、乃至、異事を以て衆生を度す可（くあら）不。」と。須菩提佛（に）白（して）言（さく）、「世尊、若（し）諸の波羅蜜は畢竟空（なる）が故（に）、差別无（し）といはば、云何（にぞ）般若波羅蜜の諸の波羅蜜の中に於て、最尊なる」とまうす。佛須菩提を可（したまふ）。「畢竟空の中には、諸の波羅蜜（は）實に差別无（し）。若（し）般若波羅蜜无くは、諸の波羅蜜（は）畢竟空にして、差別无（く）あるべし。誰か能く知（ら）ム者《ひと》。」若（し）般若无くは、五法（は）云何（にぞ）波羅蜜の名字を得ム。五波羅蜜は般若に入（ら）未《ぬ》時に、差別有（り）。既（に）般若に入（り）ぬるときには、則（ち）差別无（し）。諸の異色の物の、須彌山の邊に到（り）ぬるときには、皆同（じ）く一の色なり。餘の物の色いし皆同じなりと言（ふ）こと得不。何（を）以つて（か）獨リ須彌と稱（し）て、大と爲《す》るや・といふが如く、檀波羅蜜等も亦（た）是（の）如（く）、差別无（し）と雖（も）、皆是（れ）般若の力の故（に）、大（なりと）言（ふ）こと得不。何（を）［なりとは］以て獨（り）般若を稱（し）て大（なり）と爲《す》るや。須菩提、開―釋することを蒙《かがふ》（り）ぬと雖（も）、猶（し）善く解（せ）未《ぬ》をもて、復（た）異―塗（原文、不明の異體字、大正新脩大藏經による。）を以（て）［而］問（ひ）たてまつる、「世尊、若（し）實義の中に差別无くは、云何（にぞ）般若の五波羅蜜に於て上と爲《る》る。」（と）。先には未―得の聖

尊、若實義中无二差別一、云何般若於二五波羅蜜一爲レ上。」先說二未-得聖道空一。今說二得-聖道空一。是故說二第一實義一。「第一實義聖道是最可レ信。是中亦无二差別一。」佛可言、「如レ是如レ是。我說六波羅蜜分-別、皆爲二世俗一故。何以故、世人不レ可二三但爲說二諸法實相一。聞則迷-悶生二於疑悔一。是故、以二第一義一爲レ心、用二世俗語言一爲說。是故說下分三別有二諸波羅蜜一教中化衆生上。衆生實无レ有。法皆是空、不生・不死・不退・不起。色等法亦如レ是。是故、般若波羅蜜雖レ空能示二如レ是事一故、而最上最妙。譬如下玉女寶於二衆女中一最爲二第一一、而最上最妙上。」須菩提白レ佛、「以二何意一故常說二般若最上者一。」須

道の空を說（き）ッ。今は、得―聖道の空を說く。是（の）故（に）、第一實義を說く。「第一實義の聖道（は）、是れ最も信（す）可（し）。是が中には、亦（た）差別无（し）」とまうす。佛可して言（は）く、「是（の）如（し）、是（の）如（し）。我が說く六波羅蜜の分―別は、皆世俗の爲の故（に）なり。何（を）以（ての）故（に）、世人には、但（た）爲に諸法の實相を說（く）可（くあら）不。聞（き）ては則（ち）迷―悶して疑悔を［於］生してム。是（の）故（に）、第一義を以て心と爲《し》て、世俗の語言を用て爲に說く。是（の）故（に）、諸の波羅蜜有（り）と分別して、衆生を教化すと說く。衆生［を］は實（に）有（る）こと无（し）。法も皆是（れ）空なり。不生・不死・不退・不起（なり）。色等の法も亦（た）是（の）如（し）。是（の）故（に）、般若波羅蜜は空なりと雖（も）、能く是（の）如き事を示すが故（に）、而（も）最上最妙なり。譬（へば）玉女寶の衆女の中に於て最も第一と爲《し》て、［而］最上最妙なるが如し。」（と）。須菩提佛（に）白（さく）、「何（の）意（を）以（ての）故（に）か、常（に）般若は最上なりと說（き）たまふ」といふは［者］。」須菩提（は）種種の因緣をもて、般若と五波羅蜜との、差別无（き）ことを說く。佛（も）亦（た）其（れ）が所說を然―可して、［而］復（た）言（は）く、「般若最上なり」と。佛言（はく）、「般若波羅蜜は一切の善法を守護して、薩婆若の中に至（り）て住（す）といふは［者］、一切空なりと雖（も）、若（し）般若无

菩提、種種因緣、說三般若五波羅蜜无二差別一。佛亦然二可其所說一而復言「般若最上。」佛言、「般若波羅蜜守二護一切善法一、至二薩婆若中一住者、一切雖レ空、若无二般若一、一切諸善法皆不レ能レ至二薩婆若一。善法者、五波羅蜜・卅七品・大慈大悲等諸菩薩法。問曰、若行二諸善法一亦能至二薩婆若一。何以但說二般若故得レ至。答曰、雖下諸善法和合能破二煩惱一、得中阿耨多羅三藐三菩提上、而般若波羅蜜於中功力最大。譬如三大軍摧レ敵、而主-將得二功名一。復有人言、「諸善法不レ得二般

⑬若一、不レ得レ至二薩婆若一。般若不レ得二諸善法一、獨能至二薩婆若一。如二經說一、師子雷音佛國寶樹莊嚴。其

（き）ときには、一切の諸の善法皆薩婆若に至（る）こと能（は）不。善法といふは［者］、五波羅蜜・卅十七品・大慈大悲等（の）諸（の）菩薩の法なり。問曰、若（し）諸の善法を行（し）ても、亦（た）能く薩婆若に至る。何（を）以（て）ぞ但（た）般若の故（に）至（る）こと得と說く。答曰、諸の善法（は）和合して、能く煩惱を破し、阿耨多羅三藐三菩提を得《う》と雖（も）、而も般若波羅蜜（は）於《これ》が中に功力最大なり。譬（へば）大軍敵を摧くと（き）に、而も主—將功名を得るが如く。復（た）有（る）人言（は）く、「諸の善法は、般

⑬若を得不《ぬ》ときには、薩婆若に至（る）こと得不。般若は諸の善法を得不《ネ》ども、獨（り）能く薩婆若に至る。經に說（く）が如し。師子雷音佛國に寶樹の莊嚴あり。其の樹（は）常（に）无量の法

樹常出二无量法音一。所レ謂一切法畢竟空、无生无滅等。其土人民生便聞二此法音一故、不レ起二悪心一。得二无生法忍一。如レ此人何有二布施・持戒等諸功德一。亦有二狂人醉人一從レ佛聞二四諦一、卽時得レ道。如レ是等无レ有二智慧一、行二餘法一、得レ道、无レ有二是事一。須菩提問レ佛、「般若畢竟空、不レ取二聖法一。不レ捨二凡夫法一。云何佛言下「是般若波羅蜜、能至二薩婆若一住上。」佛可二其言一、「如レ是如レ是。般若波羅蜜无レ取无レ捨、雖レ言レ取二薩婆若一、以二不取法一故取。住義亦如レ是。此中佛自說二因緣一。所レ謂一切法不取相。一切法者、色乃至菩提。是法虛誑、從二因緣一生、自性无故不レ取。不レ取故不レ捨。以レ不二憶念取相一故。」須菩提

音を出す。所謂一切法は、畢竟空なり。无生无滅なり・との等《ごと》くいふなり。其の土の人民（は）、生れながら便（ち）此の法音を聞（く）が故（に）、悪心を起（こさ）不、无生法忍を得《う》。此（の）如き人（は）何ぞ布施・持戒等の諸の功德有（ら）ム。亦（た）狂人・醉人有（り）て、佛に從（ひ）て四諦を聞（く）ときに、卽の時に、道を得《う》。是（の）如（き）等は、智慧［の］有（る）こと无（き）をもて、餘の法（を）［は］行（して）［せりといふ］、道を得といふこと、是の事有（る）こと无し。須菩提佛に問（ひ）たてまつらく、「般若畢竟空ならば、聖法を取（ら）不、凡夫の法を捨（て）不《じ》。云何（ぞ）佛（は）「是の般若波羅蜜（は）能（く）薩婆若に至（り）て住す」と言《のたま》フ」とまうす。佛其が言を可して、「是（の）如（し）。是（の）如（し）。般若波羅蜜（は）取（ること）无く、捨（つること）无し。薩婆若を取（る）と言（ふと）雖（も）、不取の法を以（て）の故（に）取る。住の義も亦（た）是（の）如（し）此（れ）が中に佛自（ら）因緣を說（き）たまふ。所謂一切の法は不取の相なり・と。一切法といふ派［者］、色、乃至、菩提なり。是の法は、虛誑にして、因緣に從（ひ）て生して、自性无（き）が故（に）、取（ら）不。取（ら）不《ぬ》が故（に）捨（て）不。憶念し取相セ不《ぬ》を以（ての）故（に）。」須菩提言（さ）く、「若（し）色等の法を憶—念セ不《ず》ば、云何ぞ善根を增長する。善根增長（せ）不《ず》は、云何ぞ阿耨多羅三藐三菩提を得る。」（と）。佛答（へ）たまはく、

言、「若不㆔憶‐念色等法㆒、云何増㆓長善根㆒。善根不㆓増長㆒、云何得㆓阿耨多羅三藐三菩提㆒。」佛答、「若菩薩能滅㆓一切法中憶念㆒、即是空・无相・无作解脱門。解脱即是諸法實相。雖㆑有㆓善根㆒、以㆓取相著、心顚倒㆒故、不㆓増長㆒。譬如㆘種‐蘗其苗雖㆑好、穢‐草多故、不㆖能㆓増長㆒、此中説㆓因縁㆒、以㆓衆生憶念㆒故、生㆓三界善不善處㆒。若无㆓憶念㆒、則不㆑著。不㆑著則不㆑生。」須菩提、從㆑佛聞㆑是已、思惟籌量、「是法畢竟空、无㆓所有㆒。若行㆓是法㆒、亦應㆘无㆓所得㆒无㆗住處㆖。何以故、因果相似故。是故問㆑佛、「菩薩作㆓是念㆒行㆓般若㆒、何所‐住、何所得。」」佛答、「色等一切法中不㆑住、乃至不住中亦不㆑住。不㆑取㆑相故、

「若（し）菩薩の能く一切法の憶念を滅す（る）いは、卽（ち）是（れ）空・无相・无作・解脱門なり。解脱（は）卽（ち）是れ諸法の實相なり。善根有（り）と雖（も）、取相し著─心する顚倒を以（て）の故（に）、増長（せ）不。譬（へば）種─蘗は其の苗好しと雖も、穢─草多（き）が故（に）、増長すること能（は）不といふが如（く）、此（れ）が中に因縁を説かば、衆生（は）憶念するを以（ての）故（に）、三界の善不善の處（に）生（ま）る。若（し）憶念无くは、則（ち）著（せ）不《じ》。著（せ）不は、則（ち）生セ不《じ》。」（と）。須菩提、佛に從（ひ）て是を聞（き）已（り）て、思惟し籌量すらく、「是の法は、畢竟空にして、所有无し。若（し）是の法を行すとも、亦（た）所得无く住處无（く）應（し）。何（を）以（ての）故（に）、因と果と相ヒ似る（が）故（に）。是（の）故（に）、佛に問（ひ）たてまつらく、「菩薩（は）是（の）念（を）作（して）般若を行（し）ては、何の所─住か、何の所得かある」と。佛答（へたまは）く、「色等の一切の法の中に住（せ）不、乃至、不住の中にも、亦（た）住（せ）不。相を取（ら）不が故（に）著（せ）不。著（せ）不が故（に）、則（ち）住（せ）不。」と。此が中に、佛自（ら）因縁を説（き）たまふ、「是の菩薩は、法として可─著と可住と著─者と住者と有（り）と見不。此が中に、法（は）破し難きが故（に）、但（た）法をのみ説（き）て、著─者を説（か）不。須菩提、若（し）菩薩、是（の）衆生空、法空に住して、是（の）念

不レ著、不レ著故則不レ住。」此中佛自說二因緣一、「是菩薩不レ見三法有二可‐著可住著‐者住者一。此中法難レ破故、但說レ法不レ說二著‐者一。須菩提、若菩薩住二是衆生空・法空一、作二是念一『我能如レ是行者、則是失、則是離。何以故、般若波羅蜜是不レ著相。是菩薩以二我‐心一外著レ空、內著レ我、不レ如二般若行一故、言三遠二離般若一。何以故、般若波羅蜜是不レ著相。以二性无一故。上以レ著レ空故失。今以下破レ空得二般若一而著中

⑭般若上无レ性故失。失故不レ得二受記一。若作二是念一、「住二般若中一、能生二檀波羅蜜等一者、亦復是失。問曰、上二失因緣可レ尒。今以レ何爲レ失。答曰、上二失以三著レ空著二无性法一故、便不レ能レ脩二檀波羅蜜等功

（を）作（さく）、『我能く是（の）如（く）して行せば［者］、則（ち）是れ失なり、則（ち）これ離なり。何（を）以（ての）故（に）、般若波羅蜜は、是（れ）著せ不《ぬ》相なり［と］。是（の）菩薩（は）我―心を以て、外《ホカ》（は）空に著し、內（は）我に著して、般若の行に如（か）不（が）故に、般若を遠離すと言（ふ）。何（を）以（ての）故（に）、般若波羅蜜は是れ著（せ）不《ぬ》相なり。性无きを以（ての）故（に）。上には空に著するを以（て）の故（に）失なり。今は空を破して般若を得ツ、而（も）

⑭般若に著するを以（て）の性［に］无［し］（きが）故に失なり、失なる故（に）受記を得不。若（し）是（の）念（を）作（さ）マく、「般若の中に住して、能く檀波羅蜜の等（き）を生すとおもはムモ［者］、亦復（た）是（れ）失なり。問曰、上の二失の因緣は尒《しか》ある可（し）。今（は）何（を）以てか失と爲《す》る。答曰、上の二（つ）の失は、空に著し、无性法に著するを以（ての）故に、便（ち）檀波羅蜜等の功德を脩（する）こと能（は）不して、

德一、而生二耶見一故、作二是念一「若法都空、復何所行。」是人以三不レ著レ空不レ二著无性一故、行二檀波羅蜜等一、作二是念一、「能不レ著二空无性一而能行二是功德一、是爲二眞道一。」是亦爲レ失。以三其心有二怖望一故。若失二般若一、則不レ能レ行二檀波羅蜜、乃至大悲一。何以故、阿耨多羅三藐三菩提是眞實法。般若波羅蜜與レ此相似、檀等諸善法不二相似一。以二其取—相著一故。若菩薩自憶中想分下別一切法不二取—相一。諸佛知レ是已、得二阿耨多羅三藐三菩提一。不二取相一者、名二畢竟空不レ可レ取諸相滅一故上、亦爲レ他開示演說、則失二般若一。是人以レ求レ空則失。无性亦失。我是凡夫、生死之人。諸煩惱未レ盡、云何能得。但隨二

而(も)耶見を生すが故(に)、是(の)念を作すらく、「若(し)法(い)都て空ならば、復(た)何(の)所行か(あら)ム」と。是の人は空に著(せ)不《ぬ》を以(て)の故(に)、无性に著(せ)不を以(て)の故(に)、檀波羅蜜を行して、是(の)念(を)作(さく)、「能(く)空と无性とに著(せ)不して、而(も)能く是の功德を行する、是を眞道と爲す」と。ソヱニ、是も亦(た)失と爲す。其が心怖望有るを以(て)の故(になり)。若(し)般若を失(ふ)ときには、則(ち)檀波羅、大悲を行すること能(は)不。何(を)以(ての)故(に)、阿耨多羅三藐三菩提は是れ眞實の法なり。般若波羅蜜は此と〔與〕相ヒ似《(の)》(れ)リ。檀等の諸の善法は相ヒ似(ら)不。其れ取—相し著するを以(て)の故(になり)。若(し)菩提自(ら)一切の法は取—相セ不。諸佛は是を知(しめ)し已(り)て、阿耨多羅三藐三菩提を得たまふ。取相セ不(といふは)[者]、畢竟空にして、取(る)可(くあら)不《(ぬ)》諸の相(の)滅せるに名(づくるが)故(に)と、自(ら)憶想し分別し(て)、亦(た)他の爲に開示し、演說せば、則(ち)般若を失(す)。是(の)人(は)空を求(むる)を以て、則(ち)失あり。无性にも亦(た)失あり。我は是れ凡夫、生死の[之]人なり。諸の煩惱盡(き)未《(ず)》。云何ぞ能く得ム。但(た)佛語に隨(ひ)て、自(ら)分別セ不《ネ》ども、而も定心をもて他人の爲に說き、一切の相を取(ら)不《ぬ》、是れ佛法なり。種種の因緣をもて、此の事をもて、開示し演說するをもて、是も亦(た)失と爲す。何(を)以

佛語一自不二分別一、而定心爲二他人一說、不レ取二一切相一、是佛法。種種因緣以二此事一開示、演說、是亦爲レ失。何以故、諸佛於二諸法一无二所得一。取義亦如レ是。是不レ取レ相法、乃至假名字不レ可レ說。何况有二所得一。諸法寂滅相、无二諸戲論一。一切語言道斷故。須菩提作二是念一、「若空有レ失、空空中亦有レ失。无-取法中亦有レ失。然不レ可レ无レ道。今當問レ佛、「云何行-者无二是過失一。」」佛答、「若菩薩知下諸法畢竟空无二所有一不レ可レ取。是法不可得上。知レ如レ是行-者則无レ失。」菩薩著二畢竟空一、著二无性一、著二菩薩所行道一、佛說二三種皆失一。菩薩聞レ是已、則捨二著-心一今猶著二佛所行一未レ息。而佛所行畢竟是眞道。我

（ての）故（に）、諸佛は諸法に於て、所得无くいます。取の義も亦（た）是（の）如（し）。是の相を取（ら）不《ぬ》法は、乃至、假名字をダ（も）說（く）可（くあら）不。何（に）況や所得有（ら）ムは。諸法は寂滅の相にして、諸の戲論无し。一切の語言の道斷（に）たるが故（に）。須菩提是（の）念（を）作（さく）、「若（し）空い失有らば、空空の中にも亦（た）失有（る）べし、无―取法の中にも亦（た）失有（る）べし。然（れど）も道无くある可（くあら）不。ソヱニ、今當（に）佛に問（ひ）たてまつらく、「云何（なる）行―者（か）是の過失无き」」と。佛答（へたまは）く、「若（し）菩薩（の）、諸法は畢竟空にして、所有无し。取（る）可（くあら）不。是の法（は）不可得なりと知る。是（の）如きことを知る行―者（は）則（ち）失无し。」（と）。菩薩の畢竟空に著し、无性に著し、菩薩の所行の道に著するをは、佛（は）三種は皆失なりと說（き）たまふ。菩薩是を聞（き）已（り）て、則（ち）著―心を捨ツれども、今猶し佛の所行に著すること息《(や)》（ま）不。而も、佛の所行は、畢竟して是（れ）眞道なり。我（は）但（た）當に佛に隨（ひ）て行す（べし）とおもふ。一切の法は所有无し。相を取（ら）不と。是（の）故（に）、失と爲す。今は能く佛心の中の所得の法の如く、是の法相の如く、佛も亦（た）所得无し。所得无（き）が故（に）、佛を貪貴セ不。餘人を輕賤セ不。一切衆生の中に於て、其の心平等なり。釋曰、此が中に、更に問（ひ）たてまつらく、「是（の）如き清淨の般

但當隨レ佛行。一切法无二所有一。不レ取レ相。是故、爲レ失。今能如二佛心中所得法一、如二是法相一、佛亦无二所得一。无二所得一故、不レ貪二貴佛一。不レ輕二賤餘人一。於二一切衆生中一、其心平等。釋曰、此中更問、「如レ是淸淨般若无レ有二過失一、離二自相一不。若不レ離二自相一、是卽⑮有レ著レ法。若離二自相一、云何可レ行。」佛答、「若菩薩於二一切法一不生、是名三能行二般若一。是菩薩不レ説二是色若常、若无常等一。是色、誰色、是色、破レ色。誰色、破二人一色一。乃至、一切種智亦如レ是。若法如レ是畢竟空推求不可得。是不レ可レ生。所以者何。性不レ能レ生レ性。无性不レ能レ生二无性一。如レ是等破二顚倒一得レ實論議、皆是般若波羅蜜力。餘波羅蜜皆隨從。

若は、過失有（る）こと无く、自相（を）離（れ）たりや不や。若（し）自相を離（れ）不ば、是（れ）卽（ち）⑮法に著すること有（り）ぬ。若（し）自相（を）離（れ）ては、云何ぞ行（す）可き」と。佛答（へたまは）く、「若（し）菩薩一切法に於（て）不生なりとする、是を能く般若を行すと名（づ）く。是の菩薩は、是の色若（し）常なり、若（し）無常なりとの等《ごと》く説（か）不。是や色、誰が色ぞといふは、是や色といふは、色を破するなり、誰が色ぞといふは、人—色を破するなり。乃至、一切種智も亦（た）［に］是（の）如（し）。若（し）法は是（の）如く畢竟空にして、推求するに不可得なり。是れ生（す）可（くあら）不。所以（は）［者］何（ぞ）。性は性を生すこと能（は）不。无性は无性を生すこと能（は）不。是（の）如（き）等の顚倒を破して、實を得る論議は、皆是（れ）般若波羅蜜の力なり。餘の波羅蜜は皆隨從せり。譬（へば）轉輪聖王（の）所至の處有

譬如下転輪聖王有二所至処一、四種兵常随従。聖王福故、四種兵皆能飛上、般若力故、諸餘法皆是實性、同至二佛道一。復次、譬如下善御二駕レ駟一、不レ失二平等道一。馬雖レ有二致レ車之力一、若无二御一者一、則不能レ有レ所レ至、布施等亦如レ是、雖レ有二功徳果報力一、无二般若調御一、不レ能レ至二佛道一。如是種種譬喩。五波羅蜜入二般若中一、雖レ无二差別一、以二是事一故、而般若波羅蜜最尊最妙。須菩提聞三佛種種因縁説二般若最大一、又、聞三不レ行是行二般若波羅蜜一。是故、問レ佛、「世尊、何等是菩薩道、何等非二菩薩道一。」佛答、「二乘非二菩薩道一。雖レ有三凡夫及諸煩惚非二菩薩道一、麁故不レ説。二乘同行レ空、同求二涅槃一故、

(る) ときに (は)、四種の兵常 (に) 随従す。聖王の福 (の) 故 (に) 四種 (の) 兵 (も) 皆能く飛フといふが如く、般若の力の故 (に)、諸の餘の法 (も) 皆是 (れ) 實性なり。同 (じ) く佛道に至る。復次、譬 (へば) 善く駕―駟を御するときには、平等の道を失 (は) 不。馬は車を致《ヒ》ク〔之〕力有 (り) と雖 (も)、若 (し) 御―者无 (き) ときには、則 (ち) 至 (る) 所有 (る) こと能 (は) 不といふが如く、布施等も亦 (た) 是 (の) 如 (く)、功徳・果報の力有 (り) と雖 (も)、般若の調御すること无 (き) ときには、佛道に至 (る) こと能 (は) 不。是 (の) 如く種種に譬喩せり〔せる〕。五波羅蜜は般若の中に入 (り) ぬるときには、差別无 (し) と雖 (も)、是の事を以 (て) の故 (に)、〔而〕般若波羅蜜は最尊・最妙なり。須菩提佛の種種の因縁をもて般若 (の) 最大なることを説 (き) たまへ、又、行 (せ) ぬい是 (れ) 般若波羅蜜を行するなりと聞く。是の故 (に) 佛に問 (ひ) たてまつらく、「世尊と(呼)、何等か是れ菩薩道、何等か菩薩の道に非ぬ」と。佛答 (へ) たまはく、「二乘は菩薩の道に非 (ず)、凡夫と〔及〕諸の煩惱との菩薩道に非ぬ (こと) 有 (り) と雖 (も) 麁きが故 (に) 説 (か) 不。二乘 (は) 同 (じ) く空を行して、同 (じ) く涅槃を求 (む) るが故 (に)、菩薩の道に非 (ず) と説く。麁―事の人は疑 (は) 不。細事の人は疑 (ふ) が故 (に)。薩婆若 (は) 是れ菩薩の道なりといふは、因の中に果を説 (く) が故 (に)」(と)。須菩提歓喜し、般若を讃嘆して、是の言を作

說レ非二菩薩道一。麁事人不レ疑。細事人疑故。薩婆若是菩薩道、因中說レ果故。」須菩提歡喜、讃二嘆般若一、作二是言一、「世尊、般若波羅蜜爲二大事一故起。」如二經中說一。乃至、諸法常住故。須菩提難、「若般若无レ所レ生、无レ所レ滅、云何行二布施・持戒等一。」佛答、「以下般若无レ所レ生、无上所レ滅、即是畢竟空故、畢竟空故不レ妨レ行二六波羅蜜一。菩薩聞丙種種因緣讃二一切智一、爲二一切智一故、行二布施等法一。是法爲レ度二一切衆生一故、廻二向阿耨多羅三藐三菩提一、是六波羅蜜功德安二立諸法實相中一、廻二向阿耨多羅三藐三菩提一。如レ是菩薩具二足六波羅蜜慈等諸功德一、不二顚倒一、正行乙善根甲故。須菩提

（さく）、「世尊と（呼）、般若波羅蜜は大事の爲の故（に）、起（こり）たまひたり」と。經中（に）說（く）が如（し）。乃至、諸法の常住なるが故（に）なりと。須菩提難（し）たてまつらく、「若（し）般若生する所无く、滅する所无くは、云何（にぞ）布施・持戒等を行する」と。佛答（へ）たまはく、「般若は生する所无く、滅する所无（き）を以て、即（ち）是（れ）畢竟空なるが故（に）。畢竟空なるが故（に）六波羅蜜（を）行することを妨セ不。菩薩（は）種種の因緣をもて一切智を讃し、一切智の爲の故（に）、布施等の法を行す。是の法は、一切衆生を度《わた》さむが爲の故（に）、阿耨多羅三藐三菩提に廻向し、是の六波羅蜜の功德をし、諸法の實相の中に安立して、阿耨多羅三藐三菩提に廻向す。是（の）如き菩薩は、六波羅蜜慈等の諸の功德具足して、顚倒セ不、正（し）く善根を行すといふを聞く故に。須菩提問（ひ）たてまつらく、「菩薩は云何にして六波羅蜜を習（す）應き」と。佛答（へたまは）く、「若（し）菩薩は、色等の諸法は合セ不と觀す、散セ不。色等の諸法は、顚倒の煩惱と和合するが故（に）合なり。正智慧を以て觀するが故（に）散なり。菩薩（は）利（き）智慧を以（て）深く

問、「菩薩云何應レ習二六波羅蜜一。」佛答、「若菩薩觀二色等諸法不レ合不レ散。色等諸法顚倒煩惱和合故合、以二正智慧一觀故散。菩薩以二利智慧一深

⑯觀、則无二法合一。顚倒煩惱皆虛誑故、非レ合。如下先破二染染者事一中說上。是故、菩薩知二諸法本不レ合故、亦无レ散、則不レ生二高心一。復次、菩薩不レ應レ作二是念一、「我以二眞智慧一令二色等諸法淸淨一、而住二其中一。」何以故、色等法无二住處一。如下地住二於水一、水住二於風一、風住二於空一、空无中所住上。以三本无二住處一故、一切都无レ住。菩薩應下如レ是住二无住法中一、得中阿耨多羅三藐三菩提上。此中說二譬喩一。子是般若波羅蜜。樹是阿耨多羅三藐三菩提。若人欲レ得二阿

---

⑯觀するときには、則（ち）法合すること无（し）。轉倒の煩惱は、皆虛誑なるが故（に）、合せ非《ず》。先に染（と）染者の事を破ししが中（に）說（き）しが如し。是（の）故（に）、菩薩は諸法は本より合（せ）不が故（に）、亦（た）散（すること）无（し）と知（り）て、則（ち）高心を生（せ）不。復次、菩薩は是の念を作（す）應（くあら）不。「我（は）眞（の）智慧を以（て）色等の諸法（をして）淸淨にあら令（めて）、〔而〕其の中に住せむ」とは。何（を）以（ての）故（に）、色等の法は、住處无き（をもて）なり。地は水に［於］住し、水は風に［於］住し、風は空に［於］住せれども、空の所住无（き）が如し。本（より）住處无（き）を以（て）の故（に）、一切都く住（すること）无（し）。菩薩（は）是（の）如（く）して、无住の法の中に住して、阿耨多羅三藐三菩提を得べし［應］。此が中に、譬喩を說く。子《タネ》は是れ般若波羅蜜なり。樹は是れ阿耨多羅三藐三菩提なり。若（し）人阿耨多羅三藐三菩提の樹を得ムと欲（は）ば、當（に）般若波羅蜜の子を種（う）應（し）。人は是れ行者なり。水は是

耨多羅三藐三菩提樹一、應三當種二般若波羅蜜子一。人是行者、水是五波羅蜜。如下人漑一灌樹一時、雖レ未レ見二菓實一、至レ時則得上、時節和合、是具二足 諸法一。如四經中說三讚二嘆般若一。若菩薩欲乙不下隨レ他行得中諸法實相上、若有二耶見人來破壞一、覺而不甲隨、若欲下淨二佛國土一坐二道場一轉中法輪上、當レ學二般若一。」須菩提問レ佛、「如二佛所教一、菩薩當學二般若一。」佛言、「我教令學二般若一。」須菩提作二是念一、「一切法平等相。何以故但教學二般若一。」佛答、「學二是般若波羅蜜一、於二一切法一得二自在一故、我教學二般若波羅蜜一。」般若波羅蜜於二一切法中一最大。如下佛於二一切衆生中一最尊上、又如二萬川大海爲レ大。如三經中說二射

れ五波羅蜜なり。人（の）樹に漑―灌する［ときに］時に、果實を見未《（ず）》と雖（も）、時に至（り）て則（ち）得るが如く時節和合するは、是れ諸法具足するなり。經の中に般若を讚嘆することを說（く）が如し。若（し）菩薩他に隨（ひ）て行して、諸法實相を得不。若（し）邪見（の）人來（り）て、破壞すること有（ら）ムとき、覺（し）て［而］隨（は）不《じ》と欲ヒ、若（し）佛國土を淨め、道場に坐し、法輪を轉せむと欲（は）ば、當（に）般若を學すべし」と。須菩提佛に問（ひ）たてまつらく、「佛の所教の如く、菩薩は當（に）般若を學すべし。」とまうす。佛言（は）く、「我教―令して、般若を學（せ）しむ［せよ・る・とき・に］と。須菩提是（の）念（を）作（さく）、「一切の法は、平等の相なり。何（を）以（ての）故（に）ぞ、但（た）教（へ）て般若を（のみ）學（せ）しめたまふ」と。佛答（へ）たまはく、「是の般若波羅蜜を學するときには、一切の法に於て、自在を得（る）が故（に）、我教（へ）て般若波羅蜜を學（せ）しむ。」（と）。般若波羅蜜は一切法の中に於て最大なり。佛の一切衆生の中に於て、最尊にいます（が）如く、又、萬川におきて大海を大と爲《す》るが如く、經の中に射師の喩を說（く）が如し。若（し）菩薩能（く）是（の）如く、一切法の中に、自在の般若を行するときには、魔、若（し）魔人すら勝（つ）こと能（は）不所《ぬ》なり。何況（や）增上慢、及、耶見の人は。是の菩薩は、十方の諸佛の爲に念（せ）らる［所］。諸佛（の）念（し）たまふ義（は）、先（に）說（き

師喩一。若菩薩能如レ是一切法中行二自在般若一、魔若魔人所レ不レ能レ勝。何况増上慢、及耶見人。是菩薩爲二十方諸佛一所レ念。諸佛念義如二先說一。此中佛說、「若菩薩行二六波羅蜜一、亦能觀二六波羅蜜畢竟空一。如レ是人有二大功夫一故、爲二諸佛一所レ念。譬如下勇士入レ陳、破レ賊、而不レ被レ創、則爲レ主所上レ念、菩薩亦如レ是、破二諸煩惚賊一、具二足六波羅蜜一、而不レ著二六波羅蜜一、則爲二諸佛一所レ念。諸佛不レ取二是菩薩色一故、念、不レ取二受想行識一故念。何以故、色等諸法虚誑不實故。諸佛觀二是菩薩身如二實相一故、念。須菩提歡喜言、「菩薩多有レ所レ學。亦學二俗法一、亦學二道法一、亦學二諸波羅蜜一、亦學二畢竟

しが）如（し）。此が中に、佛説（き）たまはく、「若（し）菩薩（の）六波羅蜜を行し、亦（た）能（く）六波羅蜜は畢竟空なりと觀す。是（の）如き人は、大功夫［が］有る（が）故（に）、諸佛の爲に念（せ）らる［所］。譬（へば）勇士（の）陳に入（り）て、賊をは破すれども、〔而〕創を被（ら）不《ぬ》ときには、則（ち）主の爲に念（せら）所《る》といふが如（く）、菩薩も亦（た）是（の）如（く）諸の煩惱の賊を破し、六波羅蜜（を）具足すれども、〔而〕六波羅蜜に著（せ）不《ぬ》ときに、則（ち）諸佛の爲に念（せ）ら所《る》。諸佛は是の菩薩の色を取（り）たまは不《（ぬ）》（が）故には念（じ）たまふ。受想行識を取（り）たまは不（が）故（に）念（し）たまふ。何（を）以（ての）故（に）色等の諸法は、虚誑にして、不實なるが故（になり）。諸佛は是の菩薩（の）身は實相の如（し）と觀（し）たまふ（が）故（に）念（し）たまふ。須菩提歡喜して言（さ）く、「菩薩（は）多く學する所有（り）。亦（た）俗法を學し、亦（た）道法を學し、亦（た）諸（の）波羅蜜を學し、亦（た）畢竟空を學し、亦（た）起［たまふ］を學し、亦（た）滅を學す。凡夫（は）起を學して、滅を學すること能（は）不。聲聞は

空一、亦學レ起、亦學レ滅。凡夫學レ起不レ能レ學レ滅。聲聞⑰學レ滅不レ能レ學レ起。菩薩亦學レ起、亦學レ滅。是故言二多有レ所レ學。是起滅如レ幻如レ夢畢竟空故、實无レ所レ得。」佛可二其言一、自說二因緣一。「菩薩所學皆无レ所レ得。」須菩提白レ佛言、「世尊、佛所說法若略、若廣、菩薩所レ應レ學。何以故、言二所-學皆无-所得一。」須菩提意如二佛所說八萬四千法聚、十二部經、若廣、若略一、諸二乘人所學。此中、說下菩薩欲レ得二阿耨多羅三藐三菩提一、應上レ學二六波羅蜜、若略、若廣一。學者、應下當受二持親三近是法一讀誦、思惟、正觀、乃至入二无相三昧一、心心數法不上行。菩薩能如レ是學、則能知二諸法略廣相一。廣者、從二八萬四千法

⑰滅を學して、起を學すること能（は）不。菩薩（は）亦（た）起を學して、亦（た）滅を學す。是（の）故（に）、多く學（する）所有（り）と言（ふ）。是の起と滅とは幻の如く、夢の如（く）して、畢竟空なるが故に、實に得（る）所无（し）。」とまうす。佛（は）其（れ）が言を可（し）たまひて、自（ら）因緣を說（き）たまふ。「菩薩の所學は、皆得（る）所无（し）。」と。須菩提佛（に）白（して）言（さく）、「世尊、佛の所說の法の、若（し）略、若（し）廣を、菩薩の學す應き所なり。何（を）以（ての）故（にぞ）所—學皆无—所得なりと言フ」とまうす。須菩提の意（は）、『佛の所說の八萬四千の法聚と、十二部經との、若（し）廣、若（し）略の如きは、諸の二乘の人の所學なり。此（れ）が中に、菩薩、阿耨多羅三藐三菩提を得ム』と欲（ひ）て、六波羅蜜の、若（し）略、若（し）廣を學す應きことを說く。學といふは［者］、當（に）是の法を受持し親近し、讀し誦し思惟し、正觀し、乃至、无相三昧に入（り）て、心心數の法行（せ）不《(ず)》ある應きなり。菩薩は、能く是（の）如（く）して學するときに、則（ち）能く諸法の略廣の相を知る。廣といふは［者］、八萬四千法衆從（り）已來《(このかた)》の无量の佛法なり。略といふは［者］、乃（ち）小の品に至（るま）で（に）なり。小品の中の一品、一品の中の一段なり。復次、略といふは［者］、諸法は一切空、无

衆一已來无量佛法。略者、乃至二小品一。小品中一品、一品中一段。復次、略者、知二諸法一切空、无相无作、无生无滅等一。廣者、諸法諸種別相分別。如二後善知―識中說一。須菩提問、「云何菩薩知二一切法略廣相一。」佛答、「若知二諸法如一。如相者、所レ謂不生、不滅、不住異。問曰、若知二一相一、无生相、云何菩薩知二是如一故、知二諸法摠相・別相一。摠相・別相卽是略廣相。答曰如名二諸法實相常住不レ壞、不レ隨二諸觀一。菩薩得二是如一、卽破二无明・耶見等諸顚倒一。是人得二實法一故、一切世間法摠相・別相了了知。先凡夫時、智慧眼病。以二无明顚倒覆一故、不レ能二實知一。問曰、實法相者、所レ謂

相・无作・无生・无滅との等《ごと》(きを)知るなり。廣といふは[者]、諸法の諸種の別相の分別なり。後に善く知―識するが中に說クが如し。須菩提問(ひ)たてまつらく、「云何ぞ菩薩は一切法の略廣の相を知る。」(と)。佛答(へ)たまはく、「若(し)諸法は如《音》なりと知るなり。如の相といふは[者]、所謂不生・不滅・不住異なり。問曰、若(し)一相を知るは、无生の相なり。云何(ぞ)菩薩の是の如を知(る)が故(に)、諸法の摠相・別相を知る。摠相・別相は卽(ち)是れ略廣の相なり。答曰、如をは諸法の實相の常住にして壞(れ)不、諸の觀に隨(は)不《ぬ》に名(づ)く。菩薩(は)是の如を得(る)ときに、卽(ち)无明・邪見等の諸の顚倒を破す。是の人(は)實法を得るが故(に)、一切世間の法の摠相・別相におきて、了了に知る。先の凡夫の時には、智慧(の)眼の病あり。无明・顚倒に覆(は)れたりしを以(て)の故(に)、實に知(る)こと能(は)不《ず》ありき。問曰、實法の相といふは[者]。所謂空と无相と无作との諸の智滅せるなり。云何(ぞ)如實の相を得たるが故(に)、了了に諸法の摠相・別相を知(る)と言フ。答曰、我已に先に答(へ)てき。[而]汝(は)如の中に於(い)て、相を取(る)が故(に)、復(た)是の難を作る。「汝若(し)如を知(り)なば、是の難を作(す)應(くあら)不。是の如は畢竟して无相なるが故(に)、諸法の摠相・別相を知(る)ことを防セ不。智慧の眼了了なるを以(て)の故(になり)。復次、譬(へば)人年既に長大になりしときに

空・无相・无作諸智滅。云何言下得二如實相一故、了知中諸法摠相・別相上。答曰、我已先答。而汝於二如中一取レ相故、復作二是難一。「汝若知レ如、不レ應レ作二是難一。是如畢竟无相故、不レ防レ知二諸法摠相・別相一。以二智慧眼了了一故。復次、譬如三人年既長大、乃知二小時所行皆是愚癡可咲一、菩薩亦如レ是入二諸法實相一、起已還在二顛倒果報六情中一、念二寂滅解脱樂一、乃知二世間六情所著皆是虛誑可捨法一。是名二摠相一。於二此中一分下別不淨有二上・中・下一。无常・苦・空・无我等、亦如レ是。乃至八萬四千種諸錯謬上。復次、知二如・法性・實際一故、亦知二諸法⑱略廣相一。如・法・性・實際差別義、如二初品中說一。此

は、乃（し）小き時の所行は、皆是れ愚癡なり、可―咲なりと知（る）といふが如（く）、菩薩も亦（た）是（の）如（く）、諸法の實相に入（り）て、起（て）已（り）て、還（り）て顛倒の果報の六情の中に在（り）て、寂滅解脱の樂を念するに、乃（し）世間の六情の所著は、皆是（れ）虛誑・可―捨の法なりと知る。是を摠相と名（づ）く。此（れ）が中に［於］、不―淨に上中下有（り）。无常・苦・空・无我等にも、亦（た）是（の）如（し）。乃至、八萬四千種の諸の錯謬ありと分別す。復次、如・法性・實際を知ルガ（三字白補）故（に）、亦（た）諸法の⑱略廣の相を知る。如と法と性と實際との差別の義をは、初の品の

中佛說ニ非ー際是實際一。非際者、无ニ相可レ取、无ニ定法可レ著。得ニ法性一故、知ニ色等十八性、皆是法性一。法性相者、佛說三无レ分无ニ非分一。无レ分者、不レ可ニ示レ此示レ彼。无ニ分別、无レ相、无レ量。无ニ非ー分一者、不レ著三是无相无量等、破ニ量相一。法・性二事防故、不レ見ニ一有レ相有レ量、二无レ相无レ量。有相・有量爲レ麁、无ー量无相爲レ細。是故、說三法性相无レ分、无ニ非分一。菩薩入ニ三解脫門一、住ニ如等三寶法一、則能籌量、知ニ一切法摠相別相一。須菩提聞ニ佛答一已、欲三更問ニ无量佛法異門事一。佛答、「知ニ一切法无レ合无レ散故、則知ニ諸法摠相・別相一。」問曰、眼見三二指有ニ合散一。云何言レ无ニ合散一。答曰、我先言、「宍眼所見與ニ

中に說（き）しが如（し）。此（れが）中に、佛（は）非―際（は）是れ實際（なり）と說（き）たまふ。非際といふは［者］、相として取（る）可（き）こと无く、定法として著（す）可（き）こと无きなり。法性を得るが故（に）、色等の十八の性、皆是（れ）法性なりと知る。法性の相といふは［者］、佛、分无く、非分无（し）と說（き）たまふ。分无（し）といふは［者］、此れと示し、彼（れ）と示す可（くあら）不。分別无く、相无く、量无きなり。非―分无（し）といふは［者］是の无相と无量（との）等《こと》きは、量と相とを破するに著（せ）不《ぬ》なり。法・性の二事に防（せ）らるるが故（に）、一は相有（り）、量有（り）。二は相无（く）量无（し）と見不《ず》。有相・有量をは麁と爲す。无―量无相をは細と爲す。是（の）故（に）、法性の相は分无く、非分无（し）と說く。菩薩（は）三解脫門に入（り）て、如等（の）三寶法に住するときに、則（ち）能く籌量して、一切法の摠相・別相を知る。須菩提佛の答を聞（き）已（り）て、更（に）无量の佛法の異門の事を問（ひ）たてまつらムと欲フ。佛答（へ）たまはく、「一切法は合无く散无しと知るが故に、則（ち）諸法の摠相・別相を知（る）」と。問曰、眼に二（つ）の指合散有（り）と見る。云何ぞ合散无（し）と言フ。答曰、我先に言（ひ）ツらく、「宍眼の所見は牛羊と異なること无（きを）もて、信（す）可（くあら）不」と。復次、三の揃《フシ》と皮と宍と具足するをもて指と爲す。指は定（ま）れる法无し。復次、設ヒ指法は有れども、

牛羊一无レ異、不レ可レ信。」復次、三揃・皮・宍具足爲レ指。指无二定法一。復次、設有二指法一亦不二盡合一。一分合、多分不レ合、多分不レ合故、不レ得レ言二指合一。問曰、以二少合一故名爲レ合。答曰、指少分不二名爲レ指。云何言二指合一。若多分不レ合、不二名爲レ合。何以二少分合一故、名爲レ合。是故不レ得レ言二一指合一。復次、指與レ分不レ異。不レ一故、卽是无レ指。无レ指故无レ合。入下破二一異一門中上、則都无レ合。如三佛此中說二一切法自性无一。性无故、卽是无レ法。无レ法云何有二合散一。須菩提聞三佛說二如・法性・實際不合不散四門一、知二略廣相一。是故、須菩提言、「世尊、是名二略攝般若波羅蜜略攝門一。是安

亦（た）盡して合せ不。一分合するときに、多分は合（せ）不。問曰、少多―分合（せ）不《(ぬ)》が故に指―合と言（ふ）こと得不。問曰、指の少（し）は合するが故（に）、名（づけ）て合と爲す。答曰、指の少分をは名（づけて）指とは爲《セ》不《(ず)》。云何ぞ指と合すと言（は）ム。若（し）多―分合（せ）不《ぬ》、名（づけ）て合と爲《セ》不《(ず)》。何ぞ少分合（する）を以（て）の故（に）、名（づけ）て合と爲《(せ)》む。是（の）故（に）二指合すと言（ふ）こと得不《(ず)》。復次、指と分と［與］は異にも（あら）不《(ず)》、一にも（あら）不《(ぬ)》が故（に）、卽（ち）是れ指无し。指无（き）が故（に）、合无し。一異を破する門の中に入（り）ぬるときには、則（ち）都《シハラ》く合无し。佛（の）此（れ）が中に一切の法は、自性无しと說（き）たまふが如し。性无（き）が故（に）、卽（ち）是（れ）法无し。法无（き）ときは、云何ぞ合散有（ら）ム。須菩提、佛の如と法性と實際との不合（と）不散との四（つ）の門を說（き）たまふを聞（きたてまつり）て、略廣の相を知（り）ぬ。是（の）故（に）、須菩提言（さ）く、「世尊、是を略―攝般若波羅蜜の略攝の門と名（づく）。是れ安隱の道なり。故に一切の菩薩の學す應き所なり。」（と）。

大智度經卷第八十二

天平六年歳次甲戌十一月廿三日寫播磨國賀茂郡既多寺

山直乙知女

隱道。故一切菩薩所レ應レ學。」

大智度經卷第八十二

天平六年歲次甲戌十一月廿三日寫播磨國賀茂郡既多

寺

山直乙知女

第四節　巻第九十七

①大智度經品第八十七　薩陁波崙品　巻九十七

經佛告二須菩提一、「菩薩摩訶薩求二般若波羅蜜一、當レ如二薩陁波崙菩薩摩訶薩一。是菩薩今在二大雷音佛所一、行二菩薩道一。」須菩提白レ佛言、「世尊、薩陁波崙菩薩摩訶薩云何求二般若波羅蜜一。」佛言、「薩陁波崙菩薩摩訶薩、本求二般若波羅蜜一時、不レ惜二身命一、不レ求二名利一。於二空閑林中一聞二空中聲一、言、『汝善男子、從レ是東行。莫レ念二疲極一。莫レ念二睡眠一。莫レ念二飲食一。莫レ念二晝夜一。莫レ念二寒熱一。莫レ念二内外一。善男子、行時、莫レ觀二左右一。汝行時莫レ壞二身相一。莫レ壞二

---

①大智度經品第八十七　薩陀波崙品　巻九十七

【經】佛、須菩提に告（げたまはく）、「菩薩摩訶薩の般若波羅蜜を求（め）ムことは、當（に）薩陀波崙菩提摩訶薩の如くすべし。是の菩薩は、今大雷音佛の所に在（り）て、菩薩の道を行す。」とのたまふ。須菩提、佛（に）白（して）言（さく）、「世尊（呼）、薩陀波崙菩薩摩訶薩は、云何にか般若波羅蜜を求（め）し。」とまうす。佛言（は）く、「薩陀波崙菩薩摩訶薩（は）、本《もと》、般若波羅蜜を求（め）し時（に）、身命を惜（しま）不《ず》、名利を求（め）不《ず》ありき。空閑の林の中にして［於］、空の中の聲を聞ケば、言（はく）、『汝、善男子、是（れ）從（り）東に行ケ。疲極を念（ふ）こと莫《な》。睡眠を念（ふ）こと莫。飲食を念（ふ）こと莫。晝夜を念（ふ）こと莫。寒熱を念（ふ）こと莫。内外を念（ふ）こと莫。善男子（呼）、行せむ時に、左右を觀（る）こと莫。汝行せむ時に、身（の）相を壞（る）こと莫。色の相を壞（る）こと莫。受想行識（の）相を壞（る）こと莫。何（を）以（ての）故（に）、若（し）是の諸の相を壞るときには、則（ち）佛法に於て导有（り）。若（し）佛法に於て导有（る）ときには、便（ち）五道生死の中に往來し、亦（た）般若波羅蜜を得（る）ことは能

色相一。莫レ壞二受想行識相一。何以故、若壞二是諸相一、則於二佛法一有レ㝵。若於二佛法一有レ㝵、便往二來五道生死中一、亦不レ能レ得二般若波羅蜜一。』尒時、薩陁波崙菩薩報二空中聲一言、『我當レ從レ教。何以故、我欲下爲二一切衆生一作中大明上、欲レ集二一切諸佛法一、欲レ得二阿耨多羅三藐三菩提一故。』薩陁波崙菩薩復聞二空中聲一言、『善哉善哉、善男子、汝於二空・无相・无作之法一、應レ生二信心一。以二離相心一求二般若波羅蜜一。離二我相一、乃至離二知者・見者相一。當三遠二離惡知識一。當四親二近供三養善知識一。何等是善知識。能說二空・无相・无作・无生・无滅法、及一切種智一、令三人心入二歡—喜・信—樂一、是爲二善知識一。善男子、汝若如レ是

(は)不《ず》。』といふ。尒時、薩陀波崙菩薩、空の中の聲に〈ィを〉報(へ)て言(は)く、『我、當に教に從(ふ)べし[と]。何(を)以(ての)故(に)、我、一切衆生の爲に大明と作(ら)ムと欲フ。一切の諸佛の法を集せむと欲フ。阿耨多羅三藐三菩提を得ムと欲(ふ)が故(になり)。』といふ。薩陀波崙菩薩、復(た)、空の中の聲を聞ケば〈ィて〉言(は)く、『善哉、善哉[といふ]、善男子、汝、空・无相・无作の[之]法に於て、信心を生す應(し)。離相の心を以(て)般若波羅蜜を求(め)べし。我の相を離れ、乃至、知者・見者の相を離(る)べし。當(に)惡知識を遠離すべし。當(に)善知識(に)親近し供養すべし。何等か是れ善知識。能く空・无相・无作・无生・无滅の法、[及]一切種智を說(き)て、人の心をして歡—喜・信—樂に入(ら)令(む)る、是を善知識と爲す。善男子、汝、若(し)是(の)如(く)して行せば、久(しくあら)不《ず》して、當(に)般若波羅蜜を聞(き)てム。若(し)經卷の中に從(ひ)て聞き、若(し)菩薩の所說に從(ひ)ても聞(き)てム。善男子、汝が從(ひ)て是の般若波羅蜜を聞(か)ム所の處には、心を生さむこと佛の如(し)といふ想(を)す應(し)。善男子、汝、當(に)恩を知(る)べし。是の念を作す應(し)、「從(ひ)て是の般若波羅蜜を聞(き)たてまつる所の者《ひと》は、卽(ち)是れ我が善知識なり。我、是の法を聞(く)を用ての故(に)、疾く阿耨多羅三藐三菩提を[於]退轉セ不《ぬ》こと得。諸佛に親近し、常(に)有—佛の國

行、不レ久當レ聞二般若波羅蜜一。若從二經卷中一聞、若從二菩薩所說一聞。善男子、汝所三從聞二是般若波羅蜜一處、應三生レ心如レ佛想一。善男子、汝當レ知レ恩。應レ作二是念一、「所三從聞二是般若波羅蜜一者、卽是我善知識。我用レ聞二是法一故、疾得レ不三退二轉於阿耨多羅三藐三菩提一。親二近諸佛一、常生三有-佛國中一、遠二離衆難一得三具二足无難處一。」善男子、當乙思二惟籌三量是功德一於下所二從聞レ法處上、生レ心如レ佛想甲。汝善男子、莫下以二世利心一故、隨中逐法師上。但爲下愛レ法恭中敬法上故、隨二逐說法菩薩一。尒時、當三覺二知魔事一。若惡魔與二說法菩薩一作二五欲因緣一、假爲レ法故令レ受、

②若說法菩薩入二實法門一、以二功德力一故、受而无レ

の中に生（まれ）て、衆難を遠離し、无難の處を具足すること得べし。」と。善男子(呼)、當（に）是の功德を思惟し籌量して、從（ひ）て法を聞（か）ム所の處に於て、心を生（さむ）こと佛の如（し）といふ想をすべし。汝、善男子、世利の心を以（て）の故（に）、法師に隨逐すること莫。但（だ）法を愛し、法を恭敬せむが爲の故（にのみ）、說法の菩薩に隨逐すべし。尒時、當（に）魔事を覺知すべし。若（し）惡魔、說法の菩薩の與《ため》に、五欲の因緣を作（し）て、假（り）て法の爲の故（に）受（け）令

②（め）ム、若（し）說法の菩薩の實法の門に入れるは、功德の力

所レ染。又以二三事一故、受二是五欲一。以二方便力一故、欲レ令三衆生種二善根一故、欲下與二衆生一同中其事上故。汝於二是中一、莫レ生二浮心一。當レ起二淨想一、自念、「我未レ知丙漚和拘舍羅大師以二方便法一爲下度二衆生一令上レ得二福德一故、受二是諸欲一、於二智慧一无レ着无レ㝵、不乙爲レ欲染甲。」善男子、卽當レ觀二諸法實相一。諸法實相者、所レ謂一切法不垢不淨。何以故、一切法自性空、无二衆生一无レ人无レ我。一切法如レ幻如レ夢、如レ嚮如レ影、如レ炎如レ化。善男子、觀二是諸法實相一已、當レ隨二法師一。汝不レ久當成二就般若波羅蜜一。復次、善男子、汝當三復覺二知魔事一。若說法菩薩見下欲レ受二般若波羅蜜一人上、意不二存念一、汝不レ應レ起二心怨恨一。汝但當以レ法

を以（て）の故（に）、受（く）れども、［而］染する所无し。又、三の事を以（て）の故（に）、是の五欲を受（く）べし。方便の力を以（ての）故（に）、衆生をして善根を種（ゑ）令（め）ムと欲（ふ）が故（に）、衆生と［與］其の事を同（じ）くせむと欲（ふ）が故（に）なり。汝、是が中に於て、汚〈原文「浮」、天〉心を生すこと莫。當（に）淨想を起すべし。自念（せよ）、「我、漚和拘舍羅大師の、方便の法を以て、衆生を度して、福德を得令（めむ）が爲の故（に）、是の諸の欲を受（く）れども、智慧に於て着无く㝵无く、欲の爲に染（め）られ不《ぬ》ことを知ら未（ず）。」と。善男子、［卽］當に諸法の實相を觀すべし。諸法の實相といふは［者］、謂（う）所（の）一切法の不垢不淨なるなり。何（を）以（ての）故（に）、一切法は自性空にして、衆生无く、人无く、我无し。一切の法は、幻の如く、夢（の）如（く）、嚮（の）如（く）、影（の）如（く）、炎の如く、化の如し。善男子、是の諸法の實相を觀し已（り）て、當（に）法師に隨（ふ）べし。汝、久（しくあら）不して、當（に）般若波羅蜜を成就せむ。復次、善男子、汝、當（に）復（た）魔事を覺知すべし。若（し）說法の菩薩、般若波羅蜜を受けむと欲ゑる［ひと］人を見て、意に存—念せ不（あら）ムときに、汝、心に怨恨を起す應（くあら）不。汝、但（だ）當（に）法を以（て）の故（に）、恭敬し、厭懈の意を起すこと莫（く）して、常（に）法師に隨逐す應（し）。』といふ。

故恭敬、莫レ起二厭懈意一、常應三隨二逐法師一。』

論釋曰、上品中說、「新發意菩薩云何教二性空法一。性空法畢竟无二所有一空、難レ解難レ得故。」佛答、「法先有、今无耶。」佛意、性空法非二難レ得難一レ知。何以故、本來常无。更无二新異一。汝何以心驚、謂爲レ難レ得。是性空法雖二甚深一、菩薩但能一レ心懃精進、不レ惜二身命一。作二如レ是一レ心求一、便可レ得。此中說二薩陁波崙本生一爲レ證。佛法有二十二部經一。或因二修妬路・偈-經・本生經一得レ度、今佛以二本生經一爲レ證。若有レ聞者作二是念一、「彼人能得、我亦應レ得。」是故說二薩陁波崙菩薩本生因緣一。佛告二須菩提一、「菩薩求二般若波羅蜜一、應レ如二薩陁波崙一。」

【論】釋曰、上の品の中に説かく、「新發意の菩薩には云何にか性空の法を教（へ）ム。性空の法は畢竟して所有无き空なり、解（り）難く得難（き）が故（に）。」といふ。佛答（へ）たまはく、「法は先に有（り）しや、今（は）无きや［耶］。」と。佛の意は、性空の法は、得難く知（り）難き（もの）には非（ず）。何（を）以（ての）故（に）、本より來《このか》（た）常に无し。更（に）新異は无し。汝、何（を）以（て）ぞ心に驚（き）て、謂《おも》（ひ）て得難しと爲《す》る。是の性空の法は甚深きなりと雖（も）、菩薩（は）但（だ）能く心を一にして、懃め精進し、身命を惜（しま）不。是（の）如（くし）て、心を一にして求（むる）ときには［作］、便（ち）得可（し）と。此が中に、薩陁波崙《（の）》本生を説（き）て證と爲す。佛法（に）十二部經有（り）。或《ある》いは修妬路の偈―經・本生經に因（り）て度を得、今は佛、本生經を以て證と爲す。若（し）聞（く）こと有る者《ひと》是（の）念（を）作（さ）く、「彼の人能く得べし。我（も）亦（た）得應（し）。」と。是（の）故（に）、薩陁波崙菩薩の本生の因緣を説く。佛、須菩提（に）告（げたまはく）、「菩薩（の）般若波羅蜜を求（め）ムことは、薩陁波崙の如（く）す應（し）。」と。

問曰、般若波羅蜜は无相畢竟空なり。禪定を行するひとすら猶尚（ほ）得難し。何況、憂―悲啼哭し、散心をもて求覓せむに、而も當（に）得可（けむや）。答曰、新發意菩薩の爲に薩陀波崙を説く。問曰、若（し）薩陀波崙は是れ新發意なりといはば、十方

問曰、般若波羅蜜无相畢竟空。行二禪定一猶尚難レ得。何况憂-悲啼哭、散心求覔、而當可レ得。答曰、爲二新發意菩薩一説二薩陁波崙一。問曰、若薩陁波崙是新發意十方諸佛云何現二在其
30前一得二諸三昧一不レ惜レ身。又見二曇无竭一、復得二无量阿僧祇三昧一。云何名二新發意一。答曰、「新學菩薩有二二種一、一者深心着二世間樂一、濡心發レ意。二者深心發レ意不レ着二世間樂一。濡心發レ意者、佛不三以爲二發-心一。深心發レ意者、乃名爲二發心一。如三聲聞
③法中佛語二二比丘一、「於二我法中一、乃至无下如二毛-釐一孺-法上。」佛觀二是孺法一最爲二微小一。凡人觀レ之以爲レ大。譬如下國王見二一-張疊一不三以爲レ多、貧者見レ之

30の諸佛云何ぞ其が前に現在して、諸の三昧を得しめたまヒ、身を惜（しま）不あらしめたまふ。又、曇无竭を見て、復（た）無量阿僧祇の三昧を得。云何ぞ新發意と名（づく）べき。答曰、「新學（の）菩薩に二種有（り）。一（は）［者］、深心をもて世間の樂に着し、濡心をもて意を發す。二（は）［者］、深心をもて意を發して世間の樂に着（せ）不《ぬ》。濡心をもて意を發す者《ひと》を、佛は以て發-心と爲たまは不。深心をもて意を發す者を、乃（ち）名（づけ）て發心と爲す。聲聞
③法の中にも、佛二（りの）比丘に語（り）たまはく（如キ）、「我が法の中に於て、乃至、毛—釐バカリの如き孺—法无し。」と。佛は是（の）孺法を觀して、最も微小と爲たまふ。凡人は之を觀て以（て）大と爲す。譬（へば）國王一—張の疊を見て、以て多と爲不《せ》、貧者は之を見て、以て多と爲《す》といふが如し。一心にして

以爲上レ多。以二一心不一レ惜レ身故、說二薩陁波崙一爲レ證。問曰、若薩陁波崙菩薩能作二如レ是苦行一、從二曇无竭一得二諸三昧一、應二當作一レ佛、今何以、故在二大雷音佛所一、修二菩薩行一。答曰、佛法无量无邊。若千萬阿僧祇劫、修二懃-苦行一、尚不レ可レ得。何況薩陁波崙一世苦行。復有菩薩具二足菩薩道・十力・四无所畏等一、爲二衆生一故、住二世間一未レ取二實際一、如二文殊師利等一。薩陁波崙或能如レ此。故未レ作レ佛。菩薩三昧如二十方國土中塵數一。薩陁波崙所得六萬三昧、何足レ爲レ多。大雷音佛者、應レ如下大龍王將欲レ降レ雨、震二大雷音一、鳥-雀小-蟲、悉皆怖畏上。是佛初轉二法輪一時、十方衆生皆發レ心、外

身を惜（しま）不《ぬ》を以ての故に、薩陀波崙を說（き）て證と爲す。問曰、若（し）薩陀波崙菩薩、能く是（の）如き苦行を作（し）て、曇无竭に從（ひ）て諸（の）三昧を得て、當（に）佛と作る應（くは）、今何（を）以（ての）故（に）ぞ、大雷音佛の所に在（り）て、菩薩の行を修するとのたまふ。答曰、佛法（は）无量无邊なり。若（し）千萬阿僧祇劫に懃—苦の行を修するすら尚（ほ）得可（くあら）不。何況薩陀波崙の一世の苦行は。復（た）有る菩薩の菩薩道・十力・四无所畏等具足すれども、衆生の爲の故（に）、世間に住して實際を取ら未《(ず)》、文殊師利等の如きなり。薩陀波崙も或（は）能く此（の）如くす。故に佛と作（ら）未《(ず)》。菩薩の三昧は十方國土の中の塵（の）數の如し。薩陀波崙の所得の六萬の三昧を、何ぞ多と爲《す》るに足らム。大雷音佛といふは［者］、大龍王將に雨を降（ら）しめむと欲（し）て、大雷音を震（ふ）ときに、鳥—雀・小—蟲は悉（く）皆怖畏するが如（く）ある應（し）。是の佛（の）初（めて）法輪を轉（し）たまひし時に、十方の衆生皆心を發し、外道邪見、皆恐怖攝伏しき。是（の）故（に）、天人・衆生、佛を稱して大雷音と爲《まう》す。是の佛は、今現に在《(いま)》す。須菩提問（ひ）たてまつらく、「薩陀波崙菩薩摩訶薩云何にしてか般若波羅蜜を求（め）し。」といふ。問曰、「薩陀波崙は、阿鞞跋致を得未《(ず)》。何（を）以（ての）故（に）ぞ菩薩摩訶薩と名（づく）る。」答曰、「大を有せる菩薩なるを以（て）の故（に）、小者をも亦（た）大と名（づ）く。又、其れは實（の）智慧を得

道耶見皆恐怖攝伏。是故、天人・衆生稱レ佛爲二大雷音一。是佛今現在。須菩提問、「薩陁波崙菩薩摩訶薩云何求二般若波羅蜜一。」問曰、「薩陁波崙未レ得二阿鞞拔致一。何以故名二菩薩摩訶薩一。」答曰、「以二有レ大菩薩一故、小者亦名レ大。又以下其雖レ未レ得二實智慧一、以三能深念二般若波羅蜜一故、不レ惜二身命一。有中大功德上故、亦名二菩薩摩訶薩一。」問曰、「何以名二薩陁波崙一。薩陁秦言レ常。波崙名レ啼。」問曰、「爲是父母與作名字。是因緣得名字。」答曰、「有人言、「以二其小時喜啼一故、名二常啼一。」復有人言、「此菩薩行二大悲一心柔濡故、見下衆生生二在惡世一、貧窮・老病・憂苦上、爲レ之悲泣。是故、衆人號

未《ず》と雖(も)、能く深く般若波羅蜜を念するを以(て)の故(に)、亦(た)身命を惜(しま)不。大功德有るを以(て)の故(に)、亦(た)菩薩摩訶薩と名(づ)く。」問曰、「何(を)以(て)ぞ薩陀波崙と名(づく)る。薩陀といふをは、秦には、常と言(ふ)。波崙といふをは、啼と名(づく)。」問曰、「爲《も》し是は父母が與〈右白爲也〉に作れる名字か。是れの因緣ありて〈ィをもて〉得たる名字か。」答曰、「有(る)人言(は)く、「其れ小しの時に喜啼ししを以(て)の故(に)、常啼と名(づ)く。」といふ。復(た)有(る)人言(は)く、「此の菩薩は、大悲を行して心柔濡なるが故(に)、衆生の惡世に生—在し、貧窮・老病・憂苦するを見て、之(が)爲に悲泣す。是(の)故(に)、衆の人號(し)て薩陀波崙と爲《い》ひき。」トいふ。有(る)人言(は)く、「是(の)菩薩は、佛道を求(む)るが故(に)、人衆を遠離し、空閑の處に在リ。心—遠離を求め、心を一にして思惟し籌量し、懃《勤》(め)て佛道を求(め)き。時き世に佛无し。是(の)菩薩(は)世世に慈悲心を行す。小の因緣を以(て)の故(に)、无—佛世に生(れ)たまひたり。是の人心をもて衆生を[於]悲(しび)て、欲と精進と(を)失(は)不。是(の)故(に)、空閑の林中に在リ。是の人先世の福德の因緣と、[及]今世の一心の大—欲大—精進とを以て、是の二の因緣を以ての故(に)、空の中の教聲を聞(く)に、久(しくあら)不して便(ち)滅(し)ぬ。卽(ち)復(た)心に念(は)く、「我、云何ぞ

爲㆓薩陁波崙㆒。」有人言、「是菩薩求㆓佛道㆒故、遠㆓離人衆㆒、在㆓空閑處㆒。求㆓心-遠離㆒、一㆑心思惟・籌量、懃求㆓佛道㆒。時世无㆑佛。是菩薩世世行㆓慈悲心㆒。以㆓小因縁㆒故、生㆓无-佛世㆒。是人悲㆓心於衆生㆒欲・精進不㆑失。是故在㆓空閑林中㆒。是人以㆓先世福德因縁、及今世一心大-欲、大-精進㆒、以㆓是二因縁㆒故、聞㆓空中教聲㆒、不㆑久便滅。卽復心念、「我云何④不㆑問。」以㆓是因縁㆒故、憂愁・啼哭七日七夜。因㆑是故、天・龍・鬼神號曰㆓常啼㆒。佛答㆓須菩提㆒、「過去世有㆓薩陁波崙菩薩㆒。不㆑惜㆓身命㆒、不㆑貪㆓財利㆒、求㆓般若波羅蜜㆒。時、在㆓空閑林中㆒聞㆓空中聲㆒、到㆓空林中㆒、」如㆓上說㆒。問曰、「空中聲爲是何聲。」答曰、

---

④問(は)不なりぬる。」と。是の因縁(を)以(ての)故(に)、憂愁啼哭すること七日七夜。是に因(る)が故(に)、天・龍・鬼神號(し)て常啼と曰フ。佛、須菩提に答(へ)たまはく、「過去の世に薩陀波崙菩薩有(り)き。身命を惜(しま)不、財利を貪(ら)不して、般若波羅蜜を求(め)き。時に空閑林の中に在(り)て、空の中の聲を聞(き)て空林中に到(り)ぬ〈ィる〉。」と、上に說(ける)が如し。問曰、「空の中(の)聲(は)爲《も》し是れ何の聲ぞ。」答曰、若(し)諸佛と菩薩と諸天と龍王とい、衆生を憐愍せむとの故(に)、是の人の世間の法に着(せ)

「若諸佛、菩薩、諸天・龍王、憐二愍衆生一故、見下是人不レ着二世間法一、一心求中佛道上、以三時无二佛法一、欲レ示下其得二般若一因緣上故、空中發レ聲。有人言、「是薩陁波崙、先世善因緣人。在二此林中一作二鬼神一。見二其愁苦一、以二其是先世因緣一故、又是神亦求二佛道一、以二是二因緣一故、發レ聲。如二蜜腨婆羅門一、爲二須達多一至二王舍城一。詣二大長者家一、求二兒婦一時、蜜腨於二王舍城大婆羅門衆中一、飲食過度、腹脹而死。作二鬼神一、於二王舍城西門上一住。須達多聞二是婆門已死一、自往二長者家一宿。長者於二後-夜一起、辨二-具飲食一。須達多問言、「汝有二何事一、爲欲二取レ婦嫁レ女。爲欲レ請二大國王一。爲是邑會。何其怱-怱營-事乃

不して、一心にして佛道を求(む)るを見て、時に佛法无きを以て、其に般若を得る因緣を示さむと欲(ふ)が故(に)、空の中にして聲を發す。有(る)人言(は)く、「是は薩陀波崙の先世の善の因緣の人なり。此の林の中に在(り)て、鬼神と作れり。其が愁苦するを見て、其れ是の先世の因緣を以(て)の故(に)、又、是の神も亦(た)佛道を求(む)るをもて、是の二の因緣を以(て)の故(に)聲を發す。蜜腨〈右白蒲莫反〉婆羅門の如(きは)、須達多の爲に王舍城に至(り)ぬ。大長者の家に詣(き)て、兒婦を求(む)る時に、蜜腨、王舍城の大婆羅門衆の中にして[於]、飲食すること過度して、腹《フク》脹レて[而]死ぬ。鬼神と作(り)て、王舍城の西門の上に[於]住せり。須達多、是の婆(羅)門已に死ぬと聞(き)て、自(ら)長者の家に住(き)て宿せり。長者後—夜に[於]起《オ》きて、飲食を辨—具す。須達多問(ひ)て言(は)く、「汝、何事《ワザ》か、有る。爲《も》し婦を取リ女を嫁せむと欲(ひ)てか。爲《も》し大國の王を請せむと欲(ひ)てか。爲《も》(し)是れ邑會せむとか。何ぞ其れ怱—怱として營—事すること乃(ち)尓《しか》くする。」といふ。長者答(へて)言(はく)、「我、佛[及]僧を請せむと欲(ひ)てなり。」といふ。須達多佛の名を聞(き)て、驚き喜ヒ、毛堅《いよた》ツ。長者先より道蹠〈右朱跡〉(を)得たるをもて、其が爲に廣く佛德を說く。須達多聞き已(り)て、愛樂する〈ィすること〉情至(り)て、佛を見たてまつらムと欲(ふ)こと甚(だし)くして、佛を念する心に乘して、

介。」長者答言、「我欲レ請二佛及僧一。」須達多聞二佛名一驚喜、毛堅。長者先得二道跡一、爲レ其廣說二佛德一。須達多聞已、愛樂情至、甚レ欲レ見レ佛、乘二念レ佛心一、而小睡。以二念レ佛情至一故、須臾便覺。夜見、有二月光一。謂爲二日-出一。卽起趣レ門。見城門已開。王舍城門初夜未レ閉。爲二客來一故。後夜早開。爲二客去一故。既見、門開。卽直向レ佛。佛時在二寒林中一住。於二中路一月沒、還闇。須達多心悔。躊-躇欲二還入一レ城。時蜜膊神、放二身光明一、照二於林野一。告二言居士一、「居士、莫レ怖、莫レ畏、直去。莫レ還。去得二大利一。」如二彼經偈中廣說一。須達多見レ佛得二須陁洹道一。請二佛及僧一、於二舍衞城一盡レ形供養。佛令三舍利弗爲二須達師一、於二舍

而も小《シマ》し睡す。佛を念（し）たてまつる情至れるを以（て）の故（に）、須臾に（して）便（ち）覺（し）ぬ。夜る見れば、月の光有（り）。謂《おもひ》て日—出と爲す。卽（ち）起《オ》きて門に趣く。見（れ）ば、城門已に開ケたり。王舍城の門をは、初夜には未《オソクサス》閉す。客來れるが爲の故（になり）。後夜には早く開く。客を去（ら）しめむが爲の故（になり）。既に見れば、門開ケたり。卽（ち）直（に）佛のところに向す。佛、時に、寒林の中に在（し）て住（し）たまゑり。中路に（して）［於］月沒〈右白入也〉（り）て、還（り）て闇（く）なりぬ。須達多く心に悔（い）てき。躊—躇して還（り）て城に入（り）なむと欲フ。時に、蜜膊神、身の光明を放（ち）て林野を照（ら）す［於］。居士（に）告（げ）て言（は）く、「居士、怖（るる）こと莫。畏（るる）こと莫。直に去《ゆ》ケ。還ること莫。去《ゆ》カば大利を得てム。」といひき。彼の經の偈の中に廣く說（ける）が如（し）。須達多（は）佛を見たてまつりて、須陀洹道を得たり。佛［及］僧を請して、舍衞城にして［於］、形盡（く）るマ（で）に供養（し）たてまつる。佛、舍利弗をして須達の師と爲《ナ》ら令め、舍衞にして［於］、精舍を作（ら）しむ。須達が知識の神の示導ししが如く、薩陀波崙が知識の示道〈導〉することも、亦（た）是（の）如し。是（の）故（に）、其が愁苦を見て、而も之に示導してき。是（の）言を作（さ）く、「善男子、汝、是コ從（り）東に行ケ。行せむ時に疲極を念（ふ）こと莫。」との等《ごと》く（いふ）問曰、「疲極と飢渴と交《スミヤカ》

衞一作二精舍一。如二須陁知識神示導一、薩陁波崙知
識示道亦如レ是。是故、見二其愁苦一而示二導之一。作二
是言一、「善男子、汝從レ是東行。行時莫レ念二疲極一等。」
問曰、「疲極・飢渇交來切レ身。云何不レ念。」答曰、
「是大欲・精進力故。一レ心愛二樂佛道一、不レ惜二身命一。
⑤休‐息飲食等、皆是助レ身法。是事雖レ來不レ爲レ亂レ
心。知二皆虚誑、无レ常无レ實。如レ賊如レ怨、但爲二身樂一
故。何足存念。」莫下爲二飢渇・疲極等一故、而捨中佛道上。
莫レ念二晝夜一者、莫レ念三書是行レ法、夜應二止‐息一。實无二
晝夜一。所以者何、日依二須彌影翳一故、名レ夜。莫レ念二
内外一者、衆生多着二内法一。内法名レ身。外法名二五
欲一。内外法不定、性空故、不レ應レ著。莫レ觀二左右一者、

に來（り）て身を切《セ》ム。云何ぞ念セ不《ぬ》。」答曰、「是は大欲と精進
との力の故（になり）。心を一にして佛道を愛樂し、身命を惜
（しま）不。

⑤休—息・飲食等は、皆是れ身を助（く）る法なり。是の事は、來
ると雖（も）心を亂（す）ことを爲《セ》不。皆虚誑にして、常无く實
无し。賊の如く怨の如しと知（り）て、但（だ）身を樂〈右白助
也〉（く）るが爲の故（に）すべし。何ぞ足《ア》クマ（で）に存念せ
む。」飢渇・疲極等の爲の故（に）［而］佛道を捨（つる）こと莫。
晝夜を念（ふ）こと莫といふは［者］、書〈晝〉には是れ法を行
（す）べし、夜には止—息す應（し）と念（ふ）こと莫と。實に
は晝夜无し。所以者何（に）、日は須彌の影に翳《カク》ルるに依（る）
が故（に）、夜と名（づ）く。内外を念（ふ）こと莫といふは
［者］、衆生は多く内法に着す。内法をは身と名（づ）く。外法を
は五欲と名（づ）く。内外の法（は）不定なり。性空なるが故
（に）、着（す）應（くあら）不。左右を觀（る）こと莫といふは
［者］、人散—心をもて道を行くが故（に）、左右を顧—看す。行

人散-心行レ道故、左右顧-看。行者无レ緣レ觀レ後。當レ前則不レ得レ不レ視。故、但言レ莫二左右顧看一。復次、惡魔常惑二-亂行者一。或作二種種形一、或作二好色一、或作二惡獸一、在二道左右一。故言レ莫レ觀。是皆止二其麁念一。莫レ壞二身相色等相一者、五衆和合故、假名爲レ身。若說三別更決定有二身-法一、是則壞二身相一。若着二无-身法一、是亦壞二身相一。離二是一・異・有・无・等邊一、行二於中道一、則疾得二阿耨多羅三藐三菩提一。是故、說レ莫レ壞二身相等一。此中佛自說二因緣一。若壞二是諸相一、則於二佛法一有レ㝵。佛法有レ㝵者、則往二來五道生死中一、不レ能レ得二般若波羅蜜一。薩陁波崙報二空中聲一言、而自說二因緣一。所レ謂薩陁波崙見三一切衆生

く者《ひと》後を觀るに緣《ヨシ》无し。前に當（り）ては、則（ち）視不《（みず）》あることは得不。故（に）、但（だ）左右を顧看すること莫とのみ言（ふ）。復次（に）、惡魔（は）常に行者を惑―亂す。或（る）ときには種種の形と作リ、或（る）ときには好色と作リ、或（る）ときには惡獸と作（り）て、道の左右に在リ。故に觀ること莫と言フ。是（は）皆其が麁き念を止（む）るなり。身相色等の相を壞（る）こと莫といふは［者］、五衆和合するが故（に）、假（り）て名（づけ）て身と爲す。若（し）別に更に決定して身―法有（り）と說く、是（れ）則（ち）身相を壞（る）なり。若（し）无―身の法に着する、是も亦身相を壞るなり。是（の）一・異・有・無等の邊を離（れ）て中道を［於］行するときに、則（ち）疾く阿耨多羅三藐三菩提を得。是（の）故（に）、身相等を壞（る）こと莫と說く。此が中に佛自（ら）因緣を說（き）たまふ。若（し）是の諸相を壞（る）ときには、則（ち）佛法に於て㝵有リ。佛法に㝵有（り）といふは［者］、則（ち）五道生死の中に往來して、般若波羅蜜を得（る）こと能（は）不《ぬ》なり。薩陀波崙、空の中の聲に報（へ）て言（ひ）しに、而も自ら因緣を說（き）き。謂（ふ）所（の）薩陀波崙、一切衆生の无明黑闇の中に墮―在せるを見て、我、智慧の光明を燃《トモス》すこと爲《せ》むと欲（ひ）てなり。一切の衆生一切の煩惱有（り）。我、一切の佛法の藥を說（か）ムと欲フ。一切の衆生は皆邪道に墮せり。我、是（の）衆生の爲の〈イに〉故（に）、无上道を求（む）べしと。是の三種の願を

墮二在无明黒闇中一、我欲レ爲レ燃二智慧光明一。一切衆生有二一切煩惱一。我欲レ説二一切佛法藥一。一切衆生皆墮二耶道一。我爲二是衆生一故、求二无上道一。是三種願得二般若波羅蜜一、則能具足。是故言レ受レ教。問曰、薩陀波崙不レ見二其形一、但聞二其聲一。何以便言レ受レ教。答曰、「人所レ求事急故、聞レ聲則應、薩陀波崙亦如レ是。復次、聞二其所レ説理好一、則知二其人亦好一故、不レ須二眼見一。如下黒闇中有二種種衆生一、眼雖レ不レ見、聞二其聲一則知中其種類上。尓時、空中聲復讃言二善哉一。以三其雖レ不レ見レ形而能信二受善語一故。又復、以二其欲レ度二一切衆生一故、求二阿耨多羅三藐三菩提一、心不二懈息一。如レ是等因縁故、

もて般若波羅蜜を得るときに、則(ち)能く具足す。是(の)故(に)、教を受(く)と言フ。問曰、薩陀波崙は其の形を見不、但(だ)其の聲を聞(き)。何(を)以(て)ぞ便(ち)教を受(け)きと言フ。答曰、「人の求(む)る所、事急なるが故(に)、聲を聞(く)ときに、則(ち)應すといふが(ごとく)、薩陀波崙も亦是(の)如(し)。復次(に)、其(の)説(く)所、理におきて好しと聞(く)ときに、則(ち)其の人も亦(た)好しと知(る)が故(に)、眼に見(る)ことを須(ゐ)不。黒闇の中に種種の衆生有リ、眼には見不(と)雖(も)、其が聲を聞(く)ときに、則(ち)其が種類を知(る)といふが如し。尓時、空(の)中(の)聲、復(た)讃(し)て善哉と言フ。其れ形を見《ミ》不と雖(も)、[而]能く善語(を)信受するを以(て)の故(に)。又復(た)、其れ一切衆生を度さむと欲(ふ)を以(て)の故(に)、阿耨多羅三藐三菩提を求(む)るに心懈息セ不。是(の)如(き)等《(ら)》の因縁の故(に)、讃(し)て善哉と言フ。三解脱門の中に[於]、信心を生す應(し)といふは[者]、是の門は諸法の實相の所入の門なり。是の三門に離(れ)て(は)、皆是(れ)虚誑にして、實なる者《もの》有(る)こと无し。汝、得未《(ず)》と雖(も)、大信根力を生す應(し)。信根力の故(に)漸く

讚言二善哉一。於二三解脱門中一應レ生二信心一者、是門諸法實相所入門。離二是三門一、皆是虚誑无レ有二實者一。汝雖レ未レ得、應レ生二大信根力一。信根力故、漸⑥具二諸根一。以二離一相心一求二般若波羅蜜一者、所レ謂觀二諸法畢竟空一、離二衆生相一離二法相一。問曰、三解脱門攝二在般若中一不。若攝、何以別説。若不レ攝、云何經中説三一切助道法皆攝二在般若中一。答曰、一切法皆入二般若中一。人皆畏レ苦故、求二解脱一。是故、於二般若分別中一前説二三解脱門一。以二何因縁一得二此解脱一。離二諸二邊所レ謂衆生相・法相一行二般若波羅蜜一。問曰、初教二精進一、後教二三解脱門般若一。今復欲レ爲二何事一故、教三親二近善知識一。

⑥諸根具す。離一相の心を以て般若波羅蜜を求（む）といふは［者］、謂（ふ）所（の）諸法畢竟空なりと觀て、衆生の相を離れ、法の相を離（る）るなり。問曰、三解脱門をは般若の中に攝在すや不や。若（し）攝せりといはば、何（を）以（て）ぞ別に説く。若（し）攝（せ）不といはば、云何ぞ經の中に、一切の助道の法は皆般若の中に攝在せりと説く。答曰、一切の法は皆般若の中に入る。人は皆苦を畏（る）る故に、解脱（を）求（む）。是の故（に）、般若の分別の中に於（い）て、前に三解脱門をは説く。何の因縁を以（て）か此の解脱を得る。諸（の）二邊の謂（ふ）所（の）衆生の相と法の相とを離（れ）て、般若波羅蜜を行す。問曰、初には精進を教へ、後には三解脱門般若を教フ。今復（た）、何の事（を）爲（む）と欲（ふ）が故に（か）、善知識に親近せよと教（ふ）る。答曰、好法有（り）と雖（も）、若（し）教一者无（き）ときには、行する時に錯多し。譬（へば）好一藥有（り）と雖（も）、亦（た）良一醫を須（ゐ）る（が）如し。又、薩陀波崙は是れ新發意の菩薩なり。般若波羅蜜は甚深なり。云何

答曰、雖レ有二好法一、若无二教-者一、行時多レ錯。譬如下雖レ有二好-藥一、亦須中良-醫上。又、薩陀波崙、是新發意菩薩。般若波羅蜜甚深。云何但聞二空中略-教一、而能自具足。是故、教語三親二近善知識一。善知識義如二先說一。今略說二二相、是善知識一。一者、教三一レ心向二薩婆若一、二者、教二空・无相・无作・无生・无滅等般若波羅蜜法一。若能如レ是行、不レ久得二般若波羅蜜一。如下藥師爲二病者一說二服-藥法一、「汝能如レ法服、病則得上レ差。」若從二經卷一聞、從二菩薩說一聞者、遣三薩陀波崙至二曇无竭菩薩所一、彼中二處、有二般若一。一寶臺上金-牒書、二曇无竭所說。若人福德多者、從二曇无竭所說一聞、福德少者從二經卷一聞。

ぞ但（だ）空の中の略―教を聞（き）て、而も能く自（ら）具足せむ。是の故に、教（へ）て善知識に親近せよと語フ。善知識の義は先（に）説（きしが）如し。今略して二の相、是れ善知識なりと説く。一（は）［者］、心を一にして薩婆若に向せよと教（ふ）る、二（は）［者］、空・无相・无作・无生・无滅等の般若波羅蜜の法を教（ふ）る（なり）。若（し）能く是（の）如（く）して行するときに（は）、久（しくあら）不して般若波羅蜜を得（む）。藥師（の）病者の爲に服―藥（の）法を説かく、「汝、能く法の如く服せば、病則（ち）差《い》（ゆ）ること得ム。」といふが如し。若（し）經卷に從（ひ）て聞き、菩薩の説に從（ひ）て聞くといふは［者］、薩陀波崙をして曇无竭の菩薩の所に至ら遣〈右白令也〉（む）るに、彼の中の二の處には般若有（り）。一は寶臺の上の金―牒の書、二は曇无竭の所説（なり）。若（し）人の福德多きは［者］、曇无竭の所説（に）從（ひ）て聞く、福德少（なき）は［者］、經卷に從（ひ）て聞く。師のところに［於］佛といふ想を生す〈ィし〉。能く佛道を教（ふ）る因縁なるを以（て）の故（になり）。世間の小人は、因縁の事訖（へ）ツルときに、則（ち）其の恩義を忘る。是の念（を）作すべし〈ィく〉、「人船に乘（り）て水を度《わた》る。既に彼の岸に到（り）ぬるときに、『船を用（ゐる）こと何爲《せ》むぞ。』といふが〈ィとおもふ〉如（し）。」とおもふ。是（の）故（に）説く、汝、當（に）恩を知（り）て是の念（を）作（す）應（しと）。從（ひ）て般若を聞く所（の）者、

於レ師生二佛想一。以下能教二佛道一因縁上故。世間小人因縁事訖、則忘二其恩義一。作二是念一、「如下人乘レ船度レ水。既到二彼岸一、何用レ船爲上。」是故說、汝當知レ恩、應レ作二是念一。所三從聞二般若一者、卽是我善知識。一切諸利中、般若利最勝。行二是般若一、疾得二阿耨多羅三藐三菩提一不二退轉一。又復行二般若一因縁故、親二近諸佛一、常生二有佛國中一、離二於八難一、値二佛‐在世一。菩薩應レ作二是念一、『我得二如レ是等諸功德一、皆從二般若一。得二般若波羅蜜一從レ師而得。』是故「視レ師如レ佛想。」有人能說二般若波羅蜜一者、有二大福德一。多二知・識一、多得二供養一。弟子初爲二般若一故隨逐、後漸漸爲二供養利一。是故說、「莫下以二世利一故逐中法師上」。

卽(ち)是れ我(が)善知識なり。一切の諸利の中に、般若利最も勝(れ)たり。是の般若を行(し)て、疾く阿耨多羅三藐三菩提を得るに、退轉セ不。又復(た)般若を行する因縁の故(に)、諸佛に親近し、常(に)有佛の國の中に生(れ)て、八難を［於］離れ、佛‐在世の値(ふ)べし。菩薩、是(の)念(を)作(す)應(し)、『我が是(の)如き等《ら》の諸の功德を得ムこと、皆般若に從(ひ)てなり。般若波羅蜜を得(る)ことは、師に從(ひ)て［而］得べし。』と。是の故(に)、「師を視たてまつらムこと佛の如(し)といふ想をすべし。」といふ。有る人の能く般若波羅蜜を說(く)いは［者］、大福德有(り)。知と識と多く、多く供養を得べし。弟子初には般若の爲の故(に)隨逐し、後に(は)漸漸に供養の利の爲にす。是(の)故(に)、說かく、「世利を以(て)の故(に)、法師に逐(ふ)こと莫。」と。問曰、「何(を)以(ての)故(に)ぞ但(だ)善知識に親近せよと(のみ)說(か)不《ず》して、而も是の種

問曰、「何以故不四但說三親二近善知識一、而說二是種⑦種因緣一。」答曰、「有人既得二善知識一、不レ得二其意一、反成二讎郄一而墮二地獄一。更相謗毀故。唯佛一人无レ有二過失一。餘人誰能无者。若弟子見二師之過一、若實、若虛、其心自壞、不三復能得二法利一。是故、空中聲教、『若見二師過一、莫レ起二慊恨一』。汝應レ作二是念一、「我先世福德不二具足一故、不レ得レ値レ佛。今値二是難一行師一。我不レ應下念二其過失一而自妨中失般若上。師之過失不レ着二於我一。我但從レ師受二般若波羅蜜法一。如下狗皮囊盛二好寶物一、不レ應三以レ囊故而棄二其寶一、如下罪一人執レ燭照レ道、不レ可下以二人罪一故不レ受二其明一、自隧中溝一塹上、又如下行遣二小人導レ道、不レ可下以二人小一故、

⑦種の因緣を說く。」答曰、「有る人は既（に）善知識を得タれども、其の意を得不《(ず)》して、反（り）て讎郄と成（り）て［而］地獄に墮（つ）べし。更《コモ〻》相ヒ〈ィに〉謗毀するが故（になり）。唯（た）佛一人のみ過失は有（る）こと无（し）。餘の人（は）誰か能く无（け）ム者。若（し）弟子（の）師の［之］過を見ムは、若（し）實（に）も（あ）れ、若（し）虛（に）も（あ）れ、其の心自ら壞（れ）て、復（た）能く法利を得（る）ことセ不《じ》。是（の）故（に）、空の中の聲（の）教（ふ）らく、『若（し）師の過を見て、慊恨を起すこと莫。』汝、是（の）念（を）作（す）應（し）、「我、先の世の福德具足（せ）不が故（に）、佛に値（ひたてまつる）こと得不。今是の難―行の師に値ゑり。我、其（の）過失を念（ひ）て［而］、自ら般若を妨―失す應（くあら）不。師の［之］過失は我に［於］着カ不。我は但（た）師に從（ひ）て般若波羅蜜の法を受（く）べし。狗の皮の囊に好の寶物を盛れり、囊を以（て）の故（に）［而］其の寶をは棄（つ）應（くあら）不といふが如く、罪―人燭を執（り）て道を照す、人罪あるを以（て）の故（に）、其が明を受（け）不して、自（ら）溝―塹に墜《オ》ツ可（くあら）不といふが如く、又、行《ミチ》ヲ（ゆく）ときに、小《アヤ》シキ〈ィき〉人をして道を導（か）しむ［遣］、人（の）小きを以（て）の故（に）、其が語に隨（は）不はある可（くあ

不㆖㆑隨㆓其語㆒、如㆑是等因緣、不㆑應㆔遠㆓離於師㆒。師若實有㆑罪、尚不㆑應㆑離。何況此中魔作㆓因緣㆒。令㆔說法者有㆓深妙五欲㆒、令㆔弟子不㆓深着㆒㆑法、說法者以㆓方便㆒故現受。方便者、所㆑謂欲㆑令㆔衆生種㆓福德因緣㆒、亦爲㆔同-事攝㆓衆生㆒故。復有諸菩薩通㆓達諸法實相㆒故、无㆑所㆓障㝵㆒。无㆑有㆓過罪㆒。雖㆑作㆓過罪㆒、亦无㆑所㆑妨。如㆘人年壯力盛、腹中火-熱、雖㆓食不-適㆒飲食不㆖㆑能㆑生㆑病、亦如㆘有㆓好藥㆒雖㆑被㆓惡毒㆒、不㆖㆑能㆑爲㆑害、如㆑是等因緣故、汝於㆓師所㆒、莫㆘起㆓嫌恨㆒而自失㆗般若㆖。如㆓經中說㆒。復有說法者、持戒清淨、離㆓於五欲㆒、多知多識、有㆓好名聞㆒、威德尊重、弟子受㆑法而不㆓顧-錄㆒。汝於㆓是中㆒莫㆑生㆓怨恨㆒。

ら）不といふが如（く）、是（の）如（き）等の因緣をもて師を［於］遠離す應（くあら）不といふ。師、若（し）實に罪有（ら）ムをすら、尙（ほ）離る應（くあら）不。何況此が中に、魔の因緣と作れるは。說法者をして深妙の五欲有ら令（む）れども、弟子をして深く法に着せ不あら令（め）ムとして、說法の者い方便を以（て）の故（に）受と現にす。方便といふは［者］、謂（ふ）所（の）衆生をして福德の因緣を種（ゑ）令（め）ムと欲ヒ、亦（た）同—事して衆生を攝せむ（が）爲の故（に）するなり。復（た）有る諸菩薩は、諸法の實相を通達せる（が）故（に）、障㝵する所无し。過罪有（る）こと无し。過罪を作（る）と雖（も）、亦妨する所无し。如《(たと)》（へ）ば人年壯（りにして）力盛（り）なるときに、腹の中の火—熱、食不—適なりと雖（も）、飮食して病を生すこと能（は）不といふが（ごと）く〈如再〉、又、如《(たと)》（へ）ば好藥有（る）とときには、惡毒を被（ふ）ると雖（も）、害を爲《ナ》すこと能（は）不といふが（ごと）く〈如再〉、是（の）如（き）等《ら》の因緣の故（に）、汝、師の所に於て、嫌恨を起して［而］、自（ら）般若を失すること莫。經（の）中（に）說（けるが）如（し）。復（た）有る說法者は、持戒淸淨にして、五欲を［於］離れ、多く知し多く識し、好の名聞有リ、威德尊重なり、弟子法を受（く）れども［而］顧—錄せ不《(ず)》（あら）ム。汝、是が中に於て怨恨を生すこと莫。當（に）是の念を作すべし、「我、宿世の罪の故（に）、今小人と爲《ナ》れり。師は我をは輕（みせ）不《ネ》ども、我

當レ作二是念一、「我宿世罪故、今爲二小人一。師不レ輕レ我、我自无レ福、不レ能レ得レ近一。」又「我於二師所一應下破二憍慢一以求中法利上。有二如レ是等種種諸師一。菩薩爲レ求二般若波羅蜜一故、但一心恭敬、不レ應レ念二其長短一。若能如レ是忍辱、於レ師一心不レ起二增減一者、汝於二師所一盡得二妙法一。如二完-牢之器所レ受不一レ漏。薩陁波崙聞二空中聲一已、從レ是東行。如二經中廣說一。

經尒時、薩陁波崙菩薩、受二是空中教一已、從レ是東行、不レ久復作二是念一、「我云何不レ問二空中聲一。我當二何處去一。去當二遠近一。當三從レ誰聞二般若波羅蜜一。」是時、卽住二啼哭憂愁一、作二是念一、「我住二是中一、過二一日

⑧一夜、若二・三・四・五・六・七日七夜一、不レ念二疲極一、乃

自（ら）福无（く）して、近（つく）こと得（る）こと能（は）不。」（と）。又、「我、師の所に於て憍慢を破して、以（て）法利を求（む）べし［應］。是（の）如（き）等《ら》の種種の諸師有（り）。菩薩は般若波羅蜜を求（め）ム（が）爲の故（に）、但（た）一心にして恭敬して、其の長短を念（ふ）應（くあら）不。若（し）能く是（の）如く忍辱して、師に於て一心にして增減を起（さ）不《ず》は［者］、汝、師の所にして［於］盡（く）して妙法を得べし。完―牢の［之］器の受（くる）所を漏（ら）サ不といふが如（し）。薩陀波崙、空の中の聲を聞（き）〈ィて〉已（り）て、是（れ）從（り）東に行く。經（の）中（に）廣（く）說（けるが）如（し）。

【經】尒時、薩陀波崙菩薩、是の空（の）中の教を受（け）已（り）て、是（れ）從（り）東に行く。久（しくあら）不して復（た）是（の）念（を）作（さく）、「我、云何（ぞ）空の中の聲を問（は）不《（ず）》なりぬる。我、當（に）何の處にか去（か）ム。去（か）ムこと當（に）遠くや、近くや。當（に）誰に從（ひ）てか般若波羅蜜を聞（く）べき。」と。是の時に卽（ち）啼哭憂愁に住して、是（の）念（を）作（さく）「我、是が中に住して〈イリ〉、

⑧一日一夜、若（し）二・三・四・五・六・七日七夜過（ぎ）ぬと

至不レ念二飢渇・寒熱一。不レ聞下聽二受般若波羅蜜一因緣上。終不レ起也一。須菩提、譬如下人有二一子一、卒死。憂愁苦毒、唯懷二懊惚一、不レ生二餘念一、如レ是須菩提、薩陁波崙菩薩、尒時、无レ有二異心一。但念下『我何時當得レ聞二般若波羅蜜一、我云何不レ問下空中聲、我應二何處去一、去當遠近、當從レ誰聞中般若波羅蜜上。』須菩提、薩陁波崙菩薩如レ是愁念時、空中有レ佛、語二薩陁波崙菩薩一言、「善哉、善哉、善男子、過去諸佛行二菩薩道一時、求二般若波羅蜜一亦如二汝今日一。善男子、汝以三是懃精進、愛二樂法一故、從レ是東行、去レ此五百由旬有レ城。名二衆香一。其城七重、七寶莊嚴臺觀、蘭・楯、皆以二七寶一校鎊、七寶之塹、

も、疲極を念(は)不《じ》、乃至、飢渇・寒熱を念(は)不《じ》。般若波羅蜜を聽受すべき因緣を聞(か)不《ず》は、終に起(た)不《じ》。」とおもふ。須菩提、譬(へば)人、一(り)の子有(り)て、卒《(には)》(か)に死ぬ。憂愁し苦毒して、唯(た)懊惚(を)のみ懷(き)て餘念を生(さ)不といふが如く、是(の)如く、須菩提、薩陀波崙菩薩(は)、尒時異心有(る)こと无し。但(だ)『我、何の時にか當(に)般若波羅蜜を聞くこと得ム。我、云何ぞ空(の)中(の)聲(を)、我、何の處にか去(く)應き、去(か)ムことは當(に)遠くや近くや、當(に)誰に從(ひ)てか般若波羅蜜を聞(か)ムと問(は)不《(ず)》なりぬることをのみ念フ。』須菩提、薩陀波崙菩薩是(の)如(くし)て愁念する時に、空の中に佛有《(いま)》(し)て、薩陀波崙菩薩に語(り)て言(は)、「善哉、善哉、善男子(呼)、過去の諸佛の菩薩の道を行(し)たまひし時に、般若波羅蜜を求(めたまひ)しこと(も)、亦(た)汝が今日の如(く)ありき。善男子、汝、是れ懃(め)て精進し、法を愛樂するを以(て)の故(に)、是(れ)從(り)東に行(く)べし。此コを去(か)ムこと五百由旬(に)して城有(り)、衆香と名(づ)く。其の城は七重なり、七寶の莊嚴の臺觀あり、蘭(欄)も楯も皆七寶を以て校鎊せり、七寶の[之]塹、七寶の行樹ありて、周匝せること七重(なり)。其の城は縱廣十二由旬なり、豐樂安靜なり、人民熾盛なり、五百の市〈右白之反〉―里あり、街―巷相ヒ當リ、端嚴なること畫《エセル》せるが如し、橋―津地の如(く)し

七寶行樹、周迊七重。其城縱廣十二由旬、豐樂安靜、人民熾盛、五百市里、街巷相當、端嚴如㆑畫、橋津如㆑地、寬博清淨。七重城上皆有㆓七寶樓櫓㆒、寶樹行列、以㆓黃金・白銀・車渠・馬瑙・珊瑚・瑠璃・頗梨・紅色眞珠㆒、以爲㆓枝葉㆒。寶繩連綿、金爲㆓鈴網㆒、以覆㆓城上㆒。風吹、鈴聲、其音和雅、娛㆓樂衆生㆒。譬如㆘巧作㆓五樂㆒、甚可㆗樂喜㆖。其城四邊、流池淸淨。冷暖調適。中有㆓諸船㆒、七寶嚴餝。是諸衆生宿業所㆑致。乘㆓此寶船㆒娛樂遊戲。諸池水中、種種蓮華、靑黃赤白、衆雜好華、遍覆㆓水上㆒。是三千大千世界所㆑有衆花、皆在㆓其中㆒、其城四邊有㆓五百園觀㆒。七寶莊嚴、甚可㆓愛樂㆒。

て寬〈右白寬反〉—博清淨なり。七重の城の上に皆七寶の樓—櫓《ヤクラ》有(り)、寶樹行列せり、黃金・白銀・車渠・馬瑙・珊瑚・瑠璃・頗梨・紅色眞珠を以て、以《これ(をも)》て枝葉と爲《せ》り、寶の繩をもて連—綿せり、金をもて鈴網と爲《し》て、以て城の上に覆へり、風吹(く)ときには鈴聲《ナル》る、其の音和雅にして、衆生を娛樂せむ。譬如(へ)ば巧に五樂を作(す)ときに、甚(だ)樂喜(す)可きが(ごと)く(如再讀)。其(の)城の四邊に流地ありて淸淨なり、冷暖調適せり。中に諸船有(り)、七寶をもて嚴餝せり、是の諸の衆生の宿業をもて致さ所《れ》たり。此の寶船に乘(り)て娛樂遊戲す。諸の池水の中に種種の蓮華あり、靑黃赤白なり、衆の雜好の華遍く水の上に覆へり。是の三千大千世界に有(ら)所(る)衆の花、皆其の中に在(り)て、其の城の四邊に五百の園觀有(り)。七寶(をもて)莊嚴(し)て甚(だ)愛樂(す)可(し)。一一の園の中に、各(の)五百(の)池有(り)て、各(の)縱廣十里なり。皆七寶を以(て)校成し、雜の色(をもて)莊嚴(せり)。諸の池水の中に、亦(た)靑黃赤白(の)蓮華有(り)て、水の上に彌チ覆へり。其の諸(の)蓮華は、大(きさ)車輪の如し、靑色は靑光あり、黃色は黃光あり、赤色は赤光あり、白色は白光あり。諸の池水の中には、鳧—雁・鴛鴦の異類の衆鳥あり、音聲相ヒ和す。是の諸の園觀は、適〈右白卽也〉(ち)屬する所无し。是の衆生(の)宿業に致サ所《れ》たり。長夜に深法を信樂し、般若波羅蜜を行する因緣の故(に)、是の果報を受(け)たり。善男子、

一一園中各有㆓五百池㆒、各縱廣十里。皆以㆓七寶㆒校成、雜色莊嚴。諸池水中亦有㆓靑黄赤白蓮花㆒、彌㆓覆水上㆒。其諸蓮花大如㆓車輪㆒。靑色靑光、黄色黄光、赤色赤光、白色白光。諸池水
30中、鳧-雁・鴛・鴦、異類衆鳥、音聲相和。是諸園觀適无㆑所㆑屬。是諸衆生宿業所㆑致。長夜信㆓樂深法㆒、行㆓般若波羅蜜㆒因縁故、受㆓是果報㆒。善男子、是衆香城中有㆓高大臺㆒。曇无竭菩薩摩訶薩宮舍在㆓其上宮㆒。縱廣一由旬。皆以㆓七寶㆒校成、雜
⑨色莊嚴、甚可㆓喜樂㆒。垣墻七重。皆亦七寶。七寶蘭・楯、七寶樓閣、寶塹七重、皆亦七寶、周迊深塹、七寶累-成、七重行-樹、七寶枝葉、七重園遶。

是の衆の香城の中に、高大の臺有（り）。曇无竭菩薩摩訶薩の宮舍は其の上宮に在（り）。縱廣一由旬なり、皆七寶を以て校成し、雜
⑨色をもて莊嚴して、甚（だ）喜樂（す）可（し）。垣墻七重なり、皆亦（た）七寶なり、七寶の蘭（欄）と楯と、七寶の樓閣とあり、寶の塹《ミゾ》七重なり、皆亦（た）七寶なり、周匝して深塹あり、七寶に壘—成（せ）られたり、七重の行—樹あり、七寶の枝葉あり、七重（に）圍遶せり。其の宮舍の中に四種の娯樂の園有（り）、

其の宮舍中有二四種娯樂園一、一名二常喜一、二名二雜憂一。三名二華餝一。四名二香餝一。一一園中、各有二八池一、一名レ賢、二名二賢上一、三名二歡喜一、四名二喜上一、五名二安隱一、六名二多安隱一、七名二遠離一、八名二阿毗跋致一。諸池四邊面各一寶。黄金・白銀・流離・頗梨。玟-瑰爲二池底一。其上布二金沙一。一一池側有二八梯桄一、種種妙寶、以爲二嚴餝一。諸梯桄間有二閻浮檀金芭蕉行-樹一。一切池中種種蓮華、青黄赤白、彌二覆水上一。諸池四邊生二好花樹一。風吹二諸華一墮二池水中一。其池成二就八種功德香一。若梅檀色・味具足。曇无竭菩薩與二六萬八千婇女一五欲具足、共相娯樂。及城中男女倶入二常喜等園、賢等

一は常喜と名（づく）、二（は）雜憂と名（づく）、三は華餝（と）名（づく）、四（は）香餝と名（づく）。一一の園の中に、各（の）八の池有（り）、一のをは賢（と）名（づく）、二（のをは）賢上（と）名（づく）、三（のをは）歡喜（と）名（づく）、四（のをは）喜上（と）名（づく）、五（のをは）安隱（と）名（づく）、六（のをは）多安隱（と）名（づく）、七（のをは）遠離（と）名（づく）、八（のをは）阿毗跋致（と）名（づく）。諸の池の四邊に、面ゴトに各（の）一の寶あり。黄金と白銀と流離（瑠璃）と頗梨となり。玟-瓌を池底と爲《せ》り。其の上に金の砂を布けり。一一の池の側に八の梯─陛〈右白皆反〉有（り）。種種の妙寶、以《これ(をも)》て嚴餝と爲《せ》り。諸の梯陛の間に閻浮檀金（の）芭蕉（の）行─樹〈左白ナミ（き）也〉あり［有］。一切の池の中に種種の蓮華あり、青黄赤白なり、水の上に彌─覆せり。諸の池の四邊に好の花樹生《オ》ヒたり。風諸の華を吹きて、池の水の中に墮す。其の池は八種の功德の香成就せり。若（し）梅檀の色と味と具足せり。曇无竭菩薩は六萬八千の婇女と［與］五欲具足して、共に相ヒ娯樂す。［及］城の中の男女倶に常喜等の園、賢等の池の中に入（り）て、五欲具足して、共に相（ひ）娯樂す、善男子、曇无竭菩薩は諸の婇女と［與］遊戲し娯樂已（り）て、日の三時に般若波羅蜜を說く。衆香城の中の男女、大小は、其の城の中の多く人聚れる處にして［於］、大法坐を敷《シク》く。其の坐の四の足、或は黄金を以（て）、或は白銀（を）以（て）、或は琉（瑠）璃を以てせり、或は頗梨

池中一、五欲具足、共相娯樂、善男子、曇无竭菩薩與二諸婇女一遊戲娯樂已、日三時說二般若波羅蜜一。衆香城中男女大小、於二其城中多聚レ人處一、敷二大法坐一。其坐四足、或以二黄金一、或以二白銀一、或以二琉璃一、或以二頗梨一。敷以二綩綖一。雜色茵蓐。垂二諸幃-帶一。以二妙白疊一而覆二其上一。散以二種種雜妙華香一。坐高五里。張二白珠帳一。其地四邊散二五色華一。燒二衆名香一。澤-香塗レ地。所以者何、供二養恭三敬般若波羅蜜一故。曇无竭菩薩於二此坐上一說二般若波羅蜜一。彼諸人衆如レ是恭二敬供三養曇无竭一。爲レ聞二般若波羅蜜一故。於二是大會一百千萬衆諸天・世人一處和集。中有二聽-者一、中有二受-者一、中有二

を以てせり。敷《シク》くに綩綖を以てせり。雜色の茵蓐あり。諸の幃《スタレ》―帶を垂（れ）たり。妙なる白疊を以て［而］其の上に覆へり。散するに種種の雜妙の華香を以てす。坐の高（さ）五里なり。白珠の帳《カタヒ(ら)》を張《ハレ》れり。其の地の四邊に五色の華（を）散けり。衆の名香を燒く。澤―香を地に塗る。所以者何（に）、般若波羅蜜を供養し恭啓（し）たてまつるが故（に）なり。曇无竭菩薩は此の坐の上にして［於］般若波羅蜜を說（き）たまふ。彼〈原文「伎」白訂〉の諸の人衆は、是（の）如（く）して、曇无竭を恭敬し供養す。般若波羅蜜を聞（き）たてまつらムが爲の故（になり）。是の大會に〈ィの〉［於］、百千萬の衆（の）諸天・世人一處に和集せり。中に聽―者有（り）、中に受―者有り、中に持者有（り）、中に誦者有（り）、中（に）書者有（り）、中（に）正觀者有（り）、中（に）如―說行者有（り）。是の時に、衆生、是の因緣（を）以（て）の故に、皆惡道に墮（ち）不、阿耨多羅三藐三菩提に［於］退轉セ不。汝、善男子、曇无竭菩薩のところに往き趣きて、當（に）般若波羅蜜を聽（く）べし。善男子、曇无竭菩薩（は）、世世に是れ汝が善知識なり。能く汝に阿耨多羅三藐三菩提を教へ、示し教へ利あらしめ喜（び）しめき。是の曇无竭菩

持者一、中有二誦者一、中有二書者一、中有二正觀者一、中有二
如‐説行者一。是時、衆生以二是因縁一故、皆不レ墮二惡
道一、不レ退二轉於阿耨多羅三藐三菩提一。汝善男
子、往二趣曇无竭菩薩一、當レ聞二般若波羅蜜一。善男
子、曇无竭菩薩世世是汝善知識。能敎二汝阿
耨多羅三藐三菩提一、示敎利喜。是曇无竭菩
⑩薩、本求二般若波羅蜜一時、亦如二汝今一。汝去、莫レ計二
晝夜一、莫レ生二障㝵心一。汝不レ久當レ得レ聞二般若波羅蜜一。」
尓時、薩陁波崙菩薩摩訶薩、歡喜心悦、作二
是念一、「我當下何時得レ見二是善男子一、得上レ聞二般若波
羅蜜一。」須菩提、譬三如丁有人爲二毒箭一所レ中、更无二餘
念一。唯二念丙何時當得二良醫一拔二出毒箭一一除乙我此苦甲、

---

⑩薩は、本《もと》、般若波羅蜜を求（め）し時に、亦（た）汝が今の如（く）しき。汝、去（く）ことせむときに、晝夜を計《ハカ》ルこと莫。障㝵の心を生すこと莫。汝、久（しくあら）不して當（に）般若波羅蜜を聞（く）こと得べし。」とのたまふ。尓時、薩陀波崙菩薩摩訶薩、歡喜し心に悦（び）て是（の）念（を）作（さ）く、「我、當（に）何の時にか是の善男子を見たてまつること得《う》、般若波羅蜜を聞（く）こと得ム。」と。須菩提、譬（へば）、有る人の毒箭の爲に中《あ》（て）られ所《ぬ》るときに、更（に）餘の念（ひ）は无し。唯（た）何の時にか當（に）良醫を得て、毒箭（を）拔き出して、我が此（の）苦を除（か）ムとのみおもふが如く、是（の）如く、須菩提、薩陀波崙菩薩摩訶薩は更（に）餘の念（ひ）

如レ是、須菩提、薩陁波崙薩菩薩摩訶薩更无二餘念一、但作二是願一、「我何時當丙得レ見二曇无竭菩薩一、令下我得レ聞二般若波羅蜜一我聞中是般若波羅蜜上、斷乙諸有心甲。」是時、薩陁波崙菩薩於二是處一住念二曇无竭菩薩一、一切法中得二无㝵知見一已。卽得二无量三昧門現在前一。所レ謂諸法性觀三昧・諸法性不可得三昧・破諸法无明三昧・諸法不異三昧・諸法不壞自在三昧・諸法能照明三昧・諸法離闇三昧・諸法无異相續三昧・諸法不可得三昧・散華三昧・諸法无我三昧・如幻威勢三昧・得如像鏡三昧・得一切衆生語言三昧・一切衆生歡喜三昧・入分別音聲三昧・得

は无（し）、但（た）是の願を作（さ）く、「我、何の時にか、當（に）曇无竭菩薩を見たてまつること得て、我をして般若波羅蜜を聞（く）こと得《ウ》、我に是の般若波羅蜜を聞（か）令（め）て、諸の有の心を斷（た）しめ（む）。」と。是（の）時に、薩陀波崙菩薩是の處に［於］住して、曇无竭菩薩を念（し）たてまつるときには、一切法の中（に）无㝵の知見（を）得已（り）ぬ。卽（ち）无量（の）三昧門（の）現在前すること得。謂（ふ）所（の）、諸法性觀三昧・諸法性不可得三昧・破諸法无明三昧・諸法不異三昧・諸法不壞自在三昧・諸法能照明三昧・諸法離闇三昧・諸法无異相續三昧・諸法不可得三昧・散華三昧・諸法无我三昧・如幻威勢三昧・得如像鏡三昧・得一切衆生語言三昧・一切衆生歡喜三昧・入分別音聲三昧・得種種語言字句莊嚴三昧・无畏三昧・性常嘿然三昧・得无㝵解脫三昧・離塵垢三味・名字語句莊嚴三昧・見諸法三昧・諸法无㝵頂三昧・如虛空三昧・如金剛三昧・不畏着色三昧・得勝三昧・轉眼三昧・畢法性三昧・能與安隱三昧・師子吼三昧・勝一切衆生三昧・花莊嚴三昧・斷疑三昧・隨一切堅固三昧・出諸法得神通力无畏三昧・能達諸法三昧・諸法財印三昧・諸法无分別見三昧・離諸見三昧・離一切闇三昧・離一切相三昧・解脫一切着三昧・除一切懈怠三昧・得深法明三昧・不可奪三昧・破魔三昧・不着三界三昧・起光明三昧・見諸佛三昧なり。薩陀波崙菩薩、是の諸の三昧の中に住して、卽（ち）十方の無量の阿僧祇の諸佛の、諸（の）菩薩摩訶薩の爲に、般若波羅蜜を說（き）た

種種語言字句莊嚴三昧・无畏三昧・性常嘿然三昧・得无㝵解脱三昧・離塵垢三昧・名字語句莊嚴三昧・見諸法三昧・諸法无㝵頂三昧・如虛空三昧・如金剛三昧・不畏着色三昧・得勝三昧・轉眼三昧・畢法性三昧・能與安隱三昧・師子吼三昧・勝一切衆生三昧・花莊嚴三昧・斷疑三昧・隨一切堅固三昧・出諸法得神通力无畏三昧・能達諸法三昧・諸法財印三昧・諸法无分別見三昧・離諸見三昧・離一切闇三昧・離一切相三昧・解脱一切着三昧・除一切懈怠三昧・得深法明三昧・不可奪三昧・破魔三昧・不着三界三昧・起光明三昧・見

まふを見たてまつる。

【論】問曰、薩陀波崙（は）何（を）以（て）ぞ忘れて空の中の聲を問（は）不《ぬ》。答曰、薩陀波崙、大に歡喜すること心を覆へるが故（に）忘（れ）たり。人（の）大に憂愁し、大に

諸佛三昧。薩陁波崙菩薩住二是諸三昧中一、卽見下十方无量阿僧祇諸佛爲二諸菩薩摩訶薩一說中般若波羅蜜上。

論問曰、薩陁波崙、何以忘不レ問二空中聲一。答曰、薩陁波崙、大歡喜覆レ心故忘。如下人大憂愁、大⑪歡喜、以二此二事一故忘上。問曰、空中聲已滅。何以住レ此七日、不三更求二問處一。答曰、如本於二空閑處一一レ心求二般若一故、空中有レ聲。今亦欲二一レ心如レ本、冀三更聞レ聲斷二其所疑一。復次、薩陁波崙於二世樂一已捨、深入二佛道一。愛樂情至、空中聲告。少爲二開示一、竟未レ斷レ疑、其聲便滅。如下小兒得二少美味一、着二是味一故、更復啼泣、而欲レ得レ之、薩陁波崙

---

⑪歡喜するときに、此の二の事を以て（の）故（に）忘（る）るが如し。問曰、空の中の聲は已に滅（し）ぬ。何（を）以（て）ぞ此コに住すること七日マでに、更に問（ひ）たまふ處を求め不《ぬ》。答曰、如〈右白今〉本《もと》、空閑の處にして［於］、心を一にして般若を求（む）るが故（に）、空の中に聲有リ。今亦（た）心を一にして本の如くして、更に聲を聞（き）て其の所疑を斷（た）ムと［冀］欲（ふ）をもてなり。復次（に）、薩陀波崙は、世樂に於て已に捨（て）て、深く佛道に入れり。愛樂する情至れるをもて、空の中の聲告ぐ。少し開示することを爲して、竟に疑を斷（た）未《ぬ》に、其（の）聲便（ち）滅（し）ぬ。小兒（の）少（し）の美味を得て、是の味に着するが故（に）、更（に）復（た）啼泣して［而］之を得ムと欲（する）が如く、薩陀波崙も亦（た）是（の）如（く）、般若波羅蜜の因緣を味を得て、通達すること能

亦如レ是、得二般若波羅蜜因縁味一、不レ能二通達一、不レ知二那去一。是故、住而啼泣。問曰、何以乃至二七日一佛身乃現。答曰、譬如三人大渇故、乃知二水美一、若二日、三日精進、欲未レ深。若過二七日一、恐三其憂愁妨レ心、不二任求一レ道。是故、七日憂愁。如二譬喩經中說一。問曰、薩陁波崙、何以愁憂乃尒、如レ喪二愛子一。答曰、般若波羅蜜於二諸法中一第一實。是十方諸佛眞實法寶。薩陁波崙得二少氣味一未二具足一故愁憂如下喪二愛子一念三其長大多所二成辯一、冀上得二其力一、菩薩亦如レ是、念下增二益般若波羅蜜力一、得二阿鞞跋致一已、成中就佛事上。如下子於レ父孝行、終レ身无上有二異心一、般若波羅蜜於二菩薩一亦如レ

（は）不《ず》、那〈右白何也《イツコ》〉に去（か）ムといふことを知（ら）不。是（の）故（に）住（し）て［而］啼泣す。問曰、何（を）以（て）ぞ［乃］七日に至（り）て佛身乃（し）現する。答曰、譬（へば）人（の）大（に）渇するが故（に）乃（し）水の美き（こと）を知る（が）如く、若（し）二日三日のみ精進せば、欲深くあら未《じ》。若（し）七日を過ぎば、其の憂愁心を妨して、道を求（む）るに不—任ならむかと恐る。是（の）故（に）七日マ（で）に憂愁す。譬喩經の中に說（き）たまふが如［きをは］。問曰、薩陀波崙（は）、何以ぞ愁憂すること乃（ち）尒《しか》くして、愛子を喪へるが如くする。答曰、般若波羅蜜は、諸法の中に於て第一實なり。是れ十方の諸佛の眞實の法の寶なり。薩陀波崙（は）少しの氣味を得て、具足（せ）未《ぬ》が故（に）、愁憂すること、愛子を喪（ひ）ツるときに、其が長大して、多く成辨する所あらマしことを念ヒ、其（が）力《タスケ》（を）得マしことを冀フが如く、菩薩も亦（た）是（の）如（く）、般若波羅蜜の力を増益し、阿鞞跋致を得已（り）て、佛事成就せむことを念す。子（の）父に於て〈イが〉孝行にしあること〈イす〉、身の終（は）るマ（で）に異心有（る）こと无（き）が如く、般若波羅蜜（の）菩薩に於ても乃至佛と成（る）マ（で）で終（に）遠離（し）たまは不。父亦（た）是（の）如（し）。若（し）能（く）入（る）こと得《ウ》、（の）子を見て心に卽（ち）觀悅するが如く、菩薩（は）種種の諸法を得と雖（も）、般若波羅蜜を見て［之］歡喜するには如《シ》カ

是。若能得㆑入、乃至成㆑佛、終不㆓遠離㆒。如㆓父見㆑子心卽歡悅㆒、菩薩雖㆑得㆓種種諸法㆒、不㆑如㆘見㆓般若波羅蜜㆒之歡喜㆖。如㆔子假爲㆓其名㆒、般若波羅蜜亦如㆑是、空无㆓定‐實㆒。但有㆓假名㆒。如㆑是等是捴相因緣。父雖㆑愛㆑子、不㆑能㆘以㆓頭目㆒與㆖㆑之。菩薩爲㆓般若波羅蜜㆒故、无量世中、以㆓頭目・髓惚㆒施㆓與衆生㆒。子之於㆑父、或不㆑能㆑報㆑恩。若能報㆑恩、正可㆔現世小㆓‐利衣食歡樂等㆒。菩薩於㆓般若波羅蜜中㆒、无㆓所不㆑得㆔乃至㆓一切智慧㆒。何況菩薩力勢、世間富樂。子之報㆓父恩㆒、極㆓一世㆒。般若之益、至㆓无量世、乃至成㆑佛。子之於㆑父、或好、或惡。般若波羅蜜无㆓諸不可㆒。子但是假‐名虛誑、不實之法。

不。子におきて假（り）て其の名を爲《つく》〈右白乍（作ノ略カ）〉るが如く、般若波羅蜜におきても亦（た）是（の）如（く）、空にして定—實无し。但（た）假名のみ有（り）。是（の）如（き）等は、是れ、總相の因緣なり。父（は）子を愛すと雖（も）、頭目を以て之に與（ふる）ことは能（は）不。菩薩は般若波羅蜜の爲の故（に）、无量世の中に頭目・髓腦（を）以て衆生に施與す。子は之れ父に於て或（は）恩を報（ゆる）ことは能（は）不《ぬ》もあり。若（し）能（く）恩を報（ゆ）るいは、正（し）く現世に〈ィの〉衣食・歡樂等を〈ィに〉小—利す可し。菩薩（は）般若波羅蜜の中に於て、所として一切の智慧に至（るま）でに［乃］得不といふこと无（し）。何況菩薩の力勢、世間の富樂は。子の［之］父が恩を報（ゆ）るは、一世に〈ィを〉極す。般若の［之］益は、无量世に、乃至佛と成るマ（で）に至す〈ィリ〉。子は、之れ、父に於て、或（は）好きあり、或（は）惡（し）きあり。般若波羅蜜は諸の不可无し。子は但（だ）是れ假—名虛誑にして、不實の［之］法なり。般若波羅蜜は眞實の聖法にして、虛誑有（る）こと无し。子の［之］報恩は、現世の小樂を得しむと雖（も）、［而］憂—愁・苦惱、無量の［之］苦有リ。般若波羅蜜は但（た）歡喜の實樂乃至佛樂を得しむ。子は但（た）能く

般若波羅蜜眞實聖法、无レ有二虚誑一。子之報恩雖レ得二現世小樂一、而有二憂－愁・苦惚、无量之苦一。般若波羅蜜但得二歡喜實樂乃至佛樂一。子但能⑫以二供養一利二益於父一。不レ能レ勉二其生老病死一。般若波羅蜜令三菩薩畢竟清淨、无二復老病死患一。子但能令三父得二世樂自在一。般若波羅蜜、能令下菩薩於二一切世間一、爲中天人主上。如レ是等種種因縁、譬二喩差別相一。世人皆知二喪レ子憂愁故、以レ此爲レ喩。問曰、空中有二佛現一。是何等佛。先何以但有二音聲一而今現レ身。佛既現レ身。何以不二卽度一方遣レ至二曇无竭所一。答曰、有人言、「非二眞佛一。但是像現耳。」或諸佛遣レ化、或大菩薩現－作。以三先善

---

⑫供養を以て父を［於］利益す。其（れが）生老病死を勉《まぬか》れしむることは能（は）不。般若波羅蜜は、菩薩をして畢竟清淨にして、復（た）老病死の患（ひ）无（く）あらしむ［令］。子は但（た）能く父をして世の樂自在なること得令（む）。般若波羅蜜は能く菩薩をして一切世間に［於］天人の主と爲《ナ》ら令（む）。是（の）如（き）等の種種の因縁をもて差別の相に譬喩す。世人（は）皆子を喪（ひ）て憂愁するが故（に）、此を以（て）喩と爲すとのみ知れり。問曰、空の中に佛現（したまふ）こと有（り）。是（れ）何等の佛ぞ。先に何（を）以（て）ぞ但（た）音聲有（り）といひしを、［而］今身を現すといふ。佛既に身を現（し）たまひツ。何（を）以（て）ぞ卽度（し）たまは不して、方に曇无竭（の）所に至ら遣〈右白令也〉（め）たまふ。答曰、有（る）人（の）言（はく）、「眞佛には非（ず）。但（た）是は像の現せるナ（ら）く耳《のみ》。」と或《あ》る諸佛は化を遣（は）す、或《あ》る大菩薩は現―作す。先に善根福德成就（せ）未《ぬ》を以（て）の故（に）、但（た）聲をのみ聞く。今七日七夜に、心を一に（して）佛を念（し）た

根福德未二成就一故、但聞レ聲。今七日七夜、一レ心念レ佛功德成就故、得レ見二佛身一。佛所三以不二即度一者、以下其與二曇无竭一世世因緣、應中當從度上故。有人應下從二舍利弗一度上、假使諸佛現レ身、不レ能レ令レ悟。佛讃言二善哉一者、以下薩陀波崙至レ意求上レ知下去｜處聞二般若一因緣上故、佛現レ身而讃二善哉一。過去諸佛行二菩薩道一時、求二般若一亦如レ是、種種懃苦。以二初發心先罪厚重福德未レ集故、佛意安二慰其心一。『汝求二般若波羅蜜一、雖二懃苦一莫二懈怠一、莫レ生二退沒心一。一切衆生行二果因一時、皆苦。受レ果時樂。當下思二惟諸佛无量功德果報一以自勸勉上。』如レ是安慰已、作二是言一、「汝從レ是東行。去レ此五百由旬有レ城。

てまつるときに、功德成就（し）ぬる故（に）、佛身を見たてまつる（こと）得。佛の即度（し）たまは不《ぬ》所以（は）［者］、其は曇无竭と［與］世世の因緣あるを、當に從（ひ）て度《（わた）》（さ）しむ應き（を）以（て）の故（になり）。有る人の舍利弗に從（ひ）て度（さ）る應（き）がごときも、假使ヒ諸佛の身を現（し）たまへども、悟（ら）令（むる）こと能（ふ）不《マじ》。佛讃（し）て善哉と言（ふ）ことは［者］、薩陀波崙意を至（し）て、去―處と、般若を聞く因緣とを、知（ら）ムと求（む）るを以（ての）故に、佛身を現して而も善哉と讃（め）たまふ。過去の諸佛の、菩薩の道を行（し）たまひし時に、般若を求（め）たまひしことも、亦（た）是（の）如く種種に懃苦（し）たまひき。初發心は先の罪厚く重く、福德も集（まら）未《ぬ》を以（て）の故（に）、佛音〈原文「意」右白訂〉をもて其が心を安慰（し）たまふ。『汝、般若波羅蜜を求（め）ムときに、懃苦すと雖（も）、懈怠すること莫、退沒心を生すること莫［と］。一切衆生は、果因を行フ時には皆苦なり。果を受（く）る時には樂なり。當（に）諸佛（の）無量（の）功德果報を思惟して、以て自（ら）勸勉（すべし）。』是（の）如く安慰し已（り）て、是の言を作（さ）く、「汝、是從（り）東に行ケ。此コを去ること五百由旬して城有（り）。衆香と名（づ）く。乃至久（しくあら）不して當（に）般若波羅蜜を聞（く）べし。」とのたまふ。問曰、衆香城は何の處にか在る。答曰、過去の佛滅度（し）たまひて後に、但（た）遺―法のみ有（り）。

名㆓衆香㆒。乃至不㆑久當㆑聞㆓般若波羅蜜㆒」。問曰、衆香城在㆓何處㆒。答曰、過去佛滅度後、但有㆓遺‐法㆒。是法不㆔周㆓遍閻浮提㆒。衆生有㆓聞㆑法因緣㆒處、則到。尒時、衆香國土豐樂。多出㆓七寶㆒故、以㆓七寶㆒作㆑城。時薩陁波崙雖㆔同在㆓閻浮提㆒、而在㆘无㆓佛法㆒、无㆓七衆㆒處㆖生。但傳聞㆓佛名㆒。般若波羅蜜是佛道。是人先世廣集㆓福德㆒、煩惚輕微故、聞卽信樂、厭㆓惡世樂㆒、捨㆓其親‐屬㆒、到㆓空林中㆒住、欲㆑至㆘有㆓佛法㆒國土㆖。音聲示語者、恐㆓其異去不㆑得㆑到㆓曇无竭菩薩所㆒。是故語㆑之。次後、佛爲現㆑身、示㆓其去處㆒。問曰、薩陁波崙因緣已具聞㆓於上㆒。今曇无竭因緣爲云何。答曰、欝伽陁

是の法は閻浮提に周遍セ不。衆生（は）法を聞く因緣有る處には則（ち）到る。尒（の）時に、衆香（の）國土豐樂なり。多く七寶出ツ（るが）故（に）、七寶を以（て）城を作れり。時に、薩陀波崙同（じ）く閻浮提に在（り）と雖（も）、［而］佛法无く七衆无き處に在りて生（まれ）たり。但（た）傳へて佛の名をのみ聞く。般若波羅蜜は、是れ、佛道なり。是の人、先の世に廣く福德（を）集（め）し煩惚輕微なるが故（に）、聞（く）ときに卽（ち）信樂し、惡世（の）樂を厭ヒ、其の親―屬を捨（て）て、空林の中に到（り）て住して、佛法有（ら）ム國土に至（ら）ムと欲フ。音聲をもてのみ示し語（る）ことは［者］、其れ異〈右白四字書込あれど讀めず〉去きて、曇无竭菩薩（の）所に到（る）こと得不（あら）ムかと恐（る）るなり。是（の）故（に）語フ［之］。次に後に、佛、爲に身を現（し）たまひて、其の去處を示したまふ。問曰、薩陀波崙の因緣は、已に具に上に［於］聞（き）ツ。今曇无竭の因緣爲《も》し云何ぞ。答曰、欝伽陀をば、秦には、盛と言（ひ）、達摩をば、秦には、法と言（ふ）。此の菩薩は、衆香城の中に在（り）て、

秦言レ盛、達摩秦言レ法。此菩薩在二衆香城中一、爲二⑬衆生一隨レ意說レ法、令三衆生廣種二善根一。故號二法盛一。其國无レ王。此中人民皆无二吾我一如二欝單曰人一唯以二曇无竭菩薩一爲レ王。其國難レ到。薩陁波崙不レ惜二身命一又得二諸佛菩薩接助一、能到。大菩薩爲レ度二衆生一故生。如レ是國土中衆生无レ所二乏短一。其心調柔、易レ可二得度一故。問曰、曇无竭菩薩爲是生身。爲是法身、爲レ度二衆生一故、以二神通力一化二作此身一。若化身者、何用二六萬婇女、園觀浴池、種種莊嚴一而自娯樂。若是生身、云何能令下薩陁波崙供養具皆在二空中一化中成大臺上、入二諸三昧一乃經二七歲一。答曰、有人言、「是生身菩薩。

⑬衆生の爲に意に隨（ひ）て法を說（き）て、衆生に廣く善根を種（ゑ）しむ［令］。故（に）法盛と號（す）。其の國に王无し。此の中の人民は、皆吾我无（き）こと欝單曰の人の如し。唯（た）曇无竭菩薩を以て王と爲す。其の國には到（る）こと難し。薩陀波崙（は）身命を惜（しま）不、又、諸佛菩薩の接助を得て能く到る。大菩薩（は）衆生を度せむが爲の故（に）生（ま）る。是（の）如き國土の中の衆生は、乏短なる所无し。其の心調柔にして、得度（す）可（き）こと易きが故（になり）。問曰、曇无竭菩薩は爲《も》し是れ生身か。爲《も》し是れ法身が衆生を度せむが爲の故（に）、神通の力を以て此の身を化作せるか。若（し）化身ならば［者］、何ぞ六萬婇女、園觀浴池、種種の莊嚴を用て、而も自（ら）娯［て］樂する。若（し）是レ生身ならば、云何ぞ能く薩陀波崙（の）、供養の具をして皆空中に在（り）て大臺と化成（せ）［し め］令め、諸の三昧に入（り）て、［乃］七歲を經《へ》し。答曰、有る人の言（は）く、「是は生身の菩薩なり。諸法の實相、［及］禪定神通力を得たるが故（に）、是の城の中の衆生を度《わた》さむと欲（ひ）てなり。餘の菩薩の如きは、利根なるが故（に）、能く禪定に入リ、亦（た）能（く）欲界の法に入る。衆生を攝せむが爲の故（に）、五欲を受（く）れども、［而］禪定を失（は）不。如（へ）ば人（の）熱を避（け）ムとの故（に）、泥の中に在（り）

得二諸法實相、及禪定神通力一故、欲レ度二是城中衆生一。如二餘菩薩一利根故、能入二禪定一亦能入二欲界法一。爲レ攝二衆生一故、受二五欲一而不レ失二禪定一。如下人避レ熱故、在二涅中一臥、還洗則如上故、凡人鈍根故不レ能レ如レ是。是故、以二神通力一化二作花臺一七歳、入レ定。又以二方便力一故、能受二五欲一。如二先義說一。菩薩不三但行二一道一。爲二衆生一故、行二種種道一、引二導之一如下龍起レ雲能降二大雨一、雷電辟礰上。菩薩亦如レ是、雖二是生身未レ離二煩惱一、而能修二行善法一、爲二衆生一故、不レ盡二結—使一。」有人言、「是菩薩是法性生身。爲レ度二衆香城人一故、變化而度。若是生身、云何能令二十方佛稱讚二而遣下薩陁波崙令二從受レ法得中六

て臥せれども、還（り）て洗（ふとき）［こと］は則（ち）故の如（し）といふが（ごと）く〈再讀〉、凡人は鈍根なるが故（に）、是（の）如（く）すること能（は）不。是（の）故（に）、神通力を以て花臺を化作し、七歳マ（で）に定に入る。又、方便の力を以（て）の故（に）、能（く）五欲を受く。先の義に説（き）しが如（し）。菩薩は但（た）一道のみをは行セ不。衆生の爲の故（に）種種の道を行（し）て、之を引導すること、龍の雲を起（こ）して、能く大雨を降すときに、雷電辟礰（霹靂）するが如し。菩薩も亦（た）是（の）如（く）、是れ生身にして煩惱を離（れ）未《ず》と雖（も）、而も能く善法を修行し、衆生の爲の故（に）、結—使を盡（くさ）不。」といふ。有（る）人（の）言（はく）、「是の菩薩は、是れ法性生身なり。衆香城の人を度せむが爲の故（に）、變化して而も度す。若（し）是れ生身ならば、云何ぞ能く十方の佛をして稱讚セ令め、而も薩陀波崙をして從（ひ）て法を受け令（む）るに、六萬の三昧を得遣〈右白令也〉（め）ムや。是の故（に）知る、是は大菩薩の變化の身なり。譬（へば）大海の中の龍の死—相出（つ）る時に、果熟して墮（つ）應きが如（く）あるときに、金翅鳥則（ち）來（り）て之を食（ふ）といふが如く、衆生も亦（た）是（の）如（く）、行—業の因緣熟（しぬ）るが故（に）、大菩薩來（り）て之を度す。」といふ［が］。尒時、薩陀波崙空の中の佛（の）教を聞（き）て、大（に）歡喜し、大—欲心生す。「我、何の時にか當（に）曇无竭菩薩の般若波羅蜜

萬三昧上。是故知、是大菩薩變化身。譬如下大海中龍死-相出時、如二菓熟應レ墮、金翅鳥則來食上レ之、衆生亦如レ是、行-業因緣熟故、大菩薩來度レ之」。尒時、薩陁波崙聞二空中佛教一、大歡喜、大-欲心生、「我何時當丙得レ見下曇无竭菩薩說二般若波羅蜜一者上、能令乙我心中愛見等諸煩惱箭出甲。」欲レ明二是事一故、此中佛說二毒箭譬喩一。如下人毒箭在レ身、更无二餘念一。一者苦-痛急、二者毒不二疾出一則遍二滿身中一而失上レ命、薩陁波崙亦如レ是、諸耶疑等箭入レ心、貪欲等毒塗レ箭、聞三曇无竭菩薩能拔二出此箭一、是人以二耶見箭毒傷一レ心、又畏下貪欲
⑭等毒遍入二身中一、奪二智慧命一、與二凡人一同死上、是故

（を）說（き）たまふ者を見たてまつること得て、能（く）我が心の中（の）愛見等の諸の煩惱の箭を出（て）令（め）ム。」と。是の事を明せむと欲（ふ）が故（に）、此が中に佛毒箭の譬喩を說（き）たまふ。人、毒の箭身に在（る）ときに、更（に）餘の念は无し。一（は）［者］、苦—痛急（がは）し、二（は）［者］、毒疾く出（て）不《ぬ》ときには、則（ち）身の中の遍滿して、［而］命を失（ひ）てム・といふが如（く）、薩陀波崙も亦（た）是（の）如（し）。諸の邪疑等の箭心に入（り）ぬるときには〈ィて〉、貪欲等の毒箭に塗れる、曇无竭菩薩のみ能（く）此の箭を拔（き）出（し）たまふべしと聞（き）て、是の人、邪見の箭の毒、心を傷るべきを以チ、又、貪欲
⑭等の毒遍く身の中に入（り）て、智慧の命を奪（ひ）て、凡人と

急欲レ見二曇无竭菩薩一、无二復餘念一。此中說レ斷二諸所有心一。所有心者取-相着。乃至善法中亦有二是病一。薩陁波崙目覩二佛身一、先所レ未レ見。從レ佛聞レ教、得二法喜一故、離二五欲喜一卽得二一切法中无㝵知見一。无㝵知見者、如二薩陁波崙力一。所レ得无㝵。非二佛无㝵一。是時得レ入二三昧門一。諸法性觀三昧者、能觀二一切諸法實性一。實性者如二先種種因緣說一。諸法性不可得三昧者、初得三昧、所レ謂空无生无滅。今得是三昧、則不レ着二是性一。不レ得二其決定相一。破諸无明三昧者、諸法於二凡夫人心中一以二无明因緣一故、耶-曲不-正。所レ謂常樂我淨。得二是三昧一故、常等顚倒相應无明破、但觀二

[與]同(し)く死ぬべきを畏(り)て、是(の)故(に)、急に曇无竭菩薩を見ムとのみ欲(ひ)て、復(た)餘の念は无し。此の中に、諸の所有の心を斷(つ)ことを說けり。所有の心といふは[者]、取—相着なり。乃至、善法の中に亦(た)是の病有(る)なり。薩陀波崙、目に佛身を覩たてまつるに、先より見未《(ず)》(ありし)所なり。佛に從(ひ)て教を聞きて、法喜を得るが故に、五欲の喜を離(れ)て、卽(ち)一切法の中の无㝵の知見を得。无見の知見といふは[者]、薩陀波崙の力の如し。得る所の无㝵なり。佛の无㝵には非(ず)。是の時に、三昧門に入(る)こと得。諸法性觀三昧といふは[者]、能く一切の諸法の實性を觀するなり。實性といふは[者]、先に種種の因緣をもて說(き)しが如(し)。諸法性不可得三昧といふは[者]、初(め)に得る三昧は、謂(ふ)所(の)、空无生无滅なり。今得る是の三昧は、則(ち)是の性に着(せ)不《ぬ》なり。其の決定の相を得不《(ぬ)》なり。破諸无明三昧といふは[者]、諸法は凡夫人の心の中に於て、无明の因緣を以(て)の故(に)、邪—曲不—正なり。謂(ふ)所(の)、常樂我淨とするなり。是の三昧を得るが故に、常等の顚倒と相應する无明破れる、但(た)一切の法は无常空无我なりとのみ觀す。問曰、若(し)是の菩薩一切法の中(の)无明を破セば、此の人は尙(ほ)復(た)佛をダに見(る)マ不《じ》。何を用(て)ぞ曇无竭菩薩の所に至る。答曰、无明を破すること、唯(た)一種のみには(あら)不。有(る)いは遮して起(こさ)令(め)

一切法无常空无我一。問曰、若是菩薩破二一切法中无明一、此人尚不二復見一レ佛。何用至二曇无竭菩薩所一。答曰破二无明一不二唯一種一。有遮不レ令レ起、亦名二爲破一。有得二諸法實相一故、破二无明一。又无明種-數甚多。有二菩薩所-破分一、有二佛所-破分一、有二小菩薩所破分一。大菩薩所破分、如二先說燈譬喩一。有須陁洹亦名レ破二无明一、乃至二阿羅漢方一是實破。大乘法中亦如レ是。新發心菩薩得二諸法實相一故、亦名レ破二无明一、乃至レ佛无明盡破、无レ餘。是故、薩陁波崙於二佛法中一、耶見无明、及我見、皆盡故、得レ名二破-无明三昧一无レ咎。諸法不異三昧者、得二是三昧一、觀二一切法一相一。所レ謂无相。

不《ぬ》(を)、亦(た)爲破(と)名(づ)く。有(る)いは諸法の實相を得(る)が故(に)、无明を破す。又、无明の種―數甚(た)多し。菩薩の所―破の分有(り)、佛の所―破の分有(り)、小菩薩の所破の分有(り)。大菩薩の所破の分は、先に說(き)し燈の譬喩の如(し)。有《また》〈右白又也〉須陀洹も亦(た)无明を破すと名(づ)く。[乃]阿羅漢方に至(るま)でに是れ實の破なり。大乘法の中にも亦(た)是(の)如し。新發心菩薩は、諸法の實相を得るが故(に)、亦(た)无明を破すと名(づ)く。[乃]佛に至(るま)でに无明を盡(く)破して餘(り)无(し)。是(の)故(に)、薩陀波崙は、佛法の中に[於]、邪見・无明、[及]我見におきて皆盡せるが故(に)、破―无明三昧と名(づくる)こと得るに咎无し。諸法不異三昧といふは[者]、是の三昧を得て、一切の法は一相なりと觀す。謂(ふ)所(の)无相なり。諸法不壞自在三昧といふは[者]、是の三昧を得て、一切法如なり、法性なり、實際なり、無爲の相なりと觀するが故(に)、不壞と名(づ)く。是の法を得已(り)て、自在に了了に諸法を知(る)こと得、佛道の爲の故(に)是の法を證(せ)不。諸法能照明三昧といふは[者]、[我]揔(總)相・別相を以て一切の法を知るなり。諸法離闇三昧といふは[者]、无明に二種有(り)。一(は)[者]厚、二(は)[者]薄。薄をは[者]无明と名(づ)く、厚をは[者]黑闇と名(づ)く。厚(の)无明を破するが故(に)、離闇と名(づ)く。先には薄の无明を破する〈ィし〉が故(に)、

諸法不壞自在三昧者、得二是三昧一、觀二一切法如・法性・實際・无爲相一故、名二不壞一。得二是法一已、得三自在了知二諸法一。爲二佛道一故、不レ證二是法一。諸法能照明三昧者、以二［我］摠相・別相一知二一切法一。諸法離闇三昧者、无明有二二種一。一者厚、二者薄。薄者、名二无明一、厚者、名二黒闇一。破二厚无明一故、名二離闇一。先破二薄无明一故、言二破諸法无明一。諸法无異相續三昧者、五衆念念滅、相似相續。生・死時⑮相續、生而不二相似一。得二是三昧一、知二諸法念念相續法不レ異。諸法不可得三昧者、卽是一切法空相應三昧。散華三昧者、得二是三昧一者、於二十方佛前一能以二七寶花一散レ佛。諸法无我三昧者、

破諸法无明と言（ふ）。諸法无異相續三昧といふは［者］、五衆念念に滅して、相ヒ似て相續す。生と死との時は⑮相續（し）て、生（し）て［而］相似（せ）不。是の三昧を得て、諸法の念念に相續する、法は〈ィする〉異（なら）不と知る。諸法不可得三昧といふは［者］、卽（ち）是れ一切法空と相應する三昧なり。散華三昧といふは［者］、是の三昧を得（る）ときには［者］、十方の佛の前にして［於］、能く七寶の花を以て佛に散す。諸法无我三昧といふは［者］、一切法は无我なりと觀す。如─幻威勢三昧といふは［者］、是の三昧を得るときには［者］、能く

観二一切法无我一。如‐幻威勢三昧者、得二是三昧一者、能種種變二化身一如二大幻師一、能引二導衆生一、發二希有心一、如二大幻師一、以二幻師力一故、能轉二一國人心一。得如鏡像三昧者、得二是三昧一者、觀下三界所有如二鏡中像一、虚誑不實上。得一切衆生言語三味者、得二是三昧一故、能解二一切衆生語言一。一切衆生歡喜三昧者、入二是三昧一、能轉二衆生瞋心一令二歡喜一。入分別音聲三昧者、入二是三昧中一、皆能分二別一切天人音聲大小・麁細等一。得種種語言字句莊嚴三昧者、得二是三昧一者、義理雖レ淺、能莊二嚴字句語言一、令二人歡喜一。何況深義。无畏三昧者、得二是三昧一者、不レ畏二一切魔民・外道

種種に身を變化すること大幻師の如（くして）、能く衆生を引導し（て）希有の心を發（さ）しむ。大幻師の如きは、幻師力を以（て）の故（に）、能く一國の人の心を轉す。得如鏡像三昧といふは［者］、是の三昧を得（る）ときには［者］、三界の所有は鏡中の像の如（く）して、虚誑不實なりと觀す。得一切衆生言語三昧といふは［者］、是の三昧を得るが〈ィときには〉故に、能く一切衆生の語言を解る。一切衆生歡喜三昧といふは［者］、是の三昧に入（り）て、能く衆生の瞋心を轉して歡喜セ令（む）。入分別音聲三昧といふは［者］、是の三昧の中に入（り）て、皆能く一切の天人の音聲（の）大小・麁細等を分別す。得種種語言字句莊嚴三昧といふは［者］、是の三昧を得るときには［者］、義理淺しと雖（も）、能く字句語言を莊嚴して人をして歡喜セ令（む）。何況深義におきては。无畏三昧といふは［者］、是の三昧を得（る）ときには［者］、一切の魔民・外道の論師［及］諸（の）煩惱を畏（り）不。性常嘿然三昧といふは［者］、是の三昧に入（り）ぬるときには［者］、常（に）嘿然して心を攝《を》さむ。衆生を度せむが爲の故（に）、聞（く）應き所に隨（ひ）て［而］音聲を出すこと、天の伎樂の意に應（し）て［而］出（づ）るが如し。得无导解脱三昧といふは［者］、是（の）三昧（を）得（る）ときには［者］、一切の法の中に於て无导の智慧を得。離塵垢三昧といふは［者］、是（の）三昧（を）得（る）ときには［者］、諸（の）煩惱（の）結使塵垢皆滅（し）ぬ。卽（ち）是れ无生法忍

論師及諸煩惱一。性常嘿然三昧者、入二是三昧一者、常嘿然攝レ心。爲レ度二衆生一故、隨レ所レ應レ聞而出二音聲一、如二天伎樂應レ意而出一。得无导解脱三昧者、得二是三昧一者、於二一切法中一得二无导智慧一。離塵垢三昧者、得二是三昧一者、諸煩惱結使塵垢皆滅。卽是无生法忍三昧。名字語句莊嚴三昧者、得二是三昧一者、能種種莊嚴偈句語言説レ法。見諸法味者、入二是三昧一者、以二見世諦及第一義諦一知二諸法一。諸法无导頂三昧者、如下人在二山頂一遍觀中四方上、菩薩住二是三昧中一、普見二一切諸法一无导。如虚空三昧者、入二是三昧一者、身及外-法、皆如二虚空一、皆得二自在一。如金剛三昧者、如三金

三昧なり。名字語句莊嚴三昧といふは［者］、是（の）三昧（を）得（る）ときには［者］、能く種種の莊嚴偈句語言をもて法を説く。見諸法三昧といふは［者］、是の三昧に入（り）ぬるときには［者］、見世諦［及］第一義諦を以て諸法を知る。諸法无导頂三昧といふは［者］、如（へ）ば人山頂に在（る）ときに、遍く四方を観るが（ごと）く〈再讀〉、菩薩是の三昧の中に住（し）ぬるときに、普く一切の諸法を見（る）こと无导なり。如虚空三昧といふは［者］、是の三昧に入（り）ぬるときには［者］、身［及］外—法、皆虚空の如（く）にして、皆自在なることを得。如金剛三昧といふは［者］、金剛の能く諸の山を破るが如く、是の三昧も亦（た）是（の）如（し）。能く六波羅蜜を障导する法を破して、直に佛道に至（ら）しむ。不畏着色三昧といふは［者］、是（の）三昧（を）得（る）ときには［者］、乃至天の色にすら尙（ほ）着（セ）不。何況餘の色には。得—勝三昧といふは［者］、所作有（ら）ムと欲（ふ）ときに、皆能（く）勝（つ）こと得て負《マ》ケ不。轉眼三昧といふは［者］、是（の）三昧（を）得（る）ときには［者］、魔［及］魔民の、菩薩の短を見ムと欲（ふ）者〈右白人〉、之を轉して好の見を作サ令（む）。畢法性三昧といふは［者］、是の三昧（を）得（る）ときには［者］、一切の法は畢〈右白定也〉（め）て法性の中に入れりと見る。能與安隱三昧といふは［者］、是（の）三昧（を）得（る）ときには、

剛能破二諸山一、是三昧亦如レ是。能破下障二㝵六波羅蜜一法上、直至二佛道一。不畏着色三昧者、得二是三昧一者、乃至天色尚不レ着。何況餘色。得‐勝三昧者、欲レ有二所作一、皆能得レ勝不レ負。轉眼三昧者、得二是三昧一者、魔及魔民、欲レ見二菩薩短一者、轉レ之令レ作二好見一。畢法性三昧者、得二是三昧一者、見三一切法畢入二法性中一。能與安隱三昧者、得二是三昧一

⑯雖下往二來六道一廻轉上、自知三必當二作レ佛安樂无レ憂。師子吼三昧者、入二是三昧一者、皆能降二伏一切魔民外道一、无二敢當者一。勝一切衆生三昧者、得二是三昧一、於二一切衆生一最勝。一切有二二種一。一者名字一切、二者實一切。於二三界一着‐心凡夫、及

---

⑯六道に往來し廻轉すと雖も、自（ら）必（ず）當（に）佛と作（り）て、安樂にして憂（ひ）无（く）あるべしと知る。師子吼三昧といふは［者］、是の三昧（に）入（り）ぬるときには［者］、皆能（く）一切の魔民・外道を降伏して、敢て當（た）る者〈右白人〉无（く）あらしむ。勝一切衆生三昧といふは［者］、是の三昧（を）得（る）ときには、一切衆生に於（て）最勝なり。一切に二種有（り）。一（は）［者］、名字の一切、二（は）［者］、實の一切（なり）。三界に於て着―心ある凡夫と、［及］聲聞・辟支佛と、［及］初發意と、是の三昧を得未《ぬ》者〈右白人〉の中におきて

聲聞・辟支佛、及初發意、未レ得二是三昧一者中勝故、言二一切一。華莊嚴三昧者、得二是三昧一者、見下十方佛坐二七寶蓮花上一於二虛空中一、雨中寶蓮花於二諸佛上上。斷疑三昧者、得二是三昧一者、雖レ未レ得レ佛、能斷二一切衆生所疑一。隨一切堅固三昧者、諸法實相名二堅固一。得二是三昧一者、隨二諸法實相一不レ隨二餘法一。出諸法得神通力无畏三昧者、得二是三昧一者、過二出一切凡夫法一、得二菩薩六神通・十力・四无所畏一。能達諸法三昧者、得二是三昧一乃至諸法如・法性・實際中、通二達不―住一、乃至諸法平等。諸法財印三昧者、財名二善法一。印者名レ相。如下人得二印授一无中敢陵―易上、菩薩得二善法財印一、亦

勝（れ）たる故に、一切と言（ふ）。華莊嚴三昧といふは［者］、是（の）三昧（を）得るときには［者］、十方の佛、七寶の蓮花の上に坐（し）たまひて、虛空の中にして［於］寶蓮花を諸佛の上に［於］雨（る）と見る。斷疑三昧といふは［者］、是（の）三昧（を）得（る）ときには［者］、佛を得未《ず》と雖（も）能く一切衆生の所疑を斷す。隨一切堅固三昧といふは［者］、諸法の實相を堅固と名（づ）く。是（の）三昧を得（る）ときには［者］、諸法の實相に隨（ひ）て、餘の法に隨（は）不。出諸法得神通力无畏三昧といふは［者］、是（の）三昧（を）得（る）ときには［者］、一切の凡夫の法を過出して、菩薩の六神通・十力・四无所畏を得。能達諸法三昧といふは［者］是（の）三昧（を）得（る）ときには［者］、乃至、諸法の如・法性・實際の中に不―住を通達し、乃至、諸法におきて平等なり。諸法財印三昧といふは［者］、財をは善法に名（づ）く。印をは［者］相に名（づ）く。人、印授（せ）らるること得ツるときには、敢て陵―易するひと无（し）といふが如く、菩薩、善法財の印を得ツるときには、亦（た）爲に留難を作ること能（は）不［者］。諸法无分別見三昧といふは［者］、若（し）諸法を分別するときには、卽（ち）憎愛の心を生す。是の三昧を得（る）ときには［者］、一切の法を觀するに、分別を作（さ）不。離諸見三昧といふは［者］、見といふは［者］、六十二邪見、［及］色等の法の中（の）取―相、乃至、佛見・法見・僧見・涅槃見を、皆名（づけて）見と爲す。所以者何（に）、

不レ能三爲作二留難一者。諸法无分別見三昧者、若分二別諸法一、卽生二憎愛心一。得二是三昧一者、觀二一切法一不レ作二分別一。離諸見三昧者、見者、六十二耶見、及色等法中取-相、乃至佛見・法見・僧見・涅槃見、皆名爲レ見。所以者何、取-相能生二着心一故。離一切相三昧者、卽是无相解脫門相應三昧。離一切着三昧者、離二一相相一故、於二一切法一亦不レ着。除一切懈怠三昧者、得二是三昧一者、如二此中說一、乃至七歲不レ坐不レ臥。菩薩得二是三昧一常无二懈怠心一、乃至レ得レ佛、初不二止息一。得深法明三昧者、深法名二諸佛法一切智慧等一。菩薩得二是三昧一故、能遥見二佛法一、思惟壽量、知二深妙无

取‐相（は）能く着心を生すが故（になり）。離一切相三昧といふは［者］、卽（ち）是れ无相解脫門と相應する三昧なり。離一切着三昧といふは［者］、一相の相を離（る）るが故（に）、一切の法に於て亦（た）着（せ）不。除一切懈怠三昧といふは［者］、是の三昧（を）得（る）ときには［者］、此が中に說（く）が如（し）、乃至、七歲マ（で）に坐セ不、臥（せ）不。菩薩（は）、是の三昧を得（る）ときには、常（に）懈怠心无く、［乃］佛を得るに至（るま）でに、初（め）より止息セ不。得深法明三昧といふは［者］、深法といふをは諸佛法の一切智慧等に名（づ）く。菩薩、是の三昧を得るが故（に）、能く遥（か）に佛法を見て、思惟し籌量して、深妙无比なりと知る。不可奪三昧といふは［者］、是の三昧を得るときには［者］、菩薩の法を行するときに、能く其の志を奪フもの［者］无し。破魔三昧といふは［者］、是の三昧力を得（る）ときには［者］、魔は是れ欲界主なりと雖（も）、菩薩は人身を以て能く魔事を破す。不着三界三昧といふは［者］、是（の）三昧（を）得（る）ときには、身三界の中に在（り）と雖（も）、心常に涅槃に在（る）が故（に）着（せ）不。起光明三昧といふは［者］、是（の）三昧（を）得（る）ときには［者］、能（く）

比一。不可奪三昧者、得二是三昧一者、行二菩薩法一、无下能奪二其志一者上。破魔三昧者、得二是三昧力一、魔雖二是欲界主一、菩薩以二人身一能破二魔事一。不着三界三昧者、得二是三昧一、身雖レ在二三界中一、心常在二涅槃一故不レ着。起光明三昧者、得二是三昧一者、能放二

⑰无量光明一、照二於十方一。見諸佛三昧者、得二是三昧一、雖レ未レ得二天眼・天耳一、而能見二十方諸佛一、聞二十方諸佛所說法一、諮二問所疑一。薩陁波崙住二如レ是等三昧中一、即二見十方无量阿僧祇諸佛、諸佛在二大衆中一、爲二諸菩薩一說二般若波羅蜜一。

經是時、十方諸佛安二慰薩陁波崙菩薩一言、「善哉善哉、善男子、我等本行二菩薩道一時、求二般若波

⑰无量の光明を放（ち）て十方を照（ら）す。見諸佛三昧といふは［者］、是（の）三昧（を）得（る）ときには［者］、天眼・天耳を得未《ず》と雖（も）、［而］能く十方の諸佛を見たてまつり、十方の諸佛の所說の法を聞き、所疑を諮問す。薩陀波崙、是（の）如（き）等の三昧の中に住して、即（ち）十方无量阿僧祇の諸佛と、諸佛の大衆の中に在《いま》して、諸菩薩の爲に般若波羅蜜（を）說（き）たまふとを見たてまつる。

【經】是の時に、十方（の）諸佛、薩陀波崙菩薩を安慰して言（は）く、「善哉、善哉、善男子、我等本《もと》菩薩の道を行しし時に、般若波羅蜜を求（め）しときに、是の諸の三昧を得しこと、亦（た）汝が今の所得の如くしき。我等是の諸の三昧を得て、善（く）般若波羅蜜に入リ、方便力成就し、阿鞞跋致地に住す。我

羅蜜一、得二是諸三昧一、亦如二汝今所得一。我等得二是諸三昧一、善入二般若波羅蜜一、成二就方便力一、住二阿鞞跋致地一。我等觀二是諸三昧性一、不レ見レ有下法出二三昧一入二三昧一者上。亦不レ見下行二佛道一者上。亦不レ見下得二阿耨多羅三藐三菩提一者上。善男子、是名二般若波羅蜜一。所レ謂不レ念レ有二是諸法一。善男子、我等於二无所念法中一住、得二是金色身・丈光明・卅二相・八十隨形好・不可思議智慧・无上戒・无上三昧・无上智慧一、知二一切一、功德皆悉具足。一切功德具足故、佛尚不レ能二取レ相說盡一。何況聲聞辟支佛、及諸餘人。以レ是故、善男子、於二是佛法中一、倍應三恭敬愛念生二清淨心一。於二善知識中一、應レ生二如レ

等是の諸の三昧性を觀たまふをもて、法、三昧を出（て）テ三昧に入る者《もの》有（り）と見不。亦（た）佛道を行する者をも見不。亦（た）阿耨多羅三藐三菩提を得る者をも見不。善男子、是を般若波羅蜜と名（づく）。謂（ふ）所（の）是（の）諸法有（り）と念（は）不《ぬ》なり。善男子、我等は无所念の法の中に於て住して、是の金色の身・丈光明・卅二相・八十隨形好・不可思議（の）智慧・无上戒・无上三昧・无上智慧を得《ウ》、一切を知リ、功德皆悉く具足せり。一切の功德具足せるが故（に）、佛すら尚（ほ）相を取（り）て說き盡（くし）たまふこと能（ふ）不《マ》じ。何況聲聞・辟支佛、［及］諸の餘の人は。是を以（て）の故（に）、善男子〈呼〉、是の佛法の中に［於］、倍す恭敬し愛念し、清淨の心を生す應（し）。善知識の中に［於］、佛の如（し）といふ想を生す應（し）。何以故（に）、善知識の爲（に）守護（せ）らるるが故に、菩薩疾く阿耨多羅三藐三菩提（を）得（たまふ）をもて」とのたまふ。是（の）時（に）、薩陀波崙菩薩十方の諸佛に白（し）て言（さ）く、「何等か是れ我が善知識、親近し供養（し）たてまつる應き所の者〈右白人〉」とまうす。十方の諸佛、薩陀波崙菩薩（に）告（げて）言（はく）、「汝、善男子〈呼〉、曇无竭菩薩は、世世に教化して、汝を阿耨多羅三藐三菩提に成就（せ）しめたり。曇无竭菩薩は、汝を守護し、汝に般若波羅蜜と方便に力とを教すべし。是れ、汝が善知識なり。汝、曇无竭菩薩を供養（し）たてまつらムこと、若（し）一劫、若（し）二（劫）、若（し）三劫、

佛想一。何以故、爲二善知識一守護故、菩薩疾得二阿耨多羅三藐三菩提一。」是時、薩陁波崙菩薩白二十方諸佛一言、「何等是我善知識、所レ應二親近供養一者」。十方諸佛告二薩陁波崙菩薩一言、「汝善男子、曇无竭菩薩世世教化、成二就汝阿耨多羅三藐三菩提一。曇无竭菩薩守二護汝一、教二汝般若波羅蜜・方便力一。是汝善知識。汝供二養曇无竭菩薩一、若一劫、若二、若三劫、乃至過二百劫一。頂戴恭敬。以二一切樂具、三千世界中所レ有妙色聲香味觸一盡以供養、未三能報二須臾之恩一。何以故、曇无竭菩薩摩訶薩因緣故、令三汝得二如レ是等諸三昧、得二般若波羅蜜方便力一。」諸佛如レ是教二

乃至、百劫過（ぎ）てもすべし。頂に戴きて恭敬（し）たてまつるべし。一切の樂具、三千世界の中の有（ら）所（る）妙なる色聲香味觸を以て、盡（く）して以て供養（し）たてまつるとも、能く須臾の［之］恩をダ（に）報（ゆ）［マ］未《マ》じ。何以故（に）、曇无竭菩薩摩訶薩の因緣の故（に）、汝をして是（の）如（き）等《（ら）》の諸の三昧を得令め、般若波羅蜜と方便力とを得しむるをもて。」とのたまふ。諸佛　是（の）如く薩陀波崙菩薩を教化し安慰して、歡喜（せ）〈ィしめ〉令め已（り）て、忽然に見（え）たまは不《（ず）》なりき。

大智度經卷第九十七

天平六年歲次甲戌十一月廿三日寫播磨國賀茂郡既多寺

民直次甲

化安三慰薩陁波崙菩薩一、令二歡喜一已、忽然不レ見。

大智度經卷第九十七

天平六年歳次甲戌十一月廿三日

寫播磨國賀茂郡既多寺

民直次甲

第二章　第三種點

第一節　巻第十三

①大智度論釋初品尸羅波羅蜜上第十六　十三

罪不罪不可得故、應三具二足尸羅波羅蜜一。」尸羅〈秦言性善〉好行二善道一、不二自放逸一、是名二尸羅一。或受レ戒行レ善、或不レ受レ戒行レ善、皆名二尸羅一。尸羅者、略說、身口律儀有二八種一。不二惱害一、不二劫盜一、不二邪婬一、不二妄語一、不二兩舌一、不二惡口一、不二綺語一、不二飲酒一、及淨命、是名レ戒。若不レ護放捨、是名二破戒一。破二此戒一者、墮二

---

①大智度論釋初品尸羅波羅蜜上第十六　十三

罪（と）不罪（とは）不可得（な）る故（に）、尸羅波羅蜜具足（す）應（し）。尸羅〈秦言性善〉好く善道を行し、自（ら）放逸（なら）不《ヌ》、是を尸羅と名（づく）。或は戒（を）受（けて）、善を行（し）、或（は）戒（を）受け（け）不（して）善（を）行（する）、皆尸羅と名（づく）。尸羅といふ者《は》、略（し）て説くに△、身（と）口（との）律儀（にして）、八種有（り）。惱害（せ）不《ず》、劫盜（せ）不《ず》、邪婬（せ）不《ず》、妄語（せ）不《ず》、兩舌（せ）不《ず》、惡口（せ）不《ず》、綺語（せ）不《ず》、飲酒（せ）不《ず》、［及］淨命（なる）是を戒と名（づ）く。若（し）護（ら）不《ず》して放捨（する）、是を破戒と名（づく）。此の戒を破する者は、三惡道の中に墮ツ。若（し）下に持戒（するは）人中に生（まれ）、中に持戒するは

三悪道中一。若下持戒生二人中一、中持戒生二六欲天中一。上持戒、又行二四禪・四空定一、生二色・无色界清淨天中一。上持戒有二三種一。下清淨持戒得二阿羅漢一。中清淨持戒得二辟支佛一。上清淨持戒得二佛道一。不レ著不レ猗、不レ破不レ缺、聖所二讃愛一。如レ是名爲二上清淨一。若慈二愍衆生一故、爲レ度二衆生一故、亦知二戒實相一故、心不二猗著一。如レ此持戒、令三人至二佛道一。如レ是名爲下得二无上佛道一戒上。若人求二大善利一、當堅持戒如レ惜二重寶一、如レ護二身命一。何以故、譬如二大地一切萬物有形之類、皆依レ地而住一、戒亦如レ是。戒爲二一切善法住處一。復次、譬如二无レ足欲レ行、无レ翅欲レ飛、无レ船求レ渡、是不可得一、若无戒欲レ求二

六欲天の中に生（まる）。上に持戒し、又、四禪・四空定を行（する）は、色・无色界の清淨天の中に生（ま）る。上の持戒に三種有リ。下清淨の持戒は、阿羅漢を得《う》。中の清淨の持戒は、辟支佛を得《う》。上の清淨の持戒は、佛道を得《う》。著（か）不《ず》、猗（ら）不《ず》、破（ら）不《ず》、缺（か）不《ず》（あるは）、聖（の）讃愛（する）所（なり）。是（の）如（きを）名（づけ）て、上清淨と爲《す》。若（し）衆生を慈愍する故に、衆生を度（さ）むが爲の故に、亦（た）戒の實相を知（る）故に、心猗著（せ）不《ず》。此の如き持戒は、人をして佛道に至（ら）令《し》む。是の如（き）を名（づけ）て、无上の佛道を得る戒と爲《す》。若（し）人の大（きなる）善利を求（むる）、當（に）堅く持戒すること、重寶を惜（しむ）ガ如く、身命を護るガ如（く）すべし。何以故、譬（へ）ば大地には一切の萬物有形（の）[之]類、皆地に依（り）て[而]住するガ如く、戒も亦（た）是の如し。戒を一切の善法の住處（と）爲《す》。復次、譬（へ）ば、足无くして行（か）むと欲ヒ、翅无くして飛（は）むと欲ヒ、船无くして渡（ら）むと求（む）る、是ガ不可得（な）るガ如く、若（し）无戒にして、好果を求（め）むと欲フも、亦復（た）是の如（し）。若（し）人の此の戒を棄捨するは、山に居て共行し、菓を食ひ、藥を服むと雖（も）、禽獸と[與]異（なる）こと无（し）。或有る人は但（た）水を（のみ）服（み）て戒と爲《す》。或は乳を服し、或は氣を服し、或（は）髪を剃リ、或（は）髪を長くし、或は頂の上に少し許《はかり》の髪を留め、

好果一、亦復如レ是。若人棄二捨此戒一、雖二山居共行、食レ菓服レ藥、與二禽獸一无レ異。或有人但服レ水爲レ戒。或服レ乳、或服レ氣、或剃レ髪、或長レ髪、或頂上留二少許髪一、或著二袈裟一、或著二白衣一、或著二草衣、或木皮衣一、或冬入レ水、或夏火炙、若自墜二高巖一、若於二恆河中一洗、若日三浴、再供二養火一、種種祠-禮、種種

②呪願、受二行苦行一、以レ无二此戒一、空无レ所レ得。若有人雖下處二高堂大殿一好衣美食上、而能行二此戒一者、得レ生二好處一、及得二道果一。若貴、若賤、若小、若大、行二此淨戒一、皆得二大利一。若破二此戒一、无レ貴无レ賤、无レ大无レ小、皆不レ得三隨レ意生二善處一。復次、破戒之人譬如下清涼池而有二毒蛇一、不中中澡浴上。亦如三好華菓樹

或は袈裟を著《き》、或は白衣を著《き》、或は草衣を、或は木皮衣を著《き》、或は冬水（に）入（り）、或（は）夏火に炙（り）、若（しは）自（ら）高き巖より墜チ、若（しは）恆河の中に［於］洗ひ、若（しは）日に三（た）ヒ浴《（あ）》み、再ビ火に供養し、種種に祠-禮し、種種に

②呪願し、苦行を受行すレども、此の戒无きを以（て）、空（し）くして、得（る）所无（し）。若（し）有る人は高堂大殿に處て、好衣美食すと雖（も）、［而］能（く）此の戒を行する者は、好處に生（まるる）こと得《え》、［及］道果を得《う》。若（しは）貴（く）も（あ）レ、若（しは）賤（しく）も（あ）レ、若（しは）小（さくもあ）レ、若（しは）大（きくもあ）レ、此の淨戒を行フは、皆大利を得《う》。若（し）此の戒を破（り）ツるときは、貴（と）无く、賤（と）无く、大（と）无く、小（と）无く、皆意に隨（ひ）て善處（に）生（まるる）こと得《え》不《ず》。復次、破戒の人は、譬（へ）ば、清涼の池（に）［而］毒蛇有るとき、中に澡浴せ不《ヌ》ガ如し。亦（た）好華の菓樹に［而］逆—刺多きガ如し。若（し）人の貴

而多二逆‐刺一。若人雖下在二貴家一生、身體端政、廣學多聞上、而不レ樂二持戒一、无二慈愍心一、亦復如レ是。如二偈說一。

「貴而无レ智則爲レ衰、智而憍慢亦爲レ衰。
持戒之人而毀戒、今世後世一切衰。」

人雖二貪賤一而能持戒、勝二於富貴而破戒者一。華香・木香不レ能二遠聞一。持戒之香、周二遍十方一。持戒之人具二足安樂一、名聲遠聞、天人敬愛。現世常得二種種快樂一。若欲二天上・人中富貴長壽一、取レ之不レ難。持戒清淨、所願皆得。復次、持戒之人、見二破戒人刑獄考掠、種種苦惱一、自知三永二離此事一、以爲二欣慶一。若持戒之人、見三善人得二譽名聞快

家に在（り）て、生（まれ）て身體端政なり、廣く學し多（く）聞（け）ども［雖・而］、持戒（を）樂（は）不《ヌ》は、慈愍の心无（き）ことも亦復（た）是の如し。偈に說（く）ガ如し。

「貴にして［而］智无（き）をは則（ち）衰と爲《す》。智あれども［而］憍慢（な）るをは、亦（た）衰と爲《す》。
持戒の［之］人（な）レども、［而］毀戒（な）るは、今世後世に一切衰フ・となり。」

人貪賤なりと雖（も）、［而］能く持戒するは、［於］富貴にして［而］破戒する者《ひと》には勝（れ）たり。華香・木香は遠く聞《かが》（ゆ）ること能は不《ず》。持戒の［之］香は十方に周偏す。持戒の［之］人は、安樂具足し、名聲遠く聞（こ）エ、天人に敬愛（せら）る。現世に常に種種の快樂を得《う》。若（し）天上・人中の富貴長壽を欲（ふ）とも、之を取るに難（くあら）不《ず》。持戒清淨（なる）人は、所願皆得《う》。復次、持戒の［之］人は、破戒の人の刑獄に考掠（せら）レ、種種に苦惱するを見て、自（ら）此の事を永離せりと知（り）て、以て欣慶することを爲《す》。若（し）持戒の［之］人は、善人の譽名聞快樂を得るを見て、心に自（ら）念（し）て言はく、「彼ガ譽（れ）を得るガ如くは、我も亦（た）分有リ。持戒の［之］人は、壽終の［之］時に、刀風身を解《ト》き、筋脈斷絕（す）レども、自（ら）持戒清淨なりと知（り）て、心怖（り）畏（り）不《ず》。偈に說（く）ガ如し。

「大惡病の中には、戒を良藥と爲《す》。大恐怖の中（に）は、戒を守

樂一、心自念言、「如二彼得レ譬、我亦有レ分。持戒之人壽終之時、刀風解レ身、筋脉斷絕、自知二持戒清淨一、心不二怖畏一。如二偈說一。

「大惡病中、戒爲二良藥一。大恐怖中、戒爲二守護一。
死暗冥中、戒爲二明燈一。於二惡道中一、戒爲二橋梁一。
死海水中、戒爲二大船一。」

復次、持戒之人、常得三今世人所二敬養一、心樂不レ悔。衣食无レ足。死得レ生レ天、後得二佛道一。持戒之人无二事不一レ得。破戒之人一切皆失。譬如下有人常③供二養天一。其人貧窮、一心供養滿二十二歲一、求二索富貴一。天愍二此人一、自現二其身一、而問レ之曰、『汝求二何等一』答言、『我求二富貴一、欲レ令二心之所願一切皆得一』

護と爲《す》。
死暗冥の中には、戒を明燈と爲《す》。惡道の中には［於］、戒を橋梁と爲《す》。
死海水の中には、戒を大船と爲《す》。」

復次、持戒の［之］人は、常に今世に人に敬養（せ）所るることを得て、心樂（しく）して悔（い）不《ず》。衣食足（る）こと无し。死して天（に）生（まるる）こと得《（え）》［う］（て）、後に佛道を得《う》。持戒の［之］人は、事として得不《ず》といふこと无し。破戒の［之］人は、一切皆失す。譬（へ）ば、有る人常に③天を供養す。其の人貧窮（なれども）、一心にして供養すること、十二歳を滿（し）て、富貴を求索す。天此の人を愍（み）て、自（ら）其の身を現（し）て、［而］之に問（ひ）て曰《イ》はく、『汝何等をカ求（む）る。』と。答（へて）言（はく）、『我レ富貴を求（め）て、心（の）［之］所願を、一切皆得しめむ・とおもふ［欲・

天與二一器一。名曰二德瓶一。而語レ之言、『所須之物從二此瓶一出。』其人得已、應二意所欲一、无二所不レ得。得二如意一已、具作二好舍・象馬・車乘一、七寶具足、供二給賓客一、事事无レ乏。客問レ之言、『汝先貧窮。今日所由得二如レ此富一。』答言、『我得二天瓶一。瓶能出二此種種衆物一。故富如レ是。』客言、『出レ瓶見示、并所出物。』卽爲出レ瓶、瓶中引二出種種衆物一。其人憍-泆、立二瓶上一橆、瓶卽破壞、一切衆物、亦一時滅上。持戒之人亦復如レ是。種種妙樂、无二願不レ得。若人破レ戒憍泆、自恣亦復如二彼人破レ瓶失レ利。復次、持戒之人名稱之香、今世後世、天-上及在二人中一。復次、持戒之人、人所樂施、不レ惜二財物一。不レ修二世利一。而无レ

令」』といふ。天一器を與（へ）ッ。名をは德瓶と曰フ。［而］之に語（りて）言《イ》（ひ）しく、『所須の［之］物は、此の瓶より「從」出ヅ。』と。其の人は、得已（り）て、意の所欲に應（し）て、得不《ず》といふこと［所］无し。如意を得ること已（り）て、具に好舍・象馬・車乘を作リ、七寶具足して、賓客を供給するに、事事乏（しき）こと无し。客イ之を問（ひ）て言《イ》はく、『汝、先に貧窮なりき。今日に所《何也》に由（りて）ぞ此の如き富を得る。』（と）。答（へて）言（はく）、『我（れ）天瓶（を）得たり。瓶イ能（く）此の種種の衆物を出す。故に富（め）ること是の如し。』と。客言（ひ）しく、『瓶を出（し）て見に示し、并（せて）所の物をも（「物」の右の假名の書き込みあれど、讀めず。『國譯一切經』「瓶を出し、并に出す所の物を示されよ・と」）』（と）。卽（ち）爲（に）瓶を出し、瓶の中より種種の衆物を引（き）出す。其の人憍-泆（と）ホコリて、瓶の上に立（ち）て、舞（原文橆）（ひ）しカば、瓶卽（ち）破壞（し）、一切の衆物、亦（た）一時に滅（し）き・といふガ如く、持戒の［之］人も亦復（た）是の如し。種種の妙樂、願（ひ）て得不《ず》といふこと无し。若（し）人の戒を破（り）て、憍-泆して自（ら）恣《(ほし)》き（ままな）るは、亦復（た）彼の人の瓶を破（り）て、利を失（ひ）ッるガ如し。復次、持戒の［之］人は、名稱の［之］香（は）、今世・後世に、天-上、［及］人中に在リ。復次、持戒の［之］人は、人の所樂を施するに、財物を惜（しま）不《ず》。世の利を修（め）不《ず》。而も乏（し）き

所ㇾ乏。得ㇾ生㆓天上㆒、十方佛前、入㆓三乘道㆒而得㆔解㆓脱唯種種邪見㆒。持戒後无ㇾ所ㇾ得。復次、若人雖ㇾ不㆓出家㆒、但能修㆓行戒法㆒、亦得ㇾ生ㇾ天。若人持戒清淨、行㆓禪定智慧㆒、欲㆔求度㆓脱老病死苦㆒、此願必得。持戒之人、雖ㇾ无㆓兵杖㆒、衆惡不ㇾ加。持戒之財、无㆒能奪者㆒。持戒親親、雖ㇾ死不ㇾ離。持戒莊嚴勝㆓於七賢㆒。以㆓是之故㆒、當護㆓於戒㆒如ㇾ護㆓身命㆒。如ㇾ愛㆓寶物㆒。破戒之人受苦萬端。如㆘向貪人破ㇾ瓶失ㇾ物。復次、持戒之人、觀㆓破戒人罪㆒、應㆘自勉㆓勵一心㆒持戒㆖。云何名爲㆓破戒人罪㆒。破戒之人、人所ㇾ不ㇾ敬。其家如㆓塚人所ㇾ不ㇾ到。破戒之人失㆓諸功德㆒。譬如㆔枯樹人不㆓愛樂㆒。破戒之人如㆓霜蓮華人

所无し。天上（に）生（まるる）こと得《え》、十方の佛前にして、三乘の道に入（り）て、［而］唯種種の邪見を解脱すること得《う》。持戒の後には、得（る）所无し。復次、若（し）人出家（せ）不《ず》と雖（も）、但（た）能く戒法を修行するとき、亦（た）天に生（まるる）こと得《う》。若（し）人（の）持戒清淨にして、禪定智慧を行（し）テ、老病死の苦を度脱（せ）むと欲求するときは、此の願必ず得《う》。持戒の［之］人は、兵仗（原文「杖」）无しと雖（も）、衆の悪加（へ）不《ず》。持戒の［之］財は、能く奪フ者《もの》无し。持戒の親親は死（ぬと）雖（も）離（れ）不《ず》。持戒の莊嚴は、七寶に［於］勝（れ）たり。是の［之］故を以て、當に戒を［於］護（る）こと、身命を讓るガ如（く）すべし。寶物を愛するガ如（く）すべし。破戒の［之］人は、受［く］苦萬端なり。向《（さ）き》の貪人の瓶を破（り）て、物を失（ひ）ツるガ如し。復次、持戒の［之］人は、破戒の人の罪を觀て、自（ら）一の心を勉《スヽ》ミ勵《ハケ》ミて、持戒（せ）しむべし［應］。云何（なる）をカ名づけて破戒の人の罪と爲《す》る。破戒の［之］人は、人の敬（せ）不《ず》（あ）る所なり。其の家は塚に人の到ら不《ず》（あ）る所（な）るガ如し。破戒の［之］人は、諸の功德を失す。譬（へ）ば、枯樹の人に愛樂（せられ）不《ヌ》ガ如し。破戒の［之］人は霜にウタレタる蓮華の人に

④不レ喜レ見。破戒之人悪心可畏。譬如二羅刹一。破戒之人人不二歸向一。譬如二渇人不レ向二枯井一。破戒之人心常疑悔、譬如三犯レ事之人常畏二罪至一。破戒之人如二田被レ雹不レ可二依仰一。破戒之人譬如下苦苽雖三形似二甘種一、而不上レ可レ食。破戒之人如二賊聚落不レ可二依止一。破戒之人譬如二大病人不レ欲レ近。破戒之人不レ得レ勉レ苦。譬如二悪道難レ可レ得レ過。破戒之人不レ可二共止一。譬如二悪賊難レ可二親近一。破戒之人譬如二火坑行者避レ之。破戒之人難レ可二共住一。譬如二毒蛇一。破戒之人不レ可二近觸一。譬如二大火一。破戒之人譬如二破船不レ可二乘渡一。破戒之人譬如二吐食不レ可二更噉一。破戒之人在二好衆中一、譬如三悪馬

---

④見むと喜（はれ）不《ヌ》ガ如し。破戒の［之］人は悪心可畏なり。譬（へ）ば、羅刹の如し。破戒の［之］人は、人に歸向（せら）レ不《ず》。譬（へ）ば渇人の枯井に向（か）は不《ヌ》ガ如し。破戒の［之］人は、心常に疑悔すること、譬（へ）ば事を犯（せ）る［之］人の、常に罪の至（ら）むことを畏（る）るガ如し。破戒の［之］人は、田の雹を被（り）て、依（り）仰く可く（あら）不《ヌ》ガ如し。破戒の［之］人は、譬（へ）ば、苦《にが》き瓜（原文草冠あり）の、形は甘種に似（れ）リと雖（も）、食（ふ）可（くあら）不《ヌ》ガ如し。破戒の［之］人は、賊の聚落の依止す可（くあら）不《ヌ》ガ如し。破戒の［之］人は、譬（へ）ば、大病の人は、近（づか）むと欲（は）レ不《ヌ》ガ如し。破戒の［之］人は、苦を勉（かるる）こと得不。譬（へ）ば、悪道の過（くる）こと得可きこと難きガ如し。破戒の［之］人には、共止す可（くあら）不《ず》。譬（へ）ば、悪賊の親近す可きこと難きガ如し。破戒の［之］人は、譬（へ）ば、火の坑を［に］行く者《ひと》の、之を避（く）るガ如し。破戒の［之］人は、共住す可きこと難し。譬（へば）、毒蛇の如（し）。破戒の［之］人は、近（づ）き觸（る）可く（あら）不《ず》。譬（へば）大火の如し。破戒の［之］人は、譬（へ）ば、破（れた）る船の、乘（り）て渡る可（くあら）不《ヌ》ガ如し。破戒の［之］人は、譬（へ）ば、吐（原文「坐」、天の餘白に訂正）食の更（に）噉（む）可（くあら）不《ヌ》ガ如し。破戒の［之］人は、好衆の中に在ること、譬（へ）ば、悪馬の善馬群の中に在るガ如し。破戒の［之］人は、

在二善馬群中一。破戒之人與二善人一異、如三驢在二牛群一。破戒之人在二精進衆一、譬如三瘖兒在二健人中一。破戒之人雖レ似二比丘一、譬如三死尸在二眠人中一、破戒之人、譬如三僞珠在二眞珠中一。破戒之人譬如三伊蘭在二旃檀林中一。破戒之人雖三形似二善人一、內无二善法一。雖三復剃レ頭染レ衣、次第捉レ籌名爲二比丘一、實非二比丘一。破戒之人、著二法衣一、則是熱銅・鐵葉以纏二其身一。若持二鉢干一、則是盛二洋銅一器。若所レ噉食、則是呑二燒鐵丸一、飮二熱洋銅一。若受二人供養・供給一、則是地獄獄卒守レ之。若入二精舍一則是入二大地獄一。若坐二衆僧床榻一、是爲レ坐二熱鐵床上一。復次、破戒之人常懷二怖懅一。如三重病人常畏二死至一。

善人と［與］異（な）ること、驢の牛群に在るガ如し。破戒の［之］人は、精進の衆に在ること、譬（へ）ば、瘖《や》（め）る兒の健人の中に在るガ如し。破戒の［之］人は、比丘に似（れ）リと雖（も）、譬（へ）ば、死尸の眠（れ）る人の中に在るガ如し。破戒の［之］人は、譬（へ）ば、僞レる珠の眞珠の中に在るガ如し。破戒の［之］人は、譬（へ）ば、伊蘭の旃檀林の中に在るガ如し。破戒の［之］人は、形は善人に似（れ）リと雖（も）、內に善法无し。復（た）頭を剃（原文剃）リ、衣を染め、次第に籌を捉するを名（づけ）て、比丘と爲《す》と雖（も）、實に（は）比丘に非ず。破戒の［之］人は、法衣を著るときは、則（ち）是（れ）熱銅鐵葉を以（て）其の身を纏（へ）るなり。若（し）鉢盂（原文「干」、天餘白に「盂」を記す。）を持ツとき（は）、則ち是レ洋銅を盛（れ）る器なり。若（し）噉フ所の食は、則（ち）是レ燒（け）る鐵丸を呑（み）、熱洋の銅を飮むなり。若（し）人の供養・供給を受（く）るときは、則（ち）是（れ）地獄（の）獄卒之を守る。若（し）精舍に入るときは、則（ち）是レ大地獄に入るなり。若（し）衆僧の床榻《シキヰ》に坐るときは、是（レ）を熱鐵床の上に坐ると爲《す》。復次、破戒の［之］人は、常（に）怖懅を懷く。重病の人の常に死の至（ら）むことを畏（る）るガ如し。亦（た）五逆罪の人の心に常（に）自（ら）我は佛の賊と爲レリ（と）念し、藏覆して、避隈（するが）如し。賊の人を畏（り）て、歲月日を過（く）レども、常に安隱に（あら）不《ヌ》ガ如し。破戒の［之］

亦如㆘五逆罪人心常自念㆔我爲㆓佛賊㆒。藏覆避隈㆖。如㆔賊畏㆑人歳月日過、常不㆓安隱㆒。破戒之人雖㆑得㆓供養利樂㆒、是樂㆓不淨㆒。譬如㆘愚夫供㆓養壯㆔⑤嚴死尸㆒、智者聞㆑之惡不㆖㆑欲㆑見。如㆑是種種无量破戒之罪、不㆑可㆓稱說㆒。行者應㆘當㆒㆑心持戒㆖。」問曰、「已知㆓如㆑是種種功德果報㆒。云何爲㆑戒。」答曰、「惡止不㆓更作㆒。若心生、若口言、若從㆑他受、息㆓身口惡㆒、是爲㆑戒。云何名爲㆑惡。若實是衆生、知㆓是衆生㆒、發㆑心欲㆑殺而奪㆓其命㆒、生㆓身業㆒有㆓作色㆒、是名㆓殺生罪㆒。其餘繫閉・鞭撻等、是助㆑殺法。復次、殺㆑他得㆓殺罪㆒。非㆓自殺㆒㆑身。心知㆓衆生㆒而殺、是殺罪。不㆑如㆘夜中見㆑人謂爲㆓杌-樹㆒

人は、供養・利樂を得《う》と雖（も）、是レ不淨を樂フなり。譬（へ）ば、愚夫の

⑤死尸を供［をす］養し莊嚴するを、智者之を聞（き）て、惡《にく》みて、見むと欲（は）不《ヌ》ガ如し。是の如き種種の无量の破戒の［之］罪は、稱し說す可（くあら）不《ず》。行者當に心を一（に）して、持戒（す）べし［應］。」問曰、「已に是の如き種種の功德果報を知（り）ヌ。云何（なる）をカ、戒と爲《す》る。」答曰、「惡を止（め）て、更（に）作（ら）不《ず》。若（しは）心に生し、若（しは）口に言ヒ、若（しは）他に從（ひ）て受（け）て、身口の惡を息《や》む、是を戒と爲《す》。云何（な）るをカ名（づけ）て惡と爲《す》る。若（し）實に是レ衆生なり。是レ衆生なりと知り、心を發（し）て殺（さ）むと欲ヒ、［而］其の命を奪（は）むとして、身業を生（し）て、作色有る、是を殺生罪と名（づ）く。其の餘の繫閉・鞭撻等は、是（れ）殺を助（く）る法なり。復次、他を殺すときに、殺罪を得《う》。自（ら）身を殺すに非ず。心に衆生と知（り）て、［而］殺す、是は［を］殺罪なり。夜の中に人を見て、謂（ひ）て杌-樹なりと爲《し》て、［而］殺す者《ひと》の如くあら不《ず》。故《（ことさ）ラ》に生を殺すは、殺罪を得《う》。故《（ことさ）ラ》に（あら）不《ヌ》に非ず［也］、快心を（も）て生を殺す（は）、

而殺者上。故殺レ生得二殺罪一。非レ不レ故也、快心殺レ生得二殺罪一。非二狂癡一命根斷、是殺罪。非レ作レ創身業是殺罪。非二但口教勅一。口教是殺罪。非二但心生一。如レ是等名二殺罪一。不レ作二是罪一、名爲レ戒。若人受レ戒心生、口言下我從二今日一不中復殺生上、若身不レ動、口不レ言、而獨心生、自誓、我從二今日一不二復殺生一、是名二不殺生戒一。有人言、「是不殺生戒、或善、或无記。」問曰、如二阿毗曇中說一。一切戒律儀皆善、今何以言二无記一。」答曰、「如二迦旃延子阿毗曇中一、言二一切善一。如二餘阿毗曇中一、言二不殺戒、或善、或无記一。何以故、若不殺戒常善者、持二此戒一人、應レ如二得レ道人、常不レ墮二惡道一。以レ是故、或時應二无記一。无

殺罪を得《う》。狂癡には非ず（して）命根を斷するは、是（れ）殺罪なり。創を作るには非（ぬ）［すと］身業は、是（れ）殺罪なり。但（た）口を（も）て教勅する（のみ）には非（ぬ）［ず］。口教は、是レ殺罪なり。但（た）心に生（するのみ）には非ず。是（の）如き等を殺罪と名（づ）く。是の罪を作（ら）不《ヌ》を、名（づけ）て戒と爲《す》。若（しは）人（の）、戒を受（け）て、心に生し、口に我（は）今日より［從］復（た）殺生（せ）不《じ》と言《い》（ひ）、若（しは）身も動（か）不《ず》、口も言（は）不《ず》して、［而］獨（り）心を生（し）て、自（ら）誓（ひ）て、我レ今日より［從］復（た）殺生（せ）不《じ》といふ、是を不殺生戒と名（づ）く。有る人の言（は）く、「是の不殺生戒は、或は善、或は无記なり。」といふ。問曰、阿毗曇の中に說くガ如し。一切の戒律儀は皆善なり・といふ。今何（を）以（て）ぞ无記と言フ。」答曰、「迦旃延子の阿毗曇の中の如きには、一切善（なり）と言《い》ふ。餘の阿毗曇の中の如きには、不殺戒、或は善、或は无記なり・といふ。何以故、若（し）不殺戒常（に）善（な）ラば［者］、此の戒を持ツ人は、道を得る人の、常に惡道に墮（ち）不《ヌ》（が）如く（あ）る應し。是を以（て）の故に、或（る）時には、无記（な）る應し。无記は報无キ故に、天上・人中に生（れ）不《ず》（あ）るべし。」問曰、「戒は无記（な）るを以ての故（に）、地獄に墮（ち）不《ず》。更に惡心生すること有る故に、地獄に墮（つ）べし。」答曰、「不殺生は、无量の善法を得《う》。作・无作の福は、常に日夜に生する故（に）。

記无レ報故、不レ生二天上人中一。」問曰、「不下以二戒无記一故墮中地獄上。更有二悪心生一故、墮二地獄一。」答曰、「不殺生得二无量善法一。作・无作福、常日夜生故。若作二少罪一、有レ限有レ量。何以故隨二有量一而不レ隨二无量一。以レ是故、知三不殺戒中或有二无記一。復次、有人不二從レ師受レ戒、而但心生、自誓『我今日不二復殺
⑥生一。』如レ是不殺戒時无量記。」問曰、「是不殺戒何累繫。」答曰、「迦旃延子阿毗曇中、言二一切戒律儀、皆欲界繫一。餘阿毗曇中、言二或欲界繫、或不繫一。以レ實言レ之、應レ有二三種一。或欲界繫、或色界繫、或不繫。殺生法雖二欲界一、不殺戒應三隨レ殺在二欲界一。但色界不殺、无漏不殺、遠遮故、是眞不殺

若（し）少罪を作るは、限有リ、量有（り）。何以故（に）ぞ有量に隨（ひ）て、［而］无量には隨（は）不《ヌ》。是を以ての故に、不殺戒の中に、或は无記有（り）と知る。復次、有る人は師に從（ひ）て戒を受（け）不《ず》して、［而］但（た）心を生（し）て、自ら誓（ひ）て、『我レ今日より復（た）殺
⑥生（せ）不《じ》』といふ。是の如き不殺戒の時は无量記なり」といふ。問曰、「是の不殺戒は、何の累繫ぞ。」答曰、「迦旃延子の阿毗曇の中には、一切の戒律儀は皆欲界繫なり・といふ［言］。餘の阿毗曇の中には、或は欲界繫なり、或は不繫なり・といふ［言］。實を以て之を言《い》はば、三種有（る）べし［應］。或は欲界繫、或は色界繫、或は不繫なり。殺生法は、欲界なりと雖（も）、不殺戒は殺に隨（ひ）て欲界に在（る）べし［應］。但（た）色界の不殺と、无漏の不殺とは、遠く遮（す）る故に、是レ眞の不殺戒なり。復次、有る人は戒を受（け）不《（ね）》ども、［而］生（まれて）より［從］已來《（このかた）》は、殺生を好（ま）不《ヌ》は、或（は）善、或（は）无記なり。是を无記と名（づく）。是の不殺生は心にも非ず、心

戒。復次、有人不レ受レ戒、從レ生已來不レ好二殺生一或善、或无記。是名二无記一。是不殺生、非レ心非二心數法一。亦非二心相應一。或共レ心生。或不二共レ心生一。迦旃延子阿毗曇中言、「不殺生是身口業。或作色。或无作色。或隨レ心行。或不二隨レ心行一。非二先世業報一。二種修應レ修。二種證應レ證。思惟斷二一切欲界一、最後得二見斷一時斷。凡夫・聖人所得、是色法。或可見。或不可見法。或有對法、或无對法。有報法、有果法、有漏法、有爲法、有上法、非相應因。如レ是等分別、是名二不殺戒一。」問曰、「八直道中戒亦不殺生。何以獨言二不殺生戒有報有漏一。」答曰、「此中但說二受戒律儀一。不レ說二无漏律儀一。復次、餘阿

數法にも非ず。亦は心と相應（せ）非《ず》。或（は）心と共に生す。或（は）心と共に生（せ）不《ず》。迦旃延子の阿毗曇の中に言（は）く、「不殺生は是（れ）身口の業なり。或は作色なり。或は无作色なり。或は心に隨（ひ）て行す。或は心に隨（ひ）て行（せ）不《ず》。先世の業報に非ず。二種の修を修（す）べし［應］。二種の證を證（す）べし［應］。思惟に一切の欲界を［の］斷することは、最後には［を］見斷を得る［とき］時には斷す。凡夫・聖人の所得は、是の色法なり。或は可見なり。或は不可見の法なり。或は有對法、或は无對法なり。有報法・有果法・有漏法・有爲法・有上法・非相應因なり。是の如き等の分別、是を不殺戒と名（づ）く。」問曰、「八直道（の）中の戒も亦（た）不殺生なり。何（を）以（て）ぞ獨（り）不殺生戒は、有報・有漏なり。」といふ［言］。答曰、「此の中には、但（た）受戒律儀を（のみ）說く。无漏律儀をは說（か）不《ず》。復次、餘の阿毗曇の中に、不殺法は常に心に逐（ひて）行（せ）不。身口業に非ず。心業に隨（ひ）て行（せ）不《ず》。或ときは報有リ。或ときは報无（し）。或ときは有漏なり。或ときは无漏なり。是を異法と爲《す》。餘は［者］同（じ）なり。」といふ［言］。復（た）有るガ言（は）く、『諸佛の賢聖は、諸法を戲論（せ）不《ず》。現前の衆生は、各各（の）命を惜（し）む。』といふ。是の故に、佛言（はく）、『他の命を奪（ふ）こと莫《ナ》。他の命を奪フハ、世世に諸の苦痛を受く。衆生の有无は、後に當に說（か）む。』」と。問曰、「人の能（く）力人に勝るを以て、并一

毗曇中言乙不殺法常不二逐レ心行一。非二身口業一。不下隨二心業一行上。或有レ報、或无レ報。或有漏。或无漏。是爲二異法一。餘者同甲。復有言、『諸佛賢聖不三戲二論諸法一。現前衆生、各各惜レ命。』是故、佛言、『莫レ奪二他命一。奪二他命一、世世受二諸苦痛一。衆生有无、後當說。』」問曰、「人能以二力勝一レ人、并─國殺レ死、或田─獦皮肉所レ濟處大。今不殺生得二何等利一。」答曰、「得二无所畏一。安樂无レ怖。我以レ无レ害二於彼一故、彼亦无レ害二於我一。以レ是故、无レ怖无レ畏。好レ殺之人、雖三復位極二人主一、亦⑦不二自安一。如二持戒之人一、單獨遊行、无レ所二畏難一。復次、好レ殺之人、有命之屬、皆不レ喜レ見。若不レ好レ殺、一切衆生皆樂依─附。復次、持戒之人、命欲レ終

國（右に三字注あれど讀めず。）死を殺し、（『大正新脩大藏經』「并國殺レ怨」『國譯一切經』「人並に國に勝って怨を殺し」）或は田─獵するは皮肉を（も）て濟（は）所《(る)》る處大なり。今不殺生は何の等き利をカ得る。」答曰、「无所畏を得《う》。安樂にして怖（り）无し。我レ彼を［於］害すること无きを以（て）の故に、彼も亦（た）我を［於］害すること无し。是を以（て）の故に、怖（り）无く、畏（り）无し。殺を好む［之］人は、復（た）位人主に極（まり）たりと雖（も）、亦（た）⑦自（ら）安（くあら）不《ず》。持戒の［之］人の如きは、單［に］獨（に）遊行するに、畏難する所无し。復次、殺を好む［之］人は、有命の［之］屬、皆見（むと）喜（は）不《ず》。若（し）殺を好（ま）不《ヌ》ひとは、一切の衆生い皆樂（ひ）て依─附す。復次、持戒の［之］人は、命終（はら）むと欲るとき［時］、其の心安樂なり。

時、其心安樂。无レ疑无レ悔。若生二天上一、若在二人中一、常得二長壽一。是爲二得道因緣一。乃至レ得レ佛、住壽无量。復次、殺生之人、今世後世、受二種種身心苦痛一。不殺之人、无二此衆難一。是爲二大利一。復次、行者思惟、『我自惜レ命愛レ身。彼亦如レ是。與レ我何異。以二是之故一、不レ應二殺生一。』復次、若殺生者、爲二善人一所レ訶。怨家所レ疾。負二他命一故、常有二怖畏一。爲レ彼所レ憎。死時心悔。當墮二地獄一。若畜生中、若出爲レ人、常當短命。復次、假−令後世无レ罪、不下爲二善人一所レ訶、怨家所上レ嫉、尚不レ應三故奪二他命一。何以故、善相之人所レ不レ應レ行。何況後世有レ罪弊惡果報。復次、殺爲二罪中之重一。何以故、人有二死急一、不レ惜二重寶一。

疑无く悔无し。若（しは）天上に生（ま）レ、若（しは）人中に在（り）ては、常（に）長壽を得《う》。是を得道の因緣と爲《す》。［乃］佛を得るに至（る）までに、住すること壽无量なり。復次、殺生の［之］人は、今世・後世に種種の身心の苦痛を受く。不殺の［之］人は、此の衆の難无し。是を大利と爲《す》。復次、行者思惟（す）らく、『我自（ら）命を惜（し）み、身を愛す。彼（も）亦（た）是の如（けむ）。我と［與］何ぞ異（なら）む。是の［之］故を以（て）殺生す應（くあら）不《ず》。』とおもふ。復次、若（し）殺生の者《ひと》は、善人の爲（に）訶《(いさ)》（は）所《る》。怨家に疾《(にく)》（ま）所《る》。他の命を負（へ）る故（に）常に怖畏有リ。彼ガ爲に憎（ま）所《る》。死（ぬ）る時に、心悔す。當（に）地獄に墮（つ）べし。若（しは）畜生の中に、若（しは）出（て）て人と爲るときは、常（に）當（に）短命なり。復次、假令《(たと)》ヒ後世に罪无く、善人の爲に訶（は）所《レ》、怨家に嫉（ま）所《レ》不《ヌ》すら、尚（し）故《(ことさ)ラ》に他の命を奪フ應く（あら）不《ず》。何（を）以（ての）故（に）、善相の［之］人すら行す應（くあら）不《ヌ》所なり。何（に）況（や）後世に罪有る弊惡の果報は。復次、殺をは罪の中の［之］重と爲《す》。何（を）以（ての）故（に）、人イ死（の）急きこと有るときは、重寶をも惜しま不《ず》。但（た）命を活（く）を以て先と爲(す)。譬（へ）ば、賈客の海に入（り）て、寶を採（り）て、垂《イマ、、》大海を出（て）むとするとき、其の船卒《ニハカ》に壞レて、珍寶を失ヒ盡（し）ツ。而も自（ら）喜慶して、手を擧（け）て［而］言（はく）、『幾《(ほとほと)》大寶を失

但以レ活レ命爲レ先。譬如下賈客入レ海採レ寶垂出二大海一、其船卆壞、珍寶失盡。而自喜慶、擧レ手而言、『幾失二大寶一。』衆人恠言、『汝失二戝物一、倮形得レ脫。云何喜言二幾失二大寶一。』答言、『一切寶中、人命第一。人爲レ命故求レ戝。不中爲レ戝故求上レ命。』以レ是故、佛說、十不善道中、殺最在レ初。五戒中亦最在レ初。若人種種修二諸福德一、而无二不刹生戒一、則无レ所レ益。何以故、雖下在二富貴處一生、勢力豪强上、而无二壽命一、誰受二此樂一。以レ是故知、諸餘罪中殺‐罪最重。諸功德中不殺第一。世間中、惜レ命爲二第一一。何以知レ之、一切世人甘受二刑罰形殘考掠一、以レ護二壽命一。復次、若有人受レ戒、心生徒二今日一不レ殺二一切衆

(ひ)ツるカナ』といふ。衆人の恠《あやし》(び)て言(は)く、『汝は財物を失(ひ)て、倮形にして脫(るる)こと得たり』と、『云何ぞ喜(び)て幾《ホトホト》に大寶を失(ひつる)かなといふ。』(と)。答(へて)言(はく)、『一切の寶の中には、人の命［を］第一なり。人は命の爲の故(に)財を求む。戝の爲の故に命をは求め不《ず》』といふガ如し。是(を)以(ての)故(に)、佛說かく、十不善道の中には、殺を最も初(め)に在《お》(け)リ。五戒の中にも、亦(た)最も初(め)に在《お》(け)リ。若(し)人種種に諸の福德を修(す)とも、［而］不殺(原文「刹」)生戒无きときは、則(ち)益する所无し。何(を)以(ての)故(に)、富貴(の)處に在(りて)生(まれ)て、勢力豪强(な)ることありと雖も、［而］壽命无くは、誰カ此の樂を受(け)む。是(を)以(ての)故(に)知る、諸の餘の罪の中には、殺‐罪最も重し。諸の功德の中には、不殺第一なり。世間の中には、命を惜(し)むを第一と爲《す》。何(を)以(てか)之を知ると(ならば)、一切世人の甘《アマナ》ヒて刑罰・形殘・考掠を受(く)ることは、壽命を護るを以(て)なり。復次、若(し)有る人は、戒を受(け)て、心を生(し)て、今日より［徒］一切の衆

⑧生一。是於二无量衆生中一、以二所愛重物施與一、所得功德亦復无量。如二佛說一、有二五大施一。何等五。一者、不二殺生一、是爲二最大施一。不盜・不邪婬・不妄語・不飮酒亦復如レ是。復次、行二慈三昧一、其福无量。水火不レ害、刀兵不レ傷、一切惡毒、所レ不レ能レ中。以二五大施一故、所得如レ是。復次、三世十方中尊レ佛爲二第一一。如三佛語二難提迦優婆塞一。殺生有二十罪一。何等爲レ十。一者、心常懷レ毒世世不レ絕。二者、衆生憎惡、眼不レ憙レ見。三者、常懷二惡念一、思二惟惡事一。四者、衆生畏レ之如レ見二蛇虎一。五者、睡時心怖、覺亦不レ安。六者、常有二惡夢一。七者、命終之時、狂怖惡死。八者、種二短命業因緣一。九者、身壞命

⑧生を殺（さ）不《じ》といふ。是は無量の衆生の中に［於］、所愛の重物を施與するを（も）て［以］、所得の功德も亦復（た）无量なり。佛の說（きたまふ）ガ如し。五の大施有（り）。何等をカ五といふ。一者、殺生（せ）不《ヌ》、是を最大の施と爲《す》。不盜と不邪淫と不妄語と不飮酒とも亦復（た）是（の）如しと。復次、慈三昧を行（する）ひとは、其の福无量なり。水火にも害（せら）レ不《ず》、刀兵にも傷（ら）レ不《ず》。一切の惡毒に中《（あた）》（ること）能（は）不《ず》（あ）る所なり。五の大施を以（ての）故（に）、所得是の如し。復次、三世十方の中に、佛を尊（ぶこと）は、第一と爲《す》。佛の難提迦優婆塞に語（ふ）ガ如し。殺生に十の罪有（り）。何等（をか）十（と）爲（る）。一者、心に常（に）毒を懷（き）て、世世に絕（ゐ）不《ヌ》。二者、衆生憎惡（し）て、眼に見むと憙（は）不《ず》。三者、常に惡念を懷（き）て、惡事を思惟する。四者、衆生之を畏（る）ること、蛇虎を見るガ如くす。五者、睡する時に、心怖す。覺しても亦（た）安（くあら）不《ず》。六者、常に惡夢有（り）。七者、命終の［之］時に、狂怖して惡（し）く死ヌ。八者、短命の業因緣を種《（う）》う。九者、身壞レ命終して、泥梨の中に墮ツ。十者、若（し）出（て）て人に爲るとき、常（に）當（に）短命なり。復次、行者心に念（ふ）べし、『一切の有命は、［乃］昆蟲に至（る）までに、皆自（ら）身を惜（し）む。云何ぞ衣服・飮食を以て、自（ら）身の爲の故（に）、［而］衆生を殺（さ）む』と。復次、行者當（に）大人の法を學（ふ）べし。一切の大人の

終、墮二泥梨中一。十者、若出爲レ人、常當短命。復次、行者心念。『一切有命、乃至二昆蟲一、皆自惜レ身。云何以二衣服飮食一、自爲レ身故而殺二衆生一。』復次、行者當レ學二大人法一。一切大人中佛爲二最大一。何以故、一切智慧成就、十力具足、能度二衆生一。常行二慈慇一、持二不殺戒一、自致レ得レ佛、亦教二弟子一行二此慈慇一。行者欲レ學二大人行一故、亦當レ不レ殺。」問曰、「不レ侵レ我者、殺心可レ息。若爲二侵害、强奪、逼迫一、是當云何。」答曰、「應三當量二其輕重一。若人殺已、先自思惟、『全二戒利一重、全レ身爲レ重、破レ戒爲レ失、喪レ身爲レ失。』如レ是思惟已、知二持戒爲レ重、全レ身爲レ輕。若苟兇全レ身身何所得。是身名爲二老病死藪一。必當二壞敗一。

中には、佛を最大と爲《す》。何（を）以（ての）故（に）、一切の智慧成就し、十力具足して、能（く）衆生を度す。常（に）慈慇を行し、不殺戒を持（ち）て、自（ら）佛（を）［に］得るに致たり、亦（た）弟子を教（へ））て此の慈慇を行（せ）しむ。行者大人の行を學（ひ）むと欲（ふ）ガ故（に）、亦（た）當（に）殺（さ）不《ず》（あ）るべし。」問曰、「我を侵（さ）不《ず》は［者］、殺心息（み）ヌ可し。若（し）侵害し、强奪し、逼迫（すること）爲《せ》むに、（別訓、逼迫（せ）むひと）、是は當（に）云何ぞ。」答曰、「應-當《(まさ)》（に）其の輕重を量るべし。若（し）人殺し已（り）て（別訓　己ヲ殺（さ）ムときハ）、先ツ自（ら）思惟（せ）マく、『戒の利を全（く）するを重し、身（を）全（く）するを重（し）と爲《し》、戒を破（るを）失と爲《し》、身を喪す（る）を失と爲《す》』と。是の如く思惟し已（り）て、持戒をは重しと爲《し》、身を全（く）するをは）輕しと爲《す》と知（る）べし。若（し）苟《(しばら)》く（右に「且也」の注あり。）兇《(まぬか)》（れ）て身を全（く）すとも、身何の所得カアラむ。是の身をは名（づけ）て、老病死の藪と爲《す》。必ず壞敗す當《べ》し。若（し）持戒の爲に身を失するは、其の利甚重なり。又復（た）思惟すらく、『我レ前後に身を失（ふ）こと、世世に无數なり。或ときは惡賊禽獸の「之」身と作（り）き。但（た）財利諸の不善事の爲に、今乃（し）得たり。淨戒を持（た）むガ爲の故（に）、此の身を惜（しま）不《じ》』とおもひて、

若爲二持戒一失レ身、其利甚重。又復思惟、『我前後失レ身、世世无數。或作二惡賊禽獸之身一。但爲二賎利諸不善事一今乃得。爲レ持二淨戒一故、不レ惜二此身一』⑨捨レ命持レ戒、勝二於毀レ禁全一レ身。百千萬倍不二以爲レ喩。如レ是定心應三當捨レ身以護二淨戒一。如丙一須陀洹人生二屠殺家一、年向レ成レ人、應三當修二其家業一。而不レ肯二殺生一。父母與二刀一口羊一、閇二著屋中一、而語レ之言、『若不レ殺レ羊、不レ令下汝出得中見二日月一生活飲食上。』兒自思惟言、『我若殺二此一羊一、便當三終爲二此業一。豈以レ身故爲二此大罪一。』便以レ刀自殺。父母開レ戸見、羊在二一面一立。兒已命絶。當自─殺時、卽生乙天上甲。若如レ此者、是爲下不レ惜二壽命一、全護中淨戒上。如レ是

---

⑨命を捨(て)て戒を持ツは、禁を毀(り)て身を全くするには[於]勝(れ)たり。百千萬倍にして、以て喩と爲《す》(べくあら)不《ず》。是の如き定心を(も)て當(に)身を捨(て)て、以て淨戒を護る應し。一須陀洹の人、屠殺家に生(まれ)て、年人と成るに向フときは、當に其の家業を修(む)べし。而(る)もの(を)、殺生(し)肯(へ)不《に》す、父母刀と一口の羊を與へて、屋の中に閉《コ》メ著《(お)》きて、[而]之に語(り)て言(ひ)しく、『若(し)羊を殺(さ)不《ず》は、汝をして出(て)て日月を見[る]、生活の飲食を得(し)め[令]不《じ》』といふ。兒自(ら)思惟(し)て、言(ひしく)、『我(れ)若(し)此の一の羊を殺(さ)ば、便(ち)當(に)終に此の業を爲るべし。豈(に)身を以(て)の故に、此の大罪を爲(ら)むヤ』とおもふ。便(ち)刀を以て自(ら)を殺(し)ツ。父母戸を開(き)て見(れ)ば、羊一面に在(り)て立(て)リ。兒は已に命絶(ゆ)たり。自─殺する時に卽(ち)天上に生(まれ)たり・といふガ如し。若(し)此の如くする者《もの》、是を壽命を惜(しま)不《ず》して、淨戒を護る人と爲《す》。是の

等義、是名不殺生戒。不與取者、知二他物一、生二盜心一、取レ物去、離二本處一物屬レ我、是名レ盜。若不レ作、是名二不盜一。其餘方便、校計、乃至二手捉未レ離レ地者一、是名二助盜法一。戝物有二二種一。有屬レ他。有不レ屬レ他、取二屬レ他物一、是盜罪。屬レ他物亦有二二種一。一者聚落中、二者空地。此二處物盜心取、得二盜罪一。若物在二空地一、當檢校。知下是物近二誰國一、是物應當甲屬、不レ應レ取。如二毗泥中說一。種種不レ盜、是名二不盜相一。」問曰、「不盜有二何等利一。」答曰、「人命有二二種一。一者內、二者外。若奪二戝物一、是爲レ奪二外命一。何以故、命依二飮食・衣被一故活。若劫、若奪、是名レ奪二外命一。如レ說レ偈。

如き等の義、是を名（づけ）て、不殺生戒といふ。不與取といふ者《は》、他物なりと知（り）て、盜心を生し、物を取（り）て去き、本處より離（れ）て、物を我レに屬する、是を盜と名（づ）く。若（し）作（さ）不《ヌ》、是をは不盜と名（づ）く。其の餘の方便を（も）て、校計し、「乃」手に捉（り）て、地を離（れ）未《ヌ》者《ひと》に至（る）までに、是を助盜の法と名（づ）く。財物（に）二種有（り）。有るイは他に屬せり。有（る）イは他に屬（せ）不《ぬ》、他に屬する物を取る、是は盜罪なり。他に屬する物に、亦（た）二種有（り）。一者聚落の中、二者空地なり。此の二處の物を盜心を（も）て取るは、盜罪を得《う》。若（し）物イ空地に在ラば、當（に）檢校（す）べし。是の物は誰ガ國にカ近き、是の物は屬（す）る△ひとアル當しと知（り）て、取る應（くあら）不《ず》。毗泥の中に說くガ如し。種種に盜（ま）不《ヌ》、是を不盜の相と名（づ）く」と。問曰、「不盜は何の等き利か有る。」答曰、「人の命に二種有（り）。一者內、二者外なり。若（し）財物を奪フ、是をは外命を奪フと爲《す》。何以故、命は飮食・衣被に依る故（に）活す。若（しは）劫し、若（しは）奪するは、是をは外命を奪フと名（づ）く。偈（に）說（くが）如（し）。

「一切の諸の衆生は、衣食以《（これ）を》（も）て自活す。
若（しは）奪し、若（しは）劫取する、是をは劫奪命と名（づ）く」・と。

是の事を以（て）の故に、有知の［之］人は、劫奪す應（くあら）

「一切諸衆生　衣食以自活。

　若奪、若劫取、是名二劫奪命一。」

以二是事一故、有知之人、不レ應二劫奪一。復次、當自思惟、劫奪得レ物以自供養、雖二身充足一、會亦當三死入二地獄一。家室親屬、雖二共受レ樂、獨自受レ罪。亦不レ能レ救。已得二此觀一應二當不一レ盜。復次、是不與取有二二種一。一者偸、二者劫。此二共名二不與取一。於二⑩不與取中一、盜爲二最重一。何以故、一切人以レ財自活。而或穿踰盜取、是最不淨。何以故、无二力勝一人、畏レ死盜取。故劫奪之中、盜爲二罪重一。如二偈說一、

　「飢餓身羸疲、　受二罪大苦處一、
他物不レ可レ觸。　譬如二大火聚一。


不《ず》。復次、當（に）自ら思惟（すべし）、劫奪して物を得て、以（て）自（ら）供養するは、身は充足すと雖（も）、會《ツヒ》に亦（た）當（に）死（に）ては地獄に入（る）べし。家室親屬は、共（に）樂を受くと雖（も）、獨（り）自（ら）罪を受く。亦（た）救すること能フ不《（ま）じ》。已に此の觀を得て、當（に）盜（ま）不《ず》（あ）るべし〔應〕。復次、是の不與取に二種有（り）。一者、偸、二者、劫なり。此の二ツを共に不與取と名（づく）。

⑩不與取の中に〔於〕、盜を最も重しと爲《す》。何以故、一切の人は、財を以て自活す。而（る）ものを、或るときは穿《ホ》リ踰《コ》エて（左、別に右に「ワタリ」の訓あれど消す。）盜（み）〔に〕取（る）は、是れ最も不淨なり。何以故、力勝ること无き人は、死を畏（り）て、盜（み）取る。故（に）劫奪の〔之〕中には、盜を罪重しと爲《す》。偈（に）說（くが）如（し）。
「飢餓は身羸疲（し）て、罪の大苦處を受くとも、
他物に觸す可（くあら）不《ず》。譬（へ）ば、大火聚の如（く）すべし。

若盗二取他物一、其主泣涙惚。

假-使天王等猶亦以爲レ苦。」

殺生人罪雖レ重、然於二所殺者一、是賊。偸盗人於二一切有物人中一賊。若犯二餘戒一、於二異國中一、有下不二以爲レ罪者上。偸盗人、一切諸國无レ不二治罪一。」問曰、「劫奪之人、今世有人、讃二美其健一。於二此劫奪一、何以放捨。」答曰、「不レ與而偸盗、是不善相。劫盗之中、雖レ有二差降一、倶爲二不善一。譬如二美食雜レ毒、悪食雜レ毒、美・悪雖レ殊、雜毒不レ異。亦如二明闇踏レ火、晝夜雖レ異、燒レ足一一也。今世愚人、不レ識二罪福二世果報一。无二仁慈心一、見三人能以レ力相侵、强二奪他戝一、讃以爲レ健。諸佛賢聖、慈二愍一切一、了二達三世殃

若（し）他物を盗取する（とき）［こと］は、其の主泣き涙《しほた》リ悩む。假-使ヒ天王（の）等《ごと》（き）も猶（し）亦（た）以（て）苦と爲《す》・と。」殺生の人は、罪重しと雖（も）、然も所殺の者《もの》に於てのみ、是（れ）賊なり。偸盗の人は、一切の有物の人の中に於て賊なり。若（し）餘の戒を犯するは、異國の中に於てのみ、以て罪と爲《（せ）》不《ヌ》こと［者］有リ。偸盗の人をは、一切諸國に治罪（せ）不《ず》といふこと无し。」問曰、「劫奪の［之］人をは、今世に有る人、其の健《ツヨ》きことを讃美す。此の劫奪に於きて、何を以（て）ぞ放捨する。」答曰、「與（へ）不《ヌ》を而も偸盗する、是は不善相なり。劫盗の［之］中に、差降有（り）と雖（も）、倶に不善と爲《す》。譬（へ）ば、美食に毒を雜へ、悪食に毒を雜（ふ）るとき、美・悪は殊なりと雖（も）、雜毒異（なら）不《ヌ》ガ如し。亦（た）明闇に火を踏むとき、晝夜異なりと雖（も）、足を燒（く）こと一（な）るガ如し［也］。今世の愚人は、罪福二世の果報を識（ら）不《ず》。仁慈（の）心无くして、人の能く力を以（て）相（ひ）侵し、他の財を强（ちに）奪フを見て、讃（し）て以て健《ツヨ》しと爲《す》。諸佛賢聖は、一切を慈愍し、三世の殃福、朽（ち）不《ず》と了達して、稱譽（せ）不《ず》（あ）る所なり。是を以（ての）故（に）知る、劫盗の［之］罪をは、倶（に）不善と爲《す》。善人行者の爲《（せ）》不《（ず）》（あ）る所なり。佛の説（き）たまふガ如し、不與取に十の罪有（り）。何等（をか）十と爲《す》る。一者、物主常に瞋る。二者、疑（ひ）重（し）。三者、非時に行して、籌量（せ）不《ず》。四者、悪人に朋-黨し、賢

福不レ朽、所レ不二稱譽一。以レ是故知、劫盗之罪、倶爲二不善一。善人行者所レ不レ爲。如二佛說一。不與取有二十罪一。何等爲レ十。一者、物主常瞋。二者、重レ疑。三者、非時行、不二籌量一。四者、朋二黨惡人一、遠二離賢善一。五者、破二善相一。六者、得二罪於官一。七者、財物沒入。八者、種二貧窮業因緣一。九者、死入二地獄一。十者、若出爲レ人、懃苦求レ財、五家所レ共。若王、若賊、若火、若水、若不愛子用、乃至二藏埋亦失一。邪婬者、女人爲二父母・兄弟・姉妹・夫主・兒子・世間法・王法一守護。若犯者、是名二邪婬一。若有雖レ不二守護一、以レ法爲レ守。云何法守二一切出家・女人在家受一日戒一。是名二法守一。若以レ力、若以レ財、若誘誑、若自有妻

善を遠―離す。五者、善相を破す。六者、罪を官に［於］得《う》。七者、財物沒入す。八者、貧窮の業と因緣（と）を種《（う）》う。九者、死（に）て地獄に入る。十者、若（し）出（て）て人と爲るとき、懃苦して、財を求む。五家共（に）する所なり。若（しは）王と、若（しは）賊と、若（しは）火と、若（しは）水と、若（しは）不愛子の用し、［乃］藏埋して、亦（た）失フに至（る）までになり。邪婬といふ者《は》、女人は父母・兄弟・姉妹、夫主・兒子・世間の法・王法の爲に守護（せ）ラる。若（し）犯する者《もの》、是を邪婬と名（づ）く。若（し）有るひと、守護（せられ）不《ず》と雖（も）、法を以て守と爲《す》。云何（なる）をカ法を（も）て一切の出家・女人の在家の受（く）る一日の戒を守る・とはいふ。是を法守と名（づ）く。若（しは）力を以て、若（しは）財を以て、若（しは）誘誑して、若（しは）自（ら）有る妻の、

⑪受レ戒、有二身乳-兒一、非レ道、乃至以二華鬘一與二淫女一、爲レ要、如レ是犯者、名爲二邪婬一。如レ是種種不レ作、名爲二不邪婬一。」問曰、「人-守・人-瞋・法-守・破-法、應レ名二邪淫一。人自有レ妻、何以爲レ邪。」答曰、「既聽、受二一日戒一、墮二於法中一。本雖二是婦一、今不二自在一。過受レ戒時、則非二法守一。有レ身婦人、以二其身重一、厭二本所習一。又、爲レ傷レ身。乳兒時、淫二其母一、則竭。又、以三心著二婬欲一、不二復護レ兒。非道之處、則非二女根一。女-心不レ樂、强以二非理一故、名二邪婬一。是事不レ作、名爲二不邪婬一。」問曰、「若夫主不レ知、不レ見、不レ惱、他有二何罪一。」答曰、「以二其邪一故、既名爲レ邪。是爲二不正一。是故、有レ罪。復次、此有二種種罪過一。夫妻之情、異レ身同レ體。奪二他

---

⑪戒を受ケ、身に乳-兒有るをモテ、道には非（ずして）、乃至華鬘を以て淫女に與（へ）て、要と爲《し》て、是の如く犯する者《もの》を名（づけ）て邪婬と爲《す》。是の如く、種種に作ら不《ヌ》を、名（づけ）て、不邪婬と爲《す》。」問曰、「人-守・人-瞋・法-守・破-法を、邪淫と名（づく）應し。人の自（ら）妻有るを、何（を）以（て）ぞ邪と爲《す》る。」答曰、「既（に）聽（き）て、一日（の）戒を受（く）るときは、法の中に［於］墮（ち）ヌ。本は是（れ）婦なりと雖（も）今は自在に（あら）不《ず》。過して戒を受（く）る時には、則（ち）法守に非ず。身《(み)》有《(こもれ)》る婦人は、其の身重きを以て、本の所習を厭フ。又は、身傷むと爲《す》。乳兒の時に、其の母を淫するときは、則（ち）竭（き）ヌ。又、心婬欲に著（す）るを以て、復（た）兒を護（ら）不《(ず)》。非道の［之］處は、則（ち）女根に非ず。女-心樂（は）不《ヌ》に、强（ち）に非理を以（て）の故にするをは、邪婬と名（づ）く。是の事（を）作（さ）不《ず》（あ）るを、名（づけ）て、不邪婬と爲《す》。」問曰、「若（し）夫主知（ら）不《ず》、見不《ず》、惱（ま）不《ヌ》とき、他イ何の罪カ有（ら）む。」答曰、「其レ邪にするを以（て）の故に、既（に）名（づけ）て邪と爲《す》。是を不正と爲《す》。是の故に、罪有リ。復次、此に種種の罪過有（り）。夫妻の［之］情は、身は異なりとも、體は同（じ）なり。他の所愛を奪（ふ）とき、其の本心をは破するを［は］、是を名（づけ）て賊と爲《す》。復（た）重罪有リ。悪（し）き名、醜き聲ありて、人の爲に憎（ま）所《る》。樂少（な）くして畏（り）多し。或は刑戮を畏る。

所愛一、破二其本心一、是名爲レ賊。復有二重罪一。惡名、醜聲、爲レ人所レ憎。少レ樂多レ畏。或畏二刑戮一。又畏二夫主傍人所一レ知、多懷二妄語一。聖人所レ訶。罪中之罪。復次、淫泆之人當自思惟、『我婦他妻同爲二女人一。骨肉情態彼—此无レ異。而我何爲横生二惑心一、隨二逐邪意一。』邪淫之人、破二失今世・後世之樂一。好名・善譽身心安樂今世得也。生レ天得レ道涅槃之利後世得也。復次、廻レ己易レ處、以自制レ心。若彼侵二我妻一、我則忿毒。若我侵レ彼、彼亦何異。恕レ己、自制。故應二不作一。復次、如二佛所説一。邪婬之人後墮二劍樹地獄一、衆苦備受。得二出爲一レ人、家道不穆。常值二婬婦一、邪僻、殘レ賊、邪—婬爲レ患。譬如二蝮蛇一。亦如下大火不二急避一レ之、禍—害將及上。如二佛所説一。邪

又、夫主の傍の人に知（ら）レむことを畏（り）て、多く妄語を懷く。聖人に訶（は）所《る》。罪の中の［之］罪なり。復次、淫泆の［之］人は、當に自（ら）思惟（す）ラく、『我ガ婦も他の妻も、同（じ）く女人と爲レリ。骨肉情態（原文「能」、白訂）は、彼—此異（なる）こと无し。而（る）ものを、我レ何ぞ爲横《よこさま》に惑心を生し、邪意に隨逐（せ）む』と。邪淫の［之］人は、今世・後世の［之］樂を破失す。〈好名・善譽・心身安樂（は）、今世の得なり［也］。天に生まれ、道を得る涅槃の［之］利は、後世の得なり［也］。〉復次、己レを廻し、處を易（へ）て、以て自ら心を制すべし。若（し）彼レ我が妻を侵すとき、我レ則（ち）忿毒す。若（し）我レ彼を侵（さ）ば、彼も亦何ぞ異（なら）む。己を恕《ツツ(し)》ミて、自（ら）制す。故（に）不作といふ應し。復次、佛の所説の如し。邪婬の［之］人は、後に劍樹地獄に墮（ち）て、衆苦備に受く。出（で）て人と爲ること得るとき、家道不穆なり。常に婬婦に值（ひ）ツ、、邪僻、賊（原文缺、行間白補）ニ殘《ヤフ》ラレ、邪—婬（し）ツ、患を爲す。譬（へ）ば蝮蛇の如し。亦は大火の急に之（を）避（け）不《ヌ》ときは、禍—害將に及ブガ如し。佛の所説の如し。邪—婬に十の罪有リ。一者、常に所婬の夫主の爲に危害（せら）レむカと［之］欲フ。二者、夫婦穆《むつま》（しくあら）不《ず》して、常に共に鬪諍す。三者、諸の不善法日日に增長し、諸の善法［於］日日に損減す。四者、身を守護（せ）不《ず》。妻

婬有二十罪一。一者、常爲二所婬夫主一欲三危二害之一。二者、夫婦不レ穆、常共鬪諍。三者、諸不善法日日增長、於二諸善法一日日損減。四者、不三守二護身一。妻⑫子狐寡。五者、財-産日耗。六者、有二諸惡事一、常爲二人所疑一。七者、親屬知識所レ不二愛喜一。八者、種二怨家業因緣一。九者、身壞命終、死入二地獄一。十者、若出爲二女人一、多-人-一-夫。若爲二男子一、婦不二貞潔一。如レ是等種種因緣不レ作、是名二不邪婬一。妄語者、不淨心欲誑レ他、覆二隱實一、出二異語一、生二口業一。是名二妄語一。妄語之罪從二言聲相一生レ解。若不二相解一、雖レ不二實語一、无二妄語罪一。是妄語知言レ不レ知。不レ知言レ知。見言レ不レ見。不レ見言レ見。聞言レ不レ聞。不レ聞言レ聞。是

⑫子狐寡なり。五者、財-産日に耗《オトロ》フ。六者、諸の悪事有（り）て、常に人の所疑を爲《カフ》る。七者、親屬知識ノ［に］愛喜（せ）不《ず》（ある）所ナリ［る］。八者、怨家の業因緣を種《（う）》う。九者、身壞（れ）命終（り）て、死（ぬ）るときは、地獄に入る。十者、若（し）出（で）て女人と爲るとき、多-人-一-夫なり。若（し）男子と爲るとき、婦貞潔（なら）不《ず》。是の如き等の種種の因緣を作（ら）不《ヌ》、是を不邪淫と名（づ）く。妄語といふ者《は》、不淨の心をもて他を誑（か）し［欲］、實を覆隱して、異語を出し、口業を生す。是を妄語と名（づ）く。妄語の［之］罪は、言聲相に從（ひ）て解を生す。若（し）相解（せ）不《ヌ》は、實語（せ）不《ず》と雖（も）、妄語の罪无し。是の妄語は、知るを知（ら）不《ず》と言フ。知（ら）不《ヌ》を知レリと言フ。見るを見不《ず》と言フ。見不《ヌ》ヌを見たりと言フ。聞くを聞（か）不《ず》と言（フ）。聞か不《ヌ》を聞（き）たりと言フ。是を妄語と名（づ）く。若（し）是を作（ら）不《ヌ》をは、不妄語と名（づ）く。」問曰、「妄語は何の等き罪カ有る。」答曰、「妄語の［之］人は、先ツ自（ら）身を誑（か）し、然（し）て後に、人

名二妄語一。若不レ作レ是、名二不妄語一。」問曰、「妄語有二何等罪一。」答曰、「妄語之人、先自誑レ身、然後誑レ人。以レ實爲レ虛、以レ虛爲レ實。虛實顚倒、不レ受二善法一。譬如二覆瓶水不一レ得レ入。妄語之人、心无二慙愧一。閇二塞天道涅槃之門一。觀二知此罪一、是故不レ作。復次、觀二知實語其利甚廣一。實語之利自從レ己出。甚爲レ易レ得。是爲二一切出家人力一。［爲］如レ是功德、居家出家人共有二此利一、善人之相。復次、實語之人、其心端直。其心端直、易レ得レ勉レ苦。譬如二稠林曳レ木、直者易一レ出。」問曰、「若妄語有二如レ是罪一、人何以故妄語。」答曰、「有人愚癡少智、遭二事苦厄一、妄語求レ脫、不レ知二事發一。今世得レ罪、不レ知三後世有二大罪報一。復

を誑（か）す。實を以（て）虛と爲《し》、虛を以て實と爲《す》。虛實顚倒して、善法を受（け）不《ず》。譬（へ）ば、覆瓶に水入（る）こと得不《ヌ》ガ如し。妄語の［之］人は心に慙愧无し。天道涅槃の［之］門を閇塞す。此の罪を觀知（し）て、是の故に、作（さ）不《ず》（あ）るべし。復次、實語は、其の利甚（た）廣しと觀知（す）べし。實語の［之］利は、自（ら）己より［從］出ツ。甚（だ）得易しと爲《す》。是を一切の出家の人の力（原文缺、白補）ト爲《す》。「爲」是の如き功德は、居家・出家の人の共に此の利有るイ、善人の相なり。復次、實語の［之］人は、其の心端直なり。其の心端直（な）るときは、苦を勉《まぬか》（る）ること得易し。譬（へ）ば稠林より木を曳《ヒ》くとき、直きは出（て）易きガ如し。」問曰、「若（し）妄語に是の如き罪有（ら）ば、人イ何（を）以（ての）故（に）ぞ妄語する」と。答曰、「有る人は愚癡少智に（し）て、事の苦厄に遭（ふ）に、妄語して脫（れ）むと求（め）て、事の發ること（を）知（ら）不《ず》。今世に罪を得《え》、後世に大罪報有（り）といふこと（を）知（ら）不《ず》。復（た）有る人は、妄語の罪を知レリと雖（も）、慳貪と瞋恚と愚癡と多き故（に）、［而］妄語を作る。復（た）有る人は、貪恚（せ）不《ず》と雖（も）、［而］妄（り）て人の罪を證して、心に實-尒《シカ》なりと謂ヒて、死（に）て、地獄に墮ツ。如《いま》提婆達多の弟子俱伽羅イ常（に）舍利弗・目揵連の過失を求む。是（の）時（に）、二人夏安居（し）竟（り）て、諸國に遊行しては、天の大雨に値（ひ）て、陶作の家に到（り）て、陶器（を）

有人、雖レ知二妄語罪一、慳貪、瞋恚・愚癡多故、而作二妄語一。復有人雖レ不二貪恚一、而妄證二人罪一、心謂二實-介一、死墮二地獄一。如提婆達多弟子倶伽離常求二舍利弗・目揵連過失一。是時、二人夏安居竟、遊二行諸國一、値二天大雨一、到二陶作家一、宿下盛二陶器一舍上。此舍中、先有二一女人一、在二闇中一宿。二人不レ知二此女⑬人一。其夜夢失二不淨一。晨朝趣レ水滲浴。是時、倶伽離偶行見レ之。倶伽離能相二知人交會情狀一、而不レ知三夢與二不夢一。是時、倶伽離顧語二弟子一、『此女人昨夜與レ人情通。』卽問二女人一、『汝在二何處一臥。』答言、『我在二陶師屋中一寄-宿。』又問、『共レ誰。』答言、『二比丘。』是時、二人從二屋中一出。倶伽離見已、又、以二相

盛（れ）る舍に宿（り）ヌ。此の舍の中に、一（り）の女人有（り）て、闇ノ中ニ在（り）テ宿（りぬ）。二人此の女⑬人を知（ら）不《ず》。其の夜、夢に不淨を失《（いた）》（し）ツ。（「失」の右に「出也」の注あり。）晨朝に水に趣（き）て、澡浴す。是（の）時（に）、倶伽離偶《タマサカ》に行きて之を見る。倶伽離、能く人の交會の情狀をは相（ひ）知レども、〔而〕夢と不夢とを〔與〕知（ら）不《ず》。是（の）時（に）、倶伽離顧（りみ）て弟子に語（ひ）しく、『此の女人は、昨の夜、人と〔與〕情通（した）るべし。』とおもひて、卽（ち）女人を問（ひ）しく、『汝は何の處に在（りて）カ臥（し）ツる』と。答（へて）言（ひしく）、『我は陶師の屋（の）「に」中に在（り）て寄-宿（し）ツ』と。又、問はく、『誰とカ共（な）る。』答（へて）言（ひしく）、『二（り）の比丘と（ともなりき）』と。是（の）時（に）、二人屋の中より〔從〕出ツ。

驗之意㆒謂㆔二人必爲㆓不淨㆒、先懷㆓嫉妬㆒。既見㆓此事㆒、遍㆓諸城邑聚落㆒告㆑之。次到㆓祇桓㆒唱㆓此惡聲㆒。於㆓此中間㆒、梵天王來、欲㆑見㆑佛。佛入㆓淨室㆒、寂然三昧。諸此丘衆亦各閇㆑房三昧、皆不㆑可㆑覺。卽復念言、『我故來見㆑佛、佛入㆓三昧㆒。且欲㆓還去㆒。』卽復念言、『佛從㆑定起亦將不㆑久。』於㆑是小住、到㆓倶伽離房前㆒、扣㆓其戶㆒、而言、『倶伽離、倶伽離。舍利弗目揵連、心淨柔濡。汝莫㆓謗㆑之而長夜受㆒㆑苦。』倶伽離問言、『汝是何人。』答言、『我是梵天王。』問言、『佛說㆔汝得㆓阿那含道㆒。汝何以故來。』梵王心念而說㆑偈言、

「无量法欲㆑量、不㆑應㆓以㆑相取㆒。

倶伽離見已（り）て、又、相驗（せ）む（「驗」の右に「明也」の注あれど、不確實。）といふ［之］意を以て、二人必ず不淨を爲《せ》（りと）謂《おも》（ひ）て、先ツ嫉妬を懷く。既に此の事を見て、諸の城邑聚落に遍（くし）て之を告（く）。次に祇桓に到（り）て、此の惡聲を唱（ふ）［む］。此の中間に［於］梵天王來（り）て、佛を見（たてまつら）むと欲フ。佛淨室に入りて、寂然三昧を（し）たまふ。諸（の）此丘衆も亦（た）各（の）房ヲ閉チ三昧にあり。皆覺す可（くあら）不《ず》。卽（ち）復（た）念（し）て言（ひ）しく、『我（れ）故《ことさ》ラに來（り）て佛を見（たてまつら）むとするに、佛三昧に入（り）たまひたり。且《しま》ラ（く）還（り）去（ら）むと欲（ふ）。』（と）。卽（ち）復（た）念して言（ひ）しく、『佛は定より［從］起《い》（でたまはむ）こと、亦（た）將（に）久（しくあら）不《じ》。』（と）。是（こ）に［於］小《しまら》く（「小」の右に［且也］の注あり。）住《とどま》（ら）むとおもひて、倶伽離ガ房の前に到（り）て、其の戶を扣《たた》（き）て、［而］言（ひ）しく、『倶伽離、倶伽離と（呼）。舍利弗・目揵連（は）、心淨くして、柔濡なり。汝、之を謗（り）て、［而］長夜に苦を受（くる）こと莫《ナ》。』（と）。倶伽離問（ひ）て言（ひ）しく、『汝は是（れ）何人ぞ。』（と）。答（へて）言（ひしく）、『我は是（れ）梵天王なり』と。問（ひて）言（ひしく）、『佛汝は阿那含道を得たりと說（きたまひ）たり。汝何（を）以（ての）故（に）ぞ來（り）し』と。梵王心に念（し）て［而］、偈を說（き）て言《イ》（ひ）しく、

无量法欲レ量、是野人覆沒。」

説二此偈一已、到二佛所一具説二其意一。佛言、『善哉、善哉、快説二此偈一。』尓時、世尊復説二此偈一、

「无量法欲レ量、不レ應二以レ相取一。

无量法欲レ量、是野人覆沒。」

梵天王、聽二佛説一已、忽然不レ現、即還二天上一。尓時、倶伽離、到二佛所一、頭面禮二佛足一、却住二一面一。佛告二倶伽離一、『舍利弗・目揵連、心淨柔濡。汝莫二謗レ之而長夜受レ苦。』倶伽離白レ佛言、『我於二佛語一不二敢不レ信。但自目見、了了定知三二人實行二不淨一。』佛如レ是三呵、倶伽離亦三不レ受。即從レ坐起、而去
⑭還二其房中一、擧レ身生レ創。始如二芥子一。漸大如レ豆、如レ

「无量の法を量（ら）むと欲（ふ）とも、相を以て取る應（くあら）不《ず》。

无量の法を量（ら）むと欲フは是は野人の覆沒なり。と。」

此の偈を説（く）こと已（りて）、佛所に到（り）て、具に其の意を説（き）き。佛言（ひしく）、『善哉、善哉、快《（こころ）ヨ》く此の偈を説（か）く』（と）。尓時、世尊復（た）此の偈を説（きたまひ）しく、

「无量の法を量（ら）むと欲（ふ）とも、相を以（て）取る應（くあら）不《ず》。

无量の法を量（ら）むと欲フ、是（れ）野人の覆沒なり」と。

梵天王、佛説を聽（く）こと已（り）て、忽然に現（はれ）不《ず》して、即（ち）天上に還（り）ぬ。尓（の）時（に）、倶伽離佛所に到（り）て、頭面を（も）て佛足を禮して、却（き）て一面に住せり。佛倶伽離に告（げたまひ）しく、『舍利弗・目揵連は、心淨くして柔濡なり。汝之を謗（り）て、［而］長夜に苦を受（く）ること莫《ナ》。』（と）。倶伽離佛に白（し）て言（し）しく、『我は佛語に於て敢て信（せ）不《ヌ》に（はあら）不（ず）。但（た）自（ら）目に見て、了了に定（め）て、二人は實に不淨を行（す）と知レリ』と。佛是の如く三（た）ヒ呵（ひ）たまふに、倶伽離亦（た）三（た）ヒ受（け）不《ず》き。即（ち）坐より［從］起（ち）て、［而］去（り）て
⑭其の房中に還るに、身の擧く創生（ひ）ヌ。始には芥子の如し。

棗、如ㇾ㮈、轉大如ㇾ苽。翕–然爛壞如二大火燒一、叫喚嘷哭。其夜卽死、入二大蓮華地獄一。有二一梵王一、夜來白ㇾ佛、『俱伽離已死。』復有二一梵天一言、『墮二蓮華地獄一。』其夜過已、佛命ㇾ僧集、而告ㇾ之言、『汝等欲ㇾ知二俱伽離所墮地獄、壽命長短一不。』諸比丘言、『願–樂欲–聞。』佛言、『有二六十斛胡麻一。有人過二百歲一、取二一胡麻一。如ㇾ是至ㇾ盡、阿浮陀地獄中壽故未ㇾ盡。廿阿浮陀地獄中壽爲二一尼羅浮陀地獄中壽一。如二廿尼羅浮陀地獄中一壽爲二一呵羅邏地獄中壽一。廿呵羅邏地獄中壽爲二一呵婆婆地獄中壽一。廿呵婆婆地獄中壽爲二一休休地獄中壽一。廿休休地獄中壽、爲二一漚波羅

漸く大に（な）ること豆の如く、棗の如く、㮈の如く、轉《いよい》ヨ大に（な）ること苽の如し。翕–然と［に］（左に「急也」）らしき注あれど、不確實。右に「口反」あれど讀めず。）爛壞すること大火燒の如くして、叫喚し嘷哭す。其の夜に、卽（ち）死（に）て、大蓮華地獄に入（り）ヌ。一（り）の梵王有（りて）、夜來（り）て、佛に白（し）しく、『俱伽離は已に死ヌ。』（と）。復（た）一（り）の梵天有（り）て言（ひ）しく、『蓮華地獄に墮（ち）たり。』と。其の夜過き已（り）て、佛、僧に［を］命（し）て、集（め）て［而］之に告（げ）て言（ひ）しく、『汝等、俱伽離ガ所墮の地獄、壽命の長短をは知（ら）マく欲《ねか》（は）しヤ不《いな》ヤ。』と。諸（の）比丘の言（ひ）しく、『願《ねが》–樂（は）し、欲《ねが》–聞（は）し。』と。佛の言（ひしく）、『六十斛の胡麻有リ。有る人、百歲を過（きて）、一（つぶ）の胡麻を取（ら）む。是の如くして、盡すこと至（ら）むに、阿浮陀地獄の中の壽は故《なほ》し盡（き）未《ず》。廿の阿浮陀地獄の中の壽を一の尼羅浮陀地獄の中の壽とも爲《す》。廿の尼羅浮陀地獄の中の如き壽を、一の呵羅邏地獄の中の壽とす［爲］。廿の呵羅邏地獄の中の壽を一の呵婆婆地獄の中の壽とす［爲］。廿の呵婆婆地獄の中の壽を、一の休休地獄の中の壽とす［爲］。廿の休休地獄の中の壽を一の漚波羅地獄の中の壽とす［爲］。廿の漚波羅の地獄の中の壽を、一の分陀梨迦地獄の中の壽とす［爲］。廿の分陀梨迦地獄の中の壽を、一の摩呵波頭摩地獄の中の壽とす［爲］。俱伽離は、是の摩呵波摩頭摩地獄の中に墮（ち）たり。其

地獄中壽一。廿漚波羅地獄中壽、爲二一分陀梨迦地獄中壽一。廿分陀梨迦地獄中壽、爲二一摩呵波頭摩地獄中壽一。倶伽離墮二是摩呵波頭摩地獄中一。出二其大舌一、以二五百釘一釘レ之。五百具梨耕レ之。尒時、世尊說二此偈一言、

「夫士之生　斧在二口中一。
　所三以斬レ身、由二其惡言一。
　口集二諸惡一、　終不レ見レ樂。
應レ呵而讃、應レ讃而呵。
心口業生レ惡墮二尼羅浮獄一、
　具滿二百千世一、受二諸毒苦痛一。
若生二呵浮陀一、具滿二三十六一、

の大舌を出（し）て、五百の釘を（も）て之を釘《ウ》ツ。五百の具梨《カラスキ》を（も）て之を耕《カヘ》す。尒時、世尊此の偈（を）說（きて）言（ひしく）、

「夫士の［之］生（まる）るときは、斧口の中に在リ。
身を斬る所以は　其レ惡言するに由（り）てなり。
口に諸の惡集するときは　終に樂を見不《ず》。
呵す應きを而も讃し、讃す應きを而（も）呵す。
心口業に惡を生すことは　尼羅浮獄に墮（ち）て
具に百千世を滿（たし）て、諸の毒苦痛を受く。
若（し）呵浮陀に生（まれ）て、具に三十六を滿（た）し、
別に更（に）五世有（り）て、皆諸の苦毒を受く。
心邪見に依（り）て、賢聖の語を破すること
竹の實生するとき、自に其の形（原文「刑」）毀レるガ如きぞ。」

是（の）如（き）等（の）心を（も）て疑謗を生して、遂に決定に至る［す］。是レ妄語なり。妄語の人は、［乃］佛語に至るまでに、［而］信受（せ）不《ず》。罪を受（く）ること是の如し。是（を）以（ての）故（に）、妄語す應（くあら）不《ず》。復次、佛子羅睺羅の如き、其の年幼稚にして、愼‐口を知（ら）未《ず》。人來（り）て之を問（ひ）しく、『世尊は在《いま》（す）ヤ、不《いな》ヤ。』（と）。詭《アサム》きて、在《いま》（さ）不《ず》（と）言（ひ）き。若（し）不在の

別更有二五世一、　皆受二諸苦毒一。
心依二邪見一、破二賢聖語一
如三竹生レ實、自毀二其刑一。」
如レ是等心生二疑謗一、遂至二決定一。是妄語。妄語
25人乃至二佛語一、而不二信受一。受レ罪如レ是。以レ是故、不レ
應二妄語一。復次、如二佛子羅睺羅一、其年幼稚、未レ知二
愼-口一。人來問レ之、『世尊在不。』詭言レ不レ在。若不在
⑮時、人問二羅睺羅一、『世尊在不。』詭言二『佛在。』一有人語レ
佛、佛語二羅睺羅一、『澡-槃取レ水與レ吾洗レ足。』洗レ足已、
語二羅睺羅一、『覆二此澡-槃一。』如レ敕卽覆。佛言、『以レ水注レ
之。』注已、問言、『水入レ中不。』答言、『不レ入。』佛告二羅睺
5羅一、『无慚愧人。妄語覆、心道-法不レ入、亦復如レ是。』

⑮時に、人羅睺羅を問（ひ）しく、『世尊は在《いま》（す）ヤ、不《いな》ヤ。』
（と）。詭（き）て、『佛在す』と言フ。有る人佛に語（る）［ラく］。
佛、羅睺羅に語はく、『澡《タラ》-槃《ヒ》に水を取（り）て、吾に與（へ）て、
足を洗（はし）めヨ』と。足を洗ヒ已（り）て、羅睺羅に語はく、
『此の澡-槃を覆へ』と。敕の如く卽（ち）覆フ［むと］。佛言
（ひ）しく、『水を以（て）之を注ケ。』（と）。注き已（り）しカ
ば、問（ひて）言（ひ）しく、『水は中に入レリヤ不《ず》ヤ』と。答
5（へて）言（ひしく）、『入（ら）不《ず》』と。佛、羅睺羅に告（げた
まひ）しく、『无慙愧の人なり。妄語に覆はレ、心道-法に入（ら）

如二佛說一。妄語有二十罪一。何等爲レ十。一者、口氣臰。二者、善神遠レ之、非人得レ便。三者、雖レ有二實語一、人不二信受一。四者、智‐人謀‐議常不二參豫一。五者、常被二誹謗一。醜惡之聲、周聞二天下一。六者、人所レ不レ敬。雖レ有二教‐敕人一、不二承用一。七者、常多二憂愁一。八者、種二誹謗業因緣一。九者、身壞、命終、當墮二地獄一。十者、若出爲レ人、常被二誹謗一。如レ是種種不レ作、是爲二不妄語一。名二口善律儀一。不飮酒者、酒有二三種一。一者穀酒、二者菓酒、三者藥草酒。菓酒者、蒲陶・阿梨咤樹菓。如レ是等種種名爲二菓酒一。藥草酒者、種種藥草合二和米麴・甘蔗汁中一、能變成レ酒。同二蹄畜乳酒一。一‐切乳熱者、可二中作レ酒。略說、若乾、若

不《ヌ》こと。亦復（た）是の如し。』（と）。佛（の）說（きたまふ）ガ如し。妄語に十の罪有（り）。何等（をか）十（と）爲《す》（る）。一者、口の氣臭し。二者、善神は之を遠（さか）リ、非人は便を得《う》。三者、實語有（り）と雖（も）、人イ信受（せ）不《ず》。四者、智‐人謀‐議して、常（に）參豫（せ）不《ず》。五者、常（に）誹謗を被る。醜惡の［之］聲《ナ》周く天下に聞（こ）ユ。六者、人に敬（は）レ不《ず》（あ）る所なり。教‐敕の人イ有（り）と雖（も）、承用（せ）不《ず》。七者、常（に）憂愁多し。八者、誹謗の業因緣を種《う》う。九者、身壞（れ）、命終（は）（り）ては、當（に）地獄に墮ツ。十者、若（し）出（て）人と爲るとき、常（に）誹謗を被る。是（の）如く、種種（に）作（さ）不《ヌ》、是を不妄語と爲《す》。口善の律儀と名（づ）く。不飮酒といふ者《は》、酒に三種有（り）。一者、穀酒。二者、菓酒。三者、藥草の酒なり。菓酒といふ者《は》、蒲陶・阿梨咤樹の菓なり。是（の）如（き）等の種種を名（づけ）て、菓酒と爲《す》。藥草酒といふ者《は》、種種の藥草を、米麴・甘蔗の汁の中に合和して、能く變して、酒と成す。蹄畜乳酒（「蹄」の右に「馬□」、天の餘白に「□乳名□□也」の注あれど、讀めず。）に同（じ）なり。一‐切乳の熱（き）者《もの》、中に酒を作る可し。略（し）て說（か）ば、若（しは）乾、若（しは）濕、若（しは）淸、若（しは）濁、是の如き等の能く人の心を動（か）し、放逸（なら）令むる、是を名づけて酒と爲《す》。一切飮む應（くあら）不《ず》。是を不飮酒と名（づ）く。」問曰、「酒は能く冷を破し、身を益（し）て、心を歡

濕、若淸、若濁、如レ是等能令二人心動放逸一、是名爲レ酒。一切不レ應レ飮。是名二不飮酒一。」問曰、「酒能破レ冷、益レ身、令二心歡喜一。何以不レ飮。」答曰、「益レ身甚少。所レ損甚多。是故不レ應レ飮。譬如二美飮其中雜毒、是何等毒一。如三佛語二難提迦憂婆塞一。酒有二卅五失一。何等卅五。一者、現世財-物虛竭。何以故、人飮レ酒醉、心无二節限一、用費无レ度故。二者、衆病之門。三者、鬪諍之本。四者、裸露无レ耻。五者、醜名・惡聲、人所レ不レ敬。六者、覆二沒智慧一。七者、應レ所レ得⑯物而不レ得、已所レ得物而散失。八者、伏匿之事盡向レ人說。九者、種種事業癈不二成辦一。十者、醉爲二愁本一。何以故、醉中多レ失。醒已慚愧憂愁。十

喜（せ）令《し》む。何（を）以（て）ぞ飮（ま）不《ぬ》［し］。」答曰、「身を益することは甚（た）少し。損（する）所（は）甚（た）多し。是（の）故（に）、飮む應（くあら）不《ず》。譬（へ）ば美き飮の其の中に、雜（ふ）る毒を、「是（れ）何の等き毒ぞ」とイ（は）ムガ如し。佛の難提迦憂婆塞に語（ふ）ガ如し。酒に卅五の失有（り）。何等をか卅五といふ。一者、現世に財-物虛《(うつ)△(つ)》ケ竭く。何（を）以（ての）故（に）、人イ酒を飮（みて）醉（へ）るとき（は）、心節の限りの无く、用費《音ヒ反音》度无き故（に）なり。二者、衆病の［之］門とあり。三者、鬪諍の［之］本とあり。四者、裸露して恥无し。五者、醜き名・惡聲ありて、人に敬（は）所《(れ)》［る］不《ず》。六者、智慧を覆沒す。七者、得所《(ら)》（る）應（くあ）る⑯物を、［而］得不《ず》。已に得ツる所の物を、［而］散失す。八者、伏《ナヒ》匿《カクス》の［之］事を、盡く人に向（ひ）て說く。九者、種種の事業を廢（原文「癈」）（め）て、成辦（せ）不《ず》。十者、醉を愁の本と爲《す》。何（を）以（ての）故（に）、醉（ひ）の中には、失多し。醒め已（り）て、慙愧し憂愁す。十一者、身力轉《(いよい)》ヨ少（な）し。

一者、身力轉少。十二者、身色壞。十三者、不レ知レ敬レ父。十四者、不レ知レ敬レ母。十五者、不レ敬二沙門一。十六者、不レ敬二婆羅門一。十七者、不レ敬二伯叔、及尊長一。何以故、醉悶怳-惚、无レ所レ別故。十八者、不三尊二敬佛一。十九者、不レ敬レ法。廾者、不レ敬レ僧。廾一者、朋二黨惡人一。廾二者、踈二遠賢善一。廾三者、作二破戒人一。廾四者、无レ慚无レ愧。廾五者、不レ守二六情一。廾六者、縱レ色放逸。廾七者、人所二憎惡一、不レ憙レ見レ之。廾八者、貴重親屬、及諸知識所二共儐棄一。廾九者、行二不善法一。卅者、棄二捨善法一。卅一者、明人智士所レ不二信用一。何以故、酒放逸故。卅二者、遠二離涅槃一。卅三者、種二狂癡因緣一。卅四者、身壞命終、墮二惡道

十二者、身の色壞す。十三者、父を敬（ふ）ことを知（ら）不《ず》。十四者、母を敬（ふ）ことを知（ら）不《ず》。十五者、沙門を敬（は）不《ず》。十六者、婆羅門を敬（は）不《ず》。十七者、伯叔、［及］尊長を敬（は）不《ず》。何以故、醉悶し、怳-惚（と）ホノカニシテ（別訓るときに）、別る所无き故（に）。十八者、佛を尊敬（せ）不《ず》。十九者、法を敬（は）不《ず》。廿者、僧を敬（は）不《ず》。廿一者、惡人を朋黨とす。廿二者、賢善を踈にし遠（さく）る。廿三者、破戒の人を作する。廿四者、慙无く愧无し。廿五者、六情を守（ら）不《ず》。廿六者、色を縱《（ほし）き（まま）》にして、放逸す。廿七者、人に憎惡（せ）所レて、之を見むと喜（は）レ不《ず》。廿八者、貴重の親屬、［及］諸の知識に共に儐棄（せ）所る。廿九者、不善の法を行フ。卅者、善法を棄捨す。卅一者、明人智士に信用（せられ）不《ず》［所］《る》。何（を）以（ての）故（に）、酒は放逸（な）る故（に）。卅二者、涅槃（を）遠離す。卅三者、狂癡の因緣を種《（う）》う。卅四者、身壞レ、命終して、惡道泥梨の中に墮ツ。卅五者、若（し）人と爲ること得るとき、所生の［之］處に、常（に）當（に）狂騃なり（右に「□反」の注あれど讀めず。）是（の）如（き）等の種種の過失あり。是（の）故（に）、飮むべ（くあら）不《ず》。偈（に）説（くが）如（し）。

「酒は覺知を失（ふ）相なり。身色濁りて［而］惡し。
智心動して、［而］亂す。慙愧已に刧（せ）被《ラ》る。
失-念は增瞋する心ありて、歡を失ヒ、宗族を毀る。

涅梨中㆒。卅五者、若得ㇾ爲ㇾ人、所生之處、常當㆓狂騃㆒。如ㇾ是等種種過失。是故不ㇾ飲。如㆓偈說㆒。

「酒失㆓覺知㆒相。身色濁而惡、
　智心動而亂。慚愧已被ㇾ刧。
失念增瞋心、失ㇾ歡毀㆓宗族㆒。
　如ㇾ是雖ㇾ名ㇾ飲、實爲㆓飲ㇾ死毒㆒。
不ㇾ應ㇾ瞋而瞋、不ㇾ應ㇾ笑而笑。
　不ㇾ應ㇾ哭而哭、不ㇾ應ㇾ打而打。
不ㇾ應ㇾ語而語、與㆓狂人㆒无ㇾ異。
　奪㆓諸善功德㆒。知ㇾ愧者不ㇾ飲。」

如ㇾ是四罪不ㇾ作、是身善律儀。妄語不ㇾ作、是口善律儀、名爲㆓憂婆塞五戒律儀㆒。問曰、「若八種

是（の）如く飲と名（づく）と雖（も）、實は死を飲む毒と爲《あり》。
瞋る應（くあら）不《ヌ》を［而］瞋リ、笑（ふ）應（くあら）不《ヌ》を［而］笑フ。
哭（く）應（くあら）不《ヌ》を［而］哭き、打（つ）應（くあら）不《ヌ》を［而］打ツ。
語す應（くあら）不《(ぬ)》を［而］語ヒ、狂人と［與］異（なる）こと无し。
諸の善功德を奪フ。ソヱニ愧を知（ら）む者《もの》は、飲む（べくあら）不《ず》。」

是の如き四の罪を作（ら）不《ヌ》、是レ身の善律儀なり。妄語を作（さ）不《ヌ》、是（れ）口の善律儀（なり）。名（づけ）て憂婆塞の五戒律儀と爲《す》。問曰、「若（し）八種の律儀、［及］淨命、是を名（づけ）て戒と爲《す》。何（を）以（ての）故（に）ぞ優婆塞の口の律儀の中に［於］、三の律儀と［及］淨命と无き。」答曰、「白衣の居家の世間の樂を受ケ、兼（ね）て福德を修するは、盡く戒法を行すること能は不《ず》。是（の）故（に）、佛（は）五戒を持（た）令め（たまひ）たり。復次、四種の口業の中に、妄語最も重し。復次、妄語の心生する故（に）、餘を作る者《ひと》、或（る）イは、故《(ことさ)ラ》に作し、或（る）イは故《(ことさ)ラ》に作（ら）不《ず》。復次、但（た）

律儀、及淨命、是名爲レ戒。何以故優婆塞於二口律儀中一、无二三律儀及淨命一。」答曰、「白衣居家受二世間樂一、兼修二福德一、不レ能三盡行二戒法一。是故佛令レ持二五戒一。復次、四種口業中、妄語最重。復次、妄語心生故、作レ餘者、或故作、或不二故作一。復次、但⑰說二妄語一已攝二三事一。復次、諸善法中、實爲二最大一。若說二實語一、四種正語、皆已攝得。復次、白衣處レ世、當二官理-務家業作-使一。是故難レ持二不惡口法一。妄語故、作重事故、不レ應レ作。是五戒有二五種受一、名二五種憂婆塞一。一者、一分行憂婆塞。二者、少分行憂婆塞。三者、多分行憂婆塞。四者、滿行憂婆塞。五者、斷淫憂婆塞。一分行者、於二五戒

---

⑰妄語を說くに、已に三事を攝(め)ツ。復次、諸の善法の中には、實を最も大と爲《す》。若(し)實語を說くに、四種の正語は、皆已に攝め得ツ。復次、白衣の世に處るは、官の理-務、家業の作-使す當し。是(の)故(に)、不惡口の法を持(つ)こと難し。妄語の故に、作事《音》重き故(に)、作(す)應(くあら)不《(ず)》[ヌ]。是の五戒(に)五種の受有るを、五種憂婆塞と名(づく)。一者、一分行の優婆塞。二者、少分行の優婆塞。三者、多分行の優婆塞。四者、滿行の優婆塞。五者、斷淫の優婆塞なり。一分行といふ者《は》、五戒の中に[於]、一戒を受(け)て、四の戒を受持すること能(は)不《ヌ》なり。少分行といふ者《は》、若(しは)二戒を受ケ、若(しは)三戒を受(く)るなり。多分行といふ者《は》、四の戒を受(く)るなり。滿行といふ者《は》、盡く五戒を持ツなり。斷淫の者《ひと》は、五戒を受(く)ること已(り)て、師の前にして、更(に)誓言を作

中受二一戒一、不レ能三受二持四戒一。少分行者、若受二二戒一、若受二三戒一。多分行者、受二四戒一。滿行者、盡持二五戒一。斷淫者受二五戒一已、師前更作二誓言一『我於二自婦一不二復行淫一。』是名二五戒一。如二佛偈說一。

「不レ殺亦不レ盜、亦不レ有二邪淫一。
　實語・不飮酒・正命以淨レ心。
若能行レ此者、二世憂畏除。
　戒福恆隨レ身。常與二天人一俱。
世間六時華榮曜、色相發。
　以二此一歳華一天上一日具。
天樹自然生。華鬘及瓔絡、
　丹葩如二燈照一。衆色相間-錯。

（さ）く、『我レ自（ら）の婦に［於］復（た）行淫（せ）不《じ》』といふ。是を五戒と名（づく）。佛の偈に說（きたまふ）ガ如（し）。

「殺（さ）不《ず》、亦（た）盜（ま）不《ず》。亦（た）邪淫も有（ら）不《ず》。
實語と不飮酒と　正命と、以《これ》を（も）て、心を淨む。
若（し）能（く）此を行する者《ひと》は、二世の憂畏除す。
戒福恆に身を隨フ。常（に）天人と［與］俱なり。
世間の六時の華　榮エ曜き、色相（ひ）發る。
此の一歳の華を以て、天上の一日の具とす。
天樹自然に生す。華鬘、［及］瓔珞
丹葩燈の照（ら）すガ如し。衆の色相（ひ）間-錯せり。

15
天衣无鞅數なり。其の色若干種なり。

鮮白にして天日に［を］映し、輕密にして間《アヒタ》壟无し。（「間」の左に「畝也」。「壟」の左に「町也」の注あり。右に「ウネ」らしき訓あれど不確實。）

金色繡-文《アヤ》を映せり。斐-亹《ウルワシ》（な）ること（「斐」の左に「浮比反」、「亹」の左に「亡匪反」の注あり。）雲氣の如し。

是の如（く）に上妙の服　悉く天樹より［從］出ツ。

明珠は天の耳璫なり。寶-渠手足を曜《カヽヤ》（か）す。

心に隨（ひ）て好服する所、亦（た）天樹より［從］出ツ。

金華には瑠（原文「琉」）璃の莖あり。金剛（原文「鋼」）を華鬚と爲《す》。

天衣无鞅數。其色若干種。
鮮白映二天日一、輕密无二間瓏一。
金色映二繡-文一。斐-亹如二雲氣一。
如レ是上妙服　悉從二天樹一出。
明珠天耳璫。寶-渠曜二手足一。
隨レ心所二好服一、亦從二天樹一出。
金華琉璃莖。金鋼爲二華鈁一。
柔濡香芬薰、悉從二寶池一出。
琴瑟・箏・箜篌　七寶爲二校鈁一。
器妙故音淸　皆亦從レ樹出。
波鵌質姤樹　天上樹中王、
在二彼歡喜園一。一切无レ有レ比。

柔濡の香芬薰と（かを）リて、悉く寶池より［從］出ツ。琴瑟・箏（原文「筝」）・箜篌（原文「篗」）は七寶を校鈁と爲《す》。器妙（な）る故（に）音淸くして　皆亦（た）樹より「從」出ツ。

波隸（原文「鵌」）（大正藏經「鵌」）質姤樹　天上の樹の中に王として、

彼の歡喜園に在リ。一切比（ふ）べきもの有（る）こと无し。

持戒を耕田と爲《す》。天樹中より［從］出ツ。天の厨の寒露（の）味あり。餘は食するとき飢渴を除す。天女は監-𢍁无し。亦は任身難无し。嬉-怡と（よろこ）ヒて縱-逸（とほし）き（まま）に樂フ。食（す）レども、便利の患（ひ）无し。

持戒（して）常に心を攝す。自恣の地に生（まる）ること得《う》。事无く、亦（た）難无し。常に肆樂の志を得《う》。諸天自在を得《う》。憂苦復（た）生（せ）不《ず》。所欲念に應（し）至る。　身光幽冥を照（ら）す。是の如き種種の樂、皆施と戒と「與」に由（りて）なり。若（し）此（の）報を得むと欲（は）ば、當（に）懃（め）て自（ら）勉《ハケ》ミ勵《ハケ》むべし。」

問曰、「今、尸羅波羅蜜を（も）て、當（に）以（て）佛と成る（べし）と說く。何（を）以（て）ぞ乃（し）

持戒爲二耕田一。天樹從レ中出。
天厨甘露味。餘食除二飢渴一。
天女无二監-㝵一。亦无二任身難一。
嬉-怡縱-逸樂。食无二便利患一。
持戒常攝レ心。得レ生二自恣地一。
无レ事亦无レ難。常得二肆樂志一。
25諸天得二自在一。憂苦不二復生一。
所欲應レ念至。身光照二幽冥一。
如レ是種種樂、皆由二施與レ戒。
若欲レ得二此報一、當懃自勉勵。」

問曰、「今說二尸羅波羅蜜當以成レ佛。何以乃讃二⑱天福一。」答曰、「佛言、『三事必得二報果一不レ虛。布施得二

---

⑱天の福を讃する。」答曰、「佛の言はく、『三の事必ず報果を得る

大福一。持戒生二好處一。修定得二解脱一。若單行二尸羅一、得レ生二好處一。若修定・智慧・慈悲・和合、得二三乘道一。今但讃二持戒現世功德・名聞・安樂一。後世得報如二偈所レ讃。譬如下小兒蜜塗二苦樂一、然後能服上、今先讃二戒福一、然後、人能持レ戒。持戒已、立二大誓願一、得レ至二佛道一。是爲二尸羅生尸羅波羅蜜一。又、以一切人、皆著レ樂、世間之樂天上爲レ最。若聞二天上種種快樂一、便能受二行尸羅一。後聞二天上无常一、厭患心生、能求二解脱一。更聞二佛无量功德一、若慈悲心生、依二尸羅波羅蜜一、得レ至二佛道一。以レ是故、雖レ説二尸羅報一、无レ咎。」問曰、「白衣居家唯此五戒、更有二餘法一邪。」答曰、「有二一日戒一。六齋日持、功德无量。

こと虚（しくあら）不《ず》。布施は大福を得《う》。持戒は好處に生（ま）る。修定は解脱を得《う》。若（し）單に尸羅を行フときは、好處に生（まるる）こと得。若（し）修定と智慧と慈悲と和合して、三乘の道を得《う》。今は但（た）持戒の現世の功德・名聞・安樂を讃す。後世の得報は、偈に讃（す）る所の如し。譬（へば）小兒に蜜を（ィシテ）苦藥（「原文「樂」」に（ィヲ）塗（り）て、然（し）て後に能（く）服するガ如く、今は先ツ戒の福を讃（し）て、然（し）て後に人に能（く）戒を持（た）しむ。持戒し已（り）て、大誓願を立（て）て、佛道に至（る）こと得しむ。是を尸羅より生（する）尸羅波羅蜜と爲《い》ふ。又、以（て）一切の人は、皆樂を著き、世間の［之］樂（は）天上を最と爲《す》。若（し）天上の種種の快樂を聞（き）て、便（ち）能（く）尸羅を受行す。後に天上の无常を聞（き）ては、厭患の心生して、能（く）解脱を求む。更に佛の無量の功德を聞（く）とき、若（し）慈非心生して、尸羅波羅蜜に依（り）て佛道に至（る）こと得《う》。是（を）以（ての）故（に）、尸羅の報を説くと雖（も）咎无し。」問曰、「白衣の居家は唯（た）此の五戒のみカ、更（に）餘の法ヤ有る［邪］。」答曰、「一日戒（ィヲ）有リ。六齋の（ィヲ）日に持ツは、功德无量なり。若（し）十二月一日より十五日に至（る）までに、此の戒を受持するに、其の福最多なり。」問曰、「云何ぞ一日戒を受（く）る。」答曰、「一日戒を受（く）る法は、長跪（して）掌を合（はせ）て、是の如く言（ふ）べし、『我レ某甲、今一日一夜、佛に

若十二月一日至㆓十五日㆒、受㆓持此戒㆒、其福最多。」問曰、「云何受㆓一日戒㆒。」答曰、「受㆓一日戒㆒法、長跪合㆑掌、應㆘如㆑是言㆖、『我某甲、今一日一夜、歸㆓依佛㆒、歸㆓依法㆒、歸㆓依僧㆒。如㆑是二、如㆑是三、歸依。』我某甲歸㆓依佛㆒竟。歸㆓依法㆒竟。歸㆓依僧㆒竟。」如㆑是二、如㆑是三歸依竟。我某甲、若身業不善、若口業不善、若意業不善貪欲瞋恚愚癡故、若今世、若先世、有㆓如㆑是罪㆒。今日誠心讖悔、身清淨、口清淨、心清淨、受㆓行八戒㆒。是則布薩。秦言善宿。如㆔諸佛盡壽不㆓殺生㆒、我某甲一日一夜、不㆓殺生㆒亦如㆑是。如㆓諸佛盡㆑壽不㆑盜、我某甲一日一夜、不㆑盜亦如㆑是。如㆓諸佛盡㆑壽不㆑淫、我某甲一日

歸依し、法に歸依し、僧に歸依すと。是の如く二（た）ヒ、是の如く三（た）ヒ、歸依（せ）ヨ。』我レ某甲佛に歸依し竟（り）ヌ。法に歸依すること竟（り）ヌ。僧に歸依すること竟（り）ヌ。」と。是の如く二（た）ヒ、是の如く三（た）ヒ、歸依し竟レ。我レ某甲、若（しは）身業の不善、若（しは）口業の不善、若（しは）意業の不善（な）る貪欲（と）瞋恚と愚癡との故（に）、若（しは）今世、若（しは）先世に、是の如き罪有リ。今日、誠の心を（も）て懺（原文「讖」）悔（し）て、身清淨に、口清淨に、心清淨にして、八戒を受行すべし。是レ則（ち）布薩なり。〈秦の言には、善宿といふ。〉諸佛の盡壽までに、殺生（せ）不《ヌ》ガ如く、我レ某甲も一日一夜、殺生（せ）不《ヌ》こと、亦（た）是の如くせむ。諸佛の壽盡（くる）までに、盜（ま）不《ヌ》ガ如く、我レ某甲も、一日一夜、盜（ま）不《ヌ》こと、亦（た）是の如く（せ）む。諸佛の壽盡（くる）までに淫（せ）不《ヌ》ガ如く、我某甲も一日一夜淫（せ）不《ヌ》こと、亦（た）是の如く（せ）む。諸佛の壽盡（くる）までに妄語（せ）不《ヌ》ガ如く、我某甲も一日一夜妄語（せ）不《ヌ》こと、亦（た）是の如く（せ）む。諸佛の壽盡（くる）までに

一夜不レ淫亦如レ是。如三諸佛盡レ壽不二妄語一、我某甲、一日一夜、不二妄語一亦如レ是。如三諸佛盡レ壽不二飮酒一亦如レ是。⑲如三諸佛盡レ壽不一レ坐二高大床上一、我某甲一日一夜、不レ坐二高大床上一、亦如レ是。如下諸佛盡レ壽、不レ著二華纓絡一、不二香塗一レ身、不上レ著二香薫衣一、我某甲一日一夜、不レ著二華纓絡一、不二香塗一レ身、不レ著二香薫衣一、亦如レ是。如下諸佛盡レ壽、不二自歌儛作一レ樂、不中往二觀聽一上、我某甲一日一夜、不二自歌儛作一レ樂、不二往觀聽一、亦如レ是。已受二八戒一。如三諸佛盡レ壽不二過レ中食一、我某甲一日一夜、不二過レ中食一亦如レ是。我某甲受二行八戒一、隨學二諸佛法一名爲二布薩一。願下持二是布薩一福

⑲飲酒（せ）不《ヌ》ガ如く、我某甲も一日一夜、飲酒（せ）不《ヌ》こと、亦（た）是の如く（せ）む。諸佛の壽盡（くる）までに高大の床上に坐（せ）不《(ぬ)》ガ如く、我某甲も一日一夜、高大の床上に坐（せ）不《(ぬ)》こと、亦（た）是の如く（せ）む。諸佛の壽盡（くる）までに華纓絡を著不《ず》、香（をもて）身に塗（ら）不《ず》、香（をもて）薫（せ）る衣を著不《ヌ》ガ如く、我某甲も一日一夜、華纓珞を著不《ず》、香（をもて）薫（せ）る衣を著不《(ぬ)》こと、亦（た）是の如く（せ）む。諸佛の壽盡（くる）までに自（ら）歌儛（し）、樂を作（せ）不《ず》、往（き）て觀聽（か）不《(ぬ)》ガ如く、我某甲も一日一夜自（ら）歌儛（し）、樂を作（せ）不《ず》、往（き）て觀聽（せ）不《ヌ》こと、亦（た）是の如く（せ）む。已に八戒を受（け）ッ。諸佛の壽盡（くる）までに、中を過（ぎ）て食（し）たまは不《ヌ》ガ如く、我某甲も一日一夜、中（を）過（ぎて）食（せ）不《ヌ》こと、亦（た）是の如く（せ）む。我某甲八戒を受行（せ）むとシて、隨（ひ）て諸佛の法を學するを、名（づけ）て布薩と爲《い》ふ。是の布薩を持ツ福報を（も）て、生生に三悪八難に墮（ち）不《じ》。我（も）亦（た）轉輪聖王・梵釋天王の世界の［之］樂を求（め）不《じ》と願（ふ）べし。諸の煩惱を盡（くし）て、薩婆

報、生生不レ墮二三惡八難一。我亦不上レ求二轉輪聖王・梵釋天王世界之樂一。願下諸煩惱盡、逮二薩婆若一、成中就佛道上。」問曰、「云何受二五戒一。」答曰、「受二五戒一法、長跪合レ手言、『我某甲歸二依佛一、歸二依法一、歸二依僧一。』如レ是二、如レ是三。』我某甲歸二依佛一竟。歸二依法一竟。歸二依僧一竟。如レ是二、如レ是三。』我是釋迦牟尼佛優婆塞。證下知我某甲從二今日一盡レ壽、歸依上。戒‐師應レ言、『汝優婆塞婆聽、是多陀阿伽度阿羅呵三藐三佛陀、知レ人見レ人、爲二優婆塞一。説二五戒一如レ是。汝盡レ壽持。何等五。盡レ壽不二殺生一、是優婆塞戒。是中盡壽不レ應二故殺レ生。是事若能、當レ言レ諾。盡壽不レ盜、是優婆塞戒。是中盡壽不レ應レ盜。是事

若を逮《ウ》て（右に「得」の注あり。）、佛道成就（せ）むとすること（を）願（ふ）べし。」問曰、「云何ぞ五戒を受（く）る。」答曰、「五戒を受（く）る法は、長跪（して）手を合（はせ）て言（は）く、『我某甲、佛（に）歸依（し）、法（に）歸依（し）、僧（に）歸依（す）。』と。是の如く二（たひ）、是の如く三（たひ）イヘ。』と。我某甲（も）佛（に）歸依（し）、竟（りぬ）。法（に）歸依（し）竟（りぬ。）僧（に）歸依（し）竟（りぬ）。是の如く二（たひ）、是の如く三（た）ヒ）いへ。』と。我は是（れ）釋迦牟尼佛の優婆塞なり。我某甲今日より［從］壽盡（くる）までに歸依すと證知（したま）へ。戒‐師は言フ應し、『汝優婆塞聽ケ。是の多陀阿伽度阿羅呵三藐三佛陀の、人知リ人見るを、優婆塞の爲にす。五戒を説（く）こと、是の如し。汝壽盡（くる）までに持ツべし。何等（をか）五といふ。壽盡（くる）までに殺生（せ）不《ヌ》、是レ優婆塞の戒なり。是の中に、盡壽までに故《ことさら》に生を殺す應（くあら）不《ず》。是の事若（し）能（くせ）むヤ・といはば、當（に）「諾」といふべし。盡壽までに盜（ま）不《ヌ》、是（れ）優婆塞の戒なり。是の中に、盡壽までに盜（む）應（くあら）不《ず》。是の事若（し）能（くせ）むヤ・といはば、當（に）「諾」といふべし。盡壽までに邪淫（せ）不《ヌ》、是レ優婆塞の戒なり。是ガ中に、盡壽までに邪淫（す）應（くあら）不《ず》。是の事若（し）能（くせ）むヤ・といはば、當（に）「諾」といふべし。盡壽までに妄語（せ）不《ヌ》、是レ優婆塞の戒なり。是ガ中に、盡壽までに妄語（す）

若能、當レ言レ諾。盡壽不二邪淫一、是憂婆塞戒。是中盡壽不レ應二邪淫一。是事若能、當レ言レ諾。盡壽不二妄語一、是憂婆塞戒。是中盡壽不レ應二妄語一。是事若能、當レ言レ諾。盡壽不二飲酒一、是憂婆塞戒。是中盡壽不レ應二飲酒一。是事若能、當レ言レ諾。是憂婆塞五戒
⑳盡壽受持。當下供二養三寶・佛法・法寶・比丘僧寶一、懃修二福德一以求中佛道上。」問曰、「何以故、六齋日受二八戒一、修二福德一。」答曰、「是日惡鬼逐レ人欲レ奪二人命一、疾病・凶衰令二人不吉一。是故、劫初聖人、教レ人持齋修レ善、作レ福以避二凶衰一。是時、齋法不レ受二八戒一、直以二一日不食一爲レ齋。後、佛出-世、教二語之一言、『汝當下一日夜、如二諸佛一持中八戒上。過-中不レ食、是功德

應（くあら）不《ず》。是の事若（し）能（くせ）むヤ・といはば、當（に）「諾」といふべし［言］。盡壽までに飲酒（せ）不《ヌ》、是レ優婆塞の戒なり。是ガ中に、盡壽までに飲酒（す）應（くあら）不《ず》。是の事若（し）能（くせ）むヤ・といはば、當（に）「諾」といふべし［言］。是の優婆塞の五戒を
⑳盡壽までに受持（す）べし。當（に）三寶・佛法・法寶・比丘僧寶を供養して、懃（めて）福德を修（め）て、以（て）佛道を求（む）べし。」問曰、「何（を）以（ての）故（に）、六齋の日に、八戒を受ケ、福德を修する。」答曰、「是の日は、惡鬼人を逐（ひ）て、人の命を奪（は）むと欲て、疾病・凶衰を人をして不吉に（せ）令む。是の故に、劫初の聖人、人を教（へ）て、持齋し、善を修し、福を作（り）て、以（て）凶衰を避（けし）めたまひたり。是の時に、齋法は八戒を受（け）不《ず》して、直に一日の不食を以て齋と爲《せ》り。後に、佛出-世（し）て、之（に）教（へ）て語（り）て言《のたま》ひしく、『汝、當（に）一日夜（に）、諸佛の如く、八戒（を）持つべし。過-中に食（は）不《ヌ》、是の功德は、人を將《ゐ》て涅槃に至（ら）しむ。四天王經の中に、佛說（きたまへ）るガ如し。月の六齋の日には、使者・太子、［及］四天王、自（ら）

將レ人至二涅槃一。如二四天王經中佛說一。月六齋日、使者・太子、及四天王、自下觀二察衆生一。布施持戒、孝二順父母一少者、便上二忉利一以啓二帝釋一。帝釋・諸天、心皆不レ悅。說言、『阿修羅、種多、諸天、種少。』若布施、持戒、孝二順父母一多者、諸天・帝釋、心皆歡喜、說言、『增二益諸天衆一、減二損阿修羅一。』是時、釋提婆那氏說二此偈一言、

「六日神足月　受二持清淨戒一、
　是人壽終後、功德必如レ我。」

佛告二諸比丘一、『釋提桓因、不レ應レ說二如レ是偈一。所以者何、釋提桓因、三衰、三毒未レ除。云何妄言下持二一日戒一功德・福報、必得上如レ我。』『若受二持此戒一、必

下（り）て、衆生を觀察す。布施し、持戒し、父母を孝順するひと少きとき者《は》、便（ち）忉利に上（り）て、以（て）帝釋に啓《まう》す。帝釋・諸天、心皆悅（び）たまは不《ず》。說（き）て言《のたま》はく、『阿修羅、種は多くして、諸天、種は少（しき）なり』と。若（し）布施し、持戒し、父母に孝順する人多きとき者《は》、諸天・帝釋、心に皆歡喜（し）て、說（き）て言《のたま》はく、『諸天衆を增益し、阿修羅を減損す。』（と）。是の時、釋提婆那氏、此の偈を說（き）て言（は）く、

「六日と（ィノ）神足の月とは（ィニ）清淨の戒を受持する、
　是の人壽終（はり）て後に、功德必ず我ガ如く（なら）む。」

と。

佛、諸の比丘に告（けたま）はく、『釋提桓因は、是の如き偈を說く應（くあら）不《ず》。所以《（ゆゑ）》者《（は）》何（に、）釋提桓因は、三衰と三毒と（を）除（せ）未《ず》。云何ぞ妄（り）て、一日の戒を持ツ功德・福報は、必（ず）我ガ如く得む』といハム［言］。『若（し）此の戒を受持するひとは、必（ず）佛の如く（あ）る應し』とイハむ。是（れ）則（ち）實說なり。諸の大尊天の歡喜の因緣の故（に）、福增多（な）ること得《う》。復次、此の六齋の日は、惡鬼人を害し、一切を惱亂す。若（し）在（ら）所《ゆ》る丘聚・郡縣・國邑に、持齋し、受戒する善人者有るとき、此の因緣を以（て）、惡鬼遠去す。住處安隱なり。是（を）以（ての）故（に）、六日に持齋し、受戒するとき、福を得（る）こと增多なり。問曰、何（を）以（て

應レ如レ佛。』是則實說。諸大尊天歡喜因緣故、得二福增多一。復次、此六齋日、惡鬼害レ人、惱二亂一切一。若所レ在丘聚・郡懸・國邑、有二持齋受戒善人者一、以二此因緣一、惡鬼遠去。住處安隱。以レ是故、六日持齋受戒、得レ福增多。」問曰、「何以故諸惡鬼輩、以二此六日一惱二害於人一。」答曰、「天地本起經說、『劫初成時、有二異梵天王子一。諸鬼神父。修二梵志苦行一、滿二天上十二歲一、於二此六日一割レ肉出レ血以著二火中一。以レ是故、諸惡鬼神、於二此六日一、輙有二勢力一。』」

㉑問曰、「諸鬼神父、何以於二此六日一、割二身肉血一、以著二火中一。」答曰、「諸神中摩醯首羅神最大第一。諸神皆有二日分一。摩醯首羅一月有二四日分一。八日・

の）故（に）ぞ、諸の惡鬼の輩、此の六日を以て、人を［於］惱害する。」答曰、「天地本起經に說（か）く、『劫の初め成（り）し時に、異梵天王の子有（り）き。諸の鬼神の父なり。梵志の苦行を修（め）て、天上の十二歲を滿て、此の六日に［於］、肉を割り、血を出（し）て、以（て）火（の）中に著（き）き。是（を）以（ての）故（に）、諸（の）惡鬼神、此の六日に［於］、輙（ち）（右に「卽也」の注あり。）勢力有リ。』」と。

㉑問曰、「諸（の）鬼神父、何（を）以（て）ぞ此の六日に［於］、身の肉血を割（き）て、以（て）火の中に著（く）。」と。答曰、「諸神の中に、摩醯（原文醘）首羅神イ最大第一なり。諸神皆日分有リ。摩醯首羅は、一月に四日分有リ。八日と廿三日と十四日と廿九日となり。餘の神は一月に二日分有リ。月の一日と十六日

廿三日・十四日・廿九日。餘神一月有㆓二日分㆒。月一日・十六日。月二日・十七日、其十五日、卅日屬㆓一切神㆒。摩醯首羅爲㆓諸神主㆒。又得㆑日多故、數㆓其四日㆒爲㆑齋。二日是一切諸神日。亦數以爲㆑齋。是故、諸鬼神於㆓此六日㆒、輒有㆓力勢㆒。復次、諸鬼於㆓此六日㆒、割㆑肉出㆑血、以著㆓火中㆒、過㆓十二歳㆒已、天王來下、語㆓其子㆒言、『汝求㆓何願㆒。』答言、『我求㆑有㆑子。』天王言、『仙人供養法、以㆓焼香・甘菓・諸清淨事㆒。汝云何以㆓肉血㆒著㆓火中㆒。如㆓罪惡法㆒。汝破㆓善法㆒、樂爲㆓惡事㆒。令㆘汝生㆓惡子㆒噉㆑肉飲㆖㆑血』當㆑說、是時、火中有㆓八大鬼出㆒、身黑如㆑墨。髮黃、眼赤。有㆓大光明㆒、一切鬼神皆從㆓此八鬼㆒生。

となり。月の二日と、十七日と、其の十五日と、卅日と、一切の神に屬す。摩醯首羅を諸神の主と爲《す》。又、日を得ること多きガ故(に)、其の四日を數(へ)て齋と爲《す》。二日は是(れ)一切の諸神の日なり。ソヱニ、亦(た)數(へ)て以(て)齋と爲《す》。是(の)故(に)、諸の鬼神イ此の六日に[於]、輒(ち)(右に「卽也」の注あれど不確實。)力勢有リ。復次、諸(の)鬼此の六日に[於]、肉を割(き)て血を出(し)て、以(て)火の中に著くを、十二歳を過(く)ること已(りし)カば、天王來下し、其の子に語りて、言(ひ)しく、『汝、何の願をカ求(む)る。』(と)。答(へて)言(ひしく)、『我は子有(る)ことを求む。』(と)。天王の言(ひ)しく、『仙人の供養の法は、焼香・甘菓[を]、諸(の)清淨の事を以てすべし。汝、云何ぞ肉血を以(て)火の中に著く。罪惡の法の如し。汝、善法を破(り)て、樂(ひ)て惡事を爲す。汝をして惡子を生(み)て、肉を噉み、血を飲(ま)しめむ。』と。當に說(くべし)、是(の)時(に)、火の中に、八大鬼出(つ)ること有(り)。身黑きこと墨の如し。髮は黃、眼は赤し。大光明有(り)。一切の鬼神は、皆此の八鬼より[從]生す。是を以ての故に、此の六日に[於]、身の肉血を割(き)て、以て火の中に著(き)て、[而]勢力を得《う》。如《(い)マ》佛法の中に、日好惡无し。世に隨(ひ)て惡日因緣の故に、教(へ)て持齋し受戒(せ)しむ。」と。問曰、「五戒と一日の戒と、何者(をか)勝(れ)たりと爲《す》る。」答曰、「因緣有る故(に)、二戒俱に等し。但(た)

以レ是故、於二此六日一割二身肉血一、以著二火中一、而得二勢力一。如佛法中、日无二好惡一。隨レ世惡日因緣故、教持齋受戒。」問曰、「五戒、一日戒、何者爲レ勝。」答曰「有二因緣一故、二戒倶等。但五戒終レ身持。八戒一日持。又五戒常持。時多而戒少。一日戒、時少而戒多。復次、若无二大心一。雖二終レ身持戒一、不レ如下有二大心一人一日持戒上也。譬如軟夫爲レ將、雖二復持-兵終レ身、智勇不レ足、卒无二功名一。若下如英-雄奮-發、亂立レ定、一日之勳功、蓋中天下上。是二種戒名二居家憂婆塞法一。居家持戒、凡有二四種一。有二下・中・上一。有二上上下一。下人持戒、爲二今世樂一故。或爲二怖畏・稱譽・名聞一故。或爲二家法一、曲隨二他意一故。或

五戒（のみ）は、身を終（ふる）までに持ツ。八戒は一日のみ持ツ。又、五戒は常（に）持ツ。時多くして、［而］戒少し。一日戒は、時少くして、［而］戒は多し。復次、若（し）大心无きは、身を終（ふる）までに持戒すと雖（も）、大心有る人の、一日持戒するガ如くはあら不《ず》［也］。譬（へ）ば軟《(をちな)》き（右に「劣也」の注あり。）夫を將と爲《す》るときは、復（た）持-兵身を終（ふる）までに（すと）雖（も）、智勇足（ら）不《ヌ》を（も）て、卒《ツヒ》に功名无し。英-雄《イサメル》（右に「猛也」の注あり。）奮（右に「勢□也」の注あれど、不確實。）發して、禍（原文缺、白筆補）亂するに定を立（つる）を（も）て、一日の「之」勳功、天下を蓋フには若-如《シカズ》（シカヌガ-ゴトシと讀むべし。）是の二種の戒を、居家優婆塞の法と名（づ）く。居家の持戒に、凡そ四種有リ。下・中・上有（り）。上上下有（り）。下人の持戒は、今世の樂の爲の故に、或は怖畏・稱譽・名聞の爲の故に、或（は）家法と爲《(し)》（て）、曲(げ)て他の意に隨（ふ）ガ故に、或は

㉒避二苦役一、求レ離二危難一故。如レ是種種、是下人持戒。中人持戒、爲二人中富貴・歡娯・適意一。或期二後世福樂一、剋レ己自勉、爲レ苦。『日少所得甚多。』如レ是思惟、堅固持戒。譬如二商-人遠出深入、得レ利必多一、持戒之福令三人受二後世福樂一、亦復如レ是。上人持戒爲二涅槃一故、知二諸法一切无常一故、欲二求離レ苦、當樂二无爲一故。復次、持戒之人、其心不レ悔。心不レ悔故、得二喜樂一。喜樂故得二一心一。得二一心一故、得二實智一。得二實智一故、得二厭心一。得二厭心一故、得二離欲一。得二離欲一故、得二解脱一。得二解脱一故、得二涅槃一。如レ是持戒、爲二諸善法根本一。復次、持戒爲二八正道初門一。入道初門、必至二涅槃一。」問曰、如八正道正語・正業在レ

㉒苦役を避（け）、危難を離（れ）むと求（む）るガ故に、是の如く種種（な）る、是は下人の持戒なり。中人の持戒は、人中の富貴・歡娯・適意の爲にす。或は後世の福樂を期して、己を剋《キサ》み、自を勉《ハケ》ムは、苦を爲す。『日は少く、所得（は）甚（た）多し。』と。是の如く思惟して、堅固に自戒す。譬（へ）ば商（原文「適」、天白訂）-人の遠く出（て）、深く入るとき、利を得（む）こと必（ず）多きガ如く、持戒の［之］福の、人をして後世の福樂を受（け）令《し》むることも、亦復（た）是の如し。上人の持戒は、涅槃の爲の故に、諸法は一切无常なりと知レる故（に）、苦を離（れ）むと欲-求し、當（に）无爲を樂フ故にす。復次、持戒の［之］人は、其の心悔（い）不《ず》。心悔（い）不《ヌ》故（に）、喜樂を得《う》。喜樂の故に、一心を得《う》。一心を得る故（に）、實智を得《う》。實智を得る故（に）、厭心を得《う》。厭心を得る故に、離欲を得《う》。離欲を得る故（に）、解脱を得《う》。解脱を得る故（に）、涅槃を得《う》。是の如き持戒を、諸の善法の根本と爲《す》。復次、持戒を八正道の初の門（と）爲《す》。入道の初の門として、必（ず）涅槃に至る。」問曰、「如《(い)マ》八正道は、正語と正業とは中に在リ。正見と正行とは、初に在リ。今何（を）以（て）ぞ戒を八正道の初門と爲《い》ふ［言］。」答曰、「數を以（て）之を言《い》はば、大（な）ること者《は》、始と爲《す》。正見は最大なり。是（の）故（に）初に在リ。復次、道を行フ故に、見を以て先と爲《す》。諸法の次第（の）故に、戒を前に在（く）［と］。譬（へ）ば、屋を作るとき、棟-梁大なりと雖（も）、地を以て先と

中。正見・正行在レ初。今何以言レ戒爲二八正道初門一。」答曰、「以レ數言レ之、大者爲レ始。正見最大。是故在レ初。復次、行レ道故、以レ見爲レ先。諸法次第故、戒在レ前。譬如二作レ屋、棟-梁雖レ大、以レ地爲一レ先。上上人持戒、憐二愍衆生一、爲二佛道一故、以下知二諸法一求中實相上故、不レ畏二惡道一、不レ求レ樂故。如レ是種種、是上上人持戒。是四摠名二憂婆塞戒一。出家戒亦有二四種一。一者、沙彌沙彌尼戒、二者、式叉摩那戒、三者、比丘尼戒、四者、比丘僧戒。」問曰、「若居家戒得レ生二天上一、得二菩薩道一、亦得レ至二涅槃一、復何用二出家戒一。」答曰、「雖二倶得一レ度、然有二難易一。居家生業種種事務。若欲レ專二心道法一、家業則廢。若欲三專修二家業一、

爲《す》るガ如し。上上人の持戒は、衆生を憐愍し、佛道の爲の故に、諸法を知リて、實相を求むるを以ての故に、惡道を畏（り）不《ず》、樂を求（め）不《ヌ》故にす。是の如く、種種にする、是は上上人の持戒なり。是の四を捴（原文「摠」）（へ）て、優婆塞戒と名（づ）く。出家の戒にも、亦（た）四種有リ。一者、沙彌沙彌尼の戒、二者、式叉摩那の戒、三者、比丘尼の戒、四者、比丘僧の戒なり。」問曰、「若（し）居家の戒を（も）て天上に生（まるる）こと得《え》、菩薩道を得、亦（た）涅槃に至（る）こと得ば、復（た）何セむぞ出家の戒を用（ゐ）る。答曰、倶に度すること得《う》と雖（も）、然も難易有リ。居家の生業は、種種の事務あり。若（し）心を道法に專（らにせ）むと欲フときは、家業則（ち）廢（れ）ヌ。若（し）專ら家業を修（め）むと欲フときは、道の事は則（ち）廢（れ）ヌ。取（ら）不《ず》捨て不《ず》して、乃（し）法を行（ふ）べし。是を名（づけ）て難（し）と爲《す》。若（し）出家（せ）ば、俗を離（れ）、諸の忩亂を絶（ち）て、一向（に）心を專（らにし）て、道を行す（る）を、易（し）と爲《す》。復次、居家は憒-閙《（さはが）》しく、事多く、務（め）多く、結使の根、衆惡の［之］府とあり。

道事則廢。不レ取不レ捨、乃應レ行レ法。是名爲レ難。若
出家、離レ俗絶二諸忿亂一、一向專レ心行レ道爲レ易。復
次、居家憒-閙、多レ事多レ務、結使之根、衆惡之府。
㉓是爲二甚難一。若出家者、譬如下有人出存二空野无レ
人之處一、而一二其心一、无レ思无レ慮、内-想既除、外事
亦去上。如二偈說一。
「閑坐二林樹間一、寂然滅二衆惡一。
　恬淰得二一心一。斯樂非二天樂一。
人求二富・貴・利・名・衣・好床蓐一、
　斯樂非二安隱一。求レ利无二厭足一。
納レ衣行二乞食一、動止心常一。
　自以二智慧眼一觀二知諸法實一、

㉓是を甚（た）難（し）と爲《す》。若（し）出家は［者］、譬（へ）ば、有る人出（て）て空野の人无き［之］處に存るとき、［而］其の心一にして、思无く慮无く、内-想既（に）除し、外事亦（た）去（り）ツるガ如し。偈に說（く）ガ如し。
「閑に林樹間に坐るとき、寂然にして衆惡滅（し）ヌ。

恬澹（原文「淰」）にして一心を得《う》。斯の樂は天の樂には非ず。

人の富・貴・利・名・衣・好床蓐を求（む）る、
斯の樂は安隱に（あら）非ず。利を求（む）るに厭足无し。

衣を納（め）て、乞食を行するとき、動止の心常に一なり。

自（ら）智慧の眼を以て諸法の實を観知し、
種種の法門の中に、皆等觀を以て入る。

解慧（の）心寂然（な）ること　三界に能く及ブひと无し。」

（と）

是（を）以（ての）故に、出家の戒を修し、道（を）行（ふ）は、易（し）と爲《す》と知る。復次、出家の戒を修するとき、無量の善の律儀を得《え》、一切具足して、滿す。是（を）以（ての）故に、白衣

種種法門中皆以二等觀一入。

　解慧心寂然、三界无二能及一。」

以レ是故、知二出家修レ戒行レ道爲レ易。復次、出家修レ戒、得二无量善律儀一、一切具足滿。以レ是故、白衣等應二出家受戒一。復次、佛法中出家法第一、難レ修。如二閻浮呿提梵志一問二舍利弗一、『於二佛法中一何者最難。』舍利弗答曰、『出家爲レ難。』又問、『出家何等難。』答曰、『出家樂レ法爲レ難。』『既得二樂法一復何者爲レ難。』『修二諸善法一難。以レ是故、應二出家一。』復次、若人出家時、魔王驚疑言、『此人諸結使欲下薄、必得二涅槃一、墮中僧寶數中上。』復次、佛法中、出家人雖二破レ戒墮レ罪、罪畢得二解脱一。如二鬱鉢羅華比丘尼本

等は出家受戒すべし［應］。復次、佛法の中には、出家の法第一にして、修し難し。閻浮呿提梵志の如き、舍利弗に問（ひ）しく、『佛法の中にして［於］、何者《もの》をカ最も難（し）とする』と。舍利弗の答（へ）て曰（ひ）しく、『出家を難（し）と爲《す》。』と又、問（ひしく）、『出家しては、何の等きをカ難（し）とする。』（と）。答曰、『出家して法を樂フを難（し）と爲《す》。』（と）。『既（に）樂法を得ては、復（た）何者《もの》をカ難しと爲《す》る。』（と）。『諸の善法を修ること難し。是（を）以（ての）故（に）、出家す應し。』といふ。復次、若（し）人出家する時には、魔王驚疑して言《イ》はく、『此の人は、諸（の）結使（を）薄（くあらし）めて、必ず涅槃を得《え》（て）、僧寶（の）數の中に墮（ち）ナむものぞ』と欲（ふ）。復次、佛法の中に、出家の人は、戒を破（り）て、罪に墮ツと雖（も）、罪畢るときは、解脱を得《う》。鬱鉢羅華比丘尼の本生經の中に説くガ如（し）。佛世に在（し）し時に、此の比丘尼（は）、六神通（を）得る阿羅漢なりき。貴人の舍に入（り）て、常（に）出家の法を讃しキ。諸の貴人の婦女に語（り）て、言（ひ）しく、『姉妹出家（し）たまふ可し』と。諸の貴婦女の言（ひ）しく、『我等は少壯にして、容色盛美なり。持戒をは難（しと）爲《す》。或（は）戒（を）破（る）當し』と。比丘尼の言（ひ）しく、『但（た）出家セヨ。戒を破（り）ツべくは、便（ち）破（り）てマくのみ。』（と）。問（ひて）言（ひしく）、『戒を破しては、地獄に墮ツ當し。云何ぞ破す可き。』（と）。答曰、『地獄に墮つべくは、

生經中說㆒。佛在㆑世時、此比丘尼得㆓六神通㆒阿羅
漢。入㆓貴人舍㆒、常讚㆓出家法㆒。語㆓諸貴人婦女㆒、
20言、『姉妹可㆓出家㆒。』諸貴婦女言、『我等少壯、容色
盛美。持戒爲㆑難。或當㆑破㆑戒。』比丘尼言、『但出家。
破㆑戒便破。』問言。『破㆑戒當㆑墮㆓地獄㆒。云何可㆑破。』答
言、『墮㆓地獄㆒、便墮。』諸貴婦女笑㆑之言、『地獄受㆑罪。
云何可㆑墮。』比丘尼言、『我自憶㆓念本宿命㆒、時作㆓
25戯女㆒、著㆓種種衣服㆒而說㆓舊語㆒。或時著㆓比丘尼
衣㆒、以爲㆓戯笑㆒。以㆓是因緣㆒故、迦葉佛時作㆓比丘
尼㆒、自恃㆓貴姓端政㆒、心生㆓憍慢㆒而破㆓禁戒㆒。破戒
㉔罪故、墮㆓地獄㆒、受㆓種種罪㆒。受㆑罪畢竟、値㆓釋迦牟
尼佛㆒出家、得㆓六神通阿羅漢道㆒。以㆑是故、知、出

便（ち）墮（ち）マくのみ。』（と）。諸の貴婦女之を笑（ひ）て
言（ひ）しく、『地獄は罪を受く。云何ぞ墮（つ）可き。』（と）。
比丘尼の言（ひしく）、「我（れ）自（ら）本の宿命を憶念（す）
25レば、時に戯女と作（り）て、種種の衣服を著て、[而]舊語を
說（き）き。或る時（は）比丘尼の衣を著て、以（て）戯笑する
こと爲《し》き。是（の）因緣を以（ての）故に、迦葉佛の時に、比丘
尼と作（り）しカども、自（ら）貴姓端政を恃（み）て、心に憍
慢を生して、[而]禁戒を破しき。破戒の
㉔罪の故に、地獄に墮（ち）て、種種の罪を受（け）き。罪を受
（くる）こと畢竟して、釋迦牟尼佛に値（ひたてまつり）て、出
家（し）て、六神通阿羅漢の道を得き。是（を）以（ての）故

家受レ戒、雖二復破戒一以二戒因緣一故、得二阿羅漢道一。若但作レ惡无二戒因緣一、不レ得レ道也。我乃昔時、世世墮二地獄一。地獄出爲二惡人一。惡人死還入二地獄一、都无二所得一。今以レ此證知、出家受戒、雖二復破レ戒、以二是因緣一、可レ得二道果一。復次、如佛在二祇桓一、有二一醉婆羅門一、來二到佛所一、求レ作二比丘一。佛敕二阿難一、與剃レ頭、著二法衣一。醉酒旣惺、驚三怪己身忽爲二比丘一、卽便走去。諸比丘問レ佛、『何以聽三此醉婆羅門作二比丘一。』佛言、『此婆羅門、无量劫中、初无二出家心一。今因レ醉故暫發二微心一、以二是因緣一故、當二出家得道一。』如レ是種種因緣出家之利、功德无量。以レ是故、白衣雖レ有二五戒一、不レ如二出家一。是出家律儀

(に)知る、出家は戒を受(け)て、復(た)破戒すと雖(も)、戒の因緣を以(ての)故(に)、阿羅漢の道を得たり。若(し)但(た)惡をのみ作(り)て、戒の因緣无きとき(は)、道(を)得不《ず》[也]。我レ乃昔《(むかし)》の時に、世世に地獄に墮(ち)き。地獄より出(て)て、惡人と爲(り)き。惡人は死(に)て、還(りて)[ッ、]地獄に入(り)て、都《(かつ)》て所得无(くあり)き。今此を以(て)證知(せば)、出家し受戒するは、復(た)戒を破(り)ッと雖(も)、是の因緣を以(て)道果(を)得(つ)可し。復次、如《(い)マ》佛祇桓に在(し)しとき、一(り)の醉(へる)婆羅門有(り)て、佛所に來到(し)て、比丘に作(ら)むと求(め)き。佛、阿難に敕して、與《(ため)》に頭を剃リ、法衣を著(しめ)たまひき。醉酒旣(に)惺《(さ)》(め)て、己が身の忽(ち)に比丘と爲(れ)ることを驚(き)[て]恠し(ひ)て、卽便(ち)走(り)去(り)ヌ。諸の比丘、佛を問(ひ)しく、『何を以てぞ此の醉(へ)る婆羅門の比丘と作ることを聽《(ゆる)》したまひし。』(と)。佛(の)言(ひしく)、『此の婆婆羅は、无量劫の中に、初(め)より出家の心无し。今醉(ひ)に因る故に、暫(く)微心を發(せり)。是の因緣を以(ての)故に、當(に)出家し、得道(す)べし。』と。是の如き種種の因緣を(もて)、出家の[之]利は、功德无量なり。是(を)以(ての)故(に)、白衣は五戒有(りと)雖(も)、出家には如《(し)》(か)不《ず》。是の出家の律儀に、四種有(り)。沙彌・沙彌尼と、式叉摩尼と比丘尼と比丘となり。云何(なる)

有二四種一。沙彌・沙彌尼・式叉摩尼・比丘尼・比丘。云何沙彌・沙彌尼出家受戒法。白衣來欲レ求二出家一、應レ求二二師一。一和上、一阿闍梨。和上如レ父。阿闍梨如レ母。以棄二本生父母一、當求二出家父母一著二袈裟衣一、剃二除鬚髮一、應三兩手急捉二和上兩足一。何以捉レ足、天竺法、以レ捉レ足爲二第一恭敬供養一。阿闍梨應レ教二十戒一。如二受戒法一、沙彌尼亦如レ是。唯以二比丘尼一爲二和上一。式叉摩那受二六法一、二歳。」問曰、「沙彌十戒便受二具足戒一。比丘尼法中、以有二式叉摩那一、然後、得レ受二具足戒一」答曰、「佛在レ世時、有二一長者婦一。不レ覺二懷任一、出家受二具足戒一。其後身大轉現、諸長者譏二嫌比丘一。因レ此制下有三二

をカ沙彌・沙彌尼（の）出家の受戒（の）法といふ。白衣來（り）て、出家を求（め）む［欲］ときは、二（り）の師を求（む）べし。一（り）は和上、一（り）は阿闍梨なり。和上は父の如し。阿闍梨は母の如し。［以］本生の父母を棄（て）て、當に出家の父母を求（め）て、袈裟衣を著《き》、鬚髮を剃除し、兩の手を（も）て、急に和上の兩足を捉《（と）》るべし。何（を）以（て）ぞ足を捉ると（な）らば、天竺の法は、足を捉るを以て第一の恭敬供養と爲《す》る（を）以てなり。阿闍梨（は）十戒を教フ應（し）。受戒の法の如く、沙彌尼も亦（た）是の如し。唯（た）比丘尼を以て和上と爲べし。式叉摩那（は）、六法を受けて、二歳セヨ。」問曰、「沙彌の十戒に、便（ち）具足戒を受く。比丘尼の法の中に、［以］式叉摩那有（り）て、然して後に、具足戒を受（くる）こと得るなり。」答曰、「佛世に在（し）しとき［時］、一（り）の長者の婦有リ。懷任せりと覺（ら）不《ず》して、出家して、具足戒を受（け）たり。其の後に身大に轉現するとき、諸の長者比丘を譏嫌しき。此に因（り）て、二年に戒を學し、六法を受（く）ること有（り）て、然して後に受具足戒（す）べし。」と制（し）き。」問曰、「若《イ》爲《カ》（に）ぞ式叉

年學レ戒受二六法一、然後、受具足戒上。」問曰、「若-爲譏二嫌式叉摩那一。豈不レ到レ譏。」答曰、「式叉摩那未レ受二具足一。譬如二小兒一。亦如下給使雖レ有二罪穢人一、不中譏嫌上。是式叉摩那有二二種一。一者、十八歳童女受二六法一。二者、夫家十歲、得レ受二六法一。若受二具足戒一、應二二部僧中一。五衣、鉢杅、比丘尼爲二和上及教師一、比丘爲二戒師一。餘如二受戒法一。略說則五戒。廣說則八萬戒。第三羯摩訖、即得二无量律儀一、成二就比丘尼一。比丘則有二三衣、鉢杅、三師、十僧一。如二受戒法一。略說二百五十。廣說則八萬。第三羯磨訖、即得二无量律儀法一。是摠名爲レ戒。是爲二尸羅一。

㉕摩那を譏嫌する。豈（に）譏を致（さ）不《ず》ヤ。」答曰、「式叉摩那は、具足を受（け）未《ず》。譬（へ）ば小兒の如し。亦（た）給使を、罪穢（の）人有（り）と雖も、譏嫌（せ）不《ヌ》ガ如し。是の式叉摩那に二種有リ。一者、十八歳の童女の六法（を）受（く）る。二者、夫の家、十歲あり（て）、六法を受（くる）こと得る。若（し）具足戒を受（け）むとき（は）、二部の僧の中にす應し。五衣と鉢杅（右に「干反」の注あり。大正藏經「盂」）と（の）比丘尼を、和上、[及]教師と爲ヨ。比丘を戒師と爲ヨ。餘は受戒の法の如し。略說するときは、則（ち）五戒なり。廣說するときは、則（ち）八萬戒なり。第三の羯摩訖るに、即（ち）无量の律儀を得《え》て、比丘尼に成就す。比丘則（ち）三衣と鉢杅と三師と十僧と有（り）。受戒の法の如し。略說するとき、二百五十なり。廣說するときは、則（ち）八萬なり。第三の羯磨訖るに、即（ち）无量律儀の法を得《う》。是を摠《（すへ）》（て）名（づけ）て戒と爲《す》。是を尸羅（と）爲《（す）》。

大智度論卷第十三

大智度論卷第十三

第二節　巻第十六

①大智論釋初品中毗梨耶波羅蜜下第廿二　十六

問曰、「云何名二精進相一。」答曰、「於レ事必能起發無レ難、志意堅强、心無二疲惓一、所作究竟。如レ是等名二精進相一。復次、如二佛所說一、精進相者、身心不レ息故。譬如下釋迦文尼佛先世曾作二賈客主一、將二諸賈人一、入二嶮難處一。是中有二羅刹鬼一、以レ手遮レ之言、「汝住莫レ動。不レ聽二汝去一。」賈客主卽以二右捲一擊レ之。捲卽著レ鬼、挽不レ可レ離。復以二左捲一擊レ之、亦不レ可レ離。以二右足一蹴レ之、足復黏著。復以二左足一蹴レ之、亦復如レ是。以レ頭衝レ之、頭卽復著。鬼問言、「汝今如レ

---

①大智論釋初品中毗梨耶波羅蜜下第廿二　十六

問曰、「云何（なる）をカ精進（の）相と名（づくる）。」答曰、「事に於て必ず能（く）起發（し）て、難無く、志意堅强に、心疲惓無（く）して、所作究竟（す）。是（の）如（き）等を精進の相と名（づ）く。復次、佛の所說の如し、精進の相（といふは）［者］心身息（ま）不《ヌ》故（に）なり。譬（へば）釋迦文尼佛（は）、先世に曾し賈客の主と作（り）て、諸の賈人を將て、嶮難（の）處に入（り）キ。是が中（に）羅刹鬼有（り）て、手を以て之（を）遮して言《イ》は（く）、「汝、住（り）て動すること莫《ナ》。汝が去（く）ことを聽（さ）不《じ》」と。賈客の主、卽（ち）右の捲を以（て）之を擊（ち）き。捲卽（ち）鬼に著（き）て、挽《（ひ）》〈原文、挽〉（け）ども離る可（くあら）不《ず》。復（た）左の捲を以て之を擊（つ）に、亦（た）離る可（くあら）不《ず》。右の足を以（て）之に蹴《コ》ユるに、足復（た）粘〈原文、黏〉（訓あれど讀めず）著（し）ヌ。復（た）左の足を以（て）之を蹴（ゆ）るに、亦復（た）是の如し。頭を以（て）之を衝《ツ》クに、頭卽（ち）復（た）著（き）ヌ。鬼の問（ひ）て言（ひ）しく、「汝、今是の如くしては、何の等（きをか）作（さ）むと欲フ［と］」。心首伏〈大正

是、欲レ作二何等一。心首伏未。」答言、「雖二復五-事被レ繋、我心終不二爲レ汝伏一也。當以二精進力一與レ汝相撃。要不二懈退一。」鬼時歡喜、心念、「此人瞻-力極大。」卽語レ人言、「汝精進力大。必不二首-伏一、放レ汝令上レ去、」行者如レ是。於二善法中一、初夜・中夜・後夜誦經坐禪、求二諸法實相一不下爲二諸結使一所上レ覆。身心不レ懈、是名二精進相一。是精進名二心數法懃行不レ住相一。隨レ心行、共レ心生。或有レ覺有レ觀。或無レ覺有レ觀。或無レ覺無レ觀。如二阿毗曇法廣說一、於二一切善法中一懃修不レ懈、是名二精進相一。於二五根中一、名二精進根一。根增長名二精進力一。心能開悟名二精進覺一。能到二佛道・涅槃城一、是名二正精進一。四念正中、能懃繫心、

藏經、休息〉（し）ヌヤ未（し）ヤ」（と）。答（へ）て言（は）く、「復（た）五-事繋（が）被たりと雖（も）、我ガ心終に汝ガ爲（に）伏（せられ）不《ず》［也］。當に精進（の）力を以て汝と［與］相（ひ）撃（た）む。要（ず）懈退（せ）不《じ》」と。鬼時に歡喜（して）心に念（は）く、「此の人（は）瞻-力極大なり。」（と）。卽（ち）人に語（り）て言（ひ）しく、「汝は精進の力大なり。必ず首-伏〈大正藏經、休息〉（せ）不《ず》。汝を放（ちて）去（か）令めてむ」とイヒシガ如（く）〈5行目の「如」に返る〉、行者（も）是（の）如（し）。善法の中に［於］初夜に、中夜（に）後夜に、誦經坐禪し、諸法の實相を求（め）て、諸（の）結使の爲（に）覆（は）所レ不《ず》。心身懈（ら）不《ヌ》、是を精進の相と名（づく）。是の精進を心數法に懃め行（し）て住（せ）不《(ぬ)》相（と）名（づ）く。心（に）隨（ひ）て行シ、心（と）共に生す。或（る）イは覺有（りて）觀有（り）。或（る）イは覺無くして觀有リ。或（る）イは覺も無し、觀も無し。阿毗曇の法に廣（く）說（く）ガ如（く）、一切の善法（の）中に［於］、懃め修（め）て懈（ら）不《ヌ》、是を精進（の）相（と）名（づく）五根（の）中に［於］精進根と名（づく）。根の增長するを精進力と名（づく）。心能（く）開悟するを精進覺と名（づく）。能く佛道・涅槃の城に到るを、是を正精進と名（づく）。四念正〈大正藏經、處〉の中に、能く懃めて繫心する、是は精進分なり。四正懃は、是（れ）精進門なり。四如意足の中には、欲精進なり。是の精進を、六波

是精進分。四正懃是精進門。四如意足中、欲精進。是精進、六波羅蜜中名二精進波羅蜜一。問曰、「汝先讃二精進一、今説二精進相一。是名二何精進一。」答②曰、「是一切善法中精進相。」問曰、「今説二摩訶般若波羅蜜一論議中、應レ説二精進波羅蜜一。何以説二一切善法中精進一。」答曰、初發心菩薩於二一切善法中一、精進漸漸次第得二精進波羅蜜一。」問曰、「一切善法中精進多。今説二精進波羅蜜一已、入二一切善法精進中一。」答曰、「爲二佛道一精進名爲二波羅蜜一。諸餘善法中精進、但名二精進一、不レ名二波羅蜜一。」問曰、「一切善法中懃、何以不レ名二精進波羅蜜一、而獨名二菩薩精進一爲二波羅蜜一。」答曰、「波羅蜜名二

羅蜜の中には、精進波羅蜜（と）名（づけ）たり。問曰、「汝先に精進を讃し、今は精進の相を説く。是をは何精進とカ名（づくる。」答②曰、「是は一切の善法の中の精進の相なり。」問曰、「今摩訶般若波羅蜜を説く論議の中（に）は、精進波羅蜜を説（く）應（し）。何（を）以（てぞ）一切善法の中の精進を説く。」答曰、「初發心の菩薩は、一切の善法の中に於て、精進（し）て漸漸次第に精進波羅蜜を得しを（も）てなり。」問曰、「一切善法（の）中（には）精進多し。今精進波羅蜜を説（き）已（りて）、一切（の）善法の精進の中に入（り）タるをヤ。」答曰、「佛道の爲（に）する精進を名（づけ）て波羅蜜と爲す。諸の餘の善法の中（に）精進するを、但（た）精進とのみ名（づけ）て、波羅蜜とは名（づけ）不《ず》。」問曰、「一切の善法の中の懃を、何（を）以（て）ぞ精進波羅蜜とは名（づけ）不《ず》し（て）、［而］獨リ菩薩の精進（をのみ）名（づけて）波羅蜜と爲《す》る。」答曰、「波羅蜜をは到彼岸（と）名（づく）。世間の人、［及］聲聞、辟支佛は、具足して精進を行すること能は不《ず》。是（の）故（に）、名（づけ）て波羅蜜と爲《（せ）》不《ず》。復次、是の人は、大慈大悲無み、衆生を棄捨（し）て、十力と、四無所畏と、十八不共法と、一切智と、［及］無导と解脱と、無

到彼圻一。世間人及聲聞・辟支佛、不レ能三具足行二精進一。是故、不三名爲二波羅蜜一。復次、是人無二大慈大悲一、棄二捨衆生一、不レ求二十力・四無所畏・十八不共法・一切智、及無导・解脱・無量身・無量光明・無量音聲・無量持戒・禪定智慧等諸善法一。以レ是故、是人精進不レ名二波羅蜜一。復次、菩薩精進不レ休不レ息、一心求二佛道一。如レ是行者、名爲二精進波羅蜜一。如下好レ施菩薩、求二如意珠一抒二大海水一、正使荊骨枯盡、終不二懈廢一、得二如意珠一、以給二衆生一、濟中其身苦上、菩薩如レ是難レ爲能爲、是爲二菩薩精進波羅蜜一。復次、菩薩以二精進力一爲レ首、行二五波羅蜜一。是時名爲二菩薩精進波羅蜜一。譬如三衆

量の身と、無量の光明と、無量の音聲と、無量の持戒（と）、禪定・智慧等の諸の善法をしも求（め）不《ず》。是（を）以（ての）故（に）、是の人の精進をは、波羅蜜（とは）名（づけ）不《ず》。復次、菩薩の精進は、休（ま）不《ず》、息（は）不《ず》して、一心（に）して佛道を求む。是（の）如く行する者《ひと》を、名（づけ）て精進波羅蜜と爲す。施を好む菩薩は、如意珠を求（め）むとして、大海の水を抒《ク》み、正《（たと）》使ヒ筋骨は枯（れ）盡（く）レども、終に懈廢（せ）不《ず》して、如意珠を得て、以（て）衆生に給し、其の身の苦を濟フが如く、菩薩は是の如く爲（し）難きを能（く）爲《す》る、是を菩薩の精進波羅蜜と爲す。復次、菩薩は精進力を以（て）首と爲《し》て、五波羅蜜を行フ。是の時を名（づけ）て、菩薩の精進波羅蜜と爲す。譬（へ）ば衆藥和合して、能く重病を治するが如く、菩薩の精進も亦（た）是（の）如（し）。但（た）精進をのみ行（し）て、五波羅蜜を行（する）こと能（は）不《ヌ》、是をは菩薩の精進波羅蜜とは名（づけ）不《ず》。復次、菩薩の精進は、財利と富貴と力勢との爲（にせ）不《ず》、亦（た）身の爲（に）も（せ）不《ず》、天・轉輪聖王・梵釋天王に生（れ）むガ爲（に）も（せ）不《ず》、亦（た）自（ら）以（て）涅槃を求めむガ爲（に）も（せ）不《ず》。但（た）佛道の爲（に）、衆生を利益（せ）むとしてなり。是（の）如（き）相を名（づけ）て、菩薩の精進波羅蜜と爲（す）。復次、菩薩の精進は一切の

藥和合、能治二重病一、菩薩精進亦如レ是。但行二精進一、不レ能レ行二五波羅蜜一、是不レ名二菩薩精進波羅蜜一。復次、菩薩精進、不レ爲二財利・富貴・力勢一、亦不レ爲レ身、不レ爲レ生二天・轉輪聖王・梵釋天王一。亦不四自爲三以求二涅槃一。但爲二佛道一利二益衆生一。如レ是相名爲二菩薩精進波羅蜜一。復次、菩薩精進修二行一切

③善法一、大悲爲レ首。如下慈父母唯有二一子一。而得二重病一、一心求レ藥救中療其疾上、菩薩精進以レ慈爲レ首、亦復如レ是。救二療一切一、心無二暫捨一。復次、菩薩精進以二實相智慧一爲レ首、行二六波羅蜜一。是名二菩薩精進波羅蜜一。」問曰、「諸法實相無爲、無作。精進有爲、有作相。云何以二實相一爲レ首。」答曰、「雖レ知二諸

---

③善法を修行するに、大悲を（も）て首と爲す。慈の父母、唯し一（り）の子（のみ）有リ。［而］重病を得ツるとき（は）、一心にして藥を求（め）て其の疾を救療するガ如く、菩薩の精進の慈を以て首と爲《す》ることも亦復（た）是（の）如（し）。一切を救療するに、心に暫（く）も捨（つ）ること無し。復次、菩薩の精進は、實相の智慧を以（て）首と爲《し》て、六波羅密を行す。是を菩薩の精進波羅蜜と名（づく）。」問曰、「諸法の實相は無爲なり、無作なり。精進は有爲なり、有作の相なり。云何ぞ實相を以て首と爲《す》る。」答曰、「諸法の實相は爲無く作無しと知レリと雖（も）、本願（の）大悲を以（て）衆生を度（さ）むと欲（ふ）ガ故（に）、無作の中（に）［於］精進の力を以て一切を度脱す。復次、若（し）諸

法實相無レ爲無レ作、以二本願大悲一欲レ度二衆生一故、於二無作中一、以二精進力一度二脱一切一。復次、若諸法實相無レ爲無レ作、如二涅槃相一、無レ一無レ二、汝云何言下實相與二精進相一異上耶。汝卽不レ解二諸法相一。復次、菩薩得二神通力一、見下三界五道衆生以二失樂一爲上苦。無色界天、樂定心著、不レ覺下命盡墮二在欲界中一受中禽獸形上。色界諸天亦復如レ是、從二清淨處一墮、還受二淫欲一、在二不淨中一。欲界六天樂二著五欲一、還墮二地獄一、受二諸苦痛一。見二人道中一、以二十善福一貿二得人身一。人身多レ苦少レ樂。壽盡多墮二惡趣中一。見二諸畜生一、受二諸苦惱一。鞭杖駈馳、負レ重渉レ遠、項領穿壞、熱鐵燒爍。此人宿行因緣、以下繫二縛衆

法の實相い爲無く作無く、涅槃（の）相の如（く）、一無く二無くは、汝云何（ぞ）實相は精進の相と［與］異なりといふ［耶］。汝は卽（ち）諸法（の）相を解（ら）不《ず》。復次、菩薩は神通力を得て、三界五道の衆生の、失樂を以（て）苦（と）爲《ナ》せるを見る。無色界の天は樂定心著（し）て、命盡（き）て欲界の中に墮（ち）て［在］、禽獸の形（を）受（け）むことを覺（ら）不《ず》。色界の諸天も亦（た）是（の）如く、清淨處より［從］墮（ち）て、還（り）て淫欲を受（け）て、不淨の中に在リ。欲界の六天は五欲に樂著して、還（り）て地獄に墮（ち）て、諸の苦痛を受く。人道の中を見レば、十善の福を以（て）貿《アキナ》ヒて人身を得《う》。人身は苦は多（く）して樂（は）少し。壽盡（き）ては多く惡趣の中に墮ツ。諸の畜生を見（れ）ば、諸の苦惱を受（く）。鞭杖を（も）て（うた）レ、駈《オ》ヒ馳セ、重キものを負（ひ）て遠（き）を渉リ、項領《ウナジクビウ》穿ケ壞レ、熱き鐵に燒き爍《コガ》サる。此の人の宿行の因緣は、衆生を繫縛（し）て、鞭杖を（も）て苦惱（せ）し（む）るを（も）てなり［以］。是の如き等の種種の因緣の故に、象・馬・牛・羊・麞・鹿（の）畜獸の［之］形を受く。淫欲の情重く、無明偏（に）多（くあ）るひとは、鵝・鴨・孔雀・鴛鴦・鳩鴿・鷄鴉《口反》《ロカモ》〈右に□反あれど讀めず〉・鸚鵡・百舌（の）［之］屬を受く。此の衆鳥の種類の百千（な）ることを受く。淫行の罪の故（に）、身毛-羽に生して、諸の細滑を鬲《ヘダ》テ、嘴《ロハシ》〈原文、嘴〉・距《アコエ（あら）》麁く鞕《強也》くして、觸と味とを別（た）不《ず》。瞋恚偏（に）多（くあ）る人は、

生一鞭杖苦惱上。如レ是等種種因緣故、受二象・馬・牛・羊・麞・鹿・畜獸之形一。淫欲情重、無明偏多、受二鵝・鴨・孔雀・鴛鴦・鳩鴿・鷄鴉・鸚鵡・百舌之屬一。受二此衆鳥種類百千一。淫行罪故、身生二毛羽一、鬲二諸細滑一、嘴・距麁靷、不レ別二觸・味一、瞋恚偏多、受二毒蛇・蝮歇・蚑蜂・百足含毒之蟲一。愚癡多故受二蚓蛾蜷蜋・蟻・螻・鵂・鶩・角鵄之屬、諸騃蟲鳥一。憍慢・瞋多故、受二師子・虎豹、諸猛獸身一。邪慢緣故、受レ生二驢・猪・駱駝之中一。慳貪・嫉妬・輕躁・施促故、受二獼猴・④磐玃・熊羆之形一。邪貪・憎嫉業因緣故、受二猫・狸・土虎諸獸之身一。無愧無慚、饕餮因緣故、受二烏鵲・鵄鷲諸鳥之形一。輕二慢善人一故、受二鷄・狗・野干

毒蛇・蝮歇《サソリ》・蚑〈右に「□反」あれど讀めず〉蜂〈原文、蜂〉百足含毒の［之］虫を受く。愚癡多き故（に）は、蚓蛾《ミ□ズ》・蚓《ヒヽル》・蜷蜋・蟻《アリ》・螻《ケラ》・鵂《フクロフ》〈右に「□反」あれど讀めず〉鶩《カモ》・角鵄《ミヽツク》（の）［之］屬、諸の騃蟲の鳥を受く。憍慢と瞋と多き（が）故（に）は、師子・虎豹、諸の猛獸の身を受く。邪慢の緣故に（は）、驢・猪・駱駝の［之］中に生（まるる）こと（を）受く。慳貪・嫉妬・輕躁・施促の故には、獼猴・④磐玃・熊〈右に「□反」あれど讀めず〉羆《比反》（の）［之］形を受く。邪貪・憎嫉の業因緣の故には、猫・狸・土虎《ケラ又イタチ》の諸獸の［之］身を受く。無愧無慚にして、饕《秘反》《貧財、貧食也》〈□《□反》反の下讀めず〉餮する因緣の故には、烏鵲・鵄鷲の諸鳥の［之］形を受く。善人を輕慢（する）故には、鷄・狗・野干等の身を受く。大く布施を作るに、瞋恚・曲

等身一。大作二布施一、瞋恚・曲心、以二此因縁一故、受二諸龍身一。大修二布施一、心高陵-虐、苦二惱衆生一、受二金翅鳥形一。如レ是等種種結使業因縁故、受二諸畜生・禽獸之苦一。菩薩得二天眼一、觀三衆生輪二轉五道一、廻二旋其中一。天中死、人中生。人中死、天中生。天中死、生三地獄中一。地獄中死、生二天上一。天上死、生二餓鬼中一。餓鬼中死、還生二天上一。天上死、生二畜生中一。畜生中死、生二天上一。天上死、還生二天上一。地獄餓鬼・畜生亦如レ是。欲界中死、色界中生。色界中死、欲界中生。欲界中死、無色界中生。無色界死、欲界中生。欲界中死、欲界中生。色界・無色界亦如レ是。活地獄中死、黒繩地獄中生。黒

心を（も）てする、此の因縁を以（て）の故には、諸の龍の身を受く。大く布施を修するに、心高ビ陵-虐《オゴ》リて、衆生を苦惱（せ）し（むる）を（も）ては、金翅鳥の形を受く。是（の）如（き）等の種種の結使業（の）因縁の故（には）、諸の畜生・禽獸の［之］苦を受く。菩薩は天眼を得て、衆生の五道に輪轉するを觀て、其の中に廻旋す。天中に死（に）て、人中に生（ま）る。人中に死（に）ては、天中に生（ま）る。天中に死（に）ては、地獄の中に生（ま）る。地獄の中に死（に）ては、天上に生（ま）る。天上に死（に）ては、餓鬼の中に生（ま）る。餓鬼の中に死（に）ては、還（り）て天上に生（ま）る。天上に死（に）ては、畜生の中に生（ま）る。畜生に中に死（に）ては、天上（に）生（ま）る。天上に死（に）ては、還（り）て天上に生（ま）る。地獄（の）餓鬼・畜生も亦（た）是（の）如し。欲界の中に死（に）て、色界の中に生（ま）る。色界の中に死（に）て、欲界の中に生（ま）る。欲界の中に死（に）て、無色界の中に生（ま）る。無色界の中に死（に）て、欲界の中に生（ま）る。欲界の中に死（に）て、欲界の中に生（ま）る。色界・無色界にも、亦（た）是の如し。活地獄の中に死（に）て、黒繩地獄の中に生（ま）る。黒繩地獄の中に死（に）て、活地獄（の）中（に）生（まる）。活地獄（の）中（に）死（にて）、還（りて）活地獄（の）中（に）生（まる）。合會地獄［乃］、阿鼻地獄に至（る）までに、亦（た）是の如し。炭坑地獄の中に死（に）て、沸屎（大

繩地獄中死、活地獄中生。活地獄中死、還生二活地獄中一。合會地獄、乃至二阿鼻地獄一亦如レ是。炭坑地獄中死、沸屎地獄中生。沸屎地獄中死、炭坑地獄中生。炭坑地獄中死、還生二炭坑地獄中一。焼林地獄、乃至二摩訶波頭摩地獄一亦如レ是。展轉生二其中一。卵生中死、胎生中生。胎生中死、卵生中生。卵生中死、還生二卵生中一。胎生・濕生・化生亦如レ是。閻浮提中死、弗婆提中生。弗婆提中死、閻浮提中生。閻浮提中死、還生二閻浮提中一。劬陁尼・欝怛羅越亦如レ是。四天處死、忉利天中生。忉利天中死、四天處生。四天處死、還生二四天處一。忉利天乃至二他化自在天一、亦

正藏經、「屎」〉地獄の中に生（ま）る。沸屎地獄の中に死（にて）、炭坑地獄（の）中（に）生（まる）。炭坑地獄（の）中（に）死（にて）、還（りて）炭坑地獄（の）中（に）生（まる）。焼林地獄、［乃］摩訶波頭摩地獄に至（る）までに、亦（た）是（の）如（し）。展轉（し）て其の中に生（ま）る。卵生の中に死（に）て、胎生の中（に）生（ま）る。胎生（の）中（に）死（にて）、卵生（の）中（に）生（まる）。卵生（の）中（に）死（にて）、還（りて）卵生（の）中（に）生（まる）。胎生・濕生・化生に（お）きても、亦（た）是の如し。閻浮提（の）中（に）死にて、弗婆提（の）中（に）生（まる）。弗婆提（の）中（に）死（にて）、閻浮提（の）中（に）生（まる）。閻浮提（の）中（に）死（にて）、還（りて）閻浮提（の）中（に）生（まる）。劬陀尼・欝怛羅越も亦（た）是の如し。四天處に死（に）て、忉利天の中に生（ま）る。忉利天の中に死（に）て、四天處に生（ま）る。四天處（に）死（にて）、還（りて）四天處（に）生（まる）。忉利天、［乃］他化自在天に至（る）までに、亦（た）

⑤如レ是。梵衆天中死、梵輔天中生。梵輔天中死、梵衆天中生。梵衆天中死、還生二梵衆天中一。梵輔天・少光・無量光・光音・少淨・無量淨・遍淨・阿那跋羅伽得レ生。大果虚空處・識處・無所有處・非有想・非無想處亦如レ是。非有想・非無想天中死、阿鼻地獄中生。如レ是展轉、生二五道中一。菩薩見レ是已、生二大悲心一、「我於二衆生一爲レ無レ所レ益。雖レ與二世樂一、樂極、卽苦。當下以二佛道涅槃常樂一、益中於一切上。」云何而益。當懃大精進、乃得二實智慧一。得二實智慧一知二諸法實相一、以二餘波羅蜜一助成、以益二衆生一。是爲二菩薩精進波羅蜜一。見二餓鬼中一、餓渇故兩眼陥、毛髮長、東西馳走。若欲レ趣レ水、護レ水諸鬼、以二鐵

⑤是（の）如（し）。梵衆天（の）中（に）死（にて）、梵輔天（の）中（に）生（まる）。梵輔天（の）中（に）死（にて）、梵衆天（の）中（に）生（まる）。梵衆天（の）中（に）死（にて）、還（りて）梵衆天（の）中（に）生（まる）。梵輔天・少光・無量光・光音・少淨・無量淨・遍淨・阿那跋羅伽に生（まるること）得。大果虚空處・識處・無所有處・非有想・非無想處に（お）きても、亦（た）是（の）如（し）。非有想・非無想天の中に死（に）て、阿鼻地獄の中に生（ま）る。是の如く展轉（し）て、五道の中に生（ま）る。菩薩是を見（る）こと已（り）て、大悲心を生（し）て、「我は衆生に於て、益する所無きに爲レリ。世の樂を與フと雖も、樂極（ま）るときは、卽（ち）苦（なり）。〈「苦」に點あれど讀めず。〉當（に）佛道涅槃の常樂を以て、一切を益（す）べし」と。云何（にしてか）［而］益（す）べき。當（に）懃め大精進して、乃（し）實智慧を得べし。實智慧を得て諸法の實相を知り、餘の波羅蜜を以て助成（し）て、以て衆生を益（せ）む。是を菩薩の精進波羅蜜と爲す。餓鬼の中を見レば、餓渇の故に兩（つ）の眼陥《オ(ち)イ》リ、毛髮長くして、東西に馳（せ）走る。若（し）水に趣（かむ）と欲《す》するとき、水を護る諸の鬼、鐵の杖を以て逆へ打ツ。設ヒ守る鬼無（けれ）ども、水自然に竭（き）ぬ。或る時には、天の雨《あめふ》レど、雨化して炭と爲《な》る。或有る餓鬼（は）、常（に）火燒（か）被ること、劫盡の時に諸の山より火出ツるガ如し。或有る餓鬼は、羸レ瘦《ヤ》セ、狂レ走リ、毛髮蓬（のごとく）亂

杖一逆打。設無二守鬼一水自然竭。或時天雨、雨化爲レ炭。或有餓鬼常被二火焼一如二劫盡時諸山火出一。或有餓鬼羸瘦、狂走、毛髪蓬亂、以覆二其身一。或有餓鬼、常食二屎尿・涕唾・歐-吐・盪-滌餘汁一。或時至二厠溷邊一、立伺二求不淨一、或有餓鬼常求二產婦藏血一飲レ之。形如二焼樹一。咽如二針孔一。若與二其水一、千歳不レ足。有或餓鬼自破二其頭一、以レ手取レ腦、而舐。或有餓鬼形如二黒山一。鐵鍱鍱レ頸、叩レ頭求哀歸二命獄卒一。或有餓鬼先世惡口、好以二麁語一加二-被衆生一、衆生憎惡、見レ之如レ讎。以二此罪一故、墮二餓鬼中一。如レ是等種種罪故、墮二餓鬼趣中一、受二無量苦痛一。見二八大地獄一、苦毒萬端。活大地獄中諸受

(れ)て、以て其の身を覆へり。或有る餓鬼は、常(に)屎尿・涕唾《ツハキ》・嘔《タマヒ》-吐〈原文、「歐吐」、大正藏經による〉・盪-滌《洗汁也》、餘の汁を食フ。或る時には厠溷《昆反》の邊に至(り)て、立(ち)て不淨を伺(ひ)求む。或有る餓鬼は、常に產婦の藏血を求(め)て之を飲む。形は焼樹の如し。咽は針孔の如し。若(し)其の水を與(ふ)るとき(は)、千歳に足(ら)不《ず》。或有る餓鬼は自(ら)其の頭を破(り)て、手を以て腦を取(り)て[而]舐る。或有る餓鬼は、形黒山の如し。鐵の鍱を(も)て頸に鍱《カ》ケ、頭を叩きて求哀して、獄卒に歸命す。或有る餓鬼は、先世に惡口し、好(み)て麁語を以て衆生に加-被し、衆生を憎惡して、之を見(る)こと讎の如(し)。此の罪を以(て)の故に、餓鬼の中に墮(ち)たり。是(の)如(き)等の種種の罪の故に、餓鬼の趣中に墮(ち)て、無量の苦痛を受く。八大地獄を見レば、苦毒萬端なり。活大地獄の中の諸の受罪の人は、各各共に闘ヒ、惡心を(も)て瞋リ爭ヒ、手に利刀を捉(り)て、互に相ヒ割(き)剥き、梢《ホコ》を以て相(ひ)刺《ツ》き、鐵の釵《ヒシ》を(も)て相(ひ)釵《サ》シ、鐵の棒を(も)て相(ひ)棒《(う)》(ち)、鐵の杖を(も)て相(ひ)揰《丁也》(ち)、鐵の鏟《クシ》を(も)て相(ひ)貫き、[而]利刀を以て互に相ヒ切-膾す。又、鐵の爪を以て[而]

罪人、各各共鬪、惡心瞋爭、手捉㆓利刀㆒、互相割剥、以㆑梢相剌、鐵釵相釵、鐵棒相棒、鐵杖相捶、鐵鏟相貫、而以㆓利刀㆒互相切-膾。又以㆓鐵抓㆒而⑥相劚裂、各把㆓身血㆒而相塗漫、痛-毒逼-切、悶無㆑所㆑覺。宿業因緣、冷-風來吹、獄卆喚㆑之、「啜、諸罪人」還活。以㆑是故、名㆓活地獄㆒。卽時、平復復受㆓苦毒㆒、此中衆生、以㆓宿行因緣㆒好殺㆓物命、牛・羊・禽獸㆒、爲㆓田業・舍宅・奴婢・妻子・國土・錢財㆒故、而相殺害。如㆑是等種種殺業報故、受㆓此劇罪㆒。見㆓黑繩大地獄中罪人㆒、爲㆓惡羅刹・獄卒・鬼匠㆒常以㆓黑熱鐵繩㆒拼㆓-度罪人㆒、以㆓獄中鐵斧㆒教㆑人斫㆑之。長者令㆑短。短者令㆑長。方者使㆑圓。圓者使㆑方。斬㆓-

⑥相（ひ）爴《ツカ》ミ〈原文、劚〉裂きて、各（の）身の血を把（り）て、[而]相（ひ）塗《ヌ》り漫《ケカ》し、痛-毒とイタミ、逼—切とタシナミ、悶（し）て覺する所無し。宿業の因緣を（も）て、冷-風來り吹くに、獄卒之を喚（び）て、「啜《ヤ》、諸の罪人」とイへば、還（り）て活（き）ヌ。是を以（て）の故に、活地獄と名（づ）く。卽の時に、平復して、復《カヘ》リて苦毒を受く。此（れ）が中の衆生は、宿行の因緣を以て、好（み）て物の命、牛・羊・禽獸を殺し、田業・舍宅・奴婢・妻子・國土・錢財の爲の故に、[而]相（ひ）殺害（せ）しを（も）てなり。是（の）如（き）等の種種の殺業の報の故に、此の劇（し）き罪を受く。黑繩大地獄の中の罪人を見レば、惡羅刹・獄卒・鬼匠の爲に、常（に）黑熱の鐵繩を（も）て[以]罪人を拼-度するを、獄中の鐵の斧を以（て）、人を教へて之を斫《(き)》（ら）しむ。長（き）を者は、短（くあら）令《し》む。方（な）るを者は、圓に（あら）令《し》む。短（き）を者は、長（くあら）使《し》む。圓（な）るを者は、方に（あら）しむ[使]。四支を斬-截し、其の耳鼻を却ケ、其の手足を落（と）す。大（な）る鐵の鋸《ノホキリ》を（も）て[以]、解《ト》き析《(さ)》き揣《ツ、》き截る。其の肉分を破（り）て、臠《シ、》-

截四支一、却二其耳鼻一、落二其手足一。以二大鐵鋸一解析揣截。破二其肉分一、臠-臠稱レ之。此人宿行因緣、讒賊中良、妄語、悪口、兩舌、綺語、抂殺レ無レ辜、或作二姧吏一、酷-暴侵-害、如レ是等種種悪口・讒賊故。故受二此罪一。見二合會大地獄中一、悪羅刹・獄卒作二種種形一。牛・馬・賭・羊・麞・鹿・狐・狗・虎・狼・師子・六駮大象・鵰鷲・鶉鳥。作二此種種諸鳥獸頭一、而來呑二噉齩三齧齰四掣罪人一。兩山相合、大熱鐵輪轢二諸罪人一令二身破碎一。熱鐵臼中搗レ之令レ碎、如レ迮二蒲萄一、亦如レ壓レ油。譬如レ蹂レ場。聚レ肉成レ積。積レ頭如レ山。血流成レ池。鵰鷲虎狼、各來諍掣。此人宿業因緣、多殺二牛馬・猪羊・麞鹿・狐菟・虎狼・師子・六駮大

臠《ムラ》之を稱《ハカ》る。此の人の宿行の因緣は、讒賊の中に良《アラハス》し、〈大正藏經、讒二賊忠良一〉妄語し、悪口し、兩舌し、綺語し、抂に辜無きを殺（さ）しめ、或（る）は姧（な）る吏と作（り）て、酷《イチ》-暴《ハヤ》ク侵-害し、是の如き等の種種の悪口・讒賊の故〈大正藏經、ナシ〉になり。故に此の罪を受く。合會大地獄（の）中を見（れ）ば、悪羅刹・獄卒（は）種種の形に作レリ。牛・馬・賭・羊・麞・鹿・狐・狗・虎・狼・師子・六駮《マダラナル》大象・鵰鷲・鶉鳥なり。此の種種の諸の鳥獸の頭と作（り）て、［而］來（り）て罪人を呑噉し、齩齧し、齰掣す。兩の山相（ひ）合し、大熱の鐵輪諸の罪人を轢《ハシリコロ》シ、〈「コロシ」三字不確實〉身を破碎（せ）令《し》む。熱鐵の臼の中に之を搗キて、碎（か）令《し》むること、蒲萄を迮《シモ》〈大正藏經、笮《ツ》〉ルガ如く、亦（た）油を壓《シモ》ルガ如く（す）。譬（へば）場を蹂《フム》〈天に「仁場反、鳥由反」の注あり〉ガ如し。肉を聚（め）て積と成レリ。頭を積ること山の如し。血流（れ）て池と成レリ。鵰鷲・虎狼、各（の）來（り）て、諍（ひ）掣《ヒ》く。此の人（の）宿業の因緣は、多く牛馬・猪羊・麞鹿・狐兎・虎狼・師子・六駮の大象・衆の鳥を殺し、多く是の如き等の種種の鳥獸を殘《ソコ》-賊《ナ》ヒしガ故に、還（り）て此の衆の鳥獸の頭［にて］來（り）て罪人の害すること（を）受く。又、力勢を以て相ヒ陵き、抂に羸弱を押《を》〈假名遣ひ疑問、大正藏經、壓〉して、兩の山相（ひ）合する罪を受く。慳貪と瞋恚と愚癡と怖畏との故に、事の輕重を斷するに正理を以てせ不《ず》。或は正道を破し、正法を轉易して［を］、熱

象・衆鳥一、多殘三賊如レ是等種種鳥獸一故、還受三此衆鳥獸頭來害二罪人一。又以二力勢一相陵、抂押二羸弱一、受二兩山相合罪一。慳貪、瞋恚、愚癡、怖畏故、斷二事輕重一、不レ以二正理一。或破二正道一、轉二易正法一、受二熱鐵輪轢、熱鐵臼搗一。第四第五名二叫喚・大叫喚一。此大地獄其中罪人、羅刹獄卆、頭黃如レ金、

⑦眼中火出、着二赭色衣一、身肉堅勁、走疾如レ風、手足長大、口出二惡聲一、捉二三股釵一、箭墮如レ雨、剌二射罪人一。罪人抂怖、叩レ頭求レ哀。「小見二放捨一、小見二憐愍一。」卽時將入二熱鐵地獄縱廣百由旬一、駈打馳走。足皆燋燃。脂髓流出、如レ迮二蘇油一、鐵棒棒レ頭、頭破腦出、如レ破二酪瓶一。斫剌割剥、身體爨-爛。而復

鐵の輪に轢《ハシ》ラレ、熱鐵の臼に搗（かる）ことを受く。第四・第五をは、叫喚・大叫喚と名（づ）く。此の大地獄の其の中の罪人をは、羅刹・獄卒、頭は黃（な）ること金の如く、

⑦眼の中より火出（で）て、赭《アカ》き色の衣を著《き》、身の肉堅く勁《ツヨ》く、走ることを疾きこと風の如く、手足長く大に、口より惡聲を出し、三《ミツ》股《マタナル》〈原文、「般」〉釵《コ》を捉《ト》リ、箭の墮（つ）ること雨の如くして、罪人を刺（し）射る。罪人抂《タフ》レ怖（り）て、頭を叩（き）て哀を求む。「小《(すこ)》し放捨（せ）見レ（よ）、小《(すこ)》し憐愍（せ）見レ（よ）」と（いふ）。卽の時に將《(ゐ)》（て）熱鐵地獄の縱廣百由旬（な）るに入（り）て、駈ヒ打（ちて）馳走（せ）しむ。足皆燋《コガ》レ燃《モ》ユ。脂髓《ズヰ》流（れ）出（づ）ること蘇油を迮《(し)も》（る）が如く、鐵の棒を（も）て頭を棒《(う)》（つに）、頭破して腦出（づ）ること酪瓶を破するが如し。斫《(き)》リ刺し割リ剥キ、身體を爨《比反》-爛す。而して復（た）將（て）鐵閣の屋の間に入（り）て、黑烟來（り）薰して、互に相（ひ）

將入二鐵閣屋間一、黑烟來薰、互相堆-庘。更相怨毒、皆言二「何以庘レ我。」一裁欲レ求レ出、其門已閇。大聲嘷-呼、音常不レ絶。此人宿行因緣、皆由下斗稱欺誑、非法斷レ事、受レ寄不レ還、侵二陵下劣一、惱二諸窮貧一、令二其嘷哭一、破二他城墎一、壞二人聚落一、傷害刦剥、室家怨毒、舉レ城叫呼、有時決詐欺誑、誘レ之令レ出、而復害上レ之。如レ是等種種因緣故、受二如レ是罪一。大叫喚地獄中人、皆坐薰、殺二穴居之類一、幽二閇囹圄一、或闇烟窟中而薰殺之、或捉二井中一劫二奪他財一、如レ是等種種因緣、受二大叫喚地獄罪一。第六・第七熱大熱地獄中、有二二大銅鑊一。一名二難陀一。二名二跋難陀一。秦言二憙大喜一也醎沸水中滿。羅刹鬼獄卒、以二

堆-庘〈大正藏經「壓」〉す。更《(こもご)》も相《(たがひ)》に怨毒して、皆「何（を）以（て）ぞ我を庘《オ》す」といふ［言フ］。裁《ワツカ》に出（で）むと求むレば［欲］、其の門已に閉（ちら）レヌ。大聲を（も）て嘷〈大正藏經「嘷」〉呼して、音常（に）絶（に）不《ず》。此の人の宿行（の）因緣、皆斗〈大正藏經「蚪」〉稱を（も）て欺誑し、非法に事を斷し、寄を受けて還さ不《ず》、下劣（なる）を侵し陵ぎ、諸の窮貧を惱（まし）て、其をして嘷〈大正藏經「號」〉哭（せ）令め、他の城墎〈大正藏經「郭」〉を破リ、人の聚落を壞リ、傷害し刦〈大正藏經「劫」一〉剥し〈二字の右に□あれど讀めず〉、室家を怨毒し、城の擧く叫〈原文、叫〉ヒ呼（ば）しめ、有る時には、決詐し欺誑して、之を誘（ひ）て出（て）令めて、［而］復た之（を）害（す）るに由（りて）なり。是（の）如（き）等の種種の因緣の故に、是（の）如キ罪を受く。大叫〈原文、叫〉喚地獄の中の人は、皆坐し薰し、穴居の［之］類を殺し、囹圄に幽閇し、或（る）は、闇烟の窟の中にして［而］薰し殺し［之］、或（るは）井の中に捉（へ）て、他の財を劫奪し、是（の）如（き）等の種種の因緣を（も）て、大叫喚地獄の罪を受く。第六・第七熱と大熱との中に二の大銅鑊有リ。一には難陀と名（づ）く。二には、跋難陀と名（づく）。〈秦（に）憙大喜といふ［言・也］。〉醎く沸《(たぎ)》（れ）る水中に滿（て）リ。羅刹鬼獄卒罪人を以て中（に）投（ぐ）ること、厨士の肉を享《ホフ》（る）ガ〈大正藏經「烹」〉如し。人鑊の中に在（り）て、脚は上に頭は下にすること、譬（へ）ば

罪人一投レ中如二厨士亨レ肉。人在二鑊中一、脚上頭下、譬如二煑豆熱爛一、骨節解散、皮肉相離。知二其已爛一、以レ釵釵-出。行業因縁冷風吹活、復投二炭坑一。或著二沸灰中一。譬如下魚出二於水一、而著中熱沙中上。又以二濃血一自而煎熬。從二炭坑中一出、投二之炎牀一、强駈令レ坐、眼・耳・鼻・口、及諸毛孔一切火出。此人宿世惱二亂父母・師長・沙門・婆羅門一。好人福田中惱令二心熱一。以二此罪一故、受二熱地獄罪一。或有宿世煮二生禽一、或生爛二猪羊一、或以レ木貫レ人、而生炙レ之、

⑧或焚二焼山野、及諸聚落・佛圖・精舍等一、或推二衆生一著二火坑中一、如レ是等種種因縁、生二此地獄中一。見二阿鼻地獄一、從廣四千里。周廻二鐵壁一。於二七地獄一、其

煮豆の熱爛（せ）るが如くして、骨節解散し、皮肉相（ひ）離（れ）たり。其レ已に爛（せり）知りて、釵《ヒシ》を以て釵《ツ》き-出す。行業の因縁を（も）て、冷風吹（き）活《（いく）》レば復（た）炭の坑に投《（い）》る。或（る）は沸《タギ》レる灰の中に著《（お）》く。譬（へ）ば魚を水より［於］出（し）て、［而］熱き沙の中に著くガ如し。又、濃血を（も）て［以］自（ら）［而］煎熬す。炭坑の中より［從］出（し）て、之を炎牀に投（げ）て、强（ちに）駈（け）て坐（ら）令む。眼・耳・鼻・口、［及］諸の毛孔より一切（の）火出ツ。此の人は宿世に父母・師長・沙門・婆羅門を惱亂しき。好人福田の中に惱（まし）て、心を熱（くあら）令む。此の罪を以（て）の故に、熱地獄の罪を受く。或有（るは）宿世に生（け）る禽を煮《ニ》、或（る）は生（けなが）ラ猪羊を爛《アフ》リ、或（る）は木を以て人を貫（き）て、［而］生（けなが）ラ之を炙リ、

⑧或（る）は山野、［及］諸の聚落・佛圖・精舍（の）等（き）を焚焼し、或（る）は衆生を推（し）て、火坑の中に著《オ》キ、是の如き等の種種の因縁を（も）て此の地獄の中に生（し）たり。阿鼻地獄を見れば、縱〈原文「從」、大正大藏經による〉廣四千里なり。周く鐵の壁廻レリ。七の地獄に於て、其レ最も深きに處せり。

處二最深一。獄卒・羅刹、以二大鐵椎一椎二諸罪人一、如二鍛師打レ鐵。從レ頭剥レ皮、乃至二其足一、以二五百釘一釘二挓其身一、如レ挓二牛皮一、互相掣挽。應レ手破裂。熱鐵火車、以鑠二其身一。駈二入火坑一令三抱レ炭出二熱沸屎河一、駈令レ入レ中。中有鐵嘴毒虫、從二鼻中一入、脚底出。從二足下一入、口中出。竪二劔道中一、駈令二馳走一。足下破碎、如二厨膾一肉一、利一刀一劔梢飛二入身中一、譬如二霜樹落葉隨レ風亂墜一。罪人手・足・耳・鼻・枝節、皆被二破剥割截一在レ地。流レ血成レ池。二大惡狗、一名二賒摩一。二名二賒婆羅一。鐵口猛毅、破二碎人筋骨一。力踰二虎豹一。猛如二師子一。有二大剌林一、駈二逼罪人一、强令レ上レ樹。上時、剌便下向。下時剌便上向。大身毒蛇・蝮蝎・惡

獄卒・羅刹、大（きな）る鐵の椎《ツチ》を以て諸の罪人を椎《ウ》ツこと、鍛《カチ》〈大正大藏經「鍛」〉の師の鐵を打ツガ如し。頭より［從］皮を剥ること、［乃］其（の）足（に）至（るまでにす）。五百の釘を以て其の身に釘《（くぎう）》ツこと［挓《ハ》］牛の皮を挓《ハ》るガ如し。互（ひ）に相ヒ掣《（ひ）》（き）挽《（ひ）》く。手に應（し）て破裂す。熱鐵の火車、以《（これ）を（も）》て其の身を鑠《オ》ス。火坑に駈し入レて、炭を抱（き）て熱沸《比反》の屎《シ反》河に出（で）令（め）、駈（り）て中に入（れ）令《シ》む。中に有る鐵の嘴〈原文、嶲〉（の）毒蟲ありて、鼻の中より［從］入（り）て、脚の底より出づ。足の下より［從］入（り）て、口の中より［從］出ツ。劔を道の中に竪（てて）［こと］、駈（り）て馳走（せ）令《シ》むこと。足の下破碎すること、厨の膾一肉するガ如し。利一刀一劔梢《サク反》〈大正藏經、「槊」〉（の）身の中に飛（び）入（る）こと、譬（へ）ば、霜フルとき樹より落（つ）る葉の、風に隨（ひ）て亂墜するガ如し。罪人の手・足・耳・鼻・枝節、皆破剥割截（せ）被レて地に在リ。血流（れ）て池と成レリ。二の大（な）る惡（し）き狗あり。一には賒《者反》摩と名（づ）く。二（には）賒婆羅と名（づ）く。鐵の口猛く殺《コハ》ク［く］して、人の筋骨を破碎す。力虎豹に踰（に）たり。猛（き）こと師子の如し。大剌林有（り）て、罪人を駈（り）逼（め）て、强（ひ）て樹に上（ら）令《シ》む。上る時には、剌便（ち）下に向（か）フ。下る時には、剌便（ち）上に向（か）フ。大身の毒蛇・蝮蠍・惡蟲競（ひ）來（り）て、之を齧《ク》フ。大鳥嘴〈原文、嶲〉長くして、頭を破りて腦を噉む。鹹河の

蟲、競來齧㆑之。大鳥長㆑嘴、破㆑頭啗㆑腦。入㆓鹹河中㆒、隨㆑流上下、出則踏㆓熱鐵地㆒。行㆓鐵剌上㆒、或坐㆓鐵杙㆒、杙從㆑下入。以㆑鉗開㆑口、灌以㆓洋洞㆒。呑㆓熱鐵丸㆒、入㆑口口燋、入㆑咽咽爛。入㆑腹腹燃。五藏皆燋、直過墮㆑地。但見㆓惡色㆒、恆聞㆓臭氣㆒、常觸㆓麁忽㆒、遭㆓諸苦痛㆒、迷悶委熟。或狂‐逸蹫‐突、或藏‐竄投‐擲。或顚‐匐、墮‐落。此人宿行多造㆓大惡五逆重罪㆒、斷㆓善根㆒、法言㆓非法㆒、非法言㆑法、實言㆓非實㆒、非實言㆑實、破㆑因破㆑果、憎㆓嫉善人㆒。以㆓是罪㆒故、入㆓此地獄㆒、受㆑罪最劇。如㆑是等種種八大地獄。復有㆓十六小地獄㆒、爲㆓眷屬㆒。八寒氷・八炎火。其中罪毒不㆑可㆓見聞㆒。八炎火地獄者、一名㆓炭坑㆒。二名㆓沸屎㆒。三

中に入レて、流れに隨（ひ）て上下し、出（で）ては則（ち）熱鐵の地を踏む。鐵剌の上を行（か）ば、或（る）ときは鐵の杙《クヒ》に坐（し）て、杙を下より入（ら）しむ。鉗《カナハシ》を以て口を開（け）て、灌（ぐに）洋の洞〈大正藏經、「銅」〉を以てす。熱鐵の丸を呑むとき、口に入レば口燋《コガ》（れ）、咽に入レば咽爛る。腹に入レば腹燃ユ。五臓皆燋（れ）て、直に過（ぎ）て、地に墮（ち）ヌ。但（た）惡色を（のみ）を見、恆に臭き氣を聞き、常に麁忽〈大正藏經、「麁澁」〉に觸し、諸の苦痛に遭ヒて、迷悶し委《シボ》ミ熟《アツカヒ》す〈アツカヒ不確實。大正藏經、「委頓」〉。或（る）ときは狂‐逸（と）タハレハシリ、蹫‐突〈大正藏經、「唐突」〉と（けりつき）、或（るときは）藏‐竄と（かく）レ、投‐擲とナく。或（る）ときは顚‐匐とハラハヒ、墮‐落（とお）ツ。此の人の宿行は多く大惡五逆（の）重罪を造（り）て、善根を斷し、法を非法と言ヒ、非法を法と言ヒ、實を非實と言ヒ、非實を實と言ヒ、因を破し果を破し、善人を憎嫉しき。是の罪を以（て）の故に、此の地獄に入（り）て、罪を受（くる）こと最も劇し。是（の）如（き）等の種種の八大地獄なり。復（た）十六の小地獄有（り）て、眷屬と爲レリ。八寒氷（と）八炎火（と）なり［也］。其の中の罪毒見聞（す）可（くあら）不《ず》。八炎火（の）地獄といふは［者］、一をは炭坑と名（づく）。二をは沸屎と名（づく）。三（をは）

⑨名㆓焼林㆒。四名㆓劔林㆒。五名㆓力道㆒。六名㆓鐵剌林㆒。七名㆓醎河㆒。八名㆓銅橛㆒。是爲㆑八。八寒氷地獄者、一名㆓頞浮陀㆒。少多有㆑孔二名㆓尼羅浮陀㆒。无㆑孔也三名㆓呵羅羅㆒。寒戰聲也四名㆓阿婆婆㆒。亦患寒聲五名㆓睺睺㆒。亦是患寒聲六名㆓漚波羅㆒。此地獄外壁似㆓青蓮華㆒七名㆓波頭摩㆒。紅蓮華罪人生㆑中受㆑苦八名㆓摩訶波頭摩㆒。是爲㆑八。若破㆓清淨戒・出家法㆒、令㆔白衣輕㆓賤佛道㆒、或排㆓衆生㆒著㆓火坑中㆒、或衆生命未㆑盡頃、於㆓火上㆒炎㆑之、如㆑是等種種因縁、墮㆓炭坑地獄中㆒。大火炎炭至㆑膝焼㆓罪人身㆒。若沙門・婆羅門福田食以㆓不淨手㆒觸、或先噉、或以㆓不淨物㆒著㆑中、或以㆓熱沸戻㆒灌㆓他身㆒、破㆓淨命㆒以㆓耶命㆒自活、如㆑是等種種因縁墮㆓沸戻地獄

---

⑨焼林と名（づく）。四をは劔林と名（づく）。五（をは）力道（と）名（づく）。六（をは）鐵剌林と名（づく）。七（をは）醎河と名（づく）。八をは銅橛と名（づく）。是を八と爲（す）。八の寒氷地獄といふは［者］、一をは頞浮陀と名（づく）。〈少多孔有（り）。〉二（をは）尼羅浮陀と名（づく）。〈孔无（し）［也］〉三（をは）呵羅羅と名（づく）。〈寒戰の聲ぞ［也］〉四（をは）阿婆婆と名（づく）。〈亦（た）患寒の聲ぞ。〉五（をは）睺睺と名（づく）。〈亦（た）是（れ）患寒の聲ぞ。〉六（をは）漚波羅と名（づく）。〈此の地獄の外の壁（は）青蓮華アるに似（れ）り。〉七をは波頭摩と名（づく）。〈紅蓮華の罪の人、中に生（まれ）て苦を受く。〉八（をは）摩訶波頭摩といふ［名］。是を八と爲《せ》り。若（し）清淨の戒、出家の法を破（り）て、白衣をして佛道を輕賤（せ）令め、或（るは）衆生を排《オ》シて、火坑の中に著き、或（るは）衆生の命盡（き）未《ヌ》頃《間》に、火の上に［於］炎〈大正藏經、「炙」〉し［之］、是（の）如（き）等の種種の因縁を（も）て炭坑地獄の中に墮ツ。大火炎（の）炭膝までに至（り）て、罪人の身を焼く。若（し）沙門・婆羅門の福田の食に、不淨の手を以（て）觸（れ）、或（る）は先ツ噉ヒ、或（るは）不淨の物を以て中に著き、或（る）は熱沸（の）戻を以て他身に灌き、淨命を破（り）て、邪命を（も）て［以］自活し、是（の）如（き）等の種種の因縁を（も）て沸戻地獄の中に墮ツ。沸戻は深く廣きこと大海の水の如し。中に細き蟲有（り）。鐵を以て嘴〈原文、「㭰」〉と爲《せ》り。罪人

中一。沸戻深廣如二大海水一。中有二細蟲一。以レ鐵爲レ嘴。破二罪人頭一噉レ腦破レ骨食レ髓。若焚二燒草木一、傷二害諸蟲一、或燒レ林大蕩、爲レ害彌廣、如レ是等種種因縁、墮二燒林地獄中一。草木火燃、以燒二罪人一。若執二持刀劒一、鬪諍傷害、若斫レ樹押レ人、以報二宿怨一、若人以レ忠信誠告、而密相中陷、如レ是等種種因縁、墮二劒林地獄中一。此地獄罪人入レ中、風吹二劒葉一、割二截手・足・耳・鼻一、皆令二墮落一。是時、林中有二鳥・鷲・惡狗一、來食二其肉一。若以二利刀一刺レ人、若橛、若鏘傷レ人、若斷二截通路一、發二徹橋梁一、破二正法道一、示以二非法道一、如レ是等種種因縁墮二刀道地獄中一。刀道地獄中、於二絕壁、狹道中一、堅二利刀一令二罪

の頭を破（り）て、腦を噉ヒ、骨を破りて髓を食む。若（し）草木を焚燒（し）て、諸の蟲を傷害し、或（るは）林を燒（き）て大（き）に蕩《か》（り）て、害を爲すこと彌（よ）廣くセし、是（の）如（き）等の種種の因縁を（も）て燒林地獄の中に墮ツ。草木に火燃（えつ）きて、以（て）罪人を燒く。若（し）刀劒を執持し、鬪諍し傷害し、若（し）樹を斫（り）て、人を押〈大正藏經、「壓」〉（し）て以て宿怨を報し、若（し）人忠を以て信誠にして告（く）レど（も）、［而］密相の中に陷（い）る、是（の）如（き）等の種種の因縁を（も）て劒林地獄の中に墮ツ。此の地獄は罪人（の）中に入るとき、風劒葉を吹（き）て、手・足・耳・鼻を割り截（り）て、皆墮落（せ）令（む）。是の時、林の中に鳥・鷲・惡狗有（り）て、來（り）て其（の）肉を食す。若（し）利刀を以て人を刺す、若（し）橛《クヒ》、若（し）鏘《ウハラ》（又ヒシ）を（も）て人を傷し、若（し）通路を斷截し、橋梁を發徹《除也》〈大正藏經、「撥徹」〉し、正法の道を破し、示すに非法の道を以てせし、是（の）如（き）等種種の因縁を（も）て刀道地獄の中に墮ツ。刀道地獄の中にしては、絕（えた）る壁、狹き道の中に［於］、利刀を堅て、罪人をして上より行（き）て［而］過（さ）しむ［令］。若（し）邪淫を犯し、他の婦女を侵し、樂觸を貪－受セし、是（の）如（き）等の種種の因縁を（も）て、鐵刺林地獄の中に墮ツ。刺の樹高（きこと）一由旬なり。上に大毒蛇有（り）。化して美女身と作（り）て、此の罪人を喚フ。

人行レ上而過。若犯二邪淫一、侵二他婦女一、貪三受樂觸一、如レ是等種種因緣、墮二鐵剌林地獄中一。剌樹高一由旬。上有二大毒蛇一。化作二美女身一、喚二此罪人一。⑩「上來。共レ汝作レ樂。」獄卆駈レ之令レ上。剌皆下向貫二剌罪人一。身被二剌害一入レ骨徹レ髓。既至二樹上一、化女還復二蛇身一、破レ頭入レ腹、處處穿レ穴、皆悉破爛。忽復還活、身體平復。化女復在二樹下一喚レ之。獄卆以レ箭仰射、呼レ之令レ下。剌復仰剌。既得レ到レ地、化女身、復作二毒蛇一破二罪人身一。如レ是久久、從二熱鐵剌林一出、遥見二河水清涼一、快樂走往趣レ之入レ中、變成二熱沸醎水一。罪人在レ中、須臾之頃、皮肉離散、骨立二水中一。獄卆羅剎、以レ釵鉤出、持著二岸上一。此

⑩「上（り）來レ。汝と共に樂を作（さ）む」といふ。獄卒之を駈（り）て上（ら）令《し》む。刺皆下に向く（かひ）て、罪人を貫き刺す。身、刺害（を）被ること、骨に入リ、髓に徹る。既に樹上に至るときは、化して女還（り）て蛇の身と復（り）て、頭を破（り）て腹に入（り）て、處處（に）穴を穿（ち）て、皆悉（く）破爛す。忽（ち）に復（た）還（り）て活きて、身體平復（し）ヌ。化女は復（た）樹下に在（り）て之を喚フ。獄卒箭を以て仰（き）て射て、之を呼（び）て下（ら）令《し》む。刺復（た）仰（き）て刺す。既に地に到（る）こと得るとき、化［して］女（の）身復（た）毒蛇と作（り）て、罪人の身を破す。是（の）如（く）久久（し）て、熱鐵〈大正藏經、「鐵」〉刺林より［從］出（で）て、遥（か）に河水の清涼（なる）を見て、快樂して〈大正藏經、見二清涼快樂一〉、走（り）て往（き）て之に趣（き）て中に入レば、變（し）て熱沸醎水と成る。罪人中に在（り）て、須臾の［之］頃に、皮肉離散して、骨のみ水の中に立（て）リ。獄卒羅剎、釵を以て鉤《カ》ケ出（し）て持（ち）て岸の上に著く。此（の）

人宿行因縁、傷二殺水性魚龜之屬一、或時排二人及諸衆生一令レ沒二水中一、或投二之沸湯一、或投二之氷水一、如レ是等種種惡業因縁故、此受レ罪。若在二銅橛地獄一、獄卆羅刹問二諸罪人一、「汝何處來。」答言、「我苦悶不レ知二來處一。」但患二飢渴一。若言レ渇、是時、獄卒卽駈二逐罪人一、令レ坐二熱銅橛上一、以二鐵鉗一開レ口、灌以二洋銅一。若言レ飢、坐二之銅橛一、呑以二鐵丸一。入レ口口燋。入レ咽咽爛。入レ腹燋燃。五藏爛壞、直過墮レ地。此人宿行因縁、劫二盜他財一、以自供レ口、諸出家人、或時詐病、多求二蘇油・石蜜一。或無レ戒無レ禪、無レ有二智慧一、而多受二人施一。或惡口傷レ人、如レ是等種種宿業因縁、墮二銅鐵地獄一。若人墮二頞浮陀

人の宿行の因縁は、水性（の）魚龜の［之］屬を傷殺し、或る時は、人、［及］諸の衆生を排《オ》シて、水の中に沒（せ）令め、或（る）は之を沸湯に投ケて、或（る）は之を氷水に投し、是（の）如（き）等の種種の惡業因縁の故に、此の罪を受く。若（し）銅橛地獄に在（る）ときは、獄卒羅刹の諸の罪人を問（は）く、「汝は何の處よりか來（り）し」（と）。答（へて）言（はく）、「我は苦（し）く悶（え）て、來處を知（ら）不《ず》」とイヒて、但（た）飢（ゑ）て渇（く）を患す。若（し）渇（く）といはば、是の時に、獄卒卽（ち）罪人を駈（り）て逐（ひ）て、熱き銅の橛の上に坐（せ）令《し》（めて）、鐵の鉗を以て口を開（け）て、灌くに洋銅を以てす。若（し）飢を言《い》ふとき（は）、之を銅橛に坐（せしめ）て、呑（まし）む（る）に鐵丸を以てす。口に入るとき口燋《（こが）》る。咽に入るとき、咽爛る。腹入るときは燋（が）レ燃（ゆ）［る］。五臟爛（れ）壞（れ）て、直に過（ぎて）［に］地に墮ツ。此の人の宿行の因縁は、他の財を劫盜して、以て自ら口に供し、諸の出家の人は、或（る）時（には）詐（り）て病し、多く蘇油・石蜜を求む。或（るは）戒無く禪無く、智慧有（る）こと無くして、［而］多（く）人の施を受く。或（るは）惡口（し）て人を傷る。是（の）如（き）等の種種の宿業の因縁を（も）て、銅鐵地獄に墮ツ。若（し）人頞浮陀地獄の中に墮（つ）るとき、其レ積レる氷に處す。毒の風來リ吹（き）て、諸の罪人をして皮毛裂レ落チ、筋肉斷絶し、骨破ケ髓出（て）しむ。卽（ち）復り

地獄中一、其處二積氷一。毒風來吹、令二諸罪人皮毛
裂落、筋肉斷絶、骨破髓出一。卽復完堅受レ罪如レ
初。此人宿業因縁、寒月剥レ人、或劫二盜凍人薪
25火一、或作二惡龍一、瞋毒忿恚、放二大雹雨一、氷凍害レ人、
或輕二賤謗二毀若佛、及佛弟子・持戒之人一、或口
四業作二衆重罪一。如レ是等種種因縁、墮二阿浮陀
⑪地獄中一。尼羅浮陀亦如レ是。頞浮陀少時、有レ間
暫得二休息一。尼羅浮陀無レ間無二休息時一。呵婆娑、
呵羅羅・睺睺、此三地獄、寒-風噤戰、口不レ能レ開。
因二其呼聲一而以名レ獄。漚波羅獄中、凍-氷泙渫、
5有レ似二靑蓮花一。波頭摩狀如二此間赤蓮華一。摩呵
波頭摩是中拘伽離住處。有智之人聞レ是驚

て完く堅（く）なりて、罪を受（くる）こと初（め）の如し。此
の人の宿業の因縁は、寒き月に人を剥《ハツ》リ、或（る）は凍（れ）る
25人の薪火を却盜し、或（る）は惡龍と作（り）て、瞋毒し忿恚し
て、大雹雨を放（ち）て、氷凍人を害し、或（る）は若（し）佛、
［及］佛の弟子、持戒の［之］人を輕賤し謗毀し、或（るは）口
の四の業を（も）て、衆の重罪を作（ら）む。是（の）如（き）
等の種種の因縁を（も）て阿浮陀
⑪地獄の中に墮ツ。尼羅浮陀も亦（た）是（の）如し。頞浮陀は少
時に間有（り）て、暫く休息すること得《う》。尼羅浮陀は間も無く、
休息する時（も）無し。〈大正藏經、「少多有レ孔時得二出入一。尼羅
波絶無二孔罅一無二出入處一。」〉呵婆娑と呵羅羅と、睺睺と、此の三
地獄は、寒-風ありて、噤《ツク》ヒ戰《フル》ヒて口も開（く）こと能は不《ず》（あ
ら）しむ。其の呼フ聲に因（り）て、［而］以（て）獄と名（づ）
5く。漚波羅獄の中には凍-氷の泙《甲反》〈大正藏經、「浹」〉渫《括反》して靑蓮
花に似ること有リ。波頭摩の狀は此の間の赤蓮華の如し。摩呵波
頭摩（は）是ガ中は拘伽離ガ往處なり。有智［之］の人是を聞
（き）て、驚（き）言（ひ）しく、「咄《ヤ》、此の無明・恚・愛の法を
以ての故に、乃（ち）此の苦を受く。出（で）ては［而］復（た）

言、「咄、以二此無明・恚・愛法一故、乃受二此苦一。出而復入無レ窮無レ已。」菩薩見レ此、如レ是思惟、「此苦業因縁、皆是無明諸煩惱所作。我當下精進、懃修二六度一、集二諸功德一、斷中除衆生五道中苦上。」興二發大哀一、增二益精進一。如丙見下父母幽二閉囹圄一、拷二掠搒揞一、憂毒萬端上、方便求二救心一、不乙暫捨甲、菩薩見三諸衆生受二五道苦一、念レ之如レ父亦復如レ是。復次、菩薩精進世世懃修、求二諸財寶一、給二施衆生一、心無二懈廢一。自有二財物一、能盡施與、心亦不レ懈。復次、精進持レ戒、若大、若小、一切能受、一切能持、不レ毀不レ犯。大如二毛髮一。設有二違失一、即時發露。初不二覆藏一。復次、懃修二忍辱一、若人刀杖打害、罵詈、毀辱、及恭

入（り）ツ、、窮（まる）こと無く、已《ヤ》むこと無し」と。菩薩此を見て、是（の）く思惟（す）ラく、「此の苦業の因縁は、皆是（れ）無明の諸の煩惱の所作なり。我當に精進して、懃め（て）六度を修し、諸の功德を集（め）、衆生（の）五道の中の苦を斷除（し）てむ」とおもふ。大哀を興發し、精進を增益す。父母（の）囹圄に幽閇（せら）レ、搒揞《チ反》に拷掠（せら）レ、憂毒萬端（な）るを見て、方便を（も）て救心（を）求（め）て、暫（く）も捨（て）不《ヌ》ガ如く、菩薩の諸の衆生の五道の苦（を）受（く）るを見て、之を念（ふ）こと、父の如くすること亦復（た）是の如し。復次、菩薩の精進は、世世に懃め修（し）て、諸の財寶〈原文、「實」、天白訂〉を求（め）て、衆生に給施するに、心懈廢無し。自（ら）財物を有し、能く盡く施與するに、心亦（た）懈（ら）不《ず》。復次、精進（し）て戒を持（つに）、若（し）大、若（し）小を、一切能（く）受ケ、一切能（く）持（ち）て、毀（ら）不《ず》、犯（さ）不《ず》。大（きさ）は毛髮の如くす。設ヒ違失すること有ラば、即時に發露（す）べし。初（め）より覆藏（せ）不（あ）レ。復次、懃（め）て忍辱を修（め）て、若（し）人刀杖を（も）て打害し、罵詈し、毀辱し、［及］恭敬し、供養（す）レども［は］、一切能（く）忍（び）て、受（け）不、著（か）不《ヌ》とき、深法の中に於て、其の心沒（せ）不《ず》、亦は疑悔（せ）不《ず》。復次、專精して心を一にして、諸の禪定を修し、能く住し能（く）守るとき（は）五神通、［及］四無量心、八勝處、八背捨、十一

敬、供養、一切能忍、不レ受不レ著、於二深法中一其心不レ沒。亦不二疑悔一。復次、專精一レ心、修二諸禪定一、能住能守、得二五神通、及四無量心・八勝處・八背捨・十一切入一、具二諸功德一、得二四念正、及諸菩薩見佛三昧一。復次、菩薩精進、求レ法不レ懈二身心一、懃レ力供二養法師一、種種恭敬、供給給使、初不二違失一。亦不二廢退一、不レ惜二身命一、以爲レ法故、讀誦問答、初中後夜、思惟憶念、籌量分別、求二其因緣一、選二擇同異一、欲レ知二實相・一切諸法自相・異相・揔相・別相・⑫一相・有相・無相・如實相一、諸佛菩薩無量智慧不レ沒不レ退、是名二菩薩精進一。如レ是等種種因緣、能二生能三離種種善法一。是故、名爲二精進波羅蜜一。

切入を得《え》、諸の功德（を）具し、四念正〈大正藏經、「處」〉［及］諸の菩薩の見佛三昧を得す。復次、菩薩精進して、法を求（め）て、身心を懈（ら）不《ず》。力を懃（め）て法師を供養し、種種に恭敬し、供給し、給使して、初（め）より違失（せ）不《ず》。亦（た）廢退（せ）不《ず》。身命を惜（しま）不《ず》。以て法の爲の故に、讀誦し問答し、初中後夜に、思惟し憶念し、籌量し分別して、其の因緣を求め、同異を選擇し、實相、一切諸法の自相・異相、揔〈大正藏經、「總」〉相、別相、

⑫一相、有相、無相、如實相を知（ら）むと欲（ひ）て、諸佛菩薩の無量の智慧に沒（せ）不《ず》、退（せ）不《ヌ》、是を菩薩の精進と名（づ）く。是（の）如（き）等の種種の因緣を（も）て種種の善法を能く生し能（く）離〈大正藏經、「辨」〉す。是の故に、名（づけ）て精進波羅蜜と爲す。波羅蜜の義は先に說（き）ツるガ

波羅蜜義如二先說一。復次、菩薩精進名爲二精進波羅蜜一。餘人精進、不レ名二波羅蜜一。問曰、「云何爲二精進滿足一。」答曰、「菩薩生身法性身能具功德、是爲二精進波羅蜜滿足一。滿足義如二上說一。身心精進不二廢息一故。」問曰、「精進是心數法。何以名二身精進一。」答曰、「精進雖二是心數法一、從二身力一出、名爲二身精進一。如下受是心數法、五識相應受、是名二身受一。意識相應受、是爲中心受上、精進亦如レ是。身力懃修、若手布施、口誦二法言一、若講二說法一、如レ是等名爲二身精進一。復次、行二布施持戒一、是爲二身精進一。忍辱・禪定・智慧、是名二心精進一。復次、外事懃修、是爲二身精進一。內自專精、是爲二心精進一。麁精

如し。復次、菩薩の精進を名（づけ）て精進波羅蜜と爲す。餘人の精進は、波羅蜜とは名（づけ）不《ず》。問曰、「云何（なる）をカ精進滿足すと爲《い》ふ。」答曰、「菩薩の生身と法性身との能く具する功德、是を精進波羅蜜精進滿足すと爲《い》ふ。滿足の義は上に說（き）ツるが如し。身心精進して廢息（せ）不《ヌ》故（に）。」問曰、「精進は是（れ）心數法なり。何（を）以（て）ぞ身精進と名（づく）る。」答曰、「精進は是（れ）心數法なりと雖（も）、身力に從（ひ）て出（づ）るを（も）て、名（づけ）て身精進と爲す。受は是（れ）心數法なり、五識相應の受、是をは身受と名（づ）く。意識相應の受、是をは心受と爲《す》るガ如く、精進も亦（た）是の如し。身力懃めて修し、若（し）手を（も）て布施し、口に法言を誦し、若（し）法を講說する、是の如（き）［を］等を名（づけ）て身精進と爲す。復次、布施持戒を行する、是を身精進と爲す。忍辱と禪定と智慧と、是をは心精進と名（づ）く。復次、外事を懃（め）て修する、是をは身精進と爲す。內に自（ら）專精する、是をは心精進と爲す。麁き精進をは名（づけ）て身と爲す。細き精進をは名（づけ）て心と爲す。福德の爲（に）精進するをは、名（づけ）て身と爲す。智慧の爲に精進する、是を心と爲す。若（し）菩薩の初發心より、［乃］無生忍從（を）得るに至（る）までに、是の［より］中間をは、身精進と名（づ）く。生身（を）捨（て）未《ヌ》故に。無生忍を得て、內身を捨ツ。法性身を得《え》、佛に成るに至（る）までにする、是を心精進と爲す。復次、菩薩（は）

進名爲レ身。細精進名爲レ心。爲二福德一精進、名爲レ身。爲二智慧一精進、是爲レ心。若菩薩初發心乃至レ得二無生忍從一、是中間名二身精進一。生身未レ捨故。得二無生忍一、捨二內身一。得二法性身一。乃至レ成レ佛、是爲二心精進一。復次、菩薩初發心時、功德未レ足故、種二三福因緣一。布施・持戒・善心。漸得二福報一、以施二衆生一。衆生未レ足、更廣修レ福、發二大悲心一。「一切衆生不レ足二於財一、多作二衆惡一。我以二少財一不レ能三滿二足其意一。其意不レ滿、不レ能二勸受教誨一。不レ受二道教一。不レ能レ得レ脫二生老病死一。我當作二大方便一、給二足於財一、令二其充滿一。」便入二大海一、求二諸異寶一、登レ山履レ危、以求二妙藥一、入二深石窟一、求二諸異物・石汁・珍寶一、以給二衆生一。或

初發心の時に、功德足（ら）未《ヌ》故に、三の福の因緣を種《（う）》う。布施と持戒と善心なり。漸く福報を得て、以（て）衆生に施す。衆生足（ら）未《ヌ》ときは、更に廣（く）福を修（め）て、大悲心を發す。「一切の衆生は財に［於］足（ら）不《ヌ》を（も）て、多くの衆の惡を作る。我（れ）少財を以て其の意（を）滿足すること能フ不《（まじ）》。其の意滿（た）不《ず》は、教誨を勸め受（くる）こと能は不《ず》。道教を受け不《じ》。生老病死（を）脫（する）こと得（る）こと能は不《じ》。我（れ）當に大方便を作（り）て、財を［於］給足して、其をして充滿（せ）令めてむ」とおもふ。便（ち）大海に入（り）て、諸の異寶を求め、山に登り、危きを履（み）て以（て）妙藥を求め、深き石窟に入（り）て、諸の異物・石汁・珍寶を求（め）て、以て衆生に給す。或（るは）

⑬作二薩陀婆一、冒二渉嶮道劫賊・師子・虎狼・悪獸一、爲三布二施衆生一故、懃求二財寶一、不三以爲レ難。藥草呪術、能令二銅變爲レ金、如レ是種種變化、致二諸財物一、及四方無主物、以給二衆生一。是爲二身精進一。得二五神通一、能自變化、作二諸美味一、或至二天上一、取二自然食一。如レ是等名爲二心精進一。能集二財寶一、以用布施、是爲二身精進一。以二是布施之德一得レ至二佛道一。是爲二心精進一。生身菩薩行二六波羅蜜一、是爲二身精進一。法性身菩薩行二六波羅蜜一、是爲二心精進一。未レ得二法身一心則隨レ身。已得二法身一、則心不レ隨レ身。不レ累レ心也。復次、一切法中、皆能成辨、不レ惜二身命一、是爲二身精進一。求二一切禪-定・智慧一時、心不二懈惓一、是爲二心精進一。復次、身精進者、受二諸懃苦一、

⑬薩陀婆と作（り）て、冒《ハルカ》に嶮道の劫賊、師子・虎狼、悪獸アるを渉《わた》（り）て、衆生に布施（せ）むガ爲（の）故に、懃（め）て財寶を求（む）るに、以（て）難（し）と爲不《せず》。藥草呪術を（も）て能く銅を變（し）て金（と）爲（し）め［令］、是（の）如く種種（に）變化して、諸の財物を致し、［及］四方の無主物、以《これ》を（も）て衆生に給（す）。是を身の精進と爲す。五神通を得て、能く自（ら）變化して、諸の美味と作し、或（る）は天上に至（り）て、自然の食を取る。是の如き等を名（づけ）て心の精進と爲す。能く財寶を集（め）て、以て［用］布施する、是を身の精進と爲す。是の布施の［之］德を以て、佛道に至（る）こと得《う》。是を心精進と爲す。生身の菩薩の六波羅蜜を行する、是を身の精進と爲す。法性身の菩薩の六波羅蜜を行する、是を心の精進と爲す。〈法身を得未《ヌ》ときは、心則（ち）身に隨フ。已に法身を得ツるとき（は）、則（ち）心身に隨は不《ず》。心を累（はさ）不［也］〉。復次、一切法の中に、皆能く成辨するに、身命を惜（しま）不《ヌ》、是を身の精進と爲す。一切の禪-定と、智慧と求（むる）時に、心懈惓（せ）不《ヌ》、是を心の精進と爲す。復次、身の精進といふは［者］、諸の懃苦を受（くれ）ども、終に廢懈（せ）不《ず》。說（く）ガ如（くは）、婆羅奈國（の）梵摩達王（は）、林中に遊獵して二の鹿の群（れ）を見ツ。群（れ）各（の）主有（り）。一主に五百の群鹿有（り）。一の主は身七寶の色なり。是レ釋迦文菩薩なり。一の主は是（れ）提婆達多なり。菩薩の鹿王イ、人王の大衆

終不二廢懈一。如レ說婆羅奈國梵摩達王遊二獵於林中一、見二二鹿群一。群各有レ主、一主有二五百群鹿一。一主身七寶色。是釋迦文菩薩。一主是提婆達多。菩薩鹿王、見三人王大衆殺二其部黨一、起二大悲心一、逕到二王前一。王人競射、飛レ矢如レ雨。王見二此鹿直進趣、已無レ所二忌憚一、敕二諸從人一、『攝二汝弓箭一。無レ得レ斷二其來意一。』鹿王既至、跪白二人王一、『君以二嬉遊逸樂小事一故、群鹿一時皆受二死苦一。若以供膳、當自差レ次、日送二一鹿一、以供二王厨一。』王『善二其言一。聽レ如二其意一。』於レ是二鹿群主大集、差レ次各當二一日一。是提婆達多鹿群中、有二一鹿一。懷レ子次至應レ送。來白二其主一、『我身今日當レ送レ死。而

をして其の部黨を殺すを見て大悲心を起（し）て、逕に王の前に到る。王人競（ひ）て射るに、矢飛フこと雨の如（し）。王此の鹿の直に進み趣（き）て、已に忌み憚《ハヽカ》る所無きを見て、諸の從人に敕（す）らく、『汝ガ弓箭を攝（め）よ。其の來意を斷すること得（る）こと無（くあ）レ』とのたまふ。鹿王既に至（り）て、跪《ヒサマツ》きて人王に白（し）しく、『君、嬉遊逸樂の小事を以（て）の故に、群鹿一時に皆死苦を受く。若（し）供膳《上也》（せ）むには［以］、當に自（ら）次に差（し）て、日に一鹿を送（り）て、以て王厨に供（せ）む』とまうす。王『其の言善なり。其の意の如く（せ）ヨ』と聽（し）たまふ。是（こ）に［於］二の鹿群の主大集して、次に差（し）て、各の一日に當ツ。是（こ）に提婆達多の鹿群の中に一の鹿有リ。子を懷（み）て、次［に］至（り）て送（ら）る應《ヘ》きあり。來（り）て其の主に白（し）しく、『我が身今日に死に送（らる）るに當（た）レリ。而るに、我（れ）子を懷（めり）。子は次に非ず［也］。乞フ、料理を垂（れ）て、死者に次を得《エ》、生者をは濫（さ）不《ず》あら（し）め（たま）へ』とまうす。鹿王怒（り）て［之］言（ひ）しく、『誰カも命（を）惜（しま）不《ず》（あらむ）。次來（ら）ば、但（た）去ケ。何ぞ辭すること得る』といふ。鹿母思惟（すら）く、『我ガ王、仁に（あら）不《ず》。理を以て恕（さ）不《ず》。

我懷レ子。子非レ次也。乞、垂二料理一使三死者得レ次、生者不レ濫。』鹿王怒之言、『誰不レ惜レ命。次來但去。何得レ辭也。』鹿母思惟、『我王不レ仁、不下以レ理恕一。不レ察二
⑭我辭一。横見瞋怒、不レ足レ告也。』卽至二菩薩王所一、以レ情具白。王問二此鹿一、『汝主何言。』鹿白、『我主不レ仁。不レ見二料理一而見二瞋怒一。大王仁及二一切一。故來歸命。如我今日天地雖レ曠、無レ所二控告一。』菩薩思惟、『此甚可レ愍。若我不レ理、抂二殺其子一、若非レ次更差、次未レ及レ之。如一何可レ遣。唯有レ我、當代レ之。』思レ之明定、卽自送レ身遣二鹿母還一。『我今代レ汝。汝勿レ憂也。』鹿王逕二到王門一。衆人見レ之、恠二其自來一、以レ事白レ王。王亦恠レ之、而命令レ前問言、『諸鹿盡耶。汝何

---

⑭我が辭を察（せ）不《ず》［と］。横（さま）に見て瞋怒して、告するに足（ら）不《ず》［也］。』卽（ち）菩薩王の所に至（り）て、情を以て具に白す。王此の鹿を問（ひ）しく、『汝ガ主は何《（い）》カに言フ』と。鹿の白（さ）く、『我ガ主は仁に（あら）不《ず》。料理を見不《ず》して［而］、瞋怒を見たり。大王は仁一切に及（ひ）たまふ。故に來（り）て歸命す。如《（い）マ》我（れ）今日に天地曠しと雖も、控《ヒ》き告（く）る所無し』（と）。菩薩思惟（す）ラく、『此レ甚（た）愍む可し。若（し）我レ理《（ことわ）》（ら）不《ず》して、其の子を抂殺し、若（し）次に非ヌを更に差（さ）ば、次之に及ば未《じ》。如一何ぞ遣る可き。唯し我（のみ）有リ。當（に）之に代（ら）む』と。之を思すること明（か）に定（まり）て、卽（ち）自（ら）身を送して、鹿母を還（ら）しむ［遣《令也》］。『我（れ）今汝に代（はら）む。汝憂（ふ）ること勿《ナ》』とのたまふ。鹿王王門に逕《へ》到る。衆人之を見て、其（の）自（ら）來（れ）るを恠（しひ）て、事を以て王に白す。王亦（た）之を恠（しひ）て［而］命して前《（すす）》（ま）令《し》め、問（ひて）言（はく）、『諸の鹿は盡（き）たりや［耶］。汝何を以（て）

以來。』鹿王言、『大王仁及二群鹿一。人無二犯者一。但有二滋-茂一。何有二盡時一。我以異部群中有二一鹿懷レ子、以子垂產、身當殂割。子亦并命、歸二告於我一。「我以愍レ之非分更差、是亦不可。若歸而不レ救、無レ異二木石一。是身不レ久。必不レ勉レ死。慈二救苦厄一、功德無量。若人無レ慈、與二夫虎狼一亦何以異。』」王聞二是言一、卽從レ坐起而說レ偈言、

我實是畜獸。名曰二人頭鹿一。汝雖二是鹿身一、名爲二鹿頭人一。以レ理而言レ之、非三以レ形爲二レ人。若能有二慈惠一、雖レ獸實是人。

我從二今日一始不レ食二一切肉一。我以二無畏一施、且可レ安二汝意一。

諸鹿得レ安、王得二仁信一。」復次、如愛法梵志十二歲、遍閻浮提求レ知二聖法一、而不レ能レ得。時世無レ佛、

ぞ來(り)し」と。鹿王の言(し)しく、『大王仁を群鹿に及(ぼ)すに、人として犯する者《ひと》無し。但(た)滋-茂《モ》きこと(のみ)有リ。何ぞ盡(く)る時有(ら)む。我レ[以]異部の群の中に一の鹿の子(を)懷(め)る有リ。[以]子垂產《イマ》(まる)べきイ、身當(に)殂《□反》割レナむとす。子も亦(た)并(せ)て命ありと、我(れ)に[於]歸告す。我レ[以]之を愍むとして、非分に更に差すは、是(れ)亦(た)不可なり。若(し)歸して[而]救は不《ず》は、木石に異(なる)こと無《ナ》(け)む。是の身は久(しくあら)不《じ》。必(ず)死を勉《(のが)》(る)マ不《じ》。苦厄を慈救(せ)ば、功德無量(な)るべし。若(し)人の慈無きは、夫レ虎狼と[與]亦(た)何ぞ[以]異(なら)む』といふ。王是の言を聞(き)て、卽(ち)坐より[從]起(ち)て[而]偈を說(き)て言《のたま》ひしく、

我レイシ實に是(れ)畜獸なり。名(づけ)て人の頭ナる鹿といふべし。

汝は是レ鹿身なりと雖(も)、名(づけ)て鹿の頭(な)る人と爲すべし。

理を以て[而]之を言《い》はば、形を以て人とは爲《(せ)》非ず

若(し)能(く)慈惠有るは、獸なりと雖も、實は是れ人なり。

我(れ)今日より[從]始(め)て、一切の肉を食(は)不《じ》。

我(れ)無畏を以て施す。且く汝ガ意を安くす可しといふ。

諸の鹿は安(みする)ことを得《え》、王は仁信を得き」と。復次、如《(いま)》

佛法亦盡。有二一婆羅門一言、「我有二聖法一偈一。若實愛レ法、當以與レ汝。」答言、「實愛レ法。」婆羅門言、「若實愛レ法、當以二汝皮一爲レ紙、以二身骨一爲レ筆、以レ血書レ之、當以與レ汝。」卽如二其言一、破レ骨剥レ皮、以レ血寫レ偈。如レ法應二修行一。非法不レ應レ受。今世及後世、行レ法者安隱。

復次、「昔野火燒レ林。林中有二一雉一、懃レ身自力飛、
⑮入二水中一。漬二其毛羽一來滅二大火一。火大水少、往來疲-乏、不二以爲レ苦。是時、天帝釋來問レ之言、『汝作二何等一。』答言、『我救二此林一、愍二衆生一故。此林蔭育處廣清涼快樂。我諸種類、及諸宗親、并諸衆生、皆依二仰此一。我有二身力一。云何懈怠、而不レ救レ之。』天帝問言、『汝乃精懃、當至二幾時一。』雉言、『以レ死爲レ期。』天

愛法梵志の十二歳に、遍に閻浮提に聖法を知（らむ）と求（む）るに、［而］得（る）こと能は不《ず》。時（に）世に佛無（く）、佛法も亦（た）盡きたり。一（り）の婆羅門有（り）て言（ひ）しく、「我レ聖法一偈有リ。若（し）實に法を愛（せ）ば當（に）以（て）汝に與（へむ）」と。答（へて）言（ひしく）、「實に法を愛す」と。婆羅門の言（ひ）しく、「若（し）實に法を愛（せ）ば、當（に）汝ガ皮を以（て）紙と爲し、身の骨を以て筆と爲して、血を以て之を書（か）ば、當（に）以て汝に與（へ）む」と。卽（ち）其の言の如く、骨を破（り）皮を剥（り）、血を以て偈を寫（し）き。

法の如く修行（す）べし［應］。非法を受く應（くあら）不《ず》。

今世、［及］後世に、法を行する者《ひと》安隱なり。

復次、「昔、野の火林を燒き、林の中に一（は）の雉有（り）て、
⑮身を懃めて自力（をも）て飛（び）て、水の中に入（り）き。其の毛羽を漬（し）て、來（りて）大火を滅（し）き。火大に水少（く）して、往來するに疲-乏（せ）しかども、以（て）苦と爲《(せ)》不《ず》き。是の時に、天帝釋來（り）て、之を問（ひ）て言（ひ）しく、『汝何の等きワザヲカ作《す》る。』（と）。答（へ）て言（ひしく）、『我ガ此の林を救（ふ）ことは、衆生を愍（ぶが）故（に）なり。此の林蔭（は）育處廣く清涼にして快樂なり。我ガ諸の種類、［及］諸の宗親、并（せ）て諸の衆生皆此（こ）に依仰す。我レ身力有リ。云何ぞ懈怠（し）て［而］之

帝言『汝心雖レ尒、誰證知者。』卽自立レ誓、『我心至誠、信不レ虛者、火卽當滅。』是時、淨居天知二菩薩弘誓一、卽爲滅レ火。自レ古及レ今、唯有二此林一。常獨蔚茂、不二爲レ火燒一。如レ是等種種宿世所行、難レ爲能爲、不レ惜二身命一。國戝・妻子・象馬・七珍・頭目・髓惱懃施、不レ倦。如レ說下菩薩爲二諸衆生一一日之中、千死千生上。如二檀・尸・忍・禪一、般若波羅蜜中所行如レ是菩薩本生經中種種因緣相、是爲二身精進一。於二諸善法一、修行信樂、不レ生二疑悔一。而不二懈怠一。從二一切賢聖一下至二凡人一、求レ法無レ厭、如二海呑レ流、是爲二菩薩心精進一。」問曰、「心無二厭足一、是事不レ然。所以者何。若所求事辨、所願以成、是則應レ足。若

を救（は）不《ず》（あら）む』（と）。天帝問（ひ）て言（ひ）しく、『汝乃（ち）精懃なり。當（に）幾（の）時（にか）至（るべき）』（と）。雉の言（ひ）しく、『死を以て期と爲す』と。天帝言《のたま》ひしく、『汝ガ心尒なりと雖（も）、誰カ證知（せむ）者（ぞ）』（と）。卽（ち）自（ら）誓を立（て）しく、『我ガ心至レる誠（なり）。信（にして）虛（しくあら）不《ず》ば［者］、火卽（ち）當（に）滅（しなむ）』と。是（の）時（に）、淨居天イ菩薩の弘誓を知（り）て、卽（ち）爲に火を滅（し）き。古より［自］今に及（ぶ）までに、唯（た）此の林（のみ）有リ。常に獨り蔚茂にして、火の爲に燒（か）れ不《ず》。是（の）如（き）等の種種の宿世の所行は、爲し難きを能く爲して、身命を惜（しま）不《ず》。國財・妻子・象馬・七珍・頭目・髓腦を懃め施して倦（ま）不《ず》。菩薩は諸（の）衆生の爲（に）、一日の［之］中に、千（たび）死（に）、千（たび）生すと說（く）ガ如（し）。檀と尸と忍と禪（との）如（く）、般若波羅蜜（の）中の所行の、是（の）如き菩薩の本生經（の）中の種種の因緣の相、是を身の精進と爲す。諸の善法に［於］修行して、信樂し、疑悔を生（せ）不《ず》。［而］懈怠せ不《ず》。一切の賢聖より［從］下、凡人に至（るまでに）、法を求（む）るに、厭（ふ）こと無（き）こと、海（の）流（れ）を呑するが如くする、是を菩薩の心精進と爲す。」問曰、「心厭足無しといふ、是の事然には（あら）不《ず》。所以者何。若（し）所求事辨（し）、所願以《已》に成レラば、是（れ）則（ち）足る應し。若（し）理い求む可（く

理不レ可レ求、事不レ可レ辨、亦應二捨廢一。如二人穿レ井求一レ泉、用レ功轉多、轉無二水相一、則應二止息一。亦如下行レ道已到二所在一、不上レ應二復行一。云何恆無二厭足一。」答曰、「菩薩精進、不レ可下以二世間譬喩一爲上レ比。如レ穿レ井力少則不レ能レ得レ水。非レ無レ水也。若此處無レ水、餘處必有。如有レ所レ至、得レ佛爲レ到。以レ此無レ厭、誨レ人不レ倦。故言二無厭一。復次、菩薩精進、志願弘曠、誓レ度二一切衆生一無レ盡。是故精進亦不可盡。汝言二事辨應一レ止、是事不レ然。雖レ得レ至レ佛、衆生未盡。不レ應二休⑯息一。譬如二火相若不一レ滅、終無一レ不レ燒。菩薩精進亦復如レ是。未レ入二滅度一、終不二休息一。以レ是故、十八不共法中、欲及精進二事常修。復次、菩薩不

あら）不《ず》、事辨（す）可く（あら）不《ず》は、亦（た）捨廢（す）應（し）。人の井を穿（ち）て泉を求（む）るガ如く、功を用（ゐ）ること轉《(いよい)》ヨ多くして、轉よ水相無（く）は、則（ち）止息しヌ應（し）。亦（た）道を行（く）とき、已に所在に到（ら）ば、復（た）行す應（くあら）不《ヌ》ガ如し。云何ぞ恆（に）厭足（すること）無（き）。」答曰、「菩薩の精進は、世間の譬喩を以て比と爲す可（くあら）不《ず》。井を穿るガ如きは、力少きときは、則（ち）水を得ること能は不《ず》。水無（き）には非ず［也］。若（し）此處には水無くとも、餘處には必ず有リ。如《モ》し至（る）所有るは、佛を得するを到るといふ［爲］。此（れ）を以て厭（ふこと）無くして〈大正藏經、如レ有二所至一。必求至レ佛無レ厭〉人を誨するに倦（ま）不《ず》。故に無厭と言フ。復次、菩薩の精進は志願弘曠にして、一切衆生を度（さ）むと誓（ひ）て盡（くる）こと無し。是の故に精進も亦（た）不可盡なり。汝ガ事辨（する）ときは止（む）應しといふは［言］、是の事然には（あら）不《ず》。佛（に）至（る）こと得《う》と雖（も）、衆生は未盡なり。⑯休息す應く（あら）不《ず》。譬（へ）ば火の相若（し）滅（せ）不《ヌ》ときは、終に燒（け）不（といふこと）無（き）ガ如し。菩薩の精進も亦復（た）是（の）如（し）。滅度に入（ら）未《ヌ》ときは、終に休息（せ）不《ず》。是を以ての故に、十八不共法の中に、欲と、［乃］精進との二の事を常（に）修す。復次、菩薩（は）不住の

住法、住二般若波羅蜜中一。不レ廢精進、是菩薩精進。非二佛精進一。復次、菩薩未レ得二菩薩道一、生死身以二好事一施二衆生一。衆生反更以二不善事一加レ之。或有衆生、菩薩讃美、反更毀辱。菩薩恭敬、而反輕慢。菩薩慈念、反求二其過一。謀二欲中傷一。此衆生等、無レ有三力勢來惱二菩薩一。菩薩於二此衆生一發二弘誓願一。『我得二佛道一、要當度二此惡中之惡諸衆生輩一。』於二此惡中一其心不レ懈、生二大悲心一。譬如下慈母憐二其子病一、憂念不上レ捨、如レ是相、是爲二菩薩精進一。復次、行二布施波羅蜜一時、十方種種乞兒來、欲二求索一。不レ應レ索者、皆來索レ之。及索二所重難レ捨之物一。語二菩薩一言、「與二我兩眼一。與二我頭腦・骨髓・愛重

法を（も）て般若波羅蜜の中に住するなり。廢（せ）不《ず》して精進する、是レは菩薩の精進なり。佛の精進には非ず。復次、菩薩（は）菩薩道を得未《ヌ》とき（は）、生死の身、好事を以（て）衆生に施（す）べし。衆生イ反（り）て更（に）不善の事を以て之に加フ。或有る衆生は、菩薩の讃美するときは、反（り）て更に毀辱す。菩薩（は）恭敬するときは［而］、反（り）て輕慢す。菩薩（は）慈念するときは、反（り）て其の過を求む。中傷《アテ》（ら）むと謀‐欲す。此の衆生等は力勢を（も）て來（り）て菩薩を惱（ま）すこと有（る）こと無し。〈大正藏經、無レ有二力勢一來惱一菩薩二。〉菩薩は此の衆生に於いて弘誓の願を發しき、『我レ佛道を得むとき、要ず當に此の惡の中の［之］惡の諸（の）衆生の輩を度（さ）む』とおもふ。此の惡の中に［於］其の心懈（ら）不《ず》して、大悲心を生（す）。譬（へ）ば慈母の其の子の病を憐むとして、憂念して捨て不《ヌ》ガ如くする、是（の）如（き）相、是を菩薩の精進と爲す。復次、布施波羅蜜を行する時に、十方の種種の乞兒來（り）て、求索（せ）むと欲（は）む。索む應（くあら）不《ヌ》ものを、［者］皆來（り）て之を索む。［及］所重の捨（て）難き［之］物を索む。菩薩に語（りて）言（ひ）しく、「我に兩の目を與へヨ。我に頭腦・骨髓・愛重（の）妻子、［及］諸（の）貴價の珍寶を與（へ）ヨ」（と）。是（の）如き等の捨（て）難き［之］物を乞フ者《ひと》强（ひ）て索（むるに）、其の心動（か）不《ず》、慳瞋起（こら）不《ず》。見疑の心生（せ）不《ず》。一心にして佛道の爲の故に布

妻子、及諸貴價珍寶二。」如レ是等難レ捨之物、乞者强索、其心不レ動、慳瞋不レ起。見疑心不レ生。一心爲二佛道一故、布施。譬如二須彌山、四方風吹、所レ不レ能レ動、如レ是種種相、是名二精進波羅蜜一。復次、菩薩精進遍行二五波羅蜜一、是爲二精進波羅蜜一。」問曰、「若行二戒波羅蜜一時、若有人來乞二三衣鉢扞一、若與レ之則毀戒。若不レ與則破二檀波羅蜜一。精進云何遍行二五事一。」答曰、「若新行菩薩則不レ能三一世一時遍行二五波羅蜜一。如菩薩行二檀波羅蜜一時、見二飢虎飢急欲レ食二其子一、菩薩是時、興二大悲心一、卽以レ身施。菩薩父母、以レ失レ子故、憂愁懊惱、兩目失レ明。虎殺二菩薩一亦應レ得レ罪。而不三籌二量父母憂

施す。譬へば須彌山の四方の風吹（け）ども動すること能（は）不《ず》（あ）る所（な）るガ如くする、是の如き種種の相、是を精進波羅蜜と名（づ）く。復次、菩薩の精進は遍く五波羅蜜（を）行す、是を精進波羅蜜と爲す。」問曰、「若（し）戒波羅蜜を行する時に、若（し）有る人來（り）て三衣鉢扞〈大正藏經、「盂」。〉を乞（ふ）とき、若（し）之を與（ふ）るイは、則（ち）毀戒す。若（し）與（へ）不《ヌ》は則（ち）檀波羅蜜を破（り）ツべし。精進イ云何ぞ遍く五事を行（せ）む。」答曰、「若（し）新行の菩薩は則（ち）一世一時に遍く五波羅蜜を行すること能は不《ずモ》。如し菩薩の檀波羅蜜を行（せ）む［とき］時に、飢（ゑた）る虎の飢（う）ること急にして、其の子を食（ま）むと欲するを見ては、菩薩（い）是の時に、大悲心を興（し）て、卽（ち）身を以て施（す）べし。菩薩の父母、子を失するを以（て）の故に、憂愁し懊惱して、兩の目に明を失（ひ）ツ。虎は菩薩を殺すを（も）て、亦（た）罪を得べし［應］。而レども、父母の憂

⑰苦一、虎得二殺罪一。但欲レ滿レ檀自得二福德一。又如持戒比丘隨二事輕重一、償二諸犯法一。被レ償之人、愁苦懊惱、但欲レ持レ戒、不レ愍二其苦一。或時、行二世俗般若一、息二慈悲心一。如釋迦文尼菩薩、宿世爲二大國王太子一。父王有二梵志師一詐以不レ食二惑物一。衆人敬信、以爲二奇特一。太子思惟、『人有二四體一。要必有レ食。而此人不レ食、必是曲取二人心一。非二眞法一也。』父母告レ子、『此人精進不レ食、是世希有。汝何愚甚而不レ敬レ之。』太子答言、『願、小留レ意、此人不レ久證一驗自出。』是時、太子求二其往處一、至二林樹間一、問二林中牧牛人一、『此人何所二食噉一。』牧牛者答言、『此人夜中少多服レ蘇、以自全レ命。』太子知已、還レ宮欲レ出二

⑰苦を籌量（せ）不《ヌ》を（も）て、虎イ殺罪を得《う》。〈大正藏經、「而不二籌量一、父母憂苦、虎得二殺罪。一」〉但（た）檀を滿（て）むと欲フを（も）て、自（ら）福德を得ラくのみ。又、如《(い)マ》持戒の比丘イ事の輕重に隨（ひ）て諸の犯法を償す。償（せ）被（る）る［之］人、愁苦し懊惱すレども、但（た）戒を持（た）むとのみ欲（ひ）て、其の苦を愍（ば）不《ず》。或る時に、世俗の般若を行（し）て、慈悲心を息フ。如《(い)マ》釋迦文尼菩薩（は）、宿世に大國王の太子［と］爲《た》りき。父王梵志（の）師有（り）き。詐（り）て以て五穀〈原文「惑物」、大正藏經に從ふ〉を食（は）不《ず》。衆人敬信して、以て奇特なりと爲《し》き。太子思惟（すら）く、『人四（つ）の體有（り）。要ず必ず食すること有リ。〈大正藏經、「必資二五穀一」〉而るものを此の人の食（は）不《ヌ》は、必ず是れ曲（げ）て人の心を取ラく。眞の法には非（ず）』とおもふ［也］。父母子に告（げ）しく、『此の人の精進して食（は）不《ヌ》は、是れ世に希有なり。汝何ぞ愚（なること）甚（だし）くして、［而］之を敬は不《ヌ》』（と）。太子答（へ）て言（ひ）しく、『願フ、小《(しば)》ラく意を留（めたま）へ。此の人久（しくあら）不《ず》して、證一驗自（づから）に出（でな）む』と。是（の）時（に）、太子其の住處を求（め）て、林樹（の）間に至（り）て、林中の牧牛人を問（ひ）しく、『此の人は何の食噉する所（かあ）る』（と）。牧牛者答（へ）て言（ひ）しく、『此の人は夜中に少（く）多（く）も蘇を服（し）て以（て）自（ら）命を全くす』と。太子知り已（り）て、宮に還（り）て、

其證驗一。卽以二種種諸下藥草一薫二青蓮華一。淸旦梵志入レ宮坐二王邊一。太子手執二此華一來供二養之一。拜已授與。梵志歡喜、自念、『王及夫人、內外大小、皆服二事我一。唯太子不レ見二敬信一。今日以二好華一供養。甚善無量。』得二此好華一敬二所來處一。擧以向レ鼻嗅レ之。華中藥氣、入レ腹須臾、腹內藥作、欲‐求下處一。太子言、『梵志不レ食。何緣向レ厠。』急捉レ之。須臾便二吐王邊一。吐中純蘇。證驗現已。王與二夫人一乃知二其詐一。太子言、『此人眞賊。求レ名故、以誑二一國一。』如レ是行二世俗般若一、但求二滿智一、侵二憐愍心一、不レ畏二人瞋一。或時、菩薩行二出世間般若一、於二持戒・布施一心不二染著一。何以故、施者・受者・所施財物、於二

其の證驗を出（さ）むと欲フ。卽（ち）種種（の）諸の下藥草を以て、青蓮華に薫す。淸旦に梵志宮に入（り）て王の邊に坐せり。太子手に此の華を執り來し（て）、之に供養す。拜し已（り）て授與す。梵志歡喜（し）て自（ら）念はく、『王、［及］夫人、內外の大小、皆我に服事す。唯（た）太子のみ敬信することを見不《ず》。今日好華を以て供養す。甚善無量なり』（と）。此の好華を得（て）、所來處を敬フ。〈國譯、敬ふ所に來り處し〉擧（げ）て以て鼻に向して、之を嗅ぐ。華の中の藥の氣、腹に入レ（り）、須臾《しはら》くありて、腹の內の藥作《オコ》リて、下（ら）む處を欲‐求す。太子の言（ひ）しく、『梵志食（は）不《ず》。何の緣ぞ厠に向する』と（い）ひて、急に之を捉（へ）ツ。須臾《しばら》（く）ありて、王の邊に便吐す。吐の中に純ラ蘇のみあり。證驗現（はれ）已（り）ヌ。王と［與］夫人と乃（し）其レ詐ナリと知（り）ヌ。太子の言（ひ）しく、『此の人は眞に賊なり。名を求むのと故に、以（て）一國を誑す』（と）。是の如く世俗の般若を行するは、但（た）滿智を求め、憐愍心を侵して、人の瞋（り）を畏（り）不《ず》。或る時は、菩薩出世間の般若を行して、持戒・布施に［於］、心染著（せ）不《ず》。何以故、施者と受者と所施の財物とは、罪・不罪に於て、瞋・不瞋に於て進に於て、怠に於て、攝心も散心も、不可得（な）る故に。

復次、菩薩（は）精進波羅蜜を行すること、一切の諸法に於て生（き）も（せ）不《ず》、滅（もせ）不《ず》、常にも非ず、無常にも非ず。苦（にも）非（ず）樂にも非（ず）。空（にも）非（ず）、實（に

罪・不罪一、於二瞋・不瞋一、於レ進於レ怠、攝心・散心、不可得故。復次、菩薩行二精進波羅蜜一、於二一切諸法一不レ生不レ滅、非レ常非二無常一、非レ苦非レ樂、非レ空非レ實、⑱非レ我非二無我一、非レ一非レ異、非レ有非レ無。盡知下一切諸法因縁和合、但有二名字一、實相不可得上。菩薩作二如レ是觀一、知二一切有爲皆是虚誑一、心息二無爲一、欲レ滅二其心一、唯以二寂滅一爲二安隱一。尒時、念三本願憐二愍衆生一故、還行二菩薩法一、集二諸功德一。菩薩自念、『我雖レ知二諸法虚誑一、衆生不レ知二是事一。於二五道中一、受二諸苦痛一。我今當具足、行二六波羅蜜一』。菩薩得二生報神通一。亦得二佛道卅二相・八十種好・一切智慧・大慈大悲・無导解脱・十力・四無所畏・十八

も）非（ず）。

⑱我（にも）非（ず）無我（にも）非（ず）。一（にも）非（ず）、異（にも）非（ず）。有（にも）非（ず）、無にも非ず。盡く一切の諸法は、因縁和合して、但（た）名字のみ有リ。實相（は）不可得なりと知レリ。菩薩（は）是の如き觀を作リて、一切の有爲は皆是れ虚誑なりと知リ、心を無爲に息（ひ）て、其の心を滅（せ）むと欲ヒ、唯し寂滅（のみ）を以て安隱なりと爲す。尒時、本願〈[願]の右、訓あれど、讀めず〉衆生を憐愍（せ）むとイヒシ（こと）を念（ふ）ガ故に、還（り）て菩薩の法を行し、諸の功德を集す。菩薩自ら念（ひ）しく、『我は諸法は虚誑なりと知レリと雖（も）、衆生イ是の事を知（ら）不《ず》。五道（の）中に[於]、諸の苦痛を受く。我（れ）今當に具足（して）、六波羅蜜を行（せ）む』と。菩薩は生報の神通を得たり。亦（た）佛道卅二相・八十種好・一切の智慧・大慈大悲・無碍解脱・十力・四無所畏・十八不共法・三達等の無量の諸佛の法を得たり。是の法を得る時に、一切の衆生（は）皆信淨（な）ること得《え》、皆能く受行し、佛法を愛樂す。能（く）是の事を辨するは、皆是レ精進波羅

不共法・三達等無量諸佛法一。得二是法一時、一切衆生皆得二信淨一、皆能受行、愛二樂佛法一。能辨二是事一、皆是精進波羅蜜力。是爲二精進波羅蜜一。如二佛所說一。菩薩精進、不レ見レ身、不レ見レ心、身無二所作一。心無二所念一。身心一等、而無二分別一。所求佛道以度二衆生一。不レ見下衆生爲二此岸一、佛道爲中彼岸上。一切身心所作放捨、如三夢所爲、覺無二所作一、滅二諸精進一。故名爲二波羅蜜一。所以者何、知二一切精進皆是邪僞一故。以一切作法、皆是虛妄不レ實、如レ夢如レ幻。諸法平等、是爲二眞實一。平等法中、不レ應レ有レ所二求索一。是故、知二一切精進皆是虛妄一。雖レ知二精進虛妄一、而常成就不レ退、是名二菩薩實精進一。如二佛言一。

蜜の力なり。是を精進波羅蜜と爲す。佛の所說の如（し）。菩薩の精進は、身を見不《ず》、心を見不《ず》、身（に）所作無し。心（に）所念無し。身心一等にして、［而］分別無し。所求の佛道を（も）て［以］衆生を度す。衆生は此岸と爲（し）、佛道を彼岸（と）爲（すと）見不《ず》。一切の身心の所作を放捨し、夢の所爲の覺して、所作無（きが）如く、諸の精進を滅す。故（に）名（づけ）て波羅蜜と爲す。所以者何、一切の精進は皆是レ邪僞なりと知（るが）故に。［以］一切の作法は、皆是レ虛妄（にして）實（にあら）不《ず》。夢の如（く）幻の如し。諸法の平等、是を眞實と爲す。平等法の中に求索する所有る應《べ》く（あら）不《ず》。是の故に、一切の精進は皆是（れ）虛妄なりと知る。精進は虛妄なりと知ると雖（も）、［而］常（に）成就（し）て退（せ）不《ヌ》、是を菩薩の實の精進と名（づく）。佛の言（ふ）ガ如し。我は無量劫の中に［於］、頭目髓腦、以《これ》を（も）て衆生に施して、其の願を滿（て）令《し》む。持戒・忍辱・禪定の時、山林中に在リ。身體乾枯す。或（る）ときは持齋・節食し、或（る）ときは諸（の）色味を絕し、或（る）ときは詈辱・刀杖の［之］患を忍す。是（の）故（に）、身體燋枯す。又、常に坐禪（し）。曝露懃苦して、以て智慧を求む。誦讀し、思惟し、問難し、一切の諸法を講說（す）。智を以て好惡・麁細・虛實・多少を分別し、無量の諸佛を供養す。慇懃に精

我於二無量劫中一、頭目髓腦、以施二衆生一、令二其願滿一。持戒・忍辱・禪定時、在二山林中一。身體乾枯。或持齋・節食、或絶二諸色味一、或忍二罵辱・刀杖之患一。是故、身體燋枯。又、常坐禪、曝露懃苦、以求二智慧一。誦讀、思惟、問難、講二説一切諸法一。以レ智分二別好惡・麁細・虚實・多少一、供二養無量諸佛一。慇懃精
⑲進、求二此功德一。欲二具二足五波羅蜜一。我是時、未レ有二所得一。不レ得二檀・尸・羼・精進・禪・智慧波羅蜜一。見二燃燈佛一、以二五華一散レ佛、布二髮泥中一、得二無生法忍一。卽時、六波羅蜜滿。於二空中一立、讚二燃燈佛一、見二十方無量諸佛一。是時、得二實精進一。身精進平等故、得二心平等一。心平等故、得二一切諸法平等一。如レ是種

---

⑲進して、此の功德を求む。五波羅蜜具足（せむ）と欲《おも》ふ。我レ是の時には、所得有（ら）未《ず》。檀と尸と羼と精進と禪と智慧波羅蜜（とを）得不《ず》き。燃燈佛を見て、五華を以て佛に散し、髮を泥の中（に）布（きて）、無生法忍を得（き）。卽の時に、六波羅蜜滿（ちき）。空（の）中に［於］立（ち）て、燃燈佛を讚して、十方の無量の諸佛を見（き）。是の時に、實精進を得き。身精進平等（な）る故（に）、心平等を得キ。心平等の故に、一切の諸法の平等を得き。是（の）如（き）種種の因緣の相を名（づけ）て精進波羅蜜と爲す。

大智度論卷第十六

種因縁相名爲二精進波羅蜜一。

大智度論卷第十六

著者略歴

明治43年　島根県八束郡宍道町に生れる

昭和10年　京都大学文学部文学科国語国文学専攻卒業

松江高等学校教授・島根大学教授・岡山大学教授・大谷女子大学教授を経て、現在島根大学・岡山大学各名誉教授　文学博士

〔関係著書〕

石山寺本大方広仏華厳経古点の国語学的研究（風間書房）

改訂 訓点語の研究　上・下（同）

国語史論集　上・下（同）

石山寺本四分律古点の国語学的研究（同）

石山寺本大智度論古点の国語学的研究　上（同）

擬聲語の研究（同）

平安時代における訓點語の文法　上・下（同）

訓点資料の研究（同）

現住所　703-8262　岡山市中区福泊79-3

検印省略

平成29年５月20日　印刷

平成29年５月31日　発行　　大坪併治著作集11　（第12回配本）

石山寺本 大智度論古點の國語學的研究　下

定価　三〇、二四〇円

（本体二八、〇〇〇円＋税）

著者　大《おお》坪《つぼ》併《へい》治《じ》

発行者　風間敬子

印刷者　小又和巳

発行所　株式会社　風間書房

101-0051　東京都千代田区神田神保町一の三四

電話　〇三（三二九一）五七二九番

振替　〇〇一一〇―五―一八五三番

（富士リプロ・井上製本所）

ISBN978-4-7599-2184-7